2009—2018

神华宁夏煤业集团公司志

SHENHUA NINGXIA MEIYE JITUAN GONGSI ZHI

《神华宁夏煤业集团公司志》编纂委员会　编

黄河出版传媒集团
阳　光　出　版　社

图书在版编目（CIP）数据

神华宁夏煤业集团公司志：2009-2018 /《神华宁夏煤业集团公司志》编纂委员会编. -- 银川：阳光出版社，2020.6

ISBN 978-7-5525-5342-0

Ⅰ. ①神… Ⅱ. ①神… Ⅲ. ①煤炭工业－企业集团－概况－宁夏－2009-2018 Ⅳ. ①F426.21

中国版本图书馆 CIP 数据核字 (2020) 第 107575 号

神华宁夏煤业集团公司志：2009—2018

《神华宁夏煤业集团公司志》编纂委员会 编

责任编辑 丁丽萍 谢 瑞
封面设计 沈家菡
责任印制 岳建宁

黄河出版传媒集团 阳光出版社 出版发行

出 版 人 薛文斌
地　　址 宁夏银川市北京东路 139 号出版大厦（750001）
网　　址 http://www.ygchbs.com
网上书店 http://shop129132959.taobao.com
电子信箱 yangguangchubanshe@163.com
邮购电话 0951-5014139
经　　销 全国新华书店
印刷装订 宁夏凤鸣彩印广告有限公司
印刷委托书号 （宁）0017381

开　　本 880mm × 1230mm 1/16
印　　张 32.25
字　　数 800 千字
版　　次 2020 年 6 月第 1 版
印　　次 2020 年 6 月第 1 次印刷
书　　号 ISBN 978-7-5525-5342-0
定　　价 188.00 元

ISBN 978-7-5525-5342-0

9 787552 553420 >

《神华宁夏煤业集团公司志》编纂委员会

主　　任　邵俊杰

副 主 任　严永胜　魏艳华

委　　员　吴汉宝　张正军　吴学林　樊永宁　姚　敏　刘　涛　马金明　孟　伟　周光华　杨成龙　陈　艾　王彦青　焦洪桥　董家麟　骆国强　陈志清　魏学文　李　萌　蔡力宏　姚　伟　黄治军　马德海　孙元凤　黄相明　张玉柱　陈　铎　岳鹏超　李立新　刘铜强　李中山　曹文钧　李　兵　谢　红　王林吉　高相虎

《神华宁夏煤业集团公司志》编纂办公室

主　　任　魏艳华

副 主 任　姚　伟　高相虎　张彬（执行）

编纂人员　周克孝　张宗全　朱保生　李　喆　任永宁　龚　敏

《神华宁夏煤业集团公司志》审核组

组　　长　王彦青

副 组 长　张忠富　魏学文　季忠敏　赵　平　马玉祥　冯茂龙　李平利　王兰光　王自河　李耀庭　李天财　代　静　朱守东　马文瑞　夏志馨　刘　杰　贺永利

成　　员　姚建华　王林吉　李玉田　税晓云　于颖学　王文俭　吴万仓　张金龙　董立军　张学才　张顺清　崔晓林　牛永宁　李心桥　许德立　陈占海　门福平　闫义宁　马有虎　秦大英　路胜利　姚建君　孙　勇　靳和平　敖景山　徐进荣　孙　明　杨志洪　张学昇　徐　平　丁建宁　张晋明　麦永保　王福山　张　伟　屈百原　杨明军　王宁平　张自力　孟祥树　王继承　李发科　许彦鹏　张　锋　刘泽宁　李　朋　于天柱　卢玉和　刘　旭　赵　威　冯雪清　孙　芳　王沛沛　王　斌　果雪丽

2017年11月29日，时任国家能源投资集团董事长、党组书记乔保平（中）到煤制油分公司调研

2017年7月19日，时任国家能源投资集团总经理、党组副书记凌文（左一）在“社会主义是干出来的”动员会上授旗

2017年1月21日，中国共产党神华宁夏煤业集团第一次代表大会隆重召开

2018年8月15 日，集团公司党委书记、董事长邵俊杰（左二）到金家渠煤矿调研自动化工作面开采设备使用情况

2015年8月18日，集团公司副总经理吴学林（右一）在梅花井矿232201掘进工作面调研

2010年2月13日，集团公司副总经理樊永宁（中）在石槽村对煤矿员工进行春节慰问

2011年8月26日，集团公司副总经理姚敏（前排左一）与鲁奇公司代表签订战略协议

2017年春节期间，集团公司工会主席马金明（左一）慰问困难职工

2018年7月11日，集团公司纪委书记孟伟（左二）深入红柳煤矿检查党支部阵地建设情况

2017年12月5日，集团公司总工程师周光华在枣泉煤矿井下现场检查工作

2015年4月28日，集团公司副总经理杨成龙（左一）与220吨电动轮自卸车驾驶员交谈

2017年11月21日，集团公司副总经理陈艾（左一）在枣泉矿14202工作面检查指导工作

2011年11月18日，时任集团公司党委书记陆维平（左一）到乌兰矿调研工作

2015年1月8日，时任集团公司党委书记刘云（左二）到灵新矿051603工作面了解生产情况

2016年5月16日，时任集团公司党委书记张作理（左一）到石槽村矿指导工作

2015年12月15日，时任集团公司监事会主席章建忠（左一）到红柳矿调研安全生产情况

党员红色突击队部分队员合影

党员尖兵技术支援队扎根煤制油全装置停车检修一线进行技术研讨

开展红色主题教育

在工作现场开展重温入党誓词活动，增强党员责任感、使命感和荣誉感

党员突击队在完成工作任务合影

廉洁文艺会演情景

2018年12月28日，“社会主义是干出来的——60年感动宁煤人物发布会”在银川剧院举行

全球单套装置规模最大的400万吨/年煤炭间接液化示范项目开工奠基仪式

神华宁煤号客运专列开通

甲醇制烯烃项目C3分离塔一次性吊装成功

西北首个C80大型运煤专列首发

2016年12月28日，神华宁煤400万吨／年煤炭间接液化示范项目油品首批产品装车发运仪式

煤制油化工销售分公司油品火车罐车首列发运

亘元地产建设的银川首座大型地标综合体——德宁国际中心

2012年7月19日，全国煤矿安全生产经验交流现场会在集团公司召开

2018年4月18日，全区煤矿粉尘防治示范矿井现场推进会在任家庄煤矿召开

集团公司承办的第九届全国矿山救援技术竞赛现场

安全技改工程使一批老矿井复杂的安全系统得到优化，抗灾防灾能力显著增强

安全生产月签字活动

石槽村煤矿井下标准化建设

煤炭化学工业技术研究院员工开展浸润角测定仪使用方法及注意事项培训

煤制油化工质检计量中心员工进行分析化验工作

宁夏工业职业学院实训车间

水电分公司员工奋战在抗洪抢险一线，抢修汝箕沟供水管路

新闻中心神华能源报社记者深入神华国华宁电车间采访

天长民爆公司员工工作现场

煤化工产品全国客户大会

职工家属区“三供一业”管理职能交接仪式

井下防爆装置

标准化工作面

煤制油化工基地的“原料车间”

技能大师工作室挂牌

环保宣传

师带徒

自主研发的智能巡检机器人

神华宁夏煤业集团公司第二届职业技能竞赛

矿山生态环境治理效果明显

南湖湿地候鸟群

汝箕沟矿山治理及生态恢复

2009年10月1日，公司生产指挥中心正式投入使用

设施完善的电教室

职工图书阅览室

400万吨/年煤炭间接液化示范项目全景

金凤煤矿

梅花井煤矿

石炭井焦煤分公司

金家渠煤矿

烯烃二分公司装置图

烯烃一分公司装置夜景

石槽村煤矿

甲醇项目全景

炭基公司热动力厂厂区

红柳煤矿

双马煤矿全景

任家庄煤矿

羊场湾煤矿

大武口洗煤厂

石沟驿煤矿

乌兰煤矿

枣泉煤矿

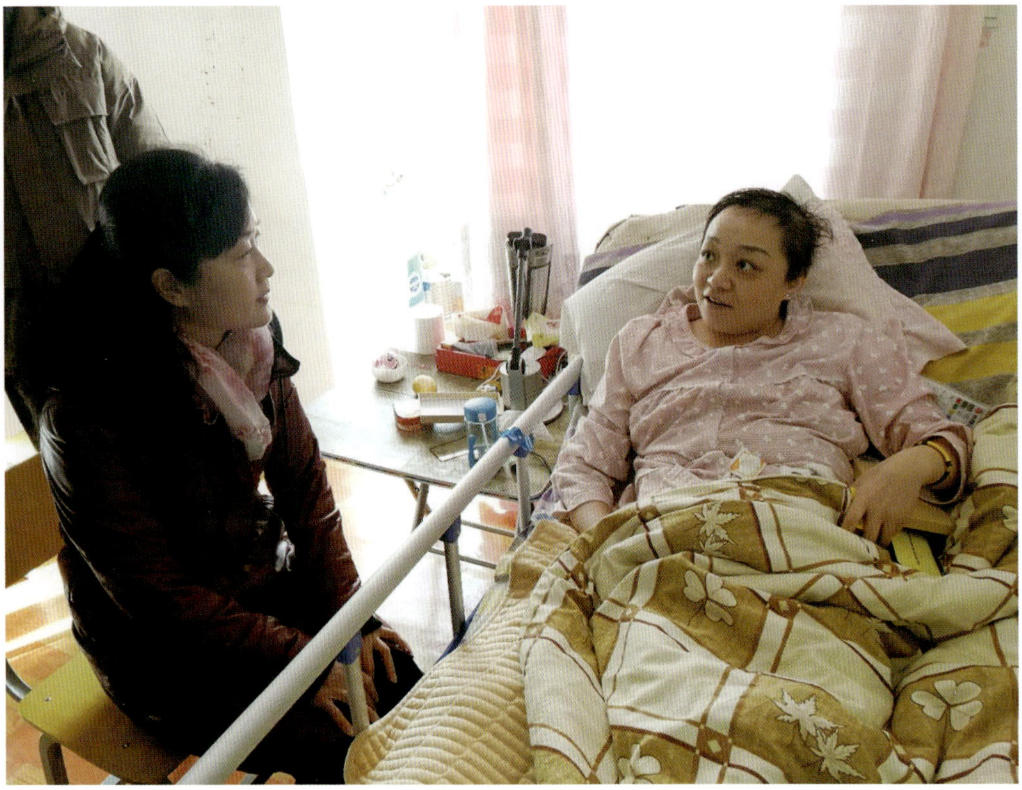

慰问患病职工

集团公司“金秋助学”座谈会

凡例

一、指导思想

《神华宁夏煤业集团公司志（2009—2018）》为2008年12月公开出版的首轮《神华宁夏煤业集团公司志》的续志。续志坚持以习近平新时代中国特色社会主义思想为指导思想，以“认识社会、传承文明、资政育人、服务社会”为指导方针，以先进的文化自信把握工作方向，坚持辩证唯物主义和历史唯物主义的立场、观点和方法，坚持求实存真的修志原则，按照《地方志工作条例》《地方志书质量规定》要求，系统记述2009年以来神华宁夏煤业集团公司改革开放、创新发展进程，力求思想性、科学性和资料性统一。

二、时间范围

本志上限始于2009年1月，有关章节适量上溯，以体现志书的承上启下作用，并保持记事的系统性和连续性。下限截至2018年12月。概述、领导简介、领导名表及有关章节下延至2019年。

三、地域范围

本志记述地域以神华宁夏煤业集团公司作业区域为主，相关内容，力求遵循历史，明确界限，越境不书。

四、体裁体例

本志“七体”兼备，以志体为主。大事记遵循编年，辅以本末，力求大事突出，要事不漏。志首图照适量，注重典型性、资料性、直观性。 志中表格简明，不与正文机械重复、志末附录以原始文献为主。编纂始末着重记述修志的意义、做法与经验。

五、结构章法

本志遵循“事以类聚”“类为一志”基本要求，结合科学分类与现实分工设置篇目，衔接前志，布局合理，结构严谨。 采取篇章节体，共设14篇65章233节。力求门类横排，史实纵述，力争做到不缺要项，不断主线。

六、文体文风

本志遵循“述而不论”章法，使用规范化现代语体文行文，力求严谨、朴实、简洁、流畅，标点符号、专业名词、计量单位、数字使用等，均执行国家现行出版物相关规定。概念表述力求准确具体，指代明确。 注重记事角度，处理交叉互见关系。志书纪年以公元纪年为准，个别出现历史纪年括注公元纪年。

七、资料来源

本志资料来源大体以档案资料和集团公司2009—2016资料汇编为主，个别源自《神华能源报》《宁夏煤炭工业志》《宁夏通志·工业卷·煤炭工业篇》及部门资料、口述资料。 注重与前志的合理衔接，注意对前志的拾遗补阙，相关数据来源于国家、省级统计部门和集团公司及所属单位、业务主管部门。文中数据一律用阿拉伯数字，并精确到小数点后两位。单位计量均执行国家规定的统一标准，如平方、立方、重量、公里等一律用汉字，不用英文和字母。

八、人物与集体收录标准

本志人物篇设传略、简介、名录、名表4个层次，遵循“生不立传”原则。人物传略以（2009—2018年在集团公司任职和工作）副厅（局）级以上已故的领导干部和已故的全国劳动模范为录入标准；人物简介以（2009—2018年在集团公司任职和工作）副厅（局）级领导干部、集团公司任命的副总师领导干部、机关部室正职领导干部、全国劳动模范、中国共产党全国代表大会代表、全国人大代表、全国政协委员为录入标准，只记简历，不作评价；人物、名录、名表以省部级以上劳动模范、先进个人，自治区党代会代表、自治区人大代表、自治区政协常委，全国“五一劳动奖章”获得者、科技重大成果发明者、享受全国及自治区政府特殊津贴人物，以及其他国家级荣誉人物、感动中国行业人物为录入标准。领导名表附于正文。正文涉及相关人物，遵循“以事系人、人随事出”要求。先进单位、先进集体名表从属于人物篇。

九、单位简介

单位简介限定于2018年底煤炭生产、洗选加工、煤制油化工、基本建设、能源工程、管理服务、文化教育、生活后勤实有单位。

十、特殊称谓

涉及企业驻地党政机关、建置、地名等，使用当时名称，部分括注今名。个别行政区划、党政机关、群团组织、企事业单位采用简称。如宁夏回族自治区简称“宁夏”或“自治区”、中国神华集团有限责任公司简称“神华集团”、神华宁夏煤业集团有限责任公司简称“神华宁煤集团”或“神华宁夏煤业集团公司”，又如神华宁夏煤业集团公司党委及其所属各单位党委、党总支、党支部，均为中国共产党组织机构简称，行文中简称“党委”“党总支”“党支部”。

目 录

CONTENTS

第二篇　煤炭地质

第一章　资源概况

第二章　矿区地质

第三章　煤炭资源储量

第三篇　基本建设

第一章　矿区设计

第二章　矿井建设

第三章　煤化工建设

第四章　安全生产事故

第五章　应急救援

第九篇　环境保护与生态建设

第一章　体制与管理

第二章　污染防治

第三章　生态建设及生态环境治理

第四章　节能减排

第十篇　科技创新与培训

第一章　科技创新工作

第二章　培训

第十一篇　社会保障与文化生活

第一章　社会保障

第二章　职工文体生活

第三章　民生与福利

第四章　医疗卫生

第十二篇　党的建设

第一章　组织建设

第二章　宣传思想工作

第三章　纪检监察

第四章　统战与民族工作

第五章　信访维稳

概述

宁夏回族自治区是全国五个少数民族自治区之一，地处中国西北黄河中上游，土地面积6.64万平方公里。截至2017年年底，全自治区辖银川、石嘴山、吴忠、固原和中卫5个地级市，青铜峡、灵武2个县级市，平罗、贺兰、永宁、盐池、同心、中宁、海原、西吉、隆德、泾源和彭阳11个县，以及银川市辖兴庆区、金凤区、西夏区，石嘴山市辖大武口区、惠农区，吴忠市辖利通区、红寺堡区，固原市辖原州区和中卫市辖沙坡头区共9个县级区。总人口681.79万人。

宁夏地处华北聚煤区西部，鄂尔多斯盆地西缘。区域构造处于华北地块和秦祁昆造山带两大构造单元衔接处：北部和东部与华北相同；西部南部与祁连山相似，奥陶系上统—石炭系下统具有祁连地层特征。宁夏区域内主要聚煤时期分为石炭世、早二叠世及中侏罗世3个。含煤地层有：晚石炭世土坡组、太原组；早二叠世山西组；中侏罗世延安组。主要含煤地层为太原组、山西组、延安组。

宁夏是煤炭资源富集省区，煤炭资源位居其他矿产资源首位。根据宁夏煤田地质局1991—2012年普查勘探提交的《第三次煤田预测报告》和2010年提交的《宁夏煤炭资源潜力评估报告》认定，宁夏所辖5个地级市、2个县级市、9个市辖区、11个县，除西吉、隆德、泾源、永宁4个县还未探测出煤炭资源外，其他各市县均有煤炭赋存。宁夏境内含煤地层赋存面积1.7万平方公里，占宁夏国土资源总面积的25.6%，比1959年第一次普查勘探的含煤赋存面积增加0.53万平方公里。煤炭资源地质赋存按属地划分为贺兰山、宁东、香山、固原四大煤田，31个采矿区。预计2000米以浅煤层资源远景储量2029亿吨，累计精查探明煤炭资源储量402.6亿吨，比1959年探明的314亿吨新增88.6亿吨。煤炭资源远景预测储量与探明地质储量分别居全国第五位和第六位，是全国煤炭主产区。

宁夏煤炭资源开发利用历史悠久，早在北魏时期，石沟驿、磁窑堡一带就有被民间称为“石炭”的燃煤流传于世。从唐朝开始，历代政权都在宁夏兴建官办煤矿，利用煤炭烧制砖瓦、制作瓷器、锻造兵器。延至明代，宁夏煤炭资源的开采已具规模，至万历年间，开采地域已拓展至今贺兰山煤田的汝箕沟、石炭井，石嘴山矿区，和香山煤田的窑山、上河沿和下河沿矿区。民国35年（1946年），除民办小煤窑外，宁夏省在汝箕沟、磁窑堡等地开办的官办煤矿大小有69个，年产量6万多吨。历代对煤炭资源的开发利用，为煤炭资源的大规模开发利用积累了经验，提供了借鉴。

中华人民共和国成立后，党中央、国务院高度重视宁夏煤炭资源的开发利用和发展建设。国家“一五”计划确定建设西北地区最大的煤炭工业基地，周恩来总理亲自领导指挥了贺兰山煤田的开发建设，建成了西北地区最大的焦煤基地——石嘴山矿务局、石炭井矿务局。到“八五”计划末，宁夏煤炭工业已形成煤炭生产、洗选加工、电力、煤炭深加工、机械制造、基本建设、勘探设计等多元产业并举开发，综合利用，循环发展的格局，成为宁夏国民经济的支柱产业。

进入21世纪，宁夏加快大型煤炭基地建设步伐，提高了煤炭规模化生产水平。以大型基地建设为契机，优化煤炭生产结构，推进产业集群和产业融合，提高资源回收率，淘汰落后产能。自治区党委、政府果断决策，支持煤炭企业持续健康发展。在治理整顿煤炭市场、保护煤炭资源的前提下，完整保留了煤炭资源，使宁东煤田成为全国少有的整装煤田，为宁夏煤炭工业规模化开发，调整优化产业产品结构，实施转型升级高质量持续发展留下了广阔空间。

宁夏作为国家内陆开放型经济试验区，其战略定位之一就是建设国家重要的能源化工基地，重点之一就是发展煤制油、煤制烯烃及下游精细化工。煤化工产业的兴起，为相关产业的发展提供了难得机遇。

2002年，自治区党委、政府围绕国家战略布局，深化煤炭生产经营体制机制改革，整合石嘴山矿务局、石炭井矿务局、灵武矿务局和宁煤（进出口）集团四大煤炭企业，组建宁夏煤业集团有限责任公司（简称宁夏煤业集团）。2003年，自治区党委、政府制定《宁东能源化工基地规划与建设纲要》，把宁东煤田的开发建设确立为推进宁夏工业化、城镇化进程，全面建设小康社会的“一号”工程，成立以自治区主席为组长的宁东能源化工基地开发建设领导小组，拉开了宁东煤田和宁东能源化工基地开发建设攻坚战序幕。

国家“十一五”计划纲要把宁夏确立为开发大型电厂的6个省区之一和“西电东送”的重要电源点，把宁东列为国家亿吨级大型煤炭生产基地、特大型能源化工基地和国家级循环经济示范区。2006年1月，自治区党委、政府以宁夏煤业集团的全部资产为合作投资条件，与中国神华集团有限责任公司（简称神华集团）共同组建了神华宁夏煤业集团有限责任公司（简称神华宁夏煤业集团公司或神华宁煤集团）。

神华宁夏煤业集团公司是集煤炭生产洗选、煤制油化工、煤炭深加工及综合利用、机械加工制造与维修、能源工程开发建设、房地产开发建筑等一体化开发，产运销一条龙经营的国有大型综合能源集团，是宁夏新型工业化领军企业。

从宁夏煤业集团公司到神华宁夏煤业集团公司的两次飞跃，使宁夏煤炭工业摆脱了计划经济的束缚，结束了多主体开发，资源分散、人力分散、管理分散，市场竞争困弱的局面，实现了大集团集约经营战略，建立了社会主义市场经济体系，开启了跨越发展的新纪元，迎来了宁夏煤炭工业10年“黄金期”，彰显出新世纪改革力度最大、投资最多、开发项目最多、发展最快、生态环境面貌变化最大，职工得到实惠最多的辉煌成就。

一

神华宁夏煤业集团公司依托资源优势，集人、财、物、技术于一体，围绕国家建设亿吨级煤炭生产基地、特大型能源化工基地和国家级循环经济示范区三大开发战略布局，以高起点、高标准、高质量、高效率、高效益为目标，扎实推进煤炭生产、煤制油化工、循环经济三大核心产业建设。

神华宁夏煤业集团公司拥有煤炭资源开采利用的绝对优势，在宁夏境内管辖开采贺兰山、宁东两大煤田，可开采利用的煤炭资源储量达310多亿吨，占宁夏可采利用储量的77.74%。

宁东煤田是国内少有的整装煤田，资源储量丰富，煤层厚度大，倾斜坡度小，大多数煤层埋藏较浅，地质水文构造相对简单，有利于倾井和露天开采。各煤矿分布于山区荒漠，开发建设不占耕地，便于煤炭生产和关联项目开发建设的合理布局，具备建设大型和特大型矿井及其关联产业的地理环境和地质水文条件。

2003年5月，宁东煤田现代化大型矿井群建设工程启动。宁夏煤炭基本建设公司、灵州建井工程处组成3000多人的矿建队伍，攻坚会战，先后建成了羊场湾煤矿、梅花井煤矿、清水营煤矿、麦垛山煤矿、红柳煤矿5座年生产规模1000万吨级特大型煤矿和枣泉煤矿、金凤煤矿等7对大型煤矿。2006年8月，羊场湾煤矿投入试生产，2007年突破设计能力，实际生产原煤1102万吨，成为西北地区第1座千万吨级特大型煤矿。2016年，宁东新建矿井全部投入生产，梅花井煤矿研发推广大倾角厚煤层复杂条件下综采机双面切煤，圆班切煤24刀，创造了日产原煤8.8万吨的国内纪录。宁东煤田形成了大型矿井群生产格局，煤炭生产具备了亿吨能力。

截至2012年，贺兰山煤田老矿区也完成了7对矿井的技术扩能改造，煤炭资源回收率提高了22%，焦原煤年产量提高了31%，焦精煤产量提高了40%，无烟煤年产量提高了41%。

2013年，围绕国务院区域性能源开发调整战略布局，国家发展和改革委员会批复内蒙古自治区《上海庙矿区总体规划（编修）》，将神华宁煤集团确立为上海庙矿区的开发主体之一，与中国双维投资公司合资开发上海庙矿区鹰骏、马兰、陶利等5个井田，设计年生产煤炭2500万吨及关联的煤化工项目，划拨可开采利用煤炭资源储量83亿吨。上海庙矿区也具备了国内少有的整装煤田条件。2017年，神华宁煤集团共有开采煤矿18处，露天开采采区4处，原煤产量完成6215.35万吨，商品煤销量达到6829万吨。全年完成营业收入169.25亿元，实现利润35.99亿元。

煤炭品种齐全，煤质优良，具备开发利用的独特优势和市场潜力。全国分类的14大类煤种，神华宁夏煤业集团公司有11类，其中“太西”无烟煤、主焦煤、褐煤、不黏结煤、肥煤、气肥煤是优势煤种。“太西”无烟煤以低灰、低硫、低磷、高发热量、高比电阻、高化学活性、高抗压强度、高精煤率、高块煤率的特性享誉海内外，称为“煤中之王”，出口17个国家和港澳台地区。贺兰山煤田北段的主焦煤和三分之一焦煤具有低灰、低（中）硫、高挥发分、高黏结度的特性。宁东煤田的不黏结煤以超低灰、超低硫、超低磷、高化学活性而著称，是国家鉴定的洁净煤环保产品，是煤化工、煤炭深加工、电力、工业动力的优质原料，也是西北地区最大的民用煤生产基地。上海庙矿区的焦煤、肥煤具有低灰、低硫、低磷、高挥发分、高发热量特性，是国内少有的炼焦配煤和造气煤，是煤化工、煤炭深加工、工业动力的优质原料。

2009年前，神华宁夏煤业集团公司有大武口洗煤厂、太西洗煤厂2个专业洗煤厂，金能煤业分公司、石炭井焦煤公司、灵新煤矿、羊场湾煤矿、清水营煤矿、梅花井煤矿、枣泉煤矿等矿都建有矿井型洗煤厂，洗选能力与矿井的生产能力基本匹配。同年2月，集团公司按照专业化管理的需要，将灵新煤矿、羊场湾煤矿、清水营煤矿、梅花井煤矿、枣泉煤矿等6个煤矿的洗煤厂从原矿井生产主体剥离，合并成立宁东洗煤厂。此后，石槽村煤矿、红柳煤矿、金凤煤矿、双马煤矿、羊场湾二分区洗煤厂陆续建成投产，各矿均建有与生产能力基本匹配的洗煤厂，其中红柳煤矿洗煤厂的洗选能力最大，年入洗煤炭达1600万吨，项目总投资4.16亿元。2016年2月，集团公司将宁东洗煤厂与大武口洗煤厂合并成立选配煤中心，当年实际选煤洗煤量达到5456.84万吨。

二

宁东能源化工基地建设实施高科技创新驱动、人才驱动战略，关联项目按规划依次启动。2005年初，宁夏煤业集团与德国鲁齐公司、美国诺沃伦公司签订煤化工装置技术、气化装置技术合同，组建以国内外专家为核心的科研团队，成立宁东能源化工基地建设指挥部，选拔国内设计队伍、建设队伍进入工作岗位。2005年4月，占地1457公顷的建设场地完成规划和充填平整。煤基甲醇，煤基烯烃、聚甲醛等关联项目先后动工兴建。2007年7月，甲醇项目竣工试生产成功，年底生产合格甲醇8万吨。2010年，煤化工装机容量7.5万千瓦的3个自备热电站并网发电。2011年，煤基烯烃、聚甲醛项目先后投入生产，标志着甲醇、聚丙烯、聚甲醛、烯烃主要产品生产流程全部打通。到2012年，煤化工主要产品批量生产，当年完成营业收入59.7亿元，实现利润4.15亿元。

2016年12月26日，煤制油项目打通全流程，合格油品问世，标志着宁东能源化工基地建设取得了决定性胜利。至2017年年底，煤制油产品产量达68万吨，其他煤化工产品产量达631.55万吨。煤制油品质优于石化炼油，其生产的合成油品具有超低硫、低芳烃、高十六烷值的特点，均优于“国5”与“欧5”标准，有利于降低二氧化硫、氮氧化物、碳氢化合物和颗粒物等污染物的排放，可有效降低城市空气污染，对推进油品质量升级作用明显。

随着煤制油项目的建成投产，神华宁夏煤业集团公司的发展重心发生了根本性的转移。在产业上，从以煤为主转移到以煤为基础，以煤制化工为主导；在数量规模上，以规模扩张为主转向价值创造、提升品质、做强做大并重；在管理上，从传统经验管理转向数字化、信息化、智能化精细管理；在技术上，从推广使用新技术转为自主攻关研发，创新输出；在人才上，从劳动密集型转向技术引领型；在产品上，从提供初级产品转向可提供高端润滑油、航空航天油品等高附加值产品。煤制油化工产业异军突起，为全面实现国家高科技创新战略和能源产业结构调整、升级布局创造了条件，为神华宁煤集团供给侧结构性改革和产业升级打下了坚实基础，为扩大中国煤炭加工转化领域的技术和产业优势开辟了新路，提供了经验。

建设宁东能源化工基地，开发煤化工产品是前无古人的新型事业，没有可借鉴的经验。神华宁煤集团扎实推进科技创新战略，加大科技投入，实施科技交流合作，以引进人才、培养人才方式，打造科技创新团队，连续组织科研技术攻关。广大干部员工发扬煤炭行业“特别能吃苦，特别能战斗，特别能奉献”的精神和石油化工行业“三志四严，四个一样”的作风，用“工匠”精神和蚂蚁啃骨头的精神，汇集众智、全员创新，攻克了气化炉频繁结渣、二套气化炉下降管变形、丙烯压缩机启动困难、发电机负荷低、空分装置水冷塔出口温度高等一系列技术难关，实施了聚甲醛装置提质增效技改项目，装置运行水平稳步提升，产能逐步释放，甲醇、聚甲醛产量连年攀升。

三

神华宁煤集团坚持科技兴煤、科技强企战略，实施创新驱动、人才驱动、智能驱动，外引内培，打造人才创新团队，运用新技术、新工艺、新材料、新装备引领宁东亿吨级煤炭生产基地、特大型能源化工基地和国家级循环经济示范区开发建设，取得了在复杂条件下宁东矿区千万吨级矿井群建井的成熟经验。自主研发实施倾斜中厚复杂煤层综采液压支架跟机移架，实现了工作面跟机自动化；研发实施软岩、富含水层井筒掘进采用人工冻结施工工艺，解决了清水营煤矿600米井筒大直径大垂深疏降水法凿井的技术难题；实施数字化矿山建设，推进了智能化开采和自动化生产，提高了单产单进效率；实施矿井技术装备升级，采用厚煤层综放、大采高综采工艺，薄煤层综采、掘进巷道推广（煤）岩巷快速掘进作业装备，提升了矿井装备的机械化、自动化水平。

2009年，羊场湾煤矿研究实施大倾角厚煤层6.2米大采高开采工艺集成技术，解决了高煤层综采一次性采高的难题。宁东矿区各洗煤厂原煤筛分系统全面推广使用高效节能弛张筛，实现了深度筛分和煤泥减量化生产，并在国内外首次利用物理洗选工艺实现超低灰无烟煤工业化生产。太西洗煤厂将机器视觉技术应用于重介选煤过程煤质在线分析，填补了国内外煤炭洗选质量监测空白。同时，推广应用超低灰无烟煤制备工艺与设备技术，超低灰纯煤年生产能力达100万吨。推广应用世界煤炭洗选加工技术，填补了国际市场超低灰纯煤产品短板，增强了中国煤炭产品在国际市场的竞争力，提升了“太西”无烟煤的国际地位。到2016年，神华宁煤集团采掘机械化程度分别达98%和85%，原煤产量达6366.21万吨，比2002年1497万吨增长4.25倍，实现了安全高效生产的发展目标。技术创新已成为神华宁煤集团新的经济增长点。

实施科技攻关，攻克重大技术难题。在煤制油项目关键节点的建设中，抓难点、抓关键，破解重大问题，完成年产50万吨甲醇制丙烯技术的大规模工业化应用，使神华宁煤集团成为甲醇制丙烯技术向国际输出转让收益的企业。研制新型国产化干煤粉气化组合烧嘴，解决了进口点火烧嘴点火不稳定、寿命短、水冷壁易烧穿等问题。通过开展聚甲醛工艺优化、生产过程质量控制、产品性能提升等研究，系统解决了聚甲醛产品质量问题。开发出聚甲醛棒材、板材专用料及聚甲醛抗紫外线助剂配方，达到国内领先水平。联合国内多家知名科研院所和制造企业，完成中科合成油费托合成及油品加工技术百万吨级工业化示范、10万标方/小时空分成套技术、大型压缩机和特殊流程泵等37项重大技术，完成装备和材料的国产化示范任务，突破了煤制油化工工程化及大型装备制造、成套设备集成领域的多项技术难题，为国家大型煤化工及IGCC发电等相关生产工艺提供了技术支撑。依托太西煤资源，开发新型碳基材料工业化关键设备与配套工艺技术，建成国内第一条单台炉588个产品道的大型斯列普活化炉生产线，首次实现了以超低灰无烟煤为原料冶炼绿质碳化硅及石墨化产品的工业化生产。研发应用的钢厂、电厂干法烟气净化用脱硫脱硝活性炭产品成功走出国门，受到韩国、美国、日本现代钢铁企业赞誉。

实施科研集成，突破攻关项目。截至2016年，神华宁煤集团累计投入科研经费16.7亿元，累计承担国家科技支撑计划、智能制造装备发展项目等国家级科研项目11项，承担自治区专项科技研发攻关23项。“大型煤矿液氮高效率防灭火技术研究与工程应用”“煤基烯烃工艺烃类副产物增值应用合作研究”等一批国家科技支撑计划项目通过验收。“无烟超低灰纯煤及其生产工艺”“煤矿井下水害防治与地质异常体探查定向钻进技术”被列入国家煤炭安全绿色开发、清洁高效利用先进技术与装备推荐目录。先后完成科技攻关项目170余项，研发强度由2007年的0.17%提升至1.63%。通过引进消化吸收再创新，开展了一系列关键技术攻关和重大科技工程示范，掌握了煤炭间接液化、煤制聚烯烃、煤制聚甲醛、煤制甲醇等现代清洁煤化工工艺技术，取得了一批高水平的创新成果。其中，省部级以上科技成果达81项，“宁东特大型整装煤田高效开发及深加工关键技术”等4项成果获得国家科技进步二等奖，“煤矿液氮防灭火关键技术与规模化应用研究”等16项成果获得省部级科技进步一等奖。自主研发的高性能MTP催化剂成功实现工业化运行，性能参数优于进口产品，价格较国外催化剂降低了30%。自主研发的单台日投煤2200吨全套干煤粉汽化技术被国家能源局列入《煤炭安全绿色开发、清洁高效利用先进技术与装备推荐目录》，先后向内蒙古伊泰集团、美国顶峰集团输出转让13台“神宁炉”气化技术许可。

科技专利稳步推进，知识产权快速增长。神华宁煤集团累计申请专利450项，获得授权专利267项。其中，发明专利38项，3项发明专利分别获第十六届、十七届、十八届中国专利优秀奖。“一步法”制二甲醚、气化炉组合点火烧嘴、催化剂失活再生等技术成果取得国家专利。编制发布神华集团企业产品标准2项，《煤基合成气中硫化氢、羰基硫、甲硫醇和甲硫醚含量测定气相色谱法》标准通过国家标准委员会煤化工分委会审查，填补了中国在检测煤基合成气中低含量硫化物标准的空白。

引进培养人才，建设高科技队伍。通过世界级煤制油化工基地的建设及运营，引进了一批高素质建设、运营管理和技术研发人才，煤制油化工板块已成为行业人才集聚的高地。实施青年英才开发工程，先后组建高产高效矿井建设技术、煤化工技术、智慧矿山技术研发创新团队。累计引进院士4名、院士创新团队成员45

名、进站博士3名，有92名专家长期开展技术支持和服务。高产高效矿井建设技术研发创新团队获自治区重大创新团队奖。大规模开展岗位培训，搭建科技专业人才培养成长、干事创业、发挥作用的平台，拓展科技专业人才发展空间，形成了一支专业齐全、素质较高的科技人才队伍。累计选聘高级专家4人、三级师542人、四级师3091人，聘任一级技能师7人、二级技能师56人、三级技能师33人。3名员工分别取得全国专利代理人和地方专利代理人资格证书。截至2017年年底，神华宁夏煤业集团各类专业技术人员占员工总数的15%，各类技能人才占员工总数的60%，直接从事科技研发的人员1589人。其中，享受国务院政府特殊津贴20人、自治区政府特殊津贴7人，2人被评为自治区“塞上英才”，13人入选自治区“313人才工程”或青年拔尖人才，8人入选“西部之光”人才培养计划。

四

神华宁夏煤业集团公司取得软件著作权4项，全国“两化融合示范企业”、煤炭工业“两化融合先进单位”“信息化先进单位”和自治区信息化工作先进集体。集团公司信息中心成立以来，建成了以光传输网络为基础，集数据、图像、语音传输于一体的“三网融合”综合网络平台，覆盖集团所有单位，为安全生产指挥、经营管理、银企互联及上传神华各种信息提供了稳定、可靠的信息高速公路；利用NGN软交换技术通信系统核心设备，为集团综合办公、安全生产、经营管理等各项关键业务、关键应用、关键系统提供数据保障。研发的集团IT管控平台，建立了集监测、调度、资产、门户一体的IT服务管理和运维体系，整合了集团的信息资源，实现了各矿的IT设备可视化监控和IT资产的全生命周期管控。建设了以集团公司总部为主会场，覆盖宁东、银北共50多个矿、厂、分会场的视频会议系统。完成了集团电视、电话、家庭宽带三大网络建设。成功开发并推广应用24个应用系统综合管控平台，统一业务数据标准与流程，实现了全面预算、人、财、物、产、运、销业务协同联动，提高了集团公司管理效益和工作效率，提升了企业核心竞争力。

2011年起，全力推进国家级重点项目智能矿山和智慧工厂建设，建设百万吨烯烃智能工作，着力打造煤制油化工“智慧基地”“智能工厂”“数字化车间”。完成金凤煤矿、金家渠煤矿智慧矿山建设项目，截至2017年底建设形成生产过程自动化智能控制、企业生产管理智能优化、企业生产运营智能服务三大平台，实现生产、安全、能源、设备、质量、绩效等十个核心系统功能的集成，打造国家级智能示范工厂，促进煤制油化工产业的有效升级和发展，努力打造成为行业内的示范工程项目。启动“内部市场化、全面绩效管理”等试点建设项目，整合物资流、工作流、资金流三大流程，实现业务纵向贯通，横向协同，促进生产执行能力、物资调配能力、资金统筹能力、项目管理能力、设备保障能力、决策分析能力同步提升和造业务管理与信息化的创新融合，激发企业内部活力，提升精益管理。

创建神宁信息技术品牌，自主研发的“员工之声信箱”等7个项目全面上线运行。煤炭计量系统研发实现从井口计量到装车发运全过程的自动计量；仓储APP系统，实现了宁东仓储中心库房管理人员的移动办公，提升了库管工作的精确化、高效化；煤炭预约销售系统实现了煤炭资源和司机掌上预约的实时发布、有序装车排队，有效杜绝倒号、无序排队等扰乱市场秩序现象。研究搭建了集团企业安全云平台、综合决策分析平台等，利用云计算、大数据等先进技术，实现资源统一规划、数据集成共享、网络高效利用，为企业安全生产经营管理智能决策提供支撑。

五

神华宁夏煤业集团公司始终坚持“安全第一，预防为主，综合治理”方针，树立“以人为本，科学发展，安全发展”理念，构建起集团公司安全监察局、矿（厂、分公司）安全监察处、科（站）三级安全监管体系，依据国家法律法规和自治区、神华集团公司加强安全生产管理的法规规定，制定预防自然灾害和生产操作等规章制度、实施办法和考核细则，构建安全检测系统，完善安全管理体系。建立安全管控长效机制，实施以法治矿、以法治企，强化本安体系建设与现场安全管理，强化煤矿安全装备与设施保障。具体按照国家建设煤矿井下避险减灾系统的要求，截至2014年底，投入资金、组建专业队伍，建设完善了煤矿井下避险减灾“六大系统”工程。结合各矿区实际，从机械装备、自然灾害防治、要害部位管理、煤化工安全治理、一通三防工程、装卸运输、职工培训等24个方面加大基础设施建设力度，构筑完善了安全基础设施15大系统保障工程。同时，注重安全责任落实，将常规管理与技术创新、质量标准化与本安企业建设、专业监管与群众管理、领导负责与企业管控、制度建设与责任落实、安全教育与安全培训、监察考核与问责奖罚等各个环节，贯穿到企业战略发展实施的全过程，为安全生产提供了全方位保障。

制定信息化建设总体规划，实施了《神宁煤业集团数字化矿山实施方案》，以矿井综合自动化为目标，着力打造智能化、信息化管理体系，提升生产指挥、安全管控网络。实施"监、管、控"于一体的数字化矿井建设，建立96000调度指挥服务台，完善了50多个矿、厂视频会议系统，完成了14对生产矿井、2个洗煤厂和13个洗煤分厂的生产调度指挥和安全监控系统，完善了枣泉煤矿、梅花井煤矿等10对大型矿井的综合自动化系统，实现了岗位作业、生产运输、安全隐患的智能化、信息化监控管理，极大提高了工作效率和安全生产水平。同时，加大安全投入，实施安全科技保障。持续开展液氮防灭火技术研究，技术水平和创新成果达到国际领先水平，实现了规模化推广应用，建成了羊场湾煤矿等6对液氮防灭火技术示范矿井。利用煤化工排放的二氧化碳进行矿井防灭火技术研究取得新突破。高瓦斯突出煤层群保护层开采与地面钻井抽采泄压瓦斯关键技术，为解决银北高瓦斯矿区的瓦斯防治提供了技术保障。

神华宁煤集团安全生产始终保持良好发展态势，位居全国同行业领先水平。各类事故大幅度减少，原煤百万吨死亡率呈阶梯式下降，2009—2013年连续5年实现无死亡事故。2015—2016年，原煤百万吨死亡率从2008年的0.13分别降到0.069和0.015 。金能煤业分公司、乌兰煤矿、白芨沟煤矿、灵新煤矿、枣泉煤矿、羊场湾煤矿、梅花井煤矿、清水营煤矿、任家庄煤矿、石沟驿煤业分公司等10家煤矿创新安全责任体系，落实精细化管理，实施安全科技与设施保障建设，连续10年实现安全生产无死亡事故。灵新煤矿连续15年保持无死亡事故。枣泉煤矿建矿以来，未发生过死亡事故，成为神华集团和全国煤炭行业的安全标杆。亘元房地产开发有限公司、太西洗煤厂、天长民爆器材公司、宁东能源化工基地各分公司，以及宁东铁路股份公司、能源工程公司等23个生产经营企业连续15年杜绝了重伤及责任事故。

六

神华宁煤集团在改革中创新发展，在发展中深化改革。依靠深化改革建立并完善现代企业制度，不断强化集约经营，把企业组成拳头，形成合力。依靠深化改革增强内在动力，实施全员创新，不断完善适应神华宁煤集团建设发展、生产经营、企业管理的运行机制，建立企业可持续发展的规则制度。依靠深化改革调整产业结构，优化资源配置，实施转型升级，追求经济效益更大化。

建立完善现代企业制度，强化全面管理。截至2017年底，神华宁煤集团有煤炭生产建设单位19个，煤制油化工生产建设单位19个，以及煤炭深加工、基本建设、机械制造、能源工程和矿山救护、物业管理、科技教育等专业化公司（单位）19个，机关职能事业部（室）16个，员工5.1万人，加上退休员工和家属近30万人。面对战线长、点多面广的复杂局势，神华宁煤集团以深化改革为动力，结合不同时期的中心任务，以健全管理制度，严格执行考核、优化管理机构、规范运行规则，堵塞管理漏洞为抓手，强化全面管理。运用科学、先进的管理理念和手段引领集团公司规范经营，科学发展。从2009年开始，各职能部（室）系统梳理修订执行15大类400多项规章制度，制定实施156个工种的岗位责任制和考核奖罚标准。把23项常规管理制度确立为干部员工的行动指南。推行责任对标，重点项目对标和专项对标相统一的管理模式，建立考核机构，实行目标考核，做到月度检验，季度考评，年终总结奖罚。把发展科学化、决策民主化、管理精细化、操作规范化、教育常态化、环境文明化、安全高效化的理念贯穿到生产经营、基本建设、安全生产、财务收支、人力资源、党的建设、职工教育、生态环境等全过程。完善定额标准体系，编制完成物资储备和单体液压支柱维修定额，补充煤化工、碳基工业、矿机制造定额标准。科学筹融资，通过中期票据转贷、银团贷款、金融租赁等组合融资，保障了资金需求，综合平均融资利率较预算降低0.77%。

推进专业化改革，实施专业化管理。从2009年开始，神华宁煤集团扎实推进专业化改革，整合资源，逐步实现精干高效的专业化管理。截至2017年，集团公司职能部门（室）由24个整合为16个，专业化公司（单位）由27个调整为19个，进一步提升了专业管理职能。突出成本管控、人力资源优化配置、煤化工安全清洁运行、安全生产控制指标等12个方面的对标管理，完善定额标准体系，实施物资供应、煤炭洗选等12个方面的专业化管理。做实"两金压控"工作，加大积压物资调剂和串换力度，盘活存量资产。清理工程委外施工队伍和人员，扩大转产分流员工安置岗位，收回自营292项，减少委外费用8.08亿元。选配煤中心清理闲置车辆，加大转运自营，完成煤场整顿，堵住了漏洞。开展全面法律风险管理体系建设，严格规范合同管理。规范招投标和工程、设计变更管理，通过强化专业管理。收到明显效果。

加大供给侧结构性调整，关停落后产能。从2014年开始，神华宁煤集团贯彻落实国务院煤炭、钢铁去产能工作部署，加大供给侧结构性改革力度。针对石嘴山、石炭井老矿区焦煤生产矿井、洗选煤厂因生产难度加大，煤质偏低、成本畸高，长期亏损的突出问题，组织专家学者进行调查评估，分析论证，果断关停了石嘴山、石炭井矿区焦煤生产矿井、洗选煤厂和宁东清水营煤矿，原煤生产去产能1200万吨，洗精煤去产能300万吨。集团公司成立关停转产领导小组，深入关停企业开展关停转产宣讲和员工分流安置工作。宁东各生产煤矿、煤化工、矿机公司、物资公司等企业合理安置转产员工9883名。同时，神华宁夏煤业集团公司党政班子调整发展思路，适时破解调结构、去产能、实现转型升级难题，强管理，挖内潜，打造新的经济增长点。以市场需求为导向，调整优化生产组织、生产系统和产品结构，释放无烟煤和优质动力煤产能，以品种和质量优势占领市场。2016年，无烟煤增产53.6万吨，优质动力煤增产312万吨。无烟煤块煤率提高21.9%，动力煤块煤率提高0.7个百分点。全年生产甲醇96万吨、聚丙烯92万吨、聚甲醛6万吨。煤制油项目稳定运行，产出柴油3.65万吨、石脑油1.75万吨、甲醇12.67万吨，产品质量全部达到国家标准。

强化监察审计工作，完善经济风险防控机制。建立“六统一”风险预控体系。加大行政和效能监察，强化重点领域、关键环节的监督。拓展审计领域，前移审计关口，开展财务收支、经济责任、重大建设项目跟踪审计、专项审计调查等工作，从物资采购、财务报销、工程项目决算等17个方面发现问题312个。加大审计问题整改力度，强化审计结果运用和转化。

调整绩效考核和薪酬分配机制，强化全员绩效管理。根据企业效益，推进“三项制度”改革，实施劳动组织优化配置，劳动力总量净减少3560人。制定60项提质增效措施，开展项目设计优化，压缩非安全生产性投资，发挥优势矿井和产品的提效作用。完善“五型企业”综合绩效考核办法，增强了考核的导向性。加强机关部门绩效考核，制定增加利润、降低成本、管控安全业绩指标，管理人员实施降薪，并改发工资为挣工资，督促职能部门加大管理力度。推广煤化工甲醇厂班组目标传导型绩效管理做法，收到显著效果。

神华宁夏煤业集团公司以新的观念、新的思路、新的机制、新的措施决策企业的全面管理工作，构建以战略发展目标为核心的科学的、先进的、精细化管理体系。坚持专业化分工、集约化管理原则，优化管理机制，配备专职人员，把管理决策、管理责任落实到区队、车间、班组和职工，做到月度跟踪、季度检查、半年考核、年末总评。各企业突出现代化标准管理，全面提升管理水平，突出精细化管理目标，强化制度执行力度，落实绩效考核责任，各项管理井然有序，彰显出企业科学发展，创新发展，高质量发展的生机活力。

七

神华宁夏煤业集团公司按照建设国家级循环经济示范区的战略要求，坚持科学发展、绿色发展理念，采取统筹规划、重点突破，内外协调、整体推进方式，精心打造循环经济产业链，构建资源节约、综合利用、生态文明、环境优美的新型产业群，全面实施循环发展。组建管理机构，优化建设队伍，制定整体规划、分片治理、重点突破、综合推进、全面提升的循环治理方案，把生态文明建设与环境治理保护作为职工群众的健康工程和企业可持续发展的效益工程，与生产经营同规划、同安排、同验收、同评价、同奖罚。

2009年以来，煤矸石利用项目实现了新突破，做法和经验在石嘴山市得到推广，使环境面貌改观，社会效益、经济效益显著。石嘴山、石炭井矿区以煤矸石为主要原料的水泥厂，石嘴山市与中国节能公司建设的2×8000万块煤矸石制砖项目，以及灵州2×13.5万千瓦矸石电厂、宁夏建材集团4亿块粉煤灰标准砖项目的固体废弃物综合利用率都达90%以上。多年堆积的24座矸石山、1600多万吨矸石全部搬迁铺垫到采煤沉陷区或用于市政工程、道路建设。大武口洗煤厂完成的石嘴山市大武口区东大门矸石山、“黑三角”绿化整治工程，通过了石嘴山市环保部门的验收。

矿井水、工业废水、生活污水治理净化突破历史发展“瓶颈”，14座矿井水和污水处理站建成投入运营，8座矿井水深处理和5座污水净化站月处理能力分别达6150立方和2480立方，可用于绿化种植浇灌和二次工业用水，仅此一项，每年减少CDP排放量900吨，节约水资源3000万立方。2011年，投资3.25亿元，完成鸳鸯湖矿区石槽村煤矿、红柳煤矿、麦垛山煤矿和马家滩矿区双马煤矿、金凤煤矿矿井水处理工程，建成南湖湾生态观湖区、大南湖生态观湖区和南湖农家乐生态旅游休息中心，总面积达1.34亿万平方米，库容水量9625万立方。矿井水经过净化处理利用，不仅减少了水资源流失，解决水环境污染问题，而且为临界群众营造了旅游娱乐、休闲度假环境，为周边农牧民提供了种植养殖业用水。

从2012年开始，神华宁煤集团贯彻落实习近平总书记“绿水青山就是金山银山”的科学论述，全面动员，人人参战，大搞植树造林，绿化美化矿区，净化区域环境。至2014年，神华宁煤集团102个绿化区、片、点完成绿化面积5948.58万平方米。完成石炭井、汝箕沟、磁窑堡、石沟驿老矿区沉陷区治理绿化。改造更新水道9000多米，架设电路3400米，改道新修公路21公里，煤矿沉陷区和露天剥采坑段充填换土176万立方米，种植各种树木265万株，建造花园76个。羊场湾煤矿、梅花井煤矿、灵新煤矿、枣泉煤矿、宁东能源化工基地等47个煤矿、厂、公司建成了花园式企业，23个矿、厂、公司被国家和自治区、神华集团树为生态文明建设和环境治理先进单位。宁东煤田开发基地、宁东能源化工基地通过了国家生态文明、环境管理体系认证。

八

神华宁夏煤业集团公司党委认真贯彻落实党的十八大、十九大精神，以习近平新时代中国特色社会主义思想为指导，党委坚持抓大事、管全局、把方向，加强党的建设，充分发挥各级党组织的集体领导作用，保证企业的科学决策和正确决策。先后制定实施《关于加强和改进党建工作的实施办法》《思想政治工作建设规划》《先进党组织建设考核标准》《员工队伍建设规划》，深入开展“先进党组织”“四好领导班子”“红旗党支部”“党员红旗岗”“六好区队”和精神文明、企业文化创建活动，全体员工的综合素质明显提升，先进单位、先进模范人物、先进事迹层出不穷，比、学、赶、帮热潮不断涌现。先后有258个基层党支部和262个基层区队、科室被树立为“红旗党支部”和“双文明建设先进集体”“安全生产标杆区队”，46个单位被树立为“党建工作先进单位”“思想政治工作先进单位”“安全生产先进单位”和“双文明建设先进单位”，72名副处级以上干部被评为全国、自治区优秀党务工作者、优秀思想政治工作者、优秀企业家和“五一劳动奖章”获得者。

党的十八大以来，神华宁夏煤业集团公司党委深入贯彻落实习近平总书记全面从严治党的重大战略思想，把党建工作的重点放在全面从严治党和反腐败斗争上，建立制度，明确责任，严肃考核问责，加大反腐败斗争力度。2016年，自治区党委、神华集团党组根据中共中央国有企业党的建设工作会议精神和《深化国有企业改革中坚持党的领导加强党的建设若干意见》规定，适时调整了神华宁煤集团党委书记、副书记等主要领导成员，党建工作呈现出新的气象。集团公司党委加强党的组织建设，调整基层党委27个，交流调整和选拔任用中层干部621人次，启动标准化党支部建设，扎实开展党员组织关系集中排查，重新纳入党组织正常管理党员413名。加大青年干部培养，对111名“70后”干部进行集中轮训。

截至2017年底，神华宁煤集团有党员20670名，有基层党委50个，党总支41个，党支部727个，在职党员干部12058人。集团公司党委贯彻落实党的十九大精神，以习近平新时代中国特色社会主义思想为指导，从加强政治思想教育入手，加强学习，提高政治站位，强化政治意识、大局意识、核心意识、看齐意识，坚持道路自信、理论自信、制度自信、文化自信，保证党的路线、方针、政策的贯彻执行，保证企业的政治方向。深入开展各类主题学习教育，不断深化“两学一做”学习教育制度化常态化，创新思想政治工作机制，采用多种形式，用党章和习近平总书记系列讲话精神教化干部职工队伍，凝心聚力，为企业打造人力团队。

落实民主集中制。关系企业发展建设、干部任用、职工利益的重大决策，事先调查研究，按民主集中制的原则，广泛征求意见，由党委集体讨论审定。矿、厂党政班子成员每月参加2次联席会议，对企业的重大决策沟通交流，形成决议。

强化“两个责任”。按照全面从严治党，加强党风廉政建设要求，扎实贯彻党内监督条例、党内政治生活若干准则和问责条例，严格执行中央八项规定，逐级建立“两个责任”清单。对46家单位116名党政负责人、纪委负责人进行了党风廉政建设约谈。强化重点领域监督，完成了4轮26家基层单位巡视，实施了17个重点审计项目，加大了内控审计力度和缺陷整改。严格案件查办，追责问责188名干部，对从严治党、从严管理干部队伍起到了警示作用。

扎实推进企业文化建设。总结宁夏煤炭工业60多年积淀形成的文化根脉，弘扬几代煤矿工人前赴后继、艰苦创业、开拓奉献精神，总结改革开放、科学发展带来的新变化，挖掘提炼新时代企业文化的深层次内涵，利用一切阵地，通过生动活泼的形式建设企业文化体系。连续开展企业文化创新年、提升年活动，树立国家富强、民族振兴、人民幸福的主人翁意识，增强只争朝夕、砥砺奋进、攻坚克难、创新发展的时代感和责任感，构建以诚实守信、文明和谐、创优争先、追求卓越为体系的具有神华宁煤集团特色的企业文化，培育了勇于负责、敢于担当的干部队伍和特别能吃苦、特别能战、特别能奉献的员工队伍，培育了企业的向心力、竞争力和综合实力。

九

从宁夏煤业集团到神华宁煤集团，16年来，集团公司把握企业发展大局，坚持可持续发展，创造了骄人的业绩，赢得了社会赞誉。宁东煤田实现了大型矿井群生产格局，具备了亿吨生产能力，为国家“十一五”规划确定宁夏向中南、华东、华北、西北地区供应煤炭的战略目标夯实了基础；宁东能源化工基地建设对宁夏优化产业结构、实现跨越发展，对神华宁煤集团逐步走向国际化起到了推动作用；基地的煤制油及系列产品实现了安全、稳定、清洁运行，为扩大中国煤炭加工转化领域的技术和产业优势，提升中国能源产业转型升级，确保国家能源安全开辟了新路，提供了经验；循环经济建设突破历史发展“瓶颈”，与煤炭相关联的电力、煤化工、煤炭深加工、瓦斯利用产业链形成规模；煤矸石、粉煤灰、煤泥发电、制水泥、制砖等项目建成投产；矿井水、工业废水、生活污水全部实现深化处理再利用，实现了综合利用，变废为宝；绿色能源、清洁能源建设步伐加快；多元产业在优化机构、创新驱动中从速度、规模向质量、节能、绿色、高效转型升级，煤矿火工品、机械制造、建材、建筑安装、勘探设计、旅游等产业实现了提质增效；铁路建设实现了历史跨越，连接宁东矿区、太阳山矿区500千米的铁路支线与包兰铁路、太中银铁路正线接轨，梅花井储装运中心及各矿、厂铁路专用线、站台于2012年全部投入运营，宁东矿区装运能力达6000万吨。兰州铁路局“神宁化工号”快运班列沿“一带一路”铁路快运网络把煤化工产品运往东部沿海一带，为煤化工产品打通了南北通道。宁东煤田铁路年储装运能力具备了1.5亿吨的条件，成为宁夏资源优势转化为经济优势的物流大动脉。

神华宁夏煤业集团公司经过两次联合重组，持续推进企业发展和经济增长方式转变，以煤炭产业为基础，形成了“煤电路”、煤化工产业发展领域，走出了一条具有神宁特色的变革创新之路，探索出一条由简单的资源输出到高技术、多联产、低碳经济、资源高效利用的新型工业化之路，实现了跨越发展、科学发展、和谐发展。经济效益屡创新高，迎来了黄金十年。原煤产量由1574万吨/年增加到7400万吨/年，营业收入由30亿元增加到340亿元/年，利润由1461万元/年增加到75亿元/年，资产总额由70亿元增加到800亿元；职工收入由1.4万元/年增加到8.7万元/年，年均增长22.5%。集团公司先后荣获全国文明单位、全国民族团结进步模范单位、全国“五一劳动奖状”、中国矿业十佳企业、全国煤炭优秀企业、西部开发优秀创业奖、中央企业思想政治工作先进单位、全国企业文化先进单位等荣誉。

党和国家领导人胡锦涛、习近平、温家宝、李克强先后深入宁东羊场湾煤矿、枣泉煤矿和宁东能源化工基地视察，慰问干部群众。习近平总书记先后两次到宁东矿区和宁东能源化工基地视察慰问，并在2016年7月19日视察宁东能源化工基地时发出“社会主义是干出来的”时代强音。2016年12月28日，在煤制油项目建成投产之际，习近平总书记又发来贺电，鼓励神华宁煤集团“再接再厉，精益求精，保证项目安全、稳定、清洁运行，扩大煤炭加工转化领域的技术和产业优势”。党中央的亲切关怀，习近平总书记的伟大号召，为宁夏煤炭资源开发利用，又好又快建设宁东能源化工基地，建设国家级循环经济示范区，坚持提高自主创新能力，实现资源优势转化为经济优势，加快宁夏经济、社会发展进步，全面建成小康社会指明了方向，确立了重大战略思想。同时，自治区党委、政府和神华集团把神华宁煤集团的建设发展作为战略重点，主要领导经常深入实地考察调研，现场办公，协调解决重大问题，为神华宁煤集团科学和谐、安全健康发展提供了组织保障。

近十年来，神华宁煤集团培育了思想政治坚强，作风扎实，技术过硬的员工队伍，在各部门、各岗位发挥了骨干带头作用。特别是青年工人踊跃参加岗位练兵和技术竞赛，带动了全员创新和群众性科技活动。通过劳模创新工作室、技术攻关小组、质量管理（QC）小组等群众创新创建平台，扎实推进“三新十小”、合理化建议征集、质量管理成果及青年创新创效成果评选等活动，充分发挥了技能人才、职工群众的集体智慧和创造潜能。累计建立劳模（技能人才）创新工作室100家、创新小组468个，有15个QC小组被评为国家级质量信得过班组，17项QC成果被评为全国优秀管理成果，19个创新工作室获得神华集团和省部级表彰奖励。技术创新成果获得国家奖励13项、自治区总工会奖励12项、神华集团奖励343项，累计创效7.4亿元。

近十年来，神华宁煤集团培育建设了一大批先进党组织和先进企业，从煤炭生产、能源化工、煤炭深加工、基本建设、多元产业等各个生产经营板块到物业管理、新闻宣传、后勤服务等各个领域、各项建设中树典型、立标杆，并以典型引路，带动全面，提升了整体素质。灵新煤矿、枣泉煤矿、白芨沟煤矿、焦煤公司、金能公司、太西洗煤厂等21个单位创新思想政治工作模式，深化企业文化建设，被国家和自治区、神华集团树为党建工作、思想政治工作及企业文化建设先进单位。羊场湾煤矿、梅花井煤矿、石槽村煤矿、天长民爆器材公司等单位，对标“五型企业”建设，强化全面管理，坚持自主创新，靠一流管理、争一流速度、保一流质量、建一流企业、创一流业绩，树一流形象的精神、作风，实现了企业全面发展进步。能源化工甲醇分公司、煤制油分公司坚持创新驱动、人才驱动、智能驱动，坚持外引内培，打造科技创新团队，实施大众创业、全员创新，成为神华宁煤集团人才引进、培养、输出的基地。灵新煤矿、枣泉煤矿成为神华集团和全国煤炭行业安全标杆煤矿。神华宁夏煤业集团公司工会创造性开展工作，把企业文化、精神文明建设渗透到区队、车间、班组和家庭，成为“全国模范职工之家”。

近十年来，神华宁煤集团实现了跨越发展、科学发展、和谐发展，也存在着短板与不足。高端科技人才缺少，制约着集团公司高科技开发、转型升级，高质量发展；多元产业发展不平衡，少数企业经营管理不善，长期不能扭转亏损局面，影响着全面发展；生态建设、环境保护政策体系不够完善，历史遗留问题解决难度大，已规划确定的一些重点绿化区域和环保项目进展缓慢，关停矿井露天剥采坑段自然生态未能彻底恢复，存在死角；安全风险源辨识，特别是复杂条件下安全隐患辨识能力不强，违章指挥、违章作业时有发生，反“三违”任重道远。

不忘初心、牢记使命。党的“十八大”以来，神华宁煤集团煤炭市场经济体制改革逐步深化，市场化程度和经济运行质量稳步提高；煤炭生产方式逐步转变，企业生产力水平提高；煤炭结构调整取得突破，经济发展方式得以转变；煤矿安全形势稳定好转，瓦斯治理和关闭整顿取得成效；环境治理和矿区生态建设长足进步。党的十九大以来，集团公司党委坚持以习近平新时代中国特色社会主义思想为指导，全面贯彻落实党的十九大精神，落实自治区第十二次党代会精神，履行企业主人翁责任，发挥机关“火车头”作用，以国家和自治区、神华集团的经济发展大局、总体规划为根本经营目标，坚持改革开放，坚持科学发展，为国家创造财富，为社会奉献能源，为人民谋取幸福。近期目标任务：到2020年，煤炭产量将达到1.3亿吨，煤化工产品产量将完成10000万吨，将宁东矿区建成国家亿吨煤炭生产基地，将宁东建成以煤制油为龙头的世界一流能源化工基地和国家级循环经济示范区。神华宁夏煤业集团公司将继续为宁夏实现经济繁荣、民族团结、环境优美、人民富裕，与全国同步建成全面小康社会目标，贡献新的力量；为决胜全面建成小康社会，夺取新时代中国特色社会主义伟大胜利，作出新的贡献。

大事记

2009年

1月

4日　集团公司召开安全管理体制调整集体谈话会。会议决定撤销宁东、太西两个安全监察分局，由集团公司安全监察局对各煤矿安监处垂直管理。

9日　集团公司太西洗煤厂煤炭超纯制备工艺与设备研究成果荣获国家科技进步二等奖，该项成果填补了国际市场空白。

12日　集团公司引用的德国西门子燃料气化专有设备——2号气化炉成功吊装，标志着煤基烯烃项目设备安装进入实质性阶段。

16日　集团公司羊场湾矿井工程建设荣获2008年度鲁班奖，填补了全国煤炭建筑行业、神华集团建筑行业及宁夏建筑行业的历史空白。

2月

2日　自治区党委召开第五次常委会议，就《沿黄城市带发展规划》、集团公司2009年工作安排等5个议题进行研究。

5日　集团公司在羊场湾煤矿首次使用C80煤矿专用敞车。该专用敞车的使用，提高了集团公司煤炭外运的能力，为稳定大秦线运输货源、扩大西煤东运量增添力量。

6日　集团公司在羊场湾煤矿举行准军事化管理启动仪式。

是日　集团公司宁东洗配煤中心成立，着手对各矿井、公司配套建设的洗配煤厂（中心）进行整合。

9日　集团公司大武口洗煤厂石嘴山分厂生产的洗精煤装车起运外销。该厂设计生产能力为400万吨/年。

11日　集团公司与神华宁夏国华宁东发电有限公司签订集团公司宁东矸石电厂转让协议。宁东矸石电厂转让，既利于集团公司突出主业，也有益于国华电力进入宁夏电力市场。

16日　自治区总工会以集团公司阳光艺术团为基础组建的宁夏总工会文工团正式挂牌成立。

17日　集团公司荣膺自治区人民政府颁发的宁东建设特殊贡献奖。

22日　集团公司烯烃项目“第一塔”吊装成功。该塔（MTP装置C3分离塔）直径8米，总高100.3米，约2042吨，是烯烃项目乃至宁夏规模最大的化工设备。

24日　经中国银行间市场交易商协会批示，集团公司发行30亿中期票据成功通过注册。

3月

3日　羊场湾煤矿综采二队两个月累计生产原煤104万吨，刷新了宁夏煤炭行业国有综采设备单机单面新纪录。

5日　集团公司正式启动科学发展观教育实践活动。

7日　83万吨二甲醚核心设备气化炉运抵宁东化工基地。

10日　神华集团召开现场安全办公会，研究解决乌海和集团公司银北地区煤矿安全生产存在的问题。

是日　宁东化工基地83万吨二甲醚项目建设的电力枢纽——110KV总变电站一次投运成功。

20日　集团公司提出用五年时间建成两个基地、形成四大板块，到2013年集团全年营业总收入达到500亿元以上，利润突破50亿元，经济总量比2008年翻一番、企业效益翻一番的目标。

27日　集团公司颁布2009年节能减排目标，即：节能4.1万吨标准煤；万元产值综合能耗1.12吨标煤/万元，较2005年下降46.63%；二氧化硫减排141吨，COD减排43吨。

4月

2日　集团公司煤化工公司烯烃项目MTP装置“第二塔”——脱丙烷/DME吸收塔顺利吊装到位，标志着烯烃项目MTP装置超大件吊装接近尾声。

8日　集团公司与上海宝山钢铁股份有限公司签订煤化工项目钢铁产品供货战略协议，确保煤化工项目所需钢材及时供应。

22日　集团公司太阳城迁居项目启动，该项目总投资20.5亿元，惠及1600多户近5万名员工。

27日　集团公司宁东洗煤厂在宁东基地正式挂牌成立，下辖7个洗煤分厂和两个检修中心。

5月

8日　宁夏天长民爆器材有限责任公司迎来建企50周年。该公司建立4条生产线21个系列产品的生产规模，炸药生产能力达1.85万吨，成为全国有亮点的民爆企业。

9日　集团公司定额体系建设编制工作启动。

13日　任家庄煤矿项目通过自治区发改委、国资委等单位组成的项目竣工验收委员会及专业验收工作小组的验收。

是日　马家滩、积家井矿区总体规划环境影响报告接受国家环境保护部环境影响评价司，以及自治区、银川市、吴忠市环保等部门的专家评审。

20日　集团公司召开物资供应专业化恳谈会，以推进物供专业化进程。

21日　“首届中国·宁夏能源发展暨校企合作高峰论坛新闻发布会”在银川举行，国内外专家学者就能源和化工产业的发展战略及发展方向进行研究探讨，就宁东化工能源基地发展出谋划策。

23—24日　集团公司信息化总体规划通过专家审查。专家认为该规划为集团公司的信息化建设提供了整体解决方案，对宁夏乃至西部地区企业信息化建设具有重要的示范作用。

6月

10日　集团公司煤炭销售完成2094万吨，提前20天完成上半年煤炭销售计划。

19日　以“应对挑战、基地战略、校企合作、跨越发展”为主题的“首届中国·宁夏能源发展战略高峰论坛”在银川举行，国际国内知名企业负责人共400人参加。集团公司与上海交大就合作开发利用新能源达成共识。

27日　集团公司决定，宁煤基建公司相关业务分别划入能源工程公司、亘元房地产公司和物业服务分公司管理。

28日　《华夏能源报》荣膺“影响中国十大行业媒体”。

30日　羊场湾煤矿综掘一队掘锚一班荣获2008年度全国“安康杯”竞赛优胜班组称号。

7月

1日　宁东矿区黄河水工程第一标段正式开通，实现了对梅花井煤矿的简易供水。

2日　石沟驿煤矿技改项目通过自治区经委等部门组成的项目竣工验收。该项目计划规模90万吨/年，概算投资23430.61万元，节省投资4121.89万元。

4日　在全国矿山救援队伍经验交流会上，集团公司矿山救护总队荣获“全国青年安全生产示范岗”称号。

是日　大武口洗煤厂金能分厂铁路专用线与国铁包兰线正式接轨，为集团公司1/3焦煤走出宁夏、走向全国打开了通道。

16日　集团公司烯烃项目动力站3号锅炉油枪点火装置顺利启动，比原定节点计划提前两天。

18日　“集团公司6万吨/年聚甲醛EPC总承包合同签字仪式”在银川举行。

26日　集团公司年产83万吨二甲醚项目A#空气分离装置空气压缩机一次冲转成功，二甲醚项目气化投料运行进入倒计时。

27日　集团公司以净资产收益率和营业收入增幅第一名的优异业绩获得2008年度宁夏国有企业经营业绩“跨越杯”。

29日　西北最大的煤矿瓦斯发电项目——汝箕沟矿区瓦斯发电厂正式并网发电。

8月

2日《集团公司节能技术标准体系》编制完成，33份节能技术标准对有效开展节能监测工作及资源节约具有重要意义。

18日　四川经贸代表团来访，与集团公司就建立长期稳定的煤炭供给合作关系进行会谈。

19日　集团公司发放“金秋助学”助学金，对700名员工子女的资助金额达33万元。

20日　国务院国资委维稳信访督导组在集团公司检查时指出，国企应借鉴集团公司维稳信访工作的好经验。

是日　枣泉煤矿12106大倾角综采工作面投入双班

生产。该生产面属宁夏首例大倾角工作面，填补了这一领域综合机械化开采的空白。

是日　灵武矿区水电分公司实现安全生产12周年。

23日　《集团公司劳动纪律管理办法（试行）》颁布执行。

28日　6万吨/年聚甲醛项目开工。

9月

3日　灵新煤矿被确定为宁夏首个企业文化调研基地。

是日　集团公司与中国建设银行宁夏区分行签订波兰政府8500万美元贷款转贷协议。

是日　清水营煤矿铁路装车系统投入运营。

6日　中共中央政治局常委、全国政协主席贾庆林视察宁东能源化工基地煤化工项目建设情况，强调集团公司要充分发挥煤化工项目建设的典型示范作用，尽快将资源优势转化为经济优势，在发展煤化工项目的同时加强生态建设和环境保护。

8日　宁夏首套煤矿清仓自动脱水设备在羊场湾煤矿投入使用。

16日　羊场湾煤矿入选新中国六十周年“百项经典建设工程”。

18日　集团公司二甲醚项目如期产出高质量氧氮气。

21日　集团公司与唐山钢铁公司商谈建立战略合作伙伴关系。

22日　宁夏工业职业学院通过国家二级安全培训资质复审。

是日　集团公司与中国石油宁夏销售分公司达成24小时不间断供应油品协议。

29日　在第五次全国民族团结进步表彰大会上，集团公司白芨沟煤矿荣获“全国民族团结进步模范集体”称号。

10月

1日　集团公司安全生产指挥中心大楼启用，并入驻办公。

2日　集团公司首次为百对新婚夫妇举行“花绽神宁”集体婚礼庆典。

4日　石炭井焦煤公司举行“下迁工程安置分房仪式”，与首批迁居的132户工病亡遗属、离退休老员工签订“迁居安置协议书”。

6日　灵新煤矿五采区L5115风巷降标高巷道探放水工程钻孔进度连续达150米，成为建矿20年来的第一钻，打破了集团公司探放水工程施工进度纪录。

24日　集团公司83万吨/年二甲醚项目一期工程总体试车方案通过自治区发改委、环保厅、安监局等部门，以及国内科研机构和化工行业权威的专家组审查。

27日　自治区国资委党校、集团公司党校挂牌，全区国有企业基层党组织负责人第一期培训班开班。

是日　集团公司与寰球工程公司签订战略合作协议，就集团公司煤化工项目的合作达成共识。

30日　国家矿山救援宁煤基地揭牌。

11月

5日　能源工程公司承建的宁夏矿山安全实验室通过竣工验收。

是日　国奥投资集团董事长张敬东一行到集团公司考察访问，双方就房地产开发方面的相关事宜进行交流。

13日　集团公司“长距离大孔径定向钻孔高效抽采瓦斯技术研究”和“灵武矿区极易自燃煤层自然发火规律及监测预报技术研究”两个项目通过中国神华能源股份有限公司科技发展部专家组验收和鉴定。

17日　羊场湾矿原煤产量达到1654万吨，提前15天完成了全年任务，生产能力位列西北第一、全国前第五位。

20日　集团公司技术委员会设计审查中心在能源工程公司成立。

28日　集团公司荣获“全国企业职工教育培训先进单位”称号。

是日　枣泉煤矿通过国家煤矿安监局“双百工程”（在全国建立100个瓦斯治理示范县和100个瓦斯治理示范矿井）验收。

30日　集团公司被授予“中国企业培训示范基地”称号，灵新煤矿被中国成人教育协会企业教育专业委员会评为全国创建学习型企业示范基地。

12月

1日　自治区总工会授予集团公司“宁东能源化工基地主力军、争创先锋号优秀组织单位”和2009年“全区职业技能大赛先进集体”称号。

是日　集团公司煤基烯烃项目空分装置1号汽轮机单机冲转成功。

2日　煤化工基地配煤中心一期工程建成投用。

3日　首部《神华宁夏煤业集团志》出版发行，全书共分五卷，历时两年半编纂完成，共计410万字，记录了宁夏煤炭工业52年的发展历程。

4日　集团公司节能技术研究项目通过自治区专家组验收。

10日　集团公司定额体系建设项目完成初审。该项目系集团公司2009年精细化重点工作之一，由集团公司和中国矿业大学（北京）联合完成。

13日　集团公司“西部高瓦斯突出煤层群保护层开采与地面钻井抽采卸压瓦斯关键技术”项目通过自治区科技厅专家组鉴定。

14日　太西炭基工业公司成立，将宁煤活性炭公司、太西电力公司、水泥公司划归太西炭基公司统一管理。

15日　羊场湾煤矿综采一队生产原煤1028万吨，创造了西北煤炭行业综采工作面日产、月产最高纪录。

17日　煤化工分公司“年产40万吨煤制二甲醚间接一步法新工艺技术开发”通过自治区经信委专家组验收。

18日　集团公司信息化建设项目通过国家发改委验收。

22日　由集团公司捐资修建的盐池县冯记沟乡4.6公里村级公路投入使用。

24日　集团公司煤炭产量突破5000万吨大关，提前7天完成全年决战目标，比上年增产1137万吨，产能跃居全国第五位。

28日　集团公司确定2010年计划目标：煤炭产量计划为5500万吨，奋斗目标为5800万吨；商品煤销量计划为5200万吨，奋斗目标为5500万吨；营业收入力争突破200亿元，利润实现30亿元；固定资产投资计划126亿元，力争完成140亿元；安全实现百万吨死亡率为零。

30日　集团公司选送100名中层管理人员到清华大学接受工商管理脱产培训。

2010年

1月

7日　集团公司决定，对全年无死亡事故的一类生产单位一次性给予120万元的奖励。

12日　集团公司确定2010年四大工作目标：一是打好安全生产翻身仗；二是完成原煤6000万吨生产目标；三是完成50亿元利润目标；四是完成140亿元的基本建设投资目标。

21日　集团公司与乌海能源公司签署《战略合作意向书》。依托神华集团大销售、大市场平台，携手共迎生产经营中的挑战，真正实现优势互补、共同发展。

2月

25日　中共中央政治局常委、国务院副总理李克强在宁东化工基地考察时强调，要坚持走新型工业化道路，大力发展循环经济、绿色经济，加强资源节约和环境保护，不断提高经济增长的质量和效益。

是日　马家滩矿区总体规划获得国家发改委核准批复。

3月

12日　内蒙古自治区人民政府、宁夏回族自治区人民政府、神华集团、中国烟草总公司在北京签署内蒙古上海庙矿区煤炭资源整合开发合作协议。由神华集团、中国烟草总公司组成主体开发内蒙古上海庙矿区东部区块煤炭资源。

是日　集团公司将综采安装队和特种车队从灵州建井工程有限公司整体划转，组建成立综采安装分公司。

22日　中共中央总书记、国家主席、中央军委主席胡锦涛在宁夏考察工作期间，专程考察了集团公司采煤沉陷区治理工程——锦林小区。胡锦涛对神华集团带动地方经济社会发展的表率示范作用和集团公司的巨大变化，以及宁东基地建设的进展给予了肯定。

4月

25日　自治区召开庆祝“五一”国际劳动节暨模范集体和劳动模范、先进工作者表彰大会，汝箕沟煤矿被授予“自治区模范集体”称号，金能煤业分公司宋兆贵、羊场湾煤矿蒙鹏科、乌兰煤矿苏学辉被授予“自治区劳动模范”。

30日　集团公司年度投资数额最大的第一个安全技术改造项目——石炭井焦煤公司矿井安全技术改造工程正式开工。

5月

1日　集团公司投资1.5亿元治理羊场湾煤矿地热灾害工程正式启动，项目总工期17个月。该项目的实施将解决多年困扰羊场湾煤矿井下地热问题。

5日　武警宁夏总队官兵煤化工基地驻训欢迎仪式在煤化工分公司举行。

9日　集团公司与浙江物产集团签署战略合作框架协议，强化煤炭、煤化工产品的供应链合作，同时带动物流、金融和信息方面的合作。

12日　集团公司向贺兰县捐赠新农村建设支持资金30万元。

是日　集团公司亘元地产太阳城80万平方米迁居工程项目启动。

是日　集团公司荣获宁夏慈善突出贡献企业奖，宁夏煤炭职工扶贫济困基金会荣获优秀公益组织奖。

17日　煤化工分公司60万吨/年甲醇项目精馏装置正式产出合格精甲醇，纯度大于99.85%，达到美国AA级标准，标志着该项目全面进入联合试生产阶段。

28日　《华夏能源报》创刊40周年座谈会在银川举行。

30日　金能煤业分公司举行安全技术改造工程开工典礼。这是继石炭井焦煤公司矿井安全技术改造项目及石嘴山矿区联合技改后的又一次综合性的安全技改工程。

6月

10日　集团公司召开总结表彰大会，对优秀班组长、优秀班组、班组建设先进区队、班组建设先进单位以及“十佳班组长”进行表彰。“十佳班组长”每人获得一辆小轿车奖励。

25日　集团公司83万吨/年二甲醚项目一期工程水土保持设施，通过自治区水利厅水土保持局等单位的领导、专家组成的验收小组验收。

7月

15日　煤化工分公司烯烃项目首套空分装置成功产出合格氮气氧气，氧纯度为99.95%，氮纯度达99.99%。

20日　自治区召开全区节能降耗工作会议，集团公司第二次被评为节能降耗先进企业，获得政府奖金80万元。

23日　在国家能源局举办的2009年度国家能源科技进步奖颁奖大会上，集团公司“大倾角复杂特厚易燃煤层6.2米大采高开采集成技术研究”科技创新项目荣获国家能源科技进步奖二等奖。

8月

12日　清水营煤矿一期建设项目通过宁夏建设工程质量监督中心站专家组评定，同意移交投入使用。

20日　石槽村煤矿副立井提升系统联合试运行通过集团公司验收，该副立井为全国煤矿在用的第一大立井，为全国注浆与井筒掘砌平行作业提供了经验。

27日　集团公司为下马关镇二、三村生态移民捐赠170多吨价值58.7万元的大米及面粉。

28日　集团公司煤化工分公司年产60万吨甲醇项目25兆瓦发自备电厂并网发电。

9月

10日　集团公司矿山救护总队在第八届全国矿山救援技术竞赛中获得团体全国二等奖第三名的好成绩，并荣获“全国青年安全生产示范岗”称号。

12日　中共中央政治局常委、全国人大常委会委员长吴邦国视察宁东能源化工基地建设情况，对宁东能源化工基地生态建设、环境治理等情况表示满意。

14日　集团公司与西门子（中国）有限公司签署西门子GSP气化炉装配制造和供货合作备忘录。

15日　2010中国能源化工“金三角”发展战略高峰论坛在银川举行，与会专家学者就中国能源化工“金三角”地区（宁夏宁东、内蒙古鄂尔多斯、陕西榆林）的规划发展与交流合作论证。

30日　集团公司荣获“高校毕业生就业见习国家级示范单位”称号。

10月

4日　集团公司煤基烯烃项目MTP装置投料试车，成功产出纯度99.69%丙烯产品，标志着全球首套甲醇制丙烯工业化核心技术在中国成功应用，在世界上率先开创了一条煤炭经甲醇生产丙烯的全新技术路线。

9日　年产60万吨甲醇项目按照国家关于建设项目安全设施“三同时”的要求完成了项目设计、建设、试生产阶段的各项工作，并经过自治区安监局专家评审。

13日　集团公司清水营煤矿环境保护通过国家环保部环评估验收。

21日　集团公司召开宣传贯彻《国务院关于进一步加强企业安全生产工作的通知》［国发〔2010〕23号］文件，并制订了宣传方案。

31日　新闻媒体聚焦宁东能源化工基地见面会在银川召开，来自人民日报等6家中央驻宁媒体及宁夏日报等3家地方媒体和宁夏新闻工作者协会负责人、记者共28人参加了会议。

11月

6日　集团公司一届三次职工代表大会审议通过了集团公司《行政工作报告》《职工教育培训工作报告》《财务预决算及业务招待费使用情况报告》《集体合同履行及一届二次职代会提案落实情况报告》。会议选举产生了集团公司职工董事和职工监事，选举产生了集团公司职工代表大会专门工作委员会。

11日　宁夏煤炭开采及煤化工院士工作站暨集团公司院士工作站启动仪式在银川举行，全国煤炭和煤化工领域领军人物——中国科学院宋振骐、万立骏院士成为第一批入站院士。

是日2010年煤炭企业家高层论坛暨行业表彰大会在北京召开，集团公司荣获中国煤炭工业协会科学技术一等奖2项、二等奖1项、三等奖1项。

20日　灵新煤矿实现矿井安全生产5000天。

24日　太西洗煤厂荣获“2009年度煤炭工业全国十佳选煤厂”称号。

30日　羊场湾煤矿综采一队Y120203工作面单机单面月产突破80万吨，再创宁夏煤炭行业单机单面月产新纪录。

是月　灵新煤矿被中国煤炭工业协会授予特级安全高效矿井称号。

12月

2日　集团公司“五型企业”建设和文明单位创建检查工作正式启动。

14日　自治区召开创先争优活动经验交流会，集团公司现场作了交流发言。

16日　集团公司邀请来自山东省、陕西省等区域市场的14家重点用户，就2011年无烟洗精块煤供货签订了合同。

23日　集团公司邀请土耳其国家艺术团在宁夏人民会堂举行音乐舞蹈晚会，向全区各族人民表达新年祝福。

24日　集团公司召开2011年全面风险管理报告工作会议，回顾启动风险管理工作以来所做的主要工作，部署编报2011年全面风险管理工作。

29日　集团公司原煤产量累计突破6000万吨大关，达6006万吨，再创原煤产量历史新高。

30日　在全区工业和信息化工作会议上，集团公司获“全区信息化和工业化融合先进企业”殊荣。

31日　50万吨/年烯烃项目四合一装置产出精甲醇，产品质量达到GN338-2004优等品标准。至此，项目工艺流程全面打通。

2011年

1月

1日　集团公司外网英文版正式上线运行。

7日　集团公司提出2011年扩大四项成果：一是原煤生产力争实现7000万吨；二是安全生产杜绝较大以上责任事故的发生，努力实现安全生产更长周期；三是扩大产运销成果，商品煤销售努力实现6610万吨；四是扩大发展成果，安排22个基本建设和技术改造项目，努力实现投产矿井达产和已建成煤化工项目稳定运行。

10日　太西洗煤厂“太洗”牌无烟煤第三次荣获宁夏名牌产品称号。

11日　神华集团银川审计中心成立并举行挂牌仪式。

17日　宁夏亘元·万豪酒店合作签约仪式在银川举行。

19日　集团公司教育培训中心成立。

2月

10日　集团公司与新疆哈密地委就“疆煤进宁”进行磋商。

19日　集团公司在宁东煤化工基地召开集团公司6万吨/年聚甲醛项目总体试车方案审查会。

21日　神华首个综采有轨安装新工艺在枣泉煤矿成功应用，为大倾角工作面快速安装探索了一条变革之路。

3月

9日　截至当日，灵新煤矿实现安全生产14周年，累计生产原煤3710万吨，创造了神华集团和宁夏矿井安全生产最长周期，安全生产位居全国国有重点煤矿前列。

19日　灵新煤矿荣获国土资源部首批国家级绿色矿山建设试点单位称号。

30日　大峰煤矿技术改造工程正式开工启动。

是月　截至当月，宁夏首支千万吨区队——羊场湾煤矿综采一队一季度共生产原煤295万吨，日产突破4.5万吨，月产最高达106.9万吨，消灭了轻伤及以上事故，再创宁夏煤炭行业原煤产量新纪录。

4月

12日　集团公司举行党建研究会常务理事会暨创先争优活动特色亮点经验交流会，通报党建研究会第四届理事会成员建议名单和2011年度研究课题。

16日　新宁（中卫）能源化工基地总体规划审查会在银川召开，区内外专家从战略定位、发展思路、产品市场等方面提出了具体意见和建议。

26日　在宁夏节水型社会建设工作会上，集团公司荣获“全区节水型社会建设先进单位”称号。

28日　50万吨/年煤基烯烃项目产出终端合格聚丙烯产品。

5月

6日　集团公司董事会2011年第一次会议审议通过了有关议案。

11日　集团公司在灵新煤矿召开生产本质安全体系建设现场推进会暨5月份安全办公会议。

12日　集团公司向宁夏慈善总会捐款500万元。

17日　中国机电出口产品投资公司与集团公司就节能减排和环保方面的合作初步达成战略合作意向。

28日　集团公司6万吨/年聚甲醛项目甲醛制备装置一次投料成功，生产出的甲醛浓度达37.63%，符合工艺要求。

30日　以“科学细化、本质对标、深入查找、比学赶超、持续提高”为主题的神华集团煤炭板块成本管理对标会议在集团公司会议中心召开。

6月

13日　中共中央政治局常委李长春考察宁东煤化工基地神宁煤基烯烃项目，对神华集团和集团公司坚持走规模化、集约化、现代化开发煤炭资源，延伸煤炭产业链条，向综合经营要效益的路子给予充分肯定。

17日　麦垛山煤矿筹建处副立井、立风井冻结工程通过集团公司竣工验收，标志着该矿在国内首例采用控制冻结技术实现既有井筒保护。

18日　煤化工分公司聚甲醛项目筹建处与中国五环工程有限公司签署工程整体中间交接书，集团公司6万吨/年聚甲醛项目工程实现全面中交。

20日　集团公司在灵新煤矿召开柔模混凝土沿空留巷支护技术现场会。

21日　集团公司召开第三届QC成果发布会：集团公司荣获2010年“全国质量管理优秀企业”称号；83个小组荣获自治区、全国煤炭工业协会优秀质量管理小组称号，其中可计算成果价值的有38个QC小组，取得经济效益17089万元。

30日　集团公司完成原煤生产3442万吨，超计划183万吨；商品煤销量完成3306万吨，超计划226万吨；原煤生产杜绝了轻伤以上事故，顺利实现了上半年“双过半”目标。

7月

1日　石槽村煤矿筹建处通过副立井顺利下放第一台重达32.5吨综采支架，在宁夏尚属首次。

5日　集团公司太西洗煤厂申报的商标品牌“太洗”牌无烟洗精煤系列和太西炭基工业公司申报的“太西”牌活性炭被授予“列入知识产权维权保护——宁夏市场重点品牌”荣誉称号。

6日　集团公司BI项目（商务智能分析系统）正式启动。

20日　在2011年全国企业文化年会上，集团公司获2010—2011年度全国企业文化优秀成果奖。

8月

5日　集团公司荣获“十一五”全国石油和化工行业节能减排先进单位荣誉称号。

是日　在中国煤炭建设协会公布的2010年度全国煤炭施工企业综合实力排名中，集团公司能源工程公司基建公司名列土建施工前30强，企业位列第3名。

8日　煤化工分公司甲醇制烯烃项目筹建处成立。

10日　集团公司166个岗位安置大学生村官，支持“双六工程”的实施。

15日　汝箕沟煤矿荣膺“全国模范劳动关系和谐企业”称号。

18日　首届宁夏企业100强发布会在银川召开，神宁煤业集团位居榜首。

22日　集团公司筹集资金53.34万元，对653名在读的中、小学和大、中专困难员工子女分别给予200元、400元、700元、2000元和3000元的资助。

27日　2011中国能源化工金三角高峰论坛煤化工及下游产业发展分论坛在集团公司举行。

9月

1日　国家煤矿安全监察局下发通知，要求各产煤省、自治区、直辖市及煤炭行业管理部门、煤矿安全监管部门及机构、相关中央企业，学习借鉴神宁煤业集团加强煤矿班组安全建设的好经验、好做法。

4日　中共中央政治局委员、中央书记处书记、中宣部部长刘云山到宁东能源基地视察。

是日　红柳煤矿综采二队单班日产原煤1.6万吨，刷新宁夏煤炭行业综采工作面同等条件下单机单面单班原煤日产纪录。

12日　运销公司煤质检测中心通过国家级实验室审核。

14日　四川江油发电厂代表四川省政府向集团公司送来“杰出贡献”荣誉证书和奖牌，感谢集团公司在2008年“5·12”特大地震发生后支援灾区人民抗震救灾、重建家园的义举。

16日　集团公司在宁东召开创先争优活动现场观摩推进会。

17日　“神华宁煤杯”第二届宁夏黄河金岸国际马拉松赛暨全国半程马拉松积分赛在吴忠开赛。

22日　神华集团援建红寺堡创业园开工仪式在宁夏弘德工业园举行。“神华集团创业园”规划占地180亩，其中一期工程投资5000万元，建设10栋标准化厂房及基础辅助设施，建筑总面积1.8万平方米。11月30日，10栋高标准化厂房在宁夏弘德园建成。2012年1月5日，红寺堡神华弘德创业园一期工程10栋标准化厂房竣工移交。

23日　聚甲醛装置一次性投料成功，三聚甲醛产品纯度达到99.99%。

27日　集团公司荣获“十一五”全区“节能降耗工作先进企业”称号。

10月

11日　中共中央政治局常委、中央纪委书记贺国强在集团公司考察时指出，宁夏要大力推进产业结构优化升级，高起点、高水平建设宁东大型煤炭基地、煤化工产业基地和“西电东送”火电基地，切实把资源优势转化为经济优势。

13日　由集团公司承办的全国大型现代化选煤厂建设现场会在银川召开。来自各省区煤炭管理部门负责人，大型煤炭企业负责人，煤矿科研、设计部门、制造厂家和高等院校负责人，以及煤炭行业选煤厂、选煤设计制造企业负责人、各选煤厂代表等360人参加会议。太西洗煤厂、宁东洗煤厂、大武口洗煤厂荣获全国优质高效选煤厂称号。

18日　由集团公司和中国烟草总公司双维投资公司共同出资的维华矿业公司鹰骏一矿开工奠基典礼仪式在内蒙古自治区鄂托克前旗上海庙举行。

19日　太西洗煤厂《太西煤工艺优化示范工程项目》被确定为国家2011年矿产资源节约与综合利用示范工程项目，并获得国土资源部和财政部下拨专项资金1000万元。

27日　神华集团创先争优活动经验交流会在集团公司召开。

11月

1日　集团公司与神华乌海能源公司举行12组矿井实施对标管理签约仪式。

12日　集团公司在银川举行大峰露天煤矿生产工艺暨采掘设备选型专家论证会，邀请国内露天煤矿生产、设计单位的知名专家参加。

13日　集团公司股东会2011年会议在北京举行。

15日　经国家建设部核准，集团公司灵州建井工程有限公司取得矿山施工总承包一级资质，成为宁夏唯一一家具有矿山施工总承包一级资质的井巷施工单位。

19日　集团公司“数字化矿山建设集成技术研究”项目通过鉴定。

29日　集团公司与中国移动宁夏分公司签署战略合作协议。

是日　石沟驿分公司一号井井下设备、支护材料等回收结束，顺利实现关井闭坑。

12月

7日　集团公司荣获自治区“爱国拥军模范单位”称号。

9日　煤化工分公司烯烃项目聚丙烯装置顺利产出2440K牌号的共聚聚丙烯产品。

是日　灵新煤矿被中国企业文化促进会授予全国企业文化建设“百强单位”称号。

12日　集团公司虚拟化应用平台建设项目正式启动。

13日　宁东铁路公司年运量首次突破3000万吨，提前18天完成全年生产任务，较上年同期增长28.3%，刷新了铁路运量纪录。

14日　太西炭基工业公司碳素厂4万吨/年超低灰无烟煤石墨化项目煅烧车间桩基础正式开工。

15日　灵武矿区水电分公司对红柳、石槽村及梅花井3个黄河泵站实施远程操控，实现无人值守。

16日　集团公司召开政治本质安全体系建设启动大会。

20日　集团公司被中央精神文明建设指导委员会授予“全国文明单位”称号。

23日　集团公司被神华集团授予“本安体系建设先进公司”荣誉称号。

26日　石槽村煤矿被授予自治区“民族团结进步创建模范单位”荣誉称号。

是日　集团公司“德士古水煤浆废锅气化炉结焦原因分析及改造”项目荣获神华集团首届“创新杯”一等奖。

28日　集团公司ERP二期核心项目完成建设目标，全面预算管理系统完成2012年度预算编制审核工作，成功实现与神华集团全面预算系统对接。

2012 年

1月

4日　集团公司董事会2011年第四次会议在银川召开。会议审议通过了《关于神华宁夏煤业集团有限责任公司2012年全面预算方案的议案》《关于银北水电分公司线材厂与石嘴山兴达工贸公司整合有关资产处置的议案》《神华宁夏煤业集团有限责任公司2011年工作总结和2012年工作安排意见》。

6日　集团公司召开2012年安全工作会议，安排部署2012年安全工作，动员全体员工开展大学习、大讨论、大实施活动，找差距，抓整改，促提升。

6—7日　第九届全国矿山救援技术竞赛规则论证会在银川召开。

7日　自治区财政厅、人社厅在灵新煤矿举行“国家级技能大师工作室”揭牌仪式。

13日　集团公司召开安全委员会扩大会议，对上年度安全管理方面取得的好经验、好做法进行总结，并梳理安全工作中的不足。

17日　自治区国资委发出通知，号召全区国有企业学习集团公司，做好安全工作。

是日　集团公司与石嘴山市人民检察院召开预防和查办犯罪工作联席会议。

2月

10日　大峰煤矿红梁井实现连续安全生产十周年。

14日　集团公司研发的“高瓦斯突出煤层群保护层开采与地面钻井抽采卸压瓦斯关键技术”项目获得国家科技进步二等奖。

16日　集团公司荣获全区信访工作先进单位称号。

29日　加快宁东基地发展工作会议暨2012年宁东建设大会战动员会在宁东能源化工基地召开。

3月

13日　集团公司召开风险管理体系暨经济本质安全体系建设启动会。

16日　集团公司在石炭井焦煤公司召开本质安全体系建设现场推进会。

23日　枣泉煤矿、汝箕沟煤矿和任家庄煤矿列为国土资源部第二批国家级绿色矿山试点单位。

27日　年产50万吨煤基烯烃项目聚丙烯装置产出2500H共聚聚丙烯产品。该产品广泛运用于蓄电池壳，汽车、摩托车部件，涂料桶等的制造。

4月

7日　集团公司董事会召开2012年第一次会议，审议通过了《关于神华宁夏煤业集团有限责任公司2011年度财务决算的议案》和《关于转让大石头煤业公司国有股权的议案》。

8日　集团公司被国务院国资委评为中央企业信访工作先进集体。

16日　自治区首届“宁夏十大企业、十大优秀企业家”评选活动揭晓，集团公司荣获“宁夏十大企业”称号。

是日　集团公司“宁东特大型煤炭基地开发建设及深加工关键技术”项目通过中国煤炭工业协会鉴定。

27日　中华全国总工会举行庆祝“五一”国际劳动节大会，集团公司获得全国“五一劳动奖状”。

是日　海原县厚德慈善产业园区小微企业孵化园总体规划审查会在集团公司召开，地企双方就合作项目进行交流。

5月

7日　亘元房地产开发有限公司与永宁县签署迁居项目补充协议，协议解决永宁县望远镇20万平方米失地农民安置问题。

是日　集团公司申报的《大型能源企业统分体制下的资金管控模式》创新成果，荣获中国煤炭工业协会煤炭企业管理现代化创新成果（行业级）二等奖。

10日　集团公司在清水营煤矿召开自动化系统无人值守现场推进会，推动矿井信息化、自动化建设上台阶。

11日 《内蒙古维华矿业公司上海庙矿区鹰骏二号井田三维地震勘探报告》在银川通过审查。

是月　自治区人民政府下发《关于学习集团公司安全生产工作经验的通知》，要求各级政府和有关部门学习集团公司安全生产经验，并把学习推广集团公司安全生产经验作为当前安全生产和企业发展工作的重要内容来抓，达到找差距、抓整改、促提升的目的。

6月

1日　自治区人民政府召开学习集团公司安全生产工作现场会，以此启动全区“安全生产月”活动。

30日　截至当日，枣泉煤矿平均倾角38度的120210大倾角综放工作面月产原煤31万吨，创全国煤矿大倾角月产新纪录。

是日　煤制油项目建设指挥部举行年产400万吨间接液化项目百万安全工时总结表彰会及大件组装厂中间交接仪式。

7月

1日　在2012年煤炭行业全国优秀质量管理小组和全国质量信得过班组评审选拔会议上，煤化工分公司甲醇厂合成车间QC小组的成果“降低合成气压机蒸汽消耗”获得“全国优秀QC成果”，枣泉煤矿煤质控制QC小组、宁鲁煤电公司任家庄煤矿综采二队QC小组获得“全国信得过班组”荣誉称号。

14日　汝箕沟煤矿井工改露天复采项目矿山地质环境保护与恢复治理方案通过中国地质矿产经济学会组织的专家评审。

16日　煤化工分公司聚甲醛MC90产品通过进入欧美市场的相关行业认证检测。

是日　集团公司研究出台增产增收、提质提效、降耗降费18项措施，确保实现增收节支20.7亿元，确保实现全年73亿元利润目标。

19日　全国煤矿安全生产经验交流现场会在银川召开。会议就学习推广集团公司经验进行部署。期间，与会代表深入集团公司矿厂实地参观考察。

25日　国家发改委下达给集团公司2012年中央预算内资金805万元，专项用于乌兰矿下保护层开采瓦斯治理示范矿井工程建设项目。

8月

1—2日　集团公司先后与中卫、固原、吴忠三市就加强地企合作，进一步加大对“黄河善谷”新型慈善工业园区集群建设的扶持力度进行深入交流。

6日　集团公司荣获“自治区政府系统督查工作先进集体”称号。

7日　由集团公司承办的全国煤矿安全生产经验交流现场会总结表彰大会在银川召开。

8日　2012年神华集团“神宁杯”职工篮球运动会在银川开幕，来自神华集团23家单位的26支代表队300余名运动员参加了比赛。

10—11日　集团公司组织地质、采矿、煤质、洗选等有关专家，审查并通过《维华矿业公司鹰骏一矿及选煤厂可行性研究报告》。

11日　由铁道部运输局组织的区域运输协调会在集团公司召开，会议就进一步做好铁路运输工作，解决好货物运输邻局分界口对接等问题进行交流。

15日　集团公司ERP销售系统的煤化工产品销售、煤炭深加工产品销售、民爆产品销售三大业务正式上线运行。

是日　能源工程公司基建公司在2011年度全国煤炭施工企业综合实力排名中进入煤炭建设工程处（公司）土建施工前30强，位列第2名。

23日　集团公司被评为2011至2012年度煤炭行业信息工作先进单位。

23日　以“聚焦宁东、科学发展”为主题的2012中国能源化工金三角高峰论坛在银川举行。

24日　集团公司获得“宁夏企业文化示范基地”荣誉，并当选为第二届宁夏企业文化协会理事单位。

27日　由集团公司和石嘴山市人民政府承办的第九届全国矿山救援技术竞赛在石嘴山市开幕。集团公司矿山救护总队获得第九届全国矿山救援技术竞赛团体第一名，取得了代表中国参加下一届国际矿山救援技术竞赛的资格。

28日　集团公司被自治区国资委授予“跨越杯”奖，获得自治区国有企业2011年度经营业绩最高奖励。

29日　集团公司召开川渝用户座谈会，协调解决铁路运输问题，保持和维护好已经建立的良好战略合作伙伴关系。

是月　集团公司相继取得了羊场湾煤矿划定矿区范围批复及汝箕沟煤矿井工改露天复采项目环评、水保、矿产资源开发利用方案批复。取得了枣泉煤矿全井田采矿许可证。国土资源部已正式受理金凤煤矿、金家渠煤矿划定矿区范围申请方案，并启动麦垛山煤矿矿权申办工作。

9月

4日　集团公司在羊场湾煤矿召开“五型企业”建设全员绩效考核管理工作推进会，全面部署推进全员绩效考核管理工作。

6日　《2012中国房地产品牌价值研究报告》发布，亘元房地产开发有限公司“亘元”品牌，以3.05亿元的价值荣登2012中国西部房地产公司品牌价值十强，是宁夏房地产企业唯一进入2012中国西部房地产公司品牌价值十强的品牌。

7日　全国煤炭行业班组建设经验交流大会在集团公司召开。会议研究部署、深入推进煤炭行业班组长素质提升工程，并对2012年“乌金蓝领工程”实施情况进行通报和安排。与会代表还到集团公司班组建设示范基地进行实地观摩。

12日　集团公司荣获“中央企业思想政治工作先进单位”称号。

18日　集团公司董事会召开2012年第二次会议，选举曹宗苓担任集团公司监事。会议审议通过了《集团公司有限责任公司章程修正案（一）》和《集团公司有限责任公司关于受让宁夏民爆器材专营公司100%股权的议案》，听取集团公司总经理严永胜《关于集团公司有限责任公司2012年1至8月工作情况及后4个月工作思路的报告》。

24日　全区学习推广集团公司“四五六”班组管理模式现场观摩会在羊场湾煤矿召开。

是日　国家科技支撑计划项目“大型煤基甲醇生产装备及技术研究开发”课题验收会在银川召开。集团公司承担的“单台日耗煤2000吨气化工艺应用研究与示范”“千吨级浆态床合成气直接制二甲醚技术开发与试验”“甲醇/二甲醚高选择性制丙烯国产催化剂研究与开发”共3个“十一五”国家科技支撑计划项目课题全部通过验收。

26日　集团公司召开党建信息化项目建设推进会。

是日　在第四届宁夏“十大慈善人物和十大公益企业”颁奖大会上，集团公司获第四届宁夏“十大公益企业特殊贡献奖”。

26—27日　集团公司职工教育培训中心通过国家人力资源和社会保障部职业技能鉴定中心职业技能鉴定站质量管理体系的现场审核认证。

26日　集团公司与宁夏建材集团正式签署战略合作协议。

10月

10日　在全区文化体制改革工作表彰大会上，集团公司报业有限责任公司荣获全区文化体制改革先进单位称号。

11日　在全区精神文明建设工作表彰大会上，集团公司荣获全区精神文明建设工作先进集体称号。

12日　由集团公司、宁夏宝丰能源集团、宁夏宝塔石化集团联合承担的国家科技支撑计划大型煤基甲醇生产装备及技术研究开发项目通过国家科技部专家验收。

15日　集团公司正式启动教育培训管理平台建设项目。

17日　集团公司400万吨/年煤炭间接液化项目总体设计审查会在银川举行，并通过专家组审查。

是日　大峰煤矿召开发展建设40年暨安全生产3周年总结大会。

23日　集团公司与中国石油化工第十建设有限公司就甲醇制烯烃项目及煤炭间接液化项目建设情况进行座谈。

是日　国家能源局瓦斯治理能力评估验收专家组到乌兰煤矿检查指导工作，对该矿瓦斯治理整体布局等提出了意见和建议。

24日　煤化工分公司与美国通用电气能源集团本特利内华达公司联合共建大型机组状态监测系统应用样板工程启动仪式在银川举行。双方签署了该样板工程《技术合作备忘录》，并为大型机组状态监测系统应用样板工程揭牌。

26日　集团公司举行聚丙烯及聚甲醛产品客户座谈会，与兰州铁路局银川车务段、北京四联创业化工集团有限公司等37家单位、物流商的客户代表座谈。

31日　华能国际电力股份有限公司与集团公司就煤炭供应合作事宜进行座谈交流。

11月

6日　在神华集团团委组织开展的“神华情”原创歌曲大赛与“神华风”原创诗词朗诵大赛决赛中，集团公司获优秀组织奖，选送的原创歌曲及原创诗词朗诵作品分获一、二等奖。

9日　集团公司煤化工产品首次登上第十四届中国

塑料博览会主展馆大石化馆展台，扩大了“神宁化工”的品牌影响力。

18日　中国煤炭建设协会2012年度先进监理企业评选活动揭晓，集团公司能源工程公司灵州监理公司被评为“中国煤炭行业先进建设监理企业”，是自治区、神华集团唯一一家入选的监理企业。

21日　集团公司召开大会，传达学习党的十八大精神，部署党的十八大精神学习、宣传和贯彻落实工作。

是日　在2012中国仓储协会会员交流与合作年会上，集团公司物资公司宁东仓储配送中心仓库被授予中国“五星级”仓库。

26日　集团公司召开经济本质安全体系建设成果发布暨2013年全面风险评估工作会。集团公司制作的《经济本质安全体系管理手册》和《风险管理过程指导手册》正式发布施行。

27日　枣泉煤矿110205工作面切眼完成贯通投入安装。该切眼平均宽度9.5米，高度3.95米，上下端头最大跨度达到11米，是集团公司日前跨度最大的切眼。

28日　红石湾煤矿项目竣工并通过验收，正式进入生产运营阶段。

28日　集团公司在宁东能源化工基地煤化工园区400万吨/年煤炭间接液化项目厂区前举行办公楼工程主体封顶仪式。

30日　集团公司与神华国能集团在银川举行煤矿电厂委托管理交接仪式。自12月1日起，国能集团宁夏煤电公司甜水河矿筹建处、李家坝矿筹建处和宁鲁煤电公司任家庄矿、任家庄洗煤厂正式移交集团公司管理，宁鲁煤电公司灵州电厂正式移交神华国能集团管理。

12月

1日　集团公司甲醇制烯烃项目C3分离塔成功运输至现场，并精确挂至龙门吊尾吊，创造了国内超大件化工设备运输新纪录。C3分离塔是甲醇制烯烃项目MTP装置的核心设备之一，塔高100.9米，重达2236吨。

是日　在2012中国企业文化管理年会暨中国企业文化管理测评最新成果发布会上，集团公司荣获“中国企业文化影响力十强”和“煤炭行业企业文化建设示范单位”称号。

6日　集团公司举行400万吨/年煤炭间接液化项目动力站装置桩基工程开工仪式。

12日　集团公司职工教育培训中心成为全国首批15家入选“煤矿安全培训示范基地”的煤矿培训机构之一。

17日　集团公司举行成立十周年煤炭重点用户座谈会，与41家重点用户负责人共商合作方略。

是日　集团公司在宁夏人民会堂举行以“喜迎新年　感恩社会”为主题的经典芭蕾舞之夜晚会，邀请俄罗斯圣彼得堡芭蕾舞剧团上演《天鹅湖》。

是日　共青团集团公司委员会第一次代表大会召开，差额选举产生第一届委员会委员。

20日　国内最大的化工设备甲醇制烯烃项目C1分离塔一次性吊装成功。

2013年

1月

4日　国家能源局同意开展宁夏马家滩矿区双马矿一期项目前期工作。

7日　集团公司与石嘴山市人民检察院举行检企共建第二次联席会议。

9日　集团公司董事会召开2013年第一次会议。

11日　国家能源局煤炭司和中国能源报社共同主办“寻找中国最美矿山大型公益活动”颁奖活动，梅花井煤矿、羊场湾煤矿、白芨沟煤矿获得“中国最美矿山”荣誉称号。

16日　集团公司年产83万吨二甲醚项目一期工程及年产6万吨聚甲醛项目通过自治区发改委组织的竣工验收，标志着这两个项目已正式进入商业化运营。

2月

4日　煤化工分公司销售公司首次实现聚甲醛产品铁路集装箱运输。

9日　大峰煤矿举办红梁井安全生产11周年总结会。

17日　自治区党委书记张毅、自治区政协主席齐同生、自治区常务副主席刘慧、自治区副主席王和山一行到集团公司调研，对太西洗煤厂坚持走科技兴企之路的做法和成绩给予肯定。

是日　自治区政协主席齐同生、自治区常务副主席刘慧一行在安全生产指挥中心与集团公司领导座谈。

22日　集团公司安全智能分析（SI）平台项目在汝箕沟矿试点实施。

26日　集团公司召开2013年信访维稳工作会。

27日　国家安全监管总局第八督导调研组到石槽村煤矿检查指导安全生产工作。

是日　集团公司召开全员绩效管理观摩会。

是月　集团公司领导分赴大峰煤矿、大武口洗煤厂、羊场湾煤矿等矿（厂）慰问退休老干部、劳模、困难员工和困难党员。

3月

1日　集团公司承担的重大科技成果转化项目“煤炭超纯制备工艺及设备产业转化项目”通过验收。

7日　自治区副主席李锐调研煤化工分公司各项目建设和运营情况。

22日《内蒙古上海庙矿区鹰骏一号井田专项水文地质勘查报告》审查会在银川召开。

25日　自治区党委书记李建华，自治区党委副书记、自治区副主席刘慧，自治区党委常委、自治区副主席袁家军，了解集团公司发展及煤基烯烃项目运营建设、煤制油项目进展情况。

27日　国家煤矿安全监察局委托国家矿用产品安全标志中心专家到宁夏调研煤矿安全避险“六大系统”建设情况，在任家庄煤矿召开调研座谈会，参观该矿+850车场紧急避难硐室。

是日　神华集团派出专项检查组到集团公司检查中央八项规定精神以及神华集团“二十一条规定”的落实情况。

是月　国家发改委批复《内蒙古上海庙矿区总体规划（修编）》，为维华矿业公司开展地质勘探、矿权转让、项目前期等工作奠定了基础。

4月

1日　集团公司金家渠煤矿项目申请报告通过审核评估。

是日　自治区党委常委、宣传部部长蔡国英一行到集团公司就党建工作、思想道德建设及企业文化建设等进行调研。

2日　煤化工分公司烯烃公司MTP催化剂长周期试验平稳运行突破5000小时大关，标志着集团公司MTP催化剂重大科技攻关实现关键突破，为国产MTP催化剂的工业化应用奠定了基础。

11日　集团公司取得国土资源部颁发的汝箕沟（井工改露天）煤矿采矿许可证。

是日　自治区代主席刘慧一行到太西洗煤厂调研，强调要加强沟通与合作，发挥“太洗”牌无烟煤的产品优势和太西循环经济园区在地方经济建设中的作用。

15—19日　集团公司领导分成9个组，带领各生产单位负责人和运销公司相关人员，分别对区内中电投宁夏青铜峡能源铝业集团公司、华电国际灵武分公司、华能大坝发电公司、水洞沟电厂、西夏热电等各大电力客户进行走访，听取客户对煤炭销售服务方面的意见和建议。

17日　神华集团所属榆神能源公司、大雁集团相关人员到集团公司就班组建设工作进行调研。

22日　集团公司召开经济本质安全体系建设成果验收会。

是月由中国科学院西安分院和银川市科技局共同组织的中国科学院银川科技创新与产业育成中心院地合作项目——“煤基清洁聚丙烯催化技术研究”和“国产主催化剂在煤基均聚聚丙烯Novolen工艺的应用”实施方案在西安通过评审。

是月　集团公司科技创新项目“四位一体全面管控综合自动化系统技术应用研究”荣获中国煤炭工业科学技术一等奖。项目历经基础建设、集成创新、智能化应用三个阶段，历时4年设计研究完成。

是月　世界首套GSP干煤粉气化装置实现多项技术突破。整套气化装置已连续安全运行500多天，创造了试车以来安全运行的新纪录。

5月

2日　集团公司在灵新煤矿举行庆“五一”劳动颂歌文艺晚会。

3日　自治区主席刘慧一行到煤化工分公司调研安全生产工作。

是日　集团公司与唐山国丰钢铁集团在银川签署中长期煤炭购销战略协议。

13日　集团公司荣获国家安全生产监督管理总局、国家煤矿安全监察局、中国职业安全健康协会颁发的“全国职业安全健康先进单位”称号。

16日　来自全国各省、自治区、直辖市劳动保护部，全国产业工会，新疆生产建设兵团工会100余人到煤化工分公司调研安全劳动保护工作。

是日　全国工会劳动保护工作会议在银川召开。集团公司就“四五六”特色班组建设模式作了经验交流。

20日　四川省芦山县发生7.0级地震后，集团公司组织向地震灾区发运电煤，为抗震救灾提供电煤供应保障。

25日　一列发往武汉钢铁集团的1/3焦精煤从青铜

峡大坝车站驶出，标志着集团公司1/3焦精煤实现首次向华中地区铁路发运。

6月

4日　自治区党委副书记崔波一行到集团公司调研“工业企业履行社会责任试点工作情况”。

6日　国家安监总局调研组到煤化工分公司调研安全生产标准化工作。

9日　集团公司在银川光明广场开展“安全咨询日”宣传活动。

14日　集团公司举办精益化管理培训讲座。

18日　集团公司2013年“太西杯”员工乒乓球赛在太西洗煤厂文体中心开赛。

21日　集团公司举行第五届QC质量成果发布会。集团全年共申报QC成果89项，比上年增加33项，创历史新高，活动覆盖面扩展到煤化工、煤炭深加工、非煤产业等领域。任家庄煤矿申报的《综掘机电源电缆自移装置的研制》获一等奖。

23日　集团公司召开区内电力客户座谈会，协调解决动力煤销售的相关问题。

26日　自治区主席刘慧到煤化工分公司调研，要求集团公司保持良好的发展势头，加大在建项目投入和建设力度，加快煤化工副产品深加工综合利用，更好地承担宁夏龙头企业应负的经济责任和社会责任。

28日　集团公司“树清风、扬正气、促发展”廉洁文艺会演决赛在宁夏人民会堂举行。

是月　在保加利亚第三大城市瓦尔纳举行的第三届世界职工运动会上，代表中国出战的集团公司神鹰篮球队在三对三男子街篮比赛中获得金牌。

是月　煤化工分公司聚甲醛厂、甲醇厂进入国家安全生产标准化一级企业培植序列。

7月

2日　集团公司数字化矿山建设座谈会在金家渠煤矿筹建处召开。金家渠煤矿筹建处是集团公司首家试点单位，已建成矿井安全监测系统（一期）和矿井调度通信系统（一期）。

9日　根据神华集团安全生产经验创作的工业题材故事影片《阵痛》开机仪式暨新闻发布会在集团公司举行。

13日　汝箕沟煤矿举行井工矿井转露天复采矿井揭牌仪式。汝箕沟煤矿露天复采项目是集团公司2013年的五大建设工程之一。

23日　集团公司与西安科技大学研究生培养（实践）基地签约仪式在银川举行。

26日　国内石化行业体积最高最重的煤化工分公司甲醇制烯烃项目MTP装置核心设备C3分离塔水压成功升至试验压力并保压超过半小时，标志着C3分离塔水压试验工作获得成功。

8月

5日　集团公司第六届职工职业技能竞赛决赛在银川启动。

13日　自治区党委常委、自治区常务副主席袁家军一行到能源工程公司，对灵州监理公司监理的宁东公租房项目进行调研。宁东公租房项目总投资4.7亿元，是宁东管委会2012年实施的“民心工程”。

16日　集团公司2013年“双马杯”职工篮球运动会在双马煤矿筹建处开幕。

是日　自治区党委常委、组织部部长傅兴国及组织部相关人员到梅花井煤矿调研。

19日　集团公司举行2013年“金秋助学”助学金发放仪式。自2003年以来，集团公司及基层单位累计筹集资金近千万元，资助困难员工子女达1.55万名。

29日　集团公司与河北钢铁集团在北京签署战略协议，标志着双方以无烟煤为原料开展的合作计划顺利启动。

9月

2日　集团公司党的群众路线教育实践活动集中培训学习班开班。集团公司领导及副处级以上管理人员参加培训。

是日　集团公司召开党的群众路线教育实践活动动员大会，传达神华集团党组要求，对深入开展好党的群众路线教育实践活动提出指导意见。

13日　自治区国资委组织清华大学第14期资本运作与董事长研修班部分企业家，到集团公司和宁东能源化工基地观摩调研，开展项目对接与合作交流。

17日　国家能源委员会专家咨询委员会主任、国家发改委原副主任、国家能源局原局长张国宝，全国政协经济委员会副主任项宗西，到宁东能源化工基地调研。

23日　集团公司400万吨/年煤炭间接液化项目通过国家发改委核准。该项目总投资估算550亿元，年产合成油品405.2万吨，预计2016年建成投产。

23—26日 由中环联合（北京）认证中心5名专家组成审核组，对集团公司所属18个公司、13个矿（厂）和环保中心，进行ISO14001环境管理体系运行的再认证审核。

24日 集团公司党委中心学习组召开党的群众路线教育实践活动第一次集中学习讨论会，学习传达习近平总书记在全国宣传思想工作会议和在河北省调研指导党的群众路线教育实践活动时的重要讲话精神。

26日 集团公司与中国煤炭科工集团沈阳研究院举行煤矿安全技术交流会。双方围绕矿井瓦斯防治安全技术及装备，矿井防灭火、降温、救护技术及装备等议题进行学术交流。

28日 集团公司400万吨/年煤炭间接液化项目在宁东能源化工基地开工奠基。

是日 由集团公司投资建设的100万吨/年双烃项目在宁东能源化工基地开工。是日，集团公司与双良集团签署战略合作协议，建立长期稳定的战略合作伙伴关系。

是月 集团公司50万吨/煤基烯烃项目通过自治区验收组专家检测评审，通过环保设施竣工验收。

10月

9日 集团公司召开党委中心学习组第二次集中讨论会，集团公司领导班子成员围绕开展好群众路线教育实践活动作交流发言。

11日 全国人大常委会副委员长陈昌智一行先后到年产50万吨烯烃项目污水处理工段和负责煤化工分公司污水深度处理的万邦达污水处理总厂参观。

12日 第八届全国煤炭工业生产一线青年技术创新交流大会暨煤炭科普工作委员会六届三次会议在银川召开。中国工程院院士刘炯天作题为《煤炭开发及其产业服务化转型》的报告。

是日 国家民委党组副书记、副主任李昭带领全国少数民族参观团103人，到煤化工分公司参观。

13日 集团公司召开三季度经济活动分析会暨安全委员会扩大会议。

20日 在2013年中国矿业循环经济暨绿色矿山和谐矿区经验交流会上，集团公司梅花井煤矿、白芨沟煤矿、清水营煤矿、大峰煤矿、石炭井焦煤分公司正式被确立为“国家级绿色矿山试点单位”。

是日 集团公司召开2013年第三次董事会。

28日 集团公司工会二届十七次全委（扩大）会暨组织民主管理工作推进会在金能煤业分公司召开，与会人员参观学习和交流基层工会组织建设与民主管理工作经验。

29日 集团公司对在第六届职业技能竞赛中脱颖而出的优胜单位、技能状元、技术能手进行表彰。

是日 集团公司召开对标提升推进会暨2014年全面预算编制工作启动会。

是日 2013年宁夏煤矿重大瓦斯事故综合应急演练在集团公司某矿进行。此次演练由国家安全生产应急救援指挥中心、神华集团、宁夏安全监察局、宁夏煤矿监察局、石嘴山市政府、集团公司主办，由地方公安、消防、医疗等部门配合演练。

11月

4日 自治区科技厅组织专家在集团公司召开“煤基烯烃工艺烃类副产物增值应用的合作研究”项目验收会。该项目由自治区科技厅组织，集团公司联合日本富山大学、中国石油大学和宁夏大学共同开展研究。

19日 集团公司机关举行“送温暖、献爱心、促和谐”捐款仪式。

20日 集团公司举行集团公司文化现场知识竞赛决赛。

22日 集团公司印发《关于切实做好年末安全工作的紧急通知》，要求各单位认真落实《国务院办公厅关于进一步加强煤矿安全生产工作的意见》（国办发【2013】99号）文件精神，认真查找存在的隐患，分析隐患产生的原因，追究问责，研究制定具体整改措施。

27日 自治区党委常委、自治区常务副主席袁家军带领自治区发改委、经信委、环保厅、国土资源厅等部门相关人员，到宁东能源化工基地调研，并实地察看项目现场建设进展情况。

28日 集团公司与宁夏大唐国际大坝发电有限责任公司举行战略合作签字仪式。集团公司将优先安排供货，并在价格、质量、售后等方面为对方提供优惠并加强服务。

是月 中华全国总工会近日授予集团公司工会“全国模范职工之家”称号，集团公司继2010年之后再获此项殊荣。

12月

10日 自治区人民政府在宁东召开集团公司400万吨/年煤炭间接液化项目建设首次协调会。

9—11日　中煤西安设计工程公司编制的《内蒙古维华矿业有限责任公司鹰骏一号矿井及选煤厂可行性研究报告》通过中国国际工程咨询公司组织的专家组评审。鹰骏一号矿井及选煤厂位于内蒙古鄂尔多斯市上海庙矿区南部。

14日　集团公司举办矿（厂）以上管理人员环境保护及节能培训班，邀请中国社科院、自治区经信委、自治区环保厅有关专家授课。

16日　集团公司与中国石油宁夏销售公司框架协议签约仪式在银川举行。中国石油宁夏销售公司优先将成油品、润滑油集中到库储备，配送直达到矿。

17日　集团公司在煤化工分公司召开煤制油化工板块本质安全体系建设现场推进会。

19日　集团公司召开2013年度财务工作会议暨财务决算布置会议。

是日　集团公司博士后工作站博士后终期出站报告验收会举行。

20日　集团公司举办学习贯彻党的十八届三中全会精神专题报告会。

21日　集团公司召开干部大会，决定将宁东各生产矿井（不含石沟驿煤业分公司、红石湾煤矿、任家庄煤矿）煤质化验、地面煤场、治安保卫业务及人员和储装运系统统一划至宁东洗煤厂，将宁东洗煤厂调整为运销公司二级单位，同时整合成立质检计量中心，并调整运销公司相应机构。

25日　由集团公司和北京科技大学共同合作的科技创新项目“大采高开采覆岩移动规律及控制研究”经过专家评议获准通过验收。该项目为大采高开采提供了理论支持和技术支持。

是月　在北京召开的企业技术创新发展峰会上，国家发改委、科技部、财政部、海关总署和国家税务总局联合发布公告，集团公司技术中心被认定为“国家认定企业技术中心”。

2014年

1月

4日　集团公司董事会2014年第一次会议举行，审议通过《神华宁夏煤业集团有限责任公司2013年工作总结和2014年工作安排意见》。

5日　集团公司2014年工作会暨一届五次职工代表大会召开。

7—10日　集团公司领导班子成员分9个组开展矿区走访慰问活动。

9日　集团公司召开安全监察系统专题会。

13日　集团公司党委在领导班子成员、总经理助理、副总师，以及机关各部门正职领导干部中开展抵制“会所中的歪风”活动，并在《承诺书》上签字。

14日　集团公司召开2014年基建工作专题会议，部署开展“基本建设整改提升年”活动。

15日　集团公司在枣泉煤矿召开机电工作现场会，要求各生产单位树立危机意识，提高机电管理水平，注重细节管理。

17日　集团公司召开人力资源工作会，部署2014年人力资源重点工作。

21日　集团公司工会二届十九次全委（扩大）会议召开，明确把加强班组对标管理、深化主题竞赛、实施素质提升工程、深化民主管理、构建和谐企业关系、强化人文关怀、践行党的群众路线作为工会工作“六新”目标。

22日　集团公司召开单产单进暨煤质管理座谈会。

26日　集团公司举办迎新春团拜会。

30日　自治区党委书记、人大常委会主任李建华，自治区政协主席齐同生分别到集团公司400万吨/年煤炭间接液化项目建设现场和煤化工分公司，慰问在生产一线坚守岗位的员工。

是月　集团公司商品煤销量完成622万吨，超额完成预定计划。

2月

12—13日　集团公司领导班子成员分组带领相关部门人员深入基层调研。

17—20日　集团公司领导班子成员再次分组带领调研组到基层单位，就生产经营任务分解落实、贯彻落实党的群众路线教育实践活动及工作中存在的问题和困难进行调研。

20日　集团公司在梅花井煤矿召开职工经济技术创新暨“创争”活动座谈会。

25日　集团公司400万吨/年煤炭间接液化项目气化装置、油品合成与加工装置A、B标段工程正式开工建设。

27日　集团公司召开2013年度财务工作例会。

28日　集团公司召开2014年政治工作会议暨第二批党的群众路线教育实践活动启动会。

3月

4日　集团公司举行青年志愿者服务活动启动仪式，为“学雷锋无偿献血先锋队”授旗。

6日　集团公司举办第一期中层以上管理人员学习贯彻习近平总书记系列讲话精神轮训班。

是日　集团公司举行庆祝“三八”国际劳动妇女节座谈会。

7日　集团公司整合技术、人力、管理等资源，发挥专业化管理的优势，将任家庄洗煤厂委托大武口洗煤厂管理，为大武口洗煤厂的二级单位。

12日　通过自治区节能减排现场评价考核工作领导小组考核，集团公司完成了2013年自治区下达的节能考核指标。

是日　集团公司与重庆市电煤储用集团有限公司就合作中存在的问题进行交谈，就今后合作达成了战略共识。

15日集团公司举办党的十八届中央纪委第三次全会精神辅导讲座，邀请专家授课。

18日　集团公司与宁夏电力公司就相关合作事宜进行协商。

19日　集团公司与华能平凉发电有限责任公司就煤炭供应合作事宜进行协商。

24日　集团公司申报的“大型甲醇制丙烯装置关键技术研究与应用”和“宁东特大型整装煤田高效开发利用及深加工关键技术”两个科技项目通过国家科学技术奖励工作办公室审查，进入2014年度国家科学技术进步奖评选行列。

是日　集团公司召开一届七次职工代表大会团（组）长联席会议，审议通过了《神华集团企业年金方案》。

26日　“煤矿作业场所粉尘管理限值研究”项目启动会在集团公司安全生产指挥中心召开。

是日　煤化工分公司研发中心代表集团公司参加《“十三五”煤炭清洁高效发展若干重大问题研究》开题会。

4月

2日　集团公司董事会2014年第二次会议召开。

9日　集团公司党委召开领导班子专题民主生活会。

11日　集团公司召开2014年一季度经济活动分析会，总结一季度生产经营情况，分析企业面临的形势和主要存在的问题，部署二季度及下一阶段重点工作。

是日　集团公司党委召开党的群众路线教育实践活动推进会，总结活动第一环节开展情况，分析活动中存在的问题和不足，部署第二环节重点工作。

17日　集团公司精益化管理和标准化作业流程现场推进会在羊场湾煤矿举行。

21日　集团公司2014年“全民健身与健康同行”职工羽毛球、网球赛分别在羊场湾煤矿、枣泉煤矿开赛。

22日　自治区人民政府召开座谈协调会，专题研究区内煤炭企业与各火电企业间煤炭供应协调方案。

24日　集团公司与中国核工业二三建设有限公司就进一步加强煤化工领域合作进行沟通协商。

25日　集团公司工会二届二十次全委（扩大）会暨帮扶工作现场会在乌兰煤矿举行，换届选举集团公司红十字会第二届理事会，成立集团公司工会理论研究会。

28日　集团公司召开纪念五四运动95周年暨共青团工作表彰大会。

29日　自治区党委书记李建华，自治区党委常委、自治区副主席袁家军，自治区政协副主席、自治区总工会主席左军，自治区团委书记马金元到石槽村煤矿、煤制油项目部、甲醇厂，看望慰问员工。

5月

1日　集团公司召开安全生产视频会议。

4日　集团公司党的群众路线教育实践活动现场推进会在煤化工分公司召开。

5日　集团公司获得“神华集团管理提升活动先进单位”和“神华集团管理提升活动标杆单位”称号。

9日　集团公司召开提升党风廉政建设制度执行力活动动员会。

是日　集团公司纪委对2013年11月6日以来新提拔和逐级提拔的副处及以上的43名管理人员进行廉洁从业集体谈话。

12日　集团公司党委中心学习组传达自治区纪委《关于开展提升党风廉政建设制度执行力活动的实施意见》。

14日　集团公司与中国航天科工集团举行合作会谈。

是日　郑煤集团安监局到集团公司调研学习矿井风险预控管理体系建设经验。

15日　集团公司在灵新煤矿举行以“神宁情，中国梦——奋斗的青春最美丽”为主题的优秀青年事迹报告会。

21日　集团公司举办招标投标法律法规及操作实务培训班。

27日　中央党的群众路线教育实践活动第十四巡回督导组到集团公司督导工作，并深入羊场湾煤矿、煤化工分公司、煤制油项目现场，了解基本建设、安全生产、党建、企业文化建设情况。

28日　集团公司与中国寰球工程公司就推进煤制油化工领域合作进行沟通洽谈。

30日　集团公司召开2014年“安全生产月”和“安全生产万里行”活动启动视频会，传达《集团公司“安全生产月”和“安全生产万里行”活动方案》，通报“警钟长鸣严查隐患，从零做起力保安全”专项活动督导中查出问题的处罚情况。

6月

4—5日　集团公司领导到基层单位，专项调研1—5月各单位指标任务落实情况、下半年安全生产措施及党的群众路线教育实践活动开展情况。

6日　国家能源委员会专家咨询委员会主任张国宝到400万吨/年煤炭间接液化项目建设指挥部调研。

11日　集团公司与美国巨点能源公司就深化煤化工合作进行商谈。

17日　自治区党委常委、自治区常务副主席袁家军一行到集团公司调研座谈。

24日　全国煤矿“乌金杯”篮球决赛暨颁奖仪式在灵新煤矿举行。集团公司获得本届“乌金杯”男子组、女子组冠军。

26日　出席2014年中国煤炭工业（行业）协会秘书长联席会暨会员工作座谈会的与会代表，参观集团公司煤化工项目发展建设情况。

30日　集团公司党委召开庆祝建党93周年暨廉政建设教育大会，贯彻落实神华集团反腐倡廉建设专项工作视频会议精神，全面加强廉政建设。

7月

3日　中共中央政治局常委、国务院副总理张高丽到宁东能源化工基地考察，对宁东能源化工基地产业布局、项目建设、环境治理等情况表示满意。

是日　集团公司14人组成的宣讲团分赴银北矿区和宁东矿区，开展以“生命无价、安全是天”为主题的安全警示教育巡回宣讲活动。

4—5日　集团公司举办培训管理大讲堂。

5日　集团公司在煤化工分公司召开教育培训工作推进会。

6日　集团公司在煤化工分公司举行第六届QC成果发布会，12家基层厂矿参评的20个课题中有7项分获一、二、三等奖。

9日　集团公司与中国寰球工程公司就成立寰球工程公司宁夏分公司，进一步推进集团公司项目建设等交换了意见。

17日　集团公司与盐池县政府在煤化工分公司签署项目推进合作协议，双方将在做好金凤煤矿塌陷区居民搬迁，双马煤矿筹建处及洗煤厂用地相关事项，推进大南湖工程，建设生态矿区，建设宁夏宁鲁煤电公司盐池电厂2×660兆瓦火力发电项目等进行战略合作。

18日　集团公司举行2013年“感动神宁”十佳道德模范颁奖典礼。

20日　集团公司2014年“全民健身与健康同行”职工足球、乒乓球赛分别在煤化工分公司、梅花井煤矿开赛。

22日　根据神华集团安全生产经验创作的安全生产电影《阵痛》在集团公司首映。

24日　集团公司召开2014年上半年经济活动分析会。

31日　集团公司召开理论组扩大会议，通报近两周安全生产和经验管理情况，传达神华集团安全生产会议精神、中央巡视组工作反馈情况。

8月

1日　集团公司工会二届二十一次全委（扩大）会议召开，总结上半年工作，部署下半年重点工作。

4—15日　集团公司领导班子成员带领10个督导组，深入基层单位，检查督促各单位贯彻落实集团公司庆祝建党93周年暨廉政建设教育大会、上半年经济活动分析会和7月26日神华集团安全生产视频会议精神，帮助各单位查找和解决工作中存在的突出问题。

6日　贵州省委书记赵克志、省长陈敏尔率省党政代表团到宁东能源化工基地参观考察。

7日　集团公司与河北津西钢铁集团股份有限公司在银川签订《战略合作协议书》，约定2015—2018年对方年均购销无烟洗精末煤30万吨。

12日　全国政协副主席罗富和一行到集团公司调研煤制油项目。

13日　浙江物产集团与集团公司协商合作事宜。

20日　集团公司举行2014年“金秋助学育桃李、爱心惠泽千万家”主题座谈会，并为778名贫困学生发放助学金75万元。

21日　在全国煤炭系统职工技术创新成果和先进操作法展示发布会上，集团公司获得职工技术创新成果一等奖2项、二等奖3项、三等奖2项。

是日　集团公司与中国葛洲坝集团股份有限公司就合资组建宁夏葛洲坝易普力天长民爆器材有限责任公司进行交流，并洽谈其他领域的合作。根据《合资重组协议》，召开了双方公司合资重组首届股东会议。

22日　由自治区安监局、宁东管委会和集团公司联合举办的自治区危险化学品泄漏爆炸事故应急演练在宁东能源基地举行。

是日　集团公司举办领导人员廉洁从业专题讲座。

24日　运销公司质检计量中心银北化验室（原煤质检测中心）通过中国合格评定国家认可委员会复评审，具备了按国际标准开展检测工作的能力。

25日　集团公司与沙特沙比克公司就深化项目合作进行沟通交流。2016年8月31日，双方签订《神华宁煤——沙比克项目合作协议》。

27日自治区组织全区党政机关及部分国有企业的基层思想政治工作人员共70余人到集团公司观摩学习。

是日　煤化工分公司50万吨/年甲醇制烯烃项目全部生产装置按规定的介质打通生产流程，实现一次性投料试车成功。

28日　集团公司“道德模范和身边好人”先进事迹巡讲活动在双马煤矿筹建处举行。

是日　集团公司煤化工副产品深加工综合利用项目总体设计审查会落幕，形成了审查意见，达成了共识。

是月　集团公司完成12对生产矿井的煤矿井下安全避险“六大系统”建设。

9月

1—2日　国务院国资委党建局调研组到宁夏调研集团公司基层党内民主建设工作。

9日　集团公司召开庆祝教师节座谈会，表彰奖励了优秀教师和集团公司首届兼职教师授课大赛优胜者。

15日　集团公司2014年“安康杯”职工篮球运动会在枣泉矿文体活动中心开幕。

16日　由自治区人民检察院、银川市人民检察院在亘元房地产开发有限公司设立的“预防职务犯罪工作联系点”成立并揭牌。

17日　集团公司与中国机械工业集团就煤化工领域共同开展技术攻关，拓展合作进行深入交流。

23—24日　集团公司举办“加强党性修养，提高履职能力”培训班。

24—26日　集团公司召开信访维稳隐患排查专题会，传达自治区信访维稳工作会议精神，通报集团公司1—9月中旬信访工作情况，部署四季度信访维稳工作。

25日　集团公司召开第四届班组建设总结表彰暨推进会。

26日　全区煤炭及煤化工行业职业技能竞赛和集团公司第七届职业技能竞赛在煤化工分公司落幕。

是日　汝箕沟无烟煤分公司143名员工、乌兰煤矿37名员工、石炭井焦煤分公司71名员工转岗到物业服务分公司太西物业公司。

10月

5日　集团公司领导深入基层厂矿督导检查安全生产工作。

10日　集团公司召开基层服务型党组织建设试点工作启动会。

17日　集团公司召开第三季度经济活动分析会。第三季度煤炭产量环比增长128万吨，商品煤销量较一、二季度分别增长180万吨和278万吨，创全年最好水平。

是日　集团公司党委召开党的群众路线教育实践总结大会。

21—22日　集团公司第二期党支部书记培训班开班。基层单位220名学员参加培训。

23日　集团公司工会举行“十佳百优班组长”特训班开班仪式。基层单位100多名优秀班组长和相关负责人参加培训。

31日　集团公司举行保密专题报告会。

是日　由集团公司参与研发的世界首套智能控制刮板输送机通过专家评议团技术鉴定，进入工业性应用。

11月

4—5日　集团公司与内蒙古伊泰集团有限公司就企业合作等事宜进行沟通交流。

5日　集团公司在汝箕沟无烟煤分公司召开“全员学习、书香神宁”授书现场会。

8日　煤制油分公司首台气化炉吊装就位。

10日　集团公司中心组专题学习党的十八届四中全会精神。

12日　集团公司召开2014年新闻宣传工作暨记者节座谈会。

24日　集团公司举办学习贯彻党的十八届四中全会精神专题宣讲报告会。

12月

1日　集团公司在梅花井煤矿召开安全生产委员会（扩大）会议。

4日　中华全国总工会命名首批97个全国示范性劳模创新工作室，红石湾煤矿“蒙鹏科劳模创新工作室”入选。

12日　集团公司在金能煤业分公司召开物资仓储管理质量标准化现场推进会。

16日　集团公司承担的自治区科技重大专项“年产50万吨煤基聚丙烯装置工业运行及下游产业关键技术应用研究”通过自治区科技厅专家组验收。

22日　集团公司召开2014年度财务工作及财务决算会议。

25日　集团公司50万吨/年煤基烯烃项目通过自治区发改委组织的竣工验收，转入正式生产阶段。

是月　集团公司与中国石油大学（北京）共同申报的发明专利“煤基甲醇制丙烯工艺中失活催化剂的再生方法”获得第十六届中国专利优秀奖。

2015年

1月

9日　集团公司召开安全委员会会议，审议2015年安全工作报告及2014年度集团公司安全生产表彰奖励方案。

13日　集团公司召开“十三五”规划编制工作启动会。

14日　集团公司与唐山建龙实业有限公司签署战略合作协议，并签订50万吨煤炭购销合同。

26日　集团公司董事会2015年第一次会议审议并通过《神华宁夏煤业集团有限责任公司2014年工作总结和2015年工作安排意见》《关于将原活性炭分公司资产投入太西炭基公司的议案》。

27日　集团公司召开2015年工作会暨一届六次职工代表大会。

2月

11—12日　神华集团燃煤工业锅炉治理现场推进会在集团公司召开。

12日　集团公司党委召开党的建设暨反腐倡廉工作会。

16日　集团公司工会二届二十三次全委（扩大）会议暨第三届职工技术创新总结表彰会召开。

17日　自治区主席刘慧到集团公司煤制油项目建设现场看望慰问一线员工。

3月

23日　集团公司党委中心学习组组织专题学习，传达中共中央办公厅、国务院办公厅《关于2014年贯彻执行中央“八项规定”情况的报告》，传达《中共中央关于徐才厚严重违纪违法案及其教训的通报》。

4月

1日　集团公司在石沟驿分公司召开职工创新成果及劳动防护用品推广使用现场会。

7日　自治区主席刘慧，自治区党委常委、自治区副主席张超超到集团公司400万吨/年煤炭间接液化项目现场调研。

9日　集团公司与甘肃央元热能有限公司签订民用煤中长期战略合作协议。协议约定，此后5年内，优先采购使用集团公司的民用无烟煤产品。

14日　集团公司召开一季度经济活动分析会。

17日　自治区重点工程示范性劳动竞赛推进会在煤化工分公司召开，向全区推广煤制油项目建设经验。

是月　集团公司承担的国家国际科技合作专项项目“高效甲醇转化制丙烯过程合作研究”获国家科技部立项。

5月

5日　集团公司召开安全委员会会议，审议集团公司环境保护管理办法、生产安全事故报告和调查处理暂行规定。

6日　集团公司2015年区队长、班组长素质提升轮训班开班，共计300余人参加培训。

12日　集团公司召开管理层风险预控管理体系建设启动视频会议。

6月

10日　集团公司召开煤制油项目试车工作对接会。

11日　兰州铁路局与集团公司就煤炭、煤制油化工产品物流运输相关事宜进行商洽。

15日　美国尤尼维讯科技公司到集团公司就进一步深化煤化工领域合作进行商谈。

26日　集团公司召开庆祝建党94周年暨党建工作表彰会。

是月　集团公司承担的首个国家级国际科技合作专项“煤基烯烃工艺烃类副产物增值应用的合作研究”通过国家科技部验收。

7月

5日　兰州铁路局在银川货运南站举行“神宁化工号”品牌列车首发仪式。

7日　集团公司举行第七届QC成果发布交流会。

25日　集团公司特邀国家环保部、中国气象科学研究院、黄河流域水资源保护局等单位12名资深专家，对400万吨/年煤炭间接液化项目环评变更暨煤泥综合利用项目环境影响报告书进行内部审查。

27日　集团公司召开干部大会。

8月

1—2日　国家工程建设质量奖审定委员会复查组对金凤煤矿建设项目申报国家优质工程奖进行现场复查。

6日　集团公司董事会2015年第二次会议召开。

17日　集团公司召开安全委员会扩大会议，贯彻学习国务院和自治区安全生产电视电话会议精神。

31日　神华集团国华电力公司与集团公司400万吨/年煤炭间接液化项目动力站委托运营管理合同签字仪式暨座谈会在银川举行。

9月

8日　神华集团中国节能减排有限公司与集团公司就锅炉环保技改和水处理初步达成合作意向。

10日　国务委员、公安部部长郭声琨，自治区党委副书记崔波，到集团公司煤化工基地考察。

17日　集团公司项目验收组，对麦垛山煤矿筹建处建设项目进行联合试运转验收，同意投入联合试运转。

29日　集团公司煤化工副产品深加工综合利用项目裂解装置一号丙烯塔一次性吊装成功。

10月

16日　集团公司召开三季度经济活动分析会，全面总结集团前三季度生产经营工作，分析存在的问题和困难，对四季度目标任务和具体工作进行安排部署。

11月

3日　神华集团地勘公司与集团公司签订合作协议。

8日　集团公司无烟块煤首次进入北京地区民用煤市场，年计划销售7万吨。

26日　集团公司召开清产核资专题视频会，贯彻落实神华集团清产核资工作精神，部署集团公司清产核资工作。

27日　集团公司召开安全委员会会议，听取安全监察局关于集中力量抓好年末安全工作、确保实现年度安全目标的专题汇报，并就相关工作进行部署。

12月

1日　集团公司召开干部大会。大会宣布邵俊杰任集团公司董事、董事长、党委副书记和自治区宁东能源化工基地党工委副书记、管委会副主任。

4日　集团公司就任家庄煤矿“12·3”事故召开紧急安全视频会，对安全防范措施进行安排。

7日　李家坝煤矿筹建处管理权移交国神集团。

10日　双马一矿矿井及选煤厂项目通过神华集团竣工预验收。

14日　集团公司董事会2015年第三次会议审议通过了《关于神华宁夏煤业集团有限责任公司董事长任免的议案》《关于神华宁夏煤业集团有限责任公司董事会部分委员会组成人员调整的议案》。

26日　集团公司股东会审议通过了《关于神华宁夏煤业集团有限责任公司2014年度利润分配的议案》《神华宁夏煤业集团有限责任公司关于公开发行公司债券的议案》。

2016年

1月

12日　集团公司召开基层单位纪委书记年度述职暨现场考评会。

14日　集团公司举行2016年“送温暖”和结对帮扶活动启动仪式。

15日　集团公司“数字化矿山集成技术研究成果”

获第五届中国能源企业信息化管理创新奖。

18日　集团公司工会被中华全国总工会授予“全国模范职工之家红旗单位”称号。

26—27日　集团公司召开2016年工作会暨一届七次职代会。

2月

1日　集团公司第四届职工经济技术创新活动评选揭晓，共评选创新成果220项。

2日　集团公司召开2015年工作通报会。

6日　自治区党委书记李建华、自治区党委常委徐广国、自治区副主席马力一行到集团公司煤化工项目建设现场慰问员工。

24日　集团公司在煤制油项目建设指挥部召开2016年煤制油化工项目建设工作会。

是日　集团公司对宁东洗煤厂和大武口洗煤厂进行整合，组建集团公司选配煤中心。

25日　集团公司“煤基甲醇制丙烯工艺中激冷系统油水分离方法及其装置”获中国专利优秀奖。

29日　集团公司召开“四风”问题整治情况“回头看”工作会。

3月

3日　集团公司召开2016年煤炭板块基本建设工作会议。

4日　集团公司召开2016年公司债项目推介会。

7日　集团公司召开庆祝“三八”国际妇女节暨女职工工作交流会。

9日　集团公司在任家庄煤矿召开节能环保现场工作会。

11日　集团公司启动专项巡视工作。

16日　集团公司举办党风廉政建设形势任务教育培训班，邀请自治区纪委有关部门负责人授课。

31日　集团公司在教育培训中心举办2016年班组长素质提升轮训班。

4月

1日　集团公司召开干部大会，宣布宁夏煤炭基本建设公司从能源工程公司分离，成为集团公司二级单位。

是日　煤化工分公司研发中心“煤制油与煤化工技术研发”团队被授予“自治区第五批科技创新团队”称号。

8日　集团公司举行第六届感动神宁“十佳道德模范”颁奖典礼。

10日　集团公司与兰州铁路局签署战略合作协议。

13日　集团公司与瑞士科莱恩化工（中国）有限公司就煤制油化工领域合作进行座谈。

18日　自治区主席刘慧，自治区党委常委、自治区副主席张超超到太西洗煤厂发展情况进行调研。

22日　集团公司党委召开“两学一做”学习教育动员部署会。

25日　集团公司举行农业用地移交签字仪式，由物业服务分公司向农业用地单位石炭井焦煤分公司、汝箕沟无烟煤分公司、石沟驿分公司、宁夏煤炭基本建设公司、银北矿区水电分公司移交土地总面积12399.07亩，移交固定资产共计143项，移交人员80名。

是日　在中国煤炭工业协会四届理事会第五次会议暨第八次全国煤炭工业科学技术大会上，集团公司七项科技成果及两项专利成果得到表彰。

26日　集团公司组织专家审查《400万吨/年煤炭间接液化总体试车方案》。

5月

13日　集团公司举办“蓝领创新”主题讲座，邀请全国劳模、上海宝钢集团高级技师孔利明围绕“劳模创新工作室的推进和创造力开发”进行授课。

17日　集团公司召开成本分析例会，通报2013—2015年完全成本以及成本构成趋势分析，以及2016年1—4月主要经营指标完成情况。

20日　集团公司召开综治信访维稳工作专题会。

23日　“神宁化工产品”直达列车首发，将3036吨聚丙烯产品运往天津。

24日　集团公司在石槽村煤矿召开安全生产委员会（扩大）暨煤矿安全风险预控管理体系建设现场推进会。

31日　集团公司以太西无烟环保煤为原料生产的型煤在河北省洁净型煤产品推介会上展出。

是日　集团公司在金凤煤矿召开综采工作面自动化技术交流会。

6月

1日　集团公司举行“安全生产月”启动仪式。

15日　集团公司2016年“创新杯”职工乒乓球比赛落幕。

17日　集团公司煤制油化工销售分公司成立。

是日　集团公司在应急救援中心组织开展矿井透水事故应急救援演练。

27日　集团公司举办的“安全发展、忠诚卫士”主题巡回演讲在新闻中心神宁电视台演播厅开讲。

28日　集团公司召开庆祝建党95周年暨“两学一做”学习教育推进会。

7月

14日　集团公司召开综治、信访、维稳专题会。

19日　中共中央总书记、国家主席、中央军委主席习近平在宁东能源化工基地考察集团公司煤制油项目建设，察看煤制油项目变换装置区，同技术研发团队代表交流，并发出了“社会主义是干出来”的伟大号召。

29日　集团公司召开上半年经济活动分析会。

8月

5日　集团公司召开会议，正式启动“三供一业”（供水、供电、供气和物业）分离移交工作。

11日　集团公司举办班组建设专题学习辅导班。

17日　集团公司举行“神宁好声音”职工原创歌曲小品大赛。

19日　集团公司第二届教学竞赛决赛落幕。

22日　集团公司召开煤制油项目工程收尾及中交动员会，全面贯彻落实习近平总书记视察煤制油项目建设的讲话精神，总结、梳理项目建设及试车准备各项工作。

是日　集团公司工会举行“金秋助学”活动受助仪式，为符合资助条件的困难员工家庭子女发放助学金。

31日　集团公司启动煤制油化工园区治安保卫专项整治活动。

是日　集团公司召开推进神华集团法律事务管理信息系统项目上线启动视频会，安排合同审核衔接工作。

9月

1日　集团公司召开运销工作会议，落实新考核机制。

是日　集团公司在烯烃一分公司召开教育培训工作现场推进会。

7日　全国政协副主席刘晓峰到集团公司煤制油、煤化工基地考察。

9日　自治区代主席咸辉，自治区党委常委、自治区副主席张超超到集团公司烯烃一分公司调研。

是日　集团公司召开动力煤以质计价销售工作会、煤炭产品品牌建设工作会。

19日　第九次全国企业民主管理调研检查组到集团公司调研检查工作。

20日　集团公司召开产销平衡专题会议。

23日　集团公司与美国顶峰集团CEO签订“神宁炉”气化技术许可合同，标志着集团公司从技术引进向技术输出迈进。

10月

9日　集团公司第二期青年干部培训班开班。

12日　集团公司召开400万吨/年煤制油项目总体试车方案审查会。

18日　集团公司合并银北水电分公司与灵武水电分公司，成立集团公司水电分公司。

19日　自治区党委书记李建华调研集团公司100万吨/年煤化工副产品深加工综合利用项目、400万吨/年煤制油项目建设和试车进展情况。

24日　集团公司召开煤制油项目试车指挥部会议，部署投料试车工作。

27日　自治区政协主席齐同生到集团公司煤制油、煤化工基地调研。

11月

1日　2016年全国矿山应急救援大、中队指挥员实训演练在集团公司矿山救护总队开幕。

3日　集团公司400万吨/年煤炭间接液化环评变更暨煤泥综合利用项目正式获得环保部批复，通过环保部门环评审批。

10日　集团公司召开物资供应站集中管理工作启动会。

12日　烯烃一分公司采用Novolen气相聚丙烯（PP）工艺成功生产无规共聚聚丙烯新产品。

16日　国家安全生产监督管理总局安全生产专项督查第二组到灵新矿检查冬季安全防范工作。

18日　集团公司召开能源审计工作启动会。

28日　集团公司召开贯彻落实全国安全生产电视电话会议精神暨安全委员会（扩大）会议。

12月

8日　由集团公司冠名的“神华宁煤号”品牌列车开行仪式在银川火车站举行。品牌列车为“银川至上海”的K359/360次旅客列车。

12日　集团公司召开目标传导式绩效考核专题讨论会。

13日　由集团公司和西安科技大学承担的“煤矿液态CO2保压直注高效防灭火技术的研究与应用”与“鸳鸯湖、马家滩矿区煤自燃规律及控制技术研究”科技创新项目通过专家组鉴定。

19日　集团公司召开干部大会，宣布魏艳华任集团公司党委委员、副书记，孟伟任集团公司党委委员、纪委书记，陈艾任集团公司副总经理。

26日　集团公司召开神华统建SAPERP系统上线视频动员会，部署系统上线推广应用工作。2017年1月1日，原有ERP系统与神华集团统建SAPERP系统迁移工作完成。

27日　集团公司召开2017年采掘接续计划、后3—5年生产作业计划及战略规划会议。

28日　集团公司举行400万吨/年煤炭间接液化示范项目建成投产庆典仪式。中共中央总书记、国家主席、中央军委主席习近平对项目建成投产作出重要指示。

29日　集团公司承担的高新技术产业基地项目“大型甲醇制丙烯装置多层次节能技术的集成应用”通过专家组验收。

是年　集团公司贯彻执行国家供给侧结构性改革和去产能政策，关停严重亏损的石炭井焦煤分公司、乌兰煤矿、金能公司和大武口洗煤厂，平稳转移分流近万名员工到宁东矿区工作。

是年　集团公司实施外委业务收回自营292项，减少委外费用4.96亿元。

2017年

1月

4日　集团公司召开物资供应协调会。

5日　宁夏首个“国家级专家服务基地”正式落户集团公司。

20日　集团公司党委召开领导班子“两学一做”专题民主生活会，并召开2016年度领导班子成员述职测评会。

21日　中国共产党神华宁夏煤业集团第一次代表大会隆重开幕。

22日　中国共产党神华宁夏煤业集团第一次代表大会闭幕。大会选出第一届党委委员8名、纪委委员7名。

23日　集团公司召开2017年工作会议、首届科技工作会议。

是日　集团公司召开一届八次职工代表大会。

2月

14日　全国政协原常委、原煤炭工业部副部长张宝明到集团公司基层厂矿调研。

15日　石炭井焦煤分公司107名员工与乌兰矿100名员工抵达宁东，拉开2017年集团公司转岗分流安置工作序幕。

17日　集团公司党委召开2017年党的建设暨党风廉政工作会议。

22日　神华集团2017年基建工作会在集团公司召开。

23日　集团公司召开二届33次全委（扩大）会暨第五届职工经济技术创新成果发布会。

3月

6日　集团公司举办“智慧女性　魅力巾帼”女职工工作表彰会暨家庭才艺大赛。

7日　集团公司召开2017年基本建设工作会。

8日　集团公司在金凤煤矿召开煤炭板块改革推进会。

10日　集团公司在煤制油分公司召开2017年煤制油化工板块安全生产工作会。

13—14日　集团公司与沙特基础工业公司联合召开70万吨/年煤制烯烃新材料示范项目可研报告（初稿）审查会。

22日　集团公司召开班组建设观摩研讨会。

24日　国务院国有重点大型企业监事会主席赵小平到集团公司煤制油分公司调研。

4月

25日　集团公司召开煤炭清洁生产现场会。

27日　集团公司煤制油分公司荣获全国“五一劳动奖状”，太西洗煤厂一分区管理中心储运车间装车集控班荣获全国“工人先锋号”称号。

5月

22日　国家安全生产监督管理总局副局长，国家安全生产应急救援指挥中心主任、党委书记孙华山，国家煤矿安全监察局副局长杨富，到集团公司观摩400万吨煤制油项目和应急救援基地建设。

27日　在自治区首届“全国科技工作者日”暨宁夏创新争先奖表彰大会上，集团公司煤制油化工聚烯烃产品研发团队获得“宁夏创新争先奖牌”、枣泉煤矿高级工程师翟文获得“宁夏创新争先奖章”，煤制油化工研发中心高级工程师袁炜获得“宁夏创新争先奖状”。

31日　集团公司启动第八轮巡视工作。

6月

13日　集团公司与中国石化销售宁夏分公司签订战略合作框架协议。

是日　集团公司党委召开“先进基层党组织”互评会。

19日　集团公司与浙江中控技术股份有限公司签订战略合作框架协议。

20日　集团公司召开综采安装回撤技术交流会。

20—21日　集团公司举行集团公司煤制油化工智慧基地建设研讨会。

29日　自治区党委常委、自治区副主席张超超走访慰问集团公司部分生活困难党员和老党员。

30日　集团公司召开庆祝建党96周年暨党建工作表彰大会。

7月

6日　集团公司在枣泉煤矿召开提高煤矿单产单进现场推进会。

10日　集团公司承担的“国产主催化剂在煤基均聚聚丙烯Novolen工艺上的应用研究”和“特种清洁聚丙烯生产技术实验室研究”两个科技创新项目通过神华集团验收。

15日　集团公司第二届职工代表大会第一次会议暨工会第三次代表大会开幕。

19日　神华集团组织召开集团公司400万吨/年煤制油项目“社会主义是干出来的”现场学习推进会。

20日　集团公司召开煤制油项目建设总结表彰暨消缺改造百日会战动员大会。

22日　参加“全国卫视看宁夏”大型主题采访活动的媒体记者走进宁东能源化工基地实地采访。

25日　集团公司召开烯烃二期项目试车领导小组会议。

29日　集团公司工会举行“社会主义是干出来的”重点工程劳动竞赛启动会。

31日　集团公司岗位全员练兵暨第九届职业技能竞赛活动决赛举行。

8月

1日　集团公司机关召开庆祝建军90周年暨复转退伍军人座谈会。

11日　集团公司召开“两学一做”学习教育协调小组工作会。

22日　集团公司教育培训系统第三届教学竞赛举行。

23日　集团公司在枣泉煤矿召开2017年班组建设现场推进会。

25日　集团公司举办“严明纪律规矩　推动国有企业改革发展”廉洁教育专题辅导讲座。

28日　集团公司在红柳煤矿召开后勤自营专业化管理现场观摩会。

9月

7日　集团公司2017年审计业务知识培训班、机关中高层安全生产管理人员培训班开班。

8日　集团公司召开表彰会，庆祝第33个教师节。

11日　集团公司党委第一、第二巡察组分别进驻金家渠煤矿筹建处、矿山机械制造维修分公司，开展第九轮现场巡察。

15日　自治区党委书记石泰峰，自治区党委常委、自治区副主席张超超到集团公司煤制油化工基地视察。

是日　集团公司召开综治信访维稳专题会议。

是日　集团公司召开“党外知识分子联谊会成立大会暨第一届理事会”会议。

28日　集团公司机关召开第二次党员代表大会。

10月

10日　集团公司党委第一巡察组进驻甲醇分公司、第二巡察组进驻烯烃一分公司，同时开展巡察工作。

11日　集团公司第三期青年干部培训班在宁夏工业职业学院开班。

13日　集团公司党委理论学习中心组召开“讲修养、讲道德，做到品德合格”专题研讨会。

24日　集团公司召开煤炭计量系统（新）上线用户培训暨启动大会、内部市场化建设启动会。

26日　集团公司召开管理信息一体化项目实施启动会。

30日　集团公司2017年第二期纪检监察业务知识培训班开班。

11月

7日　集团公司召开400万吨煤制油示范项目科技创新总结会，部署自治区级、国家级科学进步奖申报工作。

17日　集团公司举行第十八个中国记者节暨神宁新媒体上线启动仪式。

21日　集团公司在枣泉煤矿召开安委会（扩大）暨“全面攻坚，决胜年末”安全动员会。

25日　集团公司400万吨/年煤炭间接液化项目荣膺2017年中国项目管理成就奖。

30日　集团公司“宁夏煤基合成树脂高值化产业技术协同创新中心”获自治区科技厅批复成立。

12月

7日　集团公司2017年“安康杯”职工象棋、桥牌、围棋赛在任家庄煤矿落幕。

11日　集团公司启动副处级以上领导干部学习贯彻党的十九大精神轮训班。

12日　集团公司召开百万吨级烯烃（煤化工副产品深加工综合利用）智能新模式推广应用——设备管理系统项目实施建设启动会。

13日　集团公司“一种旋流干煤粉气化炉”专利荣获第十九届中国专利金奖。

16日　集团公司宁东文体中心开业运营。

17日　集团公司400万吨/年煤炭间接液化示范项目实现满负荷运行。

20日　集团公司举办知识产权专题讲座。

22日　集团公司举办第五届财税知识大赛。

30日　集团公司科技创新成果“梅花井、石槽村、红柳、麦垛山、双马矿井突水危险性分区分级预测”、宁东矿区“三维地震资料二次处理高精度地震成像与精细地震地质解释技术研究”通过自治区科技成果评价。

2018年

1月

8日　集团公司党委在煤制油分公司及下属单位召开巡察工作动员会，正式启动政治巡察工作。

9日　在“讲好宁夏故事，记录时代精彩”社会主义核心价值观微电影大赛颁奖盛典活动中，集团公司荣获优秀组织奖，金凤矿报送的微电影《班长的日记》荣获微电影作品优秀奖。

11日　集团公司党外知识分子联谊会（简称知联会）举办党的十九大精神学习研讨活动。

15日　集团公司举行“不忘初心跟党走，牢记使命加油干”学习贯彻党的十九大精神知识竞赛预赛。

16日　宁东交警大队宁煤中队授牌仪式在宁东能源化工基地举行，宁东交警大队宁煤中队正式挂牌成立。

是日　集团公司在宁东能源化工基地召开煤制油化工园区交通安全管理专题会，按照集团公司总体部署，为进一步强化煤制油化工园区员工通勤、道路交通安全管理，确保问题整改到位，

17日　集团公司党委中心学习组召开2018年第一次学习会。

18日　集团公司在太阳神大酒店召开煤制油化工产品2018年度订货会暨重点客户座谈会，

是日　集团公司在宁夏工业职业学院召开第九届职业技能竞赛表彰暨2017年员工培训工作讲评会。

25日　集团公司机关举办健康知识讲座与义诊活动。

是月　集团公司煤制油化工研发项目“百万吨级煤基聚丙烯树脂系列产品关键技术开发及产业化应用”荣获中国石油与化学工业联合会科技进步二等奖。

2月

6日　集团公司召开二届二次职代会暨2018年工作会，深入学习贯彻党的十九大精神，全面落实国家能源集团工作会议和自治区经济工作会议、“两会”工作部署，总结2017年工作，安排2018年重点工作，全面深入推进“三个面向”新神宁建设。

7日　集团公司召开2018年党的建设暨党风廉政建设工作会。

9日　自治区国有企业学习宣传贯彻党的十九大精神知识竞赛决赛在集团公司会议中心举行，集团公司代

表队夺得冠军。

13日　集团公司召开安委会会议，贯彻落实国务院国资委中央企业安全生产工作视频会议精神。

28日　集团公司召开第十四届优秀作业规程表彰暨2018年煤炭生产技术工作会，总结2017年煤炭生产技术工作，部署安排2018年煤炭生产重点工作。

3月

2日　集团公司在金凤矿召开智慧矿山项目启动会。根据国家《中国制造2025》总体要求，集团公司将金凤矿、金家渠矿筹建处列为智慧矿山示范建设项目试点单位。

6日　集团公司与贺兰县政府签订加强企地经济战略合作框架协议。

是日　集团公司工会召开三届二次全委（扩大）会，总结2017年工会工作，安排部署2018年重点工作。

是日　集团公司副处级以上干部学习宣传贯彻党的十九大精神轮训班在集团公司党校开班。

7日　集团公司机关党委举办纪念“三八”妇女节表彰会，庆祝“三八”国际妇女节108周年。

20日　集团公司通过邮寄方式销售的8000克罗加煤，顺利到达鞍山盛盟煤气化有限公司，销售价格为1300元/千克，较之前销售价格提高了400元/千克。

22日　集团公司党委召开干部大会，就如何贯彻落实全国两会精神进行安排部署。

27日　集团公司在金凤矿召开“110工法”现场推进会。

28日　集团公司2018年纪检监察人员业务培训班开班。

29日　集团公司“创新引领的大型现代煤制油化工基地建设与管理”创新成果荣获第二十四届国家级企业管理现代化创新成果一等奖。

是日　集团公司机关举办“弘扬爱国主义精神，做新时代有为员工”主题道德讲堂活动。

是月　集团公司安全生产云平台项目正式启动，标志着集团信息化建设进入新阶段。

4月

2日　集团公司在枣泉矿召开机电工作现场会，回顾5年来机电管理工作取得的成绩，分析查摆工作中存在的问题，部署集团公司机电管理工作。

12日　集团公司召开保密工作会议。

16日　集团公司2018年“安康杯”职工羽毛球、网球比赛开赛。

17日　自治区煤矿粉尘防治示范矿井现场推进会在任家庄矿召开，总结分析全区煤矿职业健康面临的形势，对粉尘防治工作重点进行安排部署。

18日　集团公司举行“书香神宁·博学笃行”读书沙龙活动决赛。

26日　集团公司“目标传导式绩效管理研究与实践”项目顺利通过自治区科技成果评价。

5月

14日　全国妇联2018年度全国“最美家庭”评选活动揭晓，集团公司汝箕沟无烟煤分公司员工马青林家庭获评全国“最美家庭”。

15日　集团公司召开智慧矿山技术研讨会。

22—23日　集团公司党委第一巡察组、第二巡察组分别召开巡察运销公司党委、物资公司党委意见反馈会。

6月

1日　集团公司举行2018年“安全生产月”启动仪式，贯彻落实党和国家关于安全生产工作的决策部署，全面落实国家能源集团、自治区关于“安全生产月”和“安全生产万里行”活动安排。

4日　集团公司党委2018年第三轮政治巡察工作正式启动，四个巡察组分别进驻治安保卫总队、信息技术中心、基建公司和质检计量中心开展常规巡察与专项巡察。

26日　集团公司举办“职工健康关爱计划设计与思考”专题讲座。

28日　集团公司召开纪念建党97周年暨党建工作表彰大会。

是月　集团公司举办“生命至上　安全发展”主题巡回宣讲活动，深入煤制油化工基地、各矿区和在银单位进行9场宣讲活动，2000多名干部员工聆听了演讲。

7月

2日　集团公司党委召开理论学习中心组专题研讨会。

12日　神宁集团、厦门大学、宁夏大学产学研合作基地揭牌暨校企战略合作协议签字仪式举行。

是日　工商银行董事长易会满、自治区副主席刘可为一行到集团煤制油分公司调研。

16日　国家能源集团在神宁集团400万吨/年煤制油项目现场召开“社会主义是干出来的”岗位建功行动启动会，进一步践行习近平总书记“社会主义是干出来的”伟大号召，持续深入推进习近平总书记重要指示批示精神的贯彻落实。

是日　自治区科学技术奖励大会在银川召开。集团公司科技成果“煤炭间接液化核心技术及关键装备重大创新”获得自治区科学技术重大贡献奖；“固定床甲醇制丙烯（MTP）过程研究及工艺优化”等4项科技成果获得自治区科技进步三等奖。

19日　由宁夏回族自治区人民政府和中国工程院主办，宁夏科技厅、中国工程院科技合作办公室宁东管委会和神宁集团承办的“宁东煤炭清洁高效安全发展”院士行活动在银川举行。

20日　集团公司召开学习贯彻团的十八大精神专题会，学习习近平总书记在同团中央新一届领导班子成员集体谈话时的重要讲话精神。

是月　集团公司荣获“2017至2018年度煤炭行业信息工作先进单位”称号。

8月

2日　集团公司召开党的建设工作推进会暨上半年经济活动分析会，贯彻落实国家能源集团年中工作会议和自治区组织工作会议精神，安排部署集团公司党的建设和生产经营工作。

3日　集团公司工会三届三次全委（扩大）会议召开，通报上半年“三型五家”建设考核情况，贯彻落实国家能源集团“社会主义是干出来的”岗位建功行动启动会议及神宁集团2018年党的建设工作推进会暨上半年经济活动分析会议精神，安排部署下半年重点工作。

是日　集团公司2018年班组建设现场会在灵新矿召开，提升“五型”班组，为建设“三个面向”新神宁蓄能发力。

9日　由自治区安委办、自治区安全生产监督管理局、宁东管委会和神宁集团联合举办的自治区危险化学品泄漏爆炸事故联合应急演练在烯烃二分公司罐区拉开帷幕。

是日　集团公司承担的国家国际科技合作项目“高效甲醇转化制丙烯过程合作研究”（项目编号：2015DFA40660）通过验收。

10日　集团公司召开审计整改推进会。

15日　集团公司自动化工作面推进会在金家渠矿筹建处召开，会议旨在提升理念、拓宽思路、解决难题，促进集团矿井数字化、信息化建设，为建设“三个面向”新神宁夯实基础。

29日　集团公司举办2018年共青团干部培训班，80余名团干部参加培训。

30日　集团公司召开综治信访维稳工作会议，分析研判形势，解决问题、化解矛盾、息诉息访，扎实推进“平安神宁”建设七项专项活动，确保自治区成立60周年大庆和国庆节期间的稳定，为“三个面向”新神宁建设提供和谐稳定的发展环境。

9月

5日　集团公司召开法治工作暨“法治神宁”部署会。

6日　集团公司治安保卫总队与自治区公安厅高速公安局在煤制油化工园区举行警企高速公路联防合作签约仪式。

8日　集团公司代表队在宁夏职工“劳动者之歌”合唱总决赛中摘得二等奖。

13日　“颂歌新时代”神宁好声音职工文艺展演在梅花井矿文体活动中心拉开帷幕。

17日　在“全国网络安全员法制与安全知识竞赛”决赛中，集团公司荣获团体比赛三等奖，信息技术中心员工马旭荣获“个人优胜奖”。

19日　集团公司党委召开中心学习组2018年第十次理论学习会。

26日　集团公司第十届职业技能竞赛仪表维修工实操决赛在煤制油分公司举行。来自煤制油化工板块4个单位的23名选手参加了决赛。

10月

12日　集团公司召开四季度机电工作会议，总结交流三季度安全质量标准化工作开展情况，安排部署四季度机电管理工作。

15日　全区首届职工技术创新成果展在银川开幕，集团公司6项创新成果在展会上亮相，有两个项目斩获创新成果三等奖。

19日　集团公司召开个人所得税专题培训班，邀请宁东税务局专业人员讲解个人所得税方面的知识。

23日　“金凤煤矿倾斜厚煤层切顶卸压无煤柱自成巷技术研究及应用”项目科技成果评价会在集团公司

召开。

26日　集团公司在银川市党校举办为期3天的基层党委（总支）书记培训班。

28日　集团公司召开四季度党建工作例会。

11月

1日　由芒果TV、湖南都市频道和人民日报客户端联合出品的新时代季播主旋律纪录片《我爱你，中国》摄制组到煤制油分公司、甲醇厂生产现场录制节目。

6日　集团公司党委2018年第六轮政治巡察工作正式启动。

8日　煤制油化工销售分公司华东直销中心在浙江余姚挂牌成立。

是日　集团公司工会召开三届三次常委会和三届四次全委（扩大）会议。

12日　集团公司党委理论中心组召开2018年第12次学习会。

15日　全国政协副主席梁振英在自治区政协主席崔波、自治区副主席刘可为陪同下到煤制油项目现场考察。

26日　2018年自治区青年拔尖人才培养工程入选人员名单发布，集团公司四名员工入选。

28日　集团公司举办劳动争议调解员技能大赛，来自双马矿、任家庄矿、烯烃二分公司、红柳矿等8家单位的劳动争议调解员通过模拟调解现场的形式，就企业和员工之间发生劳动争议如何进行调解进行了现场还原和情景再现。

12月

7日　由集团公司承办的“北元杯”第四届全国危化品安全知识竞赛西部片区复赛在宁东能源化工基地举办。

12日　由集团公司主办，国际工程项目管理一流公司伍德集团（WoodGroup）和宁夏能源协会协办的大型现代煤制油化工项目管理论坛在银川举办。

是日　集团公司2018年度油化品重点客户座谈会在银川召开，来自全国各地的36家油化品重点客户代表齐聚一堂，共叙友谊、共商合作、共话未来，进一步拓展合作共赢之路。

13日　集团公司审计部荣获“全国煤炭企业内部审计先进集体”荣誉称号，

18日　宁夏宝利新能源有限公司与宁夏神耀科技有限责任公司签订宁夏鲲鹏清洁能源有限公司乙二醇项目“神宁炉”煤气化技术许可、工艺包设计、技术服务及专有设备供货合同。

20日　集团公司召开2018年度工会工作讲评会。

26日　集团公司职工家属区“三供一业”分离移交仪式在石嘴山大武口锦林小区一区举行，职工家属区移交政府指定的接收平台管理，初步实现了“三供一业”分离移交工作的阶段性任务。

27日　集团公司召开2018年基层单位纪委书记述职述责考评会。

28日　由自治区文明办和集团公司党委共同举办的“社会主义是干出来的——60年感动宁煤人物”发布会在银川隆重举行。

第一篇 管理体制与企业改革

神华宁夏煤业集团公司认真贯彻落实党的路线方针政策，按照自治区党委、政府和神华集团的总体部署，以新发展理念和高质量发展要求，加快转变发展方式和调整产业结构，以建设现代国有企业制度为主线，全面加强党的领导和党的建设，坚持深化改革，推进转型升级高质量发展。

党的领导全面融入创新发展的各环节，现代企业制度不断完善。转变了以煤为主的传统经营理念，确立了以煤制油化工为龙头，以煤炭生产为基础的经营大格局。一体化经营，集约化管理运行模式日趋完善成熟。2008—2013年，通过专业化整合方式，解决了前期改革中未完全解决的下属单位多、生产经营分散、资源配置效率不高的问题。加快内部整合，清理、注销，整合经营范畴相近、与主业关联度小、投资效益低的企业，实施专业化管理，提高资源配置效率和专业化服务水平，先后组建了物资、销售、煤化工、能源工程、综采安装等12个专业化公司。同时，实施财务集中管控，对资金预算、融资、银行账户和银行关系实行集中管理，加强总部管控力，提高资金使用效率。

2014年，集团公司贯彻落实国务院《关于以经济增加值为核心加强中央企业价值管理指导意见》，围绕提高价值创造能力实施改革和管理调整。“把握两条主线，实施六项子战略，实现五大转变”，以聚焦“规模化经营、抢占发展制高点为总体改革思路提升可持续发展能力”主线，推进低成本扩张、专业化精细化管理、品牌、人才、多元化投融资、信息化战略，向安全、高附加值、高科技、绿色清洁发展转变。实施了煤炭产业升级、重点煤制油化工项目建设、安全技术改造、环境治理等重点举措。

2016年以来，集团公司坚持以习近平新时代中国特色社会主义思想为指导，贯彻落实党的十八大、十九大精神，全面实施《中共中央国务院关于深化国有企业改革的指导意见》和神华集团党组安排部署，加快全面深化改革，建设面向市场、面向世界、面向未来新宁煤。推进煤矿“四化”建设，推进煤制油化工延伸产业链提升价值链，以及内部管理市场化、信息化的改革建设进入新阶段。

加强党对国有企业的领导，把党委的领导核心和政治核心贯穿于企业改革发展的全过程，把党组织内嵌到公司治理结构中，明确和落实党组织在公司法人治理结构中的法定地位，修订完善公司章程、党委会议事规则等制度，全面建立“双向进入、交叉任职”领导体制，在条件成熟的单位实行党政一肩挑。坚持建立现代企业制度，不断完善法人治理结构，规范决策运行机制。

确立了新的发展战略。打造以煤为基础，以煤制油化工为龙头，以科技创新为驱动的技术型公司，为改革发展明确了方向。

推进生产技术变革。依托现代信息技术，建设智慧矿山、自动化工作面、智能洗煤厂，初步实现记忆割煤、远程集中控制、自动告警等功能。煤制油化工持续实施技术消缺改造，完成百万吨级烯烃智能制造技术。

实施管理改革。落实供给侧结构改革调整，关停长期亏损矿井，淘汰落后产能；以内部市场化统领内部改革，初步建立关联交易体系，通过内部市场手段提高资源配置效率；配套实施管理信息一体化建设，促进管理网络化、实时化、刚性化；推进薪酬分配、绩效考核和干部人事改革，变发工资为挣工资；实行目标传导式绩效考核，稳妥实施压减和辅业改革，全面完成“压减”“转型”“三供一业”分离移交等工作。

落实国家混改政策，探索混合所有制员工持股试点改革。成功组建员工持股试点的宁夏神耀科技公司，发挥体制机制优势，在先进技术装备输出、重大技术研发方面取得显著成果。

2017年以来，围绕建立市场化经营机制，提高效率效益，积极稳妥、压茬推进各项改革。企业改革在梳理流程、法人治理、优化结构、职能定位、提升管理、薪酬分配、压缩管理层级、减少法人单位等方面深入推进；通过改革，提高集约化程度，实施专业化管理。构成了选人用人、财务管理、产品销售、煤炭质量管理、价格调控、现代物流运行、投资项目管理、科技创新、风险控制、安全生产、战略绩效考核、运行规则、内部经营和分配等运行机制；初步构建了二级单位之间关联交易的定额、价格、结算体系，后勤物业、信息技术、工程服务、矿井水处理市场化运营模式；并在双马、金凤两个矿开展二级单位内部实行市场化模式进行分配的试点工作；管理信息一体化系统建设、内部市场化、目标传导式绩效管理等 6个子系统上线运行；围绕价值创造、精益运营和持续发展三个维度，健全了综合绩效考评体系；对基层单位实行吨产品计件兑现薪酬总额，二次分配体现多劳多得；推进三项制度（劳动、人事、分配制度）改革。对机关部门职责、业务梳理和优化，初步形成了干部人事、人才培养、全员薪酬改革方案；落实干部“退二线”政策，成立经济技术委员会，继续发挥专业技术干部作用；完成物资管办分离改革，羊场湾等12对矿井完成机关“四部一室”或“五部一室”改革；深入推进“法治宁煤”建设，召开了第一次法治工作会议，设立了法律事务部和合同审查中心，实行诉讼、仲裁和合同审签集中管理，推进规章制度、经济合同、重大决策法律审核；强化制度建设，新建修订制度51项；持续完善监事会、审计、巡察等监督体系，实现重大项目、重点领域、重点业务审计全覆盖，审计成果有效运用；稳妥实施压减和辅业改革。完成两家法人企业注销。稳妥关停了资源枯竭的石沟驿煤矿。完成106个职工家属区“三供一业”分离移交。亘元房地产公司加快去库存和改革转型，已取得积极进展；系统性防风险降成本。从优化设计、均衡生产、采购物流、依规管理等方面加强管控，实施37项“增收节支、降本增效”措施，产品成本得到有效控制。

第一章　机构

第一节　领导机构

2006年1月16日，自治区党委宣布神华宁夏煤业集团公司新建党委的组成人员和董事会及经理班子成员人选推荐名单，使企业法人治理结构由总裁制变革为董事会及总经理负责制。1月17日，神华宁夏煤业集团公司第一届董事会第一次会议召开，选举产生了董事长及副董事长，成立了董事会、监事会和经理行政班子。同时设立股东会，建立健全公司章程及董事会规则、监事会规则、总经理规则等规章制度，明确了党委会、股东大会、董事会、管理层、监事会职责，形成各负其责，协调运转，有效制衡的公司法人治理结构。

一、领导机构

（一）党委会

集团公司党委经上级党组织批准设立，是公司法人治理结构的领导核心和政治中心。公司党委由9名委员组成。其中，党委书记1名，党委副书记2名。

以习近平新时代中国特色社会主义思想和党的路线方针政策为指导，认真落实党建工作责任制，牢固树立“四个意识”，把方向、管大局、保落实，在公司治理结构中，全面落实中央党要管党、从严治党要求，健全完善国有企业党委会参与重大问题决策的体制机制，充分发挥了党委的领导核心作用。

遵照党中央国有企业党的建设工作会议精神，集团公司党委制定了《中共神华宁夏煤业集团有限责任公司委员会工作规则（试行）》，将党建工作总体要求全面纳入公司章程之中，健全以公司章程为核心的企业制度体系，充分发挥党组织的领导核心和政治核心作用。依照法律法规和公司章程的规定，严格规范各类治理机构的权责，强化权责对等，保障有效履职，完善符合市场经济规律和企业实际情况的法人治理结构，以提升企业有效运行效率。

根据《中国共产党党组工作条例》精神，结合集团公司实际，从议事范围、议题确立、议事程序和规则、议定事项落实等方面，对党委会议事决策的内容及程序进行明确规定，进一步完善了集团公司党委会议事和决策机制。研究讨论企业重大经营管理事项，参与企业重大问题决策，支持董事会、监事会、经理层依法依规行使职权，保证、监督重大决策部署的贯彻执行。

按照《关于深化国有企业改革的指导意见》要求，明确党建工作入章及党组织在法人治理结构中的法定地位等制度保障。明确党委会研究是董事会、经理层决定重大事项的前置程序。强化制度落实，督促国有企业形成科学有效的领导方法、决策机制。工作原则上，坚持党的领导，保证党的基本理论、基本路线和基本方略的贯彻落实，保证党中央、国务院重大战略决策的贯彻落实。落实管党治党主体责任，增强党委班子合力，发挥党委班子整体功能。

表1-1-1　集团公司党委会（2009—2018）

书 记	副书记	党 委 委 员	任 职 时 间
陆维平	严永胜	姚具元　仝金正　陈　毅　刘晋冀　吴学林	2009.01—2013.01
刘　云	严永胜	章建忠　陈　毅　张正军　吴学林　关清安	2013.01—2015.07
张作理	严永胜	章建忠　张正军　吴学林　关清安　马金明	2015.07—2015.12
张作理	邵俊杰　严永胜	章建忠　张正军　吴学林　关清安　马金明	2015.12—2016.12
张作理	邵俊杰　严永胜　魏艳华	章建忠　张正军　吴学林　马金明　孟　伟	2016.12—2017.01
邵俊杰	严永胜　魏艳华	章建忠　张正军　吴学林　姚　敏　马金明　孟　伟	2017.01—2018.01
邵俊杰	严永胜　魏艳华	吴汉宝　张正军　吴学林　姚　敏　马金明　孟　伟	2018.01—2018.12

（二）董事会

董事会由8人组成，是股东会的执行机构，是集团公司的决策机构。按照股东会决议，研究决策集团公司改革发展、生产建设、经营管理的全面工作。董事会班子成员实行集团公司党政领导班子成员双项职务交叉任职。董事长为企业法人代表，同时任神华宁夏煤业集团公司党委副书记。2017年，自治区党委、神华集团党组贯彻中共中央加强国有企业党组织建设，充分发挥党组织领导核心作用的决定，对集团公司党委班子成员进行调整，党委书记同时任职董事长“一岗双责”。副董事长由党委副书记、党委委员任职。

董事会设置6个专门委员会，即常务董事委员会、战略投资委员会、健康安全环境委员会、中高级管理人员提名委员会、薪酬与考核委员会、财务与审计委员会。专门委员会的招集人是独立董事，根据董事会的授权预审议案或预订议案。董事会下设管理层，是集团公司管理机构，根据董事会的授权管理集团公司日常事务。

表1-1-2　集团公司董事会（2009—2018）

董事长	副董事长	董事	任 职 时 间
	陆维平	严永胜　仝金正　张正军 刘晋冀　徐祖发　陈　毅	2009.01—2013.01
	刘　云	严永胜　张正军 吕志韧　马金明	2013.01—2015.11
邵俊杰	张作理	严永胜　张正军　张子飞 张继明　吕志韧　马金明	2015.12—2016.12
邵俊杰	魏艳华	严永胜　张正军　张子飞 张继明　吕志韧　马金明	206.12—2018.12

（三）监事会

监事会由5人组成，实行双项职务交叉任职。集团公司党委委员任监事会主席。有关方面负责人、职工代表任委员。监事会的主要职责是：对集团公司董事会和经理行政班子的决策，以及生产经营管理实施监督检查，以实现权力制衡，避免“内部人控制”，用制度确保董事选举公正、公平、独立，形成相互制约、相互监督运行机制；对存在的问题提出整改意见和建议方案，用制度确保集团公司依法依规、科学合理、安全健康运行。

集团公司内设审计部，由公司监事会主席分管。作为集团公司独立的职能部门，负责集团公司内部审计机制、制度体系的建设工作，按照年度审计工作计划开展和组织实施各项审计工作。

审计部与监事会办公室合署办公。审计部总经理兼任监事会办公室主任，副主任，监事主管，一级主办各1人。

表1-1-3　集团公司监事会（2009—2018）

主席	任职时间	股东监事	职工监事
姚具元	2009.01—2014.05	邵孝通（2008年—2012年5月） 曹宗苓（2012年5月—2013年1月） 那绍媞（2013年1月—2014年10月） 姚具元	郭敏杰　张克锋
章建忠	2014.05—2018.01	董秀峰（2014年10月—2017年6月） 章建忠	郭敏杰　张克锋
吴汉宝	2018.01—2018.12	国汉斌（2017年6月— 2018年12月31） 吴汉宝　孟　伟	魏学文　季忠敏

（四）经理行政班子

经理行政班子由股东大会提出成员任职推荐名单，经自治区政府、神华集团考察任命。由9人组成，设总经理1人，副总经理7人，总工程师1人。实行总经理负责制。经理行政班子是董事会的执行机构，对集团公司的生产建设、经营管理及行政事务全面负责。定期向董事会和职工代表大会报告工作。

表1-1-4　集团公司经理层（2009-2018）

总经理	副总经理	总工程师	任职时间
严永胜	仝金正　鲍金全　张正军　刘晋冀　吴学林　关清安　樊永宁　姚　敏　杨吉平	周光华	2009.01—2011.08
严永胜	仝金正　鲍金全　张正军　刘晋冀　吴学林　关清安　樊永　姚　敏	周光华	2011.08—2013.05
严永胜	仝金正　张正军　吴学林　关清安　樊永宁　姚　敏　杨成龙	周光华	2013.05—2013.08
严永胜	张正军　吴学林　关清安　樊永宁　姚　敏　刘　涛　杨成龙	周光华	2013.08—2013.10
严永胜	张正军　吴学林　关清安　樊永宁　姚　敏　刘　涛　杨成龙	周光华	2013.10—2016.12
严永胜	张正军　吴学林　关清安　樊永宁　姚　敏　刘　涛　杨成龙　陈　艾	周光华	2016.10—2017.01
严永胜	张正军　吴学林　樊永宁　姚　敏　刘　涛　杨成龙　陈　艾	周光华	2017.01—2018.12

二、议事协调机构

（一）预算委员会

集团公司成本费用管理预算管理委员会负责和主持预算方案的审查、决策全面管理工作。相关业务部门及分（子）公司，按照各自的业务职能为预算委员会提供信息资料和建议意见；落实预算委员会的决策事项。成本费用管理工作实行统一领导、分级管理、归口组织、分工协作，实行集团公司、分（子）公司、区队（车间）三级管理体制。

集团公司对成本费用进行全面管理，分（子）公司是成本费用的核算和管理中心，区队、车间、班组是成本的核算单元。集团公司建立成本费用责任制，根据业务和管理职能按部门、单位及区队（车间、班组）建立成本责任中心。明确职责，严格考核机制，将成本费用升降与职工薪酬挂钩。

集团公司建立成本费用控制系统，强化控制标准约束，执行全面预算管理、目标成本管理、责任成本管理、成本定额管理及成本对标管理，并结合生产经营特点，选用和创新合适的成本费用控制方法。

全面预算管理主要是建立以绩效目标为导向、预算管理为主线、财务报告为工具、绩效考核为保证的“四位一体”经营管理体系，发挥预算的过程控制作用，强调预算的刚性执行，建立成本费用控制预警机制，坚持“先预算、再做事，无预算、禁入账”的原则。

（二）技术委员会及经济技术委员会

实行技术委员会定期研究科技工作制度，建立科技创新项目评审专家库和行业领军专家库，健全科技管理、知识产权保护、成果转化应用、核心技术保密等制度体系，形成技术委员会抓决策、专家委员会抓咨询和评审、科技管理部门抓项目统筹、业务部门抓专业协调、研发机构和二级单位抓实施的高效运行机制。健全完善科技创新配套奖励制度，实施科技成果应用效益计提奖励，探索“科研津贴+成果收益”相结合的激励机制，调动研发人员积极性。

集团公司将党委巡视组职能同干部“退二线”政策有机结合，成立经济技术委员会，有50多名原事业部负责人和有专业特长的应退二线同志纳入其内，继续发挥专业技术干部作用。

将经济技术委员造价审查中心更名为经济技术委员会造价中心，由集团公司规划发展部管理，原承担的设计审查业务分别划入集团公司生产技术部和煤制油化工部。

第二节　职能部门与直属机构

一、职能事业部门

截至2018年底，集团公司机关设业务职能部门16个。

（一）办公室（党委办公室）

2003年成立宁煤集团办公室。2006年1月18日成立神华宁夏煤业集团公司办公室。职责：负责党委会、董事会、公司办公会、总经理层的日常综合服务，落实和督办会议决议；负责集团公司文档管理、会务组织、机要保密、外联接待；管理驻北京办事处和车辆管理中心；负责业务领域的安全、环保、党建工作、法治及党风廉政建设和领导安排的其他工作。

（二）规划发展部（基建办公室）

2008年1月22日由集团公司投资部、项目管理部、战略管理部3家合并成立规划发展部。职责：负责集团公司发展规划、基建投资、专项资金、煤炭资源、生产运营计划及数据信息统计等业务管理。

（三）财务部

财务部2002年12月成立。职责：贯彻落实国家、自治区有关法律、法规、规范、标准及神华集团、神华宁煤集团内部规章制度等相关规定；制订和完善公司财务管理相关制度，并监督实施；组织编制公司年度、季度和月度财务预算，审查、平衡各单位财务预算，并监督管理；做好公司发展建设、生产经营的融资工作；开展财务及经济活动分析工作；做好资产管理和税务筹划管理工作，监督检查各单位规章制度执行情况。财务部内设资金管理、预算管理、资产管理、税务管理、财务稽查、综合管理六个业务口。

（四）企业策划部

2009年2月21日在原经营管理部和企业破产办公室的基础上成立企业策划部。职责：负责集团公司改革改制工作，拟定管理制度、经营机制、结构调整改革策划方案；负责实施对各单位年度经营绩效管理，包括构建经营绩效考评体系；对各单位实施经营过程控制、月度经营绩效考评；对集团公司经济运行情况进行分析；对集团公司的主要业务流程和管理流程进行梳理、分析、优化设计和不断改进；拟定并组织实施年度制度计划；指导、检查、考核机关部门、专业化公司、基层单位制度建设工作；负责集团公司日常对标管理工作，组织有关部门拟定对标指标、对标目标并对其实施督导、考评、通报，负责集团公司企业管理创新工作，推广应用现代企业管理创新成果，负责集团公司日常定额管理工作，组织、协调、督导定额标准的制订、完善和实施，负责集团公司产权证照管理、产品价格管理和招投标管理工作。

（五）党委组织部（人力资源部）

党委组织部（人力资源部）2002年12月28日成立。实行两个机构，一套人力合署办公，按职责设专业主管。职责：负责制定和实施集团公司人力资源规划、人力资源优化配置、干部人事管理、人才引进和培养、薪酬管理、全员绩效管理、社保管理和培训管理；负责业务领域的安全、环保、法治、党建及党风廉政建设和领导安排的其他工作。

（六）生产技术部

生产技术部2002年12月成立。职责：负责煤炭板块采掘、一通三防、地测、防治水、煤质的技术管理、生产技术部以及基建技改、设计审查的管理工作；负责新技术、新工艺、新材料、新装备的推广应用。2017年11月，建设部（基建办公室）撤销，相关职能并入生产技术部。

（七）机电管理部

机电管理部2008年1月成立。职责：负责煤炭板块机电、运输、洗选加工、机械制造与维修、信息化及矿区供水、供电、供暖业务管理；负责集团公司相关物资管理、物资计划业务；负责有关业务领域的新技术、新工艺、新材料、新装备的推广应用；落实业务领域的党建工作、党风廉政、法制建设一岗双责制度。

（八）安全监察局

安全监察局2002年12月成立。职责：贯彻落实党和国家法律、法规、标准以及神华宁煤集团、公司相关规定以及会议决议、决定，组织制订并实施公司分管业务内制度和法律风险防范办法；负责安全生产、职业健康、环保监察及应急救援管理；负责安全体系建设与督导实施、重大安全隐患整改督察、应急管理和事故调查处理，落实党建、党风廉政、法制建设一岗双责制度，落实管业务必须管安全、管环保责任制；管理综合管理专业、应急管理专业、标准化管理专业以及安全监察中心。

（九）生产指挥中心

生产指挥中心2006年1月18日成立。职责：负责对集团公司的生产、运输、销售协调运行进行指挥；负责生产、安全、环保、稳定等重要信息的处置；负责对极端恶劣天气、地震等重大灾害进行预警；负责雨季“三防”和冬季“三防”工作；若发生紧急事件，按照应急处置方案启动应急响应。

（十）建设部（基建办公室）

建设部2002年12月成立，负责集团公司基本建设及技术改造项目，从初步设计、招投标、开工准备、施工到竣工移交全过程管理。基建办公室负责煤炭和煤制油化工工程项目之外的其他工程项目初步设计审查，施工图审查及备案，开工准备、施工到竣工移交全过程管理。2017年11月，该撤销。

（十一）科技发展部

科技发展部2008年1月成立。职责：负责集团公司科技创新项目管理、科研平台管理、科技成果的引进和转化、知识产权、标准管理、环保管理、节能降耗管理、能源体系运行管理等；负责业务领域的安全、环保、党建、法治及党风廉政建设和领导安排的其他工作。

（十二）社会事务部

社会事务部2002年12月28日成立。职责：负责集团公司民生实事的征集立项和监督实施；“两堂一舍”、环卫绿化、疫情防控等后勤事务管理监督检查；员工迁居安置、棚户区改造、采煤沉陷区搬迁工作的管理、协调、检查督导；组织实施员工健康体检；集团公司治安综合治理、消防管理、基层单位地面要害、重点防火部位、民爆危化物品地面运输、仓储环节的安全监督检查；国家安全、民兵预备役建设；应急突发事件的处置；信访维稳工作；妥善处置员工群众来信来访；离退休人员及工病亡遗属的服务管理工作。

（十三）审计部（监事会办公室）

审计部2002年12月28日成立。职责：负责依据国家、国能集团、自治区、集团公司有关审计工作的法律、法规，制定集团公司相关审计工作的规定、制度，完善经济责任审计、财务内部审计、工程项目审计、专项调查等相关制度；监督检查集团公司各单位内部控制制度建设及执行。

（十四）组宣部（统战部、机关党委、团委）

组宣部2008年1月成立。职责：负责党的组织建设、思想建设和作风建设；开展思想政治工作、精神文明建设、企业文化建设和共青团工作；组织、协调集团公司对外宣传工作；协调联系中央驻宁新闻单位和自治区新闻单位及时有效做好对集团公司的宣传工作；规划部署全局性的思想政治工作；负责重要典型的总结、宣传和推广；指导开展职工思想政治教育活动，负责机关党委和统战等工作。

（十五）纪检监察部

2008年1月成立。职责：负责落实公司党委、纪委和上级纪检监察机关相关规定，监督公司各级党组织、党员领导干部履行职责、行使权力、廉洁从政工作；对公司党员违反党章等案件，对违规违纪问题进行问责；组织公司党风廉政建设监督责任检查考核和纪检系统内评先选优工作；会同党委组织部（人力资源部）负责纪检组织机构、队伍建设和考核。纪检监察部内设纪律审查一室、纪律审查二室、监督检查室、案件审理室、信访案管室、组织宣教室、综合室七个业务室。

（十六）工会

工会是宁夏总工会下属基层工会。是集团公司工会委员会，民主管理委员会，职工代表大会的办事机构。服从双重领导，负责落实职工之家、扶贫救助、女工、妇联等工作。发挥联结职工群众的桥梁和纽带作用。

二、直属机构

（一）核算中心

2010年6月成立。职责：贯彻落实国家、自治区有关法律、法规、规范、标准及神华集团、神华宁煤集团内部规章制度等相关规定；制订和完善公司财务管理和会计核算相关制度，并监督实施；负责会计核算，提报会计信息；负责各业务板块的成本费用核算工作；指导、监督、检查各核算点正确进行成本费用及内部经济核算工作；负责集团公司基本建设（技改）核算、采购付款业务核算和会计信息化管理工作。核算中心内设总账管理部、煤炭生产核算部、非煤产品核算部、基本建设核算部、物资核算部、经费核算部、信息化管理部、煤制油化工核算分中心八个部室。

（二）安全监察中心

2016年12月成立，与安全监察局合署办公。中心下设采掘、机电、通风、地面、基建、职业卫生、环保、交通、煤制油化工等9个监察专业，两个驻宁东安全监察室。职责：全面负责公司的安全环保监督监察工作，不定期进行安全督察和重点监察；参与制订公司安全生产、职业健康、生态环境等监督检查相关规章制度和安全目标；监督检查各单位贯彻执行国家有关安全生产及环保方面的方针政策和法律法规、标准以及公司安全生产规章制度、安全工作安排、会议形成的决策和要求等；监督基层单位认真落实公司安全生产管理体系和考核标准；做好职业健康日常监管工作，制定公司职业安全健康危害事故的应急救援预案并组织实施；负责环保安全和交通安全监察工作；参与环保安全及交通安全事故事件的追查处理和整改监督工作；参与事故调查分析工作，监督基层单位落实各项防范措施。

（三）巡察办

2015年11月成立神华宁夏煤业集团公司巡视工作领导小组，集团公司纪委书记任组长，办公室设在纪检监察部，领导小组下设两个巡视组。2017年6月调整神华宁夏煤业集团公司巡视工作领导小组，集团公司党委书记任组长。2017年9月，更名为“中共神华宁夏煤业有限责任公司委员会巡察工作领导小组”。2018年8月，调整中共神华宁夏煤业集团有限责任公司巡察工作领导小组成员，党委巡察工作领导小组办公室设在中共神华宁夏煤业集团有限责任公司纪律检查委员会，负责承办领导小组日常工作，领导小组下设4个巡察组。

（四）技术委员会设计造价审查中心

技术委员会设计造价审查中心2011年1月成立。职责：负责集团公司除煤化工以外建设项目可研投资估算、初设概算、标底的编审、施工图（变更）预算和竣工结算的审查工作；监督指导参与煤化工项目可研投资估算、初设概算的审查工作，对煤化工项目土建和安装工程竣工结算进行三级抽审；负责集团公司建设工程招议标全过程造价监督管理工作；负责集团公司建设工程和其他费用委托备案、网上竞标、招（议）标方案、招标文件等的造价条款、费用标准审核工作；负责集团公司建设工程施工合同以及其他基本建设费用合同造价条款审核工作。

（五）经济技术委员会

经济技术委员会2018年6月27日成立，主任由集团公司董事长担任，执行主任由总经理担任，副主任由退二线的总经理助理担任，成员是各单位退二线领导人员。副主任协助主任主持部门全面工作，内设办公室、督察组、科技组、经济组、生产组、机电组、安全组等七个部室。职责：主要负责参与集团公司重大事项决策参谋、重点项目前期咨询、关键技术专家服务、重要问题调研考察、经营管理建言献策、领导关心关注的重点工作的督察督办等工作；负责集团公司发展建设、科技创新、技术管理类书籍的编纂和审查工作。

（六）党校

2006年成立神华宁夏煤业集团公司党校。职责：负责开展马克思主义中国化最新成果的理论宣传，开展党的路线、方针、政策的宣传；负责按照国家有关法律法规和政策规定，开展党员干部继续教育和培训；负责围绕公司改革发展进程中的重大理论、现实问题和公司出现的新情况新问题开展科学研究，参与公司党建项目咨询、思想政治研究等工作，为公司党委提供理论依据、政策依据、实践依据；负责培训轮训公司各级党员领导干部及后备干部，培养理论干部；承担神华宁煤集团、自治区国资委、党委下达的调研任务，推进理论创新；负责开展同国内党校等教育、研究机构和组织的合作与交流。

（七）设备管理中心

设备管理中心2009年1月成立，2016年3月成为直属中心。职责：负责集团公司统管设备（采掘有偿使用设备、租赁设备及主要移动互调生产设备）及大部件的全寿命、全周期、全过程管理。包括有偿使用设备中长期发展规划、接续计划、维修中长期发展规划、维修再制造建议计划编报；统管设备及大部件更新改造、租赁计划；有偿使用设备资产管理及统管设备调剂管理；有偿使用费收取，维修费预算及租赁费结算；技术及配套审查，审核招标技术条件、维修协议等；参与招标验收，负责统管设备“四新”的推广应用等工作。落实管业务必须管安全、管环保责任制。

（八）环境监测中心

环境监测中心2014年4月成立。业务隶属于集团公司科技发展部管理。主要职责：编制集团公司环境保护中长期规划和年度计划，参与集团公司重大环保工程实施方案的审查；定期对各单位污染源进行常规监测，包括排放的矿井水、工业废水、生活污水、锅炉（窑炉）烟气，有组织排放的工业废气，有组织和无组织排放的煤粉尘，噪声等固定污染源的定期监测；督导基层单位及时处理环保在线监测系统报警信息；参加集团公司安全风险预控管理绩效考核及“节能环保”绩效考评。截至2017年，环境监测中心内设综合办公室、监督管理部、技术部、监测站4个（部）室。

（九）治安保卫总队

2008年2月，神华宁夏煤业集团公司撤销治安经警总队，成立治安保卫总队（简称治安总队）。主要职责：维护矿区治安稳定，负责集团公司公司各矿区煤炭稽查、检查和安全保卫。同时，执行集团公司重大活动的保卫任务，参与处理集团内部的群体上访、应急突发事件等。下辖宁东煤炭物资稽查、石嘴山煤炭物资稽查、集团公司机关安保3个大队。内设综合管理部、党群工作部2个科室，设立党支部5个。2018年，有在册员工261人，其中退转军人占员工总数的52%。

三、其他单位

（一）新闻中心

2009年12月16日，神华宁夏煤业集团公司新闻中心成立。下设《神华能源报》《神华能源》《神华科技》《神华安全》《新神宁》以及神宁电视台和神宁网站，形成“一报四刊一台一网站”格局。2012年，新闻中心被灵武市精神文明建设委员会评为“文明单位”。

（二）信息技术中心

信息技术中心2010年3月成立，是集团公司信息化建设、网络运行维护、服务管理的专业化公司。职责：肩负集团公司信息化总体规划、标准及制度制定，落实信息化建设任务；为集团公司安全生产、经营运行、煤炭产销及公司各类日常业务管控提供后台维护支撑与信息技术支持。截至2018年，信息技术中心内设综合管理部、经营管理部、人力资源部、党群工作部、信息系统管理部5个机关部室和计费管理部、应用系统研发部、银北运营部、宁东运营部、煤制油化工基地运营部5个基层运营部。2018年，中心有在册员工273人。

（三）宁夏工业职业学院（培训中心）

2007年11月，学院通过教育部首轮人才培养水平评估。2008年7月，学院本部由石嘴山市大武口区搬迁至银川市西夏区。2009年8月，学院完成宁东校区的整体移交，实现了银川集中办学的新格局。

2014年12月，学院通过教育部第二轮人才培养水平评估。2017年2月，学院实行培训中心、集团公司党委党校、宁夏工业职业学院“三块牌子，一套班子”一体化管理运行模式。

学院设采矿工程系、机电工程系、化学工程系、培训基地4个教学系部。有教职员工238人，管理人员216人，操作工15人。学院党委下设9个党支部，有中共党员174人。

（四）阳光艺术团

2009年2月16日，自治区总工会为宁煤集团阳光艺术团授牌“宁夏回族自治区总工会文工团”。同时，阳光艺术团承担自治区总工会相关的演出活动和任务。

（五）质检计量中心

质检计量中心2016年2月成立。职责：负责各矿井原煤、商品煤质量检测及生产矿井选配煤中心生产加工过程质量检测、太西洗煤厂入厂原煤质量检测、集团公司商品煤质量抽查及各单位检测质量抽查工作；负责集团公司煤炭综合试验工作；矿井生产过程动态煤质检测及煤质预测预报和宁东矿区原煤产量计量管理工作。设党委工作部、综合办公室、技术管理部、计量管理部4个部室。基层设宁东化验室、银北化验室，以及驻羊场湾、枣泉、梅花井、红柳、金凤、石槽村、灵新、双马煤矿检验站10个基层单位。有合同制员工296人。党委下设党支部8个，党小组14个，配置专兼职党务工作人员12人，有党员99人。

质检计量中心银北化验室是国家煤质检测权威机构，2011年首次通过中国合格评定国家认可委员会国家实验室认可评审，2017年通过复评审。

（六）煤制油化工研发中心

2008年10月成立集团公司煤制油化工研发中心（简称化工研发中心），是集团公司技术创新体系的重要组成部分。2016年5月，在机构改革调整和资源整合中，撤销煤化工分公司，成立煤制油化工部，将煤制油化工研发中心升格为集团公司二级单位。下设五部一室，内设信息研究与专家服务部及综合办公室等，主要承担煤制油化工产业发展，开展煤炭结构与煤气化技术、催化转化过程、煤基聚合物及相关新材料应用、环境工程、煤制油品与精细化工品等领域应用技术及共性关键技术研究，促进研究成果转化及相关研究领域的技术服务。有科研管理及技术研发人员61人。

2016年5月成立化工研发中心党总支，设机关党支部、研发党支部。2017年，有党员45人，占职工总数64.2%。2017年2月21日，煤制油化工研发中心工会成立。

（七）煤制油化工质检计量中心

煤制油化工质检计量中心（简称化工质检中心）前身为集团公司煤炭化学工业分公司质检计量中心。2016年5月，在机构改革调整和资源整合中，成立集团公司煤化工质检中心。内设综合办公室、经营管理部、党委工作部、生产管理部、安全健康环保部5个工作部门，下设生产一车间、二车间、三车间、四车间、五车间、煤质分析车间及产品检验车间、计量站、环境监测站9个生产车间。负责煤制油化工板块甲醇厂、烯烃一分公司、烯烃二分公司、煤制油分公司等生产厂原辅材料、产成品、生产中间控制以及大气、噪声、废水、废渣等分析化验、计量检定等工作。

有正式合同制员工580人。设党支部10个，有党务工作干部10名，有党员172名。

第三节　生产经营单位

2018年底，集团公司有煤炭生产建设单位、煤制油化工单位和专业公司等单位共计51个。见表（1-1-5）。

表1-1-5　生产经营单位统计表

序号	单位名称	序号	单位名称
一、煤炭生产建设单位		27	煤制油合成油厂
1	羊场湾煤矿	28	煤制油净化合成厂
2	枣泉煤矿	29	煤制油动力厂
3	汝箕沟无烟煤分公司	30	煤制油空分厂
4	灵新煤矿	31	煤制油电气管理中心
5	石沟驿煤业分公司	32	煤制油仪表管理中心
6	梅花井煤矿	33	煤制油公用工程管理中心
7	清水营煤矿	34	煤制油化工工程建设指挥部
8	红柳煤矿	35	精细化工分公司
9	石槽村煤矿	36	神沙项目部
10	金凤煤矿	三、专业化公司	

续表

序号	单位名称	序号	单位名称
11	红石湾煤矿有限公司	37	运销公司
12	任家庄煤矿	38	煤制油化工销售分公司
13	麦垛山煤矿	39	物资公司
14	双马煤矿	40	能源工程公司
15	金家渠煤矿（筹建处）	41	物业服务分公司
16	银北矿区管理办公室	42	亘元房地产开发有限公司
17	太西洗煤厂	四、其他公司	
18	选配煤中心	43	宁夏煤炭基本建设公司
二、煤制油化工单位		44	水电分公司
19	烯烃一分公司	45	宁夏天长民爆有限公司
20	甲醇分公司	46	矿山机械制造维修分公司
21	煤制油化工安装检修分公司	47	矿山救护总队、应急救援中心
22	煤炭化学工业技术研究院	48	生产安装分公司
23	煤制油化工公用设施管理分公司	49	综掘服务分公司
24	烯烃二分公司	50	车辆管理中心
25	煤制油分公司	51	维华矿业有限公司
26	煤制油气化厂		

第二章　运行机制与企业改革

第一节　运行机制

一、党委领导核心

党的十八大以来，按照党中央的战略决策，自治区党委、神华集团党组，先后三次调整加强神华宁夏煤业集团公司党委班子，增设专职党委副书记。根据战略发展的需要，调整加强党委领导班子成员职务交叉任职。党委书记兼任副董事长；董事长兼任党委副书记。2017年9月，根据党中央加强党对国有企业的领导，国有企业党委是企业的领导核心和政治核心的规定，集团公司法人代表——董事长由党委书记兼任，专职党委副书记兼任副董事长，基层子分公司、股份制企业党委主要领导亦作了相应的职务交叉任职。

集团公司党委深入贯彻习近平总书记全面从严治党的战略思想和党的“十八大”“十九大”精神，以新战略思维，转变观念，重新定位党委对企业的领导地位和党的建设工作。坚定履行政治责任，建立完善党委把方向、管大局、保落实的决策运行机制。对涉及企业改革发展、生产经营、民生利益的大事，诸如：企业发展规则，生产经营项目投资建设、产业、产品结构调整、机构合并、撤销或设置、生态文明建设、职工教育培训及切身利益等，集团公司党委首先组织专业人员进行调查研究，提出调查报告，经党委会议认真研究，分析论证，提出建设性意见，提交董事会、经理行政班子，召开有党委成员参加的决策会议，研究制定具体规则、方案和实施办法。基层领导班子成员和机关部（室）领导干部的选拔任用，按照集团公司干部选拔任用程序，经党委会议集体研究聘任。不断建立完善以集团公司党委集体学习、调度会议等为纽带的党政干部联系机制，互通情况，沟通意见，统一意志，统一步调。集团公司党委每年利用各种形式总结当年工作，安排部署下年工作。把党委的研究决策作为董事会、经理行政班子研究问题、决策部署工作的前置程序。提升党委领导核心、政治核心的权威和领导水平。

在党的建设工作中，集团公司党委认真落实习近平总书记“打铁还需自身硬”的科学论述，以集团公司和矿、厂两级党委、党总支的建设为重点，建立完善责任目标体系，严格工作落实和政绩考核，强化制度建设，优化党的组织和干部队伍。2013年，修订完善了《关于加强和改进党建工作的实施办法》《先进党组织建设考核标准》《党员队伍管理规定》《党员领导干部政绩考核标准》《政治思想工作规划》《党委班子民主生活会制度》《党委会议事规则》《党委班子成员集体学习制度》《党委会议制度》等一系列规定办法、规章制度。依据这些规定办法、规章制度，基层各单位党委、党总支都制定实施党建工作规则和相应的规定制度。党建工作实现规范化、制度化、常态化目标。

2018年集团公司党委决定，党委组织部从组宣部分离，恢复组织部独立工作职责。成立法律事务部，理顺组织、宣传、法律事务工作职能。健全完善干部管理长效机制。深入贯彻落实党中央、自治区和神华宁煤集团组织工作会议精神，按照选准用顺管好总要求，优化完善干部选拔体系，拟提拔人员全部实现“凡提必推”。新增领导人员任职承诺制度，建立集团公司党委主要领导对新提拔和退二线领导干部谈心谈话制度。完善干部测评系统，对领导班子和领导干部进行全面考核评价。2018年提交机构人事议题12项，调整优化基层党委、党总支班子29个，调整党委管理干部467人、选拔任用77人、解聘免职和退二线112人。党委的领导核心和政治核心在集团公司得到巩固和加强。

集团公司党委注重把党委的领导核心、政治核心和党的建设工作建立在相信群众、联系群众、依靠群众的基础之上，建立完善以职工代表大会、厂务公开、集体协商为基本形式的职工民主管理体系，健全集团公司、矿厂、车间、班组四级民主管理网络，平等协商签订

《集体合同》。每年一次的职工代表大会审议重大事项，职工代表的提案落实率和办结率均在90%以上。职工代表会审议通过的《煤矿职工安全行为管理规则》《企业年金待遇支付月度标准建议方案》《困难单位人员分流优化配置工作相关政策》等8项涉及职工切身利益的议案落地生效。

二、运行机制转换

2006年以前，宁夏煤业集团有限责任公司（简称宁煤集团），是由亘元煤业集团、太西煤业集团，灵州煤业集团、宁煤（进出口）集团和宁夏煤炭基本建设公司（下称宁煤基建公司）五大国有企业组合的独资国有大型企业，实行总裁负责制。机关组建27个事业部，基层106个生产经营、后勤服务、文化教育等单位，实行矿厂长、经理负责制。各单位根据工作需要设置机关科（部）室，构成独资企业运行机制，集团公司实行两级管理体制。

2006年1月，宁煤集团与神华集团合资重新组建后，变为股份制国有企业，按股份制企业运行规则，实行董事会决策、监事会监督、经理行政班子执行的运行机制。以职能事业部、专业化公司为新的管理模式，实施集团公司矿、厂、公司两级管理体制。不断整改优化职能事业部门和专业公司管理机制，创新管理模式，逐步构建起矿、厂长（经理）负责的矿、队两级生产组织机构。2009—2010年，按职能和专业分类，撤销经营管理部和破产办公室，成立企业策划部。修订各事业部、专业公司的职责范围、管理标准和工作规则、规章制度。调整选聘各部门负责人及专项业务主办，通过考试聘任专业技术人员，并实行部门政绩考核奖罚制。

从2009年开始，集团公司针对企业运行体系、运行机制、管理流程方面存在的问题，强化以专业化、精细化为目标的管理机制改革，调整运行体制和机制，推行扁平化管理，推进职务管理向岗位管理转变，对机关管理部门和子分公司单位进行改革、清理和整顿。

2017年，编制《集团公司劳动定员工作方案》《煤制油化工单位作业人员岗位标准》，全面组织实施对基层各单位的定岗定员工作。同时，制定集团公司基层单位组织机构及人员编制定额，规定基层单位机关机构设置数和管理人员定额。建立管理人员退出机制。出台非领导岗位设置及人员管理办法，在机关和实行两级管理的专业化公司设立正高级调研员、高级调研员、协理员等岗位。一级管理的基层单位设立调研员、副调研员、协理员等岗位。将距退休年龄2—3年的管理人员调整到非领导岗位，参与决策咨询、督察督办、信访维稳、专题性或综合性调研和阶段性工作。截至2017年10月底，全集团公司管理人员共减少314人。进一步优化劳动力结构，清理劳动关系，精干员工队伍，截至2017年10月，解除（终止）劳动合同1128人。与上年相比净减少1402人。

推行矿、厂经营管理机构改革和产业结构调整，资源整合，集团公司的生产经营单位由2009年的83个整合为51个，管理服务单位由2009年的23个整合为17个。

2018年，将服务类、操作类业务及人员划入直属中心管理；将物资计划管理业务划入机电管理部，建立财务部税务业务，理顺了物资计划管理、税务筹划等业务。

第二节　企业改革

一、改革历程

从2009年开始，随着煤制油化工项目陆续建成投产，集团公司确立了“以煤制油化工为龙头，以煤炭为基础”的经营大格局。加大各经营板块和整体机制体制改革力度。着力调整银北老矿区和宁东新矿区资源结构和生产布局。

集团公司组建后，赢得了十年“黄金期发展”。到2012年，全国煤炭产能过剩，国务院实施压缩煤炭产能举措。2012年，集团公司仅宁东矿区库存积压煤炭近2000万吨。煤炭销售价格一降再降，多数煤矿销售价格跌破开采成本价。集团公司通过深化改革，建立符合市场规律的经营管理体制，推动企业全面摆脱一时困难。新一轮企业改革试点工作在金凤煤矿展开。金凤煤矿率先成立以党政一把手为组长的改革领导小组，分采煤、掘进、后勤保障等若干单元开展工作。

2013年，集团公司成立转岗分流领导小组，制定形势任务宣传提纲，组织企业领导团队，到有关单位，讲形势，讲政策，化解转岗分流人员思想情绪，鼓励职工树立企业过“穷日子、苦日子、紧日子”思想。转变观念、抓改革、调结构、强管理、降成本、增效益、节约费用、清理委外业务。成立由董事长任组长，党委书记、总经理任副组长的银北焦煤板块停采（产）及生产方式转移工作领导小组，下设5个专项工作组，统筹计划、分工负责、协调组织实施具体工作。

期间，集团公司对管理人员工资实行下浮措施，对富余人员实行停薪留职制度。根据煤化工基地的安置能力及人力资源状况，编制《银北矿区焦煤板块停产维护及人员安置建议方案》。出台停薪留职、解除劳动合同自谋职业和内部退养“三项政策”。打通分流转岗员工多条安置渠道，维护了员工利益。截至2014年，集团公司第一批分流、划转及整合员工3489人。到2016年6月底，银北矿区焦煤板块停采（产）及跨区域作业工作顺利完成，9466名员工全部予以分流安置。

2015年，对金能煤业分公司等6家亏损严重的企业实行关停并转，企业人员实行分流政策。在岗人员坚持“个人自愿、单位批准”原则，分别实行停薪留职、解除合同自谋职业、内部退养（含离岗休养）政策。依据企业停产不同情况，分别对石炭井焦煤公司、乌兰煤矿富余人员，成熟一批、分流一批。金能煤业分公司、大武口洗煤厂（本部及金能煤业分公司分厂），以及银北矿区物业服务分公司所属石嘴山物业公司、太西物业公司部分人员，实行跨区域到宁东矿区承接项目作业的方式，进行人员分流安置。对石炭井焦煤公司关井停产，通过内部人员调整，减少外委工程项目增加安置岗位。

二、整合优化生产经营管理体制

从2009年开始，集团公司加大生产经营体制体系改革力度，整合资源，集约经营，统一规划，专业管理。着力解决结构不合理，技术力量分散，管理滞后，生产经营不协调等问题，实现高质量、高效率、高效益经营。

2009年6月，对能源工程公司与宁煤基建公司进行联合重组，实现优势互补，提升项目建设和项目管理中的综合实力。将宁煤基建公司下属的大隆房地产剥离划入宁夏亘元房地产公司，将后勤服务业务剥离划归物业公司管理，离退休管理人员由集团公司协助地方社保部门进行管理。同年12月，对活性炭分公司、太西电力公司、太西水泥公司、北方碳化硅公司、红梁煤制品公司进行整合，组建太西炭基工业公司，下设活性炭厂、热动力厂、建材厂、碳化硅厂、碳素厂5个专业化厂和供销部、研发中心两个部门。

是年，完善物资供应、煤化工、设备管理、设备维修、专业安装队伍建设等运行机制，推进信息化、后勤服务、煤炭洗选、工程技术服务专业化管理体系建设。整合矿区物业公司、旅游公司和矿区环境治理指挥部，组建物业分公司，推进“大物业”管理。整合银北矿区洗煤资源，组建新的大武口洗煤厂（主洗焦煤）和太西洗煤厂（主洗无烟煤），成立宁东洗煤厂（洗选动力煤），实现了洗煤专业化管理。同时，对业务相近的基层单位进行整合，将宁煤基建公司相关业务划归能源工程公司、物业分公司和宁夏亘元房地产公司；劳务公司划归宁夏工业职业学院；北方碳化硅公司划归太西电力公司；撤销大石头煤炭公司；宁夏建设工程公司主体骨干业务划归能源工程公司，组建了具备工程总承包能力的专业化工程公司。

2010年3月，组建银北矿区水电分公司。主要承担石炭井矿区、石嘴山矿区及宁东古窑子—羊场湾—枣泉矿区铁路专用线的管护大修工作，以及石炭井矿区、石嘴山矿区、汝箕沟矿区、乎鲁斯太矿区的供电、供水的业务和管理。

2013年11月，整合汝箕沟煤矿、白芨沟煤矿和大峰露天煤矿，组建汝箕沟无烟煤分公司。提出汝箕沟矿区无烟煤露天开采方案。这一方案实施后，解决长期困扰井工矿难以克服的多种灾害威胁，改善煤矿安全生产条件，可多回收稀缺无烟煤9500多万吨。

2014年5月，煤化工销售公司并入运销公司管理，成立运销公司煤化工装运中心，发挥企业销售业务专业化管理优势。整合宁东煤炭“储装运”洗选加工资源，将宁东洗煤厂、宁东各生产矿井煤炭管理科业务、机构整合到运销公司，实行集中统一管理，理顺煤炭生产、洗选、销售关系。

2015年，集团公司决定对石炭井焦煤分公司、乌兰煤矿、石沟驿煤业分公司、石嘴山金能煤业分公司和大武口洗煤厂实施停采停产，压产量、减机构、分流人员。次年12月完成矿井的停产封闭，并通过国家去产能工作小组的验收。将大武口洗煤厂与宁东洗煤厂整合组建洗配煤中心。

2016年2月，选配煤中心成立后，以外委业务回收为突破口，推进对宁夏主体煤场外委业务的清理。先后清退火车捆绑、煤窑、筛分、洒水降尘、煤场转运、装车外委业务单位，实现了各项外委业务的收回自营。当年清理煤炭外委业务单位25个，通过内部挖潜调剂446人到自营新增岗位，削减劳务用工325人，实现挖潜节支5582万元。

2016年10月，水电分公司完成资源和业务整合，供电供水系统一体化水平初具规模。按照专业化管理思路，在煤化工分公司公用工程管理处的基础上，成立了煤制油化工公用设施管理分公司。该公司主要承担煤制油化工基地煤炭储运、供排水、天然气管网、公用管廊、道路、绿化、土地等建设管理和治安保卫、后勤接待等业务。

2017年，落实神华集团《关于坚决落实完成2017年度“压减”工作任务的通知》精神，关闭撤销太西炭基工业公司、宁夏太西建筑安装工程有限公司、石嘴山市小松山矿泉水有限公司、宁夏松山高频焊管有限公司4家法人企业。

同年，对金能煤业分公司及石炭井矿井管理办公室进行合并，成立银北矿区管理办公室，管辖原金能煤业分公司、焦煤公司、乌兰煤矿留守人员和资产管理。

实施研发机构改革，成立煤炭化学工业技术研究院，形成“研究院—创新团队”研发管理模式，组成120人的专业团队。推进酒店业务专业化管理，成立亘元房地产公司酒店业务部，将太阳神大酒店业务及人员划转到亘元房地产公司代管。推进化工品销售模式改革，成立和调整了煤制油化工销售分公司电子交易中心、直销中心、物流中心。

羊场湾煤矿、梅花井煤矿、枣泉煤矿等单位开展了机构人事改革，将富余管理人员或工作量不饱满人员充实到基层辅助单位从事安全督查、安全培训、外委队伍管理等岗位，置换出岗位工到一线工作，管理人员队伍结构和作用得以发挥。12个煤矿生产单位完成了高效机关设置。

三、改革完善运行体制

2009年以来，集团公司全面推进体制体系改革。在煤矿、煤制油化工等生产单位推行工资收入与劳动成果紧密挂钩的弹性分配机制，建立集团公司对生产单位以定额计件为主导的量化结算体系，充分激发内生动力；建立健全二级关联交易单位定额、价格、计量、结算体系，完善交易运行规则，全面构建起二级关联交易单位内部市场化机制，并实现信息系统线上运行；完成金凤煤矿、双马煤矿内部市场化体系建设试点，在总结试点单位经验，形成内部市场化建设经验模式的基础上，在各二级单位内部全面推广应用；优化完善信息系统功能，满足价格（定额）管理标准、结算编制管理、结算流程管理及查询等需要，提高结算效率。

企业深化改革中，梳理流程，优化调整内部结构，明确职能定位，促进管理提升；改革业绩考核和薪酬分配体系，建立新的绩效评价体系；催化“僵死企业”和特困企业全部脱困；压缩管理层级，减少法人单位编制；推动混合所有制员工持股试点取得实质性进展。

开展对二级单位之间内部市场化体系的构建，制定二级关联单位内部市场化体系建设价格（定额）模板、交易规则模板和业务流程，出台实施后勤物业服务、信息技术服务价格标准及运行规定，组织制定了工程服务、煤矿水处理运营服务价格（定额）标准和运行规定；组织编制了《煤矿推行内部市场化管理实施意见（草案）》和《煤矿生产板块内部市场化推行指导手册》，规范基层单位内部市场化体系构建；初步搭建符合二级单位关联交易，试点煤矿上下贯通、左右互联的内部市场信息化平台；针对不同行业单位开展内部市场化理念宣传和操作方法、业务流程的培训。

不断改革完善以“五型企业”（本质安全型、质量效益型、科技创新型、资源节约型、和谐发展型）建设考评为联动的考核激励机制。完善以成本管理为核心，以月度绩效奖、季度可控成本节支利润超额奖、提质增收奖等为奖罚机制。融入神华营销体系，调整销售管理模式，整合地销业务，实行营销策划、市场开发、价格谈判、合同签订、运输组织、货款结算、客户管理“七统一”，完善适应公司快速发展的销售体制。通过改革，物资供应、煤化工、设备管理维修、设备安装回撤、煤炭洗选、物业服务、信息化建设、工程项目技术服务等专业化管理格局基本形成。同时，陆续撤销建井工程公司、综采安装公司、灭火工程公司等单位，调整优化机关部门。推行专业化公司二级单位高效机关运行模式，严控基层单位机构设置和人员选配。

2016年初，集团公司制订《改革方案分工落实表》，细化任务目标，确保改革稳步推进；重点落实国家供给侧结构性改革和去产能政策，关停严重亏损的银北三对生产焦煤老矿井和大武口洗煤厂，完成近万人分流安置；实施物资供应、煤炭洗选等12个方面的专业化改革；优化管理职能，调整绩效考核和薪酬分配机制，变发工资为挣工资；推进劳动人事分配三项制度改革。员工能进能出，干部能上能下。落实60项提质增效活动量化工作，优化项目设计，优化筹资结构，压缩非安全生产性投资，发挥主体矿井和优势产品的创收增效作用，保障煤化工装置“安稳长满优”运行，综合平均融资利率降低0.48个百分点；调剂和串换积压物资，盘活存量资产，资金运用安全可靠。加强外委业务管理，收回自营292项，减少外委费用8.08亿元；清理选配煤中心闲置车辆，整顿煤厂，实现转运自控自营。

按照集团公司《关于基层单位开展员工承包内部业务工作的指导意见》，各煤矿探索实施内部市场化运营改革。清水营煤矿内部市场化改革运营涉及组织机构、职责分工、基本原则、实施范围、实施方式、运营体系、运营结算、实施步骤、考核激励等，在全集团起到了引领作用。

2017年，集团公司重点从7个方面采取措施，解决问题。完善考核体系；定岗定员标准化；推进技术进步；加快财会业务一体化进程；推进内部市场化运行；加快出台深化改革有关配套方案；围绕技术创新、产品创新和管理提升，深化煤制油化工运行体制体系改革。通过改革实现机构设置和人力资源最优配置；改变薪酬分配方式，激活一线活力，提高单产单进水平和生产效率；运用信息化手段改造管理，提升精细化水平。同年5月18日，混合所有制员工持股改革试点工作取得实质进展。国务院国资委首批员工持股试点单位——宁夏神耀科技有限责任公司完成筹建工作并注册成立。12月17日，集团公司400万吨/年煤炭间接液化示范项目实现满负荷运行。

2018年，通过岗位梳理、岗位说明书编制、岗位评价，确定每个岗位价值，建立以岗位价值为主的薪酬体系。完善工资总额预算管理，以定员和岗位工资标准为依据核定预算工资总额，实现“增人不增资、减人不减资”。规范岗位收入构成，缩小单位间相同岗位的收入差距，以岗位薪酬标准指导二次分配，切实体现薪酬分配的公平性。调整调薪机制，将单一“岗位调薪”优化为“岗位、绩效、能力调薪”，将薪酬调整与岗位价值、业绩考核、能力发挥挂钩。

第三节　产业产品结构调整

一、产业结构调整

集团公司按照“科学发展、对标一流、五年（2011～2016年）实现经济总量翻两番”的发展战略，不断转变经济发展方式，调整产业结构，逐步建成亿吨级煤炭生产基地和世界级煤化工基地，形成煤炭、煤化工、碳基及新材料、铁路“四大板块”的产业布局。

煤炭板块。实施老矿井技术改造、新矿井开发，走专业化、集约生产模式，形成区域规模及市场、品种、质量、技术、管理优势，提高生产集中度，实现亿吨级煤炭生产规模，建成国家级大型煤炭基地。

煤化工板块。走现代煤化工发展之路，重点建设煤基烯烃、煤炭间接液化、煤制天然气等项目，建成具有国家能源战略地位的世界级煤化工基地。25万吨/年煤基甲醇、21万吨/年煤基二甲醚、60万吨/年煤基甲醇、52万吨/年煤基烯烃、6万吨/年聚甲醛煤炭间接液化项目和煤基烯烃二期项目建设，标志着煤化工产业基地基本建成。

炭基及新材料。利用国家批准石嘴山资源枯竭城市转型优惠政策，对大武口区矸石电厂、洗煤厂、活性炭厂、矸石砖厂、凝石水泥厂进行优化配置、扩能改造，扩大活性炭、超低灰煤、矸石发电厂规模，建成石嘴山、大武口循环经济示范园区。自2008年起，石嘴山市被确定为全国首批资源枯竭城市，并先后列入国家老工业基地调整改造重点城市、承接产业转移示范区、循环经济示范城市、生态文明先行示范区、中小城市综合改革试点、全国首批12个老工业区城市和资源型城市产业转型升级示范等政策落地试点。2017年5月25日，国家发改委网站发布《真抓实干推进老工业基地调整改造及转型升级典型经验介绍之五——宁夏石嘴山》一文，对石嘴山市创造的典型经验进行推广。

铁路板块。建成宁东铁路网，运营里程达到500公里，具备万吨列装运能力，总运量可达1亿吨。

二、产品结构调整

（一）煤炭产品

截至2017年，集团公司通过实施品牌营销战略，将487个产品精简到47个精品，培育开发了太西无烟煤、泰宁煤、优质动力煤、不黏结环保煤等优质产品。煤炭品种有褐煤（HM）、长焰煤（CY）、不黏结煤（BN）、气煤（QM）、肥煤（FM）、瘦煤（SM）、贫煤（PM）、无烟煤（WY）。

优化产品结构。无烟煤“定制化销售”，进一步甄选优质客户。发挥洗选中心一体化优势，调整、优化产品结构，实现无烟煤产品由“数量效益型”向“结构效益型”转化。增加块煤入洗比例，多出精粒煤，增加了块煤和粒煤经济效益。动力末煤在保障煤制油化工原燃料煤供应及系统内电厂煤炭供应的基础上，调整产品结构，满足电厂、工业及地销用户需求。洗选低灰高炉喷吹用不黏结煤，提高了末煤经济效益。烟块煤产品不断满足市场和用户日益变化的新要求，在品种规格的生产上适应市场需求。

“太洗”牌超低灰无烟纯煤是以优势“太西煤”为原料，经深度降灰处理后得到的灰分≤3%、2%、1.0%的煤炭产品。超低灰无烟纯煤的工业化生产，将“太西煤”资源优势转化为产品优势，为活性炭、碳素、碳化硅、增碳剂、煤质炭黑、煤塑料、电碳砂等行业提供了更加优质、高端的原料。“太西煤”由传统的烘焙转化为新型碳基材料，为促进煤炭合理利用，延长循环经济产业链创造了条件。“太洗”牌产品荣获国家科学技术进步二等奖、中国煤炭工业科技进步一等奖。超低灰纯煤产品获得国家重点新产品认证。

（二）煤化工产品

按照规模化、大型化、基地化发展要求，利用煤气化、煤液化、煤焦化等技术，推进煤炭高效清洁利用。推进60万吨/年煤基烯烃等项目实施，形成产业集约化、规模化优势，建设国家煤制烯烃生产基地。利用宁东基地煤—电—油—化一体化协同发展优势，推进400万吨/年煤炭间接液化大型示范项目，提升国家能源科技国际领先地位，建设国家能源战略示范基地。依托宁东基地开发建设20亿Nm3/a、40亿Nm3/a煤制天然气项目，拓展煤基能源发展空间。

2016年，集团公司煤制油项目顺利投产。煤制油化工产品主要包括聚丙烯、聚甲醛、柴油、石脑油、混合芳烃、液化气、硫黄、硫酸铵等。

以产业升级为主线，以产业链延伸为重点，带动下游产品集群发展，形成主导产业、下游产业和配套产业相互促进、协调发展。烯烃下游重点发展丙烯酸，延伸发展丙烯酸下游高吸水树脂及合成树脂等产品，同时发展环氧丙烷等丙烯下游产品和PPR管材聚丙烯产品。甲醇下游重点发展醋酸，延伸发展醋酸下游醋酸乙烯等产品，同时发展甲醛、季戊四醇等其他下游产品。焦化下游主要对焦油和粗苯进行深加工，发展环己酮，延伸发展环己酮下游己内酰胺、差别化锦纶丝等产品，同时发展聚苯硫醚、改质沥青等焦化下游其他产品。神华宁夏煤业集团公司公司产品转型第一阶段目标已经实现。

（三）煤机制造维修

通过技术改造和新产品开发，煤机制造维修逐步走上大型化、高档化的发展道路。矿机分公司大武口制造车间自主研发的“星王牌”系列产品销往全国20多个省、自治区、直辖市200多家用户。

（四）品牌建设

通过项目实施，品牌建设。实现了5个品牌；形成了“神宁优洁”动力煤系列、“神宁太洗”无烟煤系列、“神宁香咋子”系列、“神宁焦煤”系列以及“唯奇”罗加煤5大品类25个品牌系列；实现优质优价，同质同价的品牌产品定价机制；建立了以品牌促煤质，以煤质保品牌的管理提升PDGA循环，实现了以品牌营销促进生产的产销动态平稳机制；实现了品牌、价格信息化管控提升，企业价格体系与神华集团公司的价格管理、销售管理信息化系统无缝衔接；大幅提升了集团产品市场竞争力和品牌溢价收益，扩大市场份额。

第四章　职能转变

第一节　股份制改造

集团公司下属子公司法人治理结构。各参股控股子公司均设立董事会或执行董事，以及监事会或监事和经理层。对符合集团公司发展战略的金能煤业公司、金贺兰煤业公司、红梁煤业公司、太西电力公司、活性炭公司、矿山机械公司、太西物业公司等9家国有参股公司，以股权转让的方式，将其变更为集团公司全资子公司或分公司。对多种经营三产企业进行全面治理整顿，国有资产退出。

2008年7月4日，自治区国资委批复集团公司向宁夏宁东铁路股份有限公司投资10.35亿元，持股比例为34.5%。2010年，神华集团公司批复集团公司以现金投入的方式，向宁夏宁东铁路股份有限公司自筹资金1.5亿元参股，确保国有资产保值增值。

2009年，石嘴山鑫星实业公司将18.03万元国有股权转让给员工股东，宁夏金石源碳素公司将50.2万元国有股权转让给员工股东。石嘴山恒兴机械制造公司、石嘴山金达瓷业公司因资产评估净值为负数，集团公司股权自然退出。

2009年5月20日，集团公司批复石嘴山二矿新光福利厂解散注销，其人员、资产、债权、债务由宁夏石嘴山兴达工贸有限责任公司接管和承接。宁夏石嘴山兴达工贸有限责任公司为神华宁夏煤业集团公司全资子公司，注册资本534.51万元。

太阳神大酒店（中外合资），具有独立法人资格，总资产5000万元。截至2009年4月30日，酒店实际资本3855万元，各股东合法持有股份分别为：香港东安集团有限公司持股1355万元，占股本35.15%；中国台北金星投资有限公司持股500万元，占股本12.97%；宁夏煤矿安全监察局持股1000万元，占股本25.94%；神华宁夏煤业集团公司持股1000万元，占股本25.94%。转让方（甲方）为香港东安集团有限公司、台北金星投资有限公司。受让方（乙方）为神华宁夏煤业集团公司。甲方同意将香港东安、台北金星两家公司实际出资1855万元，占酒店股本48.12%的股权，依据审计评估最终确认的资产7845.6万元，以3775.3万元的价款全部转让给乙方，乙方利用百吉酒店部分等值资产置换甲方股权。

2009年9月16日，神华宁夏煤业集团公司同意将购入的磁窑堡煤矿东部资产的评估值和五更山煤矿技改项目筹建组的实物资产，以净值资产价值0.21亿元投入宁夏磁窑堡煤业有限公司，将超计划投入的1.30亿元资产出售给宁夏磁窑堡煤业有限公司。

2009年12月16日，集团公司同意将购入的宁夏太西集团有限责任公司水泥厂资产的评估净值和原太西水泥厂凝石项目筹建组的实物资产，以净资产194.2万元投入宁夏太西水泥有限公司，将多投入的1008.9万元实物资产出售给宁夏太西水泥有限公司。

2009年12月16日，集团公司同意将购入的宁夏太西集团有限责任公司二矿东部破产资产的评估值和原石炭井二矿技改项目筹建组资产投入宁夏石炭井焦煤有限责任公司，实物资产以净资产价值总额2830.8万元投入宁夏石炭井焦煤有限责任公司，将超出投资计划的部分资产57.22万元出售给宁夏石炭井焦煤有限责任公司。

表1-4-1 2018年神华宁夏煤业集团公司参股单位一览表

类别	序号	名称	单位类型	备注
参股单位17个	1	宁夏天长民爆器材有限责任公司	子公司	50%股权
	2	红石湾煤矿有限责任公司	子公司	60%股权
	3	宁夏宁鲁煤电有限责任公司	子公司	50%股权
	4	内蒙古维华矿业有限责任公司	子公司	50%股权
	5	神华（宁夏宁东）新能源有限责任公司	子公司	49%股权
	6	宁夏灵信煤业有限责任公司	子公司	47.54%股权
	7	宁夏神耀科技有限责任公司	子公司	35%股权
	8	宁夏安泰新能源股份有限公司	子公司	18.75%股权
	9	北京宁夏大厦有限责任公司	子公司	14.47%股权
	10	宁夏宁东水务有限责任公司	子公司	10%股权
	11	神华国华宁东发电有限责任公司	子公司	9.9%股权
	12	海原县农村信用合作联社	子公司	5.44%股权
	13	西部创业股份有限公司	子公司	4.9%股权
	14	太中银铁路有限责任公司	子公司	2.85%股权
	15	中联煤炭销售有限责任公司	子公司	2.41%股权
	16	宁夏银行股份有限责任公司	子公司	0.92%股权
	17	本溪北营钢铁(集团)有限公司	子公司	0.1%股权

第二节 破产重组

2007年7月5日，石嘴山市中级人民法院作出民事裁定，依法宣告太西集团有限责任公司二矿（石炭井二矿），包括所属15个经营实体和机构进入破产程序，并成立破产清算组。截至基准日2007年6月30日，石炭井二矿企业资产总额4.70亿元，负债总额7亿元，所有者权益-2.9亿元，资产负债161.96%。经清算组审核确认，总计核销不良资产损失3.10亿元。列入破产待评估资产0.41亿元，评估值为0.62亿元，土地评估价值0.21亿元。破产企业涉及人员11746人，其中在职职工7005人，离退休人员3955人，抚恤人员786人。2008年5月20日，采取协议转让方式，由神华集团出资0.47亿元购买石炭井二矿破产财产（含土地），用于重组安置再就业。石炭井二矿属政策性关闭破产。企业破产财产不足以支付破产费用及职工安置费用，由中央财政给予一次性补贴。

2007年7月10日，银川市中级人民法院作出民事裁定，依法宣告宁夏煤业集团磁窑堡煤矿（灵州磁窑堡煤矿）矿井本部及其分支机构宁煤基建分公司、建筑分公司、运输分公司、水电分公司、房产分公司、医院、民警队等破产还债，并成立宁夏煤业集团磁窑堡煤矿管理人。截至基准日2007年6月30日，破产企业资产总额4.30亿元，负债总额7.84亿元，所有者权益-3.54亿元，资产负债率182.42%。经清算组审核确认，总计核销不良资产损失3.22亿元。列入破产待评估资产0.7亿元，评估值为0.38亿元，土地评估价值0.14亿元。破产企业涉及人员7209人，其中在职职工5937人，离退休人员620人，抚恤人员652人。2008年5月20日，采取协议转让方式，由神华宁夏煤业集团公司出资0.63亿元购买破产企业财产（含土地），用于重组安置职工再就业。

2008年5月20日，集团公司党政联席会议研究决定，用1.10亿元收购石炭井二矿、磁窑堡煤矿两个破产项目全部破产资产。用收购的破产资产共出资8466.22万元（占股本30%）、重组安置职工补偿金1.98亿元（占总股本70%），对两个破产项目涉及的石炭井二矿本部、石炭井二矿水泥厂、磁窑堡煤矿、宁煤基建分公司等四家单位实施重组，分别设立宁夏石炭井焦煤有限责任公司、宁夏太西水泥厂有限责任公司、神华宁煤集团建设工程有限责任公司、宁夏磁窑堡煤业有限责任公司。集团公司实施的7个政策性破产项目共涉及人员66050人，破产补偿收益约36亿元。

2009年初，集团公司完成石炭井二矿和磁窑堡煤矿两个破产项目法律终结程序，注销两个破产项目所属16个单位的工商登记；将金能公司管理的石嘴山宁煤福利厂、原石嘴山矿务局二矿新光福利厂两家工厂制企业合并改制为公司制企业；将能源工程公司管理的灵州监理公司、煤炭科学研究所两家工厂制企业改制为公司制企业；对旭飞公司进行分离改制，与集团公司脱离；收购太阳神酒店外资股东股权；启动收购大石头煤业公司非国有股权工作。

第三节　剥离减负

集团公司组建初期，对11个辅助单位实施分离改制，对多种经营产业分类排队，实行“一厂一策”，运用兼并、破产、承包、租赁、托管、股份合作等多种改革方式，使其逐步脱离“母体”，放开搞活，并建立全新企业组织和运行机制。

一、离退休人员移交

按照《关于推进企业退休人员社会化管理服务工作实施意见》[宁党办发〔2004〕5号]，对集团公司离退休人员进行摸底，确定应向社会移交的退休人员36155人。其中，按生产经营单位划分，石嘴山矿区1.16万人，石炭井矿区1.98万人，灵武矿区0.22万人，基建公司0.24万人，原宁煤（进出口）集团公司56人。按居住区域划分，石嘴山市2.82万人，灵武市0.15万人，银川市0.15万人，吴忠市等地720人，宁夏区外4204人。当地政府主管部门同意集团公司按照退休人员每人每年60元标准、10年计算，向当地政府一次性交付管理服务费用600元/人，共移交3462人，总计交付管理服务费用207.72万元。

二、后勤系统整合与剥离

（一）主辅分离市场化运作

2002年，宁夏煤业集团公司成立初，共有生活后勤单位30个，员工4076人。其中，石嘴山矿区576人，石炭井矿区2127人，灵武矿区1373人。主要担负着矿区202个员工住宅区（片）、建筑面积636.78万平方米、居住员工6.4万户的生活用“水电暖”的转供，“水电暖”管线、变电所、供水泵房等维修维护管理，环境卫生清扫、垃圾转运、保洁，住宅区、办公区绿化和“水电暖”收费结算等任务。2006年，神华宁夏煤业集团公司组建后，拟用3～5年时间，投资10亿～15亿元，按照《物业管理条例》要求，对居民住宅进行改造、改制，对达到标准的居民小区，逐步实行市场化运作，实现与主体分离。2009年集团公司对物业管理进行整合，推进“大物业”管理，形成“大物业”格局。2017年，集团公司将23个单位的后勤业务、81个员工食堂，移交物业服务分公司统一管理，接收后勤人员1517人。实施“两堂一舍”（食堂、澡堂和宿舍）改造，建设员工文化活动中心，改善员工住宿、就餐、洗浴和文化生活条件。

（二）“三供一业”分离移交

根据国务院国资委、财政部《关于国有企业职工家属区“三供一业”分离移交工作指导意见的通知》[国办发〔2016〕45号]和自治区、神华集团有关文件精神，公司自2016年开始实施职工家属区“三供一业”分离移交工作。

公司职工家属区“三供一业”分离移交包括银川、石嘴山、宁东三个地区职工家属区104个、建筑面积440万平方米，涉及供水52804户、供电45022户、供暖48409户、物业管理54869户。职工家属区“三供一业”分离移交费用由中央财政（国有资本经营预算）补助50%，中央企业集团及移交企业的主管企业承担30%，其余由移交企业自身承担。

截至2018年10月31日，与接收单位签订了全部职工家属区“三供一业”分离移交正式协议，并于2018年12月26日完成职工家属区供水、供电、供暖、物业管理权和资产全部移交。将供电全部移交国网宁夏电力有限公司；银川供水移交银川中铁水务集团有限公司，石嘴山地区供水移交石嘴山市润泽供排水有限公司；宁东中心区、惠农三矿、大武口沟口供暖移交宁夏鑫盛物业服务有限公司，石嘴山地区供暖移交石嘴山市皓泰热力有限公司；物业管理全部移交宁夏建投城市运营管理有限公司。共划转资产1237项。

三、工病亡遗属安抚

2008年，集团公司有“工病亡”遗属7087户8272人。其中工亡遗属1648户2049人，病亡遗属5439户6223人。集团公司管理的“工病亡”遗属2244户3106人，其中工亡遗属889户1225人，病亡遗属1355户1881人。社会管理的工病亡遗属4843户5166人，其中工亡遗属759

户824人，病亡遗属4084户4342人。截至2018年，由于没有制定移交社会的具体政策，仍由神华宁夏煤业集团有限责任公司管理。

第四节　并购、转让与接管

一、收购冯记沟煤矿

冯记沟煤矿是盐池县地方煤矿，位于马家滩矿区中部，矿田东西长5.25公里，南北宽2.3公里，煤炭储量1.219亿吨，可采储量6730万吨，改扩建后煤炭产量从25万吨/年，提升到120万吨/年。2008年6月21日，按照自治区人民政府“一个矿区由一个主体企业开发建设”要求，冯记沟煤矿技改扩建工程由宁夏发电集团有偿正式转让移交给神华宁夏煤业集团公司。2011年4月，冯记沟煤矿收尾闭坑（关井），整合转型到年产400万吨煤炭的现代化高产高效金凤煤矿，富余劳动力转移到金凤煤矿筹建处。

二、收购大石头煤矿

大石头煤矿属平罗县地方煤矿，一号井资源枯竭，二号井设计生产能力15万吨/年。2005年，按照自治区人民政府“一个矿区一个开发主体”原则，优先建设大型、特大型现代化大煤矿要求，集团公司出资收购大石头煤矿，并进行规范化技术改造。为了回收太西无烟煤资源，2008年2月5日，由集团公司控股75%，石嘴山新太华公司参股25%，合资组建大石头煤业有限公司，注册资金0.84亿元。组建后企业拥有资产4亿元，包括2个露天采区、1个井工采区、2个小型洗煤厂、1个碳素厂、1个农贸公司和近千名员工。采用露天复采工艺，可多回收无烟煤500多万吨。2008年底，集团公司决定将大石头煤矿井工矿改造成露天复采矿，西以汝箕沟向斜轴为界，东南方向以五层煤露头为界。可采储量700万吨。2009—2010年，大石头煤矿在与大峰露天煤矿、红梁煤业公司资源整合中被注销，以大峰露天煤矿为主体，“大峰、羊齿、卡布梁三大露天采区及红梁井工采区”为一体的大峰露天矿新格局正式形成，年生产优质“太西煤”300万吨。2008—2012年，集团公司先后投资共2.1亿元，对大峰露天煤矿地面装车系统进行技术改造，购置35立方电铲2台、220吨电动轮自卸车12台、250毫米牙轮钻机2台及配套设备，提升了大峰露天煤矿装备水平、生产能力、资源回收率和现代化程度。

三、转让宁东矸石电厂

2008年11月24日，集团公司将宁东2×33万千瓦矸石电厂项目有偿转让给神华集团国华电力分公司。2008年6月5日宁东矸石电厂一期建设2×33万千瓦空冷、循环流化床机组项目开工建设，2009年底并网发电，投资约15亿元。二期建设规模与投资等同一期建设。

四、接管神华国能集团在宁夏的煤炭企业

2012年12月1日，集团公司接收神华国能集团宁夏煤电公司甜水河煤矿筹建处、李家坝煤矿筹建处和宁鲁煤电公司任家庄煤矿、任家庄洗煤厂管理权，并成立上述管理权移交领导小组，下设安全生产、经营管理、人员接收、矿区稳定4个专门工作组。2011年10月，李家坝煤矿开工建设。2012年12月，神华集团委托集团公司托管代建李家坝煤矿。2015年11月，神华集团将包括李家坝煤矿在内的12家专业托管煤矿回归移交原企业。李家坝煤矿处宁东偏远地区，集团公司托管3年来，完成了一期工程，为转入二期工程建设奠定了基础。

第五节　战略合作

一、国内合作

（一）与兰州铁路局合作

2015年7月5日，兰州铁路局集中开通“七大货运品牌列车”，其中“神宁化工号”快运班列首发仪式在银川举行。借助国家构建的“一带一路”铁路快运网络，把集团公司的化工产品运到东部沿海一带。“神宁化工号”列车开通，将使传统货运时间缩短20%，物流成本降低15%。国家“十一五”计划期间，集团公司已建成化工项目6个，“十二五”规划再建项目3个。到2017年，集团公司化工产品总量达580多万吨，铁路运量需求急剧提升。煤化工固体产品的销售发运实现了以铁路棚车为主、公路汽车为辅，铁路集装箱作为补充的运行模式。

2016年12月8日，“神华宁煤号”品牌列车正式开通运行。集团公司与兰州铁路局协商，将银川至上海的k359/360次旅客列车冠名为“神华宁煤号”品牌列车，提升了集团公司的社会知名度。

（二）与内蒙古自治区、中国烟草公司合作

2010年3月15日，在国家发改委、国家能源局的组织和协调下，神华集团、神华宁夏煤业集团公司、内蒙古自治区、中国烟草公司4家在北京签署内蒙古上海庙

矿区煤炭资源整合开发合作协议。由神华集团公司和中国烟草公司组成合资公司，形成一个主体，开发上海庙矿区榆树井、上海庙一号、卡普3个井田以及雷家井、西庙2个勘查区。国家发改委、国家能源局要求，神华集团公司与中国烟草公司要发挥在技术、资金、管理等方面的优势，在煤炭开发加工转化、环境保护等领域采用国际一流的装备和技术，把宁东—上海庙建成具有国家先进水平、环保型的国家大型能源化工基地。

上海庙矿区地处内蒙古自治区鄂尔多斯市鄂托克前旗境内，矿区面积682平方公里，煤炭储量约143亿吨，与宁夏宁东能源化工基地毗邻，共同构成了资源富集的整装煤田。其中，上海庙矿区东部区块面积512平方公里，煤炭地质储量100亿吨。2010年9月，神华宁夏煤业集团公司与中国烟草公司双维投资公司合作成立维华矿业公司。2011年10月18日，维华矿业公司鹰骏一矿开工奠基仪式在鄂托克前旗上海庙举行。维华矿业公司鹰骏一矿是开发建设的第一对大型矿井，井田位于上海庙矿区东部区块南端，面积93.89平方公里，地质储量14.6亿吨，建设规模年产600万吨，主要为上海庙能源化工基地内的电厂及煤化工项目提供动力用煤和原材料用煤。2013年2月，国家发改委批复《上海庙矿区总体规划（修编）》，明确该矿区划分14个井田，由神华宁夏煤业集团公司开发建设5个井田资源储量约83亿吨，设计年生产规模2500万吨。

（三）与葛洲坝集团易普力公司合作

2014年8月22日，神华宁夏煤业集团公司与葛洲坝集团易普力公司合资重组成立新的天长民爆公司。神华宁夏煤业集团公司以股东全部权益价值1.52亿元入股，易普力公司投资现金（人民币）1.5亿元，双方各占股50%。重组后的天长民爆公司设立董事会、监事会、经理层等公司法人治理机构，其安全生产、经营及财务管理纳入中国能源建设集团葛洲坝易普力公司管理体系。党、工、团组织纳入神华宁夏煤业集团公司管理体系。员工薪酬福利待遇参照神华宁夏煤业集团公司薪酬体系标准执行。

（四）与中国矿业大学等五校合作

2010年11月12日，神华宁夏煤业集团公司分别与中国矿业大学合作研究的《乌兰矿高瓦斯突出煤层群与瓦斯安全高效共采技术》《太西无烟煤炭乳油的制备研究》，与西安科技大学合作研究的《缓倾斜特厚煤层大采高开采工艺的应用和研究》，与大连院士创业园、山东科技大学合作研究的《汝箕沟矿2#煤坚硬特厚煤层分层无煤柱安全高效开采技术》，以及自主研发的《煤基活性炭干法压成型、炭活化一体工艺研究与应用》等5项科技创新项目通过神华集团验收。

（五）与上海交通大学和宁夏大学合作

2009年6月19日，以“应对挑战、基地战略、校企合作、跨越发展”为主题的首届“中国·宁夏能源发展战略高峰论坛”在银川举行。神华宁夏煤业集团公司董事长、上海交通大学校长、宁夏大学校长就企业发展战略和长远规划分别作了专题报告，就新形势下的能源发展战略和实现宁夏跨越发展及企校合作等议题进行研究探讨。期间，神华宁夏煤业集团公司与上海交通大学、宁夏大学签订校企战略合作框架协议，与宁夏大学达成共建《宁夏大学、神华宁夏煤业集团煤炭高效利用与绿色化工国家重点实验室》国家重点工程实验室合作意见。

（六）与清华大学、上海交通大学合作

2011年，神华宁夏煤业集团公司与清华大学、上海交通大学等建立了校企合作关系，分批次选派各级各类人员外出培训，5年共培训878人次。

（七）与中国煤炭工业协会合作

2012年4月17日，中国煤炭工业协会在北京组织召开项目鉴定会，对神华宁夏煤业集团公司“宁东特大型煤炭基地开发建设及深加工关键技术”项目进行鉴定。与会专家建议对宁东特大煤炭基地建设经验、成果进行总结和提升，发挥其示范引领作用。

（八）与中国科学院化学研究所合作

2017年8月18日，神华宁夏煤业集团公司与中国科学院化学研究所签订科技合作框架协议。神华宁夏煤业集团公司希望中国科学院化学研究所发挥科研院所资源和技术优势，加大高端产品研发力度，持续优化产品结构，推动神华宁夏煤业集团公司煤制油化工产品走上高端精细化发展道路。

（九）与中国科学院山西煤炭化学研究所合作

2015年9月20日，神华宁夏煤业集团公司与中国科学院山西煤炭化学研究所签订战略合作协议。为加强双方在低阶煤清洁转化和应用技术领域的深层合作，协助集团公司低阶煤清洁转化和应用技术建设成更高层次的国家级技术创新平台，促进产、学、研的密切结合，双方本着“互惠互利、优势互补、共用发展”的原则，达成战略合作协议。

（十）与中国科学院化学研究所联合组建煤炭清洁高效利用工程技术研究中心

为充分发挥双方各自优势，经双方商讨，一致同意联合组建“煤炭清洁高效利用工程技术研究中心”（以下简称“工程技术研究中心”）。经协商，双方达成如下协议：围绕甲方煤化工产业，以市场需求为导向，以乙方已有技术为基础，通过技术集成与再创新，提高产业化速度，为协同创新注入内动力；以技术为纽带，以中试项目建设为载体，聚集高新技术，促进甲方产品差异化和高端化；突出联合，进行协同创新，实现有机结合、共同协作、利益扭合、市场融合；突出示范，推进产业化，充分发挥资金、技术、企业、人才聚集优势，建设新技术示范项目，增强创新能力和辐射带动效应，以点带面，推进技术创新成果产业化，引领甲方煤化工产业乃至行业发展。

双方同意，共同开展聚烯烃新型催化剂与聚合工艺和树脂后加工领域的研发工作，最终实现工业化生产和应用。具体包括以下领域：Novolen工艺上氢调法高流动聚丙烯成套工艺开发；Novolen工艺上三元共聚聚丙烯成套工艺开发；费托合成α-烯烃的应用开发；新型聚烯烃催化剂开发及产业化；聚烯烃弹性体工艺包开发用3到5年的时间，将工程技术研究中心发展成为煤炭清洁高效利用和煤基精细化工领域覆盖较为齐全、对甲方发展有较强引领作用的协同创新平台，使工程技术研究中心成为煤炭清洁高效利用和煤基精细化工领域协同创新基地、技术聚集与转化基地、人才培养基地、资源节约和环境友好的示范基地。

（十一）与天津大学合作

成立“天津大学—神华宁夏煤业集团公司联合研究中心”以提升企业的创新能力和科技水平，将高校的科研成果转化为可以带来经济效益的生产力，同时提高生产质量和行业竞争力，促进产学研的紧密合作。本着集成资源，优势互补的合作理念，同意在自愿公平、资源共享、互利共赢、共同发展的基础上建立全面研发和生产机制的合作模式，积极探索研究煤化工工艺优化途径、煤化工产业链延伸相关技术等，推进国家能源化工技术发展。经协商一致，2018年9月29日同意成立“天津大学—神华宁夏煤业集团公司联合研究中心”，并遵循国家相关法规和行业准则的规定，双方恪守执行。

（十二）与南京工业大学、西安交通大学合作

2015年，双方对集团公司安全管理模式创新、目标传导式绩效管理创新及400万吨煤制油重点项目建设管理创新进行总结。

（十三）与浙江大学中控集团等单位合作

2017年与浙江大学中控集团等7家合作单位全面启动国家智能制造新模式应用项目——“百万吨级烯烃（煤化工副产品深加工综合利用）智能制造”子项目的合作，其中实验室信息管理系统已经上线运行。

（十四）与厦门大学、宁夏大学等高校院所及创新企业合作

共建产学研基地；成立宁夏首个国家级“煤炭清洁高效转化国际联合研究中心”；制定了科技奖、科技论文奖励办法和知识产权管理办法，初步构建了开放型创新平台。

（十五）与武汉大学合作

2018年6月28日，集团公司与武汉大学签订《目标传导式绩效管理的创新与实践》服务合同，合作共同完成《目标传导式绩效管理的理论创新及实践应用》项目的研究工作。

（十六）与浙江大学产学研合作

2013年5月，集团公司与浙江大学签订产学研合作协议。集团公司作为国有大型企业在煤化工等领域的产业化优势，浙江大学作为国内知名重点高校在催化转化、能源清洁利用和化学工程领域科学研究、技术开发、人才培养等方面的科技资源优势，双方经充分研讨和协商，同意建立长期合作关系，以技术创新促进科研成果转化，推动煤化工产业发展，并就相关合作事项达成框架协议。

（十七）与南京工业大学等单位合作

2017年与南京工业大学、浙江工业大学、中国石油大学（华东）等6家单位合作，共同开展国家重点研发计划《先进煤间接液化及产品加工成套技术开发》项目的课题2和课题5的研究工作，目前已完成费托合成催化剂的工业试生产和费托合成水资源化利用工业示范工作。

（十八）与厦门大学战略合作

厦门大学是国家“211工程”“985 工程”和“双一流”重点建设的高水平大学。集团公司是自治区党委、自治区人民政府和神华集团合资合作组建的国有能源企业。为积极开拓和充分发挥高校在我国能源科技领域和人才培养中的重要服务功能，探索和构建校企之间密切、有效的合作模式，双方本着“优势互补、共谋发展、务实高效、互惠双赢”的原则，经过充分协商，决定建立长期、全面的战略合作关系，并达成框架协议。

（十九）与浙江物产集团合作

2010年5月9日，集团公司与浙江物产集团签署战略合作框架协议。浙江物产集团是国家120家大型企业试点和20家重点培育发展的大型流通企业以及浙江省政府

确定的26家重点培育的大型企业之一。双方的战略合作强化了合作关系，提升了合作水平，为煤炭、煤化工产品供应链的进一步完善，带动物流、金融和信息等方面的合作迎来新的契机。

（二十）与北京中能环科技术发展有限公司合作

2017年4月24日，集团公司与北京中能环科技术发展有限公司签订低温甲醇洗尾气脱硫技术合作开发合同，开展再生活性炭吸附和臭氧协同反应脱硫技术的中试试验，所取得的技术成果由双方共有。

（二十一）与龙能科技（宁夏）有限责任公司合作

龙能科技（宁夏）有限责任公司是一家定位于锂离子动力电池、储能电池研究开发、生产、销售为一体的高科技企业。公司厂址位于宁东物流园西侧（龙能新能源产业项目区），具有全球先进的软包动力锂离子电池研发技术和生产工艺，具有韩国进口的全自动化生产设备，拥有国家特聘专家、中组部国家千人计划、创业领军人才为核心的精英研发团队。其坚持高技术水平的高端市场定位，精良的生产工艺，优越的质量控制水平保证公司为客户提供最先进、最优质的产品，为电动汽车和储备能源系统等用户提供高性价比的整体电源解决方案。

集团公司是宁夏国有大型骨干企业，承担着国家亿吨级煤炭基地和世界级现代煤化工基地建设重任。集团公司拥有煤炭生产能力6500万吨/年，生产的“太西煤”是世界著名的优质无烟煤，被称为“煤中之王”；煤制油化工板块已建成煤制油、煤基烯烃、煤基甲醇、聚甲醛等现代煤化工项目8个，形成了320万吨油品、360万吨甲醇、200万吨聚烯烃、6万吨聚甲醛的产能规模。

为借助龙能科技在锂电池领域研究基础，加强技术开发合作，推进太西无烟煤作为负极材料的开发应用，尽快将太西无烟煤转化成高附加值的碳基产品。根据《中华人民共和国合同法》等有关法律法规的规定，经双方协商，本着“优势互补、平等互利、合作共赢”的原则，2018年11月，集团公司与龙能科技（宁夏）有限责任公司签订战略合作协议。

（二十二）与宁夏建材集团合作

2012年9月26日，集团公司与宁夏建材集团正式签署战略合作协议。双方以前即有长期的交流合作。此次战略合作，起到了优势互补，实现双方共同发展的作用。

（二十三）与宁夏计量质量检验检测研究院合作

2018年与宁夏计量质量检验检测研究院签署了合作意向书，深入贯彻“产学研”结合的发展理念，充分发挥双方在人才、技术、项目、资源和信息整合方面的优势，坚持以优秀研究人才为基础、以研究院为技术服务支撑、以企业为资源平台的创新型发展思路，立足宁夏丰富的煤炭资源和研究院先进的煤化工技术，以绿色环保事业的发展为最终目标，本着“资源共享，优势互补，互利互惠，共同发展”的原则，作为双方事业发展的战略合作伙伴。

（二十四）与北京华宇工程公司合作

2010年3月15日，集团公司委托能源工程公司与中国煤炭国际工程集团北京华宇工程公司合作框架协议签字仪式在银川举行。北京华宇工程公司是甲级勘探设计企业，在煤炭项目设计行业处于旗舰地位，具有总承包管理经验。神华宁煤集团能源工程公司集设计监理、造价、施工于一体，专业技术力量雄厚，资质品牌优势明显。神华宁煤集团能源工程公司借助北京华宇工程公司在矿区、矿井及选煤厂等方面的规划、设计能力以及先进的工程总承包管理经验，共同搭建总承包平台。

二、国际合作

（一）与南非沙索集团签订合作补充协议

2008年1月18日，南非沙索集团公司高层管理人员到宁夏考察，在银川举行宁夏—沙索煤炭间接液化项目可行性研究第二阶段合作补充协议签字仪式，标志着宁东能源化工基地建设的世界级煤制油项目进入快车道。沙索集团公司是当今世界上唯一实现规模化生产煤制油产品的大型国际能源化工公司。宁夏—沙索煤炭间接液化合作项目达产后，每天可生产8万桶成品油，年产值过百亿。此次补充协议明确了宁夏—沙索煤炭间接液化合作项目的融资策略、产品营销策略、激励政策申请路线等，对国家能源结构的调整起到良好的示范作用。

（二）与沙特基础工业公司合作

2017年3月31日成立神沙项目部，负责集团公司与沙特基础工业公司煤制烯烃新材料示范项目的前期筹建工作，负责对精细化工项目的规划及各方联系工作。

2018年1月，向生态环境部环评司汇报了神沙项目环评报审事宜，按照环评司的要求，完成并提交了宁东能源化工基地环境质量改善情况、项目与基地相关规划的符合性等七方面补充材料。

同年4月，完成了宁东能源化工基地区域环评的修编工作。6月，向生态环境部主要领导汇报了项目环评报审等相关情况。9月，经自治区人民政府向国务院西部大开发督查组呈送了《关于加快环评审查批复 推进神沙项目开工建设的建议》的专题报告。目前该规划环评初稿已编制完成，并会同宁夏环保厅、宁东管委会、宁夏环境科学院到生态环境部进行了汇报和沟通，为神沙项目环评报审工作奠定基础。

至2018年末，神沙项目部已编制完成项目环评报告并取得了宁东管委会和宁夏环保厅出具的污染物排放总量指标及削减方案的两级批复。

神沙项目地质灾害危险性评估报告已编制完成并通过专家评审；完成了项目水土保持方案报告、节能评估报告及项目申请报告，完成了项目水资源论证报告、水权转换（交易）方案和社稳评估报告初稿，完成了项目安全预评价和职业卫生评价报告。

（三）与西门子发电集团签订设备采购合同

2007年1月17日，集团公司与西门子发电集团煤化工项目合作签字仪式在北京举行。双方签署了神华宁夏煤业集团公司83万吨煤基二甲醚项目GSP气化技术专有设备采购合同，以及集团公司煤制烯烃项目合作备忘录。此次签约，标志着西门子发电集团正式进入中国及世界煤气化技术市场及煤化工和IGCC领域，同时也标志着集团公司的大型煤化工项目已驶入全国建设的快车道。

（四）与波兰柯派克斯公司签约设备采购项目

2006年12月11日，集团公司与波兰柯派克斯公司正式签约设备采购合同。这次利用波兰政府7500万美元贷款采购煤矿机械设备，主要是针对灵新煤矿、金能公司、石沟驿煤业公司、枣泉煤矿井下工作面的实际情况采购电控支架。截至2009年，共办理波兰政府贷款和烯烃、二甲醚、聚甲醛等项目进口设备价款额23亿元，减免关税和进口环节增值税3.03亿元。

（五）与福斯特惠勒能源公司签署工程服务合同

2008年10月9日，集团公司、沙索国际合成燃料公司与福斯特惠勒能源公司、五环科技公司在银川正式签署宁夏—沙索煤炭间接液化项目可研第二阶段工程服务合同。集团公司规划建设的煤炭间接液化项目自开展项目预可行性研究以来，与沙索公司、福斯特惠勒能源公司一直推进项目进展，宁夏—沙索煤炭间接液化项目可研第二阶段的工作成果项目，是各方业主投资的主要决策依据，也是项目业主向国家申请项目核准的主要支持性文件的集合。此次服务合同的签订，标志着集团公司和沙索公司合作建设的煤炭间接液化项目进入新的发展阶段。

（六）与美国SE公司等签订战略合作协议

2009年集团公司与美国SE公司、洁液公司签订战略合作协议。

（七）与美国顶峰集团签署技术许可合同

2016年9月23日，集团公司在美国得克萨斯州与美国顶峰集团签署了“神宁炉”气化技术许可合同，标志着集团公司迈出了从技术引进向技术输出的步伐。中国制造走出国门，中国创造开始助推全球科技进步。

第二篇

煤炭地质

第一章　资源概况

自治区煤炭资源分布广阔，地质调查工作始于19世纪末，20世纪50年代国家组织力量对宁夏煤田进行了全面勘查。

自治区共有四大煤田，即北部的贺兰山煤田、东部的灵盐煤田、南部的固原煤田及西部的香山煤田。根据2010年《宁夏煤炭资源潜力评估报告》和2012年《宁夏第三次煤田预测报告》，自治区境内含煤面积1.7万平方公里，约占全区总面积的四分之一，自治区煤炭资源预测储量2029亿吨，可采利用储量402.6亿吨，集团公司拥有宁夏可采利用储量的77%。

第一节　矿区分布

集团公司开发建设了贺兰山煤田和灵盐煤田的大部分矿区，在邻近内蒙古自治区鄂托克前旗拥有部分煤炭资源探矿权。目前，集团公司煤炭资源分布在10个矿区，分别是石嘴山矿区、石炭井矿区、汝箕沟矿区、呼鲁斯太矿区、碎石井矿区、横城矿区、鸳鸯湖矿区、马家滩矿区、石沟驿矿区及内蒙古上海庙矿区。另外，对侯家河勘查区完成了煤炭普查工作。

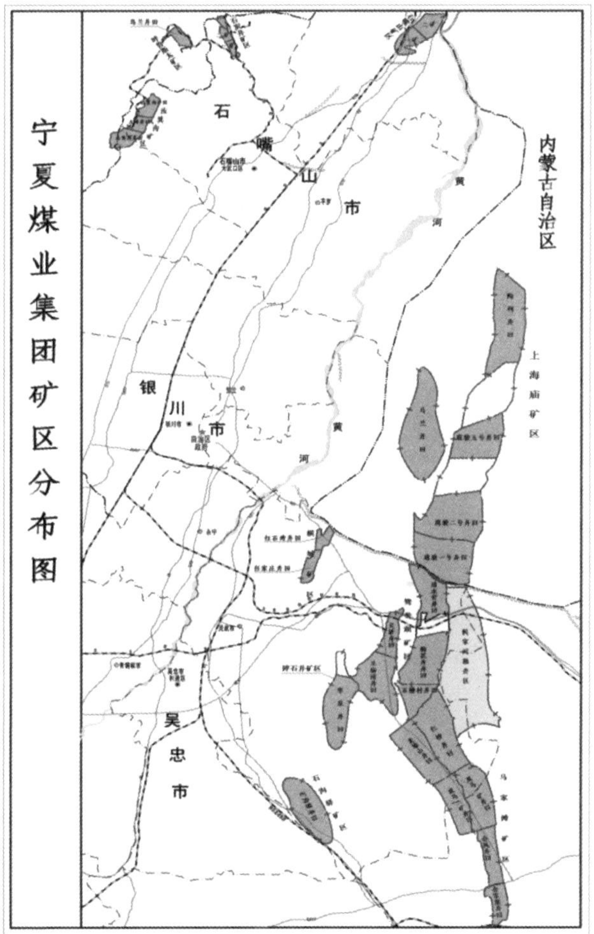

宁夏煤业集团矿区分布图

第二节　井田范围

一、石嘴山矿区

石嘴山矿区位于贺兰山北段东麓山前冲积平原尾部，东临黄河，矿区以四周隐伏的可采煤层露头为界，呈北东向延展，长约11公里，宽4公里，面积约42平方公里，行政区划属石嘴山市惠农区管辖。

矿区累计查明煤炭资源储量124007.04万吨。矿区自1957年开工建设，集团公司拥有石嘴山一矿、二矿2个矿井，2006年2个矿井合并为金能煤业分公司，现矿井处于停产状态。

二、石炭井矿区

石炭井矿区是贺兰山煤田的主要矿区，位于宁夏北部贺兰山北段，北起正义关断层，西至陶思山东断层，东至李家沟断层东侧的可采煤层露头，南部边界为大磴沟断层。矿区南北走向长10公里，东西宽约10公里，面积约93平方公里，行政区划属石嘴山市大武口区管辖。

矿区累计查明资源储量60847.99万吨。矿区原有六个煤矿生产企业，生产规模各矿不等。集团公司拥有石炭井一矿、二矿2个矿井（三矿已于2003年关井闭坑）。一矿井田南北长3.3 ~ 4.4公里，东西宽1.5公里，面积

6.49平方公里；二矿井田南北长4公里，东西宽1.5公里，面积5.92平方公里。2008年2个矿井合并组建石炭井焦煤分公司，因矿区处于贺兰山保护区，现矿井已全部关闭。

三、汝箕沟矿区

汝箕沟矿区位于贺兰山含煤区中段，侏罗纪煤系，矿区整体为一个向斜，四周边界均以可采煤层露头为界，南北走向长13公里，东西宽2 ~ 3公里，面积约27平方公里，行政区划属石嘴山市平罗县管辖。

矿区累计查明资源储量56626.07万吨。矿区最初划分为汝箕沟、大峰、白芨沟3个井田，目前，集团公司仅保留了白芨沟井田。白芨沟井田南北长约6.30公里，东西宽约1.79公里，面积约11.26平方公里。

四、呼鲁斯太矿区

呼鲁斯太矿区位于贺兰山北段中部的内蒙古自治区境内，距石炭井矿区西约10公里。矿区北以呼鲁斯太逆断层为界，南至塔塔沟，西限各煤层+600米水平，东以羊虎沟组底界为界，呈近北西 ~ 南东向近长方形展布，南北长13.5公里，东西向宽2.5 ~ 4.5公里，面积约50平方公里。

呼鲁斯太矿区分为乌兰、百灵2个井田，矿区累计查明资源储量56626.07万吨。乌兰井田归属集团公司，井田南北长6.0公里，东西宽约2.5公里，面积约15平方公里。2018年乌兰煤矿停产。

五、碎石井矿区

碎石井矿区属于灵盐煤田的一部分，位于自治区中东部，隶属灵武市宁东镇和马家滩镇管辖。矿区北边以煤层露头为界，南、西边均以一层煤+600米水平煤层底板等高线在地面的投影线为界，东边以磁窑堡东部断层为界。矿区南北长32公里，东西宽15公里，面积约180平方公里。

矿区累计查明资源储量356093.69万吨。集团公司在矿区分布有灵新煤矿（与原磁窑堡煤矿合并）、羊场湾煤矿、枣泉煤矿3对矿井。灵新井田南北长11公里，东西宽2.48公里，面积约27.49平方公里；羊场湾井田南北长12.8公里，东西宽9.8公里，面积约58.21平方公里；枣泉井田南北长13公里，东西宽4公里，面积约56.69平方公里。

六、横城矿区

横城矿区位于自治区灵武市以东40公里处，行政区划隶属灵武市宁东镇和马家滩镇管辖。矿区北与内蒙古自治区毗邻，东南以沙葱沟断层为界，西以任家庄井田为界，南北长20公里，东西宽平均11公里，面积约220平方公里。

横城矿区累计查明资源量155450.006万吨，预测资源量42388.746万吨。集团公司在矿区分布有任家庄、红石湾2对矿井。任家庄井田北隔黄草沟向斜与红石湾井田相邻，井田南北长11.5公里，东西宽1.0 ~ 2.6公里，面积约17.76平方公里；红石湾井田北与古长城相邻，西以煤层露头为界，东以煤层底板标高＋500米为界，南以黄草沟向斜轴部为界，南北长4.5公里，东西宽1.48公里，面积约6.65平方公里。

七、鸳鸯湖矿区

鸳鸯湖矿区是灵盐煤田的主要矿区，位于自治区中东部地区，西北距银川市约55公里，行政区划属灵武市宁东、马家滩镇管辖。矿区呈南北向条带状展布，北起宁夏与内蒙古省界，南以石沟驿—马家滩公路为界，西以十八煤层露头线、长梁山—马家滩向斜轴—于家梁断层为界，东以清水营F16断层下盘及梅花井+200米水平—马柳断层下盘为界，南北长约48公里，东西宽5.5~12.5公里，面积约337.36平方公里。

矿区累计查明资源量902740.43万吨，预测资源量38474.11万吨。集团公司在鸳鸯湖矿区分布有清水营、梅花井、石槽村、红柳、麦垛山5对矿井。清水营井田南北长11公里，东西宽7公里，面积约77平方公里；梅花井井田南北长10.1 ~ 11.1公里，东西宽6.1 ~ 7.3公里，面积约78.96平方公里；石槽村井田南北长4.5公里，东西宽7公里，面积约31.06平方公里；红柳井田南北长15公里，东西宽5.5公里，面积约79.55平方公里；麦垛山井田南北长14.5公里，东西宽4.5公里，面积约65平方公里。

八、马家滩矿区

马家滩矿区位于自治区东部，灵武市东南，行政区划属银川市灵武市、吴忠市盐池县管辖。矿区北与鸳鸯湖矿区的麦垛山、红柳井田相接，南以鸳鸯湖—萌城找煤阶段的22勘探线为界，西以于家梁断层、金家渠子西侧断层为界与积家井矿区相接，东以马柳断层为界。南北长约42公里，东西宽约4 ~ 10公里，矿区总面积

310.62平方公里。

矿区累计查明资源储量392624.30万吨，预测资源量34612.68万吨。集团公司在马家滩矿区分布有双马、金凤、金家渠3对矿井。双马井田南北长13.7公里，东西宽4.0 ~ 4.9公里，面积约68.2平方公里；金凤井田南北长11.5 ~ 12.0公里，东西宽1.9 ~ 3.5公里，面积约35.34平方公里；金家渠井田南北长9.0公里，东西宽3.0公里，面积约26.82平方公里。

九、石沟驿矿区

石沟驿矿区位于灵盐煤田中西部，行政区划属吴忠市管辖。矿区四周边界均以八煤露头为界，近椭圆形，南北长约9公里，东西宽约3.8公里，面积约30平方公里。

矿区累计查明资源储量7294.14万吨，预测资源量5123.20万吨。集团公司在矿区拥有石沟驿1对矿井，该矿井于2018年底完成闭坑工作。

十、上海庙矿区

上海庙矿区位于内蒙古自治区西南部，处于内蒙古自治区与宁夏回族自治区接壤地带，东距内蒙古自治区鄂托克前旗约68公里，西南距银川市约40公里，南距宁东能源化工基地约20公里。行政区划属内蒙古自治区鄂尔多斯市鄂托克前旗上海庙镇管辖。

上海庙矿区呈梯形状展布，北部以内蒙古自治区鄂尔多斯市鄂托克前旗旗界为界，南、西至宁夏回族自治区边界；东部边界以侏罗纪二煤+1200米垂深为界。矿区南北长67公里，东西宽34公里，面积约1154平方公里。

根据含煤地层时代、含煤地层分布以及构造规律，上海庙矿区划分为西部和东部两部分，西部为石炭二叠纪含煤地层，东部为侏罗纪含煤地层。

集团公司的合资子公司——内蒙古维华矿业有限责任公司在矿区东部拥有鹰骏一号、鹰骏二号、鹰骏五号、马兰4个井田探矿权及陶利井田部分探矿权。鹰骏一号井田面积72.19平方公里、鹰骏二号井田面积44.63平方公里、鹰骏五号井田面积42.29平方公里、马兰井田面积36.73 平方公里、陶利井田面积13.37平方公里。矿权总面积209.21平方公里。

第二章　矿区地质

第一节　石嘴山矿区地质

一、地层

根据地质勘探资料，矿区内地层由老至新为：石炭系土坡组（C2t）、太原组（Cpt）、二叠系山西组（P1s）、石盒子组（Psh）、孙家沟组（Psj）、经古近系（E）及第四系（Q）。

1.土坡组（C2t）。仅在个别钻孔及立井开拓中揭露。岩性主要为泥岩及粉砂岩，夹薄煤层及煤线6 ~ 10层。薄煤层厚0.08 ~ 0.61米，均不可采。与下覆地层中石炭靖远组整合接触。

2.太原组（Cpt）。为主要含煤地层，矿区内有零星出露。岩性以泥岩、粉细砂岩为主，次为中粒砂岩，发育3 ~ 6层石灰岩。含煤8 ~ 9层，其中可采煤层4层（编号为五、六、七、九煤层），不可采煤层5层，煤层总厚度18.90米。与下伏地层土坡组以一层石英砂岩分界，整合接触。

3.山西组（P1s）。地层厚度30.96 ~ 62.26米，平均厚38.83米。为主要含煤地层，仅在矿区北端少有出露。岩性为石英砂岩、砂质泥岩、泥岩及煤层。连续沉积于太原组之上。含煤3层，其中可采煤层2层（编号为二、三煤层），不可采煤层一层。

4.石盒子组（Psh）。本组地层分为两段，地层平均总厚229.27米，下段地层平均厚99.84米。下段底部以一层厚层含砾长石石英砂岩（K7标志层）与下伏山西组连续沉积。岩性以砂、泥岩为主，含3层煤线。上段地层平均厚129.43米，岩性以砂质泥岩为主，夹砂岩及泥岩，不含煤。

5.孙家沟组（Psj）。矿区揭露残留地层厚度0 ~ 361.37米，平均约220米。岩性上部以黄绿色、紫红色泥岩及砂质泥岩为主。与下伏石盒子组连续沉积。

6.古近系（E）。地层厚度0 ~ 311.33米。岩性以弱胶结的浅紫色砂岩、粉砂质黏土为主，夹灰绿色砂岩、紫红色黏土。底部普遍为一层松散厚层的沙砾石层，砾石呈棱角状，成分多为石英岩、石英砂岩。呈角度不整合于煤系地层之上。

7.第四系（Q）。厚度0 ~ 274米。矿区内广泛分布，岩性为未胶结的砂土、砂砾、砾石及亚黏土。

二、地质构造

矿区总体为一向斜构造（石嘴山向斜），轴向自东北向西南延伸，向斜较宽缓，轴向在东北端为北东67°，后转为近南北向93°。两翼地层不对称，东南翼稍缓，西北翼略陡，向斜两端及附近地层倾角变化较大。矿区位于石嘴山向斜的东南翼，主体为近北东走向、北西倾斜的单斜构造，地层倾角为5° ~ 34°，南部倾角较缓，北部较陡。煤层埋藏北部浅、南部深。一般沿倾向有次一级的波状起伏，在北部及深部起伏较大。

三、煤层

含煤地层为石炭系太原组和二叠系山西组，含煤地层岩性、岩相和厚度基本稳定，含煤地层平均厚度175.07米，含煤系数15.89%。共含煤11层，编号的煤层9层，主要可采煤层6层，分别为山西组二、三煤层（上组煤）和太原组五、六、七、九煤层（下组煤）。此外，还夹有厚度0.10米左右的煤线8层。可采煤层特征见表2-2-1。

表2-2-1　可采煤层特征表

煤层	煤层厚度(m) 两极值 均值	煤层间距(m) 两极值 均值	煤层结构 夹矸	煤层结构 类型	可采程度	稳定程度
二	0.92 ~ 6.68 3.52		3 ~ 4	复杂	可采	较稳定
		1.14 ~ 36.0 17.88				
三	2.38 ~ 12.94 7.57		4			
		69.81 ~ 105.75 88.35				
五	0.30 ~ 2.89 2.05		1	简单	可采	稳定
		1.10 ~ 15.76 5.42				
六	7.54 ~ 14.76 10.84		9	复杂	可采	稳定
		4.95 ~ 26.00 7.78				
七	0 ~ 2.33 2.07		3	复杂	可采	较稳定
		4.29 ~ 18.41 9.98				
九	0.76 ~ 2.87 2.28		6	复杂	可采	较稳定

四、煤类、煤质

矿区煤类为1/3焦煤，煤质属特低水分、低中灰—中高灰分、中高—高挥发分、特低硫—高硫、低—高发热量。可采煤层煤质特征见表2-2-2。

表2-2-2　煤质特征表

工业指标 矿区	水分(Mad)（%）	灰分(Ad)（%）	挥发分(Vdaf)（%）	硫分(St,d)（%）	发热量(Qgr，d)（MJ/kg）	煤类
石嘴山	0.82 ~ 1.82 1.16	10.03 ~ 38.57 28	32.90 ~ 38.74 36.97	0.29 ~ 5.24 0.955	14.05 ~ 32.76 31.60	1/3焦煤

五、水文地质

矿区不受奥灰水威胁，黄河水不直接影响矿井安全，矿区范围内无其他径流威胁。由于基岩浅部裂隙发育不均匀，并且裂隙导水深度不大，根据矿井生产实际，+900米以下开采没有充水关系。矿区划分出八个含水层，分别为孙家沟组底部砂岩含水层、石盒子组中部砂岩含水层、四层煤底板砂岩含水层、五层煤老顶砂岩含水层、七层煤底板砂岩含水层、九层煤底板砂岩含水层、末五煤线底板砂岩含水层及末七煤线老底砂岩含水层。矿井生产过程中主要受采空区水的影响，矿区无陷落柱等强导水通道，矿井揭露的断层富水性和导水性不强，矿区涌水量652.5立方米/小时，水文地质类型中等。

六、开采技术条件

煤层顶板岩性多为粉砂岩、泥岩，少数为石灰岩。岩层较完整，节理裂隙不发育。除3层煤顶板属易冒落的不稳定顶板外，绝大多数煤层顶板属较稳定顶板。底板以中粒砂岩和细粒砂岩为主，间夹泥岩，属中等稳定岩层。

矿区开采矿井瓦斯相对涌出量高达34.32 立方米/吨，绝对涌出量高达108.14立方米/分钟，瓦斯测试结果本矿区为高瓦斯矿井。

矿区各可采煤层的火焰长度为0 ~ >400毫米，抑制煤尘爆炸最低岩粉用量一般为85%，爆炸指数为37.78% ~ 44.41%，各煤层均有煤尘爆炸危险性。

本区二、三煤层不易自燃，五、六、七、九煤层为自燃和容易自燃，煤的自燃发火期为3 ~ 6个月。

第二节　石炭井矿区地质

一、地层

根据地质勘探资料，矿区内地层由老至新为：石炭系土坡组（C2t）、太原组（Cpt）、二叠系山西组（P1s）、石盒子组（Psh）、孙家沟组（Psj）、经古近系（E）及第四系（Q）。

1.土坡组（C2t）。出露于矿区东部，平均厚493.3 ~ 590米。岩性以泥岩、石英砂岩为主，其中夹砂质泥岩、粉砂岩及灰岩。含煤6 ~ 12层，均不可采。以顶部灰白色中粒石英砂岩与太原组分界。不整合于寒武系及震旦系之上。

2.太原组（Cpt）。厚156 ~ 173.33米。岩性以细砂岩、砂质泥岩、泥岩及薄层灰岩为主，含泥质及铁质结核。发育灰岩共六层，自上而下编号为K1 ~ K6，除K1、K2沉积不稳定，其余沉积均较稳定，可作为太原组的标志层。本组含煤共11层，可采煤层（下组煤）自上而下编号为六、八、九、十、十一、十二、十三煤层。连续沉积于土坡组之上，是主要煤系地层之一。

3.山西组（P1s）。平均厚123 ~ 140.55米。岩性以砂岩、砂质泥岩及泥岩为主，偶夹一层薄层状泥灰岩。本组含煤共5层，可采煤层（上组煤）自上而下编号为三、四、五煤层。连续沉积于太原组之上，是主要的煤系地层之一。

4.石盒子组（P1–2sh）。平均厚183 ~ 235.0米。岩性以中粗粒砂岩、砂质泥岩为主，夹泥岩、薄煤线或炭质泥岩。连续沉积于山西组之上。

5.孙家沟组（P2sj）。平均厚562.0 ~ 685米。岩性为细砂岩、砂质泥岩及中粒砂岩，含少量砾石。底部以一层厚约3.0米的含砾粗砂岩与之分界。连续沉积于石盒子组之上。

6.第四系（Q）。厚0 ~ 15.0米，平均厚7.75米，区内厚度变化较大。干涸沙沟中主要是河床冲积物，在陶思沟两岸可见到胶结的砾岩层一层，覆盖于石盒子组及孙家沟组地层之上，高出河床30 ~ 40米，形成第二级基座阶地。

二、地质构造

矿区位于石炭井向斜东翼中南部，呈一单斜构造，岩层走向北15° ~ 20° 西，倾向南西19° ~ 35° ，最大达45° 以上。较大断裂发育在一、二号井田边界，井田内中小型构造较为发育。一号井位于石炭井向斜东翼，向斜轴向345° 地层倾角一般为19° ~ 35° ，最大45° ；二号井位于石炭井向斜东翼中部，岩层走向北15° ~ 20° 西，倾向南西，倾角20° ~ 25° 。矿区地质构造中等。矿区主要断层特征见表2–2–3。

表2–2–3　主要断层特征表

断层	倾角(°)	落差（m）	性质	走向	倾向	延展长度(km)	备注
F0	60° ~70°	20 ~ 40	正	N45° E	NW	2.0	构成井田边界
F12	45° ~66°	10 ~ 23	逆	N4° E	E	1.3	构成井田边界
F14	45°	水平位移0 ~ 300	逆	EW	S	2.2	构成井田边界
F16	23°	水平位移0 ~ 270	逆掩	N66° W	S		构成井田边界
石炭井	35° ~48°	60 ~ 200，水平位移800	平移	N30° ~66° W	SW	5.6	构成井田边界
代力开	23°	50，水平位移100	逆掩	N70° ~80° W	S	2.0	被石炭井断层切割

三、煤层

山西组含煤地层总厚123 ~ 140.55米，含煤5层，可采煤层总厚11.4米，可采系数为8.11%。煤层自上而下编号为一、二、三、四、五煤层，其中三、四、五煤层为可采煤层。

太原组含煤地层总厚156 ~ 173.33米，含煤8层，含可采煤层总厚11.17米，含可采煤层系数为6.44%。煤层自上而下编号为六、七、八、九、十、十一、十二、十三煤层，其中七煤层为不可采煤层。可采煤层特征见表2–2–4。

表2-2-4 可采煤层特征表

煤层	煤层厚度(m) 两极值 均值	煤层间距(m) 两极值 均值	煤层结构 夹矸（层）	煤层结构 类型	可采程度	稳定程度
三	0.92 ~ 6.63 2.44	10.0 ~ 68.0 20	2 ~ 7	复杂	可采	稳定
四	1.99 ~ 13.61 4.89	0.4 ~ 15 10.5	5	复杂	可采	稳定
五	1.88 ~ 10.10 5.5	8 ~ 23 19	4	复杂	可采	稳定
六	0.35 ~ 1.34 0.86	32 ~ 118 58	0–1	简单	局部可采	不稳定
八	0.82 ~ 3.20 1.59	3.5 ~ 11.5 6.75	0	简单	可采	稳定
九	0.4 ~ 2.86 1.15	0.3 ~ 39 25	0	简单	大部可采	较稳定
十	0.15 ~ 4.18 1.81	12.0 ~ 29.0 17.5	2–15	复杂	可采	稳定
十一	0.77 ~ 1.66 1.0	2 ~ 4 3	2	复杂	大部可采	较稳定
十二	0.39 ~ 1.02 0.65	2.0 ~ 7.7 4	0–1	简单	局部可采	不稳定
十三	0.65 ~ 1.80 1.29		0–3	简单	可采	稳定

四、煤类

矿区煤类为气煤、焦煤、瘦煤、贫煤，并以焦煤为主。煤质属特低水分、中灰—中高灰分、中高挥发分、特低硫—中硫、高发热量。可采煤层煤质特征如表2-2-5。

表2-2-5 煤质特征表

工业指标 井田	水分(Mad) （%）	灰分(Ad) （%）	挥发分(Vdaf) （%）	硫分(St,d) （%）	发热量(Qgr，d) （MJ/kg）	煤类
一号井	<2	28.8 ~ 35.82 30	13.44 ~ 25.52 19.48	0.36 ~ 1.84	34.2 ~ 37.7 35.95	肥煤、焦煤、瘦煤
二号井	<2	6.88 ~ 31.74 19	16.24 ~ 31.25 23.75	0.45 ~ 3.09	25.08 ~ 33.44 29.26	焦煤、瘦煤、贫煤

五、水文地质

矿区处于高山环抱，北高南低的山间丘陵盆地。地貌形态为侵蚀单斜地形，发育沙沟，不易赋存地下水。大气降水成为矿井充水的直接充水水源。矿区大部分煤层位于侵蚀基准面和地下水位以上，地下水补给来源缺乏。矿区范围内含水层组划分为第四系松散岩类孔隙潜水含水层组，石盒子组中粗粒砂岩裂隙承压含水层组，山西组中粗粒砂岩裂隙承压含水层组，太原组上部中细粒砂岩裂隙承压含水层组和太原组下部中细粒砂岩裂隙承压含水层组。煤矿属裂隙岩层充水，其渗透条件较弱。大气降水、地表间歇性水流、沟谷砂砾石冲洪积层潜水、含水层承压水为矿井主要充水因素。水文地质类型为中等。

六、开采技术条件

各煤层顶板伪顶多为炭质泥岩、泥岩与煤线互层，直接顶多为细砂岩、粉砂岩及灰岩，老顶多为不同粒度的砂岩，顶板节理发育；煤层底板除四层煤和九层煤有较厚（0 ~ 0.5米）炭质泥岩外，其他各煤层的直接底板多为粉砂岩和细砂岩，强度较大。

一号井自1998年渐由低瓦斯、高二氧化碳转变为高瓦斯矿井。二号井开采初期为低沼气、高二氧化碳矿井，随着开采深度的增加和回采范围的扩大，井田瓦斯的涌出量相应增加。

矿区内各煤层的煤尘爆炸指数为16.84% ~ 24.25%，各煤层均有煤尘爆炸危险性。三、四、五煤层为不易自燃煤层，八、九、十煤层为自燃煤层，十三煤层为易自燃煤层。

第三节　汝箕沟矿区地质

一、地层

矿区范围为侏罗纪沉积盆地，揭露地层自老而新为三叠系上统延长群（T3y）、侏罗系中统延安组（J2y）、直罗组（J2z）、第四系（Q）。

1.延长群（T3y）。地层厚度510 ~ 3800米。岩性多为细、中、粗石英砂岩，夹薄层粉砂岩及泥岩。

2.延安组（J2y）。平均厚度为231.00米，为主要含煤地层。岩性以石英质中、粗粒砂岩为主，次为细粒砂岩，局部为砂砾岩。中上部夹有薄煤层和煤线，下部发育巨厚煤层。与下伏地层延长群呈平行不整合接触。

3.直罗组（J2z）。平均厚度158米。岩性以石英砂岩为主。与下伏地层延安组整合接触。

4.第四系（Q）。岩性以砂、砂砾、角砾为主，多为冲积、洪积、坡积物；次为砂质风积土，位于沟谷和山脚边坡地带，厚度0 ~ 7米。

二、地质构造

矿区总体为一闭合式向斜构造，称汝箕沟向斜。向斜轴走向为北东 ~ 南西，两翼倾角不对称，西翼倾角为25° ~ 30°，东翼倾角为12° ~ 20°，至南端部倾向北东而闭合，至北端部抬高收口。

汝箕沟向斜在白芨沟井田范围为一轴向北东15° ~ 20° 方向的近似对称向斜。向斜东翼地层平缓褶皱少、西翼褶皱发育，幅度一般最大20米左右。

矿区内揭露大断层主要为逆断层，与地层走向基本一致，对矿井生产影响较小，矿区构造简单。

三、煤层

矿区含煤地层为侏罗系中统延安组，平均厚度231.00米。其中二1、二2、二3、三、五、七煤层为较稳定大部可采煤层；可采和局部可采煤层平均总厚24.68米，可采煤层含煤系数为10.6%，可采煤层特征见表2-2-6。

表2-2-6　可采煤层特征表

煤层	煤层厚度(m)	煤层间距(m)	煤层结构		可采程度	稳定程度
	两极值 均值	两极值 均值	夹矸	类型		
二1	0 ~ 5.29 2.22		0 ~ 4	较复杂	大部可采	较稳定
		0 ~ 32.13 11.20				
二2	0 ~ 10.03 2.18		0 ~ 2	较复杂	大部可采	不稳定
		0~14.51 5.01				
二3	0 ~ 29.36 13.93		1 ~ 8	较复杂	可采	较稳定
		8 ~ 73.0 45.1				
三	0 ~ 4.02 1.10		1 ~ 5	较复杂	可采	较稳定
		2.5 ~ 34.5 14.2				
四	0 ~ 4.85 0.95		1 ~ 3	简单—复杂	可采	不稳定
		12 ~ 66.5 25.1				
五	0 ~ 3.58 1.30		0 ~ 4	简单—复杂	大部可采	较稳定
		6.5 ~ 31.7 25.1				
六	0 ~ 3.54 1.04		1 ~ 3	简单—复杂	局部可采	不稳定
		2.5 ~ 46.4 15.4				
七	0 ~ 6.67 1.66		0 ~ 5	简单—复杂	大部可采	较稳定

四、煤类、煤质

矿区煤类为无烟煤，煤质属特低水、低灰、特低硫、高发热量的优质无烟煤，俗称太西煤。可采煤层煤质特征见表2-2-7。

表2-2-7 煤质特征表

工业指标 / 矿区	水分(Mad)（%）	灰分(Ad)（%）	挥发分(Vdaf)（%）	硫分(St,d)（%）	发热量(Qgr，d)（MJ/kg）	煤类
汝箕沟	0.76～0.79	3.19～0.97	5.01～14.46	012 ～1.28	21.78～41.57	无烟煤

五、水文地质

矿区地形高峻，山峦起伏，南高北低，中高山特点明显，坡降22.16%，地形切割强烈，悬崖陡壁，沟谷发育，最大高差可达100米以上。区内气候干燥，雨量稀少蒸发量大，平时只有少量潜水和地表径流。洪水散失和少量大气降水入渗补给，沿沟谷向下游径流排泄，部分又补给基岩裂隙水。矿区含水层有直罗组粗粒砂岩含水层、直罗组底界至二煤层底板含水层、二煤层底板隔水层至延安组底界含水层，各含水层单位涌水量小于0.1升/（秒·米），属弱富水性含水层，根据生产实际，涌水量来源主要为砂岩含水层水，浅部小煤窑分布较多。白芨沟井田矿井涌水量保持在140立方米/小时左右，水文地质条件中等。

六、开采技术条件

煤层顶底板岩性多为粉砂岩、细粒砂岩。根据物理测试试验结果，抗压强度最小700公斤/平方厘米以上，顶底板稳定性较好。

矿井绝对瓦斯涌出量为61.3立方米/分钟，相对涌出量为20.4立方米/吨，为高瓦斯矿井。各煤层不具有煤尘爆炸危险性。各煤层均为不易自燃煤层。

第四节 呼鲁斯太矿区地质

一、地层

矿区内浅部大面积出露二叠系上统石盒子组，深部边缘零星出露二叠系上统石盒子组及石千峰群，中部多被第四系覆盖。赋存地层主要有古生界寒武系（∈）、石炭系中统土坡组（C2t）和上统太原组（Cpt）、二叠系下统山西组（P1s）和上统石盒子组（Psh）及石千峰群（PTS）和新生界第四系（Q）。

1.寒武系（∈）。厚度约370米。岩性为灰岩、泥岩。不整合于太古界之上。

2.土坡组（C2t）。厚度588米。自铝土岩底到K1石英砂岩底，岩性主要为砂岩、含砾砂岩、泥岩和砂质泥岩、薄层灰岩和泥灰岩（一般厚1米左右）及薄煤层（20余层），其中有3～5层煤层局部达可采厚度，底部有0.3米的铝土岩。不整合于寒武系地层之上。

3.太原组（Cpt）。厚度约217米。自K1石英砂岩底到3号煤层底板砂岩底，岩性为砂岩、砂质泥岩、薄层灰岩、煤层。为本区主要含煤地层之一，共夹薄—中厚煤层22层，其中可采和局部可采煤层9层，编号为5、6、7、8、10、12、16、21、22煤层，其余煤层偶见可采点或不可采。与下伏土坡组呈整合接触。

4.山西组（P1s）。平均厚度约97米。连续沉积于太原组之上。自3号煤层底板砂岩底到K7砂岩底，岩性以中—粗砂岩为主，夹砂质泥岩、泥岩，含煤5～6层（3、2下、2、2上、1煤层），其中下部的3、2煤层厚度大，全区可采，其余偶见可采点或不可采。

5.石盒子组（Psh）。平均厚度550米。岩性以中粗粒砂岩、砂质泥岩为主。与下伏山西组地层整合接触。

6.石千峰群（PTS）。厚1～5米。岩性为火成岩砾，砾径10～60毫米，最大150毫米，滚圆度较好。连续沉积于上石盒子组之上。

7.第四系（Q）。厚度在0～7.5米。岩性主要为冲洪积、残坡积砾砂，主要分布在呼鲁斯太沟，勒胡同沟中，厚度小于7.5米。

二、地质构造

矿区总体为走向北西单斜构造，岩层倾向南西，倾角15°～25°，平均20°。呼鲁斯太向斜位于矿区北部3号勘探线，受之影响，向斜西北翼地层走向呈北东向展布，倾角变陡，一般为78°～80°，从北东向南西方向，岩层倾角进一步增大，局部地层发生倒转，向斜轴附近发育辐射状断层；北东翼地层倾角较缓，一般20°～30°。矿区内局部发育微缓褶曲，但多在石炭系地层中，由于褶曲幅度小于20米，对生产影响不大。区内构造以断裂为主，断层以走向正断层为主，但也发育少数斜交走向的正、逆断层，对生产影响较小，构造类型简单。

三、煤层

矿区含煤岩系为石炭系上统太原组和二叠系下统山西组，含煤地层厚度314米，共含煤26层，平均厚度累计为26.56米，含煤系数为8.5%。可采、大部可采煤层8层，平均总厚度为20.43米（其中山西组含煤2层，编号为2、3煤层；太原组含煤6层，编号为5、6、7、8、12、16煤层），可采煤层含煤系数为6.5%。可采煤层特征见表2-2-8。

表2-2-8　可采煤层特征表

煤层	煤层厚度(m) 两极值 均值	煤层间距(m) 两极值 均值	煤层结构 夹矸	煤层结构 类型	可采程度	稳定程度
二	0.56～8.25 3.52	0～32.13 11.20	2～4	较复杂	可采	较稳定
三	3.32～24.1 9	0～14.51 5.01	2～4	较复杂	可采	较稳定
五	0～2.72 1.51	8～73.0 45.1	1	简单	大部可采	较稳定
六	0.32～2.82 1.01	2.5～34.5 14.2	0	简单	大部可采	较稳定
七	0.61～2.16 1.5	12～66.5 25.1	1	简单	可采	较稳定
八	0.63～4.69 2.25	6.5～31.7 25.1	1	简单	可采	较稳定
十二	0～1.69 0.81	2.5～46.4 15.4	1	简单	大部可采	不稳定
十六	0～1.95 0.78		1	简单	大部可采	不稳定

四、煤类、煤质

矿区煤类主要为焦煤和1/3焦煤、局部为肥煤。煤质属特低水、低—中高灰、特低—高硫、高发热量。可采煤层煤质特征见表2-2-9。

表2-2-9　煤质特征表

煤层＼工业指标	水分(Mad)（%）	灰分(Ad)（%）	挥发分(Vdaf)（%）	硫分(St,d)（%）	发热量(Qgr，d)（MJ/kg）	煤类
山西组煤层	0.45～0.87	11.2～39.6	11.00～33.00	0.19～5.45	26.98～36.71	焦煤、1/3焦煤
太原组煤层		4.6～40	8.74～42.71	0.29～12.66	26.68～36.53	焦煤、1/3焦煤

五、水文地质

根据区域地层岩性、岩性组合、区域地下水赋水空间特征及地下水力性质，可将区域含水层组分成两大类：松散沉积物孔隙潜水含水层组和碎屑沉积岩砂岩裂隙承压含水层组。含水层主要为第四系孔隙潜水含水层，基岩裂隙承压水含水组层，中、上寒武统岩溶含水层。矿井充水水源主要为其顶板的砂岩裂隙水。由于各煤层顶板砂岩含水层富水性均较弱，地下水主要储存于含水层构造裂隙中，以静储量为主，易被疏干，矿区水文地质条件简单。

六、开采技术条件

煤层伪顶多为泥岩、炭质泥岩，直接顶底板多为粉砂岩，属较稳定顶底板。

煤层瓦斯含量高，有随煤层埋藏深度增加而增高的趋势，矿井为煤与瓦斯突出矿井。各可采煤层火焰长度为40～>400毫米，加岩粉量80%～85%，爆炸指数10%～24%，各煤层煤尘均有爆炸危险性。各煤层均属不易自燃煤层。

第五节　碎石井矿区地质

一、地层

矿区内绝大部分被第四系沙层覆盖，仅在大沙河两侧有基岩出露。根据矿区露头和钻孔资料，地层自老而新为三叠系上统上田组（T3s）、中统延安组（J2y）、中统直罗组（J2z）、侏罗系上统安定组（J3a）、白垩系下统宜君组（K1y）、第四系（Q）。

1.上田组（T3s）。最大揭露厚度为52.48米，岩性为砂岩、粉砂岩、泥岩及薄层铝土质泥岩（含鲕粒）。其顶部为一古侵蚀面。

2.延安组（J2y）。厚度250.75 ~ 427.97米，平均厚度326.45米左右。岩性为各粒级砂岩、泥岩和少量黏土质粉砂岩，局部夹不稳定钙质粉砂岩或灰质泥岩、炭质泥岩，含煤30余层，其中编号煤层18层，可采及局部可采17层。

3.直罗组（J2z）。厚度372.00 ~ 573.41米，平均厚度443.65米。底部为中、粗粒厚层状砂岩，俗称“七里镇”砂岩，自上而下粒度由小变大，并常含遂石小砾石，韵律较明显。与下伏延安组呈冲刷接触。

4.安定组（J3a）。最大残留厚度613.03米。主要分布在周家沟于家梁背斜两翼，背斜核部该组地层剥蚀殆尽。岩性以砂岩和泥岩为主，底部普遍有一层褐红色砂岩。与下伏直罗组地层呈整合接触。

5.宜君组（K1y）。最大厚度为162米，仅零星出露于井田西南部的面子山一带，岩性为不同粒度的砾岩，夹薄层或不规则的含砾砂岩。

6.第四系（Q）。全区发育，厚度1.50 ~ 26.95米，平均厚度10.39米。岩性为风化残留的变质岩、灰岩及沙土层。不整合于各系之上。

二、地质构造

矿区内基本构造形态为走向北东，向南东倾斜的单斜构造，由于次级褶曲较为发育，以及稀少断层的影响，区内地层产状沿走向和倾向均有变化。次级褶曲有三组，即自西南向东北的赵儿塔井向斜、圆疙瘩向斜和五疙瘩背斜，以及磁窑堡向斜，其中圆疙瘩背斜和磁窑堡向斜向南北延长，构成矿区级主干构造。褶曲轴走向除磁窑堡向斜呈近南北向外，其他均呈北北西向，与地层走向斜交，其消失端已近于垂直。褶曲两翼多不对称，背斜西翼陡于东翼，向斜与之相反，轴面均南东倾，倾角73°　~ 85°　。此外，井田东北侧的磁窑堡东侧逆断层，走向近南北，也构成矿区自然边界。区内断层稀少，对矿井开采影响不大，地质构造简单。主要断层特征见表2-2-10。

表2-2-10　主要断层特征表

井田名称	断层名称	性质	走向	倾向	倾角（°）	落差（m）	延展长度（Km）	控制程度
灵新井田	F2	正	EW	NS SW	85	0 ~ 50	3.25	可靠
羊场湾井田	DF1(东庙分支)	逆	N30°　W	NE	65	0 ~ 35	1.7	可靠
	DF2	正	N18°　~ 56°　E 56°　E	SE	65	0 ~ 42	7.4	可靠
	DF4	正	E	S	70	0 ~ 35	2.7	可靠
	DF5	正	N42°　E	NW	65	0 ~ 35	2.4	可靠
	DF9	正	N54°　E	SE	60	0 ~ 23	2.276	可靠
	DF12	正	N54°　E	NE	70	0 ~ 18	1.004	可靠
	DF13	正	N53°　E	NW	65	0 ~ 15	2.89	可靠
	DF14	正	N48°　E	SE	50	0 ~ 22	2.125	可靠
	东庙	逆	N10°　~ 40°　~ 17°　W	NE	65		7.6	较可靠
	F1	逆	NS	E	85	500	2.5	较可靠
	F2	逆	NW	NE	56 ~ 65	55 ~ 139	4.6	较可靠
枣泉井田	F1	正	NS	WE	72	38	0.75	可靠
	F2	正	NS	WE	66 ~ 74	40	1.25	可靠
	F3	逆	WS ~ EN	W	30 ~ 50	46	1.2	可靠

三、煤层

矿区内含煤地层为侏罗系延安组，地层厚度287.84米。共含煤20 ~ 39层，煤层平均总厚度为32.44米，含煤系数11.3%。其中编号煤层18层，自上而下为一、二、二下、三、四、五、六、七、八、九、十、十一、十二、十三、十四、十五、十六煤层。四煤层为不可采煤层，二、十四、十五煤层为主要可采煤层，一、九、十二煤层为大部可采煤层，其余煤层均为局部可采煤层。可采煤层平均总厚28.04米，可采含煤系数9.7%。可采煤层特征见表2-2-11。

表2-2-11　可采煤层特征表

煤层号	煤层厚度(m)	煤层间距(m)	煤层结构		可采程度	稳定程度
	两极值 均值	两极值 均值	夹矸	类型		
一	0 ~ 3.42 1.66	5.34 ~ 24.91 14.91	0 ~ 3	简单	大部可采	较稳定
二	4.44 ~ 14.833 8.52		0 ~ 7	较简单	可采	稳定
二下	0 ~ 1.22 0.75	0.00 ~ 19.10 9.03	0 ~ 1	简单	局部可采	不稳定
三	0 ~ 1.35 0.79	8.05 ~ 21.89 14.00	0 ~ 1	简单	局部可采	不稳定
五	0 ~ 2.60 1.19	12.2 ~ 38.57 27.56	0 ~ 3	较简单	局部可采	不稳定
六	0 ~ 3.52 1.00	4.54 ~ 19.00 11.28	0 ~ 1	简单	局部可采	不稳定
七	0 ~ 2.05 1.00	11.21 ~ 29.58 18.06	0 ~ 2	简单	局部可采	不稳定
八	0 ~ 1.49 0.64	0.87 ~ 15.09 4.55	0 ~ 2	简单	局部可采	不稳定
九	0 ~ 2.93 1.40	31.39 ~ 71.24 49.41	0 ~ 2	较简单	大部可采	较稳定
十	0 ~ 1.77 0.79	2.38 ~ 19.22 8.21	0 ~ 3	较简单	局部可采	不稳定
十一	0 ~ 2.30 0.49	3.62 ~ 25.97 9.57	0 ~ 2	较简单	局部可采	不稳定
十二	0 ~ 2.48 1.13	2.11 ~ 21.85 12.31	0 ~ 3	较简单	大部可采	较稳定
十三	0 ~ 1.88 0.56	13.17 ~ 39.82 23.04	0 ~ 1	简单	局部可采	不稳定
十四	1.73 ~ 3.56 2.55	10.47 ~ 28.66 18.31	0 ~ 3	较简单	可采	稳定
十五	0.91 ~ 6.25 2.36	7.37 ~ 27.49 15.66	0 ~ 5	简单—较复杂	可采	稳定
十六	0 ~ 7.51 2.44	8.59 ~ 26.03 17.46	0 ~ 5	简单—较复杂	局部可采	不稳定

四、煤类及煤质

矿区煤类以不黏煤为主，煤质属中高水分、特低—中高灰、特高挥发分、特低—中硫、中—高发热量。可采煤层煤质主要特征见表2-2-12。

表2-2-12　煤质特征表

工业指标 井田	水分(Mad)(%)	灰分(Ad)(%)	挥发分(Vdaf)(%)	硫分(St,d)(%)	发热量(Qgr，d)(MJ/kg)	煤类
灵新	4.28～26.03 12.34	3.45～35.29 10.83	25.90～55.47 33.87	0.10～2.95 0.76	18.36～33.19 28.27	不黏煤为主
枣泉	3.86～14.96 8.78	2.89～35.61 9.42	24.09～49.23 32.69	0.05～2.92 0.45	17.74～31.89 28.55	不黏煤
羊场湾	0.57～21.10 9.51	2.6～37.80 10.13	9.09～44.31 32.86	0.04～2.95 0.64	17.32～34.76 28.86	不黏煤

五、水文地质

区域地貌属于低山丘陵区，并多为沙丘覆盖。水文地质分区不明显，地下水补给来源贫乏。矿区内由上而下划分为以下五个主要含水层组：第四系含水层组、火区烧变岩含水层组、直罗组底部砂岩段至二煤层顶板砂岩含水层组、二煤层至八煤层间砂岩含水层组及八煤层至十五煤层间砂岩含水层组。岩层富水性除火区烧变岩外，其他含水层单位涌水量均小于0.05升/秒·米，一般均属含水弱的或微弱的岩层。目前，影响矿区内生产的主要含水层为直罗组底部砂岩段至二煤层顶板砂岩含水层组。灵新煤矿正常涌水量530立方米/小时，羊场湾煤矿正常涌水量650立方米/小时，枣泉煤矿正常涌水量560立方米/小时，矿区水文地质条件中等。

六、开采技术条件

煤层顶板岩性多为粉砂岩、细砂岩，少数为中粗粒砂岩或泥岩。岩层完整，节理裂隙不发育。伪顶主要为泥岩、粉砂岩，属中等易冒落较稳定岩层。底板以粉砂岩和细粒砂岩为主，属中等较稳定岩层。

矿区各矿井均为低瓦斯矿井。煤尘爆炸指数34.3%，煤尘有爆炸危险性。煤层多为易自燃的煤层。部分区域存在地温热害。

第六节　横城矿区地质

一、地层

矿区地层自老而新为奥陶系下统马家沟组（O1m），石炭系上统土坡组（C2t）、石炭系上统太原组（Cpt），二叠系下统山西组（P1s）、二叠系石盒子组（P1-2sh）、二叠系上统石千峰群（PTS），白垩系下统志丹群（K1Zd），古近系清水营组（E3q），第四系（Q）。

1.马家沟组（O1m）。厚度810米。下部为厚层状灰岩夹厚层白云岩，节理发育；上部为灰岩夹砂岩、泥岩条带。

2.土坡组（C2t）。平均厚度351米。下部为薄层泥岩、薄层灰岩，夹数层薄煤层；底部为泥岩；中部为泥灰岩、粉砂岩；上部为砂岩夹薄层泥灰岩、泥岩。与下伏马家沟组呈不整合接触。

3.太原组（Cpt）。厚度为78 米。岩性为中—粗粒砂岩、细砂岩、泥岩、粉砂岩、石灰岩、煤层、黏土岩及沥青质泥岩。与下伏土坡组整合接触。

4.山西组（P1s）。平均厚度为75米。岩性为中—粗粒砂岩、细砂岩、粉砂岩、泥岩、煤层及少量黏土岩、沥青质泥岩。与下伏太原组整合接触。

5.二叠系石盒子组（P1-2sh）。下段厚度169 ～ 172米，下部为细—粗砂岩、高岭土胶结，中部为砂岩夹一层黏土岩及1—2层煤线组成，上部由粉砂岩夹泥岩组成，与下伏山西组整合接触。上段厚度210 ～ 225米，以厚层砂岩为主，含少量含砾砂岩、泥岩。

6.石千峰群（PTS）。厚度225.89米。岩性为中粗砂岩、粉砂岩、泥岩。与下伏石盒子组整合接触。

7.志丹群（K1Zd）。厚度416.38米。岩性为砾岩夹薄层粉砂岩。与下伏石千峰群不整合接触。

8.清水营组（E3q）。厚度90 ～ 217.00米。岩性以亚砂土、亚黏土为主，底部为厚度1 ～ 46米的沙砾层。与下伏志丹群不整合接触。

9.第四系（Q）。厚度1 ～ 26米。分布广，上部为沙、冲积沙土、风成沙，下部为亚砂土，底部为砂砾层。

二、地质构造

在任家庄井田除较完整的三道沟背斜以外，其余均为一系列小型断裂为特征。而红石湾井田表现为黄草沟背向斜赋存的构造形态，其中型以上断裂较少。区内主要断层走向近南北方向，与本区南北向的褶皱趋势相吻合，为东西方向压扭应力所控制。全区勘探阶段发现断层34条。落差大于15米断层18条。主要断层性质见表2–2–13。

表2–2–13　主要断层特征表

断层	性 质	产 状		落 差（米）	延展长度（米）	断层控制情况
		走 向	倾 角			
F1	正	NW25°～35°	<E79°	11～71	1900	117、243、235、218、244号孔
F2	逆	NE5°	<E70°	38	1000	234、243
F3	逆冲	近SN	<W71°～72°	130	6000	308、224、112
F4	正	NE20°	<E72°	31～38	5100	188、220、206、204、111
F5	正	NE40°	<E63°	27	2300以上	181（断点在P21S上部）推断
F10	正	NE9°	<W70°	19	830	119、214
F13	正	NE20°	<E73°	17	850	188、220
F20	正	NE32°	W70°	20	830	438、324
F21	正	NW78°	W70°	128	910	437、438
F23	逆	NW30°	W70°	16	710	448、444
F25	正	NE16°	W70°	19	700	163
F33	逆	NE28°	W70°	26	665	241

三、煤层

矿区含煤地层为山西组和太原组，含煤23层，编号煤层12层，全区可采和局部可采煤层8层，自上而下分别为一、三、四、五、六、八、九、十煤层。山西组一、三、四、五、六煤层为可采煤层，平均可采厚度9.9米；太原组八、九、十煤层为可采煤层，平均可采厚度8.06米。可采煤层特征见表2–2–14。

表2–2–14　可采煤层特征表

煤层	煤层厚度(m) 两极值 均值	煤层间距(m) 两极值 均值	煤层结构 夹矸	煤层结构 类型	可采程度	稳定程度
一	0.26～4.19 1.41	15～49.95 25.3	0～3	简单	大部可采	较稳定—稳定
三	0.11～6.17 2.52	8～28 15	0～3	简单—较简单	大部可采	稳定
四	0～3.19 0.90	1～9 5	0～2	简单	局部可采	不稳定
五	0.12～11.51 4.48	1～19 5.76	0～3	简单—较简单	大部可采	稳定
六	0～1.76 0.96	9～54.19 23.35	0～1	简单	大部可采	不稳定—稳定
八	0.24～2.50 1.15	14～40.52 24.45	0～3	简单	大部可采	不稳定—较稳定
九	1.10～9.19 5.81	2～15.31 8.03	0～6	较简单—复杂	大部可采	稳定
十	0～2.51 0.80		0～3	简单	大部可采	不稳定—较稳定

四、煤类、煤质

矿区主要为1/3焦煤，煤质属低—中高水分、特低—高灰、特高挥发分、特低—高硫、中低—高热值。可采煤质特征见表2-2-15。

表2-2-15　煤质特征表

井田＼工业指标	水分(Mad)（%）	灰分(Ad)（%）	挥发分(Vdaf)（%）	硫分(St,d)（%）	发热量(Qgr，d)（MJ/kg）	煤类
红石湾	0.54 ~ 13.90 2.01	4.39 ~ 19.99 22.20	33.33 ~ 53.63 40.27	0.23 ~ 6.58　1.65	19.05 ~ 33.00 26.75	1/3焦煤
任家庄	0.46 ~ 2.65 1.30	6.30 ~ 46.52 23.68	30.44 ~ 47.54 38.87	0.20 ~ 8.97　1.63	14.06 ~ 33.81 25.20	

五、水文地质

矿区内无常年地表水流，仅西天河及边沟流经本区南北两端，南端西天河自磁窑堡矿区由东向西汇入黄河，流量较小，为间歇性地表水流；边沟为季节性河流，只有在暴雨后才形成暂时性洪水，其他时段一般干涸。

矿区内有六个含水层组，分别为：第四系松散层孔隙潜水（Ⅰ）、古近系底部砾岩及下伏基岩风化面含水层组（Ⅱ）、石千峰组砂岩裂隙孔隙含水层组（Ⅲ）、下石盒子组砂岩裂隙孔隙含水层组（Ⅳ）、山西组—太原组孔隙裂隙含水层组（Ⅴ）、奥陶系灰岩基岩含水层组（Ⅵ）。影响矿井生产的含水层主要为下石盒子组砂岩裂隙孔隙含水层组（Ⅳ）、山西组—太原组孔隙裂隙含水层组（Ⅴ）；目前红石湾矿正常涌水量100立方米/小时，任家庄矿正常涌水量90立方米/小时，水文地质类型中等。

六、开采技术条件

矿区主要可采煤层顶板以粉砂岩、细粒砂岩为主，含少量泥岩；底板岩性为粉砂岩、细砂岩。顶底板较稳定。

矿区绝对瓦斯涌出量0 ~ 7.89立方米/分钟，相对瓦斯涌出量0 ~ 1.45立方米/吨，各矿井均属低瓦斯矿井。煤层爆炸指数为24.83% ~ 43.50%，各煤层均有煤尘爆炸危险性。矿区内煤层属自燃煤层。

第七节　鸳鸯湖矿区地质

一、地层

矿区内第四系广泛发育，基岩零星出露，地层由老到新有三叠系上统上田组（T3s）、侏罗系中统延安组（J2y）、侏罗系中统直罗组（J2z）、侏罗系上统安定组（J3a）、白垩系下统宜君组（K1y）、古近系清水营组（E3q）、第四系（Q）。

1.上田组（T3s）。地层最厚为319.04 米，在麦垛山井田西北部及梅花井、红柳井田西南部边界零星出露。岩性以砂岩为主，间夹薄层状泥岩。顶部常见灰绿色鲕粒铝质泥岩与延安组分界，下部地层呈假整合接触。

2.延安组（J2y）。厚度为91.66 ~ 66.54 米，全区发育，在梅花井井田西南部零星出露。该组为区内主要含煤地层，岩性以不同粒级的长石—石英砂岩、粉砂岩和泥岩为主，含少量铝质泥岩。该组底部发育一层中厚—厚层含砾中—粗粒石英砂岩（宝塔砂岩）。与下伏地层呈假整合接触。

3.直罗组（J2z）。区内广泛发育，厚度最大825.30米（红柳井田H205孔）、平均294.18米。该组上部以细砂及粉砂岩为主，夹杂厚度较小的中砂岩和泥岩；中部岩性主要为细砂岩和粉砂岩，其中夹杂厚度较小的中砂岩；底部发育一层中—粗粒砂岩（七里镇砂岩），其中夹杂较薄的粉砂岩泥岩互层。与下部含煤地层假整合接触，常作为判别延安组煤系顶部的标志层。

4.安定组（J3a）。厚度0 ~ 696.4米，平均41.29米，麦垛山井田只在北、西部的少数钻孔见到，岩性主要为粉砂岩及泥岩，夹中粒至细粒砂岩，岩层总体呈红色（红层）。与下伏地层呈假整合接触。

5.宜君组（K1y）。仅在梅花井和石槽村井田东部零星出露，最大厚度230米。岩性以细砾岩为主，夹厚度较小的中细砂岩和泥岩。与下伏安定组呈不整合接触。

6.清水营组（E3q）。区内零星分布，厚度最大为129.55米。主要岩性为粉砂岩、砂质黏土和砂砾石，偶尔有薄层泥岩，底部通常是砂砾石及砂岩层，另有少量泥灰岩和石膏。与下伏地层呈不整合接触。

7.第四系（Q）。区内发育较为广泛，厚度最大128.73米（梅花井井田608钻孔）。大多属松散沉积，底部多为冲淤积黄沙土，以及白垩系沉积遭受风化作用而残留的卵砾石及钙化结核；中部为冲淤积黄沙土；上部多为风成沙丘或沙土层。

二、煤层

含煤地层延安组平均厚度298.53米，由顶至底均有煤层赋存，共含煤20 ~ 33层，煤层平均总厚度为27.96米，含煤系数9.5%。其中编号煤层17层，全区可采及局部可采煤层16层。自上而下，二、六、十一、十二、十八煤层为主要可采煤层；一、三、四上、四、五、八、十、十五、十七煤层为大部可采煤层。可采煤层平均厚度22.69米，可采含煤系数7.7%。可采煤层特征见表2-2-16。

表2-2-16　可采煤层特征表

煤层	煤层厚度(m) 两极值 均值	煤层间距(m) 两极值 均值	煤层结构 夹矸	煤层结构 类型	可采程度	稳定程度
一	0.85 ~ 3.73 1.75	0.76 ~ 19.66 7.88	0 ~ 2	简单	大部可采	较稳定
二	0.85 ~ 8.10 3.67		0 ~ 2	简单	可采	稳定
三	0.85 ~ 3.58 1.64	1.10 ~ 22.88 13.48	0 ~ 1	简单	大部可采	稳定
四上	0.80 ~ 2.41 1.36	13.37 ~ 38.22 26.39	0 ~ 1	简单	大部可采	较稳定
四	0.80 ~ 3.51 2.15	0.10 ~ 19.51 0.63	0	简单	大部可采	较稳定
五	0.85 ~ 2.61 1.52	6.88 ~ 35.96 20.59	0 ~ 1	简单	大部可采	较稳定
六	2.84 ~ 6.10 3.19	28.52 ~ 59.64 41.90	0 ~ 3	简单	可采	稳定
七	0.80 ~ 1.47 1.06	0.63 ~ 16.65 8.19	0 ~ 1	简单	局部可采	极不稳定
八	0.83 ~ 3.47 2.20	5.15 ~ 32.99 15.50	0 ~ 2	简单	大部可采	较稳定
十	0.81 ~ 1.84 1.28	8.93 ~ 25.44 16.64	0 ~ 1	简单	大部可采	较稳定
十一	0.81 ~ 5.09 2.50	0.76 ~ 8.51 7.93	0 ~ 3	简单	可采	稳定
十二	0.81 ~ 4.10 1.97	13.47 ~ 47.64 26.51	0 ~ 2	简单	可采	稳定
十四	0.82 ~ 1.90 1.42	3.86 ~ 31.95 15.98	0 ~ 1	简单	局部可采	不稳定
十五	0.84 ~ 2.31 1.29	2.23 ~ 21.39 6.51	0 ~ 3	较简单	大部可采	较稳定
十六	0.83 ~ 1.94 1.37	4.30 ~ 37.52 15.85	0 ~ 2	简单	局部可采	不稳定
十七	0.35 ~ 3.02 1.94	0.59 ~ 21.27 10.16	0 ~ 1	简单	大部可采	不稳定
十八	0.81 ~ 9.43 2.82	5.06 ~ 21.95 10.98	0 ~ 4	较简单	可采	稳定

三、地质构造

矿区主体构造为鸳鸯湖背斜，走向近南北，向南倾伏。在矿区南北两端分别伴生次一级褶曲，即北部的清水营向背斜、南部的张家庙向背斜和李家圈向背斜。矿区南北部断层相对较密，中部断层稀少。矿区南部既发育了南北向的逆断层，也发育了北东向的正断层，逆断层落差较大，正断层落差较小，对煤层开采有一定影响。矿区中部以北东向逆断层为主，其走向与马柳断层在石槽村井田北部的走向基本一致。矿区北部逆断层较少，走向南北，落差较大；正断层较为发育，走向北东，落差相对较小。主要断层特征见表2-2-17。

表2-2-17　主要断层特征表

井田名称	断层名称	性质	走向	倾向	倾角（°）	落差（m）	延展长度（Km）	控制程度
清水营	DF2	逆	N30W	SW	77～80	165	2.14	可靠
	DF3	正	N58E	SE	59～65	100～160	3.46	可靠
	DF7	正	N45E	NW	62	0～100	2.32	可靠
	DF9	正	N50E	SE	67～72	30～80	3.34	可靠
	DF11	逆	N10W	SWW	38～55	0～40	1.25	可靠
	DF13	正	N45W	NE	70～75	0～23	0.96	可靠
	DF14	正	N55E	SE	63～75	0～35	1.75	较可靠
	DF16	逆	N35W	WS	20～30	50～110	6.26	可靠
梅花井	DF1	逆	N50E转N32E	NW	49～64	0～46	3.6	可靠
	DF2	正	SN	E	60～65	0～90	3.5	较可靠
	DF3	正	N40E	SE	60～73	0～30	3.4	可靠
	DF4	逆	N60E	NW	68	0～30	1.5	可靠
	DF5	逆	N55E	NW	66～71	0～50	5.3	可靠
	DF6	逆	N35～15W	NE	50～79	0～380	4.0	可靠
	DF7	正	N40E	SE	70～71	0～20	1.3	可靠
	DF8	逆	N32W	NE	64～73	0～100	2.4	可靠
	DF9	逆	N52E	NW	64～71	0～30	2.3	可靠
	DF10	逆	N31E	SE	60～67	0～50	1.2	可靠
石槽村	DF1	逆	NW	NE	56～65	55～139	5.4	较可靠
	张家庙	逆	NW	NE	68	275	3.1	可靠
	李家圈	逆	NW	NE	72	110	3.0	可靠
	马柳	逆	NW～NE	SW	53～74	80～300	5.4	可靠
	杨家窑	正	NE	SE	77	220	1.54	可靠
	新碱沟子北	正	NE	SE	68	30	2.1	可靠
	DF5	正	NE	SE	72	25	3.0	可靠
	DF8	正	NE	SE	70	30	2.0	较可靠
	DF11	正	NE	SE	66	23	1.06	较可靠
	DF12	正	NE	SE	55	27	0.45	可靠
	DF18	正	NE	NW	43	31	1.0	可靠

续表

井田名称	断层名称	性质	走向	倾向	倾角（°）	落差（m）	延展长度（Km）	控制程度
红柳井田	马柳	逆	NE	SW	68	630～670	15.0	可靠
	马柳支	逆	NW	SW	63	83	7.0	较可靠
	新碱沟子	正	NE	SE	75	30	2.1	可靠
	张家庙	逆	NW	NE	68	200	3.0	可靠
	李新庄西侧	逆	NW	NE	58～64	238	8.0	可靠
	DF1–1	逆	NW	E	64	90	3.3	可靠
	DF4	正	NW	N	63	35	1.9	可靠
	DF6–3	正	NW	N	74	25	1.05	较可靠
	DF7	正	NW	N	63	21	1.17	可靠
	DF8	正	NW	S	72	42	1.2	可靠
	HF2	逆	NW	NE	67	104	3.0	较可靠
	HF3	逆	NW	NE	65	179	4.0	可靠
	HF4	逆	NW	NE	67	242	3.0	可靠
	HF6	逆	NW	W	75	49	2.0	可靠
	HF7	逆	NW	SW	67	68	2.0	可靠
	HF8	逆	NW	NE	63	330	3.0	可靠
	HF10	逆	NW	SW	55	30	1.0	可靠
	HF13	逆	NW	SW	52	43	1.0	可靠
麦垛山井田	麦垛山	正	NE	S	75	160	5.0	可靠
	于家梁支二	逆	NW	NE	68	300	3.0	较可靠
	石荒洼	正	EW	N	77	90	2.0	可靠
	杜窑沟	逆	NW	NE	77	330	8.0	可靠
	F2	正	EW	S	77	130	1.0	可靠
	F3	逆	NW	NE	62	90	1.0	较可靠
	F4	逆	NW	SW	76	90	2.0	可靠
	F7	逆	NW	NE	37	27	1.8	可靠
	F9	逆	NW	NE	75	320	9.0	可靠
	F10	逆	NW	SW	62	180	9.0	可靠
	F11	逆	NW	SW	62	30	2.0	较可靠
	F17	逆	NW	NE	68	33	2.0	较可靠

四、煤质、煤类

矿区煤类以不黏煤为主，煤质属中高水分、中高灰、中—特高挥发分、低—高硫、中高发热量。可采煤层煤质特征见表2-2-18。

表 2-2-18　煤质特征表

工业指标 \ 井田	水分(Mad)(%)	灰分(Ad)(%)	挥发分(Vdaf)(%)	硫分(St,d)(%)	发热量(Qgr，d)(MJ/kg)	煤类
清水营	1.33 ~ 23.02 10.45	3.11 ~ 38.68 15.60	25.21 ~ 47.42 35.36	0.16 ~ 6.27 1.45	15.91 ~ 32.57 25.61	不黏煤为主
梅花井	3.03 ~ 18.24 7.73	3.81 ~ 30.54 11.29	25.73 ~ 43.34 33.75	0.05 ~ 2.97 0.79	19.89 ~ 31.7 27.54	不黏煤为主
石槽村	3.12 ~ 10.76 5.59	4.14 ~ 33.09 11.76	26.35 ~ 43.66 33.20	0.06 ~ 3.56 0.77	19.31 ~ 37.93 27.85	不黏煤
红柳	3.01 ~ 13.49 6.14	2.89 ~ 28.52 10.08	23.60 ~ 43.32 31.96	0.07 ~ 2.95 0.74	19.11 ~ 32.27 28.08	不黏煤
麦垛山	1.37 ~ 14.23 4.96 ~ 7.85	2.65 ~ 38.51 9.84	22.2 ~ 50.21 31.20	0.05 ~ 3.35 0.54	14.9 ~ 32.59 28.15	不黏煤为主

五、水文地质

矿区南北延展，地形南北高中部低，西部高东部低、地势起伏不大。由于雨季降水和矿井排放水影响，在梅花井北部低洼区域会逐渐形成盐碱湖，冬季干涸变成碱滩。矿区内水环境主要为地下水，仅在红柳井田东北部外约2公里处、石槽村井田内的碱沟子有季节性水流，与马柳断层位置相对应，沟长约5.0 公里，为断层所形成常年性沟谷溪流。其径流量大小通常为0.36 ~ 2.38 升/秒，受大气降水影响较大。其源头在石槽村井田东约1.3公里处，由泉水汇集而成，水流补给源为新碱沟子正断层上升泉，向北流至下游老圈湾一带至碱沟与狼梁公路交会处渗入地下。

矿区内含水层分为第四系孔隙潜水含水层、直罗组裂隙孔隙含水层、延安组2 ~ 6煤层间砂岩孔隙-裂隙承压水含水层、延安组6 ~ 18煤层间砂岩孔隙—裂隙承压水含水层、18煤层以下至底部分界砂岩5个含水层。影响矿区开采的主要含水层为侏罗系中统直罗组裂隙孔隙含水层。矿区内清水营煤矿正常涌水量90立方米/小时，梅花井煤矿正常涌水量500立方米/小时，石槽村煤矿正常涌水量525立方米/小时，红柳煤矿正常涌水量900立方米/小时，麦垛山煤矿正常涌水量1140立方米/小时。由北向南水文地质类型中等—复杂。

六、开采技术条件

煤层顶板岩性多为粉砂岩、细砂岩，少数为中粗粒砂岩或泥岩。岩层完整，节理裂隙不发育。底板以粉砂岩和细粒砂岩为主。顶底板较稳定。

煤层瓦斯含量较低，各矿井均属低瓦斯矿井。各煤层煤尘均有爆炸危险性。各煤层均属易自燃煤层。有一、二级热害区存在。

第八节　马家滩矿区地质

一、地层

矿区全部被新生界地层所覆盖，属隐伏式煤田。根据钻孔揭露，本区地层由老至新发育有：三叠系上统上田组（T3s），侏罗系中统延安组（J2y）、直罗组（J2z）、侏罗系上统安定组（J3a），古近系渐新统清水营组（E3q）和第四系（Q）。

1.上田组（T3s）。地表未出露，厚度140 ~ 258米。为本区延安组含煤地层的沉积基底，岩性为砂岩、粉砂岩、泥岩及薄层铝土质泥岩（含鲕粒），具交错层理、混浊状层理等。其顶部为一古侵蚀面。

2.延安组（J2y）。地层平均厚347.06米。岩性主要由粉砂岩、泥岩和煤组成。地表未出露，除在背斜的轴部遭剥蚀外，全区广泛分布。底部以一套粗粒砂岩或含砾粗粒砂岩（简称宝塔山砂岩）与下伏三叠系上统上田组地层呈假整合接触。是本矿区主要含煤地层。

3.直罗组（J2z）。厚度296 ~ 478米。岩性以粉砂岩、细粒砂岩为主，夹薄层中粒砂岩与粗粒砂岩及泥岩。地表未出露，除在背斜的轴部遭剥蚀外，全区广泛分布。底部有一层含砾粗粒长石石英砂岩，俗称“七里镇砂岩”，与下伏延安组地层呈假整合接触。

4.安定组（J3a）。厚度339 ~ 500米。以棕红、棕紫色（俗称红层）粉砂岩、细粒砂岩及泥质岩为主，夹中、粗粒长石砂岩，含砾砂岩。地表未出露，主要分布在矿区的中、深部，区内大范围遭剥蚀。与下伏直罗组地层呈整合接触。

5.清水营组（E3q）。最大厚度40 ~ 156.25米，岩性为紫红色砂质黏土、粉砂及砂砾石，下部一般为半胶结的砂层及沙砾石层，局部有泥灰岩及石膏。全区分布。在地表沟谷地带有出露。与下伏地层呈不整合接触。

6.第四系（Q）：厚度0 ~ 25米，一般厚6米左右。岩性为风积沙，多呈沙丘或冲积沙土，有现代河床冲击砾石、卵石层，有化学沉积盐积层。遍布全区。与下伏地层呈不整合接触。

二、煤层

区内含煤地层为侏罗系中统延安组，含煤地层平均总厚342.52米，含煤30余层，其中可采及局部可采煤层有16层，即一、二、三、四、五、六、八、九、十一、十二、十三、十五、十六、十七、十八煤层，煤层平均总厚度23.85米，含煤系数6.9%。可采煤层特征见表2–2–19。

表2–2–19　可采煤层特征表

煤层	煤层厚度 两极值 均值	煤层间距 两极值 均值	煤层结构		可采程度	稳定程度
			夹矸	类型		
一	0 ~ 1.95 0.58		1	简单	局部可采	不稳定
		0.48 ~ 15.99 2.86				
二	0.44 ~ 8.41 1.96		0 ~ 2	简单—较简单	大部可采	较稳定
		6.14 ~ 56.30 30.91				
三	0.41 ~ 7.63 3.70		0 ~ 2	简单—较简单	大部可采	稳定—不稳定
		2.25 ~ 70.11 17.54				
四	1.75 ~ 6.81 3.84		0 ~ 2	简单—较简单	大部可采	稳定—较稳定
		4.23 ~ 37.32 7.95				
五	0 ~ 2.21 0.80		0 ~ 2	简单—较简单	大部可采	较稳定—不稳定
		7.38 ~ 32.53 20.18				
六	0 ~ 6.20 2.08		0 ~ 3	简单—较简单	大部可采	稳定—较稳定
		22.81–41.28 36.23				
八	0.19 ~ 3.6 1.43		1 ~ 2	较简单	大部可采	较稳定—不稳定
		9.88 ~ 64.09 30.65				
九	0.10 ~ 1.56 0.82		0 ~ 2	简单—较简单	大部可采	较稳定
		13.44 ~ 28.43 19.04(38)				
十	0 ~ 5.93 1.56		0 ~ 2	较简单	局部可采	较稳定—不稳定
		5.23 ~ 15.75 9.58				
十一	0 ~ 1.30 0.61		0 ~ 1	简单	局部可采	不稳定
		6.62 ~ 34.91 20.45				
十二	0 ~ 3.99 1.45		0 ~ 1	简单	大部可采	较稳定—稳定
		0.16 ~ 32.35 10.25				
十三	0.07 ~ 3.01 0.95			简单	局部可采	较稳定—不稳定
		49.73				
十五	0.17 ~ 2.43 0.92		0 ~ 2	较简单	局部可采	较稳定—不稳定
		1.09 ~ 27.86 6.18				
十六	0.15 ~ 2.05 0.89		1	简单	局部可采	较稳定—不稳定
		1.37 ~ 23.20 5.50(81)				
十七	0 ~ 5.86 1.78		0 ~ 2	简单—较简单	局部可采	较稳定—不稳定
		0.97 ~ 74.91 16.69				
十八	0.2 ~ 12.50 4.05		0 ~ 2	简单—较简单	可采	稳定—较稳定

三、地质构造

井田内构造总体为走向北北西被断层切割的复式褶曲构造。区内煤层的赋存形态以周家沟于家梁背斜和长梁山马家滩向斜及鸳鸯湖冯记沟背斜为主体构造的背向斜相间的构造形态。井田内还发育有一系列的北北西和北东东向两组断裂，前者以逆断层为主，后者由于受南北扭应力和张应力的作用，产生了一系列北东东向的正断层。煤层倾角一般在15° ~ 60° 之间变化，在断层带附近及煤层露头处煤层倾角较大。地质构造属中等，局部偏复杂。

矿区内褶皱发育，自西至东有周家沟于家梁背斜、尖儿庄背斜、长梁山马家滩向斜、鸳鸯湖冯记沟背斜，张家圈背斜。主要断层特征见表2-2-20。

表2-2-20　主要断层特征表

断层	性质	断层产状		落差（m）	控制程度
		倾向	倾角（°）		
于家梁断层	逆	E	65	200 ~ 690	可靠
李新庄断层	逆	SW	60	80 ~ 660	可靠
F9	逆	NE	60	0 ~ 530	可靠
F10	逆	NWW	60	0 ~ 120	可靠
杜窑沟断层	逆	SE	60	0 ~ 100	可靠
MF1	逆	NE	56	160 ~ 340	可靠
马家滩（MF1)	逆	E	70	50	可靠
马柳断层	逆	NW	62	600	可靠
马柳支一断层	逆	NW	65	50 ~ 370	可靠
金家渠断层	逆	SE	70	300 ~ 470	可靠
老庄子横断层	逆	SSE	70	40 ~ 260	可靠

四、煤类、煤质

矿区煤类以不粘煤为主，煤质属中高水分、中高灰、中—特高挥发分、低—中硫、中高发热量。可采煤层煤质特征见表2-2-21。

表2-2-21　煤质特征表

工业指标 / 井田	水分(Mad)（%）	灰分(Ad)（%）	挥发分(Vdaf)（%）	硫分(St,d)（%）	发热量(Qgr，d)（MJ/kg）	煤类
双马井田	2.17 ~ 17.29 7.69	2.41 ~ 39.56 10.32	24.89 ~ 50.99 32.59	0.08 ~ 2.64 0.76	17.47 ~ 34.07 28.23	不黏煤为主
金凤井田	0.77 ~ 11.47 4.93	2.42 ~ 28.32 9.93	24.19 ~ 54.70 34.12	0.12 ~ 4.18 0.87	10.13 ~ 32.03 28.49	不黏煤为主
金家渠井田	2.46 ~ 15.22 6.16	2.74 ~ 36.28				
9	25.03 ~ 43.83 33.84	0.15 ~ 2.73 0.96	19.85 ~ 32.29 28.37	不黏煤		

五、水文地质

矿区主要受大气降水和其东部白垩系孔隙裂隙水补给。地下水主要通过煤系露头接受大气降水补给或通过区域地下水径流侧向补给。受构造控制，矿区地下水的运移主要是自背斜轴部向两侧运移，由浅而深，地下水径流逐渐迟缓乃至滞流，以向斜轴形成局部降水漏斗。

矿区含水层划分第四系及古近系松散层孔隙潜水含水层组、直罗组孔隙裂隙承压含水层组、延安组砂岩含水层组。影响矿区煤层开采主要含水层为直罗组孔隙裂隙承压含水层组，矿区内各生产矿井正常涌水量均小于600立方米/小时，水文地质类型中等。

六、开采技术条件

矿区各可采煤层顶板多属半坚硬层状砂质岩类，稳定性中等；煤层底板抗压强度较低，煤层底板稳定性较差。

矿区煤层瓦斯含量较低，各矿井均属低瓦斯矿井。根据煤样煤尘爆炸试验，火焰长度均大于400毫米，各煤层均有煤尘爆炸危险性。各煤层均属易自燃煤层。矿区北部及东南部有一、二级热害区存在。

第九节　石沟驿矿区地质

一、地层

矿区大面积被新生界所覆盖，基岩零星出露。区内地层由老至新依次为：三叠系上统上田组（T3s）、侏罗系中统延安组（J2y）与直罗组（J2z）、第四系（Q）。

1.上田组（T3s）。揭露厚度50余米。岩性以砂岩、粉砂岩为主。为含煤地层延安组的基底，分布于石沟驿向斜边缘地带。与下伏地层呈整合接触。

2.延安组（J2y）。厚度在280 ~ 320米之间，平均310米。岩性为石英砂岩粉砂岩、泥岩、煤、炭质泥岩。矿区大面积分布，地表主要出露于石沟驿向斜两翼，为本区的含煤岩系。底部以一层厚层粗粒砂岩与下伏上田组呈假整合接触。

3.直罗组（J2z）。厚度7.49 ~ 93.09米，平均59.88米。岩性主要为中、细粒砂岩和粉砂岩，夹少量的粗粒砂岩和泥岩。主要分布于石沟驿向斜轴部。底部以一层厚层状含砾巨粒砂岩与延安组呈假整合接触。

4.第四系（Q）。厚度1.84 ~ 15.72米，平均8.07米。底部为砾岩风化残留卵砾石和钙化结核，中部为冲淤积的黄沙土，顶部为现代风积沙丘及沙土层。全区广泛发育。不整合于下伏各系地层之上。

二、地质构造

矿区构造线总体走向北西，表现为一宽缓的向斜（石沟驿向斜），石沟驿向斜两端扬起，中间开阔呈一椭圆状，形似锅底，向斜轴轴向北20°，西受主干构造的影响，轴部近于水平，翼部一般在10° ~ 25° 之间，倾角最大可达40° 左右，总体来看矿区西北部地层略陡于东南部，西翼稍陡于东翼，表现为向斜北部开阔南部狭窄。

矿区未发现落差大于20米的断层，采掘活动中揭露34条小断层，逆断层1条，正断层33条，落差均在10米以下。断层按走向划分两组，一组走向北东50° 左右，另一组走向北东25° 左右，构造类型简单。

三、煤层

矿区含煤地层为侏罗系延安组，地层平均厚度为310米。煤层总厚约20米，含煤系数为6.5%。全区可采和局部可采煤层5层，自上而下编号为一、二、三、四、六煤层，可采平均总厚约为10.92米，可采含煤系数为3.5%。可采煤层特征见表2-2-22。

表2-2-22　可采煤层特征表

煤层	煤层厚度(m)	煤层间距（m）	煤层夹矸		可采程度	稳定程度
	最小—最大 平均	最小—最大 平均	夹矸	类型		
一	1.95 ~ 7.98 5.80	169	0 ~ 1	简单	可采	稳定
二	0 ~ 2.11 1.12	75.11 ~ 92.01 84.71	0 ~ 1	简单	局部可采	不稳定
三	0.28 ~ 1.76 0.86	23.74 ~ 30.25 27.25	0 ~ 2	简单	局部可采	不稳定
四	0.80 ~ 1.24 1.01	15.2	0 ~ 1	简 单	可采	稳定
六	1.18 ~ 2.87 2.07		0 ~ 1	简 单	可采	稳定

四、煤类、煤质

矿区煤类以长焰煤为主，煤质属低水分、特低—中灰、高挥发分、低—中硫、中高—高热值。可采煤层煤质特征如表2-2-23。

表2-2-23　煤质特征表

工业指标 / 井田	水分(Mad)（%）	灰分(Ad)（%）	挥发分(Vdaf)（%）	硫分(St,d)（%）	发热量(Qgr，d)（MJ/kg）	煤类
石沟驿	2.50 ~ 7.51 5.47	5.72 ~ 37.47 13.39	38.76 ~ 41.68	0.54 ~ 4.63 1.98	24.56 ~ 30.15 27.47	长焰煤

五、水文地质

矿区属半干旱沙漠大陆性季风气候，降水量稀少，蒸发强烈。矿区内发育较大的冲沟有大东沟、勒水沟、四丈五沟、七里沟、宋家小沟等，区内无湖泊和沼泽分布，宋家小沟河水为常年地表水。

矿区内有五个含水层组，分别为：第四系及基岩风化带含水层组（Ⅰ）、直罗组底部砂砾岩及一煤采空区含水层组（Ⅱ）、延安组上段砂岩含水层组（Ⅲ）、延安组下段砂岩含水层组（Ⅳ）、延安组底部、上田组顶板砂岩含水层组（Ⅴ）。影响矿区的主要含水层为直罗组底部砂砾岩及一煤层采空区含水层组，矿井正常涌水量40立方米/小时，水文地质类型中等。

六、开采技术条件

煤层顶底板岩性以泥岩、粉砂岩为主。顶底板稳定性中等。

煤层瓦斯含量较低，矿井属低瓦斯矿井。各煤层均有煤尘爆炸危险性。各煤层均属易自燃煤层。

第十节　上海庙矿区地质

一、地层

矿区东部区域含煤地层皆被新生界地层所覆盖，属隐伏式煤田。地层发育由老至新为：上三叠系上田组（T3s）；中下侏罗统延安组（J2y）、直罗组（J2z）、安定组（J3a）；白垩系下统志丹群（K1Zd）；古近系（E）和第四系（Q）。其中延安组（J2y）为该区煤系地层。

1. 上田组（T3s）。地层区域上连续分布，西浅东深，钻孔揭露厚度为0.84 ~ 675.13米，平均53.47米，未见底。岩性主要为中砂岩、细砂岩、粉砂岩、泥岩及薄层含铝土质泥岩。是侏罗系含煤地层的基底。

2. 延安组（J2y）。为本区含煤地层，地表未出露，岩石粒度总体较小。在垂向上，总的特征是上、下粗，中间细，三分特征明显。该组地层在矿区内连续分布，但在西北部、中南偏东清水营背斜轴部、勘查区西边界沿上海庙背斜轴部地段延安组上部遭受冲刷剥蚀。区内钻孔揭露延安组厚度184.10 ~ 402.45米，平均269.33米，区内多数地段该组地层厚度接近平均厚度。钻孔揭露煤层最多为29层，含可采或大部分可采煤层10层。

3. 直罗组（J2z）。厚度8.99 ~ 677.15米，平均219.30米。岩性主要为中、细粒砂岩和粉砂岩，间夹少量的粗粒砂岩和泥岩。该组地层底部为一巨厚层粗粒石英长石砂岩，俗称“七里镇砂岩”。与下伏延安组呈假整合接触。

4. 安定组（J3a）。厚度66.19 ~ 268.2米，平均92.92米。岩性以粉砂质泥岩和粉砂岩为主，夹细粒砂岩、中粗粒砂岩薄层。仅分布于雷家井井田的东北部。与下伏直罗组呈假整合接触。

5. 志丹群（K1Zd）。厚度93.23 ~ 298.20米，平均205.43米，东北部厚度较大，西部地段厚度较小。岩性为一套砾岩夹薄层砂岩。该组地层超覆不整合于下伏各时代地层之上。

6. 古近系（E）。区内钻孔中全部见到，地表仅在长城边沟中零星出露，厚度21.42 ~ 340.46米，平均118.06米。岩性为砂质黏土、粉砂，局部夹有半胶结的砂岩及石膏，底部常见厚度不等的砾石层。

7. 第四系（Q）。区内广泛发育，厚2.75 ~ 74.00米，平均厚17.66米。底部为古河道、现代河流冲积的卵砾石类沙土，中部为冲淤积的黄沙土，顶部为现代风积沙丘及沙土层。

二、地质构造

矿区在大地构造位置上位于鄂尔多斯西缘褶皱带，以走向南北或近南北的压性构造为主，伴有北东、北西向张扭和压扭性断裂。矿区总体构造是西部比较复杂、东部相对简单。

矿区东部主体构造为新上海庙背斜的东翼，总体为一向东倾的单斜，走向近南北。伴生有次一级褶曲，区内断层不甚发育。榆树井逆断层为雷家井勘查区与榆树井勘查区边界；沙尔陶勒盖断层为雷家井勘查区与色贝梁勘查区边界。矿区东部自西向东主要构造是榆树井逆断层、榆树井向斜、新上海庙背斜、清水营向斜、清水营背斜、沙尔陶勒盖正断层、西布其正断层和DF8正断层。根据地震勘查结果，还发育有少量断层，除西布其断层外一般断距不大。东区构造复杂程度属简单或中等偏简单。主要断层特征见表2–2–24。

表2–2–24　主要断层特征表

名 称	倾角	落差（m）	性 质	走 向	倾 向	延展长度(km)	控制程度
沙尔陶勒盖断层	60°～75°	80～160	正	NE	SE	>13.4	可靠
西布其断层	60°～76°	20～70	正	NE	SE	>13.5	较可靠
榆树井断层	60°～75°	300～400	逆	N–NNW	NE	20	可靠

三、煤层

东部区内完整揭露含煤地层延安组的钻孔平均厚度为269.33米，钻孔穿见煤层最多为29层，煤层总厚42.10米。含可采或大部分可采煤层8层，可采煤层总厚度27.55米，可采含煤系数7.80%。

区内主要可采煤层分别位于延安组顶部、中部和底部，从上至下划分为三个含煤组。编号煤层23层，自上而下编号为二、二下、三上、三、四、五、六、七、八、九、十、十一、十二、十三、十四、十五、十六、十七、十八、十九、十九下、二十、二十一煤层。其中，二、二下、三、四、八、十五、十七、十八煤层为可采煤层，赋存区范围内全部可采或大部分可采。可采煤层的特征见表2–2–25。

表2–2–25　上海庙矿区（东区）可采煤层特征表

煤层	煤层厚度(m)	煤层间距(m)	煤层结构		可采程度	稳定程度
	两极值 均值	两极值 均值	夹矸	类型		
二	0.50～14.11 6.33	7.76～39.54 22.02	1～2	简单	大部可采	稳定
二下	0.25～5.22 2.30	0.22～28.29 8.33	0～2	简单	局部可采	不稳定
三	0.24～5.70 1.49	12.92～29.28 21.93	0～1	简单	局部可采	不稳定
四	0.26～7.17 2.48	3.38～26.30 15.17	0～3	简单	大部可采	不稳定
八	1.10～5.57 3.76	6.15～56.89 14.86	0～2	简单	全区可采	稳定
十五	0.17～6.50 2.86	7.47～49.45 34.58	0～2	简单	全区可采	较稳定
十七	0.15～4.18 1.81	0.73～28.21 8.49	0～1	简单	全区可采	较稳定
十八	0.12～6.32 2.07			简单	大部可采	较稳定

注：八、十五、十七煤层间距分别为与其上覆煤层七、十四、十六煤层之间的距离。

四、煤类、煤质

矿区煤类以不黏煤和气煤为主，煤质属中高水分、特低—中高灰分、中高—高挥发分、特低—中硫、中高发热量。可采煤层煤质特征见表2-2-26。

表2-2-26　煤质特征表

工业指标 / 勘查区	水分(Mad)（%）	灰分(Ad)（%）	挥发分(Vdaf)（%）	硫分(St,d)（%）	发热量(Qgr，d)（MJ/kg）	煤类
雷家井	3.97～19.65 11.03	1.15～37.60 13.43	27.03～47.3 35	0.42～3.73	15.95～30.42 25.89	不黏煤
马兰	0.43～4.40 1.61	4.25～45.46 22.95	23.64～48.31 39.51	0.44～2.01	15.39～32.29 25.15	气煤
陶利	9.17～22.76 14.80	5.97～27.01 10.95	31.58～45.92 36.49	0.16～3.00	25.82～29.05 27.44	不黏煤

注：1.雷家井勘查区包括鹰骏一号、二号、五号井田。
2.煤质数据为各勘查区所有可采煤层极值和均值。

五、水文地质

矿区无常流水体，沟谷洪流以间歇性洪流为主。大气降水为井田地下水补给主要来源。地下潜水总体运移方向由东向西形成径流，在沟谷切割处出露，沿沟谷底部转化为地表水排泄，部分补给下部基岩含水层。主要含水层为第四系及古近系含水层、白垩系孔隙裂隙承压含水层组、侏罗系中统直罗组孔隙裂隙承压含水层组、延安组二煤—八煤间砂岩裂隙孔隙承压含水层、延安组八煤—十五煤间砂岩裂隙孔隙承压含水层、延安组十五煤—十六、十七煤间砂岩裂隙孔隙承压含水层、延安组十八煤以下砂岩裂隙孔隙承压含水层。

矿区各井田含水层属弱—中等富水性，补给条件中等，隔水层稳定性较好，水文地质条件中等。

六、开采技术条件

矿区内各煤层顶底板岩性以粉砂岩、泥质粉砂岩、细砂岩为主，均属不稳定—中等稳定顶底板。

煤层瓦斯含量较低，各矿井均为低瓦斯矿井。各煤层煤尘均有爆炸危险性。各煤层均属易自燃煤层。有一、二级热害区存在。

第三章　煤炭资源储量

第一节　地质勘探

2009年，金能煤业分公司提交《金能煤业分公司井田深部煤炭补充勘探报告》，补充勘探工作共完成地质填图15000米，地形图修测15000米，D级GPS测量点10个，地质钻探孔15个计12391.86米，水文钻探孔2个计1575.32米，采集煤样4569件（组）。根据勘查井田构造类型确定为中等构造，煤层稳定程度确定为稳定。选择500米基本工程线距和＜500米的孔距控制网度圈定探明的内蕴经济资源/储量，选择1000米基本工程线距和＜1000米的孔距控制网度圈定控制的内蕴经济资源/储量是合理的，煤层对比结果是可靠的；对前期部分地震工作进行了验证。深部补充勘探查明了矿井深部+600米水平至+400米水平标高之间可采煤层赋存状态，核算了各类型资源储量，为矿井延深开拓设计提供了资料。同年6月，石炭井焦煤分公司完成了《石炭井二矿深部煤炭资源勘探报告》。勘探查明了勘探区的煤炭资源量，共获得资源量17638.10万吨，其中探明的资源储量（331）8086.77万吨，控制的资源量（332）2377.54万吨，推断的资源量（333）7191.79万吨。同年7月，梅花井煤矿完成了《梅花井井田补充勘探报告》。补充勘探面积26.82平方公里，施工钻孔72个，进尺61762.34米，测井58564.58米，采样1492个，获得储量251910.52万吨。同年9月，羊场湾煤矿完成了生产补充勘探，勘探范围以东庙详查区边界为西部界，以20勘探线为北部界，以石槽村煤矿井田边界（长梁山向斜轴）为东部界，以杨家窑正断层为南部界，南北长10公里，东西宽3.2公里至5公里，面积36.32平方公里。同年11月，石炭井焦煤分公司提交了《石炭井矿区二矿外围煤炭资源勘探报告》，勘查获得331+332+333资源量17199.23万吨，其中331资源量3096.90万吨，332资源量3820.45万吨，331+332资源量占资源总量的40.22%，333资源量10281.88万吨。按煤类分，炼焦用煤331+332+333资源量为874.74万吨。

2010年，枣泉煤矿完成了《枣泉煤矿十三采区、十四采区煤炭补充勘探报告》和《枣泉煤矿十三采区、十四采区南翼进风立井井筒检查孔地质报告》。同年5月，羊场湾煤矿对十三采区及二分区深部进行了补充地质勘探，勘探范围北起以12勘探线，南到20勘探线，东以磁窑堡东侧逆断层为界，西侧北中部以二层煤+800米水平煤层底板等高线和羊场湾井田精查区东南边为界，西南以红湾井向斜轴为界，南北长约6.3公里，东西宽约1.3公里～7.5公里，面积17.75平方公里。同年7月，灵新煤矿进行了六采区水文地质补充勘探工作，提交了《灵新煤矿六采区水文地质补充勘探报告》。

2011年，红柳煤矿进行了补充地质勘探工作，提交了《宁夏回族自治区宁东煤田鸳鸯湖矿区红柳煤矿煤炭勘探报告》。勘探范围为井田西翼面积43.61平方公里，三维地震控制面积12.88平方公里，施工煤田钻孔69个，水文地质钻孔6个，工程量63432.34米。同年3月，枣泉煤矿根据《枣泉煤矿Ⅰ号火区补充勘探设计》和《枣泉煤矿11202回风巷探放水设计》，对Ⅰ号火区施工了6个勘探钻孔（其中水文钻孔1个），对Ⅰ号火区边界及火区涌水情况进行了补充勘探，并提交了《枣泉煤矿Ⅰ号火区补充勘探报告》《枣泉煤矿110202风巷探放水方案地面钻孔总结》。同年8月，汝箕沟无烟煤分公司完成了《大峰露天煤矿下组煤补充勘探报告》，本次勘查选择以钻探、物探、水文地质勘查、采样测试等多种方法进行综合勘探，基本达到了规范和设计要求，为煤矿建设可行性研究和设计提供了可靠的地质依据。同年9月，任家庄煤矿进行二十一采区水文地质补充勘探工作。同年，内蒙古维华矿业有限责任公司完成了上海庙矿区鹰骏一号井田、鹰骏二号井田、马兰井田二维地震勘探工作。

2012年，任家庄煤矿提交了《宁夏宁鲁煤电有限责任公司任家庄煤矿二十一采区水文地质补充勘探报告》，补充勘探共完成物探线33条、物理点1261个、水文地质钻孔4个、工程测量点和测孔点4个，钻探工程量共计1751.12米，抽水试验4次，采取水样5个、岩样54个，经勘探查明了二十一采区十层煤以上地层含水层分布情况，采区内断层含水性，构造含水导通性，为矿井防治水长期建设提供了依据。同年11月编制完成了《麦垛山煤矿11采区水文地质补充勘探报告》，补充勘探共完成地面物探（瞬变电磁）物理点4707个，水文地质钻探孔14个计 6347.74米，水文测井孔14个实测6347.74 米，单孔抽水试验15次，多孔抽水试验1次，水化学全分析41组，同位素测试11组，岩石物理性质测试16组，工程测量孔14个。同年12月，对麦垛山煤矿首采区水文地质进行了补充勘探，共完成地面水文地质钻孔7个，总进尺3350.25米。维华矿业公司同年完成了上海庙矿区鹰骏一号井田、鹰骏二号井田资源勘探（钻探、三维地震）工作。

2013年，相继编制完成了《梅花井煤矿首采区水文地质补充勘探报告》《石槽村煤矿首采区水文地质补充勘探报告》《枣泉煤矿资源储量核实报告》。其中，梅花井煤矿补充勘探共完成地面物探（瞬变电磁）2330个物理点，水文地质钻孔11个计2511.96米，水文测井孔7个实测2059米，单孔抽水试验3次（含注水试验1次），水化学全分析11组，同位素测试10组，岩石物理性质测试4组，工程测量7个孔。枣泉煤矿获得了自治区国土资源厅《矿产资源储量评审备案证明》[宁国土资储备字〔2013〕93号]。同年7月，编制完成了《羊场湾煤矿井田南部（20线以南）区域提交整体勘探报告》，勘探范围以羊场湾煤矿20勘探线为北界，南和麦垛山井田相接，东、西部大致以二层煤+400米水平标高投影线为界；该范围南北长约9.1公里～10.2公里，东西宽约2.2公里～6.1公里，勘探区面积36.17平方公里。内蒙古维华矿业有限责任公司同年完成了鹰骏一号井田专项水文地质勘探工程。

2014年，对枣泉煤矿十五采区、十六采区进行了三维地震补充勘探，提交了《枣泉煤矿十五、十六采区三维地震勘探报告》。内蒙古维华矿业有限责任公司同年完成西庙勘查区二维地震勘探及煤炭资源普查工程。

2015年，完成了红石湾煤矿+700米至+300米水平地质补充勘探工作，共施工钻孔9个，钻探总进尺7348.81米。其中，探煤钻孔8个，钻探进尺6590.03米；探煤兼水文钻孔1个，钻探进尺758.78米。

2018年，能源工程有限公司所属的环境安全工程公司编制完成了梅花井煤矿二分区（+650米以深）地质补充勘探设计、石槽村煤矿12采区地质补充勘探三维地震勘探设计、金家渠煤矿南部三维地震补充勘探设计，完成了麦垛山煤矿二分区长梁山向斜以西煤炭地质补充勘探三维地震勘探、红柳煤矿06采区地质补充勘探工程，共完成三维勘探面积10.06平方公里，施工钻孔30个，进尺33828米。内蒙古维华矿业有限责任公司同年完成陶利井田煤炭资源勘探工程。

第二节 煤炭资源储量

截至2018年底，集团公司煤炭保有资源储量总计2268425.80 万吨（表27）。其中：

生产矿区（鸳鸯湖、马家滩、碎石井、横城矿区）保有资源储量合计1384856.16万吨（含白芨沟井田），包括基础储量337497.98万吨、资源量1047358.18万吨。

待建矿区（上海庙矿区）保有资源储量合计827867.00万吨。

关停矿区（石嘴山、石炭井、汝箕沟、呼鲁斯泰、石沟驿矿区）保有资源储量合计55702.64万吨（不含白芨沟井田），基础储量40679.91万吨，资源量15022.73万吨。

表2-3-1　2018年期末保有资源资源储量汇总表

矿区	井田	2018年期末保有资源储量(万吨)			备注
		基础储量	资源量	合计	
石嘴山矿区	金能公司	5923.71	3243.20	9166.91	
石炭井矿区	焦煤公司	7297.70	5273.41	12571.11	
汝箕沟矿区	汝箕沟井田	7610.66	736.61	8347.27	
	大峰井田	2587.02	1314.19	3901.21	
	白芨沟井田	5327.99	7047.30	12375.29	生产
	小计	15525.67	9098.10	24623.77	
呼鲁斯泰矿区	乌兰井田	15687.62	1902.40	17590.02	
碎石井矿区	羊场湾井田	67352.80	17000.80	84353.60	
	枣泉井田	44393.71	51174.01	95567.72	
	灵新井田	26057.42	4038.95	30096.37	
	小计	137803.93	72213.76	210017.69	
横城矿区	任家庄井田	14897.78	13650.33	28548.11	
	红石湾井田	3562.00	1986.38	5548.38	
	小计	18459.78	15636.71	34096.49	
鸳鸯湖矿区	清水营井田	72268.20	62388.90	134657.10	
	梅花井井田	0.00	230897.10	230897.10	
	石槽村井田	0.00	88616.49	88616.49	
	麦垛山井田	0.00	194215.80	194215.80	
	红柳井田	0.00	213081.77	213081.77	
	小计	72268.20	789200.06	861468.26	
马家滩矿区	双马井田	49527.99	104492.19	154020.18	
	金凤井田	26652.09	22696.16	49348.25	
	金家渠井田	27458.00	36072.00	63530.00	
	小计	103638.08	163260.35	266898.43	
石沟驿矿区	石沟驿井田	1573.20	2552.92	4126.12	
上海庙矿区	鹰骏一号井田		250272.00	250272.00	
	鹰骏二号井田		219312.00	219312.00	
	鹰骏五号井田		89679.00	89679.00	
	马兰井田		69300.00	69300.00	
	陶利井田		199304.00	199304.00	
	小计		827867.00	827867.00	
总计		378177.89	1890247.91	2268425.80	

第三篇
基本建设

2009年起，按照国家、自治区《宁东大型煤炭基地建设规划》《宁东能源化工基地开发总体规划》和建设全国一流能源化工基地、全国循环经济与资源高效利用示范区及亿吨级矿区的总体目标要求，神华宁煤集团进入（包括石嘴山矿务局、石炭井矿务局、灵武矿务局、宁煤集团公司时期）历史上开工项目最多、投资规模最大、建设施工最紧张繁忙的时期。截至2018年，完成续建新建矿井12对，设计生产能力8120万吨/年，投资总额达218.9亿元。其中，梅花井煤矿设计生产能力1200万吨/年，累计完成投资34.7亿元；金家渠煤矿设计生产能力400万吨/年，累计完成投资25.11亿元。煤化工项目由先期投产的1个发展到目前的10个，设计生产总能力1100万吨/年，合计投资超过600亿元，其中400万吨/年煤炭间接液化项目是国内单体规模最大的煤制油项目。铁路专用线、其他配套工程等项目建设齐头并进，其中矿区、煤化工工业园区配套铁路专用线累计通车里程达500千米以上，为企业做大做强做优，全面实现更高质量、更高效率和可持续发展奠定了坚实的基础。

第一章　矿区设计

第一节　建设规划

2009年，集团公司坚定不移地实施以产业升级、结构优化调整为主线的产业发展战略，紧紧依托宁东煤炭资源优势及国家西部大开发战略机遇，制定了以煤炭产业为基础，大力发展煤化工及碳基材料深加工的战略规划，提出了“科学发展，对标一流，五年实现神宁经济总量翻两番”的战略目标。

2011年，集团公司以前瞻的视野谋划全局，制定了“建设国家级煤、电、路、化特大型综合能源基地、世界一流企业和世界煤化工的硅谷”的战略目标，煤炭板块以高起点、高标准、高质量、高效率为目标，实现煤矿生产信息化、自动化及集约化，扎实推进安全、高产、高效及数字化矿井建设。以建设亿吨矿区为目标，在宁东矿区规划了碎石井、横城、鸳鸯湖、马家滩、积家井、萌城6个矿区，力争使宁东煤炭基地生产矿井和在建矿井能力总规模达到亿吨；在银北矿区重点进行矿井安全技术改造的同时，充分利用太西无烟煤稀有煤种，整合研发活性炭、碳化硅、碳素3个煤炭深加工项目，实现碳基新材料的种类和质量同步升级，增加煤炭产品附加值；开展跨区域合作开发，集团公司与中国烟草总公司各出资50%组建内蒙古维华矿业公司，合作开发地处内蒙古自治区鄂托克前旗境内的上海庙矿区。

第二节　矿区设计

2008年以前，集团公司开采矿井主要集中在银北地区的石嘴山矿区、石炭井矿区、汝箕沟矿区、呼鲁斯太矿区和宁东地区的碎石井矿区。2009年以后，随着银北矿区的可采资源减少和开采难度增大，矿区开发逐步向宁东地区的鸳鸯湖矿区、马家滩矿区、积家井矿区发展，相继建成投产10对大中型矿井，成为集团公司目前的主力产煤矿区。

一、汝箕沟矿区

2013年11月，汝箕沟无烟煤分公司组建，形成了井工、露天并存的生产格局，分别为汝箕沟、羊齿、大峰、卡布梁4个露天采区和白芨沟、红梁2个井工采区，设计生产总能力为460万吨/年，分别是大峰露天矿95万吨/年，汝箕沟露天矿100万吨/年，卡布梁露天矿45万吨/年，白芨沟井工矿160万吨/年，红梁井工矿60万吨/年。截至2018年末，汝箕沟无烟煤分公司（除白芨沟外）保有资源储量为12248.47万吨，可采储量为11078.24万吨。

二、碎石井矿区总体设计

1990年，由煤炭工业西安设计研究院设计编制的《灵武矿区总体设计规划》获得国家计划委员会批复。规划矿区南北长120公里，东西宽20公里，面积198平方公里，地质储量28.39亿吨。集团公司在矿区建设灵新煤矿、羊场湾煤矿、枣泉煤矿3对矿井，其中灵新煤矿井田南北走向长11公里，东西倾斜宽2.49公里，面积27.49平方公里，设计生产能力240万吨/年，核定生产能力320万吨/年；羊场湾煤矿井田南北走向长12.8公里，东西倾斜宽9.8公里，面积58.21平方公里，核定生产能力1200万吨/年；枣泉煤矿井田南北走向长13 公里，东西倾斜宽4公里，面积56.7平方公里，设计生产能力500万吨/年，核定生产能力800万吨/年。截至2018年，集团公司在碎石井矿区占用资源储量21亿吨，可采储量9.97亿吨。其中，灵新煤矿保有资源储量3亿吨，可采储量1.54亿吨，剩余服务年限25.6年；羊场湾煤矿保有资源储量8.44亿吨，可采储量4.03亿吨，剩余服务年限24.0年；枣泉煤矿保有资源储量9.56亿吨，可采储量4.4亿吨，剩余服务年限63年。

三、鸳鸯湖矿区总体设计

2004年，国家发展和改革委员会批复由煤炭工业西安设计研究院编制《鸳鸯湖矿区总体规划》。规划矿区南北长50公里，东西宽5公里至10公里，面积约299平方公里，预测煤炭地质储量74.2亿吨。矿区总规模4400万吨/年。集团公司在矿区建设清水营煤矿、梅花井煤矿、石槽村煤矿、红柳煤矿、麦垛山煤矿5对矿井。其中清水营煤矿井田南北走向长11公里，东西倾斜宽7公里，面积77平方公里，设计生产能力1000万吨/年，后修订设计生产能力500万吨/年；梅花井煤矿井田南北走向长11公里，东西倾斜宽6.5公里，面积78.96平方公里，设计生产能力1200万吨/年；石槽村煤矿井田南北走向长4.5公里，东西倾斜宽7公里，面积31.13平方公里，设计生产能力600万吨/年；红柳煤矿井田南北走向长15公里，东西倾斜宽5.5公里，面积79.2平方公里，设计生产能力800万吨/年；麦垛山煤矿井田南北走向长14公里，东西倾斜宽4.5公里，面积65平方公里，设计生产能力800万吨/年。截至2018年，集团公司在鸳鸯湖矿区占用资源储量861468.26万吨，可采储量501417.7万吨。其中，清水营煤矿保有资源储量13.47亿吨，可采储量7.49亿吨，剩余服务年限115.2年；梅花井煤矿保有资源储量23.09亿吨，可采储量14.41亿吨，剩余服务年限85.77年；石槽村煤矿保有资源储量8.86亿吨，可采储量5.62亿吨，剩余服务年限66.9年；红柳煤矿保有资源储量21.31亿吨，可采储量11.6亿吨，剩余服务年限96.6年；麦垛山煤矿保有资源储量19.42亿吨，可采储量11.03亿吨，剩余服务年限99.4年。

四、马家滩矿区总体设计

2010年，国家发展和改革委员会批复由中煤国际工程集团北京华宇工程有限公司设计编制的《马家滩矿区总体规划》。规划矿区南北长42公里，东西宽5公里至10公里，面积约310.6平方公里，资源储量43.9亿吨；集团公司在矿区建设双马煤矿、金凤煤矿、金家渠煤矿3对矿井，其中双马煤矿井田南北走向长13.7公里，东西倾斜宽4.9公里，面积68.2平方公里，设计生产能力400万吨/年；金凤煤矿井田南北走向长12公里，东西倾斜宽3.5公里，面积35.33平方公里，设计生产能力400万吨/年；金家渠煤矿井田南北走向长9公里，东西倾斜宽4.1公里，面积26.82平方公里，设计生产能力400万吨/年。截至2018年，集团在公司在马家滩矿区占用资源储量26.69亿吨，可采储量12.18亿吨，双马煤矿保有资源储量15.4亿吨，可采储量5.84亿吨，剩余服务年限104.32年；金凤煤矿保有资源储量4.93亿吨，可采储量2.97亿吨，剩余服务年限53年；金家渠煤矿（在建）保有资源储量6.35亿吨，可采储量3.37亿吨，剩余服务年限60.1年。

五、积家井矿区总体设计

2009年11月，国家发展和改革委批复《宁夏积家井矿区总体规划》。矿区煤炭资源评估勘探由集团公司委托宁夏矿业开发公司完成，矿区面积96平方公里。在深查区获得资源量8.26亿吨，勘探区获得资源2.63亿吨，矿区资源总储量46.8亿吨。按照规划划分6个井田、1个勘查区和2个后备区，建设规模1210万吨/年，由宁夏发电集团为主体负责该矿开发建设。

六、内蒙古上海庙矿区总体规划

上海庙矿区位于内蒙古自治区鄂托克前旗上海庙镇，与宁东鸳鸯湖矿区和横城矿区相邻，资源赋存条件与宁东地区的鸳鸯湖矿区和横城矿区基本一致。矿区南北长约48公里，东西宽约30公里，面积1440平方公里，地质资源储量143亿吨。

2010年，内蒙古自治区、宁夏回族自治区、神华宁煤集团和中国烟草总公司联合签署《内蒙古上海庙矿区煤炭资源整合开发合作协议书》，共同开发上海庙矿区东部煤炭资源。

2011年，上海庙矿区总体规划通过国家能源局审查。

2013年2月，国家发改委批复《上海庙矿区总体规划（修编）》，由集团公司和中国烟草总公司各出资50%合作组建内蒙古维华矿业公司，负责开发上海庙矿区东部的鹰骏一号、鹰骏二号、鹰骏五号、马兰和陶利五对矿井井田。

第二章 矿井建设

第一节 管理体系

一、建设管理

集团公司为基本建设项目管理主体，采用“一项目一班子”的管理模式。项目完成核准或进入施工准备阶段后，即组建项目筹建团队履行项目法人的职责，为项目全过程管理的责任主体，对建设项目工期、质量、安全、投资控制负全责。集团公司职能主管部门承担平衡、协调、考评、监督检查等职责。项目竣工投产后，在筹建班子基础上组建新的生产经营管理团队，实现项目建设到生产运营的平稳过渡。

二、设计管理

2008年2月，集团公司整合宁夏煤矿设计研究院、宁夏灵州工程监理公司、环境安全工程分公司、宁夏煤炭科学技术研究所、集团公司建设工程质量监督站等企事业单位，组建集团公司能源工程公司。宁夏煤矿设计研究院为能源工程公司所属基层单位。按照集团公司专业化分工、集约化管理的要求，能源工程公司实行专业分级负责，单独经营、分级核算，集中统一平衡的管理体制。

煤炭板块选择中煤科工集团武汉设计院、西安设计院、北京华宇工程公司等作为主要设计单位，上述设计院在承担集团公司项目总体规划和初步设计的同时，部分项目施工图设计由宁夏煤矿设计研究院承担。宁夏煤矿设计院充分发挥熟悉现场情况、沟通协调便捷、解决问题及时的特点，力求项目技术方案及经济技术指标最优，为建设一流项目奠定了可靠基础。

宁夏煤矿设计院有采矿、露采、选煤、制图、运输、机械制造、环保、建筑、结构、供热通风、给排水、供配电、电气自动化、通信、工程地质、工程测量、煤化工、计算机以及技术经济、概算等20多个专业。在岩土勘察测量方面采用先进的勘测设备，配有GPS、全站仪等设备。设有土工程实验室，配备三轴试验测量控制仪及高压固结仪等；设有专业的打图及装订复印室，设计文件计算机出图率达100%。

建设专业化服务中心，以设计、监理、总承包等业务为支撑，完成各类工程设计、监理1300多项，其中获国家级及省部级优秀勘探设计奖、优秀咨询成果奖、科技进步奖60多项。其中由宁煤设计院参与设计、宁煤灵州监理公司监理的“年生产规模1000万吨级煤矿——羊场湾煤矿”获中国建筑行业最高荣誉——“鲁班奖”、新中国成立60周年百项经典暨精品工程奖。

三、工程监理、咨询

集团公司建设施工由宁夏灵州工程监理咨询有限公司实施监理，该公司隶属集团公司能源工程公司管理，具有独立的法人资格。目前，该公司拥有各类专业技术人员300余人，其中取得全国注册监理工程师53人、中高级职称161余人。

2009年6月，宁夏灵州工程监理咨询公司更名为宁夏灵州工程监理咨询有限公司，同年被煤炭工业部批准为煤炭行业甲级监理单位、国家“四甲”级监理单位。2011年10月28日，取得地质灾害乙级资质。2013年10月30日，取得人民防空丙级资质。2016年2月1日，取得设备监理乙级资质，同年6月通过环境管理、职业健康安全管理体系认证。

截至2018年，累计监理各类大型工业与民用工程600余项，工程投资总额超过800亿元。监理的主要项目有集团公司煤矿、洗煤厂、煤化工项目等，并承揽了宁夏王洼煤业集团公司王洼煤矿、内蒙古乌海能源苏海图煤矿采空区综合治理和神新公司活性炭项目技改、黑山露天剥离技改等11个项目的施工监理。相继连续6年被自治区建设厅、宁夏建设监理协会、银川市税务局等评为先进监理单位和纳税先进单位，连续16年荣登中国煤炭建设监理企业20强，连续10年跻身中国煤炭建设监理企业营业收入20强，并获得了“共创2008年度鲁班奖工程监理企业”、中国煤炭行业“先进监理企业”、宁夏回族自治区“先进监理企业”称号，所监理的1000万吨/年羊场湾煤矿工程赢得中国建筑行业最高荣誉“鲁班奖”和“建国60周年100项经典暨精品工程”，金凤煤矿建设项目获得国家优质工程奖。

第二节　矿井建设

集团公司矿井均建设有规范完善的开拓系统、通风系统、井下原煤及辅助运输系统、防尘及防灭火系统、地面生产及原煤运输系统，并配套洗煤厂、办公楼、公寓楼、澡堂、食堂等辅助设施，设备、设施配置达到国内现代化先进矿井建设标准。其中，羊场湾煤矿分两井建设，各建有独立的生产系统，一号井建设4条设斜井井筒和4条立井井筒，二号井建设5条和2条立井井筒；枣泉煤矿分期建设，建设11条斜井井筒2条立井井筒；其他矿井分别建设4条—7条斜（立）井井筒，为矿井生产创造了顺畅快捷和安全可靠的基础条件。

一、羊场湾煤矿

井田地处黄河东岸，毛乌素沙地边缘，走向长11.65公里，东西倾斜宽12.8公里，面积58.21平方公里。按照《羊场湾煤矿建设设计方案》，由宁夏设计工程有限责任公司在西安煤矿设计研究院设计建设规模540万吨/年设计基础上自行进行改扩建设计，一期（一号井）设计生产能力500万吨/年，二期（二号井）设计生产能力1000万吨/年，设计生产总能力1500万吨/年，设计服务年限43年。2003年8月，项目一期工程开工建设。2005年9月，项目投入联合试运转。一期建设和技术改造工程由甘肃省煤炭建设工程公司、宁夏回族自治区煤炭基本建设公司、宁夏煤业集团灵州建井处等单位施工，宁夏灵州工程监理咨询公司监理。

截至2017年6月，矿井建设一期、二期工程累计完成建设投资30.04亿元，其中，矿建工程13.44亿元，土建工程3.25亿元，设备购置13.35亿元。

二、枣泉煤矿

井田位于灵武市东南62公里的毛乌素沙地边缘，距黎（家新庄）—羊（场湾）矿区公路约10公里，井田中心至银川市区约80公里。矿井设计方案由中煤国际武汉设计院提供，设计井田南北长13公里，东西宽平均约4公里，面积56.68平方公里，地质储量9.65亿吨，可采储量5.26亿吨。矿井建设2个井下开拓系统，1个工业场地和1套地面生产系统，建设规模800万吨/年，设计服务年限75.6年，概算总投资12.27亿元。

2007年12月，矿井一期设计生产能力500万吨/年项目工程通过了国家发展和改革委员会、自治区发展和改革委员会及自治区国资委、国土资源厅、煤矿安全监察局等单位组成的竣工验收委员会的验收并交付投入生产。共完成矿建、土建、安装工程项目158个，投资11.48亿元。同年12月24日，项目正式投入生产。工程建设由东北华煤建设集团有限公司和自营施工队伍承建施工，由宁夏灵州监理咨询工程公司监理。2008年3月，二期工程开工建设。

2011年5月，矿井二期（东井）建设项目矿建、土建、安装工程通过了宁夏煤矿安全监察局组织的专家组质量认证。同年7月，项目安全施及生产条件通过了宁夏煤矿安全监察局的验收，投入生产。

三、灵新煤矿

井田位于宁东煤田碎石井勘查区北部，距银川市区50公里。由中国信达资产管理公司出资106138万元，股权占比52.46%，神华宁煤集团出资96192万元，股权占比47.54%，共同投资建设。

2010年8月，灵新煤矿与磁窑堡煤业公司合并后五更山采区资源划归灵新煤矿，五更山技改井井田面积2.1平方公里，探明地质储量1990.12万吨。项目设计方案由西安煤矿设计研究院提供，设计概算投资8.4亿元。矿建工程由灵武矿务局建井工程处承建施工，土建安装由宁夏煤炭基建公司承建施工。

四、红柳煤矿

井田位于鸳鸯湖矿区南部，行政区划隶属灵武市宁东镇和马家滩镇管辖，矿距银川市96公里，由西安设计工程公司提交初步设计方案。依据“方案”，井田东西平均长5.5公里，南北平均宽15公里，面积 79.55 平方公里，地质储量21.85亿吨，剩余可采储量11.88亿吨，矿井建设规模800万吨/年，设计服务年限99年，概算投资31.79亿元。

2009年，神华集团公司下发了《关于鸳鸯湖矿区红柳煤矿矿井及选煤厂初步设计的批复》，同意红柳煤矿矿井及洗煤厂设计投资范围。“批复”矿井及洗煤厂总概算投资35.01亿元，其中矿井总投资27.亿元，洗煤厂总投资7.85亿元。

2010年10月，矿井首采工作面联合试运转；同年12月，经宁夏回族自治区发展和改革委员会及有关部门验收后，矿建工程竣工正式投产。2011年2月，进行联合试运转

截至2018年，项目建设累计完成投资30.74亿元，其中矿建工程6.62亿元，土建工程5.76亿元，安装工程2.99亿元，设备购置12.05亿元，其他基建费3.32亿元。工程由中国煤炭国际集团第五建筑公司二处、神宁集团灵州建井工程有限公司、宁夏煤炭基本建设公司三分公司、宁夏宁通电力有限公司、甘肃煤炭建设工程一公司等单位承建施工，中铁信息工程有限责任公司和宁夏灵州监理咨询工程公司监理。

五、麦垛山煤矿

麦垛山煤矿井田，北西距银川市区约79公里，东南距灵武市约43公里。初步设计方案由北京华宇工程有限公司提交，设计井田南北长约14公里，东西宽约4.5公里，面积约65平方公里，地质储量19.6亿吨，可采储量11.3亿吨，矿井建设规模800万吨/年，设计服务年限99.4年，概算总投资27.24亿元。工程由甘肃华能公司矿建第三分公司、重庆中环有限公司、中煤第一建设工程公司第三工程处、兖矿新陆建设发展有限公司承建，宁夏灵州监理咨询公司监理。

2008年，项目由国家发改委核准批复。次年11月，宁夏回族自治区煤炭工业局通过了项目预审。

2011年6月17日，集团公司对副立井、立风井井筒冻结工程各项技术指标进行检查并通过竣工验收。

2017年，矿井首采工作面投入试生产。矿井建设累计完成投资37.75亿元，其中井巷工程13.79亿元，土建工程3.51亿元，安装工程3.1亿元，设备及工器具购置8.37亿元，工程建设其他费用8.98亿元（含建设期利息和铺底流动资金）。

六、石槽村煤矿

石槽村煤矿井田位于鸳鸯湖勘查区的中部，西北距银川市区约70公里，西距灵武市区约43公里。项目初步设计方案由中国煤炭国际集团武汉设计研究院提交，设计井田东西平均长7公里，南北平均宽4.5公里，面积31.13平方公里，矿井建设规模600万吨/年，服务年限71年，概算投资16.83亿元。工程由宁夏基本建设工程公司、神华宁夏煤业集团公司灵州建井工程有限公司施工，宁夏灵州工程监理咨询有限公司监理。

2007年10月19日，集团公司成立石槽村煤矿筹建处。次年12月12日，国家发展和改革委员会核准矿建项目。2011年9月5日，项目通过集团公司组织的联合试运转验收，交付投入试生产。2012年，矿井建设通过了宁夏回族自治区发展和改革委员会及有关部门的竣工联合验收。

截至2017年6月，矿井建设累计完成投资21.38亿元，其中矿建工程6.79亿元，土建工程2.88亿元，安装工程1.83亿元，设备购置6.68亿元，生活（办公）设施0.12亿元，生态建设与环境保护0.63亿元，文化设施及其他费用2.45亿元。

七、梅花井煤矿

梅花井煤矿井田位于宁东煤田鸳鸯湖矿区的中部，东距灵武市区约33公里。项目设计方案由中煤国际工程集团北京华宇工程有限公司提交，设计井田南北走向平均长约12公里，东西倾向平均宽6.7公里，面积78.9642平方公里。矿井分两期施工建设，建设总规模1200万吨/年，其中一期生产能力400万吨/年，服务年限77年，概算投资34.25亿元。项目由东北华煤集团有限责任公司、甘肃煤炭第一工程有限责任公司、宁夏煤炭基本建设工程公司、宁夏建工集团等单位施工，宁夏灵州工程监理咨询有限公司负责监理，灵武矿区建设工程质量监督站负责工程监督。

2009年4月，一期工程投入量和试运转。次年11月25日，项目一期工程安全设施通过了国家煤矿安全监察局组织的竣工验收。

2010年5月23日，自治区发改委组织有关部门（厅局）对一期项目工程进行了竣工验收。

2018年，该矿矿建工程基本完工，累计完成投资34.7亿元。

八、清水营煤矿

清水营煤矿井田位于宁东煤田鸳鸯湖矿区北部，距银川市区55公里。项目初步设计由中煤西安设计工程公司编制，设计井田东西平均长7公里，南北平均宽11公里，面积77 平方公里，地质储量13.2亿吨，矿井建设规模1000万吨/年（一期核准规模500万吨/年），服务年限54.3年。

2008年由国家发改委核准批复，项目概算投资25.85亿元。项目由甘肃华能工程建设公司、陕西天工

建设公司、东北华煤建设有限公司、中国煤炭国际集团第五建筑五处、宁夏煤炭基本建设公司三公司承建施工，宁夏灵州监理咨询工程公司监理。同年10月，矿井首采工作面投入试生产。

2010年9月，宁夏煤矿安全监察局组成专家组，对矿井一期工程安全设施进行了竣工验收。

2011年1月，自治区发改委受国家能源局委托，会同有关厅局对一期工程进行全面竣工验收。

截至2014年4月，累计完成投资20.96亿元。

九、任家庄煤矿

任家庄煤矿井田位于灵武市东北20公里的毛乌素沙地边缘，西隔黄河30 公里与银川市相望。

2007年，项目获国家发展和改革委员会核准批复，概算总投资83269万元。项目设计方案由中煤国际武汉设计院提交，设计井田南北走向长11.5 公里，东西倾斜宽1 ~ 2.6公里，面积17.79平方公里，其中首采区面积约3.87 平方公里，地质储量31037.66万吨，可采储量1.85亿万吨，矿井建设规模240万吨/年，服务年限54.9年。项目由山东鲁能集团与神华集团各出资50%建设，项目工程由集团公司灵州建井处、重庆煤炭二建公司、甘肃煤建公司、宁夏煤炭基建公司、北京华宇集团等单位承建施工，北京合力通工程咨询有限公司监理。2008年3月31日，矿井建设工程竣工投产。

2010年11月30日，集团公司与神华国能集团签订托管协议，自12月1日起，任家庄煤矿及洗煤厂正式移交集团公司管理。

截至2017年，累计完成投资18.57亿元，其中矿建工程6亿元、土建工程3.96亿元、设备购置8.17亿元、生活与办公设施0.27亿元、文化设施等其他费用0.17亿元。

十、红石湾煤矿

红石湾煤矿井田位于横城矿区任家庄井田以北，距灵武市区40公里。项目初步设计方案由宁夏煤矿设计院提交，设计井田东西倾斜宽1.8公里，南北走向长4.5公里，面积6.65平方公里，井田地质储量为4890万吨（331+332+333），可采储量3239.7万吨。矿井建设规模60万吨/年，设计服务年限40年，概算投资8.53亿元。项目由集团公司和宁夏宝塔石化集团共同投资建设。2008年4月，项目开工建设，工程由中国煤炭国际集团七十一工程处和陕西煤化工建设集团矿建二公司承建施工，宁夏灵州工程监理咨询公司监理。2011年11月23日，项目通过集团公司联合试运转预验收。2012年11月28日，项目通过自治区发改委组织的竣工验收，正式移交投产。

2018年11月27日，自治区宁东办主持召开专题会议，决定成立“宁夏红石湾煤矿有限责任公司”，神华宁煤集团控股60%，宁夏宝塔石化集团参股40%。

十一、金凤煤矿

金凤煤矿井田位于宁东煤田李新庄勘察区、于家梁勘察区东部，北距吴忠市区90公里，北西距银川市区115公里，东北距盐池县约60公里。项目可研报告由中国煤炭国际工程集团北京华宇工程有限公司提交，依据可研报告井田南北长11.5公里至12.0公里，东西宽1.9公里至3.5公里，面积35.34平方公里，地质储量57646万吨，可采储量32036万吨，建设规模400万吨/年，服务年限57.2年，是马家滩矿区规划的现代化矿井之一。矿井基本建设项目总概算资金20.36亿元，矿井静态投资18.8亿元，其中矿建工程4.44亿元，土建工程2.63亿元，设备购置5.4亿元，安装工程1.67亿元，其他费用3.03亿元，工程预备费1.63亿元，贷款期利息1.39亿元，铺底流动资金0.16亿元。

2008年7月，项目开工建设，工程由陕西煤业化工有限公司、温州建设集团承建，宁夏灵州监理咨询有限公司监理，集团公司工程质量监督站负责质量监督。

2011年11月18日，矿井首采工作面实现联合试运转。

2012年9月29日，国家发改委下发《国家发展改革委关于宁夏回族自治区马家滩矿区金凤煤矿项目核准的批复》，对矿井建设项目进行了核准。同年12月27日，宁夏回族自治区发改委下发《神华宁夏煤业集团公司马家滩矿区金凤煤矿初步设计的批复》，对金凤煤矿的初步设计进行了批复。

2013年4月16日，宁夏煤矿安全监察局下发《关于神华宁夏煤业集团公司金凤煤矿安全设施设计的批复》，对矿井安全设施设计进行了批准。同年5月30日，宁夏回族自治区发改委下发《关于神华宁夏煤业集团有限责任公司金凤煤矿联合试运转的批复》，对矿井联合试运转进行了批复。

2015年2月16日，宁夏回族自治区发改委下发《关于印发神华宁夏煤业集团有限责任公司金凤煤矿建设项目竣工验收鉴定书的通知》，对金凤煤矿建设项目竣工验收进行了批复。采矿许可证、安全生产许可证、营业执照证件齐全。同年2月16日，项目通过竣工验收。

十二、金家渠煤矿

金家渠煤矿井田位于宁东煤田冯记沟勘察区南部，距银川市区150公里。井田东西长3公里至4.1公里，南北宽约9公里，面积26.9平方公里。地质资源总量为6.37亿吨，可采储量3.36亿吨，矿井设计生产能力400万吨/年，服务年限60.1年，概算投资22.48亿元，是集团公司在马家滩矿区规划建设的最后一对现代化智慧矿山示范矿井项目。

2010年7月23日成立金家渠煤矿筹建处，开展项目前期准备工作。2015年10月，项目获得核准批复，取得采矿许可证。2017年12月，首采（110301）工作面进行设备调试运转并通过集团公司验收。

2018年1月9日，国家能源集团下达《关于金家渠煤矿初步设计及概算的批复》，同意投资概算调整，审定投资30.32亿元，其中矿建工程8.25亿元，土建工程5.08亿元，安装工程3.66亿元，设备及工器具购置5.86亿元，其他基本建设费3.47亿元，基本预备费1.88亿元。同年8月27日，项目获得《自治区发展改革委关于神华宁夏煤业集团有限责任公司金家渠煤矿联合试运转的批复》。同年12月，项目先后获得《自然资源部关于马家滩矿区金家渠煤矿工程建设用地的批复》《自治区人民政府关于马家滩矿区金家渠煤矿工程建设用地的批复》。截至2018年年底，累计完成投资25.11亿元，其中矿建工程6.9亿元，土建工程3.62亿元，安装工程1.77亿元，设备购置3.44亿元，其他基本建设费用9.38亿元。

十三、双马煤矿

双马煤矿是宁东能源化工基地马家滩矿区在建的3对大型矿井之一，位于宁夏灵武市东南约60公里处，行政区划属灵武市、吴忠市盐池县管辖。设计井田东西平均长4.45公里，南北平均宽13.7公里，面积68.2平方公里，矿井建设规模400万吨/年，服务年限96.4年，概算投资28.81亿元。

2009年2月，矿建工程开工建设。2010年1月，国家发展和改革委员会下发《关于宁夏回族自治区马家滩矿区总体规划的批复》，批准马家滩矿区总体规划，双马煤矿建设规模800万吨/年。2015年6月12日，国家能源局下发《国家能源局关于宁夏马家滩矿区双马一矿矿井及选煤厂项目核准的批复》，同意矿井建设；同年12月3日，自治区发改委下发《关于神华宁夏煤业集团有限责任公司双马一矿联合试运转的批复》，同意矿井进行联合试运转；12月10日，神华集团组织有关部门和单位组成双马一矿矿井及选煤厂项目竣工预验收委员会，对矿井及选煤厂项目进行了预验收。截至2017年，累计完成投资19.56亿元，其中矿建工程4.53亿元，土建工程3.15亿元，安装工程1.26亿元，设备购置4.59亿元，其他基本建设费用6.05亿元。

2018年2月1日，《自治区发展改革委 宁夏煤矿安全监察局关于同意双马一矿联合试运转延期的函》，同意双马一矿联合试运转延期至2018年12月31日。

第三节 矿井与洗煤厂技术改造

一、任家庄煤矿安全技术改造项目

2009年10月，任家庄煤矿二十一采区技术改造项目开工建设。设计生产能力240万吨/年，服务年限5.9年，概算投资1.65亿元，改造内容包括建设3条下山巷道、安装带宽1200毫米原煤运输带式输送机、JKB-3×2.5/30型单绳缠绕式轨道下山运输提升机、工作面辅助运输顺槽无极绳连续牵引车；在+850米水平轨道大巷投入8吨防爆特殊型蓄电池电机车牵引固定式矿车；在+650米水平建设采区排水泵房，安装3台MD580-60×4型矿用耐磨离心式排水泵；在原装备矿井安全监测监控系统接入新增部分，将原有的KJ31型矿井安全监测监控系统升级为KJ31N型。2016年3月，项目建设基本完工，投入试生产。

2012年7月，任家庄煤矿安全技术改造（产业升级）项目开工建设。项目由煤科工集团武汉设计研究院设计，设计改造项目包括在中部建设副立井，安装JkMD-5.5×4 III提升机；建设回风井，安装2台FBCDZ№26/2×315型对旋式轴流通风机。项目由浙江中宇实业发展有限公司、中国煤炭国际集团第五工程建设公司、宁夏煤炭基本建设公司承建，山西中太建设监理公司监理。截至2017年，项目累计完成投资1.78亿元。项目施工计划在2020年6月形成首采工作面，年底投入生产。

二、灵新煤矿六采区延深

2010年，集团公司下发《关于灵新煤矿六采区初步设计的批复》，项目开工建设。项目设计由宁夏煤矿设计研究院有限责任公司完成，设计六采区上（西）以+1050米轨道大巷煤柱为界，下（东）以向斜轴为界，南以F2断层为界，北以下组煤煤层露头为界，南北平均走向长7.5公里，东西平均倾向宽1.1公里，面积8.25

平方公里，可采储量5694万吨。批复设计生产能力300万吨/年（比初期设计年生产能力增加120万吨），服务年限15.96年，概算投资41931.26万元，其中井巷工程20434.03万元，土建工程2157.44万元，设备购置7184.39万元，安装工程6086.6万元，其他费用3332.04万元，基本预备费2743.17万。征用土地面积134.1亩，土地征用费及补偿费36.35万元。项目工程由灵州建井工程有限公司、华煤集团有限公司、四川煤矿基本建设工程公司、浙江中宇实业发展有限公司等单位承建施工，由宁夏灵州工程监理咨询有限公司监理。2017年，项目工程完工，累计完成投资34264.8万元。

三、乌兰煤矿二水平安全技术改造补套工程及三水平延深项目

2010年6月，中煤国际工程集团重庆设计研究院完成《乌兰煤矿二水平安全技术改造补套工程及三水平延深初步设计》，重点对矿井开拓与开采系统、通风系统、瓦斯抽采系统、安全监控监测系统、防灭火系统等进行优化和完善，第三次技术改造全面实施。

2010年11月，集团公司以神宁函〔2010〕271号下达了《关于对乌兰煤矿二水平安全技术改造补套工程及三水平延深初步设计审查的批复》，批准矿井二水平安全补套工程投资费用20834.61万元，其中：矿建工程6780.59万元、土建工程695.11万元，安装工程9411.04万元，设备及工器具购置费3947.87万元。

2011年4月18日，项目开工建设。项目工程主要由中煤第三建设集团公司、浙江中宇实业发展有限公司、四川煤矿基本建设工程公司等单位承建施工，由宁夏灵州工程监理咨询有限公司监理。2014年9月12日，项目建设工程竣工。

四、金能煤业分公司开拓延伸

（一）一、二号井联合技改项目

2008年完成一、二矿联合技术改造，形成主斜井—副立井—立风井联合开拓。次年，矿井四水平开拓延伸开始施工。

（二）辅助系统延伸项目

2009年，集团公司核准金能分公司辅助运输、通风系统、采区延深工程项目。2010年5月，初步设计方案经神华宁煤集团批复，2010年6月开工建设。

（三）供热系统改造项目

2012年8月，供热系统改造项目开始施工。项目分别由中煤国际工程集团武汉设计研究院、宁夏煤矿设计院设计，设计包括集中供热改造和太阳能洗浴系统建设。项目供热改造一级管网采用国电石嘴山发电有限责任公司供热首站供出的95/60℃热源，通过一、二区分别新建的换热站提供80/55℃供热热源供一、二区散热器采暖及井口加热，工程概算总投资为6056.53万元，其中土建工程618.51万元，设备及工器具购置1330.37万元，安装工程3523.93万元，其他基本建设费用583.72万元。2014年11月，供热管网联合试运转；2015年10月，项目全部通过竣工验收。

以上项目主要由中煤国际工程第五建设有限公司、江苏省矿业工程集团有限公司、宁夏煤炭基本建设公司等承建施工，由宁夏灵州工程监理咨询有限公司监理，截至2016年，累计完成建设投资105678万元。

五、太西洗煤厂技改项目

2009年，一分区战略装车系统改造项目开始施工。项目设计由兰州金轮设计院完成。拆除原有轨道0.51公里，新铺铁路专用线轨道2.77公里，建绞车房42.25平方米、扳道房18.88平方米，概算投资3360.74万元。项目施工由中铁五局四分公司承担，由甘肃信达监理公司银川分公司监理。2011年，项目施工结束，累计完成投资2594.65万元。

2010年，一分区C80装车系统改造项目开工建设。项目设计由煤国际工程集团北京华宇工程有限公司、宁夏煤矿设计院完成，设计概算7319.22万元。项目工程由宁夏煤炭基本建设公司承建施工，由宁夏灵州工程监理咨询有限公司监理。2012年，项目建设完工，累计完成投资10156.18万元。

是年，超低灰扩能改造项目开工建设。项目由中煤国际工程集团北京华宇工程有限公司设计。项目内容为对一分区原煤处理系统进行扩能改造，改造后原煤处理能力300万吨/年，超低灰纯煤生产能力达100万吨/年，概算投资9373.97万元。项目工程由宁夏煤炭基建公司、宁夏太西建筑安装有限公司承建施工，由宁夏灵州工程监理咨询有限公司监理。2012年，扩能改造项目施工结束，累计完成建设投资6810.42万元。

2011年，二分区工艺优化改造项目开工建设。项目设计由中煤国际工程集团北京华宇工程有限公司完成。设计二分区工艺优化改造后，生产能力由150万吨/年提升到200万吨/年，概算投资12291万元。项目工程由宁夏煤炭基建公司、江苏金厦建设集团承建施工，由宁夏

灵州工程监理咨询有限公司监理。2015年，工艺优化改造项目完工，累计完成投资9921.97万元。

2012年，三分区原煤储存封闭工程开始施工。项目设计由中煤国际工程集团北京华宇工程有限公司完成，设计改造后选煤厂建设规模为120万吨/年。项目工程由宁夏煤炭基建公司承建施工，由宁夏灵州工程监理咨询有限公司监理。2015年，原煤储存封闭工程完工，累计完成建设投资2373.01万元。

2013年，一分区气膜储煤棚工程开工建设。项目由宁夏建筑设计研究院有限公司设计，概算投资1958.35万元。项目由福建来宝建设工程有限公司、深圳博德维环境工程有限公司承建施工，由宁夏灵州工程监理咨询有限公司监理。2015年，项目工程施工完毕，累计完成建设投资1723.69万元。

六、太西炭基公司产业升级技改项目

2012年，10000吨/年绿质碳化硅产业升级技改项目开始施工。项目设计由宁夏煤矿设计研究院有限责任公司完成，设计概算投资7848.77万元，其中土建工程2889.37万元，安装工程1249.73万元，设备及工器具购置1986.42万元，其他基本建设费1278.98万元，预备费444.27万元；采用12500KVA电热炉（6台套）作为主要冶炼设备，主要工艺环节由原料制备、装炉、冶炼、出炉、产品加工、中间料的浸泡清洗除盐、烟尘收集换热及烟净化设施等组成；场区功能划分为10000吨/年碳化硅冶炼生产区、产品加工区、原料及产品存储区、厂前区，预留50000吨/年产业升级项目区。项目工程由宁夏煤炭基建有限责任公司承建施工，由宁夏灵州工程监理咨询有限公司监理。2017年，项目建设完工，累计完成建设投资19967.27万元。

是年，超低灰无烟煤石墨化产业升级技改项目开工建设。项目设计由贵阳铝镁设计院完成，设计生产规模4万吨/年，概算投资9170.15万元，其中土建工程2836.7万元，安装工程1704.62万元，设备及工器具购置3123.89万元，其他基本建设费1152.24万元，预备费352.7万元；主要建设煅烧车间、原料储运、空压站、软水站、35KV配电室、余热锅炉、循环水及厂区设施8个土建工程；煅烧车间、循环水、35KV配电室、空压站及综合管网5个安装工程，共安装设备296台（套）设备。项目由宁夏煤炭基建有限公司承建施工，由宁夏灵州工程监理咨询有限公司监理。当年10月，项目建设完工交付初试生产。次年1月6日，完成除软水站及余热锅炉外其他建安工程竣工验收；6月4日，完成软水站及余热锅炉建安工程竣工验收。截至2016年，累计完成建设投资5299.89万元。

是年，产业园基础设施升级改造项目开工建设。项目设计由宁夏煤矿设计研究院有限责任公司完成，设计内容包含园区道路、室外给排水、供热及计量设施三部分，概算投资3564.14万元，其中土建工程1226.83万元，安装工程1365.21万元，设备及工器具购置496.4万元，其他基本建设费338.61万元，预备费137.08万元。项目由宁夏煤炭基建有限公司承建施工，由宁夏灵州工程监理咨询有限公司监理。当年11月1日，项目正式运行。次年1月18日，一级换热站及供热管网通过竣工验收；6月4日，二级换热站改造工程通过竣工验收。截至2016年，累计完成建设投资2406.957万元。

是年，碳素厂二车间原料库改造项目开工建设。项目设计由宁夏煤矿设计研究院有限责任公司完成，设计储存能力3000吨，概算投资704.88万元，其中土建工程588.76万元，安装工程3.3万元，设备及工器具购置10.45万元，其他基本建设费75.26万元，预备费27.11万元。项目由宁夏煤炭基建有限公司承建施工，由宁夏灵州工程监理咨询有限公司监理。当年，2053平方米二车间原料库主体竣工。次年5月，碳素厂二车间原料库竣工验收。截至2015年，累计完成建设投资318.72万元。

是年，活性炭厂成品库改造项目开工建设。项目设计由宁夏煤矿设计研究院有限责任公司完成，设计储存能力1500吨，概算投资428.41万元，其中土建工程338.78万元，安装工程8.94万元，设备及工器具购置15.94万元，其他基本建设费48.27万元，预备费16.48万元。项目由宁夏煤炭基建有限公司承建施工，由宁夏灵州工程监理咨询有限公司监理。当年，活性炭厂成品库库房主体工程竣工。次年1月6日，项目工程通过竣工验收。截至2015年，累计完成建设投资293.33万元。

2016年，热动力厂75吨/小时锅炉及烟气除尘脱硫脱硝系统更新改造项目工程完工。项目设计由福建龙净环保股份有限公司完成，设计概算2600.85万元，实际完成投资2370.92万元。项目由福建龙净环保股份有限公司承建施工，由宁夏灵州工程监理咨询有限公司监理。

七、大武口洗煤厂更新改造项目

2013年5月15日，气膜储煤棚工程开工建设。项目设计由宁夏建筑设计研究院有限责任公司完成。设计工程采用气承膜结构，棚长130米，宽90米，高7.5米，面积11700立方米，概算1972.73万元。工程由宁夏煤炭基建公司承建施工，由宁夏灵州工程监理咨询有限公司监理。此年8月14日，工程竣工验收，累计完成建设投资1715.95万元。

2009年2月18日，煤场环境治理工程开工建设。项目设计由集团公司太西设计院完成，由山西青山环保有限公司承建施工，由石嘴山市太西工程建设监理有限公司监理。2009年11月13日，工程竣工验收，完成建设投资700万元。

是年4月13日，101翻车机系统改造工程开工建设。项目设计由武汉电力设备厂完成，项目工程由宁夏太西建筑安装工程有限责任公司、武汉电力设备厂承建施工，由石嘴山市太西工程建设监理有限公司监理。2010年1月5日，项目工程竣工验收，累计完成建设投资332.07万元。

2011年10月24日，102翻车机房改造工程开工建设。项目设计由宁夏煤矿设计研究院有限责任公司完成，由河南省建筑安装工程有限公司、陕西建工安装集团有限公司承建施工，由宁夏灵州工程监理咨询有限公司监理。2013年4月28日，项目工程竣工验收，累计完成建设投资1163万元。

2012年3月15日，生产主厂房整体抗震加固工程开工建设。项目设计由中国建筑技术集团有限公司完成，概算投资4535.96万元。项目工程由北京汇博盟工程技术有限公司承建施工，由宁夏灵州工程监理咨询有限公司监理。2013年1月7日，工程竣工验收，累计完成建设投资8141.9万元。

是年3月20日，任家庄洗煤厂扩建工程（由大武口洗煤厂托管）开工建设。项目设计由中煤国际工程集团北京华宇工程有限公司完成，概算投资37287.5万元。项目工程由北京华宇工程有限公司、武汉设计研究院承建施工，由山西中太监理公司监理。2014年12月18日，项目工程竣工，完成建设投资33818.17万元。

是年4月8日，煤质科化验室工程开工建设。设计由宁夏煤矿设计研究院有限责任公司完成，概算投资305.9万元。项目工程由河南城建建设集团有限公司承建施工，由宁夏灵州工程监理咨询有限公司监理。2012年11月30日，项目工程竣工验收，累计完成建设投资254.3万元。

是年5月8日，采暖改造工程开工建设。项目设计由宁夏煤矿设计研究院有限责任公司完成，设计改造内容包括厂区内室外供暖管网改造和室内供暖系统改造两大部分，概算投资2543.83万元。项目工程由山东鲁王建工有限责任公司承建施工，由宁夏灵州工程监理咨询有限公司监理。2013年1月7日，项目工程竣工验收，累计完成建设投资1527.17万元。

是年6月5日，职工浴室迁建工程开工。项目设计由宁夏煤矿设计研究院有限责任公司完成，概算投资1353.96万元。项目工程由宁夏煤炭基建公司、北京恩派太阳能科技有限公司等承建施工，由宁夏灵州工程监理咨询有限公司监理。2013年1月7日竣工验收，累计完成建设投资1139.35万元。

2013年，煤泥干燥系统改造工程开工建设。项目设计由宁夏煤矿设计研究院有限责任公司完成，概算投资1031.11万元。项目工程由宁夏煤炭基建公司承建施工，由宁夏灵州工程监理咨询有限公司监理。截至2014年，累计完成建设投资332万元。

是年4月10日，煤泥水系统技术优化改造工程开工建设。项目设计由中煤邯郸设计工程有限责任公司完成，概算投资1484.65万元。设计在压滤车间安装高频筛、尾煤压滤机及煤泥刮板输送机等设备，安装浓缩机及底流泵等设备及其配套的管路和阀门等；供配电系统在主厂房变电所安装高压柜、直流屏、高压通信管理单元等，在压滤车间配电室内安装低压开关柜、动力配电箱等；在浓缩车间配电室内安装低压进线、开关柜及动力配电箱等；安装工业场地动照网；在主厂房室外安装主变压器及35KV配电装置等。项目工程由宁夏煤炭基本建设公司承建施工，由宁夏灵州工程监理咨询有限公司监理。2015年6月12日，项目工程停建，累计完成建设投资2712.16万元。

是年5月1日，主厂房照明改造项目开始施工。项目设计由宁夏煤矿设计研究院有限责任公司完成，概算投资519.55万元。项目工程由宁夏煤炭基本建设公司承建施工，由宁夏灵州工程监理咨询有限公司监理。2014年8月14日，项目工程竣工验收，累计完成建设投资342.67万元。

是年10月10日，浓缩机房顶更换工程开工建设。项目设计由宁夏煤矿设计研究院有限责任公司完成。项目工程由宁夏煤炭基本建设公司承建施工，由宁夏灵州工程监理咨询有限公司监理。次年8月14日，项目工程竣工验收，累计完成建设投资61.6万元。

2015年10月1日，厂区外建筑供热系统改造开工建设。项目设计由石嘴山市皓泰热力有限公司完成，概算投资264万元。项目工程由石嘴山市皓泰热力有限公司施工。当年11月16日，项目工程竣工验收，完成建设投资180万元。

八、宁东洗煤厂改扩建项目

2009年10月4日，宁东洗煤厂枣泉分厂一期优化及二期建设工程开工建设。项目工程计由大地工程开发（集团）有限公司完成，设计生产能力600万吨/年，总概算投资7498.00万元。项目工程由大地工程开发（集团）有限公司承建施工，由宁夏灵州工程监理咨询有限公司监理。2011年12月3日，项目正式投产，累计完成建设投资8292万元。

2010年3月1日，宁东洗煤厂石槽村分厂干煤流系统工程开工建设。项目设计由中煤科工武汉设计研究院完成，总概算投资9000万元。项目工程由宁夏煤炭基建有限公司承建施工，由宁夏灵州工程监理咨询有限公司监理。2011年10月10日，项目正式投产，累计完成建设投资9404万元。

是年4月20日，宁东洗煤厂石槽村分厂块煤（200毫米～13毫米）洗选工程EPC总承包工程开工建设。项目设计由大地工程开发（集团）有限公司完成，设计生产能力为600万吨/年，概算投资11568.38万元。项目工程为大地工程开发（集团）有限公司承建施工，由宁夏灵州工程监理咨询有限公司监理。2012年4月28日，项目进入联合试运转；6月20日，正式投入生产，累计完成建设投资10602.58万元。

是年5月4日，宁东洗煤厂梅花井分厂二期EPC总承包工程开工建设。项目设计由中煤国际工程集团北京华宇工程有限公司完成，概算投资12099万元。项目工程由中煤国际工程集团北京华宇工程有限公司承建施工，由宁夏灵州工程监理咨询有限公司监理。2012年5月3日，项目正式投产。截至2017年，累计完成建设投资11649.25万元。

2012年9月15日，宁东洗煤厂枣泉分厂原煤粒度控制系统改造工程（EPC总承包）开工建设。项目设计由大地工程开发（集团）有限公司完成，概算投资6500万元。项目工程由大地工程开发（集团）有限公司承建施工，由宁夏灵州工程监理咨询有限公司监理。2013年7月28日，项目工程转入联合试运转，8月13日正式投产，累计完成建设投资6054.5万元。

九、大峰露天煤矿改造项目

大峰煤矿地面生产系统及选矸车间建设项目：设计总生产能力为300万吨/年。概算总投资10163.84万元。其中土建工程3744.82万元，安装工程1384.74万元，设备及工器具购置费3819.08万元，工程建设其他费用824.28万元，基本预备费390.92万元。设计单位为宁夏煤矿设计研究院有限责任公司，施工单位为神华宁夏煤业集团能源工程有限公司，监理单位为宁夏灵州工程监理咨询有限公司工程。2009—2017年累计完成建设投资12463.2万元。

表3-2-1　集团公司新建、续建煤矿投资完成情况统计表

单位：万元

序号	项目名称	建设规模	建设性质	概(估)算总投资	累计完成投资
1	清水营煤矿	1000万吨/年	续建	271528	225034
2	梅花井煤矿	1200万吨/年	续建	342538	360870
3	石槽村煤矿	600万吨/年	续建	269309	267235
4	红柳煤矿	800万吨/年	续建	350781	305961
5	麦垛山煤矿	800万吨/年	续建	377491	305804
6	金凤煤矿	400万吨/年	续建	256441	221623
7	金凤洗煤厂（二期）	400万吨/年	续建	23355	2389
8	双马煤矿	400万吨/年	续建	328375	249214
9	金家渠煤矿	400万吨/年	续建	265610	251154
	合计				2189284

第三章 煤化工建设

第一节 项目规划

煤化工板块在“建成宁东国家级亿吨级煤炭生产基地和世界级煤化工基地”的总体规划基础上，2009年制定了宁东煤化工产业园区规划，确立：2010年，50万吨/年煤基烯烃项目建成投产；2011年，6万吨/年聚甲醛项目建成投产，开工建设50万吨/年甲醇制烯烃项目；2012年，开工建设400万吨/年煤制油项目；2013年，建设竣工的煤化工项目全部达产，初步建成世界级煤化工基地。到国家“十二五”规划末，甲醇制烯烃、煤炭间接液化项目建成投产，力争开工建设烯烃副产品深加工及综合利用项目，煤化工产品规模达到200万吨。

2016年，根据自治区人民政府、宁东能源化工基地管委会的规划和要求，神华宁煤集团制定《“十三五”发展规划》，确定8个煤化工建设项目，估算投资446亿元。其中，收尾项目1个，为50万吨/年甲醇制烯烃项目；续建项目3个，分别为400万吨/年煤制油项目（一期）、100万吨/年煤泥综合利用项目、100万吨/年煤化工副产品深加工项目；新开工项目4个，分别为400万吨/年煤制油二期项目、100万吨/年沙比克精细化工项目、60万吨/年煤制乙二醇项目、煤化工产品铁路专用线项目。同时，按照自治区“十三五”规划发展目标，到“十三五”规划末，神华宁煤集团煤化工产品总产量达到1085万吨。其中，调和柴油273万吨，聚丙烯160万吨，聚乙烯45万吨，混合芳烃43万吨，聚甲醛6万吨，甲醇352万吨，其他176万吨，建成千万吨级煤化工基地。

第二节 项目设计与施工

一、25万吨/年甲醇项目

该项目由自治区发改委批准，是宁东能源化工基地，同时也是神华宁煤集团在基地开发建设的第一个煤化工生产项目。项目设计单位为中国华陆工程科技有限责任公司，其中净化硫回收冷冻站等工程由中国化学工业第二设计院设计。项目占地面积33.94公顷，概算投资13.68亿元。

项目工程由宁夏煤炭基本建设公司、中国化学工程第十三建设公司、中国化学工程第三建设公司、中国化学工程第六建设公司、中化二建集团有限公司承建施工，中国成达工程建设监理公司对施工工程进行监理。经神华宁煤集团组织验收，该项目101个（其中土建工程51个，安装工程50个）单位工程全部合格，达到国家规定的工程质量标准。

二、60万吨/年甲醇项目

项目设计由中国华陆工程科技有限公司组织实施，其中生产装置区内甲醇净化、冷冻站、硫回收等单位工程的详细设计由华泰工程科技有限公司实施。项目占地39.55公顷，概算总投资38.6亿元，至2009年11月30日项目建设竣工，实际完成投资40.17亿元。

2009年8月项目开工建设。工程由宁夏煤炭基本建设公司、中国化学工程建设有限公司、中国石油天然气第一建设有限公司、中国化学工程第六建设有限公司、天津第六建筑工程集团有限公司、南京东大智能有限公司承建施工；由天津辰达工程监理公司、北京华夏石化工程监理公司和宁夏灵州工程咨询监理公司负责实施项目监理；由石油天然气宁夏工程质量监督站及煤炭工业灵武矿区建设工程质量监督站实施工程质量监督。

三、6万吨/年聚甲醛项目

项目设计采用香港富艺国际工程公司共聚甲醛技术。项目占地12.9公顷，概算总投入18.37亿元。2009年8月，项目开工建设。至2010年底（机械安装工程完工），实际完成投资16.34亿元。

项目工程由中国化学第六工程建设公司、中国化学工程第十一建设公司、中国化学工程第十六建设公司、中国石化第四建设公司、宁夏煤炭基本建设公司、天津六建建筑工程有限公司承建施工；由天津辰达工程监理公司、宁夏灵州工程咨询监理公司负责施工监理；由石油天然气宁夏工程质量监督站、煤炭工业灵武矿区建设工程质量监督站实施工程质量监督。

四、21万吨/年二甲醚项目

该项目与25万吨/年甲醇项目配套，由中国化学工业第二设计院完成设计，采用日本东洋工程公司的气相甲醇脱水法工艺技术。

项目占地9714平方米，概算总投资1.2亿元。项目工程由中国化学第三建筑公司、中国化学第十三建筑公司承建施工，中国成达工程监理公司对项目施工进行监理。

2010年3月，21万吨/年二甲醚生产装置投料试车。

2015年，神华宁煤集团将21万吨/年二甲醚项目租赁给宁夏永全新能源科技有限公司。该公司将原项目装置改造为20万吨/年混合芳构化装置，装置以石脑油、混合碳四为原料，采用固定床反应器切换操作方式，在非临氢条件下，经碳四烯烃叠合和脱氢环化，石脑油选择性裂解、异构、齐聚和环化脱氢等一系列复杂反应，生产汽油和车用液化气。项目采用2套反应系统和1套吸收稳定系统，主要包括反应、吸收解析、稳定、汽油脱重、丙烷分离以及催化剂再生系统。工程处理能力20万吨/年，装置设计处理能力32万吨/年。其中，设置反应处理系统2套，单套处理能力16万吨/年；吸收稳定及丙烷分离系统的处理能力32万吨/年。装置操作弹性60% ~ 110%，运行时间8000小时/年，其中生产时间7200小时，催化剂再生时间800小时，催化剂间隔再生为每3个月再生1次。装置包括1套生产主装置、1个中央控制室、1个配电室、1个汽油石脑油储罐区、1个液化烃球罐区、1个汽车装卸站、1个火车装卸站、1个火炬系统、1个事故水池以及公用工程设施。

2017年5月16日，20万吨/年混合芳构化项目全面投料试车。同年6月3日，装置产出辛烷值为97的合格汽油。该项目的成功投产，拓宽了煤制油化工产品深加工渠道，为煤化工基地调整产品结构和实现可持续发展创造了条件。

五、83万吨/年二甲醚项目

项目由国家计委批复立项，委托中国化学工业第二设计院编制项目可行性研究报告，由自治区发改委批复建设，由中国华陆工程公司作总体设计，并负责各个界区的衔接。

项目位于宁东能源化工基地煤化工园区西南部A区，与25万吨/年甲醇项目相邻。项目占地39万平方米，设计估算总投资41.13亿元，其中一期工程投资约37亿元，二期工程投资约4亿元，两期设备购置费19.62亿元。项目施工分为气化与变换、净化合成精馏、空分装置锅炉岛、水处理系统、硫酸回收系统、煤运系统、公用工程八大部分。

项目全厂采用DCS控制系统，工程采取EPC总承包形式。其中，锅炉岛及发电装置主要由东华工程科技股份公司承建，水处理系统由北京万邦达环保技术公司承建，空分装置由中冶东方工程技术公司承建，气化及变换装置由天辰化学工程公司承建，净化合成装置由华陆工程科技有限公司承建，191A甲醇罐区土建工程由中国化学工程第三建设公司承建，地下管网工程、输煤系统、安装工程、101A车间办公楼、165A备品备件库、综合仓库由集团公司基本建设工程公司承建，火炬、火车罐装站、空压站、工艺外管廊由中国石油天然气第一建设公司承建，循环水系统、502B（装置泡沫站/罐区泡沫站）由中国化学工程第六建设公司承建，301变电所土建工程、生活及消防水系统由灵州建筑工程处承建。项目工程施工由天津辰达工程监理公司、北京华夏石化工程监理公司、宁夏灵州工程咨询监理有限公司实施监理。

2009年8月，自治区发改委对神华宁煤集团《关于报批83万吨/年煤基二甲醚项目一期工程可研补充报告的请示》作出批复，同意将83万吨/年二甲醚一期工程21万吨/年二甲醚甲醇装置建设规模由原可研报告中的30万吨/年调整为60万吨/年，相应配套锅炉能力由75吨/小时调整为240吨/小时。

六、50万吨/年煤基烯烃项目

项目总体设计由中国寰球工程公司承担，项目实施EPC、EP+C、E+P+C多种项目管理模式。神华宁煤集团煤化工分公司烯烃公司负责实施项目的基建工程及生产准备工作。2007年10月开工建设，2010年8月全面试车，9月30日各装置全部实现中交，12月31日全流程打通，进入试生产阶段。2011年4月产出合格聚丙烯产品。产品质量达到GB338－2004优等品标准，并进入商业化试运营。该项目被自治区列为宁夏“一号工程”的“一号项目”，是全球最大的以煤为原料生产聚丙烯项目，集成了世界上最先进的新型煤化工技术，最核心技术采用德国鲁奇公司MTP技术和西门子GSP气化技术，均为首次工业化应用。项目单元工程近2万个，敷设电缆1780公里，安装设备5380套（台），各类管道总长596公里，使用钢材4.5万吨。2014年12月25日，自治区发改委牵头组织并通过竣工验收。标志着该项目转入正式生产阶段。

七、50万吨/年甲醇制烯烃项目

项目占地面积3.51万平方米，概算总投资65亿元。采用德国鲁奇公司MTP技术和LUMMUS公司PP技术。以甲醇为原料，经甲醇制丙烯（MTP）、丙烯聚合工艺产出聚丙烯。项目装置采用Novolen工艺，一线设备生产能力25吨/小时，二线设备生产能力35吨/小时，年消耗甲醇167万吨，生产丙烯47.4万吨、乙烯2万吨、副产品混合芳烃18.48万吨、液态燃料4.12万吨。

项目由中国化学第六建设公司承建，主要由MTP、聚丙烯、动力站和公用工程四大装置组成。2012年3月18日开工建设，2017年3月16日，通过神华集团组织的竣工验收。

八、400万吨/年煤炭间接液化项目

（一）项目设计

神华宁煤集团400万吨/年煤炭间接液化（煤制油）项目是国家为保障能源安全而设立的煤制油示范项目，是全球一次性建设单体规模最大的煤制油项目。

2011年，自治区、神华宁煤集团和中国国际工程咨询有限公司确定煤制油项目采用国产化技术工艺和装备的建设思路。

2012年3月，项目进入总体设计阶段。项目设计以中国寰球工程有限公司为主体，中国石化宁波工程有限公司、中国科学院、中国石化洛阳工程有限公司、中国五环工程有限公司等5家单位参与共同设计。其中，煤气化装置、合成气净化装置由中国寰球工程有限公司设计，空分装置由中国石化宁波工程有限公司设计，硫回收装置由山东三维公司设计，油品合成装置和油品加工二区由中国科学院设计，油品加工一区和尾气处理装置由中国石化洛阳工程有限公司设计，甲醇装置由中国五环工程有限公司设计。项目设计采用中国科学院合成油FT合成等技术。10月17—19日，项目总体设计审查会在银川召开，自治区有关领导、神华集团煤制油化工部、神华宁煤集团负责人及国内行业专家280人参加会议，由中国科学院院士陈俊武等组成的上游工艺、下游工艺、公用工程、HSE、概算等7个国家专家组对项目总体设计进行全面审查。专家组认为：项目总体设计方案合理可行，选用的工艺技术先进可靠，装置总体布置基本合理，设计文件内容基本达到《大型石化项目总体设计内容规定》。

项目占地总面积560.92公顷，估算总投资额550亿元。设计建设两条200万吨油品生产线，包括12套10.15万标准立方米/小时空分装置、28台2200吨/小时干煤粉加压气化炉（24开4备）、6套一氧化碳变换装置、4套低温甲醇洗装置、3套硫回收装置、8套费托合成装置、1套油品加工装置、1套尾气处理装置。项目年转化煤炭2046万吨，产油品405万吨，其中柴油274万吨、石脑油98万吨、液化气34万吨，副产硫黄20万吨、混醇7.5万吨、硫酸铵10.7万吨。

2013年9月18日，项目获得国家发改委核准，同意开工建设。

（二）项目施工

项目工程采取“五阶段三条线”建设策略，即2013年为设计采购年，2014年为土建施工年，2015年为工程安装年，2016年为生产试车年，2017年为商业化运行年，建成甲醇线、油品A线、油品B线。

2013年9月28日，项目开工建设，汇集了中国寰球工程有限公司、中国五环工程有限公司、中国石化工程有限公司等37家国内顶级设计施工单位，施工高峰期现场建设人员超过3万人。

2014年11月，首台“神宁炉”吊装就位。

2015年1月4日，项目净化合成装置3系列T-3100302A运抵现场。3月15日，项目主装置全面开工建设。12月1日，动力站装置B1锅炉正式点火。

2016年6月23日，项目动力站5号机组并网发电一次成功。8月27日，项目3号空分装置顺利产出合格氧氮产品。9月1日，项目气化装置一、三系列顺利中交。10月19日，气化装置首2台（2号、4号）气化炉点火成功。10月24日，合成油厂A线首台（4号）费托循环气压缩机带负荷启动联试成功。10月26日，气化装置投料成功并稳定运行。10月28日，变换装置一系列导气成功，并为下游净化装置送出合格工艺气，打通了“备煤—气化—变换”流程。10月29日，合成净化装置打通全流程，装

置正式接收上游变换合成气，产出合格净化气，煤炭间接液化项目产出合格精甲醇。11月8日，尾气处理装置PSA—1制氢装置产出合格氢气，浓度为99.96%。11月17日，合成油厂加氢精制、加氢裂化装置引入氢气，装置开始氢气气密工作，加氢装置进入试车的最后阶段。

2016年12月1日，油品A线打通全流程并产出合格油品。12月5日，合成油I系列费托合成反应器投料。12月6日，产出费托轻质油、稳定重质油。12月9日，产出稳定蜡及合格蜡。12月18日，合成油加氢精制装置引稳定重质油，并产出合格柴油。

2017年7月17日，油品A线4台费托反应器总进气量达到138万标准立方米/小时，负荷达到100%，实现了试生产以来单线全系统满负荷运行，创造了国家煤化工产业发展史上的奇迹。

同年，400万吨/年煤炭间接液化项目获得中国项目管理成就奖，即全国项目管理的最高奖，并经中国项目管理协会推荐，参加全球最具影响力的2018年国际卓越项目管理金奖的评选。

（三）技术开发

项目承担了国家37项重大技术、装备及材料自主国产化技术研究与应用任务，目标是项目国产化率达到85%以上。核心任务是开展中科合成油技术有限公司费托合成及加工成套技术的百万吨级工业化示范、10万标准立方米/小时空分成套技术和2200吨干煤粉加压气化炉等重大技术、关键设备和材料的国产化。费托合成技术在单套16万吨/年的基础上首次放大到单套50万吨/年，实现国内百万吨级工业化示范应用。由神华宁煤集团联合五环工程公司等单位，开发的日投煤量2200吨干煤粉加压气化炉技术“神宁炉”，已被国家能源局列入煤炭安全绿色开发、清洁高效利用先进技术与装备推荐目录。由杭氧集团牵头开发的10万标方级大型空分成套技术，实现了国产大型空分成套技术的成功应用。内蒙古北方重工制造的P91管线产品完全替代进口，价格比进口的15万元/吨下降70%，且供货周期由一年缩短至90天。

煤制油项目拥有12000台（套）设备，按工艺技术、装备台（套）数统计，国产化率达到98.5%。

在技术开发的同时，实施技术改造项目。至2017年底，项目共实施技改及消缺改造项目325项。其中，2017年共实施完成重点改造项目9项，分别是全厂变频器“抗晃电”改造，下游火炬系统改造，上游高压火炬系统优化改造，油品合成装置费托合成反应器内件旋风分离器改造，油品合成装置循环换热分离器优化改造，油品合成装置稳定蜡过滤系统储罐改造，油品合成装置汽提系统增加轻质油加热器改造，油品合成装置循环压缩机、释放气压缩机管线震动改造，油品加工装置富气压缩机增加低负荷调节功能改造。完成其他改造项目170项。

九、煤化工副产品深加工综合利用项目

2013年，自治区发改委批复立项。2014年4月15日，项目设计工作启动，由中国寰球工程公司负责总体设计并承担裂解装置、PP装置、合成氨装置及全厂性公用工程的设计，中国石化宁波工程公司承担PE装置的设计，广东寰球工程公司承担罐区及部分公用工程的设计。2016年5月，项目设计工作基本完成，共发布施工图纸95270张，MR文件1862份，设计变更373份。同年8月28日，项目总体设计审查结束，来自国内的6名专家从主工艺、电仪、安环、公用工程方面进行审查，提出了76条审查意见，为装置总体设计的改进、优化提供了具有参考价值的宝贵意见。

项目建设内容主要包括140万吨/年裂解装置［含90万吨/年（双烯烃）乙烯单元、7万吨/年丁二烯抽提单元、20万吨/年烯烃转化单元、25万吨/年汽油加氢单元、16万吨/年芳烃抽提单元和8万吨/年废碱氧化单元］、45万吨/年聚乙烯装置、60万吨/年聚丙烯装置、15万吨/年合成氨装置。其中，裂解装置乙烯裂解单元采用中国寰球工程公司蒸汽裂解/前脱丙烷前加氢技术，烯烃转化单元采用CB&I Lummus公司OCT技术，芳烃抽提单元采用中国石化石油化工科学研究院SAE环丁砜芳烃抽提技术，丁二烯单元采用寰球兰州公司乙腈法液萃取技术，废碱氧化单元采用中国寰球公司高压湿式氧化技术，聚丙烯装置采用CB&ILummus公司NOVOLEN气相搅拌床技术，聚乙烯装置采用美国UNIVATION公司的UNIPOL气相流化床技术，合成氨装置采用中国寰球工程公司自主研发的低压合成氨技术。

2015年3月，项目开工建设。项目占地167.32 公顷，其中厂内占地147.44 公顷，厂外火炬占地18.08公顷，厂外道路和管廊占地1.8公顷，建筑面积146729.33平方米。概算总投资120.48亿元。

项目施工采取分项（段）承包方式，其中裂解一标段由中国石化第十建设有限公司承建，裂解二标段由中国石油天然气第六建设公司承建，合成氨装置、全厂管廊、空压站、凝液精制、循环水厂由中国石化第四建设

有限公司承建，全厂罐区、PP装置由中国化学工程第六建设有限公司承建，PE装置、全厂地管二标段由中国核工业集团第二、第三建设有限公司承建，110千伏总变电站由宁夏电力建设工程公司承建，全厂地管一标段、全厂电仪、中和废水管线工程由中国化学工程第七建设有限公司承建，PP/PE仓库、全厂道路工程、生产指挥中心、中央控制楼、中心化验楼、物流园区由宁夏煤炭基本建设有限公司承建，全厂消防工程由杭州新纪元公司承建，全厂安防工程由南京东大公司承建。兰州寰球工程公司、北京华夏石化工程监理有限公司、山东齐鲁石化工程监理有限公司、上海高华工程监理有限公司、宁夏灵州工程监理咨询有限公司分别对各项工程进行施工监理。

2015年，9月29日，项目一号丙烯塔一次吊装成功。该塔塔高80.5米，重607吨，筒体内径6.6米，壁厚36mm，吊装重量约730吨，分别采用2000吨、750吨、400吨履带式起重机等大型吊装机械设备吊装。

2016年，项目入围国家工信部“2016年国家工业转型升级（中国制造2025）智能制造综合标准化与新模式应用”项目，获得国家财政部下达的智能制造专项资金4500万元。

2017年3月29日，聚丙烯装置通过利用倒开车方式打通全流程，并产出合格1102K聚丙烯产品。同年4月30日合成氨装置产出合格液氨，7月19日聚乙烯装置打通全流程并产出牌号为7042的合格聚乙烯产品，9月9日裂解装置投料试车，9月11日产出合格丙烯和聚丙烯产品，9月12日产出合格乙烯产品，9月13日产出合格聚乙烯产品，9月23日汽油加氢单元产出合格加氢汽油及C9+产品，9月25日裂解装置达到满负荷运行，9月29日芳烃抽提单元产出合格混合苯。

十、100万吨/年煤泥综合利用项目

2013年，项目由自治区发改委核准，估算投资45亿元。项目采用自主研发的粉煤加压气化和鲁奇公司的甲醇合成及甲醇精馏等技术，年产甲醇100万吨。2016年，项目建成投运。

表3-3-1 集团公司煤化工主要项目基本建设投资完成情况统计表

单位：万元

序号	项目名称	建设规模	建设性质	概(估)算总投资	累计完成投资
1	15万吨液蜡项目	15万吨/年	前期	71700	208
2	合成润滑油项目	100万吨/年	前期	392500	331
3	煤炭间接液化项目	400万吨/年	续建	5445948	5248512
4	煤泥综合利用	100万吨/年	续建	420014	35033
5	煤化工副产品深加工综合利用项目	100万吨/年	续建	1204812	718203
6	沙比克精细化工	100万吨/年	前期	2388477	6298
	合计				6008585

第四章　矿区配套项目建设

第一节　煤炭洗选厂建设

一、宁东洗煤厂金凤分厂项目

2010年，项目开工建设。项目设计生产规模800万吨/年，概算总投资为8.11亿元，其中土建工程2.67亿元，安装工程1.04亿元，设备及工器具购置2.86亿元，其他基本建设费0.94亿元，基本预备费0.44亿元，贷款利息0.16亿元。设计单位为申克（天津）工业技术有限公司、中煤国际工程集团北京华宇工程有限公司。施工单位为宁夏煤炭基建公司。监理单位为宁夏灵州工程监理咨询有限公司。截至2017年，累计完成建设投资10.068亿元。

二、宁东洗煤厂双马分厂项目

2011年，项目开工建设。项目设计由煤炭工业石家庄设计研究院完成，设计生产规模500万吨/年，概算（执行）5.91亿元，其中土建工程2.47亿元，安装工程0.85亿元，设备及工器具购置2.09亿元，其他基本建设费用0.31亿元、工程预备费0.71亿元，建设期贷款利息0.122亿元，土地征用费及补偿费临时征地费0.009亿元。项目工程由宁夏煤炭基建公司承建施工，宁夏灵州工程监理咨询有限公司由监理。

三、宁东洗煤厂红柳分厂水洗系统项目

2011年，项目开工建设。项目位于红柳煤矿矿区，主要入洗红柳煤矿与麦垛山煤矿生产的原煤。项目设计由大地工程开发（集团）有限公司完成，设计生产能力为1600万吨/年，总投资7.85亿元，其中土建投资2.41亿元，安装投资0.51亿元，设备及工器具投资3.25亿元，其他建设费用0.63亿元。建设内容包括土建11个单项工程，安装13个单项工程，设备购置762台（套）。项目工程施工由大地工程开发（集团）有限公司EPC总承包，由宁夏灵州工程监理咨询有限公司监理。

四、羊场湾煤矿二分区洗煤厂项目

2011年，项目开工建设。项目设计由山西约翰芬雷华能设计有限公司完成，项目设计占地58亩，生产规模400万吨/年，概算2.52亿元，其中土建工程0.89亿元，设备购置0.88亿元，安装工程0.35亿元，其他基本建设费0.25亿元，基本预备费0.14亿元。项目工程由宁夏煤炭基建公司承建施工，由宁夏灵州工程监理咨询有限公司监理。

五、太西洗煤厂快速装车系统项目

2010年，项目开工建设。项目设计由宁夏煤矿设计研究院有限责任公司完成，设计装车能力4000吨/小时，概算总投资0.972亿元，其中工艺部分0.742亿元，铁路部分0.23亿元。项目工程由宁夏煤炭基建有限责任公司承建施工，由宁夏灵州工程监理咨询有限公司监理。

六、红石湾煤矿地面生产系统工程

2009年，项目开工建设。项目设计由宁夏煤矿设计研究院有限公司完成，设计生产规模90万吨/年，总概算0.55亿元，其中土建工程0.31亿元，设备及工器具购置0.11亿元，安装工程0.07亿元，工程建设其他费用0.04亿元，工程预备费0.02亿元。项目工程由神华宁夏煤业集团能源工程有限公司承建施工，由宁夏灵州工程监理咨询有限公司监理。

第二节　铁路专用线建设

2008年，集团公司建成投运的铁路专用线共有石炭井矿区平汝（平罗—汝箕沟）、宁东矿区大古（大坝—古窑子）2条铁路支线和石嘴山矿区、石炭井矿区（含汝其沟矿区）、大武口地区、宁东矿区矿（厂）4条铁路专用线，线路总长270.47千米，连接石嘴山一矿、石炭井焦煤公司、白芨沟煤矿、大峰露天矿、灵新煤矿、羊

场湾煤矿、枣泉煤矿和大武口洗煤厂等15个煤矿（厂），其中石嘴山矿区、石炭井矿区铁路专用线分别与包兰线上的石嘴山火车站、平罗火车站接轨，年装车总能力达到7000万吨。按照国家计划委员会（1990年）对《宁东矿区铁路建设规划报告》的批复和宁东矿区铁路网设计的要求，矿区总共要建成古窑子—黎家新庄、古窑子—羊场湾—枣泉、古窑子—灵新煤矿、古窑子—梅花井、红柳—石槽村—梅园—鸳鸯湖—马跑泉—化工基地等7条矿区铁路专用线，建成鸳鸯湖—红柳—配煤中心、鸳鸯湖—红柳—配煤中心站二区、鸳鸯湖—红柳—马跑泉、临河工业园区鸭子荡—任家庄煤矿、梅园—鸳鸯湖电厂、鸳鸯湖—梅园—石槽村—水利电厂等17条宁东煤化工基地铁路专用线。

2010年，宁东矿区铁路专用线建设项目二期工程建成投运。线路总长500千米，连接太中银铁路正线和大古铁路支线的宁东矿区、太阳山矿区、内蒙古上海庙矿区铁路网，年装运能力超过1亿吨，形成资源优势转化经济优势的物流大动脉。

截至2017年，宁东矿区铁路运营里程达到279千米，比2008年的109千米增加170千米。建成投运的铁路专用线主要有大枣线（大坝—枣泉）、古鸳线（古窑子—鸳鸯湖）、上配线（上海庙—配煤中心）、配老线（配煤中心—老庄子）、马清线（马家滩—清水营）、古黎临线（古窑子—黎家新庄—临河工业园区）等，共设22个车站，其中，大枣线5个车站无作业人员，由调度中心助理调度员在银川远程操控。现有内燃机车17台（其中联合运输6台），轨道车2台，自备敞车841辆，具备内燃机车小辅修和车辆段维修能力。铁路西与包兰铁路大坝站接轨、东与太中银铁路银川联络线梅花井站宁接轨、北与内蒙古三新铁路上海庙站接轨，形成了以古窑子站和鸳鸯湖站为中心，具备3个外运出口的地方铁路网，实现了与兰州铁路局交接口的列车直进直出运输，运输效率提高。大古线铺设无缝线路，提高了线路等级，满足了大秦线C80重载车辆运行要求，配备了机车运行监控记录仪、机车信号、无线列调、平面调车灯显等安全装备，提高了列车运行安全和调车作业安全保障能力。按照“数字化铁路”的要求，加快信息化建设步伐，率先在全国地方铁路建成调度指挥信息管理系统和区域联锁系统。宁东铁路股份有限公司的主要技术装备已达到国铁内燃区段的标准，装备水平和运输组织水平均处于全国地方铁路系统领先地位，满足了宁夏区内各大电厂和甘肃、青海等区外十多家大型电力企业用煤需求，为实施国家“北煤南运”战略打开了通道。

第三节　供水工程建设

2006年，为解决宁东矿区大规模开发建设的用水问题，自治区决定在宁东煤化工基地中心区建设鸭子荡水库，引黄河水进库。水库库容为1250万立方米，引水线路全长41.31千米，水库水经处理后送往矿区各用水点、设计供水能力为50000方/天，由梅花井泵站石槽村泵站、红柳泵站、金凤配水厂及输水管道组成，负责鸳鸯湖矿区和马家滩矿区的生产生活用水供给，其中一部分主要用于宁东煤化工基地。

2009年，灵武矿区供水系统建有白芨滩、灵武大泉2个水源地，实际供水量为1069万立方米。白芨滩水源地投运的4口水源井实际月供水能力为0.1万立方米；大泉水源地已投入运行12口水源井，实际日供水能力为2.5万立方米，日最大供水量为3.2万立方米。矿区供水系统共有14座加压泵站，采用单管加蓄水池经中间加压的方式输送至各矿井。供水管道总长达295千米。全系统由灵州矿区水电公司负责管理。

2012年5月，宁东供水二期工程建设正式启动，建设内容包括改造扩建两级取水泵站，将黄河至鸭子荡水库的输水管道增设双排，加固水库大坝，在水库下游建一座处理规模为40万吨/天的净配水厂，配套建设下游供配水管网等设施，工程概算投资11.5亿元。工程为2个月供水20万吨工艺单元及取水泵站、取水管道、供电工程等公用部分，与一期工程共同形成60万吨~80万吨的供水能力，同时开工建设泵站至水库的输水管道。

第四节　供电工程建设

2008年，建成的羊场湾35千伏箱式移动变电站，采用由地面用钻孔方式向湾12采区井下供电的新模式。

2010年，建成大南变电站——石炭井110千伏变电站第二回路和宁东矿区先后建成了清水营110千伏变电所和梅花井、石槽村、红柳、麦垛山、金凤的35千伏变电所，按照国家建委相关规定，各变电所双回路电源均来自不同的变电所，实现双回路、双电源，保障了矿区、矿井的供电安全可靠。完成了白芨沟煤矿35千伏双回路供电线路、宁东矿区羊场湾分区35千伏变电站及35千伏供电线路、石嘴山矿区双回路35千伏线路及变电站的改造，满足了白芨沟煤矿和金能公司技术改造后矿井用电负荷增加的需求。

第五节　设备维修中心建设

2009年，集团公司设备维修中心建设项目一期工程开工，建厂选址银川市灵武市宁东镇。建设项目由宁夏煤矿设计研究院有限责任公司设计，占地约16公顷，总建筑面积5.6万平方米，概算总投资20661.91万元。次年，项目二期工程开工建设，概算总投资38664.83万元，其中土建工程18592.01万元，安装工程4165.37万元，设备及工器具购置费11460.92万元，其他费用2959.42万元，基本预备费1487.11万元。项目工程由宁夏煤炭基本建设有限公司承建施工，由宁夏灵州工程监理咨询有限公司监理。2017年，项目工程施工结束，累计完成投资100015.12万元，其中一期工程完成投资36220.01万元、二期工程完成投资63795.11万元。

第六节　其他配套工程建设

一、矿山应急救援基地项目

2009年，国家矿山应急救援基地建设项目开工建设。项目位于石嘴山市大武口区原宁夏工业职业学院内，地处贺兰山北路以西，青山公园以北，北临建设西街，西靠青山北路，主入口设在贺兰山北路，另有西门与青山北路相通。项目设计由宁夏煤矿设计研究院有限责任公司完成，工程占地35380平方米，概算投资4745.48万元，其中为矿建200.88万元，土建工程1378.74万元，安装工程248.26万元，设备购置2625.54万元（含国家补贴资金2406.7万元），其他基本建设费292.06万元。项目工程由集团能源工程有限公司承建施工，由宁夏灵州工程监理咨询有限公司监理。2017年，项目工程施工结束，累计完成建设投资4246.58万元。

2012年，国家矿山救援宁煤基地（改建）项目开工建设。项目设计由宁夏煤矿设计研究院有限责任公司完成，设计用地3.29公顷，概算投资15180.33万元，其中土建工程8434.05万元，安装工程408.30万元，设备及工器具购置费4037.68万元，其他基本建设费1716.44万元，基本预备费583.86万元。项目工程由宁夏煤炭基建有限责任公司承建施工，由宁夏灵州工程监理咨询有限公司监理。2017年，项目工程完工，累计完成投资17953.98万元。

是年，国家矿山救援宁煤基地信息化项目开工建设。项目设计由宁夏煤矿设计研究院有限责任公司完成，设计概算总投资1668.27万元，其中安装工程114.94万元，设备购置1385.08万元，其他基本建设费168.25万元；信息中心将远程监控系统（软件系统）部分进行重新深化改造一并列入信息化系统项目实施，概算投资1330万元。项目工程由陕西恒基智能化科技有限公司宁夏分公司、北京中航弱电系统工程有限公司等单位承建施工，由宁夏灵州工程监理咨询有限公司监理。2017年，项目工程施工结束，累计完成投资2568.23万元。

是年，矿山应急设备检修存储基地工程项目开工建设。项目选址为银川市西夏区原银川活性炭厂旧址，由宁夏煤矿设计研究院有限责任公司完成设计。设计项目占地南北长约132.7米，东西长约259.7米，总面积31128平方米，总建筑面积6995平方米，概算投资3298.71万元，其中土建工程2215.15万元，安装工程375.29万元，设备购置332.8万元，其他基本建设费342.81万元，预备费32.66万元。工程先期投资1790万元。项目工程由宁夏煤炭基建有限责任公司承建施工，由宁夏灵州工程监理咨询有限公司监理。2017年，项目施工结束，累计完成建设投资4928.4万元。

二、职工培训教育建设项目

2009年，宁夏工业职业学院银川校区项目开工建设。项目设计由宁夏煤矿设计研究院有限责任公司完成，概算总投资为8076.16万元，其中土建工程4313.9万元，设备及工器具购置925.44万元，安装工程1718.22，工程建设其他费用1068.6万元，基本预备费用50万元。项目工程由宁夏煤炭基建有限责任公司承建施工，由宁夏灵州工程监理咨询有限公司监理。2017年，项目工程施工结束，累计完成建设投资15928.55万元。

2016年，教育培训中心培训演练基地虚拟培训演练室工程项目完工投入使用。项目设计单位为宁夏煤矿设计研究院有限责任公司，设计项目概算总投资为1348.98万元，其中土建工程326.01万元，安装工程28.91万元，设备及工器具购置917.8万元，其他基本建设费用76.26万元。项目工程由宁夏第二建筑有限公司承建施工，由宁夏灵州工程监理咨询有限公司监理。实际完成建设投资379.32万元。

三、矿区排水及生态环境建设项目

2011年8月2日，神华宁煤集团评审通过了《宁夏马家滩矿区矿井水南湖工程规划方案》，并得到了自治区水利厅《关于神华宁夏煤业集团有限责任马家滩矿井水南湖工程水土保持方案的复函》，对项目水土保持方案予以批复。矿井水南湖工程位于宁夏东北部毛乌素沙地西南边缘，由中国煤炭科学总院工业集团武汉设计院承担编制的《马家滩矿区矿井水南湖工程规划方案设计》，主要解决集团公司石槽村煤矿、麦垛山煤矿、红柳煤矿、双马煤矿、金凤煤矿、金家渠煤矿以及周边外单位煤矿处理后的矿井水的集中存放和有效利用，最终达到充分利用矿井水作为水源和改善当地生态环境、气候环境的目的。

（一）工程概况

南湖工程位于灵武市马家滩镇以南、盐池县冯记沟乡以北的天然洼地中，主要包括小南湖、一号湖、二号湖和大南湖工程。按照“统一规划，分期建设”的原则设计施工。

小南湖工程：位于灵武市马家滩镇境内，占地面积9232亩，库容1800万立方米，设计水位1338.4米。工程内容包括挡水坝、环湖路和溢流堰及流道等。挡水坝为均质土坝，总长344米，最大坝高12米，设计坝顶宽8米。

一号湖工程：位于小南湖挡水坝下游710米处，位于灵武县马家滩镇境内，占地面积2592亩，设计库容1030万立方米，设计水位1330.8米，工程内容包括1号围堰、溢流建筑物两部分。一号围堰为均质土坝，总长280米，最大坝高16米，设计坝顶宽10米。

二号湖工程：位于一号湖下游2公里处，属盐池县境内，占地面积6483亩，设计库容为3081万立方米，设计水位1321.5米。围堰为均质土坝，总长875米，最大坝高13.5米，设计坝顶宽10米。湖溢洪道为钢筋混凝土结构，流道长1227米，最大流量为2立方米/秒。

大南湖工程：蓄水工程由挡水坝、溢洪道、坝前围堰、坝后围堰及二号湖溢洪道工程构成，占地面积为20478亩，库容7185万立方米。挡水坝为均质土坝，坝体长2465米，坝顶宽度为8米，最大坝高为13.4米；溢洪道为钢筋混凝土结构，长430米。

南湖蓄水工程附属配套工程：主要由湖路、截渗槽、管涵和供电线路改造及附属构筑物构成。环湖路工程分为东西两段，东段位于盐池县境内，起点位置为南湖挡水坝东侧拐点处，终点接于已建二号湖挡水坝东端，西段位于灵武境内，起点起于南湖主坝西段，终点接于已建二号湖挡水坝西段。道路总长15公里。

（二）项目建设情况

2013年8月，小南湖工程开工建设，截至2015年5月，小南湖、一号湖和二号湖的建设陆续完成。2017年，大南湖开工建设，计划工期为3年。目前正在申报南湖湿地公园项目。

第五章　信息化系统建设

第一节　体系建设

一、管理机制

2010年3月，神华宁煤集团将电视新闻网络中心更名为信息技术中心，下设综合管理部、经营管理部、人力资源部、党群工作部、信息系统管理部5个机关部室和计费管理部、应用系统研发部、银川运营部、银北运营部、宁东运营部，2016年3月，由公司统一规划将煤制油化工板块的网络运维部门划转信息技术中心管理，设立了煤制油化工运营部。中心主要职能是信息化建设、应用软件开发、网络运行维护、服务管理。

二、系统建设规划

神华宁夏煤业集团公司围绕总体发展战略，制订和实施信息化总体规划，主要把握在基础网络平台、应用系统、矿井自动化等方面开展工作。

2009年1月，神华宁煤集团聘请国际知名咨询公司埃森哲公司修订完善了《信息化建设总体规划》，明确以ERP和数字化矿山建设为核心，构建多层级应用架构，全力打造BI（商务智能）、SI（安全智能）和党建信息化平台。

2011年，根据神华数字矿山指导规划，神华宁夏煤业集团公司信息技术中心编制《神华宁夏煤业集团公司数字化矿山实施方案》，主要围绕构建安全智能（SI）管理驾驶舱的目标，以矿井综合自动化系统、井下人员定位系统、矿井通信联络系统、安全监测系统为支撑，建立统一的安全生产管控信息网络，使矿井安全信息、设备工况信息和控制信息在一个统一平台上传输，进行集中调度管理，以解决影响安全生产、管理的瓶颈问题，实现矿井生产安全“监、管、控”于一体的现代数字化。

2016年，神华宁夏煤业集团公司信息技术中心又编制《神华宁夏煤业集团公司“十三五”信息化专项规划》和《神华宁夏煤业集团公司“十三五”科技创新规划》，明确“十三五”期间的信息化建设的具体内容和实施计划。

第二节　基础网络平台建设

一、光传输系统

光传输网由银北（中兴设备）和银川、宁东（华为设备）相对独立的传输网组成。已经形成光传输网主干网的双链路，实现双环路保护。其中，银北和宁东又由若干2.5G、622M传输环和传输链组成，已覆盖神华宁夏煤业集团公司各主要矿区和煤化工厂区。主要采用10G\2.5G、622M的SDH光传输设备实现组网，形成高速信息主干道。

2009年，在银川、石嘴山市大武口区各新建一台OSN3500型传输设备，形成由银川核心局OSN3500、宁东OSN7500和大武口OSN3500传输网骨干节点组成的10G主干传输链路。

2012年，在银川核心局又新建一台OSN7500设备，与现网的骨干节点组成环网，一方面平衡业务需求，另一方面为骨干网络提供环网保护，使网络具有自愈功能。在大武口OSN3500及宁东现有的OSN7500上增加相应板件，分别以2条10G光路与银川新增OSN7500对通，形成双链路保护。同时，对现网运行的各设备槽位及业务板件进行合理调整及优化，以最佳的板件、电路配置减小网络安全隐患，实现业务传输及链路保护，提高了部分业务传输带宽功能和网络传输质量。

至2017年，集团公司的光传输网由银北地区、银川市、宁东地区相对独立的传输网组成，形成了光传输网主干网的双链路、双环路保护，其中银北地区和宁东地区由若干2.5G、622M传输环和传输链组成。主要采用10G\2.5G、622M的SDH光传输设备实现组网，形成高速信息主干道。光传输网覆盖集团公司各主要矿区和煤化工各分公司厂区。

二、通信网络

自2009年建设软交换以来，经过两次升级和扩容，改变了传统程控交换机分布式架构，形成升级控制/接入分离的分层式架构。在神华宁夏煤业集团公司银川机房集中部署软交换控制设备SS（ZXSS10 SS1b）、一套SHLR（ZXWN iHLR及其后台设备）、三套中继/信令网关TG/SG（ZX米SG 9000），主要在集团公司（银川市）核心机房集中部署SS（ZXSS10 SS1b）型软交换控制设备，安装1套SHLR（ZXWN iHLR及其后台设备）、3套TG/SG（ZXMSG 9000）型中继/信令网关，各矿原有PSTN交换机通过E1连接至TG/SG，或新建AG设备与承载网相连。其中，将银川核心机房作为汇接局，放置软交换核心设备，实现全网呼叫控制、媒体网关接入控制、资源分配、协议处理、路由、认证、计费等功能。设备配置3万线用户授权，实际已用36175 线，后期具备在该设备基础上扩容到5万线以上用户呼叫控制能力。核心设备的基础框架支撑15万用户的能力。三套TG/SG（银川、宁东、银北各一套），将本地网各PSTN局点接入，由TG通过E1中继负责话务的汇接，并内置SG，在软交换的控制下，完成与原有电话网络的信令协议转换。同时，负责整个网络业务的信令转接。设置集中网管一套，用于进行软交换核心网全部设备的管理及操作维护。

软交换系统通过MAP协议与SHLR交互。对于本地网采用NGN汇接局模式，使用MAP协议访问SHLR，其本地网所有用户的数据（基本业务、补充业务和智能业务数据）上移至SHLR，自动从SHLR获得该SS所“管辖”的用户所有数据。银川核心机房SS1B与宁夏电信通过百兆SIP传输链路连接，银北TG和宁东逃生路由通过银川电信设置备份，用于紧急出局备用。AG5200已配置自动交换功能，具备设备内用户相互通信功能。

软交换系统建立以后，经过3次扩容升级改造。2010年5月，在SS1B上增加1块SPC板，增强核心机房SS的处理能力。同年9月，对软交换承载网进行扩容改造，增加3台中兴ZXR10 8902交换机，在两台核心交换机上配置VRRP协议保护，解决了软交换系统核心承载网交换机单点故障导致全网业务中断的问题，提高了软交换系统的可靠性。2012年9月，在软交换系统新增一台B200设备，实现了跨用户网的用户接入，并将原有网管软件升级为NetNumen U31 R10 V12.12.10版本。

三、计算机网络

2017年以来，主要完成银川总部、大武口以及宁东地区计算机网络的新建扩容、互联网出口整合、优化带宽，以及各计算机网络的广域互联、神华宁夏煤业集团公司数据中心建设等工作。截至2017年，已形成跨地域的计算机城域网，网络总体由银川指挥中心办公楼群、教育培训中心、亘元地产及大武口、灵武地区（千兆以太网）连接形成。石嘴山的计算机局域网作为子网，通过SDH接入大武口计算机网内。互联网统一由银川核心局出口，总带宽1300兆（其中电信两条链路各100兆、移动100兆、联通1000兆），内部带宽1000兆。在网络中采用内外网物理隔离，部署了互联网出口路由器、神华集团专网路由器、神华集团专网防火墙合内外网防火墙、上网行为管理、终端准入系统、内网应用防火墙WAF等网络，配置了安全设备。

四、视频会议系统

2009年，为视频会议系统购置1台由美国宝利通公司生产的系列产品，主要设备为1台点位达到40个的标清rmx2000型视频会议微控制器和1台RSS2000型录播服务器。2013年，为集团公司视频会议系统购置1台rmx1500型微控制器，高清视频会议点位达到30个。

截至2017年，神华宁夏煤业集团公司已建成由2台MCU（微控制器）、1台录播服务器和92台高清、标清视频终端组成的视频会议系统，其中高清视频终端60台，其余均为标清视频终端。视频会议系统主要由生产指挥中心调度会议室、办公楼14会议室和新闻发布厅3个主会场和38个二级单位分会场构成。

视频设备主要采用美国宝利通公司系列产品，可召开30到40个点位的标清视频会议，2台MCU互为备份，资源共享。视频会议终端有高清视频终端和标清视频会议终端两种。

第三节　应用系统扩容

一、生产调度系统

2009年，集团公司高度系统趋于完善。该系统是基于WINDOWS2000、J2EE平台开发的B/S架构系统，采用ORACLE9i数据库，由IBM服务器作为WEB服务器，IBM P570作为数据库服务器，WEB服务器和数据库服务器均由系统管理员进行直接定时定任务及不定期抽检维护。

该系统是神华宁夏煤业集团公司安全生产支持平台，覆盖集团总部、厂矿调度管理体系业务，主要完成厂矿安全生产数据的统计、上报，集团生产指挥中心的查询、汇总、上报、分析、下达指令等。该系统由计划管理、生产管理、安全管理、洗煤生产管理、系统管理等模块组成。

二、办公自动化系统

2009年7月上线运行，该系统是基于ORACLE10数据库、JSP平台开发的B/S架构的系统，应用系统部署于小型机IBM P750和B80应用服务器的IBM WebSphere 6.0.2.13上版本，应用服务器操作系统是AIX6.1版本。该系统主要实现集团总部各部门和各二级单位之间办公信息的收集与处理、流动与共享，实现无纸化办公。该系统由领导工作、待办事宜、公文管理、文档管理、公共信息、个人助理、会议管理、系统管理9个主要模块组成。

2012年2月，对协同办公系统进行二期开发，以原有办公自动化系统为基本框架，对各业务系统进行升级和系统调优，同时新增业务审批系统。协同办公系统对所有用户的子系统进行统一管理，实现了组织架构，人员信息同步；与各子系统之间实现信息交互，构建了统一的协同办公平台。该系统在集团公司实现无纸化办公、信息上传下达、公文流转、实时沟通方面发挥了重要的工具作用。

第四节　管理信息系统开发

自2010年起，集团公司坚持统一规划，分步实施，做实基础，循序渐进，效益驱动，重点突破，服务战略的原则，在第一阶段已完成生产调度、安全监测、经营管理、财务管理、销售管理、人力资源管理、网络办公、门户网站等系统的开发，已陆续投入使用。

2018年，集团公司管理信息一体化系统建设加快，先后有内部市场化、目标传导式绩效管理等6个子系统上线运行。

一、ERP系统

含人力资源管理、财务管理、物资管理、销售管理模块。2010年经过招标选型，确定实施ORACLE ERP系统，实现人力资源、财务管理、物资管理业务一体化管理。

（一）ORACLE ERP人力资源系统

这是一个集成化、流程化系统，对基层单位机构人员调动以及相应的薪酬变动、薪酬审批实施在线流程管控。该系统于2010年10月上线以来，为神华宁夏煤业集团公司和45家下属单位的人力资源组织管理、薪酬管理、招聘管理、劳动定额管理等提供了技术手段，实现了人力资源的集中管控。

该系统的应用实现了员工编码、组织编码、组织排序编码规则的规范与统一，社保缴费规则的统一，全集团公司组织、职务、岗位的规范与统一，全集团公司使用薪酬计算公式的统一，薪酬考勤及计算周期的规范与统一，岗位对应的薪酬级别的统一；实现了人力资源管理各层面的信息互通、共享和集中管控。

（二）ORACLE ERP财务系统

设总账、应收、应付、资产、资金、内部往来、久其报表等模块。通过建立多组织结构的财务管理体系，满足了集团化多组织结构的复杂管理层级。共设置77个账套，涵盖集团总部到基层单位全部独立核算财务点，实现了各级财务组织的日常核算和业务管理。该系统通过与ORACLE ERP物资管理系统、ORACLE ERP人力资源管理系统的无缝集成，实现了物资应付账款结算业务和人力资源人工成本及费用分摊业务的联动一体化运行；实现了总账管理、应收管理、应付管理、固定资产管理、网上报销与资金管理系统和报表系统的无缝集成；实现了财务组织在不影响财务历史信息和正常业务的前提下，进行灵活调整和财务业务多维度核算；实现了集团公司财务核算中心业务集中管控和各级财务业务流程规范化一、数据标准统一的一体化管控目标，提高了财务业务操作效率。

（三）ORACLE ERP物资管理系统

2011年1月，集团公司ERP物资子系统正式上线，实现了物资供应全过程的信息化管理。2012年6月ORACLE ERP物资管理系统上线运行，包括需求、计划、采购、仓储、配送管理及采购寻源管理等模块。该系统在吸收国标和行业标准的基础上，应用ERP系统，整理和规范22万条物资编码，实现了从需求计划到利库、采购计划，从采购到接收、结算，从需求到领用、核算业务全过程的财务业务一体化管理，简化了管理模式，强化了集团对采购物资的管控力度和调剂手段。该系统还具有技术开发灵活、方便等性能。2017年1月1日，神华宁夏煤业集团公司信息化并入神华集团ERP系统，并正式上线运行。新系统上线后，属神华集采物资自动上传至神华物资管理部。

（四）ERP销售系统

2011年，在全面推进集团公司ERP信息化系统建设进程中，保留了承载着煤炭生产、运输、销售一体化的ZING销售系统，并针对在煤炭、煤化工、煤深加工产品销售业务、运输业务管理和控制上的空白，确定建立覆盖运销公司、煤化工公司、炭基公司的销售经营管理协同网络系统，以达到生产与销售、销售与财务结算的无缝对接。该系统以ORACLE ERP销售系统为主体，ZING运销系统作为补充，解决了现行运销公司财务与业务的脱节问题，实现了集团公司产品销售与结算业务数据、信息一体化管理。系统的运用以全过程的数据信息，真实反映了生产、销售、客户货款回收、关键客户的合同兑现率和达成率的完成情况，给决策层和实施层提供了管理依据。

（五）ERP系统迁移项目

2016年4月—2017年3月，由神华信息公司、上海汉得信息技术股份有限公司负责。项目依托于神华集团信息化建设总体规划，遵循“六统一、五集中”的信息化建设策略，基于神华宁煤集团ERP实施模板，落实企业高层将大型单位纳入集团统一的ERP系统中进行管理，实现全集团集中、统一管控。

二、财务附件扫描系统

2012年3月启动财务附件扫描系统建设。该系统由信雅达系统工程股份有限公司承建，经历需求调研、流程梳理、系统功能开发、功能测试、试点单位上线运行等5个阶段，实施的内容包括原始单据采集、原始单据审核、原始单据查询、基础数据管理、考核统计报表及与ERP系统凭证号自动补录等。4月1日，系统建成的首批24家单位（27个账套）上线运行，实现了神华宁夏煤业集团公司财务远程、集中、可视化审核功能。各单位通过影像扫描系统将凭证、附件拍照并上传，实施凭证、附件的实时审核。该系统实现了对基层单位会计核算全过程的实时审核与监督，确保账务处理的统一化、标准化及规范化，有效防范了财务风险，强化了财务监管力度，提升了会计核算水平。

三、门户网站

2009年，集团公司设有门户网站，网址为http：//www.nxmy.com。该门户网站是集团公司对外宣传的窗口，内部员工交流的平台，以宣传“神宁文化、神宁产品、神宁精神”为目的，主要设置有集团公司、新闻中心、产品营销、投资合作、宁东建设、战略动态、技术创新、安全生产、企业文化、政策法规、宁煤旅游等功能模块。

四、EPS业务报账系统

由电讯盈科信息技术（广州）有限公司（IMB公司）负责承建。2010—2011年，IBM公司作为实施方，配合完成了ORACLE ERP系统全集团范围内的部署应用，财务核算规范性、报表编制上报质量与效率，财务与业务一体化得到提升，但还无法实现与投资系统的有效集成，缺少业务报账、资金预算、资金支付、合同支付信息的功能。2013年3月，神华宁夏煤业集团公司决定在ORACLE ERP实施的基础上，实施EPS业务报账系统，以实现ORACLE ERP项目会计模块及EPS企业流程管理套件业务报账、合同收支信息管理、资金计划、资金收付管理、预算管理在全集团范围内的拓展部署应用。同年9月，EPS业务报账系统建设完工交付应用，实现了集团公司内部银行、业务报账、资金支付、资金管理、合同收支信息管理、预算管理、收据管理一体化运作。

五、移动前端微网站系统

2016年，神华宁煤集团信息技术中心正式启动移动前端微网站系统建设。该系统主要借助“神华宁煤号”建设移动端网站，初步搭建手机移动宣传平台，通过手机终端平台，打破地域、时间、空间限制，全方位方便、快捷的宣传企业形象，展示发展变化和各类产品信息，有效提高企业知名度，扩大影响力和潜在用户吸引力，满足了社会公众了解企业信息的需求。

六、物资仓储货位移动管理APP平台

2017年3月启动，由神华宁煤集团信息技术中心负责开发建设。该平台主要依托已有仓储管理信息资源，融合运用APP、通信、接口等IT技术，研究开发物资仓储货位移动管理APP平台，解决现有库房管理手持终端设备老化、管理软件无法升级更新的难题，实现宁东仓储中心库房管理人员的移动办公，实现网上、手持终端、手机3种方式的仓库管理，推动库管工作的精确化、高效化，为大物资、大物流的管理目标做试点示范，最终实现物资信息化的跨越发展。2018年3月，该平台建成运行。

七、煤炭计量系统

2014年4月，由信息技术中心负责开发建设，通过信息化手段掌握各煤矿生产单位的原煤产量数据。在系统建设中，80%矿井在主提升带式输送机上安装用于井口出煤流量计量的称重设备，再通过接口软件将各矿皮带秤设备统一连接起来，形成集团级别的井口计量产量查询系统。2017年8月，该系统投入运用，使通过接口接入该系统的销售系统、煤质系统等其他平台数据具有了数据比对、数据深加工和自动汇总生成集团公司生产指挥中心所需的各维度报表的功能，结束了以往手工抄写报送再抄写汇总的历史。

八、教育培训系统

2012年9 月，集团公司启动了员工教育培训信息系统项目建设。项目由西软软件股份有限公司负责承建。该系统是一套基于B/S架构的教育培训系统，构成了集团公司教育培训系统化教育需求、员工培训、考试、取证等一整套完整流程的信息化集中管控平台。

2013年6月，集团公司员工教育培训系统全面上线，形成了集团公司教育培训体系从培训需求、调查问卷汇总上报、在线报名、开（分）班、分配班主任、安排课程等到员工参加学习、考试、取证的完整体系。系统的运行，使集团公司教育培训中心的培训资源得到了有效利用，既增加了企业员工内部培训概率，又减少了委外培训费用，降低了企业员工教育培训的成本。

九、党建信息化平台及数字化工会

2012年6 月，集团公司启动党建信息化平台及数字化工会平台建设。项目有东华软件股份公司实施承建。该系统采用Java（Java Standard Development Kit 6）作为基础开发语言，利用虚拟机的优势，实现对不同运行环境的良好适应，确保系统具备较强的移植性。系统业务模块涵盖组织、宣传、纪检、工会、团青及社会事务等日常业务工作。2013年11月，党建信息化平台及数字化工会系统建成投入运行，实现了集团公司、所属单位、基层组织、党员（员工）的多层次分级管理，并提升了集团公司党务、工会、团青工作的管理水平和工作效率，加强了集团公司与基层单位的业务联系，为充分发挥国有企业党群组织在生产经营中的作用奠定了坚实的基础。目前，该系统已被新疆天富集团借鉴应用。

十、员工之声信箱系统

2016年12月，信息技术中心负责承建了集团公司员工之声信箱系统。该系统门户网站涵盖写信页面、最新来信、最新回复、来信查看、政策法规、热点互动等栏目，主要为集团公司、所属二级单位、基层区队、员工提供综合的信息化系统资讯、写信、业务交流等系统服务。

第五节　矿井信息化建设

一、矿井自动化

2010年，在石槽村煤矿进行矿井自动化建设。2011年，在金凤、红石湾煤矿进行矿井自动化建设。2012年，对任家庄、清水营煤矿原有自动化系统进行改造升级。2013—2015年，在麦垛山、双马煤矿进行矿井自动化建设。同期对梅花井、羊场湾、枣泉原有自动化系统进行升级改造。各矿井重点实现了井下主运输、变电所、水泵房、主通风机等自动化系统的集成接入，实现了设备的远程控制。2017年，在金家渠矿井进行“智慧矿山”建设，在重点完成井下主运输、变电所、水泵房、主通风机等矿井自动化系统的集成接入，实现设备的远程控制的同时，建立智能分析决策平台，为矿领导提供研究和决策依据。

截至2017年，神华宁煤集团有生产和筹建矿井共15家，其中银北1家（汝箕沟无烟煤分公司），宁东14家（梅花井、枣泉、羊场湾、灵新、红石湾、石沟驿、任家庄、石槽村、红柳、麦垛山、双马、金凤、金家渠、清水营），都基本实现了矿井自动化建设。

表3-5-1　集团公司矿井信息项目建设投资情况完成表

序号	单位名称	始建时间	结束时间	投资额（万元）	建设情况
1	石槽村煤矿	2010年5月	2011年9月	1100	建设煤矿生产综合监控系统，实现在各矿调度中心对井下主煤流运输、变电所、水泵房等重要场所的集中实时监测、远程控制及闭锁联动

续表

序号	单位名称	始建时间	结束时间	投资额（万元）	建设情况
2	红石湾煤矿	2010年7月	2011年9月	820	建设煤矿生产综合监控系统，实现在各矿调度中心对井下主煤流运输、变电所、水泵房等重要场所的集中实时监测、远程控制及闭锁联动
3	金凤煤矿	2011年3月	2011年9月	1180	建设煤矿生产综合监控系统，实现在各矿调度中心对井下主煤流运输、变电所、水泵房等重要场所的集中实时监测、远程控制及闭锁联动
4	任家庄煤矿	2012年2月	2012年12月	398	安全生产管理从手动干预、有人值守向自动控制、少人或无人值守转变，由被动、事后响应向主动、事前预警、预控转变，从经验决策向智能决策转变；在井下主煤流运输、变电所、水泵房等场所减少岗位工人，实现安全和降本的“双赢”
5	清水营煤矿	2012年3月	2012年12月	462	
6	麦垛山煤矿	2013年4月	2014年7月	730	建设煤矿生产综合监控系统，实现在各矿调度中心对井下主煤流运输、变电所、水泵房等重要场所的集中实时监测、远程控制及闭锁联动
7	双马煤矿	2013年9月	2014年9月	1603	建设煤矿生产综合监控系统，实现在各矿调度中心对井下主煤流运输、变电所、水泵房等重要场所的集中实时监测、远程控制及闭锁联动
8	羊场湾煤矿	2013年6月	2013年12	587	安全生产管理从手动干预、有人值守向自动控制、少人或无人值守转变，由被动、事后响应向主动、事前预警、预控转变，从经验决策向智能决策转变；在井下主煤流运输、变电所、水泵房等场所减少岗位工400多人，实现安全和降本的“双赢”
9	梅花井煤矿	2013年9月	2014年4月	366	
10	枣泉煤矿	2013年9月	2014年4月	482	
11	金家渠煤矿	2017年4月	2017年11月	837	建设煤矿生产综合监控系统，实现在各矿调度中心对井下主煤流运输、变电所、水泵房等重要场所的集中实时监测、远程控制及闭锁联动

二、安全监测系统

2009年前，集团公司生产矿井（包括小井）安全监测系统的建设及升级改造全部完成，实现了CO、CH4等气体的实时监测。2009年，完成14对煤矿（包括小井）的监测系统与集团调度的接入，建立14个煤矿调度所需的基本图形库，并将各矿安全监测系统信号上传到自治区煤矿安全监察局。同时，按照神华集团信息中心制定的安全监测系统联网标准，完成神华宁夏煤业集团公司的安全监测系统改造。

2012—2016年，神华宁夏煤业集团公司根据各矿生产条件，相继关停红梁公司、乌兰煤矿、石炭井焦煤公司、汝箕沟煤矿、金能公司、磁窑堡煤矿、冯记沟煤矿，随着以上矿井的关停，安全监测监控系统也相继停用，对相关设备进行调拨。

2017年，按照国家安全监察局要求，对现有各矿井安全监测监控系统进行升级改造，截至年底，已提交升级改造方案，经神华宁夏煤业集团公司批复立项并组织实施。

表3-5-2　集团公司安全监测监控系统建设情况表

<table>
<tr><th>序号</th><th colspan="2">矿　名</th><th>系统型号</th><th>测点数2017年</th><th>初装时间</th><th>改造完成时间</th><th>矿井情况</th></tr>
<tr><td>1</td><td colspan="2">汝箕沟无烟煤分公司白芨沟采区</td><td>KJ31N</td><td>103</td><td>2004年</td><td>未改造</td><td>高瓦斯</td></tr>
<tr><td>2</td><td colspan="2">灵新矿</td><td>KJ31N</td><td>234</td><td>2004年</td><td>未改造</td><td>低瓦斯</td></tr>
<tr><td rowspan="2">3</td><td rowspan="2">羊场湾</td><td>一分区</td><td rowspan="2">KJ31N</td><td rowspan="2">678</td><td>2005年</td><td>未改造</td><td>低瓦斯</td></tr>
<tr><td>二分区</td><td>2003年</td><td>未改造</td><td>低瓦斯</td></tr>
<tr><td>4</td><td colspan="2">石沟驿矿</td><td>KJ66NA</td><td>103</td><td>2005年</td><td>未改造</td><td>低瓦斯</td></tr>
<tr><td>5</td><td colspan="2">枣泉矿</td><td>KJ31N</td><td>373</td><td>2006年</td><td>未改造</td><td>低瓦斯</td></tr>
<tr><td>6</td><td colspan="2">清水营矿</td><td>KJ90N</td><td>94</td><td>2009年</td><td>未改造</td><td>低瓦斯</td></tr>
<tr><td>7</td><td colspan="2">梅花井矿</td><td>KJ95N</td><td>308</td><td>2008年</td><td>未改造</td><td>低瓦斯</td></tr>
<tr><td>8</td><td colspan="2">金凤煤矿</td><td>KJ31N</td><td>291</td><td>2010年</td><td>未改造</td><td>低瓦斯</td></tr>
<tr><td>9</td><td colspan="2">石槽村煤矿</td><td>KJ90N</td><td>287</td><td>2010年</td><td>未改造</td><td>低瓦斯</td></tr>
<tr><td>10</td><td colspan="2">红石湾煤矿</td><td>KJ95N</td><td>132</td><td>2010年</td><td>未改造</td><td>低瓦斯</td></tr>
<tr><td>11</td><td colspan="2">红柳煤矿</td><td>KJ90N</td><td>325</td><td>2009年</td><td>未改造</td><td>低瓦斯</td></tr>
<tr><td>12</td><td colspan="2">麦垛山煤矿</td><td>KJ31N</td><td>166</td><td>2011年</td><td>未改造</td><td>低瓦斯</td></tr>
<tr><td>13</td><td colspan="2">任家庄煤矿</td><td>KJ76N</td><td>186</td><td>2008年</td><td>未改造</td><td>低瓦斯</td></tr>
<tr><td>14</td><td colspan="2">双马煤矿</td><td>KJ31N</td><td>191</td><td>2011年</td><td>未改造</td><td>低瓦斯</td></tr>
<tr><td>15</td><td colspan="2">金家渠煤矿</td><td>KJ90N</td><td>124</td><td>2012年</td><td>未改造</td><td>低瓦斯</td></tr>
</table>

三、集成平台

2010年9月，集团公司根据神华集团对安全监测监控系统数据联网的要求，制定《神华宁煤集团安全监测系统联网技术升级方案》。2011年2月，集团公司集成平台建设招标工作完成。同年7月，集成平台建设完工投入运行。

四、井下人员定位系统

2009年3月，集团公司全面完成金能煤业分公司、石炭井焦煤公司、乌兰煤矿、白芨沟煤矿、红梁公司、汝箕沟煤矿、灵新煤矿、石沟驿公司、磁窑堡煤矿、梅花井煤矿、清水营煤矿、任家庄煤矿井下人员定位建设系统，开始搭建集团公司人员定位系统联网平台。

2011年，集团公司人员定位系统联网平台建成并通过验收投入运用，为统一调度决策和及时掌握井下人员分布状况、考核领导干部入井情况提供了准确的信息。2011年年底，集团公司按照《神华集团矿井人员定位管理信息系统总部级管理平台数据接口协议》中规定的二级公司向神华集团总部上传人员定位数据的标准和要求，委托北京富力通能源软件公司开发了人员定位数据上传软件。2013年4月，集团公司人员定位数据上传软件开发成功交付使用，符合条件的数据开始向神华集团上传。

2017年，集团公司所属生产矿井全部建设了人员定位系统，并将人员定位数据集成到了集团公司服务器。各矿井选用的人员定位系统多为RFID和ZIGBEE通讯模式的定位系统，其设备主要包括服务器、传输接口、井下传输分站、人员位置识别器、标示卡等。该系统具有对携卡人员出入井时刻、重点区域出入时刻、限制区域出入时刻、工作时间、井下和重点区域人员数量、井下人员活动路线等进行监测、显示、打印、存储、查询、报警、管理等功能，其中金家渠煤矿建设的人员定位系统于2016年实现精确定位，定位精度达到5米。

表3-5-3　集团公司煤矿人员定位系统建设情况表

序号	矿井名称	建设厂家	联网情况
1	金能煤业分公司	重庆煤科院	已联网
2	石炭井焦煤有限公司	北京富力通	已联网
3	乌兰煤矿	北京富力通	已联网
4	大峰煤矿红梁采区	北京富力通	已联网
5	汝箕沟煤矿	北京天一众合	已联网
6	白芨沟煤矿	北京富力通	已联网
7	灵新煤矿	北京天一众合	已联网
8	羊场湾煤矿	西安大唐电信	已联网
9	石沟驿煤业公司	北京神州鼎天	已联网
10	枣泉煤矿	重庆煤科院	已联网
11	清水营煤矿	杭州北辰	已联网
12	任家庄煤矿	大连高端	已联网
13	梅花井煤矿	神州鼎天	已联网
14	石槽村煤矿	武汉七环	已联网
15	红柳煤矿	北京富力通	已联网
16	红石湾煤矿	江西联创	已联网
17	金凤煤矿	武汉七环	已联网
18	麦垛山煤矿	常州自动化	已联网
19	双马煤矿	武汉七环	已联网
20	金家渠煤矿	常州自动化	未联网

五、井下移动通信系统

2009年，集团公司各煤矿建有井下本质安全型手机（小灵通）无线对话通信系统，其中汝箕沟无烟煤分公司白芨沟井建成双网无线调度通信系统，井下小灵通与调度电话、地面固定电话间无线双向直拨通话，并能够实现调度员对小灵通进行“强插”“强拆”“紧呼”等调度功能。

2010年，集团公司按照国家安全生产监督局将井下通信系统列为煤矿安全生产六大系统之一的相关要求，对井下无线通信系统进行技术改造，将中国移动公司大量采用的3G（TD-SCDMA）移动通信技术，按煤矿无线调度通信的特殊要求定制后引入到煤矿井下的移动通信系统，首次在井下实现移动手持终端的移动应用。3G移动通信技术实现了短信、彩信、可视电话、数据传输功能，同时具有抗干扰能力强、语音清晰、容量大、传输距离远等优点。单载波上下行时隙配置为3 ∶ 3，单载波有24个语音用户信道，一个用户板可以接入24×9=216个语音用户，一个基站可装6个用户板。2瓦的矿用3G无线通信基站覆盖距离为1500米，并可实现覆盖区域内多个用户同时通话，为煤矿井下安全生产管理移动通讯提供了可靠的平台。

2013年，集团公司依据双马煤矿无线通信信号需要，覆盖包括主斜井、副斜井、回风斜井、4-1煤回风大巷、4-1煤运输大巷、4-⑴辅运大巷及4-⑴煤三个工作面上下两端顺槽和地面宿舍楼、办公楼、员工食堂、联建楼、文体活动中心等建筑的初步设计要求，将该矿作为应用3G通信技术试点。在该矿建设了KT152 3G无线通信系统，实现了井下3G通信信号全覆盖的语音、短信、彩信、可视电话、数据传输功能和包括安全监测、人员定位、故障申报等移动应用。

2017年，集团公司将金家渠煤矿确定为智慧矿山建设的试点，开展4G无线通信技术研究与应用。采用4G TD-LTE技术，在矿用无线通信网络内完成语音集群，宽带数据传输、高清视频上传及分发调度段。通过建设地面、井下无线专网，实现移动通信联络，并与生产综合监控系统数据对接，实现所有井下各类安全生产信息能够实时接送到手机客户端，为煤矿安全生产管理水平的提升创造了有利条件。

第四篇 煤炭生产与运销

2009年以来，随着煤矿开采技术装备的快速进步和煤炭市场企稳向好，神华宁煤集团的矿井建设、煤炭生产经营工作实现了跨越发展。矿井建设规模向大型化、集约化发展，特别在宁东矿区除个别矿井外，大多数煤矿年设计生产能力都在400万吨以上，其中羊场湾煤矿、梅花井煤矿年设计生产能力分别达到1500万吨和1200万吨，枣泉煤矿、红柳煤矿、麦垛山煤矿均达到800万吨。各煤矿开采布局向长走向、大采高设计迈进，其中梅花井煤矿回采工作面的走向长度达到4000 ~ 6000米，羊场湾煤矿回采工作面采高达到6.2米。各煤矿开采技术实现了以综合机械化采煤为主向矿井全面机械化、自动化、信息化、智能化开采的转变。银北老矿井坚持神华宁煤集团“北部挖潜”的发展战略，通过技术改造也焕发出新的活力，如金能煤业公司（原石嘴山一矿、石嘴山二矿联合）技术改造后，矿井年设计生产能力达到360万吨，比改造前提高了100万吨。集团公司煤炭销路畅通，客户遍布宁夏、甘肃、河南、湖北等22个省、自治区，销量稳中有升，其中2012年、2013年、2014年商品煤销量分别达到7116万吨、7656万吨、7272万吨。

2018年，神华宁煤集团共有井工开采煤矿18处（不含在建矿井1处、停产矿井1处、关停矿井3处）、露天矿1处，除关停矿井外，其余矿井核定生产总能力8500万吨/年，实际完成原煤产量6189.86万吨，商品煤销量完成6321万吨，实现销售收入235.8亿元。

第一章　井工开采

第一节　开拓

一、矿井开拓方式及生产能力

2009年，集团公司所属煤矿多采用斜井开拓方式，个别煤矿采用斜井、立井综合开拓方式。2018年，在集团公司18个井工煤矿中，采用斜井开拓方式和斜井、立井综合开拓方式的各为9个，其中采用斜井、立井综合开拓方式的除金能煤业分公司、石炭井焦煤公司地处银北老矿区外，其余均分布在银南矿区。因各矿区煤层赋存条件不同，各矿井的开拓系统也各异。详见集团公司矿井开拓方式及设计生产能力表。

表4-1-1　神华宁煤集团矿井开拓方式及核定生产能力

<table>
<tr><th>序号</th><th>矿井名称项目</th><th>核定能力(万吨)</th><th>开拓方式</th><th>主提升方式</th></tr>
<tr><td>1</td><td>金能煤业分公司</td><td>340</td><td>主斜井、立井综合开拓</td><td rowspan="19">强力钢丝绳芯带式输送机</td></tr>
<tr><td>2</td><td>石炭井焦煤公司</td><td>135</td><td>主斜井、立井综合开拓</td></tr>
<tr><td>3</td><td>白芨沟煤矿</td><td>160</td><td>斜井单水平上、下山开拓</td></tr>
<tr><td>4</td><td>乌兰煤矿</td><td>240</td><td>斜井多水平阶段石门联合开拓</td></tr>
<tr><td rowspan="2">5</td><td rowspan="2">羊场湾煤矿</td><td rowspan="2">1200</td><td>一分区：主斜井、立井综合开拓</td></tr>
<tr><td>二分区：斜井开拓</td></tr>
<tr><td>6</td><td>枣泉煤矿</td><td>800</td><td>斜井单水平上下山开拓</td></tr>
<tr><td>7</td><td>灵新煤矿</td><td>320</td><td>采用片盘斜井单水平上下山开拓</td></tr>
<tr><td>8</td><td>梅花井煤矿</td><td>1200</td><td>斜井单水平上下山开拓</td></tr>
<tr><td>9</td><td>清水营煤矿</td><td>500</td><td>斜井、立井综合开拓</td></tr>
<tr><td>10</td><td>石槽村煤矿</td><td>600</td><td>斜井、立井综合开拓</td></tr>
<tr><td>11</td><td>红柳煤矿</td><td>800</td><td>斜井、立井综合开拓</td></tr>
<tr><td>12</td><td>麦垛山煤矿</td><td>800</td><td>斜井、立井综合开拓</td></tr>
<tr><td>13</td><td>双马煤矿</td><td>400</td><td>斜井开拓</td></tr>
<tr><td>14</td><td>金凤煤矿</td><td>400</td><td>斜井开拓</td></tr>
<tr><td>15</td><td>金家渠煤矿</td><td>400</td><td>斜井、立井综合开拓</td></tr>
<tr><td>16</td><td>任家庄煤矿</td><td>360</td><td>斜井、立井综合开拓</td></tr>
<tr><td>17</td><td>红石湾煤矿</td><td>60</td><td>斜井单水平上下山开拓</td></tr>
<tr><td>18</td><td>石沟驿煤矿</td><td>90</td><td>斜井开拓</td></tr>
</table>

二、斜井开拓矿井

（一）白芨沟煤矿

矿井设计生产能力160万吨/年，核定生产能力160万吨/年。可采煤层划分为2个煤组，二层煤为上组煤，三、四、五、六、七层煤为下组煤。矿井共划分为2个采区，以白芨沟为界，以南区域为南翼采区，以北区域为北翼采区。矿井共设5条井筒，分别为主井、副井、人行井、辅助运输平硐和回风井。井底车场设在+1675米水平，布置有+1675米水平大巷。在白芨沟保安煤柱范围内分别布置+1640米运输石门、+1650米回风石门、+1680m辅运石门，3条石门分别位于二层煤顶底板的岩层中，兼顾矿井南北两翼的开采。

（二）乌兰煤矿

矿井设计生产能力为240万吨/年，可采储量14374.47万吨，矿井服务年限42.78年。矿井主采煤层为二、三、七、八层煤。井田沿倾向划分为三个水平，一水平标高+1350米、二水平标高+1150米、三水平标高+900米，二、三水平共划分为一个采区。矿井开拓分为两期进行，一期开拓至+1150米水平，二期开拓至+900米水平。矿井布置主斜井、副斜井、管道斜井、北翼回风井、南翼回风井、南翼二号回风井和后期中央回风井7条井筒。

（三）金凤煤矿

矿井设计生产能力400万吨/年。全井田共划分12个采区，其中中部3个采区（一、二、三采区），北部 5个采区（四、五、六、七、八采区），南部4个采区（九、十、十一、十二采区）。矿井布置井田中部、北部2个工业场地。在井田中部工业场地内布置主斜井、副斜井（缓坡副斜井）、回风斜井3条井筒，在井田北部工业场地内布置回风斜井1条井筒。

（四）灵新煤矿

矿井设计生产能力为240万吨/年，核定生产能力320万吨/年。井田共划分为7个采区，其中二、四采区开采井田范围内局部的二、六层煤，其余采区开采井田范围内的下组煤（十四、十五、十六煤）。目前，一、二、三、四4个采区已结束生产，正在生产的五、六采区分别设有独立的轨道上山、行人上山、回风上山、运输上（下）山。原一采区主斜井、副斜井、回风斜井保留，主要服务于五、六采区的主运输、行人及排水。

（五）红石湾煤矿

矿井设计生产能力60万吨/年，核定生产能力110万吨/年。可采煤层划分为1个煤组，开采煤层为一、三、五、八层煤。采用上下山开采，以+770米水平为界，+770米水平以上为上山阶段，+770米水平以下为下山阶段，下山阶段以能源走廊为界。下山阶段划分3个区段（+690米区段、+600米区段和+510米区段），每个区段分别布置运输石门、回风石门、辅运石门，石门分别与各层煤相连，兼顾矿井南北两翼的开采。井底车场设在+510米水平。矿井共设主斜井、副斜井、二号副斜井和回风斜井4条井筒。

（六）石沟驿煤矿

矿井设计生产能力90万吨/年。可采煤层分别为一、二、三、四、六层煤。矿井以石沟驿向斜轴为界划分为2个采区。矿井共设主斜井、副斜井、回风斜井3条井筒，井底标高均在+854米水平。

三、斜井、立井综合开拓矿井

（一）金能公司

金能煤业公司煤矿采用斜井、立井综合开拓。2006年金能煤业公司一分区核定生产能力为130万吨/年，二分区核定生产能力为210万吨/年。矿井采用多水平上、下山开采。矿井共布置主斜井、一分区副立井、二分区副立井、一号主斜井、副斜井、东风井和南翼立风井7条井筒，其中主斜井位于井田北部边界外的洗选中心附近，一分区副立井位于一分区工业场地，南翼立风井位于井田西南边界附近。原二分区副立井、一号主斜井、副斜井和东风井改作矿机井的进风井。

（二）石炭井焦煤分公司

矿井设计生产能力120万吨/年，核定生产能力135万吨/年。该公司设置2个生产井，其中一号井采用斜井开拓，布置暗主斜井、一号副斜井、二号副斜井、回风斜井4条井筒；二号井采用斜井、立井综合开拓，布置主斜井、副立井、副斜井、中央斜风井4条井筒。矿井划分为3个水平（一、二水平已开采结束），井底车场设在+900米水平。可采煤层共8层，分上、下煤组开采，这其中上组煤为三、四、五层煤，下组煤为八、九、十、十一、十三层煤。

（三）枣泉煤矿

矿井设计生产能力为500万吨/年，核定生产能力800万吨/年。井田共划分6个分区，一分区、三分区、五分区位于碎石井背斜轴的西侧，二分区、四分区、六分区位于碎石井背斜轴的东侧。各分区内按煤层赋存情况分煤组划分采区，一号、二号煤层为第一组，六号、七号煤层为第二组，深部其他煤层为第三组。每个煤组独立布置上下山，形成生产采区，按照由上及下、先近后远的顺序集中开采。矿井共设有井田中部、井田南部、井田北部3个工业场地，其中井田中部的工业场地内东、西两井共布置东主斜井、东副斜井、东回风斜井、东行人井和西主斜井、西回风斜井、西缓坡副斜井7条井筒，服务于全矿井，井田南部工业场地布置有南翼进风立井、南翼回风立井，服务于十三、十四采区，井田北部工业场地为五、六分区工业场地，各布置有副斜井、行人及皮带排矸斜井、回风斜井3条井筒。全矿井共13条井筒。

（四）羊场湾煤矿

该矿设置2个生产井，矿井设计总生产能力1500万吨/年，核定生产能力1200万吨/年，其中一号井900万吨/年，二号井300万吨/年。一号井划分6个采区，分别是十一、十二、十三、十四、十五、十六采区，在十一采区布置4条斜井，在十三采区、十五采区各布置2条立井。二号井按水平划分为2个采区，+1050米水平以上为一采区，+1050米水平以下为二采区，共布置5条斜井、2条立井。

（五）任家庄煤矿

矿井设计生产能力240万吨/年，核定生产能力360万吨/年。南翼采区水平标高+850米，北翼采区水平标高+650米。井田主体构造形态为一不对称不完整背斜，改扩建后整个背斜东翼共划分5个采区，分别为十一、十二、十三、二十一、二十三采区。矿井原有主斜井、副斜井及回风斜井3条井筒，改扩建后增加中部副立井井筒和中部回风斜井2条井筒。

（六）清水营煤矿

矿井设计生产能力由原设计1000万吨/年修改为500万吨/年。井田可采煤层共14层，划分为上、中、下3个煤组，上组煤为二层煤，中组煤为三、三下、四上、四、五层煤，下组煤为六、八、十、十一、十五、十七、十八层煤。井田共划分为6个采区，分为别十一、十二、二十一、二十二、三十一、三十二采区。矿井主井工业场地已布置有主斜井、一号副斜井、二号副斜井和一号回风斜井4条井筒，副立井工业场地已布置有副立井和回风立井2条井筒。

（七）梅花井煤矿

矿井设计生产能力1200万吨/年。井田共划分2个分区、5个采区采，一分区为＋850米水平以上区域，二分区为＋850米水平以下区域，各分区均划分6个煤组。一分区采用区段石门布置方式回采，二分区采用分煤组集中下山方式回采。矿井一期布置主斜井、一号副斜井、二号副斜井和回风斜井4条井筒，二期增加进风立井和回风立井2条井筒。

（八）石槽村煤矿

矿井设计生产能力为600万吨/年。主采煤层分为上、中、下3组，根据构造划分4个块段共12个采区。矿井共设主斜井、回风斜井、副立井、回风立井4条井筒。主斜井、回风斜井井口位于同一工业场地，副立井井口位置位于鸳鸯湖背斜轴部附近的DF1断点断层以东，回风立井位于井田东部李家圈背斜上S205孔附近。设计采用单水平上下山开采，水平标高为+900米，后期在+700米设辅助水平。

（九）麦垛山煤矿

矿井设计生产能力800万吨/年。井田共划分为2个分区、9个采区。其中，一分区为9勘探线以南区域，共划分为5个采区，分别为十一、十二、十三、十四、十五采区；二分区为9勘探线以北区域，共划分为4个采区，分别为二十一、二十二、二十三、二十五采区。矿井布置主斜井，副立井，回风立井3条井筒，主水平标高+868米。

（十）双马煤矿

矿井设计生产能力为400万吨/年。矿井共分为3个分区，每个分区按煤层组由上而下划分为4个采区，布置主斜井、缓坡副斜井、回风斜井、一号回风立井4条井筒。其中，主斜井、副斜井位于（同一个工业场地内）1907孔附近，回风斜井场地位于1905孔附近。先期开采区域采用一个水平分煤组开采，水平标高+1046米，设计将所有煤层分成4组，第一组包括三层煤一、二分层，四层煤一、二、三分层煤，第二组为六煤层，第三组包括十、十二层煤，第四组包括十七层煤和十八层煤一、二分层。矿井初期投产（I01采区）第一组。

（十一）红柳煤矿

矿井设计生产能力800万吨/年。井田可采煤层18层，共划分3个水平、7个分区、33个采区。在一水平划分11个采区，开采二、三、四层煤；在二水平划分14个采区，开采六、十、十二层煤；在三水平划分8个采区，开采十五、十六、十七、十八层煤。矿井共布置主斜井、缓坡副斜井、一号副立井、二号副立井、一号回风斜井、一号回风立井、二号回风立井7条井筒。

（十二）金家渠煤矿

矿井设计生产能力400万吨/年。二至十二层煤为上组煤，十八层煤为下组煤。+920米为一水平，+550米为二水平，一水平和二水平之间采用集中上山巷道连接。井田共划分为8个采区，分别为十一、十二、十三、二十一、二十二、二十三、二十四、二十五采区。矿井移交生产时在北部工业场地布置主斜井、副斜井、回风斜井3条井筒，井筒落底标高均为+920米；在中部工业场地布置副立井、回风立井2条井筒，其中副立井通过+920米水平石门、井底车场与斜井连接，回风立井通过石门与十三采区下山巷道连接。

第二节 掘进

2009年以来，集团公司煤矿巷道掘进使用激光定向技术。煤巷、半煤岩巷道掘进施工全部使用综掘机掘进→可伸缩带式输送机运煤（渣）→人工支护掘进工艺；岩石巷道和硐室掘进施工仍然采用人工打眼→装药→爆破→机械装渣→电机车（刮板运输机）运渣→支护掘进工艺。新工艺、新装备的推广应用，提高了矿井巷道施工的掘进机械化程度、掘进速度和质量标准化水平。2017年，掘进工作面平均月进尺、机械化程度分别达到197.17米和93.90%，比2009年提高了20.15%和12.44个百分点。

一、炮掘

1.钻眼。2009年，使用煤电钻或YT-28型气腿式风钻湿式钻眼。2010年，在汝箕沟煤矿应用CMJ-17型全液压掘进钻车替代人工打眼，该设备1人操作可以同时运行2台钻，1个开采循环打眼时间比风钻打眼时间缩短三分之二。2011年，羊场湾煤矿岩巷炮掘工作面采用凿岩台车打眼，减少了作业人员和钻眼时间，提高了岩巷掘进速度。2016年，集团公司岩巷每月平均进尺80～90米。

2.爆破。使用毫秒微差电雷管、煤矿许用乳胶炸药和防爆型发爆器实施全断面一次起爆。炮眼装药（光爆掘进工作面因炮眼布置较密隔眼装药）后，按先水炮泥、后黄泥的顺序进行封孔，以降低爆炸温度，消除爆炸瞬间火焰和降低岩、煤尘污染。

3.支护。对主要永久巷道使用锚网喷支护方法，其他巷道大部使用锚网支护方法。锚杆眼钻孔在煤巷掘进主要采用煤电钻钻孔方法，岩巷中主要采用气腿式凿岩机或锚杆液压钻孔机钻孔。支护的锚杆主要为螺纹钢树脂锚杆。为了提高支护质量，在枣泉煤矿等矿使用锚杆液压钻孔机，在梅花井煤矿使用英国生产的半煤岩掘锚机（配套锚杆机）。2012年，为解决掘进速度与锚杆支护速度不匹配问题，在红柳煤矿成功应用全液压锚杆锚索钻车，提高了锚杆钻孔的速度和锚杆锚索支护的质量。

4.装运。使用ZYP-17型、ZYP-30型耙斗装岩机和CDXA-2.5型、CDXT-2.5型蓄电池机车装运矿渣，部分矿排渣采用全液压侧卸式装岩车+无轨胶轮运输车的装运方式。

二、机掘

2009年，集团公司各煤矿的煤巷、半煤岩巷掘进工作面主要装备有掘进机（掘锚机）、转载机、胶带运输机。支护设备主要有煤电钻、锚杆机。支护的锚杆种类主要有螺纹钢树脂锚杆、纤维树脂锚杆，个别地质条件好的矿井在施工开切眼时使用竹锚杆支护。其中，羊场湾煤矿煤巷综掘工作面配备2台S150H/J型半煤岩掘进机、2台S100H/J型煤巷掘进机QDZ-300型胶带转载机，SJ-800C型双向可伸缩带式输送机、MTY-120C型锚杆打眼安装机；岩巷炮掘工作面配备ZY-24型气腿式凿岩机、P-30型耙斗装载机、FC8.3型风镐、JD-11.4型调度绞车、KQW45-16-5.5型污水泵、2BKJ（Ⅱ）-NO6.3/60型局部扇风机等。枣泉煤矿综掘工作面配备SISOT型半煤岩掘进机、DEQ65130型胶带转载机、可伸缩带式输送机SSJ800/90型、MTY-120C型锚杆液压钻机等。清水营煤矿煤巷综掘工作面配有EBJ-160型半煤岩巷掘进机、SZO11/800型桥式转载机、S-J 800C型双向可伸缩胶带输送机、MYJ- 120C型锚杆打眼安装机。

2011年，为提高煤巷、半煤岩巷掘进和支护速度，神华宁煤集团开始配置大功率综掘机、CMM2-15G型全液压锚杆锚索钻车和DSJ100/80/2×160型可伸缩带式输送机。其中，羊场湾煤矿煤巷工作面配备EBZ-160型或EBZ-200型掘进机；枣泉煤矿、梅花井煤矿推广应用EBZ200型综掘机；其余矿井全部配置EBZ160型和EBZ150型综掘机。

2013年，集团公司继在灵新煤矿、乌兰煤矿、金能煤业分公司等单位对硬岩掘进机进行工业试验后，在羊场湾煤矿一分区和枣泉煤矿应用EBZ260型硬岩掘进机进行巷道施工。

2017年，集团公司新增综掘设备62台，使综掘机达到159台。其中，能够使用的133台，分别为S150H/J型、EBZ-160型、EBZ-200型等煤巷和半煤岩巷综掘机123台，掘锚一体机5台，岩巷掘进机5台。其他配套掘进、装载等设备189台，分别为液压锚杆锚索钻车37台，侧卸式装岩机57台，全液压掘进钻车44台，矿用挖掘式装载机43台，梭式矿车8台。

2018年，集团公司新增综掘机22台，索锚杆钻车15台，掘进后配套带式输送机15台。

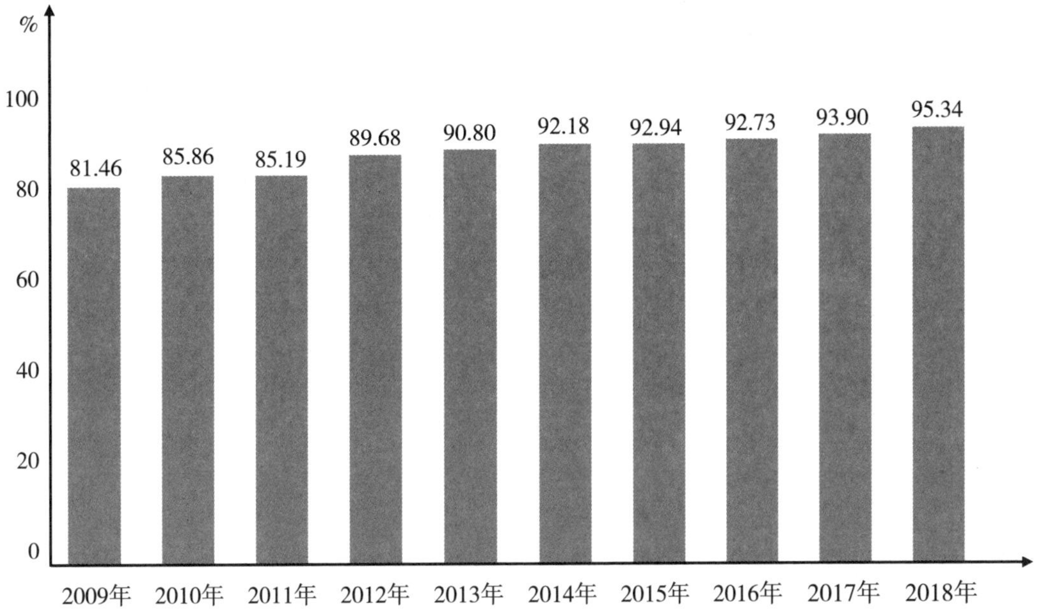

图4-1-1　集团公司掘进机械化程度

表4-1-2　2009—2018年神华宁煤集团掘进单进掘进率完成统计表

指标名称		2009年	2010年	2011年	2012年	2013年	2014年	2015年	2016年	2017年	2018年
掘进工作面累计平均个数		95.86	83.18	85.26	109.21			101.84	70.93	85.57	69.29
工作面平均月进度（米/个.月）		164.10	160.18	153.43	145.03	162.62	164.97	172.12	196.09	197.17	196.42
其中	煤巷	239.16	221.35	206.20	210.62	226.88	232.90	231.16	256.85	244.25	240.90
	半煤岩巷	144.86	166.23	169.84	168.94	203.37	194.51	199.97	235.24	249.23	224.12
	岩巷	75.91	81.89	81.40	67.71	80.25	77.79	81.60	93.84	96.29	91.93
综合掘进率（米/万吨）						48.43	40.29	37.48	40.57	32.81	
掘进工效率（米/工）		0.134	0.124	0.125				0.148	0.151	0.169	0.144

表4-1-3　集团公司掘进总进尺及分类统计表

单位：米

掘进进尺	2009年	2010年	2011年	2012年	2013年	2014年	2015年	2016年	2017年	2018年
合 计	188776	190119	156967	213924	237138	242102	210341	167523	202468	4838661
开拓进尺	38038	38668	20299	26281	26337	28258	21497	11567	19430	117218
准备进尺	13223	18754	11406	17298	26095	22204	18907	14020	19210	
回采进尺	137515	132697	125262	170345	184706	191640	169937	141936	163828	4721443

第三节　采煤

一、采区巷道及工作面布置

2009年以来，集团公司各煤矿的采区巷道布置向大断面、长走向、长斜长发展。其中，羊场湾煤矿回风巷、运输机巷一般在2000 ~ 3000米，工作面斜长250 ~ 350米；梅花井煤矿工作面回风巷、运输机巷通常在5000 ~ 6000米，工作面斜长一般在300米以上；其他各矿回风巷、运输机巷大致在1000 ~ 2000米之间，工作面斜长一般在200米以上；风机两巷断面一般在15平方米以上。

金能煤业分公司将矿井三水平分为4个采区，2个亚阶段，将上组煤分为三十一区、三十三区，下组煤分为三十二采区、三十四采区，其中三十三采区、三十四采区为单翼采区，其他均为双翼采区。四水平划分为四十一区、四十二区、四十三区、四十四区，其中四十一区、四十二区划分为3个亚阶段，四十三区、四十四区划分为4个亚阶段。采区布置轨道巷、皮带巷，上组煤轨道巷布置在三层煤底板，下组煤布置在九层煤底板岩石中。

石炭井焦煤公司矿井水平延深后划分为3个采区，采取分组联合布置，其中中央采区和北翼采区均采取双翼布置，走向长度分别为1150米、1000米。各采区的倾斜长度为460 ~ 500米，分3个小阶段开采。

灵新煤矿井田共划分6个采区，其中一采区、二采区、三采区、四采区已回采结束，五采区、六采区为现主采区。采区为分煤组集中布置，其中采区巷道布置在回采工作面巷道，主要采用煤层集中运输巷和集中回风巷。工作面主要采用单巷布置方式，通风采用“一进一回”方式。五采区南翼工作面走向长度为1800 ~ 1900米，北翼工作面走向长度为1500米，工作面倾斜长度为250米左右。六采区工作面走向长度2000 ~ 2800米，工作面倾斜长度为300米。

羊场湾煤矿一分区划分为6个采区。其中，十一采区以+1058米水平为界，采用上下山开采，井筒兼作采区上下山巷道，两翼布置工作面，形成双翼采区；十二采区以十三采区+980米西翼3条下山巷道为界，在二层煤底板布置3条平巷和3条下山巷道，3条平巷与4条井筒联系，3条下山巷道与3条平巷相连，十二采区单翼布置采煤工作面；十三采区、十四采区根据断层分布和皱褶构造情况，在十二采区3条下山巷道东、西两翼布置3条下山巷道，与十二采区+980米水平3条大巷联系，沿南、北两翼布置采煤工作面；十五采区、十六采区根据沟家梁和DF14断层划分，分别布置在主运输线路西、东两侧，两个采区均布置3条下山巷道，双翼布置工作面。二分区采区采取水平区段划分方式，把+1050米水平划分为一采区，+801米水平划分为二采区。其中，一采区6.2米大采高综采工作面的倾斜长度均按照300米设计；综放工作面根据煤层倾角的大小和采区地质构造等因素将倾斜长度确定在200 ~ 260米之间，走向长度分别为十二采区2000 ~ 3200米之间、十三采区2000米左右、十六采区700 ~ 1500米之间。二采区二层煤综放工作面倾斜长度均按240米设计，六层煤综采工作面倾斜长度均按260米设计，走向长度分别在1000 ~ 1600米和1000 ~ 2900米之间。工作面巷道布置主要采用双巷布置。

梅花井煤矿根据井田开采面积较大、走向较长、开采煤层数量多的赋存条件，将井田划分为+850米水平以上、以下2个分区，共布置5个采区。其中，一分区十一采区共划分为5个区段，每个区段沿倾向布置有一条辅助运输石门和带式输送机石门；各区段辅助运输石门通过联络巷与二号缓坡副斜井连接，各区段带式输送机石门通过区段煤仓与主斜井连接。二分区采用分煤组分别布置集中胶带运输机巷、辅助运输巷和回风巷3条巷道，其中一煤组集中回风下山巷道沿二层煤二分层布置，一煤组集中带式输送机巷道沿三层煤布置，一煤组集中辅助运输下山巷道基本沿三层煤布置。根据煤层赋存条件和装备水平，为减少工作面搬家次数，将一分区划分为6个煤组（采区）回采，工作面走向长度为4000 ~ 6000米。

枣泉煤矿根据煤层赋存为一倾伏式背斜状态，将井田划分为6个分区，背斜西翼为一分区、三分区、五分区，背斜东翼为二分区、四分区、六分区，采区东、西两翼走向长度计6000米，单翼走向长度为3000米，倾斜长度650 ~ 2000米。采区巷道采用一矿两区的斜井布置，东翼主斜井、副斜井、回风井分别兼作十二采区的胶带运输机上山、轨道上山和回风上山巷道；西翼主斜井、缓坡副斜井、回风斜井分别兼作十一采区的胶带运输机上山、辅助运输上山和回风上山巷道。开采顺序为先采一分区后采五分区，在倾向上先采上山采区，后采下山采区，在剖面上先采上组煤（一、二煤层），后采中组煤（六、七、八煤层），最后采下组煤（十、十二、十四层煤）。采区单翼布置2个综采工作面，工作面倾斜长度175 ~ 220米，走向长度分别为2000米、3114米。工作面布置胶带运输机、辅助运输和回风3条巷道，其中辅助运输巷作为下区段的回风巷。胶带运输巷与辅助运输巷间距10 ~ 30米，两条巷之间每隔300米左右设一联络巷。

清水营煤矿井田划分为18个采区，采区巷道布置为十一采区。利用主斜井、一号副斜井、一号回风斜井作为采区上山巷道，形成南北双翼开采；工作面主运输巷通过溜煤眼与主斜井联系，工作面辅助运输巷通过一号副斜井与中部车场联系，工作面回风巷与一号回风井相接。采区划分为3个煤组，按照上、中、下煤组的次序开采。同一采区同一煤层内，采煤工作面间采取由近至远前进式开采，采煤工作面区段内采用后退式开采。在采区＋860米水平以上布置2个综采工作面，+850米水平以下布置1个综采工作面，以3个综采工作面确保矿井年设计生产能力1000万吨目标的实现。

石槽村煤矿工作面巷道采用双巷布置，投产工作面布置3条工作面巷道，采用“两进一回”的通风方式，运输顺槽、辅助运输顺槽进风布置在工作面下部，回风顺槽布置在工作面上部。首采工作面回采结束后，辅助运输顺槽做为下个采煤工作面的回风巷。十一采区、二十一采区（西翼）、二十二采区采煤工作面倾斜长度250米，因受断层影响工作面年推进长度在700 ~ 1500米之间。

任家庄煤矿工作面巷道主要采用单巷布置方式，采用“一进一回”的通风方式，机巷安装带式输送运煤兼作进风巷，风巷安装无极绳绞车运料兼做回风巷。十一采区、二十一采区工作面倾斜长度240 ~ 300米，因受采区地质构造影响，十一采区北翼工作面走向长度为800米左右，南翼工作面走向长度为1400米左右。均采用走向长壁后退式开采，即工作面由采区边界向采区中央井筒方向推进，采区内按照先上层煤后下层煤的顺序开采。

麦垛山煤矿在十一采区不同煤层、回采区域采用适应煤层厚度变化的大采高一次采全高和中厚煤层一次采全高回采工艺。工作面巷道采用双巷布置，投产工作面布置3条巷道，采用“两进一回”的通风方式，带式输送机巷、辅助运输巷布置在工作面下部兼做进风巷，回风巷布置在工作面上部，首采工作面回采结束后辅助运输巷做为下个工作面的回风巷。十一采区、十三采区工作面倾斜长度250米，走向长度5000米左右。

金家渠煤矿南北方向以16勘探线分区，东西方向依次按杜窑沟断层、尖儿庄背斜、金家渠断层、+920米水平以上、+550米水平上下及马柳断层进行分区，将全井田划分为8个采（分）区；倾向上按煤层分组划分16个采区。考虑煤层间距、压茬关系等因素，采区开采顺序原则上先采上组煤采区，后采下组煤采区，先采北部采区，后采南部采区，最后再考虑杜窑沟断层以西块段的开采。矿井共用两个工业场地和一套地面生产系统，初步设计十一采区和十三采区2个采区生产，分别是十一采区开采三层煤（预计于2019年6月中旬具备回采条件），十三采区开采二层煤，两个采区均采用综合机械化采煤工艺。

二、采煤方法及回采工艺

2009年以来，集团公司所有矿井均实现了综合机械化开采的回采工艺，对薄及中厚煤层实行综采一次采全高，对厚煤层实行大综采或综采放顶煤开采。各矿井基本实现了“一井一面”综合机械化采煤，且综采设备具备了自动化、智能化性能。2013年起，采煤机械化程度达到100%。

（一）炮采工艺

单一分层开采工艺及流程为落煤→装运→移溜子→支柱→回收放顶；分层开采为落煤→铺网→装运→移贴帮柱→移溜子→支柱→回收放顶。炮采工艺进行一次为一个循环。

1.放炮落煤。钻眼采用供水式M2-12型等煤电钻、中空麻花钻杆、Y字形钻头，实行湿式打眼，工作面内一般有2台钻同时作业。炮眼按三花眼或五花眼形式布置。炮眼内安装矿用安全炸药、毫秒雷管并用水泡泥和黄泥封孔，使用充电式放炮器引爆，爆破顺序从工作面下部开始以单联单放或分组爆破。单一煤层采取全高爆破落煤，厚煤层采取分层爆破落煤，采高一般为2 ~ 2.2米，单循环进度在0.6 ~ 1米之间。

2.装载运输。工作面放炮落煤后，剩余煤量由员工用铁锹铲装，基本采用SGW-44型刮板运输机或SGW-40T型可弯曲型刮板运输机运煤。

3.铺设假顶。工作面所铺假顶主要由12号镀锌铅丝按25毫米方孔编织而成的金属网，网长10米，宽0.8 ~ 1米，呈卷状入井。这种铺设假顶的方法，在施工工作面切眼、运输顺槽、回风顺槽掘进时也得到广泛应用。

4.推移溜子。采煤工作面装运工作结束后，用安装在工作面溜槽帮上以单体液压支柱液压系统为动力的千斤顶推移溜子，一个回采循环推移一次。

5.顶板支护。工作面顶板支护材料全部为钢质材料。采用具有初撑力高、恒阻、支设快等特点的单体液压支柱，配用工字钢、π型钢顶梁和钢质铰接顶梁、柱帽、柱鞋对顶板进行支护。支护形式有一梁二柱、一梁三柱、一梁四柱等组成，钢质顶梁长1.8 ~ 3.8米。

6.回收放顶。工作面生产一般采用“一采一回”和“两采一回”作业方式。工作面顶板支护完成后，由下而上逐根回收老空一侧的支柱；上、下两巷与采空区形成的三角地带的支柱一般采取“两采一回”，由生产准备班使用慢速绞车、钢丝绳配套或人工回撤。回收结束后，若顶板坚硬不能自行垮落，在达到一定的宽度时，采取打挑顶眼、装药放炮措施强制放顶。

（二）综采工艺

综合机械化采煤工艺（简称综采工艺）及流程为进刀截割→运煤→移溜→移支架，全部由机械设备完成，工作面人员只负责操作按钮、闸阀和监护。

乌兰煤矿二层煤为中厚煤层，煤层厚度为1.23 ~ 8.2米，平均3.5米；三层煤为特厚煤层，煤层厚度为2.91 ~ 23.53米，平均9.08米；八层煤厚度为2.21 ~ 4.1米，平均3.63米。各煤层倾角为20° ~ 25°。二、八层煤采用综合机械化开采，三层煤采用综合机械化放顶煤开采。

羊场湾煤矿十四采区二层煤厚度7.24 ~ 10.66米，平均7.45米，厚度变化小，01、02、03工作面走向和倾向角度在6°以下，采用5.5米大采高设备开采，04、05、06工作面走向倾角10°以下，切眼角度21°，采用综采放顶煤开采。大采高综采设备为美国JOY公司7LS7型双滚筒采煤机，综采放顶煤设备为MG650/1620-WD型双滚筒采煤机。羊场湾煤矿在12采区二煤实施“大倾角复杂特厚易燃煤层6.2米大采高开采集成技术研究”获得成功，并形成了自主知识产权。该技术对复杂开采条件下煤层倾角0° ~ 20°、厚度6米及以上大采高开采具有示范性，特别在大倾角煤层大采高工艺和装备技术的研究与应用方面达到国内领先水平，并在国家能源局组织的技术成果评比中获得了科技进步二等奖。

枣泉煤矿二层煤厚度6.52 ~ 8.57米，平均7.75米，厚度变化小，将十三采区、十四采区划分为10个区段，将十五采区、十六采区划分为10个区段，并依据各区段的煤层厚度分别布置大采高综采工作面和综采放顶煤一次采全高工作面。大采高综采工作面采煤高度确定为5.5米，采用美国JOY公司7LS7型采煤机开采；综采放顶煤工作面采煤高度3米，放煤高度4.75米，采用西安煤矿机械厂的MG500-1130-WD型采煤机开采。2011年9月，该矿在工作面平均倾角35°（局部倾角45°）的情况下，实施大倾角煤层综合机械化开采并获得成功，开创了宁夏煤矿开采史上倾角最大采煤工作面的先河。

红柳煤矿首采工作面开采二层煤，煤层厚度0.85 ~ 10.71米，平均5.06米，采用6.2米大采高综合机械化采煤工艺。工作面安装使用MG900/2245-GWD型电牵引采煤机，配备国产ZY10000/28/62D型液压支架、SGZ1250/3 × 855型刮板输送机、SZZ1350/525型转载机、PLM4500型破碎机和DSJ140/330/3 × 500+3 × 500型胶带输送机（变频驱动）。

金凤煤矿首采工作面开采十八层煤，煤层厚度2.7 ~ 6.36米，平均4.1米，采用5.5米大采高综采工艺。二层煤同时布置2个综采工作面，配备2套综采设备。

石槽村煤矿二十一采区投产工作面煤层厚度3.99 ~ 4.97米，平均厚度4.55米，采用大采高综合机械化采煤。工作面倾斜长度300米，选用德国艾柯夫公司的SL500型电牵引双滚筒采煤机，单循环截深0.85米。

双马煤矿首采工作面开采四一煤层，煤层厚度3.3 ~ 4.5米，平均3.9米，采用一次采全高走向长壁综合机械化开采。

麦垛山煤矿首采工作面开采六层煤，煤层厚度2.4 ~ 3.92米，平均3.3米，采用一次采全高走向长壁综合机械化开采。

金家渠煤矿首采工作面开采二层煤，煤层厚度3.88 ~ 4.3米，平均厚度3.97米，采用一次采全高综合机械化开采。

2013年10月，集团公司第一套“一键启动”自动化综采设备在梅花井煤矿1102206工作面投入生产，实现了自动化远程遥控采煤。该套设备依据采煤机主机系统及工作面视频，通过远程操作台对采煤机进行控制，实现了采煤机智能化快速记忆截割自动化运行、液压支架跟随采煤机自动工作、人工远程辅助干预的自动化生产模式。

2015年4月，集团公司首台SGZ1000/2000型智能刮板输送机在梅花井煤矿1110204工作面安装使用。该输送机通过煤量变化调整运转速度，减少机器定速运转对设备链条的磨损和设备空转造成的电力浪费，同时通过安装在机尾的智能刮板输送机压力传感器、移位传感器，实现对刮板链条张力和传动部件的监测、数据记录，为及时调整链条张力、设备维护提供便利和参考。

2016年5月，集团公司在金凤煤矿十二煤1.6米高的

011205工作面安装1套一键启动所有设备的“可视化+远程干预控制性”自动化综采设备，工作面每5米安装1个摄像仪号码牌标识、每4米安装1部摄像仪，员工可以通过操作支架控制器，实现工作面设备的远程控制，实现了神华宁煤集团薄煤层工作面全自动化开采的常态应用。

截至2017年底，集团公司累计新增综采设备44套，其中在用的42套，分别为ZY4800/7200-09//21型、ZY4800/7200-10/22型综采设备计4套，ZY4800/5200/7200-12/28型综采设备4套，ZY5800/7200-17/35型综采设备4套（含后铺网支架1套），ZY10000-18/37型综采设备3套，ZY7200-19（20）/40型综采设备3套（含后铺网支架2套），ZY8600/10000-22/45型综采设备9套（含从波兰进口2套），ZY8600/10000-22（23/24）/50型综采设备6套（含从波兰进口1套），ZY10000-25（28）/55型大采高综采设备2套，ZY10000-28/62型大采高综采设备7套（含JOY三机、采煤机2套）。

2018年，集团公司新购综采成套设备5套、双马煤矿（补套）三机和采煤机、变薄区域用较薄煤层采煤机4台。采煤机械化率100%。

（三）放顶煤开采工艺

1.炮采放顶煤。炮采放顶煤开采是一种回采巷道沿煤层底板布置，工作面沿底板炮采推进，同时采煤工作面上部一定厚度的顶煤待炮采工序完毕后，靠矿压作用和工作面支架反复支撑使其破碎冒落，通过运输设备进行二次回收的放顶煤工艺。随着综合机械化采煤工艺的发展，该工艺已被逐步淘汰。

2.综采放顶煤。综采放顶煤除工作面沿底板综采外，其余与炮采放顶煤原理相同。

2009年，集团公司在金能煤业分公司、羊场湾煤矿、枣泉煤矿等矿的5个采煤工作面采用了综采放顶煤采煤工艺。枣泉煤矿在110204工作面采用综采放顶煤开采工艺，工作面走向长2350米，倾斜长233米，煤层平均厚度7.2米，倾角27.5°，沿工作面底板开采3.2米，放顶煤厚度4.0米。工作面设备配套为MG750/1920-WD型交流电牵引采煤机、ZF13000/25/43D型支架、SGZ1000/1710型刮板运输机（支架前部溜子）、SGZ1000/2000型刮板运输机（支架后部溜子）。2013年综采放顶煤工作面创造出最高月产517263吨和最高年产3712408吨的成绩。

2016年，集团公司在金能煤业分公司、石炭井焦煤公司、羊场湾煤矿、枣泉煤矿等矿装备6个综采放顶煤回采工作面。其中，羊场湾煤矿、枣泉煤矿主要安装两种综采放顶煤设备，一种配套为MG650/1620-WD型采煤机、国产ZF10000/18/35D型液压支架、SGZ960/2×700型前后部刮板输送机、SZZ1200/525型转载机；一种配套为MG750/1910-WD型采煤机、国产ZF13000/25/43D型液压支架、SGZ1000/2×1000型前后部刮板输送机、SZZ1350/525型转载机。

2017年9月，金凤煤矿因开采的十八层煤煤层厚度增加，后续工作面采用4.3米综采放顶煤开采工艺，主要配套设备包括MG750/1910-WD型采煤机、ZF13000/25/43D型液压支架（国产）、SGZ1000/2×1000型刮板输送机（支架前部、后部溜子）。

截至2018年底，集团公司共装备综采放顶煤开采设备11套。其中，ZF6800-17/30型综采放顶煤开采设备1套，ZF5800/7800/8600-17（18）35型综采放顶煤开采设备8套，ZF13000-25/43D型综采放顶煤设备2套。

（四）无煤柱开采新工艺

1.切顶卸压沿空自动成巷无煤柱开采技术。切顶卸压自动成巷无煤柱开采技术，是在回采巷道将要形成的采空区侧定向预裂，切断顶板的应力传递路径，缩短顶板悬臂梁的长度，减少采空区侧煤体受到回采动压的影响。工作面回采后，顶板沿预裂位置滑落形成巷帮，该巷道作为下工作面的运输巷，且其受顶板作用力大大减少，能保证巷道使用期间的稳定性。该技术已在薄及中厚煤层成功推广应用。

切顶卸压沿空自动成巷无煤柱开采技术具有以下十大优势：切断了“砌体梁”或“传力岩梁”的应力传递，并成功转化为“切顶短臂梁”，有利于顶板岩层控制；改变和优化了经典的围压分布规律；减少了顺槽巷道掘进量50%；利用矿压和围岩运动，自动成巷，实现无煤柱开采，从根源上避免了灾害事故的发生；缓解了工作面接续紧张；老顶破断引起的周期性压力减缓；由于定向爆破切断了应力沿顶板岩梁传递路径，回采巷道处于应力场卸压区，采动期间超前压力大幅度减小；围岩变形量，尤其底臌量大大减小；沿空煤体压力小和围岩完整性好；消除采空区瓦斯的威胁。

切顶卸压沿空留巷的技术工艺流程为在工作面系统形成以后，巷内及采空侧采用恒阻大变形锚索进行支护；恒阻锚索支护完成后，超前工作面一定距离施工聚能爆破钻孔，并进行双向聚能拉伸爆破，在巷道采空区侧顶板内形成一预裂切缝面；待工作面煤层回采后，及时紧贴爆破切顶线布置单体支柱和工字钢（或U型钢）

进行挡矸支护，巷内采用高强度支架或密集单体支柱进行支护；采空区顶板在自重及矿山压力作用下，沿切缝面自动垮落形成巷帮，而回采巷道顶板在支护作用下得以保留；顶板充分垮落压实后，逐步回撤巷内临时支护，并对垮落形成的巷帮进行喷浆处理，用以密闭采空区。巷道形成后可作为下一个工作面的回采巷道使用，从而实现了一面单巷无煤柱开采模式。

2018年，金凤煤矿率先在011810工作面采用厚煤层大倾角切顶卸压自动成巷技术，成功留巷550米，累计采用沿空留巷技术留巷8830米，减少巷道掘进工程量11390米，多回收煤炭110万吨。

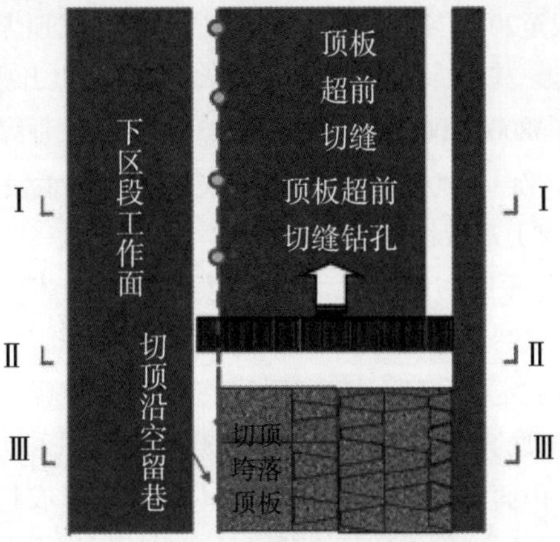

图4-1-2　技术工艺流程平面图

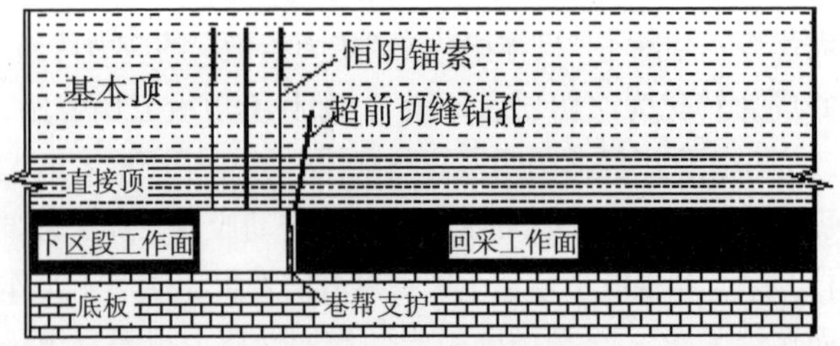

图4-1-3　Ⅰ－Ⅰ剖面

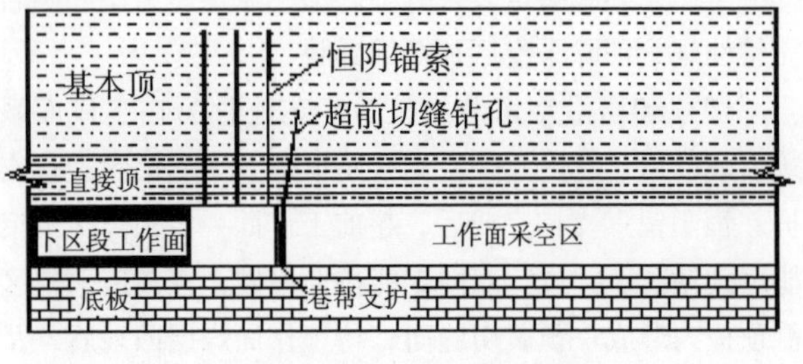

图4-1-4　Ⅱ－Ⅱ剖面

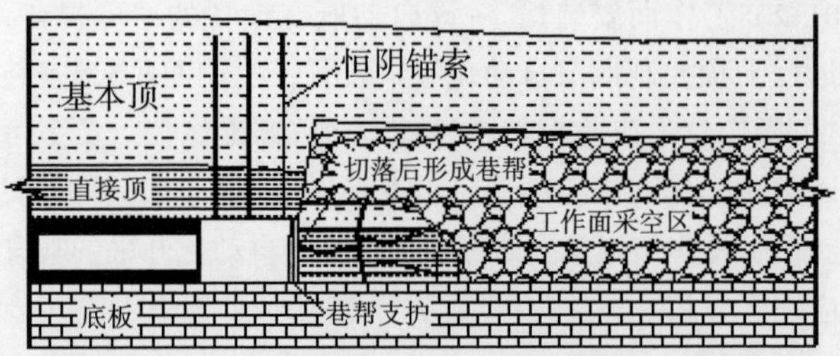

图4-1-5　Ⅲ－Ⅲ剖面

2.柔模混凝土支护沿空留巷无煤柱开采技术。该技术是在回采工作面机巷上帮巷旁采用柔模混凝土支护，柔模混凝土墙体厚度1米，设计强度C25，浇筑于巷内，高度随采高进行调节，留巷后巷道宽度4米，根据留巷效果调整墙体厚度；巷内采用单体配合Π型梁进行超前及滞后支护。2012年，金凤煤矿在011802首采工作面采用柔模泵注混凝土技术沿空留巷获得成功，留巷长度达到550米，此后继续积极推广应用，累计留巷长度达到7780米。工艺流程如下图所示：

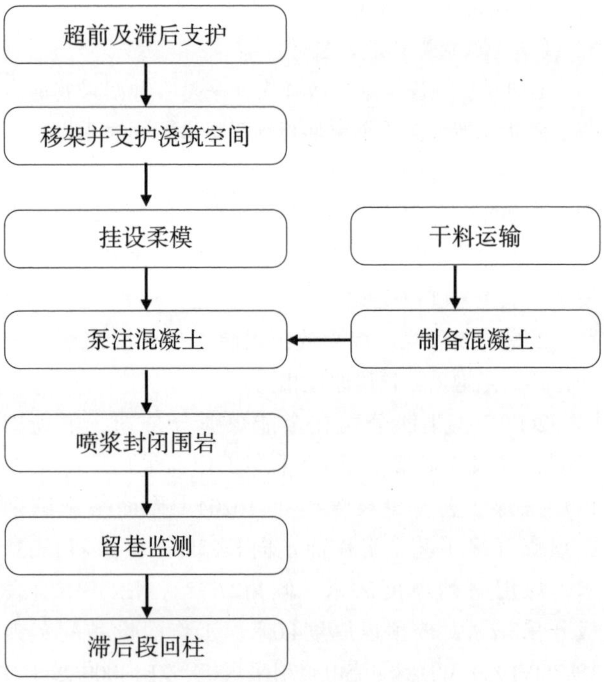

图4-1-6　工艺流程图

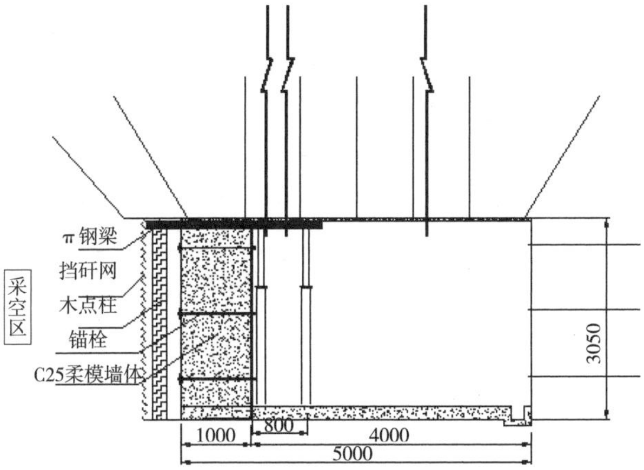

图4-1-7 柔模混凝土支护巷道断面示意图

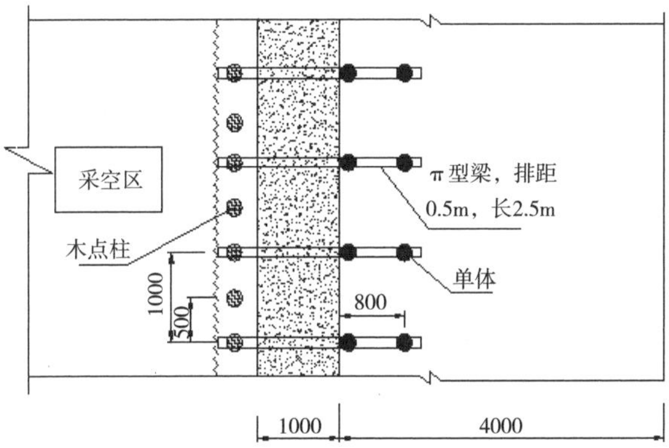

图4-1-8 柔模混凝土支护巷道平面示意图

（五）采煤技术经济指标

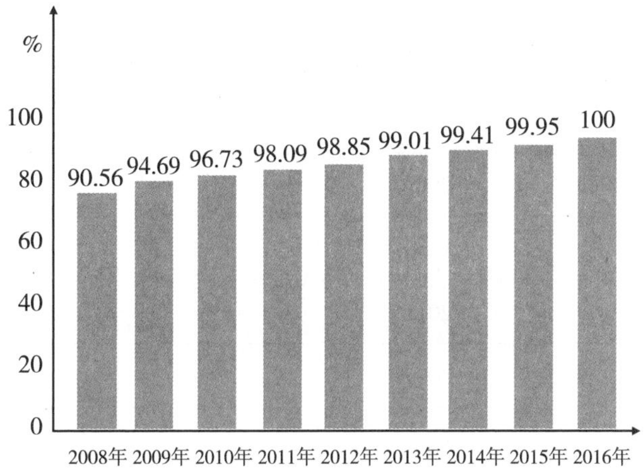

图4-1-9 神宁煤业集团历年采煤机械化程度

表4-1-4 集团公司回采工作面个数、单产分类表

年份	采煤队个数				采煤工作面累计平均个数				采煤工作面平均单产（吨/个月）		
	合计	综采	综放	炮采	合计	综采	综放	炮采	合计	机采	炮采
2009年	28	14	8	7	28.42	14.66	6.21	7.55	125713	168046	25087
2010年	24	13	7	4	28.27	15.62	7.70	4.95	148283	173850	27712
2011年	29	22	5	2	24.88	16.56	5.96	2.21	191594	207737	38466
2012年	31	23	6	2	26.87	20.20	5.34	1.33	196811	204722	45404
2013年					28.64	18.89	7.76		202407		
2014年					27.45	19.31	6.89		202434		
2015年					23.64	18.12	5.34		200539		
2016年					20.89	18.01	2.87		223334		
2017年					20.21	18.83	2.38		236936	236936	
2018年					21.48	18.41	3.07		233044	233044	

表4-1-5　集团公司回采工作面效率表

年份	原煤生产人员效率	
（吨/工）	回采工效率	
（吨/工）		
2009年	6.600	36.676
2010年	8.300	45.113
2011年	9.824	57.584
2012年	9.652	59.178
2013年	10.430	63.285
2014年	10.696	62.567
2015年	10.461	62.318
2016年	11.798	71.672
2017年	12.386	75.098
2018年	13.086	79.208

表4-1-6　集团公司原煤产量构成统计表

单位：万吨

年份	合计	按煤种分				按地域分	
		动力煤	无烟煤	1/3焦煤	焦煤	银南矿区	银北矿区
2009年	5025.02		682.79				
2010年	6006.53		721.78				
2011年	6403.61	4978.86	532.06	588.70	304.00	5302.89	1100.72
2012年	6818.78	5318.35	585.67	661.98	252.78	5750.31	1068.47
2013年	7454.83						
2014年	7226.56					6040.36	1186.20
2015年	6465.50	4981.74	658.62	659.34	165.80	5380.30	1085.20
2016年	5786.66	4921.34	507.78	356.53	1.01	5272.59	514.06
2017年	6215.35	5538.02	377.10	300.26		5838.26	377.10
2018年	6323.46	5583.06	216.80	389.99		5973.06	216.80

表4-1-7　集团公司原煤产量统计表

单位：万吨

矿井名称	2009年	2010年	2011年	2012年	2013年	2014年	2015年	2016年	2017年	2018年
合计	5025.02	6006.53	6403.61	6818.78	7454.83	7226.56	6465.50	5786.66	6215.35	6189.86
羊场湾煤矿	1700.02	1800.20	1760.60	1674.80	1490.85	1530.08	1302.55	1100.67	1120.29	1030.67
灵新煤矿	348.97	477.89	376.02	340.08	351.98	341.48	330.17	376.68	398.38	320.00
枣泉煤煤矿	555.00	820.17	862.27	920.17	1067.07	879.67	660.67	528.17	618.86	672.67
清水营煤矿	61.60	241.02	232.00	123.02	260.52	291.12				14.58
梅花井煤矿	265.21	456.00	860.60	900.04	1112.51	1000.01	951.68	1004.67	1039.61	1013.15
石槽村煤矿			110.24	360.00	384.02	322.28	340.11	316.55	406.39	425.97
红柳煤矿	15.05	74.29	518.39	540.00	605.00	654.82	600.97	450.00	593.10	658.52
金凤煤矿			100.02	330.17	400.17	417.61	426.53	422.76	352.89	400.00
麦垛山煤矿							120.00	340.22	460.28	523.51
双马煤矿			10.00			11.83	83.24	302.02	460.20	400.00
任家庄煤矿	273.00	278.99	300.60	330.80	370.00	306.80	270.19	301.47	240.39	330.00
红石湾煤矿			23.43	101.17	160.67	155.07	128.38	49.79	59.85	59.99
石沟驿煤矿	137.32	144.54	145.40	130.08	120.98	129.60	165.84	79.62	85.91	73.90
汝箕沟（矿）无烟煤分公司		115.94	72.29	585.67	651.28	660.39	658.62	507.78	377.10	216.80
金家渠煤矿									2.10	50.11
金能煤业分公司		148.89	264.67	230.02	291.78	300.78	260.78	5.28		
石炭井焦煤公司	178.16	123.07	177.07	172.72	130.00	130.02				
乌兰煤矿	151.07	431.30	126.93	80.07	58.00	95.01	70.67	1.01		
白芨沟煤矿	185.50	165.19	168.89							
大峰煤矿	267.86	295.12	290.87							
红梁公司	80.53									
磁窑堡煤矿	192.99									
冯记沟煤矿	32.55	33.45	3.33							

注：汝箕沟无烟煤分公司为汝箕沟煤矿、大峰露天煤矿、红梁井、卡布梁井、白芨沟煤矿合并。

第四节　矿井延深、新区开拓及技术改造

一、矿井延深

2010年10月，中煤国际工程集团重庆设计研究院编制完成《乌兰煤矿二水平安全技术改造补套工程及三水平延深初步设计》。按延深设计，矿井采用综合开拓方式和两翼对角式通风方式，原主斜井及工业场地保持不变，在主斜井工业场地西侧新建副立井，原暗主斜井由落底+1115米延深至+880米水平，原行人管道斜井由落底+1350米延深到+910米水平。矿井地质储量1.25亿吨，设计生产能力240万吨/年，服务年限32.6年。

2014年3月，宁夏煤矿设计研究院编制完成《石炭井焦煤公司四水平延深初步设计》。设计确定四水平开采标高范围为+900 ~ +590米，沿倾斜划分为4个区段，区段标高分别为+800米、+730米、+660米、+590米，区段垂高在70 ~ 100米之间。四水平采用综合开拓方式和独立分区式通风方式，共设置有原主斜井、暗主斜井（下延至标高+555米）、副立井（改造成南翼回风立井）、中央斜风井（由标高+900米下延至+590米、改造

成北翼回风斜井）和新副立井、中部轨道上山、乘人器井筒7条井筒和上山巷道。其中，暗主斜井倾角23°，斜长795米；中部轨道上山倾角25°，斜长820米；乘人器井筒倾角25°，斜长740米；中央斜风井倾角25°，总斜长2038米；新副立井垂深879米。矿井地质储量11579.54万吨，设计生产能力150万吨/年，服务年限37.4年。

2015年，宁夏煤矿设计研究院编制完成《羊场湾煤矿二号井二煤延深接续初步设计》。延深设计主要针对矿井+800米水平至+600米水平内的二层煤进行，设计以297°方位角布置二层煤延深运输下山巷道、深轨道下山巷道、回风下山巷道，井底水平设置在+615米水平，并在+615米水平设置有井底车场、水仓、水泵房等。延深采用中央并列式通风方式，综合机械化放顶煤采煤法开采，设计生产能力300万吨/年。

二、新区开拓

2010年，宁夏煤矿设计研究院编制完成《灵新煤矿六采区初步设计》。设计六采区南北平均走向长7.5千米，东西平均倾向宽1.1千米，面积8.25平方千米，开采下组煤。六采区共分3个区段，区段平均垂高70米，每一区段工作面斜长280～300米，可采煤层为十三、十四、十五、十六层煤，地质储量8819万吨，可采储量5694万吨，年设计生产能力初期为180 万吨，后期为300万吨，服务年限15.96年。采区采用斜井、立井综合开拓方式和中央并列方式通风，设计从三采区集中煤仓上口（+1100米水平）按284°方位角做六采区运输下山巷道，按倾角16°向下穿层布置，见到十六层煤后沿煤层布置到+850米水平，形成六采区主运输系统；六采区轨道上山方位角284°，倾角20°，从地面+1308米布置至井下+1055米水平，上山提升长度750米，担负六采区从地面至+1055米水平的辅助提升和进风任务；六采区行人下山巷道从+1100米至+840米以方位角284°沿15煤布置；六采区回风下山从三采区回风上山继续沿十四煤向下延深至+840米水平，将三采区轨道上山改为回风井筒与三采区回风上山共同担负采区回风，以解决三采区回风上山井筒断面小的问题。

2011年，宁夏煤矿设计研究院编制完成《羊场湾煤矿二号井六煤接续初步设计》。设计矿井采用斜井开拓方式，设置有主斜井、副斜井、斜风井、进风井4条井筒，新建一条无轨胶轮车运输斜井。一采区六层煤辅助运输利用无轨胶轮车运输斜井，二采区沿六层煤新布置一条轨道下山。矿井为中央并列式通风方式，主斜井、副斜井、进风井及无轨胶轮车运输斜井进风，斜风井回风。接续采区设计生产能力300万吨/年，服务年限4年，采用一次采全高综合机械化采煤法，工作面采用走向长壁后退式采煤工艺。

2012年3月，宁夏煤矿设计研究院编制完成《羊场湾煤矿一号井十三采区初步设计》。设计十三采区采用单水平下山开拓方式，布置有胶带运输、辅助运输（无轨胶轮车）、回风3条下山巷道，其中胶带运输和回风下山巷道沿二层煤布置，倾角为0°～25°；辅运巷道为缓坡下山，倾角为5.5°。采区通风方式为抽出式，布置主斜井、副斜井、二号副斜井和进风斜井、十三采区进风立井和回风立井。十三采区二层煤地质储量8757万吨，设计生产能力100万吨/年，服务年限6.57年。

是年11月，宁夏煤矿设计研究院编制完成《羊场湾煤矿一号井十五、十六采区初步设计》。设计十五、十六采区采用单水平下山开拓方式，布置胶带运输、辅助运输（无轨胶轮车）、回风3条下山巷道，其中胶带运输机巷、回风巷2条下山巷道沿二层煤布置，倾角为0°～23°；辅助运输巷道为缓坡下山，倾角为5.5°。两个采区设计生产能力100万吨/年。

2013年，宁夏煤矿设计研究院编制完成《枣泉煤矿十三、十四、十五、十六采区初步设计》。设计在十四采区位于背斜轴部处布置4个大采高综采工作面，下部各布置3个综放工作面。十三和十四采区二层煤可采储量为4919万吨，设计生产能力500万吨/年，服务年限7.03年。十五采区、十六采区分别沿轴部向下两翼布置大采高综采工作面，在20I勘探线以南50米碎石井背斜轴部，以东、西方向各布置1条副斜井（进风）和1条回风斜井，构成采区独立的通风系统；两个采区的一层煤和二层煤可采储量为2.04亿吨，设计生产能力300万吨/年，服务年限48.57年。各采区的主运输、辅助运输均采用胶带运输机和无轨胶轮车。

是年8月，宁夏煤矿设计研究院编制完成《石沟驿煤业分公司二采区初步设计》。设计二采区以井田向斜轴以东、I线至高闸煤矿井田北部边界为界，可采储量1819.39万吨，设计生产能力90万吨/年，服务年限6.13年。二采区接续开采时继续利用原主斜井、副斜井、行人斜井、+1000米水平和+854米水平车场、水仓等设施，并沿采区南部边界新布置回风斜井和轨道上山、行人上山巷道，以新布置的3条上山巷道和1条斜风井开采二采区。

是年11月，宁夏煤矿设计研究院编制完成《梅花井煤矿一分区下组煤接续初步设计》。设计矿井采用斜井单水平开拓方式，在井田中央分别布置主斜井、一号副斜井、二号副斜井和回风斜井。其中，主斜井倾角16°，从十八层煤底板穿层布置；一号副斜井倾角20°，由+955米水平深沿十八层煤布置；二号副斜井倾角7°，穿层布置；回风斜井沿二层煤底板布置。各斜井井筒均至+850米水平。一分区各区段辅助运输石门均穿过各煤层，二号副斜井穿过各区段辅助运输石门时布置车场绕道，与石门沟通形成开采的辅助运输系统。下组煤开采时将各区段回风石门延伸至开采煤层，形成回风系统；下组煤接续时需新布置运输石门，运输石门搭接在各区段煤仓上，形成开采的运输系统。

2014年，宁夏煤矿设计研究院编制完成《羊场湾煤矿一号井14采区初步设计》。设计十四采区采用单水平下山开拓方式和抽出式通风方式，布置主斜井、副斜井、二号副斜井和进风斜井（原一号回风斜井）、十三采区进风立井、十三采区回风立井。采区胶带运输机巷、辅助运输（无轨胶轮车+轨道）巷、回风巷均沿二层煤布置，倾角为0°～16°。十四采区二层煤地质储量为+600米水平以上为3685万吨，+600米水平以下为2297万吨，设计生产能力为500万吨/年，服务年限+600米水平以上为3.33年，+600米水平以下为2.02年。

2016年，宁夏煤矿设计研究院编制完成《枣泉煤矿五、六分区开采可行性研究报告》。设计五、六分区均采用单水平上下山斜井开拓方式和分区独立式通风系统，两个分区均布置有副斜井、行人及皮带排矸斜井、回风斜井和运输上山4条斜井井筒，地质总储量4.854亿吨，设计生产能力均为500万吨/年，服务年限分别为五分区22.8年，六分区24.1年。

是年10月，宁夏煤矿设计研究院编制完成《红柳煤矿I01采区4–3煤开采初步设计》。设计矿井采用斜井开拓方式和分区式通风系统，在101采区开拓巷道煤柱内布置4–3煤主运输、辅助运输及回风巷3条开拓巷道，并利用二层煤开拓系统部分巷道对采区4–3煤进行单翼开采，原煤经顺槽带式输送机转载至采区四层煤三分层煤运输巷带式输送机溜煤眼，由给煤机给入主斜井带式输送机运至地面。采区可采储量1106.3万吨，设计生产能力300万吨/年，服务时间2年10个月。

2017年，宁夏煤矿设计研究院编制完成《红石湾煤矿+770米水平以下接续初步设计》。设计范围上部为+770米水平，下部为+540米水平，南以黄草沟背斜轴部、450钻孔和455钻孔连线为界，北以古长城为界，南北走向长度约4050米，倾向宽约740米，面积约299.7万平方米；+770米水平以下位于井田中央采区下山阶段，布置胶带运输、轨道运输和回风3条下山巷道。其中，运输下山巷道通过北翼三层煤机巷与+770米水平煤仓联通，轨道下山巷道通过+770米水平北翼三层煤辅助运输巷与轨道下山巷道上部平车场连接，回风下山巷道通过回风巷与回风斜井相连。矿井采用中央并列式通风方式，+770米水平以下接续投产时主斜井、副斜井、二号副斜井进风，回风斜井回风。+770米水平以下地质储量3658万吨，设计生产能力120万吨/年，服务年限16.4年。

是年4月，宁夏煤矿设计研究院编制完成《石槽村煤矿22采区初步设计》。该采区位于矿井井田中部，初步设计采区主运输上山巷道沿十层煤布置，辅助运输巷道从＋900米水平辅运石门沿六层煤、十层煤、十二层煤折返布置至＋630米水平，回风上山巷道沿六层煤布置，运输上山巷道、回风上山巷道直接与井底煤仓和回风斜井连接，形成独立的通风和出煤系统。采区地质储量9497万吨，可采储量5884万吨，设计生产能力400万吨/年，服务年限10.51年。

三、矿井技术改造

2009年，集团公司所属老矿井进入技术改造高峰期，当年有4个老矿的技术改造项目竣工投产，并通过自治区有关部门组织的技术改造项目验收。

石炭井焦煤公司矿井技术改造项目由北京华宇工程有限公司提供设计方案并组织建设施工，井田保有储量5971.1万吨，设计生产能力120万吨/年，实际总投资2.26亿元；矿井技术改造后形成1套综采放顶煤工作面、1套薄煤层综采煤工作面和2套综掘工作面的现代化机械装备优势，同时解决了地面选煤系统老化、矸石含煤率高、经济效益低的问题。

汝箕沟煤矿技术改造项目概算总投资1.22亿元，设计生产能力150万吨/年，井田保有储量1.57亿吨。通过技术改造，该矿实现了“一井一面、一个采区、一套主扇运行”的现代化大型生产矿井建设目标。

石沟驿煤业公司矿井技术改造项目批准设计井田走向长9.08千米，倾斜宽5.53千米，井田面积21.36平方千米，地质储量5690万吨，设计生产能力为90万吨/年，服务年限34.38年。概算总投资2.34亿元，实际完成投资1.93亿元。

白芨沟煤矿技术改造项目概算总投资1.76亿元，设计生产能力160万吨/年，新增产能40万吨，形成了1个采区、1个综采工作面、2个炮掘工作面、2个综掘工作面的生产配置格局。

2010年6月，中煤国际工程集团重庆设计研究院完成《乌兰煤矿二水平安全技术改造补套工程及三水平延深初步设计》。同年10月，神华宁煤集团完成对《初步设计》的审查，并批准矿井二水平安全补套工程投资费用2.09亿元。截至2014年8月，实际完成投资总额1.87亿元。

2011年，宁夏煤矿设计研究院编制完成《任家庄煤矿改扩建初步设计》。设计矿井采用综合开拓方式，南部水平标高+650米，北部水平标高+500米，布置有包括原主斜井、副斜井、回风斜井和副立井4条井筒，到后期在十二采区中部新增1条回风斜井。改扩建后，矿井设计可采储量2.286亿吨，设计生产能力由240万吨/年增加到400万吨/年，服务年限40.8年。2012年7月26日，改造项目正式开工，工程总概算投资10亿元，施工内容包括矿建、土建、安装三类工程共72项。

2012年5月，金能煤业分公司辅助运输、通风系统改造项目开工建设。施工内容包括在二区工业场地内新建副立井，井口标高+1107米，井筒落底标高+600米，井筒净直径9米，装备一对1吨矿车双层4车4绳罐笼，一宽一窄，选用1台JKMD-4.5×4（Ⅲ）型落地式多绳摩擦轮提升机，用于人员升降、矸石提升、材料下放，宽罐还可满足整体升降液压支架等大型设备的要求。按照中煤国际工程集团武汉设计研究院的设计，项目完工后矿井采取分区通风方式，新建副立井担负进风任务，并将二区原副立井改为专用进风井，原主立井改造为回风立井，形成专用回风系统为矿井整个北翼块段开采服务。

集团公司还对白芨沟煤矿、乌兰煤矿、任家庄煤矿等矿进行安全技术改造。其中，乌兰煤矿的安全技术改造项目包括对开拓系统、通风系统、瓦斯抽放系统、防灭火系统，安全技术配套工程全部完工后，矿井年生产能力达到170万吨。白芨沟煤矿的安全系统改造概算总投资额为1.73亿元。

第二章　露天矿开采

第一节　采区布置

集团公司露天开采煤矿分布在汝箕沟矿区。矿区呈南北走向，依自然地势划分汝箕沟大岭、大峰、白芨沟3个井田，除汝箕沟大岭井田西南端古拉本地段属内蒙古自治区阿拉善左旗管辖外，其余均在宁夏石嘴山市行政区内。矿区南北走向长12.63千米，东西宽2.26千米，总面积28.58平方千米，其中神华宁煤集团开采境界总面积25.59平方千米，共有汝箕沟煤矿、红梁煤矿、白芨沟煤矿、卡布梁煤矿4个井工矿和大峰露天煤矿。后因井工开采资源枯竭等原因，卡布梁煤矿、汝箕沟煤矿、红梁煤业公司陆续改为露天开采，形成汝箕沟采区、大峰采区、羊齿采区、卡布梁采区4个采区的露天开采布局，年设计生产总能力330万吨，所采煤种为优质太西无烟煤。

2009年，《红梁煤矿由井工改露天复采计划》获得自治区经信委批准、《大峰露天煤矿技术改造可行性研究报告》由宁夏煤矿设计研究院编制完成。按照《汝箕沟矿区太西无烟煤露天复采总体规划》，羊齿采区、红梁采区均由井工开采转为露天复采，合计地质储量7063万吨，技改设计生产总能力300万吨/年，服务年限20年。

2011年4月，大峰露天煤矿委托宁夏煤矿设计研究院编制《卡布梁井露天复采初步设计》，设计采区位于白芨沟矿井田北部，走向长约1.9千米，倾斜宽约0.9千米，面积1.7平方千米，地质资源储量968.1万吨，可采储量911.8万吨，可采煤层为二1层煤、二3层煤、三层煤、四层煤、六层煤、七层煤，设计生产能力45万吨/年，服务年限18.4年。10月，《大峰露天煤矿大峰采区下组煤接续初步设计》由宁夏煤矿设计研究院有限责任公司编制完成，并通过自治区经信委组织的专家组审查，矿田南北长2.94千米，东西宽1.59千米，面积4.68平方千米。采区东、西、北以七2层煤露头为界，南以辅Ⅱ勘探线为界，采区内地表境界走向长1.6千米，倾向宽1.2千米，面积1.92平方千米，最高开采标高+1960米，坑内最低标高+1750米。地质资源储量2530万吨，可采储量2215吨，采区接续设计生产能力95万吨/年，服务年限21.2年。2012年7月，自治区国土资源厅对《关于神华宁煤集团大峰露天煤矿大峰采区下组煤接续矿产资源开发利用方案》进行批复。

2012年2月，《汝箕沟煤矿井工改露天复采相关设计》由宁夏煤矿设计研究院编制完成。设计将汝箕沟煤矿划分为阴坡大岭湾采区、上一上二采区、中央井工采区、工业场地采区四个露天采区，地质资源储量8900.5万吨，可采储量7023万吨，可采煤层为二1层煤、二21层煤、二22层煤、三层煤、四层煤、五层煤、七11层煤，设计生产能力 100万吨/年，服务年限63.8年。其中，阴坡大岭湾采区东西长1.1 ~ 2.1千米，南北宽约1.3千米，面积约2平方千米，地表最高开采标高+2375米，坑底最低标高+1860米，最大开采深度515米；上一上二采区东西长0.72 ~ 1.28千米，南北宽约1.2千米，面积约1.15平方千米，地表最高开采标高+2210米，坑底最低标高+1850米，最大开采深度360米；中央采区东西长约1.8千米，南北宽约1.4千米，面积约2.37平方千米，地表最高开采标高+2440米，坑底最低标高+1900米，最大开采深度540米；工业场地采区东西长1.2 ~ 1.7千米，南北宽约1.1千米，面积约2.01平方千米，地表最高开采标高+2200米，坑底最低标高+1830米，最大开采深度370米。

2013年2月18日，汝箕沟煤矿井工改露天复采项目开工建设。11月，集团公司组建汝箕沟无烟煤分公司，将汝箕沟煤矿、大峰露天煤矿、白芨沟煤矿合并统一管理。

2014年，羊齿采区、大峰采区下组煤采区投入生产。根据集团公司太西设计院编制的《神华宁夏煤业集团有限责任公司大峰露天煤矿羊齿采区露天复采初步设计说明书》，设计羊齿采区地表境界走向长1.72千米，倾向宽1.3千米，采区面积2.23平方千米，地质资源储量3535万吨，可采储量3218万吨，可采煤层为二1层煤、二2层煤、二3层煤和三层煤、四层煤、五层煤，设计生产能力为90万吨/年，服务年限32年。

是年5月，《神华宁煤集团汝箕沟无烟煤分公司红梁井井工改露天复采初步设计》由宁夏煤矿设计研究院编制完成，设计采区地质资源储量926.26万吨，可采储量898.84万吨，可采煤层为二层煤、三层煤、五层煤、七层煤，设计生产能力60万吨/年，服务年限13.6年。

是年，《汝箕沟矿区露天开采实施方案（修改版）》由宁夏煤矿设计研究院编制完成，将汝箕沟矿区划分为汝箕沟采区、大峰采区（包括羊齿采区、大峰下组煤采区）、白芨沟北翼采区、红梁上组煤采区、白芨沟南翼采区（含红梁下组煤），其中白芨沟南翼采区作为后备采区，设计总生产能力650万吨/年，服务年限36.8年。

是年，按照集团公司太西设计院编制的《神华宁夏煤业集团有限责任公司大峰露天煤矿羊齿采区露天复采初步设计说明书》，实施建设的羊齿采区投入生产，采区地表境界走向长1.72千米，倾向宽1.3千米，采区面积2.23平方千米，采区地质资源储量3535万吨，可采储量3218万吨，可采煤层为二1层煤、二2层煤、二3层煤和三层煤、四层煤、五层煤，设计生产能力90万吨/年，服务年限为32年。

2015年5月6日，自治区发改委发函同意白芨沟煤矿北翼采区进行露天开采。北翼采区采用露天开采可以对井工无法开采的煤炭资源及火区燃烧的煤炭资源进行回收，比井工开采可多采优质无烟煤1400万吨，并可解决高瓦斯矿井井下火、瓦斯、突水等隐患威胁，有效保护和开采矿产资源，提高矿产资源的经济价值和经济效益。

2017年，宁夏煤矿设计研究院编制完成《白芨沟煤矿北翼采区露天开采初步设计》。设计确定井田南部以那里沟、大峰沟北岸为界，北、东、西部均以七煤层自然露头底板为界，面积约11.27平方千米。矿田煤以羊白（羊均湾—白芨沟）公路为界划分为南翼和北翼2个采区，其中北翼采区为露天开采采区，地质储量5162.06万吨，设计生产能力为100万吨/年，露天采区地表境界范围内剥离岩量62790.7万立方米。

第二节　土石方剥离

一、汝箕沟采区

采用沿煤层（露头）顶板走向拉沟，从上到下剥离露煤，垂直走向向底板推进，水平分层剥离开采。穿孔施工选用YT24型风动凿岩机、DM45型牙轮钻机和TY-370GN型潜孔钻机，孔径42～150毫米。爆破器材有二号岩石乳化炸药、岩石粉状乳化炸药、铵油炸药、导爆管雷管、导爆索、导爆管、起爆具；装药结构采用分段装药或连续装药；起爆方法分为正向起爆、反向起爆、多点起爆，起爆方式非电起爆；采用多排孔深孔松动微差爆破方法。采用分台阶排土方式，排土台阶高度30米，排土工作线长度≥60米，排土线边缘反坡3%～5%，并修筑符合标准的安全土挡。汝箕沟阴坡大岭湾、工业场地和上一、上二采区对应的外排土场分别为西南外排土场、东外排土场、东北外排土场，排土场选用LG953型装载机和徐工160型推土机进行辅助排土。岩石剥离各工序全部进行外委施工。

二、大峰采区

采用沿煤层（露头）顶板走向拉沟，从上到下剥离露煤，垂直走向向底板推进，水平分层剥离开采。采区工作面按南北方向布置，西区沿东南方向推进，东区沿西北方向推进，工作面向扇形过渡。穿孔施工选用DI550型钻机3台，KY-200B型牙轮钻机5台、KY-250D型钻机6台，孔径为150～250毫米。爆破工艺和排土工艺同汝箕沟采区。对应的排土场分别为中槽外排土场、东外排土场、红梁采区西翼外排土场、羊齿采区内排土场和大峰采区内排土场。大峰采区下组煤只在羊齿采区内排土场和大峰采区内排土场排弃，选用D11型推土机进行辅助排土。

2015年8月18日，在+1870米水平，弃用频繁放小炮的爆破方式，采取一次性大药量深孔松动爆破，现场共布设炮孔209个，孔深18米，累计装填炸药90.26吨，爆破土石方量15万立方米，是年内最大爆破，为以后露天采区穿孔爆破积累了经验。

三、羊齿采区

采用沿煤层（露头）顶板走向拉沟，从上到下剥离露煤，垂直倾向向底板推进，水平分层剥离开采。工作面按东西方向布置，由北向南推进。穿孔施工选用

YT24型风动凿岩机、DM45型牙轮钻机和TY-370GN型潜孔钻机等，孔径为42 ~ 50毫米。爆破工艺和排土工艺同汝箕沟采区。对应的排土场为羊齿采区外排土场和+2050米内排土场，选用LG953型装载机和徐工160型推土机进行辅助排土。羊齿采区岩石剥离各工序施工全部外委进行。

四、卡布梁采区

采用沿煤层（露头）顶板走向拉沟，从上到下剥离露煤，垂直倾向向底板推进，水平分层剥离开采。工作面按东西方向布置，由南向北推进。穿孔施工选用YT24型风动凿岩机、DM45型牙轮钻机和TY-370GN型潜孔钻机等，孔径为42 ~ 150毫米。爆破工艺和排土工艺同汝箕沟采区。对应的排土场为原卡布梁东外排土场，选用LG953型装载机和徐工160型推土机进行辅助排土。卡布梁采区岩石剥离各工序施工全部委外进行。2013年11月1日剥离施工停止，至2017年底没有出煤。

表4-2-1　集团公司露天（矿）采区历年剥离量统计表

单位：万立方米

年份	汝箕沟采区	大峰露天采区		卡布梁采区	年度合计
		大峰采区下组煤	羊齿		
2009年		822.13	967.47	445.69	2235.29
2010年		509.12			509.12
2011年		597.16		465.58	1062.74
2012年		664.61	476.81	365.13	1506.55
2013年	2030.30	2490.54	1395.18	747.79	6663.81
2014年	2121.97	1624.78	478.66		4225.41
2015年	2157.27	1401.11	536.67		4095.05
2016年	908.17	1278.51	255.81		2442.49
2017年		1103.50	45.27		1148.77
2018年		500.07			500.07

备注：大峰采区下组煤自2012年开始剥离下组煤，之前全部剥离上组煤。

第三节　采煤

一、开采

集团公司露天开采的均采用工作面沿走向布置、倾向推进，固定坑线与移动坑线相结合的水平分层开采方式和单斗——卡车间断采煤工艺，采装作业最小工作平盘宽度为32米、50米、65米不等。其中，汝箕沟采区上组煤煤层采用液压挖掘机倾斜分层开采、分装分运，由顶板向底板推进开采；大峰采区下组煤因属缓倾斜煤层，采用液压挖掘机一次采全高、分装分运，由顶板向底板推进开采，按水平分层划分剥离台阶高度10米，采煤台阶高5米；羊齿采区和卡布梁采区上组煤煤层采用液压挖掘机分层开采、分装分运。汝箕沟采区、卡布梁采区、羊齿采区原煤均由汽车从采掘场运输至贺兰山外选煤厂进行洗选。

各采区均采用单斗、汽车、推土机开采工艺。其中，大峰采区采用KQ-200型潜孔钻机穿孔爆破，WK-4型挖掘机采装，矿用45吨自卸汽车运输，320马力推土机排土。

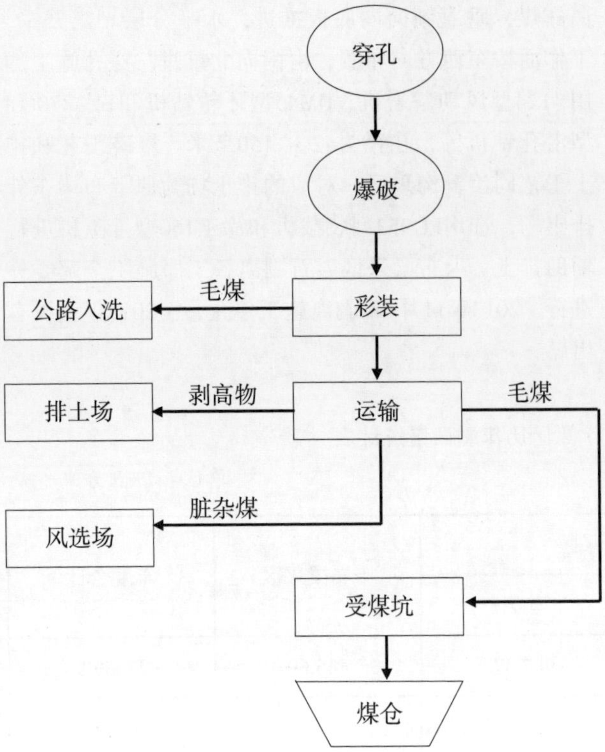

图4-2-1　露天煤矿采煤工艺流程图

二、装运

大峰采区采用电铲和液压挖掘机采装，投入电铲12台、液压挖掘机11台，其中WK-35型电铲2台，WK-12型电铲3台，WK-4C型电铲7台（封存3台），斗容4立方米、2.6立方米、1.8立方米的液压挖掘机分别为5台、2台和4台；用于剥离物和煤炭运输的自卸卡车58辆，分别为20吨重型汽车10辆、25吨斯太尔汽车5辆、45吨首钢汽车4辆、45吨特雷克斯自卸卡车9辆、108吨SF31904型自卸汽车18辆、220吨SF33901型自卸卡车12辆。在下组煤开采中，修筑中槽外排土场主干线、红梁采区西翼外排土场主干线、羊齿采区内排土场主干线、采区东侧环线、采区南环路、北环路和采区中部南北向运输主干线，总长超过15千米。

汝箕沟采区、羊齿采区、卡布梁采区均采用卡特336型、374型、390型和日立470型、870型等液压挖掘机采装，45吨及以上自卸卡车运输。汝箕沟采区在阴坡大岭湾采区、工业场地采区和上一、上二采区均修筑通往排土场的运输主干线，总长超过12000米；羊齿采区在采区修筑通往外排土场的运输主干线和通往+2050内排土场的排土主干线，总长超过5000米；在卡布梁采区修筑通往原卡布梁东排土场的运输主干线和南侧运输主干线，总长超过3000米。

第四节　滑坡防治与生产补套

一、滑坡防治

集团公司各露天采区滑坡防治的主要手段为稳定边帮和边帮观测。在剥采过程中，控制工作帮、非工作帮坡角，严禁造成岩层的帮坡角过陡；在非工作帮岩石清理速度赶不上采煤降深的情况下，留置一定高度和厚度的临时安全煤柱支撑上部岩体，确保边帮稳定；临近到界台阶时，控制钻眼爆破深度，制定减震措施，最终边坡采用预裂爆破，减少爆破震动对边坡稳定性的影响；在有可能发生滑坡的区域设置观测站，观测到边坡滑动速度突然增加，及时采取上部减重、下部缓采、减少爆破震动措施。

2017年6月，汝箕沟无烟煤分公司委托辽宁天信工程设计咨询有限公司编制完成《神华宁煤集团汝箕沟无烟煤分公司大峰采区及羊齿采区采掘场与排土场边坡稳定验算及分析》，为安全生产提供了依据。

二、生产补套

2009年，集团公司投资6000万元对大峰露天矿装车系统进行技术改造，建设1套年破碎能力360万吨的装车系统，并在2011年4月为该系统增加了除尘风机。

2010年4月，宁夏煤炭勘察工程公司对汝箕沟煤矿资源量进行重新核实，编制完成《神华宁夏煤业集团有限责任公司汝箕沟煤矿资源储量核实报告》，提高了地质报告的准确性及地质情况的可靠性，基本满足露天开采的精度要求。同年年底，大峰采区上组煤接近采完，为解决接续问题，神华宁煤集团邀请国内煤炭露天开采行业专家，对下组煤露天开采工艺、设备选型进行论证。2011年2月，该矿开始对下组煤进行基建剥离，施工设备为电铲2台。2012年，集团公司投资1.5亿元为该矿购置35立方米电铲2台，220吨电动轮自卸车12台，250毫米牙轮钻机2台。

表4-2-2 集团公司露天开采采区剥采比统计表

项目	汝箕沟采区	大峰、羊齿采区	红梁采区	卡布梁采区	合计
设计剥离量（万立方米）	100468.80	26356.00	14878.50	22575.50	164278.80
设计可采储量（万吨）	7023.00	3859.18	898.84	911.80	12692.82
设计剥采比（立方米/吨）	14.31	6.83	16.55	24.76	12.94
截至2017年6月末					
剩余剥离量（万立方米）	93251.10	13956.83	14878.50	20551.31	142637.74
截至2017年6月末					
剩余可采储量（万吨）	7979.86	2108.03	898.84	864.49	11851.22
截至2017年6月末					
剥采比（立方米/吨）	11.69	6.62	16.55	23.77	12.04

表4-2-3 集团公司露天开采产量统计表

单位：万吨

年份	汝箕沟采区	大峰采区	羊齿采区	卡布梁	
采区	年度合计				
2009年		194.34			194.34
2010年		217.05			217.05
2011年		212.51			212.51
2012年		231.16			231.16
2013年		229.84			229.84
2014年	155.91	280.51	32.36		468.78
2015年	198.48	259.45	133.59		594.52
2016年	84.97	221.01	58.50		364.48
2017年		189.25			189.25
2018年					58.51

第三章　煤炭生产辅助系统

第一节　提升与运输

一、提升

（一）主提升

2009年，集团公司各矿的主提升全部采用以DTL型为主的带式输送机提升。其中，梅花井煤矿主斜井巷道倾角16°，带式输送机长度1790米，带宽1600毫米，带速6.73米/秒，胶带带强6300牛/毫米，总功率4×1850千瓦，运输能力3100吨/小时，是当时集团公司所属煤矿中功率、带强、运量最大的带式输送机；羊场湾煤矿一分区主斜井巷道倾角9°～11°，带式输送机长度1754米，带宽1600毫米，胶带带强5000牛/毫米，总功率3×1600千瓦，输送能力3300吨/小时；石槽村煤矿主斜井巷道倾角20°，带式输送机长度1490米，带宽1600毫米，带速4.7米/秒，胶带带强5000牛/毫米，总功率3×1600千瓦，运输能力1800吨/小时。红石湾煤矿主斜井斜长1150米，倾角20°，安装1台DTC120/60/2×900型带式输送机，配备ST400型阻燃钢丝绳芯胶带，带速3.5/秒，运输能力600吨/小时。

2018年8月，金家渠煤矿进行联合试运转，主斜井安装1台DTL160/170/3×1850型带式输送机，铺设长度2120米，运输能力1700吨/小时，提升高度530米，最大带速5米/小时。各矿使用的带式输送机驱动方式主要有防爆电机+减速器+制动器+逆止器、防爆电机+CST+制动器+逆止器、变频防爆电机+减速机+制动器+逆止器3种，连接装置选用冷装蛇簧直联传动。

（二）副提升

2009年，集团公司所属煤矿副提升除金能公司一区、二区和石炭井焦煤公司3座塔式副立井提升外，其他各矿均为副斜井提升，主要任务是下放物料、设备和提升矸石、待修设备等。其中，金能煤业分公司一区副立井是集团公司当时最大的副立井，井筒断面达到33.5平方米，安装1台JKM-3.25（III）E型多绳摩擦提升机，最大提升能力为20吨，结束了该分公司大型综采支架入井拆解运输的历史。

2010年后，随着各矿井开采区域的不断扩大、延深和矿井生产能力的不断提高，羊场湾煤矿（十三采区、十四采区）、任家庄煤矿、红柳煤矿（1°）、清水营煤矿、石槽村煤矿、麦垛山煤矿、金家渠煤矿都建有直达设计开采深部的副立井，主要承担下放物料、运送人员及升降胶轮车（矿车）的任务。其中，麦垛山煤矿副立井的提升能力最大，井筒直径9.4米，安装JKMD-5.5×4（III）型提升机，提升钢丝绳直径60毫米，最大提升能力47吨，最大提升速度9.22米/秒。该提升系统的电控系统采用西门子交—直交变频传动技术，闸控系统采用多通道恒减速ABB液压站系统，机械传动部分采用低速直联技术。运行安全保护除电控系统的整流单元、全数字调节系统、软件单元和多PLC冗余控制系统外，机械系统保护设置有防撞、缓冲托罐、液压锁罐装置和四角罐道，保证了提升罐笼的平稳正常运行。更换提升钢丝绳使用液压机械和大型换绳车进行，代替了以前的人工换绳方法。

2017年，灵新煤矿、石沟驿煤矿、金家渠煤矿、清水营煤矿、任家庄煤矿、红石湾煤矿、羊场湾煤矿二分区7个矿井（采区）使用副斜井、暗副斜井提升，共安装使用提升绞车 13 台。其中，金家渠煤矿矿副斜井安装1台JK-4×2.7型提升绞车，电机功率1120千瓦，滚筒直径4米，钢丝绳直径44毫米，提升能力45 吨，位居集团公司所有斜井提升绞车之首。

是年，集团公司根据新的《煤矿安全规程》规定，投入资金约300万元，对在用的24座（条）副立井、副斜井的提升机液压站安全制动回油通道进行改造，实现了并联冗余，提高了大型提升机安全制动的可靠性。

（三）辅助提升

2009年，金能煤业分公司、汝箕沟煤矿、灵新煤矿等矿把架空乘人装置作为矿井的辅助提升用于入井升井人员运送。此后宁东矿区新建矿井广泛利用此项技术。

2011年底，集团公司按照国家矿用产品安全标志中心发布的《煤矿井下用架空乘人装置安全标志管理要求》，投入资金520万元，对所属矿井的20部架空乘人装置进行安全技术改造，将原蜗轮蜗杆减速机更换为螺旋锥齿轮—斜齿轮硬齿面减速机，将老式的电控系统更换为PLC自动控制器，并加装了驱动轮轮边制动和断轴保护装置等。

2017年，集团公司共有架空乘人装置26部，总长度26441米。

二、运输

（一）刮板运输机运输

2009年，集团公司各矿井使用的刮板运输机基本为SCW-40型、SCW-40T型2种，具有可弯曲、易拆装、便维护等特点。根据采煤工作面布置情况，采取一台或多台搭接的方式运输，最长的刮板运输机1台达百米，构成了从炮采工作面至运输皮带巷的生产运输系统。此后，随着综合机械化采煤工艺的普及，炮采工艺逐步萎缩，刮板运输机运输方式仅在个别布置有炮采放顶煤工作面的矿井使用。2016年，刮板运输机随着炮采工艺的结束停止使用。

（二）带式输送机运输

2009年，集团公司各矿大巷原煤运输系统均采用带式输送机运输。2014年，为加强带式输送机的管理，集团公司印发《神华宁夏煤业集团有限责任公司带式输送机管理规定》，专门对带式输送机的选型、安装（包括各种保护装置安装）、试验、胶带接头硫化、报废标准等作出详细规定。2017年，神华宁煤集团各矿井下主运输系统共有带式输送机181台，胶带总长度215549米。其中，运输大巷带式输送机73台，采煤工作面运输顺槽带式输送机33台，掘进（煤巷）工作面带式输送机75台，构成了各矿从综采、综掘工作面至地面洗选、仓储、装车系统较完善的煤炭生产主运输系统。

（三）轨道运输

2009年，集团公司按照《煤矿安全规程》《国家煤矿质量标准化标准》的有关规定和要求，投入巨资，对各矿井所有轨道运输系统进行升级改造，淘汰更换30公斤以下轨道及非标道岔、5吨以下电机车和架线式电机车，购置52 台规格分别为5吨和8吨的井下防爆蓄电池电机车。同时，为各矿的所有副斜井、暗副斜井安装了自动防跑车装置、跑车防护装置及视频监控设备，为所有轨道巷安装了语音报警设备，并为电机车跟车工配备了手提式信号灯。

2012年初，集团公司为羊场湾煤矿二分区、石炭井焦煤公司、石沟驿煤矿的副斜井、暗副斜井安装了煤矿运输安全监控系统。该系统具有自检、道岔监控、行人监测、保护装置状态监测、视频显示、信息存储、故障报警、自动控制和提升信号9项功能，实现了轨道斜井提升全自动控制，提高了轨道斜井运输的安全可靠性。同时，为小上山巷道小绞车安装本质安全型绞车控制信号装置，使用双工识别应用技术，通过对人员的识别手段实现了对绞车司机、信号工岗位管理及资格认证的有效管理，遏制了无证人员操作小绞车的违章行为。

（四）无轨胶轮车运输

集团公司煤矿井下无轨胶轮车运输方式主要应用于银南矿区新建大型矿井，运输路径有2条，一条从地面直接通过5°～6°的缓坡道路（斜井）到达井下工作地点，一条通过副立井超大罐笼将胶轮车提升（下放）至井底大巷后通过暗缓坡斜井到达工作地点。

2009年，羊场湾煤矿采用缓坡斜井无轨胶轮车运输矸石、物料、人员、设备等，因其具有参与人员少、运输能力大、机动性大、灵活性大、能直接到达所需地点等优点，后在枣泉煤矿、梅花井煤矿、石槽村煤矿等矿井推广运用。

2015年，集团公司制定完善《神华宁夏煤业集团有限责任公司井下胶轮车使用及安全管理办法》等规章制度，重点对无轨胶轮车车辆选型、部门职责、驾驶员管理、胶轮车管理、违章处罚管理等作出全面系统的详细规定。建立由总线、以太网、光纤等多种网络相连接的井下运输车辆信息化检测系统，建立具有红绿灯控制、人为干预、故障报警、运行监控、车辆调度管理、车辆定期维护提醒、车辆维修闭环管理七大功能的井下运输车辆控制系统，使无轨胶轮车运输基本实现了信息化、科学化管理。

2017年，集团公司共有各种无轨胶轮车1075 辆，其中用于运送水泥、砂石、矸石的货车483辆，用于运送大型设备的铲板车19辆，支架搬运车29 辆，运送人员专用车373辆，防爆装载机43辆，挖掘机32辆。各种在用无轨胶轮车中有19辆支架搬运车是从澳大利亚进口的，其余均为国产车。支架搬运车最大能力50吨，铲板车最大能力40吨，运送矸石、材料的防爆柴油货车最大能力8吨。

第二节　通风　排水　压风

一、通风

集团公司各煤矿均采用机械抽出式通风方法。矿井通风方式主要有中央并列式、两翼对角式和分区式通风，其中银南矿区矿井多采用分区式通风。各矿回风井均安装2台同等能力的通风机，一台运转，一台备用，全部采用双回路电源供电。随着矿井逐步延深，通风线路逐步增长、地温也逐步升高，矿井通风设备的选择向大型和高效节能型发展。各矿均建有完善的反风系统，采用主扇反转反风，每年进行一次反风演习。采区进风、回风巷道和主井、副井之间均安装正反双向风门，实现闭锁，控制井下通风系统。局部通风（掘进工作面）均采用双风机、双电源供电机械压入式通风，通风机型号主要有FBD№5.3型、FBD№7.5型、FBD№6.2型、FBD№7.1型等，单台电机功率11 ~ 45千瓦，全部具有自动切换和风电、瓦斯电闭锁功能。

金能煤业分公司矿井采用分区式通风方式。矿井布置进风井井筒5条，回风井井筒2条，核定需风量16055立方米/分钟，矿井实际总进风量18398立方米/分钟，有效风量率89.7%。其中，南翼回风井安装2台BDK-8-NO.32型主通风机，额定风量6480 ~ 25800立方米/分钟；北翼回风井装备2台FBCDZ-8-NO.32型主通风机，额定风量7080 ~ 21000立方米/分钟。2017年3月，根据集团公司工作安排，该公司一区实施封闭，保留二区通风系统，主通风机风量为7920立方米/分钟，负压为630兆帕，等级孔为6.47平方米。现有三十一采区和三十二采区2个采区，采区专用回风巷严格按《煤矿安全规程》要求布置，各采区通风系统合理、安全可靠。

石炭井焦煤公司矿井采用中央并列式通风方式。矿井布置进风井井筒3条，回风井井筒1条，核定需风量9122立方米/分钟，矿井实际总进风量9807立方米/分钟，有效风量率91.9%。其中，中央斜风井安装2台FBCDZ-8-№28型主通风机，额定风量6500 ~ 15600立方米/分钟，负压900 ~ 3700兆帕，功率2×400千瓦。2016年4月，矿井封闭前核定需风量2780立方米/分钟，实际总进风量2904立方米/分钟，总排风量3199立方米/分钟，负压360兆帕，矿井有效风量率90.8%，等级孔1.42平方米。矿井北翼、南翼采区均有独立的通风系统。

乌兰煤矿矿井采用两翼对角式通风方式。矿井布置进风井井筒5条，回风井井筒2条，核定需风量9369立方米/分钟，实际总进风量14059立方米/分钟，有效风量率94.95%。其中，南翼回风井安装2台BD-Ⅱ-10-NO.32型主通风机，额定风量9000 ~ 15300立方米/分钟；北翼回风井安装2台BD-Ⅱ-10-NO.29型主通风机，额定风量5400 ~ 10800立方米/分钟。2016年矿井关闭停产后，南翼回风井主扇风量为6863立方米/分钟，风压1510兆帕，通风阻力1419（1769.6）兆帕，等级孔3.35平方米；北翼主扇风量7635立方米/分钟，风压1340兆帕，通风阻力1345（1686.5）兆帕，等级孔4.13平方米。矿井有北一、北二、南翼3个采区均有独立的通风系统。

白芨沟煤矿矿井通风需量为200.3立方米/秒，而原有的主通风机额定风量仅为165立方米/秒。2014年7月，为满足矿井通风需求，该矿对通风机进行更换，将原BD-Ⅱ-10-№26对旋轴流式通风机更换为FBCDZ№29型对旋轴流式通风机，额定风量552 ~ 16800立方米/分钟，并对主通风机的电控系统等进行改造，将原来的低压变频控制装置更换为高压变频控制装置。

灵新煤矿采用中央并列式通风方式，安装2台主通风机，一台运转，一台备用。在五采区安装2台BD-II-8-№22型隔爆对旋轴流式通风机，配用2台YBF315M-8型电动机，单台功率132千瓦，额定风量3600 ~ 9600立方米/分钟，负压700 ~ 2800兆帕，担负五采区各地点的用风及+1050米水平机轨合一巷的回风；在六采区安装2台FBCDZ-8-№26/2×250型隔爆对旋轴流式通风机，配用2台YBF450M1-8型电动机，单台功率250千瓦，额定风量3960 ~ 11400立方米/分钟，负压200~4250兆帕，主要担负六采区基建阶段的用风。

羊场湾煤矿一分区采用混合抽出式通风。在十二采区回风斜井安装2台FBDK-10-NO26型防爆对旋轴流通风机，电机功率2×280千瓦，额定风量3500 ~ 14500立方米/分钟，额定风压3500兆帕；在十三采区回风立井安装2台FBCDZ- NO36型防爆对旋轴流通风机，电机功率2×450千瓦，额定风量12000 ~ 23700立方米/分钟，额定风压700 ~ 2200兆帕；矿井需风量20380立方米/分钟，总排风量22567立方米/分钟，其中十二采区回风斜井排风量5059立方米/分钟，负压600兆帕；十三采区回风立井排风量为17508立方米/分钟，负压1350兆帕。二分区采用中央并列抽出式通风，回风斜井安装2台BD-Ⅱ-8-№26型轴流式对旋风机，电机功率2×355 千瓦，总进风量9111立方米/分钟，总排风量为9299立方米/分钟，负压1400兆帕。

梅花井煤矿采用中央并列式。在回风斜井安装2套BD-II-10-NO.30型轴流式对旋主通风机，电机功率2×355千瓦，额定风量74 ~ 210立方米/秒，额定风压为3200 ~ 350兆帕；在回风立井装备2套FBCDZ-10-NO.33轴流对旋抽出式主通风机，电机功率2×500千瓦，额定风量80 ~ 260立方米/秒，额定风压149 ~ 3177兆帕。

枣泉煤矿采用分区式通风方式。在十二采区（二十二采区）、十一采区和十三采区、十四采区共布置9条井筒，形成“六进三回”的矿井通风系统。其中，十一采区回风斜风井安装2套FBCDZ №26型对旋轴流式通风机，电机功率2×160千瓦，额定风量100 ~ 200立方米/秒，静压400 ~ 2400兆帕；十二采区（二十二采区）回风斜井安装2台FBCDZ №30型对旋轴流式通风机，电机功率2×500千瓦，额定风量100 ~ 325立方米/秒，静压250 ~ 4800 兆帕；十三采区、十四采区回风立井安装2套FBCDZ-8-№3型对旋轴流式通风机，电机功率为2×200千瓦，主扇风机额定风量100 ~ 250立方米/秒，静压1400 ~ 3000兆帕。

任家庄煤矿采用中央并列式通风方式。在回风斜井安装2台FBCDZ-8-N026型对旋轴流式通风机，电机功率2×315千瓦，额定风量5700 ~ 10120立方米/分钟，风压为1099 ~ 3501兆帕。

石槽村煤采用中央并列式通风方式。2009年8月，矿井主风井贯通，启动主通风机，形成全负压通风系统。在斜风井安装2台BD-Ⅱ-No.30型对旋轴流通风机，电机功率2×400千瓦，主扇风机额定风量130 ~ 230立方米/秒，额定风压为1000 ~ 3700兆帕。矿井具有完整的反风系统，通风系统稳定可靠。局部通风实现了与采掘供电分开和双风机、双电源自动切换，保证了局部通风机的正常运转。

红石湾煤矿采用中央并列式通风方式，布置4条进风、回风井筒，其中主斜井、一号副斜井、二号副斜井进风，回风斜井回风。回风井处安装2台FBCDZ-No24型轴流风机，一台工作，一台备用。矿井总进风量4379立方米/分钟，总排风量4542立方米/分钟，外部漏风率3.1%，等积孔3.65立方米。掘进工作面采用压入式通风，通风机型号为FBDNo6.3/2×30型。

磁窑堡煤矿扩建井采用中央分列式通风方式，建有主斜井、副斜井2条进风井筒和1条回风井筒。回风井安装2台4-72-NO16B型离心式通风机，配用2台JO2-92-650HZ型电动机，单台功率75千瓦，额定风量2075立方米/分钟，额定风压1920兆帕，于2010年8月停运拆除。矿井回采工作面污风经C2专用回风巷、轨道上山和回风井筒由主扇排出。该矿五更山井采用中央并列式通风方式，建有主皮带斜井、副斜井2条进风井筒和1条回风井筒。回风井安装2台BD-И-6-NO：16型对旋轴流式通风机，配用2台额定功率为55千瓦电机，额定风量1560 ~ 3900立方米/分钟，额定风压800 ~ 2000兆帕。矿井采煤、掘进工作面污风经专用回风巷、1247回风大巷和回风井由主扇排出。

麦垛山煤矿采用中央并列式通风方式。主斜井、副立井、矸石斜井进风，立风井回风。安装2台FBCDZNo.35型对旋轴流式通风机，电机功率2×500千瓦，额定风量6720 ~ 18600立方米/分钟，额定风压2940 ~ 590兆帕。

金凤煤矿采用中央并列式通风方式。在回风斜井安装2台FBCDZ29-2×355型轴流式通风机，额定风量100 ~ 240立方米/秒，额定压力1000 ~ 3800兆帕。2013年8月、2016年8月，宁夏煤矿矿用安全产品检验中心分别对通风机性能测定和矿井通风阻力进行测定，并出具《金凤煤矿主扇性能测定报告》和《矿井通风阻力测定及通风系统研究总结报告》，确定井下巷道通风阻力分布合理，主扇风机性能满足矿井通风安全需要。2017年，副斜井进风量8205立方米/分钟，主斜井进风量3982立方米/分钟，回风斜井回风量12281立方米/分钟，矿井负压1472兆帕，矿井等积孔6.37平方米，属通风容易时期。

石沟驿煤矿采用机械抽出式通风方法。在回风井安装2台BDK618-10-NO24型对旋式通风机，流量19 ~ 118立方米/分钟，效率85%，静压162 ~ 2286兆帕，介质温度-45° C ~ +50° C。

双马煤矿采用中央分列式通风方式。在回风井安装2台FBCDZ-10-№30型对旋式轴流通风机，额定风量6840 ~ 14640立方米/分钟，额定风压为3113 ~ 898兆帕。

金家渠煤矿采用分区式通风方式，只有4条进风井和1条回风井。回风立井安装2台FBCDZNo32/2×400型轴流对旋式主扇风机，电机功率2×400千瓦，额定风量5880 ~ 16800立方米/分钟，额定风压237 ~ 4040兆帕。回风斜井安装2台FBCDZNo22/2×90型主扇风机，电机功率2×90千瓦，额定风量2100 ~ 6300立方米/分钟，额定风压125 ~ 1900兆帕。回风立井、回风斜井主扇风机均为一台运转，一台备用。

二、排水

2009年，集团公司各煤矿按照《神华宁夏煤业集团有限责任公司矿井水害防治管理办法》，坚持“预测预报、有疑必探、先探后掘、先治后采”的探放水原则：在各矿井设置井下中央水泵房或水平水仓，安装3台以上的排水泵，一台使用，一台备用，一台检修；敷设2趟排水管路，一趟使用，一趟备用，排水能力均大于矿井最大涌水量。部分水患严重的矿井在井下安装使用BQ725-583/22-1600/W-S型、BQ725-662/25-1900/W-S型、QS280-320/8-410/S型大功率潜水泵，构建了矿井用于应急抗灾的排水系统，清仓引进了机械清仓设备，缩短了清仓时间，降低了员工劳动强度。

金能煤业分公司一区正常涌水量186.8立方米/小时，最大涌水量231立方米/小时，在+600米水平主排水泵房安装3台MD580-60×9型水泵，通过敷设在一区副立井井筒内的2趟直径377毫米的主排水管路，直排地面南湖。二区+725米水平正常涌水量120立方米/小时，最大涌水量180立方米/小时，在水平主排水泵房安装3台D280-65×7型水泵，通过敷设在二区副立井井筒内的2趟直径325毫米的主排水管路，直排地面氧化塘。二区+600米水平正常涌水量180立方米/小时，最大涌水量240立方米/小时，在水平主排水泵房安装MD450-60×10型水泵，通过敷设在二区副立井井筒内的2趟直径325毫米的主排水管路直排地面氧化塘。该公司一区、二区主排水泵房均为一级排水，水泵、控制设备及辅助设施均采用双回路电源供电。2016年，矿井关停后正常涌水量121.8立方米/小时，启动1台流量280立方米/小时的主排水泵就可在11小时内排完全矿井24小时的涌水量。

石炭井焦煤公司在+900米水平水泵房内安装5台MD450-60×10型多级离心泵，单台流量400～500立方米/小时，扬程615～570米，转速1480转/分钟。正常情况下2台工作、2台备用、1台检修。矿井水经敷设在管子道及中央斜风井井筒内的3趟直径325毫米的管道排至地面污水处理池。+1100米水平矿井水经排水沟流入容量均为2190立方米主、辅水仓，其中主水仓泵房安装4台D280-567型水泵，2台运行，1台备用，1台检修，矿井水经直径273毫米的管路抽排至地面容量为1224立方米的沉淀池。

乌兰煤矿二水平正常涌水量121.8立方米/小时，最大涌水量165.8立方米/小时。在+1150水平设置甲、乙2个水仓，有效蓄水量1500立方米，安装3台MD280-65×8型耐磨多级离心泵，每台水泵配用1台额定功率710千瓦的YB2-5006M2-4型隔爆型电动机，排水能力280立方米/小时，水仓蓄水经敷设在暗副斜井至副斜井的2趟DN250×12管路，排至地面处理站。按照矿井正常涌水量，启动1台水泵可在10.44小时内排完全矿井24小时涌出的矿井水。

灵新煤矿在+1050米水平设置主水仓和副水仓，容量分别为2590立方米、2035立方米，安装5台MD450-60×5型耐磨多级离心泵，配用功率630千瓦的YBJC4502-4型电动机，总扬程300米，流量450立方米/小时。各采区巷道内蓄水经大巷排水沟流入+1050米水平污水处理站，后排至一采区+1050米水平水仓，再由中央水泵房敷设在回风斜井井筒（1趟，长1020米）、二号副斜井井筒（2趟，长2400米）DN325×7型排水管路抽排至地面。2010年，该矿在+855米水平设主水仓和副水仓，容量分别为2550立方米、1850 立方米，安装排水设备和技术指标与+1050米水平泵房相同。六采区矿井涌水由3趟管路经采区回风下山巷道至+1050米水平轨道大巷至一采区井下矿井水处理站。2017年，矿井正常涌水量450 立方米/小时，最大涌水量506立方米/小时，水泵和管路能力均满足在20小时内排出矿井24小时的最大涌水量要求。

磁窑堡煤矿老井中央水仓有效容积为1200 立方米，安装125D25×8型排水泵3台、DG46-50×5型排水泵2台、规格为159×6的排水管路2趟、规格为133×6的排水管路2趟，最大排水能力360 立方米/小时，矿井水经敷设在副斜井井筒内的管路，排至地面。扩建井正常涌水量30立方米/小时，最大涌水量50立方米/小时，设置容量475立方米的下山水仓，安装125D25×8型主排水泵3台、规格为108×4的排水管路2趟，最大排水能力174 立方米/小时。各回采工作面涌水分别汇至C266水仓，安装80D30×6型、DG46-50×3型水泵（备用）各1台、规格为108×4的排水管路1趟，水仓水经管路排至1208大巷后，水自流至老井中央水泵房。五更山井正常涌水量26立方米/小时，最大涌水量110立方米/小时，在采区设容量420立方米的中央水仓，安装D85-45×7型排水泵3台、规格为133×4的排水管路2趟，最大排水能力133立方米/小时，水仓蓄水经管路抽排至地面。

羊场湾煤矿一分区井下排水系统为两级排水。在+900米水平设容量5400立方米的水仓，安装3台MD580-60×4型耐磨离心泵、2趟DN350排水管路（单趟长度3300米），水仓蓄水经管路排至+1058米水平水仓；在+1058米水平设甲、乙2个水仓，水仓总容积2997立方米，泵房安装D280-43×8型排水泵2台，MD580-60×6型排水泵3台、DN300排水管路2趟，DN350排水管路1趟，单趟长度1260米；水仓蓄水经辐射在副斜井井筒内的管路排至地面污水处理站。二分区在+1050米水平设甲、乙2个水仓，容量分别为1180立方米、610立方米，安装4台MD280-65×6型耐磨多级离心泵，配用功率500千瓦的YKK450- 4 -500KW型隔爆型电动机3台、功率630千瓦的YKK500- 4 -630KW型隔爆型电动机1台；系统敷设2趟DN250×16排水管路，正常涌水时1趟工作，最大涌水时2趟同时工作，排水能力680 立方米/小时。矿井涌水通过敷设在主回风井井筒内的管路，抽排至地面污水处理站。在+801米水平设甲、乙2个主水仓，总有效蓄水量3265立方米，安装3台MD280-43×7型耐磨多级离心泵，配用3台功率400千瓦的YB560S1-4型隔爆型电动机；系统敷设2趟DN250×16排水管路，正常涌水时1趟工作，最大涌水量时2趟同时工作，排水能力680 立方米/小时；矿井涌水通过敷设在二煤回风下山巷道内的管路，抽排至+1050米水平泵房。

梅花井煤矿正常涌水量300立方米/小时，最大涌水量450立方米/小时，排水系统按采区设置。在十一采区设甲、乙2个水仓，总有效容量1200 立方米，安装3台MD450-60×5型多级离心泵，流量450 立方米/小时，扬程300米，正常情况下1台工作，水仓蓄水经敷设在一号副斜井的规格为325×2的排水管路，排至地面污水处理站。在＋850米水平一号副斜井井底设甲、乙、丙3个水仓，总有效容量10000立方米，安装7台MD450-60×9型多级离心泵，流量450 立方米/小时，扬程540米；系统沿一号副斜井井筒敷设4趟DN300排水管路，正常情况下3趟工作，最大涌水时4趟同时工作，水仓蓄水经排水管路排至地面污水处理站。

枣泉煤矿主排水系统由十二采区+980米排水系统和十一采区+950米水平排水系统构成。2016年，矿井正常涌水量500立方米/小时，最大涌水量654立方米/小时。在井下+980米水平、+950米水平各设1个中央水泵房，在+929米水平、+880米水平各设1个采区水泵房，其中+980米水平中央水泵房安装5台MD280-65×8型多级离心泵，+950米水平中央水泵房安装3台MD500-57×9P型多级离心泵，+929米水平采区水泵房安装3台MD280-43×4型多级离心泵，+880米水平采区水泵房安装3台MD280-43×5型多级离心泵。在十一采区、十二采区各敷设3趟排水管路，十三、十四采区各敷设2趟主排水管路，矿井水经+950米水平、+980米水平排水系统排至地面后，经DN500排水管进入污水处理站。

任家庄煤矿正常涌水量65立方米/小时、最大涌水量105立方米/小时。在+850米、+650米水平分别设水仓及水泵房，其中+850米水平设置主、副2个水仓，总有效容量3779.3立方米，安装3台MD600-65×8型矿用耐磨离心泵，流量600立方米/小时，扬程520米，水仓蓄水经敷设在副斜井井筒内的规格为DN377×8排水管路，排至地面污水处理站。在二十一采区+650米水平水设主、副2个水仓，总有效容量2042立方米，安装3台MD580-60×4型矿用耐磨离心泵，额定排水能力580立方米/小时，水仓蓄水经敷设在二十一采区回风下山巷道内的DN377×8管路排至+850米水平水仓。

石槽村煤矿正常涌水量750立方米/小时。在+900米水平设主、副2个水仓，总有效容量11718立方米，共安装5 台MD580-60×9型矿用耐腐多级离心泵，单台电机功率配备1250千瓦，流量580立方米/小时，扬程540米，敷设2趟排水管路，排水能力大于矿井最大涌水量。在+900米水平抗灾潜水电泵硐室安装2台BQ725-583/22-1600/W-S型潜水泵，电机功率1600千瓦，流量725 立方米/小时，扬程583米，敷设D377X13和D377X11排水管路，用于抗灾排水。

麦垛山煤矿正常涌水量994立方米/小时，最大涌水量1193立方米/小时。在主、辅水平分别设水仓和水泵房。其中，在+868米水平设3个水仓，总有效容量8488立方米，安装5台MD600-118×9型模块化耐磨多级离心泵，额定流量600立方米/小时，扬程666米，沿副立井井筒敷设3趟直径为377毫米排水管路。在辅助水平设2个水仓，总有效容量4211立方米，水泵房安装5台MD360-95×7型耐磨多级离心泵，电机功率1000千瓦，扬程665米，流量360立方米/小时，沿副斜井敷设2趟DN350排水管路。在主井地面设调节泵房，安装5台MD450-60×2型离心泵，额定流量400立方米/小时，扬程120米；安装2台MDS1100-86×2（A）型离心泵，额定扬程150米，额定流量1000立方米/小时，敷设1趟直径426毫米排水管路。在+868米水平泵房安装2台BQ725-662/25-1900/W-S型抗灾潜水电泵，电机功率1600千瓦，流量725立方米/小时，扬程662米，经钻孔敷设2趟直径为457毫米排水管路。矿井正常涌水量时，启动2台水泵、2趟管路工作，排水能力达到700立方米/小时；矿井最大涌水量时，启动4台水泵、2趟管路排水，能力达到1200立方米/小时，完全满足矿井排水要求。矿井水经主、辅水平排水系统、地面调节泵房排至红柳煤矿矿井水处理站。

石沟驿煤矿主排水系统为二级排水，在+1000米水平设甲、乙2个水仓，总有效容量1279立方米，安装3台MD155-30×9型多级离心泵，单台电机功率220千瓦，流量155立方米/小时，扬程307米，沿管子道和副斜井井筒敷设2趟规格219×6毫米排水管路。2013年，在+854米水平设置甲、乙2个水仓，总有效容量1260立方米，安装3台MD155-30×6型矿用耐磨多级离心泵，单台电机功率132千瓦，流量100～185立方米/小时，扬程195～65米。矿井水经+854米水平、+1000米水平排水系统进入地面DN125毫米铸铁管道，排至地面沉淀池。

双马煤矿在+1046米水平设甲、乙、丙3个水仓，总容量8003.3 立方米，泵房安装5台MD500-57×6型矿用耐磨离心泵，沿主井井筒敷设3趟D377×12聚乙烯复合钢管排水管路，最大排水能力1200立方米/小时。矿井正常涌水时2台工作，最大涌水时3台工作，1台备用，1台检修。在 I01采区设甲、乙2个水仓，总容量1650立方米，安装3台MD360-60×5型矿用耐磨离心泵，敷设3趟D219×6无缝钢管和1趟D160钢丝网骨架聚乙烯复合管排水管路。矿井最大排水能力750立方米/小时，正常情况下2台工作，1台备用。在甲水仓泵房安装2台QS280-320/8-410/S型电潜泵，排水能力400 立方米/小时，用于抗灾排水。

三、压风

2009年，集团公司所属矿井均在地面安装固定空气压缩机，管路连接到井下各采煤、掘进工作面，作为施工的压风动力。金能煤业分公司、石沟驿煤矿等矿井还在井下掘进工作面使用隔爆型移动式空气压缩机，后因矿井关停和改扩建停止使用。2011年，根据《煤矿井下安全避险“六大系统”建设完善基本规范（试行）》要求，灵新煤矿、梅花井煤矿等利用矿井压风系统，在采煤、掘进工作面等地点，安装压风自救装置，形成完善的压风自救系统。

金能煤业分公司在一区、二区各建有1套压风系统。其中，一区压风机房安装3台FHOG-375-6KV单型螺杆空气压缩机，出口压力0.8兆帕，排气量62立方米/分钟；二区安装3台SA-375-6KV型空气压缩机，出口压力0.8兆帕，排气量为62立方米/分钟。压风主管路采用直径159毫米和108毫米无缝钢管，采掘工作面支管采用直径108毫米无缝钢管。一区、二区空气压缩机高、低压供电系统均为双回路供电。

石炭井焦煤公司、乌兰煤矿在地面各建有一座压风机房，均安装4台FHOG-D250F型螺杆式空气压缩机，单台电机功率250千瓦，额定排气量38立方米/分钟，额定压力1兆帕，工作压力0.75兆帕。压风系统通过沿副斜井敷设一趟DN150主压风管路和直径108毫米分支管路，向井下各掘进工作面提供压风动力。

汝箕沟无烟煤分公司白芨沟井地面固定压风机房安装4台FHOG-340A型单螺杆式压风机，单台排气量42立方米/分钟，出口压力0.7兆帕，运行方式为2台工作，2台备用。压风经敷设在人行斜井井筒至集中巷分支管路，送往各采掘工作面。2013年4月，在矿井原有压风系统的基础上，由集团公司设计院设计和该分公司自行组织施工建设压风自救系统，通过压风系统向井下自救系统提供压风。

灵新煤矿在五采区轨道上山井口安装2台MLGF-20/8-132G型螺杆移动式压风机，单台电机功率132千瓦，额定排气量20立方米/分钟，额定压力0.8万兆帕，运行方式为1台工作、1台备用。压风主管路、支管路均采用直径108毫米无缝钢管，由轨道上山井口接入井下各车场，绕道接入各采掘工作面用风点。在六采区地面固定压风机房安装3台OLG340A-6kV40.6/1.0型螺杆式空压机，单台电机功率250千瓦，额定电压6千伏，额定排气量40.6立方米/分钟，额定压力1兆帕，运行方式为 2台工作、1台备用。压风主管路采用直径273毫米无缝钢管，由胶带运输上山巷道井口接入井下各车场，绕道接入直径108毫米无缝钢管支管路，至各采掘工作面等用风点。

羊场湾煤矿在一分区十三采区地面工业广场、二分区地面各建1座压风机房。其中，一分区机房安装4台SA250A-10K型固定式压风机，压风管主管路自地面压风机房通过十三采区进风立井，至井下+980米水平车场；主管路为DN250无缝钢管，分支管路为DN100无缝钢管，自巷口分别引入采煤工作面风巷、机巷或掘进工作面迎头。二分区压风机房安装4台FHOG-D250F型螺杆式空气压缩机，单台电机功率250千瓦，额定排气量38立方米/分钟，额定压力1兆帕，工作压力0.75兆帕。压风系统通过沿副立井敷设一趟DN250主压风管路、沿主井敷设1趟直径219毫米供风管路和直径108毫米分支管路，向井下各用风点提供压风动力。

梅花井煤矿压风机房安装4台SA-250A型压风机，压风机单台电动机功率250千瓦，排气量40立方米/分钟。压风系统沿主斜井井筒敷设1趟规格为273×7无缝钢管压风管路，沿一号辅助运输石门、二区段石门、三区段石门、四区段石门及+850米水平辅助运输石门各敷设1趟规格为219×6无缝钢管压风管路，沿各回采工作面辅助运输巷、回风巷及掘进巷道各敷设1趟规格为108×4无缝钢管压风管路，为井下各施工点提供压风动力，并向各工作面风巷、运输巷、辅助运输巷及掘进巷道终端均安装的压风自救装置供风。

枣泉煤矿压风机房安装6台空气压缩机，单台电机功率350千瓦，排气量59.5立方米/分钟，排气压力0.8兆帕。在十三采区、十四采区工业广场建1座压风机房，安装7台空气压缩机，单台电机功率350千瓦，排气量59.5立方米/分钟，排气压力0.8兆帕，通过管路为井下各采煤、掘进工作面提供压风动力。

任家庄煤矿压风机房安装3台FHOG-355F型螺杆式空气压缩机，单台电机功率355千瓦，额定排气量54.5立方米/分钟，额定压力1兆帕，工作压力0.75兆帕。运行方式为2台运行，1台备用。压风系统经沿副斜井井筒敷设1趟DN100主压风管路，沿风井敷设1趟直径219毫米供风管路，通过直径108毫米分支管路，向井下各用风地点供风。

石槽村煤矿在压风制氮机房安装5台FHOG-430W型单螺杆式空气压缩机。压风系统沿副立井井筒敷设1趟直径219毫米主管路至+1075米水平，后用直径219毫米支管路分别引至+1075米、+900米水平辅助运输大巷，再通过直径108毫米分支管路，将风送至各采煤、掘进工作面。

麦垛山煤矿压风机房安装5台FHOG-D250F型螺杆式空气压缩机，单台电机功率250千瓦，额定排气量38立方米/分钟，额定压力1兆帕，工作压力0.75兆帕。运行方式为3台运行、2台备用。压风系统通过沿副立井敷设的DN250主压风管路、沿主斜井铺设的直径219毫米供风管路，通过直径108毫米分支管路，将压风送至井下各用风地点。

石沟驿煤矿使用MLGF-13/1.5-75型防爆空气压缩机压风。2012年，该矿在地面建设固定空气压缩机房，安装FH0G-250F型单螺杆空气压缩机，排气量38.83立方米/分钟，排气压力0.8兆帕。

第三节　供水　供电　照明与通信

一、供水

（一）银北矿区供水系统

2009年，集团公司在银北所属矿区共有石嘴山矿区、石炭井矿区、汝箕沟矿区3套供水系统，采用深井泵地下采水和分级加压供水方式。共有4处水源地、20眼水源井和12个各级泵站（加压站），供水管路总长198千米，年供水量超过1000万立方米。其中，石嘴山矿区供水系统由2处水源地、6眼水源井、7个加压泵站和总长124公里供水管路组成；石炭井矿区供水系统由1处水源地、6眼水源井、2个加压泵站和总长37千米供水管路组成；汝箕沟矿区供水系统由1处水源地、6眼水源井、3个加压泵站和37千米供水管路组成。3套供水系统分别担负着石嘴山矿区、石炭井矿区、汝箕沟矿区的生产和生活用水供给。

2018年，集团公司依据《水电分公司变电站及泵站智能化改造设计》，对汝箕沟供水系统的水源井进行了信息化无人值守改造。

1.石嘴山矿区供水系统共设6个泵房。其中，一泵房（抽取黄河水输入二泵房一级沉淀池）安装2台KQSN250-N9/300-F型加压泵，配用2台Y225S-4型电机，单台功率37千瓦。二泵房（清水主要供金能煤业分公司二区及北小区居民生活用，浑水主要供市政绿化）共安装有3台清水泵和2台混水泵，型号分别为25S-39型、DESS205型、250S型 和KQS-N200-N9/228型、DFSS200-13N2D型，配用电机功率分别为75千瓦、55千瓦、37千瓦和55千瓦、30千瓦，泵房设置1个容量为1000立方米的蓄水池。三泵房（抽取原三矿井下水供给周围工厂生产和四泵房）安装300QJ140－210型、250QJ80-160型深井泵各1台，电机功率分别为160千瓦、55千瓦。四泵房（为集团公司大武口洗煤厂金能分厂供给生产用水）安装型号为KQL 100 125-11-2型的加压泵2台，流量100立方米/时，扬程20米，功率11千瓦，泵房设1个容量800立方米的蓄水池。五泵房（DN350管道主要供给二泵房及大武口洗煤厂金能分厂，DN400管道主要供给金能煤业分公司一区及煤炭路周边居民生活用水，DN250管道主要供给103锅炉房和原三矿锅炉房及铁路维修队）安装KQSN300-M13/313型、100-80-160型加压泵3台，配用2台75千瓦和1台15千瓦功率的电机，泵房设置容量为1000立方米的蓄水池2个、800立方米的蓄水池1个。落石滩泵房（主要供给五泵房）安装10SH-6型、KQSN200-M8/256T型加压泵各1台，电机功率分别为110千瓦和132千瓦，泵房设1个容量1000立方米的蓄水池。水塔泵房（主要供给原一矿家属区居民生活用水）安装KQSN150-M9/206型加压泵2台，单台电机功率37千瓦，泵房设1个容量800立方米的蓄水池。

2.石炭井矿区供水系统水源引自沟口5眼水源井，经二级加压向矿区供水，经三次加压向乌兰煤矿供水。其中，第一加压站安装水泵4台，配用功率200千瓦、185千瓦的电机各2台，泵站设1个容量800 立方米的蓄水池；第二加压站安装4台D155-30×9型水泵，配用4台200千瓦功率电机，泵站设1个容量800立方米的蓄水池。乌兰加压站（以第二加压站为水源，主要供往乌兰煤矿）安装3台D155-30×8/9型水泵，配用2台200千瓦功率电机和1台185千瓦功率电机，泵站设1个容量800立方米蓄水池。第一加压站、第二加压站机组均采用变频启动方式，乌兰加压站机组采用软启动方式。

3.汝箕沟矿区供水系统由沟口6眼水源井经引三级加压至矿区各采区。其中，第一加压站安装4台水泵，配用4台355千瓦功率电机，启动方式为6千伏自耦降压启动，泵站设1个容量500立方米的蓄水池；第二加压站采用35千伏单电源进线，电源引自汝水队第一加压站，安装4台水泵，配用4台710千瓦功率电机，启动方式为6千伏自耦降压启动，泵站设1个容量500立方米的蓄水池；第三加压站安装4台水泵，分别给大峰采区、白芨沟采区、汝箕沟采区供水，均配用355千瓦功率电机，启动方式为6千伏自耦降压启动，加压站设1个容量500立方米蓄水池。

（二）银南矿区供水系统

2009年，集团公司在银南所属矿区建有灵武大泉和黄河水2套供水系统。其中，灵武大泉供水系统取自地下水，有13眼水源井，设计供水能力30000 立方米 /日，供水管路总长198.69千米，担负灵武矿区生产、生活用水的供给；黄河水供水系统水源引自鸭子荡水库，引水线路全长41.31千米，设计供水能力50000立方米/日，主要承担鸳鸯湖矿区和马家滩矿区的生产生活用水供给。为使2套供水系统互为补充，由第二加压泵站和梅花井泵站接入系统，梅花井泵站注入的黄河水和三泵站可以实现顺供水和反供水。

2018年，集团公司依据《水电分公司变电站及泵站智能化改造设计》，对灵武大泉供水系统的水源井进行了信息化无人值守改造。银南矿区共有供水管路总长度约240千米，供水机组超过130台，基本满足现有矿区生产、生活需求。

1.灵武大泉供水系统。系统设水厂泵站，安装3台配用同为直接启动电机的单级卧式离心泵。其中，一号加压泵流量1155立方米/小时，电机功率1250千瓦；二号加压泵流量1181立方米/小时，电机功率1000千瓦；三号加压泵流量为1250立方米/小时，电机功率1250千瓦。泵站设2个容量1000立方米的蓄水池，经加压至第一加压泵站。第一加压泵站分设一号泵房和330泵房。其中，一号泵房安装2台350S-125A型水泵，配用2台630千瓦功率的直接启动电机，流量1181立方米/小时；330泵房安装2台SLS100-200B型水泵，配用2台15千瓦功率的直接启动电机，流量87立方米/小时。第一加压泵站经加压至第二加压泵站。第二加压泵站分设2个泵房。其中，一号泵房安装3台加压泵，配用2台220千瓦和1台355千瓦功率的软启动电机，泵房设1个容量为400立方米的吸水池，经加压向羊场湾泵站供水；二号泵房安装3台加压泵，配用2台135千瓦和1台132千瓦功率的低压软启动电机，泵房设置有3个容量均2000立方米的蓄水池，经加压向第三加压泵站供水。第三加压泵站设2个容量1000立方米的蓄水池，安装有9台加压泵。其中，4台为灵新煤矿的日用泵、消防泵供水（各为2台），单台电机功率110千瓦；2台为羊场湾泵站加压泵供水，单台电机功率130千瓦；3台为梅花井泵房加压泵供水，单台电机功率75千瓦。中心区配水泵站设3个容量为2000立方米的蓄水池，安装7台水泵。其中，3台为中心区的日用泵供水，单台电机功率30千瓦；2台为中心区的消防泵供水，电机功率分别为15千瓦、30千瓦；2台为宝塔石化的加压泵供水，单台电机功率75千瓦。

2.羊场湾煤矿一分区泵站设3个容量为2000立方的米蓄水池和1个容量为200立方米的吸水池，分设有3个泵房。一号泵房安装13台水泵，其中2台为枣泉煤矿的立式加压泵供水，单台电机功率90千瓦；4台为羊场湾煤矿一分区的日用泵供水，配用37千瓦功率的电机3台、7.5千瓦功率的电机1台；3台为羊场湾煤矿一分区的室外消防泵供水，单台电机功率75千瓦；2台为羊场湾煤矿一分区的室内消防泵供水，单台电机功率45千瓦；2台为羊场湾煤矿洗煤厂的加压泵供水，单台电机功率为15千瓦。二号泵房安装3台泵，均为羊场湾煤矿一分区高位卧式加压泵供水，单台电机功率37千瓦。三号泵房安装4台水泵，其中2台为羊场湾煤矿二分区的立井卧式加压泵供水，单台电机功率90千瓦；2台为羊场湾煤矿二分区卧式日用泵供水，单台电机功率110千瓦。

3.黄河水供水系统。系统由梅花井泵站、石槽村泵站、红柳泵站、金凤配水厂及输水管道组成。

梅花井泵站分设配水和加压2个泵站。其中，配水泵站安装14台水泵，设2个容量均为1500立方米的蓄水池，分别是3台供往石槽村煤矿的配水泵，6台供往梅花井煤矿的日用水泵，2台供往梅花井煤矿的室内消防水泵，2台供往梅花井煤矿的室外消防水泵，1台供往永利新村日用水泵。加压泵站安装4台水泵，设置2个容量均为3000立方米的蓄水池，为石槽村煤矿的加压泵供水，单台电机功率500千瓦。

石槽村配水泵站分设2个泵站。一号泵站安装3台水泵，单台电机功率75千瓦，均为红柳煤矿的加压泵供水，泵站设2个容量均为2000立方米的蓄水池；二号加压泵站安装6台水泵，设2个容量均为3000立方米的蓄水池，均为石槽村煤矿服务，其中4台为加压泵供水，2台为日用泵供水。

红柳配水泵站设配水和加压2个泵站。其中，配水泵站设2个容量均为1500立方米的蓄水池，安装12台水泵，分别是4台为红柳煤矿洗煤厂的日用泵供水，4台为红柳煤矿的井上井下消防泵供水（各为2台），2台为麦垛山煤矿的生产泵供水，2台为麦垛山煤矿喷淋泵供水。加压泵站设置2个容量均为3000立方米的蓄水池，分设加压泵站和扩建泵站。其中，加压泵站安装7台水泵，4台为金凤煤矿的加压泵供水，3台为红柳电厂的加压泵供水；扩建泵站安装6台水泵，2台为红柳煤矿的日用泵供水，2台为麦垛山煤矿的日用泵供水，2台为马家滩镇的日用泵供水。

（三）矿井水和生活污水处理

集团公司矿井水预处理主要采用预沉、混凝沉淀池、重介速沉、D型滤池等工艺，通过投加混凝剂、絮凝剂、海砂，去除水中的悬浮物，净化后达标外排。矿井水深度处理采用“双膜”处理工艺，通过超滤膜、反渗透膜装置，去除水中大部分盐分后井下回用。生活污水处理主要采用序批式活性污泥法、MBR法、生物接触氧化法、PASG法等工艺，去除生活污水中有机物、氨氮等，夏季用于矿区绿化，冬季储存。经处理后的矿井水水质标准达到《城镇污水处理厂污染物排放标准》（B18918-2002）一级A标准，生活污水处理水质按照环评要求达标复用，部分煤矿生活水处理后水质达到一级A标准。

2017年3月，集团公司在所属能源工程公司成立水处理管理部，负责集团公司煤矿矿井水及生活污水处理站的运营管理。水处理管理部在册人数196人，下设三个业务组，分别为生产保障组、生产运行组、质检计量组。设有水质分析化验中心，配备了先进的分析化验仪器，已形成具有工艺、设备、化验、检修等专业技术管理团队，建立了完整的水处理运行管理体系，具备了提供优良水处理服务和技术支持的能力。

截至2018年，水处理管理部已陆续接管任家庄、清水营、羊场湾、梅花井、石槽村、红柳、双马、金凤、金家渠等9个煤矿的水处理厂运营管理，其中包括9个矿井水预处理系统、7个矿井水深度处理系统和9个生活污水处理系统，日处理水量14.2万立方米。矿井水预处理能力9300立方米/时，深度处理能力1500立方米/小时，生活污水处理能力8000立方米/天，矿井水年预处理量5000多万立方米。已完成12项提标改造及技术创新项目，完善管理制度126项，通过专业化运营管理基本实现系统稳定运行、外排水达标排放。

完成产值：2017年处理水量2750万立方米，产值4200万元；2018年处理水量4600万立方米，产值约6000万元。

二、供电

2009年，集团公司所属生产矿井均建有完善的供电系统。其中，金能煤业分公司一区、二区和大峰采区、白芨沟采区、石槽村煤矿、红柳煤矿、麦垛山煤矿、红石湾煤矿、矿山机械制造维修分公司、羊场湾煤矿一分区（十二采区、十三采区）和二分区、灵新煤矿三采区和五采区、梅花井煤矿、枣泉煤矿十三采区和十四采区均建有35千伏变电站，石炭井、古窑子、清水营煤矿、枣泉煤矿工业场地分别建有110千伏变电站，各生产煤矿在井下均建有中央和采区变电所。各变电站、变电所全部实现两回路安全供电。

2010年10月，金凤煤矿工业广场35千伏变电站建成投入使用，变电站采用双回35千伏电源进线，第一回路引自银马局110千伏变电站的323间隔（马金线LGJ-300，21.34千米），第二回路引自强滩110千伏变电站324间隔（强双线LGJ-300，28.68千米）。变电站设置35千伏XBG-40.5高压柜174台、10千伏 XBG-12型室内高压柜52台、SZ11-20000/35/10.5KV型有载调压主变压器2台、DSG-1050/100/10型干式变压器2台和10千伏电容无功补偿装置。变电站自动化系统采用国电南自PS系列，主要服务于金凤煤矿。

2011年5月，矿山机械制造维修分公司35千伏变电站建成投入使用，变电站采用单回35千伏电源进线，进线引自大南变110千伏变电所（南总线312间隔LGJ-50，线长2.5千米）。变电站设35千伏高压箱式变电站1套（11台）、室内6千伏高压柜1套（14台）、S9-2000/35/6.3KV型和S11-3150/35/6.3KV型主变压器各1

台，并设置无功补偿装置、监控保护柜、直流电源系统、变电站自动化系统，主要服务于614支架车间、613金工车间、612支柱车间、622锻造车间、624电锻炉、623厂外变电所等。

是年12月，红柳煤矿洗煤厂变电站建成投入使用，变电站采用双回路35千伏电源进线，第一回路引自永利110千伏变电站的321间隔（永柳洗煤LGJ-300，8.08千米），第二回路引自红柳煤矿工业广场35千伏变电站312间隔（红柳工洗YJV62-35 1×400，线长0.86千米）。变电站设35千伏 KYN61-40.5（Z）高压柜11台、10千伏KYN28A-12Z型室内高压柜33台、10.5千伏SZ11-20000/35型主变压器2台和SVG无功补偿装置，自动化系统采用国电南自PDS系列，主要服务于红柳洗煤厂。

2012年2月，双马煤矿35千伏变电站建成投入使用，变电站采用双回路电源进线，第一回路35千伏电源进线引自银马局110千伏变电站的323间隔（马双线LGJ-300，线长8.28千米），第二回路35千伏电源进线引自强滩110千伏变电站324间隔（强双线LGJ-300，线长28.68千米）。变电站设35千伏 KYNS-40.5型高压柜17台、10千伏KYN28A-12Z型室内高压柜52台、10.5千伏 SFZ11-16000/35型主变压器3台（均为两线圈变压器）、干式GFDP560-90A变压器2台和SVG无功补偿装置，自动化系统采用国电南自PS系列，主要服务于双马煤矿。

是年，梅花井煤矿立风井35千伏箱式变电站建成投入使用，变电站采用双回电源进线，进线均引自梅花井煤矿工业场地35千伏变电站的313间隔和323间隔梅立甲线LGJ-240，线长2.34千米和梅立乙线LGJ-240，线长2.34千米）。变电站35千伏出线3回，分别是313梅立井甲线、323梅立井乙线和324梅石线，高压主要提供梅花井煤矿生产及生活用电，低压主要提供变电站内低压用电。变电站设35 KVXBG-40.5型箱式开关柜12台、10KV XBG-12型箱式开关柜56台、低压柜3台（其中低压馈线柜2台为9路馈线和10路馈线，主要为保护屏电源、后台电源、35千伏室照明、10千伏室照明、主控室照明、无功补偿电源、直流充电屏、消弧电源、路灯电源、新10千伏母线段低压电源、SVC空调、运输下山电源、远动屏、火灾报警仪等提供低压电源）、SZ11-20000/35/10.5KV型有载调压电力主变压器2台、DSG-600/100/10/0.4kV型接地变2台和TSC无功补偿装置、ZDBG自动调谐消弧线圈成套装置、直流电源系统、其他监控保护柜等。

2013年6月，金凤煤矿洗煤厂35千伏变电站建成投入使用。变电站采用单回路35千伏电源进线，进线引自金凤煤矿工业场地35千伏变电站312间隔（金洗线LGJ-300，线长3.5千米）。变电站设35千伏高压箱变柜12台、10KV XGN-12型室内高压箱变柜18台、SZ11-20000/35/10.5KV型有载调压主变压器2台和10千伏电容箱式无功补偿装置。

2014年2月，红柳煤矿副立井35千伏变电站建成投入使用。变电站采用双回路35千伏电源进线，第一回路电源进线引自红柳煤矿工厂35千伏变电站313间隔（工广立井线LGJ-300，线长5.19千米），第二回路电源进线引自红柳洗煤厂35千伏变电站322间隔（洗煤立井线LGJ-300，线长5.16千米）。变电站设35KV KYN61-40.5（Z）型高压箱变柜11台、10KV KYN28-12型室内高压箱变柜38台、配用交流双电源屏1台、SFZ10-M-31500/115/10.5KV型主变压器2台（均为两线圈变压器）、DKSC-730/10.5-100/0.4KV型接地变压器2台和10千伏电容无功补偿装置。

是年5月，金家渠煤矿35千伏变电站建成投入使用。变电站采用双回35千伏电源进线，第一回路电源进线引自强滩110千伏变电站325间隔（强渠线LGJ-300，线长4.35千米），第二回路电源进线引自大水坑110千伏变电站323间隔（水渠线LGJ-300，线长16.6千米）。变电站设35千伏 XGN17A-40.5型高压柜11台、10千伏 KYN28A-12Z型室内高压柜46台、10.5千伏 SFZ11-M-25000/35型有载调压主变压器2台（均为两线圈变压器）、DSG-630/10.5干式接地变压器2台和MSVG无功补偿装置。

2018年，集团公司各矿区供电系统按照电源点的引入划分，供电区域达到18个，建设变电站29个。各变电站均采用双回路35千伏电源进线、单母线分段接线，自动化系统多采用国电南自PS系列。各矿井负荷中心均建35（110）千伏区域变电所，以10（6）千伏电压等级向井下及地面各用电点供电。各区域变电所均设双回路供电电源线路，并在供电系统中先后引进装设8套SVC、SVG、MSVC动态无功补偿装置，主变压器选择基本采用有载调压方式的变压器，提高了供电质量，降低了无功损耗，对井下供电加装了防越级跳闸设施，防止停电事故的扩大，为矿井安全供电提供了可靠保障。同年，电分公司按照《水变电站及泵站智能化改造设计》，实施了石槽村煤矿35千伏变电站接地极弧线圈控制系统改造等13个技术创新项目，申报110千伏氧化锌避雷器接头制作等6项实用新型专利。

三、照明

2009年，集团公司所有煤矿员工井下作业照明全部使用具有亮度调节、照明时间长、安全可靠特点的新一代双光源锂电类型矿灯。各矿在斜井井筒、井下水平车场、轨道运输大巷、带式输送机巷、各类硐室和综采、综掘工作面等普遍安装照明灯具，其中综采、综掘工作面和主斜井井筒安装使用的照明灯多为DGS20/127Y（C）型防爆荧光灯，其他地点基本都使用DGS18/127Y（A）型LED冷光源矿用隔爆型巷道灯，并利用ZBZ系列照明综合保护器进行保护、控制。地面各主要机房、配电室除安装照明灯外，均按照标准装设了应急照明灯。

四、通信

2009年，集团公司建有以信息中心为中枢的直拨电话、局域网通讯系统。各煤矿建有地面、井下有线直拨、本质安全型手机（小灵通）无线对话通信系统，并随着通信技术的发展得到了进一步完善、升级，实现了集团公司调度指挥中心与机关各部室、煤矿各科室之间的电话直拨互通、网络互连，实现了各煤矿调度室与各科室、基层区队、井上井下重点部位和重要工作场所等有线、无线电话双向直拨通话，形成了多类型、多渠道、全覆盖的现代化通讯模式。

金能煤业分公司地面通讯采用KTW101型无线调度网关，将13台AG1016型和10台AG1032型语音接入网关后，形成了有线调度电话和井下无线通信合一的多媒体调度平台。分公司共安装有线调度电话528门，在地面办公楼、任务交代室、矿灯房、主立井和副立井井口房及绞车房、通风机房、锅炉房、Ⅱ级泵站、井下水处理站、生活污水处理站、机修间、坑木加工房等均设置调度电话机，其中行政用户120个，调度用户150个。一区至二区调度电话采用32芯光缆进行网络传输，其中一区行政电话直接采用银北惠农站主线分线至各办公地点。在井下配置有线和无线两种通讯方式，其中有线通讯为在井下各水平车场、机电硐室、主变电所、采区变电所、主排水泵房、采区水泵房、回采工作面、掘进工作面、胶带运输机大巷等主要场所均安装有本质安全型调度电话机，井下主变电所与地面变电所、副立井井口与井底候罐室、井底煤仓仓上仓下安装有直通电话，并可与矿调度室直拨通话；无线通信采用KTW101型煤矿无线通信系统，配备有800部矿用KTW105B型本质安全手机，通过无线局域网络覆盖井下巷道，实现了井下移动通信。

石炭井焦煤公司、乌兰煤矿矿井使用的通信设备、电话安装地点等基本相同。两矿分别在调度室机房安装1套DH-2000型数字程控调度机，提供电话用户352个，其中地面机关科室、基层区队办公室、生产系统安装调度电话100部，井下带式输送机转载点、采区变电所、机电硐室、综采和掘进工作面安装KTH-8型本质安全按键电话机80部，实现了矿井安全生产调度指挥直拨互通。装备有KJ131型矿用移动通信系统，在井下设置有4台中心控制器，60台无线通信基站，为班组长以上管理人员配备矿用无线本安手机263部，实现了对井下集中作业人员及作业区域的无线通信覆盖。

汝箕沟无烟煤分公司白芨沟井通信系统由有线通讯和无线小灵通通讯两部分组成。2009年12月，该井建成双网无线调度通信系统，开通了井下小灵通与调度电话、地面固定电话间无线双向直拨通话，并实现调度员对小灵通进行强插、强拆、紧呼等调度功能。2010年6月，该系统分别与神华宁煤集团信息技术中心银北运营部行政总机和采区调度总机互联。2013年4月，该井在调度室机房安装1套3位拨号和可实现强插、强拆、群呼、监听、录音等功能的KTJ104型数字程控调度机，装机总容量200门，其中100门用于地面的生产调度，100门通过DH-DIS60型矿用电话耦合器用于井下各场所生产调度。

灵新煤矿有线通信系统安装1台AG1000型调度交换机，装机容量352门。在地面机关各科室、基层各区队办公室和生产系统安装调度电话77部；在井下各生产点、带式输送机转载点、综采工作面、采区变电所及各机电硐室安装KTH17型本质安全按键电话机75部，实现对全矿井的安全生产指挥调度。该矿建1套KT23型矿用移动通信系统，在地面设2个通信基站，覆盖生产、生活和办公区周围500米范围；在井下设置52个通信基站，为班组长及以上管理人员配备246部矿用无线本质安全型手机，实现了对井下集中作业人员及作业区域的无线覆盖，配机人员可井上井下之间直拨通讯。

羊场湾煤矿设2套有线通讯系统。一套为eSpace U1980型软交换调度系统安装在一分区，装机容量1024门，使用630门；一套为C&C08-S型调度交换机安装在二分区，装机容量400门，使用337门，并实现了分区通信系统联网。两个分区均在地面机关各科室、基层各区队和生产系统、井下各生产点、带式输送机转载点、综采工作面、采区变电所及各机电硐室安装有KTH-33型本质安全按键电话机，其中地面安装有线电话557部，井下安装有线电话410部，实现了调度室对全矿井生产调度指挥的有线直拨通话。该矿还安装使用KT23型井下移动通信系统，在地面设置4个无线通信基站，发射功率分别为500兆瓦、40兆瓦，覆盖生产、生活和办公区周围；在井下设206个无线通信基站，为班组长及以上管理人员共配备矿用无线本安手机930部，实现了对井下集中作业人员及作业区域的无线覆盖，配机人员可实现井上井下直拨通话。

梅花井煤矿安装1套KTJ7-8000型数字程控调度机，装机容量352门，分别在地面位机关科室、基层区队、生产系统共安装调度电话98部，在井下各生产点、带式输送机转载点、综采工作面、采区变电所及各机电硐室安装KTH-33型本质安全按键电话机88部，实现了对全矿井的安全生产与指挥调度。安装使用KT23型矿用移动通信系统，在地面设置通信基站2个，发射功率500兆瓦，覆盖生产、生活和办公区周围400米；在井下设置无线通信基站63个，为班组长及以上管理人员配备363部矿用无线本质安全型手机，实现了对井下集中作业人员及作业区域的无线覆盖，配机人员可井上、井下直拨通信。

枣泉煤矿安装1套U1981型软交换调度通信系统，装机容量为800门，在矿井地面各生产部门、井上下各重要场所均设有调度电话分机，共计安装调度和行政有线电话400部。安装无线通信系统，分别在东井1189变电所、980变电所、西井1142变电所、950变电所、二十二采区变电所、十三采区和十四采区1000变电所各安装1台装无线中心控制器，在排矸车间及联合福利楼楼顶各设置1个无线通信基站，在井下各主要场所共安装KTW1340hW型防爆基站130个，配发KTW110C型矿用本质安全手机600部，可实现地面、井下手机与手机、手机与调度电话、手机与地面固定电话间的双向通话。

任家庄煤矿以中兴ESC3000型无线通信系统为基础平台，由1台ZXPCS CSS型地面基站控制器、2套ZXPCS CS28A型基站、2台KTW17型无线基站控制器和54台KTW15型矿用本质安全型无线基站组成，以地面、井下无线专网实现井上下的移动通信联络。该无线通信系统基站安装在主井巷道、井底车场、采掘工作面、二十一采区等区域，无线信号覆盖率达95%以上，能够满足井下与地面的无线通信联络需求。

石槽村煤矿安装1台DDK-8型程控调度交换机，装机容量256门，在井上布置调度电话机90门、井下布置本质安全型矿用电话机53门，有线通信覆盖地面各科室、车间和各生产重要场所，系统具有可满足矿调度指挥所需的强插、强拆、监听、录音等多种调度功能。该矿通信系统配置有小灵通数字中继板和行政电话数字中继板，通过PRI与无线通信中心控制器EP300连接，实现了有线固定电话和无线本质安全型手机（小灵通）一体调度，互联互通。设置KTW30型无线通信系统，整个系统按照“智能调度平台＋矿用基站控制器＋矿用隔爆基站”方式进行布置，共安装矿用无线中心控制器（防爆型）3台、40兆瓦矿用防爆型无线基站87台、40兆瓦室内型基站6台，敷设缆线50000米，配发矿用本质安全型手机600部。无线通信系统通过在各采煤及掘进工作面、主要巷道、变电所、主斜井等处安装无线基站与矿有线生产调度系统对接，实现了小灵通手机之间、与调度电话互联互通，并通过与神华宁煤集团无线通信系统联网，实现了外线对无线小灵通手机的呼叫通话。

麦垛山煤矿安装1套KTJ7-8000型数字程控调度机，装机容量352门，在地面各机关科室、基层区队和生产系统共安装有线调度电话100部，在井下各生产点、带式输送机转载点、综采工作面、采区变电所及各机电硐室共安装KTH-33型本质安全型按键电话机80部，实现了对全矿井的生产指挥调度。安装有KT23型矿用移动通信系统，在地面设通信基站9台，发射功率40兆瓦，覆盖生产、生活和办公区周围400米的范围；在井下设置61台无线通信基站，为班组长及以上管理人员共配备263部矿用无线本质安全型手机，实现了对井下集中作业人员及作业区域的无线覆盖，配机人员可在井上、井下直拨通话。

石沟驿煤矿安装1套ECM2000型有线调度通信联络系统。在地面各生产、辅助系统安装固定调度电话机34部，在井下安装50对电话分线箱1台、20对电话分线箱2台、10对电话分线箱1台、本质安全型电话机46部，覆盖各井口、中央变电所、水泵房、绞车房、各水平车场、煤仓口、移动变电站、避难硐室、综采工作面、掘进工作面、巷口、切眼口等主要生产作业区域和要害场所。安装有KT101型矿用无线通信系统，在井下设置基站控制器3套、40兆瓦小灵通基站54套、隔爆型光端机3台、隔爆型电源箱3台，实现了井下无线通信信号全覆盖，并为安检员、瓦检员和班组长及以上管理人员配备了本质安全型（小灵通）手机。该矿两套通信系统互联可直拨通话，实现了调度室对矿井地面及井下的有线无线和生产通信调度指挥。

第四章 煤炭生产管理

第一节 采掘管理

集团公司在生产技术部配备有采掘管理和设计审查专业，主要负责各矿井的重大技术方案制定、矿井设计审查、中长期采掘接续计划制定、现场重大采掘技术问题的处理等重大技术事宜，并对各矿井的技术工作进行检查指导。各矿在生产技术科配备有采掘管理和设计专业，主要负责本矿井的采掘接续计划编制与实施、采掘技术管理、采区和工作面设计、现场技术管理以及制定技术管理、质量标准化和安全生产等方面的考核制度，对采掘施工作业规程、技术措施等跟踪检查落实。各矿井采掘队均配备专职副队长和技术人员，负责本区队的采掘技术管理工作。

一、采掘工作面编号管理

2009年，集团公司采掘工作面编号不统一。如石炭井焦煤分公司、汝箕沟煤矿、乌兰煤矿编号为：第一个数字表示矿名，第二个数字表示煤层别，第三个数字表示水平号，最后一个数字表示工作面号，并在阿拉伯数字前冠以采区名称；枣泉煤矿为单水平上下山开采、分组煤开拓方式，工作面编号由6位阿拉伯数字组成，第一位为煤组编号，第二位为采区编号，第三、第四位为煤层编号，第五、第六位为工作面顺序编号。

2012年以后，按照神华宁煤集团规定，各生产矿井对回采工作面实行3级阿拉伯数字统一编号管理，如III020403回采工作面，III为三水平，02为二采区，04为四层煤，03为采区内第三个工作面。

二、采掘工作面设计管理

集团公司生产技术部负责组织编制和审查矿井（含技术改造）初步设计、矿井新采区和新水平开拓延深设计、施工组织设计、矿井采掘接续方案、矿区配套工程和技术装备、大型设备设计选型等重大技术方案及设计方案，负责审批矿井采用特殊方法开采的工艺设计、综放工艺开采设计；各矿由总工程师负责对矿井技术改造、水平延深、采区设计及其他重大工程设计方案的论证，并经招标委托有资质单位进行设计和报审等工作；各矿生产技术科主要负责矿井一般采掘工作面工程设计和机电设备安装工程设计，设计图纸必须经由技术科负责人、矿各专业副总工程师、相关部门专业技术人员会审后，报矿长（公司经理）、总工程师批准后方可组织施工。

三、采掘工作面接续管理

按照集团公司《生产矿井采掘接续计划编制规定》（2008年修订版），矿井采掘接续计划有年度、中期、长期3种，其中中期采掘接续计划为3年，长期采掘接续计划为5年。矿井采掘接续计划每年编制一次，中期、长期计划与年度计划同时编制，每年向后顺延1年，形成新的矿井中期、长期采掘接续计划。采掘接续计划由采掘接续计划表、采掘接续平面（示意）图、采掘工程平剖面图和说明书组成，内容主要包括矿井采掘接续工程排队、原煤产量、掘进进尺、采煤队产量、掘进队进尺、采掘工作面单产单进以及矿井煤层煤质配采计划等。矿井采掘接续计划由各矿生产技术科按照神华宁煤集团战略规划要求及矿井实际情况进行编制，编制完成后由矿总工程师组织生产技术科、机电动力科、通风科、调度室、经营科和物资供应部门等进行审核，审核修改完毕报矿长（公司经理）审定，审定后按要求报集团公司相关部门审查批准后执行。

2009—2018年，集团公司各矿的采掘接续工作正常，杜绝了采煤工作面断档现象。

四、采掘工作面作业规程管理

集团公司按照《煤矿安全规程》制定《煤矿采掘作

业规程编制管理规定》《煤矿井巷工程施工规范》《煤矿井巷工程质量验收规范》等规章制度，加强采掘工作面作业规程编制和作业过程管理。

采掘工作面作业规程由采掘队技术员以地测专业提供的经批准的采掘工作面地质说明书、现场生产实际以及《煤矿安全规程》《煤矿安全监察条例》《矿井技术操作规程》等有关法律法规、技术文件和岗位责任制为依据进行编制。

坚持“一工程、一规程、一变化、一措施”的原则，坚持正规循环作业、保证安全生产、提高经济效益的原则，严禁使用通用规程、通用措施。作业规程编制完成后，由矿总工程师召集采掘、机电、运输、通风、安监等机关科室和采掘单位领导、工程技术人员等进行集体会审，由编者补充、修改完善，并经复审后印制成册交付采掘单位和相关辅助单位实施。炮采、炮掘工作面作业规程经矿总工程师审批和生产技术科室负责人、区队领导签字后贯彻执行；综采、综掘工作面作业规程经集团公司总工程师或主管副总工程师审批、签字后贯彻执行。采掘工作面作业规程的贯彻学习在工作面正式投入生产1个星期前进行，由单位技术员利用班前会、班后会或工余时间集中对员工进行作业规程培训学习，员工经考试合格后方可上岗从事施工作业活动。

为提高采掘工作面作业规程编制人员的积极性、责任感和编制质量，集团公司每年对采掘工作面作业规程进行一次评比，对优秀采掘作业规程和先进单位、个人表彰奖励。

五、采掘工作面施工管理

2009年以来，集团公司建立和修订完善了《神华宁夏煤业集团煤矿安全技术操作规程》《采煤工作面作业规程》《掘进工作面作业规程》，印发了《煤矿工人安全技术操作规程指南》，其中《采煤工作面作业规程》对采煤工作面安全出口、上下端头及两巷超前支护、设备安装和工作面初采、收尾及过采空区、老巷，地质构造带、石门等各项各环节的施工管理都作了详细规定。各生产矿井依据各项规程和管理办法，建立健全与本单位实际相结合的采煤、掘进工作面管理规章制度。其中，枣泉煤矿制定完善了《生产技术管理办法》，羊场湾煤矿制定完善了《采掘工程质量管理办法》和《巷道贯通管理办法》等管理规章制度。

采掘工作面施工必须坚持“安全第一，预防为主”和“有疑必探，先探后掘”的原则。施工前必须具有经审批的施工图设计和作业规程、安全技术措施、开工通知单；施工过程中发现水文地质、瓦斯等异常情况，必须编制专门安全技术措施经审批后方可继续施工。

各矿采掘工作面施工管理分4个层级进行监督管理，分别为集团公司由生产调度指挥中心牵头成立采掘工作面管理专业技术检查组，每季度组织生产调度指挥中心、安全监察局、生产技术部、机电管理部等部门专业技术人员，对各矿的采掘工作面进行一次质量标准化施工检查考核，并建立了专项奖励基金，对取得名次的矿井进行季度奖励兑现；各矿井由矿调度室（生产调度指挥中心）牵头成立专业技术检查小组，每半个月（个别矿每周）组织一次采掘工作面安全质量标准化大检查，并将检查评分结果作为月度采掘工作面质量定级的依据；各专业小组成员按照责任分工，每日对采掘工作面分管项目施工进行动态监督、检查和指导，发现问题，现场解决；各采煤、掘进队成立由队长负全责的工序质量管理验收小组，每班对采掘工作面作业技术规程、安全技术措施等在现场的落实情况进行跟踪检查、验收，并将检查验收结果作为班组月末收入分配的重要依据。

2009—2018年，集团公司各矿采掘工作面工程质量合格率均达到100%，其中优良品率达90%以上。

第二节　机电设备与水电管理

一、管理机构

2008年，集团公司调整优化管理机构，分离生产技术部的机电管理职能，设立集团公司机电管理部。内设综合管理、机械管理、电气管理、设备管理、公用工程管理、水电管理等9个专业。

2009年，按照神华宁夏煤业集团公司机械设备管理机构改革调整要求，各矿、厂、公司设机电动力部（科），设分管副矿长、厂长，配备专业副总工程师，负责本单位机电设备的日常管理工作。各矿、厂、公司基层区（队）、车间均配备负责机电设备使用管理工作的副区（队）长、副主任。

2014年，集团公司对机械设备管理机构进行改革，将设备管理专业从机电管理部分离，成立设备管理中心，划归物资公司管理。

2016年，设备管理中心与物资公司分离，成立神华宁煤集团设备管理中心，内设综合办公室、技术部、项目部、运行部4个职能部室。行政管理直属集团公司，业务技术接受机电管理部的指导。主要负责设备资产管理、设备配置管理、设备有偿使用及租赁管理、设备维修管理等。

二、管理制度

按照国家《全民所有制工业企业设备管理条例》和原能源部《煤炭工业企业设备管理规程》要求，集团公司先后制定实施《神华宁夏煤业集团有限责任公司煤炭生产设备管理办法》《神华宁煤集团有限责任公司主要生产设备万吨煤故障停机考核办法》《神华宁煤集团有限责任公司有偿使用设备管理办法》《神华宁煤集团有限责任公司机电设备精细化管理指导意见》《设备管理控制程序》《神华宁夏煤业集团有限责任公司供水用水管理办法》《神华宁夏煤业集团有限责任公司供用电管理办法》等规定。集团公司机电管理部与设备管理中心配合，对管理体系、各级业务范围进行合理的划分，对设备投入计划、更新、大修和订货、仓储、报废、回收、统计等管理作出规定，对综采、综掘工作面主要设备及部分配套设备推行有偿使用。各矿、厂、公司机电动力科（部），负责建立健全本单位机电设备管理、设备安装、设备润滑、设备检修、设备运行考核、设备故障考核等各项规章制度，负责生产接续及重点工程所需设备的使用和大修实施计划，负责设备日常维修、保养、安全使用工作，负责设备标准化管理和设备完好率、待修率、故障率统计工作，负责设备管理及设备运行的检查考核。

三、管理工作

（一）设备购置管理

重要机电设备购置通过技术论证会决定选型，由供应部门负责订货和采购，设备主管部门会同使用单位开箱验收填写“设备安装验收移交单”和“设备检验记录”。构成固定资产的设备都要编号、填卡，建立台账，做到账、卡、物一致。对闲置6个月以上的设备进行封存，启封时经设备管理部门批准；对要报废的设备经有关职能部门批准转财务部门注销账、卡；对井下闲置设备由机电安装队及时回收上井，交机修部门检查维修，需要再下井的设备经机修部门与使用部门检验、试运，合格后才可再下井使用。对矿井主要生产设备建立带全套图纸、说明书、合格证以及运转记录档案；对运输、供电、供水管线图每年进行一次核实，有变动的更新绘制并编报机电专业统计报表；对大型设备的运行技术参数进行定期测试核定，并执行润滑“五定”工作，按年、季、月对设备清洗换油。

（二）设备运行（操作）管理

集团公司各矿、厂、公司所有设备操作人员持证上岗，特别对电动机、动力设备、压力容器、锅炉等特种设备操作人员要求更加严格，严禁设备超压、超负荷、超规范运行和使用，并做到班中三检查（交班检查、运行检查、接班检查）、设备运行状况事事有记录和手拉手交接班。推行机电设备“三率”（完好率、待修率、事故率）经济责任制考核，奖优罚劣；推行机电设备“包机制”，把每台设备的日常维护、保养、检修落实到人，发生责任事故进行追责。每季度对矿、厂、公司进行1次在用设备的质量标准化检查，矿、厂（分公司）每月对基层单位进行不少于3次的设备运行状况检查，并将检查得分汇总作为月度绩效工资分配的依据。对设备事故，按严重程度分为一般、重大、特大三级，按性质分为责任、质量、自然三类。设备事故发生后，坚持保护现场、逐级汇报和“三不放过”（即事故原因分析不清不放过，事故责任者和群众未受到教育不放过，没有防范措施不放过）的原则进行追责处理。设备完好率、故障率、待修率分别达到95%、5%、1%。

（三）设备资产管理

2018年，集团公司机电管理部及设备管理中心统管设备15431台/套，资产原值97.46亿元，资产净值25.43亿元。其中，正常使用的综采装备78套，综放设备12套，综掘设备158套，其他掘进装备189套，其中半煤岩掘进机111台，岩巷综掘机5台，液压锚杆锚索钻车37台（含2017年新购18台），侧卸式装岩机57台，CMJ2-17型全液压掘进钻车44台，矿用挖掘式装载机43台，梭式矿车8台。全年完成了近60个采煤工作面设备接续及技术配套，对14亿元的6套综采设备进行改造和技术管理。完成了18套综采设备大修和12套综采设备搬迁及50台掘进设备的维修管理。13对矿井近30个采煤工作面的设备得到及时安装，回撤运行验收管理。整个机械设备、机电设备综合完好率、待修率、事故率分别保持在90%以上、5%以下、1%以下。

（四）采掘设备投资及运行现场管理

2018年，采掘设备投资主要项目包括新购成套设备5套、补套双马煤矿三机和采煤机、变薄区域用较薄煤层采煤机4台、综掘机22台、锚索锚杆钻车15台、掘进后配套带式输送机15台等。全年下达投资计划14.81亿元，其中包括2017年结转4.14亿元和2018年投资计划10.77亿元。全年完成投资计划10.24亿元，其中包括

2017年结转4.23亿元及2018年投资计划5.95亿元。

全年开展有偿使用设备检查11次，查出各类问题681条，其中综采325条、综掘218条、设备管理信息系统138条，督促整改率100%。采掘设备故障影响生产共计43次，影响共计410.4小时。全年采掘设备万吨煤故障停机时间为0.066小时，比2017年同期下降50%以上。组织开展生产前验收33次，配合开展安装前验收11次、回收前验收12次。集团公司综合采煤机械化率达到100%，掘进装载综合机械化率达到95.64%（比2017年提高0.5%）。

（五）设备有偿使用及维修管理

集团公司推行综采、综掘工作面主要设备及部分机电设备有偿使用管理。设备管理中心集管的有偿使用设备种类有32种，数量15431台（套），原值97.46亿元，净值为25.43亿元，新度系数为0.26。

2017年，设备管理中心组织开展设备资产核查，逐矿建立有偿使用设备电子台账。建议报废处置设备资产原值16.38亿元。其中，净值不为零的设备资产原值7.3亿元，净值0.95亿元；净值为零的设备资产原值8.52亿元。

2018年，完成设备入库305台/套，资金4.91亿元。完成综采（放）设备维修18项（支架2583架、采机19台、三机20套）、直搬12项，资金69713万元；掘进设备维修57项，资金4620万元；大部件维修更新122件，资金5857万元，调整下达维修资金77733万元。设备有偿使用费基费预算13.49亿元，其中大修费6.56亿元，折旧费6.93亿元，上报有偿使用费预算13.1亿元。

第三节　通风　防尘　防灭火　防瓦斯　防地温热管理

一、机构设置

集团公司通风管理工作由总工程师负责，配备有通风副总工程师，协助总工程师分管全集团公司矿井的“一通三防”管理工作。在生产技术部设置通风管理专业，配备有专职副总经理和专业管理人员。各矿井的通风管理工作均由矿总工程师负责，配备有通风副总工程师，协助总工程师分管矿井的“一通三防”管理工作，并根据矿井的瓦斯类属情况设置通风专业管理机构和施工队伍。其中，高瓦斯矿井设置有独立的通风管理科，配置有通风、瓦斯、防尘、防灭火、防突等各专业管理技术人员，成立有通风队、瓦斯抽放队、防尘灭火队等基层专业施工（区）队，配备有（区）队长、党支部书记、副队长、技术员和岗位操作人员，具体负责矿井通风、瓦斯检查、瓦斯监测、防尘、防灭火、防突、瓦斯抽放、通风设施和局部通风的日常管理工作；低瓦斯矿井通风管理机构一般设在生产技术科（部），并成立有通风管理施工基层（区）队，形成了集团、矿井、区队三级通风管理体系。

二、通风管理

（一）矿井通风

按照《煤矿安全规程》规定，每年年初各矿根据生产安排，制定矿井全年和每季度的用风计划，并根据计划提前调整和维修风路，以保证供风量满足生产需要。同时，建立了测风制度，每旬对通风巷道进行全面检查和风量测定，填写通风报表，依据实测数据分析研究矿井通风系统的合理程度和风量，对存在问题及时进行处理和调整。为保证测风风量的准确性，各矿在井下主要进风和回风大巷布设标准测风站，在主要运输大巷设立机械、光电、感应性能符合质量标准的自动风门。生产矿井每年进行一次反风演习，确保矿井通风系统的安全可靠。

（二）局部通风

各生产矿井均在通风（区）队设风筒班和安装班专业人员队伍，专门从事各掘进工作面局部扇风机和风筒的安装、维修及质量标准化管理。各矿井局部通风一般采用JBT-52/2型、JBT-62/2型、GBGF-28型、GBGF-52/2型、SF-N06.3/60型轴流式或对旋式扇风机，功率为2×11千瓦、2×15千瓦、2×18.5千瓦、2×30千瓦不等，配套使用直径为450毫米、500毫米、600毫米、800毫米的胶质、人造革等软质风筒，采用压入式向掘进工作面提供风量。在煤巷、半煤岩巷和瓦斯涌出量大的掘进工作面，采用双风机双电源自动切换、“三专两闭锁”、风机遥信等技术装备，保证掘进工作面的足量供风。

三、防尘管理

炮掘工作面防尘：采用湿式钻眼、放炮冲刷巷帮、水炮泥、放炮喷雾、装岩（煤）洒水、净化风流等综合防尘措施。

综掘工作面防尘：采取提高供水压力措施，改造外喷雾装置，提高喷雾效果，并装备干（湿）式除尘风机，采用“长压短抽”方式控风除尘。已全部淘汰干式喷浆机，并逐步配备产尘量少、具备除尘功能的新型喷浆机。

运输系统防尘：胶轮车运输巷道安装红外自动喷雾装置，车辆通过时喷雾自动停止洒水，车辆通过后延时开启；对胶带运输机转载点进行封闭并安设喷雾设施，实现转载点的降尘和控尘。推广智能联动自动喷雾降尘，通过传感器接收皮带启停信号，自动打开净化水幕及底皮带喷雾降尘；由矿山研制公司研制生产“巷道矿用喷雾降尘器”，先期在枣泉煤矿试用，经效果验证后推广实施。

四、防灭火管理

集团公司各矿井均建立了安全监控系统、束管监测系统、人工检测及人工采样色谱分析手段的火灾预测预报体系，配备有完善的注氮、灌浆、消防洒水等防灭火系统。截至2018年，集团公司共建有束管监测系统17套、固定式机械制氮系统10套、移动式机械制氮系统2套、灌浆系统18套、固定式注胶机18台、移动式注胶机4台。羊场湾煤矿等8对矿井装备有液氮汽化防灭火系统，均配备4台具备汽化液态二氧化碳的功能的150立方米/台液氮储罐及5000立方米/小时液氮汽化系统。防灭火技术如下：

1.防灭火监测预报技术。按国家AQ标准安装运行安全监控系统，实行连续监测。采煤工作面设一一氧化碳、甲烷、氧气及温度传感器。严格报警信息处置管理，凡是安全监控系统、束管监测系统、人工检测发现的工作面及回风流一氧化碳超24PPm报警，必须分析原因采取措施进行处理。

2.综合防灭火技术。工作面编制防灭火专项措施，采取以灌浆、注氮为主，注液氮、液态二氧化碳、注胶、堵漏及加快回撤速度相结合的综合防灭火预防技术。

3.液氮、液态二氧化碳防灭火新技术简介和推广应用。液氮、液态二氧化碳均具有惰性强，稳定性好，无腐蚀作用。汽化膨胀倍数较高汽化后，快速降低采空区或火区内氧气含量；吸收火区中的热量，能够降低采空区温度，迅降低火区温度，实现“制冷降温”。

（1）液氮、液态二氧化碳防灭火系统及工艺。

液氮直注系统：主要由地表钻孔、液氮储罐车、直径50毫米不锈钢管、煤柱钻孔、参数监测仪表、安全装置等部分组成；工艺流程为液氮储罐车→储罐增压装置→耐低温不锈钢管→地面钻孔套管→采空区。

液态二氧化碳直注系统：管路系统与液氮直注系统共用；工艺流程为顺序开启井下、地面阀门→注气相CO_2进行管路吹扫（系统稳压1.6 ~ 1.8兆帕）→灌注液态CO_2（系统稳压1.6 ~ 2.0兆帕）→灌注结束注气相CO_2进行管路吹扫→逆向关闭井下、地面阀门。

液氮和液态CO_2汽化防灭火系统及工艺：液氮和液态CO_2汽化防灭火系统共用一套汽化装置，系统主要由液氮储罐、液态CO_2储罐、汽化装置、增压装置、缓冲装置、安全装置、监测仪表、井下注氮管网等组成；工艺流程为罐车→液氮、液态二氧化碳储罐→增压装置→汽化装置→电加热辅热装置→稳压稳流装置→计量装置→氮气、二氧化碳缓冲储罐→回风巷和采空区。

（2）液氮、液态二氧化碳防灭火技术应用。

2011年6月汝箕沟煤矿32213（1）综采工作面发生瓦斯燃烧事故后对全矿井进行封闭，采取以地面钻孔直注液氮为主，汽化液氮为辅的灭火工艺，向采空区灌注大量液氮，仅用时12天就成功启封了矿井及工作面。

2012年5月、2015年9月和2016年5月，为预防羊场湾煤矿采空区自燃发火，在3个不同的综采工作面分别采取开区直注液氮防灭火技术、封闭式直注液态二氧化碳防灭火技术和开放式注气态二氧化碳防灭火技术。

该技术的应用确保了工作面的安全回收、回采，得到了上级的表彰奖励。其中，《灵武矿区极易自燃煤层自燃发火规律及检测预报技术研究》获2010年中国煤炭工业科学技术二等奖；《煤矿液氮防灭火关键技术与规模化应用研究》获2011年宁夏回族自治区科学技术进步一等奖；《采煤工作面CO生成规律及安全临届指标研究与应用》获2016年中国煤炭工业科学技术二等奖；《鸳鸯湖、马家滩矿区煤自燃规律及控制技术研究》获2017年中国煤炭工业科学技术二等奖和自治区科学技术进步三等奖；《煤矿液态CO_2保压直注高效防灭火技术的研究与应用》获2017年中国煤炭工业科学技术二等奖和自治区科学技术进步三等奖。

五、防瓦斯管理

集团公司所属的银北矿区，自开采以来均受瓦斯灾害的影响，严重制约了矿井的安全生产。为减少瓦斯对矿井开采的影响，消灭瓦斯事故，集团公司始终把“煤矿能够做到不死人，瓦斯超限就是事故”“瓦斯事故可以预防和避免”的理念作为瓦斯治理的方向和标准，坚持多管齐下，标本兼治，相继制定完善了《矿井“一通三防”管理规定》《瓦斯治理管理规定》《煤矿瓦斯抽采标准》和高瓦斯、突出矿井瓦斯治理、隐患排查等的各项规章制度及各级人员的瓦斯治理责任制等管理制度和工作标准，并在日常工作中做到“三个坚持”，即坚持“超前预抽、抽采达标、综合治理”方针，坚持“多措并举、可保尽保、应抽尽抽、以抽定产”，坚持“一矿一策、一面一策”，以确保实现“抽采达标、瓦斯零超限”“变高瓦斯与突出煤层为低瓦斯与无突出危险煤层”目标，杜绝突出事故的发生。

表4-4-1　集团公司高瓦斯、突出矿井瓦斯基础参数

矿井名称	矿井瓦斯涌出量		瓦斯储量		矿井类型
	绝 对(立方米/分钟)	相 对(立方米/吨)	地质储量(亿立方米)	可抽采储量(亿立方米)	
乌兰煤矿	133.66	80.15	14.62	8.32	突出矿井
金能煤业分公司	93.79	14.41	21.85	5.3	突出矿井
石炭井焦煤分公司	54.623	24.354	8.4	3.8	突出矿井
汝箕沟无烟煤分公司					
白芨沟采区	89.95	24.27	10.03	0.61	高瓦斯

注：此表记载至2015年、2016年抽采系统随矿井停产关闭。

集团公司特高瓦斯突出矿井都建有瓦斯抽采系统，并随着矿井瓦斯涌出量的增加，实施抽采系统扩能改造和抽采技术创新研究，实现了穿层钻孔、顺层钻孔、长距离定向水平钻孔预抽和邻近层采取保护层、瓦斯抽采巷卸压抽采、采空区高位抽放巷、地面钻孔抽采和高、低压分开抽采的分源瓦斯治理模式，解决了矿井瓦斯抽采能力不足的问题。截至2018年，集团公司共建有地面永久抽采系统12套，装备井下抽采钻机69台，安装瓦斯抽采泵46台（36台固定抽放泵，10台移动抽放泵），更新25台水环真空抽放泵，敷设新型纳米树脂纤维增强大管径抽放管路98896米，瓦斯抽采能力达到4242立方米/分钟（不含移动抽放量），有效地遏制了瓦斯灾害事故的发生。先后有4项瓦斯抽采技术研究成果获得国家和自治区的表彰奖励，分别为《长距离大孔径定向钻孔高效抽采瓦斯技术研究》获2009年宁夏回族自治区科学技术进步二等奖，《高瓦斯突出煤层群保护层开采与地面钻井抽采卸压瓦斯关键技术》获得2009年宁夏回族自治区科学技术进步一等奖和2011年国家科学进步二等奖，《突出煤层近距离联合保护层开采瓦斯综合治理成套技术研究》《本煤层顺层长钻孔预抽瓦斯关键理论与技术》获得2016年中国煤炭工业科学技术二等奖。

六、防地温热害管理

随着矿井开采深度的逐步加大，宁东矿区的羊场湾、枣泉、梅花井、石槽村、麦垛山等煤矿大部分回采工作面地温超过28℃。为减少地温热害对作业人员的影响，集团公司通过调研并结合现场实际，编制了《采掘工作面局部机械降温系统安装使用技术规范》，选择采用局部机械降温系统来治理回采工作面热害的技术，并邀请外部专家审定“宁东能源化工基地煤矿高温热害防治技术集成研究与应用”等科研项目。截至2018年，羊场湾、枣泉、梅花井、石槽村、麦垛山5对矿井采煤工作面共安装的20套局部机械降温系统，均运转正常，为员工创造了一个良好的工作环境。

第四节　生产地质与测绘管理

一、管理机构

集团公司成立资源管理委员会，董事长任主任，总经理任常务副主任，分管副总经理和总工程师任副主任，其他主要成员由总经理助理、副总师、机关各部门负责人组成，日常工作由设在规划发展部的办公室负责日常事务。集团公司在生产技术部设地测管理专业并配备专业技术人员，负责对各矿井的地质、测量、储量管理工作监督与检查，负责审查生产矿井补充地质勘探、防治水规划和年度计划，负责矿井地质测量标准化检查验收工作；成立环境安全工程公司，配备相应的人员和设备，专业负责地质技术保障工作。各煤矿配备地测副总工程师、设地测科或在生产技术科（部）设地测组，配备地质、测量、防治水、储量管理专业岗位，主要负

责本矿井的地质、测量、防治水、储量管理和风险预控技术管理工作。

二、技术装备

集团公司为满足现代化矿井基本建设和安全生产地质测绘工作的实际需要，为地质测量部门、各矿配置了大量的先进仪器装备。其中，羊场湾煤矿装备有KJ402型矿井水文监测系统2套，ZDY4000LP（A）型矿用履带液压坑道钻机1台，ZYD4200型矿用履带液压坑道钻机1台，ZY-150钻机2台，KHYD155钻机4台，拓普康TM-332N型全站仪1台，索佳SET-250RX型全站仪1台，索佳SET-230RX型全站仪1台，苏光TOJ2型经纬仪1台，科利达DL-2007型水准仪1台，GPS南方S86型接收机1台。梅花井煤矿装备有KJ402型矿井水文监测系统1套，防治水专用钻机11台，ZDY-3200S型常规钻机3台，ZYW-4000型履带式钻机2台，ZDY-650型常规钻机2台，ZDY-1200S型常规钻机4台，拓普康GPT332N型全站仪1台，拓普康GPT3002N型全站仪1台，拓普康OS-602G型全站仪1台，索佳SRX2X型全站仪1台，尼康D090392型全站仪1台，南方S80GPS型接收机3台，拓普康水准仪2台，并实现了计算机制图。红柳煤矿装备有GPS卫星定位系统，配备有全站仪、电子经纬仪、水准仪、流速仪、工程打印机等先进仪器。安全工程分公司配备地面/井下灾害治理设备12台，其中地面矿井灾害治理设备共4台，分别为SS-185K型钻机1台、HD100-RW（804/824）钻机型2台、TSJ-1000B型钻机1台；井下矿井灾害治理设备共8台，分别为ZDY6000LD型定向钻机3台、ZDY4200LD型定向钻机1台、ZDY3200S型钻机3台、ZDY4000S型钻机1台；井下物探设备5套，分别为YTD400（A）矿井全方位探测仪、YCS40（A）矿用瞬变电磁仪、ZDY1114-6A30地质探测仪、WKT-E无线电波透视仪、YCS160（A）矿用瞬变电磁仪。

三、生产地质

2009年以来，按照《煤矿安全规程》《煤矿地质规定》的要求，集团公司地质测量部门及时对矿井生产动态中的地质因素进行普查、分类并提交报告，其中2018年完成了对麦垛山煤矿、双马煤矿、任家庄煤矿、汝箕沟无烟煤分公司等煤矿《隐蔽致灾地质因素普查报告》《地质类型划分报告》以及《生产地质报告》的审查批复工作。按照《井工矿井采前防治水安全评价和开采地质条件评价标准》，完成了金家渠、金凤、双马、石槽村、梅花井的工作面采前地质条件评价。同时，完成了任家庄、红石湾、灵新矿、羊场湾、枣泉、清水营、梅花井、红柳、麦垛山、乌兰、大峰、石炭井二矿及金能公司13个矿井17个勘探项目的采区或水平地质补勘，并与中国矿大合作完成了对金家渠煤矿、红柳煤矿井下揭露地质构造变化情况进行了三维地震再解释工作。

（一）掘进地质

2009年以来，集团公司各矿始终坚持对掘进巷道进行地质素描、地质预报和编制每条巷道的掘进地质说明书，及时向设计、生产、计划、施工部门提供地质资料，为解决掘进过程中遇到的各种地质问题提供了科学依据。至2017年，为15个生产矿井共提交掘进地质预报、掘进工作面地质说明书、采区掘进地质说明书计4011份（本）。

（二）回采地质

回采地质工作的重点是观测收集回采工作面所揭露的煤层、层位地质构造、顶板冲刷、水文等地质资料，对分层工作面开采层位、采高、资源的合理开采实行专业监督，按照生产实际要求，对勘探资料、现场收集资料进行分析，及时提供矿井、采区、工作面相对地面位置、井下空间四邻位置关系、煤层赋存状况、煤质参数、水文地质、开采技术条件、资源储量等情况和建议，并在规定时间内提供采区地质说明书、回采工作面地质说明书 。截至2017年，累计为灵新煤矿、枣泉煤矿、红柳煤矿、双马煤矿等15个生产矿井提交回采地质预报、回采地质说明书计864份（本）。

（三）露天采剥地质

2009年以来，建立完善了“露天煤矿生产地质报告”“露天煤矿补充勘探报告”“露天煤矿储量核实报告”“露天煤矿储量动态监测报告”等管理制度。

2012年8月，编制了汝箕沟矿区航测图，为汝箕沟矿区露天煤矿规划设计提供了可靠依据。

2016年6月，与西北安全生产科学院合作对羊齿采区火区位置、温度进行现场实测，并编制完成了《汝箕沟无烟煤分公司火区分布图》，重点对常温区、高温火区和温度异常区进行了分区，为露天开采安全措施的制定提供了科学的依据。

2017年7月，与西北安全生产科学院共同编制了《大峰露天采区三层煤、五层煤、七层煤瓦斯含量测定及瓦斯含量等值线图编制总体方案》。

为汝箕沟无烟煤分公司各露天采区共提交“露天煤矿生产地质报告”3份，“露天煤矿补充勘探报告”1份，

"露天煤矿储量核实报告"4份，"露天煤矿储量动态监测报告"8份，地质测量面积245万平方米。

（四）水文地质

1.水文地质工作。根据国家安全生产监督管理总局颁发的《煤矿防治水细则》，集团公司及各矿均建立健全了水害防治责任制和水害防治技术管理制度、预测预报制度、隐患排查制度等，配备有水文地质专业技术人员和专用的探放水设备。截至2018年，共编制矿井水文地质类型划分报告32份，其中与中煤科工集团西安煤科分院合作对宁东各矿编制矿井水文地质类型划分报告20份。

集团公司按照"预测预报、有疑必探、先探后掘、先治后采"原则，坚持开展地表水和地层水调查、井下涌水量观测和打钻孔探水放水、收集分析水文资料查明矿井充水原因、及时进行水文地质预测预报等工作。针对矿井主要水害水源为煤层风氧化带水、火烧区积水、含水层水以及采空区积水，把防治煤层顶板水、采空区积水和煤层顶部直罗组底部砂岩含水层的孔隙裂隙水作为重点和重中之重，开展有针对性的分析研究和打钻疏放生产实践，并取得了好的效果。截至2017年，集团公司建立完善矿井井上下水文地质自动观测系统14套，为有效观测井下涌水对含水层水位变化的影响，客观分析矿井各种水文地质参数，对含水层之间的水力联系和井下水文预警起到了保证作用；累计完成灵新煤矿、羊场湾煤矿、梅花井煤矿、枣泉煤矿等14个矿井的水文地质预报11211份、施工探放水钻孔6708个计801561米、疏放水2000多万立方米。其中，在麦垛山矿110207工作面风机巷掘进工作面采用长距离定向钻机进行超前探测，单孔长600米，最大疏放水量120立方米/小时，稳定疏放水量80立方米/小时，保证了安全掘进。在红柳煤矿、金凤煤矿、金家渠煤矿、灵新煤矿井田内采用物探、钻探手段勘探煤层露头、风氧带深度、含水层厚度、富水性、含水层富水强弱分布、断层水文特性等，先后提交红柳煤矿、金凤煤矿和金家渠煤矿首采工作面水文地质补充勘探报告8套，确保了工作面的顺利施工；提交红柳煤矿110201工作面、金凤煤矿111802工作面、灵新矿五采区下组煤两带高度等专业报告5套，基本掌握了宁东煤田冒落、裂隙高度发育规律。对金凤煤矿井田范围内的原冯记沟小煤窑积水采用物探钻探相结合方法进行勘探，并提交了冯记沟小煤窑的分布范围和积水量勘探报告，确保了金凤煤矿生产接续的正常进行。

2018年，集团公司聘请西北矿院对双马煤矿I0104202工作面、灵新煤矿061402工作面、梅花井煤矿232201工作面等受水患影响严重的工作面进行了开采前水文地质条件安全评价，累计施工疏放水孔326个，钻孔总进尺3.21万米，疏放水量1257.9万立方米。

2.矿井水文地质类型划分。按照2018年版《煤矿防治水细则》规定，完成所有矿井水文地质类型划分。主要矿井水文地质类型简述如下同。

羊场湾煤矿一号井正常涌水量440立方米/小时，最大涌水量480立方米/小时；二号井正常涌水量140立方米/小时，最大涌水量180立方米/小时。井田由上而下划分为5个主要含水层组，分别是第四系孔隙潜水含水层（Ⅰ）、火区烧变岩含水层组（Ⅱ）、直罗组底部砂岩段至二层煤顶板砂岩含水层组（Ⅲ）、二层煤至八层煤间砂岩含水层组（Ⅳ）、八层煤至十五煤间砂岩含水层组（Ⅴ），对生产影响最大的为直罗组底部砂岩段至二层煤顶板砂岩含水层组（Ⅲ）。一、二号井水文地质类型均划分为中等型。

枣泉煤矿进行了3次水文地质补充勘探工作。2010年4月，聘请山东科技大学地质学院对110201工作面顶板富水性进行了高密度三维电法探测。2011年3月，聘请宁夏煤炭勘察工程公司根据《枣泉煤矿Ⅰ号火区补充勘探设计》（枣泉煤矿110202回风巷探放水设计），在Ⅰ号火区施工了6个勘探钻孔（其中水文钻孔1个），对Ⅰ号火区边界及火区涌水情况进行了勘探，并提交了《神华宁夏煤业集团枣泉煤矿Ⅰ号火区补充勘探报告》。2017年，集团公司能源工程公司环境安全分公司对Ⅲ号火区进行了补充勘探，掌握了采掘区地下水补、径、排条件与流场特征、主要含水层富水性及分区特征、Ⅰ号火烧区及Ⅱ号火烧区的位置、边界和富水性等，为遏制水害发生提供了可靠依据。矿井水文地质类型划分为中等型。

任家庄煤矿矿井正常涌水量65立方米/小时，最大涌水量100立方米/小时。按埋藏条件，由上而下划分为5个主要含水层组，分别是第四系孔隙潜水含水层（Ⅰ）、古近系孔隙裂隙含水层（Ⅱ）、二叠系下统下石盒子组砂岩裂隙含水层（Ⅲ）、二叠系下统山西组至石炭二叠系太原组孔隙裂隙含水层（Ⅳ）、奥陶系灰岩基岩含水层（Ⅴ），对生产影响最大的是二叠系下统山西组至石炭二叠系太原组孔隙裂隙含水层（Ⅳ）。矿井水文地质类型划分为中等型。

梅花井煤矿矿井正常涌水量404.8立方米/小时，最大涌水量578.5立方米/小时。井田由上而下划分为5个主要含水层组，分别是第四系孔隙潜水含水层（Ⅰ）、直罗组下段砂岩含水层（Ⅱ）、二层煤至六层煤间砂岩含水层（Ⅲ）、六层煤至十八层煤间砂岩含水层（Ⅳ）、十八层煤以下砂岩含水层（Ⅴ），对生产影响最大的是直罗组下段砂岩含水层（Ⅱ）、二层煤至六层煤间砂岩含水层（Ⅲ）、十八层煤以下砂岩含水层（Ⅴ）。矿井水文地质类型划分为中等型。

石槽村煤矿矿井正常涌水量540立方米/小时，最大涌水量680立方米/小时。2013年4月，宁夏煤炭勘察工程公司提交了《石槽村煤矿首采区水文地质补充勘探报告》。井田由上而下划分为5个主要含水层组，分别是第四系孔隙潜水含水层（Ⅰ）、侏罗系中统直罗组裂隙孔隙含水层（Ⅱ）、二层煤至六层煤间砂岩裂隙孔隙承压含水层（Ⅲ）、六层煤至十八层煤间砂岩裂隙孔隙承压含水层（Ⅳ）、十八层煤以下至底部分界线砂岩含水层组（Ⅴ），对生产影响最大的是侏罗系中统直罗组裂隙孔隙含水层（Ⅱ）、二层煤至六层煤间砂岩裂隙孔隙承压含水层（Ⅲ）。矿井水文地质类型划分为中等型。

清水营煤矿按照《煤矿防治水规定》开展水文地质预测预报等工作。2017年及时组织编制了年度防治水工作计划、3年矿井防治水规划、矿井地质及水文地质预报、11采区地质报告及110206工作面掘进地质说明书、110206工作面运输顺槽辅运联络巷掘进地质说明书等技术资料，为恢复生产工作的顺利开展提供了防治水技术保障。矿井水文地质类型划分为中等型。

麦垛山煤矿矿井正常涌水量950立方米/小时，最大涌水量1150立方米/小时。井田由上而下划分为5个主要含水层组，分别是第四系孔隙潜水含水层（Ⅰ）、直罗组下段砂岩含水层（Ⅱ）、二层煤至六层煤间砂岩含水层（Ⅲ）、六层煤至十八层煤间砂岩含水层（Ⅳ）、十八层煤以下砂岩含水层（Ⅴ），对生产影响最大的是直罗组下段砂岩含水层（Ⅱ）、二层煤至六层煤间砂岩含水层（Ⅲ）。矿井水文地质类型划分为复杂型。

红柳煤矿矿井正常涌水量950立方米/小时，最大涌水量1360立方米/小时，井田含水层由上而下划分5个主要含水层，分别为第四系孔隙潜水含水层（Ⅰ），侏罗系中统直罗组裂隙孔隙承压含水层（Ⅱ），二层煤至六层煤间砂岩裂隙孔隙承压含水层（Ⅲ），六层煤至十八层煤间砂岩裂隙孔隙承压含水层（Ⅳ），十八层煤以下至底部分界线砂岩含水层组（Ⅴ）。其中（Ⅱ）含水层全井田发育，广泛分布，以粗粒砂岩为主，多为二层煤直接顶板，富水性较强，渗透性相对较好，是影响井田的主要充水含水层。矿井水文地质类型划分为复杂型。

表4-4-2　集团公司地质类型和水文地质类型表

类型 矿井名称	地质条件类型		水文地质类型	
	原报告	修编报告	原报告	2018年划分
汝箕沟煤矿	I—I，IId，IIeg	I—I，IId，IIeg	简单	中等
白芨沟煤矿	简单	中等	复杂	中等
大峰露天煤矿	一类一型	一类一型	简单	简单
灵新煤矿	复杂	复杂	复杂	中等
羊场湾煤矿	简单	复杂	复杂	中等
梅花井煤矿	中等	复杂	简单	中等
枣泉煤矿	复杂		复杂	中等
清水营煤矿		复杂	复杂	中等
红石湾煤矿	中等	中等	中等	中等
红柳煤矿	简单	中等	极复杂	复杂
任家庄煤矿	中等	中等	中等	中等
双马煤矿	复杂	复杂	复杂	中等
麦垛山煤矿	中等	复杂	复杂	复杂
金凤煤矿		复杂	中等	中等
石槽村煤矿	简单	简单	复杂	中等
金家渠煤矿	简单	中等	简单	中等
石沟驿煤矿		中等	中等	中等

四、储量管理

（一）采区和工作面回采率管理

集团公司、各煤矿严格按照国家、神华集团等有关资源储量管理的相关规定和管理办法，加强对采区、采煤工作面回采率的管理，主要方法和保证措施为从矿井设计、采区设计、工作面设计、开采工艺及施工过程等方面的管理，坚决杜绝留顶煤、底煤、浮煤、三角煤的开采方法，坚决杜绝不合理保安煤柱留设，确保矿井采区回采率、各类损失率指标达到规定要求，实现合理合规开采。

各煤矿在开采施工过程中坚持做到“四个强化”，即强化开采层位管理，每天对工作面底煤进行探测，确保工作面基本沿煤层底板回采；强化综放工作面放顶煤管理，采取科学合理的放煤工艺，提高回采率，降低含矸率；强化大采高工作面采高管理，使工作面采高尽量达到极限值，以降低损失率；强化资源管理考核。其中梅花井煤矿、枣泉煤矿分别建立有《梅花井煤矿资源储量管理规定》《枣泉煤矿生产技术管理办法》和与之配套的考核办法及实施细则，并安排专人不定期、不定时对工作面采高、综放工作面放煤情况以及是否有丢煤现象进行监督检查，发现违反相关制度的情况，严格按照考核指标进行处罚，提高了矿井、采煤队和员工加强环节管理、节约煤炭资源的自觉性，使回采率达到国家的规定要求。其中，枣泉煤矿采区回采率在2017年达到了77.36%，比2009年的75.66%提高了1.72个百分点；红柳煤矿采区回采率满足了国家厚煤层＞75%、中厚煤层＞80%的规定标准且逐年提高，其中2016年工作面回采率达到了国家规定的中厚煤层＞95%、厚煤层＞93%的标准。

每年编制煤炭资源量年度动用报告，对资源量的利用进行总结，并报自治区国土资源厅审查。

（二）“三个煤量”管理

按照原煤炭部颁发的《矿井“三个煤量”管理条例》，集团公司及各煤矿每年都由总工程师负责组织编制“三个煤量”年度计划、季度计划、月度计划和3年长远规划。每月召开一次采掘平衡会议，及时对开拓、准备、回采巷道掘进进展情况进行全面协调平衡，并由专人负责到井下各回采工作面测量采高、进度，计算采出煤量和掘进进尺情况，编制“三个煤量”报表，报集团公司有关领导审查。

按照《矿井地质规程》和长远规划设计，集团公司实时委托有资质的单位相继对石炭井二矿、枣泉煤矿、羊场湾煤矿等11个生产矿井进行了多达23次的补充地质勘探，其中羊场湾煤矿、枣泉煤矿在9年间的补充地质勘探次数分别达3次和5次，为落实开拓、准备、回采三个煤量3年规划和年度、季度、月度计划提供了详细的地质资料，做足了准备。

（三）矿区资源储量

石嘴山矿区：集团公司布置有金能煤业分公司1个矿井。截至2018年底，矿区期末保有资源储量为9166.91万吨，可采储量为1972.13万吨。矿井暂时停止生产。

石炭井矿区：集团公司布置有石炭井焦煤分公司1个矿井（已停止生产）和1个资源普查区，其中石炭井二矿接替资源普查区于2017年12月31日探矿证到期，已注销。截至2018年底，矿区期末保有资源储量为12571.11万吨，可采储量为4274.19万吨。

汝箕沟矿区：集团公司布置有5个矿井。截至2018年底，汝箕沟矿区期末保有资源储量为24623.77万吨，可采储量为19219.34万吨。其中，大峰露天煤矿设计生产能力95万吨/年，井田期末保有资源储量2232.93万吨，可采储量1878.81万吨，剩余服务年限19年；白芨沟煤矿设计生产能力120万吨/年，核定生产能力160万吨/年，期末保有资源储量12375.29万吨，可采储量8141.1万吨，剩余服务年限36.3年；汝箕沟煤矿设计生产能力100万吨/年，期末保有资源储量8347.27万吨，可采储量7929.86万吨，剩余服务年限79年，自2016年8月改露天复采；卡布梁井设计生产能力45万吨/年，期末保有资源储量966.1万吨，可采储量812.09万吨，剩余服务年限18年，于2013年11月停产；红梁井设计生产能力60万吨/年，已于2014年9月关井闭坑。

呼鲁斯太矿区：集团公司布置有乌兰煤矿1个矿井（已停止生产）。截至2018年底，矿区期末保有资源储量为17590.02万吨、可采储量为10941.68万吨。

碎石井矿区：集团公司布置有3个矿井。截至2018年底，矿区期末保有资源储量210017.68万吨，可采储量99652.41万吨。其中，灵新煤矿设计生产能力240万吨/年，核定生产能力320万吨/年，井田期末保有资源储量30096.36万吨，可采储量15378.85万吨，剩余服务年限25.6年；羊场湾煤矿设计生产能力1500万吨/年，核定生产能力1200万吨/年，期末保有资源储量84353.6万吨，可采储量40269.07万吨，剩余服务年限24.0年；枣泉煤矿设计生产能力500万吨/年，核定生产能力800万吨/年，期末保有资源储量95567.72万吨，可采储量44004.49万吨，剩余服务年限63年。

横城矿区：集团公司布置有2个矿井。截至2018年底，矿区期末保有资源储量34096.49万吨，可采储量19034.7万吨。其中，任家庄煤矿设计生产能力240万吨/年，核定生产能力360万吨/年，期末保有资源储量28548.11万吨，可采储量14758.4万吨，剩余服务年限29.2年；红石湾煤矿设计生产能力60万吨/年，期末保有资源储量5548.38万吨，可采储量4276.3万吨，剩余服务年限54.8年。

鸳鸯湖矿区：集团公司布置有5个矿井。截至2018年底，矿区期末保有资源储量86.15亿吨，可采储量50.14亿吨。其中，清水营煤矿修改设计生产能力500万吨/年，期末保有资源储量13.47亿吨，可采储量7.49亿吨，剩余服务年限115.2年；梅花井煤矿设计生产能力1200万吨/年，期末保有资源储量23.0亿吨，可采储量14.41亿吨，剩余服务年限85.77年；石槽村煤矿设计生产能力600万吨/年，期末保有资源储量8.86亿吨，可采储量5.6亿吨，剩余服务年限66.9年；红柳煤矿设计生产能力800万吨/年，期末保有资源储量21.31亿吨，可采储量11.6亿吨，剩余服务年限96.6年；麦垛山煤矿设计生产能力800万吨/年，期末保有资源储量19.42亿吨，可采储量11.023亿吨，剩余服务年限99.4年。

马家滩矿区：集团公司布置有3个矿井和2个勘探井田。截至2018年底，矿区期末保有资源储量26.69亿万吨，可采储量12.18亿吨。其中，双马煤矿设计生产能力400万吨/年，期末保有资源储量15.4亿吨，可采储量5.84亿吨，剩余服务年限104.32年；金凤煤矿设计生产能力400万吨/年，期末保有资源储量4.93亿吨，可采储量2.97亿吨，剩余服务年限53年；金家渠煤矿设计生产能力400万吨/年，期末保有资源储量6.35亿吨，可采储量3.37亿吨，剩余服务年限60.1年；李新庄勘探井田和于家梁勘探井田于2017年12月31日探矿证到期，已注销。

石沟驿矿区：集团公司布置有石沟驿煤矿1个矿井，设计生产能力90万吨/年。截至2018年底，矿区期末保有资源储量为4126.11万吨，可采储量为2694.04万吨。矿井已完成闭坑工作。

五、生产测绘

（一）井下控制测量和高程控制测量

1. 井下控制测量。集团公司各矿井全部实行井下控制测量。井下控制测量分基本控制和采区导线两类，布设形式采用闭合导线或复测支线。井下基本控制导线分别从地面以5秒级、7秒级导入，沿开拓、准备巷道设点，测角精度以±7秒者居多。采区控制导线，以基本控制导线作为起始点，在回采和次要巷道中设点，测角精度分别有±15秒、±12秒、±7秒。

金能煤业分公司井下基本控制导线从地面5秒级导入，沿开拓、准备巷道设点，测角精度分±7秒。采区控制导线，以基本控制导线作为起始点，在回采和次要巷道中设点，测角精度分±12秒。

石炭井焦煤分公司、乌兰煤矿、灵新煤矿、梅花井煤矿、任家庄煤矿井下基本控制导线从地面5秒级导入，沿开拓、准备巷道设点，测角精度分±7秒。采区控制导线，以基本控制导线作为起始点，在回采和次要巷道中设点，测角精度分±15秒。

枣泉煤矿井下基本控制导线从地面以7秒级导入，沿开拓、准备巷道设点，测角精度采用±7秒。采区控制导线，以基本控制导线作为起始点，在回采和次要巷道中设点。在建井时期，因大型贯通工程较多，均采用±7秒级导线作为基本控制；矿井投产后，购置了精度较高的测量设备。井下导线布设形式依现场情况大多布设复测支线，个别采用了闭合导线。至2017年，共完成导线长度165公里，其中基本控制导线35公里，各级采区控制导线52公里，井下控制导线78公里。

羊场湾煤矿井下基本控制导线从地面5秒级导入，沿开拓、准备巷道设点，测角精度分±7秒。采区控制导线，以基本控制导线作为起始点，在回采和次要巷道中设点，测角精度分±15秒。至2017年，共完成井下控制导线112千米。

石槽村煤矿井下控制测量分基本控制和采区导线两类，布设形式采用闭合导线或复测支线。井下基本控制导线从地面7秒级导入，沿开拓、准备巷道设点，测角精度分±7秒。采区控制导线，以基本控制导线作为起始点，在回采和次要巷道中设点，测角精度分±7秒。矿区高程控制网采用光电测距三角高程测量方法建立。至2017年，共设井下控制测量测点1200个，井下控制测量111.9千米。

红柳煤矿井下平面控制测量由中煤西安设计工程有限责任公司采用GPS技术完成了矿区地面控制网测量工作使用全站仪开始井下控制测量。至2017年底，工累计完成实测井下控制导线120千米。

2. 井下高程控制测量。集团公司各矿井下高程控制测量均采用三角高程测量的方法，控制导线一般随采区敷设在倾角＞6°的巷道中，高程点设在巷道顶、底板或两帮的稳定岩石中，三角高程导线的高程闭合差不大于±100毫米。其中，枣泉煤矿在2009年至2017年共完成导线长度165千米，分别是基本控制导线35千米，各级采区控制导线52千米，井下控制导线78千米；红柳煤矿采用全站仪三角高程测量方法进行高层控制测量，至2017年共完成井下水准测量100千米。

（二）井下巷道贯通测量和大型设备安装测量

2009年以来，集团公司各矿地测部门都严格按照《煤矿测量规程》规定，对巷道贯通设计、指导施工、反复检核等各环节程序实施严细管理，做到了巷道贯通给线、布点准确，工作扎实有效。为解决巷道长距离贯通的精度，采用加测陀螺边的方法，在梅花井、红柳、羊场湾矿井进行应用。梅花井煤矿贯通巷道（包括3000米以上的大型巷道贯通28次）超过400次，最多（2010年）贯通达65次，占集团公司年巷道贯通总数的30%以上；石槽村煤矿累计实现井下巷道精确贯通203余处，其中+900米水平辅运石门与副立井东马头门巷贯通（2010年），首采工作面的贯通（2011年），十一采区2号运输上山巷贯通（2013年）等均属于长距离大型贯通；枣泉煤矿累计贯通巷道308次，其中3000米以上的大型贯通12次；麦垛山煤矿贯通巷道（包括主斜井与副立井间主副水平8条大巷贯通、首采工作面的贯通、130608工作面带式输送机巷贯通等长距离大型贯通）共计270次。至2018年，各矿共进行巷道贯通约2000次，精度均达到了规定要求。

大型设备安装项目主要包括主井、副井提升机、胶带运输机、翻罐笼、主扇、水泵等。至2018年，各煤矿共安装大型设备160多项，均严格按照地质测量图纸进行放线和质量标准化标准组织施工，全部达到了技术规定要求和质量标准。

（三）地表岩石移动观测

2009年，集团公司所属金能煤业分公司、石炭井焦煤公司、汝箕沟煤矿、白芨沟煤矿、乌兰煤矿、灵新煤矿、枣泉煤矿、梅花井煤矿等生产矿井均建立有地表岩石移动观测站点，为矿井安全开采提供了及时有效的依据和保证。

2010年3月，梅花井煤矿编制了《梅花井煤矿116101工作面地表移动观测站设计方案》，在每个工作面上方布置4条观测线，每条观测线上设置60个观测点，并定期对观测点进行观测，收集观测数据，制作观测台账。

2011年，枣泉煤矿开始地表岩石移动观测工作，首个移动观测站设在十一采区的110202工作面，观测工作进入重点观测时段时，因受到井下地质条件的影响，工作面没能采到预计的停采位置，观测点数据不能完整收集，使得观测站没有采集到准确数据。此后，该矿选择在埋深较浅的120201工作面进行了地表岩石移动观测，观测站确定工作面走向观测线长度196米，倾向观测线长度372米，分别设置14个和26个观测点，通过观测岩石移动为合理留设煤柱、确保煤炭合理开采提供了科学依据。2月，红柳煤矿地表岩石移动观测从1121首采工作面开始，累计布设岩层移动观测站14个，观测点超过700个，主要观测因采矿活动造成地表下沉相关内容，收集相关地表岩移基础数据，为煤柱留设和村庄搬迁提供了原始基础资料。

2012年2月，石槽村煤矿编制了《石槽村煤矿1102202工作面地表移动观测站设计方案》，在首采工作面上方布置3条观测线，每条观测线上设置12个观测点，并定期对观测点进行观测，收集观测数据，制作观测台账。12月，羊场湾煤矿十三采区岩移观测工作起步于首采130201工作面，沿工作面走向布设31个测点，倾向布设43个测点，共测21期，平均垂深512米。观测结果为下层系数0.73，最大下层角82.1°走向水平移动系数0.06，倾向下山水平移动系数0.3、上山移动系数0.05，最大沉降（走向2.722米，倾向3.033米）。

2013年7月，任家庄煤矿聘请山东科技大学编制出《任家庄煤矿11306、11302工作面开采铁路影响地表移动观测站设计方案》，按设计要求在铁路路基上布设了1条观测线，设置100个观测点，定期对观测点进行观测和数据统计，并建立了观测台账，每季度观测一次，目前地表以稳定。

2015年4月，灵新煤矿编制了《五采区051506工作面地表移动观测设计》，在工作面上方布置走向和倾向2条观测线，每月定期对观测点进行观测和观测数据分析，并归纳编制出了《五采区051506工作面沉陷区观测总结》。同年5月，麦垛山煤矿完成了《麦垛山煤矿130602工作面地表移动观测站设计方案》的编制工作，在首采工作面上方布置4条观测线，每条观测线上设置51个观测点，定期对观测点进行观测和数据统计，并建立了观测台账。

2018年，红柳煤矿共布设岩层移动观测站16个，观测点800余个。主要观测因采矿活动造成地表下沉相关内容，收集相关地表岩移基础数据，为煤柱留设和村庄搬迁提供原始基础资料。

表4-4-3　集团公司矿井测量工作完成统计

项目 矿井名称	井下控制测量（米）	井下高程控制测量（米）	大型设备安装测量（项）	井下巷道贯通测量（米）	井下巷道贯通（次）	备注
红石湾煤矿	8660	29052		20395		
枣泉煤矿	165	165	30		308	其中3000米以上的贯通12次，小型贯通296次
梅花井煤矿	276000	109000	11		341	其中3000米以上的贯通27次，小型贯通314次
红柳煤矿	120000				70	其中千米以上的贯通30次，小型贯通40次之多
灵新煤矿	4562	4562		87077	116	
双马煤矿			7	32386	103	其中3000米以上的贯通5次，小型贯通98次
羊场湾煤矿	14999.2	11926.6	31		423	其中3000米以上的贯通72次，小型贯通351次
任家庄煤矿				5600	1	3000米以上贯通
麦垛山煤矿					26	3000米以上贯通
石槽村煤矿		111900	15		172	
金凤煤矿	8995				165	其中3000米以上的贯通6次，小型贯通159次
金家渠煤矿	27061	27061	13		70	其中3000米以上的贯通4次，小型贯通66次
石沟驿煤矿	84316	0	40810			
清水营煤矿	35256	94				
汝箕沟无烟煤分公司	43172					

（四）矿图绘制

2009年，集团公司各矿的矿图分为测量基本矿图和测量专用图两类。其中，井工矿的测量基本矿图包括井田区域地形图、工业广场平面图、井底车场平面图、采掘工程平面图、主要巷道平面图、井上下对照图、井筒断面图、主要煤柱保护图共8种，测量专用图包括矿（井）田地面控制网图、井下控制网图、采掘工程平面图、生产交换图共4种。露天开采煤矿的基本矿图有矿田区域地形图、工业广场平面图、分阶段采剥工程平面图、采剥工程断面图、采剥工程综合平面图、排矸场平面图共6种。除此之外，石槽村煤矿还绘制了构造纲要图，充水性图、涌水量相关因素动态曲线图、水文地质剖面图、区域综合水文地质图、综合水文地质柱状图。矿图绘制采用毛面和光面聚酯膜绘制并直接展点绘制矿图工艺，提高了绘图的精度。

2010年以来，集团公司加快了矿图绘制技术仪器装备的升级步伐，为各矿的地质测量部门相继配备了由中国矿大研制的龙软计算机制图软件，建立了地测空间管理信息系统和信息数据库。其中，枣泉煤矿使用地测空间管理信息系统软件，对《宁夏灵武矿区枣泉井田勘探精查地质报告》进行了数字化。至2017年，集团公司各矿的测量图纸绘制均使用了由中国矿大研制的龙软计算机制图软件，实现了数字化制图、地测信息数据库管理。

六、矿井地质报告修编

集团公司每8 ~ 10年对矿井地质报告修编一次。主要依据为矿井补充勘探报告、水文地质报告和生产过程中掘进、回采、巷探收集信息资料等所反映出的地质变化，对原矿井地质报告进行修编。2009年以后，随着矿井地质测绘技术装备水平和专业人员技术素质的提高，编制出的矿井地质报告更加精准。

第五节　生产调度管理

一、管理机构

2009年，集团公司设生产调度指挥中心，配备主任、副主任、调度员和专业技术人员，主要负责集团公司生产经营计划的实施和对重点工作、重点问题进行协调、平衡、催办、落实。各矿厂均设生产调度中心，配备主任、副主任、调度员和专业技术人员，全面负责本单位的产供销运组织与任务落实、部门和区队相互间工作协调平衡、下情上报和上情下达等工作。形成集团公司、矿厂两级生产调度指挥体系。

二、调度装备

2009年，集团公司所属矿厂用于生产调度指挥的技术装备基本实现了自动化、信息化和智能化。集团公司调度指挥中心开通双向交流的视频会议系统，在各煤矿调度室设分会场，生产调度会等会议上的工作安排部署和总结及基层单位汇报发言等均在会上完成；开通局域网联网计算机应用系统，为各级生产调度专业管理人员、基层区队党政正职配备计算机，实现了生产调度文件、通报、通知等网上收发传阅。各煤矿生产调度指挥中心（室）主要配备AG1016型、CDS-POS型等矿用数字程控调度交换机、井下无线通信本质安全型手机（小灵通）；配备高清工业监控电视、液晶监视墙等，对矿井地面工业广场、井下重点部位和主要运输设备等全天候监视；配备现代化调度指挥台、传真打印一体机、电子显示屏等。随着技术装备的不断升级，实现了集团公司生产调度指挥中心与各煤矿调度室、基层区队直拨通话，各煤矿生产调度室与基层区队办公室、井下采掘工作面和重点部、入井流动管理人员直拨通话，为各级进行快捷的生产调度指挥、指令落实创造了条件。

三、调度管理

2009年，集团公司制定《调度运行规则》，对调度运行方式、工作任务、职责与权限、地位与作用、管理与考核作出明确规定。补充完善产运销协调平衡制度、调度晨会制度、调度视频会议制度、入井人员管理制度、安全监控制度、事故应急预案制度、调度信息化管理规则、干部下井带班制度等几十项新的管理制度，形成了组织有力、运行协调、管理标准、信息共享的生产调度制度保障体系。

集团公司生产调度指挥中心按照质量标准化标准，健全规范12种业务记录、10种工作台账、6种统计牌板和13种图表，补充完善生产影响记录、重点工作、有害气体监测、晨会和视频会议等十几项纪录，增加了多媒体调度日报、调度简报（通报）、电子屏幕幻灯、调度网站网页更新业务，制定完善了生产调度质量标准化工作及考核实施办法，每季度对各矿生产调度工作进行一次质量标准化检查与考核。各矿调度室（生产指挥中心）对应集团公司生产调度质量标准化标准，对各种记录、台账、排版、图表、记录等进行规范统一，矿质量标准化管理科室每月对调度室组织实施一次质量标准化管理考核与兑现，并累加计算考核得分，作为调度室参加矿年度先进科室评选依据。

第六节　安全质量标准化管理

一、管理机构

集团公司成立安全质量标准化领导小组，在生产技术部、机电管理部、煤质监测中心和生产指挥中心设矿井安全质量标准化管理专业和管理人员，主要负责制定完善矿井安全质量标准化管理制度、考核标准、实施办法和岗位工作标准，定期对各矿的安全质量标准化落实情况进行检查考核。各矿也相应成立安全质量标准化领导小组，在相关部门设矿井安全质量标准化管理专业和管理人员，主要负责矿井安全质量标准化的各项制度、管理办法的贯彻落实，负责对基层区队安全质量标准化工作动态检查和月度考核工作。基层区队的安全质量标准化工作由区队长全面负责，其中，各采煤队、掘进队成立工程质量考核验收小组，质量验收员跟班进行动态质量检查验收。全集团形成了集团公司、矿井、基层区队三级安全质量标准化工作管理体系。

二、管理工作

2009年，集团公司按照国家行业主管部门颁布的《生产矿井“质量标准化、安全创水平”标准及考核评级与奖励办法》《关于开展“质量标准化、安全创水平”竞赛、考核、评比、奖励办法及有关规定》（1994年修订）的要求，把矿井质量标准化工作分为采煤、掘进、机电、运输、通风、地测、调度、煤质8个专业，并制定《矿井质量标准化标准》和考核实施管理办法，每季度对矿井进行一次检查考核，每年进行一次总结评比和表彰奖励。各矿井分别以周、旬、半月为时间段，分系统对基层区队的质量标准化执行情况进行周期性拉网检查，每月进行一次质量标准化管理考核，并将考核结果作为月度对基层区队的奖惩兑现依据。其中，灵新煤矿等4个煤矿曾达到神华集团安全质量标准化特级矿井，汝箕沟煤矿、石炭井焦煤公司等7个煤矿曾达到一级矿井标准。

2017年8月，国家煤矿安全监察局行政管理司组成专家检查考核组，对任家庄煤矿创建国家一级安全生产标准化煤矿进行现场检查考核。经检查考核组考核评定，该矿达到国家一级安全生产标准。

第七节　煤炭质量管理

一、管理体系

（一）机构设置

2009年，集团公司成立煤质与价格管理委员会，办公室设在销售公司。在销售公司下设煤质和价格管理处，负责集团公司商品煤价格、统销产品煤质量的管理。在生产技术部设洗选煤质量管理专业，负责各生产矿井、洗煤厂生产过程的煤质量管理，形成统一负责和分系统、分层级管理的煤炭质量管理体制和内部以质论价、模拟市场运行体系。各生产煤矿成立煤质管理领导小组，下设煤质科，配备采制样、煤质化验、回采动态管理等专业人员和煤质化验设备，负责本矿的煤层配采、回采、运输等环节的管理。新建矿井随着投产及时设置煤质管理机构。

（二）制度建设

2009年，集团公司建立和修订完善《神华宁夏煤业集团公司煤炭质量及价格管理实施方案》《神华宁夏煤业集团公司内部以质论价实施细则》《神华宁夏煤业集团公司煤炭质量管理办法》《神华宁夏煤业集团公司煤炭标准化考核标准》《神华宁夏煤业集团公司煤质管理奖罚办法》，坚持编制煤质管理长期战略目标和年度计划。煤质管理过程分为两部分，其中井下生产、地面加工过程的煤质管理分别由生产矿井、洗煤厂负责。销售过程煤质管理由销售公司煤质与价格管理处负责。煤炭质量管理实行以质论价、优质优价，直接与生产矿井、洗煤厂经济效益挂钩。各煤矿依据各项管理规定和实施办法，制定提质增效方案、煤质管理办法、原煤杂物管理办法及考核实施细则等，建立完善单位行政正职抓面（煤质管理指导、评价工作），副职抓片（系统、项目管理），职能科室抓线（配采设计与生产、运输各环节监督管理），采掘区队抓点（工作面层位控制、排矸管理）的责任体系。其中，汝箕沟无烟煤分公司修订《煤质管理考核办法》《煤质管理责任体系》《煤质管理奖惩办法》《杂物来源追究制度》和21项提质增效管理措施，组织工程技术人员围绕穿孔爆破、采场管理、煤层揭露、合理配采、采装运输、筛分处理、提高块煤率等开展QC小组课题攻关及成果转化，对易发生原煤二次破碎的采装、转运、存储等环节进行优化和调整，在具备条件的工作面进行分筛和转运，提高了块煤率，管理效果突出。

2017年，集团公司修订《神宁集团煤炭产品质量管理办法》，进一步明确生产矿井、洗煤厂的煤炭质量管理职责，确定宁东矿区洗煤厂入洗原则，梳理煤质数据传输及考核流程，增加矿井商品煤“折卡扣量”考核办法和配煤中心“低质煤入洗率”“矸中带煤率”考核内容。集团公司质检计量中心建立抽查和基层化验室自查两级检查制度，对煤炭产品质量实施全方位无死角的检测和抽查，并在煤质管理全系统开展以规范采样、制样、化验操作行为为主题的技术比武活动和煤质化验统检竞赛活动。

二、煤质检查

2009年以来，集团公司及各煤炭生产单位坚持对原选煤、洗精煤（商品煤）的质量检查，为加强过程管理、提升产品质量提供了保证。2017年，质检计量中心共实施煤炭质量抽查1793批次，合格率98.7%；各煤炭生产单位化验室、检验站共进行自查1572批次，合格率97.01%。其中，动力煤发热量完成4646大卡，较年度预算指标提高137大卡；入洗无烟煤灰分完成19.46%，较年度预算指标降低15.17%；无烟精煤灰分完成8.08%，较计划降低12.36%。宁东矿区发热量小于4200大卡的低质煤入洗率达到90%以上，矸中带煤率完成2%，较国家控制指标（5%～8%）的下线值降低了60%。

2018年，集团公司完善充实了生产矿井和选配煤中心的煤质绩效考核内容，对发热量达不到4200大卡的矿井，实行“折卡扣量”考核机制。建立了“指标控制、专业化集中管控、分级管理”的煤质管理模式和“事先预防、过程管控、事后分析”的煤质预控管理体系。煤炭质量检测计量中心坚持每周进行一次煤质超前预测和分析，全年共下发《煤质月预测》12期，《煤质周预测》52期，《煤质分析》52期，原煤预测准确率达90%以上；坚持煤炭生产、装运过程中的产品质量检测和抽查，全年共组织实施检测、抽查4235批次，其中产品质量抽查454批次，检测质量抽查3781批次，合格率分别为99.1%和98.8%，实现了客户“零”投诉。

表4-4-4　2009—2017年 集团公司商品煤质量统计表

年份	原选煤				洗精煤(（商品煤）		
	灰分（%）	水分（%）	硫分（%）	发热量（MJ/kg）	灰分（%）	水分（%）	硫分（%）
2009年	17.72	17.50	0.78	19.87	7.61	7.3	0.49
2010年	18.05	17.80	0.80	19.71	7.95	7.60	0.60
2011年	19.03	17.60	0.87	19.52	8.15	7.70	0.65
2012年	21.41	16.80	0.89	19.14	8.52	7.80	0.54
2013年	20.93	17.20	0.89	19.14	8.57	7.70	0.53
2014年	20.29	17.30	0.96	19.26	9.18	8.00	0.57
2015年	20.49	16.80	0.77	19.51	8.92	7.40	0.54
2016年	19.32	16.80	0.77	19.84	8.32	6.30	0.19
2017年	20.47	17.00	0.72	19.49	8.08	5.90	0.19

第五章 煤炭加工

第一节 煤炭筛分

2009年，集团公司各矿都建有与生产能力基本匹配的洗煤厂，且都在系统中安装了煤炭筛选装置，原煤升井后通过带式输送机直接进入50毫米孔分级筛，大于50毫米的块煤经人工手选矸石和杂物后进入破碎机，破至50毫米以下，筛下品混合作为0 ~ 50毫米级混煤销售，手选后的筛上品作为块煤销售。

石嘴山矿区所产煤炭作为优质动力煤，对+50毫米块煤进行破碎，与+50 ~ 13毫米原煤混合，用跳汰机排矸。精煤、中煤脱水后与原煤混合作为新产品煤，煤泥回收后进入产品煤。煤泥水经浓缩机浓缩后加压过滤回收。

石炭井矿区各烟煤矿建有筛分及机械化选矸系统和回煤系统，使用机械跳汰选矸。无烟煤矿井原煤运至动筛跳汰排矸车间，排矸后的块精煤经分级脱水筛分成+80毫米大块和80 毫米中块、25 ~ 13毫米小块等品种，块煤就地销售。乌兰煤矿建有筛分及机械化选矸系统。

灵武矿区矿井原煤经储煤仓进重介排矸后进行筛分，筛下-13毫米的末煤直接作为动力煤外销，+13毫米的块煤进入重介浅槽选矸系统，矸石经脱介筛脱介外运。精煤经脱介筛脱介后，再分为+50毫米洗大块煤，50 ~ 25毫米洗中块煤等品种，直接实行地销。

灵武矿区选配煤中心建有筛分运输系统，其中机械排矸方式选用+13的重介浅槽工艺，煤泥水经浓缩机浓缩后加过滤机回收。

表4-5-1 石嘴山矿区原煤筛分试验表

粒度级别（毫米）	产率（%）	质量	
		灰分（%）	硫分（%）
+100	7.98	35.46	2.83
100 ~ 50	9.00	41.97	2.99
50 ~ 25	8.12	40.37	2.67
25 ~ 13	12.69	37.18	2.10
13 ~ 3	34.97	31.66 ~ 28.72	1.91 ~ 1.83
3 ~ 0	27.24	24.45 ~ 23.73	1.65 ~ 1.76
合计	100.00	31.55	2.00

表4-5-2 石炭井矿区烟煤筛分试验表

粒度级别（毫米）	上组煤			下组煤		
	产率（%）	煤质特征		产率（%）	煤质特征	
		灰分（%）	硫分（%）		灰分（%）	硫分（%）
+50	16.31	39.64	0.44	7.92	30.42	4.48
8 ~ 50	35.45	37.87	0.44	29.13	33.22	4.02
50 ~ 8	40.01	27.31	0.52	48.51	20.47	2.49
0 ~ 0.5	8.23	23.64	0.67	14.44	17.58	2.22
合计	100.00	32.77	—	100.00	24.55	—

表4-5-3　汝箕沟矿区原煤筛分试验表

粒度级别（毫米）	产品名称	质量	
		产率（%）	灰分（%）
+50	夹矸石	23.50	7.46
	矸石	5.22	19.58
	煤	2.74	60.74
	煤	31.46	14.40
50～25	煤	10.39	15.90
25～13	煤	11.97	14.40
13～6	煤	17.15	12.92
6～1	煤	18.68	14.41
1～0	煤	10.37	14.54
合计	煤	100.00	14.38

表4-5-4　2009—2017年集团公司宁东洗煤厂筛分及产品量表

单位：万吨

项目	2009年	2010年	2011年	2012年	2013年	2014年	2015年	2016年	2017年
筛分量	合计	2149.35	3202.26	4063.76	4748.21	4990.99	5953.96	5283.32	5439.12
	羊场湾分厂	1074.55	1365.15	1233.58	1458.60	1024.63	1237.49	1113.73	904.26
	灵新分厂	306.92	305.85	275.91	367.73	361.59	397.33	351.00	344.31
	清水营分厂	55.20	240.36	231.62	139.90	244.63	290.24	3.20	1108.00
	梅花井分厂	242.72	456.00	858.01	905.16	1126.05	1045.09	1006.07	684.21
	枣泉分厂	459.40	770.41	850.14	960.30	1081.89	930.92	713.23	456.76
	红　柳分厂	10.56	64.49	525.00	543.07	642.07	720.08	841.19	386.62
	石槽村分厂			89.50	373.45	297.99	355.95	366.30	362.49
	羊场湾二分区					112.64	508.54	335.44	398.86
	金凤分厂					99.50	468.32	482.84	469.28
	双马分厂							70.32	324.33
产品量	块煤	267.20	575.30	759.28	674.70	695.41	1200.62	691.13	604.91
	末煤	1857.70	2610.16	3253.13	3809.60	4386.97	4342.96	4117.36	4384.08

第二节　煤炭洗选

2009年，集团公司有大武口洗煤厂、太西洗煤厂2个专业洗煤厂和石嘴山矿区洗配煤中心、灵武矿区洗配煤中心2个洗配煤中心，合计年洗煤能力2270万吨。石炭井焦煤公司、灵新煤矿、羊场湾煤矿、梅花井煤矿等12个矿井所产原煤全部进入矿井型洗煤厂入洗。各洗煤厂多采用筛选、重选和浮选方式，筛选系统的工艺流程比较简单，原煤升井后经胶带输送机运入50毫米孔分级筛，大于50毫米的块煤经人工手选排除矸石和杂物后进入破碎机，破至50毫米以下，筛下品混合作为0～50毫米级混煤销售，手选后的筛上品作为块煤销售；重选是利用煤与矸石的比重差异，在重介质中进行分选，有重介质选、跳汰选、槽选和摇床选等。浮选是通过煤和矸石疏水性不同，加入药剂从煤浆中分离出来并收集的一种选煤方法。各专业洗煤厂、矿井型洗煤厂多采用重选的方法选煤。

一、专业洗煤厂

（一）大武口洗煤厂

大武口洗煤厂采用跳汰、重介、浮选联合选煤方法。即原煤分级脱泥入选，50 ~ 13毫米块煤重介立轮主、再选，13 ~ 0.5毫米末煤跳汰分选，跳汰中煤重介旋流器再选，-0.5毫米煤泥浓缩浮选。2003年经过技术改造，形成两个生产系统。一个生产系统为0 ~ 50毫米采用不脱泥无压给料三产品重介旋流器工艺，另一个生产系统为-0.5毫米直接浮选，尾煤压缩回收的工艺。浮选机入料浓度一般都在150克/升以上，最高达到230克/升，通过技术改造后浮选机入料浓度降低到130克/升以下，既减轻了浮选细泥的自身循环阻力，又降低了浮选药剂消耗，同时解决了为处理入浮浓度高造成的系统开车时间延长的问题。金能分厂洗选工艺改造完工后，生产出了灰分小于11.0%的1/3焦精煤，其中1/3焦精煤年产量可超过100万吨，提高了产品市场竞争力和企业综合经济效益，每年可增加销售收入4亿多元。

2010年，与中国矿业大学合作的《25号主焦煤深度回收研发工作方案》实施成功。项目主要包括该厂中选、浮选入料和浮选尾煤3中煤样的粒度分布、密度分布、无机矿物质种类及矿物嵌布力度等、测试与分析炼焦精煤回收率等7个项目。该项目研发成功后，每年多回收精煤10万吨，创经济效益约亿元。

2012年12月，完成对尾煤重介质回收工艺技术改造，使吨煤介耗降低了0.6千克/吨以上，年节约材料费800万元。

表4-5-5　大武口洗煤厂焦煤产品目录表

品种名称	粒度（mm）	全水分Mt（c/o）	灰分Ad（%）	挥发份Vdαf（%）	全硫SG.Y（%）	黏结指数GY.Y(%)	胶质层厚度Y（%）
十级冶炼精煤	≤50	≤13	9.15 ~ 10.00	20—28	≤1.2	765	≤25
十一级冶炼精煤			10.01 ~ 10.50				
十二级冶炼精煤			10.51 ~ 11.00				
十三级冶炼精煤			11.01 ~ 11.50				
十四级冶炼精煤			11.51 ~ 12.00				

表4-5-6　大武口洗煤厂入洗及产品量表

单位：万吨

项目	2009年	2010年	2011年	2012年	2013年	2014年	2015年	2016年
入洗原煤量	523.96	627.92	704.64	607.23	623.59	770.82	865.39	
其中	本部	295.68	303.89	333.42	315.09	252.6	225.58	157.04
	金能分厂	228.28	324.03	371.23	292.15	296.41	304.46	253.28
	任家庄分厂	0	0	0	0	0	153.59	75.25
	红石湾分厂	0	0	0	0	74.58	87.19	119.73
	红柳分厂	0	0	0	0	0	0	260.09
精煤产量	195.26	273.17	268.22	232.02	248.9	338.66	267.00	
其中	精煤	0	0	0	0	0	62.59	48.85
	焦精煤	152.47	167.15	158.06	129.71	155.85	144.77	110.46
	1/3焦精煤	42.79	106.03	110.17	102.31	93.05	131.30	107.69

（二）太西洗煤厂

太西洗煤厂主要入洗汝箕沟矿区的无烟煤，有跳汰粗选、中煤重介再选、精粒煤和精末煤重介精选、煤泥浮选和辅助的磁介制备回收、末煤脱水系统。工艺流程为原煤经跳汰机分选出精煤、中煤和矸石。跳汰中煤由斗式提升机一次脱水后，进入中煤重介再选系统，经重介旋流器分选出精煤、中煤和矸石，其中中煤再经分级筛分为混块煤和末煤并分别入仓，精煤掺入最后精煤产品中；跳汰精煤进入粒煤重介精选系统，经主洗车间重介旋流器分选出纯煤和尾煤两种产品，分别进入脱介筛脱介、脱水，而后分别入仓；跳汰末煤进入末煤重介精选系统，由捞坑底流泵输送到主洗车间弧形筛，经弧形筛、直线振动筛二次脱水，而后进入重介旋流器进行分选，分选出纯煤和尾煤产品，分别进入精末仓和纯末仓。

2009年7月20日，太西洗煤厂扩能改造项目启动，共三部分计13个项目，包括8个新建工程及配套改造工程，总投资约1亿元。经过6年努力，建成了100万吨/年的国内首家超低灰生产系统，生产出灰分≤2.00%、≤2.50%、≤3.00%的系列纯煤产品，填补了国内高品质无烟煤的市场空白，被国家四部委评为重点新产品。其间，该厂与中国矿业大学联合攻关，研发出低灰纯煤的制备工艺与设备，解决了±0.1含量大于90%不可物理洗选的世界性难题。

2010年3月，太西洗煤厂C80快速装车系统开工建设。该项目由装车系统和铁路系统两部分构成，装车能力每小时4000吨，可实现整列51节C80快速装车，单节车厢装车时间约为100秒。11月26日，系统通过联合试运装验收，投入正常运行。

2011年，太西洗煤厂《太西煤工艺优化示范工程项目》被确定为国家矿产资源节约与综合利用示范工程项目，并获得国土资源部、财政部1000万元专项资金。项目工程主要包括二分区工艺优化，涉及扩建洗煤车间、矸石仓、介质制备车间、锅炉房，以及原有产品仓、电机及配套电缆更换、管网改造等工程。项目实施后，二分区年原煤处理能力达到200万吨。

2015年9月，太西炭基公司并入太西洗煤厂，下设3个分区和炭基管理中心。3个分区是一分区（原太西洗煤厂）、二分区（原西大滩洗煤厂）、三分区（原神火洗煤厂），设计年入洗能力560万吨。其中，一分区生产工艺为原煤0 ~ 80毫米混合、跳汰主洗、跳汰中煤重介再洗，粒煤重介，末煤重介，煤泥直接浮选，精煤过滤回收，尾煤压滤回收，洗水一级闭路循环的工艺流程；二分区生产工艺为原煤0 ~ 80毫米三产品重介旋流器洗选，煤泥直接浮选，精矿过滤回收，尾矿压滤回收，洗水闭路一级循环的工艺流程；三分区生产工艺为原煤0 ~ 80毫米混合跳汰洗选，煤泥直接浮选，精矿过滤回收，尾矿压滤回收，洗水一级闭路循环的工艺流程。

表4-5-7　太西洗煤厂无烟煤产品目录表

类别	产品名称	粒度（毫米）	灰分（%）	水分（%）	挥发份（%）	硫分（%）	发热量Qnee α Y
精煤	精大块	30 ~ 80	≤8.00	≤5.00	≤10.00	<0.30	≥30.00
	精中块	20 ~ 40	≤7.00	≤5.00			
	精小块	10 ~ 30	≤6.00	≤5.00			
	精粒块	6 ~ 17	≤5.00	≤6.00			≥31.00
	精末块	0 ~ 17	≤6.00	≤9.00			
纯煤	低灰纯煤	0 ~ 17	≤3.00	≤6.00	≤10.00	<0.30	≥33.50
	超低灰纯煤	0 ~ 17	≤2.00	≤9.00			

二、选配煤中心

（一）灵武矿区选配煤中心

该选配煤中心设计能力800万吨／年，建有原煤仓、产品仓、筛分运输系统、快速装车站和机械排矸系统，服务年限65年，主要产品为质量均衡稳定的优质动力煤，机械排矸方式为+13毫米重介浅槽工艺，煤泥水经浓缩机浓缩后加压过滤回收。

（二）石嘴山矿区选配煤中心

2009年初，该选配煤中心全面竣工交付金能煤业分公司投入正式生产，设计入洗能力600万吨／年，运输能力800万吨／年，服务年限为36.7年。主要产品为质量均衡稳定的优质动力煤（发热量>21兆焦耳/千克），机械排矸方式为+13毫米重介浅槽工艺，煤泥水浓缩机浓缩后加压过滤回收。该厂选用部分国外先进设备，工艺先进，自动化程度高，安全设施完善可靠，是现代化水平较高的大型洗煤厂。同年，神华宁煤集团推行专业化管理，选配煤中心合并到大武口洗煤厂，更名为大武口洗煤厂金能分厂。

三、矿井配套洗煤厂

乌兰煤矿洗煤厂采用跳汰排矸选煤方法，入选粒级30 ~ 100毫米，其工艺流程为原煤升井后，经皮带机运至分级筛上，分为0 ~ 30毫米、30 ~ 100毫米和 + 100毫米三级。+ 100毫米通过手选皮带机选矸后破碎至100毫米以下进入跳汰机缓冲仓，30 ~ 100毫米级经分仓皮带运入缓冲仓，0 ~ 30毫米末煤由皮带机运至装车仓。缓冲仓里的煤经给煤机进入跳汰机排矸，精煤经脱水筛脱水后由转运皮带运至破碎机，破碎至0 ~ 30毫米后由斗式提升机运至装车仓。该矿采用跳汰排矸选煤方法，使煤炭质量提高了5%。

2009年2月，神华宁煤集团将宁东矿区所属羊场湾煤矿、灵新煤矿、枣泉煤矿、清水营煤矿、梅花井煤矿和石槽村煤矿（建设中）、红柳煤矿（建设中）矿井配套洗煤厂剥离原主体，合并成立宁东洗煤厂，隶属运销公司管理，主要负责矿区内除石沟驿、红石湾煤矿外的各矿动力煤洗煤厂的生产管理和建设工作。同年7月，清水营煤矿洗煤厂设计入洗能力1000万吨/年项目建成投产，原煤经25毫米分级后，200 ~ 25毫米块煤重介浅槽分选，-25毫米以下末煤不分选；粗细煤泥分别回收，粗煤泥采用煤泥离心机脱水回收，细煤泥采用浓缩+加压过滤机和板框式压滤机脱水联合回收工艺。同年10月，红柳煤矿洗煤厂一期干煤流设计能力1600万吨/年项目建成投产，原煤经200毫米通过式破碎、再由13毫米博后筛分级，+13毫米在仓上由50毫米分级筛分级；产品有200 ~ 50毫米大块、50 ~ 13毫米中块、-13毫米末煤

2010年4月，枣泉煤矿洗煤厂二期工程设计入洗能力500万吨/年项目建成投产。原煤经筛孔为25毫米弛张筛分级，+25毫米块煤进入重介浅槽进行洗选，精煤脱介后进入块煤仓进行分级，产生+70毫米洗大块、70 ~ 50毫米洗中块、50 ~ 30毫米洗小块、-30毫米洗精末四种产品；筛下-25毫米末煤不入洗，直接作为动力煤产品；粗煤泥经过振动弧形筛加离心机脱水后混入末原煤作为动力煤，细煤泥采用浓缩+压滤机脱水联合回收工艺。

2011年6月，梅花井煤矿洗煤厂二期设计入洗能力800万吨/年项目建成投产。原煤经博后筛25毫米分级后，200 ~ 25毫米块煤重介浅槽分选，-25毫米以下末煤不分选；采用粗细煤泥分别回收工艺，粗煤泥采用弧形筛+煤泥离心机脱水回收，细煤泥采用二段浓缩+快开式隔膜压滤机脱水回收。同年，石槽村煤矿洗煤厂水洗系统设计能力350万吨/年项目、干煤流系统设计能力600万吨/年项目相继建成投产。原煤经25毫米分级后，200 ~ 25毫米块煤重介浅槽分选，-25毫米以下末煤不分选；煤泥水工艺采样二段浓缩（二段净化浓缩），粗煤泥采用煤泥离心机脱水回收，细煤泥采用浓缩+快开式隔膜压滤机脱水联合回收工艺。

2012年2月，红柳煤矿洗煤厂二期水洗系统设计入洗能力1600万吨/年项目建成投产。原煤经破碎至200毫米以下、经25毫米博后筛分段分级，采用200 ~ 0毫米全级入洗，200 ~ 25毫米采用块煤重介浅槽分选、25 ~ 0毫米末煤预湿脱泥后有压两产品重介旋流器主、再洗分选、2 ~ 0.1毫米采用螺旋分选机回收。煤泥水采用三段浓缩（即两段串联浓缩+净化浓缩）+沉降过滤式离心机和快开压滤机回收的生产工艺。3月，宁鲁煤电公司（由神华宁夏煤业集团公司、国网能源开发公司各出资50%组成）启动对任家庄煤矿洗煤厂进行技术改造工程，项目总投资3.5亿元，洗煤厂技术改造后年入洗量将达到480万吨，比改造前提高1倍。

2013年9月，金凤煤矿洗煤厂设计入洗能力400万吨/年项目建成投产。原煤经25毫米分级，块煤（200 ~ 25毫米）重介浅槽+末煤（25 ~ 1.5毫米）有压两产品重介旋流器，1.5~0.25毫米粗煤泥采用螺旋分选机分选，煤泥水采用三段浓缩（即两段串联浓缩+净化浓缩）+沉降过滤式离心机和快开压滤机回收的生产工艺。10月，羊场湾煤矿二分区洗煤厂设计能力400万吨/年项目建成投产，原煤经25毫米分级后，200 ~ 25毫米块煤重介浅槽分选，-25毫米以下末煤不分选；粗细煤泥分别回收，粗煤泥采用振动弧形筛＋高频筛脱水联合回收，细煤泥采用浓缩+板框式压滤机脱水联合回收工艺。

2015年12月，双马煤矿洗煤厂设计入洗能力500万吨/年项目建成正式投入生产。选煤工艺采用200 ~ 25毫米级块煤采用重介浅槽分选，25 ~ 0毫米级末煤采用

无压给料三产品重介旋流器分选，煤泥水采用三段浓缩（即两段串联浓缩+净化浓缩）+筛网沉降过滤式离心机和快开压滤机回收的联合生产工艺。

2016年2月，为进一步发挥专业化管理优势，集团公司将宁东洗煤厂（由运销公司分离）与大武口洗煤厂合并成立选配煤中心，下辖羊场湾煤矿洗煤厂、灵新煤矿洗煤厂、枣泉煤矿洗煤厂、梅花井煤矿洗煤厂、石槽村煤矿洗煤厂、红柳煤矿洗煤厂、双马煤矿洗煤厂、金凤煤矿洗煤厂、清水营煤矿洗煤厂、任家庄煤矿洗煤厂计11个矿井型洗煤厂，其中任家庄煤矿洗煤厂为炼焦煤洗煤厂，其他均为动力煤洗煤厂。选配煤中心设计入洗总能力8120万吨/年。

表4-5-8 2009—2017年集团公司选配煤中心洗煤量表

单位：万吨

单位名称	2009年	2010年	2011年	2012年	2013年	2014年	2015年	2016年	2017年
合计	99.66	277.90	366.47	552.76	790.24	1660.94	1448.19	1712.71	2072.27
羊场湾分厂	16.45	36.87	58.60	70.53	89.83	194.45	323.09	342.48	348.42
灵新分厂	11.78	14.31	11.03	21.60	24.50	65.36	89.59	90.84	85.51
清水营分厂	5.39	82.53	69.31	27.60	33.11	79.96	0.46		
梅花井分厂	66.04	144.19	226.00	162.50	223.55	261.14	230.35	282.44	327.77
枣泉分厂					36.83	189.40	212.26	203.41	227.58
红柳分厂				213.59	311.13	465.44	238.07	380.65	430.45
石槽村分厂			1.53	56.94	60.02	108.72	81.80	73.88	166.93
羊场湾二分区					5.10	90.27	57.65	67.29	101.53
金凤分厂					6.17	206.20	200.31	207.53	182.82
双马分厂							14.91	64.19	201.26

第六章　煤炭产品运销

第一节　销售运输体系

2009年，集团公司设运销公司，负责全集团公司各产矿井的煤炭质量检验、生产计量管理和集团公司商品煤销售、计量、运输工作。运销公司按市场营销区域划分6个业务部，按照统一销售、统一订货、统一售价、统一计量、统一结算“五统一”原则，对内实行集约化管理，建立考核激励机制，加强平衡协调；对外坚持“诚信营销、合作共赢”原则和“用户的需求就是销售标准”的营销理念，进行集约化销售，扩大市场份额。建立符合神华宁煤集团“专业分工明确、管理纵深到位、指标考核落实”总要求和市场竞争的煤炭营销运行机制。

2013年12月，集团公司根据专业化管理需要，对宁东矿区除石沟驿煤业分公司、任家庄煤矿、红石湾煤矿外的其他生产矿井的煤质检测业务，以及人员与运销公司的煤质检测、计量业务及人员进行整合，成立运销公司质检计量中心。宁东矿区灵新煤矿、羊场湾煤矿、枣泉煤矿、梅花井煤矿等8个矿井的煤质检测、生产计量业务直属运销公司质检计量中心管理。

2016年2月，集团公司将煤炭质量检验、生产计量业务，从运销公司分离出来，成立煤炭质量监测计量中心。主要负责宁东矿区各矿原煤、商品煤、库存煤、副产品、矸石等质量检测工作；负责选配煤中心洗选加工过程煤炭质量检测工作；负责太西洗煤厂入厂原煤质量检测及商品煤质量抽查工作；负责集团公司各生产矿井原煤计量管理工作；负责毛煤、原煤、商品煤质量报表的编制，商品煤结算质量报告单、原煤检测结果的报出工作；负责商品煤质量处理纠纷；负责生产矿井煤质预测工作，配合集团生产技术部解决生产矿井、洗煤厂生产加工过程存在的煤质问题。

第二节　商品煤计量及质量检验

一、商品煤计量管理

2009年，集团公司在各煤炭生产单位设商品煤销售点。各销售点的开票员、磅秤员、监磅员等由运销公司、财务公司、生产煤矿（洗煤厂）分别委派与管理，形成两级销售统一计量、统一结算的计量管理格局。铁路外销商品煤计量以装车仓口为界，使用地中衡计量；公路外销商品煤计量以磅秤房为界，全部使用电子汽车衡计量，最多时投用电子汽车衡30台。计量数据由联网的运销管理信息系统从安装在各销售点的67台计量终端设备上自取，剔除了销售点计量手工抄报差错和人为修改数据的弊端。各销售点的计量数据每月通过日报、月报表与运销管理信息系统统计量数据进行对比核准。现有14个商品煤销售点。

2010年10月，集团公司印发《神华宁夏煤业集团运销公司计量操作管理办法（试行）》，并于2014年进行了修订完善，对煤炭生产、销售计量提出了新的要求。

2014年4月，为满足集团公司领导通过信息化手段真实掌握各煤矿原煤产量数据的要求，启动用于各矿煤炭生产计量的煤炭计量系统建设。系统通过在神华宁煤集团网络中开发专门的接口软件，将各矿安装在主运输皮上的皮带秤设备统一连接起来，形成集团公司级别的井口产量计量查询系统。2017年8月，煤炭计量系统投入运行，减少了原来各矿和洗煤厂各自计量、月底对账环节，结束了各矿煤炭生产计量手工抄写报送再抄写汇总的历史。

2018年，集团公司煤炭质量检测计量以煤炭计量信息系统为依托，以原煤皮带秤校验和日常动态检查为手段，常态化开展产销存数据比对，及时解决计量管理过程存在问题。全年共校验原煤皮带秤163台次，计量误差率达0.65%。

二、商品煤质量检验

2009年，集团公司运销公司、各矿井均设置煤质化验室，配备先进的技术装备和采制样、化验专业人员。2017年，质检计量中心共配备煤质检验管理和技术操作员工280人。其中，大学专科以上学历的166人，占员工总人数的59%；取得中级以上职业资格等级证的174人，占采制样、化验员工总人数的85.71%。装备煤质检测设备588台，其中制样设备343台，化验设备245台。

集团公司商品煤质量检验按照国家《GB/T 211 煤中全水分的测定方法》《GB/T 212 煤的工业分析方法》《GB/T 213 煤的发热量测定方法》《B/T 214 煤中全硫的测定方法》《GB/T 219 煤灰熔融性的测定方法》《GB 474 煤样的制备方法》《GB 475 商品煤样人工采取方法》《GB/T 476 煤中碳和氢的测定方法》《GB/T 477 煤炭筛分试验方法》《GB/T 478 煤炭浮沉试验方法》《GB/T 483 煤质分析试验方法一般规定》《GB/T 1574 煤灰成分分析方法》《GB/T 5447 烟煤粘结指数测定方法》《GB/T 18666 商品煤质量抽查和验收方法》《GB/T 19494.1 煤炭机械化采样 第1部分（采样方法）》《MT/T 1 商品煤含矸率和限下率的测定方法》规定标准和《神华宁夏煤业集团有限责任公司煤炭产品质量管理办法》《神华宁夏煤业集团质检计量中心煤炭产品检测管理规定》，对商品煤进行灰分、水分、硫分、挥发分、发热量等超过20个项目的常规指标化验。同时，神华宁煤集团将煤炭质量管理重心前移至用户市场，采取了与用户共同进行采制样、化验的商品煤质量检验举措，满足了客户的心理和管理需求，稳固了供购双方的业务关系。

第三节　商品种类及市场流向

一、商品煤种类

集团公司商品煤产品主要有动力煤、无烟煤、焦精煤、1/3焦精煤等品种，其中焦煤产品主要分为主焦煤和1/3焦煤两大类。

（一）动力煤

动力煤在集团公司商品煤成分中占主导地位，共有4大品牌和神宁优洁1-5500、神宁优洁2-5200、神宁优洁3-4800、神宁洁1-4500、神宁洁2-4200和神宁3-4200等6个细分品牌。2017年，动力煤产量达5800万吨，占煤炭生产总量的93%以上。

（二）无烟煤

该煤种为世界稀缺煤种。产地是汝箕沟矿区，生产单位有汝箕沟无烟煤分公司下辖的白芨沟井工矿和露天采区。根据灰分及粒度，神华宁煤集团将无烟煤产品确定为“神宁太西品牌”7大系列20个品种。因该煤种属国内独有优质煤种，现实行保护性开采，2013—2015年年产量均在660万吨以内，其中2017年为377.1万吨，约占商品煤总产量的6.1%。

（三）焦煤

1.主焦煤。生产单位为大武口洗煤厂，年产量在150万吨左右，主要销往甘肃酒泉钢铁集团公司和新疆八一钢铁集团公司，少部分销往陕西东岭集团和陕西焦化集团。产品价格随钢铁企业和焦化企业市场变化起伏波动，市场价格在1300元/吨左右，高峰时每吨售价达2000元左右，低谷时每吨只卖450元。

焦原煤生产单位为乌兰煤矿和石炭井焦煤公司。近年来，随着开采深度增加、运输环节增多，原煤生产成本相应增加，加之生产矿井距洗煤厂较远达60公里，运输成本较高，导致主焦煤版块亏损严重。2016年初，神华宁煤集团按照效益优先和去产能要求，将焦原煤生产矿井和洗煤厂全部关停。

2.1/3焦煤。生产单位有金能煤业分公司、任家庄煤矿、红石湾煤矿，原煤直接进矿井型洗煤厂入洗。三个矿洗煤厂洗出的1/3焦精煤产品质量标准为：灰分为10%左右；硫分为金能煤业分公司洗煤厂1.5%，红石湾煤矿洗煤厂和任家庄煤矿洗煤厂1%左右；挥发分为金能煤业分公司洗煤厂32%左右，红石湾煤矿洗煤厂和任家庄煤矿洗煤厂35%左右；黏结指数为金能煤业分公司洗煤厂85以上，任家庄煤矿洗煤厂80以上，红石湾煤矿洗煤厂70以上。

2016年，根据国内炼焦煤行业持续下行，市场空间不断收窄，需求和价格急剧下滑，亏损严重，集团公司安排焦煤生产单位中的金能煤业分公司及大武口洗煤厂金能分厂停产。任家庄煤矿、红石湾煤矿生产的原煤直接供应自治区内电厂、宁夏宝丰集团及内蒙古西部地区的焦化企业，暂未入洗生产精煤。

二、市场流向

2009—2018年，集团公司生产的动力煤、无烟煤、焦煤等商品煤全部销往国内市场，客户主要分布在宁夏、甘肃、青海、新疆、内蒙古、陕西、河北、辽宁、山东、河南、四川、湖北、湖南、江苏等22个省、自治区。

主焦煤和1/3焦精煤用户主要分布在西北、华北地区的钢铁企业和焦化企业。其中，1/3焦精煤主要销往宁夏、内蒙古、山西、河北等省、自治区的焦化企业。主要用户有陕西东岭集团、钢铁集团、陕焦集团，山西光大集团、平遥集团、阳光集团、建龙集团，唐山达丰集团，内蒙古庆华集团，乌海能源集团等焦化企业。焦精煤主要销往酒泉钢铁、八一钢铁、陕西东岭集团等。销售拉运除金能煤业分公司洗煤厂有部分铁路运输外，其余均为公路运输。

无烟煤主要销往河北钢铁、唐山国丰钢铁、津西钢铁、包头钢铁、首都钢铁、鞍山钢铁、本溪钢铁、酒泉钢铁等冶金企业。无烟煤洗精块煤主要销往宁夏、陕西、山东、辽宁等省、自治区的镁砂、化工、陶瓷等行业企业及民用，其中在辽宁省镁砂行业中占垄断地位。超低灰煤属国内独有产品，为新型碳基原材料，主要销往宁夏、内蒙古地区的活性炭、碳素、碳化硅、增碳剂、焦化等企业。

动力煤主要销往宁夏、甘肃、陕西、青海、四川等省、自治区。其中，宁东矿区生产的不黏结煤为优质动力煤，主要以自治区内发电、工业用煤和取暖用煤、民用煤销售为主，部分销往甘肃省有关电厂，形成以区内电煤、化工、建材、制药等工业用户为主体，区外进港、甘青、川渝等市场和高炉喷吹用户为调控与补充的市场格局。“十三五”规划期间，随着400万吨/年煤制油项目和宁东至浙江外送电等项目建成投产，自治区内煤炭需求大幅增长。2009—2017年，集团公司累计销售动力煤5.07亿吨，占商品煤总销售量的86.52%。

表4-6-1　神华宁煤集团商品煤销量及流向统计表

单位：万吨

品种及流向 \ 年份		2009年	2010年	2011年	2012年	2013年	2014年	2015年	2016年	2017年	2018年
合　计		5032	5809	6621	7116	7656	7272	5920	6371	6829	6321
一、动力煤		4029	4692	5627	6086	6634	6269	5053	5846	6471	6084
其中	烟块煤	463	515	534	540	563	557	409	371	368	835
	末　煤	3566	4178	5093	5546	6071	5712	4644	5475	6103	5249
1.集团煤制油化工		38	234	501	639	775	819	911	1136	2036	2983
2.区内电厂		1216	1448	2298	2373	2599	2586	2398	2380	2526	2081
3.甘青电厂		319	320	354	395	793	713	280	352	88	38
4.川渝电煤		290	402	567	441	369	169	20	10	3	
5.港口		972	1196	819	628	139			227	200	
6.山东等新市场		32	2		71	238	41		54	5	
7.宁东基地化工用户					2	23	289	369	585	478	183
8.烟喷吹市场		3		1			41	35	26	52	41
9.工业及地销		1159	1090	1087	1537	1698	1611	1040	1076	1083	758
二、无烟煤		656	733	634	673	687	649	649	490	358	237
1.无烟精煤		528	562	508	563	580	529	552	456	348	206
精块		137	124	121	98	93	77	125	126	100	60
精末、粒		347	394	312	425	435	407	408	326	235	133
超低灰		44	44	76	39	52	45	19	4	13	13
2.无烟洗煤副产品		81	127	91	89	80	69	64	32	7	30
3.无烟洗煤		47	44	36	22	28	51	33	2	3	1
三、炼焦煤		347	384	360	357	336	355	218	35	0.3	0
1.主焦煤		150	170	158	130	155	146	110	8		0
2.1/3焦精煤		197	214	202	227	181	209	108	27	0.3	0

第四节　煤炭价格

集团公司依据国家物价局、能源部《关于扶持统配煤矿几项价格措施的通知》《关于颁发提高计划内煤炭价格实施方案的通知》《统配煤矿煤炭质量规格及出厂价格》等，制定完善了《关于建立宁夏煤业集团公司煤炭质量与价格管理体制的通知》《宁夏煤业集团公司煤炭质量及价格管理实施方案》和《宁夏煤业集团公司内部以质论价实施细则（暂行）》《宁夏煤业集团有限责任公司产品价格管理规则（试行）》等管理制度，建立符合集团公司实际发展需要的“集中统一、协调运转”的煤质与价格管理体制，成立集团公司煤质与价格管理委员会，实行统一负责、分级管理。建立上下结合（煤质价格处与生产部门）、内外结合（煤质价格处与市场用户）的管理体系。对内实行以质论价、优质优价，效益与质量挂钩的内部模拟市场管理，各矿、厂生产的煤炭产品，实行集团公司定价、指导价和市场调节价，其中指导价为各类产品的市场销售价格。对外实行集团公司最低限价，外销售煤炭产品高于最低限价时，由运销公司根据市场供求关系变化自主确定，并报集团公司价格管理办公室备案；低于最低限价，由运销公司提出具体方案，报请集团公司价格委员会研究批准。定价、指导价依据有关产品或服务的平均成本和集团公司内外市场供求状况、企业经济效益与发展的客观要求确定。按照按质论价和市场走向，实行合理的购销差价、批零差价、地区差价和季节差价。其中，1/3焦煤产品价格按照随行就市的原则销售，最高1100元/吨，最低350元/吨，现行价格950元/吨。

2009年，集团公司年度订货价格方案由运销公司制定，报集团公司价格管理委员会审批后执行；年度内的价格调整，由运销公司提出，报集团公司价格管理委员会审批后执行。当年，动力煤价格实现稳中有升，综合平均价235.4元/吨，比上年提高11.2元/吨；无烟煤、焦煤价格比上年虽有较大回落，但守住了年初订货价格，个别品种还做了上调，其中无烟精煤均价达到871.6元/吨，主焦煤均价达到924.3元/吨，1/3焦精煤均价达到675.6元/吨，高于年初计划价格的35% ～ 5%。

2010年，商品煤平均售价404.55元/吨，每吨比上年提高63.39元，提价增收43.45亿元。

2011年，商品煤综合平均售价428.02元/吨。动力煤、无烟精煤、焦精煤、1/3焦精煤综合平均售价分别为315.98元/吨、1191.62元/吨、1397.86元/吨、932.55元/吨，与上年相比吨煤售价分别提高57.31元、177.11元、204.73元、85.87元。全年提价增收31.7亿元。

2014年，全国动力煤市场价格走低，平均每吨降低96元，神华宁煤集团动力煤外销价格251.26元/吨，不降反增18.83元/吨。其中，宁东烟块煤外销价格517.05元/吨，比上年提高4.69元/吨；动力末煤外销价格244.21元/吨，比上年提高20.21元/吨。

2015年，烟块煤实现提价增收3.5亿元。其中，宁东烟块煤通过调整产品规格、提高质量等措施实现了价格逆市上扬，每吨外销价格达510.63元，比预算提高91元，比上年提高28.43元。

2016年，集团公司将价格制定审批制改为备案制，由运销公司制定年度订货价格方案及年度内价格调整方案，报集团公司价格管理委员会备案。9月，运销公司根据市场行情和集团公司生产、销售、库存实际情况，对在宁东矿区各矿实行的一矿一价、一户一价、质价挂钩等价格政策进行调整。取消以矿定价模式，采用各品种品牌定价模式，对动力末煤实行不分用户、以质计价、同质同价的价格政策。取消、合并部分产品品种及规格，将产品牌号由原来的487个压至35个，重点建设神宁优洁动力煤、神宁太西无烟煤、神宁香砟子烟块煤等品牌，从价格体系上保证品牌销售的顺利实施。取消动力煤按矿分选末煤、洗末煤、工程煤、原混煤等品种一个价的模式，确定以发热量和硫分为副指标，可磨指数、灰分、水分等为参考指标的价格模式。取消烟块煤以矿定价模式，将每个矿超过20个品种的烟块煤以林格曼黑度和机械强度作为主指标，发热量和硫分为副指标，灰分、水分、含矸率、限下率等为参考指标；将集团公司烟块煤分为5大品牌，并根据规格将每个品牌分为大块、中块和小块3个小类。制定品牌营销方案，根据市场需求变化，适时上调烟块煤、无烟块煤等产品价格，年内共下发价格商品煤调价通知358份。

9月起，煤炭市场逐步回暖，价格开始恢复性增长，并实现突破。9 ～ 12月实现提价增收19.9亿元，平均结算价格比1 ～ 8月提高78.51元/吨，使集团公司实现了扭亏为盈，全年实现利润5.21亿元。区内工业用煤、甘肃和青海电煤、无烟喷吹煤等部分煤种价格实现了翻番，其中区内电煤达到集团公司成立以来的最高价，并实现了区内电煤价格完全市场化。

2018年，集团公司动力煤、“香砟子”煤、无烟煤三大煤炭品牌全面形成，品牌价格体系清晰、公开、合理。动力煤实行以质计价、优质优价，同质单卡出矿价格达全国最高，区内电煤价格由以前的“政府管控为主”定价推进为“价格完全市场化”的定价机制。“香砟子”块煤终端市场建设取得重大突破，终端客户达237家，覆盖主要市场，售价持续高位运行，较新疆、内蒙古块煤高出200元—500元/吨。无烟精煤全面推行定制化销售，价格总体较年初上涨100元/吨。全年外销商品煤综合售价完成428.35元/吨（含税价），比预算提高15.32元/吨，同比提高6.52元/吨，较预算实现增收创效6.55亿元。全年煤炭销售收入实现235.8亿元，较预算提高15.8亿元，货款回收率100%。

表4-6-2　2003—2012年集团公司煤炭销量统计表

产品名称		品种	规格（毫米）	销量（万吨）	比率（%）	价格（元/吨）
动力煤		斗大块	>50	300	6.65	620~550
		窑大块	>50			640~570
		洗中块	25~50	191	4.24	620~500
		中块	25~50			580~400
		小块	13~25	135	3.00	500~420
		末煤	0~13	388.55	86.11	361~270
无烟煤	筛选煤	大块煤	30~80	14.36	50.76	1300~1200
		末煤	<13	13.93	49.24	—
	无烟精煤	大块煤	30~80	60.58	11.91	1470~1330
		中块煤	20~40	36.62	7.20	1420~1280
		小块煤	13~20	6.55	1.29	1380
		粒煤	4~17	13.3	2.61	1370
		超低灰煤	0~13	61.21	12.03	1690~1540
		精末煤	0~13	257.6	50.63	1110~1030
		副产品		72.93	14.33	
焦煤		1/3焦煤（任家庄）	0~50	73.17	12.04	1008~940
		1/3焦煤（金能分厂）	0~50	92.23	15.18	890
		1/3焦煤（红石湾）	0~50	0.15	0.03	
		主焦煤	0~50	132.51	21.81	1390
		副产品		309.52	50.94	

表4-6-3　集团公司煤炭执行价格（含税价）统计表

单位：元

年份	无烟煤		焦煤		动力煤	电煤
	原煤	洗精煤	洗精煤	原煤		
2009年	778.28	871.24	867.52	421.53	236.63	211.50
2010年	851.48	1014.52	1052.43	241.03	292.42	265.41
2011年	1062.85	1191.61	1192.23	355.04	328.03	301.29
2012年	806.12	1039.05	991.49	311.58	292.96	263.12
2013年	558.35	905.68	674.49	224.71	238.23	205.83
2014年	624.82	693.52	624.86	227.06	254.27	230.56
2015年	648.57	564.10	524.73	219.62	234.47	220.79
2016年	627.50	581.39	420.18	227.80	254.64	276.09
2017年	500.51	1043.91	无	435.85	326.25	358.39
2018年		1324.41			375.09	

第五节　煤炭销售运输

一、煤炭运输

2009年，集团公司煤炭运输主要有国家铁路运输、地方铁路运输、公路运输3种方式。2017年，集团公司共有装车站点26个，设公路销售地磅房34个、铁路销售装车室34个，涉及国内铁路发运车站10个。截至2018年，累计商品煤销售运输量为64992万吨，其中国家铁路运输量15797万吨，地方铁路运输量18523万吨，公路和带式输送机运输量30672万吨，分别占销售运输总量的24.3%、28.5%、47.2%。

（一）国家铁路运输

包兰线、中宝线从北、南2个方向将宁夏与京包线、陇海线连通，太中银线将宁夏与中东部地区连通，形成宁夏外部铁路运输主干线。宁夏境内的平汝支线及大古支线则将石嘴山矿区、石炭井矿区、宁东矿区与国铁主干线相连，构成铁路运输网。

集团公司国家铁路外运煤炭量为500万吨/年。外运产品有动力煤（进港煤、甘青电煤、部分区内电煤）、烟块煤（到达甘肃省、青海省）、无烟洗精煤（到达东北、华北、西北等地区钢厂）和1/3焦精煤（到达甘肃、新疆、内蒙古、陕西等省区钢厂），煤化产品（到达华北、华东、华南、四川地区），主要路径为包兰线、大秦线、中宝线、太中银线、兰新线、兰青线，到达铁路局有兰州、北京、成都、济南、呼和浩特、乌鲁木齐、沈阳、西安、青藏、太原、上海等，外运煤炭平均运输距离在1300公里以远。

国家铁路运输还包括将石炭井矿区无烟煤从矿区调往山下洗煤厂集中入洗的组织，每年在300万吨左右。

（二）地方铁路运输

集团公司所在宁东煤化工基地的煤炭生产矿井、煤化工生产单位的部分产品，经由宁夏宁东铁路公司经营的地方铁路运输。

2008年5月，宁夏宁东铁路公司挂牌成立。该公司是宁夏唯一一家由自治区国资委监管的大型国有地方铁路企业，也是集团公司在宁东矿区的铁路运输协作单位，主要为集团公司煤矿、煤化工项目生产的煤炭和化工产品，以及华能电力集团、大唐电力集团、华电电力集团、京能电力集团等在宁火电企业的煤炭供应提供铁路运输服务。该公司运营的铁路线西与包兰铁路大坝站接轨，东与太中银铁路银川联络线梅花井站接轨，北与内蒙古三新铁路上海庙站接轨，连通神华自备铁路线进黄骅港运输路径，运行里程279公里，设置22个站点，连接3个外运出口，形成了以古窑子站和鸳鸯湖站为中心运输枢纽，以大古、古灵、古羊枣、古黎临、鸳化、鸳红、上化等支线组成的铁路运输网。

2018年，宁夏宁东铁路公司有机车20台（含神华宁煤集团2台、灵武电厂2台、其他协作单位7台），车体958辆（含各发电企业投入的车体355辆，神华宁煤集团租赁投入的车体208辆），实际货物运输量4500万吨/年，其中神华宁煤集团货物运量3340万吨（含煤化工产品140万吨），占宁东矿区地方铁路年货运总量的74%。

（三）公路运输

公路运输是集团公司主要的煤炭销售运输方式。石嘴山矿区与石炭井矿区与紧邻矿区南部109国道及石中高速相连，宁东矿区与北侧银（川）至青（岛）高速公路及北部307国道相连。公路运输通畅，平均年运量为3000万吨，约占销售运输总量的一半。运输产品主要为部分区内电煤、大部分烟块煤、工业企业用煤、采暖用煤、部分无烟洗精煤及所有副产品，由用户委托物流公司组织发运，单日最高装车量超过12万吨。

二、储装运系统

2009年，集团公司各煤矿均建有装车仓和储煤场，各洗煤厂均建有配套的储装运系统，具有与生产能力相适应的储装运能力。

金能煤业分公司一区建2个装车圆仓、5对方仓，总容量6000吨；敞开式储煤场1处，储煤能力30万吨。二区建装车仓和储煤场。其中，装车仓容量为1万吨，两股铁路装车道有效长度550米，每批次送车21辆，装车时间1.5小时；储煤场储煤能力35万吨。

石炭井焦煤公司装车、储煤系统改扩建后，形成双排煤仓和双道装车，装车仓容量为0.24万吨，每批次送车32辆，装车时间2小时。

乌兰煤矿储煤场储煤能力10万吨，改扩建后储煤能力40万吨；装车仓容量0.2万吨，两股道双线装车，每批次送车25辆，装车时间2小时。

白芨沟煤矿产品仓为7对6米×6米跨线式方仓，容量2100吨；储煤场可储煤10万吨；装车仓容量0.2万吨，两股道装车，每批次送车21辆，装车时间2小时，装车能力每小时529吨。

大峰露天矿卧式仓容量为0.3万吨，采用双排漏斗装车，每批次送车19辆，装车时间3小时。

大武口和洗煤厂装车仓容量为1.224万吨，三股道装车。其中，精煤仓容量为0.816万吨，两股道装车；洗混煤仓容量0. 408万吨，一股道装车，每批次送车32辆，装车时间2小时。

太西洗煤厂装车仓容量为2.07万吨，两股道装车，每批送车32辆，装车时间2小时。

汝箕沟煤矿生产的原煤由汽车运至西大滩洗煤厂洗选加工后，在包兰线的西大滩专用线装车外运，采用人工和装载机装车，每批送车28辆。1991年自筹资金建设了总长2.3公里的铁路专用线，东接包兰线西大滩线、西达西大滩洗煤厂专用线装车，系统能力为200万吨。

灵新煤矿建有装车仓、储煤场及返煤装车系统。装车为跨线煤仓双线装车。

羊场湾煤矿建有两个落煤塔式圆形配煤场和两个直径22米的产品仓，利用一座快速装车站进行整列装车外运。

清水营煤矿建有原煤仓，采用带式输送机直接送达煤化工基地加工生产。

三、煤炭销售运量

2009年起，集团公司C80进港与川渝电煤实现常态化运行，管外运量出现大幅增长。2012年6月以后，全国煤炭市场供需布局发生变化，集团公司原有川渝、山东及华东等地区电煤外销市场萎缩，区外销量大幅减少，区内和周边地区销量增加，销售运输呈现出国家铁路运输量逐步走低，地方铁路、公路及皮带运输量一路上扬的态势。2018年，集团公司商品煤销售区内运量为5837万吨，与2011年相比增加1818万吨，年均增幅6.46%；区外销售运量为484万吨，比2011年减少运量2373万吨，年均降幅11.62%。

表4-6-4　集团公司商品煤销售运量流向统计表

单位：万吨

项目 年份	合计	运量			流向	
		国家铁路	地方铁路	公路及皮带	区内	区外
2009年	5023	2163	418	2451		
2010年	5809	2509	485	2815	2952	2857
2011年	6621	2422	1037	3162	4019	2602
2012年	7116	2342	1551	3223	4552	2564
2013年	7656	2190	2075	3391	5072	2584
2014年	7272	1655	2268	3349	5299	1973
2015年	5920	983	2174	2763	4837	1083
2016年	6371	833	2172	3366	5131	1240
2017年	6829	437	3008	3384	5966	863
2018年	6321	263	3335	2723	5837	484

第五篇
煤化工及碳基材料

神华宁夏煤业集团公司是宁夏回族自治区宁东煤化工基地煤化工项目建设的主力军。自2009年起，集团公司煤化工项目建设进入快速发展阶段，从基地开发起步时的25万吨/年甲醇1个项目，2018年已建成60万吨/年甲醇、6万吨/年聚甲醛、50万吨/年煤基烯烃、400万吨/年煤炭间接液化等10个项目。年设计生产能力1006万吨，概算总投资超过1023亿元，其中400万吨/年煤炭间接液化项目规模位居国内达产的同类项目之首，成为世界上单体规模最大的煤制油生产项目。2016年，煤化工产品销售收入首次突破百亿元大关，基本形成聚丙烯产品销售市场以华东、华南为主，华北、西南为辅，西北为补充的格局。2017年，煤化工产品生产共消耗原料煤1183万吨、燃料煤840万吨，共生产煤化工产品651万吨，其中甲醇356万吨、油品164万吨、合成树脂105万吨、其他化工品26万吨。2018年，集团公司共有甲醇制烯烃、煤化工副产品深加工综合利用等8个项目投入正常生产，其中7个自营项目合计生产煤化工产品960.1万吨，基本实现“十三五”规划生产能力发展目标；全年销售煤化工产品496.81万吨，实现销售收入313亿元；煤化工板块实现人均产值318万元。

为充分发挥太西无烟煤资源优势，提高煤炭产品的附加值，集团公司于2009年对活性炭、碳化硅、碳素三个煤炭深加工项目实施了整合重组，不仅确保了项目生产及经营管理的有序进行，而且实现了产品种类和质量的同步升级。其中，“太西牌”液相活性炭、气相活性炭的技术性能指标和运用均优于传统的活性炭，分别被评为国家部级和自治区优质产品，广销北京、上海、浙江、江苏、重庆、广东、山西、山东、湖南等地，并出口韩国、德国、日本等国家。

第一章　煤化工产品生产销售

第一节　甲醇

一、25万吨/年甲醇项目

（一）生产工艺

项目生产以煤为基础原料，采用德士古水煤浆废锅气化工艺制取粗煤气、赛鼎工程公司低温甲醇洗工艺脱硫脱碳、华东理工大学等温绝热式反应器合成甲醇等工艺。空气分离采用内压缩工艺，高效节能。装置系统采用集散型计算机控制系统（DCS）。

（二）生产装置

1.气化装置。选用3台配置燃烧室、辐射废锅与对流废锅的气化炉，正常情况下两开一备。产气量为77831标准立方米/小时（干基），副产95吨/小时10兆帕高压饱和蒸汽经过热炉送往2.5兆瓦发电机组进行发电回收能量，冷凝液回收循环使用。变换单元设置预变串主变，将煤气中的一氧化碳部分变换成氢气。催化剂采用钴钼系耐硫变换催化剂。低温甲醇洗单元，采用赛鼎工程公司（中国化学工业第二设计院）设计的低温甲醇洗7塔物理吸收工艺，脱除煤气中硫化氢、多余的二氧化碳等杂质，将气体净化，达到CO23.52%左右、硫化氢≤千万分之一的指标。为维持净化冷量平衡，配套氨冷冻系统，采用约克螺杆压缩氨冷冻蒸发工艺，向低温甲醇洗提供所需的冷量，配置3台压缩机，两台运行，一台备用。硫回收单元将酸性气中的硫化氢转化为硫化产品回收硫，提高装置运行的经济性，同时降低硫的排放使其达到环保的要求。尾气送往锅炉经进一步脱硫后排放。装置年设计硫黄生产能力1874吨。甲醇装置采用低压法，合成塔选用华东理工大学的“绝热等温—管壳复合型”气固相催化反应器铜基催化剂的作用合成粗甲醇，设计压力8兆帕。精馏装置采用三塔双效精馏技术，制取符合GB338-2011标准的精甲醇产品。

2.空分装置。采用四川空分设备集团公司生产的KDONAr-30000/16160/930型空分装置，进装置原料空气流量163500标准立方米/小时，经空气过滤机及空气压缩系统，再进入空气预冷及纯化系统、增压及膨胀系统，为气化工段提供压力6.5兆帕、流量30000标准立方米/小时合格氧气，为全厂提供压力0.5兆帕、流量16160标准立方米/小时的氮气，以及压力0.5兆帕、流量2000标准立方米/小时仪表空气。

3.动力站装置。采用2台循环流化床锅炉（220+240）吨/小时及1台25兆瓦汽轮发电机组，产生10兆帕过热蒸汽，经过减压减温产生4.4兆帕、2.5兆帕、1兆帕、0.5兆帕蒸汽，向全厂蒸汽用户输送品质合格、不同压力等级的蒸汽。

4.煤运系统。安装6条带式输送机，单条设计输送能力300吨/小时。建原料煤贮煤筒仓3个，直径20米，有效高度约34米，每个筒仓设计有效贮煤量6000吨。

5.给排水系统。原水（RFW）系统为装置的水总来源，来自基地管网，供水压力0.15 ~ 0.25兆帕。循环水（CW）系统，包括冷却塔、循环水泵、水池、过滤器、供水和回水管网等，由原水补充、过滤、加药处理制成，循环水用水量正常约20000立方米/小时。脱盐水（DW）系统，由原水处理所得脱盐水量280立方米/小时，主要用于锅炉给水的制备、机泵密封水及系统补水。锅炉给水（BW）系统主要供给锅炉及各等级废热锅炉用水，外排水（污水WS、灰水SLW、废水WWS等）送至60万吨/年煤基甲醇项目进行处理。消防水（FW）与泡沫消防水（FFW）系统，其中消防水由原水得到，泡沫消防水由消防水加泡沫药剂而成。生活水（DKW）系统，供全厂生活用水及洗眼器用水。二次水系统，主要供锅炉冷却、绿化及气化开停车使用。

（三）生产组织及经济技术指标

2009年，项目转入正式生产，当年生产甲醇14.15万吨，截至2013年累计生产甲醇104.59万吨。2010—2017年，甲醇厂相继对气化炉进行水冷壁管割除，加激冷水等改造，为每台锅炉增加1台脱硫塔，并对脱硫塔进行改造。

表5-1-1　25万吨/年煤基甲醇项目设计主要经济技术指标表

单位：万吨

项目		单位	设计指标	实际完成	备注
产品方案	甲醇	万吨	25	22.8	设计规模
	硫黄	万吨	0.2	0.87	副产
	液氩	立方米	6300		副产
操作时间		天	330		计8000小时
原料燃料消耗	原料煤	万吨	44.93		
	燃料煤	万吨	17.79	28.8	
	天然气	立方米	2672	2240	
公用工程消耗	新鲜水	吨/小时	640	725	
	循环水	吨/小时	23486	26400	
	电	千瓦/小时	16925	19625	
	锅炉能力	吨/小时	220		
	蒸汽	吨/小时	220		
三废排放	废液	吨/小时	203.6		并入二套排放
	废气	立方米/小时	414196.80		
	废渣、灰	吨	109120	109592	
运输		运入量	万吨	65.45	
		运出量	万吨	33.95	
全厂定员		生产人员	人	392	428
		管理和技术人员	人	108	152
占地面积		公顷	34		
建设投资		亿元	13.68	14.66	
年均销售收入		亿元	4.25		
年均总成本		亿元	2.34		
年均利润总额		亿元	1.39		
财务评价指标	投资利润率	%	10.72		
	投资利税率	%	14.72	15.3	
	税前项目财务内部收益率	%	14.59	14.54	
	税后项目财务内部收益率	%	13.83	13.06	
财务净现值	税前	亿元	1.52		基准折现率12%
	税后	亿元	0.62		基准折现率12%
投资回收期		年	8.2		税后，含建设期

二、60万吨/年煤基甲醇项目

（一）生产工艺

项目生产以煤为原料。生产装置煤气化采用华东理工大学的多喷嘴对置式水煤浆加压气化工艺；采用德国鲁奇公司低温甲醇洗脱硫脱碳、甲醇合成及精馏装置技术；采用荷兰荷丰公司硫回收装置技术，使用集散型计算机控制系统（DCS）进行监控和自动控制，产品质量达到AA级标准（O-M-232-K）；空分装置采用低温深冷法工艺。同时，在生产过程中生成固体硫黄、液氧、液氮副产品。

（二）生产装置及配套设施

1.气化装置。采用国内多（四）喷嘴水煤浆加压气化技术，设置3台直径3.88米气化炉（2台运行，1台备用），气化压力4兆帕，单炉产有效气（一氧化碳+氢气）93750标准立方米/小时。该装置由变换单元、甲醇装置、硫回收单元、低温甲醇洗单元4个部分组成。其中，变换单元在催化剂的作用下进行耐硫变换后，使一氧化碳与氢气按比例满足甲醇合成所需工艺气后送入净化工序，同时利用余热副产0.5兆帕、1兆帕和1.3兆帕的低压蒸汽；甲醇装置采用德国鲁奇公司合成工艺，由甲醇合成、甲醇精馏、氢回收和中间罐区组成，装置设计生产能力为精甲醇60万吨/年；硫回收单元采用荷兰荷丰公司的两级常规克劳斯+超级克劳斯组合式先进的硫回收工艺，主要由酸性气体部分燃烧转化、两级常规克劳斯催化反应、一级超级克劳斯催化反应等过程组成，装置设计能力为日产硫黄38吨；低温甲醇洗单元采用德国鲁奇公司低温甲醇洗工艺和华东理工大学多喷嘴水煤浆加压气化技术，装置用来脱除变换气中多余的二氧化碳、全部硫化物、水及其他杂质，分为吸收过程和溶液再生过程。

2.空分装置。采用传统的低温深冷法工艺，属于带前置吸附器、增压膨胀、氮自增压、空气循环的内压缩流程。由空气过滤器及空气压缩系统、空气预冷系统、空气纯化系统、增压压缩机系统、增压膨胀机系统及氧精馏、氮精馏等系统构成。装置为开封空分设备集团生产的KDONAr-30000/16160/930型空分装置，为气化工段提供压力为6.5兆帕，流量45000标准立方米/小时合格氧气，为全厂提供压力0.5兆帕、流量15000标准立方米/小时合格的氮气及压力0.5兆帕、1500标准立方米/小时仪表空气。

3.动力站装置。由济南锅炉集团有限公司设计制造的2台YG-240/9.8-M10型循环流化床锅炉及1台25兆瓦汽轮发电机组构成。循环流化床锅炉产生10兆帕过热蒸汽，经过减压减温产生4.4兆帕、2.5兆帕、1兆帕、0.5兆帕蒸汽，向全厂蒸汽用户输送品质合格、不同压力等级的蒸汽。

4.煤运系统。原料煤供应由配煤中心用带式输送机输送，设计能力为1800吨/小时。系统建有2个原燃料煤贮煤筒仓，直径分别为18米、20米，有效高度为30米，每个筒仓设计有效贮煤量为4500吨。上煤系统分别为锅炉、气化装置提供燃料煤和原料煤。

5.给排水系统。原水（RFW）系统为装置的水总来源，来自基地管网，供水压力0.15 ~ 0.25兆帕；循环水（CW）系统由冷却塔、循环水泵、水池、过滤器、供回水管网等构成。给水由原水补充、过滤、加药处理制成，循环水提取装置中多余的无法回收的低温位热量，保证工艺装置指标的合格。循环水用水量正常约为60000立方米/小时。脱盐水（DW）系统，由原水处理所得脱盐水量430立方米/小时，主要用于锅炉给水的制备、机泵密封水及系统补水。

（三）生产组织及经济技术指标

2010年3月，项目装置投入试生产。5月17日，精馏装置打通全流程并产出合格精甲醇，10月实现达产。当年生产甲醇27909吨。

2016年11月10日，60万吨/年煤基甲醇项目与25万吨/年甲醇项目合并为85万吨/年甲醇的生产单位，甲醇分公司成为当前国内最大的甲醇生产企业。合并后，两套甲醇生产装置共有4条生产线，从业人员875人，其中管理人员166人，操作人员693人。采取四班两运转倒班生产组织模式。至2017年底，两套生产装置各系统运行正常，累计生产甲醇694.05万吨。其中，25万吨/年甲醇项目生产装置累计生产甲醇194.93万吨，最高年（2016年）生产甲醇23.88万吨，达到项目年设计生产能力的95%；60万吨/年甲醇项目生产装置累计生产甲醇499.12万吨，最高年（2017年）生产甲醇75.79万吨，超设计能力15.79万吨。甲醇项目生产装置的合计生产能力接近100万吨目标。

2018年，甲醇分公司对项目装置进行消除低标准整治，实施重大技术改造38项，完成检修任务2800多项，提高了项目装置运行质量。全年共生产甲醇97.24万吨，硫黄等其他产品3.71万吨，每吨甲醇产品消耗原煤、燃料煤、天然气、电力分别为1.71吨、0.93吨、4.84立方米和491千瓦/时。

表5-1-2　60万吨/年煤基甲醇项目设计主要技术经济指标表

单位：万吨

项目		单位	设计指标	实际数量	备注	
产品方案	甲醇	万吨	30	60		
	二甲醚	万吨	21			
	硫黄	万吨	0.55	1.14		
操作时间		天	300		计7200小时	
主要原料	原料煤	万吨	120.60	112	羊场湾二矿	
燃料消耗	燃料煤	万吨	65.74	69.44	羊场湾二矿	
公用工程消耗		新鲜水	吨/小时	1690		
		电	千瓦时/小时	29578×104		含自发电
三废						
排放		废水	立方米/小时	260	89.40	
		废气	标准立方米/小时	982677		
		废渣	吨/小时	13.71		
运输量		运入量	万吨	187.86		
		运出量	万吨	65.39		
全厂定员		生产工人	人	350	403	
		管理和技术人员	人	50	112	
占地面积		公顷	39.55			
项目总投资		万元	244420			
年销售收入		万元	85763			
年总成本		万元	43977	46324		
年利润总额		万元	38473			
财务评价指标		投资利润率	%	15.49		
		投资利税率	%	20.74		
		项目财务税收后内部收益率	%	19.32		
		财务净现值（NPV）		101037		
		投资回收期	年	6.47		

表5－1－3　甲醇产品产量统计表

单位：万吨

年份＼项目产品	合计	25万吨/年项目	60万吨/年项目
2009年	14.15	14.15	
2010年	49.85	21.94	27.91
2011年	84.10	22.52	61.58
2012年	85.26	23.59	61.67
2013年	85.58	22.45	63.13
2014年	90.80	22.75	68.05
2015年	96.69	21.90	74.79
2016年	92.08	23.88	68.20
2017年	95.54	21.75	75.79

第二节 聚甲醛

一、生产工艺

6万吨/年聚甲醛项目以甲醇为原料生成甲醛，后浓缩为浓甲醛，浓甲醛经催化合成三聚甲醛和二氧五环聚合单体，三聚甲醛与二氧五环在催化剂作用下进行共聚反应，生成粗聚合物，再经研磨钝化、干燥处理、挤压造粒即得成品聚甲醛颗粒。

二、生产装置及配套设备

聚甲醛装置由甲醛制造及浓缩、三聚甲醛制造、二氧五环制造、共聚甲醛制造、尾气焚烧等生产装置和公用工程、辅助装置及设施等部分组成。主生产装置配线为01区设置3条6万吨/年37%浓度的甲醛生产线，02区设置1条由TOX合成、TOX浓缩、TOX萃取精制、TOX回收、甲醇回收、甲醛回收和中间储罐区工艺装置构成的TOX（三聚甲醛）生产线，03区设置有1条由DOX合成、DOX浓缩和DOX萃取精制工艺装置构成的DOX（二氧五环）生产线，04区设置2条由聚合、干燥、去活化和造粒、风送系统和产品包装等工艺装置构成的共聚甲醛生产线。

1.生产给水系统。聚甲醛生产装置的给水系统采取一次水站与消防水站联合布置，建有生产和消防水共用水池。厂区采用独立的稳高压消防水系统，装置所需循环水正常量为7702立方米/小时，最大量为9242立方米/小时，设计规模按10500立方米/小时；冷却塔设计气象条件为大气压力890.3千帕，干球温度27.9℃，湿球温度23℃；循环冷却水给水压力0.47兆帕，回水压力≥0.25兆帕，给水温度32℃，回水温度42℃，温差10℃；脱盐水正常量为50立方米/小时，最大量为57.15立方米/小时；要求水质指标为电导率＜1微西门子/厘米，二氧化硅＜十万分之一。工程脱盐水全部由60万吨/年甲醇装置供给。

2.排水系统。系统分为生产生活污水系统、洁净废水系统、雨水系统，其中生产生活污水、初期雨水及事故消防废水排入污水处理站，实现了清污分流，并满足了环保要求。

3.供电系统。在301总变电站110千伏侧扩展两个主变间隔，主变容量为40000千伏安（110千伏/10千伏），在301总变电站单独建设10千伏开关所，给6万吨/年聚甲醛项目及配煤中心供电。

4.供热系统。聚甲醛生产使用蒸汽来自甲醇分公司年产60万吨/年甲醇项目，蒸汽正常用量为97.5吨/小时，设计流量110吨/小时，用汽规格为1.2兆帕饱和。

5.供风系统。工厂空气、仪表空气来源于聚甲醛生产系统的空压站，氮气供应依托甲醇分公司60万吨/年甲醇项目的空分装置。工厂空气用气量为6000标准立方米/小时，仪表空气用气量约为1212标准立方米/小时，氮气用量为1013标准立方米/小时。

6.采暖通风和空气调节。采暖供热由采暖供热站采用高效智能汽—水换热机组供给，制取热水温度110℃，回水温度45℃，加热热媒为室外管网提供的0.4兆帕蒸汽，高效换热器和半容积式蓄热水换热器的0.4兆帕蒸汽冷凝液汇集后进入软水箱回收利用。对余热量不大及有较少有害气体产生的厂房，原则上以自然通风为主，自然通风不能满足生产工艺要求时使用机械通风；对可能突然大量放散有害气体或爆炸危险气体的生产房间考虑事故排风。聚合工序、化学品库等厂房和配电室等通风采用自然进风、机械排风，通风量按通风换气次数10次/小时。成品库通风采用屋顶无动力自然通风。

三、生产组织及经济技术指标

2010年5月，项目建成并一次投料试车成功。9月，项目打通全流程。2011年8月31日产出合格二氧五环产品。项目生产装置共有4个分区，设置3条甲醛制备生产线、2条三聚甲醛生产线、1条二氧五环生产线、2条聚合生产线。配备生产从业人员149名，其中操作人员127名，生产组织采用四班两运转制。至2017年底，装置累计生产聚甲醛产品31.52万吨，年平均产量为53842.86吨，其中2011—2017年，年产分别为4314吨、34054吨、50724吨、50079吨、60019吨、54323吨、61700吨。

2018年，全年生产聚甲醛产品6.09万吨。每吨聚甲醛产品耗水25.99立方米、电1340千瓦/时、天然气0.48立方米、甲醇1.33吨。

表5-1-4　6万吨/年聚甲醛项目设计经济技术指标

单位：万吨

项目名称		单位	数量	备注	
生产规模	聚甲醛装置	万吨	6		
	甲醛工序	标准立方米/小时	3×6=18		
	三聚甲醛工序	万吨	6		
	二氧五环工序	万吨	0.375		
	聚合工序	万吨	2×3=6		
年操作时间		小时	8000		
产品	共聚甲醛（MC90）	万吨年	6		
主要原料燃料	原料	甲醇	万吨	8.4	
		乙二醇	吨	2220	
	催化剂	硫酸	千克	180000	
		三氟化硼	千克	3600	
		银催化剂	千克	180	一次充填200千克/每台
	化学品	苯	千克	240000	
		氢氧化钠	千克	6900000	
		甲缩醛	千克	90000	
		三乙基胺	千克	270000	
		三聚氰胺	千克	66000	
		晶核剂	千克	360000	
		润滑剂	千克	90000	
		稳定剂	千克	216000	
公用工程消耗	新鲜水	立方米/小时	225		
	脱盐水	立方米/小时	57.15		
	循环冷却水	立方米/小时	14500		
	电	千瓦时/吨	1297		
	仪表空气	标准立方米/小时	1212		
	工厂空气	标准立方米/小时	6000		
	(1.0/1.3)百万兆帕蒸汽	吨/小时	140		
	氮气	标准立方米/小时	1013		
三废排放	废水	吨/小时	77.4		
	聚合工序洗涤塔尾气	标准立方米/小时	67430		
	焚烧系统燃烧烟气	标准立方米/小时	33773		
工程总投资	万元	170040			
年销售收入	万元	82856			
工厂年总成本	万元	54527			
平均年销售利润	万元	20415			

第三节　烯烃

神华宁夏煤业集团公司共有50万吨/年煤基烯烃、50万吨/年甲醇制烯烃、100万吨/年煤化工副产品深加工综合利用项目3套烯烃生产装置。其中，50万吨/年煤基烯烃、50万吨/年甲醇制烯烃项目总占地面积210公顷，总投资238亿元，设计规模为年产100万吨聚丙烯、36.84万吨混合芳烃、8.36万吨液化石油气（LPG）、副产1.38万吨硫黄，由烯烃一分公司组织生产和管理；100万吨/年煤化工副产品深加工综合利用项目由烯烃二分公司组织生产和管理。

一、50万吨/年煤基烯烃项目

（一）生产工艺

煤基烯烃项目以煤为原料，经气化、变换、低温甲醇洗、甲醇合成、甲醇制丙烯、丙烯聚合工艺产出聚丙烯。

（二）生产装置及配套设施

1.空分装置。采用法国液空公司空气深冷分离技术，装置工艺为分子筛净化空气、空气增压、液氧和液氮内压缩流程，设置有带中压空气增压透平膨胀机、规整填料分馏塔。共有2套空分装置，配备氧气后备系统和氮气后备系统各1套，单套产氧量为95000标准立方米/小时，生产气态氧、气态氮、仪表风、装置风、液态氧和液态氮。

2.气化装置。采用德国西门子GSP干煤粉加压气化技术，工序包括煤粉制备、煤粉加压输送、气化、除渣、气体洗涤、黑水闪蒸、黑水处理、气化公用工程和气化废水汽提等；气化装置采用8台辊式磨煤机（6台运行,2台备用）、5台日投煤量2000吨GSP气化炉（4台运行，1台备用）、5条黑水处理线，生产有效合成气（一氧化碳+氢气）52万标准立方米/小时（干基）。

3.变换装置。采用德国鲁奇公司高水汽比耐硫变换工艺，气化装置产生的原料气体通过变换装置内2台固定床反应器，在催化剂的作用下，部分一氧化碳和水蒸气发生反应生成氢气和二氧化碳，调节满足甲醇合成的氢碳比。

4.低温甲醇洗装置。采用德国鲁奇公司的气体净化技术，利用甲醇在低温下对酸性气体溶解度大的物理特性，采用冷甲醇作为吸收剂除去煤气化气中多余和有害的杂质气体，最大限度地降低合成气中杂质气体的含量，得到高纯度一氧化碳与氢气的合成气，满足合成工序的需要。

5.甲醇合成装置。采用德国鲁奇公司的甲醇合成技术，装置以净化合成气为原料，采用两步合成法合成甲醇，并对产物进行精馏提纯达到美国AA级甲醇产品，作为MTP装置的原料，装置设计生产规模为167万吨/年。

6.MTP装置。采用德国鲁奇公司的甲醇制丙烯工艺技术，将甲醇合成装置生产的甲醇加热后送入DME反应器，在DME催化剂的作用下生成二甲醚，DME在MTP催化剂的作用下生成丙烯。转化过程中还生成少量的乙烯和高碳烯烃等，气体反应物经过急冷后被压缩、精馏，分离出聚合级的产品丙烯供下游聚丙烯装置使用，同时副产一定量的汽油、LPG及少量的乙烯。装置设计生产能力为年产丙烯50万吨、副产品乙烯2万吨、汽油18.48万吨、LPG4.12万吨。

7.聚丙烯装置。采用鲁姆斯公司的Novolen气相聚丙烯（PP）工艺技术，装置设计生产能力为50万吨／年聚丙烯颗粒。装置共有2条生产线，第一条生产线的设计能力为20万吨／年，主要生产均聚物、抗冲共聚物和少数的无规共聚物；第二条生产线的设计能力为30万吨／年，主要生产均聚物和无规共聚物。

8.动力站装置。设置6台460吨/小时高压煤粉锅炉（5台运行，1台备用），配备2台CC50型、2台CC25型双抽凝汽式汽轮发电机组，为装置提供能源和动力。

表5-1-5　50万吨/年煤基烯烃项目主要技术经济指标表

单位：万吨

序号	项目名称	单位	数量	备注
生产规模	甲醇装置	万吨	166.00	
	空分装置	标准立方米/时	90000x2	
	MTP装置	万吨	50.00	
	PP装置	万吨	50.00	

续表

序号	项目名称	单位	数量	备注
操作时间		小时	8000	
产品	聚丙烯	万吨	50.00	
副产品	汽油	万吨	18.40	
	LPG	万吨	4.10	
	硫黄	万吨	2.60	
原料煤	万吨	286.00		
燃料煤	万吨	237.00		
公用工程消耗	新鲜水	立方米/小时	3615.00	
	脱盐水	立方米/小时	40000	脱盐水
	循环冷却水	立方米/小时	145000	
	电	千瓦时	116727	采用热电联产，大部分为自发电
	仪表空气	标准立方米/小时	8,500	
	蒸汽			
10兆帕		吨/小时	1616	
三废排放量	废水	吨/小时	257.35	
	废气	标准立方米/小时	2138424	
	废渣	吨	522974	
工程总投资		亿元	178.70	
年销售收入		万元		
工厂年总成本		万元		
平均年销售利润		万元		

二、50万吨/年甲醇制烯烃项目

（一）生产工艺

项目以煤制油分公司100万吨/年煤泥综合利用项目和甲醇分公司生产的甲醇为原料，经甲醇制丙烯（MTP）、丙烯聚合工艺产出聚丙烯。

（二）生产装置及配套设施

1.MTP装置。采用德国鲁奇公司的甲醇制丙烯工艺技术。

2.聚丙烯装置。采用鲁姆斯公司的Novolen气相聚丙烯（PP）工艺技术。

3.动力站装置。采用4台280吨/小时固定床锅炉（3台运行，1台备用），配备1台CC50型双抽凝汽式汽轮发电机组，为装置提供能源和动力。

三、煤化工副产品深加工综合利用项目

（一）生产工艺

项目所用原料为来自煤炭间接液化项目产出的石脑油、LPG和烯烃一分公司2套MTP装置产生的LPG。将石脑油和液化石油气送入裂解装置乙烯单元，通过传统的乙烯蒸汽热裂解技术生产出氢气、甲烷、乙烯、丙烯、混合碳四、裂解汽油等中间产品。混合碳四在裂解装置的丁二烯抽提单元内抽提生产1丁二烯、3丁二烯产品；抽余碳四送往裂解装置烯烃转化单元；裂解汽油经过裂解装置的汽油加氢单元和芳烃抽提单元生产混合苯产品；抽余碳六—碳八非芳烃送往裂解炉回炼；乙烯、碳五、抽余碳四转化为丙烯产品和副产品丁烯-1；丙烯送往罐区储存后作为原料送往聚丙烯装置生产聚丙烯；丁烯- 1送往罐区储存后供聚乙烯装置生产共聚物使用。乙烯作为原料送聚乙烯装置进行聚合反应生产聚乙烯产

品。裂解装置的氢气和煤制油项目的氢气，经合成氨装置的PSA单元进行精制后与煤制油项目的高压氮气经过合成氨装置合成液氨产品。

（二）生产装置及配套设施

1.裂解装置。装置共有5个单元，分别是乙烯裂解单元、烯烃转化单元、芳烃抽提单元、丁二烯单元、废碱氧化单元。其中，乙烯裂解单元采用中国寰球工程公司的蒸汽裂解/脱丙烷前加氢技术，烯烃转化单元采用CB&I Lummus公司的OCT技术，芳烃抽提单元采用石科院的SAE环丁砜芳烃抽提技术，丁二烯单元采用寰球兰州公司的乙腈法液萃取技术，废碱氧化单元采用中国寰球公司的高压湿式氧化技术。

2.聚丙烯装置。采用CB&I Lummus公司的NOVOLEN气相搅拌床技术。

3.聚乙烯装置。采用美国UNIVATION公司的UNIPOL气相流化床技术。

4.合成氨装置。采用中国寰球工程公司的低压合成氨技术。

四、生产组织及经济技术指标

（一）烯烃一分公司

50万吨/年煤基烯烃项目和50万吨/年甲醇制烯烃项目由烯烃一分公司组织生产管理，下设2个丙烯车间、2个动力车间、2个合成车间等共12个车间，拥有2条煤基烯烃生产线、2条甲醇制烯烃生产线，配备管理和操作人员1408名；生产班次安排为“四班两运转”模式。2011年以来，该公司先后对50万吨/年煤基烯烃、50万吨/年甲醇制烯烃项目各生产装置共实施技术改造234项，联锁变更64项，实施重大科技创新项目36项，并创造出了气化炉单炉运行4872小时和四炉满负荷运行7100小时两项历史纪录。2016年10月，无规共聚产品3240NC顺利试生产成功，丰富了聚丙烯产品种类，填补了国内同类装置的空白。截至2018年，该公司开发并生产的1102K、1103K、1100N、1101S、1101SC、1148TC、2500H、2440K、2348M、2240P、2240S、2240NC、3240NC聚丙烯新牌号达17种，累计转化消耗煤炭（原料煤+燃料煤）4506万吨，生产聚丙烯530万吨，实现营业利润7.01亿元。

表5-1-6　烯烃一分公司烯烃项目装置利用煤炭统计表

单位：万吨

项目年份	原料煤	燃料煤
2011年	935945.71	2027256.31
2012年	2909940.728	2551587.553
2013年	1957626.823	2428354.22
2014年	2827514.515	2808719.267
2015年	3080451.134	3467570.305
2016年	3097952.466	3439774.372
2017年	3167223.38	3320497.42
2018年	3308318.75	3736827.96
合计	21284973.50	23780587.40

表5-1-7　烯烃一分公司烯烃项目装置主要年份产量统计

单位：万吨

产品名称	生产装置	小计	年份							
			2011年	2012年	2013年	2014年	2015年	2016年	2017年	2018年
聚丙烯	煤基烯烃	276.87	17.10	40.48	45.03	39.45	41.77	46.79	46.26	94.57
	甲醇制烯烃	158.26				12.61	50.24	45.85	49.56	
混合芳烃	煤基烯烃	119.49	7.55	17.80	18.25	17.44	17.57	20.14	20.75	41.22
	甲醇制烯烃	71.85				6.54	22.58	20.51	22.23	
液化石油气	煤基烯烃	46.59	3.84	6.63	7.55	7.42	6.45	7.91	6.78	16.05
	甲醇制烯烃	27.81				3.88	6.23	9.15	8.55	
甲醇	煤基烯烃	966.98	40.42	101.64	146.47	157.64	173.20	177.19	170.41	186.91

（二）烯烃二分公司

100万吨/年煤化工副产品深加工综合利用项目由烯烃二分公司组织生产管理，共有员工805人，其中具有大专以上文化程度的734人，占在册总人数的91.18%。下设6个机关部室和裂解车间、分离车间、聚合车间、合成车间、电仪车间、包装车间6个生产车间。2018年，公司生产各类煤化工产品79.74万吨，其中聚丙烯29.47万吨，聚乙烯31.45万吨，液氨7.97万吨，1，3-丁二烯4.01万吨，混合苯3.32万吨、C9+馏分1.48万吨，C9+产品2.04万吨。

第四节　煤制油

一、生产工艺

项目生产以煤为原料，经煤气化工艺生成粗合成气，而后送往一氧化碳变换装置通过高水气比部分变换工艺调节粗合成气中的一氧化碳和氢气比例。一路粗合成气经过两段高水气比耐硫变换调节一氧化碳和氢气比例，另一路粗合成气不经过变换，通过余热回收后送下游装置。变换后的全变换气体和部分变换气体分两路送往酸性气体脱除装置，采用低温甲醇洗工艺脱除变换后粗合成气中的二氧化碳、硫化氢等酸性气体，得到净化的合成气送往FT合成装置。回收的二氧化碳气体部分送往二氧化碳压缩装置，经压缩后送往煤气化装置作为粉煤输送的载体，剩余部分放空。

酸性气体脱除装置的净化合成气与尾气制氢装置的氢气混合进入FT合成装置，经过高温浆态床FT合成工艺将其转化为蜡、烃凝液等中间产品送往产品加工装置；FT合成尾气经脱碳后部分循环回FT反应器，剩余部分送往低温油洗装置回收LPG，低温油洗装置的尾气送往膜分离系统分离富氢气，分离的富氢气体送往PSA装置制氢，非渗透气采用自热转化工艺将其中的甲烷等烃类化合物转化为一氧化碳+氢气，然后采用非耐硫高温串低温变换工艺将一氧化碳转化为氢气，变换后气体送到PSA装置制取氢气，PSA尾气加压后送往燃料气系统。FT合成水送到合成水处理装置，处理后的水返回到煤气化装置使用。

来自FT合成装置的蜡和烃凝液和来自尾气制氢装置的氢气，经过加氢精制、加氢裂化等工艺将其加工成液化气、石脑油、柴油等产品，送往产品罐区贮存、销售。

来自酸性气体脱除装置、酸水汽提装置的酸性气和来自煤气化装置的尾气进入硫回收装置，采用二级克劳斯+尾气处理工艺转化为液体硫黄，送往硫黄造粒包装系统。

空分装置为煤气化装置、硫回收装置和尾气制氢装置提供所需的氧气，副产的氮气主要供煤气化装置使用。

来自一氧化碳变换装置的工艺冷凝液和来自硫回收装置及产品加工装置的污水，采用低压蒸馏技术除去其中的氨气、硫化氢、二氧化碳等气体后送往煤气化装置、产品加工装置使用。

二、生产装置及配套设施

1.备煤装置。采用中国寰球工程公司的磨煤干燥技术所做的基础工程设计。装置采用“一级磨煤干燥+一级煤粉分离收集”的工艺技术，共设置36条磨煤干燥生产线（30条运行，6条备用），年生产煤粉1782.4万吨，消耗原煤2139万吨，每条磨煤生产线正常工况下的生产能力为67.73吨/小时，最大生产能力为74.23吨/小时，操作时间8000小时/年。

2.空分装置。设计为2个系列，12套空分装置。1系列空分装置采用林德工程公司成套技术所做的基础工程设计，2系列空分装置采用杭氧成套技术所做的基础工程设计。每系列规模为6套100500标准立方米/小时空分单元，设计运转时数为8000小时/年，操作弹性范围75%～105%。另外配置有液体贮存及后备系统，设置5000立方米、2000立方米液氧储罐各1个，能满足1套空分装置跳车后的氧氮气不间断供应及非正常工况下的全厂高低压氮气供应。

3.煤气化装置。设计为7个气化区，28条生产线（4×7台气化炉）。第1～6区24条生产线（24台气化炉）采用西门子GSP干煤粉加压气化技术做的基础工程设计，单台气化炉有效气产量为132500标准立方米/小时（一氧化碳+氢气），操作时间8000小时/年，操作弹性69%～102%。第7区4条生产线（4台气化炉）采用宁夏煤炭科学技术研究所与中国五环公司开发的“神宁炉”，单台气化炉有效气产量为138000标准立方米/小时，操作时间8000小时/年，操作弹性77%～108%。

4.一氧化碳变换装置。采用青岛联信催化材料有限公司的耐硫变换工艺技术所做的基础工程设计。一氧化碳变换装置共设置6个系列，单系列处理气量（一氧化碳+氢气）为529857.3标准立方米/小时，操作弹性50%～110%，操作时间8000小时/年。

5.酸水汽提装置。采用单塔低压、蒸汽直接汽提工艺技术所做的基础工程设计。装置规模为酸水处理量1000吨/小时。

6.合成气净化装置。由全装置性工程、低温甲醇洗单元、二氧化碳压缩单元、丙烯制冷单元和燃料气压缩单元等5个单元组成，包括四个系列的低温甲醇洗单元、二氧化碳压缩单元、丙烯制冷单元和一个系列的燃料气压缩单元。同系列的二氧化碳压缩和丙烯制冷共用一座压缩机厂房。

7.硫回收装置。采用山东三维石化工程股份有限公司的高温热反应和两级催化反应的Claus硫回收工艺技术所做的基础工程设计。硫回收装置制硫部分（硫黄回收、尾气焚烧）共设置3个系列，每个系列设计规模为11万吨/年，操作8000小时/年，操作弹性为30%~100%；制硫尾气处理氨法脱硫单元设置1个系列，处理能力与制硫部分相配套，操作弹性为15% ~ 110%。硫回收装置在正常工况下年生产（主产品）硫黄20万吨、（副产品）硫铵溶液9.8万吨，在高灰高硫工况下年生产硫黄33万吨，硫铵溶液15.3万吨。

8.油品合成装置。采用中科合成油技术有限公司的油品合成技术所做的基础工程设计，装置设计规模为年产油品400万吨（100%负荷）。

9.油品加工装置。采用中科合成油技术有限公司的一次通过加氢精制技术及单段全循环加氢裂化技术。装置设计生产规模为年产油品400万吨（100%负荷）、分别是柴油274万吨、石脑油98万吨、液化气33万吨，设计运行时数8000小时/年，操作弹性为50% ~ 110%。

10.尾气处理装置。膜分离单元采用成都赛普瑞兴公司工艺包专利技术，原料处理量为119297.8千克/小时（100%负荷）；转化单元采用上海国际化建专有技术，原料气处理量为70304千克/小时（100%负荷）；变换单元采用中科合成油技术公司工艺包技术，原料气处理量为170128千克/小时（100%负荷）；MDEA脱碳单元采用成都赛普瑞兴公司工艺包技术，原料气处理量为121419.1千克/小时（100%负荷）；PSA单元采用四川天一公司工艺包技术，总设计规模为30万标准立方米/小时工业氢气。装置设计运行时数8000小时/年，操作弹性为50% ~ 110%。

11.动力装置。配置规模为6台640吨/小时超高压煤粉锅炉、4台600吨/小时超高压煤粉锅炉（带再热）、2台CC50型双抽凝汽式汽轮发电机组、4台N60型余热利用凝汽式汽轮发电机组、2台N12型余热利用凝汽式汽轮发电机组。

项目全流程共安装机械设备1.3万台，仪表设备约11万台，电气设备约1.5万台，阀门25万台，敷设多种规格的管道3728千米、电气和仪表电缆约1.8万千米。

表5-1-8 400万吨/年煤炭间接液化项目主要技术经济指标表

单位：吨

序号	项目名称	单位	数量	备注
产品方案及生产规模	柴油	104吨	282.07	
	石脑油	104吨	87.63	
	液化气	104吨	33.94	
	油品合计	104吨	403.64	
	硫黄	104吨	16.90	
	混醇		14.56	
	羧酸钙		3.87	
	KNO3		0.69	
	NH4Cl		0.37	
	副产品合计		36.39	
年操作时间		小时	8000	
主要原材料、燃料用量	煤炭			
	原料煤	104吨	1644.59	
	燃料煤	104吨	391.10	
	合计	104吨	2035.69	
	天然气	104标准立方米	120	

续表

序号	项目名称	单位	数量	备注
主要公用工程用量	新鲜水	104吨a	2477.60	
	用电量	108 千瓦时	34.72	
	高压机组发电量	108 千瓦时	–15.2	
	余热机组发电量	108 千瓦时	–8	
	外购电量	108 千瓦时	11.52	
三废排放量	废水	吨/小时	36	去蒸发塘
	废气			
	SO2	吨	3078.88	
	NOx	吨	2439.2	
	烟尘	吨	943.2	
	粉尘	吨	276.4	
	H2S	吨	77.44	
	氨	吨	71.92	
	废渣	吨		
	一般固体废物	吨	3976274	
	危险废物	吨	16773	
	厂区生活垃圾	吨	136	
运输量	运入量	104吨	2051.60	
	运出量	104吨	837.10	
8	总定员	人	2050	
占地面积	总占地面积	104 平方米	816.57	
	其中厂区占地面积	104平方米	334.4	
建筑占地面积	总建构筑物占地面积	104平方米	597.09	
	其中厂内建构筑物占地面积	104平方米	115.99	
单位综合能耗		10亿焦耳/吨	102.43	
项目综合能量效率		%	43.85	
单位产品新水量消耗		立方米	6.14	
单位油品CO2排放量		吨	6.55	
土地容积率			0.61	
项目投资	建设投资	万元	5011177	
	建设期借款利息	万元	382943	
	流动资金	万元	107681	
年销售收入		万元	2664176	
年均税金及附加		万元	700132	
年均总成本费用		万元	1052231	
年均利润总额		万元	829897	
年均所得税		万元	207474	
年均税后利润		万元	622422	
所得税前财务内部收益率		%	16.32	
所得税后财务内部收益率		%	13.20	
所得税后财务净现值		万元	1049953	i=10%
静态投资回收期（税后）		年	10.24	含建设期
总投资收益率		%	15.08	
项目资本金净利润率		%	37.52	
单位产品完全成本		元/吨	2607	油品平均
单位产品利润		元/吨	1542	油品平均

三、生产组织及经济技术指标

煤制油项目设置有200万吨/年油品A线、200万吨/年油品B线2条油品生产线和1条100万吨/年甲醇生产线。项目生产装置主要有12套101500标准立方米/小时空分装置、42条磨煤生产线（30开12备）组成的备煤装置、28台气化炉组成的煤气化装置、6个系列一氧化碳变换装置、4套合成气净化装置、1套甲醇合成装置、3套硫回收装置、8套高温浆态床费托反应器及相配套装置、1套油品加工装置、1套尾气处理装置以及与工艺配套的储运工程、公用工程、辅助工程、服务性工程和厂外工程。生产从业人员3660人，其中管理人员506人，操作人员3154人。公司运行部下设33个生产车间，其中气化厂4个，净化合成厂4个，合成油厂3个，空分厂4个，动力厂4个，公用工程管理中心4个，仪表管理中心4个，电气管理中心6个。每日分早班、中班、夜班3个班次组织生产，采用四班三倒模式。

2017年2月16日，煤制油项目甲醇合成装置创投产以来最好成绩，日生产甲醇3000吨，突破了装置设计生产能力。至年底，项目装置共生产煤炭间接液化产品210.65万吨，分别为油品67.92万吨（其中包含柴油51.41万吨、粗白油4.42万吨、液体蜡6.5万吨、费托重质蜡0.78万吨、费托精制蜡0.34万吨等），石脑油37.06万吨，液化石油气5.4万吨，甲醇88.04万吨，副产硫黄3.4万吨，硫酸铵8.83万吨。销售195.82万吨，其中油品62.92万吨（柴油46.91万吨、粗白油4.5万吨、液体蜡9.9万吨、费托重质蜡0.78万吨、费托精制蜡0.83万吨等），石脑油32万吨，液化石油气5.4万吨，甲醇88万吨，硫黄3.4万吨，硫酸铵4万吨。

2018年，煤制油分公司围绕60项瓶颈问题持续攻关，完成6900多项检修消缺任务，实施43项挖潜降耗措施。项目稳定运行，负荷由75%提高到95%以上。全年生产煤制油化工产品418.23万吨，其中甲醇91.42万吨，液化石油气23.48万吨，车用柴油87.86万吨，石脑油94.3万吨，稳定轻烃2＃30.08万吨，其他煤化工产品91.08万吨。达到设计能力的95.37%。

表5-1-9　2018年集团公司煤化工主要产品产量统计表

单位：万吨

序号	项目	计量单位	设计能力（吨/年）	产量
1	甲醇	万吨	350	375.60
2	聚甲醛	万吨	6	6.09
3	聚丙烯	万吨	155	124.10
4	聚乙烯	万吨	45	31.50
5	车用柴油	万吨	273.3	87.90
6	石脑油	万吨	98.3	94.30
7	化工品	万吨	0.00	98.40
8	液化石油气	万吨	41.9	39.50
9	混合芳烃	万吨	37	41.20
10	混醇	万吨	8.5	7.90
11	硫黄	万吨	23	10.30
12	硫酸铵	万吨	40	23.00
13	液氨	万吨	15	7.97
14	1,3-丁二烯	万吨	6.4	4.01
15	C9+馏分	万吨	2.0	1.48
16	C9+产品	万吨	0.8	2.04
合计	万吨	1102	955.29	

第五节　煤化工产品销售

一、销售运输体系

2009—2013年2月，煤化工产品的销售运输由煤炭化学工业分公司销售公司管理运行。2013年3月，煤化工产品销售运输业务划归集团公司运销公司，内设化工品销售部和煤化工装运中心。

2016年6月，成立集团公司煤制油化工销售分公司，内设综合办公室、党委工作部、计划财务部、价格与市场信息研究部、合成树脂销售部、油品销售部、副产品销售部7个部室和装运中心（二级单位）。

2017年，煤制油化工销售分公司有合同制员工135人，平均年龄36.8岁。其中，管理人员110人，操作人员25人。大专以上文化程度126人、初级以上职称的70人，分别占员工总数的93%和52%。

煤制油化工销售分公司工作职责：落实集团公司煤制油化工产品销售工作方针、政策；拟定集团公司煤制油化工产品销售发展规划、年度经营计划和投资计划等，经集团公司审定后组织实施；制定并组织实施集团公司煤制油化工产品销售管理制度；负责集团公司煤制油化工产品市场营销策划、市场开拓；负责集团公司煤制油化工产品的销售、价格确定、货款回收、客户管理及售后服务工作；负责集团公司加油站的规划、建设、运营和管理工作；负责与煤制油分公司、烯烃一分公司、烯烃二分公司、甲醇分公司等煤制油化工单位协调质量、装运等工作；负责集团公司煤制油化工产品销售电子交易平台和信息化管理平台的建设和运行维护。

二、产品种类及销售流向

煤制油化工产品主要包括合成树脂产品（聚丙烯、聚乙烯、聚甲醛）3个品种14个号牌，油品（柴油、石脑油、粗液体蜡、粗白油、精制蜡等）9个品种，副产品（混合芳烃、液化气、硫黄、硫铵、混醇等）12个品种。

聚丙烯：产品包括拉丝级、注塑级、纤维级、低中高熔共聚类等11种牌号，分别为1102K、1100N、1101S、1101SC、1103K、1148TC、3240NC、2500H、2348M、2240P、2240S。产品广泛应用于车用注塑品、家电用品、管材、膜类、小家电、儿童玩具等。销售市场覆盖全国大部分地区，华东地区主要有上海市、江浙、安徽和江西，华南区主要有广东、广西和福建，华北地区主要有北京、天津、河北、河南和山东，西南区域主要有湖南、湖北、四川、重庆、云南和贵州、西北区域主要有陕西、甘肃、宁夏和内蒙古。

聚乙烯：产品号牌包括薄膜料、注塑料等3个号牌，分别为DFDA-7042、DMDA-8008、DMDA-8007，主要用于农地膜、保鲜膜、包装膜、注塑托盘、注塑生活用品等。销售市场覆盖全国大部分地区，华东地区主要有上海、江苏、浙江，华北地区主要有北京、天津、河北、河南、山东，西北地区主要有陕西、甘肃、宁夏、内蒙古、新疆，西南地区主要有四川、重庆、云南、贵州，华南地区主要有广西、广东、福建。

聚甲醛：产品牌号为MC90。产品广泛应用于电子电器、综合注塑成型、齿轮、汽车、玩具、拉链、卫浴、阀门、农业灌溉、医疗器械等领域。销售市场覆盖华东、华南、西南、华北4个地区，其中华东地区以浙江、江苏为主要市场（辐射上海、安徽、江西），华南地区以广东和福建为主要市场，西南地区以四川和重庆为主要市场，华北地区以北京、天津、河北和山东为主要市场。

车用柴油：产品具有低硫、低芳烃、低密度，高十六烷值的特点，是国五、国六标准车用柴油的优良调和组分。销售市场分布于西北、华北、华中等地，主要客户为具有成品油仓储调和能力及加油站零售网络的经营企业。

石脑油：产品烷烃含量高，是优质的烯烃裂解和芳烃生产原料。市场分布于山东，河北等地。主要客户为烯烃裂解和芳烃生产企业。

粗液体蜡：产品具有低硫、正构组分含量高等特点，主要用于生产特种油、D系列溶剂油、单碳烷烃、氯化石蜡等产品。销售市场主要分布于西北、华北、华中等地。主要客户为生产特种油、氯化石蜡的企业。

混合芳烃：产品主要是作为调油组分，用于调和国标汽油。主要销往宁夏及周边地区。

液化气：产品主要包括烯烃公司液化气产品、煤制油加氢液化气产品和煤制油油洗液化气产品。液化气、煤制油加氢液化气因异丁烷含量较高，主要用于生产烷基化汽油。油洗液化气因丙烯含量较高，主要进气分装置进行分离，获得丙烯及其他部分含烯烃产品，剩余部分作为民用气对外销售。产品主要销往宁夏周边200千米以内。主要客户为烷基化生产企业。

硫黄：产品主要用于生产硫酸。主要销往宁夏、山西、河北等地区。主要客户为硫酸、蛋氨酸、二硫化碳、钛白粉等生产企业。

硫酸铵：产品主要用作复合肥、生物发酵。主要销往东北地区、新疆，也属出口贸易商品。

1，3-丁二烯：主要用于生产合成橡胶。产品主要销往甘肃、山东和华东等地区。主要客户为生产顺丁橡胶、丁苯橡胶及相关产品的企业。

混合苯：该产品在工业上一般作为溶剂用于制作香蕉水、聚氨酯稀释剂等，另一个用途是用来分离提纯纯苯和甲苯、混合二甲苯及其他芳烃等。产品主要销往西北、华北市场，主要客户为生产提纯纯苯、甲苯、二甲苯的企业。

2012—2017年，煤制油化工产品累计销售量为668.05万吨，其中聚丙烯362.77万吨，聚甲醛26.41万吨，柴油26.34万吨，石脑油11.47万吨，液化气60.15万吨，混合芳清158.65万吨，硫黄10.5万吨，硫酸铵12.27万吨。

2018年，煤制油化工销售分公司创新管理机制，开发直供客户和新产品客户，使聚烯烃终端客户达到334家，形成了直销、经销和电子商务竞拍的销售新格局，其中聚烯烃、油化品和副产品的直销率分别达到销售总量的50.4%、77.4%和65.2%。全年煤化工产品销售总量达到496.81万吨，实现销售收入313亿元。

三、产品价格

2009—2010年，对陆续产出合格聚丙烯和聚甲醛。甲醇、聚丙烯、聚甲醛、混合芳烃、液化气和硫黄等产品均采取对标定价模式，参考权威信息咨询网站公布的市场主流同行业售价为基准价，综合考虑市场行情、公司生产、库存等实际情况，确定销售出厂价。

2011年，煤化工产品销售工作由煤炭化学工业分公司负责。制定印发《神华宁夏煤业集团有限责任公司产品价格管理办法》，明确煤化工产品销售价格经集团公司授权，由煤炭化学工业分公司负责确定，在价格执行前报送集团公司价格管理委员会（简称价委会）备案。

2013年3月，运销公司制定印发《神华宁夏煤业集团运销公司化工产品价格管理实施细则（试行）》。

2016年，为与神华集团电子交易平台接轨，先后制定了《神华宁夏煤业集团运销公司聚丙烯产品电子交易管理办法（试行）》《神华宁夏煤业集团运销公司聚丙烯产品电子交易竞拍底价确定办法（试行）》和《神华宁夏煤业集团运销公司煤化工产品电子交易竞拍底价及挂牌价确定办法（试行）》。8月，聚丙烯产品销售逐步实现自主定价。

煤制油化工销售分公司成立后，2017年，先后印发《神华宁夏煤业集团有限责任公司产品销售价格管理办法》和《神华宁夏煤业集团有限责任公司煤制油化工销售分公司产品销售价格管理细则（试行）》，进一步规范煤制油化工产品价格管理体系。

2018年，煤制油化工销售分公司构建了以“基准价+浮动价”为核心的价格管控机制，即根据产品价格运行、市场销售、生产及库存信息情况，分析市场行情，预测价格走势，确定产品当期基准价；根据产品价格影响因素即时调整“浮动价”，不同影响因素设置不同的权重比例。

表5-1-10　2012—2018年煤化工产品价格（含税）表

单位：元/吨

年份 产品名称	2012年	2013年	2014年	2015年	2016年	2017年	2018年
聚丙烯	10803.77	10602.58	10602.58	7877.19	7673.29	8291.00	9528.00
聚甲醛	8228.83	8787.90	8772.73	8808.62	9517.42	12532.19	13719.00
液化气	5746.21	6307.87	5160.73	3464.69	2932.52	3765.57	3876.00
混合芳烃	7892.66	7396.49	6547.46	5058.20	4576.37	5237.59	5743.00
硫　磺	1414.66	969.65	937.52	894.51	610.13	561.50	953.00
硫酸铵	–	–	225.82	344.58	340.95	362.75	460.00
车用柴油	–	–	–	–	–	4743.24	6231.00

续表

年份 产品名称	2012年	2013年	2014年	2015年	2016年	2017年	2018年
石脑油	–	–	–	–	–	3506.82	4984.00
聚乙烯							9325
蜡类							5177
稳定轻烃							4366
混醇							1560
粗苯							5117
丁二烯							9306
C9+硫分							2610
C9+产品							4626
其他							1584

四、产品物流运输

2009年，煤炭化学工业分公司下设销售公司，负责煤化工产品物流运输业务管理。

2010年2月，甲醇铁路专用线正式投用，实现甲醇产品铁路发运。

2011年5月，煤化工基地货运停车场正式投用，实现煤化工产品提货流程、运输车辆、外来运输人员统一管理。6月，烯烃公司聚丙烯铁路专用线正式投用，实现聚丙烯产品铁路发运。同时，聚丙烯公路配送业务、异地库仓储业务全面开展。

2013年3月，煤化工产品物流运输业务由集团公司运销公司煤化工装运中心负责。5月，开通集装箱运输业务。

2016年，聚丙烯产品进入神华集团铁路专用线，开启了港口、铁路联运模式。

2017年7月，煤制油油品铁路专用线获批开通，煤制油化工产品物流形成了铁路运输为主、公路配送为辅，集装箱、铁海联运为补充的多渠道运输体系。

2018年，煤制油化工销售分公司持续优化国家铁路、地方铁路和灌装、质检各环节运行组织，提升销售装运能力，使聚烯烃篷车、油品罐车、石脑油罐车分别实现了双站台同步发运、2天3列发运、1天2列发运的能力要求，保证了煤制油化工产、销、运协调稳定运行。全年共销售煤化工产品496.1万吨，较上年增销约220万吨。

表5-1-11　2012—2018年煤化工产品销售完成情况统计表

单位：万吨

年份 产品名称	2012年	2013年	2014年	2015年	2016年	2017年	2018年
合 计	66.49	77.75	93.14	154.53	162.65	114	496.81
聚丙烯	40.17	45.14	51.49	92.24	92.70	41.03	124.26
聚甲醛	1.84	5.24	5	6.02	5.82	2.49	6.05
液化气	5.88	7.20	10.90	12.25	16.46	7.46	25.44
混合芳烃	17.65	18.24	23.22	40.39	40.95	18.20	40.89
硫黄	0.95	1.93	1.97	1.93	1.59	2.13	11.38
硫酸铵	–	–	0.56	1.70	5.13	4.88	21.89

续表

年份 产品名称	2012年	2013年	2014年	2015年	2016年	2017年	2018年
车用柴油	–	–	–	–	–	26.34	89.93
石脑油	–	–	–	–	–	11.47	6.26
聚乙烯							32.67
蜡类							68.14
蜡类							68.14
稳定轻烃							32.66
混醇							7.96
粗苯							3.11
丁二烯							4.08
C9+硫分							1.48
C9+产品							2.01
其他							18.61a

表5-1-12　2012—2018年煤化工产品运量完成情况统计表

单位：万吨

年份	聚丙烯			聚甲醛		柴油	石脑油	液化气	混合芳烃	硫黄	硫酸铵
	公路	铁路	集装箱	公路	集装箱	公路	公路	公路	公路	公路	公路
2012年	24.1	14.52	0	2.43	0	0	0	0	0	0	0
2013年	25.82	21.27	0.09	4.13	0.99	0	0	7.23	18.15	1.74	0
2014年	32.11	20.11	0.22	1.68	3.30	0	0	10.75	22.84	1.96	0.56
2015年	51.25	41.34	3.69	1.63	4.37	0	0	12.20	39.85	1.97	1.70
2016年	66.55	34.73	2.72	4.67	1.15	0	0	15.27	40.21	1.50	2.99
2017年	24.19	21.35	0.11	1.67	0.88	18.76	11.05	7.55	18.52	2.23	3.71
2018年											

第二章　碳基材料

第一节　机构沿革

2009年，集团公司通过整合重组、控股参与等方式，组建了活性炭有限责任公司、北方碳化硅有限责任公司、白芨沟煤矿炭黑厂3个碳基材料加工企业。其中活性炭有限责任公司成为国内生产规模最大的煤质活性炭生产企业，助推了煤炭深加工业快速发展。同年12月，将活性炭分公司、碳素厂、水泥厂、北方碳化硅厂、红梁洗煤厂、矸石电厂整合为太西炭基工业有限公司，下辖活性炭、碳化硅、碳素3个碳基材料加工分厂。

2015年9月9日，集团公司按照自治区党委、政府和神华集团公司对太西无烟煤“限产、保价、增值”，使稀有资源由燃料向碳基材料、化工原料转变，实现产业升级和效益最大化的要求，将太西炭基工业公司及所属活性炭厂、碳化硅厂、碳素厂（后更名为车间）整合并入到太西洗煤厂，下设炭基管理中心，主要负责炭基产品研发和3个煤炭深加工车间的生产和产品销售工作。

第二节　活性炭

一、生产概况

2009年，太西炭基工业公司组建活性炭厂，设2个分区，有4台活化炉（一车间2台，二车间2台），5台炭化炉（4台运行，1台备用），设计生产能力7600吨/年。同年，该厂在传统工艺基础上引进新设备、新装置，经过大量基础试验和对配套环节进行工艺优化、设备改进，建成6000吨/年活性炭项目中试生产线。该生产线成为国内第一条机械化作业、自动化控制流水生产线，装备有国内炉型最大、自动化程度最高的588型斯列普活化炉，实际产能达到8000吨/年。

2014年，活性炭厂创造出生产13188.32吨、销售10470.71吨的历史最高纪录。

2017年，活性炭车间通过维修和技术改造了6台斯列普活化炉（5台运行，1台备用），生产总能力达12900吨/年，实际生产活性炭产品9736.77吨，销售12741.93吨。

2018年，活性炭车间共有炭化炉8台，其中：直径2.2米、长18米2台，直径1.5米、长14米2台，直径1.9米、长15米1台，直径1.5米、长12米1台，直径1.2米、长12米1台，直径1.2米、长13.5米1台。共有活化炉6台，其中：588斯列普型2台，336斯列普型2台，200斯列普型1台，160斯列普型1台。年生产能力1.6万吨，实际产品产量1.44万吨，销售1.92万吨，销大于产。

二、生产工艺

活性炭生产加工的原料主要分为煤和黏合剂两大类，原料煤主要为太西无烟煤、灵武煤、1/3焦煤和府谷煤等，黏合剂为煤焦油。

表5-2-1　活性炭生产原料的特性及质量指标

原料种类	水分（%）	灰分（%）	挥发分（%）	粒度（毫米）
低灰无烟精煤	≤8.0	≤3.00	7.0～9.0	0～20mm
高灰无烟精煤	≤8.0	≤8.00	7.0～9.0	0～20mm
灵武煤	≤10.0	≤10.00	25.0～32.0	——
1/3焦煤	≤10.0	≤12.00	25.0～28.0	——

煤基活性炭生产工艺流程共有磨粉、混捏、成型、炭化、活化5道工序。

1.磨粉。使原料煤细粒化，增加其比表面积，然后才能添加适当的黏结剂与之均匀混合，成型后的颗粒具有一定的强度和密度。工艺要求煤粉200目通过率90%，主要设备为雷蒙磨。

2.混捏。使固相的煤粉与液相的煤焦油、水充分的混合，赋予混合料以塑性和流动性，煤粉的细小颗粒充分均匀地被煤焦油充填和包裹。加入煤焦油和水，加入量分别是煤粉的22% ~ 35%、5% ~ 10%。混捏温度为40℃ ~ 60℃，时间10 ~ 15分钟，主要设备为捏合机。

3.成型。将混捏好的物料在适当的压力下压成要求的形状，得到具有一定外形及较高密实度的炭条。常用的成型工艺有挤压成型、模压成型及造球成型等。煤膏的工作压力为17 ~ 25兆帕，生产设备为四柱液压机。

4.炭化。在隔绝空气的条件下将成型颗粒加热，脱除非碳元素，赋予炭颗粒所需的强度，并初步具有孔体系。这一炭化过程实际上属于煤的热解工艺过程，归纳起来主要作用为排除成型料中的挥发份及水分，提高炭化料强度，使煤焦油中的沥青成分形成基本骨架，使炭颗粒形成初步孔隙。生产设备为内热式回转炉。

5.活化。采用以水蒸气为介质的物理活化法，在活化温度达到800℃ ~ 950℃时，赋予炭颗粒活性，使炭形成多孔的微晶结构，具有发达的表面积。活化方法通常有3种，即化学药品活化法、化学物理活化法和物理活化法（活化剂为二氧化碳、水蒸气、空气）。由于水蒸气能扩散到炭的微孔内，使活化反应能在整个炭颗粒内均匀进行，得到比表面积大、吸附能力强的活性炭。

三、产品种类及经济技术指标

“太西牌”（国家注册商标）活性炭主要分类为液相用活性炭和气相用活性炭，可根据客户需求生产不同系列、不同规格的产品。产品主要市场为北京、上海、重庆、广州、江苏、山东、山西、湖南等地自来水厂、环保、塑胶、化工企业，出口韩国、德国、日本等国家，先后承担了2008年北京奥运会和2010年上海世博会、广州亚运会饮用水的净化任务。

（一）“太西牌”液相活性炭

产品具有强度高、漂浮率低，以及发达的孔隙结构和巨大的表面积特性，对水中的溶解态有机物如苯类化合物、酚类化合物等具有较强的吸附能力，对其他方法难以去除的有机物，如色度、异臭、表面活性物质、除草剂、合成染料、胺类化合物以及许多人工合成的有机化合物都有较好的祛除或回收效果。产品种类包括直径1.5系列、破碎炭及粉炭，主要用于饮用水净化、生活污水和工业废水处理，以及食品、药品工业脱色。“太西牌”活性炭所用原料主要为太西超低灰无烟煤，与市场同类产品相比，灰分大幅下降，从源头就有效降低了产品中的如砷、铅、汞、铊等有害元素，同比提高具有吸附能力的碳组分含量，其中净水活性炭被国家评为部级优质产品。

（二）“太西牌”气相活性炭

产品有直径3毫米、4毫米、9毫米三大系列，按用途主要分为溶剂回收炭、油气回收炭、室内空气净化炭、防毒保护炭、脱汞炭、变压吸附专用炭、脱硫脱硝炭等。产品具有比表面积大、微孔发达、灰分低、强度高、吸附能力强等特性，是活性炭厂长期以来投入科研力量最大、取得成绩最为显著的一类产品，其技术性能指标和运用范围均优于传统的气相活性炭。曾被评为自治区优质产品。

表5-2-2　活性炭产品及规格表

序号	产品系列	品种规格
1	1.5mm净水炭	亚甲蓝≥150mg/g，碘值≥900mg/g
		亚甲蓝≥180mg/g，碘值≥950mg/g
2	3.0/4.0mm气相吸附炭	CTC≥60
		CTC≥70
		CTC≥80
3	8*30目破碎炭	亚甲蓝≥180mg/g，碘值≥950mg/g
4	5.0mm、9.0mm脱硫脱硝炭	脱硫值≥16mg/g，碘值≥300mg/g

表5-2-3　柱状炭及破碎炭产品质量指标

产品种类	粒径（毫米）	亚甲蓝（mg/g）	碘值（mg/g）	四氯化碳（%）	灰分（%）	强度（%）	堆密度（g/L）
柱状炭	1.5±0.2	≥150	≥900	——	≤10.0	≥95	480~530
	1.5±0.2	≥180	≥950	——	≤10.0	≥95	450~490
	3.0±0.2	——	——	≥70	≤10.0	≥95	410~470
	4.0±0.2	——	——	≥50	≤10.0	≥95	480~530
	4.0±0.2	——	——	≥60	≤10.0	≥95	450~500
	4.0±0.2	——	——	≥80	≤12.0	≥95	390~430
破碎炭	8-30目	——	≥1000	——	≤10.0	≥95	410~460
	8-30目	——	≥1050	——	≤10.0	≥95	390~440

表5-2-4　脱硫脱硝炭生产控制指标

序号	项目	指标要求	测试标准	
1	形状	Φ9mm±0.5mm×5-12mm	GB/T7702.1-1997	
2	粒径	≥11.2mm	≤5%	GB/T 30202.2-2013
	分布	5.6~11.2mm	≥92%	
		1.4~5.6mm	≤2.5%	
		≤1.4mm	≤0.5%	
3	耐磨强度	97%以上	GB/T 30202.3-2013	
4	耐压强度	45kgf以上	GB/T 30202.3-2013	
5	堆密度	0.62±0.06t/m3	GB/T 30202.1-2013	
6	含水率	≤3%	GB/T7702.1-1997	
7	着火点	430℃以上	GB/T7702.9-2008	
8	脱硫值	≥16mg/g-AC	GB/T 30202.4-2013	
9	脱硝效率	≥38%	GB/T 30202.5-2013	
10	灰分	≤20%	GB/T7702.15-2008	
11	第十次循环脱硫值	≥90%	GB/T 30202.4-2013	
12	碘值	350-380mg/g	GB7702.7-87	

表5-2-5　2011—2018活性炭产量、销量、销售收入统计表

单位：吨

项目＼年份	单位	2011年	2012年	2013年	2014年	2015年	2016年	2017年	2018年
年产量	吨	9378.54	9355.79	8415.43	13188.32	8175.92	4947.64	9736.77	14399.85
销售量	吨	10020.42	7809.07	9298.80	10470.71	10064.79	4140.67	12741.93	19162.54
销售价格	元	8456.85	7265.36	7355.79	6220.96	5525.93	6471.93	5166.15	0.7789
销售收入	万元	8474.12	5673.57	6840	6513.79	5561.73	2679.81	6582.67	14926.45

第三节　碳化硅

一、生产概况

2009年，太西炭基工业公司碳化硅厂组建时，有员工总数为180人，下设3个科室，2个生产车间。有5台7700千瓦/小时冶炼炉和5台3300千瓦/小时冶炼炉，设计生产能力1万吨/年。

2012年，拆除5台3300千瓦/小时冶炼炉，建设黑、绿兼容1万吨/年碳化硅冶炼项目，并于2013年5月建成投产。

2015年5月，拆除5台7700千瓦/小时冶炼炉等设备。

2016年，碳化硅产品累计产量58912.8吨，销售量82118.29吨（其中2016年销量23217.96吨）。煤炭深加工项目累计产品产量9.58万吨，销售8.85万吨，占生产总量的92.38%。

2018年，碳化硅车间有12500KVA型冶炼炉1台，年生产能力1万吨，实际生产碳化硅产品0.72万吨，销售0.29万吨。

二、生产工艺

碳化硅生产以太西超低灰无烟煤、石英砂、工业盐、焙烧料、回炉料及收尘粉为原料，按照工艺配方进行称重、混合，混合后的原料加入电热炉，电热炉石墨炉芯在通电达到工艺规定的时间后产生大量热能，炉芯温度高达2700℃左右，超低灰太西无烟煤中的碳与石英砂中的二氧化硅在1800℃左右发生反应产生碳化硅，并在石墨炉芯四周形成环状结晶筒。达到工艺规定的冶炼时间后，自然冷却物料，扒炉将出炉料分类，保温料、石墨可回炉循环使用，焙烧料、二级品作为原料返回配料仓，合格的一级品经破碎、筛分成为符合市场粒度等级需求的初级产品。

表5-2-6　碳化硅原料质量标准

原料名称	质量标准
原料煤	粒度0-6mm，-1mm≤24%；灰分≤5%；挥发分6%～9%；水分≤8%。
石英砂	粒度2～10mm，-2mm≤5%，+10mm≤5%；SiO2含量≥98.8%；水分≤2%；外观颜色为白色（不能泛红色）。

三、产品种类及经济技术指标

太西洗煤厂炭基管理中心采用自主知识产权专利技术，在国内率先研发出无烟煤基绿碳化硅产品，经国家磨料磨具质量监督检验中心检测，碳化硅含量达到98.5%以上，维氏硬度3172.5HV，两项主控指标均高于市售绿碳化硅产品指标。该产品主要用于磨具磨料领域，在太阳能光伏产业、冶金、石油、化工、航天、机械、微电子等领域也得到重点开发应用。

太西洗煤厂炭基管理中心拥有碳化硅产品自主出口资质，长期出口供应美国、欧洲等国际市场客户，国内市场主要有东北、华北、华中、华东等区域的耐火材料生产企业。

表5-2-7　碳化硅产品技术指标

品级	SiC/%	游离C/%	Fe2O3/%
一级品	≥98	≤0.2	≤0.5
二级品	≥90	≤0.2	≤2.0

表5-2-8 碳化硅产品品种规格表

产品系列	品种规格	
黑碳化硅	一级原块	SiC>97%
	一级成品	SiC>97%
	二级原块	SiC>90%
	二级成品	SiC>90%、SiC>85%、SiC>80%
	三级原块	SiC>70%
绿碳化硅	一级原块	SiC>97%
	一级成品	SiC>97%
	二级原块	SiC>90%
	二级成品	SiC>90%、SiC>85%、SiC>80%
	三级原块	SiC>70%

表5-2-9 2011—2018碳化硅产量、销量、销售收入统计表

项目＼年份	单位	2011年	2012年	2013年	2014年	2015年	2016年	2017年	2018年
年产量	吨	10013.85	10318.63	15362.51	15016.38	7899.13	302.3		7245.97
销售量	吨	9551.58	10346.29	13447.02	14806	10749.44	23217.96	330.50	2908.60
销售价格	元	4778.96	4596.88	4270.37	4215.69	4330.94	4713.14	4554.87	4339.03
销售收入	万元	4564.66	4756.07	5742.38	6241.74	4655.52	1045.36	150.54	1262.05

第四节 碳素

一、生产概况

2009年，太西炭基工业有限公司碳素厂组建，生产设备主要为3台外径1930毫米、炉体总高6025毫米、容量1350千伏安立式镁砖交流电煅炉及配套循环水系统、破碎筛分包装系统，设计生产能力2万吨/年。主要以超低灰无烟煤为原料制备电煅料。

2012年10月，设计生产能力4万吨/年的石墨化系统建成投产。该生产装置为4台外径3400毫米、炉体总高19000毫米、容量1800千伏安的立式直流高温电气煅烧炉，配套循环水系统、变配电系统、空压站系统、除尘系统及余热锅炉。

2013年，碳素产品生产创历史最高纪录，达到10.5万吨。

2017年，碳素车间共有生产设备11台，其中逆流式罐式煅烧炉4台、1350千伏安单相交流电煅炉3台，1800千伏安直流石墨化炉4台，分别生产石墨化无烟煤、电煅煤、普煅煤和增碳剂，年生产能力10万吨。全厂共有从业人员44人，下设4个运行班组，实行四班两运转制，每班工作12小时。全年共生产碳素产品7.47万吨，销售7.24万吨，实现销售收入1.34亿元。

2018年，碳素车间实际生产碳素7.42万吨，销售6.64万吨。

二、生产工艺

碳素生产以合适粒度的“太西”洗精煤为原料，通过上料系统提升至炉顶，靠其自重入炉进行煅烧，降低洗精煤电阻率、提高固定碳，煅烧后的产品由排料系统机排出。其产品主要有普煅煤、普通电煅煤和高温电煅煤3种。

表5-2-10 原料煤质量指标要求

产品种类	水分（%）	灰分（%）	粒度（毫米）	粒度合格率（%）
石墨化无烟煤 ρ≤650μΩ.m	≤6.0	≤5.7	6～17	≥88.0
石墨化无烟煤 ρ≤520μΩ.m	≤6.0	≤5.3	6～17	≥88.0
石墨化无烟煤 ρ≤400μΩ.m	≤6.0	≤5.3	6～17	≥88.0
电煅煤 ρ≤650μΩ.m	≤6.0	≤5.7	6～17	≥88.0
普煅煤	≤6.0	≤5.3	6～17	≥88.0
95%增碳剂	≤6.0	≤3.3	6～17	≥88.0
93%增碳剂	≤6.0	≤5.3	6～17	≥88.0
90%增碳剂	≤6.0	≤7.5	6～17	≥88.0

（一）普煅煤生产工艺

普煅煤生产系统主要由普煅炉炉体、排料系统（下料嘴、刮板机、溜槽等）、上料系统（煤仓、卷扬机或斗提机、溜槽、炉顶料仓等）、烟囱、固定钢架等组成，炉体主要由炉墙、空气道、火道、挥发分道、煤道、炉头燃烧室等组成。煅烧时，原料煤由炉顶加料装置加入罐内，依靠重力在自上而下的移动过程中，逐渐被位于料罐两侧的火道加热。燃料在火道中燃烧产生的热量是通过火道壁间接传给物料的。当原料温度达到350℃～600℃时，其中的挥发分大量释放出来，通过挥发分道汇集并送入火道燃烧，使其成为普煅炉的重要热量来源。当原料经过1250℃～1350℃高温，完成一系列的物理化学变化后，从料罐底部进入水冷套冷却，最后由排料装置排出炉外。

（二）电煅煤生产工艺

电煅煤生产煅烧时，原料煤依次经过斗式提升机和分级筛，将合格粒度的原料煤送至炉顶料仓，靠其自重送入炉内，原料煤进入炉膛随炉底刮板旋转排料而逐渐下落，通过安装在炉体两端的上、下部电极，电能转化为热能，使无烟煤在高温、绝氧条件下发生一系列物理化学变化，随着煅烧温度逐渐升高，物料中的轻组份逸出，同时，物料的体积不断收缩，真密度不断提高，石墨晶体的有序化、石墨化度也逐渐提高，电阻率逐渐降低。

（三）石墨化无烟煤生产工艺

石墨化无烟煤产品以优质的太西无烟低灰煤为原料，经自然干燥去除水分，再经干燥机干燥后，由斗式提升机输送至无烟煤石墨化炉顶部漏斗中，通过加料阀门定时往电气煅烧炉料室内加料，进入煅烧炉料室的无烟煤通过自重从上往下顺次通过预热区、煅烧区、冷却区，最后通过位于下部的圆盘给料机排出到下部的冷却及输送设备上。无烟煤在预热区内主要通过热传导，使其所含的水分蒸发，部分挥发分也在这一阶段溢出。在煅烧区，通过上、下部电极与无烟煤本身组成矿热炉体系，利用无烟煤本身的电阻发热，使无烟煤在煅烧区达到最高2300℃～2500℃左右的高温。煅后煤可根据需要以原粒级或经过分级后采用散状直接出厂或经过包装后出厂。

三、产品种类及经济技术指标

以太西无烟煤为原料生产的碳素产品主要有普煅煤、电煅煤和煤基石墨三大类。电煅煤主要应用于铝用阴极炭块、阳极炭块、矿热炉用炭块、炭电极、电极糊等；普煅煤主要应用于钢铁铝业、铁合金、电石、化工等行业的炉料，还可作为各种糊类和碳素制品的优质骨料；煤基石墨主要应用于高级润滑剂、机械密封件、石墨制品、锂电储能材料等。其产品主要销往东北、华北、西北、华中等区域钢铁、铝业、碳素、新材料等客户。

表5-2-11　碳素产品主要质量指标

产品种类	水分（%）	灰分（%）	挥发分（%）	固定碳（%）	全硫（%）	电阻率（μΩ.m）	粒度（mm）	真密度（g/cm³）
石墨化无烟煤 ρ≤650μΩ.m	≤0.5	<6.5	≤0.5	≥93	——	≤650	0~20	≥1.82
石墨化无烟煤 ρ≤520μΩ.m	≤0.5	≤6.0	≤0.5	≥94	——	≤520	0~20	≥1.82
石墨化无烟煤 ρ≤400μΩ.m	≤0.3	≤6.0	≤0.5	≥94	——	≤400	0~20	≥1.82
电煅煤 ρ≤650μΩ.m	≤0.5	<6.5	≤0.5	——	——	≤650	0~20	——
普煅煤	≤0.5	<6.5	≤1.1	——	<0.3	≤1280	0~20	——
95%增碳剂	≤0.5	<4.0	≤1.1	≥95.0	<0.3	——	0~20	——
93%增碳剂	≤0.5	<6.0	≤1.1	≥93.0	<0.3	——	0~20	——
90%增碳剂	≤0.5	<8.0	≤1.1	≥90	<0.3	——	0~20	——

表5-2-12　2010—2018年碳素产品产量、销售量和销售收入表

单位：万吨

项目＼年份	单位	2010年	2011年	2012年	2013年	2014年	2015年	2016年	2017年	2018年
产量	万吨	4.588	4.98	8.80	10.52	9.23	6.56	8.83	7.47	7.42
销售量	万吨	4.61	6.39	8.56	10.51	9.59	6.92	8.34	7.24	6.64
销售收入	亿元		1.20	1.488	1.65	1.45	0.97	1.06	1.34	3.57

第六篇
生产服务及其他

神华宁夏煤业集团公司在全面推进煤炭、煤化工和循环经济三大核心产业发展的同时，不断调整优化生产经营组织机构，实施集约经营，促进生产服务及相关产业提质增效，转型升级。2008年，对电力、建筑安装、建材、冶炼、机械制造、煤矿火工、房地产业、交通运输、物业管理等17个行业进行全面调查评估，总结分析，着力解决小而散、技术创新乏力，发展后劲不足，发展不平衡，结构不合理，管理不规范等突出问题和矛盾。9月，以宁夏煤矿设计院、灵州工程监理咨询公司、工程质量监督站、资源环境保护中心、环境安全工程公司为基础，整合成立神华宁煤集团能源工程公司。合并电视新闻中心、华夏能源报社，成立神华宁煤集团电视新闻网络中心。12月，集团公司整合石嘴山、石炭井、汝箕沟、大武口、宁东等矿区物业资源和管理服务机构，成立神华宁煤集团物业服务公司，对各矿区及银川、石嘴山、灵武等地区居民住宅、公建设施、房屋、场地提供服务；对矿区“两堂一舍”、饭店餐饮等物业管理及其区域内的生态绿化、环境保护实行专业化管理。此举既减轻了矿、厂生产单位负担，又减少了非生产人员，提高了服务质量；同时，承接宾馆、招待所经营管理、煤制油化工产品包装、仓储、装卸运输和农业种植。把物业从过去的单纯管理服务提升为经营服务，成为现代工业化的新型服务业务。2009年，整合煤炭深加工产业，撤销碳素公司、活性炭公司、碳化硅公司和煤制品公司，成立神华宁煤集团炭基工业公司，创建“太西循环经济产业园”。无烟煤深加工产业实现了统一建设、统一标准、统一销售、统一管理提质增效的目标。同年，撤销27个矿、厂劳动服务公司，对相关业务实行归口管理。通过一系列深化改革举措，从根本上扭转了服务业“分而治之，各自为政”，组织机构分散，生产规模小，市场波动大，管理漏洞多等不合理状况，达到了经营规模化，管理科学化。服务业务实现了新突破、新发展、新提高，安置了企业富余职工，减轻了社会就业压力，促进了矿区的和谐发展。

第一章 建筑安装、设计、工程监理

第一节 体系建设

集团公司建筑安装管理体制、管理规则、运行模式与神华集团逐步接轨。把建筑安装纳入集团公司集约化、规范化管理。通过基本建设工程的调研论证、规划设计、环境保护、项目招投标到施工管理、建设质量、工程进度、验收评估等一系列工作，确保了程序化和规范管理。截至2018年，共完成686项大中型建筑安装工程，工程质量合格率100%，其中73项工程获得国家级、省部级优秀工程奖。

第二节 建筑安装

一、宁夏煤炭基本建设公司

（一）历史沿革

1982年宁夏煤炭基本建设公司成立（以下简称宁煤基建公司），职工6426人，属煤炭部直接管理。1998年宁煤基建公司下放自治区管理。2004年4月宁煤基建公司整体并入集团公司。2009年6月，宁煤基建公司划归集团公司能源工程公司。2016年4月，宁煤基建公司与能源工程公司分离，作为集团公司二级独立法人单位进行管理。

宁煤基建公司是大型国有独资建筑施工企业，是全国500家最大建筑企业和煤炭行业十大建筑安装企业之一。具有国家房屋建筑、机电安装、矿山工程施工总承包一级资质；市政公用工程及冶炼工程总承包一级资质；钢结构工程、公路路面及路基工程、送变电工程、防腐保温工程、混凝土预制构件专业承包二级资质；爆破作业设计施工四级资质和特种施工许可资格。可以承包境外房屋建设、钢结构网架工程的制作与安装、机电安装、管道工程。

截至2018年底，宁煤基建公司注册资本3.1亿元，总资产28亿元。拥有施工设备1200余台（件），年施工能力50亿元。公司内部实行财务集中管理和会计集中核算；主要物资集中采购管理；设备实行统一租赁管理方式。

（二）主要业绩

从2009年开始，宁煤基建公司按照集团公司加快推进宁东亿吨级煤炭生产基地建设、能源化工建设和循环经济开发建设的安排部署，以宁东为主战场，对重大建设项目组织攻坚会战，先后承建完成了金凤煤矿、红柳煤矿、双马煤矿的矿井开拓建设；承建宁东各矿井洗煤厂，完成了石槽村煤矿、羊场湾煤矿、枣泉煤矿、红石湾煤矿、任家庄煤矿、金凤煤矿等6个配套选煤厂；承建各矿区井下供排水、通风、提升运输装备的改造工程和机械安装。在煤化工二甲醚项目，煤基烯烃项目、400万吨/年煤制油项目建设中参与多项工程建设。在承建完成的这些重大项目中，集团公司安全生产指挥中心、清水营煤矿原煤仓、太西洗煤厂快速装车系统、金凤煤矿选煤厂、煤化工等22项工程获宁夏建设工程“西夏杯”和全国煤炭行业“优质工程”奖，金凤矿工程获得全国钢结构金奖和“太阳杯”，羊场湾煤矿获得国家优质工程“鲁班奖”等。

宁煤基建公司坚持发挥国有大型建筑企业优势，依托神华集团开辟全国市场，先后在甘肃省华亭矿区承建了陈家沟煤矿洗煤厂、大柳煤矿洗煤厂、榆神煤矿洗煤厂、郭家湾矿洗煤厂、青龙寺洗煤厂。在内蒙古自治区承建完成了塔拉壕煤矿、包头万利洗煤厂、乌海蒙港天誉洗煤厂。在新疆维吾尔自治区承建了乐东煤矿选煤厂、新疆准东煤矿、新疆红沙家选煤厂、新疆哈密大南湖二号煤矿、神华集团新疆乌东棚户区改造。承建了神华集团黄骅港筒仓群（3万t/个）工程、神东矿区专业化服务中心工程、神华黑岱沟露天煤矿选煤厂、神华乌海能源老石旦煤矿技改工程。建设完成了山东省寿光电厂、江西省九江电厂、西藏自治区曲聂荣县小学等项目工程。区域横跨全国十多个省市、自治区。

到2018年，共完成大、中、小建设项目2519项，工程合格率100%，实现产值2363亿元。有400多项工程获得国家级、省部级和地市级优良工程荣誉。其中，神华集团黑岱沟露天煤矿选煤厂，神华集团黄骅港筒仓群工程等9项工程获国家“优质工程”奖。

二、太西建筑安装工程公司

（一）历史沿革

太西建筑安装工程公司的前身为石炭井矿务局综合工程处。2002年集团公司成立后，改制为太西建筑安装工程公司。2006年4月，更名为神华宁煤集团太西建筑安装工程公司（以下简称太西建安公司）。2012年，太西建安公司划属宁煤基建公司管理。太西建安公司主营矿井建筑安装、建材生产销售、房地产开发和农业开发。具有矿山建筑安装二级、工业和民用建筑三级、送变电工程三级、铁路综合工程施工三级、公路工程施工三级、市政工程施工三级、建筑装饰工程三级资质。

（二）主要业绩

太西建安公司相继完成石炭井矿区一矿、二矿，乌兰煤矿的改扩建工程和住宅区建筑及水暖供电安装等工程，太西洗煤厂精煤仓和快速装车系统工程、铁路专用线改扩建工程。先后开发大武口集锦园住宅沿街商业房和前嘉园2.5万平方米商品房住宅小区、宁夏工业职业学院综合教学楼等工程。工程总量超过亿元，工程合格率100%。先后完成了呼鲁斯太供水工程、石嘴山市连接大武口住宅区的集中供热工程、乌兰煤矿35千伏变电所、乌兰煤矿新建35千伏输电线路、石嘴山市货运中心主及副楼、红梁公司综合楼、白芨沟煤矿人行井及锅炉房等工程。先后承建内蒙古、山西、陕西等省区一些煤炭企业的部分主要工程。

三、灵州建井工程公司

（一）历史沿革

灵州建井工程公司前身是灵武矿务局建井工程队。1985年灵新煤矿开工建设，宁煤基建设公司建井处第二施工队（194名职工）承担建井任务。1986年10月第二施工队整体划归灵武矿务局，成立了建井工程队。1989年11月，在灵武矿务局建井工程队的基础上成立灵武矿务局建井工程处，主要承担灵武矿区新建矿井施工和井下设备安装工程。2003年更名为宁夏煤业集团灵州建井工程处，2006年改制为神宁煤业集团灵州建井工程公司（简称灵州建井公司）。2016年灵州建井工程公司撤销，人员调配到各生产矿井。

（二）主要业绩

在宁东煤田第一座新开工建设的灵新煤矿建设中，灵州建井工程处先后实施注浆堵水工艺，推广运用光爆锚喷工艺，实现机械化作业，减轻了劳动强度，加快施工进度，提高工程质量，降低了工程造价。其中，新工艺应用使井巷工程进度提高80%，创出千米斜井的全优工程。先后完成特大断面井巷工程、灵新煤矿中央变电所、中央水泵房特大硐室等工程，被煤炭工业部评为优质工程。灵新一号井与二号井9500米的轨道大巷准确无误贯通，工程合格率100%，优良品率90%以上，创造了自治区煤炭建设史上长距离、高精度井巷施工贯通的新纪录。其《光爆锚喷新技术应用与推广》项目通过自治区鉴定，获得自治区科技进步二等奖；《注浆堵水工艺在灵新一号井的应用》被列为全国“一百推”项目；《现代化管理方法在千米斜井光爆锚喷实践中的应用》获中国煤炭工业企业管理优秀成果二等奖。

四、生产安装分公司

（一）历史沿革

2010年3月从灵州建井公司业务划出，成立综采安装公司。2014年综采安装公司解散，人员分配宁东矿区各矿。2016年12月抽调各矿机械安装技术人员，集中回撤、安装煤矿采掘设备，组建成立生产安装分公司（以下简称安装公司）。安装分公司承担矿井综采、综掘工作面设备的回撤、安装、提升运输业务，采掘安装工程实行专业化管理，设安装一队和特种车辆队，有机械设备191台（套）。

（二）主要业绩

引进ZJY50型液压支架搬运车，在回撤大坡度工作面及大吨位支架时，提高了工效，保障了安全。为实现综采（放）工作面液压支架回撤智能化、机械化作业和支护安全，与神华宁煤集团矿山机械制造维修分公司联合研制ZYT7800/18/33型扇形带掩护支架。开展技术创新，多功能泄压扳手等19项技术创新成果创经济效益550万元。2017年，完成回撤安装工程34项，生产效率较定额指标提高20%，平均工时较历史水平提前2天，累计提前工期51天。建立监测、控制、管理为一体的调度指挥系统，对工作面安装回撤等生产过程实施监测。杜绝了重伤事故，实现了安全生产。

第三节　工程监理与咨询

宁夏灵州工程监理咨询有限公司是集团公司全资子公司，是国家审查核准的全国200家甲级监理单位之一，是中国煤炭行业独具“四甲”（矿山工程、房屋建筑、机电安装、市政工程）资质的监理咨询企业。同时，还具备地质灾害国家监理乙级资质、人民防空丙级监理资质和设备乙级监理资质。2016年，通过国家环境管理、职业健康安全管理体系认证。是自治区专业技术人才密集、配套设施齐全先进、监理技术过硬的专业化监理企业。

灵州监理公司承担煤矿基建工程、技改工程、煤化工基建工程、煤矿安全设施工程和自治区大型基建工程的监理任务。同时，担负国家委派的有关大型、特大型基建工程监理任务。

先后完成国家委派监理鉴定的大型工程项目有广州建森园工程、内蒙古吉兰泰集团万吨钠厂工程、青海第二长途电信枢纽楼工程、青海默勒矿区技术改造工程、宁夏扬黄灌溉移民工程等。监理鉴定的自治区重大基建工程有自治区党委办公基地、宁夏公路交通管理指挥中心、宁夏消防办公训练设施、宁夏工人文化宫、宁夏体育场、中宁体育馆、银川美术馆等。在集团公司实施的监理项目主要有：宁东煤田12对现代化大型煤矿建设工程、宁东能源化工基地煤基甲醇、煤基烯烃、煤制油等化工项目；石嘴山、石炭井、汝箕沟矿区7对老矿井、2个洗煤厂的技术改扩建工程、煤炭深加工焦炭、活性炭、碳化硅、炭黑等项目的扩建改造工程，煤电产业和新建、扩建工程；46个小区的职工住宅工程和72个文化娱乐、餐饮服务设施及安全设施15大系列工程。至2018年，经灵州监理公司监理咨询的各类大中型基建工程600多项，工程造价超过1000亿元。公司连续10年被中国建设监理协会、宁夏建设监理协会、自治区建设厅、银川市税务局评为先进监理单位和纳税先进单位。连续16年荣登中国煤炭建设监理20强企业，荣获国家鲁班奖监理企业、中国建设协会先进监理企业、中国煤炭行业先进监理企业、自治区先进监理企业称号。所监理的集团公司1000万吨/年羊场湾煤矿工程赢得中国建筑行业最高荣誉——鲁班奖，并获得“建国60周年100项经典暨精品工程”。金凤煤矿项目获得2014—2015年国家优质工程奖，13项工程获得中国煤炭行业“太阳杯”优质工程奖，11项工程获得自治区“西夏杯”优质工程奖，40余项工程被评为自治区、银川市、吴忠市等“安全文明标准化工地”。QC小组连续三年荣获全国质量信得过班组。监理项目部连续四届荣获中国煤炭行业“十佳监理项目部”。

第四节　工程设计

宁夏煤矿设计研究院有限责任公司（以下简称宁煤设计院），是集团公司的全资子公司，注册资本金601万元，办公地址银川市金凤区北京中路168号D座。拥有煤炭咨询、煤炭行业矿井设计、建筑行业建筑工程设计、岩土工程勘察、地质灾害治理工程设计5项甲级资质；露天煤矿及选煤厂设计、建筑咨询、测绘、环境工程、地质灾害危险性评估等12项乙级、丙级资质；设有采矿、露采、总图、运输、选矿、选煤、环保、规划、建筑、结构、热力、通风、空调、给排水、供配电、电气自动化、通信、机械、技术经济等20多个专业，设有土工实验室、水质化验室；内设5个专业设计分院：矿井设计分院、建筑设计分院、环保市政工程设计分院、岩土测量工程分院、造价咨询分院；4个管理辅助部门有办公室、生产经营部、技术质量部、市场开发部。在册员工178人，其中正高职高级工程师3人，省部级专家12人，取得国家各类注册执业资格的技术人员55人，聚集众多优秀勘察设计精英，已通过了ISO9001质量管理体系认证。

一、历史沿革

宁煤设计研究院成立于1978年，1994年划归灵武矿务局，2007年更名为宁夏煤矿设计研究院有限责任公司，2008年并入集团公司能源工程公司。

二、主要业绩

经过40多年发展，宁煤设计院已发展成为自治区境内煤矿设计业务范围最广、甲级资质最多、专业配置最全、年产值突破亿元的综合性勘察设计研究企业，服务范围遍及宁夏、内蒙古、陕西等省区、神华集团所属部分子公司。

承担的矿井工程有羊场湾一号井、磁窑堡技改井、汝箕沟煤矿、白芨沟煤矿、乌兰煤矿、枣泉煤矿、红柳煤矿、红石湾煤矿及选煤厂、羊场湾煤矿安全改造等200多项矿井设计；完成了宁夏煤炭工业“十一五”“十二五”发展规划、汝箕沟矿区太西无烟煤开采总体规划、宁夏王洼矿区总体规划等多部矿区总体规划设计。

土建工程完成了宁夏太阳神宾馆、宁夏煤炭职工总医院、银川世纪大厦、中卫银河商贸城等大中型公共建筑的全部设计及大武口荣景花园等数千项民用建筑设计；在工业设计方面完成了泰宁新型化工材料厂、北方碳化硅厂、隆湖水泥厂、石嘴山民族化工集团、大武口煤矿机械厂、固原铁合金厂、中卫供电局12500KVA硅铁炉车间等200多项工业设计。

环保总承包工程完成集团公司所属各矿的矿井水处理工程及国能集团矿井水处理等数十项环保工程，主要项目有宁东矿区矿井水及煤化工废水处理利用工程、陕西有色榆林煤业有限公司杭莱湾井下矿井水处理工程、兖州煤业集团郓城煤矿井下矿井水处理利用工程、神东补连塔煤矿风源热泵供热系统工程、神新能源公司宽沟煤矿工业区供热系统改造（电锅炉蓄热）工程等。

地质灾害治理工程主要有集团公司石炭井焦煤公司矿山地质环境保护与治理恢复项目、西吉县城葫芦河砂石矿区矿山地质环境治理项目（二期、三期）施工图设计。

荣获中国建筑行业“鲁班奖”“新中国成立60周年百项精品经典工程奖”、全国优秀设计奖、中国煤炭行业优秀勘察设计、咨询成果奖、自治区优秀勘察设计奖等100多项国家级及省部级优秀勘察设计奖、优秀咨询成果奖、科技进步奖等一系列荣誉，多次荣获国家、自治区以及上级主管部门授予的“优秀勘察设计单位”“文明单位”“重合同守信用企业”等荣誉称号。

第二章　装备制造维修、水电供给

第一节　体系建设

2006年之前，石嘴山矿区、石炭井矿区、宁东矿区各矿（厂）建成具有加工制造和维修能力的厂点27个，共有职工3400多人。2006年，随着集团公司大型、特大型现代化矿井和煤制油化工项目、循环经济产业项目相继建成投产，机械化程度不断提升，煤矿机电运输、通风、运输装卸、顶板支护、洗选加工、煤化工和矿区基本建设用机械设备、配件材料的加工制造、配套更新与日俱增，维护修理矛盾亟待解决。2008年，集团公司合并原石炭井矿务局总机修厂和原灵州矿山机械厂，成立神华宁煤集团矿山机械制造维修分公司（以下简称矿机公司）。

第二节　制造维修

一、历史沿革

（一）*原石炭井矿务局总机修厂*

1972年，为解决石炭井、呼鲁斯太、汝箕沟3个矿区的8对矿井、两个洗煤厂机电设备大、中修理，机械设备配件加工制造问题，在石嘴山市大武口地区建设了石炭井矿务局总机修厂。厂区占地面积33.32万平方米，建筑面积7.06万平方米，形成采掘、洗选、机电、运输、民用五大系列装备制造能力。设维修、加工制造车间5个，职工1446人，是自治区煤矿机械设备维修制造的中型企业。石炭井矿务局先后投资2441万元，对总机修厂进行3次技术改造和配套建设，全厂具有机械加工制造设备600台，形成固定资产3700万元。加工、制造的产品主要有：XJT、SJM2、5-16《星王》牌各种规格浮选机；X-32系列2.5-35《星王》牌筛下空气室跳汰机；TG系列斗式提升机；XGZ系列刮板运输机；矿山用系列矿车、重型平板车；P-30B、P-15B耙斗装岩机。大修主要设备有液压支架、金属支柱和各种机电设备。2004年通过国家ISO9001质量体系认证，曾获国家二级企业、宁夏煤炭企业质量标准化机修厂、全国十佳洗煤设备制造厂。“星王”牌浮选机、跳汰机被评为自治区优质名牌产品，跳汰系列洗煤机荣获中国知名跳汰机十佳产品。

2001年总机修厂改制为宁夏大武口矿山机器有限公司，2003年更名宁夏煤业集团大武口矿山机器有限公司，2006年改制为神华宁煤集团矿山机械制造维修分公司。

（二）*原灵州矿山机械厂*

1994年7月，灵武矿务局以评估折价收购兼并灵武农机修造厂，成立灵州矿山机械厂。1997年灵州矿山机械厂迁入宁东矿区辅助工业区，占地面积240亩，厂房及其他建筑1.2万多平方米，新增设备150余台。建成铅丝、塑钢门窗、单体液压支护制造和修理、托辊加工等4条生产线。先后投资460万元，形成集铆焊、加工、电镀、铸造、锻造、维修等生产工艺为一体的矿机生产企业。

2001年矿山机械厂改制为灵州煤业集团矿山机械公司，加大机械设备投入，更新改造生产设施，调整产品结构，提高单体液压支柱、胶带运输机、40T刮板运输机的生产及电镀工艺能力。共有设备216台套、铅丝生产线一条、塑钢门窗生产线一条。能配套生产胶带运输机、刮板运输机、单体液压支柱、各类矿车、铅丝、塑钢门窗、串片式暖气片、矿用热风炉、风机消音器、轻轨道岔等矿用产品及配件。综采支架的修理和改造技术逐步成熟。

二、主要业绩

矿机公司划分为宁东和大武口两个厂区，厂房建筑面积24万平方米，设备700多台（套）。宁东厂区承担各矿、厂设备的修理，是集团公司的机械制造和设备维修中心，从2009年开始，对煤矿的“三机”修理实行了分组，定点、包机定人的责任机制，重点机械设备定责任人，做到机械设备不“带病”运；矿机公司大武口厂区承担矿山机械、设备和配件的制造加工，是集团公司的制造加工中心。大武口厂区通过科研攻关，品种不断扩大，质量不断提升，开发的主要产品有：XJX、XJM2.5M3-16M3“星王”牌各种规格浮选机；X-32系列2.5M2-35M2“星王”牌筛下空气室跳汰机；TL系列斗式提升机；XGZ系列刮板运输机；XY、XK系列矿浆预处理设备；TD75型、DTⅡ型系列带式输送机、矿山用系列矿车、重型平板车、P-30B、P-15B耙斗装岩机、40T、20B刮板输送机等。

矿机公司按照主体发展规划和机械制造加工维修计划，不断优化生产、维修组织机构、优化产品结构，建立安全预接管理体系，创新“五型企业”建设机制，连续七年杜绝了轻伤以上责任事故，风险预控管理体系建设达到一级标准，2011—2018年均完成集团公司下达的制造维修任务。2018年完成产值10.5亿元。其中维修完成产值7.59亿元，制造完成产值2.91亿元；超计划完成2.09亿元，超计划24.88%。全年完成营业收入10.69亿元。其中，维修板块收入7.28亿元，制造板块收入3.41亿元，完成了年度预算的126.81%。全年维修板块完成19个综采工作面接续设备的大修；制造板块完成皮带机9部、刮板机12部、矿车341台、单体支柱17444根、皮带机、刮板机等各类配件2200吨。

2009—2018年，完成设备维修信息二维码追踪功能等科技创新项目17项，申报自治区科技项目2项，向集团公司申报专利8项，获授权实用新型专利2项，获能源化学学会职工技术创新2项，获集团第六届职工经济技术创新成果表彰8项，获国家能源投资集团科技进步奖2项。

三、持续发展

宁夏石嘴山兴达工贸有限责任公司属社会福利企业，是集团公司具有独立法人资格的全资子公司，集加工生产、工贸流通、餐饮服务为一体，注册资金822万元，属自主经营，自负盈亏，独立核算单位。截至2018年底，总资产13519.5万元，净资产4679.4万元。兴达公司生产经营单位有：惠农分厂、宁东分厂、大武口线材厂、金能宾馆、煤源餐厅。生产的主要产品有锚杆、钢筋网、金属网、锚固剂、钢带、钢护板、水泥预制品等，同时还承担集团公司所属部分煤矿的单体液压支柱维修任务。兴达公司具有先进的生产设备，产品具备国家安标资质，各类产品均达到同行业国家标准。2016年被集团公司定为内部专业化生产单位［神华物资〔2016〕172号］，年产值在2亿元，2018年5月并入矿机公司。

第三节　水电供给

2016年9月，集团公司整合灵武矿区水电分公司和银北矿区水电分公司成立神华宁夏煤业集团水电分公司（以下简称水电分公司），为集团公司各矿、厂提供安全生产所需的水电供给服务。经营范围为矿区供电、供水、铁路维修，拥有电力设施承装（修、试）四级资质。资产总额47307.54万元（净值），管辖变电所35座，各种电压等级输配电线路约843公里；加压泵站28座，供水管路约448公里；铁路专用线约45公里。

通过优化整合，水电分公司设置机关科室11个，按照管理专业、区域范围、管理性质、安全风险等因素，整合设置区队23个。在册合同制员工888人（不在岗员工20人），劳务派遣工9人。员工队伍中，具有中专以上学历621人，占员工总数的70%。各级干部120人，占员工总数的14%。其中，正副处级干部6名，正副科级干部114名，其他一般专业技术及管理人员61名。管理人员中高级职称27人、中级职称84人，初级职称48人。操作岗中具有中级以上技能等级人员是479人，占操作岗总数的70%。设置基层党支部23个，党员370名。

水电分公司坚持以建设“三个面向”新神宁为统领，以“建设安全高效、优质和谐的专业化信息化水电分公司”为远景，始终坚持正确发展方向，持续优化内部资源配置，充分发挥专业化管理优势，党的建设全面加强，安全环保业绩突出，经营管理成效显著，企业内部和谐安定，2017年、2018年连续两年消灭了各类安全环保责任事故，累计转供水4746万立方、转供电24.53亿度、实现工业产值15.57亿元、利润为减亏2961万元，先后被评选为集团公司年度先进基层党组织、文明单位、安全生产先进单位、信访工作先进单位等荣誉，获得自治区文明单位荣誉。

第三章　煤矿火工品生产

第一节　生产体系

一、历史沿革

国家“一五计划”时期，确立开发宁夏贺兰山煤田，建设西北地区最大的焦煤基地，为酒泉钢厂、包头钢厂和包兰铁路的生产，运营提供原料、燃料。为解决石嘴山、石炭井、汝箕沟矿区及至西北地区煤炭工业开发所需的炸药、雷管，国家计划委员会、财政部、煤炭工业部考察立项建设石嘴山矿区矿用火工产品生产项目。1958年11月，煤炭工业部以（58）煤建字761号文件正式批准在石嘴山矿区建设矿用火工产品化工厂，项目总投资275万元。设计年生产炸药4000吨，雷管1000万发。项目工程由国防科工委设计、宁夏国防科工办监督施工、石嘴山煤矿建设局承建。工程于1959年5月开工建设，1961年9月建成炸药生产线并投入生产，划归石嘴山矿务局管理，正式定名石嘴山矿务局化工厂。1966年雷管生产线建成投产，分设炸药、雷管生产车间、维修车间、质量办公室、安全检查站。2001年更名为宁夏亘元集团化工厂。2002年更名为宁夏煤业集团化工厂。

二、持续发展

2004年7月宁夏国防科工办以宁科工办发〔2004〕6号文件，批准宁夏煤业集团化工厂改制为宁夏天长民爆器材有限责任公司（以下简称天长民爆），为集团公司的全资子公司，企业由此实现了从工厂制到公司制的转变。公司加快三项制度改革，转换生产经营管理体制机制，建立完善生产销售和核算体制体系，选拔培养青年干部，精简内部机构，使企业迈向市场化发展轨道。

2014年8月，为贯彻落实《宁夏回族自治区民用爆炸物品行业“十二五”发展规划》培育发展集研发、生产、销售、爆破服务为一体的企业集团，使公司进入全国50家民爆生产企业和200家销售企业行列，集团公司决定推进民爆行业整合重组，加快企业转型升级步伐，以天长民爆器材公司全部资产入股，中国葛洲坝集团易普力股份有限公司以货币形式投资1.52亿元，合资组建新的天长民爆公司，双方各占50%股份。经营业务由生产向爆破挖运转型，产品由产成品向现场混装转型。

第二节　技术创新与产品提升

一、扩能改造

天长民爆公司坚持创新发展，实施技术扩能改造，不断优化生产系统和环节，提升安全保障和操作自动化，改善劳动条件，以科学技术创造价值。1980—1983年，进行两次技术改造，炸药生产车间安装了降温通风管道、成品药输送螺旋、脉冲带式除尘器，提升了安全保障程度和操作自动化程度；雷管生产线建设完善了瞬发电管工房，购置了空压机、球磨机等25台（套）设备，提高了安全和质量水平；1996年，征地17万平方米，投资1400万元在新厂区建设了年产40000吨膏状乳化炸药生产线，并于1997年投产运营；2000年引进了炸药、雷管、药柱生产打号工艺。雷管实现了自动编码；2003年投资40万元将震源药柱生产线迁至新区；2004—2005年，按照国委爆〔2004〕50号文件、宁科办〔2005〕9号文件批复，天长民爆器材公司经过3年的努力，完成了新厂区主要生产设施建设。2006年新的雷管生产线、粉状乳化炸药生产线相继建成、生产保障系统锅炉中心、变电所完成建设，并新建办公楼4层2300平方米，公司本部随即搬迁至新厂区，距市区8公里。2008年，淘汰了落后的铵锑炸药生产线。

2009年后，随着国家产业政策的不断调整，民用炸药的生产技术和使用技术也在不断发生变化，为了满足爆破一体化服务，提升炸药生产本质安全，经国家工信部核准将2000吨/年震源药柱产能转换为2000吨/年的多孔粒状铵油炸药，2002年，将多孔粒状铵油地面站生产许可产能扩能为8500吨/年，2012年，经工信部批准（工信安字［2012］45号文件），将公司8500吨/年地面站置换到大峰矿区。公司于2015年投资935万建设成汝箕沟矿区多孔粒状铵油炸药现场混装地面制备站，投资300多万元新增两台孔粒状铵油现场混装车，2016年经自治区经信委［宁经信装备发〔2016〕144号］批复，天长民爆公司在惠农区总部生产厂投资1250万元新建一座年产1万吨乳胶基质制备站，配置两台乳化混装车和一台乳胶基质运输车。2017年将多孔粒状铵油炸药生产许可扩能至25000吨/年。2018年，根据宁经装备发〔2017〕126号、〔2018〕139号批复文件和中国葛洲坝易普力股份有限公司〔2016〕32号会议纪要，投资1900余万元新建一条胶状乳化炸药生产线，该线实现了5人以下的自动化、连续化、信息化的生产，达到了国家民爆行业3期安全技术水平。

二、安全管理

通过建立完善规范的安全管理办法，一改早期安全管理粗放化、经验式做法。树立“以人为本”的发展理念；强化“四个”转变（即被动防范向超前预防转变、临时性检查向制度化检查转变、事后查处向夯实基础转变、控制事故向避免事故转变）；建设本质安全体系，提升危险源辨识，推行安全文化，构成了新时代企业安全管理的立体防线，在生产过程中未发生重大安全事故。

三、扩大产品提升效益

2010年，国家鼓励支持企业采用自动化，信息化技术改造淘汰传统的生产方式和管理模式，加快现代生产工艺、装备和产品的升级换代，天长民爆公司将原有震源药柱2500吨产能置换为现场混装炸药产能。并首次购置两台现场混装车。2011年经工业和信息化部批复［工信安字〔2011〕62号］同意新增6000吨多孔粒装铵油炸药生产能力。

2012年天长民爆公司为扩大市场，并强化市场控制力，在集团公司的大力支持下，天长民爆公司投资801万元，全资收购了原宁夏物资集团下属的宁夏民爆专营器材有限责任公司。在银川地区开发了民爆储存库房和经营公司，使企业业务结构更趋合理。

2014年，天长民爆公司积极贯彻工信部关于加快推进民爆生产服务与爆破服务一体化政策。抓住合资重组契机，依托集团公司汝箕沟矿区露天剥离工程，顺势而为，积极申请一体化试点项目，在国家严控产能的政策条件下，经工业和信息化部［工信安字〔2011〕62号］批准新增工业炸药1.95万吨/年，工业炸药产能规模达到4.4万吨/年，其中：胶状乳化炸药0.9万吨/年、现场混装多孔粒状铵油炸药2.5万吨/年，现场混装乳化炸药1万吨/年。到2018年，天长民爆公司炸药、雷管发别达到4.5万吨和3300万发的生产能力。

第三节　转型升级

坚持走民爆生产爆破一体化的道路，积极应对各种客观环境变化和困难，推进可持续发展。天长民爆公司基本形成了集民爆物品生产、储存、运输、爆破业务的一体化产业链。2015年，承接集团公司汝箕沟无烟煤分公司露天爆破工程，全年营业收入完成23801万元，同比增长81%。2016年8月取得爆破作业单位二级资质、矿山总承包三级资质，核心竞争力进一步提升，为企业市场主体地位提升奠定了基础。2017年1月，中标乌海能源集团苏海图矿山治理工程，年爆破量约2000万立方米，年使用炸药量6500吨，工期8年，成为第一家在乌海地区实施爆破的区外企业。2018年，全面承接集团公司汝箕沟无烟煤分公司大峰采区原自营爆破工程，使用现场混装乳化炸药，全年使用炸药2672吨，现场混装乳化炸药占比达到67%，实现营业收入2132万元。2018年7月，成功中标准能集团哈儿乌素煤矿二标段爆破工程，初步构建了一体化发展战略市场格局。

2018年，天长民爆公司全年完成炸药生产45956吨，同比增产15634吨，产销量均创历史最好水平。在外部市场销售炸药41773吨，占比达到92.5%，较合资合作前提高了75%。

第四章　电力生产

第一节　体系建设

2009年之前，集团公司所属石嘴山、石炭井两个矿区煤矸石电厂，主要以煤泥、矸石、中煤综合利用为燃料，消化多年积压的矸石、中煤、煤泥，消除环境污染难点，实现废弃资源利用。2009年以来，集团公司围绕宁东煤田三大开发战略布局，实施煤炭就地转化产品战略，在宁东能源化工基地建设联合煤电一体化企业，实现综合利用，高质量发展目标。

第二节　银北电力

一、石嘴山矿区煤矸石利用电厂

石嘴山煤矸石利用电厂70%的燃料为煤矸石、中煤、煤泥。2003年，集团公司将其改建为石嘴山市众力达电力有限责任公司。集团公司先后投资660万元进行技改，对2＃汽轮机凝汽器循环水投入胶球清洗装置，延长凝汽器清洗周期。重新改建2＃深井，解决因2＃深井枯竭造成矿区生活用水和公司生产用水紧张的难题。对澡堂用水和化学再生水进行回水管线改造，形成循环利用，节约深井水资源。对排灰场除尘器、除尘水系统进行改造，解决除尘器除尘水量不足和2号、4号除尘器除尘效率低的问题。与湖南汨罗除尘器研究所合作采用新型旋流板和新型喷浪涌装置，提高除尘效率，降低煤气排放浓度，确保“三废”排放达到国家标准。

2009年，集团公司加大环境保护治理力度，按照整顿高耗能、高污染行业相关规定，对石嘴山市众力达电力有限公司实行关停转产。

二、神华宁煤集团太西电力有限责任公司

太西电力有限责任公司主要生产设备有4台×35T/H＋1台×75T/H循环流化床锅炉、3台×6000千瓦凝汽式汽轮发电机组、3台17T电煅碳素生产炉以及2条利用粉煤灰生产环保墙体建材生产线。年发电能力1亿度左右，年生产碳素1.5万吨左右。供电用户主要为太西洗煤厂、兰湖冶炼厂、碳化硅厂、太西水泥厂等集团公司内部企业。碳素销售国内外用户。公司是全区首家通过自治区经贸委资源综合利用电厂的认证企业，先后荣获“全国煤炭工业综合利用与多种经营先进企业”荣誉称号。2017年受环保制约，发电厂及锅炉全面停用。

自2009年以来，先后投资100余万元建起粉煤灰砖厂，以粉煤灰为主要原料，采用国内先进的粉煤灰砌块生产线，年生产环保标砖2400万块，年消耗粉煤灰约1.5万吨，缓解了粉煤灰的排放压力。发展热力供应产业，实施向太西洗煤厂二次供暖。完成向太西水泥厂、活性炭厂供电线路的铺设和供暖管路的铺设。

第三节　宁东电力

一、灵州电厂

灵州电厂发电设计总规模267万千瓦（2台13.5万千瓦和4台60万千瓦机组）。其中，一期建设2台13.5万千瓦机组，概算投资13.45亿元。

2004年7月5日，一期项目开工建设。项目由西北电力设计院设计，宁夏二建集团公司、宁煤基建设公司、宁夏电力建设公司、宁夏电力建设工程安装公司等单位负责施工，山东诚信工程建设监理公司负责监理。发电主设备选用上海汽轮机有限公司生产的N135-13.4/535型超高压一次中间再热凝冷式汽轮机、山东电力设备厂生产的W×21Z-073LLT型发电机，配套济南锅炉集团公司生产的YG400/13.74-M4型循环流化床锅炉。电厂主要燃料用灵新煤矿、羊场湾选煤厂产出的煤矸石、煤泥和部分原煤。

灵州电厂1号、2号机组分别于2005年9月26日、12月28日正式投入发电。2008年3月24日，灵州电厂一期2

台13.5万千瓦机组项目通过国家发改委核准。2017年受国家电力行业要求全面停产。

二、宁东矸石发电厂

宁东矸石发电厂一期设计规模2×33万千瓦机组。概算投资29.10亿元。2008年6月18日，宁东发电厂正式开工建设。2009年2月11日，国华电力公司与集团公司签署《关于宁东矸石电厂资产/权益转让协议》，国华电力公司整体收购宁东矸石电厂项目，并由国华电力公司全资注册成立宁夏宁东发电有限公司。

第五章　房地产开发

第一节　项目组织

宁夏亘元房地产公司是集团公司的全资子公司，为国家一级资质房地产开发企业。主营商品房开发、销售、建筑材料销售以及房屋租赁，也承担地方政府、集团公司迁居安置建设任务。

亘元房地产公司注册资本金1000万元，为暂三级资质房地产开发企业。2007年晋升为国家一级开发企业资质。公司注册资本金3.5亿元，资产现值超过100亿元。

第二节　项目建设

亘元房地产公司引进北京建筑设计研究院、中国建筑集团等“国字号”优秀设计、建筑企业，与北京建工集团等27家一级资质施工单位、中国建筑技术集团等12家甲级资质监理单位签订战略合作协议书，确保开发项目成为精品工程。

先后开发建设银川太阳都市花园、太阳城、水木灵州、香溪美地、银子湖、亘元国际中心等20个项目，开发建设总规模956万平方米，已经开发建设面积510万平方米，累计完成投资117亿元。其中，竣工项目10个，分别为太阳都市花园、望都·郡府一期、永宁县保障性住房、永宁县城乡一体化住房、兆源雅居、安康花园、银筑公寓、教育学院公寓、三亚马兰花酒店、望都·郡府二期。在建项目11个，分别为太阳城、水木灵州、香溪美地、国奥村、银子湖、锦城花园、财富汇、观唐、亘元国际中心、黄河岛、桂林洋。2011年7月20日，开工建设的亘元国际中心（万豪）大厦项目总建筑面积17.38万平方米。其中，地下3层，建筑面积4.7万平方米，地上50层，建筑面积12.68万平方米，建筑高度222米，计划总投资约22亿元，为银川市地标性建筑。

亘元房地产公司把“回报社会、关注民生”作为国企的担当，累计为地方政府提供保障性和安置住房70万平方米，为集团公司各矿区职工提供迁居安置房217万平方米，住户25168户。先后投入3000多万元，致力于扶贫济困、捐资助学、救助孤残等各类社会公益事业，树立了良好的企业形象和社会公信力。公司先后获得全国房地产500强企业、中国房地产品牌价值成长性十强企业、中国房地产品牌价值西北十强企业、中国房地产开发企业西部十强企业等150余项荣誉称号，是全区首家中国房地产协会副会长单位。公司开发建设项目、建设用地储备、开发建设规模、资产总量等综合实力在自治区均有一定的影响力。

第六章　物业服务

第一节　服务体系

2008年12月，集团公司实行物业服务专业化管理，组建神华宁煤集团物业总公司（以下简称物业公司），设石嘴山物业公司、灵州物业公司、太西物业公司和机关服务中心，全面负责各矿区及居民住宅区物业管理，公建物业服务，房屋、场地、设施租赁，矿区“两堂一舍”管理服务，公寓楼、饭店餐饮及其范围内的生态绿化、环境保护等管理服务。

2014年，集团公司将物业服务总公司更名为物业服务分公司。

2016年，物业服务分公司将石嘴山物业公司、太西物业公司合并成立银北物业公司。2017年，物业服务分公司下设综合办公室、经营管理部、物业管理部等8个机关部室和银北物业公司、灵州物业公司等5个基层单位，员工总数2254名。其中银北物业公司、灵州物业公司主要任务是负责各住宅小区的水电、暖供给，水、电费（2010年各住宅小区实现集中供暖，暖气费由供暖公司收取）收缴、公共设施维修、卫生保洁、环境绿化、老旧小区“三网”（供水管路、供热管路、供电线路）改造等物业管理和服务工作。为实施物业管理改革转型发展，推进提升专业化管理服务水平，减轻矿、厂负担，按照主辅分离、各司其职、全面提升的基本要求，物业服务分公司接收管理各单位员工食堂、后勤业务工作，开发利用农业土地资源，成立员工餐饮运营、后勤业务接收、农业规划发展3个项目组，具体实施物业服务项目化管理，加快物业改革转型发展步伐。

截至2018年底，承担物业服务面积1040万平方米。其中，住宅物业440万平方米，小区104处，居民56015户；公建物业面积162 万平方米；绿化管护面积478万平方米；太阳神大酒店2.2万平方米、贺兰山宾馆0.45万平方米；管理锅炉房、水泵房、变电所等机房75座，管理维护面积1万平方米。接收各单位食堂82个、保洁服务面积492.58万平方米、绿化养护面积456.88万平方米、公寓楼89栋、服务床位25710张、澡堂53个、洗衣机房17个、爱心服务站15个、锅炉房1座。

第二节　员工餐饮及后勤设施改造提升

一、员工餐饮

2009年，集团公司制定新的饭菜标准，员工就餐标准按每日三餐（早、中、晚）核定为15 ~ 17元/人，其中：中餐、晚餐主食必备5个品种，菜有6 ~ 8个品种；班中餐提供6至8种样菜，主要面向无法到食堂就餐员工。

2017年，按照集团公司统一安排，物业分公司全面接管集团公司所属单位员工食堂，按照“员工食堂盈亏持平、员工满意度测评达到90%以上”的目标，认真遵循“满意就是标准”的服务理念，强力推行“六个统一”，促进了员工餐饮工作的平稳运营。

“六个统一”即：统一食材配送、统一就餐食谱、统一饭菜价格、统一岗位标准、统一服务标准、统一费用结算。

统一食材配送：采用“订单农业＋大宗采购”的集中配送方式向各员工食堂配送绿色、环保、无公害的食材，在采购环节上把住食品安全关。

统一就餐食谱：根据“食谱定制合理化、菜品口味地域化”的要求，制定周菜谱、日菜谱，并提前公布。

统一饭菜价格：严格按照餐饮成本和员工就餐收入平进平出，不产生任何利润空间的要求，结合被服务单位实际制定就餐价格。同时，在一定时期内对各员工食堂的厨师队伍进行调换，最大限度地满足员工就餐口味。

统一岗位标准：建立了项目经经理、厨师长、前厅领班等岗位职责和岗位标准11个。

统一服务标准：制定印发了《神华宁夏煤业集团物业服务分公司创建标准化健康食堂工作实施方案》《物业服务分公司创建标准化健康食堂检查考核评分细则（试行）》。建立食品安全管理制度19 项，服务业务流程13项，后厨设备操作规程18项。

统一费用结算：按照集团公司费用标准，统一办理各被服务单位服务费用结算；根据食堂、后勤业务分包范围，统一人员工资定额标准，统一“两堂一舍”材料及低值易耗品限额控制标准。

具体工作中，严格执行各项规章制度和业务流程，全面推行员工食堂环境整治定置化管理，为员工食堂健康、有序、高质量运行奠定了良好基础。

为满足员工差异化需求，在食堂开设精品小炒档口，菜品以单炒为主。到2018年底，集团公司员工食堂接管工作顺利过渡，共接收员工食堂84个，服务范围内员工就餐满意度在90%以上。

二、员工宿舍、公寓楼改造提升

2010—2011年，集团公司投资58.78万元，对白杨林小区一号宿舍楼、二号宿舍楼分别进行了室内外墙面粉刷，屋面防水、室内外供排水、供暖、供电系统的维修改造；投资274.8万元，对中心区白杨林小区4栋分别进行了室内外墙面粉刷，屋面防水、内外供排水、供暖、供电管线等维修改造；投资192.36万元，对集团公司紫荆花公寓H座3单元26户进行了墙面、地面、顶面装饰、增加GRC隔墙和地漏等室内简约式装修。

2015年，集团公司64个生产经营、管理服务单位共配套建设单身公寓楼94栋，建筑面积33.91万平方米。所有单身住宅楼全部实行旅馆化公寓管理。

2018年，集团公司有员工宿舍楼145栋，建筑总面积62.13万平方米，设置宿舍房16639间，安排住宿员工36277人。各单位员工宿舍楼全部实行公寓化管理，由物业分公司统一管理。

三、澡堂改造提升

2010年，集团公司对原建31个澡堂照明、通风、排水等主要环节进行改造，在14个澡堂增设桑拿蒸房、定时测温仪、休息室，安装更衣吊篮、感应式喷头，增加了通风烘干系统。截至2016年，集团公司有澡堂49个，建筑面积5.59万平方米。集团各矿、厂均配备有专门的澡堂管理员和卫生清洁人员，24小时向员工提供热水浴洗服务。澡堂实行先淋后浴管理，并定时对池浴水进行消毒、更换，及时对浴洗环境进行卫生清扫。各煤矿澡堂还设置有洗衣房，配备有大型洗衣、烘干设备和缝纫机，为员工提供工作服清洗、烘干、缝补服务。

2018年，集团公司员工澡堂达到122个，建筑总面积10.18万平方米，有22个煤矿等单位为澡堂配备了工作服洗衣房，这些设施、设备全部有物业分公司管理，职工满意度均达到90%以上。

四、其他服务

物业服务分公司为各矿、厂均配备有工业广场地面、办公楼、厂区道路等保洁和绿化养护等服务人员。其中，烯烃二分公司后勤保洁人员负责调度中心、中控大厅、倒班楼、车间楼、机柜间、厂区道路环卫保洁总面积19.8万平方米；金凤煤矿后勤服务人员负责办公楼等建筑物、工业广场及道路保洁总面积24.27万平方米，负责绿化养护总面积17.47万平方米、各类树木31642棵；红柳煤矿后勤服务人员负责工业广场及道路保洁总面积62.6万平方米，负责养护草坪19.52万平方米、草花1.81万平方米、绿篱0.21万平方米、灌木林2.03万平方米和各类乔木27797株。

第三节　物业管理与后勤服务

一、居民住宅区物业管理

集团公司职工家属住宅区主要分布在石嘴山、石炭井、汝箕沟、宁东矿区和银川、石嘴山、灵武等矿、市区，涉及104个小区，建筑面积440万平方米，供水52804户、供电45022户、供暖48409户、物业管理54869户。服务用户近20万人。

2016年，集团公司根据国务院国资委、财政部《关于国有企业职工家属区“三供一业”分离移交工作指导意见的通知》［国办发〔2016〕45号］“国有企业管理的职工家属区的供水、供电、供暖、物业管理全部移交给地方专业化公司管理”的要求，启动了员工家属住宅区物业管理和供水、供电、供暖的分离移交工作。分离移交内容包括集团公司管理的分布在银川、石嘴山、宁东三个地区的员工家属住宅区104个、建筑总面积440万平方米，涉及供水52804户、供电45022户、供暖48409户、物业管理54869户。为确保分离移交工作的顺利实施，集团公司当年通过陆续向生产后勤、生产辅助转岗的方式，妥善安置物业服务从业人员超过400人，并积极筹措分离移交前的住宅小区改造资金。

2018年10月31日，按照国家、自治区和国家能源集团规定，集团公司与接收单位全部签订了“三供一业”分离移交协议。12月26日，各住宅区的供水、供电、供暖、物业管理权和资产全部移交接收单位。其中，供电全部移交国网宁夏电力有限公司，供水分别移交银川中铁水务集团有限公司、石嘴山市润泽供排水有限公司，供暖分别移交宁夏鑫盛物业服务有限公司、石嘴山市皓泰热力有限公司，物业管理全部移交宁夏建投城市运营管理有限公司。

二、矿、厂物业后勤管理服务

按照集团公司的安排部署，物业分公司先后承接了31个矿、厂、公司办公楼、招待所、公寓楼、矿区道路、工业广场、文体中心、公共厕所等场所卫生清扫，环境保洁，设施维修，保养管理服务工作。配备专职人员37人，劳务环卫工人442人。煤矿及煤化工单位环卫工实行三班作业，其他单位、工业广场、矿区道路、文体中心实行两班作业。

截至2018年底，管理服务总面积达554.33万平方米。

第四节　矿区生态绿化

集团公司针对矿、厂区域生态绿化工作实行统一规划、统一安排、统一管理。物业公司具体负责组织实施，按照种植养护“一体化”的方式落实主体责任，对责任区域绿化工作按照“五个统一”的原则实行自营。实行统一规划设计、统一审定资金、统一实施种植、统一管理养护、统一验收结算。

绿化区域涵盖羊场湾、梅花井、汝箕沟等15个煤矿和煤化工纬二路、槐树庄公寓以及集团公司本部。主要项目有煤制油化工园区纬二路绿化补种植、槐树庄公寓绿化补种植、集团公司生产指挥中心绿化品质提升以及矿、厂区域绿化补种植项目。

按照习总书记“绿水青山就是金山银山”的环保治理总体要求，自治区生态文明建设重点工程项目的大南湖生态环境治理由物业分公司承担。大南湖湖水水域面积约为30平方公里，湖水主要来自宁东煤化工基地、电厂和矿井工业废水和矿井水，经环保净化后集中排放形成。治理的目的是为改善湖区生态环境，达到防风固沙，净化空气、保持水源涵氧量，集团公司按照要求计划在大南湖周边逐年实施绿化植树、植草等改善环境的绿化工程。2018年，集团公司在大南湖项目及矿区生态绿化共投资2238.31万元，共种植乔木31174株、灌木93796株、绿篱504711株，完成草坪种植14.13万平方米、花卉种植61673株、小乔木3324株、草本植物75010株。成活率在82.05%到98.01%之间。其中，大南湖种植面积154.54亩，已形成5公里长的绿化种植带。种植乔木类刺槐、沙枣树6010棵、花灌木类红柳、紫穗槐10800株。完成林带围栏10公里，面积50万平方米，树木成活率达95%。

第五节　农业用地管理

一、土地基本现状

集团公司因历史沿革延续至今，农业土地总面积23687.97亩。其中：出租农业用地15207.09亩；自主经营农业用地1374亩；农场员工耕种178亩；荒地2418.94亩；住宅用地、零散场院、道路、水渠等占地4509.94亩。在土地总面积中，石炭井沟口农场占地面积10056.94亩，可使用面积8254.85亩，其中：耕地3974.67亩，林地282.38亩，果园2695.92亩，场院11处共计168.38亩，自开荒地262亩。自管土地801.5亩。道路、水渠及住宅占地1802.09亩。石嘴山惠农区北极生态拓展中心有南农场、北农场、落石滩三个农场，占地面积9543.9亩。

二、经营方式

农业土地经营分为对外承包经营和农场自营两种方式。流转承包的耕地15207.09亩，承包租赁户154户，年收入承包费、租金约257.28万元。

石炭井沟口农场出租土地面积 6751.37亩。出租土地2018年收回租金117.42万元。

农场自营耕种土地1503.48 亩。其中，农工和病亡遗属耕种利用783.6亩；银杏园土地282.38亩；公司自营种植土地801.5亩。

石嘴山惠农区北极生态拓展中心共三个农场占地面积9543.9亩，出租土地5865.9亩，年收租金123.93万元。其中南农场占地2761.90亩，出租耕地1952亩，年租赁收入46.60万元；北农场有土地面积5982亩，出租耕地3113.9亩，年土地租赁收入76.92万元；落石滩农场总占地800亩全部出租，租赁期限10年，年租金0.5万元。

第七篇

企业经营管理

2009年以来，神华宁夏煤业集团公司不断加大改革力度，打破传统经济体制，建立完善社会主义市场经济体制体系，从生产建设到经营管理发生了根本性变化。企业建立了自主经营、自负盈亏、自我发展、自我约束的生产经营运行机制，管理成果不断显现；创新管理体制体系，改革人浮于事、推诿扯皮、工作效率低下的状况，逐步向职责分明、问责奖罚、机构精干、安全高效的目标推进；劳动人事管理制度和用工制度改革，实施企业和劳动者双向选择制度，明确企业和劳动者个人的责、权、利关系，取消“大锅饭”，打破“铁饭碗”，人力资源配置不断优化，更加趋向合理，进一步解放了生产力；财务实行集中管理，提高资金使用效率，降低经营风险，确保重大建设项目、科研技术、安全生产、环境保护、职工生活福利等投入，保障了安全生产和新型产业的建设；实施物资供应统一管理，压缩基层单位采购种类，确保物资质量与供应，减少了库存，盘活了资金，增加了经济效益；强化产运销管理，延伸扩大市场覆盖面，实现了产销基本平衡、协调发展的目标，经济效益显著提高；不断加强和改善党的领导，坚持党委研究决策重大问题，实施民主管理制度，依靠群众，倾听群众意见，实行民主监督与管理，提高了全员素质，增强了职工主人翁责任感，提高了企业科学决策水平，企业的综合效益、综合实力显著提高。

2009年，被神华集团评为“五型企业”（本质安全型、质量效益型、科技创新型、节源节约型、和谐发展型）建设先进单位。

2010年，集团公司核算中心成立，实行财务集中核算。通过SAP系统，将物资、销售、人力资源板块业务实时集成；将会计核算纳入神华集团统一的财务核算体系内，满足神华集团对二级单位的内控管理要求；实现账表一体化，高效财务报表，全集团一本账管理的目标；设置利润中心和成本中心，实现了企业会计核算及考核管理目标一体化。

物资管理工作不断优化采、供、管业务流程，加大重点项目关键设备的催货、监造力度。开发物资寄售业务，减少资金占用，提高物资采购质量和效率。在物资供应体制机制改革方面，突出物资管理、采购对煤炭、煤化工主业的服务性，增强物资供应互换性、超前性，提高物资供应效率。利用设备存量资产，调剂周转服务，提高设备使用效率，降低生产单位成本。加强采购管控，强化合规性，实行管理和采购分离，机电管理部负责管理职能，物资公司负责采购计划的组织实施。

集团公司将人力资源工作科学地融入企业发展中，实现“增产不增人”劳动力总控制目标。2016年，按照《神华集团年度绩效考核办法》，修订完善集团绩效考评办法，形成职能部门监督指导、基层单位组织实施的建设机制。劳动力总量由2009年的53251人，减少到2018年的49368人，煤矿全员工效由2009年的1060吨/人，提高到2018年的2875吨/人；员工收入大幅度提高，其中2018年采掘一线员工人均收入达到162789元，与2009年相比净增加84616元，增幅达108.24%。

在整合资源，优化产业结构，实现高质量发展的同时，全面落实以人为本的发展理念，先后投入约10亿元资金用于员工文体娱乐活动场所建设、员工住宿和就餐场所建设、员工家属住宅小区改造和环境条件改善。同时，适时调整提高员工工资、入井费、班中餐、夜班费等各项福利待遇的发放标准。至2016年，集团公司仅用于职工住宅小区改造、缴纳住房公积金和发放独生子女补贴的资金就分别达到1.41亿元、75.89亿元和0.14亿元。

第一章　改革管理体制

集团公司在深化改革中不断整合资源，调整优化生产经营布局，淘汰落后产能，建立完善现代企业生产经营组织机构，改革优化管理体制，完善管理体系，创新管理模式，以科学化、标准化、精细化管理为目标，强化职能管理，加强制度建设，落实管理责任，夯实管理基础。在生产经营和企业管理中，不断建立和完善了预算管理、质量标准化、价格管理、财务管理、安全管控、员工培训、对标管理、制度建设、绩效考评体系。提升了管理水平，形成了上下有目标，层层抓落实，员工尽责任，积极向上、务实创新的企业文化和科学管理、精细化管理流程，实现了科学决策，可持续发展。

第一节　优化组织机构

从2009年开始，集团公司以整合资源，淘汰落后产能，实施集约发展，转型升级为抓手，建立强有力的生产经营组织机构。

2009—2013年，集团公司每年对煤炭、煤化工、电力、建筑安装、建材、冶炼、机械制造、房地产业、交通运输、勘探设计、物业管理等重点产业进行全面调查评估，总结分析，着力解决小而分散、技术创新乏力，发展后劲不足且不平衡，结构不合理，管理不规范等突出问题和矛盾。2008年9月，以宁夏煤矿设计院、灵州工程监理咨询公司、工程质量监督站、资源环境保护中心、环境安全工程公司为基础，整合成立神华宁煤集团能源工程公司。合并电视新闻中心、华夏能源报社，将信息网络中心部分业务整合，成立神华宁煤集团电视新闻网络中心。12月，集团公司整合石嘴山、石炭井、汝箕沟、大武口、宁东等矿区物业资源和管理服务机构，成立神华宁煤集团物业服务公司。各矿区和银川、石嘴山、灵武等地区居民住宅、公建设施、房屋、场地、“两堂一舍”、饭店餐饮等物业管理经营及其区域内的生态绿化、环境保护实行专业化管理经营。同时，承接宾馆、招待所经营管理、煤制油化工产品包装、仓储、装卸和农业运输种植。把物业从去过去的单纯后勤服务提升为生产经营服务。2009年，整合煤炭深加工产业，撤销碳素公司、活性炭公司、碳化硅公司和煤制品公司，成立神华宁煤集团炭基工业公司，创建“太西循环经济产业园”。煤炭深加工产业实现了统一建设、统一标准、统一销售、统一管理提质增效的目标。撤销27个矿、厂劳动服务公司，对多种经营公司、水电公司实行归口管理。2013年11月，集团公司按统筹管理、统一规划、统一设计、统一开采，实施安全、高效目标和“太西”无烟煤保护性开采措施，撤销汝箕沟矿区原汝箕沟煤矿、白芨沟煤矿、大峰露天煤矿三个无烟煤主力生产矿建机构，成立神华宁煤集团汝箕沟无烟煤分公司。截至2013年底，集团公司的生产经营单位由2006年的106个整合为83个。

从2014年开始，集团公司贯彻落实国务院煤炭、钢铁去产能部署，加大供给侧结构性改革力度。针对石嘴山、石炭井老矿区焦煤生产矿井、洗选煤厂因生产难度加大，煤质差、成本畸高，长期亏损的突出问题，组织专家学者进行调查评估，分析论证。果断关停了石嘴山、石炭井老矿区焦煤生产矿井和大武口洗煤厂；撤销西大滩洗煤厂建制并入太西洗煤厂，设立西大滩洗选区；撤销太西炭基工业公司，将煤炭深加工项目划归太西洗煤厂统一经营管理；撤销灵州建井公司，人员划转清水营煤矿。

根据宁东综采、综掘机械安装回撤的需要和煤化工机械安装维修、辅助生产需要，先后成立了生产安装公司、煤制油化工安装检修分公司，煤制油化工公用设施管理分公司。

截至2018年底，集团公司经过体制改革、资源整合、关停并转，生产经营单位整合为46个，建立了精干高效的组织机构和体制。

第二节　企业管理策划

一、管理机制与责任

2009年2月，集团公司将原经营管理部和企业破产改制办公室合并，设立神华宁煤集团企业策划部。根据职责和工作需要，企业策划部内设绩效管理、企业管理、产权管理、价格管理、综合管理五个业务口，主要负责“五型企业”建设考核、企业改革、管理创新、对标管理、委外业务管理、定额标准体系建设等业务。

二、管理策划

（一）考评体系建设

按照集团公司“五型”企业建设要求，不断完善优化“五型”企业综合绩效考评体系，结合各板块及单位生产经营特点，修订完善“质量效益型”绩效考评指标及标准，重点考核价值创造力、成本控制水平、运营质量及运营效率等关键性指标。区分不同板块和单位增收、创效的实际情况，有针对性地制订增收、创效专项激励考核政策，增强不同板块和单位差异化的激励和约束机制。对实行产品内部收购制的单位重点考核成本控制情况；对直接面向市场的单位重点考核利润完成情况；对费用单位重点考核费用（成本）节支情况。评价指标突出过程管控和管理短板指标考评，开展监控分析及异常情况预警。针对各板块及单位生产经营特点，分别制定了“超利、节支及生产效益奖”“块煤增销奖”以及各专业化公司超产、超利提成奖等专项奖励政策，进一步增强了考核的针对性，发挥了绩效考核的激励作用。同时，完善机关绩效考评办法，在降低部门定性评价权重的同时调增了量化考核指标的权重，在各部门的定量指标中，均增加了集团公司年度（季度）利润、成本、安全生产3项关键性业绩指标，体现各部门工作绩效与集团公司整体经营目标的一致性。同时，引入责任成本管控的理念，将各项成本的完成情况与机关各部门的绩效挂钩，增强了集团公司机关部门对基层单位成本费用的管控力，有效提升了集团公司的总体管控水平。

（二）绩效考评

按照价值创造、激励约束、分类考核、产业协同和过程管控的原则，修订、完善综合绩效考评体系。突出高质量绩效考核模式，按照资本效益（价值创造等）、发展质量（运营效率、单产单进等）、创新驱动（核心技术、科技成果等）、持续发展（安全、节能、环保等）四个维度和年度专项重点任务进行考评。

煤炭板块在产量、进尺结算绩效工资的基础上，强化安全考核，突出价值创造运营效率和持续发展能力指标的考核；煤炭板块中辅助单位在内部市场化体系运行的基础上突出产业协同、强化服务等指标的考核；运销公司加强了价值创造、产业协同和资源协调等方面的考核。

煤制油化工板块各生产单位在产品产量绩效工资的基础上，强化安全考核，突出价值创造、运营效率和持续发展能力指标的考核；煤制油化工板块辅助单位在内部市场化体系运行的基础上突出产业协同、强化服务、新产品研发等指标的考核；煤制油化工销售分公司加强了价值创造、市场开拓等方面的考核。

其他单位以推进内部市场化为基础，围绕各单位的核心业务，以价值创造和提供优质服务为目标，修订完善考评指标和分配机制，更好的促进各单位增收创利的积极性。

（三）对标管理

持之以恒地开展对标提升工作，突出抓好对标学习、先进管理方式借鉴与管理工作改进，努力推进以管理工作的改进支持绩效目标实现的对标理念落地；持续推进专项对标工作，强化先进，经验尤其是民营企业适应市场变化的先进理念、做法的学习和借鉴，努力提高成本管理水平，抓好对标提升与管理创斯的有机衔接，以管理创新引领对标工作，以对标管理促进管理创新。

（四）制度建设

按照制度管理规范的“源”“立”“行”“查”“改”“废”六个环节要求，规范内部审核，提高制度管理质量；不断强化已发布制度的宣传培训、检查督导和整改完善，执行到位，积极参与神华集团流程管理体系设计与实施规划项目，根据神华集团管理模式和流程管理办法，将项目实施内容与集团公司实际紧密结合，梳理优化集团公司各部门主要业务流程。

（五）完善定额标准

先后完成了物资储备定额，补充编制了煤化工、炭基产业、矿机制造物资储备定额标准，形成了完整、系统、合理的物资储备定额标准体系；建立了单体液压支柱修理定额标准，规范并统一了单体液压支柱的维修费用标准，为增强单体支柱维修成本管控能力奠定了基础。

（六）价格管理

将质量提升、现场服务、品牌建设、市场拓展、终端直供、客户管理等作为重点工作，加大市场调研，全面分析市场，加强信息支撑，促进产销衔接；合理确定产品市场价位，制定产品销售价格政策，全面推行产品终端直供，建立长期稳定合作关系。掌握集团公司煤炭资源销售配置结构，关注周边煤炭生产基地资源开采和销售状况，做好外采工作。从管理创新入手，加强价格过程管控，提升管理水平，促进产品效益销售。细化价格检查，从制度建设、审批流程、价格执行等多方位进行督查、督办，对未严格执行集团公司价格政策事项进行披露，对价格管理办法及价格内部审批流程相关内容做进一步完善，确保了集团公司价格政策执行到位。

第二章 预算与统计

第一节 管理体系

2009年，集团公司不断深化机构体制改革，优化管理结构，强化职能管理，组建了神华宁煤集团规划发展部。制定了规划发展部的管理职责及考核办法。建立完善、科学合理的预算管理体制体系。按照专业管理职能，规划发展部内设预算管理、数据信息管理等业务口，配备了专业管理人员。

从2009年开始，整顿基层各单位计划管理组织机构。2009年集团公司所属矿、厂、公司生产经营单位设专职计划科38个，经营管理科23个，管理及后勤服务单位设综合管理科（含计划管理）19个。通过不断加大供给侧结构性改革调整力度，整合资源，调整产业结构，淘汰落后产能，一批长期亏损的企业先后关停。到2018年底，基层生产单位设立计划管理科27个、经营管理部16个、管理及后勤服务单位设综合管理部12个，管理人员相应减少。

2010年10月，集团公司组织专业人员，挖掘梳理集团公司组建以来制定实施的计划管理规定、办法，按照生产经营组织运行的状况，分类分次修改完善了《神宁煤业集团公司生产经营计划管理办法》。随着煤制油化工板块的建成投运，为进一步规范计划管理，2014年6月，根据集团公司的决策部署，规划发展部会同企业策划部等职能部室对上述规定、办法进行量化修改，补充和完善，并以神宁办〔2014〕99号文件正式下发执行。

第二节 预算编制

以集团公司总体发展战略为指导，以生产经营单位为主体，按照年度与总体规划结合、季度与年度结合、月度与季度结合的思路，坚持“市场导向、效益优先、指标统一、先进合理”的原则，实现经营成果最大化。生产经营预算按时间分为年度、季度和月度滚动预算。

一、年度预算

每年8月初，各矿、厂、公司根据集团公司生产经营预算编制工作安排，组织编制本单位下年度建议预算。8月中旬前，分别报送规划发展部、生产技术部、煤制油化工部、机电管理部。生产技术部负责审核煤炭生产预算，煤制油化工部负责审核煤制油化工预算，机电管理部负责审核水电预算和机械维修、大修预算。8月30日前，各部门形成审核意见报规划发展部，由规划发展部负责做好预算编制过程中的组织协调与平衡，提出年度产品产量预算草案。

每年9月20日前，运销公司、煤制油化工销售公司根据年度产品产量预算草案以及市场需求，提出下年度产品品种、数量、售价及铁路运量建议预算，并将下年度煤炭、煤化工产品销售建议预算报送规划发展部。

每年10月20日前，规划发展部会同相关部门，对矿、厂、公司生产状况进行全面了解，完成下年度主要产品生产、销售、运输衔接草案，经集团公司审定后，上报神华集团。

规划发展部按照神华集团审定的商品煤、煤制油化工产品计划，完善集团公司年度生产经营预算方案，形成集团公司年度产销预算后提交财务部编制年度经营预算。产销年度预算由集团公司综合绩效考评办公室统一下达。

各矿、厂、公司依据集团公司下达的年度预算及要求，于次年1月下旬编制完成本单位正式年度预算，报规划发展部和生产技术部、财务部、煤制油化工部，作为年度考核依据。

二、季度预算

每季度最后一个月，各矿、厂、公司根据本单位预算的完成情况及生产条件，按要求编制下季度建议预算，并于当月10日前上报规划发展部和有关部门。

每季度最后一个月10日前，运销公司、煤制油化工销售公司向规划发展部报送下季度煤炭、煤化工产品销售建议预算。

每季度最后一个月15日前，生产技术部根据各矿、厂、公司上报的煤炭生产建议预算，提出审核意见并报送规划发展部。规划发展部对季度预算进行平衡，提出下季度预算草案，18日前提请集团公司分管生产副总经理，召开有财务部、企业策划部、生产指挥中心、生产技术部、机电管理部、安全监察局、运销公司参加的预算协调会议，对草案进行进一步审核，确定下季度产销及相关指标，于20日前提交财务部，编制季度经营预算。

三、月度滚动预算

各矿、厂、公司根据本单位年度预算的进度完成情况及生产条件，按要求编制月度滚动建议预算。每月10日前（季度首月以季度预算上报为准）上报规划发展部、生产技术部、煤制油化工部。

运销公司、煤制油化工销售分公司每月15日前向规划发展部报送次月市场需求与运输预算。

规划发展部每月20日前形成月度预算草案并提交集团公司分管领导，召开有财务部、企业策划部、生产指挥中心、生产技术部、机电管理部、安全监察局、运销公司等部门参加的预算协调会议，对草案进行进一步审核，确定产销及相关指标预算，于25日前提交集团公司综合绩效考评办公室统一下达。同时，提交财务部编制月度经营预算。

各矿、厂、公司依据集团公司下达的月度预算，编制月度作业预算，并说明制定预算的主要依据、上月生产经营的主要特点、生产能力和市场需求的变化、针对预算安排提出影响因素及采取的措施等，于预算月5日前以电子版形式报规划发展部、生产技术部。

四、总体规划

总体规划在编制前，由科技发展部、规划发展部等职能部室共同组织专业人员进行全面调研论证，对企业的主体生产经营项目、生产规模、生产方式、产品用途、劳动用工、机构设置、职工生活福利、文化教育、生态建设与环境保护、社会责任与贡献、建设工期、投资预算、产值利润等进行反复调研论证，测算对比，形成可行性调研论证报告，按照项目等级，逐级批复后组织实施。编制的总体规划主要有《宁东能源化工基地建设规划》《宁东煤田亿吨级生产基地建设规划》《宁东国家级循环经济试验区建设规划》《石嘴山矿区技术改造挖潜扩能规划》《石炭井矿区技术改造挖潜扩能规划》《汝箕沟矿区技术改造挖潜扩能规划》《五型企业建设规划》《本质安全企业建设方案》《煤矿生态建设环境治理保护规划》。

五、五年规划

五年规划以企业总体规划目标，结合企业生产现状，突出阶段性工作任务和要解决的问题，提出预算方案，其主要内容包括：工业生产产量、产品销售量、用工计划、企业管理目标、产品质量、资金管理、成本核算、工业总产值、增加值、原材料、电力消耗、盈亏（利润）预测、安全监控指标等。

按照预算项目可分为4类：工业生产预算，含生产计划、劳动工资计划、物资供应计划、财务成本计划、产品销售计划、煤炭运输计划、用电计划、配件加工计划；基本建设计划，含新井建设计划、矿井改扩建计划、矿井技术改造计划、安全设施建设计划、专项拨款计划、职工住宅及福利设施计划；专用基金使用计划，含维持简单再生产资金计划、固定资产大修理基金使用计划、福利基金使用计划、自筹基本建设计划、科研基金计划、生态建设与环境保护计划、外调煤炭财政补贴基金使用计划；装备制造计划，含采掘机械化安装计划、运载机械化安装计划、金属支柱计划、机械更新改造计划。按照计划期时间分为长远规划、年度计划、季度计划、月度作业计划4种。

每年10月，生产经营单位组织编报本单位下年度生产经营建议预算，并于10月15日前报规划发展部；每年10月10日前，销售公司将煤炭生产、洗选单位下年度销售预测明细汇总后，送规划发展部，同时反馈给煤炭生产单位、洗选单位；每年10月，规划发展部组织有关部门进行经营调研，并根据所掌握的信息测算出生产经营单位各项年度指标。每年12月15日前，依据测算结果，编制生产经营单位建议预算和集团公司下年度生产经营目标，拟定下年度集团公司生产经营预算草案，组织专业公司和有关职能部门召开平衡会议，进行综合协调平衡；每年12月20日前，规划发展部按照会议平衡结果修改、完善，并提交集团公司常务会议研究审定；每年12月25日前下达年度生产经营预算。

煤炭生产经营单位编报的生产经营预算由表格、图纸和文字说明3部分组成，非煤生产经营单位编报的生产经营预算由表格和文字说明两部分组成。

生产经营预算实施过程中，因生产经营条件发生重大变化，致使原预算不能完成的，生产经营单位及时向集团公司提交调整预算指标的请示，经核实调整预算指标理由成立的，可以调整预算。

规划发展部会同相关部门定期或不定期深入生产经营单位、作业现场，检查预算实施情况，及时发现问题，摸清规律，总结经验，改进工作，落实预算任务。

生产经营单位定期或不定期对生产经营预算实施情况进行自检，并将自检出的新情况、新问题和实施预算的改进措施或合理化建议，及时报集团公司规划发展部。

在预算编制与实施中，推行全面预算管理、方针目标管理、经济责任制、市场预测、网络技术等现代化管理方法，使预算的编制、实施、检查工作建立在可靠的基础上。

第三节　预算考核与落实

一、预算考核

建立有效机制，加强监督检查，严格考核指标，把企业发展规划、预算落到实处，体现了预算编制、核定、考核、落实的系统性、法理性、严肃性。坚持实事求是、科学论证，对预算编制指标分类分项、细化分解，作为考核落实的主要指标，由规划、财务、人资、基建、安监、生产技术、企业管理等职能部门组织人员考核验收，实行月度跟踪、季度检查、半年分析、年终总评的考评制度，对完不成当年工业生产预算、基本建设计划、财务收支预算、安全控制指标、产值利润指标的单位以经济手段予以处罚。

在预算的执行中，集团公司实行定期总结分析制度，每季度由总经理主持，相关部门组织职能部门及生产、建设单位负责人会议，由职能部门通报预算执行情况和预算指标完成情况，检查预算执行中的问题，分析未完成预算的因素，制定弥补的措施，对确因客观原因或自然条件制约完不成的预算，及时采取特殊措施或调整预算，并向神华集团如实提出调整报告。

各基层单位严肃预算的执行，定制度、定责任、定措施，对预算层层分解，把年度预算落实到矿（厂）、部门，把季度、月度预算落实到区队、车间和班组，做到上下有目标，层层有责任，人人有任务，月月有考核，件件有落实。各矿、厂、公司采取调度日检查和月查、季查相结合的形式，对每天的原煤产量、掘进进尺、煤炭销售、煤化工产品及销售、外运计划落实情况核对登记，实行调度指挥。基层单位每月初由分管副矿、厂长召集职能科室和有关生产单位负责人会议，检查分析上月预算执行情况，部署当月预算任务。同时，坚持每季度一次的预算汇报会议和综合平衡会议，由统计部门和职能处室汇报深入基层、现场了解检查预算的执行情况，分析预算执行中的问题，制定措施，使预算得到全面落实。

二、预算修改与调整

集团公司下达的年度、季度、月度预算，原则上不予调整。确需调整的，按照调整程序，由申请单位在预算执行期内，以正式文件形式将申请指标、主要调整原因、已采取的措施、对关联指标的影响及对所调整指标的补欠措施等上报集团公司，规划发展部会同相关部门进行会审后拟订调整意见。年度预算的调整必须经集团公司总经理办公会议审定后方可进行。月度预算的调整报经集团公司分管领导审核批准后调整。

调整或更改预算坚持“六个有利于”，即：有利于资源的开发利用，有利于提高企业的经济效益和综合实力，有利于安全生产、科学和谐发展，有利于环境保护、生态文明，有利于增加职工收入、提高职工的生活质量，有利于国家的建设。

第四节　统计

一、统计报表编制

统计工作实行统一领导、专业分管的体制。按照自治区人民政府、神华集团的统一部署，完善工业生产、产品销售、基本建设、财务、专项资金管理使用、劳动工资、固定资产大修理、非煤产业和经济技术指标报表的上报工作。反馈下达工业企业主要经济技术指标完成、工业产品销售、库存、工业产值及盈亏、固定资产投资及完成、设备运转及电耗、事故调查处理、掘进工程进度、成本核算、财务管理、职工教育培训、劳动工资、多元产业（非煤产业）、环境治理与保护等统计报表。

各基层单位负责工业生产、基本建设投资及维简、井巷、折旧资金等统计报表的编报，编印月度统计资料手册，阶段性整理汇编统计资料，牵头完成上级安排的工业普查、投入产出社会调查。其他专业部门按分管专业完成各自专业的年、月度报表。基层各单位实行三级管理，班组的原始统计资料报区队（车间），区队（车间）的统计资料报计划统计科和专业部门，计划科将基层区队（车间）和各专业部门上报的统计资料整理分析，编制成月度统计资料手册，报送单位领导和相关部门。

二、统计资料分析与应用

集团公司及各基层单位坚持实事求是的原则，认真做好综合统计与专业统计报表的编报工作，开展综合统计资料的分析与科学应用。月度分析注重突出问题，季度和年度分析注重全面综合系统分析，在分析中找出各种数据变化的差异，综合分析原因，得出系统分析结论，提出可行性建议和意见，制定解决问题的办法和措施，把统计资料的分析应用贯穿于企业发展的全过程，促使企业加强管理，科学持续发展。

为了加强预算与统计管理，规范统计报表，确保预算的严肃性，体现统计资料的真实性、准确性、可靠性，2009年8月，集团公司召开计划工作会议，制定企业统一的数表统计，并组织专业人员，聘请统计专家，编制《企业综合统计手册》，包括：企业生产经营的20个分项统计数据，八项经济技术指标；原煤产量、掘进进尺完成情况；煤炭运销情况；材料、电力消耗；产品成本核算；基本建设完成情况；非煤产业（多元经济）生产状况；产品质量；机械制造、材料加工情况；全员工效；安全生产状况；工业产值、利润；劳动工资管理；专用资金管理；财务管理；环境保护；干部人事管理；安全设施与安全技措工程建设；设备运转及大修；职工教育培训。

2013年，集团公司总结评估预算统计工作的基本现状和统计资料的应用成效，重点研究决策，进一步创新预算统计工作体制体系，分门类，分项目，系统建立数据资料信息库，解决预算编制实施和资料统计应用中的个性问题。根据集团公司的决策部署，规划发展部、企业策划部、生产技术部、科技发展部等职能部室和基层单位创新思路，分门别类，细化项目，量化责任，按照各生产经营板块和管理项目，进一步规范完善预算编制和执行实施的基本原则、方法步骤、考核标准。建立了19大门类，各生产经营板块、管理服务板块和《企业综合统计手册》列举的八大经济技术指标，20个生产经营项目的数据资料信息库，并对资料综合分析，科学应用和保密工作，补充完善了新的规定。通过不断改革创新，构建了完善的预算指标体系和资料统计体系，提升了预算编制的科学性、实践性和可操作性，提升了综合分析资料，科学应用资料的水平。

集团公司始终重视预算统计人员专业技术的培训和提升。以集团公司培训中心为主，每年有计划、分期分批安排预算统计人员脱产学习培训。同时，利用送出去深造学习，请进来专家学者授课学习的形式，提升专业人员的技术素质。2010—2018年，先后有421人次计划统计人员参加了各类脱产培训学习，其中63人次先后参加了自治区、神华集团和各类高等院校的专业培训。专业技术水平明显提升。为集团公司可持续发展造就技术人才队伍。

第三章 人力资源管理

集团公司以人事管理，劳动力管理，薪酬管理、教育培训管理和社保管理为抓手，不断探索现代企业人事管理的要求和形式，创新管理模式，把人事管理分类细化，整体员工队伍分为管理人员和操作人员两大类型。把管理人员又分为职能管理人员和专业技术人员，把操作人员分为技能操作人员和工勤作业人员。根据各类人员的不同情况、不同岗位，制定不同的操作标准、规章制度，建立管理体系和绩效考核规则。通过分类细化，强化人力资源管理，优化劳动组织结构，达到人尽其用，各尽所能，实现劳动、工作效率、效益的最大化；以改革完善薪酬分配管理，体现公开、公平、公正和多劳多得的薪酬分配原则；通过强化社会保险管理，彰显中国特色社会主义优越性；坚持培训教育，提升全员素质，打造政治坚定，思想过硬，作风扎实的干部队伍和员工队伍，为集团公司的可持续发展提供人力资源保障。

第一节 劳动人事管理

一、管理体制

集团公司的劳动组织、员工队伍实行集团公司—矿、厂、子分公司—区（队）、车间三级管理体制。

集团公司党委设组织部，负责各类干部的管理工作；行政设人力资源部，其主要职责是全面负责集团公司的人事、劳动力、薪酬、教育培训和社保工作管理。人力资源部内设综合、人事、劳动力、薪酬、专业技术、教育培训、技能监管和社保工作等8个业务管理口，集团公司主要领导分管人力资源管理。各业务口全部配备业务主管、主办和专业管理人员。

2009年以来，集团公司按照国家劳动、人事、工资三项制度改革要求，以优化劳动力组织结构、强化劳动力管理，加强教育培训，深化薪酬制度改革，严格绩效考核为抓手，不断探索创新现代企业人事管理的要求和形式，创新管理模式。人力资源部把人事管理分类细化，员工队伍分为管理人员和操作人员两大类型。把管理人员又分为职能管理人员和专业技术人员，把操作人员分为技能操作人员和工勤作业人员。根据各类人员的不同情况、不同岗位、制定不同的操作标准，规章制度和绩效考核规则。

二、干部管理

坚持党管干部的原则，实行三级管理体制。集团公司党委成员、董事会成员、经理行政班子成员、监事会主席、工会主席由自治区党委、政府和神华集团党组任命管理。任命前由组织部门考察推荐，在宁夏日报、神华能源报等新闻媒体公示；集团公司机关及其下属矿、厂正副处级干部由集团公司党委任命管理；矿厂处级单位和机关部门的正副科级干部，由矿、厂处级单位考察任命，报集团公司备案。

三、干部选拔任用

干部考察、培养、引进、选拔、任用、交流、退养，严格按照党中央《党政干部选拔任用条例》和自治区党委的相关规定，不断形成民主推荐、群众评议、党政沟通、公告监督、会议研究、集体决策的选人用人程序。集团公司先后制定了《人事管理暂行规定》《中层管理人员后备人才库建设管理办法》《新提拔中层以上管理人员实行试用期制度规定》和《关于实行离岗休养制度的通知》等中层人员管理制度。对中层干部的提拔任用，必须按下列程序考察、评议、选拔任用。

（一）推行公开选拔、竞争择优上岗机制

先后在销售公司、职业学院、治安保卫总队、石沟驿煤矿、太西水泥厂、石炭井水电分公司等单位采用个人演讲、民主测评、个别谈话的方式，公开民主选拔干部。

（二）完善考核体系

开展勤政廉政大检查，增强紧迫感、责任感；坚持一年一度基层单位班子及成员考核和各单位职代会民主评议领导干部，对不称职、无作为者实行淘汰机制；同时实行党政一把手离任审计制度。各级领导干部按职责分工，制定绩效考核标准，建立考核档案，按月、季、年进行考核，并实行定期和不定期的民主评议制度。

（三）实行试用期制度

凡考察合格，经集团公司党委研究同意聘任的中层管理人员，都要经过一年的试用期。在试用期内本人定期写出工作情况汇报，集团公司组宣部、人力资源部定期跟踪考评，试用期期满经考察合格后，才能正式聘任。

（四）加强中层管理人员后备人才库建设

各基层单位的中层管理人员全部实行动态管理，定期考评，一年一聘任，实行末位淘汰。被评为优秀的，同时符合后备人才条件的，进入后备人才库。

（五）选拔任用优秀人才

新提拔人员中，有劳动模范，有技术带头人，有群众支持率高的。加大岗位交流力度，通过公司机关与基层、基层与基层、党政之间交流，全面提升素质和管理水平。

（六）强化选人用人考核评价

把好选人、推荐、条件、考察、决策和公示6个关口，全过程接受各方面的评价、监督，提高了选人用人公信度。创新使用网络测评，考核结果与单位评先、个人绩效、年薪兑现和职务晋升相结合。对基本称职的班子和个人进行诫勉谈话，对不称职人员进行岗位调整或解除聘任。

2009年以来，集团公司在全系统优化组织机构，推行扁平化管理。机关管理部门由23个调整到16个，所属二级单位由66个减少到42个。共减少机关主管岗位18个，减幅达16.5%；撤销专业化公司二级单位机关综合类部门54个，减少管理及专业技术人员136人。

四、干部队伍

截至2018年底，在岗各级各类干部10556人。其中，正副厅级干部14人，正副处级干部457人，正副科级干部4687人，一般管理人员1039人（无职称一般管理人员），专业技术人员10498人（含副科级及以上职级4124人）。研究生446人，大学本科6797人，大学专科2720人，中专334人，高中及以下201人。少数民族干部1343人，女干部2080人。各类专业技术干部中，有工程技术人员5544人。其中，高级工程师646人、工程师2210人、农业技术人员12人、经济人员598人、会计人员361人、统计人员20人、其他专业人员1948人。

五、专业技术人员

围绕人力资源工作总体思路和战略规划，结合集团公司发展建设需要，通过健全机制，强化措施，不断加大人才招聘、培养和管理力度。制定《宁夏煤业集团公司关于进一步加强人才工作的决定》，由人力资源部、科技发展部、党委组织部按业务职责协同组织实施。各部门对集团公司人才工作的指导思想、工作思路和工作目标，以及政策措施做出规划，并在实践中逐步补充完善，得到落实。

（一）专业技术人员培养选拔

2009年，开展第四次后备专家评选和“金、银、铜”牌高级技能人才选拔，至2016年评选出后备专家1977名，选拔“金、银、铜”牌职工4125名，有25个煤炭特种工种、4个通用工种的初、中、高技师共5532人通过职工技术鉴定。

（二）人才招聘与引进

2010年，制定煤化工人力资源发展规划，设立人才专项基金，对引进的专业技术人员在工资、补贴、住房、子女上学等方面给予支持。“十一五”期间（2006—2010年），从山东、黑龙江、陕西、内蒙古、湖北等省（区）招聘化工专业毕业生1998人，引进化工专业管理、技术及操作人才525人，其中4人成为化工公司的领导，36人成为专家顾问，34人走上副处级管理岗位，引进的人才占煤化工项目建设总人数的89%。

表7-3-1　2018年集团公司专业技术任职资格比例表

任职资格	高 级	中 级	初 级	未 聘	合 计
人数（人）	1165	2774	5134	1425	10498
占全部（%）	11.10	26.42	48.90	13.57	

表7-3-2　2018年集团公司专业技术人员学历比例表

学 历	研究生	大学本科	大学专科	中 专	高中及以下	合 计
人数（人）	446	6797	2720	334	201	10498
占全部（%）	4.25	64.75	25.91	3.18	1.91	

表7-3-3　2018年集团公司专业技术人员年龄结构比例表

年龄结构	35岁以下	36～45岁	46～55岁	56岁及以上	合 计
人数（人）	3757	3231	3168	342	10498
占全部（%）	35.79	30.78	30.18	3.26	

六、员工管理

从2009年开始，为适应集团公司整合资源、淘汰落后产能、调整产业结构、实现高质量发展的需求，把员工队伍管理的重点放在控制劳动力总量，严把员工招录关，按计划招收、择优录用。集团公司人力资源部以完善优化矿、厂、区队、车间两级管理体制体系为突破口，把劳动组织、用工制度、岗位设置、定编定员、教育培训、岗位考核、技能考核、绩效考核、薪酬分配、人事管理的关键环节分类细化，把责任落实到矿、厂、区队和车间。矿、厂主要负责劳动组织、岗位设置、定编定员、用工制度、教育培训、薪酬分配的细化管理。区队和车间主要负责岗位考核、技能考核、绩效考核、劳动纪律、班组建设的管理。人力资源部按照标准化、精华化管理要求，制定统一管理制度和考核标准，实行考核评比，问责奖罚，建立了科学合理的劳动组织，形成以岗位设人，以技能用人，按职责管人的有效机制。定编定员工作不断强化，教育培训规划全面落实，劳动纪律不断加强，采掘一线工人的倒流现象彻底杜绝，整个劳动力总量得到有效控制。

七、劳动力结构

从2010年开始，集团公司加大改革力度，优化劳动组织机构，严格控制劳动力总量，人员逐年减少。截至2018年末，劳动力总量49368人。其中合同制员工45665人，劳务用工3703人。劳动力总量净减8060人。

劳动力总量按照生产经营板块划分：煤炭生产单位22103人，其中合同制员工19560人，劳务用工2543人；煤炭洗选单位3709人，全部为合同职员工；煤制油化工单位9537人，其中，合同制员工8534人，劳务用工1003人；其他单位14019人，其中，合同制员工13862人，劳务用工157人。

合同制员工按照岗位类别划分：煤炭生产单位19560人，其中，在岗18597人（管理人员1861人，工程技术人员1384人，操作人员14759人，服务人员593人），不在岗963人（内退、休养，下同）；煤炭洗选单位3709人，其中在岗3051人（管理人员277人，工程技术人员264人，操作人员2351人，服务人员159人），不在岗658人；煤制油化工单位8534人，其中在岗8529人（管理人员785人，工程技术人员1012人，操作人员6283人，服务人员449人），不在岗5人；其他单位13862人，其中在岗10520人（管理人员2057人，工程技术人员2588人，操作人员3551人，服务人员2324人），不在岗3342人。

劳务用工3703人中，其中，采掘一线2236人，井下辅助272人，地面生产1195人（含生产安装分公司96人、石沟驿和焦煤公司各1人、煤矿单位中的地面生产35人）。

员工年龄、学历结构情况：按照学历层次划分，其中博士12人，硕士585人，大学本科10174人，大学专科10961人，中专6540人，高中及以下17393人；按照年龄分组划分，其中，29岁及以下4046人，30岁至39岁15153人，40岁至49岁17828人，50岁至54岁7287人，55岁及以上1351人；劳务用工年龄划分，29岁及以下2442人，30岁至39岁1078人，40岁至49岁180人，50岁至52岁3人。

表7-3-4　2018年集团公司劳动力总量分布表

序号	单位名称	员工数	序号	单位名称	员工数
1	集团公司机关	402	28	太西洗煤厂	1548
2	集团公司直属中心	472	29	灵州建井工程有限公司	14
3	车辆管理中心	84	30	煤制油分公司	3430
4	设备管理中心	26	31	制油化工工程建设指挥部	312
5	环境监测中心	15	32	烯烃一分公司	1547
6	质检计量中心	286	33	烯烃二分公司	789
7	治安保卫总队	267	34	甲醇分公司	1010
8	羊场湾煤矿	3423	35	煤制油化工安装检修分公司	496
9	梅花井煤矿	2394	36	煤制油化工公用设施管理分公司	924
10	枣泉煤矿	1870	37	煤制油化工研发中心	95
11	汝箕沟无烟煤分公司	2869	38	煤制油化工质检计量中心	731
12	红柳煤矿	1836	39	运销公司	432
13	石槽村煤矿	1339	40	煤制油化工销售分公司	183
14	金凤煤矿	1100	41	物资公司	669
15	宁鲁煤电任家庄煤矿	1261	42	能源工程有限公司	686
16	灵新煤矿	1561	43	物业服务分公司	2547
17	麦垛山煤矿筹建处	1250	44	宁夏亘元房地产公司	359
18	双马煤矿筹建处	977	45	新闻中心	138
19	石沟驿煤业分公司	343	46	信息技术中心	277
20	金家渠煤矿筹建处	930	47	教育培训中心	245
21	红石湾煤矿	590	48	矿山机械制造维修分公司	665
22	清水营煤矿	703	49	宁夏煤炭基本建设公司	1005
23	金能煤业分公司	1598	50	水电分公司	936
24	石炭井焦煤分公司	903	51	矿山救护总队	371
25	乌兰煤矿	648	52	宁夏阳光艺术团	71
26	生产安装分公司	307	53	神沙项目部	20
27	选配煤中心	2161	54	宁夏天长民爆公司	253
合计	49368				

表7-3-5　2018年集团公司机关管理机构人员统计表

序号	党委工作机构	人数	序号	行政工作机构	人数
1	党委、行政领导班子成员	14	10	财务部	22
2	党委组织部（人力资源部）	28	11	企业策划部	25
3	办公室（党政办公室）	34	12	煤制油化工部	32
4	纪检监察部（巡视组）	20	13	生产技术部	46
5	审计部（监事会办公室）	11	14	机电管理部	27
6	法律事务部	12	15	安全监察局	11
7	组宣部	22	16	科技发展部	16
8	工会	21	17	社会事务部	19
9	规划发展部	26	18	生产指挥中心	11
合计	397				

第二节　劳动力管理

一、劳动力配置

坚持夯实基础，科学规划，优化定员，合理调剂，严格履行流程手续。对劳动力的补充、招录、调配，全部实行企业与劳动者“双向选择”，签订无固定期限劳动合同、固定期限劳动合同和短期劳动合同，明确企业与劳动者的责任、利益关系，建立公平合理、优化组合的劳动组织架构。以生产需求为导向，紧盯关键工作环节，科学统筹员工内部流动，2018年，根据煤化工项目建设及人员需求，为煤化工板块先后引进实习生及劳务工636人；为煤炭生产板块清水营煤矿恢复生产招录劳务用工120人，从宁夏工业职业学院高职毕业生中为9家原煤生产单位补充133人，为生产安装分公司补充劳务用工20人；为10家单位置换委外队伍620人；“三供一业”人员分流安置累计902人；清理红柳煤矿煤场临时工60人。全年成建制划转及公开选拔65批次，内部调剂累计2659人。在优化配置劳动组织结构的同时，强化劳动组织管理，突出劳动力计划实效，深化内部市场改革。根据集团公司下达的年度原煤生产计划，对各原煤生产单位劳动力总量及结构进行分析、测算，对年度计划新增项目和人员退出实际，结合国家相关政策对标行业先进，综合编制年度集团公司劳动力需求计划。探索定岗定员新路径，对工人和干部的岗位及人员编制每季度进行一次核定，工资和奖金的支付严格同定员挂钩。干部实行聘任制。实施竞争上岗、合理组合、工资上下浮动为内容的“三项制度”改革。实行定编、定员、定岗、定责，坚持以产定人、转产分流、减人提效等措施，2009年以来共减少原煤生产人员3783人，全员效率比2003年提高5.96吨/工，原煤总产量提高36.44%。以神华集团公司定岗定员标准为依据，各版块瞄准行业先进，对标一流。推行原煤生产人员效率定员法，坚持“效率优先、对标先进”原则，通过分类评估矿井年度生产指标完成情况，确定次年原煤生产效率目标。劳动定额实行集团公司统一管理，分级负责。集团公司人力资源部负责劳动定额的制定、下达、修订并对基层各单位执行劳动定额的情况进行检查和指导。2018年，原煤生产人员效率13.4吨/工，高出全国平均水平5.2吨/工，煤化工板块人均产值318万元。

二、劳动工时与休假

严格实行国家规定的工时制，根据国务院《关于职工工作时间的规定》，实行每周5个工作日制（即40小时）。年制度工作日为254天，月平均制度工作日为21.5天，并调整了日工资标准。2009年，根据国务院《全国年节及纪念日放假办法》的规定，节日假期由过去的7天增加到10天，自治区增加到12天。职工的月平均工作日由21.5天调整为20.92天。职工的工作和休息，根据工作岗位、工作性质和作业方式，采取综合计算工时制不定时工作制的休息方式。同时，根据国家有关规定，确定了职工探亲假、婚丧假、女职工婚育假、产假等管理制度。

新工时制实行后，各矿、厂、公司根据职工的不同岗位和工作特点，采取了不同的工作和休息形式。按照自治区党委办公厅、人民政府办公厅《关于职工休假问题的通知》精神，各企业（不含各类享受寒暑假的学校）在职固定职工、劳动合同制职工，在确保完成工作、生产任务的前提下，均可享受年休假。年休假天数依据工龄确定。工龄满7年的职工当年休假7天（工龄计算为周年、下同）。自第8年起，工龄每增加1年，假期增加1天，但最多累加到14天为止，上述假期不包括公休假和法定节日。

三、劳动合同管理

制定《职工招录与流动管理办法》《劳动用工管理办法》等制度，实施全员劳动合同制的基本用工制度。以全员劳动合同制为基本制度，对用工形式，干部、工人的招收录用、教育培训、薪酬待遇、劳动保护、劳动保险、社会保险等不断进行改革创新，从机关到采掘区（队）、生产车间和班组，从生产一线到后勤服务，实行定编、定岗、定员的"三定"制度。各级干部实行聘任制。劳动力补充，新工人招用，全部实行企业与劳动者"双向选择"，签订无固定期限劳动合同、有固定期限劳动合同和短期劳动合同，明确企业与劳动者的责任、利益关系，建立公平合理、优化组合的劳动组织结构。

各矿、厂按照《劳动法》和《企业奖惩条例》规定，结合企业实际，分别制定《职工奖惩制度》《考勤制度》《请假制度》《干部入井考核制度》《井口考勤制度》等，把劳动纪律作为考核升级的一项主要内容和依据。加强对劳动组织和劳动纪律的管理和整顿。推进五型企业建设，梳理细化、修订156个岗位的工作标准和考核奖罚规定，给57个生产经营单位和17个后勤服务单位制定了新的管理办法。

从2017年11月开始，按照"放管服"改革要求，精简管理流程，减少业务流转环节，进一步捋顺业务权限和管理界限，将现行10余项管理制度整合修订成《劳动力管理办法》下发执行，进一步捋清劳动关系。2018年，对集团公司50家二级单位和1个内设部门非生产岗位人员全面清理整顿，清理非生产岗位人员131人。

第三节 员工培训与人才选拔培养

以培育建设高素质员工队为目标，教育与培训相结合，采取送出去、请进来的教育培训模式，以青年干部、管理人员和技能人才为重点，建立长效培训机制，抓全员培训、突出重点、岗位练兵、提升素质，建立完善以集团公司培训中心的矿、厂、公司两级培训机制。按矿区开发建设需要，逐步建成了宁东矿区、银北矿区和煤化工教育培训基地。集团公司形成了以培训中心为龙头，以培训基地为中心，以矿、厂为基础的教育培训体系。截至2018年底，集团公司有二级培训资质机构2个，三级培训资质机构9个，四级培训资质机构12个，教职人员206人，从2009年开始，推行全员过关培训和学分制模式。每年举办各类培训班500期以上，参加培训人员10万人次以上。中高层管理人员，区科队管理人员，技能操作人员和特岗操作人员资格证书办证率达到100%。

员工培训围绕集团公司发展战略，以全面提高员工综合素质为主线，以强化安全培训为重点，规范管理，改进方法，严格考核。坚持"归口管理、分级负责、逐级落实"的原则，建立健全员工培训体系，全方位、多层次广泛开展员工培训工作，分期分批对各级各类管理人员、专业技术人员、一线操作人员进行分层次、有重点的培训。

煤制油化工质检计量中心结合实际，探索形成了"三级四步"培训模式，《战略导向的"三级四步"培训管理体系构建与实施》荣获2014年全国煤炭企业管理创新成果三等奖。

强化人才选拔和培养。在严格履行程序、严把资格审查关的前提下，2018年度选拔评选一级技能师6人、二级技能师31人、三级技能师22人、各类技工1861人，通过选树先进、以点带面，一线操作人员提升技能水平的积极性得到有效提升。配合国家能源集团开展第六批煤炭行业技能大师、技能大师工作室申报工作，共计筛选、申报技能大师工作室11个、技能大师46人。积极引进和储备人才。根据发展需要和各单位高学历人员诉求实际，按照国家能源集团校招工作统一安排，以校招、统招等方式面向社会招录应往届大学毕业生。2018年度大学生招录工作，共计258人，其中，研究生学历46人。

第四节 薪酬管理

一、薪酬分配制度

集团公司加快建立现代企业薪酬分配制度，制定了集团公司岗位效益工资制度及相关配套办法，主要生产经营单位员工实行岗位效益工资制，高层管理人员、主要生产经营单位的领导班子成员和集团公司领导团队成员实行年薪制，特殊专业技能人才实行协议工资制，一般熟练劳动岗位人员实行市场价位工资制。

2009年，工资收入执行《神华宁夏煤业集团有限责任公司岗位效益工资运行及内部分配管理办法》（神宁办〔2008〕280号）文件。2013年，集团公司修订完善《神华宁夏煤业集团公司全员绩效管理办法》（神宁办〔2013〕74号）、《神华宁夏煤业集团公司全员绩效管理考核办法》（神宁办〔2013〕75号）。

2016年，集团公司修订完善《神华宁夏煤业集团有限责任公司薪酬管理办法》（神宁办〔2016〕56号）。针对实行年薪制，制定《神华宁夏煤业集团有限责任公司专业化公司负责人年薪管理办法》《神华宁夏煤业集团有限责任公司生产经营单位负责人年薪管理办法》《神华宁夏煤业集团有限责任公司煤矿项目筹建单位负责人年薪管理办法》《神华宁夏煤业集团有限责任公司非生产及经费单位负责人年薪管理办法》。

二、薪酬组成

员工工资由岗位工资、效益工资、各种津贴3个单元组成，分别占比50%、42%和8%。岗位效益工资制度实行动态管理，执行以岗定薪、岗变薪变原则。员工岗位调整后随之对岗位工资按照标准进行调整。岗位工资调整采用基数上调、保持不变、基数下调3种办法。岗位工资基数原则上每两年调整一次，效益工资和各种津贴标准根据实际情况调整。

表7-3-6　2009—2018年人均工资及煤矿一线人均工资水平一览表

单位：元

项目	2009年	2010年	2011年	2012年	2013年	2014年	2015年	2016年	2017年	2018年
集团公司人均工资	61141	75888	84408	87251	89863	90900	85388	92188	103325	117904
煤矿一线人均工资	78173	95300	103403	107983	111251	114132	108995	123779	142895	162789

三、薪酬标准

（一）岗位工资标准

按照员工从业岗位类别分为生产操作及服务岗位、管理及技术岗位两大系列，各岗位工资基数由集团公司确定。生产操作及服务岗岗位工资基数、管理及技术岗位工资基数、员工月度绩效奖均执行调整后的标准。其中，生产操作及服务岗位工资基数为700元，管理及技术岗位工资基数为800元，员工月度绩效奖分别为一类单位520元/人月、二类单位430元/人月、三类单位380元/人月、四类和五类单位330元/人月。

表7-3-7　管理及技术岗岗位工资标准表

单位：元

岗序	档次	岗位工资标准			
		一级	二级	三级	四级
七岗	3	4670	4771	4882	4983
	2	4265	4366	4468	4569
	1	3851	3952	4053	4154
六岗	3	3390	3461	3542	3623
	2	3239	3310	3390	3461
	1	3077	3158	3239	3310

续表

岗序	档次	岗位工资标准			
		一级	二级	三级	四级
五岗	3	2956	3016	3087	3158
	2	2814	2885	2956	3016
	1	2672	2743	2814	2885
四岗	3	2435	2495	2556	2617
	2	2324	2384	2435	2495
	1	2202	2263	2324	2384
三岗	3	2101	2152	2212	2263
	2	2000	2050	2101	2152
	1	1899	1949	2000	2050
二岗	3	1704	1755	1795	1836
	2	1623	1664	1704	1755
	1	1532	1583	1623	1664
一岗	3	1482	1512	1542	1583
	2	1411	1441	1482	1512
	1	1340	1370	1411	1441

表7-3-8　生产操作及服务岗岗位工资标准表

单位：元

岗序	档次	岗位工资标准				
		一级	二级	三级	四级	五级
八岗	3	2134	2152	2170	2188	2206
	2	2080	2098	2116	2134	2152
	1	2025	2043	2062	2080	2098
七岗	3	1971	1989	2007	2025	2043
	2	1917	1935	1953	1971	1989
	1	1863	1881	1899	1917	1935
六岗	3	1744	1762	1780	1798	1816
	2	1690	1708	1726	1744	1762
	1	1635	1653	1671	1690	1708
五岗	3	1617	1626	1635	1644	1653
	2	1590	1599	1608	1617	1626
	1	1563	1572	1581	1590	1599

续表

岗序	档次	岗位工资标准				
		一级	二级	三级	四级	五级
四岗	3	1536	1545	1554	1563	1572
	2	1509	1518	1527	1536	1545
	1	1482	1491	1500	1509	1518
三岗	3	1403	1412	1421		
	2	1376	1385	1394		
	1	1349	1358	1367		
二岗	3	1321	1330			
	2	1294	1303			
	1	1267	1276			
一岗	1	1240	1249			

（二）效益工资标准

按照集团公司绩效考核制度进行确立和发放。共分为四类，一类为原煤生产建设单位，二类为洗煤单位，三类为非煤工业，四类为经费补贴和经费单位。建立三级业绩考核体系，即一级由集团公司对所属二级子（分）公司进行考核，二级由子（分）公司对车间科队进行考核，三级由车间科队对班组及员工进行考核。集团公司根据整体效益水平确定效益工资总额，通过业绩考核，将效益工资总额层层分解。

集团公司效益工资总额=集团公司工资总额（神华集团、国资委等相关部门核定的工效挂钩工资总额）×40%。

子（分）公司实得效益工资总额 = 集团公司工资总额×40%×［子（分）公司总人数÷集团公司总人数］×［子（分）公司调节系数÷子（分）公司调节系数总和］，调节系数分别为煤矿单位1.0，洗煤单位0.8，其他单位0.7。

车间科队实得效益工资总额=子（分）公司实得效益工资总额×［车间科队总人数÷子（分）公司总人数］×（车间科队调节系÷各车间科队调节系数总和）。调节系数煤矿生产子（分）公司主要生产（区队）1.6，辅助生产车间（区队）和一类科室1.2，其他生产车间（区队）和二类科室1.0；非煤生产子（分）公司主要生产车间（区队）1.2，辅助生产车间（区队）和一类科室0.8，其他生产车间（区队）和二类科室0.6。

员工实得效益=车间科队实得效益工资×［子（分）公司总人数÷集团公司总人数］×［子（分）公司调节系数÷子（分）公司调节系数总和］。调节系数见表7-3-9。

表7-3-9　员工类别及员工类别调节系数表

员工类别		调节系数
生产操作及服务岗位	井下生产人员	1.00
	地面一线生产人员	0.67
	地面其他生产人员	0.43
	后勤服务人员	0.25
管理及技术岗位	处级管理人员	3~4
	科级管理人员	1.5
	一般管理人员	0.67
	主管技术人员	1.00
	其他技术人员	0.67

2008年7月1日，新的员工月度绩效奖标准开始执行：一类单位由原标准调整为520元/人月；二类单位调整为430元/人月；三类单位调整为380元/人月；四、五类单位调整为330元/人月。

根据企业的经营和安全生产需要，各基层单位在岗位效益工资制度的框架下实行内部多种分配形式，自主制定薪酬办法、设置奖项与奖励标准，并在分配上加大向生产一线倾斜比例，逐步提高生产人员的收入水平。同时，设置了党委一体化奖、安全奖、质量标准化奖、工作表彰奖励等单项奖。各类单项奖励同时纳入董事长（总经理）奖励基金中使用。规定实施了管理人员和操作人员奖励分配标准。

（三）政策性津贴标准

1.工龄津贴。根据员工工作经历确定（按虚年计算工龄），分为9年以下10元/年、10 ~ 19年15元/年、20 ~ 25年20元/年、26年以上25元/年4个档次，工龄随着时间推移自动调整。

2.专业技术津贴。根据员工被聘职称级别确定，职称级别分为高级职称60元/月、中级职称45元/月、初级职称25元/月、其他（大学专科以上学历）20元/月4个档次，并随着职称的变化自动调整。专业技术津贴的实施范围为管理及技术岗位中一岗和二岗的一般管理和技术人员。

3.生产性津贴。根据员工岗位情况确定，按岗位情况分为井下津贴、露采津贴、中夜班津贴、保健津贴4个档次，岗位变津贴变。

4.高技能人才津贴。根据员工被评定的技能级别确定，分为金牌技工、银牌技工、铜牌技工3个档次；所属各子（分）公司可在集团公司确定的标准范围内，结合本单位实际情况，另行确定本单位津贴标准；具体评定及管理办法执行《神华宁夏煤业集团有限责任公司高技能人才选拔与管理办法（试行）》的相关规定。

5.其他津贴。根据工作岗位需要设置护龄津贴、教龄津贴、艰苦地区津贴等，并确定津贴标准。

表7-3-10 生产性津贴执行标准

项目	类别		标准（元/工）
井下津贴	井下采掘工		20
	井下辅助工		15
	集团公司机关及基层各单位机关下井人员		15
露采津贴			10
班中餐津贴			10
夜班津贴	井下下标准	前夜班	8
		后夜班	10
	地面标准	前夜班	3
		后夜班	5
保健津贴			1

表7-3-11 高技能人才津贴执行标准

类 别	岗 位	标准（元/月）
金牌技工	井下	600
	地面	480
银牌技工	井下	300
	地面	240
铜牌技工	井下	200
	地面	160

（四）其他补贴

1.交通补贴。2009年，集团公司按照《神华宁夏煤业集团公司员工通勤补贴暂行办法》［神宁办〔2008〕157号］文件规定，对全体员工进行交通费补贴，补贴标准根据员工工作地点与居住地间距离的远近分3个档次，即30公里以内300元/人月，30～60公里350元/人月，60公里以上400元/人月。

2017年，集团公司制定印发《关于调整员工通勤补贴标准通知》［神宁〔2017〕712号］文件，对员工实施交通费补贴的范围、档次、标准进行扩充、细化和调整。根据工作地点与居住地远近分7个档次，即30公里以内400元/人月，30～60公里（含）450元/人月，60～100公里（含）500元/人月，100～150公里（含）550元/人月，150～200公里（含）600元/人月，200～250公里（含）650元/人月，250公里以上700元/人月。

2.取暖补贴。2009年，集团公司员工执行《2008年发放取暖补贴的通知》［神宁办发〔2008〕308号］文件规定。取暖补贴发放标准为2100元/人。2012年，集团公司制定印发《关于发放员工冬季取暖补贴的通知》［神宁〔2012〕313号］文件，将员工取暖补贴标准调整到3000元/人。2015年，集团公司印发通知，对员工取暖补贴标准再次进行调高，调整后的发放标准为4000元/人。

四、薪酬管理

集团公司薪酬实行分级管理、总量控制、自主分配、监督服务的管理机制。集团公司薪酬实行两级管理，集团公司负责薪酬体系、标准、总量的控制，基层单位在集团公司确定的总量内，自主分配；总量控制在年初集团公司将工资总量分解到基层各单位，基层各单位将总量分解到区队、部门，每月集团公司根据对基层单位考核结果，对总量进行调整；自主分配是指基层各单位在集团确定的总量内，按照本单位制定的分配政策，建立符合本单位实际分配办法；监督服务是指集团公司对基层各单位分配情况进行监督检查，同时为基层单位薪酬分配提供指导和服务。

五、年薪管理

集团公司对基层单位负责人实行年薪制。年薪由基本薪金、岗位绩效薪金和安全薪金组成。集团公司考核确定基层单位领导班子正职年薪标准、班子副职年薪总额。基层单位领导班子副职的岗位价值度由本单位党政正职自行确定，并对副职进行全员绩效考核，根据集团公司核定的应发年薪总额、全员绩效考评结果及年度述职考评结果分配兑现年薪。

六、全员绩效管理

集团公司构建“工作有标准、管理全覆盖、考核无盲区、奖惩有依据”的全员绩效管理体系，是完善经营业绩考核体系的重要举措；是实现“千斤重担众人挑，人人头上有指标”，将经营指标层层落实到部门和基层单位，压力传递到各岗位，全员绩效考核是日常性考核，是由上而下，一级考核一级、一级对一级负责的考核；是以“五型”企业考核指标逐级分解为主线，以全员参与全员动员为目标，以正向激励全面带动为主，科学体现多劳多得、突出业绩的激励考核机制。

第四章　财务管理

第一节　管理体制

一、组织机构

2010年6月，为了强化财务管理和精细会计核算，对原财务机构进行了调整，集团公司财务管理下设财务部、核算中心，两机构合署办公。财务部主要负责集团资金管理、经营及财务预算管理、资产价值管理、税务管理等工作。核算中心主要负责制订、完善和实施会计核算制度，组织会计核算工作，编报会计报告，通过远程审核对各单位会计业务进行监督指导，定期评价各单位会计信息质量等。

财务部内设资金管理、预算管理、资产管理、财务稽查、综合管理五个业务管理处室。资金管理，负责集团公司融资、理财业务，满足资金需求，确保资金安全；预算管理，负责集团公司预算管理及流动资产管理工作；资产管理，负责牵头资产管理基础工作，参与基本建设项目过程管理，编制基本建设资金预算；财务稽查，负责对财经法规、财务制度执行情况和财务核算与管理事后的监督检查；综合管理，负责财务部、核算中心公文管理、薪酬管理、信息传达、组织协调、财务宣传、内勤服务等管理工作，负责集团公司纳税业务，集中管理，科学筹划，积极争取税收优惠政策。

核算中心内设总账管理、煤炭生产核算、非煤产品核算、基本建设核算、综合经营核算、物资核算、经费核算、信息化管理、煤制油化工分中心九个部室。2014年3月销售核算部由核算中心下划运销公司，2016年6月核算中心增设煤制油化工分中心。总账管理部，负责贯彻执行国家企业会计准则、出资人会计核算规定，编报集团对外月、季、年度财务快报、会计报告；煤炭生产核算部，组织煤炭单位会计核算工作，监督指导分单位会计质效，审核分析分管单位财务报告，整理编报集团内部管理报表；非煤产品核算部，督导煤化工单位会计核算工作，监督指导非煤单位会计质效，审核分析分管单位财务报告；基本建设核算部，负责办理集团基本建设、专项财务结算业务，拨付基本建设单位资本金，并负责本部产权及对外投资业务的账务处理；物资核算部，负责物资公司财务管理和会计核算，办理物资核算与财务资金支付工作；综合经营核算部，组织综合经营单位会计核算工作，监督指导分管单位会计质效，审核分析分管单位财务报告；经费核算部，负责集团公司本部和各经费单位的经费及相关业务的会计核算及管理工作；信息化管理部，负责集团公司财务信息化项目的规划、实施、管理和信息化管控平台建设；煤制油化工分中心，负责煤化工单位会计核算和管理工作。

基层单位下设煤制油分公司、物业公司、能源工程公司、亘元房地产等10个专业化处级以及其他27个科级财务部（科）室（含集中核算单位），分别负责各单位的财务管理和会计核算工作。

二、财务人员

2009年以来，集团公司生产经营单位（单独核算）由2008年的83个减少到2018年的57个。财务人数逐步精减，截至2018年末，集团公司财务人员389人，其中：男性122人，占总人数的31.36%，女性267人，占总人数的68.64%。财务部、核算中心105人，基层单位284人。财务人员中本科及以上学历353人，占总人数的90.74%，大专及以下学历36人，占总人数的9.26%。高级职称51人，占总人数的13.11%。

第二节　财务运行机制

2009年以来，财务管理工作以“价值创造、决策支持、风险控制、统筹协同、协调服务”五大能力为目标，创新管理思路，稳步推进财务集中管控模式，为集团公司稳健发展提供了坚实的财务支撑。

一、资金管理

进一步加强了资金集中管理。一是推行账户“零余额”管理，大额资金集中支付，保障资金支付安全和支付结构合理。二是成立票据中心，对外开具承兑汇票，对承兑汇票代收、代管、代拆分，做到了“一站式”服务，确保承兑汇票管理的短流程、高效率和安全性。三是合理调整融资结构，创新融资渠道，采取银行贷款、发行公司债券和金融租赁等形式组合融资，确保生产经营和建设资金的需求。

通过资金集中管控，加强了集团财务公司控制力度，降低外部融资成本，发挥了资金统一调配优势，加速资金周转，节约财务费用，提高资金使用效率。通过现金流量信息实时分析系统，实现了资金管理多角度评价，取得了良好效益，得到了宁夏国资委的表扬，被树立为宁夏国有企业标杆，并被推广。

二、预算管理

集团公司预算工作实行全面预算管理模式，经营预算、投资预算、资金预算和财务预算四位一体。全面预算管理最高权力机构为全面预算管理委员会，委员会主任由董事长兼任。

从2011年开始，财务部负责集团公司的经营预算管理和资金预算管理，负责年度、月度经营预算编制，进行月度资金预算编制；负责年度、月度经营预算和资金预算的下达、控制和分析工作，并与核算进行对接，实行了业务量预算和经营预算、资金预算有机衔接，逐步形成了承接集团公司发展战略，以业务为导向，以经营利润、投资价值为目标，经营预算、资金预算为支撑的预算管理指标体系，包括26个收入类科目、65个收入项目、22个支出类科目和112个支出项目，涵盖了集团公司经营管理的方方面面。强化预算集中编审，用目标利润和资金统领预算；注重过程控制，强化成本费用、存货、应收、预付款、债务支出和投资支出等关键预算指标的集中审核，节约了成本费用支出，提高预算精准度。

三、资产管理

集团公司资产质量总体上较为优良，资产运营效率较高，质量较好。为有效管理国内资产，集团公司成立了资产管理办公室，实行统一管理资产，统一贯彻落实集团公司资产管理的相关规定，资产管理部门、使用部门和财务部门齐抓共管。财务部加强资产基础管理，保证资产安全完整，重视资产质量的管理，认真区分有效资产、低效益资产和无效资产，把对资产有效性的管理作为资产管理的重心。加强“两金”管理，对应收账款，认真分析其占收入比重的合理性，平均收款期的变动情况，研究坏账的计提方法，系统制定了应收账款的信用规定，包括赊销期限、现金折扣、赊销对象、收账规定等。对存货管理，借鉴最佳存货持有量模型和存货流转周期管理，定期分析存货质量，按规定的程序与方法计提减值准备。做好清产核资工作，建立了资产损失责任认定、责任追究制度，层层落实资产管理责任，加大清理清收，防止国有资产损失。加强对外投资的产权管理，关注投资权益，及时清理不良投资和资产，保障集团公司投资收益。

四、税收管理

本着“集中管理、统一协调”的原则，2010年实现了税费集中管控、纳税关系统一协调，节约了资金支出，降低了涉税风险。加大税收政策研究，积极争取税收优惠，加大税务协调力度，相继取得了企业所得税“三免两减半”、土地税减免、企业所得税15%优惠税率、矿产资源补偿费减免、国家政策性破产核销欠缴税金、“三矿一厂”（金能公司、焦煤公司、乌兰煤矿、大武口洗煤厂）去产能困难性减免、房产、土地税、石脑油“定点直供”免征消费税等优惠政策。

五、会计核算

2010年以来，成立核算中心，权责清晰、管控有力，克服了管理方式粗放，职能分散，核算级次多的弊端。核算中心是在财务自主权不变的前提下，将各分（子）公司财务业务划归母公司统一管理，并实行集中会计监督，使会计核算、监督、服务融于一体。核算中心成立后，改变了账套乱，链条长，级次多，信息传递速度慢，核算口径不统一等问题，强化了垂直管控力度，实现了会计核算工作“三新”。

会计核算工作实现“新跨越”。一是构建了从核算制度、会计科目设置、远程凭证审核、报表编报、报表考核评价、会计差错整改的会计报表信息管理体系，有效提升了会计报告信息质效。二是以信息化为手段，不断提升财务报告编报质量和时效，三年三大步，实现了财务报告编报基础制度化、编制手段信息化、考核监督机制化、财务决算日常化、财务报告高效化。集团公司所属各单位月度会计报表及对外合并报表质效大幅提升，年度决算编制工作提前7到45天，位居神华集团前列。

总结推行达标管理七步闭环工作标准法（修订标准、制订计划、人员培训、实地检查、汇总总结、问题整改和抽样复查），会计核算形成了有体系、工具、标准、检查方法和共同语言的专业系统，建立了从上到下的财务工作标准。会计达标的职能也由初期的重点规范会计基础工作，转变为提升企业财务能力评价。经过评比，被检单位的优秀级率逐年增加。2014年，在自治区国资委对35家监管企业考核验收中，获得“优秀级”的好成绩。在神华集团2009—2011年三年组织的检查中，均获得会计质量标准化达标升级工作优秀级。

针对点多面广，地理位置分散，现场监管会计核算条件不利的问题，集团公司向大型银行等金融机构对标，启用了附件扫描远程审核系统，实现业务处理与业务审核相分离，通过基层的会计凭证附件拍照并上传到集团公司核算中心，核算中心审核人员通过ERP系统和附件扫描影像系统，对基层单位会计凭证和附件进行事前审核，增强了对基层账务处理不规范的纠错力度，监控了各种不合理支出，保证了成本费用等支出的依法合规。实施远程审核后，打破了集团公司厂矿分布广、路程远的地域限制，逐步实现了集团公司对基层单位全业务、全过程的实时审核、高效监督与业务指导，进一步实现了对会计账务处理的统一化和标准化，有效规避了核算和管理风险。远程审核已经覆盖集团公司大部分单位。

六、财务信息化建设

2011年1月1日，采用美国甲骨文公司的ERP系统（ORACLE），与IBM公司组成联合团队实施了财务ERP项目，搭建了财务业务一体化运行平台，实现了集团公司管理协同增效。一是从业务端口记录业务活动、资产状况和经营成果，从而提高了会计审核的规范性。二是实施可控制的标准化与规范化会计流程，同时满足集团公司对内、对外的会计信息需求。三是建立了集团公司财务监督信息网络，实现在线监督、精细管控，推动财务监管方式的根本转变。四是促进集团公司财务管理由核算型向管理型转变。

2016年，完成与神华集团SAP系统对接，ORACLE系统迁移到SAP系统，将财务与物资、销售、人资业务一体化实时集成，2017年1月份正式上线运行。SAP ERP中通过公司代码+利润中心的方式设置独立核算账套，65家独立核算单位统一标准，满足独立核算需求，满足架构灵活调整需要；SAP BCS中统一将65家核算单位设置为单独的合并单元，按照法定架构搭建合并组，满足单独核算单位的独立出表需求，满足法定合并报表的出具，实现对合并架构的灵活调整。通过物资、销售、人资模块的业务实时驱动产生财务核算结果，实现了财务与物资、销售、人资业务的一体化实时集成。

第三节　资金管理

一、管理体系

以融资集中管理、票据集中管理、银行账户集中管理、担保集中管理及大额资金集中支付等“五个集中管理”为抓手，坚持“收支两条线”，严格执行资金预算管理，严禁“以收抵支”，保证资金运行安全，防范和控制资金风险，提高资金使用效益，加速资金周转，降低资金成本，有效实现“风险管控、降本增效”目标。

资金管理遵循国家有关法律、法规、政策以及神华集团和集团公司的有关规定；集中管理，统一运作，优化资金结构；安全高效；市场化运营。主要内容包括：筹融资管理，货币资金管理，银行账户管理，财务预留印鉴管理，银行承兑汇票管理及担保管理等。管理方式为：融资、票据、银行账户、担保及大额资金集中管理，实行统一结算，网络化运行，实时监控。

二、管理方法

（一）筹融资管理

集团公司统一管理集团公司外部筹融资，集团公司全资及控股子公司不得自行对外筹融资，如需对外筹融资，须逐级报集团公司董事会批准。集团公司财务部作为专门机构统一管理筹融资工作。

筹融资管理遵循的原则：依据集团公司年度投资计划、资金缺口、财务状况、债务负担及偿还能力，确定合理的自有资金与借入资金比例关系、筹融资的合理数量和占用时间；选择成本较低的资金来源或最优的筹融资组合形式，尽可能降低筹融资成本；合理安排集团公司资本结构，保持适当的偿债能力；维护筹融资各方的合法权益，履行约定的相关责任和义务。

2009年，为加快推进煤化工项目及煤矿建设，保证项目资金正常支付，经与区内外各金融机构联系，争取理解和支持，共取得项目借款79.03亿元，其中：神华集团财务公司一次性给予集团公司项目贷款70亿元，工商银行宁夏分行给予梅花井煤矿、枣泉煤矿、羊场湾煤矿等单位项目贷款9.03亿元。为进一步拓宽融资渠道，充分利用外币贷款利率较低的特点，通过建设银行一次性取得波兰政府外币贷款8500万美元，综合利率为1.3%，用于购置进口综采设备。在保证项目建设资金的同时，为进一步降低融资综合成本，在借款利率下浮10%的基础上，2009年共取得工商银行宁夏分行、招商银行兰州分行、中诚信托有限责任公司、江西国际信托公司等流动资金借款36.8亿元，节约资金成本1876万元。

受煤炭市场下行及集团公司400万吨煤炭间接液化示范项目开工建设影响，2013年以来，公司融资压力与日俱增。为确保公司生产经营及基本建设资金正常运转，在加大与金融机构战略维系的基础上，及时转变工作思路，积极拓宽融资渠道，多措并举，力保公司资金刚性需求的供给。

2014年5月，由招商银行兰州分行搭建平台，集团公司与招银金融租赁有限公司签订了《融资租赁合同》，募集资金10亿元，标志着集团公司以融资租赁方式获取资金渠道正式打通。2015年10月、2016年4月、2016年5月，由招商银行银川分行、浦发银行银川分行、平安银行西安分行搭建平台，通过坤谷国际融资租赁有限公司（上海）、天津中环融资租赁有限公司、同煤漳泽（上海）融资租赁有限责任公司签署融资租赁协议，分别取得资金8亿元、39亿元和50亿元，公司通过以融资租赁获取资金方式日趋成熟。

2016年5月，为做好集团公司后期生产经营及建设资金的储备工作，及时转变工作思路，积极拓宽融资渠道，集团公司提出以发行永续债和私募债的方式募集资金的建议。本次拟发行永续债100亿元，期限5+N年；私募债100亿元，期限3年。募集资金主要用于400万吨/年煤炭间接液化国家级示范项目建设及日常生产经营周转。2016年6月，为保证集团公司债券发行工作依法合规，集团公司以《关于发行长期含权中期票据、非公开定向债务融资工具的请示》[神宁〔2016〕236号]分别报送神华集团、宁夏国有资本运营集团有限责任公司，标志着集团公司发行永续债、私募债工作正式启动。

2016年8月，神华集团下发《关于神宁煤业集团发行长期含权中期票据及非公开定向债务融资工具的批复》[神华财〔2016〕500号]；2016年9月，宁夏国有资本运营集团有限公司《关于同意神华宁夏煤业集团有限责任公司发行债券的函》[宁国运函〔2016〕15号]分别给予批复，同意集团公司以发行永续债和私募债的方式募集资金。2016年11月，经集团公司招投标领导小组审议，最终确定公司永续债主副承销商分别为：浦发银行、招商银行；私募债主副承销商分别为：华夏银行、中国银行。

2017年2月和7月，集团公司正式取得中国银行间市场交易商协会出具的《接受注册通知书》，标志着公司永续债、私募债正式进入发行阶段。2018年6月与中国开发银行就煤制油项目借款条件达成一致，完成首笔长期借款91.6亿元合同签订，期限15年，利率下浮5%，优化了借款结构，为项目提供了长期稳定的资金支持。

2009年至2018年末，集团公司融资能力逐年增强，以信用方式，通过商业银行、信托公司、融资租赁公司等渠道共获取融资1963.05亿元，为集团公司输入了生产经营和基本建设能量。

（二）票据管理

2009年，集团公司成立了票据中心，由集团公司财务部会同工商银行宁夏分行在公司财务部票据中心合署办公，对所属各单位收取的银行承兑汇票全部委托工行票据中心进行托管，做到了“一站式”服务，充分发挥外部银行的专业优势，有效降低票据风险。同时，不再使用现金支票，现金科目禁用，收、支业务必须通过银行办理转账结算；现金收入由交款单位或个人填制交款单及时存入银行，也可在开户银行办理安装POS机刷卡入账。借助于信息化手段，对所属外部银行账户全部利用网络管理运行。

2010年，为进一步加强财务管理中有关空白支票、重要空白票据的管理，预防风险，杜绝隐患，集团公司以神宁财〔2010〕37号《关于进一步加强空白支票、重要空白票据管理的通知》，对空白支票、重要空白票据的购买、领用、保管、开具、注销、作废等内容的管理进行了明确。

因国有股份制银行自2011年起对银行承兑汇票贴现业务限制银行承兑汇票出票行的范围，在规定范围内可保证贴现额度，超出范围一般不予贴现或贴现利率上调，加大了集团公司财务费用支出。为保证公司资金正常运行，降低贴现资金成本，集团公司以神宁财〔2011〕25号《关于收取银行承兑汇票相关规定的通知》，对收取银行承兑汇票的范围进行了明确。

2015年，受行业资金规模投放控制，开具银行承兑受限，公司拓宽融资方式，启动企业自身“造血”功能，开具商业承兑汇票。2016年以来，试点单位煤制油分公司、煤化工各分公司供货商对电子银行承兑汇票由抵触转变为接受，为公司进一步推动电子银行承兑汇票开了好头。加大商业承兑汇票开具力度，通过合作银行网银系统开具1年期电子商业承兑汇票，已累计开具27.6亿元，此方法运行效果极佳，因其具有的安全、快捷特性，可降低财务人员保管、规避支付过程潜在的风险，在无需缴存保证金的同时，延长承兑期由半年至一年，节约财务费用1.3亿元，并由合作银行给予保贴，增强了集团公司信用，使供货商持票变现得到有效落实，集团公司进一步加大宣传力度，将此票推广在集团公司供、销体系流转，可用此购买集团公司煤炭产品，解决煤炭滞销的同时减少到期承付时间及资金压力，资金流转再进一步提高。

通过票据的签发、背书、转让和贴现，减少资金占用，降低资金成本，充分发挥集团公司在各合作银行信用优势，加大开具银行承兑汇票力度，从2009年至2018年12月末，集团公司累计开具银行承兑汇票849.02亿元，累计节约财务费用21.32亿元。

（三）银行账户集中管理

针对基层单位在因银行账户余额长期滞留而导致集团公司资金效益低下问题，集团公司财务部成立专项研究领导小组，对资金滞留问题进行专题研究，经多方咨询，不断优化，根据神宁办〔2009〕91号《神华宁夏煤业集团有限责任公司银行账户资金归集及各分（子）公司账户零余额管理办法》和神宁办〔2009〕97号《关于对基层单位银行账户实行“零余额”管理的通知》要求，各基层单位银行账户实行“零余额”管理，收入账户资金在当日自动划转至集团公司资金主账户，支出账户当日零余额支付、月度累计支付实际限额进行控制。通过实行“零余额”管理，集团公司资金使用效率和管控能力进一步提高，保证资金安全，实现资金高度集中管理，年均节约资金成本1500余万元。

2011年6月，下发神宁办〔2011〕140号《神华宁夏煤业集团有限责任公司银行账户管理办法》，统一各子分公司的银行账户管理。选择信誉好的银行作为开户银行，各子公司开立、撤销账户等重大变更，必须经财务部审核后上报集团公司批准。

具体执行中，坚持对账单由集团公司委派对账及稽查专责两人一同前往开户行当场打印，索取后立即对账的原则，杜绝银行对账上门服务。利用银行机构电话复询系统进行资金支付电话核实验证手段，以确保资金支付安全。

（四）大额资金集中支付

2011年6月，集团公司下发神宁办〔2011〕100号《神华宁夏煤业集团有限责任公司基本建设项目大额资金集中支付管理办法》，实施大额资金集中支付。对税金、社保、基建资金等大额资金集中支付；制定了集团公司所属各分、子公司职工薪酬由集团公司统一集中发放管理办法并组织实施。有效杜绝所属各单位乱发奖金、补贴的现象，使各单位奖金分配更趋合理，每年对基层单位薪酬检查。

（五）担保集中管理

对外担保由集团公司财务部统一办理，确需担保的，由财务部提出意见，经董事会讨论审定，严禁子（分）公司对外提供保证担保。目前，集团公司没有提供任何对外担保，强化风险意识得以有效地贯彻。

2009年至2018年末，集团公司筹融资管理工作在保障资金使用有效衔接的同时，通过融资利率下浮、加大开具和转让承兑汇票力度等方式，共节约财务费用21.32亿多元。

第四节　固定资产管理

一、管理体系

为加强固定资产管理，建立科学合理的固定资产管理体系，确保固定资产安全完整，提高固定资产使用效率，集团公司对固定资产管理实行“合理配置、成本效益，统一领导、分级管理”的原则。从制度上规范了集团公司及所属各单位固定资产管理，明确了集团公司与子分公司管理定位、集团公司机关相关管理部门职责。固定资产归口管理部门具备实物管理、价值管理、使用管理、权证管理、固定资产保全措施等相关职能，归口部门设专人，建立不相容岗位相互分离和实物与价值协同管理机制，对固定资产从投资计划、购建、运营维护到处置实施全过程管理。

集团公司负责制定固定资产投资战略，建立并维护固定资产管理体系，集成固定资产管理信息，合理配置资源。依据固定资产管理制度及规定，指导监督子分公司贯彻执行，对固定资产购建计划、取得、使用维护、折旧提取、租赁、出售、报废处置进行管理。监督检查各子分公司固定资产的使用、维护及管理情况，分析子分公司固定资产的使用效率和效益。子分公司是固定资产实物管理的实施单位，固定资产实行归口分级管理，财务部门是固定资产的归口管理部门，在财务部门业务指导下，相关资产管理部门负责本单位固定资产的管理、使用和维护，并按规定进行会计核算，定期报告固定资产管理情况，接受集团公司的监督与检查。

二、管理方法

为规范固定资产数据在集团公司ERP财务模块管理，根据《神华集团固定资产价值与实物协同管理办法》的规定，集团公司执行神华集团固定资产管理政策，统一固定资产入账价值标准、固定资产分类管理、固定资产折旧及残值率，规范了固定资产处置流程及审批权限。

集团公司固定资产均为有形资产：为生产商品提供劳务、出租或经营管理而持有的，使用寿命超过一个会计年度；价值在5000元（含）以上，独立发挥作用，作为固定资产进行管理。

对固定资产管理，由子分公司财务部门负责财务账簿登记，固定资产卡片管理；相关资产管理部门、车间（区队）负责固定资产实物管理及权证备查登记，确保固定资产账账、账实、账卡相符。子分公司实物资产管理部门、车间（区队）负责建立固定资产实物台账，登记固定资产的基本管理信息，固定资产维护记录、维修价值和使用状况等信息。子分公司成立固定资产盘点小组，由资产管理部门、实物管理部门（车间、区队）、财务部门及技术部门组成，固定资产盘点小组每年进行一次全面固定资产清查，确保账实、账卡、账账相符；对技术落后，国家明令禁止井工煤矿使用和高耗能的设备，长期闲置的低效无效资产，使用单位提出申请，集团公司非常资产鉴定小组组织鉴定，按照资产处置流程及时处置。

三、折旧

按照《企业会计准则第4号—固定资产》和国家相关会计法规规定，集团公司采用平均年限法（直线法）计提固定资产折旧，井巷建筑物按实物产量（产量法）计提折旧。

按平均年限法计提折旧的固定资产折旧率和折旧额，计算办法如下：

年折旧率=（1－预计净残值率）/折旧年限×100%

月折旧率=年折旧率/12

月折旧额=固定资产原值×月折旧率

井下建筑物按产量计提折旧，也称井巷费，其计算为：

月折旧额=2.5元/T×月产量

另外，根据矿山生产的特点和国家有关规定，对矿山企业为维持简单再生产的需要，按原煤实际产量，以6元/吨计提维简费，作为专项基金使用。

四、固定资产的调拨和使用

固定资产调拨只在集团公司子分公司之间发生，固定资产的调拨分为无偿调拨和有偿调拨。无偿调拨主要指集团分公司之间的调拨，由需用单位提出申请，占用单位同意，经集团公司审核后办理资产转移。有偿调拨指集团公司所属分公司与全资子公司之间或全资子公司之间进行的产权转让，应由需用单位支付资金方可调入，随时进行结算，从而进一步发挥资产使用效益。

固定资产使用和管理：管理部门与使用部门签订固定资产使用协议，使用部门负责固定资产日常维修、保养、定期检查，及时消除风险，并建立固定资产实物管理岗位责任制和维修、保养制度，确保固定资产安全完整。

表7-4-1 2009—2018年集团公司固定资产投资完成情况表

单位：万元

序号	项目名称	设计能力（万吨/年）	概（估）算投资（万元）	历年实际完成投资额										
				2009年	2010年	2011年	2012年	2013年	2014年	2015年	2016年	2017年	2018年	合计
	总计			1422963	1267594	1132001	1300176	1949605	2211141	1980213	1341172	884752	721797	14211415
一	基本建设			1142793	733636	487418	666137	1392173	1534644	1723001	1295641	657020	371744	10004207
（一）	煤矿			345697	327682	308756	237824	276690	206051	152234	62126	84700	81069	2082828
1	清水营煤矿	1000	271528	28267	22614	8365	8890	13753	1245	8488		4350	79	96050
2	梅花井煤矿	1200	342538	56641	43363	43077	19944	20399	16540	14389	11713	10252	11230	247548
3	石槽村煤矿	600	269309	36111	74971	42594	31671	17855	14974	4831	1763	3942	8690	237402
4	红柳煤矿	800	350781	112083	34496	55262	13139	15780	10597	14952		15243	2010	273562
5	麦垛山煤矿	800	377491	22921	31179	26677	39050	60855	63730	36600	12628	10364	–11139	292865
6	红石湾煤矿	60	79800	20217	26427	35445	11469	1934	2586					98078
7	枣泉煤矿（西井）	300	130450	48950	33200	12900	3362	2337	1238	932	1344			104264
8	金凤二期洗煤厂	400	23355										2389	2389
9	金凤煤矿	400	256441	12337	41256	50299	48275	29901	16222	13875		2762	6038	220965
10	双马煤矿	400	328375	8170	17091	29082	34108	72021	45998	25214	10485	2106	6192	250468
11	金家渠煤矿	400	224845		3086	5055	21131	38279	32921	33885	25537	35681	55580	251155
12	鹰骏一矿						1262	3454	0	0	0			4716
13	鹰俊二矿						5524	120	0	0	0			5644
（二）	煤化工及煤炭深加工项目			797097	405954	178662	428313	1115484	1328593	1570767	1233515	572320	290675	7921379
1	甲醇项目	25	136758	0	0	0	0	0	0	0	0			0
2	二甲醚项目	60	483254	142976	50598	2557	0	0	0	0	0			196132
3	聚甲醛	6	183719	34362	69601	27366	1212	262	0	0	0			132802
4	煤基烯烃项目	50	1787059	607734	274300	86097	5478	20133	7251	1184	107			1002284
5	煤炭间接液化项目	400	5511800	12025	11146	21587	269806	828438	1197978	1255045	864810	532620	253971	5247426
6	煤泥综合利用	100	527555					3370	25323	5498	841	–932		34101
7	甲醇制烯烃项目	50	643000		308	41056	151817	263213	69297	29890	28412			583994
8	煤化工副产品深加工及综合利用项目	122	1252000	0	0	0	0	67	28744	279149	339345	38582	32326	718213
9	沙比克项目	100	2388477									2050	4248	6298
10	15万吨液蜡项目	15	71700										10	10
11	合成润滑油项目	100	392500										120	120
二	更新改造项目			280170	533958	644583	634039	557432	676497	256280	44187	227732	350053	4204931
（一）	安全技术改造			58724	16316	18475					1483	2787	17342	115127
（二）	生产技术改造及矿井开拓接续			20402	155831	181822	234513	244770	415015	91986	10950	76407	99581	1531277
（三）	其他投资改造项目			70849	206648	231097	55343	71614				3665	1937	641153
（四）	节能环保项目			1403	358				17377	56781	23685	41218	103171	243993
（五）	采掘机械化装备项目			60914	61859	75769	118938	96625	93494	15122	6359	80171	96624	705875
（六）	科技创新项目			2018	3618	2791	4160	4210	5618	3548	1028	1067	0	28058
（七）	集团信息化建设			4581	669	3598	3763	2176	2776	330	682	930	2085	21590
（八）	零星固定资产更新补充			61279	88659	131031	217322	138037	142217	88513		21487	29313	917858

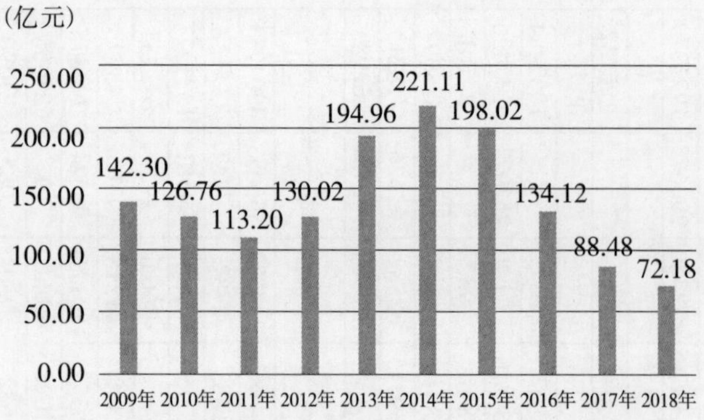

图7-4-1　2009—2018年固定资产投资柱状图

第五节　成本管理

一、管理体系

为有效整合管理资源，优化部门管理职能，2009年3月，集团公司撤销经营管理部，成立企业策划部，将生产计划及数据统计业务划归规划发展部管理，企业策划部负责全面预算、考核、企业管理、产权管理等工作。2014年1月，为了与神华集团保持上下级直线业务管理的统一性，将经营预算业务划归财务部管理，至此，财务部负责全面预算中的三大预算：经营预算、资金预算和筹融资预算，投资预算由规划发展部负责。集团公司预算管理体系与神华集团保持一致，业务对口，建立起以全面预算为导向的成本管理体系。

四大预算构成的全面预算，以集团公司三年滚动战略为依据，根据神华集团确定的年度经营总目标进行编制，四大预算与当期成本及后期分摊成本息息相关，年度预算本着“战略性原则、成本性原则、效益性原则、权责对等原则、实事求是原则、可行性原则”进行编制。集团公司成立预算管理委员会，对预算管理工作实行统一领导、分级管理、归口组织、分项实施的管理体制。预算按照“从下到上、从上到下、上下结合”办法进行编制审核，预算方案经集团公司预算管理委员会审核，集团公司办公会议审定，集团公司董事会批准。依据年度预算方案下达各单位年度考核指标，考核指标中的成本指标是对各单位工作业绩考核的重点。

为了确保年度预算指标的完成，各单位将年度预算指标分解到季度、月度，将指标层层分解落实到科室、区队、班组，责任成本落实到分管职能部门，每月、季对成本管理单位、部门，以及成本纵向延伸到的科室、区队、班组、个人进行考核，做到全环节、全员参与成本控制。

二、成本管理制度

为了强化成本管理基础工作，集团公司建立健全《会计核算制度》《财务管理制度》《全面预算预算管理办法》《经营预算管理办法》《生产资金预算管理办法》《成本管理办法》等规定制度。

建立定额标准体系，自2010年先后建立健全了《井工煤矿采掘机运通定额标准》《工作面安装回撤定额标准》《露天煤矿定额标准》《洗选材料消耗定额》《水电、自用煤消耗定额》《设备大修理定额》《煤制油化工定额标准》《劳动定额标准》以及《费用标准》，并根据生产经营实际，综合考虑各种因素变化，每隔2 ~ 3年对定额及标准进行修订，确保成本管理基础工作扎实有效。

三、管理机构与职责

集团公司成本费用管理的组织机构包括预算管理委员会、相关业务部门及分（子）公司。成本费用管理工作实行统一领导、分级管理、归口组织、分工协作，实行集团公司、分（子）公司、区队（车间）三级管理体制。

集团公司对成本费用进行全面管理，分（子）公司是成本费用的核算和管理中心，区队、车间、班组是成本的核算单元。集团公司建立成本费用责任制，根据业务和管理职能按部门、单位及区队（车间、班组）建立成本责任中心。明确职责，严格考核机制，将成本费用升降与职工薪酬挂钩。

四、成本控制

建立成本费用控制系统，强化控制标准约束，执行全面预算管理、目标成本管理、责任成本管理、成本定额管理及成本对标管理，并结合生产经营特点，选用和创新合适的成本费用控制方法。

建立以绩效目标为导向、预算管理为主线、财务报告为工具、绩效考核为保证的“四位一体”经营管理体系，发挥预算过程控制作用，强调预算的刚性执行，建立成本费用控制预警机制，做到先预算、再做事，无预算、禁入账的原则。

在预算指标的基础，进行目标成本的分解、控制分析、考核、评价等成本管理工作。以管理为核心、核算为手段、效益为目的，对成本进行事前测定、日常控制和事后考核，从而形成一个全企业、全过程、全员的多层次、多方位目标成本费用管控体系。目标成本管理是将成本费用目标全部细化分解，做到横向到边、纵向到底、全员参与、全员控制。横向要分解到分管领导、业务科室，纵向分解到区队、车间、班组和个人，沿时序要分解到季度、月度，做到时间、空间、责任人三落实。

将成本费用按照从上到下分级管理职能对应的管理责任进行分解，包括机关各职能部门都有对应的责任成本，各单位的分管领导、科室、区队、班组等，按照分工明确、权责分明、业绩易辨的原则，合理划分内部责任中心，对相应成本项目负责，并制定对应的责任成本考核细则，每月进行考核兑现。

严格执行集团公司各类定额标准及费用开支标准，对有定额及标准的成本费用项目，实行定额管控，非定额成本费用项目实行限额、定项、定量管控。做到成本过程管控有量可依、有据可查，达到精细成本管理的目的。

选择影响生产经营的重点成本费用项目和关键指标，对照历史或同行业最优指标值，从内部和外部两个方面进行纵向、横向比较，从而找到自身的差距，查原因、定措施、消缺陷，针对性地进行改进和提高，以达到降低成本、提高效率、获取并保持核心竞争力的管理目标。成本对标按照“三阶段”（分析诊断阶段，专项提升、协同推进阶段，持续改进、总结评价阶段）、“六步骤”（选标、审标、定标、达标、评标、升标）科学规划实施。

以持续开展降本增效活动为抓手，将“成本线”作为企业发展的“生存线”。做到了从战略布局中降成本，从结构优化中降成本，从生产过程中降成本，从挖掘开发人力资源中降成本，从资金流中降成本，从物流中降成本，从营销中降成本，从技术创新中降成本，从投资中降成本。

表7-4-2　2009—2018年集团公司利润表

单位：亿元

项 目	2009年	2010年	2011年	2012年	2013年	2014年	2015年	2016年	2017年	2018年
一、营业收入	176.31	219.59	264.92	317.80	316.69	298.56	244.66	240.83	291.78	317.40
减：营业成本	107.25	132.54	156.01	186.69	200.99	209.48	196.72	164.67	165.33	181.95
营业税金及附加	4.90	4.98	6.48	7.11	6.87	6.80	10.62	13.06	19.12	24.33
销售费用	20.91	6.50	3.09	6.01	7.76	6.18	7.60	8.23	8.05	7.45
管理费用	20.54	20.28	31.23	38.18	38	36.43	30.96	37.82	53.42	49.55
财务费用	0.06	3.17	4.22	11.60	11.91	13.21	13.86	15.57	14.27	17.96
二、营业利润	20.28	54.66	66.25	67.52	52.29	29.04	-15.11	1.02	31.01	31.01
加：营业外收入	7.11	1.53	2.23	2.93	3.56	1.69	1.54	4.82	1.79	0.90
减：营业外支出	2.91	0.99	5.43	5.07	0.70	6.12	2.41	0.64	1.73	6.31
三、利润总额	24.49	50.46	63.05	52.53	55.15	24.50	-15.98	5.20	32.08	25.59

第五章　物资管理

第一节　管理体制

2009年8月，集团公司制定物资专业化管理暂行规定，取消各矿（洗煤厂、水电公司）自行采购权限，除煤炭化学工业公司之外的各原煤生产、基本建设、地面生产和非煤辅助单位所需物资，由物资公司统一采购，集中物流配送。2010年，集团公司按照战略规划的总体思路，将化工板块的物资采购业务统一归口到物资公司管理。2011年7月，集团公司制定《物资公司工作规则》，明确物资公司是集团公司授权负责物资供应管理的专业化公司，物资公司工作遵循专业化、精细化、标准化管理原则，集团公司物资供应管理实行统一计划、统一采购、统一配送和统一结算的“四统一”运行管理体制。

自2010年起，神华集团公司开始对部分大型设备实施集中采购。2011年11月，神华物资集团公司成立，集采物资范围扩大。集团公司物资供应管理工作接受神华集团公司的检查、指导。

2016年2月，集团公司对物资供应体制机制进行改革，实施管办分离，即“实行管理和采购分离，管理职能由集团公司机电管理部负责，物资公司负责采购组织实施”。11月，集团公司实施物资供应运行机制改革，将各矿（厂）供应站统一划归物资公司实行集中管理。物资公司将原属各矿厂管理的23个供应站整合为羊场湾、石槽村、红柳、金凤、任家庄、石沟驿、太西、汝箕沟8个物资供应服务中心。2018年10月，因石沟驿煤业分公司关井，撤销石沟驿物资供应服务中心。

2016年12月，制定《神华宁夏煤业集团有限责任公司物资管理规定（试行）》，进一步明确集团公司物资供应实行统一计划、统一采购、统一配送和统一结算的“四统一”管理运行体制，实施物资供应管办分离，各司其职。机电管理部是集团公司物资管理职能部门，煤制油化工部负责煤制油化工板块的日常物资管理等工作，物资公司是集团公司物资采购供应的执行和日常管理实施单位，基层单位贯彻落实集团公司物资管理规定，主要负责编报采购需求计划、本单位自采物资管理等工作。

截至2018年底，物资公司下设宁东、煤制油化工两个仓储配送中心和羊场湾、石槽村、红柳、金凤、任家庄、太西、汝箕沟7个物资供应服务中心，机关设办公室、党群工作部、纪检监察部、计划部、采购部、化工部、仓储调配部、价格信息部、管理部9个部门，公司在册员工668人。

第二节　物资供应管理

一、标准化工作

为进一步规范各单位的物资管理标准化工作，集团公司根据工作情况变化，几次修改物资管理制度，截至2016年一季度，对集团公司基层单位物资管理标准化的季度检查工作，均由物资公司牵头组织实施，检查结果纳入集团公司季度和年度“五型企业”建设绩效考核中。

自2016年二季度起，对集团公司基层单位物资管理标准化的季度检查工作由机电管理部组织实施，主要针对物资采购过程的依法合规性、采购价格、仓储管理、供应商认证情况、履约能力和供货质量等进行检查。2017年4月，集团公司制定《物资供应管理工作评价标准》，规范了体系建设、物资供应、仓储配送等各项工作标准。在物资基础管理工作方面，物资公司负责煤炭板块业务指导及跟踪，煤制油化工部负责煤制油化工板块业务检查和指导。

二、物资采购

根据工作需要，集团公司先后三次修订《物资采购计划管理办法》，明确物资计划管理坚持前瞻性、及时性、准确性、严肃性原则，实行“两级编制，逐级汇总，统一报送，集中管理”，各单位和集团公司逐级编制报送。

2010年，物资公司根据《神华宁夏煤业集团有限公司基本建设及技术改造项目招投标管理办法》，修订了《物资采购管理细则》。2015年10月和2016年8月又先后修订《物资采购管理细则》，确定采购业务基本流程为：计划部编制采购方案并催要发票——采购部实施采购及合同签订——催交检验部实施催交——仓储配送中心实施物资验收入库和配送。规定单项合同估价超过100万元（含）须经集团分管领导审批（不含执行框架和主机配套单一来源的物资采购），采用公开招标以外的其他方式采购的物资（不含国产备件），单批次物资采购估算总额100万元（含）以上，以集团公司正式文件形式报神华集团公司批准。

为达到减少采购频次、缩短交货周期、保证物资质量、享受优惠价格、降低维修和配件储备难度等效果，2010年7月，物资公司制定《物资年度框架协议采购管理规则》，对单一来源物资、通用设备、常用设备及配套材料等物资开展框架协议采购。随着煤炭行业十年黄金期结束，煤炭板块量价齐跌，煤炭行业经营形势严峻，物资公司自我加压，强力推进框架协议采购工作，制定系统实施方案，确定科学谈判策略，在保证质量的前提下实现了采购价格的大幅下降。同时，物资公司根据集团公司下达的指标，对集团公司所属各单位吨煤材料费进行检查、考核，实行超罚节奖，确保了吨煤材料费管控目标的实现。仅2013年至2016年，节约采购资金5.35亿元。

三、供应商管理

2010年4月，制定《神华宁夏煤业集团有限责任公司物资采购供应商评审管理办法》，并于当年开始开展供应商评审和评价，由物资公司会同集团公司机电管理部、纪委、安监局、生产技术部和使用单位组成评审组，对参评的供应商进行综合评审，建立了集团公司合格供应商名录，未经评审合格的厂家一律不允许进入采购环节。2011年8月，制定《神华宁夏煤业集团有限责任公司物资采购供应商绩效评价管理办法（暂行）》。2013年5月，制定了《神华宁夏煤业集团有限责任公司物资采购供应商准入评审管理办法》。2015年11月，制定《神华宁夏煤业集团有限责任公司物资采购供应商管理办法》，进一步规范了供应商管理工作。

2018年4月，供应商管理工作职能划转至集团公司机电管理部。

历年物资公司物资订货量和供应量见表7-5-1（下表中物资订货量和供应量，包括基建、矿井技改、专项材料及设备和煤炭生产用材料）。

表 7-5-1 2009—2018年物资公司订货供应量统计表

单位：万元

年 份	采购量	供应量
2009年	390960.67	718534.31
2010年	314564.22	403801.89
2011年	629991.62	506549.89
2012年	760036.09	606111.66
2013年	697502.46	643862.49
2014年	503011.18	557498.79
2015年	387963.09	385502.09
2016年	338972.26	328173.56
2017年	893654.47	311978.26
2018年	1000580.54	434170.97
合计	5917236.595	4896183.90

四、信息化建设

2011年1月，集团公司Oracie ERP物资子系统正式上线运行，物资供应全过程实现了信息化管理。同年11月，神华物资集团公司成立，随着新的物资供应管理体制的建立，集采物资范围进一步扩大，物资需求计划提报在集团公司Oracie ERP和神华集团公司SAP ERP两套系统同时运行，自采部分业务在集团公司ERP物资子系统中独立运行完成，集采部分在神华集团公司ERP系统中完成招标采购合同业务，合同手工补录到集团公司ERP物资子系统。

2017年1月1日，集团公司Oracie ERP物资子系统迁移至神华集团公司SAP ERP系统，正式上线运行。新系统上线后，属神华集团公司集采物资自动上传至神华集团公司物资管理部。

2014年，搭建电子商务采购平台，开展电子商务采购，12月制定《电子商务采购管理细则》，规范了电子商务采购管理工作。

五、废旧物资处置、积压物资调剂

2010年，集团公司废旧物资处置中心挂靠在物资公司管理部，负责废旧物资处置日常工作。2011年，物资公司进一步规范废旧物资处置方法，将废旧物资处置委托宁夏产权交易所进行拍卖。2012年10月，制定《神华宁夏煤业集团有限责任公司废旧物资处置实施细则（试行）》，规范了废旧物资申报、存放及管理、评估、处置程序及责任追究。物资供应体制实行管办分离后，集团公司明确废旧物资处置工作仍由物资公司负责。

为了盘活库存，减少资金占用，2012年，根据《神华宁夏煤业集团公司积压物资调剂管理办法》，物资公司成立了积压物资调剂小组，对集团公司下达的积压物资调剂利库指标，逐项落实责任部门，并与相关责任部门签订目标责任书，对积压物资调剂指标完成情况按月度进行统计并实施考核。2013年11月，物资公司制定《积压物资串换操作细则（试行）》，将三年以上无动态物资作为串换重点，与相关供应商（厂家）签订串换合同，以捆绑销售的方式推进积压物资对外串换，有效盘活了资产。仅2013年至2016年，积压物资调剂2.36亿元，串换物资4563.4万元，废旧物资再利用5062万元。

第三节　仓储与储备资金管理

一、仓储管理

（一）仓库建设

自2008年开始，物资公司不再承担经营职能，将石嘴山、石炭井、宁东三个配送中心整合为物资公司验收配送部银北分部、宁东分部。2010年3月，成立宁东仓储配送中心和银北仓储配送中心。建设宁东仓储配送中心立体仓库，于2011年4月投入使用。2014年9月，因乌兰矿、焦煤公司停产关井，集团公司撤销银北仓储配送中心总库，库存物资与宁东仓储配送中心合并。2017年2月，撤销银北仓储配送中心，成立煤制油化工仓储配送中心。2017年7月，煤制油化工仓储配送中心接管由上海金山石化等外委单位管理的甲醇库区、烯烃库区、中心库区、煤制油库区，库区面积近30万平方米。

2016年11月，各矿（厂）供应站统一划归物资公司实行集中管理后，原各矿厂所属物资库房由物资公司集中管理，物资公司将催交检验部更名为仓储调配部，主要负责仓储及安全管理工作。目前，物资公司共有库房、料棚、堆场等仓储设施建筑面积628807.78平方米。

（二）仓储管理

2009年8月，集团公司物资专业化管理暂行规定明确了物资公司及各基层单位仓储的定位：通用物资集中存储，专用物资定向存放。即集团公司所属各单位侧重于常用消耗性材料、单一来源用料的储备；物资公司侧重于三种类型物资的储备，即：核定储备、专项储备、寄售储备，同时负责寄售物资的仓储管理和寄售商的考核工作。2016年底前，物资公司设宁东、银北仓储配送中心，分别负责辖区物资的验收、保管保养、发放、配送工作及物资供应管理业务指导工作。各矿厂设置的物资库房由各矿厂供应站管理。

2012年，宁东仓储配送中心在立体仓库高位货架运用神宁集团仓储信息管理系统（WMS），实现了堆垛机取货自动化管理，被授予国家“五星级”仓库荣誉称号，成为神华集团第一家获此殊荣的仓库。

为规范仓储管理，提高发货效率，2012年7月，制定《神华宁夏煤业集团有限责任公司库存物资盘点管理办法（试行）》。2014年12月，物资公司制定了提高仓储配送中心发货效率的7条措施，并在金能煤业分公司召开了物资仓储管理质量标准化现场推进会。2016年12月，制定《神华宁夏煤业集团有限责任公司物资仓储管理办法（试行）》。2017年5月，制定《物资公司仓储管理细则》，实行统一仓储管理保管保养标准、物资分类和编码，推进标准化和信息化管理。2018年8月修订《物资公司仓储管理细则》，明确了组织机构及其职责，规范了仓储设施管理、仓库作业与流程管理、仓储安全管理和盘点管理工作。

（三）验收管理

对集团公司统管的五大类32种有偿使用设备，到货后由物资公司、设备管理中心、使用单位进行联合验收，对胶带、电缆、钢丝绳、润滑油等生产重要物资，到货后委托有专业资质的单位进行检测。其他物资按照《物资仓储管理细则》有关验收工作规定和采购合同（订单）及技术协议约定进行实物验收，做好验收记录，由参加验收人员签字。物资验收时发现数量或质量问题，将该批物资单独存放并标识，及时通知采购部门，由采购业务部门协调解决并反馈处理结果；涉及索赔的由采购部门牵头、仓储调配部、各中心配合在有效期内进行索赔处理。

二、储备资金管理

2009年8月，集团公司明确储备资金及定额由物资公司统一管理，严禁所属各单位自行储备。组织制定了《物资储备定额》和《煤矿材料消耗定额》，每年给物资公司下达储备资金管控指标，并依据《神华宁夏煤业集团有限责任公司物资储备资金管理办法》对物资公司及所属各单位进行考核。

2010年初，物资公司制定了《物资储备资金管理实施细则》，并将物资储备资金管控任务指标分解到各矿厂，纳入物资管理标准化工作进行检查考核。

2011年，根据宁东矿区投产情况逐年增加了核定储备。

自2012年开始，集团公司考核储备资金按财务账“存货”数计算，不再考虑特储物资、专项物资等项目。2013年至2016年，物资公司通过组织开展“储备资金管控百日大会战活动”“降低材料消耗、消化库存活动”，大力开展调剂利库，实施矿机公司账外物资、银北关停三矿一厂库存物资的调剂及回收复用、物资寄售以及采用煤款抵抹钢材款、房屋顶抹账、捆绑谈判等方式串换物资等工作，使长期无动态物资库存量显著下降。仅2014年至2016年，物资寄售量达17.98亿元，有效缓解了集团公司资金支付压力。

表7-5-2　2009—2018年物资储备资金情况表

单位：万元

单　位	指标	2009年	2010年	2011年	2012年	2013年	2014年	2015年	2016年	2017年	2018年
合计	核定	35800	23891	27695	50000	78000	75000	75000	70000	61000	71000
	占用	21532.59	20970.1	31003.65	44656.29	76149.11	71279.86	71591.96	66879.88	81076.82	129412.71
	超+降-										
一、物资公司	核定	20350	9226	10730	26835	28866	24228	25218	21862		
	占用	6563.83	6166.98	10263.28	19385.77	21354.26	16990.05	20390.11	21614.86		
	超+降-										
二、各矿、厂	核定	15450	14665	16965	17165	48134	50772	49782	48138		
	占用	14968.76	14803.13	20740.37	25270.52	54794.85	54289.81	51201.85	45265.02		
	超+降-					14679.4					
1. 银北矿区	核定	7224	5530	6250	6495	5422	5461	5330	4476.35		
	占用	6726.19	6048	6403.61	5875.64	7464.86	5410.4	5933.87	4447.6		
	超+降-										
2. 宁东矿区	核定	8226	9135	10715	10670	27712	27311	26652	25544.65		
	占用	8242.57	8755.12	14336.76	19394.88	32650.59	31990.18	27196.24	24153.92		
	超+降-										
3. 煤化工	核定					15000	18000	17800	18117		
	占用					14679.4	16889.23	18071.74	16663.5		
	超+降-										

第八篇
安全生产

神华宁夏煤业集团公司始终坚持“安全第一、预防为主、综合治理”的方针，牢固树立以人为本的安全发展理念，严格执行《安全生产法》《矿山安全法》《职业病防治法》等国家法律法规和宁夏回族自治区、神华集团有关安全生产管理的法规、条例和制度，不断改革完善安全生产管理体制机制，优化专业监管队伍，创新管理模式，将领导负责与企业管控，制度建设与责任落实，质量标准化与本质安全管理体系建设，安全装备与设施保障，常规管理与技术创新，专业监管与群众监管，安全教育与安全培训，监察考核与问责奖罚等，贯穿到企业战略发展实施的全过程。实施矿井“一优三减”（优化系统、减水平、减头面、减人员，以下简称“一优三减”），采掘机械化率分别达到100%和92%。金家渠、金凤煤矿智慧矿山试点建设稳步推进，建设了5个自动化工作面，完成4座洗煤厂智能化调速改造。大部分矿井排水泵房、变电所等实现了“有人巡视，无人值守”。完成了百万吨级烯烃“智能工厂”项目建设，建成了高危作业移动监测监控系统，推进煤制油化工装置安全管理向智能化升级。持续发展“四五六”班组建设模式新内涵，出台班组建设指导意见。1.9万名员工匹配了岗位标准作业流程，将上标准岗、干标准活落实到每班每岗，员工安全意识和技能素质进一步提升。积极推广使用除尘降噪先进设备，强化职业健康管理水平，任家庄矿建成全区粉尘防治示范矿井。

2012年，全国煤矿安全生产经验交流现场会在宁夏银川召开，具有集团公司特色的“六个一”安全管控模式和“四五六”班组建设管理模式得到了国家安监总局、煤监局以及自治区的充分肯定。在此基础上，集团公司不断总结提炼和丰富安全管理经验做法，在煤矿板块总结推广“19110”安全管控模式，在煤制油化工板块推行“11311”安全管控模式，不断提升安全管理水平，安全生产形势总体平稳，2009—2013年连续5年实现了无死亡事故。金能、乌兰、白芨沟、灵新、枣泉、梅花井、清水营、石沟驿等9家煤矿连续8年实现安全生产无死亡事故。红梁公司实现了安全生产13周年。各煤矿涌现出了一批安全生产50年、40年、30年的先进区队、优秀班组。亘元房地产公司、太西炭基工业公司、天长民爆器材公司、太西洗煤厂、能源工程公司等14个生产经营企业连续10年杜绝了重大责任事故和重伤事故。

2017年以来，枣泉、任家庄、灵新煤矿通过了国家一级安全生产标准化矿井验收。2018年底，15个单位达到集团公司风险预控管理体系建设一级单位，10个单位达到二级，9个单位达到三级，1个单位达到四级，6个煤矿达到集团公司一级标准化矿井，7个煤矿（单位）达到集团公司二级标准化矿井，3个煤矿达到集团公司三级标准化矿井。

第一章　安全管理

第一节　组织机构

集团公司按照“集团公司安全生产委员会→安全生产工作领导小组→安全监察局→各驻矿安监处→基层安全管理机构”的运行模式，对安全工作实施分级管理。

一、集团公司安全管理组织机构

2009年，根据生产任务、安全形势变化和人事变动，成立集团公司安全生产领导小组，由安全生产委员会核心成员组成，形成了安全生产领导核心和决策运行机制。按照安全生产委员会职责范围，工作目标，进一步明确了主任、副主任和委员的责任，制定了工作制度和规定，实施安全生产责任目标管理，充分发挥集团公司安委会作用。2010年，集团公司安委会40名成员与基层38个单位建立安全生产“联系点”，每月定点带班1次以上。2013年，下发集团公司《关于重新调整安委会成员工作联系点的通知》，增加了安委会成员，扩大了联系点制度的覆盖面，安排各矿统一设置集团公司安委会成员和机关安全生产管理人员入井定位卡，强化现场管理和动态管控。集团公司每年年初下发“安全生产一号文”，对全年安全生产工作进行总体部署，对照各项任务逐项进行分解细化，对分解的各项措施落实集团公司领导的督办责任。

二、集团公司安全监察机构

集团公司安全监察局作为专职安全监察机构，设置采掘、机电、通风、质量标准化、基本建设、煤制油化工、职业卫生、交通、综合安全监察等专业。2009年，安全监察局向生产、在建煤矿派驻安全监察处，内设采掘、机电、通风、综合管理业务。2011年，集团公司贯彻落实《国务院关于进一步加强企业安全生产的通知》精神，根据宁东能源化工基地建设发展需要，成立安全监察局煤化工分局，承担煤化工板块安全生产、生态文明建设、环境保护治理、职业健康监督监察工作。

2016年5月15日，集团公司安全监察局煤化工分局更名为安全监察局煤制油化工分局，主要负责煤制油化工板块安全、环保、职业健康监督监察工作。同年，集团公司撤销了驻矿安监机构，相关人员划入各煤矿单位，强化基层安全管理队伍。成立安全监察中心，与安全监察局合署办公，其中安全监察局重点抓建章立制和安全管理，安全监察中心重点抓现场监察和检查考核，安全监察中心实行常态化驻矿督导。

三、基层安全管理机构

各单位均设有专门的安全管理机构，负责本单位标准化体系、安全风险预控体系建设和现场安全监督管理工作。2018年，各矿井安全生产“五职”矿长齐全（矿长、生产矿长、安全矿长、机电矿长、总工程师），煤制油化工等单位配齐了安全总监。

第二节　规章制度

集团公司坚持执行国家有关安全生产的法律法规和自治区人民政府、自治区经济和信息化委员会、宁夏煤矿安全监察局、自治区安全生产监督管理局制定出台相应的地方性法规、条例、规定。从实际出发，不断建立完善煤矿特殊环境、高危作业中的23项规章制度，集中体现在47个方面、21个行业和156个工种各岗位上，构建起职责分工、岗位把关、制度约束、管理规范、检查考核和问责奖罚的约束机制与激励机制，保证了安全生产持续良好发展。

一、安全生产责任制

集团公司坚持“党政同责、一岗双责、失职追责”和“管业务必须管安全，管生产经营必须管安全”的要求，每年年初层层签订安全目标责任书、安全承诺书，严格落实各级领导安全生产的领导责任、生产建设单位的主体责任、职能部门的业务保安责任、各级安监环保部门的监察责任。2016年8月，集团公司对《安全生产责任制》重新修订下发，进一步明确董事长是集团公司安全生产第一责任人，对安全生产负全面领导责任；党委书记对安全生产“党政同责”的落实负领导监督责任；总经理对安全生产负主要管理责任。同时对集团公司分管领导、业务部门的责任制内容进行了完善，基层单位根据自身实际均对本单位安全生产责任制进行了修订下发，集团公司及各单位建立覆盖全员全岗位安全生产责任制404项。2018年，集团公司推行煤炭板块安全生产责任清单和煤制油化工板块“1+5”（“1”即安全环保责任制；“5”即支持安全环保责任制落实的五项具体内容，包括：安全环保直线责任制框架图、安全环保属地责任图、安全环保生产责任制履职履责责任清单、安全环保责任制履职履责考核标准、安全环保生产责任制履职履责检查表）安全环保责任体系，压紧压实各级安全生产责任。

二、领导值班（跟班）下井制度

根据国务院办公厅《关于煤矿负责人和生产经营管理人员下井带班的指导意见》等精神，为强化煤矿生产过程安全管理，2009年1月，集团公司下发《入井人员管理办法》，规定：集团公司董事长、党委书记、总经理每月入井不少于3次；分管生产、安全、基建的副总经理、总工程师及副总工程师每月不少于6次；安全监察局局长每月不少于8次，生产技术部、机电管理部等生产职能部门总经理每月不少于6次；驻矿安监处处长每月不少于12次，副处长每月不少于15次；各煤矿矿长、党委书记每月不少于10次，生产口副职每月不少于14次。各级管理人员对所查区域的安全生产在8小时内负责，如发生事故负连带责任。

2010年9月，集团公司下发《领导下井带（跟）班管理办法》，要求煤矿班子成员每月下井带班不得少于5次，其中中、夜班不得少于2次，重点履行重点工程和特殊工序环节巡视、发现和组织消除事故隐患险情、遇险情下达撤人指令等职责，集团公司通过人员定位系统查询等方式对带班人员履职情况进行监督。

三、安全办公会议制度

2013年11月，集团公司修订下发《安全办公会议规则》，集团公司每月至少召开一次安全办公会议，由董事长或总经理主持，集团公司相关领导和各部门负责人参加。各单位根据实际情况每旬至少召开一次安全办公会议，会议由单位行政正职主持或委托分管安全生产的副职主持。相关科室（区队）负责人及以上管理人员参加。制度中明确了集团公司安全办公会议的9项和基层单位的7项主要任务。集团公司安全生产例会重点研究解决基层单位安全生产过程中的实际问题。每次安全办公会议形成纪要并下发，各责任部门对议定的事项、决定落实办理，定期报告进展。

四、不安全行为管控制度

为规范员工安全行为，防止和减少因员工违章导致事故发生，集团公司2015年7月修订下发了《员工安全行为管理规则》，按照A、B、C类等级不安全行为重新进行了界定，同时建立不安全行为举报奖励机制。集团公司对各单位查处不安全行为进行月统计，季度通报，督促层层落实责任，强化员工行为规范，对提升员工自主保安意识起到了积极作用。

五、风险管控制度

为规范危险源辨识、评估工作，明确其可能产生的风险及后果，通过制定和实施具体措施实现对危险源的有效管控，消除隐患，预防事故发生，2016年6月，集团公司下发《危险源辨识与风险评估管理办法（试行）》，对风险实行分级管控，明确集团公司安委会负责审定高风险以上级别的危险源评估结果，保障高风险以上级别危险源管控工作的相应资源；机关各部门成立风险评估小组，负责分管范围内的系统危险源辨识及风险评估工作；基层单位组织对岗位危险源和系统危险源进行风险评估，提炼管理对象（人、机、环、管），制定管控标准和措施。

六、隐患排查治理制度

为进一步加强集团公司生产安全事故隐患排查治理、督办及责任追究工作，构建隐患治理长效机制，防范事故发生，集团公司2017年3月修订下发了《生产安全事故隐患排查治理及责任追究管理规定》，针对重大安全隐患，明确了集团公司领导、业务部门、安全监察部门的具体职责，同时明确基层单位是隐患排查治理的责任主体，单位主要负责人对本单位安全生产隐患的排查治理负主要责任。制度规范了重大隐患整改销号流程及责任考核，各单位严格落实主体责任，隐患整改销号工作按期有效推进。

七、民爆物品管理制度

2011年3月份，集团公司下发《民用爆炸物品管理办法》，成立了由集团公司分管安全的副总经理为组长的民爆物品安全管理领导小组，办法明确了领导小组和安全监察局、社会事务部、物资公司等部门单位的工作职责，各涉爆单位是民爆物品使用及安全管理的责任主体，同时对生产加工制造、装卸运输、储存保管、供应、火药库管理、使用发放、清退销毁、检查考核等环节做了具体要求。

八、安全考核奖惩制度

2009年，集团公司进一步推行矿厂负责人月度风险抵押兑现奖考核机制，修订下发了《矿厂负责人月度安全风险抵押兑现奖考核办法》，将生产任务完成、人身伤害事故、非伤亡事故、体系达标、隐患排查治理、现场管理等纳入考核范围，充分发挥了安全风险抵押兑现奖的激励作用，矿厂负责人安全责任落实力度得到明显提升。为全面推进生产矿井本质安全管理体系建设，逐步将安全质量标准化与本质安全管理整合，形成统一的管理体系，集团公司于2009年3月下发了《生产矿井本质安全管理体系考评奖惩办法》，对体系考评验收标准及方法、达标等级评定、奖惩兑现等工作做了具体规定。2011年8月，集团公司修订下发《安全生产长周期单位嘉奖考核办法》，对实现安全生产三周年的一类单位奖励20万元，每延长1年，按人均80元增加；对实现安全生产三周年的二类单位奖励15万元，每延长1年，按人均60元增加。2013年4月，在整合7项制度的基础上，集团公司修订下发《生产本质安全奖励基金管理办法》，规范设立季度本质安全奖、安全质量标准化“季度精品工程”奖、年度安全考核达标一次性奖励、年末安全表彰、安全长周期奖、机关安全生产管理部门季度本质安全奖励和安全季活动奖励、年度安全生产管理责任奖、安全生产特别奖。2016年二季度起，集团公司实行季度安全优胜矿井、化工厂和年度安全标杆矿井、化工厂奖励机制，对季度安全优胜矿井、化工厂分别奖励30万元和15万元，对年度安全标杆矿井、化工厂奖励100万元和50万元。为全面夯实安全基础，着力推进煤矿安全生产标准化建设，2018年3月，集团公司下发《煤矿板块安全生产标准化绩效工资考核办法（试行）》，将煤矿板块各单位月度吨煤、进尺收入总量的30%作为安全生产标准化绩效工资考核部分。

九、生产安全事故追查处理制度

集团公司在整合生产安全事故报告和调查处理暂行规定、生产安全事故行政责任追究规定、煤化工生产安全事故报告和调查处理规定等制度的基础上，于2011年9月下发《生产安全事故报告和调查处理规定（试行）》，对事故级别、事故报告、事故现场处置和保护、事故调查、事故处理、经济处罚、行政及其他处分等内容作了完善。依据国家有关法规和原神华集团相关制度，充分结合集团公司实际，2017年8月，集团公司对该项制度做了修订，下发《生产安全事故报告和调查处理规定》，对事故责任单位界定、事故调查责任划分、事故处理及事故档案管理等内容进一步规范。

第三节　安全体系建设

一、安全风险预控管理体系建设

从科学管理的角度来说，风险预控管理体系的核心是通过危险源辨识和风险评估，明确安全管理的对象和重点；通过保障机制，促进安全生产责任制的落实和风险管控标准与措施的执行；通过危险源监测监控和风险预警，使危险源始终处于受控状态。危险源辨识、风险评估、风险管理标准与措施制定及隐患消除、控制效果评价等环节都按照PDCA模式运行，即从计划到实施再到检查，并持续改进的闭环管理模式。

自2007年9月开始，集团公司按照神华集团总部创建本质安全管理体系的要求，下发《关于在集团内部推广实施本质安全管理体系的通知》[神宁〔2007〕345号]，成立了以总经理为组长、副总经理为副组长、部门负责人为成员的煤矿本质安全管理体系建设领导小组，开始本质安全管理体系的创建，2011年3月又成立了本质安全体系建设管理委员会，并明确了各层级的管理职责和组织分工。同时，结合集团公司实际对神华集团公司发布的本质安全体系标准进行了修订和扩充，新增和完善系统11个，新增和完善元素276个，新增考核指标334个。同时支持和帮助各地面单位分别建立了相对完善、适合自身特点的本质安全管理体系。安全风险预控体系建设达标按一级、二级、三级、四级4个等级进行设置，每年在年度体系达标规划中规划各单位达标等级，集团公司每季度组织考核验收，兑现奖罚。

集团公司先后在梅花井、石槽村、灵新、太西洗煤厂、白芨沟、焦煤公司、红柳等单位召开了本安体系建设现场推进会，促使各厂矿主要领导形成积极主动抓工作的动力，在各单位之间形成你追我赶，树标杆、争一流的浓厚氛围，引导各基层单位互相交流，总结经验，推进集团公司本安体系建设持续提升。枣泉煤矿“三减三危险源辨识风险归零法”，金能煤业分公司“井下员工安全状态预控亲情卡”，煤化工分公司交接班“2020八步法”（其中现场接班巡检时间20分钟，交接班会20分钟；交接班会程序规范为：巡检、点名、排查、点评、学习、分工、总结、宣誓）等措施的落实，梅花井矿“5+2”本安体系建设方式方法（“5”主要指目标管控、保障管理、危险源辨识、风险管控、考核评价；“2”主要是体系评价、安全文化），有力地促进了本安体系建设落地生根。

集团公司开展“本质安全管理体系实施年”活动，重点是进一步贯标、培训、指导和督查，夯实体系运行的思想基础、理论基础，全面、严格地实施本安体系考核模式；2010年开展了“制度贯彻落实年”“矿井系统完善年”活动，夯实体系运行的制度基础、管理基础、环境基础，强化各层级管理人员对体系运行的执行力；2011年开展了“本安体系达标年”活动，有针对性地提升了每一个单位的达标层级和规划目标，全面固化了这一考核模式。集团公司将2012年确定为“本安体系提升年”，并全面开展“找、抓、促”活动。通过选树“精品工程”“亮点单位”，提炼和归纳8方面管理成果，将“五大保障”（组织保障、制度保障、技术保障、资金保障、安全文化保障）措施制度化、规范化，开展内部外部结对子交流学习，全面建立专业的内审员队伍，全面启用本质安全体系信息化管理平台等多项措施，不断提升体系创建成果。2013年，集团公司以实现长周期安全生产为目标，以“本安体系提升年”为主线，以全面推进“六个一”经验为核心，以深化本安体系落地为关键，以“一通三防”和重大危险源管控为重点，深入开展“找抓促”活动，再巩固、再对标、再提升，坚定不移推进集团公司安全发展。2014年，集团公司以“力争零死亡，追求零伤害”为目标，以推进本安体系运行落地为主线，深化“六个一”安全管控模式，大力提升现场安全管理水平、技术保障能力和员工队伍素质，改善安全生产环境，提高安全文化建设品质，推动集团公司安全生产工作向更长周期迈进。2015年，集团公司深入开展“安全生产责任落实年”活动，细化分解29项具体措施，推进安全管理分级化、排查项目清单化、隐患查治常态化、制度规程规范化、现场管理可视化和培训教育经常化。2016年10月，集团公司完成了风险预控管理信息化系统煤矿软件开发上线运行工作，新增了未遂事件管理、承包商考核评价、体系评审、重大隐患管控信息等模块，并分步实施，各矿井积极开展上线工作，系统推广应用取得了良好效果。2017年，集团公司下发《安全风险预控管理体系考核办法（试行）》，对集团公司各板块班子成员安全生产责任制等履职履责情况进行考核，考核结果与月度安全风险抵押金挂钩。2018年，按照“分级管控，分部门分专业负责”原则，构建基层厂矿、集团公司部门、集团公司安委会三个层级风险隐患排查治理体系，明确各层级工作职责，实行风险隐患清单式管理。

二、标准化建设

集团公司坚持“干一辈子煤矿，抓一辈子质量标准化”的安全管理理念，采取质量标准化建设与本安体系生产元素管理、制度体系、教育培训、班组建设相结合的办法，实现原煤生产单位在采、掘、机、运、通等系统动态达标。建立和完善质量标准化和精品工程创建的长效机制。深入开展“精品工程”创建活动，对不达标、质量不合格的工程，坚决做到不验收，并严格追究管理责任、监管责任和违约责任。根据矿井生产需要，配备了专职“三员”（安检员、瓦检员、质量验收员），在生产现场实行质量标准“三员一体”管理制度，当班生产任务完成后由上述“三员”与现场带班工长共同对工程质量进行验收，并在验收记录上签字认可。每月由驻矿安监处会同矿生产、机电、通风等职能部门组成工程质量验收组，对工程质量及文明生产情况进行考核打分，根据考核成绩，兑现月度安全结构工资，使安全质量标准化与每个员工收入挂钩，提高了全员工作积极性。

2016年6月份，集团公司建立了季度安全优胜矿井、安全优胜化工厂和年度安全标杆矿井、安全标杆化工厂选树机制，每季度选树安全优胜矿井1 ~ 3个、安全优胜化工厂1 ~ 2个，安全优胜矿井一次性奖励30万元，安全优胜化工厂一次性奖励15万元；年度安全标杆矿井1 ~ 2个、安全标杆化工厂1个，安全标杆矿井一次性奖励100万元，安全标杆化工厂一次性奖励50万元。各基层单位参照集团公司标杆单位评选办法，每月选树2 ~ 3个示范区队、4 ~ 5个示范班组，充分发挥典型引路，以点带面的示范作用，促进了标准化水平整体提升。

集团公司将2017年定为“安全生产标准化”提升年，重点围绕基础管理、机电设备、工程质量、文明生产四个方面，切实提高安全生产标准化水平，通过夯实基础推动安全生产水平的提高。

2018年3月，集团公司在煤炭板块推行标准化绩效工资考核办法，将各单位月度吨煤、进尺收入总量的30%作为标准化绩效工资考核部分，增加了动态考核频次和分值占比。每季度对达标一级单位的第一名加奖50万元；对达标二级单位的第一名加奖40万元，对达标二级单位的第二名加奖30万元；对进步最明显的单位重奖50万元。根据年末宁夏煤矿安全监察局等上级部门和集团公司检查评定结果，对照集团公司年度达标规划，年度达到一级的，每矿奖励200万元，达到二级的，每矿奖励100万元，降级的，每矿处罚100万元。各煤矿单位标准化创建的积极性得到极大调动，标准化水平得到较大提升。

三、安全管控先进经验

集团公司按照好听、好记、好理解、好执行、好总结的“五好”原则，总结提炼了“六个一”、煤矿板块“19110”、煤制油化工板块“11311”安全管控模式，内容不断丰富，促进了安全管理水平的持续提升。

（一）“六个一”模式

面对整体点多面广、安全管理难度大的实际，集团公司始终把安全作为企业发展的生命工程，不断探索煤矿安全生产发展规律，创新安全管理方式方法、体制机制，在总结梳理宁夏煤炭行业半个世纪以来安全生产方面的好思路、好经验、好做法的基础上，总结推广了“一个可防可控的先进安全理念、一套科学实用的风险预控管理体系、一条产业升级战略引领的新型工业化之路、一种强基固本的四五六班组建设模式、一种持续提升的全员教育培训、一种生命至上的安全文化”为核心的“六个一”集团公司特色安全管控模式，实现了安全生产持续稳定好转。

1.一个可防可控的先进安全理念。集团公司组建以来，积极与世界一流能源企业对标，全力提升科学发展、安全发展水平。在认真贯彻执行神华集团公司“煤矿能够做到不死人”“生产时瓦斯不超限，超限就是事故”两个理念的基础上，总结提炼了“一切生产事故皆可防可控”的安全核心理念。围绕这一核心理念，不同板块、单位、岗位相继衍生出五个子理念，即：“危险和有害因素随时随处都存在”“一切事故、一切意外都是可以避免的”“一切隐患都是可以控制的”“一切主观危险因素都是可以消除的”“超限就是事故”。各基层单位也根据各自特点，探索创新和培育了煤化工公司“泄露就是事故”、灵新矿安全生产“零干扰、零伤害、零事故”、汝箕沟无烟煤分公司“安全=体系+责任+执行力”、金能煤业分公司“安全=细节+流程+执行力”、石炭井焦煤公司“减人促安、人少则安”等各具特色的基层安全理念。从“安全核心理念”→子理念→基层特色理念，构成了用理念文化诠释安全、靠理念体系创新安全、以理念宣贯确保安全的安全发展新思路，使员工对安全认识从传统的、人治的、机械的、被动的自觉转变为科学的、制度的、先进的、主动的，从根本上解决了员工对安全的思想认识问题，为安全发展奠定了坚实思想基础。

2.一套科学实用的安全风险预控管理体系。集团公司大力推行“以危险源辨识为基础、风险预控为核心、规范员工不安全行为为重点、切断事故发生因果链为手段”的风险预控管理体系，按照PDCA循环管理模式，不断实施动态管理、过程控制、闭环管理和持续改进。经过近十年的扎实推进，风险预控管理体系已在集团公司各业务板块全面覆盖、落地生根，成为推动集团公司安全工作持续稳定好转的有效抓手。

3.一条产业升级战略引领的新型工业化道路。多年来，集团公司始终从实现企业可持续发展和国家能源安全稳定供应的高度，坚持把走新型工业化道路纳入企业整体发展战略，坚持大投入建设信息化、新领域运用信息化、新成果推进信息化，加快煤炭生产和利用方式变革，加快转型升级和结构优化，按照高起点、高技术、高质量、高效率、高效益，生产规模化、技术现代化、服务专业化、管理信息化的“五高四化”方针，建成了一批千万吨级矿井群和世界级现代煤化工能源基地，为企业安全发展、科学发展创造了良好的环境。

4.一种强基固本的“四五六”班组管理模式。集团公司始终把班组建设作为基础工程常抓不懈。在挖掘总结传统班组建设好经验、好做法的基础上，不断探索，变革创新，凝练升华，逐步形成了以“四个定位”为原则、以“五型”班组为核心、以构建“六大体系”为支撑的具有神宁特色的“四五六”班组建设管理新模式。“十二五”期间，集团公司先进班组达50%以上，涌现出了一批全国煤矿优秀班组、工人先锋号班组和“安康杯”优秀班组。受到国家煤矿安全监察局的充分肯定，并在全国推广。

5.一种持续提升的全员教育培训体系。集团公司坚定不移地实施“人才强企，培训先行”发展战略，积极研究人力资源开发、利用和高效合理配置的有效途径，探索有利于员工成长成才的教育培训工作规律，构建了理论培训、实操培训、现场培训、技能鉴定、评估考核“五位一体”的安全培训模式，实现了教育培训方式由过去的理论向实操、学历向技能、“要我培训”向“我要培训”转变，为集团公司安全发展提供了强有力的人才支撑。

6.一种生命至上的安全文化。牢记“生命至上”这个理念，把“责任、创新、厚德、争先”的神宁精神贯穿安全生产的始终，紧扣安全发展主题，始终把文化建设作为铸魂、育人、塑形的重大战略举措，树标杆、争一流、创品牌，形成了“底蕴深厚、朴实贴切、融会贯通、知行合一”的具有集团公司特色的安全文化。坚持不懈地培育和提升全体员工想安全、要安全、能安全的意识和技能。集团公司持之以恒地开展“常怀感恩之心，培育感恩之情，落实感恩之行，构建和谐矿区”系列主题教育实践活动，不断提升员工安全素养。各单位先后组织家属141000人次进矿区现身说法，带动1000名员工成为安全放心员工，极大鼓舞了员工做好安全生产工作的信心和决心。在强化全员安全执行力方面，把军队的优良传统、军人的优良作风作为员工队伍建设追寻的高层次境界，强力推行准军事化管理，突出“坚决服从、严格执行”的核心，结合“手指口述”操作要领，从请示报告、统一着装、礼仪交往等表象上的军事化管理，逐渐引申到作业现场执行安全规程、落实安全措施、规范操作行为、施工精品工程等深层次的执行能力上。

（二）煤矿板块“19110”安全管控模式

在“六个一”安全管理模式的基础上，针对煤炭板块零敲碎打事故屡禁不止这一被动局面，集团公司对煤矿安全管理工作中的好经验、好做法进行系统总结、提炼，形成具有集团公司煤矿安全管理特色的“19110”安全管控模式。

1.培育一种安全文化。

（1）理念文化：让员工牢固树立一切事故皆可防可控，瓦斯超限就是事故，煤矿可以做到不死人，干部要到位、员工要干对，力争零死亡、追求零伤害等安全价值观念，以提高员工安全认识水平。

（2）制度文化：就是要在强化制度建设，落实安全责任上下功夫，做到以制度管人，以制度约束人。

（3）行为文化：就是加强员工行为管控，提高员工执行力，做到遵章守纪，行为规范，人机协调。

（4）物态文化：就是加强物态文化建设，为员工创造一个安全的生产工作环境。

2.实施九项纵深工程。

（1）以安全生产责任制为抓手，全面落实安全责任追究制度。

（2）以岗位标准作业流程为基础，推进危险源辨识向常态化发展。

（3）以“3+X”特色教学为载体，推进员工教育培训向多元化发展。

（4）以“五型班组”建设为支撑，推进班级建设向精细化发展。

（5）以“55365”管控模式为规范，推进承包商管理向统一性发展。

（6）以“三亮三诺”为抓手，推进党建安全向全方位发展。

（7）以科技创新为引领，推进科技保安向创新型发展。

（8）以应急管理六步法为指导，推进应急管理向系统性发展。

（9）以综合治理为重点，推进环境保护、职业卫生工作向持续化发展。

3.作好一套管控标准。将煤矿安全生产标准化与煤矿安全风险预控体系有机结合，对在生产过程中存在的各项风险加强管控，严格依照国家安全生产标准化要求组织生产；在标准的执行上要做到“五个统一、实现五个落实”，即思想认识统一、体系标准统一、文件记录统一、考核标准统一、考核执行统一，实现责任落实、指标落实、培训落实、管控落实、考核落实；在不安全行为管控上按查、罚、帮、教、管层层落实责任，努力减少不安全行为发生的频次；加强安全信息平台建设，发挥风险预控信息平台上的隐患录入、整改、验收、考核等功能，不断提升安全管理手段；在隐患排查管控方面坚持一查、二改、三督办、四验收、五销号的原则，全面落实隐患分级管控，实现PDCA闭环管控。

4.推行一套全向激励机制。在物质激励方面充分发挥全员绩效考核对员工队伍管理的导向和激励作用，通过持续推行“精品工程”评比等活动不断提升生产标准化水平，加大对长周期安全奖励力度，激励各单位不断提升安全管理；在精神激励方面，有效利用荣誉激励、名誉激励等手段，触发广大员工的荣誉感、获得感，从而激发员工创新争优、奋力赶超的积极性和主动性；在晋升激励机制方面，采取对工作成绩突出的人员提高待遇，在劳务工转正时优先考虑、推选班组长或提升管理人员等手段，不断增强员工的价值认同感和归属感

5.最终实现安全生产“零”目标。安全生产最终目标就是从零开始，向零奋进。“零”字号目标就是生产稳定零干扰、安全运行零事故、员工人身零伤害、清洁发展零事件、职业健康零发病。生产稳定“零干扰”就是要排除一切影响安全生产的不利因素，以安全生产为重、保障安全生产、服从安全生产；安全运行“零事故”就是要杜绝一切碰手碰脚及以上事故；员工人身“零伤害”就是要加强员工安全教育，提升员工安全意识，做到零伤害，保平安；清洁发展“零事件”就是推进生态文明建设、环境保护综合整治工程，最终实现环境保护工程零事件；职业健康“零发病”就是将保障员工身心健康作为一切工作的出发点，加强员工劳动保护，增强员工幸福指数。

（三）煤制油化工“11311”管控模式

为实现煤制油化工板块安全发展，自2010年10月以来，煤化工公司、煤制油项目先后借鉴国内外安全管理先进企业经验，不断创新安全管理方法，将安全管理理论与煤化工公司安全管理实际相联系，结合安全风险预控管理体系建设和危化品企业标准化建设，将日常安全管理中取得实效的做法和业务保安理念等进行固化，将危险源辨识、风险评估、风险预控、措施落实、标准制定等工作融入安全管理，在培育什么样的安全文化、怎么培育安全文化，构建一套怎样的安全管理体系、怎样构建体系，将“三基”中哪些工作作为重点、怎样夯实“三基”工作，打造一支什么样的员工队伍、怎样打造这支队伍，实现一个什么样的安全发展愿景、怎样实现这个愿景五个方面，进行了深入尝试、实践和总结，提出了“11311”安全管理体系模式。

培育一种文化：即培育具有煤制油化工特色的安全文化，着力解决物的不安全状态、人的不安全行为方面的突出问题，实现本质安全。

构建一套体系：即构建以危险源辨识为基础，以风险预控为核心，以消除员工不安全行为为抓手，以切断事故发生的因果链为手段的安全风险预控管理体系，解决了安全怎么管、谁来管、管到什么程度的问题，保证了现场安全管理的有效闭环和风险预控，提升了现场安全管理水平。

夯实三个基础：即着力夯实基层建设、基础管理、基本功训练三个基础，解决基础工作怎么夯实、基础管理怎么抓、基本功怎么更有效的问题。

打造一支队伍：即着力打造高素质的员工队伍，由操作、技术和管理人员三大群体构成，解决企业发展为了谁、依靠谁的问题。

实现一个愿景：即着力建成本质安全型企业，实现“零事故、零伤害”，解决如何实现由“要我安全”向“我要安全”“我们要安全”这一质变的问题。

第四节　安全基础设施建设

集团公司把安全基础设施建设完善、巩固提高列入本质安全企业建设系统工程，围绕“强化体系，完善系统，夯实基础，全面提升”工作思路，狠抓安全基础设施建设。2009年，集团公司组织工程技术人员，邀请国内知名专家，对石嘴山、石炭井、汝箕沟、宁东四大矿区和煤制油化工基地安全基础设施进行调研、检查、评估。根据存在的问题，由集团公司安全监察局、生产技术部、规划发展部、企业策划部、财务部等部门共同“会诊”，按系统标准化建设编制规划，集团公司审查确定建设更新改造项目。通过定单位、定责任人、定建设队伍、定建设期限办法，保障资金到位，保证建设项目，逐项落实。2010—2016年，共构筑完善了17大安全系统基础设施保障工程。

一、体系及标准化建设工程

集团公司在完成煤矿板块本安体系文件创建、发布、学习的基础上，于2008年6月1日起正式启动运行，2008年12月年末考核时开始全面运用体系考核模式及结果。在煤矿单位成功运行体系的基础上，集团公司分别部署基本建设单位在2009年、煤化工及地面重点单位在2010年、专业化公司及地面非煤单位在2011年建立并运行了风险预控管理体系，至2012年1月，所有单位全部纳入风险预控管理体系进行考核。各板块在以风险预控管理为核心的本安体系中，不断丰富完善，持续有效运行。同时，采取质量标准化建设与本安体系生产元素管理、制度体系、教育培训、班组建设相结合的办法，实现了原煤生产单位在采、掘、机、运、通等系统质量标准化的动态达标和创建精品工程的长效机制。

二、教育培训工程

集团公司紧紧围绕企业安全生产和发展建设需求，认真贯彻实施“人才资源是第一资源”的发展战略，持续完善培训制度、组织流程、考核、档案、过关培训和学分制管理6个方面的标准化体系，规范安全培训的科学化管理，构建“公司—矿厂—区队”三级联动培训体系，建立了银川综合实训基地、灵新矿采掘实训基地、甲醇厂煤化工实训基地、太西洗煤厂洗选实训基地和矿山机械公司设备维护“五大”实训基地，以中高层管理人员、专业技术人员和技能操作人员“三支队伍”培训为抓手，以全员“过关”培训和学分制管理为手段，持续加强培训工作标准化建设，全员安全素质不断提升。

三、采掘机械化装备工程

在宁东矿区、石嘴山矿区、石炭井矿区、汝箕沟矿区16个生产煤矿、5个在建煤矿安装综采综掘大型设备34套，岩巷掘进装备28套，防爆无轨胶轮车257辆。采掘机械化水平分别达到100%和92%。采煤工作面全部采用综采配套装备。掘进巷道推广使用掘锚一体机、岩巷综掘机、侧卸式装载机、液压前探梁等综掘装备。煤制油化工和煤矿灭火工程按照国家和自治区特种行业安全生产规定，加大投资，完善系统安全基础设施，配备监测监控机械仪器，提升安全保障能力。

四、瓦斯防治工程

在石嘴山、石炭井、汝箕沟3个矿区高瓦斯矿井，金能公司一采区、二采区，白芨沟煤矿，汝箕沟煤矿，红梁煤业公司，乌兰煤矿等建设地面永久瓦斯抽采泵站和井下移动泵站，完善瓦斯抽采系统，年抽采瓦斯达到3400万立方米，建成3个瓦斯发电项目。各矿井安装完善了监测监控报警设施，配套现代化瓦斯监测设备，实现了24小时监控和集团公司远程监控。

五、通风优化工程

各煤矿从改造更新通风设施设备入手，优化通风系统，更换安装新型高效通风设备，加大风量流通，实施分区通风。局部通风机实现了“双风机双电源”“自动切换”和“风电瓦斯闭锁”。石嘴山、石炭井、汝箕沟矿区各矿加大通风系统优化改造，通过实施“一优四减两提高”工程，提高了矿井抗灾防灾能力。

六、顶板灾害防治工程

2009年集团公司组织专业技术人员，聘任相关煤炭科研院（所）的专家，根据贺兰煤田、宁东煤田不同的地质构造，以“建立完善观测预防体制，建设基础保障，创新科技防治体系”思路，提出了顶板预防管理方案和措施、办法、规定。各矿井以采掘工程技术人员为主，建立顶板观测队伍，采掘工作面每班有动向观测人员，观测采煤工作面过断层、褶皱、切顶线出口、掘进工作面开口、巷道贯通地界架密棚支护或混凝土砌室等。2011年各煤矿推广应用矿压观测新技术，集团公司投入资金为各矿购置配备了矿压观测仪器，及时掌握矿压动向和巷道变型动态，为顶板管控提供了科技支撑。

七、水灾防治工程

2010年以来，集团公司认真贯彻落实《国务院关于进一步加强企业安全生产工作的通知》精神，修订完善《神华宁煤集团井下探排水技术实施办法》《防治水灾事故的考核管理办法》，按井下和地面两大系统，规划布局，建设完善水灾防治工程，对原有的井下排水设施进行技术改造扩容。加大宁东清水营煤矿，梅花井煤矿等5个煤矿井下水仓储水容量，更新6台大型抽排水机械。购置增加了钻探机械设备，先后探出宁东矿区9个煤矿煤层岩隙涌水量和石嘴山、石炭井老矿区老巷积水，各矿井探排水能力完全满足安全生产需要。地面工业广场、街道、住宅区、办公区构建防水墙，引排水渠道，泄洪水池，构成了坚固的抗暴雨、防洪水设施。

八、火灾防治工程

贺兰山煤田、宁东煤田均存在自然火灾隐患。煤炭发火期短，自然倾向性高。集团公司利用科技手段，多措并举消除隐患，确保安全。2009—2011年构建了黄泥灌浆、阻化剂喷洒、密闭注水、高压注水、注胶等防火灾系统。2012年推广应用液氮、液态CO降温防火新技术。开采煤层全部实施注氮防火。完成了管道注氮，三相泡沫防火工程。地面煤厂及重要部位全部建水池、架设喷洒管道、配备消防灭火设施器材。

九、机电运输保安工程

机电运输机械及电器设备器材全部实行检测认证，安装安全报警装置。机械运转由专人操作，及时检查，定期检修，不“带病”作业。严格使用国家规定的煤矿专用设备、电器材料。随时检查“三大规程”执行情况，坚持反“三违”不断线。

十、安全避险“六大系统”工程

2010—2013年，按照《煤矿井下安全避险“六大系统”建设完善基本规范（试行）》要求，落实国家安全监督管理总局、国家煤矿安全监察局和宁夏煤矿安全监察局建设完善煤矿井下避险减灾“六大系统”工程部署，集团公司各煤矿更新、改造、扩建、完善安全监测监控系统、井下人员定位系统、井下紧急避险系统、井下压风自救系统、井下供水施救系统、煤矿通信联络系统工程，提升了井下紧急避险自救能力。

十一、粉尘防治工程

2009—2016年，集团公司对井下、地面两大系统的粉尘防治实施综合治理。井下防尘在完善巩固煤层注水防尘的基础上，采掘工作面全部安装了洒水消尘管道；综采、综掘机配套喷雾洒水装置；所有巷道、硐室安装净化水幕，转载点喷雾；主扇装置风流净化器。地面各洗选煤厂、储运煤厂装卸点，运输道路建设安装喷雾洒水装置；工业广场、街道设专业洒水清理队伍；重点发尘点安装监测仪器，专人管理监测分析。通过实施粉尘防治工程，形成了完整的综合防尘系统。

十二、安全监控系统工程

2009年以来，集团公司重新建立完善安全监测监控系统，从井下采掘生产、机电运输、通风管理、自然灾害防治到地面煤制油化工、煤矿火工品生产以及要害部门的安全实现了监测监控、预防报警全覆盖。为监控点配备了专职监控岗位，并与集团公司、神华集团公司实现了三级联网，形成了安全监测监控系统工程，掌握了安全生产监控的主动权。

十三、安全生产科技创新工程

集团公司与国内知名院校、科研院（所）和知名企业深入合作，围绕大采高安全采煤，煤矿自然灾害综合治理、煤制油化工清洁安全运行等方面的核心技术开展科研攻关。内部控制制度体系，乌兰煤矿高瓦斯突出煤层与瓦斯安全高效共采技术，羊场湾煤矿厚煤层安全开采技术，煤制油化工安全、清洁、高效运行等一批国内领先的科研成果推广应用，为安全生产提供了科技保障。

十四、煤制油化工保安工程

2016年，在煤制油化工、煤矿火工品生产厂、车间、实验室、库房、产品装运点、产品专用车辆等要害部位全部安装监测监控和安全报警装置。实施煤化工产品装置HAZOP分析，严格动土、动火、有限空间高危作业票证许可制度，完善关键装置指挥在线监测事故诊断及远程分析体系，提高了防灾抗灾能力。

十五、应急救援工程

集团公司设立应急救援中心（矿山救护总队），中心下设三支矿山救护中队、两支危化消防中队和一支特种装备队设有专职救援队伍。6支救援队伍服务范围、服务区域明确，救援力量布置分配科学合理，实现了全集团公司救援网络全覆盖，同时为签订协议的地方煤矿和周边化工企业提供救援保障。

十六、要害部位保安工程

火药库、物资仓储中心、化学品仓库、油品、液化气仓库等要害部位，全部安装安全监测监控和报警装置，完善消防设施和消防设备器材，建立健全专项管理制度，实行专人管理。在人员聚集场所会议中心、文化中心等地，设置安全通道和安全保护设施。

十七、井下辅助及地面运输工程

2010年11月，集团公司机电管理部设备管理中心设置胶轮车管理业务，规范胶轮车日常管理。同年起，胶轮车使用矿井逐步建立车辆调度监控系统，实现了对入井车辆的实时监控。2013年10月，集团公司将设备管理中心相关业务人员调剂到安全监察局交通安全监察专业，强化胶轮车安全监察工作。集团公司对各矿井辅助运输车辆建档管理，统一制作配发车辆牌照、入井车辆检验合格证和入井行驶证，要求驾驶员必须取得B2以上等级驾驶证、经集团公司培训中心脱产培训并考试合格取得胶轮车操作证后，方可准许上岗作业。截至2018年底，羊场湾、枣泉、梅花井、白芨沟、红柳、石槽村、金凤、任家庄、麦垛山、双马、清水营等11家煤矿实现了井下胶轮车运输。各矿井均对地面运煤车辆设置专用通道，避开了办公生活场所和人行道路，同时安排专人盯岗督查装运安全。

第五节 安全教育与培训

集团公司坚持“安全发展，教育先行”的原则，建立煤矿专业教育、职业教育、企业教育和社会教育体系。构建了“公司—矿厂—区队”三级联动培训体系，建立了银川综合实训基地、灵新矿采掘实训基地、甲醇厂煤化工实训基地、太西洗煤厂洗选实训基地和矿山机械公司设备维护“五大”实训基地，构成了现代化培训设施设备，使员工置身生产现场，做到了培训与生产同步，实现了学员实操技能与岗位能力相匹配，增强了员工解决现场问题的能力。集团公司每年按工资总额的2.5%提取经费，完成近20万人次的安全培训任务。

一、职工入职教育

新工人进矿、厂，以一个月的职业启蒙教育为起点，学习安全生产方针政策、法律法规、系统学习三大作业规程和企业安全生产规章制度，了解企业基本职能，认识个人工作责任。考试合格后分配具体工作，不合格的继续补学。在上岗前，采掘区队、车间再进行一个星期的岗前学习培训。分到采煤、掘进岗位的，由区队长、工程技术人员反复讲解入井升井注意事项和井下个人安全保障基本常识。由班长、技术员带领集体到工作面观摩学习。分配到地面生产车间的，由车间主任、工程技术人员组织半天学习，半天到车间观摩学习。正式进入工作岗位，指定老工人，落实为期3个月或半年的一对一传、帮、带制度。

二、企业例会教育

从2008年开始，集团公司深入开展岗位练兵、技能比武活动，推行全员过关培训，试点推行学分制培训模式。2009年以来，按照“思想理论武装、技术技能培训、安全实践操作”三部曲培训模式，各单位设置了“安全例会教育活动专项纪录”，列为安全档案，将安全教育纳入制度化、规范化、法理化程序。各单位坚持“每日一题，每周一评，每月一考”的全员内培机制和“2208”（2分钟点名、20分钟安全培训、8分钟安排工作）班前会模式，在此基础上，灵新矿等单位创新丰富班前会形式，增加“一点、三讲、四清楚”内容（即点名考勤；讲作业规程，讲当班任务，讲安全注意事项；当班入井、上岗人数清楚，工作任务清楚，作业规程清楚，安全注意事项清楚），安全培训实效明显。以生产区队、车间为单位，推行“周五安全活动日”工作，将事故案例学习作为活动重点内容，强化员工对事故教训的吸取。2015年起，集团公司实施“五个一”安全警示教育，开展案例宣讲和巡展，利用电视台和培训网站播放事故案例，推行“一案五问一改变”反思法，对提升员工安全意识取得了明显效果。

三、安全法制教育

结合“五五”“六五”普法和本质安全企业建设，以推进法制创新，法制引领安全行为，开创集团公司安全生产新局面为着力点，把普法教育贯穿到安全生产的全过程，系统学习《矿山安全法》《矿产资源法》《安全生产法》《煤炭生产许可证管理办法》《煤矿安全监察条例》《关于预防煤矿生产安全事故的特别规定》等国家法律法规和《宁夏煤矿安全管理规定》《宁夏回族自治区安全生产条例》，以及国家安全生产监督管理总局、国家煤矿安全监察局、神华集团公司印发的重要安全法规、条例、指令、规定。宣教人员分工负责，系统编写讲稿，分门别类进行培训讲课。集团公司安全监察局重点组织采掘区队长、车间主任、安全监察人员、特岗工作人员法制培训，邀请神华集团公司安全监察局、宁夏煤矿安全监察局、宁夏安全生产监督管理局专家授课，参加培训人员全部进行考试。2016年，在深入学习《安全生产法》的基础上，通过开展国家宪法、刑法等法律普法教育，广大干部、员工，特别是各级领导干部、专职监察人员、特岗工作人员对法律常识有了进一步的深入掌握，法律意识和法制观念得到明显增强。各矿、厂、基层区队、生产车间自觉抵制纠正违规生产经营、违章指挥、违章作业行为，营造了依法治矿，依法管理安全生产的新氛围。

表8-1-1　参加普法教育各类人员统计表

单位：人次

项目	正副厅级	正副处级	正副科级	一般干部	职工群众	合计
“四五”普法	33	421	2961	5614	51856	60464
“五五”普法	39	526	3741	7866	54642	66288
“六五”普法	37	486	2936	5427	41528	50414
合　　计	109	1433	9638	18907	148026	177166

四、安全素质培训

集团公司培训中心具备二级培训资质，各矿、厂建立教育培训机构，配备教育培训人员，全系统形成了以培训中心为龙头，以培训基地为中心，以矿、厂为基础的培训体系，到2017年底，集团公司有二级培训资质机构2个，三级培训资质机构9个，四级培训资质机构12个。集团公司培训中心设置符合煤矿生产经营和适应集团公司战略发展的培训项目和内容，主要有采掘、机电、通讯、运输、煤化工，矿山救护、经济管理、职业病防治、生态环境保护等科目，采用“教育与培训相结合，全员培训，突出重点，岗位练兵，注重效果”的方式，主要受培对象为各矿、厂领导成员、总工程师、采掘区队长、车间主任、特岗工作人员和安全专职检查人员。集团公司每年按计划实施对中高层管理人员、区科队管理人员、操作人员的安全资格培训，复审合格率和办证人员取证率均达到100%。在安全技能培训及安全适应性培训方面，重点对技术骨干、特种作业人员和班组长以上管理人员进行集中脱产培训，特种作业人员、安全管理人员、单位主要负责人均做到持证上岗。集团公司培训中心技能鉴定站为神华集团首家通过国家质量管理体系认证的技能鉴定机构，按照员工理念、技能、实操“三部曲”培训模式，开展员工技能大赛和技能鉴定工作，员工综合素质全面提升。培训中心被评为“全国煤矿安全培训示范基地”。

第六节　安全生产管理与评价

以建设本质安全企业为目标，以创新安全监管体制，建设过硬队伍，实施依法治矿，质量标准化建设，精细化管理为抓手，推进安全生产法制化、科学化、规范化、精细化管理流程，实现安全生产持续稳定。

一、专项治理与全面管控

每年都制定安全专项治理与全面监督管控的项目和计划，突出开展三项监察和专项治理。以强化煤矿瓦斯、水患、火灾、顶板等隐患排查治理为重点内容，开展煤矿安全专项整治。实施瓦斯治理“双百工程”，推广应用煤矿瓦斯治理先进技术与装备，完善瓦斯综合治理系统。同时，对水害影响严重的矿井开展防治水专项监察。矿井进行水文地质类型划分，对鸳鸯湖矿区新建矿井实施补充勘探和水文地质评估，进一步完善矿井探、放、排水系统和专项制度措施，严格落实《煤矿防治水规定》。对列入整合、扩能的煤矿认真组织安全专项审查，严把建设关。

从2011年开始，为贯彻落实《国务院关于进一步加强企业安全生产的通知》有关要求，下发集团公司《安全生产“三项活动”实施方案》，结合全国安全生产月活动，扎实开展“三项行动”“三项建设”“打非治违”等专项活动，并注重将日常隐患排查治理工作与“三项活动”“三项建设”有机结合，相互促进，共同推进。同时，结合各阶段安全管理工作实际，围绕不求全求大、突出针对性的思路，对每季度的安全活动进行了有侧重、有组织、有奖罚的详细安排。分阶段先后组织开展“安全月”“安全季”“百日会战”“安全决战”等专项安全活动，集中力量在各个时期相继实施外委队伍、防治水、胶轮车运输、火工品管理、监测监控系统、顶板管理等15项集中整治活动。集团公司分别成立各专项活动和集中整治活动领导小组及专项督导组，按照细化、发动、督导、验收、巩固的闭环程序强化各项活动的组织领导工作。

二、安全生产长效机制建设

集团公司每年对安全管理制度进行梳理修订，已形成了涉及重大风险预控、隐患排查治理、事故调查处理、行政责任追究等23项安全管理制度。发挥安全监察主体责任，根据安全监管需要，调整机构，强化队伍建设，突出重点单位、重点岗位的管控。各安全督导组督导检查、各安全检查组的日常及专项检查、职能部门不定期集中安全检查、驻矿安监处日常靠前监察、基层单位安管机构日常检查、集团公司“零点小分队”查岗、采掘作业全面推行“四人联岗”等各类检查同步并行，安全生产长效机制持续优化完善。

三、群众防管安全体系建设

坚持党、政、工、团齐抓共管，注重发动群众、组织群众、依靠群众，建立群众安全监督网络和预防体系，构成了群众抓安全、保安全的运行机制，促成了安全健康、科学发展的态势。

（一）党员安全先锋岗

各级党组织强化对党员的安全生产教育，把安全生产作为党课教育的重要内容，每季度由党员所在党支部组织党员学习煤矿安全的法律法规和企业的重要规章制度，要求每名党员“要成为监督管控安全生产、抢险救灾的一面旗帜”。在安全生产上建立党员责任区，对所在部门、班组实行五包（包思想教育、包规范作业、包隐患排除、包遵章守纪、包事故处理）。每年年初，党员要同所在支部签订安全承诺书。

（二）工会安全网员

各级工会坚持加强群众安全组织和安全网员队伍建设，构成矿（厂）、区队、班组安全监督网络。到2012年末，各级工会组建安全网站24个，经培训选拔持证网员700多名。工会对骨干网员建立档案，实行网员监督手册，持证上岗，建立考核标准，每年分期分批进行业务培训学习，定期总结工作，表彰先进。156个工种岗位，1400多个班组中每个班组配备1 ~ 3名安全网员，实行定岗位、定区队、定车间、定班组检查监督。以生产班组和群众安全网员为纽带，建起全员、全方位、全过程的安全监察监督长效机制。

（三）共青团“青年文明号”岗员

把安全工作列入共青团工作的重要内容，在团员青年中选聘“青年文明号”安全岗员，创新安全监督机制，建设安全监督体系。完善《“零点行动”管理办法》和《青年安全监督岗位管理办法》。持续开展“零点行动”小分队查岗、青年安全示范岗创建活动，在“青年文明号”安全岗员建档建卡，实行定岗位、定职责、定目标、定任务，每月进行考核，半年总结通报，年终评比表彰。从2006年开始，坚持不定期的夜间“零点查岗”制度和要害部位（火药库、油库、化学品物资库、劳保品库、水站、泵房等）抽查制度。

（四）班组建设

各矿、厂、集团公司坚持分级管理、“双轮驱动”、全员参与、分类指导、持续创新、标杆引领“五原则”，以机制建设、队伍建设、素质建设、能力建设为重点，以生产管理精益化、基础管理标准化、班组环境定置化、员工行为规范化、文化引领持续化为抓手，以学习型、安全型、节约型、和谐型、创新型“五型班组落地”为目标，不断创新班组建设模式，实现班组创建内容指标化、工作要求标准化、工作步骤程序化、工作考核数据化、工作管理系统化。“五型”班组即学习型班组建设，安全型班组建设，节约型班组建设，和谐型班组建设，创新型班组建设。积极征集合理化建议，加强班组创新建设，提高班组建设信息化水平。通过大力实施班组建设，涌现出一大批班组建设先进单位，灵新煤矿综采一队生产一班被授予全国和自治区级“先锋号班组”。

四、职业安全健康管理

始终坚持“安全生产与职业危害防治并重”的原则，通过实施矿井安全技术改造，强化现场管控，加强职业安全健康检查，狠抓职业危害隐患整治，开展员工劳保用品检查，落实员工健康体检制度，建立职业健康监护档案，组织在职员工尘肺病患者进行灌洗治疗，有效控制尘肺等职业病的发生，保障了职工身体健康。2006年至2015年，专项用于职业危害防治费用累计达到3.8亿元。

（一）职业卫生责任体系及管理制度建设

按照国家法律法规及相关要求，每年制定职业病防治法实施方案，制定下发了《职业卫生管理档案实施细则》《职业健康监护管理办法》及职业病危害事故应急救援预案等制度标准。2015年集团公司制定下发了《职业病危害防治管理办法》，安全监察局全面负责集团公司职业卫生管理工作，内设专职人员2名。各单位设有专（兼）职职业卫生管理人员共计175人。自集团公司全面启动本安体系建设工作以来，将职业健康工作全面纳入本安体系建设中，特别强化了职业危害因素辨识、危害风险评估、管理标准和管控措施，与其他安全危险源同样进行风险预控管理。各单位均把职业健康工作作为本安体系建设的重点工作，严格制定标准，加大投入力度，强化管理措施，建立了以驻矿安监处月度本安考核为初评内容，集团公司季度考评为最终结果的运行考核机制。

（二）宣传教育及职业卫生培训

按照国家《职业病防治法》《煤矿作业场所职业危害防治规定》要求，深入开展“安全生产月”“安全健康访谈”“职业安全健康大讨论”“职业病防治法宣传周”等活动，在电视台开办了《安全健康》专栏，组织员工参加职业安全健康知识答题，开展“安康杯”竞赛、安全健康漫画、宣传画展览，发放宣传挂图、职业病防治法宣传扑克和宣传单等活动。在与员工签订和变更劳动合同时，将作业过程中可能产生的职业病危害及后果、职业病防护措施和待遇如实告知员工，并在劳动合同中写明。有针对性地进行职业安全健康培训工作。先后邀请国家安监总局有关领导，自治区卫生厅、安全监察局有关领导以及有关专家对集团公司各级领导干部和专业管理人员进行职业安全健康知识培训。同时在各矿（厂）范围内分层次、有计划地组织班组长、重点岗位员工学习职业危害预防与急救知识，加强对接触尘、毒、噪声等有害岗位员工，尤其是对新入矿（厂）员工、临时入矿（厂）施工人员进行培训。通过不同形式的培训，提高了员工对尘、毒等职业危害的认识，增长了对尘、毒等职业危害防范的知识和技能。

（三）粉尘、噪声、有毒有害气体等有害作业场所治理

建立健全各项综合防尘管理制度和防尘措施，确定防尘质量考核评分标准。目前，各矿井均建立了完善的防尘系统，并按规定设置喷雾装置，落实喷雾降尘、岩巷掘进湿式打眼、冲洗巷道、煤层注水等常规措施，使各矿作业点粉尘浓度控制在规定指标以内。针对集团公司瓦斯、一氧化碳、高温、噪音以及煤化工化学毒物性危害因素，采取“一矿一策”“一厂一策”管理办法，以“一通三防”为重点，全面实施矿井安全技术改造工程，进一步提升了职业安全健康管理水平。2018年4月，全区煤矿粉尘防治现场推进会在任家庄煤矿召开，推广矿井粉尘治理先进经验。

（四）个体防护用品佩戴、使用及发放工作

2018年集团公司制定了《个体防护用品管理办法》，对员工配置的个体防护用品统一采购，个体防护用品专人管理。建立了员工个体防护用品登记卡。定期或不定期对基层单位员工佩戴、使用个体防护用品进行监督检查，保证了个体防护用品效能发挥和正常使用。

（五）职业卫生“三同时”工作

严格按照建设项目职业卫生监督管理规定，做到新、改、扩建项目在可研阶段严格审查职业安全健康内容；在初步设计中，按照评价要求，落实好提出的建议和措施方案；在施工中，做好职业安全卫生设施的落实和监督检查；在投产后，做好职业病危害效果评价，严格验收，确保职业安全卫生设施完好，为员工创造了良好的工作环境，为员工健康提供了可靠的保证。

2009年以来，通过积极开展“职业安全健康先进单

位”创建活动，2010年和2013年，羊场湾煤矿和集团公司分别荣获“全国煤矿职业安全健康先进单位”和“全国职业安全健康先进单位”称号。

五、安全评估与技术监测

不断探索安全管理模式，创新管理体制，依靠科技进步建立科技安全保障体系。各煤矿单位逐步建立自我安全评估总结与自然灾害监测检验防治体系。对矿井煤层、采掘工作面、机电运输、通风系统定期进行评估分析。根据水、火、瓦斯、煤尘等自然灾害日常化验监测结果，分析评估安全动态，制定并落实防范措施。在老矿井技术改造、安全设施改造更新、新矿井开发建设中，把自然灾害的防治、安全设施、设备保障作为科技攻关、创新的重点，获得了一批具有国内先进水平的成果。从2009年开始，在总结分析煤矿、煤化工等板块安全评估与监测检验基本状况的基础上，把安全评价与监测检验列入规划，抓规划、抓关键、抓重点、促全面，依靠政策和行业标准建立健全安全评价与监测检验机制和体系。到2016年，集团公司建立7家评价机构，57人取得全国安全评价资格。5个安全评价咨询机构累计完成安全评价项目46个，编制露天矿开采方案和矿、厂安全设计方案167份。对开采条件复杂和老矿井进行全面安全技术改造。开展技术攻关，构建“点—线—面”一体化技术支撑体系。提升矿井安全整体水平，硬件和软件设施基本配套完善。建立健全基于现代管理理念（系统的思想和方法）之上的安全管理体系和信息支撑平台。对煤矿自然灾害（水、火、瓦斯、煤尘等）实行定点、定人、定时的监测制度和月、季、年分析评价制度。

第二章 自然灾害防治

瓦斯、顶板、水、火、粉尘等灾害是导致煤矿重特大事故发生的最大“祸源”。一直以来，集团公司紧紧围绕防范和遏制重特大事故这个“牛鼻子”，突出重点，狠抓管控，严格落实重大灾害防治规划，扎实开展重大灾害防治工作，取得显著成效。

第一节 瓦斯灾害防治

集团公司所属石嘴山、石炭井、汝箕沟三个矿区井工矿井均属高瓦斯矿井。其中，金能公司一采区、二采区（原石嘴山一矿、二矿），石炭井焦煤公司、乌兰煤矿、汝箕沟煤矿为煤与瓦斯突出矿井。集团公司在瓦斯治理方面，坚决贯彻“煤矿生产过程中能够做到瓦斯不超限，超限就是事故”的理念，把瓦斯防治列入安全目标管理和建设本质安全企业的内容，对瓦斯灾害实施系统性治理。

一、通风管理机构

明确矿长是瓦斯治理工作的第一责任人，总工程师是瓦斯治理工作的技术责任人。高瓦斯、突出矿井均设立了瓦斯治理机构，配齐了专业技术人员，建立了责、权、利相统一的瓦斯治理体制和机制，制定了包括计划、技术、财务、器材供应、监督检查等方面有关瓦斯治理的责任制和管理制度。各矿井均设置专职通风副总工程师，高瓦斯及突出矿井设置了专职地测副总工程师。高瓦斯、突出矿井实行月度“一通三防”工作例会制度，由矿长主持，强化“一通三防”管理工作。坚持瓦斯报表日签制度，矿长和总工程师按程序和职责每日对报表分别审签确认。

二、通风系统管理

集团公司制定了严于国家标准的煤矿瓦斯管理标准，所有煤矿采掘工作面回风流瓦斯浓度一律控制在0.8%以下。突出银北矿区瓦斯治理，完成了银北矿区煤层基本参数测定、瓦斯地质图编制和突出煤层危险性预测、区域划分，为瓦斯治理提供了科学依据。优化管理体系，强化通风管理。各煤矿每年进行一次瓦斯等级鉴定，编制灾害处理计划，上报集团公司审批。按照灾害处理计划，各煤矿从改造通风设施、设备入手，增加供电保安回路，更换安装新型高效通风设备，局部通风均实现了双风机、双电源自动切换，保证了局部扇风机的正常运转。优化简化通风系统，增加和扩大通风巷道断面，减少通风阻力，矿井作业点风量实现按需调节，使通风系统始终保持合理。

三、瓦斯监测与重点瓦斯区域管理

制定实施了《瓦斯监测检查及重点区域管理规定》，严格监测监控，提高预警能力和快速反应能力。各矿井安装了KJ90NB型安全监测监控系统，有联网传感器339个，对各采、掘工作面及主要设施、设备进行全面监控，矿井安全监控系统主机设于地面监测室，主机通过工业“以太网”与地面、井下各分站连接，在集团公司范围内并网运行，石嘴山、石炭井、汝箕沟3个高瓦斯矿区实现了集中联网监测。各矿井每周对井下瓦斯传感器进行一次调校和断电实验，确保运行可靠。按规定向入井带跟班人员、工程技术人员、班组长、瓦检员、安检员、放炮员、电钳工等配备瓦斯检测仪，随时检查瓦斯情况。严格执行《煤矿安全规程》规定，对瓦斯涌出异常区域，实行重点管理，采用专项措施治理，实行瓦检员定地点、定时间、定次数检查制度和井下交接班制度，采掘面及重点管理区配备定点专职瓦检员，对检查点进行检查。通风队干部每天对采掘工作面检查一次，通风科干部每周检查巡视不少于两次，驻矿安全监察处通风监察人员，每周对矿井通风系统巡视检查不少于两次。严格入井检身制度，在井口配备专职检身人员，重点对入井人员携带点火物品等进行检查。

四、瓦斯抽放系统

严格执行“先抽后采，监测监控，以风定产”的十二字方针和瓦斯防治“十条”禁令，编制高突矿井3年、10年瓦斯抽采中长期战略规划。先后投入5.7亿元，按照“大流量、大管径、多回路”的原则，实施高突矿井瓦斯抽采系统扩能改造，建有地面永久抽采系统12套。

实施高低压抽采的分源瓦斯治理模式，主要煤层瓦斯预抽期达到3年以上，白芨沟、金能公司达到8年以上。汝箕沟无烟煤分公司白芨沟采区采用高透气特厚煤层首分层开采瓦斯治理技术，实施底板集中巷穿层钻孔预抽、长距离水平定向钻孔抽采、高位钻孔卸压瓦斯抽采、联络巷埋管采空区瓦斯抽采、上隅角插管抽采以及近距离上覆采空区大孔径穿层钻孔抽采等为一体的瓦斯治理措施，工作面开采前实施煤层瓦斯抽采；乌兰煤矿采用地面钻井抽采高突煤层群下保护层开采卸压瓦斯技术。“十二五”以来，共抽采瓦斯量6.8亿立方米，瓦斯抽采率66.5%。加大瓦斯利用力度，在乌兰煤矿、金能公司、石炭井焦煤公司建成了总规模25000千瓦的瓦斯发电站，瓦斯利用率达45%。

五、煤与瓦斯突出防治

坚持“变高瓦斯、突出危险煤层为低瓦斯、无突出危险煤层”治理之路和“区域防治为主、局部防突为辅”的原则，严格落实“四位一体”防突措施，把防突重点放在主动防范上。强化防突预测预报管理，实现了预测预报的可靠性。针对矿井突出区域性特点，做好区域划分，明确防突工作重点。从防突规划、设计、施工和生产各个环节入手，实施保护层开采等区域防治措施，做到超前防突。推广长距离、水平定向钻孔和保护层开采卸压瓦斯抽采先进技术，提高了瓦斯抽采效果。矿井设置井下永久避难硐室，在采掘工作面设置压风自救装置等安全防护设施。严格执行石门揭煤专项防突措施，实行矿领导、技术人员现场监督把关制度。防突措施实施后开展效果检验，指标合格后方可进行采掘作业。2012年，“乌兰矿高瓦斯突出煤层群保护层开采与地面钻井抽采卸压瓦斯关键技术”获国家科技进步二等奖，为解决银北高瓦斯矿区的瓦斯防治提供了技术保障。

表8-2-1　贺兰山、宁东煤田各矿井瓦斯和二氧化碳等级鉴定表

序号	单位	瓦斯			二氧化碳		
		相对涌出量	绝对涌出量	鉴定等级	相对涌出量	绝对涌出量	鉴定等级
1	任家庄煤矿		最大1.811	低		0.454	
2	金能煤业公司						
（1）	石嘴山一矿	19.454	31.061	突出	6.051	9.661	
（2）	石嘴山二矿	13.282	68.942	高	7.665	39.788	
3	金贺兰煤业公司						
（1）	中央井	8.409	28.781	高	6.944	8.902	
（2）	卡布梁井	6.9	2.582	低	1.2	0.449	
（3）	大磴沟井	4.57	1.054	低	10.551	2.443	
4	石炭井二矿	5.33	15.089	低	6.315	17.88	
5	红梁煤业公司	16.429	30.423	高	2.544	4.712	
6	乌兰煤矿	29.96	104.643	突出	5.233	18.277	
7	白芨沟煤矿	31.026	106.929	高	1.389	4.778	
8	新太华南五井	14.62	6.952	高	4.718	2.243	

续表

序号	单位	瓦斯			二氧化碳		
		相对涌出量	绝对涌出量	鉴定等级	相对涌出量	绝对涌出量	鉴定等级
9	汝箕沟煤矿	51.364	142.039	突出	3.353	9.777	
(1)	汝箕沟西井	7.692	0.766	高			
10	灵新煤矿	0.246	1.220	低	0.246	1.22	
11	磁窑堡煤矿	0.918	0.58	低	2.447	1.547	
(1)	五更山井	0.353	0.71	低	0.98	1.972	
12	石沟驿煤业公司						
(1)	一号井	0.961	0.651	低	1.639	1.111	
(2)	二号井	1.101	0.509	低	1.28	0.652	
(3)	技改井	1.195	2.269	低	2.194	4.167	
13	羊场湾煤矿						
(1)	一分区	0.167	2.889	低	0.223	3.853	
(2)	二分区	0.157	1.848	低	0.252	2.958	
14	枣泉煤矿	0.006	0.041	低	0.228	1.656	
15	梅花井煤矿		最大0.00	低		0.527	

六、应急措施

在井下巷道，严格按照规程要求设置隔爆水槽，各矿井定期、不定期开展巡查，及时补充水量。严格按标准向入井人员配置隔离式自救器，入井人员不携带自救器或自救器不完好的一律不准入井。在井下巷道规范设置瓦斯事故避灾路线标识牌板，积极开展瓦斯事故应急演练，提高员工自救互救能力。各矿井向入井人员配发瓦斯事故应急处置卡，组织员工集中学习，并对处置程序和标准的掌握情况进行检查考核。

第二节 顶板灾害防治

宁东矿区各矿井赋存煤层的上覆岩性差，风积沙层厚，受顶板岩性、地质构造、支护质量、施工顺序、爆破事故等影响，均不同程度存在发生顶板事故的风险。

一、顶板观测监测

各矿井严格执行巷道巡回检查制度，采掘区队以班长为主，指定3～4名观测员，对顶板进行观测、预报，每个循环后，观测员、班长执行“敲帮问顶”，观测煤帮、顶板动向；工作面过地质构造带，穿上山、回撤和机械安装均制定专项安全技术措施，由生产、安全副矿长、科室管理人员跟班把关。

2011年以来，各煤矿推广应用矿压观测新技术，使用观测仪器，及时掌握采煤工作面顶板下沉及巷道变形等情况，预测顶板来压，分析总结巷道应力分布规律，选择安全、科学的支护参数，为工作面设计布置提供科学依据，为安全生产提供科技保障，彻底扭转了以往的随意操作。在长距离掘进巷道、大断面巷道、巷道交叉点、巷道过地质构造段及巷道淋水段等特殊地段，增设矿压观测站，及时收集数据、定期分析，加强顶板监测管理工作，为进一步优化巷道支护参数提供可靠依据。对于受地质构造影响，导致巷道失修率高的矿井，加强对地质构造的预测、预报工作，及时收集分析围岩岩性发生变化的资料，提前对支护设计进行补充、修改、完善，加强在地质构造影响范围内的巷道支护强度，最大限度地控制围岩变形。强化顶板动态监控管理，试点推行顶板离层信息化监测技术。通过逐步采用顶板自动监测仪器和手段，实现了24小时在线监测，提高了监测数据的准确性和及时性。2017年开始，根据矿压观测数据在羊场湾130205风巷实施了6米小煤柱沿空掘巷科研项目，取得明显效果。

二、支护设计

严格执行煤矿大断面巷道技术管理规定，实施“一巷多策、分段设计”，提高支护质量。对于受采动影响巷道变形严重的矿井，优化巷道掘进施工顺序，尽可能避开采动影响范围，减少巷道受采动影响导致顶底板变形失修的现象。加强对采掘工作面支护质量的检查、验收工作，严格执行“三大规程”和安全质量标准化标准，杜绝由于人员操作不当造成支护质量达不到设计要求的现象发生。

三、支护技术

集团公司积极开展科研攻关，有效应用新工艺、新设备、新材料，探索出适宜各矿井地质条件的巷道支护方式。推广应用自移迈步式前探临时支架掘进工艺，取得较好效果。在任家庄、枣泉、羊场湾等矿井推广无煤柱、小煤柱开采技术，最大限度降低动压对采面开采的影响。自2009年下半年开始，集团公司陆续进行了《枣泉煤矿大断面动压巷道锚杆支护机理及支护技术研究》《羊场湾煤矿回采巷道支护技术研究》《梅花井煤矿复杂环境回采巷道锚杆可缩性条带碹支护应用研究》（简称柔膜支护）、《汝箕沟煤矿坚硬顶板控制技术研究》和《灵新矿无煤柱沿空留巷支护技术研究》等项目，取得了一定的效果，其中山东科技大学在羊场湾回采巷道支护研究取得较为明显的效果，在羊场湾煤矿巷道维护中得到广泛应用。2014年，集团公司与西科大联合科研，分析研究巷道顶板岩层的结构、组成、强度、变化规律及围岩性质与支护强度之间的关系，建立了宁东矿区顶板支护计算机数值模拟系统，对解决巷道支护方面的难题起到了作用。2015年，集团公司积极在各矿井推广使用交错式综掘超前支护装置及掘进机机载锚杆支护装置，提高单班循环作业进度的同时保障了安全生产。自2016年开始，集团公司在羊场湾、枣泉、梅花井、石槽村、红柳、金凤六个矿井实施宁东矿区煤矿巷道支护优化研究项目，重点分析各矿井不同地质条件及支护参数下的支护效果，建立宁东矿区巷道支护计算机数值模拟系统，为巷道支护设计提供科学依据，项目完成后将实现巷道支护设计由经验型向科学化方向发展。

四、应急措施

各矿井积极开展顶板事故应急演练，检验和提高各层级人员应急处置能力。各矿井向入井人员配发了顶板事故应急处置卡，组织员工集中学习，并对处置程序和标准的掌握情况进行检查考核。

第三节　水灾防治

集团公司各煤矿水害主要来自开采中承压岩石煤层的裂隙漏水，煤层上覆岩层的含水层水、地表水和老空的长期积水。经鉴定，红柳、麦垛山、清水营等煤矿属水文地质复杂型矿井；梅花井、金凤、任家庄、灵新、双马、金家渠、红石湾等煤矿属水文地质中等矿井。

一、预测预报

集团公司始终坚持“预测预报、有疑必探、先探后掘、先治后采”的水害防治原则，煤矿单位建立了井上下动态监测系统，将人的安全思维、意识会同矿井真实、可靠、充足的动态水文资料及水文调查成果相结合，科学的定期预测预报矿井水情水害。各矿井积极充实探放水专业人员，组成水文地质测量和探水队伍，突出过积水老巷、断层的预测预报工作，采用井下物探和钻探相结合的手段超前探查，提高预报的及时性、准确性。开展了水文地质调查，对含水量大的煤层地段测量出水量，购置探测机械，探明9个煤矿井下积水情况，查清7个矿断层水、基岩水、冲积层水、防尘灭火积水涌水量，为矿井防水灾保安全提供了科学依据。

二、疏放水

在重点加强羊场湾、梅花井、红柳、石槽村、双马、麦垛山等矿井的水文地质预测预报和安全评价的同时，积极采取防、堵、疏、排、截等防治水措施，解决顶板含水层水、采空区积水、地表水、断层裂隙水等水害威胁，运用长距离井下定向钻孔在顶板含水层进行采前疏放水，收到显著效果。“十二五”期间，共疏放水5500万立方米，为矿井安全生产打下了坚实基础。2016年，集团公司研发的“煤矿井下水害防治与地质异常体探查定向钻进技术”被列入国家煤炭安全绿色开发、清洁高效利用先进技术与装备推荐目录。

三、排水系统

矿井及采区都设置了满足正常生产排水系统，井下各巷道保持系统畅通。各矿井按照设计建有满足最大涌水量的井下水仓，对原设计不能满足安全生产需要的矿井，主排水泵、管路和泵房等井下排水系统进行了更新改造，实现了主排水泵一台运行、一台备用、一台检修的要求。水害复杂型矿井配有强排系统，确保一旦发生水害事故时能够及时应急处置。改造完善井下排水系统设施，改进排水方式，如羊场湾煤矿将原来的四段排水改为两段排水，矿井分层排水改为两个水平同时排水。同时扩大各水平水仓容量，选用高效节能水泵，自制水仓清理泵，提高了排水效率。

表8-2-2　重点水患矿井涌水量、水害隐患及排水能力表

矿井	矿井涌水量（立方米/小时）		水害隐患	矿井排水能力（立方米/小时）
	最大	正常		
石嘴山一矿	206.7	176.8	浅部小窑和老空灌浆积水	260
石嘴山二矿	302.9	262.5	浅部小窑和老空灌浆积水	400
石炭井二矿	69	60	浅部小窑，老空及火区灌浆积水	120
乌兰矿	80	50	中组煤地面勒胡同沙沟水、南二采区上、中组煤浅部小窑积	150
白芨沟矿	161.6	123.6	北一、二采区覆低保卡布梁沙沟水	317.8
灵新煤矿	560	450	采空区及含水层水	1130
磁窑堡矿	70	53	浅部小窑积水	90
石沟驿矿	12	8	浅部小窑积水	28.8
汝箕沟煤矿	62	45	雨季山洪及小窑火区灌浆水	120
羊场湾煤矿	120	90	浅部小窑积水	142.8
红柳煤矿	1010	870	上覆采空区局部低洼段积水、隐伏断层水	3500
麦垛山煤矿	1152.8	1075.4	11采区2煤顶板强含水层水	2592
石槽村煤矿	599	540	煤层顶板直罗组“七里镇”砂岩水、采空区水	1100
清水营煤矿	101.5	90.7	老空积水	397
金凤煤矿	360	217	工作面顶板水疏放	900
金家渠煤矿	225	185	3煤层风氧化带水	1200
梅花井煤矿	552	470.1	采掘工作面顶、底板水，采空区积水	1680
红石湾煤矿	139	100	采空区水	470

表8-2-3　重点生产矿井主排水设备型号及排水能力表

序号	单位	水泵型号	额定流量（立方米/小时）	数量（台、套）
1	羊场湾煤矿			
	一分区（1）	MD280-43×8	280	3
	（2）	MD580-60×6	580	2
	二分区	MD280-65×6	280	4
2	枣泉煤矿	MD280-65×8	280	4
3	灵新煤矿	D450-60×5	450	5
4	磁窑堡煤业公司			
	五更山井	D85-45×7	85	3
	老井	125D-25×8	101	6
5	石沟驿煤业公司	MD155-30×9	155	3

续表

序号	单位	水泵型号	额定流量（立方米/小时）	数量（台、套）
6	白芨沟煤矿	200D-43×6	288	3
7	汝箕沟煤矿	MD46-50×12	46	5
8	红梁煤业公司	125D-25×8	101	3
9	乌兰煤矿	200D-65×8	280	3
10	石炭井焦煤公司（1）	MD280-43×6	280	3
	（2）	MD280-65×7	280	4
11	金能煤业公司（1）	D450-60×10	450	3
	（2）	D280-65×7	280	3
	（3）	200D-43×8	280	6
12	任家庄煤矿	MD560-60×8	560	3
13	梅花井煤矿	MD450-60×5	450	3
14	清水营煤矿	MD450-60×6	450	3a

四、地表水防治

编制防洪防水害长远规划，每年雨季抽调人员，组织防洪队伍，加强防洪排水基础建设。先后完成了11对矿井井口、工业广场，重要设施建筑防洪围墙6660米，排水渠16公里，抽排水池9个，拦洪水坝6400米，引洪改道渠2.7公里，增建了14个煤矿矿井保护排洪渠和泄洪库，铺设排水沟13600多米，架设管道9600多米，安装高效节能水泵11台套；为石嘴山、汝箕沟、大武口、石沟驿、磁窑堡、宁东24个居民住宅小区改造铺设排洪管路31070米，建设避难高台广场（点）19个。形成了防水防洪的保安体系，构筑了治水害防大洪的坚固设施。

五、创新防治水体系

2009年，针对石嘴山、碎石井、鸳鸯湖、石沟驿等矿区煤层顶板裂隙、断层、含水层含水量大，地表水以及老旧废井多，老空积水多的情况，与西安科技大学、西安交通大学联合进行“矿井水灾防治技术研究”，以煤层顶板透水和底板突水可能性预测为中心，重点研究煤矿水灾发生的条件和原因以及矿井含（隔）水层三维数字化信息模型；矿井区域范围内地质构造及破坏特征和开采引起的围岩运动及破坏特征，形成区域岩层裂隙运动变化三维数字化信息系统；建立区域岩层“岩体—裂隙—水体”耦合模型的互相作用特征及水（体）动态移动规律；优化矿井开采参数，确立围岩运动控制技术与装备；建立矿井水灾变化预测模型和灾害控制体系；对矿井涌水持续观测，测算最大涌水量和正常涌水量，及时调整排水能力。依靠科技进步，推进科技创新，防灾抗灾能力大幅提高。

六、应急措施

各矿井配备了水灾事故救援物资装备，供应急救援时使用。制定了水灾事故应急预案，积极开展矿井突水救灾演练工作，提高水灾事故应急处置水平和员工避灾能力。各矿井向入井人员配发了水灾事故应急处置卡，组织员工集中学习，并对处置程序和标准的掌握情况进行检查考核。

第四节　火灾防治

石嘴山、石炭井、汝箕沟、宁东矿区煤田煤炭均有自燃倾向。石嘴山井田三、五、六煤层一般发火期为60天，最短期在15天左右。汝箕沟矿区的三叠侏罗系无烟煤和宁东各矿区石炭二叠、三叠系煤炭均属于自燃、易自燃煤层，具有燃点高、发火快、温度高的特点，给煤矿安全生产带来威胁。

一、防灭火机构

集团公司下发了《矿井防灭火管理暂行规定》，明确矿长是防灭火工作的第一责任人，总工程师是防灭火工作的技术责任人。各矿井均设立了防灭火治理机构，配齐了专业技术人员和专职安全监测岗位人员，建立了责、权、利相统一的防灭火治理体制和机制，制定了包括计划、技术、财务、器材供应、监督检查等方面有关防灭火治理的责任制和管理制度。

二、安全监控系统

2009年以来，各生产和新建投产矿井不断完善安全监测监控系统，并实现了与集团公司、神华集团三级联网。各矿井按照《煤矿安全监控系统及检测仪器使用管理规范（AQ1029 — 2007）》，设计和安装了数量符合规定的一氧化碳、温度、烟雾等传感器，对主要生产系统实行连续监测，同时在采煤工作面、工作面回风巷、瓦斯排放巷等重点区域设置一氧化碳、温度传感器，高瓦斯、突出矿井在地面瓦斯抽放泵和井下移动瓦斯抽放泵的出气侧的抽放管路设置一氧化碳传感器。各矿井均安装了束管监测系统对生产作业区域设点定期监测分析，地面监测站装备有气相色谱仪做为人工取样分析测定及束管监测系统的备用装置，对氧气、一氧化碳、二氧化碳、甲烷等参数进行监测分析。各矿井每15天对井下一氧化碳传感器进行一次调校，确保可靠运行。

三、火灾预防

加强采面初采、回撤期间及采空区防灭火管控，开采容易自燃、自燃煤层，选择煤层切割量少，丢煤量少，采空区漏风小，回采速度快的开采方法；初采初放期间，采取大量灌浆、连续注氮和在上下隅角支架后部注胶的措施；正常回采期间对采空区两道进行强制放顶注胶，形成胶体隔离带；工作面收尾期间采取大量灌浆、连续注氮和对采空区两道强行放顶注胶，形成胶体隔离带的措施；工作面停采后，对上、下隅角支架后部进行强行放顶注胶，形成胶体隔离带；宁东矿区大采高、综放及留顶煤开采的工作面停产时间超过7天时，采取临时封闭注氮防火措施；要求宁东矿区采煤工作面回采结束后在35天内、其他矿井在45天内完成工作面回撤及永久性封闭工作。

四、防灭火系统

集团公司建立健全“系统可靠、预报准确、管理到位、防灭结合”的防灭火治理工作体系，确定了“预防为主、监测预报、综合治理”“快掘、快安、快采、快撤、快闭”“一矿一策、一面一策”的矿井防灭火管理原则，以加快综采面推进速度，采空区埋管注氮为主，黄泥灌浆，小风量供风等为辅，实行包括灌浆、注氮、注胶、注液氮、堵漏风等的综合防灭火措施。大力改造防灭火系统，羊场湾、金凤、灵新、焦煤公司、双马、麦垛山6对矿井建立了液氮防灭火系统。推广应用液态二氧化碳防灭火技术，预防和治理煤层自燃发火。与中国矿业大学合作研发《煤田浅部易燃煤层防灭火技术》，解决了汝箕沟煤田大面积灭火砂浆制备工艺，使汝箕沟煤田大面积火灾得到控制。在国内外首次采用大流量液氮、液态二氧化碳直注式、汽化式等大规模、立体化高效防灭火工艺技术。到2012年，完成泥浆综合灭火系统、注氮灭火系统工程建设，为井下灭火提供了保障。2015年，集团公司分级分类实施综合防灭火措施，成功实验并推广利用原液氮防灭火系统输送液态二氧化碳技术，丰富完善了防灭火技术手段。2016年，集团公司承担的国家科技支撑计划项目“复杂大型煤矿液氮高效率防灭火技术研究与工程应用”通过国家安全生产监察局组织的验收，实现了液氮防灭火技术的规模化应用，建成了羊场湾等6个煤矿液氮防灭火技术示范矿井。

五、火区管理

工作面或其他区域出现自燃（火灾）隐患时，制订防灭火专项措施，由矿总工程师组织会审、批准后严格执行；按时间顺序对火区进行编号，建立火区管理技术卡片并绘制火区位置关系图；启封火区恢复生产前应由矿总工程师组织进行专项检查，确认气体、温度情况正常，通风系统可靠，完全熄灭后，方可进行正常的生产作业。启封火区和恢复火区初期通风等工作由专职矿山救护队负责。

六、应急措施

各矿井配备了火灾事故救援物资装备，供应急救援时使用。在井下巷道设置火灾事故避灾路线标识牌板，制定了火灾事故应急预案，积极开展矿井火灾救灾演练工作，提高水灾事故应急处置水平和员工避灾能力。各矿井向入井人员配发了火灾事故应急处置卡，组织员工集中学习，并对处置程序和标准的掌握情况进行检查考核。

第五节　粉尘防治

集团公司各矿井所采煤层的煤尘均具有爆炸性。同时，生产作业期间产生的粉尘对现场员工身体健康造成威胁。

一、组织机构

集团公司下发《矿井“一通三防”管理规定》，明确各矿井的综合防尘工作由矿长负责，总工程师负责防尘技术管理工作。各矿井成立了专门防尘队伍，配备专职管理干部和专业技术人员，构建克尘工作室，全面推进矿井防尘工作。各矿井在编制矿井年度生产计划和长期规划的同时，制订防治粉尘的技术措施、实施计划和技术规划。

二、生产环节管控

结合实际，采用煤层注水的同时，石嘴山、石炭井、汝箕沟、宁东4个矿区综采、综掘工作面全部实施自动洒水喷雾装置、锚喷预湿拌料湿式作业，并严格定期冲洗巷道。在采煤工作面配备随机联动自动喷雾系统。综放工作面设置喷雾装置，移架放煤时喷雾进行降尘。炮掘工作面施工、采煤工作面过断层放炮打眼等环节，全部采用湿式打眼和使用水炮泥，采取放炮喷雾，水幕封闭工作面等措施，并在放炮前后洒水和冲刷巷道。矿井两翼、相邻煤层和采区之间，煤巷掘进与其相邻的巷道之间，煤仓与其相连的巷道之间，均采用独立通风。2016年，集团公司推广使用综掘工作面湿式除尘器、喷浆巷道湿式喷浆机，强化粉尘防治源头管控。

三、防尘设施

各矿井建立完善了矿井防尘洒水系统，配套安装了井下消尘专用管路，设置净化水幕、转载点喷雾，局扇装置风流净化器，形成综合防尘系统。所有运煤转载点、卸载点、溜煤眼、煤仓罐笼等井上下扬尘点，均有完善的喷雾降尘设施。采区进风巷、进风井、采煤工作面上下平巷、掘进工作面安装净化水幕。掘进面迎头设置湿式除尘风机，综采面进回风、掘进面回风等地点装备了智能降尘装置，运输皮带巷、转载点及溜煤口等地点装备了自动降尘装置。2018年，集团公司选点推广使用了岩巷高效风控除尘装备，取得较好效果。

四、个体防护

各矿井定期向接尘人员配发防尘口罩等劳动保护用品，并监督正确使用。每年开展职业健康体检，对不适合井下作业的人员及时调岗。

五、应急措施

各矿井在规定的巷道装设有隔爆设施。在井下巷道设置煤尘爆炸事故避灾路线标识牌板，制定了相应事故应急预案，并积极开展事故演练工作，提高各级应急处置水平和员工避灾能力。各矿井向入井人员配发煤尘爆炸事故应急处置卡，组织员工集中学习，并对处置程序和标准的掌握情况进行检查考核。

第六节　地热灾害防治

宁东煤田二叠侏罗纪煤层均存在地热灾害。目前，羊场湾、枣泉、梅花井、石槽村、麦垛山等矿井热害已不同程度显现，尤以枣泉、羊场湾煤矿突出，温度正常情况下为23.6℃，最高时达42℃。

一、羊场湾煤矿热害现状

羊场湾煤矿井田范围内海拔标高在＋1340～＋1400米之间，开采深度500米左右。井田全区孔底温度达31℃以上的钻孔18个，占总测温孔的100%，孔底温度达37℃以上的钻孔13个，占测温孔数的72.22%，确定羊场湾煤矿一、二级热害区大面积存在。

羊场湾煤矿的热害来源由地温值偏高、机电设备散热、采空区浮煤氧化散热、和地面气候变化等因素构成，其中地温值偏高是主要热害来源。根据地质资料显示恒温带深度为45米，温度为12.9℃，地温梯度一般为3℃/100米～4.5℃/100米，平均为3.76℃/100米。各生产水平的岩温值如下表：

表8-2-4　羊场湾煤矿深部地温预测表

序号	生产水平	开采深度	围岩温度
1	＋940米	400米	23.6℃～28.9℃
2	＋840米	500米	26.6℃～33.4℃
3	＋740米	600米	29.6℃～37.9℃
4	＋640米	700米	32.6℃～42.4℃

随着矿井接续延伸，一号井在12采区开采时，井下热害已逐渐显现，工作面开采初期，温度均达到32℃左右，尤其是开采深度越深的工作面高温热害问题越严重，井下热害已成为制约矿井正常生产的重要因素。2016年底生产的120210工作面、130202工作面、160201工作面，回风流温度均达到或超过26℃。加之伴随现代化高产、高效矿井建设，矿井机械化设备装机功率显著增大，机械运行散热也是矿井热害的重要构成因素。羊

场湾煤矿采用走向长壁采煤综合机械化大采高采煤工艺，机电设备功率达到10730千瓦，机巷作为工作面进风巷道，布置设备列车、转载机、破碎机等大型设备，设备运行期间所释放热量全面带入工作面，经现场实测，机巷巷口到工作面温度相差2℃～3℃。同时，由于煤炭氧化放热和净风流路线不断延长，井巷内不断升温，加大了热害程度。

二、枣泉煤矿热害现状

枣泉井田恒温带的深度为16米，温度为12.6℃。矿井生产采区为11、13、14采区，140202工作面、140203工作面开采、130203掘进以及13采区开拓延伸时，均不同程度受到了高温地热的影响。

表8-2-5　枣泉煤矿采区内各采掘工作面温度预测表

序号	名称	煤岩性质	深度（米）	温度（℃）
1	进风立井		412	18
2	回风立井		415	22
3	130202工作面回风巷	煤	716	32
4	130202工作面机巷进风	煤	716	26
5	130202工作面上隅角	煤	716	34
6	140201辅助巷1500米以里	煤	716	32
7	13采区集中泄水巷迎头2400米	煤	806	33
8	140203皮带巷400米	煤	526	28
9	140202切眼掘进	煤	706	30
10	14采区井底水仓	岩	496	26

三、热害防治

（一）羊场湾煤矿热害防治

羊场湾煤矿成立矿井热害防治领导小组和热害防治办公室，负责热害治理工作。2010年底，羊场湾煤矿在综采工作面实施水源热泵节能型井下局部降温项目。2012年，羊场湾煤矿通过自主探索研究，在120205工作面试验地表钻孔注液氮降温及防灭火项目。2012—2016年，在二号井多个工作面实施井下可移动式局部制冷项目。矿成立热害治理工程项目小组，全面协调解决项目实施期间各项工作。积极推广应用局部降温制冷设备，缓解了矿井地热问题。

（二）枣泉煤矿热害防治

枣泉煤矿成立矿井热害防治领导小组和热害防治办公室，负责热害治理工作。枣泉煤矿通过改善通风条件，加大风量，提高风速和减少工作面机巷设备散热等措施，对采掘工作面进行降温。对于发热量较大的机电硐室，设独立的回风线路，防止机电设备散发热量进入采区回风流中。在高温工作地段安装小型局部通风机，以增加风速降低温度。在采掘工作面增设净化水幕，通过喷洒水雾降低巷道内温度。掘进工作面采用压入式局部通风，选用功率较大的局扇供风，增加风筒直径，增加风量。在安装了作业地点机械制冷设备。在井下除安设温度监测探头，同时为职能部门人员配备了红外线成像仪、测温仪、温度计等，加强温度监控。

四、应急措施

存在地热高温的矿井，在生产组织上做了相应调整，缩短了劳动时间，降低了劳动强度。向作业人员配发散热和透气性能好的工作服。在作业区域配置了解暑饮品和药品。在井下高温施工地点配备有压风自救装置。

第七节　机电运输事故防治

各煤矿单位井上下供配电点、电气设备分布点多面广，保护设施不齐全或失效，员工违章带电作业，可能导致触电事故。运转的设备存在机械伤人的风险。各矿井采用的运输方式较多，增加了运输事故的风险。

一、自动化减人

按照“人少则安、无人则安”的要求，从2013年开始，集团公司先后完成清水营、任家庄、石槽村、梅花井、枣泉、羊场湾、焦煤公司等矿井“无人值守”系统改造，共减员257人。推进安全信息化建设，羊场湾、梅花井、枣泉等10对矿井主煤流、井上下变电所、水泵房等主要运输线和机房、硐室实现自动化集中控制。推广使用了水仓自动清挖机。梅花井煤矿建成集团公司第一套智能化工作面。

二、专项活动

从2009年以来，集团公司持续开展运输、供电、电器、管路等“十大”专项整治活动，督促各煤矿单位严格整改落实隐患问题。开展机电运输专业系统风险辨识评估，加强非计划作业动电、动液、动机的风险管控，监督落实管控措施。开展反“三违”专项活动，对“扒、登、跳”车和擅自触碰电气设备等违章行为实行专人盯点巡查。

三、设备保安

进一步规范保护设施安装、维护与使用管理，消除设备缺陷。淘汰国家明令禁止使用的煤矿设备，对国家规定的煤矿专用防爆电器设备材料和煤矿保安机械进行全面检查监测。严把采购关，杜绝使用非专用保安设备、机械、材料。严格落实设备预防性检修、现场点检等制度，加强锅炉、压力容器等设备维保。2018年，完成了羊场湾二分区、梅花井、红石湾、灵新煤矿主井带式输送机胶带更换工作。

四、安全防护设施

推广智能视频监控系统，斜井及立井提升、胶带运输主要作业点实现违章作业报警停机。电气设备检修实行“挂牌上锁”管理，做到能量隔离。应用斜井自动防跑车装置、钢丝绳芯胶带X光在线监测装置、防爆胶轮车调度信息管理系统，发挥自动化、信息化手段作用。对提升斜井严格实行“一坡三挡”和“行人不行车”的规定，强化运输环节管理。

五、胶轮车管理

下发《井下胶轮车管理办法》，从制度层面进行严格要求。对全部车辆进行挂牌管理，驾驶人员做到持证上岗。胶轮车入井前上检测台，专人对车辆完好情况检查确认。集团公司每半年集中开展一次专项检查并下发通报。

第三章　煤制油化工安全生产

第一节　组织机构

2016年5月，集团公司撤销煤化工分公司，下属各厂、公司变更为直属集团公司管理的二级单位（分公司）。按照集团公司的统一要求，各分公司建立健全安全环保工作组织机构。负责安全、消防、职业卫生、环保、环境监测、体系建设等工作，形成分公司领导负责、车间管理、安健环保部监督的三级生产安全、环境保护管理模式。

第二节　安全管理

一、安全生产目标管理

煤化工各分公司均制定有安全生产方针和目标。其中甲醇分公司的安全工作方针为“安全第一，预防为主，节能环保，以人为本，全员参与，持续改进”；安全工作目标为“重伤及以上人身伤亡事故为零，重大及以上火灾、爆炸、生产、设备、环保、治安、交通事故为零，重大危险源辨识、评价及监控率100%，安全设施完好率、建设项目‘三同时’执行率、隐患监控率100%”。烯烃一分公司的安全生产方针为“安全第一，预防为主，清洁生产，保护健康，全员参与，持续改进”；安全工作目标为“不泄漏、不着火、不爆炸、不中毒、不窒息、零死亡”，追求零事故。

二、安全生产规章制度

依据《中华人民共和国安全生产法》《危险化学品安全管理条例》《民爆器材管理条例》等法律法规，制定执行煤化工重大危险源专项应急预案。所属煤化工各分公司均结合项目安全生产工作实际，逐步建立健全、修订完善了各类安全生产管理制度和规章。其中，甲醇分公司建立《安全管理手册》《程序文件》计23项，完善补建《安全、消防、职业卫生及环保责任制》《安全健康环保管理规定》等体系文件、制度、规定计53项，编制综合应急和专项应急预案10项，编发《应急常识指南》《应急疏散逃生手册》2册。烯烃一分公司建立完善《安全生产责任制管理规定》《危险化学品重大危险源安全管理规定》《特种作业及特种设备作业人员管理规定》等规章制度计85项，编制危险化学品事故、火灾和爆炸事故、中毒和窒息事故等应急救援预案17项。烯烃二分公司建立健全《安全生产责任制管理办法（试行）》《危险化学品安全管理办法（试行）》《危险化学品重大危险源安全管理办法（试行）》《事故隐患排查、治理、奖惩及责任追究管理办法（试行）》等安全工作制度58项，形成了科学、切实、规范、有效的安全生产管理制度体系。煤制油分公司对生产试车期相关安全制度进行全面修订、增补，共计编制各类安全规章制度计73项，主要包括《能量隔离及上锁挂签管理规定》《安全风险预控管理体系管理评审管理规定》《受限空间作业安全管理规定》《危险化学品重大危险源安全管理规定》《事故管理规定》《交通安全管理规定》《治安保卫管理规定》等。

三、安全生产管理

2009年以来，随着煤化工项目各生产装置相继建成投产，集团公司及煤化工各分公司始终把安全生产管理摆在了重要位置。

根据安全生产体系框架和体系标准、实施指南、审核指南，全面落实各岗位、各环节的安全生产工作责任，修订完善安全环保责任制等管理规定，对安全重点工作推行“一单五卡”等管理模式，限期督办，严格奖惩。推行安全目标责任制管理，层层签订安全责任书，建立细化的安全生产指标及考核奖励机制，按周期对责任单位、部门、车间的安全生产责任制落实情况进行分级考核，凡发生重大安全事故的坚决执行一票否决，使各项安全管理工作真正做到了有计划、有落实、有检查、有反馈和奖罚分明；严格落实事故报告制度，凡发生迟报、漏报、瞒报、谎报的，一律升格从严追究责任。细化分解分管领导和业务部门的体系建设职责，修订完善考核细则，进一步规范体系运行“三张表”，严格体系标准流程动态考核。开展全方位、全过程、全员的生产工艺、设备设施、作业环境、人员行为等危险源辨识和风险评估，突出加强交叉作业、特种作业、变更管理及工艺条件变化等状态下的风险再评估。每月对各单位、车间辖区内系统性危险源进行一次全面的筛查，并按照“PDCA”闭环管理要求对危险源实行分级、分类、分专业有效控制。严格执行工前危险源辨识施工程序，要求员工进入作业场所先进行危险源辨识再施工操作，有效遏制了由危险源导致安全事故的发生。对生产装置严格工艺纪律、操作指标和联锁管理，强化生产操作考核。严格施工、检维修作业“能量隔离、上锁挂签”、作业许可、监护管理，突出抓好动火、高处、受限空间作业等安全技术措施审批及风险预控，实现直接作业环节闭环化管理。采用先进的动态监测手段，对重要机组的运行状态进行实时监测、动态分析、故障诊断和预测，提高设备运行效率和安全性。建立完善关键设备特护制度，形成机、电、仪、操、管等各专业齐抓共管的检查、处置体系，实现设备操作、维修等作业的程序化操作。严格按照国家《危险化学品安全管理条例》规定，定期对重大危险源进行评估，建立完善防泄漏、防火、防爆管控方案，管理上实行厂级（月度）、车间（每周）、班组（每天）“三级”检查和管控。对照危化品名录进行梳理并分类统计建档备案，对有毒有害、易燃易爆介质、有害气体实施严格监测监控，对存储、充装、使用、运输等环节每月进行专项检查和管控。制订年度应急管理工作要点，完善各类专项应急救援预案和现场处置方案，按照集团公司《应急管理手册》《应急培训手册》，按计划组织开展人员避险自救培训和应急专项培训。加强设备操作运行管理，严格开停机操作规程执行和设备包机、特护、巡检、盘车、润滑、防冻防凝管理。严格落实检修现场标准化，强化作业现场风险评估和过程安全管控。按照事故管理闭环化的要求，狠抓“四不放过”落实，加强事故原因分析、教训吸取、措施落实的专项督查，对重大隐患制定管控措施，挂牌督办。开展不安全行为纠正和原因分析，从体制机制上研究解决根治措施。突出加强高频次和高风险不安全行为管控，高度重视安全意识薄弱人员、现场薄弱区域和施工关键环节不安全行为查处，坚持不安全行为人员“再教育”矫正培训。严格对委外施工单位安全管控，明确分公司、车间、委外单位三方安全责任；把严“五个关口”，做到“五个统一”；对安全机构设置和安全管理制度、安全施工措施落实执行等审查监督；对员工细化入厂进行流程进行培训，上岗前进行过关考试，并签订安全承诺书。做好作业场所粉尘、有毒有害、辐射、高温、噪声等危害因素监测和防治，严格执行劳保防护用品配置标准，及时纠正并严格处罚不按规定佩戴个体防护用品的行为。加强职业病知识培训教育，做到岗前培训和职业危害告知全覆盖。抓好职工职业健康体检及职业病患者治疗、定期检查等工作。依托各单位培训机构，对入厂员工进行严格的岗前安全知识培训，考试合格后方准许上岗；依托班前会、培训班和“安全技能过关化”平台，对员工进行安全业务技术知识和相关法律法规教育，提高员工的安全技能水平；通过开展案例教育、安全演讲、安全日活动等对员工进行安全思想教育，筑牢员工“安全第一”的思想意识和行为基础。对不安全行为人员进行警示再教育，考试合格后方可重新上岗。

2016年起，煤化工各单位相继建立了完善规范的安全生产管理体系和实施办法，并力求在管理方式方法上创新，取得良好效果。其中，甲醇分公司在本公司每日晨会和基层车间、班组会上增加了安全经验分享环节，以实现安全管理信息资源的扩大化应用，进而通过沟通交流达到安全管理先进经验的共享共用，共同提高遏制各类事故发生的能力。烯烃一分公司针对排查系统性、隐蔽性的隐患，建立了“排查、分析、追责、挂牌、整改、评价、验收、巩固”隐患管理“八步法”闭环机制，推行了分公司高度风险控制措施落实实时跟踪督办，对车间中、高风险控制措施落实实施每周检，其他风险通过执行“一单五卡”等进行日常管控，有效遏制了各类事故隐患，确保了安全生产。煤制油分公司着力强化风险分级预控和隐患排查治理双机制运行，开展“双持作业”专项整治、“找抓促”专项活动及重大隐患排查定级；优化完善了应急救援体系，录制应急演练教学片并多层级、多频次开展应急救援演练。其中，2017年组织厂级应急演练20次，运行部室、车间级145次，班组级931次，提高了管理人员及现场作业人员的应急处置能力及意识，杜绝了一般及以上安全事故和环境污染事故，职业病发病率为零，安全风险预控管理体系经集团公司验收达到二级标准。

第四章　安全生产事故

2009—2018年，集团公司共发生死亡事故12起，死亡13人。其中煤矿板块10起，死亡11人，重伤事故1起，重伤2人；煤制油化工板块2起，死亡2人。2009年10月14日，宁夏三鑫机械化工工程有限公司在承包施工大峰露天煤矿羊齿采区土石方剥离工程A标段+2060 ~ +2050米水平高温火区台阶深孔爆破装药作业时，发生重大火药爆炸事故，造成14人死亡，7人受伤。

煤矿板块2009—2013年百万吨死亡率为0；2014年发生死亡事故4起，死亡5人，百万吨死亡率0.069；2015年发生死亡事故1起，死亡1人，百万吨死亡率0.015；2016年未发生死亡事故，百万吨死亡率为0；2017年发生死亡事故1起，死亡1人，百万吨死亡率0.016；2018年发生死亡事故3起，死亡3人，百万吨死亡率0.065。

一、煤矿板块典型事故

（一）石炭井焦煤分公司“6・1”运输事故

2014年5月31日早班，石炭井焦煤分公司机电队利用停产检修时间更换副斜井绞车钢丝绳。5月31日早8时开始换绳，至5月31日23时30分换绳完成。随后，利用旋转器连接于钢丝绳钩头和配重车之间，释放钢丝绳旋转力。现场安全员马某某、电钳工孔某某负责随配重车观察钢丝绳旋转力释放情况，运输二队韩某某负责轨道检查和+900米水平信号联络。配重车于副斜井井口以0.5米/秒的速度慢速下放至+900米水平车场，短暂停留，信号联系后向上提升。6月1日0时26分，配重车继续慢速上提至距+900米水平车场约46米处，钩头与配重车突然脱离，发生跑车。配重车上违章乘坐的3名人员1人跳车，另2人在车辆撞击后被高速抛出、碰撞。事故发生后，石炭井焦煤分公司立即组织施救，孔某某、韩某某当场死亡，马某某被迅速送往自治区第五人民医院救治，经医院鉴定为轻伤。

经调查认定，“6・1”运输事故是一起因员工违章作业、现场安全管理不到位、施工安全技术措施不完善、审批把关不严、危险源辨识与风险管控不到位、施工劳动组织安排不合理引发的责任事故，且对事故拖延迟报。事故发生后对石炭井焦煤分公司罚款45万元，取消当月所有人员的安全月奖、安全结构工资、季度本安体系奖和月度风险抵押兑现奖，扣除班子成员安全风险抵押本金重新进行抵押，同时班子成员年薪按集团公司规定比例扣发，对焦煤分公司、集团公司相关责任人罚款23.7万元，给予撤职2人、免职2人，记过1人，警告2人。

（二）石沟驿煤业分公司“7・19”火灾事故

2016年7月19日7时，石沟驿煤业分公司综掘二队队长白某某主持召开班前会，对010609上仓斜巷皮带回收进行了安排；主管技术员买某组织学习了《010609上仓斜巷使用气焊安全技术措施》；副队长汪某某进行了分工。9时许，作业人员入井到达作业地点开始回收作业。12时20分，班长王某使用气焊开始切割皮带张紧装置油缸附近皮带架的螺栓。此时，在切割点附近，员工白某在没有释放残压的情况下拆除皮带张紧装置油缸油管，致使油管内残余液压油喷出与切割点火焰接触瞬间燃烧，致使作业地点附近的作业人员不同程度烧伤。事故发生后，当班员工张某某于12时23分向矿调度室进行了汇报。矿随即组织进行救援，伤者均被送往宁夏医科大学附属医院进行救治。经医院初步诊断，有2名员工属重伤。

经调查认定，“7・19”火灾事故是一起因管理人员严重违章指挥、员工严重违章作业、现场危险源辨识不清、业务部门技术保安和安全监管不到位、安全教育培训不到位引发的责任事故，对石沟驿煤业分公司罚款20万元，取消当月所有人员的安全月奖、安全结构工资、季度本安体系奖和月度风险抵押兑现奖，取消矿领导班子成员安全年薪，同时扣除当月风险抵押本金重新抵押，对相关责任人罚款7.8万元，集团公司给相关责任人免职1人，降职1人，记大过3人，记过2人。

（三）生产安装分公司红柳工区“7·12”机械伤人事故

2017年7月11日22时30分，生产安装分公司红柳工区夜班班长焦某某主持召开班前会，生产安装分公司副经理张某某、副队长王某某、跟班主管技术员李某某参加，班前会总结了早班、中班在I020203综采工作面支架回撤过程中存在的问题，安排了当班支架回撤的具体工作，强调了支架回撤的安全注意事项，并对当班维护工李某、泵站司机席某某和支架工马某、初某某进行了分工。23时50分左右，夜班人员到达作业现场，当班班长焦某某继续沿用了30型圆环链配合“蝴蝶结”连接到1#掩护架拉移1#支架的方式，安排人员清理了浮渣、更换了与1#支架推拉头链接的“蝴蝶结”后，前移1#掩护支架拉紧了与1#支架链接的圆环链。7月12日1时35分左右，员工马某进入1#支架将支架降低，操作支架电液控，开始拉移支架。此时传出大链断裂声，现场跟班的副经理张某某查看情况，发现链接30型圆环链的“蝴蝶结”断裂，马某倒在1#支架左立柱处，头部左侧有被硬物打击的伤口，立即组织将其运送到地面医疗站检查处理，后送至宁东医院急救后转至宁夏附属医院，经抢救无效死亡。

经调查认定，“7·12”机械伤人事故是一起因员工严重违章作业、拉移支架方式存在隐患、规程措施执行不到位、现场防护设施缺设、连接装置选用不合理、现场安全管理不到位等原因引发的责任事故，对生产安装分公司罚款20万元，取消所有人员当月安全月奖、安全结构工资、月度风险抵押兑现奖和季度本质安全奖，扣除班子成员风险抵押金本金重新抵押，对相关责任人罚款3.9万元，集团公司给予相关责任人记大过1人，记过1人。

（四）麦垛山煤矿筹建处“4·26”片帮事故

2018年4月26日中班，宁夏煤炭基本建设有限公司建井公司驻麦垛山煤矿筹建处项目部劳务分包建井六队队长郭某某组织召开班前会，安排跟班队长樊某某、姚某某等8人到110207带式输送机巷进行掘进作业。15时30分左右，作业人员到达工作面开始施工，现场采取每掘进一循环（900毫米）一支护的方式进行。21时左右，在进行第三片锚网支护、张紧锚索过程中，迎头煤壁面左上方泥岩伪顶片落，大小约为1000毫米×700毫米×400毫米，将正在进行锚索张紧作业的姚某某砸伤。樊某某立即组织人员施救，同时向建井六队地面值班室做了汇报。21时25分左右，樊某某等6人将姚某某运送至地面。建井六队安排人员将伤者送医救治，22时左右到达宁东医院。23时15分左右，宁东医院救护车将伤者转送至宁夏医科大学附属医院做进一步救治。4月27日凌晨3时左右，姚某某经抢救无效死亡。

经调查认定，“4·26”片帮事故是一起因现场人员违章作业、未严格执行敲帮问顶制度，委外工程管理不到位，现场安全监管不到位，现场危险源辨识不到位，安全教育培训不到位等引发的责任事故，且存在故意拖延报告的情节。集团公司对麦垛山煤矿的单位罚款执行《煤矿板块安全生产标准化绩效工资考核办法（试行）》，对基建公司罚款20万元，对相关责任人罚款9万元，集团公司给予相关责任人撤职2人，记过1人，警告4人，责令基建公司给予相关责任人撤职1人，免职2人，降职1人，记大过1人，警告1人。

二、煤制油化工板块典型事故

（一）煤制油分公司气化厂“5·16”人身伤害事故

2017年5月13日至16日，煤制油分公司气化厂11号炉P-2251101B激冷水泵反复出现不打量现象，判断为入口管线堵塞。5月16日夜班，当班人员将该泵工艺交出进行滤网清理，并计划白班连接入口排放短接、冲洗入口管线。5月16日9时许，气化厂召开早调度，会上生产部技术员姚某安排白班进行冲洗作业。当班人员办理检修作业票后，于11时完成了入口短接安装工作。13时许，现场操作工对该项作业的风险控制卡、能量隔离卡确认完毕。13时40分，姚某指挥现场操作组长马某冲洗11号炉激冷水泵入口管线，实习生闫某某（属2017年1月份入厂实习的榆林职业技术学院学生）随后到现场旁站学习。管线冲洗完毕后，马某站在手轮正对面关闭激冷水泵入口阀，闫某某站在执行机构正对面，姚某在闫某某左侧站立。13时47分许，阀门关至28%时，入口阀连接盘与阀体连接内六角螺钉突然断裂，执行机构迸出，大量热水由阀体向外喷溅，闫某某被迸出的执行机构击中倒地，姚某和马某被喷出的热水烫伤后先后撤离现场。13时49分，因大量漏水11号炉洗涤塔液位低引起联锁跳车，运行部处理跳车人员赶到现场，发现姚某受伤，被告知现场还有1人未撤出，运行一部主任国某某与2名保运人员迅速进入现场，找到并将闫某某抬出事故地点，随后将伤者送往宁东医院进行救治。15时5分，闫某某经宁东医院抢救无效死亡。马某、姚某于15时40分左右被送至宁夏附属医院就医，初步诊断马某为深Ⅱ

度烫伤，姚某烫伤较轻。

调查认定，“5·16”人身伤害事故是一起因江苏神通阀门股份有限公司违反合同，阀门设计、加工、制造、质量管控和检验严重不到位，监造单位南京国海设备工程有限公司履职不严、EP（设计、采购）承包商中国寰球工程公司合同履行不严、南京三方化工设备监理有限公司履职不认真、原煤制油项目建设指挥部管理不到位引发的非主要责任事故。经集团公司安委会研究决定，责令由EP（设计、采购）承包商中国寰球对江苏神通进行追责，对不符合要求的833台球阀全部退货处理，承担业主现场对此类阀门采取加固措施的费用及更换阀门拆卸、安装费用，死亡及受伤人员善后、治疗所有费用，政府事故调查组专家费、鉴定费、交通费等相关费用，合计251万元；责令由中国寰球对监造单位南京国海进行追责；依据合同约定，对中国寰球工程公司处罚144万元；依据合同约定，对南京三方处罚21.91万元；对煤制油化工工程建设指挥部处罚5万元，取消原煤制油项目建设指挥部汽化项目部领导班子成员当月安全风险抵押兑现奖并扣除抵押本金重新进行抵押，集团公司对相关责任人罚款9.8万元，先后给予5名责任人警告处分。

（二）甲醇分公司委外承包商万邦达公司“4·30”人员中毒事故

2018年4月30日，按照检修计划，万邦达公司甲醇供排水车间对460废水池地下管网进行疏通作业。9时10分，万邦达公司甲醇供排水车间联系煤制油化工质检计量中心对作业环境做了气体分析，分析合格后甲醇分公司签发了受限空间作业票。13时许，万邦达公司甲醇供排水车间使用便携式气体检测仪对此受限空间作业环境进行检测，分析结果合格。13时20分，万邦达公司承包商江苏邦杰环境工程有限公司项目负责人许某带领陈某某、金某某、乔某某3名作业人员和施工方监护人员顾某某来到作业现场，安排陈某某佩戴长管呼吸器入井开始疏通作业。14时33分，项目负责人许某发现陈某某在井下昏迷。随即，江苏邦杰公司现场人员金某某未佩戴任何防护器材直接入井对陈某某进行施救。在施救过程中，金某某在井下昏迷。14时40分左右，在作业现场附近的万邦达公司甲醇供排水车间工艺副主任徐某某听到现场人员呼救声，迅速赶至事故现场，随即向万邦达公司生产技术部副部长郝某某汇报。15时许，徐某某向甲醇分公司当班调度做了汇报。甲醇分公司两名调度员、江苏邦杰人员将金某某、陈某某先后救出，金某某当场苏醒，陈某某仍处于昏迷。15时10分，120急救车抵达现场，并接手抢救工作。15时30分，医护人员宣布陈某某已无生命体征。金某某被送往宁东医院，经救治于5月2日下午出院。

经调查认定，“4·30”人员中毒事故是一起因作业人员擅自将长管呼吸器面罩摘除后严重违章作业、现场违章指挥、方案现场执行不到位、委外承包商安全管理严重不到位、监护人职责履行不到位、安全培训不到位、动态风险辨识不到位、有限空间作业管控不到位、甲醇分公司监管不到位引发的非主要责任事故。经研究，责令由万邦达公司对江苏邦杰公司进行追责，同时承担死亡及受伤人员善后、治疗所有费用，政府事故调查组专家费、鉴定费、交通费等事故相关费用；给予万邦达公司罚款20万元；对甲醇分公司相关责任人罚款3万元，集团公司给相关责任人警告处分2人。

第五章　应急救援

第一节　组织机构

一、集团公司应急救援指挥部

根据安全生产实际需要，集团公司于2010年成立了应急救援指挥部，总指挥由集团公司董事长担任，副总指挥由总经理、相关副总经理、工会主席、总工程师担任，成员由总经理助理、副总工程师和集团公司相关部门、矿山救护总队等单位负责人组成。指挥部下设应急救援办公室、现场应急救援指挥部和应急救援工作组。同时，在文件中明确机构的职责范围，该机构能够按照上级、神华集团公司及标准的要求正常开展工作，对集团公司的应急救援工作起到了基础的作用。2016年，为进一步加强应急管理工作的组织领导，明确责任分工，提高对突发事件的应急指挥和处置能力，集团公司对安全生产应急救援指挥部进行了调整，对应急管理组织机构组成及职责分工等做了具体明确。应急救援指挥部由集团公司董事长、总经理和分管安全生产副总经理、集团公司安委会其他成员组成，指挥长由董事长担任，集团公司总经理和分管安全生产副总经理任副指挥长，安委会其他人员为成员；特殊情况下，由董事长授权有关领导担任指挥长。应急救援指挥部下设应急值守办公室、应急管理办公室、抢险救灾组、技术支持组、物资供应组、医疗救护组、治安维稳组、后勤保障组、前期调查取证组、新闻信息组、善后处置组等职能工作组。

（一）应急值守办公室

应急值守办公室设在集团公司生产指挥中心，是应急救援指挥部的执行机构；办公室主任由集团公司生产指挥中心主任兼任，副主任由生产指挥中心分管值守工作副主任、综合主管兼任。

（二）应急管理办公室

应急管理办公室设在集团公司安全监察局，是应急救援指挥部的协调机构；办公室主任由集团公司安全监察局局长兼任，副主任由集团公司安全监察局分管应急管理工作副局长、综合主管兼任。

（三）抢险救灾组

抢险救灾组组长由集团公司应急救援中心、矿山救护总队负责人兼任，成员由集团公司专兼职救护队、消防队及事故发生单位和应急救援指挥部紧急调集的其他有关单位人员组成。

（四）技术支持组

技术支持组组长由集团公司相应专业管理部门负责人兼任或由指挥长现场任命，成员由集团公司生产技术部、机电管理部、建设工程管理部、科技发展部、煤制油化工部等部门相关技术人员及外聘专家组成。

（五）物资供应组

物资供应组组长由集团公司物资公司总经理兼任，成员由集团公司物资公司、应急救援中心、矿山救护总队、机电管理部、财务部和事发单位的相关人员组成。

（六）医疗救护组

医疗救护组组长由集团公司社会事务部总经理兼任，成员由外聘医疗专家和事发单位所在地医院的医护人员组成。

（七）治安维稳组

治安维稳组组长由集团公司社会事务部总经理兼任，成员由集团公司社会事务部武装保卫、信访业务、治安保卫总队和事发单位的保卫部门、所在地公安人员组成。

（八）后勤保障组

后勤保障组组长由集团公司办公室主任兼任，成员由集团公司办公室、信息技术中心和事发单位相关人员组成。

（九）前期调查取证组

前期调查取证组组长由集团公司安全监察局局长兼任或由指挥长现场任命，成员由集团公司安全监察局及相关业务部门人员组成。

（十）新闻信息组

新闻信息组组长由集团公司组宣部部长兼任，成员由集团公司组宣部、新闻中心、应急值守办公室、应急管理办公室及相关业务管理部门有关人员组成，新闻发言人由指挥长任命。

（十一）善后处置组

善后处置组组长由集团公司工会主席兼任，成员由集团公司工会、人力资源部、安全监察局、纪检监察部、社会事务部等部门人员组成。

二、集团公司应急救援队伍

集团公司矿山救护总队是由原石嘴山、灵州、石炭井三个矿山救护大队组建而成。2016年，集团公司深度整合内部应急救援资源，将煤制油化工基地消防队并入矿山救护总队，成立了应急救援中心。中心下设危化消防大队，六个职能科室和六支应急救援队伍。在任务定位方面，依托应急救援指挥平台，形成集指挥与调集、地面与井下为一体的应急救援网络，新的应急救援体系承担宁夏境内及周边省份小煤矿事故处理及集团公司内部煤炭开采、煤炭洗选、煤化工及煤炭深加工在生产和建设过程中，各种因素引发的安全生产事故应急救援行动。中心成立之后，积极推动应急救援体制机制改革，成立了危化消防大队，形成了中心、大队、中队、班组四级应急联动体系，对原宁东救护二中队实行了消防职能整编制转岗，将矿山救护三中队整体迁至马家滩矿区驻守，应急救援力量部署更加科学合理。2017年11月，应急救援中心（矿山救护总队）由大武口搬迁至宁东，应急救援力量布置分配更加科学合理，根据各中队驻守位置地点，对6支救援队伍服务范围和职责进行了分配，以点辐射，明确服务区域，实现了全集团公司救援网络全覆盖。具体服务区域如下。

矿山救护一中队主要负责银北矿区：汝箕沟无烟煤公司、银北矿区管理办公室（原乌兰煤矿、原焦煤公司、原金能煤业分公司）、集团公司洗煤厂及银北矿区地方协议矿井的安全技术服务和应急救援工作。

矿山救护二中队主要负责银南矿区：枣泉、灵新、羊场湾、任家庄、清水营、梅花井、红石湾七对煤矿及银南地方协议矿井的安全技术服务和应急救援工作。

矿山救护三中队主要负责银南马家滩矿区：金凤、金家渠、双马、红柳、麦垛山、石槽村、石沟驿七对煤矿的安全技术服务和应急救援工作。

危化消防一中队主要负责煤制油化工基地：甲醇分公司、烯烃一公司、研发中心、质检中心等6家单位和集团公司宁东矿区各厂矿地面火灾救援工作。

危化消防二中队主要负责煤制油项目：煤制油分公司、烯烃二分公司和集团公司宁东矿区各厂矿地面火灾救援工作。

特种装备队承担应急救援中应急通信、应急照明、急救运输、破拆支护、后勤保障等工作。

三、兼职矿山救护队

2015年3月，集团公司下发《兼职矿山救护队管理规定》，对各矿井兼职救护队规范管理。集团公司所属矿井均建立了兼职救护队，业务上受集团公司专职救护队指导。按照中队建制，各矿井配齐了兼职救护队员，定期开展业务学习和训练，参与本单位应急演练，负责一般性应急处置任务。

第二节　预案及现场处置

2010修订下发了集团公司安全生产25项应急救援预案。2013年，对集团公司级的综合应急预案和专项应急预案进行了修订下发，其中修订预案26项，新增预案19项。2016年，依据《中华人民共和国安全生产法》《中华人民共和国消防法》《中华人民共和国突发事件应对法》《危险化学品安全管理条例》《国家突发公共事件总体应急预案》《生产安全事故综合应急预案管理办法》等相关法律和法规，结合外部评审意见及上级单位新要求，修订完善了集团公司《生产安全事故综合应急救援预案》、四大类41项专项应急预案及现场处置方案，明确了生产安全事件或突发事件的风险评估、事故预防与应急准备、监测与预警、应急资源配置与维护、应急处置与救援、事后恢复与重建、安全评价等活动，内容覆盖集团公司生产经营各板块，做到了应急管理无盲区、无死角，增强了预案的实用性、有效性、可操作性。结合各生产经营板块特点，集团公司编制了43类事故应急处置卡，各单位根据岗位工种实际，为涉及类似事故的岗位人员配备相应的处置卡，并要求员工熟练掌握处置程序内容，确保一旦发生事故员工能够妥善应对、正确处置。

在充分结合自身实际的前提下，2016年，集团公司新建完善了《生产安全应急管理办法》《应急管理工作例会办法》《生产安全事故应急预案管理办法》《应急投入保障办法》《应急救援队伍管理办法》《应急培训管理办法》《应急物资装备管理办法》《应急演练和评估管理办法》等8项应急管理制度，为各项工作规范开展打好了基础；下发了集团公司级《员工应急培训手册》，明确了8大方面重点培训内容，在此基础上各单位根据实际，编制了本单位的应急逃生手册，并认真组织开展培训工作。

第三节　应急响应分级

按照《公司生产安全事故报告和调查处理规定》及神华集团公司事故响应分级，集团公司应急响应分为三级，即Ⅲ级响应、Ⅱ级响应、Ⅰ级响应。

Ⅲ级响应：指造成1至2人重伤或者中毒，因灾害疏散50人以下，或者直接经济损失1000万元以下的生产安全事故，由各生产单位负责事故的应急处置。

Ⅱ级响应：指造成1至2人死亡，3至10人以下重伤或者中毒，因灾害疏散50至100人或者直接经济损失1000万元及以上5000万元以下的生产安全事故或生产单位提出请求时，启动集团公司安全生产应急预案，集团公司应急救援指挥部对突发事故迅速做出反应，组织开展应急处置行动。

Ⅰ级响应：指造成3人及以上死亡或者被困灾区，10人及以上重伤或者中毒，因灾害疏散100人及以上或者直接经济损失5000万元及以上的生产安全事故，申请神华集团公司或自治区人民政府启动应急响应。自治区政府、神华集团公司已启动相关应急预案或要求集团公司启动应急预案时，集团公司执行神华集团公司或自治区人民政府应急指令。

第四节　救援技术装备及设施

集团公司应急救援中心主要救援装备分为九类，金额合计1.28亿元。救援装备的建设配置严格按照《煤矿安全规程》《煤矿救护规程》《矿山救援资质认定管理办法》和《城市消防站建设标准》的要求，主要救援装备有：

交通吊装装备：移动式供电车、集成式发电照明车、集成式救援装备保障车、5T内燃平衡重式叉车、野外生活保障车、气体化验分析车、卫星通信指挥车、移动指挥部、矿山医疗救护车、救援宿营车、大型载重汽车、矿山救护车、应急指挥车、越野吊装车、消防车、泡沫车、中型水罐车、化工通讯指挥车、应急抢险车。

个人防护装备：氧气呼吸器、呼吸器效验仪、自动苏生器、便携式自动苏生器（P–6）。

侦测与搜寻装备：热成像仪、红外多种气体分析仪（X–am5600）、红外线测温仪、防爆探地雷达、生命探测仪。

灭火与排放装备：大型气体灭火装置、灾区有毒有害气体智能排放系统（ZZP660）、高倍数泡沫灭火机、气体灭火装置（救援钻机）、局部风机。

排水设备：BQ–系列扬程100防爆潜水泵、扬程25潜水泵、WQ65–8–3潜水泵、矿用隔爆型潜水泵、矿用耐磨多级离心泵等。

钻进掘进与支护装备：井下快速成型支护装备。

培训与演练设备：虚拟培训演练模拟系统、多功能体能综合训练系统、多功能灾区仿真模拟演练系统。

通信与指挥装备：井下无线宽带救灾通信系统（KJ30）、便携式通讯电话KTT9、摩托罗拉对讲机。

其他装备：氧气充填泵

表8–5–1　应急救援中心主要救援装备统计表

序号	装备类别	装备名称	型 号	数量（台）	单价（万元）	金额（万元）	备注
1	交通吊装装备	移动式供电车	东风天龙	1	154.85	154.85	
2		集成式发电照明车	福特F–350	1	78.58	78.58	
3		集成式救援装备保障车	福特550	1	595.01	595.01	
4		5T内燃平衡重式叉车	CPCD50R–G16	1	17.20	17.20	
5		野外生活保障车	北奔ND12501B56J7	1	109.00	109.00	
6		气体化验分析车		1	108.00	108.00	

续表

序号	装备类别	装备名称	型 号	数量（台）	单价（万元）	金额（万元）	备注
7	交通吊装装备	卫星通信指挥车	丰田兰德酷路泽	1	317.80	317.80	
8		移动指挥部	越野载货汽车	1	246.50	246.50	
9		矿山医疗救护车	奔驰	1	134.80	134.80	
10		救援宿营车	厦门金龙XMQ6129Y2	2	169.00	338.00	
11		大型载重汽车	SX4256NT324	2	55.26	110.52	
12		矿山救护车	SCT6703TRB53L	11	4.18	45.98	
13		应急指挥车	新普拉多2.7L	2	79.00	158.00	
14		越野吊装车	RT35	1	178.00	178.00	
15		高喷消防车	SGX5290JXFJP18	1	108.00	108.00	
16		水罐泡沫两用消防车	PM180	2	88.00	176.00	
17		大流量泡沫抢险救援消防车	PM180	1	313.00	313.00	
18		涡喷7消防车	TGS33.44	1	359.00	359.00	
19		32米举高喷射消防车	JP32	1	188.87	188.87	
20		25米举高喷射干粉泡沫消防车	MX5330JXFJP25/SS	1	479.00	479.00	
21		56米举高喷射消防车	SXT5421JXFJP56	1	458.00	458.00	
22		水罐消防车	SGX5270GXFSG120	1	74.00	74.00	
23		抢险救援消防车	LLX5110TXFQJ80A	1	97.00	97.00	
24		斯太尔泡沫消防车	SJD5250GXFPM120	1	90.00	90.00	
25		德国MAN泡沫消防车	RY5358GXFPM180	1	290.00	290.00	
26		20吨大流量泡沫消防车	SGX5391GXFPM200/B	1	325.00	325.00	
27		重型消防泡沫车	PM180	1	676.00	676.00	
28		中型水罐车	SGX5320GXFSG	1	70.70	70.70	
29		化工通信指挥车	奔驰VARI0816	1	357.31	357.31	
30		应急抢险车	LLX5134TXFJY80/B	1	356.00	356.00	
31	个人装备	氧气呼吸器	神瑞4h	328	1.71	560.88	
32		氧气呼吸器	BIOPAK240R　美国	20	4.20	84.00	
33		氧气呼吸器	虹安2h	55	0.81	44.55	
34		氧气呼吸器	PSSBG4	45	5.35	240.75	
35		氧气呼吸器	德国BG4	45	4.54	204.30	
36		呼吸器效验仪	JY-1	7	0.62	4.34	
37		呼吸器效验仪	RZ25	7	9.00	63.00	
38		呼吸器效验仪	DHX-2电动	5	0.60	3.00	
39		自动苏生器	SZ1.0/20	13	0.85	11.05	
40		便携式自动苏生器	P-6	4	4.50	18.00	
41	侦测与搜寻装备	热成像仪	YRH600	2	15.00	30.00	
42		红外多种气体分析仪	X-am5600	30	3.17	95.02	
43		红外线测温仪	CWG60	22	0.53	11.7	

续表

序号	装备类别	装备名称	型 号	数量（台）	单价（万元）	金额（万元）	备注
44	侦测与搜寻装备	防爆探地雷达	探测超前30米	1	68.03	68.03	
45		生命探测仪	DKL	1	32.32	32.32	
46	灭火与排放装备	大型气体灭火装置	SDY9404GDYN	1	236.99	236.99	
47		灾区有毒有害智能排放系统	ZZP660	2	55.00	110.00	
48		高倍数泡沫灭火机	BGP200	4	2.97	11.88	
49		高倍数泡沫灭火机	BGP400	5	2.89	14.45	
50		气体灭火装置（救援钻机）	1000M3/MIN	2	58.00	116.00	
51		局部风机	YBT51-5.5KW	6	0.21	1.26	
52	排水设备	防爆潜水泵	BQ-系列扬程100	2	2.00	4.00	
53		潜水泵	扬程25	4	0.08	0.32	
54		潜水泵	WQ65-8-3	6	0.15	0.90	
55		矿用耐磨多级离心泵	MD90-100*10	4	44.83	179.32	
56		潜水泵	BQS140-900/30 H=900M850KW10KV	1	98.60	98.60	
57		潜水泵	BQS80-20*40 H=800M350KW1.140/0.66KV含160米进出电缆	1	15.80	15.80	
58		潜水泵	BQS80-20*40 H=800M350KW1.140/0.66KV含160米进出电缆	2	68.60	137.20	
59		矿用隔爆型潜水泵	ZQ550-612/16-1600/W-S(10KV)	4	192.48	769.93	
60		矿用隔爆型潜水泵	ZQ275-574/15-710/W-S(10KV)	4	85.47	341.88	
61		矿用隔爆型潜水泵	BQS240-200/3-220/N(1140V)	5	13.68	68.38	
62	钻机掘进与支护装备	井下快速成型支护装备		1	327.80	327.80	
63		井下快速成型支护装备		1	396.00	396.00	
64	培训与演练设备	虚拟培训演练模拟系统		1	1030.00	1030.00	
65		多功能体能综合训练系统		1	55.00	55.00	
66		多功能灾区仿真模拟演练系统		1	169.00	169.00	
67	通讯与指挥装备	井下无线宽带救灾通信系统	KJ30	2	113.50	227.00	
68		便携式通信电话	KTT9	5	0.73	3.65	
69		摩托罗拉对讲机	ZP328防爆	16	0.35	5.60	
70	其他装备	氧气充填泵	YQB-30	5	1.68	8.40	
合计						12810.42	

第五节 应急训练资源

集团公司应急救援中心建有办公楼三座、公寓楼一座、多功能灾区仿真模拟演练室一个、地下演习巷道一条（巷道内有高浓烟演习室、一般技术操作挂风障、打板闭、建造砖闭、接风机、接高炮等配套设施）、室内训练馆一座（面积860平方米）、氧气充填室一个和室外训练场一个。

矿山救护二中队建有办公楼两座、地上演习巷道一条（巷道内设有高浓烟演习室、一般技术操作挂风障、打板闭、建造砖闭等配套设施）、氧气充填室一个、室外训练场一个、拓展场地一个。

危化消防一中队建有办公楼一座、泡沫站一个和室外训练场一个。

危化消防二中队建有办公楼一座、泡沫室一个、空气充填室一个、维修室一个、油料间一个、训练塔一个。

第六节 主要社会救援

2009年至2018年，集团公司应急救援中心先后参加火灾事故救援118次，泄漏事故救援21次，矿井救援53次，出动救援车辆1086台次，出动救援人员5683人次，抢救遇险遇难人员56人，挽回经济损失约2000万元，指战员未发生伤亡事故。

2012年5月15日，宁夏京盛煤矿采空区发生着火，宁东救护大队一中队出动，赴现场开展监护工作，历时4天，至5月19日结束。

2012年12月12日，白芨沟矿二号桥偷盗小井发生瓦斯爆炸事故，矿山救护总队接到指令后到达事故矿井，将被困矿工救出地面。

2015年7月10日，银川市西夏区沿山公路云山路蓝山砂石厂二分厂在进行停产检修砂石机时，一名工人不慎掉入储料漏斗，另两人在施救过程中也落入漏斗中，接到召请电话后矿山救护总队积极参与救援，与当地消防队一起完成救援任务。

2016年6月23日，银新煤矿二号井主井筒下300米处电缆发生火灾，矿山救护总队接到救援请求后立即出动前往事故矿井实施救援，在事故地点找出高温点，并将阴燃火点扑灭。

2016年9月27日1时30分，位于宁夏石嘴山市大武口区汝箕沟勘探区白芨沟井田的宁夏林利煤炭有限公司三号井发生瓦斯爆炸事故。矿山救护总队接到召请电话后紧急赶赴现场，并于第一时间深入事故矿井侦查，成功将18名遇难人员抬运升井。

第七节 集团公司大型演练开展

2013年8月3日，集团公司在焦煤分公司开展了煤与瓦斯突出事故突击实战演练。

2013年10月29日，集团公司在大峰露天煤矿红梁井成功承办了“宁夏煤矿重大瓦斯爆炸事故”应急演练。

2014年8月22日，由自治区政府主办，自治区安监局、集团公司承办，在煤化工分公司甲醇罐区举办了自治区危险品泄漏爆炸事故应急演练。

2017年12月18日，集团公司在羊场湾煤矿开展了矿井火灾事故突击演练。

2018年6月25日，集团公司与宁夏煤矿安全监察局在石槽村煤矿开展矿井水灾事故联合演练。

2018年8月9日，集团公司在烯烃二分公司承办了自治区2018年危险化学品泄漏爆炸事故联合应急演练。

第八节 应急救援队伍主要荣誉

一、矿山救护队伍

2012年，集团公司矿山救护总队参加第九届全国矿山救护技术竞赛，获团体优胜一等奖、模拟救灾一等奖、医疗急救三等奖。

2012年，集团公司矿山救护总队获得全国“五一劳动奖状”。

2014年，集团公司矿山救护总队参加国际矿山救援竞赛，获得组委会颁发的国际矿山救援技术竞赛奖牌。

2017年，集团公司矿山救护总队参加神华集团应急救援技术竞赛，获得矿山救护组团体第二名。

2017年，集团公司矿山救护总队参加第十一届全国矿山救援技术竞赛，获得综合体能第一名、席位操作单项第三名，呼吸器操作第一名。

二、危化消防队伍

2012年，参加神华集团组织的神华职业技能大赛，获得消防组团体第一名。

2015年，参加宁夏消防总队组织的全区企业消防队比武竞赛，获得团体第一名。

2015年，参加宁东武警消防支队比武竞赛，获得团体第一名。

2017年，参加宁夏宁东区域危化消防技能竞赛，获得第一名。

2017年，参加神华集团应急救援技术竞赛，获得危化消防组团体第四名。

2017年，参加银川武警消防总队比武竞赛，获得团体第三名。

第九篇
环境保护与生态建设

集团公司高度重视环境保护和生态建设工作，特别是党的十八大以来，认真践行党中央“大力推进生态文明建设”的战略决策和习近平总书记提出的“绿水青山就是金山银山”的绿色发展理念，时刻把环境保护与企业发展建设放在同等的位置来抓，努力打造绿色环保企业。坚持做到环境治理不留死角，对工业锅炉、工业废水、工业粉尘和噪声等污染源进行彻底整治，淘汰高耗能、高污染老旧设备，改造不达标设备，建成了宁东矿区南湖、煤制油分公司固体废弃物焚烧站等一大批废水、固体污染物处理系统，使矿井水、工业（生活）污水、烟尘、噪声等达标排放率达到了100%；对采煤沉陷区、露天矿坑等进行生态恢复治理，将石嘴山矿区、石炭井矿区、宁东矿区的采煤沉陷区建成了湖水清澈、绿树成荫、亭台与休闲道路相互映衬的别致景观区。坚持做到生态建设注重实效，集团公司为实现“建设一个新矿井，形成一片新绿洲”的生态建设目标，在55个所属矿（厂）成立了专业的绿化队伍，专门从事矿区绿化种植和养护，每年投入大量资金在矿区开展植树种草绿化、美化工作。截至2018年，集团公司有金能煤业分公司、白芨沟煤矿、羊场湾煤矿、梅花井煤矿、灵新煤矿、枣泉煤矿、宁东煤化工基地等33个矿（厂）达到了花园式工厂标准，有27个矿（厂）分别被国家、自治区授予“生态文明建设先进单位”“环境治理先进单位”等荣誉称号。

第一章　体制与管理

第一节　管理体制

一、管理机构

2009年，集团公司成立环境保护委员会（以下简称“环委会”），环委会主任由集党委书记、董事长担任，副主任由总经理担任，委员由领导班子其他成员担任，成员有总经理助理、副总师和科技发展部、规划发展部、企业策划部、生产技术部、煤制油化工部、机电管理部、安全监察局、社会事务部、组宣部的负责人组成；环委会下设办公室，办公室主任由科技发展部总经理兼任。主要负责贯彻执行国家和地方有关生态建设和环境保护的政策、方针、法律法规及国家能源集团相关规定等，研究解决集团公司存在的重大环境保护问题；制定环境保护有关管理制度；审定环境保护规划、实施计划和重大环境保护工程及环境治理技术方案；根据各基层单位的实际情况，规划确定生态建设和环境保护项目；研究决定对各单位、专业化公司及机关部门环境保护奖惩方案；严格履行“党政同责、一岗双责、齐抓共管、失职追责”的环境保护职责，落实“管业务必须管环保，管生产经营必须管环保”的要求；对发生的环境保护事件进处置，并追责处理。集团公司科技发展部、规划发展部、企业策划部、生产技术部、煤制油化工部、机电管理部、安全监察局、社会事务部、组宣部、环境监测中心按照专业分工分别负责相应的环境保护管理业务。

按照集团公司统一部署，所属各矿（厂）成立环境保护领导机构和节能减排领导小组，办事机构设在机电动力科（部）或相关部门，并配备专业技术干部和专业管理人员，具体负责各矿（厂）环境保护和节能减排岗位责任制的落实等日常工作。各矿（厂）根据本单位的实际情况分别组建专业化环境治理队伍或绿化队，由专人负责进行各矿（厂）的生态建设和环境保护项目的建设施工。

2014年，集团公司在资源环境保护中心的基础上成立环境监测中心，下设环境监测站。煤化工项目形成生产规模后，在煤制油化工质检计量中心设置环境监测站，专门负责煤化工所有项目的环境监测工作。

二、管理制度

为确保生态建设和环境保护工作合法合规，污染防治有力有据有效，集团公司本着环境安全风险隐患管理“早排查、早发现、早整治”原则，先后制定了《神华宁夏煤业集团有限责任公司环境保护管理办法》《神华宁夏煤业集团公司环境保护督查管理办法（试行）》《关于明确环境安全事件处理职责的通知》《神华宁夏煤业集团有限责任公司安全生产事故隐患排查治理及责任追究管理规定》《神华宁夏煤业集团有限责任公司环境保护处罚规定》《神华宁夏煤业集团有限责任公司安全风险预控管理体系文件》《神华宁夏煤业集团有限责任公司环保设施管理办法》《神华宁夏煤业集团有限责任公司污废水监测管理办法（试行）》《神华宁夏煤业集团有限责任公司污染源在线监测系统运行管理办法》《神华宁夏煤业集团有限责任公司安全环保考核办法（试行）》《神华宁夏煤业集团有限责任公司环境管理体系运行管理办法》《神华宁夏煤业集团有限责任公司环境保护监察办法（试行）》等管理制度，为提升企业生态建设和环境保护管控水平提供了充分依据。

三、管理目标

为贯彻落实《中华人民共和国环境保护法》《中华人民共和国大气污染防治法》，切实把环境保护工作落到实处，实现达标排放，保护生态环境，集团公司把国家颁布的《环境空气质量标准》《地表水环境质量标准》《城市区域环境噪声标准》等作为本企业环境保护工作的尺度和努力实现的目标。

环境空气保护前期和远景规划区内环境空气质量达到《环境空气质量标准Ⅱ级标准》（GB3095-1996）Ⅱ级标准。

锅炉烟气、工艺废气、煤粉尘排放符合《锅炉大气污染物排放标准》（GB13271-2001）中Ⅱ类区级时段和《大气污染物综合排放标准》（GB16297-199 ）中Ⅱ级标准的要求。

工业锅炉、生产设备等噪声治理率100%，达到《城市区域环境噪声标准》（GB3096-93）Ⅱ类标准。

矿井水、生活污水处理率100%，洗煤水闭路循环，外排污废水对地表水的影响达到或符合《开发建设项目水土流失防治标准》（GBS0434-2007）和《地表水环境质量标准》（GB3838-2002）Ⅲ类水域标准。

固体废物处置率100%，达到《一般工业固体废物贮存、处置场污染控制标准》（GBl8599-2001）及其他实施条例的规定。

采煤沉陷区治理达到国家“土地复垦规定”要求。

矿井建设开发活动涉及国家自然保护区时，符合《中华人民共和国自然保护区条例》相关法律要求。

四、技术装备

集团公司环境监测中心监测站建有实验室10间，面积252平方米，具备专业化开展废水、废气、噪声、粉尘等污染源监测项目55项，其中废水水质监测项目35项，大气污染物监测项目12项，噪声监测项目3项，机动车尾气污染物监测项目4项，电离辐射监测项目1项，监测业务覆盖集团公司矿（厂）、公司，每年获得各类监测数据超过6000个，并取得了《实验室资质认定计量认证证书》。

煤制油化工质检计量中心环境监测站，建设实验室15间，面积424平方米，装备分析仪器设备273台，其中水质分析仪器127台，废气监测仪器106台，职业卫生监测仪器40台。采集污废水样点、废气样点等7类样点计2104个，其中废水样点100个、废气样点396个、废渣样点1个、厂界噪声样点42个、地下水样点6个、职业卫生样点1474个、废水处理装置样点85个；涉及的分析项目142个，其中废水22个、循环水8个、生活饮用水13个、垢样8个、固体废弃物29个、环境空气14个、废气13个、职业卫生34个、工业甲醇1个。

第二节　管理工作

按照国家《环境保护法》“建设项目中防治污染的设施，应当与主体工程同时设计、同时施工、同时投产使用”的规定，按《环境影响报告书》批复实施项目建设。项目开发建设达到《中华人民共和国水土保持法》和《开发建设项目水土流失防治标准》的相关要求。矿井开发建设活动涉及自然保护区时，落实《中华人民共和国自然保护区条例》的相关要求。对矿井开采后形成的地表沉陷区域，按国家“土地复垦规定”进行环境治理和生态建设。

依据《神华宁夏煤业集团有限责任公司环境保护管理办法》《神华宁夏煤业集团有限责任公司环境保护管理办法》，集团公司每半年对基层单位生态建设和环境保护管理工作进行考评，对先进单位和个人给予奖励，对排名后三名的单位取消文明单位等各类先进评选资格；所属各单位按照本单位制定的实施细则及操作规程，全面落实各岗位、各环节的环境保护工作责任制，及时维护环保设施，确保环保装置完备可靠；层层签订《安全环保目标责任书》，针对不同主管部室及车间，细化安全生产环保指标及考核奖惩机制，使各项环境保护工作有计划、有落实、有检查、有反馈。全面将安全环保生产责任制落实情况纳入对各区队（车间）、部门的月度考核。

围绕建立覆盖“香砟子”煤和“太西煤”的煤炭生产单位ISO14001 环境管理体系，加大“太西煤”保护性开采和矿（厂）“三废”治理及采煤沉陷区综合治理力度。强化环境管理体系内单位运行情况管理和内部审核。截至2018年，连续10年通过中环联合（北京）认证中心监督审核，持续保持环境管理体系认证证书的有效和合规。

煤化工项目各车间废水、废气、废渣、噪声及职业病危害因素和煤化工废水处理利用项目工艺过程样品分析的监测由煤制油化工质检计量中心负责，对个别暂不具备条件的监测项目，每年委外有资质的监测单位对照国家标准、行业标准、企业标准、安全标准等进行检测。监测单位共建立分析方法共101个，其中废水28个、循环水8个、生活饮用水4个、垢样4个、固体废弃物8个、环境空气11个、废气15个、职业卫生22个、工业甲醇1个。

第二章　污染防治

第一节　大气污染防治

一、瓦斯污染治理

2008年以前，集团公司生产矿井中的高瓦斯和瓦斯突出矿井均建有瓦斯抽放系统，抽采瓦斯多为对空排放。为解决矿井瓦斯对空无组织排放，污染大气环境，提高瓦斯利用量等，开展了一系列瓦斯开发应用项目。

2009年，金能煤业分公司一区、二区分别安装了3台和6台新型号瓦斯抽采泵。其中，二区安装2BE3-400型水环式真空泵3台，额定抽采量238立方米/分钟；安装2BEC-72型水环式真空泵3台，额定抽采量为442立方米/分钟；矿井抽采瓦斯通过系统直接输送到新建成的装机容量为4000千瓦的瓦斯发电厂发电，年瓦斯利用量达1200万立方米，既减少了瓦斯对环境的污染，又创造了可观的经济效益。白芨沟矿中央采区和南二采区、南三采区、南四采区山顶共建有3座固定、1座移动瓦斯抽采泵站，瓦斯抽采率达到43%；抽采瓦斯集中储存，用于居民日常生活和工业用气，年利用瓦斯量3681万立方米；建成年产1000吨半补强炭黑的炭黑厂和一条生产能力5000吨的油、气、炭黑生产线，年利用瓦斯量分别达到800万立方米和230万立方米。汝箕沟煤矿瓦斯抽放系统通过2次技术改造后，瓦斯抽采量达到5030万立方米/年，利用量达到3800万立方米/年，满足了4006户居民的生活需要，结束了矿区职工家属常年燃煤做饭、取暖的历史。

2009年7月29日，汝箕沟煤矿24×500千瓦瓦斯发电项目建成投运，年利用瓦斯4000万立方米，年发电量9000万度。集团公司2008—2012年度矿井瓦斯抽采及综合利用情况详见表。

表9-2-1　集团公司主要年份瓦斯抽采及利用统计表

单位：立方米·%

年　度	抽采量	利用量	利用率
2008年	14734.62	8698.96	59.04
2009年	15680.36	9131.95	58.24
2010年	14395.42	8880.34	61.69
2011年	13576.43	9221.82	67.93
2012年	14769.53	10070.44	68.06

二、矿区烟气污染治理

2008年以来，集团公司又陆续对60余台套在用锅炉进行了技术改造，并投资447万元对太西电力公司的75蒸吨锅炉烟气进行改造，通过改造使锅炉的除尘、脱硫效果得到了显著提高。

2010年，集团公司分别投资290万元和115万元，更新了石炭井焦煤公司、乌兰煤矿各3台10吨锅炉的除尘脱硫设施，使除尘脱硫分别达到95%和70%以上，锅炉烟气经处理后烟尘、二氧化硫排放浓度达到《锅炉大气污染物排放标准》GB13271-2001中第Ⅱ时段二类区的标准浓度限值。

2015年3月，集团公司召开“神华集团公司燃煤工业锅炉治理现场推进会”，会议通过《神华集团2015年节能环保共同行动方案》，采取锅炉脱硫除尘改造、“煤改气”、热电集中供暖、并入市政供热管网供暖、矿井回风余热利用等多元化措施降低燃煤使用量。截至2018

年，全面完成158台燃煤小锅炉治理，其中：2016年前完成燃煤小锅炉治理64台，包括太西循环经济园区热电联产，太西炭基公司活性炭厂淘汰高耗能高污染炭化炉、蒸气锅炉。2016—2018年完成燃煤小锅炉治理94台，详见表。

表9-2-2　集团公司年燃煤锅炉治理情况统计表

单位	锅炉使用地	锅炉		治理措施	燃煤消耗量（吨）		完成时间
		台数	蒸吨		治理前	治理后	
羊场湾煤矿	一、二分区主工广	6	57	煤改气	25073	0	2018年1月
	1314、1516采区	2	20	关停淘汰			
灵新煤矿	工业区	3	30	煤改气	24525	0	2018年4月
	五、六采区	4	16				
	生活区	6	30				
枣泉煤矿	主工广、五六采区	3	40	煤改气	13148	0	2018年1月
	1314采区	2	12	关停淘汰			
矿山机械制造	宁东工作区	4	40	煤改气	10188	0	2018年1月
梅花井煤矿	工广锅炉房	3	50	煤改气	10275	0	2018年3月
	立井锅炉房	2	12				
任家庄煤矿	工业广场	3	50	煤改气	16335	0	2018年1月
红石湾煤矿	工业广场	3	30	关停拆除	8394	0	2018年6月
红柳煤矿	1号副、2号立井	2	12	已关停	1641	0	2018年5月
麦垛山煤矿	副井工业广场	2	40	脱硫脱硝除尘改造	4380	4380	2018年11月
		1	10	关停淘汰	7487	0	
	主斜井热风炉房	2	8	关停淘汰			
清水营煤矿	工业场地	1	4	关停淘汰	1400	0	2018年5月
	工业场地	3	60	脱硫脱硝除尘改造	8196	8196	
石槽村煤矿	工广、立井	3	60	煤改气	15150	0	2018年1月
双马煤矿	工业广场	2	40	脱硫脱硝除尘改造	7008	7008	2018年
金凤煤矿	工业广场	3	60	脱硫除尘设施改造	8763	8763	2018年11月
金家渠煤矿	工业广场	1	20	脱硫除尘设施改造	7300	7300	2018年
		3	30	已关停	10000	0	
石沟驿煤业分公司	技改井工广锅炉房	1	4	关停淘汰	5418	0	2018年8月
		2	20	关停淘汰			
汝箕沟无烟煤分公司	白芨沟采区	7	50	关停5台6蒸吨	4614	0	2018年11月
	大峰采区	4	40	脱硫除尘设施改造	12029	12029	2018年
灵州矸石电厂	发电机组	2	880	电厂关停	920000	0	2018年
洗选中心太西洗煤车间	二分区锅炉房	2	20	关停淘汰	5000	0	2017年
	三分区锅炉房	3	10	关停淘汰			
	供热车间	5	210	淘汰4台	138244	32715	2017年
物业分公司	沟口锅炉房	2	20	淘汰接入市政供热管网	15126	0	2017年
	石嘴山三矿、技校锅炉房	2	21				
	银古锅炉房	2	14				
石炭井焦煤							
公司	锅炉房	7	68	矿井关停	26400	0	2016年
乌兰煤矿	锅炉房	3	30	矿井关停	12751	0	2016年

三、煤化工烟气污染治理

2014年3月1日，煤制油分公司同时启动了1套硫回收装置、10套锅炉的脱硫系统、20套锅炉的脱硝系统、10套锅炉的除尘系统的建设工作。

2016年12月，煤制油分公司启动了10套锅炉的脱硫除尘一体化（超低排放）技术改造。次年底，建成硫回收装置1套、锅炉脱硫系统10套、锅炉脱硝系统20套、锅炉除尘系统10套，全面完成10套锅炉脱硫除尘一体化（超低排放）改造。

2017年，甲醇分公司有3×240吨/小时和1×220吨/小时共4台循环流化床锅炉，烟气采用SNCR法脱硝、电袋除尘和脱硫除尘一体化技术，废气处理设施主要有锅炉烟气处理设施、硫回收尾气焚烧炉和两套火炬系统等；硫回收装置采用两级常规克劳斯和超级克劳斯组合式工艺技术，产生硫黄，尾气送锅炉燃烧处理。通过对锅炉进行技术改造，排放烟气中的颗粒物含量控制在千万分之一以下，二氧化硫达标排放，氮氧化物控制在100 毫升/标准立方米。

2017年，烯烃一分公司配备6台460吨/小时煤粉炉、4台280吨/小时循环流化床锅炉和5台汽轮发电机组（一套为6×240吨/小时高压煤粉锅炉、2×25兆瓦+2×50兆瓦的双抽凝汽式汽轮发电机组，二套为4×280吨/小时循环流化床锅炉及一台50兆瓦双抽凝汽式汽轮发电机组），当年完成一套、二套动力站10台锅炉烟气超低排放改造工作。2018年3月，分别完成验收工作并向宁东管委会生态环境保护局备案，10台锅炉各项污染物稳定达标排放，排放指标合格率大于99.9%。煤制油分公司建成污水臭气处理系统投入运行。该公司结合现场实际，选用“生物法+活性炭吸附”组合工艺技术对一套废水装置污水调节池、中和池和事故池进行除臭改造。通过增加密封罩收集，风机抽取，一段预洗，二段生物处理，气体脱臭后，达标废气有排气筒高空排放。次年12月26日，改造项目通过竣工验收。

2018年，集团公司按照宁夏回族自治区所有动力锅炉“2020年达到超低排放”的目标要求，煤化工各单位完成了所有采用电袋除尘—氨法脱硫—SCR脱硝等技术工艺锅炉的脱硫脱硝除尘系统提标改造工程。

烯烃二分公司废气处理设施主要包括裂解炉烟气处理设施、加热炉烟气处理设施、聚合装置含尘废气和罐区尾气处理设施和汽车装卸站油气回收设施等。烟气处理后，满足特别排放限值标准。聚合装置采用气相法聚合工艺，分为聚乙烯和聚丙烯两部分，聚合装置含尘废气，粉尘排放符合特别排放限值的要求。

第二节　污废水污染防治

一、矿井污废水污染治理

2008年，集团公司按照自治区环境保护局［宁环监表〔2007〕1号］对《关于上报神宁公司2007年矿井水综合利用项目投资计划的请示》的批复要求，启动矿井水的治理工作，安排投资14572万元用于矿井水综合利用项目。其中，申请中央预算内专项资金870万元，银行贷款7286万元，集团公司自有资金6416万元，治理项目包括灵新煤矿、羊场湾煤矿、磁窑堡煤矿、磁窑堡二矿、枣泉煤矿、汝箕沟煤矿、白芨沟煤矿、乌兰煤矿、金能煤业公司、石沟驿煤矿的矿井水综合利用项目建设和完善。主要建设内容包括建设厂房和购置沉淀装置、以石英砂和纤维球为填料的快速过滤器、溶气法气浮一体化装置。项目建成后，年处理矿井水3653万吨，不仅可减少矿井水对环境的污染，而且还能有效缓解地方水资源紧缺的矛盾。

2011年，自治区宁东能源化工基地管委会对《关于建设马家滩矿区矿井水南湖工程的申请》进行了批复，同意集团公司建设马家滩矿区矿井水南湖工程项目。该项目对石槽村煤矿、红柳煤矿、麦垛山煤矿、双马煤矿、金凤煤矿矿井水进行处理并加以利用，不但可防止水资源流失，避免对水环境造成污染，而且对于缓解矿区供水不足，改善矿区生态环境、最大限度满足生产和生活需要具有重要意义。项目概算总投资32454万元，设计容量3233万立方米，按设计建有南湖湾生态观湖区、大南湖生态观湖区和南湖农家乐生态景观休息中心。其中，南湖湾生态观湖区面积2298万平方米，平均水深6米，总库容351万立方米，水库枢纽工程由大坝、排水管和引水渠组成；大坝为碾压式黏土直心墙土石坝，坝顶高程1336.2米，坝顶宽3米，最大坝高9.2米，坝顶长280米；矿井水入湖采用明渠引水形式，渠深1.5米，底部宽1.4米，总长5公里；工程设计标准为V级，采用20年一遇洪水设计，100年一遇洪水校核。大南湖生态景观湖区面积5178万平方米，总库容2882立方米，水库枢纽由挡水水坝和防洪墙组成；大坝为碾压式黏土直心墙土石坝，坝顶高程1306.5米，坝顶宽3米，最大坝高11.5米，坝顶长390米；防洪墙为重力混凝土挡墙，墙高6.7米，墙顶宽0.5米，墙底宽4.5米；工程设计标准为Ⅳ级，采用30年一遇洪水设计，200年一遇洪水校核。

2017年，项目建设继小南湖一号、二号湖（分别于2014年7月、2015年5月）建成投入使用后，大南湖蓄水工程开始建设，2018年年底基本建成并具备投入使用条件。

2018年，按照自治区水污染防治工作方案所有外排水必须达到《城镇污水处理厂污染物排放标准》一级A标准的要求，集团公司完成了梅花井煤矿、双马煤矿、石槽村煤矿、金凤煤矿、清水营煤矿、羊场湾煤矿、枣泉煤矿7个煤矿矿井水处理站提标改造，项目总投资约8500万元。改造后的出水指标可达到《城镇污水处理厂污染物排放标准》一级A标准，外排矿井水全部达到一级A标准，即悬浮物≤10毫克/升，氨氮≤5毫克/升，并且吸氧量达到地表水Ⅳ类水标准≤30毫克/升。

表9-2-3　宁东各煤矿矿井水处理量、复用量和排放量汇总表

单位：立方米/天

矿井水处理厂	设计处理能力		复用量	排放量	备注
	预处理规模	深度处理规模			
枣泉煤矿	21600	5220	4500	10000	
羊场湾煤矿	24000	无	2500	16000	
石槽村煤矿	22000	2000	1000	13000	
双马煤矿	16000	2000	1000	12000	
金凤煤矿	12000	5680	2000	5000	
金家渠煤矿	24000	2800	2000	13000	
梅花井煤矿	24000	无	2000	17000	
清水营煤矿	14400	2000	500	6000	
任家庄煤矿	400	50		0	自平衡
红石湾煤矿	450	无		0	自平衡
红柳煤矿	60000	8000	5500	55000	含麦垛山煤矿矿井水
灵新煤矿	16000	正在建设中	500		项目建成后不外排

二、工业污水治理

（一）洗煤厂污水污染治理

2008年，大武口洗煤厂一分区超低灰纯精煤细制备项目、二分区原煤系统两个技术改造项目，通过自治区环境监察总队等四部门联合验收，污水处理达到《污水综合排放》二级标准限值，悬浮物处理效率为99.6%，无组织排放颗粒物符合《大气污染物综合排放标准》二级标准限值。2012年，该厂两个分区废水保持一级洗水闭路循环，实现了工业废水“0”排放。太西洗煤厂、西大滩洗煤厂对及其他矿井型洗煤厂（车间），通过对原设计洗煤系统进行技术改造或采用国内先进的洗煤设备，洗煤废水全部实现了闭路循环“零”排放，遏制了水污染，节约了水资源。

（二）煤化工污废水污染防治

2010年，甲醇分公司建设4套废水处理装置。25万吨/年甲醇装置生产废水处理装置采用生物膜法工艺，处理量10立方米/小时，出水送往60万吨/年甲醇装置清净下水回用系统处理；25万吨/年甲醇装置和60万吨/年甲醇装置共用一套生产废水处理系统，采用SBR法工艺，处理量260立方米/小时，处理后的废水达到《污水综合排放标准》（GB8978-1996）二级标准，排放至化工园区污水处理厂进行深度处理。60万吨/年甲醇装置清净下水回用设施采用混凝沉淀、过滤、超滤和反渗透处理工艺，处理来自循环排污水、脱盐站排污水、锅炉风机冷却水等污废水，处理量约600立方米/小时，处理后浓盐水排至园区“零排放”项目，产水回收至循环水系统和脱盐水站循环利用；6万吨/年聚甲醛生产废水处理装置采用UASB和生物接触氧化法工艺，处理量100立方米/小时，经过处理后排放至化工园区污水处理厂进行深度处理。

烯烃一分公司50万吨/年煤基烯烃项目和50万吨/年甲醇制烯烃项目产生的废水由一套废水装置统一处理，设计处理量为1000立方米/小时。工艺装置产生的废水经过CAST池活性污泥生物降解工艺处理后，污水处理

达到《污水综合排放标准》（GB8978-1996）二级标准，排至化工园区基地污水处理厂进行深度处理，处理后的废水达到国家污水一级排放标准后，为生产装置循环水提供补水。甲醇制烯烃处理后的高盐水和煤基烯烃处理后的高盐水排入煤化工高盐水零排放装置进行进一步处理，处理后全部回用。

2014年，由宁夏万邦达有限公司以BOT模式运行的甲醇及甲醇制烯烃高盐水零排放项目建成并投运，主要承接甲醇分公司二套装置及烯烃一分公司二套装置高盐水，设计处理能力为700立方米/小时。

2016年，由宁夏万邦达有限公司承建的甲醇分公司一个系列处理能力350立方米/小时的废水处理项目建设完成。该项目的处理工艺为混凝反应、斜管沉淀、超滤、反渗透、电渗析、蒸发结晶，日处理废水250立方米/小时，处理后的水100%回用。煤制油化工公用设施管理分公司对污水处理装置运行情况进行监督管理。

煤制油分公司相继建成1套污水处理装置、1套含盐废水处理装置、1套污水深度处理装置、4套蒸化塘和厂外废水暂存池污水臭气处理系统建设。污水处理系统包含污水生化处理及深度处理两部分，生化处理系统主要处理合成废水、含油废水、生产和生活废水，经生化处理后的出水因TDS较高，需进一步经深度处理（双膜除盐）；含盐废水处理系统主要处理循环水、排污水、除盐水站排水等清净废水，采用双膜除盐+蒸发的工艺，产水达到标准回用，浓水经蒸发器蒸发浓缩外排厂外蒸发塘（晒盐场）。

2017年，集团公司设计能力为3000立方米/小时的宁东矿区矿井水及煤化工废水利用项目开工建设，估算投资17亿元。项目分为2条生产线，其中：煤化工废水生产线处理能力1500立方米/小时，主要承接甲醇分公司及烯烃一分公司产生的清净下水、万邦达基地污水处理厂尾水及园区雨水。矿井水生产线处理能力为1500立方米/小时，主要承接煤化工周边煤矿预处理后的矿井水。1月，煤制油分公司的污水处理装置、含盐废水处理装置建成投入运行；8月，其他废水处理装置建成投入运行。烯烃二分公司生产过程中产生的各类废水，全部依托煤制油分公司污水处理厂进行处理。

2018年底，设计能力为3000立方米/小时的宁东矿区矿井水及煤化工废水利用项目建成投入试生产，主要的处理工艺为混凝沉淀、纤维滤池过滤、超滤、反渗透、生化单元处理、纳滤、反渗透、蒸发结晶及冷冻结晶。该项目是目前全世界规模最大的废水“零”排放项目，多项技术属于首次大规模工程应用，每年回用2376万吨产品水，提高了污废水复用率，减少黄河水使用量，尾水进行分盐结晶，生产的符合工业盐标准的硫酸钠、氯化钠，杜绝高盐水对水环境的影响，切实做到废水不外排。由煤制油化工公用设施管理分公司直接负责运营管理。

三、生活污水污染防治

集团公司所属各煤炭生产单位均建有生活污水处理厂，生活污水经处理后主要用于春、夏、秋三季绿化、地面降尘等使用，复用率100%。2016年、2017年，各煤炭生产单位先后建设处理后的生活污水冬季蓄水池。冬季生活污水处理后排至生活污水冬季蓄水池。

煤化工园建有生活污水处理厂，处理后的生活污水100%复用。

表9-2-4　集团公司废水排放统计表

单位：万吨

项目／年份	矿井水			工业废水		
	排放量	利用量	利用率	排放量	利用量	利用率
2010	2135.50	872.52	40.85%	2732.51	2549.88	93.32%
2011	2226.20	984.17	44.21%	3302.53	2933.02	88.81%
2012	2432.05	1025.96	42.18%	4966.58	3625.85	73%

第三节　噪声及放射源污染防治

一、噪声污染防治

2009年，太西洗煤厂采用新技术对部分高噪音设备进行了降噪处理。其中，一分区投入生产的末煤重介厂房全部采用进口先进设备，噪声很小；二分区原煤系统经过技术改造，厂界噪声符合（工业企业厂界噪声标准）Ⅱ类标准限值。同时，将原煤准备车间2台旧振动筛更换为进口的申克振动筛，大大降低了厂房内噪声。将二分区主洗三楼2台噪声较大的振动筛，更换为重量轻、噪音小的进口设备以降低操作间的噪声。

2010年，集团公司投资为金能煤业分公司压风机房引进了6台螺杆式空气压缩机，替换了一、二区的6台活塞式空气压缩机；停用了老系统主扇机房，引进安装了4台标准检测噪声在82分贝以下的主扇风机，并在主扇风机的周围加建了隔音墙。在锅炉房、压风机房增设了隔音操作室。上述措施和先进装备的实施利用，降低了噪声对矿区环境的污染和对人体健康的影响。石炭井矿区各矿（厂）经治理产生噪声的设备均符合《国家城市区域环境噪声标准》和《工业企业噪声卫生标准》规定。其中矿井主扇风机平均噪声由治理前的140分贝下降到90分贝，井下局部扇风机由治理改造前的100 ~ 120分贝下降到85分贝以下，井下运输机械噪声下降到65分贝以下。

2018年，集团公司各矿、厂均使用单位多选用加工精度高、装配质量好、生产噪声低的设备或附有配套降噪措施的机电设备，以降低噪声污染。同时，为空气动力产生噪声的设备（如各种风机）配装消声设备，味筛分破碎设备加设密闭、吸声体等隔、吸声装置，为无法采取减振、阻尼等降噪措施的作业场采用了装消音器、封闭隔离和设操作室等综合防治措施，为现场工作人员佩戴耳塞、耳罩等劳动保护用品，减少噪声污染，防止或降低噪声扩散及对操作人员的危害。

二、放射源污染防治

集团公司的辐射源主要来源于为各矿配用的皮带钢丝绳芯探伤仪。按照国家和宁夏回族自治区核与辐射安全管理要求，各使用放射性同位素和射线装置单位均取得“用源单位辐射安全许可证”，并建立辐射源管理制度、登记台账；对辐射源登记备案、专人管控，设立防护设施等。每季度到自治区核与辐射安全局对在用辐射源器材进行放射检验，对终止使用的辐射源及时交宁夏回族自治区核与辐射安全局，杜绝了因辐射源使用和管理不当造成的安全事故。

第四节　固体废弃物污染防治

一、煤矸石（炉灰渣）污染防治

（一）综合治理

2009年，集团公司煤矿全部终止了矸石山排矸系统的使用，将煤矸石通过翻罐笼直接装上汽车运到沉陷区或由当地政府有关部门指定的地点充填沟壑，并在上面覆盖黄土、碾压、洒水、种植林草。此后，集团公司加强了煤矸石（炉灰渣）的即时性处置管理，按照集团公司“谁排放，谁治理”的治理原则，各矿对暂不能综合利用的煤矸石采取选址集中填埋覆土等方式进行无害化处置，保证煤矸石（炉渣灰）全部得到及时防污处置。2010年，集团公司各矿煤矸石排放量为544.34万吨，处置率达到100%，有效遏制了煤矸石、炉渣灰对环境的污染。

2012年，石炭井焦煤公司对二号矸石山进行了彻底治理，剥离水平标高从+1437米至1385米，最终边坡角为60°，台阶边坡角为70°，剥离、覆土区面积8.45万平方米。至此，集团公司原有干石山被彻底清除或得到防污根治。

（二）综合利用

集团公司煤矿生产中产生的煤矸石主要用于发电、制砖和水泥、铺垫路基等。其中，供给宁夏宁鲁煤电公司灵州2×13.5兆瓦煤电一体化电厂煤泥、煤矸石和劣质煤约30万吨/年；供给太西炭基工业公司建材厂（宁夏太西水泥有限责任公司）以粉煤灰和炉渣（作为生产水泥主要原料）5000吨/年，供给宁东矸石电厂2×33万千瓦煤矸石热电项目煤泥100万吨/年、煤矸石160万吨/年。同时，集团公司陆续开发碱式氯化铝、陶瓷、民用瓷等煤矸石系列产品，使煤矸石综合利用率达到了46%。

二、储煤场及工业粉尘污染治理

2009年起，集团公司把地面防尘治理纳入生产建设中，加大了降尘、防尘设施投入。其中，投资5578万元，对西大滩洗煤厂原配煤系进行统技术改造，大幅度降低了粉尘污染；为太西炭基工业公司活性炭分厂6000吨/年项目车间安装6台除尘设施，以控制粉尘污染，实现资源回收利用。同时，为各矿（厂）储煤场全部建设挡风抑尘墙（网）。其中，为太西洗煤厂二分区煤场边沿和沙湖大道、进厂道路旁设置了总长850米、高度9米（底部为1.5米的砖墙，上部为7.5米的钢架）、挡风范围270米的挡风抑尘墙；投资664.31万元，为灵新煤矿储煤场南面建设了钢桁架结构、蝶形钢制镀铝锌挡风板挡风拟尘墙；投资1294.7万元，为梅花井煤矿和大武口洗煤厂金能分厂精煤、原煤堆场构建了2704米的挡风抑尘墙；投资1429.77万元，在宁东建设了2217米的国内先进挡风拟尘墙，有效遏制了粉煤随风飘浮流失现象。同时，各矿（厂）制定规程或规定，实行定岗定责，配备专职地面防尘人员和喷雾洒水装置或洒水车，在储煤场内、煤炭运输环节定时喷洒降尘；并为现场作业员工配发过滤式防尘口罩，降低了粉尘对环境的污染和对人体健康的侵害。

集团公司针对煤化工板块12个封闭圆形料仓备煤装置的原煤仓顶部排气、循环风机排放气、粉煤仓顶部排气，以及煤气化装置的煤仓过滤器排放气，硫回收的滚筒造粒尾气，油品合成装置的催化剂仓储排气，固体废物焚烧排放的气体，运煤层的无组织排放气等不同的含尘废气来源，设计了对应的除尘设备和除尘手段，除尘后的气体通过不同高度的排气筒排放，达到标准要求。

三、煤化工固体废弃物污染防治

2009年以来，煤化工各分公司坚持对固体废物综合利用与分类处置的原则，对一般固体废弃物（炉渣、灰渣）送往基地第一渣场进行处理，生活垃圾由物业服务分公司统一集中处理；干燥剂、废分子筛等废弃物送至固体废弃物填埋场指定位置。废催化剂及废矿物油集中存放危险废物贮存库内，由厂家回收处理或招标送至有危险废物处置资质的单位处理。有毒、有腐蚀性的废溶液（剂）包装袋、桶、瓶由各车间收集；废溶液（剂）按照公司《危险化学品管理规定》或《危险废物处置规定》进行处置；其他危险废物的处理委托自治区生态环境厅指定的处理单位进行回收处理。目前煤化工固体废弃物的综合利用率达到41%。

2017年，煤制油分公司在投产前后相继建成了固体废弃物焚烧站、干盐场和危险废弃物填埋场、危险废弃物固化场共4套固废物处理系统（站、场）投入运行。

第五节　环境安全管控

一、环境风险管控机制

建立风险预控+隐患排查治理的双重预防机制，形成三级风险隐患排查治理体系，实行风险隐患清单式管理，发挥安全信息化平台作用，实现整改措施、责任、资金、时限和预案“五到位”。

狠抓重大隐患和安全环保督查重点问题整治，全面实行隐患整改责任通知单制度，国家能源集团挂牌督办煤炭安全环保重大隐患、煤化工安全环保重大隐患。

二、环境风险预警管理

集团公司环境安全实行风险预警管理，从识别、评估、控制和恢复四个方面对各类环境风险实施管控，并实施分级管理。

集团公司环境监测中心负责每日对集团公司各单位污染源在线监测超标情况进行跟踪统计，对超标严重、长时间超标的污染源点需每日报告超标情况，每周对超标情况进行汇总，每月对在线监测数据和手工监测数据进行分析并形成报告，定期报送集团公司科技发展部。

煤制油化工公用设施管理分公司负责对煤化工废水总排口在线监测超标情况进行分析；煤制油化工质检计量中心与各煤化工生产单位配合进行超标溯源工作，每周向集团公司相关单位及部门报送煤化工各单位污染源监测周报；定期形成报告或报表报送集团公司。

科技发展部每季度依据监测情况、日常检查、重点工作督办等方面发现的问题编制集团公司环境风险评估报告，对环境风险控制和恢复情况进行监督管理与考核。

各基层单位发生环境污染事故时，按照集团公司《神华宁夏煤业集团公司生产安全事故及突发事件专项应急预案》中“环境污染及生态破坏事故应急预案”及煤化工单位的“煤制油化工环境污染事件专项应急预案”处置。

三、环境安全管控

集团公司每年年初根据上年度安全环保实际情况制定“安全1号文件”，各单位认真研究重点安全环保工作任务，并细化分解落实方案，明确具体实施措施、责任部门、责任人、督办领导。

开展安全环保清查、评估，整改活动，坚持“整改一项，达标一项，稳固一项，提高一项”。在煤矿安全环保推行“一单两卡”，在煤化工安全环保推行“四持”“四包”作业，促进员工上标准岗、干标准活；持续开展煤矿粉尘、废水和煤化工环保专项治理，消除薄弱环节，强化风险预控、隐患治理，扎实开展环境保护治理推进标准化建设。

集团公司环境安全风险预控管理体系考评，重点考核基层单位大气污染治理、水污染治理、固废与粉尘治理及其他治理问题环境安全管控情况，各单位被各级政府行政主管部门查处的各类环境保护问题整改情况，对存在的环境安全问题责令限期整改。要求存在环境风险隐患的单位按期上报整改进展情况，集团公司每月对环境风险隐患进行动态管理、跟踪核实。

基层单位每月召开安全环保办公会议，开展环境安全风险预控管理体系自查，总结当月安全环保工作，部署次月安全环保重点工作，对集团公司安全风险预控体系审核出的环保问题，均按“五定”原则实施整改。

第三章 生态建设及生态环境治理

第一节 生态建设

2009年，集团公司坚持按年度对生态建设工作做出统筹安排，并组织人力、财力分步实施。各矿（厂）、公司按照集团公司的统一部署，根据不同区域、不同地表情况对生态建设和环境治理做出合理布局，适时开展植树、种植草及养护。管理工作分为集团公司物业服务分公司和矿（厂）两部分，其中物业服务分公司负责管理绿化总面积5082.2万平方米，各矿（厂）负责管理的绿化总面积305.1万平方米。在此基础上，集团公司继续组织专业化队伍或协调当地政府部门在采煤沉陷区覆土造地，植树种草，绿化美化矿区生态环境，至2011年累计新增绿化面积95.82万平方米，绿化覆盖率达30%以上，实现了集团公司在矿区开发建设中提出的“建设一个新矿井，形成一片新绿洲”的奋斗目标。

截至2018年，累计投入资金1.62亿元，在所属各矿（厂）种植或补栽落叶乔木、常青树、花灌木，新增绿化面积862.3万平方米。同时，集团公司加强生态环境治理技术研究，与国家重点研发计划“西北干旱荒漠区煤炭基地生态安全保障技术”、自治区重点研发计划“贺兰山自然保护区采煤迹的生态修复技术与模式研究”两个课题组合作，其成果在汝箕沟矿区红梁煤矿西翼排土场、羊场湾煤矿排矸场等地进行边坡防护、植被恢复中得到了实际应用和推广，为集团公司今后的生态修复治理工作提供了可靠的技术支撑。

2018年，集团公司编制了《宁夏煤业集团有限责任公司煤炭板块环境保护三年规划（2019—2021年）》，为持续加强生态建设提供可靠保障。

一、石嘴山矿区

2009年，金能煤业分公司基本完成在矿区采煤沉陷区域上进行生态建设的工作，在南、北两个沉陷大坑地质环境治理区内种植树木、围堰造湖、铺设水泥（砖）休闲道路、建设凉亭，其中在南大坑种植国槐、刺槐、臭椿、旱柳、新疆杨、侧柏等树种，围堰造湖11.56万平方米，绿化覆盖率达30%以上，彻底解决了因采煤沉陷引起的地质灾害和环境污染问题。先后被石嘴山市、宁夏回族自治区授予“绿化示范基地”“绿化先进单位”“园林化矿区”等荣誉称号。

二、石炭井矿区

在矿区所属单位中，60%的单位建有花房、花坛、喷泉、小公园，种植落叶乔木、常青树、花灌木等，绿化覆盖率达25%以上。相继获得宁夏回族自治区“绿化二十佳”、全国煤炭工业“绿化先进单位”和“全国绿化最佳单位”等荣誉称号。

三、汝箕沟矿区

矿区所属单位均建有花坛、喷泉、小公园，种植落叶乔木、常青树、花灌木等。2016年起，按照国家、自治区和地方银政府及环境保护部门的要求，集团公司因地制宜地选择治理修复技术，以播撒草籽为主持续推进贺兰山自然保护区环境治理和生态修复建设，最大限度地保护和修复生态环境，使其与周边生态环境相协调。

四、宁东矿区

各单位建立花坛、喷泉、小公园等，种植有落叶乔木、常青树、花灌木等，生活区、办公区绿化覆盖率达35%以上。相继被宁夏回族自治区、全国绿化委员会等评为“造林绿化二十佳”单位、全国部门“造林四百佳”单位、“全国绿化先进单位”、全国煤炭系统植树造林先进单位和煤炭行业植树造林“十佳”单位。

五、宁东煤化工园区

2008年，宁东煤化工基地绿化面积160.18万平方米。在此基础上，集团公司根据政府及相关部门的要求，全面启动宁东能源化工基地生态建设项目，对负责生态建设的区域做出规划，有序开展生态建设，并使宁东煤田开发基地和宁东煤化工基地顺利通过了国家生态文明认证。同时，按照自治区政府和宁东能源化工基地建设协调小组、宁东管委会制定的《宁东能源化工基地生态建设规划》等相关文件要求，集团公司组织人力、物力，与大古铁路公司共同实施了古羊、大古铁路过境段防护林网的生态建设工作。

截至2018年，煤化工园区累计完成绿化投资9800万元，种植国槐、垂柳、山楂、新疆杨、云杉、桧柏、丁香等30余种，绿化面积约266.7万平方米。

表9-3-1　集团公司主要年份绿化完成情况统计表

年度	投入资金（万元）	绿化面积（万平方米）	种植树木（万棵）	各类灌木（万株）
2009年	1116.75	69.8	5.1	21.1
2010年	1272.21	220	6.7	15.6
2011年	1116.75	66.8	5.1	21.1
2012年	5696.30	326.6	18.8	148.7
2013年	1860.00	89.6	4.5	220
2018年	2543.4	12.7	17.2	36.4

注：1.2014—2016年，主要对大环境公路两侧绿化苗木进行移植，将灵州物业管理的大环境公路两侧的乔木、花灌木就近移交给各单位管理。按照管委会对中心区的规划，将中心区道路两侧的苗木移植给红柳煤矿、双马煤矿、石沟驿煤业公司、化工基地等单位种植管护。2017年各单位生活后勤全部收回统管，移交给物业服务分公司管理，绿化的种植及管养护由物业分公司实施。

2.2016—2017年，集团公司集中生态建设力量，以汝箕沟矿区与石炭井矿区生态环境治理工程为主，积极开展贺兰山生态环境治理工程。

第二节　生态环境治理

一、贺兰山生态环境治理

2016年，按宁夏回族自治区要求，集团公司关停退出贺兰山腹地所属煤矿、露天采区的生产，在汝箕沟矿区和石炭井矿区开展大规模生态环境治理工程。采取的主要治理技术为对排土场采取削坡放坡、覆土、播撒草籽、设置挡土墙等措施，降低矿山地质灾害的危害程度；依据科学计算参数，确定渣堆边坡角不大于34°，台阶高度不高于30密，平台宽度为6米等。因贺兰山土壤贫瘠，作业土源为原地筛分后的细粒浅色渣土，表层覆盖厚度不小于10厘米。生态恢复在雨季进行，仅播撒冰草、芨芨草、沙蒿等当地物种，并做好水土保持和防风固沙措施。2017年底，完成了汝箕沟煤矿上一上二采区排土场和阴坡大岭湾采区排土场环境恢复治理工程。截至2018年，集团公司累计完成贺兰山内渣台及排土场整治点近30处，治理总面积超过1300万平方米，投资约3亿元。2009—2018年累计投资数十亿开展贺兰山生态环境治理。

二、宁东矿区排矸场生态环境治理

宁东排矸场的治理技术主要采取浅表层灭火、削坡整形、覆土平整、绿化恢复、辅助设施配套等治理措施。

排矸场治理前浅表层的灭火主要有三种方法，一是直接将初燃的矸石挖出，水冷或自然冷却后再进行回填，二是表面浇洒、挖沟灌注或钻孔注入由黄土、粉煤灰和石灰等材料配制而成的浆液，起到灭火的作用，三是对排矸场进行压实，隔绝空气，使矸石堆内部空气消耗殆尽后熄灭。

排矸场削坡整形主要参数：坡面角30°左右，高宽比1 ：1.75，台阶高度按照周边地形情况等在5 ~ 10米之间调整，马道宽度按照实际使用需求在3 ~ 5米之间调整，平台边缘略高于中部，防止雨水冲刷坡面。

排矸场植树处覆土厚度在80厘米，播撒草籽区域覆土厚度50厘米；根据宁东干旱荒漠区的气候特点，绿化恢复主要选择耐旱、耐盐碱、抗逆性强的本土植物，以乔木、灌木和播种草籽相结合，注重植物的形态、色彩、季相等变化，逐步形成相对稳定的植物群落，达到生态建设目的。

排矸场的治理辅助设施配套主要有：一是绿化的供水管网，根据植被实际情况选择喷灌、滴灌及喷滴结合等；二是根据排矸场实际情况建立临时蓄水池及泵房等设施；三是排矸场边界位置砌筑挡矸墙，提高坡体安全防护；四是排矸场的上下游钻挖地下水监测井，监测有无渗漏液等；五是在顶部平台、马道平台、坡面及坡底设置排水设施，如建设截渗槽、导流渠、排水沟等，防止短时强降雨对排矸场坡体冲刷、渗透影响坡体稳定，形成排矸场整体的排水系统。

2018年，集团公司投资975.49万元，对枣泉煤矿排矸场进行了治理，治理面积27.81万平方米。

三、采煤沉陷区治理

集团公司采取的主要治理措施是对采煤沉陷和露天开采矿坑区域进行矸石回填、平整覆土、沉陷区裂缝填封和积水坑修整，或利用原有地形覆土进行生态建设。2009年，投资200万元用于金能公司二区采煤沉陷区进行环境治理，平整土地，建成集观景亭台、休闲（广场）道路、花草树木、湖光水色为一体的七彩园。2010年，集团公司所属石嘴山矿区、石炭井矿区、宁东矿区采煤沉陷区治理工程基本结束，累计充填土石方2864.29万立方米，改造更新水道9.6万千米，架设电路4.5万千米，改道新修公路3.7万千米，种植草坪1073处，建设花园406个约61.34万平方米，种植坑木林和经济林1093.34万平方米。其中，石嘴山矿区采煤沉陷区总投资1376.27万元对石嘴山矿区金能公司南大坑进行地质环境治理，累计换土方45.15万立方米、铺砌水泥砖路15881.5米、碎石三合土路面1090米、硬化场地11490平方米、建拱桥1座、观赏（蘑菇）亭6座，治理区内种植树木，围堰造湖11.56万平方米 。2011年、2012年，集团公司分别投资2014.39万元和8200万元，对大峰露天煤矿、乌兰煤矿、石炭井焦煤公司、灵新煤矿、石沟驿煤矿等单位的采煤沉陷区进行了环境综合治理和生态建设。

第四章　节能减排

第一节　节能减排规划

2009年集团公司按国家和宁夏回族自治区对重点用能单位节能工作的要求，编制《神华宁夏煤业集团有限责任公司“十一五”节能规划》，确立节能减排主要目标为：综合能源消耗较“十五计划”末降低20%，煤炭资源回收率比“十五”计划末提高2%，矿井水利用率达到60%以上，瓦斯利用率达到90%以上。

2011年，集团公司依据本企业“十一五”规划末各单位节能减排工作现状，制定《神华宁夏煤业集团公司“十二五”发展规划》，明确节能目标：万元产值综合能耗较2010年下降20%（可比价），年均下降4.36%，节能量指标为16万吨标准煤。

2016年，集团公司依据《神华宁夏煤业集团公司“十三五”发展规划》，制定“十三五”节能减排规划。规划分“十二五”节能指标完成情况、节能减排潜力分析、规划目标三个部分，工作重点围绕宁夏回族自治区和原神华集团下达的节能减排指标，同时兼顾本企业“十二五”综合方案中节能减排项目的组织实施，制定工作计划，并跟踪项目的进展情况。

第二节　节能减排管理

2009—2017年，集团公司节能减排工作按《神华宁夏煤业集团有限责任公司节能减排工作管理办法（暂行）》《神华宁夏煤业集团有限责任公司节能降耗考核及奖惩（暂行）办法》《神华宁夏煤业集团有限责任公司计量管理工作标准化考核办法》《神华宁夏煤业集团有限责任公司节能减排专项管理办法》和《神华宁夏煤业集团有限责任公司计量管理规则》，对重点耗能单位进行管控和考核。

“十一五”规划期间，集团公司连续两年被评为自治区“节能降耗先进企业”。

采取的主要措施：一是建立煤化工项目能耗标准；二是突出重点耗能单位的节能管理，按照《用能单位能源计量器具配备和管理通则》要求，配备完善三级能源计量器具，加强能源计量统计工作；三是推行节能减排目标责任制，将节能降耗指标逐年分解落实到所属各单位，并把节能指标完成效果作为考核基层单位的重要指标纳入绩效考核范围，严格按目标责任进行验收与考核；四是利用各种宣传媒体和培训，开展行之有效的节能减排宣传、教育和培训，增强员工的节能减排意识。

2010年，集团公司为建成节能高效、环境保护和循环经济企业，实现可持续发展，制定《神华宁夏煤业集团有限责任公司节能环保“十二五”综合性工作方案》。

“十二五”规划期间，集团公司在强化节能减排各项管理制度、管理措施、管理责任落实和节能减排指标考核的基础上，依据企业“十二五”发展规划，与宁夏回族自治区人民政府签订“十二五”节能目标责任书和节能量指标，为企业进一步加强节能减排管理、实现可持续发展起到了推动作用。

2018年集团公司对节能减排工作从制度上加以规范，制定《神华宁夏煤业集团有限责任公司节能管理工作规则》，重点加强节能业务、能源管理体系运行、计量、耗能设备能耗定额、生产能耗成本、碳资产、合同能源等方面的管控。

第三节　节能减排成效

集团公司结合各矿（厂）实际情况，通过多渠道投资，有针对性地开展节能减排工作，重点支持节能技术改造、新能源技术利用、高耗能设备淘汰、供暖改造以及余热余压利用等工程项目，提高能源利用率。

2012年，集团公司为金能煤业公司等单位安装太阳能热水器，员工浴洗由燃煤锅炉供热水改为太阳能供热水，如：麦垛山煤矿筹建处太阳能热水器每日可供55℃~60℃的热水150吨，满足1200人的浴洗用水。按照太阳能热水器15年的使用寿命计算，可节约燃煤13206吨，减排二氧化碳56875吨。

2017年，集团公司在宁东矿区以引进节能环保新技术、新工艺为主，探索出烟气治理、新能源利用、热源替代等多方式、多技术并用的燃煤小锅炉治理方案；引进量子能锅炉，替代清水营煤矿员工浴洗燃煤锅炉；引进"烟气封闭循环燃烧技术"，对石槽村煤矿20蒸吨锅炉进行工业化运行试验；引进"矿井回风余热直换自供暖循环利用技术"，在6个煤矿进行了工业化运行试验，淘汰小锅炉12台；与天然气供应商合作，使梅花井煤矿等7个煤矿的供热锅炉实现了"煤改气"。（详见表9-4-1）。同时，重点对国家发改委及原神华集团2017年"安全生产1号文件"通报的400万吨/年煤炭间接液化项目、双马煤矿、金凤煤矿及选煤厂能评问题进行全面整改。

表9-4-1　集团公司节能减排实施项目统计表

年份	分类	项目	项目投资（万元）	项目实施内容及效果
2009—2010年	节能减排项目	锅炉改造	5997.15	物业分公司实施完成了石嘴山市惠农区、大武口区所属生活区采暖并入石嘴山市集中供热管网工程，停用30台采暖锅炉，节约燃煤消耗5.8万吨/年、减少二氧化硫排放量500吨、减少烟尘排放量1594吨
		淘汰高耗能设备	333.80	更换、淘汰SJ系列高耗能变压器51台
2011—2012年	节能减排项目	循环水冷却塔风机节能改造	2162.00	煤化工分公司甲醇厂对18台循环水冷却塔风机进行节能改造，采用水轮机取代原有驱动电机，实现系统节省电能,年节电1600万度
		淘汰高耗能设备	1504.55	为灵新煤矿、大武口洗煤厂、宁东洗煤厂淘汰更换高耗能电机62台，变压器11台
		变频技术应用	1371.00	为红柳煤矿、石槽村煤矿、石沟驿煤矿、石炭井焦煤公司、乌兰煤矿、汝箕沟煤矿、大峰煤矿、枣泉煤矿安装使用变频调速装置25台套
		太阳能热水工程	3182.60	为金凤煤矿、双马煤矿、大峰煤矿、金能煤业分公司安装太阳能热水系统6套。减少原煤消耗1万吨/年、二氧化硫排放量150吨
		水源热泵项目	1380.00	建成金凤煤矿水源热泵项目，2012年采暖期试用，效果良好
2013年	低碳能源与技术开发利用	太阳能热水工程	2370.00	为羊场湾煤矿（一分区、二分区）安装2套太阳能洗浴系统，集热器面积5128平方米，供热水量360立方密 /天，日供3468人洗浴，节约标准煤4126.7吨/年，减排二氧化硫40吨、氮氧化物12吨
		水源热泵项目	3500.00	为双马煤矿建设一套水源热泵系统，实现生活、行政、办公区约44429平方米的冬季供暖和夏季制冷，正在实施中
	余热余压利用	循环水冷却塔风机节能改造	5329.50	煤化工分公司对烯烃项目21台循环水冷却塔风机进行节能改造，采用水轮机取代原有驱动电机，实现系统节省电能,年节电2184万度，项目实施中

续表

年份	分类	项目	项目投资（万元）	项目实施内容及效果
2013年	余热余压利用	工艺尾气余热锅炉项目	1198.25	炭基工业公司为活性炭、碳素和碳化硅三个项目分别实施了工艺尾气余热锅炉项目建设，节约标准煤25000吨/年，减排二氧化硫700吨、氮氧化物73吨
	锅炉改造	淘汰更换锅炉项目	3620.00	羊场湾煤矿实施了二分区选煤厂煤泥复合循环流化床高效洁净焚烧锅炉BOT项目（淘汰原用2台6吨链条炉）；石炭井焦煤公司对4台锅炉进行了淘汰更新改造
2014年	低碳能源与新技术开发利用	太阳能热水工程	386.00	为金家渠煤矿筹建处建设了太阳能洗浴系统，集热器面积1878平方米，供热水量168立方密 /天，日供1245人洗浴，节约煤4000吨/年，减排二氧化硫40吨、氮氧化物12吨
		瓦斯发电项目	8400.00	乌兰瓦斯电站扩建6×700千瓦机组工程于8月底正式并网发电。石炭井焦煤分公司新建4×1200千瓦瓦斯发电站工程于10月底完工，现已投运。利用瓦斯1700万360立方米 /年，发电5100万度
	余热余压利用	循环水冷却塔风机节能改造	2898.60	煤化工分公司对烯烃21台循环水冷却塔风机进行节能改造，采用水轮机取代原有驱动电机，实现系统节省电能,节电2184万度/年
2015—2017年	节能节水项目	低压蒸汽回收项目	2847.00	甲醇分公司低压蒸汽回收项目建设
		主运输胶带机节电新技术	341.50	红柳煤矿应用胶带机智能视频调速系统，综合节电率达到29.6%，节约用电量达1200万度/年以上，节省电费660万元
		煤泥锅炉改造	480.00	羊场湾煤矿煤泥锅炉改造，节煤3889吨/年
		循环水系统节能改造EMC项目	900.00	甲醇分公司对一套甲醇装置实施循环水系统节能改造

2009年，编制《神华宁夏煤业集团有取责任公司“十一五”节能规划》，将节能减排指标逐年分解落实到金能煤业公司、羊场湾煤矿、太西洗煤厂等36个矿（厂）。

“十一五”规划期间，集团公司节能量指标为18万吨标准煤。“十一五”期末，累计环比节能量为188395.64吨标准煤，超额4.66%完成了节能指标，万元产值综合能耗较2005年下降45%，年均下降11.3%。其中，2009年万元产值能耗完成1.1190吨标准煤/万元，较2005年下降47.04%，完成节能量45258.81吨标准煤；2010年万元产值能耗完成1.1185吨标准煤/万元，较上年和2005年分别下降了0.04%、47.06%，圆满完成了宁夏回族自治区下达的各项指标。

“十二五”规划期间，集团公司节能目标为万元产值综合能耗较2010年下降20%（可比价），年均下降4.36%，节能量指标为16万吨标准煤（详见表9–4–2）。至当期末，实际累计完成节能量249794吨标准煤，比“规划”指标多节能量89794吨标准煤，其中前三年累计节能量达到207221吨标准煤，占“十二五”规划期间累计完成节能总量的82.96%。

“十三五”规划实施以来，集团公司始终把节能工作摆在重要议事日程上来抓，努力完成上级下达的节能指标。其中，2017年企业的煤生产综合能耗为3.3千克标准煤/吨，甲醇综合能耗1793.2千克标准煤/吨，甲醇水耗11.35，甲醇碳排放强度2.68，聚烯烃综合能耗3910.1千克标准煤/吨，聚烯烃水耗42.28，均达到了节能标准。

表9-4-2 “十二五”规划节能指标完成统计表

年份 \ 项目	综合能耗（吨标准煤）	产值（万元）	万元产值能耗（可比价）（吨标准煤/万元）	产值能耗累计下降率（可比价）（%）	节能量累计完成（吨标准煤）
2011	3109662.04	3032678.70	−6.05		
2012	3282978.59	2953896.43	−8.12		−147931
2013	5238008.29	3415681.70	−2.18	−15.56	−207221
2014	6030982.83	3821151.90	−5.37	−20.11	−246991
2015	7011715.30	4105179.10	—	−79.48	−249794

第十篇

科技创新与培训

2009年以来，神华宁夏煤业集团公司大力推进“产学研”科技兴企发展战略，主动招贤纳士，聘请国内高端技术人才和吸纳博士生、硕士生、研究生、本科生为企业服务和工作，相继建成宁夏煤炭研究所、煤制油化工研发中心、炭基材料研发中心3个研发实体和国家级博士后工作站、自治区级院士工作站，并主动与中国矿业大学、西安科技大学、山东科技大学等国内知名高等院校建立科技合作开发联系，基本具备了煤矿开采、煤化工及煤炭深加工等有关项目技术的自主研发和技术创新能力，并获得丰硕成果。其中2018年获得省部级以上科技研发、技术创新成果奖10项，分别是国家级1项，国家行业协会级5项，自治区级4项；获得国家知识产权局授权专利59项，分别是发明专利14项，实用新型专利45项。

集团公司员工教育培训和高等职业教育工作体制完善，制度健全，管理规范，教育和培训设施齐全，师资力量雄厚，教职工队伍稳定。员工教育培训以打造适合企业发展需要、德才兼备的员工队伍为目标，主要围绕技术理论、安全和技术操作应知应会、实际操作和技能鉴定、特殊工种办证等开展教育培训工作。职业高等教育工作围绕培养输送企业对口需要技术人才和提高学生就业率为办学宗旨，开设煤矿开采技术、矿井安全通风、矿山机电一体化、电厂热电能动力装置、煤炭深加工与利用、应用化工技术、建筑工程技术、工商企业管理等21个专业，为企业输送了大批专业技术对口合格人才。截至2018年，该校毕业生就业率连续10年保持在96%以上，其中2015年达到100%。

第一章　科技创新工作

第一节　机构设置

2009年，集团公司设置技术中心，与科技发展部合署办公，一套机构两块牌子，下设宁夏煤炭科学技术研究所、煤化工研发中心、炭基材料研发中心3个专业研发机构，分别负责煤炭类、煤化工类、煤炭深加工及综合利用类科技项目的研究课题立项与实施工作。基层各矿、厂成立以总工程师为组长的科技创新领导小组，负责本单位的科技创新投入和创新项目立项工作。科技创新领导小组办公室设在生产技术科，负责本单位的科技创新管理和实施工作。

表10-1-1　2018年神华宁夏煤业集团公司专业管理和研发机构人员构成统计表

单位：人

机构名称	博士学位	硕士学位	学士学位	高级及以上职称	中级职称
科技发展部	1	4	13	14	2
煤化工研发中心	4	72	33	16	48
宁夏煤炭科技研究所			20	5	4
炭基材料研发中心		2	6		4
合计	5	78	72	35	58

第二节　科技创新发展规划

2010—2020年，集团公司以科技创新引领企业发展，围绕促进企业产业结构调整、优化产品升级，集中力量开展重点领域科技攻关，切实提高企业的核心竞争力。到2020年，集团公司将建成国家亿吨级煤炭生产基地、千万吨级煤化工基地和知名的技术研发中心，全面创建国内一流的清洁能源供应商和技术服务提供商。

一、指导思想

集团公司科技创新工作以神华集团“1245”清洁发

展战略为引领，以“面向市场、面向世界、面向未来”为基础，立足基地、立足矿山，转换机制，创新发展，以提高自主创新能力为核心，着力打造创新型企业，全面创建国内顶尖的清洁能源生产服务供应商。

二、总体目标

围绕集团公司在煤炭、煤化工及煤炭深加工产业领域的技术创新重点，瞄准绿色生产技术创新的主攻方向，立足煤炭资源开展煤炭绿色安全高效开发；立足基地、面向市场，着力进行煤炭清洁转化；依托“太西煤”稀缺资源，重点进行碳基新材料研发。完善科技创新决策管理体系，构建高效的科技研发体系，加快科技成果的转化和应用，全面提升科技创新能力；形成完备的知识产权保护体系，促进知识产权的申请、实施、许可、转让、资本运营、知识产权标准化等综合运用，实现知识产权价值创造系列化、产业化、最大化。争取到2020年，科技创新能力达到国内同行业领先水平，提高科技进步对企业发展的贡献。

三、重点任务

煤炭板块：开展煤炭绿色安全高效矿井关键技术开发。重点包括复杂难采煤层开采工艺技术与装备、矿井高效智能采掘关键装备及工艺、矿井安全运维大数据建设、煤炭开发水资源保护与利用、矿井灾害源防治与关键技术、液态二氧化碳井下防灭火、降温及采空区储存技术等，到2020年建成本质安全型亿吨矿区。

煤制油化工板块：开展绿色煤炭清洁转化。重点包括大型煤气化技术开发、催化转化技术研发、高端合成树脂产品开发、煤制油化工产品升级改造、“三废”利用等。

炭基材料：依托“太西煤”稀缺资源，重点研发附加值高的碳分子筛、脱硫脱硝炭等专用活性炭吸附剂、锂电负极材料等炭材料产品，并取得专利和技术标准。

知识产权：申请专利数400件，其中发明专利200件，实现PCT国际专利零的突破，牵头制定以集团公司核心技术为基础的行业及以上标准2项，提升集团品牌价值。

科技人才：全面推行首席专家制度，培养推荐2名集团公司首席专家，引进培养院士1名，推荐国家及自治区高层次人才5人，培养、吸引、凝聚一批优秀科技人才，培育一批具有国际知名度的科技创新团队。

第三节　科技创新体系

2009年以来，集团公司根据企业发展需要，经过不断探索与完善，建立起高效、自主的技术创新体系，建成了以科技发展部（技术中心）为管理层，以国家认定“企业技术中心”“低阶煤清洁转化与应用技术国家地方联合工程实验室”“煤炭清洁高效转化国际联合研究中心”“博士后工作站”“专家服务基地”，自治区级、“宁夏煤基合成树脂高值化产业技术协同创新中心”“院士工作站”“高产高效矿井建设技术研发、煤制油与煤化工技术研发、炭基新材料研发三个科技创新团队”为依托，以集团公司宁夏煤炭研究所、煤制油化工研发中心、炭基材料研发中心为核心，以煤炭和煤制油化工质检计量中心为保障，同时与相关科研院所、高等院校相互支持，集技术咨询、开发、服务与管理“四位一体”的科技创新研发体系，形成了高效灵活、层次化、网络化梯次布局的科技创新体系。

2010年9月27日，神华宁夏煤业集团公司煤炭开采及煤化工院士工作站正式挂牌成立，引进全国煤炭和煤化工领域的领军人物——中国科学院宋振骐、万立骏成为第一批受聘入站工作的院士，联合开展关键性、共性技术的研究以及新产品的研发。

集团公司为加强科技创新管理，鼓励自主创新，充分调动各研发中心、实验室、科技人员的积极性，陆续制定了《技术中心管理规则》《科技创新项目管理办法》《科技创新资金使用与管理办法》《科技创新奖评审办法》《院士工作站管理办法》《专利与非专利技术管理办法》等10多项管理制度与办法，科技创新管理日趋规范；为全面推进科技创新工作，促进科技创新工作整体提升，强化各项管理制度的执行效果，制定了“科技创新型”绩效考评管理办法和细则，对技术中心及基层各单位的科技工作实施绩效考评，根据考核结果进行奖惩。每年按时编制科技发展年度计划和三年规划，并严格按照规划逐步开展实施科技创新工作，形成了比较完善的科技创新管理制度，确保了企业科技创新工作的持续有效进行。

集团公司加强“产学研用”协同创新工作，与中国矿业大学、西安科技大学等高校，以及中煤科工研究院、中船重工711研究所等科研院所建立了长期稳定的战略合作机制。采取“走出去、请进来”方式，利用宁夏煤炭开采及煤化工院士工作站、国家级博士后工作站和国家级专家服务基地，以及煤化工资源循环利用国家地方联合工程实验室、合成树脂实验室等科研机构，相继承办了宁东煤炭清洁高效安全发展院士行、全国煤炭清洁高效利用与产业结构调整现场会、中国国际煤化工发展论坛、第九届中国能源科学家论坛、第十二届中美工程技术研讨会、与清华大学等30家高校院所深化合作交流，有效利用各类资源推进协同创新，为集团公司发展提供了高层次智力支撑。

第四节　科技人才队伍

2009年起，集团公司为确保科技研发队伍的稳定性，使院士、专家等科研人员的作用得以充分发挥，制定了《神华宁夏煤业集团公司能源化工产业专家服务基地管理办法》《神华宁夏煤业集团公司博士后科研工作站管理办法》和《科学技术人才引进办法》。至2017年，集团公司技术中心共有研发人员149人，分别为高级职称及以上29人，中级职称56人，博士学位3人，硕士学位41人，学士学位96人。其中，煤制油化工研发中心有科研管理及技术研发人员62人，平均年龄36岁，人员组成中有博士3人、在读博士4人、硕士37人、大学本科13人，有高级职称8人、中级职称44人，分别占技术研发人员总数的91.93%和83.87%，确保了各平台科技研发工作的正常有序进行。

2011年，集团公司与清华大学、上海交通大学等建立了校企合作关系，分批次选派各级各类人员外出培训，5年共培训878人次。

2012年，集团公司制定了“十、百、千人才工程”（即十名科技杰出人才、一百名科技优秀人才、一千名科技后备人才）计划、人才发展战略、人才发展年度滚动计划和科学有效的激励机制，采取出国培训、到高等院校和科研院所脱产学习深造、聘请国内专家进行学术报告和学术交流、设立科技岗位津贴等方式，对企业高层次专业技术人才进行重点培养。其中，2016年共派出62名科级以上管理人员参加了神华集团公司、自治区举办的27期培训班，组织完成了由国内著名专家、学者授课的2期计110人参加的青年管理人员培训班；通过对131名优秀高层次专业技术人才的业绩成果和岗位贡献资料的整理汇集，建成了集团公司优秀人才数据信息库，并从中选拔推荐姚敏、马洪涛为享受国务院政府特殊津贴人选，姚敏、焦洪桥、艾宇廉为自治区“塞上英才”人选。至2017年，集团公司先后组织选派约100名技术管理人员分批前往南非、波兰、澳大利亚、日本等世界一流的煤炭企业学习煤矿生产技术、安全管理、技术装备；选派近1000名科技管理人员到中国矿业大学、西安科技大学、宁夏大学等脱产培训；举办专家学术报告会20余次、煤炭及煤化工领域技术交流会10余场，参加听讲和技术交流的工程技术人员超过400人次，为企业培养了9名学术带头人和一大批高素质技术人才。其中，享受国务院、自治区政府特殊津贴的分别有20人、7人，入选自治区“313人才工程”“西部之光”人才培养计划的分别有13人、8人，被评为自治区“塞上英才”“杰出岗位能手”“技术能手”的分别有2人、14人、12人，企业后备专家达1631人。加大引才力度，柔性引进进站博士2人、专家11人。加大自有人才培养，1人列入自治区后备院士人才培养计划，2人入选国家级学术技术带头人后备人员，6人分别入选宁夏学术技术带头人后备人员、青年科技人才托举工程和青年拔尖人才，2人荣获宁夏创新争先奖章、奖状。

集团公司在多渠道培养和选拔优秀科技人才的同时，坚持与天津大学、北京化工大学、西安交通大学、中国石油大学、西弗尼亚大学等知名高等院校加强合作，聘用博士后和招收煤炭、煤化工等各专业大学毕业生。至2018年，集团公司累计招聘煤炭开采、煤化工、煤炭深加工等专业的大学毕业生2416人，其中硕士研究生33名、本科生1898人，使各类专业技术人员和技能人才分别达到了员工总数的15%和60%，既满足了企业对各类专业技术人才的需求，又为企业推进技术创新工作注入了新的活力。

2018年，集团公司申报认定24名自治区高层次人才，为1名博士研究生破格申报职称；申报硕博士补贴9人、人才项目21项、享受国务院政府特殊津贴人选和青年拔尖人才人选71人，争取自治区人才奖励资助资金153万元。

第五节　科技创新平台

2009年，集团公司成立有煤制油化工研发中心、宁夏煤炭研究所、炭基材料研发中心3个科技研发实体。9月，成立宁夏能源化工产业专家服务基地。6月19日，以“应对挑战、基地战略、校企合作、跨越发展”为主题的首届中国·宁夏能源发展战略高峰论坛在银川举行。神华宁夏煤业集团公司、上海交通大学、宁夏大学等就企业发展战略和长远规划分别作了专题报告，就新形势下的能源发展战略和实现宁夏跨越发展及企校合作等议题进行研究探讨。期间，集团公司与上海交通大学、宁夏大学签订校企战略合作框架协议；与宁夏大学达成共建《宁夏大学、神华宁夏煤业集团煤炭高效利用与绿色化工国家重点实验室》国家重点工程实验室合作意见。

2010年10月，集团公司成立了国家级博士后工作站、自治区级院士工作站。

2013年，集团公司技术中心被国家认定为“企业技术中心”。

2014年底，太西炭基工业公司牵头组建宁夏炭基新材料产业技术创新战略联盟。该联盟可建立“产、学、研、用、资”相结合的技术创新体系，形成产业核心竞争力。截至2017年，已有14家成员单位，其中科研院所、高等院校6家，区外企业4家，区内企业4家。

2015年7月28日，集团公司科技研发中心开工建设，项目总建筑面积24.2万平方米，主要建设科技研发中心、实验楼、煤化工中试厂房和技术培训中心、档案馆及相关配套设施等。该中心是集团公司根据煤炭、煤化工等产业发展实际，为企业适应转型发展需要而打造的一个集科研、实验、服务为一体的综合技术创新平台。10月，集团公司能源化工产业专家服务基地经自治区人力资源和社会保障厅申报，人力资源和社会保障部批准，由自治区级正式升格为国家级专家服务基地。

2016年，集团公司依托“院士团队”建立了国家企业技术中心，建立了低阶煤清洁转化与应用技术、国家地方联合工程实验室两个国家级研发平台，建立了高产高效矿井建设技术研发、低阶煤清洁转化与应用、炭基新材料研发3个自治区科技创新团队，建立了宁东能源化工基地煤化工技术、宁夏炭基新材料产业技术两个创新战略联盟。为确保研发创新工作的顺利进行，集团公司为各研发平台、创新战略联盟等累计引进了178名高端科技人才，分别是院士4人、知名专家75人、创新团队成员99人，其中博士研究生26人、硕士研究生55人，正高职高级工程师28人、高级工程师10人，并为各研发平台配备了96名企业高端技术人才和创新平台（工作站）运行管理人员19人。同时，为各科技研发平台配备了先进的研发装备、配套设施等，其中提供技术研发使用的办公场所、产品研发及产业化场所各1处，建筑面积分别为200平方米、2440平方米，购置技术研发装备设施和“信息化”工作平台计176台（套），总价3589.3万元；建成煤炭气化及催化转化、合成树脂检测、煤制油与精细化工产品实验、煤基吸附及碳素材料检测试验等各类仪器设备的煤化工、煤炭深加工等中试基地3个；建有合成树脂实验室、色谱室、制样室煤质分析实验室、热分析室水煤浆实验室、高温凝胶色谱室、恒温恒湿室、催化剂评价实验室、合成树脂中试实验室、小聚合中试实验室等常规实验室10个。其中煤制油化工研发中心拥有催化剂评价实验室、小聚合中试实验室等6个专业实验室（中试车间），实验室面积达260平方米，研发设备超过150台（套），总价值近3700万元。集团公司自筹研发平台运行保障经费38.88万元、科研保障经费5173.9万元，争取国家和自治区财政补助经费117万元，为确保科技研发工作的顺利实施。12月30日，集团公司能源化工产业专家服务基地升级为“国家级专家服务基地”，标志着自治区、集团公司在推进能源化工产业专家服务产学研合作、推进科技创新和社会经济发展、促进供给侧结构性改革方面又迈出了新的步伐。

2017年8月18日，集团公司与中国科学院化学研究所签订了科技合作框架协议。集团公司希望中国科学院化学研究所能够充分发挥科研院所资源和技术优势，加大高端产品研发力度，持续优化产品结构，推动煤制油化工产品走上高端精细化道路；中国科学院表示将发挥其科技成果和技术优势，加大项目开发和科技成果转化力度，服务和支持企业转型升级。同年，集团公司本着新能源配置更优、联合创新能力更强、开放服务水平更高的方向和工作思路，联合中科院化学所、中船重工711所和浙江中控等科研院所，分别建立了“宁夏煤基合成树脂高置化产业技术协同创新中心”“煤炭高效利用工程技术研究中心”；按照自治区党委、政府要求，与宁夏大学拓展了校企合作空间与平台，达成合作共建“煤炭高效利用与绿色化工国家与地方工程实验室”的意向，为推动集团公司科技创新提供了重要的技术支撑。

2018年，集团公司组建煤化工研究院，建立“研究+创新团队”研发模式，形成120人的专业团队；成立宁夏首个国家级“煤炭清洁高效转化国际联合研究中心”；与厦门大学、宁夏大学等高校院所及创新企业合作共建产学研基地；制定《科技奖、科技论文奖励办法》和《知识产权管理办法》，初步构建了开放型创新平台，科技创新体系更加健全完善。

表10-1-2　2010—2017年研发设备购置表

年份	数量（台）	金额（万元）
2010	39	975
2011	2	115
2012	26	384
2013	38	753
2014	39	227
2015	27	371
2016	6	120
2017	3	353
2018	230	7957

第六节　科技研发

一、科技研发项目立项

2009年以来，集团公司技术中心依托国家级技术中心、工程实验室、国际联合研究中心、博士后工作站、专家服务基地，自治区级协同创新中心、院士工作站和科研院所、高等院校的支持，紧紧围绕煤炭和煤制油化工两大核心产业，瞄准技术前沿，开展关键核心技术攻关和重大工程示范研究和新技术、新工艺、新材料、新装备推广应用的科技研发、技术创新工作，相继获准对一批立项的国际合作项目、国家科技支撑计划项目、国家行业标准项目、自治区科技支撑计划项目、自治区科技攻关重大项目子课题、神华集团公司课题和集团公司战略新兴产业项目的科技研发，仅2017年、2018年两年就获准立项研究课题94个，投入科研资金8.34亿元。其中，2018年获准"矿井灾变通风智能决策与应急控制""先进煤间接液化及产品加工成套技术开发""高矿化度矿井水地下分质利用""宁东地区煤基能源与水资源协调开发战略研究"（集团公司承担的首个国家工程院战略咨询项目）等立项研究课题75个，分别是国家立项课题9个，自治区立项课题14个，企业立项课题52个，共获得政府补助资金1.55亿元，集团公司科研投入强度达到1.24%。

表10-1-3　国家及地方科技计划项目统计表

序号	项目名称	概算（万元）
（一）	国家立项项目	64253
1	高效甲醇转化制丙烯过程合作研究	930
2	先进煤间接液化及产品加工成套技术开发	9457
(1)	高性能铁基费托合成催化剂开发、规模化制备及工业应用	3960
(2)	新型费托合成反应器及工艺、催化剂活化技术开发	3000
(3)	生产无硫、低烯烃、低芳烃的国六汽柴油集成技术开发	1000
(4)	合成水中低碳含氧有机物高效提取与水资源化技术开发及中试验证	1497
3	高效节能气体制备关键技术及其应用	47
4	CO_2近零排放的煤气化发电技术	46
5	矿山灾害生命保障救援通道快速安全构建关键技术与装备	900
6	矿井灾变通风智能决策与应急控制关键技术研究	5283
7	工业互联网创新发展工程项目	330
8	矿井突水水源快速判识与水灾防控关键技术研究课题九：矿井水害防止关键技术工程示范	360
(1)	矿井导水通道综合精细定位关键技术开发和示范	285
(2)	矿井水害危险源辨识与动态评价技术工程示范	75

续表

序号	项目名称	概算（万元）
9	百万吨级烯烃（煤化工副产品深加工综合利用项目）智能制造项目	46900
（二）	自治区政府立项项目	27159
1	宁夏煤基合成树脂高值化产业技术协同创新中心	500
2	化工工艺与产品开发实验室条件建设	100
3	煤矿高矿化度矿井水地下分质利用与封存技术研究与工程示范	8599
4	NXT高端聚丙烯成套工艺技术开发	13400
5	煤基合成树脂高性能改性及综合利用研究	717
(1)	高密度聚乙烯（HDPE）管材专用树脂的开发与应用研究（2018年立项项目）	219
(2)	高性能土工建材用纺丝级聚甲醛专用料的研发（2018年立项项目）	97
(3)	低VOC聚甲醛产品的研究（2018年立项项目）	99
(4)	神宁集团合成树脂产品在煤电领域的应用方案研究（2018年立项项目）	98
(5)	其他设备购置和研究（含166万元专项经费）	204
6	费托烯烃产品增值利用方案及醇类产品制备研究	96
7	煤基混醇耦合甲醇转化合成丙烯关键技术研究	357
(1)	基地混（杂）醇进料对甲醇制丙烯收率影响的实验室研究（2017年立项项目）	98
(2)	甲醇制丙烯（MTP）工艺增产乙烯技术研究（2018年立项项目）	83
(3)	废MTP催化剂综合利用技术的实验室研究（2018年立项项目）	82
(4)	甲醇制丙烯装置急冷系统工艺优化研究	94
8	废MTP催化剂制备高附加值功能材料技术开发与应用	360
(1)	高产率甲醇制丙烯（MTP）新技术的研究和开发（2017年立项项目）	269
(2)	其他设备购置和研究（政府专项经费）	91
9	甲醇制丙烯反应智能化控制软件的开发与研究	360
(1)	甲醇制丙烯反应智能化控制软件的开发与研究（2018年立项项目）	300
(2)	其他设备购置和研究（政府专项经费）	60
10	煤炭清洁高效转化国际联合研究中心	112
(1)	铁基费托合成催化剂损耗问题实验室研究	62
(2)	其他设备购置和研究（政府专项经费）	50
11	含盐废水分盐蒸发结晶工艺评价及方案优化研究	1238
12	合成树脂新产品开发与应用研究	721
13	贺兰山保护区采煤迹地生态修复技术与模式研究	40
14	进口破碎设备技术升级与系统优化的关键技术研究	559
(1)	进口破碎设备技术升级与系统优化的关键技术研究	405
(2)	其他设备购置和研究（政府专项经费）	154

表10-1-4　2018年神华宁夏煤业集团公司科技创新项目课题立项统计表

序号	立项项目	概算（万元）
1	基于宁东煤制油化工基地建设实践的重大项目管理理论与关键路径研究	265
2	煤炭间接液化产品标准制定	120
3	400万吨级费托合成装置工艺优化研究	2135
4	加氢精致常一线产品提质优化研究及工程示范	3791
5	加氢精制蜡产高熔点蜡装置优化研究及工程示范	3824
6	加氢裂化常一线产品提质优化研究及工程示范	3790
7	低温甲醇洗CO_2尾气中H_2S脱除工业化研发与应用	736
8	400万吨年煤制油装置电力系统安全技术研究项目	172
9	费托产品增值利用方案及醇类产品制备研究	506
10	费托合成产物开发α-烯烃磺酸盐油田助剂实验室研究	83
11	费托蜡及特种蜡制备技术研究	91
12	煤炭间接液化工艺尾气高效利用研究	89
14	煤制油气化工艺水系统优化研究	98
15	甲醇分公司低温余热发电技术的研究应用	12
16	气化废渣的理化性质分析及滤饼分碳研究	76
17	褐煤（印尼煤种及国内煤种）气化研究	90
18	鄂尔多斯地区典型气化用煤实验研究	94
19	国家标准制定项目《共聚丙烯中二甲苯可溶物和乙烯含量的测定仪器法》	79
20	制氢新技术调查研究	48
21	国家标准制定项目《工业甲醇中痕量三甲胺的测定法气质联用法》	77
22	宁东煤化工增值改性合成树脂产品市场应用研究	95
23	费托合成产品调制火箭煤油	93
24	“三驱”采煤机的研发与应用	1132
25	复杂条件下智能化无人开采综采技术装备研究	4839
26	神宁煤业集团管理信息一体化项目	4983
27	清水营、金凤、金家渠煤矿矿井突水危险性分级分区预测	190
28	WCB20E无轨运输快速排矸牵引式自卸车研制	324
29	综采工作面回撤用新型液压支架（CJNY-18-39）	723
30	宁东矿区煤矿热害防治集成技术研究与工程示范	21208
31	神宁煤业集团煤矿及选煤厂矿尘防治技术集成研究与应用	2923
32	神宁煤业集团充填保水开采工艺技术研究应用	9432
33	煤层顶板含水层富水性及岩层结构精准探测研究	95
34	基于北斗精确定位的车辆调度管理系统研究与开发	98
35	便携式矿用水力切割机	40
36	高应力软岩巷道锚注一体化联合支护技术应用研究	49
37	宁东矿区深埋煤层矿压显现规律研究与灾害防治	84
38	汝箕沟矿区地面扬尘运移规律及防治一体化技术研究	83
39	矿用智能单兵行为记录仪	77
40	刮板机动力部全寿命在线监测及分析技术研究	84
41	太西洗煤厂入洗原煤及再洗中煤的最佳破碎粒度研究	98
42	太西洗煤厂活性炭脱硫脱硝工艺及装置技术研究	99
43	太西无烟煤用于超级电容器活性炭的试验研究	95
44	含氮官能团活性炭制备工艺技术研究	93
45	健康养老及智慧养老建筑规划设计改造	50
46	变径脉动气流煤粉干法分选技术	98
47	汝箕沟无烟煤分公司010203工作面开采矿压影响评估与控制研究	48
48	目标传导式绩效管理的理论创新与实践应用项目	47
49	超大伸缩比液压支架及综采配套设备研发及应用	22875
50	红柳煤矿三、四煤自然发火规律及适用性控制技术研究	70
51	神华宁夏煤业集团煤矿安全管控模式研究	95
52	智能矿灯技术研究与应用	384

二、课题研究

2009年以来，集团公司各科技研发团队主要围绕煤炭高效绿色开发、煤化工产业发展开展课题攻关研究，并在煤矿安全生产风险控制、现代煤基清洁能源转化等领域取得重大突破。截至2018年，累计结题国家立项课题研究6项，自治区立项课题研究11项，神华集团公司立项课题研究30项，集团公司立项课题研究93项，其中2018年实施的《煤矿充水水源与通道快速识别关键技术及装备研究 》《矿井水害危险源辨识与动态评价技术在麦垛山或红柳煤矿的工程示范建设》技术研究被列为国家重点科研项目。

煤炭开采领域：取得了在复杂条件矿区千万吨级矿井群建井的成熟经验，自主研发的大倾角复杂特厚易燃煤层大采高综采系列开采工艺，形成了综采成套装备国产化关键技术；倾斜中厚复杂煤层综采工作面液压支架跟机移架技术获得成功，在国内首次实现全工作面设备跟机自动化；针对顶底板灾害治理开展极软岩层巷道钢管混凝土支架支护技术研究、小煤柱沿空掘巷关键技术应用研究和宁东矿区巷道支护优化研究等项目，有效控制了巷道变形，解决了矿井软岩巷道、深井巷道、动压巷道和破碎围岩巷道的支护难题，缓解了采掘接续紧张，提高了经济效益；针对煤火灾害治理开展鸳鸯湖、马家滩矿区煤自燃规律及控制技术研究、二氧化碳防治煤火灾害技术研究等项目，为宁东矿区矿井防灭火工作奠定了坚实基础，同时增加防灭火技术手段。煤炭先进生产技术广泛应用。在金凤矿成功实施切顶卸压无煤柱自动成巷开采技术，实现了回采一个工作面掘进一条顺槽、无需留设煤柱，填补了“110”工法在大倾斜厚煤层领域的空白。在羊场湾矿超大斜长大采高综放工作面成功试验应用小煤柱沿空掘巷，提高了回采率。在灵新、金凤等矿井实施柔模泵注混凝土沿空留巷技术。在双马、红柳矿实施皮带智能变频调速技术，节能效果显著。

在红柳煤矿、麦垛山煤矿、双马煤矿、金凤煤矿、羊场湾煤矿实施了综采自动化工作面建设，通过远距离运行监控、数据集成和视频监控，实现少人化生产。实施国家智能制造新模式应用试点，百万吨级烯烃智能制造完成研究示范，成功研发自主可控的智能装备、智能检测、智能操作、智能运营等关键技术与系统，为煤制油化工板块“两智一数”建设提供了样板。

煤炭洗选领域：太西洗煤厂重介选煤过程调控系统关键技术研究项目，将机器视觉技术应用于重介选煤过程煤质分析，研制出原煤煤质组成分析系统及超低灰末煤灰分快速检测系统，超低灰煤灰分绝对误差小于0.3%，并填补了该项目的国内外空白；流化床气流粉碎分选制备超细超纯煤新技术研究项目在研究太西超低灰无烟煤超细粉碎过程粉碎力场及流场特性基础上，成功实现了低成本流化床气流粉碎—改性—分选一体化技术，生产出的太西超细超纯煤粒径d97≤10μm，灰分≤1.5%，在各种矿物功能粉体制备和高性能多功能矿物材料加工中均有良好应用前景；大武口洗煤厂炼焦煤深度分选技术研究项目，对炼焦中煤和TBS尾煤进行再选回收，可充分利用炼焦煤资源，项目提出的“脱泥—排矸—粉碎解离—常规浮选”工艺具有创新性，其研究成果将是对国内现有炼焦煤选煤工艺的完善和优化，将对我国选煤技术的发展具有积极的示范作用。

煤制油化工领域：干煤粉气化技术攻关获得重大突破，首次实现日投煤2200吨；第二代高效MTP催化剂的结构设计、制备及中试研究正在对制备的放大样品进行成型制备及微反、模试性能评价实验；新型国产化干煤粉气化组合烧嘴研制获得成功，攻克了进口点火烧嘴点火不稳定、寿命短、水冷壁易烧穿等问题；聚甲醛工艺优化、生产过程质量控制、产品性能提升等研究解决了聚甲醛产品质量问题，并开发出了聚甲醛棒材、板材专用料及聚甲醛抗紫外线助剂配方，达到国内领先水平；煤制油37项关键设备、材料国产化攻关项目，通过科技研发人员的努力攻关，用2123台（套）国产设备代替了进口设备，使项目生产工艺全流程生产设备的国产化率达到了96%，在国内同类型项目建设中实属罕见，既为国家节约了外汇，又为企业增强了自主发展能力、生存能力、竞争能力和良好的经济效益。

克服工程放大、系统集成过程中的技术难题，持续对气化、油品费托合成等开展技术攻关和系统优化，仅用一年时间就通过了全系统满负荷运行测试；完成节水消雾冷却塔技术开发，实现首次国产化应用，节水19%；建成国内规模最大的工业废水深度处理装置，实现“近零排放”；能效、煤耗、水耗等均优于国家规划先进指标。

实现了合作双赢。通过和集团公司科技开发合作，一些企业从国内一线品牌跻身世界一流企业行列。其中，杭氧集团业已确立了与法液空、林德、APCI公司等世界级空分专业公司相比肩的业内巨头地位，沈鼓集团公司进入与西门子、曼透平、美国GE、三菱重工等世界级的大型压缩机组制造商的行列；“宁煤炉”成为继美国GE、德国西门子、鲁奇加压气化、壳牌气化炉之后最具发展潜力、最有提升空间的新型气化炉成套装置。在与集团公司的合作中，江苏海鸥公司、大连深蓝公司、苏州安特威公司及吴忠仪表厂等，依靠技术革新，充分共享由神宁煤制油项目所提供的展示专业产品与创新技术的平台，抓住国产化攻关的历史性机遇，在不断创新中蜕变为国内同行业的翘楚。

军民融合、军转民技术取得进展。煤基航天煤油通过120吨液氧/煤油火箭发动机整机热试车试验，关键指标均满足军标技术要求。“石墨烯包覆系列功能涂层材料”技术在煤制油脱硫塔成功试验，解决了腐蚀难题，为推广应用奠定了坚实基础。

碳基材料领域：依托太西煤资源进行的新型碳基材料工业化关键设备与配套工艺技术研发，首次实现了以无烟超低灰煤为原料冶炼绿质碳化硅及石墨化产品的工业化生产；自主开发的煤质醋酸乙烯合成用催化剂载体炭生产工艺技术实现成果转化并批量生产，首批350吨被宁东中石化长城能源公司采购使用；自主开发的脱硫脱硝活性炭生产工艺技术实现成果转化，其产品打入国际市场，其中2015年、2016年给韩国客户累计供货达9300吨；自主开发出的变压吸附活性炭制备技术达到国内先进水平，并得到了德国客户的认可。

2016年，集团公司依托院士团队的支持建立的“低阶煤清洁转化与应用技术国家地方联合工程实验室”获得了国家批准，并被国家发改委列入年度西部地区创新能力建设项目，获得补助资金700万元；“煤制油与煤化工技术研发”科技创新团队获得宁夏回族自治区授牌；宁夏能源化工产业专家服务基地被批准为国家级专家服务基地，并正式授牌。12月，集团公司与西安科技大学合作完成的“煤矿液态二氧化碳保压直注高效防灭火技术的研究与应用”“鸳鸯湖、马家滩矿区煤自燃规律及控制技术研究”，通过自治区科技厅组织的成果鉴定，其结论为两项研究资料齐全，数据完整准确，研究结论正确，研究成果具有创新性、实用性和可操作性，在煤自燃火灾治理、液态二氧化碳保压直注方面的成果达到了国际先进水平。

节能减排领域：矿井水多点分层加压高强度旋流处理工艺与装置在石槽村煤矿、金家渠煤矿成功应用，较原设计节约投资1400余万元，运行人员减少50%。矿井回风余热直换自供暖循环利用等技术在宁东矿区工业化示范。同时，探索出了烟气治理、新能源利用、热源替代燃煤小锅炉综合治理方案。启动了矿井水地下分质利用与封存、含盐废水分盐蒸发结晶等一批环境治理技术课题的研究，并取得了成果，其中“智能机器视觉的联动控制技术”被国家能源集团列入节能技术推广目录。

第七节　技术创新

一、技术创新平台

2009年以来，集团公司技术创新工作主要以QC小组活动为基础平台。各煤矿、厂、分公司在经营管理科（部）等相关部门配备QC小组活动管理人员和活动成果发布专用器材设备。QC小组按年度注册登记，成员一般由工程技术人员、管理人员和工班长组成，每年组织开展一次本单位的QC小组活动成果（发布会）评比，并向集团公司推荐参评成果。2019年，集团公司共注册QC小组191个。

2011年，集团公司首个员工创新工作室“张奋创新工作室”在灵新煤矿成立。工作室下设综采、综掘、运输、通风、综合6个创新小组，共有团队成员51人，其中获得高级职称3人、中级职称14人、高级技师6人、技师15人。该工作室以“工作学习化，学习问题化，问题课题化，课题成果化”的建室理念，以参与、解决安全生产技术难题作为攻关和实施重点，开展以技术创新、小改小革、理论辅导、实践操作、模拟演练、案例分析、技艺切磋工作。

2012年，集团公司全面启动员工创新工作室建设工作。相继制定印发《职工经济技术创新工作指导意见》《创建职工（劳模）创新工作室的实施意见》《优秀合理化建议经济技术创新成果评选办法》《进一步强化创新成果推广应用的通知》《职工经济技术创新网上展厅管理办法》等管理办法，为员工发挥聪明才智、技术创新、技能成才搭建了平台，创造了条件。员工创新工作室主要以获得国家级、自治区级、企业级、矿厂级的“劳动模范”“岗位技术能手”等先进人物的名字命名，下设创新工作小组，主要围绕本单位、本车间、本岗位生产和施工过程中出现的技术难题开展技术交流、技术探讨和技术创新工作。

2017年，集团公司共有员工创新工作室100个，创新小组468个，团队成员达数千人。其中，烯烃一分公司建成MTP创新工作室、技术创新工作室、神气创新工作室、电气实训试验4个员工创新工作室，各创新工作室分别由自治区“五一劳动奖章”获得者、集团公司劳动模范和有大学本科学历的工程技术人员等担纲领军，共吸纳获得大学本科学历、大学专科学历的技术员工和高级工程师、工程师、助理工程师、高级技师92人，并特邀5名高级工程师作为技术创新活动的指导专家；灵新煤矿建成“张奋创新工作室”等3个员工创新工作室，共吸纳劳动模范、岗位技术能手、工程技术人员等51人。各煤矿、厂、分公司为创新工作室配备技术装备，其中煤化工分公司“张华创新工作室”配备的仪表设备和培训设施总价值达42万元。员工创新工作室的组建和技术创新活动的开展，在群众性创新创效活动中发挥着示范引领作用。集团公司被中国石油和化工联合会授予“行业技术创新示范企业”荣誉称号。

二、技术创新活动

（一）QC小组课题攻关活动

2009年，在集团公司共注册的191个QC小组中，有2个QC小组的活动成果获得全国优秀成果，3个QC小组获得全国“信得过班组”称号，40个QC小组获得全国煤炭行业优秀小组，38项QC小组活动成果获得自治区优秀成果，31个可计算价值QC小组活动成果创直接经济效益7030.05万元。

2010年，集团公司对参加年度QC小组活动成果发布会的18项成果进行展示，从中推选出7项分别参加自治区、国家行业协会和国家的优秀QC小组成果选拔。

2011年3月，麦垛山煤矿实施的立井冻结技术获得成功，并取得国家专利技术。该技术填补了国内局部冻结技术的空白，对国内矿井建设具有重要的借鉴意义。4月，集团公司成功研制出符合进口甲醇/二甲醚高选择性制丙烯（MTP）装置要求的国产催化剂，填补了我国在煤制丙烯技术领域的一项空白。

2014年，羊场湾煤矿QC实施的“一种抗冲击缓冲装置”“一种取芯器”课题攻关项目获得国家知识产权局授权专利证书。

（二）员工技术创新活动

2012年起，集团公司各煤矿、分公司、厂的员工创新工作室步入规范运作和技术创新轨道。按照相关规定和管理办法，集团公司每年组织一次对基层单位报送员工技术创新成果进行评比，并召开大会进行表彰奖励；对工艺技术先进、经济效益突出的创新成果，及时向国家知识产权局和国家工业行业协会、自治区、神华集团公司等上级单位机构进行专利申报和参评推荐。至2017年，集团公司共评选表彰员工技术创新（合理化建议）成果675项（条），累计创经济效益近10亿元，其中表彰技术创新成果一等奖71项、二等奖171项个、三等奖303项、优秀奖10项；累计有92项成果获得了国家知识产权局颁发的发明专利、实用新型专利授权证书，有28个劳模（技能人才）创新工作室分别受到了中华全国总工会、人力资源和社会保障部、国家行业协会、国家能源集团和自治区总工会的命名和表彰。2018年，集团公司组织第七届员工经济技术创新优秀成果评选，评出创新优秀成果261项，其中4项获得全国能源化学地质工会职工创新优秀成果一等奖，2项成果获得自治区首届职工技术创新成果三等奖，2项进入国家能源集团首届创新创意大赛复赛。梅花井煤矿孟凡志工作室被命名为“煤炭行业技能大师工作室”，杨荣等4人被命名为“煤炭行业技能大师”。

灵新煤矿张奋技能大师工作室累计实施技术创新项目155项，创效1428万元，其中“料位传感器”获得国家知识产权局颁发的实用新型专利授权证书（专利号：ZL.2010 2 0686879.7）；培养出全国技术能手1人，自治区首席技师2人，集团公司技术状元5人。2011年，工作室被人力资源和社会保障部、中国煤炭工业协会分别命名授牌为“张奋技能大师工作室”“煤炭行业技能大师工作室”。马洪涛创新工作室主要围绕破解采掘过程中的技术瓶颈难题等开展技术创新工作，累计完成课题研究13项、经济技术创新项目10项，创经济效益300万元以上，工作室被中国煤炭工业协会命名授牌为全国“煤炭行业技能大师工作室”。张奋、马洪涛2人均获得了较高荣誉，其中张奋相继被授予全国技术能手、劳动模范、技能大师和煤炭行业技能大师荣誉称号，享受国务院政府特殊津贴。

红石湾煤矿“蒙鹏科劳模创新工作室”累计完成立项课题研究和经济技术创新项目85项，创经济效益1000万元以上，并培养出各类技术人才13人。2014年1月，该工作室被自治区总工会命名授牌为“劳动模范、金牌工人、首席技师创新工作室”，11月被中华全国总工会命名授牌为“劳模创新工作室”。

大武口洗煤厂王敦涛劳模创新工作室累计完成立项课题研究15项、经济技术创新项目15项，其中“一种耐磨碳素钢槽体”新兴铸钢材料比普通结构钢的耐磨强度高出10倍以上，每年节约资金800万元以上，并获得国家知识产权局颁发的实用新型专利授权证书（专利号：ZL.2012 2 0445050.7）；“煤炭洗选新型铸钢耐磨衬板材料的研发与应用”技术成果获得“全国煤炭系统职工技术创新成果”一等奖；工作室累计培养出高级技师3人、技师6人，技术能手1人，被集团公司命名授牌为“优秀劳模（技能人才）创新工作室”。

太西洗煤厂“白建国劳模创新工作室”累计完成课题研究和技术创新项目14项，创经济效益6000万元以上，其中“刮板链清扫器”“带有连杆装置的浮标组件及跳汰机”“胶带输送机水力清扫器”3个项目在2014年获得国家知识产权局颁发的实用新型专利授权证书（专利号分别为：ZL.2013 2 0837762.8、ZL.2013 2 0833939.7、ZL.2013 2 08335792.5）。2016年9月23日，工作室进行的“重介选煤过程专家调控系统的关键技术研究”项目顺利通过自治区科技成果管理中心专家组的鉴定，原煤粒度组成分析误差小于4.46个百分点，密度组成绝对误差小于5.66个百分点，超低灰煤灰分绝对误差小于0.31个百分点，实现了重介选煤生产过程中的在线控制与管理，提升了产品质量控制水平，年可增收200万元以上。该工作室被中国能源化学工会全国委员会命名授牌为“全国能源化学系统劳模创新工作室”。

羊场湾煤矿“胡文博创新工作室”累计完成技术创新、小改小革项目119项，创经济效益2335万元，其中“大倾角综放工作面采煤机链带防滑装置”获得中国能源化学工会“全国煤矿职工经济技术创新成果三等奖”。工作室共培养出全国技术能手1人、自治区“首席技师”1人、集团公司技能状元4人、技术能手8人。工作室被人力资源和社会保障部命名授牌为“胡文博技能大师工作室”，胡文博本人获得了“国家级技能大师”“全国技术能手”和自治区“杰出岗位技术能手”的殊荣。

甲醇分公司“苏长宏劳动模范创新工作室”累计完成立项课题研究7项，提小改小革等合理化建议860条，共创经济效益7000万元，其中“低温甲醇洗的热再生装置”项目获得国家知识产权局颁发的实用新型专利授权证书（专利号为：zl.2012 2 0561964.X），连续两年获得集团公司“优秀劳模（技能人才）创新工作室”称号。

煤化工分公司“张华创新工作室”主要围绕烯烃项目23923台仪表、7264台阀门和58套控制系统在运行中出现的问题开展技术创新工作。在工作室组建的3年多时间里共完成课题攻关研究16项、经济技术创新项目68项，创造经济效益8800万元，其中“机械式取油装置”等2项成果获得国家实用新型专利，“GSP气化装置仪表控制系统改造项目”获得神华集团公司首届“创新杯”青年创新三等奖。2015年，张华被授予自治区“塞上技能大师”称号。

石槽村煤矿“王虎技能创新工作室”成立3年累计课题立项12 项，完成经济技术创新项目26项，推广应用技术创新技成果13项，创经济效益2600万元，其中“一种风门”和“矸石换装系统及换装方法”分别获得国家实用新型专利和发明专利。

烯烃一分公司杜正平领军的“MTP创新工作室”，针对MTP装置开车时间长、甲醇加工量不能满负荷生产、MTP反应器再生时间长、能耗过高、丙烯收率偏低等重点问题开展技术攻关累计达110项，共解决生产技术难题47个，获得经济技术成果24项，申报国家实用新型专利10项。其中“一种适用于煤基甲醇制丙烯工艺的工艺蒸汽发生系统”获得了国家知识产权局颁发的实用新型专利证书（专利号为：ZL.2011 2 0230441.2），对MTP装置的技术改造得到了德国鲁奇公司的高度认可，并获得了MTP装置15%的全球专利技术转让费。

枣泉煤矿“梁元元创新工作室”围绕综掘设备改造，挖掘生产潜能开展技术创新工作，累计完成立项课题研究、经济技术创新8项，培养技能人才20人，被中国煤炭工业协会命名授牌为全国“煤炭行业技能大师工作室”。该矿“杨新玉劳模创新工作室”累计完成课题攻关7项，解决生产技术难题6个，共创经济效益520万元。

清水营煤矿“任涛状元创新工作室”成立4年完成技术创新项目10项、小改小革40项，提合理化建议10项，累计创造经济效益1600万元。其中，“一种净化风流装置”获得国家实用新型专利，“600米井筒疏降水技术研究”获得宁夏回族自治区科技进步二等奖，“柔性网在大倾角回撤通道顶板控制中的综合应用”获得神华集团“三小”成果特等奖，“让压补强支护技术在软岩巷道的应用”获得神华集团公司职工经济技术创新成果二等奖。

煤制油化工安装检修分公司劳动模范张勇领军的创新工作室在动力车间累计实施82次大机组检修，其设备修复率、一次开车成功率均达100%，创直接经济效益达4360万元。通过实践为116套设备装上了在线测试系统，使769套设备实现了便携式数据采集器离线实时监测，并协助74%的青工成长为生产业务的主力军。

梅花井煤矿劳动模范“王玉山工作室”“孟凡志技能大师工作室”成立几年来，岗位创新确立课题204项，完成课题研究188项，转化创新成果153项，创新经济效益2766万元，其中有5项成果获得了国家知识产权局颁发的实用新型专利授权。同时，为矿井培养了12名高级技师、26名技师、238名高级工等一大批优秀技术人才，先后有17人获得自治区“岗位技术能手”称号。其中，孟凡志创新工作室累计完成立项课题研究、经济技术创新项目10项，破解了80项现场技术难题，并有“转载机推移梁的改进”“调整滑靴厚度预防采煤机齿轮断齿”2条合理化建议在神华集团公司的评比中获得了一等奖，工作室被中国煤炭工业协会命名授牌为全国“煤炭行业技能大师工作室”。

宁东洗煤厂“杨洲旭劳模创新工作室”成立4年累计完成课题立项研究50项、经济技术创新项目171项，创经济效益2949万元。其中，“用于胶带运输机的防护装置”获得国家实用新型专利，“弛张筛对宁东矿区不黏煤深度筛分的应用研究”获得中国能源化学工会职工技术创新成果一等奖，“宁东洗煤厂煤泥生产型煤工艺的实验研究”获得中国煤炭工业协会科技进步二等奖。

矿山机械制造维修分公司“郭自文创新工作室”成立5年累计完成立项课题研究19项，经济技术创新项目31项，创经济效益1170万元，获得国家实用新型专利3项，其中2014年申报的“DGY100/14型电缆拖挂单轨吊”专利项目被《人民日报》进行了专题报道。工作室连续两年被集团公司授予“优秀劳模（技能人才）创新工作室”荣誉称号。

表10-1-5　神华宁夏煤业集团公司员工技术创新主要成果统计表

序号	项目名称	实施单位	主要实施人	完成时间
1	综采、综放工作面下车转盘改造	金能煤业分公司	何永明	2012
2	红柳煤矿2煤带式输送机大巷过DF6-1断层施工技术的应用	建井工程公司	陈铁军　王　珩　王国滨　高建江	
3	新型耐磨材料的研发与应用	大武口洗煤厂	张治淮　刘建军	
4	大型压力管道密封件的研制	煤化工分公司	赵向东　海建军	
5	塑料膜版现场制作及施工方法	能源工程公司	赵世忠	
6	Texaco废锅流程气化关键设备自主研发与应用	煤化工分公司	苏长宏　张国敏　何继友　张建国　张利军　朱建忠　虎晓东　王　钦	2013
7	备煤燃料气改造	煤化工分公司	杨建荣　姜　永　黄　锋　白　海　国金华　高玉斌	
8	弛张筛对宁东矿区不黏煤深度筛分的应用研究	宁东洗煤厂	刘文统	
9	掘进巷道自动支护装置	矿山机械制造维修分公司	郭自文　王　林　马忠昌　李冀鹏	
10	机夹刀杆的制作		张洪林　吕照杰　张维仓　丁建峰	
11	采煤机176mm节距牵引系统的推广应用	机电管理部	冯耀东　李宏伟	
12	半自动等离子切割轨道小车的研制及应用	任家庄煤矿	马志军	
13	极软岩层巷道钢管混凝土支架支护技术研究	清水营煤矿	俞军文　张　雷　张伟龙	
14	WK-4型挖掘机机电控制系统的改造	汝箕沟无烟煤分公司	李海滨　赵耀南　张天贤　石银才　张天福　张志强	
15	大倾角综放工作面采煤机链带防滑装置	羊场湾煤矿	李立波	
16	1110202综采自动化工作面的应用与研究	梅花井煤矿机电管理部	翟　文　冯耀东　柳学猛　贾丰华　马会勤　陈小磊　谢　刚　任予鑫	2014
17	小煤柱沿空掘巷在大采高仲裁工作面的技术实践及应用	枣泉煤矿	王文新　张锦宏　邓新东　魏兴文　吕凤圆　车季哲　刘　兵　郑文伟	
18	优化采掘接续 提前开采21区	石槽村煤矿	王　虎　蒋学明　薛志明　赵俊杰　田建祥	
19	浮选精煤配粗工艺改造	大武口洗煤厂	陈　亮　胡　峰　赵　虎　朱维东　王　扬　陈　凡	
20	KCS系列矿用湿式除尘装置	矿山机械制造维修分公司	郭自文　杨成龙　王　林　邵永生　马忠昌　马　军　祁　刚　丁　寿	

续表

序号	项目名称	实施单位	主要实施人	完成时间
21	烯烃公司13台大机组单点联锁三重化改造	煤化工分公司	兰向军　李志强　徐艳霞　刘君瑞　张　华　李建明　李阳华	
22	MTP装置MTP反应器循环再生	煤化工分公司	梁吉宝　杜正平　魏旭礼　钱效楠　孙　勇　李云平　杨进福　张智敏	
23	DME反应器、MTP反应器投料操作优化	煤化工分公司	梁吉宝　杜正平　李云平　徐金华　周宝勤　王军平　张智敏	
24	改造A321磁选机入料、出料方式提高精煤产率	太西洗煤厂	白建国　贾　涛　李　翔　薛　民　陆克生　马　彦　姚鸿运	
25	设备润滑手册的制订	宁东洗煤厂	杨洲旭　李海龙	
26	马桂云胶带更换法	灵新煤矿	马桂云	
27	井下水仓清淤分离	梅花井煤矿	孟　涛　孟凡华　张杰文　吴自明　田优春	2015
28	便携式井下高爆专用三相短路接地装置	灵新煤矿	周　科　杨国庆　张晓辉	
29	21采区6煤二三区段联合辅助运输系统优化	石槽村煤矿	赵俊杰　王　虎　王建杰　薛志明　胡亚军　雷子龙　张海龙	
30	综掘机自移式截割头防护罩	任家庄煤矿	王志林　李兴工　杨金明　杨　勇　张　辉　刘新民　杨　旭	
31	40T刮板运输机掐链器	红柳煤矿	蔡永刚　练忠胜　任金文　李树清　伊江浦　曹卫华　赵建招	
32	208A机组真空优化调整	煤炭化学工业分公司	门小勇　苏长宏　何继友　张海龙　赵　飞　吴安宁　张建国	
33	脱甲烷塔回流泵顶部冷却线技改	煤炭化学工业分公司	索红利　杜正平　张智敏　王军平　徐金华　赖达辉　丁文瑶	
34	脱硫先进操作法	煤炭化学工业分公司	勾　洋　唐志远　杨金多　李永杰　黄文博　谭　强	
35	一分区半直接浮选工艺改造	太西洗煤厂	白建国　贾　涛　王泽军　马　彦　张永君　王永贵　陆克生	
36	刮板机链轮修复技术研究及应用	矿山机械制造维修分公司	韩　鹏　王　林　马敬东　郑耀峰　李　鹏　王　仟　黄　金	
37	职工经济技术创新虚拟实现展厅	信息技术中心	王　森　李正忠　王林吉　梁　君　李玉娟　王云飞　买　利　杨　丽	
38	综采工作面三掩护架快速回撤工艺	金凤煤矿	裴元成　胥瑜民　贾冬冬　王小平　马瀚鹏　杨晓川	
39	关于块煤率提升的方法	宁东洗煤厂	连永强　李文龙　宋英嘉　柳　杨　万　宁　王立刚　莫　军	
40	高硫煤配洗操作法	大武口洗煤厂	黄志达　张朝坤　俞海春　温耀辉　刘　敏　鲁　培　吴金龙	
41	主斜井大倾角带式输送机安装及胶带展放	麦垛山煤矿	张银宝　蔡宏山　陈明辉　王　春　李克平　白学成　杨　宏　尤　旭	
42	综采回收工作面防灭火护顶膜网的应用	羊场湾煤矿 梅花井煤矿 生产技术部	魏建国　周建新　康希武　徐宁武　董　伟　王文新	2016
43	五采区四区段延伸开采矿井边界三角煤	灵新煤矿	刘锡州　刘忠华　王进会　赵　雪　高俊红　曹　刚	
44	优化通风系统降低主扇运行功率	任家庄煤矿 机电管理部	王忠寿　王锦鹏　赵　鲲　马磊磊　刘　旭　佘　钰	

续表

序号	项目名称	实施单位	主要实施人	完成时间
45	落煤与返煤系统建设	西配煤中心	杨洲旭 谢家勇 王敦涛 张烨博 王 磊 朱 鹏 李海龙	
46	管路法兰盘自动焊接及除锈、喷漆装置	石槽村煤矿	毛明虎 叶建军 白建涛 金 敏 张 忠 郭 利 吴生江	
47	3.3KV矿用交流双速真空软启动器的研究及应用	金凤煤矿 设备管理中心 机电管理部	马光辉 尹成余 唐宝国 田建川 柳学猛	
48	FD10台励福液压翻转叉车技术研究	矿山机械制造维修分公司	丁 涛 马敬东 马小鑫 韩 鹏 梁轶桌 马 伟 王忠伟	
49	抗冲共聚产品2500H性提升	烯烃一分公司	沈永斌 王 健 孙海平 袁小军 刘 鑫 任 伟 曾祥国 耿 帅	
50	一种合成气精洗装置的改造	煤制油分公司	杨建荣 黄 斌 袁红年 罗永恒 任利荣 张镓铄 杨 涛 张文飞	
51	党建信息化烯系统平台产品推广	信息技术中心	王 森 梁 珺 王吉华 王克俊 卢胜金 王云飞 李玉娟	
52	利用快速浮沉数据绘制可选性曲线调整质量操作法	太西洗煤厂	白建国 朱长勇 马 彦 张永君 叶邵宁 陆党生 王永贵	
53	架棚作业上梁装置	羊场湾煤矿	李 华 杨新国 程宝锁	
54	副立井提升钢丝绳更换	麦垛山煤矿	陈明辉 蔡宏山 买耀东 徐建斌 白学成 王 春 杨 宏	
55	主斜井1＃甲带给料机观察口改造	梅花井煤矿	刘怀江 岳许辉 万 鹏 丁 凯 陈晓东 高 勇 邓建春	
56	降低备煤生产线低压氮气使用量	烯烃一分公司	袁志斌 景寿堂 陈 杰 陈鹏程 黄 锋 赵 凯 院建森	
57	降低锅炉给水溶解氧含量	烯烃一分公司	贾 涛 陈 冲 卢广军 柴 盛 刘 冈 朱 俊 杨明明	
58	大采高综采工作面煤柱应力分布规律研究应用	枣泉煤矿	邓新东 王文新 张锦宏 吕凤元 郑宗儒 魏兴文	
59	南翼采区剩余煤炭资源开采技术研究与应用	汝箕沟无烟煤分公司	杨小宁 刘明星 王连聪 王俊茹 周兴虎 张全惠	
60	矿井九煤开采实践成果技术论证	任家庄煤矿	马国军 刘建海 高为民 陈 煊	
61	轮斗系统半固定带式输送机的研发及应用	矿山机械制造维修分公司	马晓伟 张立新 李佐录 冯少宇 张浩毅 何林茂 杜鑫强	
62	智能视频调速控制系统	红柳煤矿	王占军 步建东 魏 兵 马振海 吴合云	
63	普煅车间破碎筛分系统设计 制作与改造	太西洗煤厂	薛景礼 朱长勇 沈 宁 崔万奎 王儒堂 付兴磊 王 刚	
64	煤制油产品多样化销售及新产品开发	煤制油分公司 销售分公司	刘吉平 赵建宁 黄 斌 罗文保 王 敦 丁少军 郑庆忠	
65	化工有限空间无线实时监控检测报警器	甲醇分公司	苏长宏 刘宝毅 朱建忠 王启智 刘 峙 马 媛 焦玉蓉	
66	煤化工厂区智能巡检机器人实验制作	信息技术中心	王 森 李正忠 王吉华 李 鑫 王克俊 芦胜金 徐英浚	

续表

序号	项目名称	实施单位	主要实施人	完成时间
67	锚索套管组合装置的应用	枣泉煤矿	虎文广　原光辉　马少峰　滕仁崇　王　玉　程　超　李新军	
68	采煤机行走系统配套使用技术要求	梅花井煤矿设备管理中心	于海滨　马光辉　郭彬福　张杰文　田建川　柳学猛　张　明	
69	副立井首绳钢丝绳悬挂装置更换施工工艺	石槽村煤矿	毛明虎　叶明军　白建涛　刘军相　哈国永　郭永定	
70	裂解装置冬季吹扫方法创新	烯烃二分公司	杜正平　智　瑞　张春林　霍建邦　姚海江　苏爱成　白　晶	
71	加氢精制催化剂无氧筛分操作法	煤制油分公司	王　敦　丁少军　李沛博　代铁军　丁志福　杜念友　康会涛	
72	高瓦斯矿井厚煤层小煤柱综采工作面分层开采技术的研究与应用	汝箕沟无烟煤分公司	杨小宁　刘明星　薛军宁　高　军　王连聪　周兴虎 张全惠	2018
73	三段式止水对拉螺杆的研究及应用	宁夏煤炭基本建设有限公司	刘　琦　袁秋生　王克赟　徐晓东　邓　超　马志刚　余秀峰	
74	智慧矿山“E通新枣泉”软件管理系统应用	枣泉煤矿	杨海军　马　昆　杨　军　刘兰江　杨　伟　赵　磊　张海峰	
75	炮掘工作面履带移动式液压前探梁	清水营煤矿	王志林　王　华　赵兴军　丁学福　秦　磊　李耀学　张国宁	
76	煤基航天燃料油的研究与应用	煤制油化工工程建设指挥部	宋　迪　蔡力宏　李晓东　谭　斌　李云平　王立荣　贠旭斌	
76	煤制油项目全厂水平衡及节水研究优化改造	煤制油分公司	范为鹏　刘吉平　罗文保　李俊挺　查金荣　马立克　丁少军	
77	合成一、空分控制系统黑屏操作	甲醇分公司	朱建忠　苏长宏　施　斌　张国敏　门小勇　张建国　冶鹏程	
78	Novplen工艺高熔融指数均聚聚丙烯1040TU、1040TE开发	烯烃一分公司	任　伟　袁小军　孙海平　孔伟维　冯　波　马　军　苗泽宝　苑成贵	
79	一种聚能光面爆破技术在岩巷掘进中的应用	金家渠煤矿筹建处	刘清伟　张锦宏　岳学伟　何保华　王志强　魏建华　孟峻峰	
80	跑车防护装置与运输绞车联动改造	灵新煤矿	马桂云　魏志杰　崔永红　雍志国　王小向　马　云　马松田	

第八节　科技荣誉

2009年以来，随着集团公司经济运行高质量、高速度发展和高层领导的高度重视，集团公司的科技事业进入了“黄金十年”，科技研发、技术创新项目逐年增长，果硕果累累。累计获得省部级以上科技进步、技术创新成果61项，分别是国家级6项，国家行业协会级38项，自治区级17项。

2018年获得国家和省部级科技进步奖10项，其中“煤矿柔模复合材料支护安全高回收开采成套技术与装备”获得国家科技进步二等奖，“煤间接液化关键技术与重大装备开发与应用”等3项成果获得省部级科技进步特等奖，“智能机器视觉的联动控制技术”获得煤炭工业协会科技进步一等奖，《目标传导式绩效管理的创新与实践》获中国管理科学奖（国家科技奖励办公室唯一批准的管理类科技奖）。集团公司获得中石化行业“技术创新示范企业”荣誉称号，梅花井煤矿、羊场湾煤矿入围中国煤炭企业科学产能百强矿井。

表10-1-6　神华宁夏煤业集团公司获得省部级以上科技奖项明细

序号	成果名称	颁奖部门	年度	奖励名称	等级
1	大型甲醇制丙烯装置及工艺新技术集成应用	宁夏回族自治区人民政府	2018	科技进步奖	二等
2	目标传导式绩效管理的研究与实践	宁夏回族自治区人民政府	2018	科技进步奖	三等
3	基于机器视觉的煤矿智能化关键技术及应用	宁夏回族自治区人民政府	2018	科技进步奖	三等
4	煤矿柔模复合材料支护安全高回收开采成套技术与装备	国家	2018	科技进步奖	二等
5	400万吨/年煤间接液化关键技术与重大装备开发及应用	中国石油和化学工业联合会	2018	科技进步奖	特等
6	复杂地质条件下综采智能化开采技术在枣泉矿的应用与研究	中国煤炭工业协会	2018	科技进步奖	二等
7	国标制定项目《煤基　合成气中硫化氢、羰基硫、甲硫醇和甲硫醚的测定 气相色谱法》	中国煤炭工业协会	2018	科技进步奖	二等
8	大型甲醇制丙烯装置及工艺新技术集成应用神华宁夏煤业集团有限责任公司	中国煤炭工业协会	2018	科技进步奖	三等
9	煤炭间接液化核心技术及关键装备重大创新	宁夏回族自治区人民政府	2017	自治区科学技术奖	重大贡献奖
10	固定床甲醇制丙烯（MTP）过程研究及工艺优化	宁夏回族自治区人民政府	2017	自治区科学技术奖	三等
11	复杂类矿井煤层顶板砂岩水预疏放治理技术及资源化利用研究	宁夏回族自治区人民政府	2017	自治区科学技术奖	三等
12	煤矿液态CO_2保压直注高效防灭火技术的研究与应用	宁夏回族自治区人民政府	2017	自治区科学技术奖	三等
13	鸳鸯湖、马家滩矿区煤自燃规律及控制技术研究	宁夏回族自治区人民政府	2017	自治区科学技术奖	三等
14	一种旋流干煤粉气化炉	国家知识产权局	2017	中国专利奖	金奖
15	重介选煤过程专家调控系统的关键技术研究	中国煤炭工业协会	2017	科技进步奖	二等
16	煤矿液态CO_2保压直注高效防灭火技术的研究与应用	中国煤炭工业协会	2017	科技进步奖	二等
17	百万吨级煤基聚丙烯树脂系列产品关键技术开发及产业化应用	中国石油和化学工业联合会	2017	科技进步奖	二等
18	改性HZSM-5分子筛催化剂的制备方法及该催化剂	国家知识产权局	2016	中国专利奖	优秀
19	突出煤层群近距离联合保护层开采瓦斯综合治理成套技术研究	中国煤炭工业协会	2016	科技进步奖	二等
20	综采工作面扇形区自移 式回撤特种液压支架的研究及应用	中国煤炭工业协会	2016	科技进步奖	三等
21	斯列普活化炉尾气回收综合利用的研究	中国煤炭工业协会	2016	科技进步奖	三等
22	年产50万吨煤基聚丙烯装置MTP催化剂的研究开发及工业化应用	中国石油和化学工业联合会	2016	科技进步奖	三等
23	新型干煤粉气化组合烧嘴研究开发及工业化应用	中国石油和化学工业联合会	2016	科技进步奖	三等
24	煤基甲醇制丙烯工艺中激冷系统油水分离方法及其装置	国家知识产权局	2015	中国专利奖	优秀
25	综采工作面扇形区自移式回撤特种液压支架的研究及应用	宁夏回族自治区	2015	科技进步奖	三等
26	煤基聚丙烯、聚甲醛结构性能研究及工业化应用	宁夏回族自治区	2015	科技进步奖	三等
27	太西洗煤厂流化床气流粉碎分选制备超细超纯煤新技术研究	中国煤炭工业协会	2015	科技进步奖	二等
28	煤泥水重介回收系统的研究与应	中国煤炭工业协会	2015	科技进步奖	二等
29	炼焦煤混配工艺仿真及决策支持技术应用研究	中国煤炭工业协会	2015	科技进步奖	二等
30	新型干煤粉气化组合烧嘴研究开发及工业化应用	中国煤炭工业协会	2015	科技进步奖	三等
31	弛张筛对宁东矿区不黏煤深度筛分的应用研究	中国煤炭工业协会	2015	科技进步奖	三等
32	宁东特大型整装煤田高效开发利用及深加工关键技术	国家	2014	科技进步奖	二等

续表

序号	成果名称	颁奖部门	年度	奖励名称	等级
33	煤基甲醇制丙烯工艺中失活催化剂的再生方法	国家知识产权局	2014	中国专利奖	优秀
34	倾斜中厚复杂煤层综采自动化技术在梅花井矿的应用与研究	宁夏回族自治区	2014	科技进步奖	一等
35	年产50万吨煤基聚丙烯装置工业运行及下游产业关键技术研究	宁夏回族自治区	2014	科技进步奖	二等
36	石嘴山矿区极难选炼焦煤资源高效应用研究	宁夏回族自治区	2014	科技进步奖	三等
37	新型干煤粉气化组合烧嘴研究开发及工业化应用	宁夏回族自治区	2014	科技进步奖	三等
38	宁东鸳鸯湖矿区顶板岩移次生储水体滞后突水机理及防治技术研究	宁夏回族自治区	2014	科技进步奖	三等
39	基于多维资产管理的IT管控体系构建与应用	中国煤炭工业协会	2014	科技进步奖	二等
40	宁东洗煤厂煤泥生产型煤工艺的试验研究	中国煤炭工业协会	2014	科技进步奖	二等
41	煤矿井下水害防治与地质异常体探查定向钻进技术研究	中国煤炭工业协会	2014	科技进步奖	三等
42	煤炭洗选新型铸钢耐磨衬板材料的研发与应用	中国煤炭工业协会	2014	科技进步奖	三等
43	煤矿井下水害防治与地质异常体探查定向钻进技术研究	宁夏回族自治区	2013	科技进步奖	三等
44	太西洗煤厂流化床气流粉碎分选制备超细超纯煤新技术研究	宁夏回族自治区	2013	科技进步奖	三等
45	大倾角极松散厚煤层综放开采关键技术研究与应用	中国煤炭工业协会	2013	科技进步奖	二等
46	提高炼焦煤资源利用率应用研究	中国煤炭工业协会	2013	科技进步奖	二等
47	大断面动压巷道锚杆支护机理及支护技术研究	中国煤炭工业协会	2013	科技进步奖	三等
48	安全高产高效矿井建设技术研发团队	宁夏回族自治区	2012	科学技术重大创新团队奖	特等
49	首套50万吨/年煤基甲醇制丙烯工业示范装置工程技术	宁夏回族自治区	2012	科技进步奖	一等
50	甲醇/二甲醚高选择性制丙烯催化剂研究开发与应用	宁夏回族自治区	2012	科技进步奖	二等
51	炼焦煤混配工艺仿真及决策支持技术应用研究	宁夏回族自治区	2012	科技进步奖	二等
52	宁东特大型煤炭基地开发建设及深加工关键技术	中国煤炭工业协会	2012	科技进步奖	特等
53	四位一体全面管控综合自动化系统技术应用研究	中国煤炭工业协会	2012	科技进步奖	一等
54	高瓦斯突出煤层群保护层开采与地面钻井抽采卸压瓦斯关键技术	国家	2011	科技进步奖	二等
55	煤矿液氮防灭火关键技术与规模化应用研究	宁夏回族自治区	2011	科技进步奖	一等
56	数字化矿山集成技术研究	宁夏回族自治区	2011	科技进步奖	二等
57	软弱、富含水地层非全井冻结法建井新技术	宁夏回族自治区	2011	科技进步奖	二等
58	600m深井筒疏降水技术	中国煤炭工业协会	2011	科技进步奖	三等
59	600m深井筒疏降水技术	宁夏回族自治区	2010	科技进步奖	二等
60	德士古气化废锅流程辐射废锅结渣研究与应用	宁夏回族自治区	2010	科技进步奖	二等
61	地面钻井抽采高瓦斯突出煤层群保护层开采卸压瓦斯关键技术	中国煤炭工业协会	2010	科技进步奖	一等
62	灵武矿区极易自燃煤层自然发火规律及监测预报技术研究	中国煤炭工业协会	2010	科技进步奖	二等
63	高瓦斯突出煤层群保护层开采与地面钻井抽采卸压瓦斯关键技术	宁夏回族自治区	2009	科技进步奖	一等
64	长距离大孔径定向抽采瓦斯技术研究	宁夏回族自治区	2009	科技进步奖	二等
65	大倾角复杂特厚易燃煤层6.2m大采高开采集成技术研究	中国煤炭工业协会	2009	科技进步奖	一等
66	宁东矿区松软地层柔模泵注混凝土快速支护技术应用研究	中国煤炭工业协会	2009	科技进步奖	三等

第九节　知识产权

2009年以来，集团公司十分注重知识产权保护和掌握核心技术工作，从该年开始，集团公司知识产权工作，在专利申报和管理、标准制定、著作权登记等方面都取得了显著成绩，同时，建立了完善的知识产权管理制度，保护企业知识产权提升企业核心竞争力。2014年，神华宁夏煤业集团公司被自治区知识产权局认定为知识产权试点单位，2016年被认定为知识产权示范单位。

一、知识产权战略

神华宁夏煤业集团公司贯彻落实党的十九大及自治区第十二次党代会精神，牢固树立“五大发展理念”，坚持“四个自信”，按照集团公司提出的“三个面向”总体要求，不断强化科技创新和知识产权管理工作，着力构建创新驱动发展新模式。按照自治区“关于推进创新驱动战略的实施意见”要求及神华宁夏煤业集团公司首届科技大会对科技创新重点工作的安排，进一步健全了科技创新和知识产权管理的责任体系，修订、完善了集团公司科技创新及知识产权管理制度，构建了更加科学、完善的知识产权管理体制机制，为深入实施创新驱动发展战略奠定了坚实基础。

二、专利授权及专利转化

（一）专利授权

2009—2018年，神华宁夏煤业集团公司累计申报专利780项，其中426项获得国家知识产权局专利授权，分别为发明专利70项，实用新型专利356项，其中2018年获得国家知识产权局授权专利59项，分别为发明专利13项，实用新型专利46项。

表10-1-7　2018年神华宁夏煤业集团公司授权专利统计表

序号	专利名称	专利类型	发明人	授权公告号
1	一种浆态床反应器的费托合成产物分离系统及方法	发明	王　峰　焦洪桥　罗春桃　雍晓静	CN 104888667B
2	一种浆料输送系统	发明	焦　旗　张安贵　袁　炜　罗春桃　刘志芳	CN 104879650B
3	一种刚性增强聚甲醛复合材料及其制备方法	发明	方　伟　张彩霞　李丽英　田广华　罗春桃　袁　炜　孟永智　焦　旗　杨玮婧　郑鹏程　李　磊　黄　河	CN 105237943B
4	一种粉料加压输送装置	发明	井云环　马乐波　焦洪桥　蒙　军　吴　涛　夏至文	CN 105253631A
5	一种降低煤灰熔融温度的方法	发明	井云环　马乐波　杨　磊　蒙　军　罗春桃　夏支文　杨　英	CN 105400570B
6	一种气化炉用煤的配煤方法	发明	杨　磊　井云环　焦洪桥　罗春桃　马乐波　夏支文　杨英	CN105542820A
7	火炬单元污水循环系统	发明	杨红波　黄　斌　国金华　罗春桃　井云环　刘春萌　潘　强　吴　跃　杨　磊	CN 105585088B
8	液氮增压防火灭火系统和方法	发明	李玉民　周光华　关清安　马灵军　徐宁武　刘铜强　杨丽坤　丹玉兰　朱海鱼	CN 105464696 B
9	一种以无烟煤为原料制备石墨烯的方法	发明	张校菠　杨忠福　杨光明　马俊斯　徐迎节	CN105502364A
10	MTP产物中的DME脱除系统及方法	发明	王　林　廖祖维　雍晓静　阳永荣　李　云　王靖岱　王　峰　张　伟　罗春桃　袁　炜　王　亮　张玲玲	CN 105439800B
11	全封闭式GIS系统的核相方法	发明	张胜文　翟文云　王严飞　宋旭东　曹　晋　张亚宁　丁　贺　王立民　台文昊　张春强　焦海禄　徐　林	CN 105445567B
12	一种固定床多相雾化喷嘴	发明	庄　壮　匡建平　罗春桃　梁　健　雍晓静　张世程　魏旭礼　王　峰　张　伟　江永军　苏　慧　王　亮　杜正平　梁吉宝	CN 105642198B
13	一种门式起重机的电源电缆收纳装置	发明	韩永亮　何洪涛	CN 106744316B
14	煤矿矿井水污泥处理系统	实用新型	武书泉　赵　华　孔军峰　刘忠华　赵　雷	CN 206845222U

续表

序号	专利名称	专利类型	发明人	授权公告号
15	气化烧嘴及气化装置	实用新型	姚　敏　匡建平　黄　斌　郭　伟　罗春桃　焦洪桥　井云环	CN 207143185U
16	用于聚丙烯脱气仓的下料疏通装置	实用新型	焦　旗　方　伟　田广化　唐建兵　罗春桃　李丽英　孙亚楠　何　艳　申宏鹏　郑鹏程　胡　琳	CN 206842160U
17	高效热能回收携带流气化炉	实用新型	姚　敏　匡建平　井云环　朱惠春　罗春桃　马乐波　张金亮　夏支文　郭　伟　杨　英　杨　磊　马银剑　夏同伟　李志强	CN 206843382U
18	一种干煤粉气化的除渣系统	实用新型	杨　英　井云环　吴　跃　夏支文　马乐波　杨　磊　杨　帅　刘洪刚　马银剑　郭　伟	CN 206843383U
19	一种热能回收冷却装置	实用新型	焦洪桥　马乐波　匡建平　罗春桃　杨　磊　井云环　夏支文　郭　伟　马银剑　吴　跃　杨　英　张金亮　夏同伟　杨　帅　刘洪刚	CN 206843387U
20	一种含盐废水处理装置	实用新型	杨　帅　井云环　罗春桃　刘洪刚　焦洪桥　陈志斌　田忠明	CN 207130086U
21	聚丙烯催化剂共聚性能的评价装置	实用新型	方　伟　焦　旗　田广华　范晓东　孟永智　申鸿鹏　陈华林	CN 206848223U
22	物料重量检测装置	实用新型	李　铮　金　颖　杨成龙　李函阳　郭自军	CN 206990074U
23	用于甲醇制丙烯工艺中增产丙烯的系统	实用新型	王　林　焦洪桥　雍晓静　关　翀　齐　静　李　云　罗春桃　张智敏　李云平　钱效南　袁　炜　徐金华　庄　壮　王　亮　宋彩霞　苏　慧	CN 206886986U
24	用于综合处理燃煤锅炉烟气和矿井水的系统	实用新型	陈建平　陈曦冉	CN 206980451U
25	水泵启停装置、水泵	实用新型	孔令成　聂晨锋　尤俊峰　信玉宁　朱荣杰　王　欣　王　伟　马　军　郑建军	CN 207145202U
26	用于煤矿矿井水处理的系统	实用新型	陈建平　赵　平　唐晓舟　马占国　郭建新　雷宇庭　侯晓峰　马金龙　张　言　顾怀红	CN 207142894U
27	墙角涂料层成形装置	实用新型	张德志　杨　洋　马洪玉　丁生才	CN 207332254U
28	一种巷道帮部锚索钻机辅助支架	实用新型	杨小宁	CN 207363604U
29	一种矿用设备故障的预测设备和系统	实用新型	张永强　王　林　马忠昌　仇念民　姚　荣	CN 207337168U
30	一种采煤巷道	实用新型	杨小宁	CN 207363682U
31	一种巷道支护设备	实用新型	杨小宁	CN 207363683U
32	一种合成气精洗装置	实用新型	郭中山　黄　斌　赵建宁　刘吉平　姜　永　袁红年　范为鹏　王　琦	CN 207362161U
33	一种转弯巷道	实用新型	杨小宁	CN 207363673U
34	一种电缆自移装置及电缆自移系统	实用新型	贺艳锁　李小四　张　刚　刘忠明　张家增　靳　华　宋发银	CN 207339220U
35	一种锚索张紧器	实用新型	何志德　李怀军　杨秀伟　冯生华　杨　刚　金双双	CN 207363688U
36	油桶取油装置	实用新型	孙俊鹏　张志军　杨　勇　李兴功　杨金明　蒋　俊　买　利	CN 207371230U
37	水幕生成设备启停装置、水幕生成设备	实用新型	王长学　邱宁生　蒋学明　吴少文　胡喜平	CN 207363695U
38	一种刮板输送机	实用新型	王宏伟　李立新　蒙鹏科　齐志勤　张志伟　虎生武　马学海　周工厂　齐建伟　杨　诚　刘小东	CN 207450906U
39	用于巷道的捕尘装置	实用新型	张德志　杨　洋　马洪玉　张连玉　慕建军	CN207920654U

续表

序号	专利名称	专利类型	发明人	授权公告号
40	用于湿式除尘器的净水装置	实用新型	杨成龙　张永强　王　林　郭自文　邵永生　马忠昌　祁　刚　马　军	CN 207525062U
41	一种液压支架挡矸帘	实用新型	王　林　张永强　马忠昌　郭自文　马　军　祁　刚　鲁　伟　黄文勋　蒋贡友	CN 207454008U
42	除尘装置	实用新型	杨成龙　张永强　王　林　郭自文　邵永生　马忠昌　祁　刚　马　军	CN 207520814U
43	一种液压支架	实用新型	马忠昌　张永强　王　林　郭自文　祁　刚　鲁　伟　黄文勋　蒋贡友　马　军	CN 207454009U
44	矿用平板车	实用新型	马　军　张永强　王　林　马忠昌　郭自文　祁　刚	CN 207449903U
45	一种煤粉制备系统	实用新型	夏支文　井云环　杨　磊　杨　英　马乐波	CN207563059U
46	粉煤仓	实用新型	黄斌	CN 207524332U
47	一种美气化系统	实用新型	姚　敏　焦洪桥　井云环　罗春桃　匡建平　夏支文　杨　磊　吴　跃　杨　英　马银剑　马乐波	
48	煤基甲醇制丙烯工艺副产物中C9馏分的分离装置	实用新型	李　云　雍晓静　罗春桃　王　林　关　翀	CN207632727U
49	胶带输送机启停控制系统	实用新型	顾怀红　吴少文　屈　辉　王　虎　王建杰　朱永东　姚福涛　韩晓宏	CN207917897U
50	一种费托合成过程中费托蜡的过滤系统	实用新型	姚　敏　郭中山　李　虎　赵建宁　魏旭礼　黄　斌　杨占奇　刘吉平　张　维　王　峰　张飞跃	CN207918763U
51	一种有线电视集中供电电源	实用新型	赵双山	CN207926190U
52	一种控制电视信号增益的装置	实用新型	冯建兵　马明君　梅晓虎　王　鲁　张晋平　李建忠	CN207910899U
53	一种大规模半废锅气化装置	实用新型	吴　跃　姚　敏　焦洪桥　罗春桃　匡建平　井云环　马银剑	CN208166939U
54	一种防止结渣及热能高效回收的气化炉	实用新型	姚　敏　吴　跃　匡建平　朱惠春　张金亮　井云环　马银剑　杨　磊　夏同伟　李志强　马乐波　夏支文　郭　伟　杨　帅　杨　英　刘洪刚	CN207918766U
55	费托合成柴油馏分的再加工系统	实用新型	安良成　袁　炜　罗春桃　蔡力宏　谭　斌　李云平　王　峰　张安贵　刘素丽　袁　华　邵光涛　梁雪美　李增杰	CN208166931U
56	一种脚手板固定装置及脚手架	实用新型	袁秋生　赵世忠　邓　超　靳亚军　郭栓俊　王克赟　刘　琦　李　斌　赵　赟　侯耀娟　梁　勇	CN207920057U
57	干煤粉废锅气化系统	实用新型	焦洪桥　罗春桃　马银剑　井云环　马乐波　郭　伟　吴　跃　杨　磊　夏支文	CN207918765U
58	一种煤气化系统	实用新型	姚　敏　夏支文　罗春桃　匡建平　井云环　杨　英　马乐波　郭　伟　杨　磊　马银剑　雷树宽	CN208121048U
59	用于煤矿工作面顶板的支撑装置	实用新型	赵生华　赵　凯	CN208122880U

表10-1-8　神华宁夏煤业集团公司授权发明专利统计表（2009—2018年）

序号	专利号	名　称	授权公告日	授权公告号
1	201010608184.1	一种制备二甲醚催化剂的方法	2013/3/27	CN 102125854 B
2	201110127054.0	一种由甲醇脱水制取二甲醚的方法	2013/4/3	CN102225889B
3	201010608183.7	铸造耐磨金属材料的方法、该材料及其制成的二段旋流器壳体	2013/4/17	CN 102134684 B
4	201110184606.1	煤基甲醇制丙烯工艺中失活催化剂的再生方法	2013/5/1	CN 102302947 B
5	201110183712.8	一种德士古辐射废锅的滴水檐	2013/6/5	CN 102252308 B
6	200910209698.7	一种炭化活化一体的活性炭生产方法及其设备	2013/6/19	CN 102050445 B
7	201110182670.6	一种GSP气化炉煤粉输送管线及投料方法	2013/7/24	CN 102260535 B
8	201010608433.7	一种在巷道上利用伪岩石层揭穿突出煤层的方法	2013/9/18	CN 102121394 B
9	201110183619.7	适用于煤基甲醇制丙烯工艺的提高工艺蒸汽塔负荷的方法及系统	2014/1/29	CN 102345848 B
10	201110252753.8	二甲醚合成反应器	2014/1/29	CN 102319553 B
11	201210405311.7	一种耐磨铸钢及其制备方法	2014/4/30	CN 102912255 B
12	201010608202.6	一种煤气净化装置	2014/4/30	CN 102031158 B
13	201110362092.4	一种具有分选功能的对撞式流化床气流粉碎机	2014/6/18	CN 102397812 B
14	201110182517.3	煤基甲醇制丙烯工艺中激冷系统油水分离方法及其装置	2014/7/16	CN 102363084 B
15	201310050921.4	一种捕集聚丙烯中低分子挥发性物质的方法	2014/8/20	CN 103175916 B
16	201110183620.X	一种防止煤基甲醇制丙烯工艺中激冷水泵汽蚀的方法及其装置	2014/9/3	CN 102345578 B
17	201110183627.1	一种控制煤基甲醇制丙烯工艺中丙烯产品水含量的方法	2014/10/29	CN 102344331 B
18	201010527563.8	一种制备二甲醚的装置和方法	2014/11/5	CN 102029130 B
19	201210511499.3	一种甲醇或二甲醚制丙烯催化剂的再生方法	2015/1/7	CN 102962096 B
20	201210321693.5	一种超重力多功能反应器	2015/1/7	CN 102872788 B
21	201310172579.5	一种用于高碳烃转化制备低碳烯烃的催化剂及其制备方法	2015/3/4	CN 103272635 B
22	201210422830.4	采煤工作面顶板离层水的防治方法	2015/3/4	CN 102943690 B
23	201310556488.1	一种旋流干煤粉气化炉	2015/4/29	CN 103627440 B
24	201310526732.X	一种由甲醇制备丙烯的方法和系统	2015/4/29	CN 103553863 B
25	201210411600.8	一种双壁环空打捞套管及打捞孔内落物的方法	2015/5/6	CN 102966324 B
26	201310172615.8	改性HZSM-5分子筛催化剂及其制备方法	2015/5/13	CN 103272631 B
27	201210585199.X	一种冻土边界控制系统以及控制冻土边界的方法	2015/7/1	CN 103132535 B
28	201310478833.4	一种干煤粉气化组合烧嘴	2015/7/15	CN 103497785 B
29	201310051688.1	改性HZSM-5分子筛催化剂的制备方法及该催化剂	2015/8/12	CN 103111319 B
30	201210590498.2	一种液位自动平衡控制系统及控制方法	2015/8/12	CN 103049010 B
31	201310045795.3	一种矿井水害治理方法	2015/9/9	CN 103104289 B
32	201210531722.0	高分子产品的加工设备及方法	2015/9/16	CN 102962975 B
33	201410200610.6	利用除尘粉冶炼碳化硅的方法	2015/12/9	CN 103964441 B
34	201410069575.9	一种干煤粉气化系统	2015/12/9	CN 103820159 B
35	201410030665.7	一种煤矿井下降温方法	2016/2/17	CN 103775119 B
36	201310056217.X	一种聚甲醛稳定化处理的方法	2016/3/23	CN 103144275 B

续表

序号	专利号	名 称	授权公告日	授权公告号
37	201410200608.9	一种分离二氧化碳气体的变压吸附用活性炭及其制备方法	2016/3/30	CN 103964431 B
38	201410119575.5	一种煤矿巷道的封堵方法	2016/4/20	CN 103912285 B
39	201410219103.7	一种甲醇制丙烯的方法	2016/4/27	CN 103980083 B
40	201410218470.5	一种甲醇制丙烯的方法	2016/5/25	CN 103980082 B
41	201310548130.4	一种支撑隔离墙及其施工方法	2016/8/17	CN 103603681 B
42	201510135217.8	一种用于甲醇制丙烯的反应产物分离系统及其急冷系统	2016/9/21	CN 104784953 B
43	201410789571.8	一种用于甲醇制丙烯反应的分子筛的合成方法	2017/1/4	CN 104556134 B
44	201410138895.5	一种煤层瓦斯抽采封孔装置及封孔方法	2017/1/4	CN 103924943 B
45	201310170826.8	一种含聚丙烯的组合物及其制备方法	2017/2/8	CN 103275390 B
46	201410849329.5	矿用液氮防灭火装置及其使用方法	2017/2/22	CN 104594938 B
47	201410680191.0	一种废水处理装置及方法	2017/2/22	CN 104445774 B
48	201510088922.7	一种炼焦煤配煤方法	2017/3/1	CN 104711000 B
49	201510088925.0	一种费托合成系统及方法	2017/3/29	CN 104711006 B
50	201510137985.7	一种液压提升装置的控制方法	2017/3/29	CN 104760903 B
51	201410120656.7	一种用于SAP ERP系统与ORACLE ERP系统的接口方法和装置	2017/6/16	CN 103914526 B
52	201510812138.6	雾化喷嘴及固定床	2017/7/11	CN 105289420 B
53	201510154969.9	一种液氮防火灭火系统和方法	2017/7/11	CN 104775843 B
54	201510247572.4	一种费托合成与分离的装置及方法	2017/7/11	CN 104888668 B
55	201510954855.2	一种由甲醇制丙烯的方法	2017/8/25	CN 105523876 B
56	201510980829.7	一种用于聚烯烃中的组合物	2017/9/15	CN 105482250 B
57	201510965168.0	一种降低煤灰熔融温度的方法	2017/11/28	CN 105542901 B
58	201510246847.2	一种浆态床反应器的费托合成产物分离系统及方法	2018/1/2	CN 104888667 B
59	201510794696.4	一种粉料加压输送装置	2018/1/9	CN 105253631 A
60	201611253089.8	一种门式起重机的电源电缆收纳装置	2018/1/16	CN 106744316 B
61	201510964851.2	一种降低煤灰熔融温度的方法	2018/1/16	CN 105400570 B
62	201510261036.X	一种浆料输送系统	2018/3/27	CN 104879650 B
63	201610158146.8	一种固定床多相雾化喷嘴	2018/3/30	CN 105642198 B
64	201510655158.7	一种刚性增强聚甲醛复合材料及其制备方法	2018/3/30	CN 105237943 B
65	201511020901.8	MTP产物中的DME脱除系统及方法	2018/6/8	CN 105439800 B
66	201511021393.5	全封闭式GIS系统的核相方法	2018/6/8	CN 105445567 B
67	201510965171.2	一种气化炉用煤的配煤方法	2018/6/26	CN105542820A
68	201511001166.6	一种以无烟煤为原料制备石墨烯的方法	2018/6/29	CN105502364A
69	201510996639.4	液氮增压防火灭火系统和方法	2018/7/6	CN 105464696 B
70	201510977804.1	火炬单元污水循环系统	2018/10/12	CN 105585088 B

（二）专利转化

"神宁炉"已成为业界品牌，"宁夏神耀科技有限公司"正式挂牌运营，搭建了集团公司煤气化技术研发与"神宁炉"专利技术应用转化的平台，完成了与北控能源、辽宁大唐国际阜新公司、宁波中金石化公司的技术交流，与美国德州清洁能源项目初步达成技术转让意向，与美国顶峰能源公司签订了技术转让协议，开展了沙比克项目可研阶段气化技术转让前期工作。

针对首套50万吨/年煤基甲醇制丙烯装置生产运行不稳定及核心催化剂受国外控制的问题，对生产装置实施了一系列技术改造，开展了国产MTP催化剂的研究与开发，累计完成技术改造约2000项，申报国家专利20项，实现了MTP工艺技术的集成创新，并享有德国鲁奇公司全球专利技术转让费15%的收益。搭建了全球首套从实验室到工业侧线的催化剂性能监测平台，形成了较为完善的催化剂研发技术体系。与上海福瑞德公司联合开发的MTP催化剂完成了6000小时工业化稳定运行实验，打破了国外专利技术垄断，价格较国外催化剂降低了约30%，目前，已推广应用国产催化剂3炉，单炉节省采购成本约1500万元。

烯烃二分公司通过持续技术攻关，解决了制约煤化工副产品深加工综合利用项目裂解装置稳定运行的瓶颈，实现了装置满负荷运行，同时推进了产品升级，拥有了12个牌号的聚丙烯生产能力，并获得国内单项冠军产品。烯烃一分公司开发出首款高熔指聚丙烯产品。聚甲醛产品性能超过国内同类产品，引领国内市场。太西洗煤厂研发的新型脱硫脱硝催化剂，年可新增产值5000万元。

拥有50%自主知识产权的"智能机器视觉的联动控制"科研成果被神华集团公司列入节能技术推广目录，并授权宁夏煤炭科学技术研究所对该项成果进行转化与推广。

第十节　著作权

2017年集团公司在著作权授权方面取得了"零"的突破，历时4年编写的25本技能鉴定实操教材由煤炭工业出版社出版并面向全国发行，同时完成国家版权局著作权登记。该套教材重点编录了当前煤炭工业先进的生产工艺、生产技术，对员工操作技能提升具有很强的指导性。同时，由科技发展部牵头，教育培训中心组织师生编写的13项3D教学视频也获得著作权登记。"百万吨级烯烃智能制造项目"的四项软件著作权填补了神华宁夏煤业集团公司软件著作权的空白。

表10–1–9　神华宁夏煤业集团公司著作权登记统计表

序号	证书编号	著作名称	类型
1	2017SR549629	目标传导式绩效管理系统［简称：GCP］V1.0	软件
2	2017SR672510	罐区安全检查管理软件［简称：SN_TSM］V1.0	软件
3	2017SR672528	计划管理软件［简称：SN_CPlaner］V1.0	软件
4	2017SR671099	烯烃装置物料管理系统软件［简称：SN_MB］V1.0	软件
5	宁作登字–2018–I–00000112	顶板事故3D环幕视频	3D教学视频
6	宁作登字–2018–I–00000100	矿井提升机及配套设备教学及模拟演练3D视频	3D教学视频
7	宁作登字–2018–I–00000101	矿井压风机教学及模拟演练3D视频	3D教学视频
8	宁作登字–2018–I–00000111	水灾事故3D环幕视频	3D教学视频
9	宁作登字–2018–I–00000110	火灾事故3D环幕视频	3D教学视频
10	宁作登字–2018–I–00000109	瓦斯煤尘爆炸3D环幕视频	3D教学视频
11	宁作登字–2018–I–00000107	综掘机生产工艺教学及模拟演练3D视频	3D教学视频
12	宁作登字–2018–I–00000106	综合机械化采煤机生产工艺教学及模拟演练3D视频	3D教学视频
13	宁作登字–2018–I–00000104	采煤机及配套设备教学模拟演练3D视频	3D教学视频

续表

序号	证书编号	著作名称	类型
14	宁作登字-2018-I-00000103	综掘机及配套设备教学模拟演练3D视频	3D教学视频
15	宁作登字-2018-I-00000102	矿井主通风机及配套设备教学模拟演练3D视频	3D教学视频
16	宁作登字-2018-I-00000105	胶轮车教学模拟演练3D视频	3D教学视频
17	宁作登字-2018-I-00000108	自救互救与现场急救3D培训视频	3D教学视频
18	宁作登字-2017-A-00000376	矿井维修电工	教材
19	宁作登字-2017-A-00000381	综采维修电工	教材
20	宁作登字-2017-A-00000370	综采维修钳工	教材
21	宁作登字-2017-A-00000373	综掘机司机	教材
22	宁作登字-2017-A-00000360	液压支架工	教材
23	宁作登字-2017-A-00000358	采煤机司机	教材
24	宁作登字-2017-A-00000378	采煤工	教材
25	宁作登字-2017-A-00000379	煤质化验工	教材
26	宁作登字-2017-A-00000359	矿井通风工	教材
27	宁作登字-2017-A-00000363	矿山测尘工	教材
28	宁作登字-2017-A-00000364	测风工	教材
29	宁作登字-2017-A-00000366	瓦斯检查工	教材
30	宁作登字-2017-A-00000365	综采集中控制操作工	教材
31	宁作登字-2017-A-00000362	矿山测量工	教材
32	宁作登字-2017-A-00000382	矿井维修钳工	教材
33	宁作登字-2017-A-00000369	锚喷工	教材
34	宁作登字-2017-A-00000375	跳汰洗煤工	教材
35	宁作登字-2017-A-00000374	洗选维修钳工	教材
36	宁作登字-2017-A-00000372	浮选工	教材
37	宁作登字-2017-A-00000371	重介质制备回收工	教材
38	宁作登字-2017-A-00000368	选煤技术检查工	教材
39	宁作登字-2017-A-00000367	煤炭产品装运工	教材
40	宁作登字-2017-A-00000377	洗选维修电工	教材
41	宁作登字-2017-A-00000380	重介质分选工	教材
42	宁作登字-2017-A-00000361	雷管制造工	教材

第十一节　标准管理

集团公司围绕煤制油、煤化工及煤炭重大科研项目，与国内外相关科研院所联合开展了煤基油品及其衍生产品的行业标准和国家标准的制订工作。其中，2016年组织编写的《煤基合成气中硫化氢、羰基硫、甲硫醇和甲硫醚含量的测定气相色谱法》（GB/T33443-2016），填补了国内测定硫化氢、羰基硫、甲硫醇、甲硫醚的标准空白；2017年组织编写的《甲醇制丙烯催化剂反应性能试验方法》通过国家标准委员会审查，并由工信部发布实施。截至2018年，由集团公司组织编写并发布实施的国家标准2项、行业标准1项、企业标准12项。

表10-1-10　神华宁夏煤业集团公司标准制定情况统计表

序号	名称	编号	起草单位	发布日期	实施日期
1	煤基合成气中硫化氢、羰基硫、甲硫醇和甲硫醚的测定 气相色谱法	GB/T 33443-2016	神华宁夏煤业集团公司 国家煤及煤化工产 品质量监督检验中心 山西晋城无烟煤矿业集团有限责任公司天溪煤制油分公司	2016.12.30	2017.07.01
2	甲醇制丙烯催化剂反应性能试验方法	HG/T 5190-2017	神华宁夏煤业集团公司 大唐国际化工技术研究院有限公司 大唐内蒙古多伦煤化工有限责任公司 上海卓越化工科技有限公司 南化集团研究院 江苏天诺新材料科技股份有限公司	2017.11.07	2018.04.01
1	不黏煤	Q/NCG 001-2009	神华宁夏煤业集团公司	2009.11.18	2009.11.18
2	瘦煤	Q/NCG 002-2009	神华宁夏煤业集团公司	2009.11.18	2009.11.18
3	1/3焦煤	Q/NCG 003-2009	神华宁夏煤业集团公司	2009.11.18	2009.11.18
4	焦煤	Q/NCG 004-2009	神华宁夏煤业集团公司	2009.11.18	2009.11.18
5	无烟煤	Q/NCG 005-2009	神华宁夏煤业集团公司	2009.11.18	2009.11.18
6	长焰煤	Q/NCG 006-2009	神华宁夏煤业集团公司	2009.11.18	2009.11.18
7	聚丙烯（PP）树脂	Q/DQSHM 0009—2017	神华包头煤化工有限责任公司 神华宁夏煤业集团公司 神华榆林能源化工有限公司 神华新疆煤化工有限公司	2017.03.14	2017.04.01
8	聚乙烯（PE）树脂	Q/DQSHM 0010—2017	神华包头煤化工有限责任公司 神华榆林能源化工有限公司 神华新疆煤化工有限公司	2017.03.14	2017.04.01
9	聚甲醛（POM）树脂	Q/DQSHM 0013—2012	神华宁夏煤业集团公司	2012.09.23	2012.10.15
10	混合芳烃	Q/DQSHM 0014—2012	神华宁夏煤业集团公司	2012.04.28	2012.04.15
11	C9+	Q/SH NM 1001-2018	神华宁夏煤业集团公司	2018.06.01	2018.06.15
12	C9+馏分	Q/SH NM 1002-2018	神华宁夏煤业集团公司	2018.06.01	2018.06.15

第十二节　商标及品牌管理

近年来，集团公司着力打造“太西”牌无烟煤、“太洗”牌洗精煤、“朔焦”牌焦精煤、“香砟子”块煤、“神宁一号”动力煤等五大优势品牌。2016年11月，集团公司矿山机械制造维修分公司“星王”商标被评为自治区“著名商标”。2017年，完成“太西”“太洗”“朔焦”等三个商标的续展工作。2018年，集团公司拥有注册商标11项。其中“太洗”牌无烟洗精煤产品先后获得“国家银质奖”“全国质量过硬放心品牌”“国家重点新产品”等荣誉称号；“太洗牌无烟洗精煤系列”和“太西”牌活性炭被授予“列入知识产权维权保护——宁夏市场重点品牌”称号。

表10-1-11　神华宁煤集团拥有商标统计表

序号	名称	数量	状态	权利人
1	香砟子	1枚	使用	神华宁夏煤业集团公司
2	太西煤	1枚	使用	神华宁夏煤业集团公司太西煤产品质量检测中心
3	神宁龙	9枚	使用	神华宁夏煤业集团公司
4	神宁1号	1枚	使用	神华宁夏煤业集团公司
5	朔焦	1枚	使用	神华宁夏煤业集团公司
6	奇唯	1枚	罗家煤使用	神华宁煤集团汝箕沟煤矿
7	“太洗”牌	1枚	使用	神华宁夏煤业集团公司太西洗煤厂
8	“太西”牌活性炭	1枚	使用	神华宁夏煤业集团公司活性炭分公司
9	“太西”牌碳化硅	1枚	使用	神华宁夏煤业集团公司太西洗煤厂
10	“星王”	1枚	使用	神华宁夏煤业集团公司矿山机械制造维修分公司
11	“双环”	1枚	使用	神华宁夏煤业集团公司天长民爆有限责任公司

第十三节　《神华科技》

2009年10月19日，经国家新闻出版总署批准，将《西北煤炭》更名为《神华科技》。该刊物由神华集团公司和中国神华能源股份有限公司主管，由神华宁夏煤业集团公司主办，为面向国内外公开发行的能源类综合科技期刊。国内统一刊号CN64-1066/TK，国际标准刊号ISSN1674-8492。2009—2016年为双月刊，2017年改为月刊，期发行量达1.96万册。

《神华科技》办刊宗旨为关注和引领行业动态发展，推动煤炭、电力、油（化）等各领域的科研攻关和技术进步，促进企业产业结构升级和创新发展。同时，为科技人才搭建展示才华和事业成长的平台，所刊登论文可用于考研保研、课题申报和神华集团内部工程技术人员评审职称。

《神华科技》开设管理、煤炭、电力、运输、煤制油与煤化工、节能减排、科技动态7个栏目。刊载内容涵盖科技活动、科研成果和课题研究、新技术推广、企业经营管理经验及问题探讨等专业技术理论文章。

2017年，神华集团公司对《神华科技》编委会进行调整，共由34人组成，凌文兼任编委会主任。

《神华科技》编辑部设在神华宁夏煤业集团公司会议中心三楼，共由9人组成，顾大钊任总编，孟坚任副总编，杨惠敏任执行副主编，杨静任编辑部主任。

2009—2017年，《神华科技》累计出刊72期，发行总量达124万册。发行范围覆盖神华集团公司42个子（分）公司，并通过业务关系交流到澳大利亚、印度尼西亚等5个国家的有关企业，同时向国务院、国家发改委、国资委和自治区党委宣传部、国资委、发改委赠阅，与国内《煤炭学报》《中国煤炭杂志》《洁净煤技术》等约50家报刊进行交流，并被国家图书馆、宁夏档案馆收藏，被中国期刊全文数据库、中国学术期刊（光盘版）、中国核心期刊（遴选）数据库、《中国知网》（CNKI）、《万方数据—数字化期刊群》全文收录。

第二章　培训

第一节　体系建设

一、机构设置

2009年，神华宁夏煤业集团公司分别设立员工教育培训中心和宁夏工业职业学院。宁夏工业职业学院是宁夏唯一一所由国有企业创办，经自治区人民政府批准、国家教育部备案的具有全国招生资质的全日制普通高等职业学院。各矿、厂、分公司设教育科或培训科专业机构，其中金能煤业分公司、灵新煤矿等单位设置有教育科，配备专职教师和管理人员。此后，各矿、厂、分公司教育培训机构陆续并入到各单位人力资源科（部），但保留原有工作职能和人员。

2013年，集团公司教育培训中心获得国家二级安全生产培训资质。

2017年2月，集团公司按照机构体制改革布局要求，对员工教育培训中心、党校、宁夏工业职业学院进行整合，形成三块牌子一套班子的“三合一”教育培训机构，下设综合办公室、党群工作部、经营管理部、培训管理部、学生处、教务处6个职能部门和采矿工程系、机电工程系、化学工程系、培训基地4个教学系部，共配有管理人员106名，其中领导班子成员7人，同时配备操作人员15人。

宁夏工业职业学院进行“大部制”改革，撤销教育培训中心下属的3个基层单位，科级机构由27个减至16个，机关管理人员由原来的71人精简到30人，并对4个副处级管理岗位进行公开比选，实现了扁平化和集约化管理。

二、队伍建设

（一）师资规模

2009年，宁夏工业职业学院有教职工231人。其中，研究生及以上学历6人，大学本科学历167人，大学专科学历40人，中专及以下学历18人；获得中级以上职称111人，分别为高级职称38人，中级职称73人。

2017年，宁夏工业职业学院引进16名高学历、高技能人才，使教职工总人数达到238人。其中，专任教师117人，分别是硕士研究生7人，大学本科学历110人；正高级职称1人，副高级职称28人，中级职称53人，初级职称33人；具有从事员工教育培训和高等职业教育资格的“双师型”教师59人，占专任教师总数的67%。根据高等职业教育和员工教育培训双重职能需要，宁夏工业职业学院组建5个自治区级教学团队，聘请企业项目开发团队中的专家、工程技术人员、能工巧匠担任校内兼职教师，从企业聘请17名高技术人才担任校外兼职教师。

2018年，宁夏工业职业学院专业教师中有1人晋升为教授，6人晋升为副教授。

表10-2-1　2009—2018年宁夏工业职业学院师资结构表

单位：人

项目 年份	合计	文化程度结构				技术水平结构			
		研究生及以上	大学本科	大学专科	中专及以下	正高级	高级	中级	初级
2009年	231	6	167	40	18		38	73	50
2010年	227	9	165	38	15		38	71	59

续表

项目 年份	合计	文化程度结构				技术水平结构			
		研究生及以上	大学本科	大学专科	中专及以下	正高级	高级	中级	初级
2011年	235	11	170	39	15		46	69	60
2012年	244	12	176	43	13		49	69	77
2013年	240	15	171	42	12	1	52	69	75
2014年	241	17	170	42	12	1	52	74	72
2015年	233	18	164	39	12	1	49	76	69
2016年	238	19	169	38	12	2	54	81	61
2017年	246	13	191	33	9	1	55	84	60
2018年	252	21	193	32	6	3	66	93	58

（二）培训进修

宁夏工业职业学院利用教育主管部门提供的“国培”“区培”和对口支援等多种平台，选送中青年教师到知名高校、生产现场进行中长期进修学习和实践，实施精准培训。坚持聘请国内知名培训师为专兼职教师授课培训，每年培训轮训专兼职教师约1000人次，提升了教师的综合素质和授课技能。

2017年，宁夏工业职业学院坚持抓好专兼职教师执业素质提升工作，选派36名教师到知名高校、北京韦加无人机科技股份有限公司等设备厂家进修培训。全年对307名专兼职教师进行了授课技巧、课程设计等方面的系统培训。

2018年，宁夏工业职业学院安排28名教师参加了自治区职业院校教师信息化教学大赛培训；组织约100名专兼职教师参加了以蓝墨云班课使用为模型的“智能互联时代的教学模式变革和课程建设”培训；安排教师外出培训127人次。该院还进一步深化了学术交流互访合作，与台湾东南科技大学签订了交流协议，并实现了与福建信息职业技术学院短期“交换生”、教师互访、专业共建等定期交流访谈合作项目的顺利实施，全年共派出33名教师和6名学生分别到福建信息职业技术学院、台湾海洋科技大学交流学习。

（三）教学评比

宁夏工业职业学院坚持开展“最受尊敬的老师”评选活动，每年组织全院学生通过无记名投票方式评出10名“最受尊敬的老师”。

2014年，宁夏工业职业学院建立兼职教职师资库和授课质量监控反馈体系。此后，每年定期组织开展专兼职培训教师授课大赛。

2017年，宁夏工业职业学院组织开展了第三届教学竞赛活动，来自集团公司所属35个单位的147名专兼职教师报名参加决赛，其中10名专职教师和30名兼职教师分别获得一、二、三等奖。组织教师参加了宁夏高校信息化课堂教学比赛，获得1个二等奖、2个三等奖。组织参加国家安全监察总局举办的全国培训教师授课大赛，1名教师获得一等奖。

2018年，学院举办了信息化教学大赛，17个教学团队的50名专兼职教师参赛，选拔推荐12个优秀作品参加了自治区高等职业院校信息化教学大赛，获得二等奖1个，三等奖3个。同年，学院成功承办全区职业院校技能大赛，其中学院派出的矿井灾害应急救援和矿山监测2个技术工种在大赛中脱颖而出，并代表自治区参加了全国职业技能大赛。组队参加了全国机械行业职业院校技能大赛“博诺杯”移动机器人技术应用大赛，并获得高等职业教育组一等奖。

（四）师资管理

2009年以来，宁夏工业职业学院坚持依法办学，爱师重教，建立了师德建设工作考评制度和监督评估体系，从严管理，定期考核，形成了师德建设的长效机制。同时，在利用专职教师基础上，采取“内培外引，专兼结合”措施，有针对性招录和引进紧缺师资、学科带头人等高端人才。坚持“不求所有，但求所用”的教师资源利用原则，聘请其他院校高水平教师为学院服务，形成与其他院校师资队伍共享共建的长效机制。

三、教学设施

2009年8月，宁夏工业职业学院从宁东中心区整体搬迁至占地总面积达11.7万平方米的原自治区党委办公区。2010年以后，集团公司在新校区内投资新建2栋教学楼和2栋学生公寓楼，使学生住宿、教学科研、教室用房建筑面积分别达到6.97万平方米、2.7万平方米、1.4万平方米，拥有建筑面积2846平方米的图书馆1个，250米塑胶跑道体育场1个，以及篮球场4个、排球场4个，羽毛球馆和健身房、太阳能浴池各1个，餐厅2个。同期，集团公司还投入近2亿元，进行校内实训室、多媒体教室、实践基地和校外实习实训基地等项目建设。各矿、厂、分公司均建设有独立的员工教育培训楼或教学场所，教室内配备电脑、投影仪、饮水机和标准化课桌、凳子等。其中，金能煤业分公司员工培训教育楼内设11个教室、1个电教室，并设置1间安装70台电脑的计算机房，专门用于管理人员计算机知识培训和员工无纸化考试。

至2017年，宁夏工业职业学院教学用房、设施等得到进一步完善，拥有2个大型实训车间、21个采掘机械仿真实训室等各类校内实训室、19个校内实践基地、18个校外实习实训基地、1个藏书15.5万册和电子图书1.2T的图书馆和4个大型报告厅，教学、科研仪器总值达4.5亿元，能满足1800名全日制学生、800名员工的教育、培训、学习和生活；建成校园网站和集团公司员工教育培训网站，接入互联网出口宽带200兆位/秒，其中校园网主干网带宽达10000兆位/秒，网络信息点数1030个，数字资源总量1250GB；建立网络教学平台，开设网络多媒体教室56间，配置教学用计算机658台，有18门课程在网络教学平台中建有网络教学资源，实现了行政办公、教务教学、招生就业、学生管理、网络课程及教学资源系统、校园门户系统、科研信息管理系统的全方位信息化管理，形成了以文字、音像、多媒体软件为载体，质量高、实用性强的立体化实训教材体系。

第二节　员工培训

一、教育培训管理

2009年，集团公司教育培训中心制定《员工教育培训管理办法》《员工培训考核管理办法》《基层实训基地考核管理办法》《培训工作标准化手册》《培训文化手册》等管理制度，并依据国际ISO10015培训标准完善了涵盖培训制度、培训考核、档案信息资料、组织管理等工作，建立专业化管理制度保障体系。所属各煤矿、厂、分公司建立结合本单位工作实际的员工教育培训工作制度，其中金能煤业分公司、石炭井焦煤公司、羊场湾煤矿等单位修订完善《员工教育培训管理办法》《教育培训效果评估管理办法及考核细则》《“师带徒”实施办法》《兼职教师管理办法》等一系列员工教育培训工作制度，形成了完善的员工教育培训工作制度保障体系。

2012年，集团公司教育培训中心制定出台《员工“过关”培训实施方案》《学分制管理办法》等管理制度，对全体员工实行贯标培训，对其管理工作和质量效果进行考核，每月组织一次分工种的全体员工岗位技术操作、安全管控、作业规程等应知应会知识统一考试，考试不及格者进行补考，并将考试成绩按分值计入个人年度参加教育培训的学分；每季度对各煤矿、厂、分公司进行一次员工教育培训工作考核及经费兑现；每年组织开展2次由安全监察局、企业策划部、人力资源部、组宣部、工会等部门人员参加的员工教育培训工作督导考核，考核组分井下现场、地面现场和综合内业3个小组，通过听取汇报、对（井下作业地点、地面厂房、车间等）现场作业人员抽考和检查培训记录、交流访谈等形式，对各煤矿、厂、分公司的教育培训质量及效果等情况全方位的督导和考核；每年年底召开一次教育培训工作讲评会，由各煤矿、厂、分公司的分管领导对一年来的教育培训工作进行讲评。清水营煤矿建立并实施了“6211”教育培训模式，即责任部室和区队承担教育培训任务的60%，矿承担20%，班组和个人各承担10%。全系统员工教育培训管理工作走上了制度化、责任化、规范化、标准化轨道。

2018年，集团公司培训中心修订了《培训教师管理办法》《培训学员管理办法》《班主任责任制》《培训教学管理办法》等6项制度，确保了员工培训工作的顺利进行。

二、教育培训课目

2009年，神华宁夏煤业集团公司教育培训中心围绕煤矿现代化技术开采等，设立教育培训课目，主要涉及采煤机司机、乳化液泵站司机、支架工、综掘机司机、放炮员、电机车司机等煤矿特殊工种技术操作理论知识。各煤矿、厂、分公司员工教育培训部门结合实际需要，对特殊工种员工进行安全技术操作和理论知识补缺培训。

2015年5月，集团公司教育培训中心成立培训教材编审委员会，当年完成所承担的神华集团公司煤炭板块8个职业（工种）技能鉴定试题题库的开发工作，共编写理论试题31248题，技能操作试题1620套，其中甲醇合成工、煤化工检修电工题库已通过审定。同时，结合集团公司安全生产工作和各级各类教育培训大纲及岗位需要实际，坚持以“按需建设、规划合理、资源统筹”和看得懂、记得住、用得上为基本原则，有针对性地进行教育培训教材开发工作。

2017年，集团公司教育培训中心相继开发出《掘进机司机》《液压支架工》等涵盖煤炭生产、煤化工生产等多板块、多工种的系列实训教材100多种，开发7个主要工种的三维动漫教材，完成《神宁集团2017年培训课程体系建设》（煤炭技能提升类）20个职业（工种）的培训实施计划和胶轮车司机培训大纲、教材的编写工作，其中34种培训教材、25个工种职业技能鉴定实操培训教材经煤炭工业出版社出版面向全国发行，7个工种的理论和实践一体化技能培训教材、2个工种的安全资格培训教材通过上级部门审核并投入教学使用。神华宁夏煤业集团公司形成了以文字、音像、多媒体软件为载体，质量高、实用性强的员工培训教育立体化实训教材体系。

三、教育培训活动

2009年以来，神华宁夏煤业集团公司员工教育培训工作任务主要由教育培训中心和基层单位教育科（培训科）完成。教育培训中心主要负责对各煤矿、厂、分公司的管理人员和专业技术人员的培训、特殊工种执业证办证培训、技能鉴定培训，年完成教育培训量约6万人次。基层各矿、厂、分公司教育科（培训科）负责本单位全体员工的应知应会理论知识和实操培训。

员工教育培训主要有脱产培训、半脱产培训、工余培训和全员分工种题库培训4种方式。其中，全员分工种题库培训由各煤矿、厂、分公司员工教育培训部门自拟题库，并通过局域网传输到各单位基层区队（车间），由区队（车间）技术员利用班前会向员工讲解灌输，每月末以卷面答题方式组织全员过关统考，考试不及格者在规定时间内进行补考；各矿、厂、分公司都建立矿、区队（车间）、班组三级负责的教育培训工作机制，制定相应的规章制度，每年由单位员工教育培训部门结合工作实际和员工岗位技术知识、操作技能掌握情况，制定年度和月度教育培训计划，由单位教育培训部门和区队（车间）、班组按照计划和“干什么、学什么，缺什么、补什么”的原则，分步对员工进行教育培训。各单位教育培训部门按月对区队（车间）的教育培训工作进行打分考核，其中金能煤业分公司采取月末集中考核和动态考核相结合的教育培训管理模式，每月组织一次全员职业技术教育培训考试和区队（车间）教育培训工作的全面考核，日常考核主要通过班前会督导员对各区队（车间）班前会技术教育培训进行监听和抽考。

2013年6月，集团公司网络教育培训系统全面上线，形成了员工教育培训体系从培训需求、调查问卷汇总上报、在线报名、开（分）班、安排课程等到员工参加学习、考试、取证的一整套

完整体系，使员工教育培训实现了远程操作、课件学习、无纸化考试，节省了员工教育培训投入。

2015年，集团公司教育培训中心和各矿、厂、分公司全面实施理论学习、基本功训练、现场实训、技能鉴定考核“四位一体”的技能培训模式。在课程设置和实训安排上，坚持“贴近员工实际、贴近设备实际、贴近生产实际”原则，对员工进行教育培训，全年共教育培训员工26.6万人次。其中，教育培训中心在线教育培训4.7万人次，开办6个工种高技能人才脱产教育培训班115期共计培训员工1.6万人次，班组长培训、其他专项培训合格率分别达到99.8%和100%；基层各矿、厂、分公司采取班前班后工余时间和脱产办班培训等方式对员工进行教育培训，合计教育培训员工20.3万人次，合格率达95%以上。

2016年，集团公司教育培训中心加强“三项岗位人员”取证培训工作，要求教师注重将理论与新设备、新工艺和生产实际相结合，增加实践性内容，以有效解决教学大纲、培训教材与实际脱节的矛盾，并成立由分管教学副主任牵头的课堂教学检查指导小组，深入课堂听课，全面了解掌握教师授课情况，倾听学员意见建议，及时反馈信息。对课堂教学模式进行改革，以每章后的复习思考题为脉络主线，串联讲解复习思考题和章节的

理论知识，解决以往教师按照教材编排的理论知识体系讲授，对学员、考试合格率关注不够的问题。强化对基层单位员工教育培训工作的督促、指导和考核工作，并积极与自治区安监局协调沟通，在宁东设立能源化工基地培训考点，缓解工学矛盾。

2017年，教育培训中心共举办各类培训班1045期，培训79770人次，完成年度教育培训计划的120%。其中，举办安全培训班681期41848人次，技能培训班148期11228人次，管理培训班176期13402人次，网络在线培训9692人次。基层各矿、厂、分公司组织实施各级各类培训1828期，培训员工237271人次，完成年度教育培训计划的115.18%。

2018年，集团公司员工教育培训系统共举办各类培训班1089期，培训员工82348人次。其中，举办安全管理人员培训、复训班59期共计3351人次，员工安全培训班502期共计37858人次，班组长培训班15期共计1274人次，特种作业人员培训、复训班138期共计4338人次，特殊岗位人员培训班23期共计973人次，煤矿兼职急救员培训班14期共计1301人次；为甘肃靖远煤业集团、宁夏宝丰煤化集团、王洼煤业公司、中铝宁夏能源集团等企业进行安全技能、职业技能培训28期共计1598人次。同时，培训中心扎实推进课题研讨、案例分析、观点分享和自主管理进课堂，开展管理人员素质提升等专项培训计6532人次，派往华为集团及淮北优秀煤炭企业接受培训学习150人次；扎实推进办班培训由数量型向质量效果型和集中轮训向基层就近培训“两个转变”，压缩非必须培训项目，发挥基层单位培训点的潜能，将2.69万人次的其他从业人员安全培训放到基层单位进行，为基层单位核增计划外培训费57.29万元。

表10-2-2　2009—2018年神华宁夏煤业集团公司教育培训中心员工教育培训统计表

单位：人·万元

项目＼年份	2009年	2010年	2011年	2012年	2013年	2014年	2015年	2016年	2017年	2018年
培训班期数	816	910	557	723	777	664	698	907	1045	1089
培训人员数	57589	64631	41644	68329	69301	72841	60310	72063	79770	82349
培训经费投入	2000	2100	3235	4809	5140	5230	4711	5004	5909	8097

四、职业技能鉴定

2009年，为落实国家劳动和社会保障部《关于开展企业职工职业技能鉴定工作的复函》、自治区人力资源和社会保障厅有关文件精神，集团公司成立职业技能鉴定所，并获得对94个煤炭生产特有工种、46个煤化工等非煤生产特有工种进行初、中、高、技师和高级技师5个等级的技能鉴定资质。职业技能鉴定所管理工作由教育培训中心负责，在自治区职业技能鉴定指导中心、神华集团公司职业技能鉴定指导中心的指导和监督下开展工作。

2012年9月27日，集团公司职业技能鉴定所通过人力资源和社会保障部职业技能鉴定中心专家组审核认定，并经国家人力资源和社会保障部职业能力建设司批准后注册办证。

2017年，集团公司职业技能鉴定所对鉴定题库进行更新，补充鉴定、竞赛理论试题32套，实操试题48套。

2009—2017年，职业技能鉴定所共对112个工种进行初、中、高、技师、高级技师5个等级的职业（工种）技能鉴定工作，职业（工种）鉴定计划完成率达95%以上，制卷合格率达97%以上，鉴定设施设备完好率达95%以上，阅卷登分差错率1%以下，累计鉴定人数达67263人次，取得职业技能鉴定各级别证书的达41786人次，取证率62.12%。其中，2010年进行职业技能鉴定19141人，取得鉴定证书9717人，取证率53.56%；2015年进行职业技能鉴定4472人，取得鉴定证书3819人，取证率85.39%；2017年共完成13个批次70个职业（工种）的职业技能鉴定工作，鉴定人数9806人，取得鉴定证书6363人，取证率65.21%。

2018年，集团公司职业技能鉴定所完成了矿井维修电工、综采维修电工等12个工种技能鉴定试题库的在线勘误工作，参编了支护工、矿山救护工、压缩机工3个工种的国家职业技能标准的终审。职业技能鉴定所制作的13个3D教学片获得国家版权局、宁夏新闻出版局著作权证书。

表10-2-3　2009—2018年神华宁夏煤业集团公司职业技能鉴定及取证统计表

单位：人

项目＼年份	鉴定情况						取证情况					
	初级	中级	高级	技师	高级技师	小计	初级	中级	高级	技师	高级技师	小计
2009年	825	1672	1448	135	14	4094	400	867	404	78	7	1756
2010年	4421	8003	5051	639	27	18141	2594	4964	1973	183	3	9717
2011年	2204	3527	896	176	68	6871	1426	2608	582	87	28	4731
2012年	1967	4070	963	48	12	7060	1334	2796	427	17	3	4577
2013年	1946	6639	1440	250	46	10321	1218	5099	905	182	26	7430
2014年	799	2421	975	124	20	4339	382	1266	467	65	4	2184
2015年	642	2632	1054	131	13	4472	584	2414	732	82	7	3819
2016年	559	1018	592	32	7	2208	384	402	394	25	4	1209
2017年	4683	1449	2898	592	135	9757	3649	1165	1428	105	16	6363
2018年	2627	1108	2061	684	24	6504	1465	501	737	196	11	2910

五、职业技能竞赛

2009年以来，为加快技能人才培养步伐，全面提升一线员工技能素质，集团公司教育培训中心建立了技能人才激励机制，出台金、银、铜牌员工选拔制度，坚持以“科教兴矿，人才强企”为振兴企业的突破口，以弘扬工匠精神和技能争先、以赛促学为纽带，广泛开展岗位练兵、技能竞赛和“技能明星”展示活动，定期组织开展各类职业技能竞赛和劳动竞赛活动。至2017年，教育培训中心共开展“全员岗位练兵暨技能竞赛”9届，其中第八届（2016年）职业技能竞赛及劳动竞赛历时7个多月，所属40个煤矿、厂、分公司约10200人参加30多个工种的岗位练兵和竞赛选拔，最终选拔出498名选手参加甲醇合成工、主提升机操作工、电焊工等15个工种的决赛。期间，教育培训中心组织参加第七届中国技能大赛“同煤杯”煤炭行业职业技能竞赛，并荣获“优秀组织奖”。

基层各单位每年都分时段举办单一工种或多工种员工参与的技术比武、实操演练等技能竞赛活动。开展全覆盖的岗位练兵、技术比武活动，为员工学技术、增技能、长才干搭建学习和提升平台。其中，灵新煤矿员工张奋荣获“中华技能大奖”，羊场湾煤矿员工胡文博荣获“全国技术能手”及“神华集团公司特级技术能手”称号，白芨沟煤矿员工文孝珠荣获“自治区金牌工人”称号。集团公司职业技能鉴定所先后两次被评为全国煤炭行业“优秀职业技能鉴定站”。

2018年，培训中心开展了矿井灾害应急救援技术、矿山监测技术、综采维修电工、液压支架工、掘进机司机5个工种的技能大赛和第十届职业技能竞赛。其中，矿井灾害应急救援技术、矿山监测技术2个工种，代表自治区参加了全国的技能大赛；第十届职业技能竞赛历时5个月，参加竞赛的员工达1万余人，其中22个单位的613名选手参加了决赛，从中选拔技能状元15名、杰出技术能手45名。

第三节　高等职业教育

一、招生与就业

（一）招生

2009年起，宁夏工业职业学院结合现有高等职业教育和员工教育培训资源实际，主动调整资源配置，提出“优先保证员工教育培训工作，停止高等职业教育中职生招收，年招生规模控制在500人左右，生源为应届初中、高中毕业生；每年为企业培养输送紧缺专业优秀高等职业毕业生约500名”的工作思路，并围绕工作思路有计划开展招生工作。至2016年，高等职业教育累计招生3938人，平均每年招生492人，其中2015年招生621

人，居历年之首。

2017年，宁夏工业职业学院共录取708人，报到593人，报到率84%，高出宁夏高等职业教育院校录取新生平均报到率4个百分点。2个新开专业录取145人，报到112人，取得了新专业首届招生开门红。是年，在校全日制学生总人数达到1556人，其中化工系425人，机电系439人，采矿系287人。

2018年，宁夏工业职业学院组织两个招生宣传组分赴全区各县市51所中学、6个高考助考点开展招生工作，共录取全日制学生728人，实际报到609人，报到率83.7%。学院普通在校生总人数达1621人，其中化工系587人，机电系652人，采矿系382人。

（二）就业

2009年以来，宁夏工业职业学院依托企业办学的有利条件，坚持“定向招生、定向培养，定向安置”的办校和教学思路，围绕企业发展和用人需要实施招生和教学培养。坚持做好与企业外联工作，相继与银川隆基硅公司、泰瑞制药公司、内蒙古君正能源化工集团等多家区内外企业建立人才培养与接收安置关系，使毕业生就业安置率一直保持在96%以上。其中，2015年、2017年的就业安置率分别达到100%和99.34%，稳居宁夏高等职业院校前列。

2018年，宁夏工业职业学院严格落实就业“三个严禁”“四个不准”等制度规定，依据法律法规开展学生顶岗实习和就业推荐工作。围绕实习就业共发放收集调查问卷143份，举办校园招聘会21场，提供就业岗位626个，其中神华宁夏煤业集团公司煤矿、煤制油化工单位一次性接收学院2016级学生481名参加“顶岗实习+就业”，另有44名女生在平安保险宁夏分公司等单位实习就业。举办了首届“创新中国”大学生创新创业培训班，30名应届毕业生参加了为期7天的专业培训，成立了创新企业社团。学院被自治区授予“全区高校毕业生就业示范单位”荣誉称号。

表10-2-4　2009—2018年高等职业学院招生、毕业生就业率统计表

年份	招生（人）	就业（%）
2009年	302	96.00
2010年	484	96.30
2011年	536	98.29
2012年	588	98.98
2013年	385	92.75
2014年	482	98.84
2015年	621	100.00
2016年	541	98.68
2017年	593	99.34
2018年	525	98.6

二、教学课目

宁夏工业职业学院坚持教学专业结构以工科为主，以煤炭资源开发利用为特色和优势，多学科协调，可持续健康发展。学院共开办专业21个，分别为煤矿开采技术、矿井通风与安全、矿山测量、热能动力设备与应用、电厂热能动力装置、电厂设备运行与维护、矿山机电技术、机电一体化技术、电气自动化技术、应用化工技术、煤炭深加工与利用、化工自动化技术、化工设备维修技术、无人机应用技术、健身指导与管理、建筑工程技术、计算机应用技术、会计电算化、市场营销、电子商务、工商企业管理。其中，煤矿开采技术专业和煤炭深加工与利用专业被评为宁夏回族自治区骨干示范专业，矿山机电专业和煤矿开采技术专业被列为中央财政支持建设的“专业提升服务产业能力”项目的重点专业。

2012年，宁夏工业职业学院成立教改创新工作室，

下设综采组、综掘组、电工组、钳工组、教学理论研讨组等5个教学创新工作组，创新内容涵盖教材编写、课程建设、教学方法改革、技术改造、实训平台开发、实训项目开发等多个种类。至2017年，教改创新工作室共立项教研教改创新项目63项，已完成53项。其中，《矿用隔爆型设备的教学演示装置》荣获2014年度国家级实用新型专利奖，3个课件分别荣获2014年度中国煤炭协会课件大赛奖一等奖和三等奖，3项荣获神华集团公司级经济技术创新成果奖。

2018年，宁夏工业职业学院进一步完善课程体系，实施拓展选修课门类。新开设了普拉提、民族乐器赏析、财务管理等课程，选课学生达1026人次。继续实施“工学结合”项目，共有16门课程实施了“工学结合”项目化教学。

表10-2-5　宁夏工业职业学院课程建设统计表

序号	项目	级别	立项时间
1	煤炭深加工与利用	自治区级	2010年1月
2	化工专业英语	自治区级	2011年10月
3	矿山机械	自治区级	2012年10月
4	应用化工技术	自治区级	2014年12月
5	煤矿供电	自治区级	2014年12月
6	矿山机电	自治区级	2016年8月
7	电子技术基础	学院级	
8	机械设计基础	学院级	
9	煤化学	学院级	
10	化工原理	学院级	
11	公共英语	学院级	
12	《矿山机械设备电气控制系统运行维护与检修》	学院级	
13	《矿山机械设备运行维护与检修》	学院级	
14	《机械图样识读与绘制》	学院级	
15	《煤矿供电系统及电器设备运行维护与检修》	学院级	
16	《甲醇生产技术》工学结合课程的建设与实施	学院级	
17	《化工识图》	学院级	
18	《机械与机电设备安装维修》	学院级	
19	《煤矿开采方法》重点课程建设	学院级	
20	《机械制造基础》重点课程建设	学院级	
21	《化学品检验及仪分操作技术》	学院级	
22	《高职英语》重点课程建设	学院级	
23	《矿井通风技术》重点课程建设	学院级	
24	《煤矿自动化》重点课程建设	学院级	
25	煤矿安全	学院级	
26	《煤矿测量》工学结合自编教材	学院级	
27	《甲醇生产技术》项目化校本教材	学院级	

三、教学工作

（一）教学管理

2009年，宁夏工业职业学院落实教育部《关于全面提高高等职业教育教学质量的若干意见》文件精神，以自治区“一号工程”——宁东能源化工基地建设为契机，依托集团公司煤化工产业项目陆续开工建设、投入生产和煤炭生产全力向现代机械化开采迈进带来的技术人才需求加大的有利条件，确立了“强化内涵提高质量，办精办强高等职业教育”的办学指导思想，集中力量办好特色优势专业。特别在制定培养目标时，坚持将人才层次的高级性、知识及能力的职业性、人才类型的技术性和毕业生去向的基层性等融为一体，使学生具备与高等教育相适应的理论知识和工作技能，掌握相应的新知识、新技术和新工艺，具有较强的实践动手能力和分析、解决生产实际问题的能力；坚持课程体系与工作过程相融合，在教学课程开发上将学生和专业实际联系起来，将职业能力、工作能力、职业资格对能力的要求、个人发展目标等紧密地结合在一起，使培养出的学生拥有满足企业一线岗位需求的能力；坚持课程教学与工作现场相融合，围绕集团公司对生产一线技术人才和管理人才的需求，对教学内容的理论结构和实践结构进行全面系统的规划，设计并实施了教学课程改革以“工作过程系统化”为导向，教学内容开发以各实训室“岗位基本技能训练”为基础的“工学交替”教学管理模式；坚持理论教学与实践教学相结合，在同一教学场所内完成理论教学和实践教学，边学习边实践，解决了理论知识与实际操作知识学习不连贯、不衔接等问题，学生毕业即可上岗工作，形成了特色鲜明的“工学结合”人才培养管理模式。

2014年12月，宁夏工业职业学院通过了国家教育部第二轮人才培养水平评估。2016年，有11个学院级科研项目结题，经过验收全部实现课题目标。

2017年，宁夏工业职业学院加强教学科研和项目过程管理。全年立项17项，其中学院级项目7项、自治区级项目10项；申报宁夏级高等职业教育教学工程项目28项，其中教育教学改革项目6项、实训中心项目1项、教学名师项目5项、课程与教学资源项目1项、资源共享精品课程1项、大学生创新创业训练计划14项。学院争取到自治区教育厅、财政厅年度各类专项资金742.96万元，其中高职学生奖助学金、军训费、就业补贴、大学生人伍补偿等共计171.86万元，职业教育提升财政补贴等专项资金571.10万元。

2018年，宁夏工业职业学院制定完善了《教材征订与管理制度》《宁夏工业职业学院听课制度》《教学事故认定及处理办法（修订）》。加强了教研科目立项管理，全年学院教研科目立项12项，获批自治区教育厅项目立项14项，其中矿山机电技术获得自治区高水平专业建设项目立项，获得建设资金150万元。获得自治区哲学社会科学（教育学）项目立项1项，实现了省部级项目“零”的突破。

（二）学生管理

2009年以来，宁夏工业职业学院依照国家教育部2005年颁布的《普通高等学校学生管理规定》，制定《宁夏工业职业学院学生管理规定》，对学院的管理行为和学生的言行举止作出规范要求；建立健全校园毒品预防教育、暑期学生资助工作实施方案，坚持定期对学生宿舍、教室卫生等进行检查，及时解决学生关心的问题；修订完善家庭经济困难学生扶持、国家助学金利用和文明宿舍、文明学生等相关管理制度和考核细则；加强校园网站、贴吧、微信公众号管理，及时删除不良网络信息，培育充满正能量的网络文化。特别在对学生思想道德品质培养上，学院实践“以人为本、立德树人”的管理理念，重点培养学生的大学生意识、成人成才意识、创新意识、诚信意识、服务意识，坚持学生安全稳定、思想稳定、队伍稳定，以学生综合素质的提高确保教学质量的提高，以学生学习成绩优异确保就业安置率的稳定。

2017年，宁夏工业职业学院进一步加强学生社团组织建设的引导和管理。学院学生会等社团组织达到14个，比上年增加7个。

2018年，宁夏工业职业学院制定出台了《加强和改进学生管理工作的实施办法》《严控学生校园吸烟的管理规定》《学院校外勤工俭学管理办法》，修订完善了《文明班级、文明宿舍、文明学生评比办法》，建立了月度辅导员例会制度，定期研究部署和改进学生管理工作。同时，组织进行了学生心理健康普测，对200名学生进行了心理访谈。

第十一篇

社会保障与文化生活

2009年以来，神华宁夏煤业集团公司严格按照国家及自治区的相关法律法规为职工缴纳了各项社会保险、住房公积金、企业年金。在实现应交尽缴，应保尽保的同时，以提高职工及其家属的幸福感、获得感为己任，投入大量人力、物力、财力，打造民生工程、幸福工程、温暖工程，着力提高职工的文化生活和物业服务、后勤服务、健康保护、离退休服务等的质量水平，给广大职工、家属及离退休人员创造优雅宜居、文明和谐、安居乐业的生活环境。集团公司坚持开展丰富多彩的体育、娱乐和文艺演出、艺术创作、读书励志等活动，充实了职工及其家属的业余文化生活；对职工家属住宅小区实施“三网”、矿（厂）“两堂一舍”改造和环境优化，其中2011年完成了63个老旧住宅小区的“三网”及环境改造，耗资总额达3.76亿元；2018年对集团公司管理的106个住宅小区进行了移交社会专业物业服务公司前的全面维修改造，总投资超过21.7亿元，使职工家属的居住环境条件得到了彻底改善。适时调整提高职工工资和入井费、班中餐、夜班费等各项津贴及供暖补贴、交通补贴、健康体检等福利待遇标准，并加大了对职工健康保护、扶贫帮困和离退休人员服务等方面的管理及投入力度，使职工、家属、离退休人员尽享了企业发展的红利。

第一章　社会保障

第一节　养老保险

2009年，集团公司职工养老保险缴费率仍执行《关于印发神华宁夏煤业集团有限责任公司职工社会保险管理办法的通知》[神宁办发〔2008〕342号]文件中的规定，单位养老保险缴费率按20%缴纳，职工个人费率按8%缴纳，缴费基数以用人单位上年度实际工资收入为依据，在自治区上年度社平工资60%～300%范围内据实核定。

2010年，按照自治区人民政府《自治区人民政府关于解决企业职工基本养老保险历史遗留问题的意见》[宁政发〔2010〕10号]文件，集团公司将所属单位的原集体工、“五七工”、家属工、临时工、农场工2万余人于2011年12月前全部纳入企业职工养老保险，并享受养老金待遇，2012年元月1日此项政策停止执行。

2012年，按照自治区人民政府《自治区人民政府办公厅关于转发自治区、国资委等四部门〈关于做好全区国有企业职教、幼教退休教师待遇有关问题的补充通知〉的通知》[宁政办发〔2012〕65号]文件，对原集团公司兴办的初等、中等教育学校、技工学校、幼儿园等机构教育教学岗位上退休教师的养老金进行了套改，其差额部分以加发退休生活补助的名义补齐，所需资金地方财政承担。根据2014年5月自治区人力资源和社会保障厅、财政厅《关于进一步明确机关事业单位工资收入分配制度改革实施中有关问题的通知》[宁人社函〔2014〕157号]文件精神，企业职教、幼教退休教师只计算待遇补差，不进行人员移交，人员身份不变。

2016年，集团公司按照自治区人力资源和社会保障厅、财政厅《自治区人力资源和社会保障厅 财政厅关于阶段性降低社会保险费率的通知》[宁人社发〔2016〕86号]文件，从2016年5月1日起至2018年4月30日，将单位缴纳职工基本养老保险的缴费比例由20%降至19%，个人缴费比例继续执行8%。

2018年，按照《自治区人力资源和社会保障厅财政厅关于阶段性降低社会保险费率的通知》[宁人社发〔2018〕77号]，基本养老保险缴费继续按单位19%、个人8%的比例缴纳。

第二节　失业保险

2009年，集团公司依据国务院《失业保险条例》（1999年1月22日发布）和《国有企业职工待业保险规定》（1993年4月发布）、宁夏回族自治区人民政府《宁夏回族自治区失业保险办法》[〔2001〕32号]、《神华宁夏煤业集团有限责任公司关于统一社会保险缴费基数比例的通知》[〔2004〕213号]规定，按照本单位参加失业保险职工工资总额的2%、本人工资收入总额的1%的比例，为参保的职工缴纳失业保险金。

2012年，受经济下行影响，自治区出台各种调控政策，按自治区人力资源和社会保障厅、财政厅、经信委《关于同意石嘴山市22户企业享受阶段性社会保险优惠政策的函》［宁人社函〔2012〕204号］文件规定，集团公司汝箕沟煤矿1784名员工享受社保补贴492.38万元。

2014年，按石嘴山市人力资源和社会保障局《关于拨付全市第三批困难企业三项补贴资金的请示》［石人社发〔2014〕361号］批复精神，集团公司所属物业服务分公司、金能煤业公司、石炭井焦煤公司、乌兰煤矿、能源工程公司、大武口洗煤厂、宁东洗煤厂、太西炭基公司、救护总队等9个困难单位享受社保补贴2022.45万元。

2015年5月，集团公司参照自治区社保局将银川市参保单位的失业保险缴费比例下调1%的有关文件，将缴费比例核定为本单位工资总额的1.3%、职工本人工资总额的0.7%。

2016年6月，集团公司按照宁夏回族自治区人力资源和社会保障厅、财政厅联合下发的《自治区人力资源和社会保障厅、财政厅关于阶段性降低社会保险费率的通知》［宁人社发〔2016〕86号］文件规定，从2016年5月1日起至2018年4月30日，将失业保险总费率由2%降至1.5%，其中单位缴费比例由1.3%降至1%，个人缴费比例由0.7%降至0.5%。

2017年，集团公司按照自治区人力资源和社会保障厅、财政厅下发的《关于阶段性降低失业保险费率有关问题的通知》［宁人社发〔2017〕36号］，从2017年1月1日起，将失业保险费率由《自治区人力资源和社会保障厅、财政厅关于阶段性降低社会保险费率的通知》［宁人社发〔2016〕86号］文件规定的1.5%降至1.0%。其中，单位按照本单位工资总额的0.5%缴纳失业保险费，职工按照本人工资的0.5%缴纳失业保险费，降低费率的期限执行至2018年4月30日。

2018年，集团公司失业保险仍执行属地管理，即地处石嘴山地区的单位在石嘴山市社保局参保，银川地区的单位在银川市社保局参保，银南地区的单位在宁东社保局参保。按照《自治区人力资源和社会保障厅 财政厅关于阶段性降低社会保险费率的通知》［宁人社发〔2018〕77号］，失业保险的缴费比例继续按单位0.5%、个人0.5%执行。

第三节　医疗保险

2009年以前，集团公司所属各单位全员参加属地医疗保险。按照企业与石嘴山市医疗保险事务管理中心、灵武市人事劳动保障局签订的职工基本医疗保险协议，在石嘴山矿区、石炭井矿区的所属子（分）公司单位职工参加石嘴山市城镇职工基本医疗保险，其中基本医疗保险单位缴费比例为单位工资总额的6%，职工缴费比例为本人上年度工资收入总额的2%；大病补充医疗保险费每人每年72元。在灵武矿区的所属子（分）公司单位职工参加灵武市城镇职工基本医疗保险，单位缴费比例为6%，职工个人缴费比例为2%。集团公司机关工作人员及所属在银川市的子（分）公司单位职工执行《银川市城镇职工基本医疗保险暂行规定》。

2013年2月，集团公司根据自治区相关政策对职工医疗保险费用缴纳比例进行了调整，各子（分）公司按上年度本单位职工工资总额的8%缴纳，职工个人按上年度本人工资收入总额的2%缴纳。

2018年，集团公司医疗保险继续实行属地管理。按照《自治区人力资源和社会保障厅 财政厅关于阶段性降低社会保险费率的通知》［宁人社发〔2018〕77号］，各子（分）公司继续按上年度本单位职工工资总额的8%缴纳，职工个人按上年度本人工资收入总额的2%缴纳。

第四节　工伤保险

2009年，集团公司按照国务院颁布的《工伤保险条例》（2004年1月1日正式实施）、《宁夏回族自治区实施〈工伤保险条例〉办法》和神宁办发（2008）342号文件规定，所有下属单位统一按工资总额1.6%缴纳工伤保险金，参保后的工伤费用全部由统筹基金支付。

2011年1月20日，人力资源和社会保障部、财政部、国资委、安全监察总局联合下发《关于做好国有企业老工伤人员等纳入工伤保险统筹管理有关工作的通知》［人社部发〔2011〕10号］，明确将2011年4月底前国有企业有伤残等级老工伤人员和工亡遗属全部纳入工伤保险统筹管理。2月28日，自治区人民政府办公厅《自治区人民政府办公厅转发人力资源和社会保障厅等四部门关于做好国有企业老工伤人员等纳入工伤保险统筹管理有关工作实施方案的通知》［宁政办发〔2011〕32号］明确规定，老工伤人员纳入工伤保险统筹后，应按照《工伤保险条例》、自治区工伤保险待遇计发办法和标准，支付其新发生的工伤保险待遇（包括伤残津贴、生活护理费、工伤医疗费、辅助器具配置费和工亡职工供养亲属抚恤金等费用）；老工伤纳入工伤保险所需资金的统筹原则为以企业趸缴为主，政府财政适当补助。

2011年2月，集团公司与自治区人力资源和社会保障厅、财政厅签订缴纳老工伤人员缴纳工伤保险费协议，由集团公司于当年6月底前向自治区社保局缴纳参保前的工伤保险费5.5亿元，自此集团公司1.4万名老工伤人员全部纳入工伤保险统筹管理。

2012年，《自治区人民政府关于印发宁夏回族自治区实施〈工伤保险条例〉办法的通知》［宁政发〔2012〕115号］开始执行。

2016年8月，自治区人民政府发布了《宁夏回族自治区工伤保险行业风险分类及行业基准费率标准》，集团公司煤炭开采和煤炭洗选业被定为八类，其行业基准费率标准为1.9%。各子（分）公司统一按缴费工资总额1.9%缴纳，并与本单位当年工伤保险支付金额挂钩实行浮动费率。至2016年底，集团公司累计缴纳工伤保险基金达到4.4亿元，平均每年5496.19万元。

2017年5月起，集团公司根据各单位上年度工伤发生率核定工伤保险费率，确定各单位工伤保险执行费率为0.55%到2.85%不等。

2018年，按照《宁夏回族自治区人力资源和社会保障厅 财政厅关于阶段性降低社会保险费率的通知》［宁人社发〔2018〕77号］，工伤保险由单位缴纳，实行浮动费率，基准费率由1.9%下调到1.52%。集团公司各单位根据工伤事故率及工伤费用使用情况确定各自的缴费比例。

第五节　生育保险

2009年，按照国家劳动和社会保障部颁布实施的《企业职工生育保险试行办法》（1995年1月1日起执行），缴费比例单位工资总额的0.2%、个人不缴费。在银北矿区的所属子（分）公司单位实行属地统筹，在银南矿区及银川地区的所属子（分）公司等单位由集团公司自行统筹。

2011年1月1日，集团公司根据银川市人民政府颁布实施的《银川市职工生育保险实施办法》的要求，将集团公司自行统筹生育保险单位缴费比例调整为0.85%，个人不缴费。生育保险待遇包括生育医疗待遇、生育津贴、生育补助金、生育护理补助金。

2016年1月起，集团公司在银北矿区的所属子（分）公司等单位的生育保险属地统筹缴费率由之前职工工资总额的0.6%调整为0.45%，在银南矿区及银川地区的所属子（分）公司等单位的生育保险仍由集团公司自行统筹。

2018年，按照《自治区人力资源和社会保障厅 财政厅关于阶段性降低社会保险费率的通知》［宁人社发〔2018〕77号］，生育保险由单位缴纳，按所在地费率执行，其中银川市、宁东地区执行1%，石嘴山地区执行0.45%。

第六节　企业年金

企业年金是神华集团为充分调动职工的工作积极性，提高职工的保障水平，增强企业凝聚力而自主增设的一种对社会基本养老保险进行补充的保险项目。

2014年4月1日起，神华集团对补充养老保险实行统一管理，改原补充养老保险为企业年金。按照《神华集团有限责任公司企业年金方案 》［神华人〔2014〕397号］、《神华集团公司企业年金待遇支付办法（试行）》［神华人〔2015〕673号］文件规定，集团公司进行企业年金管理运作。凡与集团公司签订劳动合同的合同制职工均可缴存企业年金，缴费比例为单位按上年企业平均工资的5%提取，由企业从成本中列支；个人缴费按上年职工个人工资总额的2%，由企业从职工工资中代扣。集团公司企业年金应缴费总额按月上缴神华集团公司企业年金理事会。

2016年6月29日，按照神华集团《关于企业年金待遇支付月标准的批复》［神华人函〔2016〕099号］规定，集团公司对2014年4月1日以后在集团公司办理正式退休手续的人员按月支付企业年金。执行标准为（税前）领导班子成员1000元/月；中层管理人员（总经理助理、副三总师，机关各部门负责人及相关职级人员、所属二级单位负责人及相关职级人员）750元/月；所属二级单位中层管理人员及相关职级人员563元/月；一般职工400元/月，其中按井下特殊工种退休的职工420元/月。

按照神华集团的规定，支付企业年金待遇按不同类型分别核定，职工在退休、出国出境定居、身故三种情形下方可支付。职工在办理退休手续后，个人账户中的“历史缴费子账户和个人缴费子账户”积累额一次性支付；个人账户中的“企业缴费子账户”积累额，根据职工退休前年金缴费单位标准按月支付，直至身故当月，

“企业缴费子账户”资金不足时由缴费单位企业账户支付。职工身故，个人账户部分和历史缴费子账户中的资金及投资收益一次性支付给指定受益人或法定继承人。职工出国出境定居，须持户口注销证明办理领取手续，个人账户中已归属个人部分和历史缴费子账户中的资金及投资收益一次性支付给本人，未归属部分划入企业账户。职工调离神华集团且无法转移个人账户、解除劳动合同等，其账户变为“转保留”状态，在办理退休手续后，个人账户积累额支付给本人。

2018年，集团公司按照国能集团有关通知精神，将企业年金企业缴纳部分由原来企业平均工资的5%调增到8%，由国家能源集团统一管理。

第七节　住房公积金

2009年，集团公司按照国务院《关于深化城市住房公积金制度的改革的决定》，按时向全部合同制职工个人专用账户缴存住房公积金。缴存比例为单位人力资源部门提供的职工个人上年度工资收入总额的13%，缴存方式为职工个人与企业单位等额缴存，即职工个人缴存13%，企业单位按职工个人缴存13%同等的额度为职工缴存。至2016年，集团公司累计为职工缴纳住房公积金75.89亿元，支取49.35亿元，发放贷款28.87亿元，16030名职工享受到了住房贷款的优惠政策。

2018年，集团公司单位、职工的住房公积金缴费均按照单位、个人年工资总额的12%缴纳。

第二章　职工文体生活

第一节　组织机构

2009年，集团公司工会、各基层工会负责组织开展职工文化体育活动，2月份“阳光艺术团”被宁夏回族自治区总工会授牌为“宁夏回族自治区总工会文工团”。各级工会按照年有主题、季有特色、月有活动的原则，大活动年年有，小活动不间断，形成工会搭台、职工唱戏、文化惠民的格局，组织基层工会开展了丰富多彩的职工文化、体育和文联系列活动，每年举办羽毛球、网球、足球、乒乓球、篮球、排球、广场舞、棋牌类等比赛，让职工群众在运动中收获了快乐、释放了压力、提振了信心、凝聚了力量，在全集团公司上下营造了浓厚的“我运动、我健康，我参与、我快乐”文化体育氛围，进一步彰显了活力体育、幸福神宁，提升了集团公司职工文化品牌。

第二节　活动场所

2009年以来，集团公司针对所属老矿、厂单位的文体活动场所简陋、设施陈旧和宁东新建煤矿、煤化工单位多分散在远离市区的旷野地带，职工文体娱乐生活单调的实际，加大了职工文体娱乐活动场所建设的力度。累计投入资金约3亿元，为金能煤业分公司、清水营煤矿、梅花井煤矿等24个基层单位建设了职工文体活动中心，总建筑面积达6万平方米，并投入2400万元为基层单位文体活动中心配备了体育器材、电子书屋和音响设备等。各文体活动中心均配置有篮球场、排球场、羽毛球场和乒乓球室、台球室、棋牌室、电子阅览室及健身器材。使集团公司机关和各煤矿、厂均拥有了独立或区域集中使用的高标准、高质量的文体活动场所。各文体活动中心每天12小时对职工开放，合计服务受众约31000人，其中集团公司机关康体运动场开设有篮球、羽毛球、乒乓球、台球、健身等活动项目，每天对集团公司机关及部分所属在银川市单位的1800名职工开放。

第三节　文体活动

一、体育活动

（一）举办活动

集团公司坚持每年举办一届职工篮球运动会，择时举办羽毛球、乒乓球和中国象棋比赛等活动，并做到各项比赛活动制度化，比赛规范化。

2009年5月，集团公司第七届职工篮球运动会在宁夏体育场开幕。自治区党委、政府、人大、政协、总工会和体育局有关领导出席开幕式，与来自集团公司基层单位约3000名职工代表一同观看开幕式文艺演出和首场比赛。本届篮球运动会共有集团公司机关、基层单位31支代表队参加，在各矿区进行100多场比赛。

2011年3月，集团公司举办第四届“宁鲁煤电杯”职工羽毛球比赛。5月，集团公司举办第九届职工篮球运动会，神华集团和自治区党委、政府、人大、政协、总工会、体育局的有关领导亲临开幕式，来自各矿、分公司、厂的33支代表队参加了全程计112场的角逐。

2012年4月，集团公司举办第五届“太西炭基杯”职工羽毛球比赛，全程比赛近1000场，参赛人数、比赛场数均居历届之首。同年，集团公司体育协会举办“安康杯”第二届职工乒乓球比赛，来自集团各基层单位33支代表队160名运动员和25名副处级以上管理人员、33名离退休老干部参加了比赛。集团公司举办第十届“羊场湾杯”职工篮球运动会，来自基层33个单位的32支男队和4支女队共430名运动员参加比赛。

2013年，集团公司以体育比赛为载体，注重活动的广泛性、大众性，坚持月有活动、季有主题，并把活动放在基层，让职工群众成为活动的主角，为企业发展鼓劲造势。举办羽毛球、乒乓球比赛。

2015年，发挥专业协会优势，举办职工足球、篮球、排球、羽毛球、网球、乒乓球、棋牌类比赛和职工广场舞、健步走大赛。

2016年，坚持一季度一主题，举办“创新杯”职工足球、篮球、排球、羽毛球、网球、乒乓球、棋牌类比赛。

2017年，组织开展“安康杯”职工羽毛球、网球、乒乓球、足球、篮球、排球及棋牌类比赛。

（二）*参加活动*

2009年5月，集团公司男子篮球队、女子篮球队、男子足球队分别参加了全国煤炭系统第十九届“乌金杯”、自治区“贺龙杯”首届CBO［“贺龙杯”中国业余篮球公开赛（简称CBO）］联赛和自治区庆祝建国60周年“隆湖杯”足球比赛，并夺得了“乌金杯”男子篮球第八名、女子篮球第四名和男子“贺龙杯”CBO联赛第二名、男子“隆湖杯”足球比赛亚军。

2010年8月，集团公司派出由88名运动员和教练员组成的代表团，参加自治区第十三届运动会篮球、足球、羽毛球、乒乓球、中国象棋和桥牌6个大项14个小项的比赛，分别夺得男篮冠军、女篮冠军、中国象棋团体亚军、男子足球季军、男子和女子乒乓球团体第六名、男子桥牌团体第七名和羽毛球男单亚军、女单第四名、男双第四名及中国象棋个人第四名和第五名，集团公司体育代表团以团体总分92分位居全区团体总分第五名，并获得体育道德风尚奖。9月，集团公司组队参加全国煤炭系统第二十一届“乌金杯”男子篮球比赛，名列第八。

2011年7月，集团公司组队参加由自治区总工会组织的全区职工运动会羽毛球、乒乓球两个项目的比赛，参加中国煤矿体协在山西潞安集团举办的第二十二届“乌金潞安杯”男、女篮球比赛。8月，集团公司组队参加神华集团在陕西榆神公司举办的“榆林神华杯”煤炭板块职工篮球赛，赛绩名列第四名。

2012年5月，灵新煤矿健美操队代表集团公司参加“中国农业银行杯”全国全民健身操大赛宁夏分赛区的比赛，夺得一等奖。10月，集团公司组团参加自治区第三届职工运动会，参与男子篮球、羽毛球、乒乓球、中国象棋和全健排舞等6个优势项目比赛，夺得男子篮球冠军，全健排舞冠军，乒乓球男子单打冠军和男女团体第四名，羽毛球男子单打亚军和男子团体第三名、女子团体第四名，中国象棋个人第三名，集团公司获得团体总分第二名和优秀组织奖。

2013年，集团公司组队参加全国煤矿第24届“乌金杯”男子篮球赛，荣获亚军，参加了在保加利亚举行的第三届世界职工运动会荣获冠军，在6月全国“乌金杯”象棋比赛中，荣获团体第五名。

2014年，集团公司组队参加了自治区第十四届运动会、神华集团“神朔杯”职工篮球运动会和第三届桥牌比赛。同年，承办中国煤矿体育协会“乌金杯”篮球比赛。

2015年，代表神华集团参加全国煤矿第五届职工运动会，获得4金2银1铜的好成绩。

2016年，参加神华集团首届职工运动会，取得4金3银1铜、团体总分第一名的好成绩。

（三）*承办活动*

2010年5月，集团公司承办自治区国资委首届职工运动会并组队参加比赛，夺得男子羽毛球团体冠军、男子篮球亚军、男子乒乓球单打第四、五、六名，女子乒乓球单打第五名和团体总分第六名的成绩。

2011年6月，集团公司体育协会承办自治区第三届“神华宁煤杯”象棋锦标赛，共有17支代表队103名棋手参加了比赛，经过5天13轮507局的比赛，集团公司代表队夺得团体亚军。

2012年，集团公司体育协会承办自治区第四届“神华宁煤杯”象棋锦标赛。8月，由集团公司承办的“神宁杯”神华集团职工篮球运动会开幕，来自神华集团下属23个单位的26支代表队共380名运动员参加比赛，经过全程70场的角逐，集团公司男、女篮球队双双夺得冠军。

2016年，集团公司承办了神华集团首届职工运动会羽毛球赛，取得男子团体、女子团体、男子单打、女子单打4项冠军的好成绩。

二、文娱活动

2009年以来，集团公司始终把开展形式多样的文体活动，丰富职工及其家属文化生活，推动全民健身广泛开展作为“三个文明”建设重要组成部分。各基层单位结合自身工作实际对职工文体活动作出安排，每年在春节、“三八”国际妇女节、“五一”劳动节等组织职工、职工家属开展扭秧歌、踩高跷、划旱船、舞狮子（龙）、打腰鼓社火表演、花灯展等趣味活动和户外越野、长跑比赛。其中，2011年元旦、春节期间，集团公司各基层单位组织开展包括秧歌、舞龙、舞狮、烟花焰火晚会、灯谜晚会、文艺汇演、社火表演和象棋、跳棋、乒乓球、扑克、拔河、跳绳、越野比赛等57个大项112个小项的群众性体育和趣味活动，参加职工及其家属达2.53万人，参与观看的职工及家属达6万多人。2012年中秋节、国庆节期间，集团公司宁东矿区16个所属单位开展文娱活动40个大项52个小项，参加活动人数达1.5万人；银北矿区12个所属单位开展文娱活动38个大项46个小项活动，参加人数达2.5万人。

2013年，以加强职工文化和工会文化建设为切入点，制定职工文化建设指导意见和工会文化手册，开展工会文化全员解读活动，着力推动神宁文化落地。开展十八大精神、集团公司形势任务、创建央企一流工会主题宣讲活动，巡讲42家单位23场，参加人员5000人。组织《放歌神宁》基层巡演6场、观众5200人，《情深谊长》基层巡演25场、观众8100人。举办集团公司“五一”《劳动颂歌》文艺晚会，基层巡演16场。配合集团公司纪委组织了《神宁清风》廉政节目展演，策划完成石嘴山市检察院《唱响正气歌》专场文艺演出。

2014年，在灵新矿召开全区职工文化建设现场观摩推进会，开展“全员学习·书香神宁”活动，参加全国“中国梦·劳动美”演讲比赛，常青云荣获全国职工大赛铜奖。组织“春的祝福”下基层文艺巡演和慰问用户39场。

2015年，以职工“创争提技”活动为载体，深化“全员学习·书香神宁”活动，实现了基层28个单位计625个班组“图书角”全覆盖。召开了“全员阅读·书香神宁”座谈会，举办了“工会家文化”演讲比赛，组织参加神华集团“巾帼建新功、共筑神华梦”演讲比赛并获得个人三等奖。发挥群众性文体专业协会优势，积极开展职工文化、体育、文联活动，在举办职工“六球”（篮球、排球、足球、羽毛球、网球、乒乓球）比赛、棋牌类比赛和职工广场舞、健步走大赛的同时，组织职工文化艺术巡展28场（次），开展文艺下基层“扬帆起航”“为建设者点赞”“教师礼赞”等演出81场（次），代表自治区总工会慰问市县演出61场（次）。

2016年，举办首届“神宁好声音”职工原创歌曲小品大赛，组织《春的祝福》等主题文艺慰问演出52场次。

2017年，举办“书香神宁、博学笃行”读书沙龙活动暨“阅读人生，点亮智慧”专题讲座，开展“社会主义是干出来的”神宁好声音职工文艺汇演和“永远跟党走，建设新神宁”职工美术书法摄影大赛，灵新煤矿选送的《红与黑》获自治区总工会“声音里的经典《中国梦·劳动美·宁夏好》”全区故事演说大赛一等奖。文艺下基层慰问演出82场，配合自治区总工会拍摄微电影《匠心筑梦》和庆祝“五一”劳动节颁奖晚会。

三、文学艺术活动

2009年，集团公司出资印刷出刊了“矿山诗人”金能煤业分公司皮带队职工张记诗集《大地深处的回响》。该诗集收编了作者在煤矿工作二十多年所创作的，反映石嘴山矿区建设发展变化和矿工工作、生活、精神风貌的诗词近300首，共印刷3050本，发行到集团公司所属基层单位，为推动企业文学艺术活动迈上新台阶发挥了重要作用，并在职工中产生了积极影响。

2010年，集团公司书法、美术、摄影家协会联合举办“今我神宁”书法、绘画、摄影作品展，在办公大楼一楼大厅共展出反映企业发展态势和职工良好精神风貌的书法、绘画、摄影作品约400幅，其中一部分精品被装裱悬挂在办公大楼各层显眼位置。通过此次作品展览既陶冶了职工的爱企情操，又为企业顶层办公区营造了浓厚的文化氛围。

2011年8月，金能煤业分公司美术、书法、摄影家协会在集团公司和单位党政的大力支持下，在惠农区体育中心联合举办了“创业与奉献”大型书法、绘画、摄影作品展览，共展出摄影作品约200幅，书法、绘画、剪纸作品约300幅，前往参展的职工家属和市民约10000人。此次展览，特别翔实地再现了石嘴山矿区开发建设五十多年所走过的光辉历程，在矿区职工家属中产生了积极反响。

2017年“五四”青年节，宁夏工业职业学院启动了首届校园文化艺术节，内容主要包括“传承‘我司’精神，青春共筑中国梦”朗读者比赛、“舞动青春”校园舞蹈大赛、“明德杯”校园篮球赛、“书香校园”读书活动等15项比赛，并在9月中旬集中各项比赛优秀选手举办了校园“文艺周展演”。6月12日，矿机分公司举办了“展示职工风采，构建和谐矿机”文艺汇演，丰富了职工的文化生活。

“阳光艺术团”自成立以来始终坚持为矿山服务、为一线职工服务、为提高职工战斗力服务的宗旨，经常带着职工及家属喜闻乐见的歌曲、舞蹈、小品、诗歌朗诵等文艺节目，深入煤矿井下工作面和地面单位生产车间为职工们演出，并多次代表集团公司、自治区参加国际、国内、自治区内和神华集团的文艺演出和比赛。2009年5月，阳光艺术团代表宁夏回族自治区多次赴香港参加国际青年大联欢演出活动；10月，代表自治区参加了国庆六十周年天安门广场花车游行，向世界展示了新宁夏的风姿。2010年，该团全程承担了上海世博会宁夏馆的演出和接待任务，历时193天共为中外来宾演出1140场。2011年5月，在神华集团举办的庆祝中国共产党建党90周年文艺调演中，该团选送原创音乐舞蹈快板《神华明天更美好》、音乐小品《评选路上》、歌舞《江山》、舞蹈《翻身农奴把歌唱》4个节目参演，其中两个节目获得一等奖、两个获得二等奖。2018年，该团共创作编排《拥抱新时代》《脊梁》《水之灵》《福气东来》《我们的爷爷奶奶》《放歌新时代》和小品《激情直播》、情景剧《请祖国检验》等歌舞类、语言类文艺节目26个，全年完成新春走基层和矿（厂）单位、施工工地、学校等慰问演出96场，观众约4万人次。

第三章　民生与福利

第一节　民生工程

一、民生实事

2009年以来，集团公司为让广大职工、家属共享企业发展成果，坚持为群众办实事、解难题，每年初都对集团公司年度内要办的民生实事作出规划安排，并在年末对落实兑现情况进行检查，使职工家属的居住环境、生活条件不断得到改善。其中，2017年集团公司共办民生实事11项，主要投资6883.35万元对23个单位的“两堂一舍”、办公设备等进行了维修改造和更新；完成了宁东矿区中心区槐树庄及新建了太西洗煤厂两座职工食堂的续建工作；规范了集团公司各单位职工就餐伙食补贴标准；根据职工工作地点与居住地的远近调整了通勤费补贴；组织各类先进人物及从事生产一线且工龄在30年以上职工2000人进行医疗休养，支付费用1300万元；安排73名尘肺病人到北戴河进行大容量全肺灌洗治疗；出台并实施了职工购房、物业费补贴、分期付款等优惠政策；完善、续签了13家单位医疗救助站的服务合同等。

2018年，集团公司共办民生实事9项，主要是：投资7561万元，对17个单位职工食堂、16个单位的职工浴室、15个单位的职工宿舍楼、15个单位的文体活动中心进行维修改造；投资5002万元，对643名集团公司员工、各类先进、退转军人、烈士遗属、工亡人员家属、工残人员购房进行了优惠补贴；出台相关制度规定，对困难职工进行精准扶贫，其中实施大病救助224人，救助资金92.2万元。

二、住宅小区改造

集团公司物业服务分公司管辖下的职工住宅小区的住房多为20世纪90年代前后建设，小区内普遍脏乱、楼体受风雨侵蚀严重、水电暖管网普遍存在跑冒滴漏现象。根据《神宁煤业集团2005年第36号常务会议纪要》安排，将对其中的101个住宅小区的居住环境和室内外供水、供热管路、广电线路、屋面防水、路面硬化及部分公用设施进行分期分批改造，使其达到小区环境人性化、物业设施标准化、小区管理市场化等住宅小区的目标。

2009—2013年，集团公司共完成石嘴山、石炭井、大武口、呼鲁斯太、磁窑堡、石沟驿各矿区73个原建老旧住宅小区的供电、供水、取暖、道路硬化、屋面防水、楼体外墙粉刷和小区绿化、围墙封闭，完成投资3.9亿元，改造面积339万平方米，惠及40248户148313人。其中，石嘴山物业公司管辖的丰水洞小区、富强小区、南苑小区、腾飞小区等15个住宅小区的改造费用为6991.2万元，惠及3000户，给职工家属提供了良好的生活居住环境。

2014年，集团公司投资150.77万元，对所属银古住宅小区、青松苑住宅小区分别进行了排水管和供水管路、供热管路改造，惠及住户468户。至此，集团公司所属老旧住宅小区改造工程全部完成。

2018年，按照国家及自治区政府的总体安排，集团公司筹措资金21.91亿元（其中企业自筹15.27亿元、国补6.64亿元），对管理的104个住宅小区的设施设备进行了移交社会专业化物业公司前的维修改造，全面改善了居民的居住环境条件。

三、棚户区改造

（一）项目概况

2008年4月，根据国家发改委办公厅《关于开展中央下放煤矿棚户区改造调查工作的通知》［发改办〔2007〕905号］文件精神，自治区发改委以“宁发改投资〔2008〕302号、303号”文分别批复了石嘴山市和灵武市煤矿棚户区改造项目可行性研究报告。

2009年9月，自治区发改委以“宁发改基建〔2009〕852号、853号”文分别批准了灵武市、石嘴山市煤矿棚户区改造项目初步设计，并投入施工建设。设计改造工程项目概算总投资50.56亿元，其中新建住宅及小区内基础设施工程37.65亿元；建筑总面积428.86万平方米，其中住宅面积345.84万平方米、配套公建83.02万平方米。石嘴山市项目规划概算投资44.77亿元，建筑总面积381.36万平方米，其中住宅307.41万平方米、配套公建73.95万平方米；灵武市项目规划概算投资5.77亿元，建筑总面积47.5万平方米，其中住宅面积38.43万平方米、配套公建9.07万平方米。

按照自治区和地方政府要求，神华宁夏煤业集团公司负责所属单位煤矿棚户区范围内职工的搬迁安置工作。根据集团公司有关决议及项目建设规划，集团公司棚户区改造工程规划新建住宅面积226.4万平方米，迁居安置职工26360户，投资估算48.66亿元，其中集团公司统筹资金11.84亿元（分别是国补资金1.45亿元，地方政府出资1.45亿元，集团公司自筹8.94亿元），迁居职工个人出资36.82亿元。

（二）项目完成情况

截至2014年底，集团公司承担的棚户区改造迁居安置任务全部完成，累计完成投资46.63亿元，其中国补资金1.66亿元，地方政府应出资1.66亿元，迁居职工个人出资32.09亿元，集团公司出资11.22亿元［市政配套基础设施及公共建筑0.24亿元，集团公司政策补贴10.04亿元，代建价格（成本）与实际售价差价0.94亿元］。共建设迁居安置房26360户，建筑总面积226.44平方米。其中大武口丽日花园共建设安置房6111户，建筑面积45.21万平方米；惠农静安六区共建设安置房624户，建筑面积6.67万平方米；贺兰太阳城共建设安置房5549户，建筑面积58.33万平方米；灵武水木灵州小区共建设安置房1488户，建筑面积14.83万平方米；永宁银子湖一期共建筑安置房2932户，建筑面积27.1万平方米；大武口安康花园共建设安置房2392户，建筑面积18.07万平方米；惠农水城民生小区共建设安置房1196户，建筑面积9.03万平方米；永宁银子湖二期共建设安置房6068户，建筑面积47.17万平方米。加之采煤沉陷区综合治理安置项目，集团公司累计将16万居住在贺兰山腹地和远离城区居住区的职工家属搬迁安置到了交通方便、环境优雅的新建住宅区，人均居住面积由原来的不足8平方米增加到现在的23.19 平方米，提高了职工家属的幸福指数和获得感。

第二节　职工福利与扶贫帮困

一、生活补贴

（一）班中餐

按照国家及原神华集团关于班中餐标准和有关规定，集团公司认真落实班中餐制度，并将其纳入质量标准化考核。班中餐全部送到井下（标准最低10元／份），2014年公司将矿井单位班中餐标准调整为16元/份，确保一线职工都能吃上热饭热菜。

（二）交通补贴

2009年，集团公司按照《神华宁夏煤业集团公司职工通勤补贴暂行办法》［神宁办〔2008〕157号］文件规定，对全体职工进行交通费补贴，补贴标准根据职工工作地点与居住地间距离的远近分三个档次，分别是30公里以内300元/人月，30 ~ 60公里350元/人月，60公里以上400元/人月。

2017年，集团公司制定了下发了《关于调整职工通勤补贴标准通知》［神宁〔2017〕712号］文件，文件对职工实施交通费补贴的范围、档次、标准进行了扩充、细化和调整。标准根据工作地点与居住地远近分七个档次：30公里以内400元/人月，30 ~ 60（含）公里450元/人月，60 ~ 100（含）公里500元/人月，100 ~ 150（含）公里550元/人月，150 ~ 200（含）公里600元/人月，200 ~ 250（含）公里650元/人月，250公里以上700元/人月。

（三）取暖补贴

2009年，集团公司职工取暖补贴执行《2008年发放取暖补贴的通知》［神宁办发〔2008〕308号］文件规定，发放标准为2100元/人。2012年，集团公司《关于发放职工冬季取暖补贴的通知》［神宁〔2012〕313号］文件，将职工取暖补贴标准调整到3000元/人。2015年，集团公司《关于发放职工冬季取暖补贴的通知》对职工取暖补贴标准再次进行了调整，调整后的发放标准为4000元/人。

二、购房优惠政策

2009年，为从根本上改善矿区职工居住条件，提高职工生活质量，集团公司结合政府进行的棚户区改造项目，出台了《关于对职工购房实行优惠补贴的有关规定》［神宁〔2009〕248号］，对居住在集团公司各矿区列入当地政府棚户区改造拆除迁居范围，具有本地城镇户口的集团公司在册职工、离退休人员、工病亡职工遗属、无房户和连续在集团公司工作满五年以上的，未享受房改、经济适用房和采煤沉陷区搬迁安置优惠政策的，虽然参加过房改，但房改房在矿区（山上）或列入棚户区改造拆除迁居范围的等实行购房优惠政策，即购买面积在75平方米以内的，集团公司每平方米优惠补贴500元。

三、扶贫帮困

（一）集团公司内部扶贫帮困

2009年以来，集团公司加大对特困职工和工病亡遗属家庭等困难群体的帮扶力度。各级工会组织、离退休管理中心均建立困难职工家庭档案，实行账、卡、册动态管理。特别在每年元旦、春节和学生开学之际，专门对帮困救助工作作出安排，有组织、分层次的上门探望慰问。同时，在全集团公司副科级以上管理人员中开展“一帮一、二帮一、多帮一”结对子活动。

2016年，集团公司党委启动对贫困党员家庭慰问工作，并组织力量对所属43个二级单位党委（党总支部）、778个党支部的15211名在职党员和5612名离退休党员进行摸底调查。“七一”期间，集团公司党委抽派组宣部、纪检监察部、工会和社会事务部工作人员组成14个小组，对326名在职困难党员、24名离退休老党员进行帮扶和慰问，共发放慰问金70万元。次年春节，集团公司领导带领15个小组，对457名在职和离退休困难党员进行节前慰问。

2009—2017年，集团公司及所属基层单位累计落实资金13539.85万元，用于困难职工帮扶、大病救助和金秋助学。其中，帮扶困难职工117545人次，实施大病救助3610人次，帮助困难职工子弟上学9988人次。全集团公司参与结对帮扶的副科级以上管理人员累计达41148人次，帮扶困难职工21569人次，帮扶资助金1509.53万元。集团公司为离休和因公致残人员、军转干人员、大病特困退休人员、困难工病亡遗属累计发放慰问金1967.62万元；为未参加社保统筹的工病亡遗属发放冬季取暖救济金3732.43万元（至2016年）。职工献爱心捐款2034万元。同时，申请自治区总工会、神华集团困难职工帮扶、金秋助学、大病救助资金共计1294.16万元，帮扶救助困难职工7839人次，其中大病救助718人次，救助869.26万元。接受宁夏红十字会和中国光华基金会捐赠物资折合价值602万元，慰问资助困难职工27555人次。

2018年，集团公司加大了困难职工精准帮扶力度，共对224人进行了大病救助，救助资金92.2万元；扎实开展困难帮扶、金秋助学、结对帮困活动，企业出资和结对筹资计1523万元，帮扶困难职工9186人次。

（二）社会扶贫帮困

2009年以来集团公司先后承担了自治区3个县3个乡（镇）8个行政村的扶贫帮扶任务。2013年以来投入扶贫帮困资金969.94万元，实施金融扶贫、产业扶贫、以购代捐、打灌溉机井、购置农机设备、危房改造、基础设施建设、拓宽农产品销路等扶贫项目19个。驻村帮扶的盐池县高沙窝镇大圪垯村人均年收入从2014年3000元增长至2018年11000元；贫困发生率从31.8%降到了0.56%；村集体经济从不足50万元增长至715万元；水浇地从723亩扩增到现在的5281亩；滩羊年产出栏量从每年6000只增加到2018年12000只；全村村民实现了安全住房。同时帮扶的同心县田老庄乡和海原县关桥乡的5个深度贫困村均实现了“两不愁三保障”，村容村貌焕然一新、村民生活品质大幅提高。2018年高质量通过了国务院扶贫办脱贫退出验收检查，实现了彻底脱贫摘帽。

表11-3-1　神宁煤业集团历年帮扶、慰问统计表

单位：万元

年份	集团公司						领导干部结对帮扶			基层单位			
	元旦、春节慰问		金秋助学		大病救助		人数	结对子	金额	元旦、春节慰问		金秋助学	
	户数	金额	人数	金额	人数	金额				户数	金额	人数	金额
2009年	1892	131.5	728	33.21	112	29.8	3262	2169	99.36	9727	488.25	598	108.58
2010年	2807	188.03	744	39.87	404	145.1	3223	1992	141.84	10211	501.76	572	98.68
2011年	2966	314.3	653	53.34	618	280.3	4234	2322	185.12	9503	813.23	580	89.80
2012年	3388	358.4	722	65.11	583	255.6	5443	3782	289.01	10395	970.65	610	121.96

续表

年份	集团公司						领导干部结对帮扶			基层单位			
	元旦、春节慰问		金秋助学		大病救助		人数	结对子	金额	元旦、春节慰问		金秋助学	
	户数	金额	人数	金额	人数	金额				户数	金额	人数	金额
2013年	3466	442.8	795	77.15	540	250.2	6782	3304	226.12	10616	1034.06	331	56.47
2014年	3521	458	778	75.04	232	93.05	5205	2425	170.48	10372	1018.77	296	40.28
2015年	3570	478.8	636	67.06	329	138.85	4328	2102	150.44	8072	763.50	245	39.06
2016年	3564	479.8	570	59.54	411	169.65	4710	1822	108.34	9927	950.84	294	43.52
2017年	5748	671.5	512	53.39	381	163.25	3961	1651	138.83	7800	776.71	324	51.1
2018年	5962	767.7	408	45.38	391	173.7	4202	1596	149.05	6609	553.2	372	60.44
合计	36884	4290.83	6546	569.09	4001	1699.5	45350	23165	1658.58	93232	7870.96	4222	709.89

表11-3-2　神宁煤业集团历年接受上级单位帮扶、慰问统计表

单位：万元

年份	神华集团				自治区总工会								宁夏红十字会	
	大病救助		金秋助学		元旦、春节慰问		金秋助学		大病救助		爱心卡		元旦、春节慰问	
	人数	金额	人数	金额	户数	金额	人数	金额	人数	金额	人数	金额	人数	金额
2009年					18	2.4	28	5.9	65	20			1361	8.8
2010年					18	4.9	35	11.1	60	20			742	15.49
2011年					44	9			52	20			600	4
2012年					102	11	37	5	82	29.6	350	21		
2013年	8	37.16	38	19	58	11	41	5	64	30	350	21	700	5
2014年	28	118.00	38	19	53	12	20	6	120	58	470	28.2	714	6.69
2015年	40	144.00	39	19.5	39	18	17	8.5	91	40	180	9	200	2.45
2016年	63	212.59	19	9.5	49	22.77	15	7.5						
2017年	45	140.40	22	11	716	81.20	8	4						
2018年	88	289.62	34	20.4	279	13.95								
合计	272	941.28	190	98.4	1376	186.22	201	53	534	217.6	1350	79.2	4317	42.43

四、拥军优属

集团公司每年对当地驻军和军烈属、离休复转军人进行走访慰问。

2009年，集团公司对当地9个驻军，老红军、烈属、伤残军人及集团机关现役军人家属16人进行走访慰问。八一建军节前，集团公司领导对宁夏军区和武警宁夏总队进行慰问。全年共投入慰问资金244.6万余元。

2010年，集团公司对当地10个驻军，老红军、烈属、伤残军人及集团机关现役军人家属12人进行走访慰问。八一建军节前，集团公司领导对宁夏军区和武警宁夏总队进行慰问。全年共投入慰问资金35.3万余元。

2011年，集团公司对当地10个驻军，伤残军人、烈属及集团机关现役军人家属11名人进行走访慰问。八一建军节前，集团公司领导对宁夏军区和武警宁夏总队进行了慰问。全年共投入慰问资金36.5万余元。

2014年，在落实中央办公厅、国务院办公厅、中央军委办公厅通知精神，开展首个烈士纪念日活动中，开展对集团公司所属烈士遗属慰问活动。集团公司、矿山救护总队、金能煤业公司组织对抗日烈士、井下抢险救灾、抢救落水儿童、保护企业财产过程中牺牲的17名烈

士遗属进行慰问。此后，每年春节、烈士纪念日期间，集团公司社会事务部都对烈士遗属进行慰问。

按照自治区复转军人就业安置要求，集团公司每年都落实安置计划。2009—2018年共安置复转军人872人。

第三节　离退休人员服务

一、体系建设

（一）管理机制

集团公司离退休管理业务由社会事务部负责，分无隶属单位直接管理和主体单位自行管理两类。无隶属单位直接管理是指因原单位破产、改制、分离、撤销整合等，遗留的无隶属单位离退休人员及遗属和集团公司机关离退休人员及遗属，由社会事务部退管业务口直接管理，按照地域设石嘴山矿区、石炭井矿区、灵武矿区（含银川地区）、宁夏煤炭基建公司4个退管中心分别进行管理；主体单位管理大部分基层单位专设退休科（办），部分单位属工会、人力资源、办公室、党群或纪委兼管。

截至2017年，社会事务部离退休管理业务口有工作人员23名，其中石炭井矿区退管中心11人，石嘴山矿区退管中心2人，灵武矿区退管中心2人，基建公司退管中心4人，社会事务部4人。设离退休党总支1个，隶属于集团机关党委管理。下辖4个矿区28个离退休党支部，其中石炭井矿区12个，石嘴山矿区6个，灵武矿区4个，基建公司6个，共管理无隶属单位离退休党员1756名。集团公司为28名支部书记、58名支委发放补贴。

（二）工作职责

4个退休管理中心的日常工作、负责无隶属离退休党总支部的党建工作，落实离休干部“两项待遇”，负责老年大学业务管理，帮扶探望慰问无隶属大病特困人员，为离世离退休人员办理后事；负责退休人员社保、医保、工伤业务和健康体检、年度生存认证、动态信息管理、文体活动，发放未参加社保工病亡遗属冬季取暖救济金；负责离退休人员的来信来访工作和与自治区及所属市、县社保、医保等相关部门的沟通协调工作。

各基层单位在社会事务部各离退休管理中心的指导下，负责本单位离退休人员及工病亡遗属的管理。

（三）管理制度

2012年，集团公司制定了《神华宁夏煤业集团有限责任公司离退休工作管理办法》[神宁办〔2012〕125号]，2015年进行了修订。各离退休管理中心和基层单位业务部门均建立《家访慰问工作制度》《来信来访接待、受理、信息反馈制度》《党组织生活和政治学习制度》。坚持每月两次党员组织生活和政治学习制度；坚持家访和慰问制度，坚持来信、来访、生病住院、去世看望等等；完善做好民情日志的接待记录、受理、反馈及上报工作。

（四）服务对象

全集团公司离退休人员，包括离休老干部、1949年以前参加工作的工人（以下简称新中国成立前老工人）。2009年，离退休人员42997人，其中离休老干部207人，新中国成立前老工人114人。2011年，共有离退休干部、工人42361人，其中离退休厅级干部55人，处级干部685人，离休干部198人，新中国成立前老工人108人，工伤病亡遗属9040人。到2017年，离退休人员 39744人，其中离休干部88人，新中国成立前老工人43人。截至2017年上半年，管理工病亡遗属计10197人。

（五）费用管理及使用

2009年，集团公司按照中共中央组织部、劳动人事部〔2002〕15号文件及自治区有关规定提取离退休管理经费，并在年初核定企业经营指标时予以核算。年提取离退休管理经费77万元，主要用于管理服务、文体活动、老年大学等支出。各基层单位离退休人员及工病亡遗属每年发生的费用，由本单位在管理费（福利费）中列支，自主审批使用。

2011年，集团公司审定离退休人员活动经费标准为每人每年50元，主要用于购置学习材料、文化娱乐用品、住院慰问及活动场地的维修、开展文体活动等。

二、活动场所

石嘴山、石炭井、灵武、基建公司4个离退休管理中心共建离退休人员活动场所31处，设乒乓球、台球、门球、麻将、象棋、扑克、跳棋等活动项目。4个离退休管理中心有专门阅览室，订阅多种报刊30余种，供离退休人员学习、阅读。

三、服务项目

（一）落实待遇

突出“管理与服务”宗旨，坚持“六老”（即老有所养、老有所愿、老有所为、老有所学、老有所教、老有所乐）方针，全面落实“两项待遇”（即政治待遇和生活待遇）。

2010年，对副厅级以上离退休老干部实行每月500

元/人的特殊交通补贴，为副厅级以上离退休干部、一般离休干部及28个离退休党支部征订报刊和学习资料，按规定为离退休人员发放风沙费、企业调节金、工病亡遗属生活困难补助费6261万元。2015年，在抗日战争和世界反法西斯战争胜利70周年之际，对符合条件的21名抗日战争期间参加革命工作的离休干部颁发抗战纪念章，发放每人5000元的慰问金，落实冯志达、芦宗吉、聂寺科3名离休干部享受副省级医疗待遇。

2009—2016年，对离休老干部（含新中国成立前老工人）报销医药费4341.55余万元。为所属各单位未参加社保统筹的工病亡遗属发放冬季取暖救济金总计5731.43万元。

（二）走访慰问

春节期间，组织副厅级以上离退休老干部参加集团公司“迎新春”团拜会。先后对集团公司所属新中国成立前参加革命的离休老干部、新中国成立前老工人，困难工病亡遗属、大病特困离退休人员、因公致残人员、困难党员、军转干进行了走访慰问，2009—2017年，累计发放慰问金 1967.62 万元。

2018年，离退休管理中心为离退休老干部及遗孀、工病亡遗属发放慰问金488.8万元，为324名因病致困、因公致残离退休人员发放各类慰问金33万元，为离退休困难家庭子女发放助学金22.27万元。

（三）健康体检

2009年起，集团公司坚持每年9 ~ 11月分批次组织所属副厅级以上离休老干部（含新中国成立前老工人）和退休老干部，到银川、北京、上海定点医院进行健康体检，并对药费票据进行收集整理后实报实销。至2016年，共为离休老干部报销定点医院健康体检医药费等4341.55余万元，平均每年482.39万元。

2011年起，集团公司社会事务部及各离退休管理中心按照《神华宁夏煤业集团有限责任公司职工健康体检工作管理办法》规定，每年组织一次离退休人员健康体检，体检项目与在职职工基本相同，主要包括三大常规（血、尿、粪）、胸片（胸部或腰椎正侧位片）、B超（肝、胆、脾、胰、双肾、膀胱、前列腺）和心电图（了解心律失常、心肌梗死、心肌缺血等心脏疾病）、小生化（肝功12项、肾功能、血脂、血糖等）、颈部彩超（颈部血管检查），体检费用标准分别为男460元/人，女570元/人。2016年，集团公司将离退休人员健康体检标准调整为男500元/人，女620元/人。2017年，接受健康体检的离退休人员超过3.9万人。2018年，离退休人员健康体检满意率达到99.27%。

（四）生存认证

2012年起，各退休管理中心、基层单位离退休管理科等部门，落实自治区社保局和集团公司有关文件精神，采取固定地点或就近集中设点的方法，在规定时间内为离退休人员办理生存认证，确保了离退休人员养老金的及时发放。

表11-3-3　2009—2018年离退休人员统计表

单位：人

年份	离退休人员总数	其中	
		离休老干部	新中国成立前老工人
2009年	42997	207	114
2010年	42373	198	110
2011年	41982	197	108
2012年	41310	193	92
2013年	41053	160	79
2014年	41022	134	71
2015年	40771	125	62
1016年	41542	94	49
2017年	39744	88	43
2018年	40526	72	34

（五）文体活动

根据不同节假日开展了主题鲜明的文体娱乐活动，做到年度有安排，季度有主题，重大节日有活动，常年活动不断线。每年春节、重阳节期间，各退管中心与社区举办了形式多样的文体娱乐活动，迎新春联谊会，元宵节灯谜会，离退休人员、党员代表座谈会等活动，每年参加各类活动离退休人员3万余人。“七一”期间，离退休党组织、退管中心，贴近离退休党员实际开展主题实践活动，专题民主生活会及座谈会。

（六）老年大学

为满足离退休人员文化艺术爱好需求，社会事务部在离退休人员居住较集中的石嘴山市大武口区、惠农区开办太西老年大学和石嘴山老年大学，开设音乐、书法、绘画、舞蹈、摄影和保健等课程。成立老年大学艺术团及小合唱、模特表演班，并积极组织节目编排和参与社区文化生活。2009年至2018年，老年大学艺术团累计参加属地市、县、社区群众性优秀文艺节目展演和深入矿区、社区慰问演出等超过100场次，并多次在自治区文化厅、老干部局、老龄委组织的全区群众文艺会演中获奖。

第四章　医疗卫生

第一节　医疗体系

2009年以前，集团公司企办医疗机构为宁夏煤炭总医院。该院是集团公司2003年整合原四家煤炭企业医疗卫生资源的基础组建的集医疗、科研、教学、康复、防疫、工伤急救为一体的大型综合性医疗机构，下辖5个二级医院、11个一级医院、10个卫生所、11个保健站、3个防疫站、1个急救站、1个门诊部和4个社区卫生服务站。宁夏煤炭总医院组建后，按国家安全监察总局的要求，成立了“国家矿山医疗救护中心宁夏分中心”，并挂牌“天津医科大学眼科中心宁夏分中心”。2007年，全院在职职工1505人，资产总额 1.73 亿元，住院床位1535张。2007年门诊量643047人次，住院病人26875人次，手术7124 例次，业务收入1.51亿元。服务范围遍布石嘴山矿区、石炭井矿区、宁东矿区及周边地区城镇部分居民，就医人口约80万人。宁夏煤炭总医院技术力量雄厚，医疗设备先进，在全区享有盛誉。

2008年8月31日，集团公司按照《自治区人民政府批转神华宁夏煤业集团公司总医院整体移交卫生厅管理实施方案的通知》[宁政发〔2008〕108号]要求，将所属宁夏煤炭总医院下属的46个医疗机构，其中：5个二级医院、11个一级医院、10个卫生所、11个保健站、3个卫生防疫站、1个急救站、1个门诊部、4个社区卫生服务站，在册职工1451人，整体移交自治区卫生厅垂直管理。移交资产20858万元，移交经费34160万元。

由于煤炭生产的特殊性，点多面广、服务半径大，大多数矿区为地处偏僻的独立矿区。为保证煤矿的安全生产必须在这些矿点设立医疗网点，为生产一线工人提供工伤救治、职业病防治、安全教育及常见病的诊治等服务。宁夏煤炭总医院移交后，远离市区的独立煤矿由宁夏第五人民医院（移交后更名）所在区域医院派医务人员设立医疗救助站，煤矿提供场地、配套设施和水、电、暖及网络，集团公司委托煤矿与医院签订服务合同，煤矿按合同向医院支付医疗服务费。至2018年，宁夏第五人民医院及宁东医院共在羊场湾煤矿、磁窑堡煤矿、汝箕沟煤矿等设立医疗救助站13个，解决了远离市区独立煤矿的职工基本医疗、工伤救治、职业病防治及突发卫生事件医疗防治等问题。

第二节　职业病防治

一、机构设置

2009年，集团公司按照相关法律、规定要求，调整完善职业病防治和监察委员会组织机构，其成员由集团公司安全生产委员会成员组成，下设办公室在社会事务部，具体负责全集团公司的职业卫生管理工作。

2014年4月，集团公司按照新修正的《职业病防治法》要求，将职业卫生专业从社会事务部划转至安全监察局，主要负责集团公司煤矿、地面及煤制油化工板块的职业卫生监察工作。

2015年，集团公司制定出台《神华宁夏煤业集团有限责任公司职业病危害防治管理办法》，规定基层各单位建立健全职业卫生管理机构、职业卫生管理和操作规程、职业危害因素检测与评价制度、劳动保护用品发放制度、职业卫生档案和职工健康监护档案，形成了完善的职业病预防管理和制度保障体系。

二、预防工作

集团公司始终把“一通三防”工作作为煤矿预防职业病的一项主要措施，制定防尘工作质量标准和考核实施办法，每季度组织专业工程技术人员对各煤矿的综合防尘工作进行一次检查考核。同时，根据煤矿作业现场实际，制定作业场所环境状况监测计划，委托宁夏第五人民医院对全集团公司涉及有毒有害气（物）体的804个监测场所、1495个监测点进行定期监测。各防尘单位均成立综合防尘领导小组，在通风管理部设置综合防尘专业技术岗位，成立防尘施工队伍，建立健全综合防尘各项管理制度和措施。对综合防尘系统进行规范和完善，井下在所有巷道安装防尘专用供水管路；对综采、综掘工作面施工全部实施“带水”作业，即对煤体实施开采、掘进施工前注水，在割煤机、综掘机和转载点、运输线上（分段）全部安装有喷雾洒水装置；对炮掘进工作面坚持湿式凿岩、水炮泥封堵炮眼起爆，沿巷道两帮和顶安设拱形喷雾水幕；对综采工作面两端巷道、掘进施工巷道、运输巷道等实施定时人工洒水冲尘；对接尘人员统一配发、增发防尘口罩，最大限度地降低粉尘的吸入量；对大型固定设备采取了在选型上突出考虑噪声程度和减震动、减摩擦、降噪声技术改造措施；对充电、电焊和接触有毒危险物的岗位职工，按规定要求发放特殊防护手套、工作服、眼镜等劳动保护用品。通过上述措施的实施，净化了作业环境，降低了粉尘等有害气（物）体对人体的伤害和职业病发病率。

集团公司为所有从事有毒有害工作岗位的职工建立职业健康监护档案，坚持每年组织1～2次职业性健康体检。其中，2018年全集团公司接受职业健康体检的（包括煤炭生产单位14789名接尘人员、8075名接毒人员）应检人数26085人，实检25047人，上岗前、在岗期间、离岗时职业健康体检率分别为100%、95%、98.4%。对职业健康体检发现的尘肺病患者，及时送往指定的北戴河疗养院进行大容量全肺灌洗治疗。截至2018年，接受大容量全肺灌洗治疗人数为746人。

2018年，为提高职工职业健康保障水平，集团公司购置了37台湿式除尘风机，在11个煤矿进行安装使用，使矿井粉尘得到有效控制。其中，任家庄煤矿综采工作面粉尘浓度由157.89毫克/立方米下降至47.58毫克/立方米，除尘率提高69.87%；综掘工作面粉尘浓度由58.14毫克/立方米下降至20.04毫克/立方米，除尘率提高65.53%。各作业地点粉尘浓度指标达到了区内先进水平。

第三节　卫生防疫

2009年，集团公司成立由副总经理任主任、工会主席任副主任的爱国卫生运动委员会，落实神华集团《关于加强甲型H1N1流感疫情防控的紧急通知》[〔2009〕184号］精神，成立动物疫病防治工作领导小组、甲型H1N1流感疫情应急领导小组，下设办公室在社会事务部，具体负责全集团公司疫病疫情防控的日常工作；重新修订《神华宁夏煤业集团重大动物疫病应急预案》，建立应急指挥系统，由领导小组办公室负责全面掌握免疫情况，组织协调有关单位、部门对重大动物疫病应急预案、防疫工作措施进行落实和督促检查。所属各煤矿、分公司、厂均成立相应的领导机构，做到疫病防治工作所需经费、应急车辆落实和防疫信息24小时畅通，完成了地方政府和企业下达的疫区联防联控和安全保卫、社会治安工作任务。

各煤矿、分公司、厂主要围绕职工食堂（餐厅）饮食卫生、澡堂浴洗卫生、公寓楼住宿卫生和矿、厂区环境卫生展开日常卫生服务工作，不定期组织专业人员和职工代表等对职工餐厅、班中餐食堂的食材采购渠道、仓储保鲜、饮食加工、炊餐具消毒、泔水处置等进行卫生监督检查；对职工池浴用水添加剂消毒和更换情况、公厕打扫情况进行监督检查，防止了病菌的产生和扩散，杜绝了食物中毒等事故的发生。

第四节　健康体检

2011年，集团公司按照《煤矿作业场所职业危害防治规定（试行）》（2010年9月1日施行），制定《神华宁夏煤业集团有限责任公司职工健康体检工作管理办法》，并印发《关于认真做好2011年职工健康体检工作的通知》，全体职工健康体检全面启动。

在职职工（含劳务用工）健康体检每年实施一次，由各煤矿、分公司、厂自行组织职工到集团公司在银川市和银北、银南地区选定的19家正规医院或专业健康体检单位就近体检。体检项目原则上包括物理检查（内科、外科、眼科、五官科）、三大常规（血、尿、粪）、胸片（胸部或腰椎正侧位片）、B超（肝、胆、脾、胰、双肾、膀胱、前列腺）和心电图、小生化（肝功12项、肾功能、血脂、血糖等）、颈部彩超（颈部血管检查）；女性增加乳腺彩超、子宫附件彩超、妇科检查、宫颈刮片。按照集团公司的有关规定，职工健康体检费用统一从单位福利费中列支。

2018年，集团公司调整了职工健康体检费标准，每人增加300元，年度职工健康总费用达到7481万元，比上年增加2723万元。同时，加大了职工疗养力度，全年安排2000名各类先进人物、从事生产一线作业及工龄在30年以上的职工进行了医疗休养，支付资金1300万元。

第五节　计划生育

2009年，集团公司成立人口与计划生育工作委员会，人口与计划生育委员会办公室设在工会，负责集团公司的计划生育管理和日常工作。各矿、分公司、厂均成立计划生育工作委员会，并在工会设立计划生育工作机构，配备专兼职计划生育主任和管理人员，主要负责本单位人口与计划生育政策宣传落实、计划生育技术服务、生殖健康、流动人口计划生育管理与服务、综合协调。

集团公司执行人口与计划生育“一票否决制”，坚持党政一把手亲自抓、负总责，实行计划生育目标管理责任制。在落实国家与自治区人口与计划生育工作的改革中，加大了相关法律法规政策的宣传落实力度，强化优生优育、生殖健康等知识的普及，开展形式多样的计划生育服务工作，科学的管好、做好计划生育工作。

2009—2018年，集团公司无早婚、早育、无间隔不够生育，无超计划生育发生。并为全体职工缴纳生育保险，落实了计划生育政策对职工的优待和奖励。2011年将独生子女保健费由原来的12元提高到50元。

第十二篇
党的建设

按照中共中央《关于在深化国有企业改革中坚持党的领导加强党的建设的若干意见》［中办发〔2015〕44号］和习近平总书记在全国国有企业党的建设工作会议上的讲话精神，神华宁夏煤业集团公司党委（以下简称集团公司党委）坚持“四同步”“四对接”（党的建设和国有企业改革同步谋划、党的组织及工作机构同步设置、党组织负责人及党务工作人员同步配备、党的工作同步开展，实现体制对接、机制对接、制度对接和工作对接），切实推进党组织与企业法人治理主体有机融合、党建机制与经营管理运作机制协调运转、党组织制度与经营管理制度相互衔接，党的工作与经营管理工作相互促进。同时，明确企业党组织在公司法人治理结构中的法定地位，明确党组织在企业决策、执行、监督各环节的权责和工作方式以及与其他治理主体的关系，使党组织发挥领导核心作用、战斗堡垒作用制度化、具体化。通过推行党建目标管理，建立配套制度，完善党建工作机制，做到党建工作与集团公司发展战略同规划、同部署、同实施、同考核，使党建工作进一步规范化、制度化。2009年以来，制定干部理论学习规划，完善党员干部教育培训计划，印发《集团公司领导干部培训考核制度》和《集团公司中层管理人员继续教育暂行办法》，采取多种方式对党员干部分期分批进行培训。坚持思想建党和制度治党相结合，深入开展学习实践科学发展观、创先争优（创建先进基层党组织，争做优秀共产党员）、党的群众路线教育实践活动和“三严三实”（严以修身、严以用权、严以律己，谋事要实、创业要实、做人要实）专题教育。狠抓党风廉政和反腐倡廉建设。坚持党的建设和生产经营两手抓、两手硬，扎实开展“两学一做”（学党章党规、学系列讲话，做合格党员）学习教育，多措并举强化理想信念教育，教育引导党员干部增强“四个意识”（政治意识、大局意识、核心意识、看齐意识），坚定“四个自信”（道路自信、理论自信、制度自信、文化自信），做到“两个维护”（坚决维护习近平总书记党中央的核心、全党的核心地位，坚决维护党中央权威和集中统一领导），增强党性，提高素质，在推动企业改革发展中当先锋，作表率。

公司纪委在中央纪委、自治区纪委、国家能源集团纪检监察组和公司党委的领导下，认真履行党章赋予的职责，聚焦监督执纪问责主业主责，严格落实党风廉政建设责任制，着力解决党风廉政建设方面存在的突出问题，严肃查处各类违规违纪问题，始终保持惩治腐败的高压态势，为公司又好又快发展保驾护航，为建设“三个面向”新宁煤提供了坚强的作风保障。截至2018年，紧盯公务用车、公务接待、办公用房、婚丧嫁娶等重点，紧盯节假日等重要节点，持续整治“四风”（形式主义、官僚主义、享乐主义、奢靡之风）顽疾，清退超标办公用房1.2万平方米，作风建设收效明显。紧盯重点领域、关键环节、关键人员开展监督，纪律规矩意识显著增强。坚持“零容忍”态度惩治腐败，查处违规违纪案件212起，党政纪处分304人，政治生态持续改善。

各级党员领导干部认真落实稳定工作责任制和信访工作责任制，及时化解矛盾；落实治安综合治理防范措施，做到超前预防；以领导干部经营管理人员学法用法为重点，开展了五五、六五、七五普法和依法治理工作；做好离退休人员的社区化管理工作，开展各类文体活动，落实各种待遇，确保矿区稳定。集团公司工会围绕上级工会工作部署和集团公司党政中心工作，坚持“发展为先、职工为本、基层为重、创新为魂”的工作方针，践行“两个信赖”，创建了“学习型、服务型、创新型，安康之家、民主之家、文化之家、幸福之家、活力之家”的“三型五家”建设新模式，通过抓基层、强基础、提素质、增活力，不断提升依法建会、依法履职、依法维权、依法治会的水平。按照年有主题、季有特色、月有活动的原则，组织基层工会开展了丰富多彩的职工文化、体育和文联活动，向基层职工不断传递正能量。集团公司先后获得全国文明单位、全国“五一劳动奖状”、全国民族团结进步模范单位、中央企业先进基层党组织、全国企业文化建设先进单位、全国群众体育运动先进单位等荣誉称号。

第一章 组织建设

在自治区党委、国家能源集团党组的领导下，全面落实新时代党的建设总要求，积极践行“社会主义是干出来的”伟大号召，坚持和加强党的全面领导，认真落实“四同步”“四对接”要求，狠抓组织建设标准化、制度流程标准化、队伍建设标准化、组织活动标准化、基础保障标准化，不断提升党建工作质量，有力推动了“三个面向”（面向市场、面向世界、面向未来）新宁煤建设。

第一节 党组织建设

一、神华宁夏煤业集团公司党委

（一）组织沿革

表12-1-1 党委班子成员一览表

机构沿革	书记	副书记	党委委员	任职时间
中共神华宁夏煤业集团有限责任公司委员会	陆维平	严永胜	姚具元 仝金正 陈 毅 刘晋冀 吴学林	2009.01—2013.01
中共神华宁夏煤业集团有限责任公司委员会	刘云	严永胜	章建忠 陈 毅 张正军 吴学林 关清安	2013.01—2015.07
中共神华宁夏煤业集团有限责任公司委员会	张作理	严永胜	章建忠 张正军 吴学林 关清安 马金明	2015.07—2015.12
中共神华宁夏煤业集团有限责任公司委员会	张作理	邵俊杰 严永胜	章建忠 张正军 吴学林 关清安 马金明	2015.12—2016.12
中共神华宁夏煤业集团有限责任公司委员会	张作理	邵俊杰 严永胜 魏艳华	章建忠 张正军 吴学林 马金明 孟 伟	2016.12—2017.01
中共神华宁夏煤业集团有限责任公司委员会	邵俊杰	严永胜 魏艳华	吴汉宝 张正军 吴学林 姚 敏 马金明 孟 伟	2017.01—2018.12.31

（二）内设部门

表12-1-2 党委内设部门历任负责人一览表

部门	姓名	职务	任职时间
党委办公室	陈志清	主任、机关党委委员	2008.01—2010.07
	马金明	主任、公司纪委委员、机关党委委员	2010.07—2012.07
	骆国强	公司副总经济师、主任	2012.07—2017.08
	姚伟	公司董事会秘书、主任、机关党委委员	2017.08—2018.12

续表

部门	姓名	职务	任职时间
组织部	陈志清	纪委副书记、部长	2018.04—2018.12
组宣部（统战部）	马金明	部长	2008.01—2010.07
	李怀荣	部长	2010.07—2012.11
	魏学文	部长	2012.11—2017.02
	谢红	副部长（主持）	2017.02—2018.12
纪检监察部	郭敏杰	纪委副书记、部长	2008.01—2015.01
	陈志清	纪委副书记、部长	2015.01—2017.04
	李兵	部长	2017.03—2018.12
机关党委	马金明	书记	2008.01—2010.07
	李怀荣	书记	2010.07—2012.11
	魏学文	书记	2012.11—2017.02
	魏艳华	书记	2017.02—2018.12

二、基层组织

2009年以来，集团公司党委根据实际和党员分布状况，合理设置党的基层组织，理顺党的组织关系。在新组建和重组单位及时成立基层党委，调整部分基层党组织，建立健全党委会或总支委员会。按照“双向进入、交叉任职”（党委成员和经营管理层成员适度互相进入）的原则配备领导班子。2009—2018年，先后重新组建54个二级基层党委（总支），撤销46个二级基层党组织。

表12-1-3　目前基层党委基本情况一览表

序号	党委名称	成立时间	党支部数	党小组数	党员数
1	羊场湾煤矿党委	2006.12	32	83	819
2	梅花井煤矿党委	2009.04	27	71	463
3	枣泉煤矿党委	2006.12	24	50	463
4	汝箕沟无烟煤分公司党委	2013.11	51	64	1671
5	红柳煤矿党委	2010.01	19	46	439
6	石槽村煤矿党委	2010.12	20	49	384
7	金凤煤矿党委	2008.06	18	28	321
8	任家庄煤矿党委	2012.05	18	46	332
9	灵新煤矿党委	2006.12	18	45	727
10	麦垛山煤矿党委	2016.05	18	38	343
11	双马煤矿党委	2016.05	14	32	287
12	石沟驿煤业分公司党委	2006.12	6	0	195
13	金家渠煤矿筹建处党委	2014.11	14	9	216
14	红石湾煤矿有限责任公司党委	2011.04	11	19	206

续表

序号	党委名称	成立时间	党支部数	党小组数	党员数
15	清水营煤矿党委	2016.12	14	27	218
16	选配煤中心党委	2016.02	25	54	986
17	太西洗煤厂党委	2006.01	26	64	727
18	银北矿区管理办公室党委	2017.02	17	18	1920
19	生产安装分公司党总支	2016.12	3	8	87
20	煤制油分公司党委	2016.11	48	108	933
21	煤制油化工工程建设指挥部党委	2016.11	9	19	196
22	烯烃一分公司党委	2016.05	14	54	454
23	烯烃二分公司党委	2016.05	10	21	189
24	甲醇分公司党委	2016.05	12	41	308
25	煤制油化工安装检修分公司党委	2016.07	9	24	166
26	煤制油化工公用设施管理分公司党委	2016.07	10	32	263
27	煤制油化工质检计量中心党委	2016.07	10	23	213
28	运销公司党委	2006.01	15	28	239
29	煤制油化工销售分公司党委	2016.06	5	12	124
30	物资公司党委	2006.01	16	31	360
31	能源工程公司党委	2008.02	24	36	355
32	物业服务分公司党委	2008.12	56	93	874
33	亘元房地产公司党委	2009.12	9	17	241
34	新闻中心党委	2009.12	5	8	108
35	信息技术中心党委	2010.03	12	12	166
36	宁夏工业职业学院党委	2017.03	9	18	187
37	矿山机械制造维修分公司党委	2007.11	16	38	391
38	宁煤基本建设公司党委	2006.01	20	52	534
39	水电分公司党委	2016.09	22	39	431
40	应急救援中心（矿山救护总队）党委	2016.05	8	21	168
41	天长民爆公司党委	2014.08	6	13	131
42	质检计量中心党委	2016.07	8	10	95
43	治安保卫总队党委	2008.02	6	22	122
44	机关党委	2006.01	65	71	2563
合计			799	1594	20615

表12-1-4　2009—2018年基层党委（总支）组建情况一览表

序号	时间	成立党委(总支)名称	序号	时间	成立党委(总支)名称
1	2009.12.14	太西炭基工业公司党委	28	2016.05.15	煤制油化工公用设施管理分公司党总支
2	2009.12.14	新闻中心党委	29	2016.05.15	煤制油化工质检计量中心党总支
3	2009.12.14	信息技术中心党委	30	2016.05.15	煤制油化工安装检修分公司党总支
4	2009.12.19	红柳煤矿党委	31	2016.05.15	煤制油化工研发中心党总支
5	2010.03.12	综采安装分公司党委	32	2016.05.15	麦垛山煤矿党委
6	2010.03.12	银北矿区水电分公司党委	33	2016.05.15	双马煤矿党委
7	2010.07.23	大峰煤矿党委	34	2016.05.15	石炭井矿区管理办公室党委
8	2010.12.24	石槽村煤矿党委	35	2016.05.15	应急救援中心党委（即矿山救护总队党委）
9	2011.01.19	教育培训中心党委	36	2016.06.17	煤制油化工销售分公司党委
10	2011.04.07	红石湾煤矿筹建处党委	37	2016.07.28	煤制油化工公用设施管理分公司党委
11	2011.04.07	麦垛山煤矿筹建处党委	38	2016.07.28	煤制油化工质检计量中心党委
12	2011.04.07	双马煤矿筹建处党委	39	2016.07.28	煤制油化工安装检修分公司党委
13	2012.02.06	金家渠煤矿筹建处党总支	40	2016.07.28	质检计量中心党委
14	2012.02.06	煤制油项目建设指挥部党委	41	2016.09.21	水电分公司党委
15	2012.06.05	金凤煤矿筹建处党委	42	2016.11.01	煤制油公用工程管理中心党委
16	2012.10.09	金凤煤矿党委	43	2016.11.01	煤制油仪表管理中心党总支
17	2012.11.30	李家坝煤矿筹建处党总支	44	2016.11.01	煤制油电气管理中心党总支
18	2013.03.09	宁鲁煤电公司任家庄煤矿党委	45	2016.11.01	煤制油动力厂党总支
19	2013.03.09	宁鲁煤电公司任家庄煤矿洗煤厂党总支	46	2016.11.01	煤制油空分厂党总支
20	2013.11.01	汝箕沟无烟煤分公司党委	47	2016.11.01	煤制油合成油厂党委
21	2014.04.10	质量监督站党总支	48	2016.11.01	煤制油净化合成厂党总支
22	2014.08.21	宁夏天长民爆器材公司党委	49	2016.11.01	煤制油气化厂党委
23	2014.11.26	金家渠煤矿筹建处党委	50	2016.11.01	煤制油化工工程建设指挥部党委
24	2016.02.23	选配煤中心党委	51	2016.11.01	煤制油分公司党委
25	2016.05.15	烯烃一分公司党委	52	2016.12.05	生产安装分公司党总支
26	2016.05.15	甲醇分公司党委	53	2016.12.05	清水营煤矿党委
27	2016.05.15	烯烃二分公司党委	54	2017.02.16	银北矿区管理办公室党委

表12-1-5　2009—2018年基层党委（总支）撤销情况一览表

序号	时间	撤销党委(总支)名称	序号	时间	撤销党委(总支)名称
1	2009.12.14	太西电力有限责任公司党委	24	2014.11.26	李家坝煤矿筹建处党总支（划入机关党委）
2	2009.12.14	宁煤活性炭分公司党委	25	2014.11.26	质监站党总支（划入机关党委）
3	2009.12.14	太西水泥有限责任公司党委	26	2014.11.26	金家渠煤矿筹建处党总支
4	2009.12.14	电视新闻网络中心党委	27	2015.06.12	清水营煤矿党委
5	2009.12.14	华夏能源报社党委	28	2015.09.09	太西炭基工业公司党委
6	2010.03.12	石炭井水电分公司党委	29	2016.02.23	宁东洗煤厂党委
7	2010.03.12	石嘴山矿区水电分公司党委	30	2016.02.23	大武口洗煤厂党委
8	2010.07.23	大峰露天煤矿党委	31	2016.05.15	麦垛山煤矿筹建处党委
9	2010.07.23	红梁煤业公司党委	32	2016.05.15	双马煤矿筹建处党委
10	2010.08.13	磁窑堡煤业公司党委	33	2016.05.15	石炭井焦煤分公司党委
11	2010.12.24	石槽村煤矿党总支	34	2016.05.15	乌兰煤矿党委
12	2011.04.07	红石湾煤矿筹建处党总支	35	2016.05.15	煤炭化学工业分公司党委
13	2011.04.07	麦垛山煤矿筹建处党总支	36	2016.07.28	煤制油化工公用设施管理分公司党总支
14	2011.04.07	双马煤矿筹建处党总支	37	2016.07.28	煤制油化工质检计量中心党总支
15	2012.06.05	冯记沟煤矿党委	38	2016.07.28	煤制油化工安装检修分公司党总支
16	2012.10.09	金凤煤矿筹建处党委	39	2016.07.28	煤制油化工研发中心党总支（划入机关党委）
17	2013.03.09	宁鲁煤电有限责任公司党委	40	2016.08.18	安全监察局党委
18	2013.11.01	白芨沟煤矿党委	41	2016.09.21	灵武矿区水电分公司党委
19	2013.11.01	汝箕沟煤矿党委	42	2016.09.21	银北矿区水电分公司党委
20	2013.11.01	大峰露天煤矿党委	43	2016.11.01	煤制油项目建设指挥部党委
21	2014.03.07	宁鲁煤电公司任家庄洗煤厂党总支	44	2017.02.07	教育培训中心党委
22	2014.03.25	灵州建井工程公司党委	45	2017.02.16	金能煤业分公司党委
23	2014.05.15	综采安装分公司党委	46	2017.02.16	石炭井矿区管理办公室党委

第二节　组织发展

各级党组织把发展党员工作的着重点放在对入党积极分子的培养、教育、提高上。在发展党员过程中，严格遵循“控制总量、优化结构、提高质量、发挥作用”的总要求，优化党员年龄结构、文化结构和分布结构，重点在技术人员、生产经营一线的优秀青年员工中发展党员。2009—2016年，全集团公司共发展党员5672名，占全公司党员总数的27.5%。其中具有大专以上学历的占发展党员总数的69.6%，专业技术人员占发展党员总数的46%，生产一线的占发展党员总数的62.6%。共青团员入党数占发展党员总数的12.6%。截至2018年，全集团公司共有党员20615人。

表12-1-6　2009—2018年党员结构一览表

<table>
<tr><th rowspan="3">年份</th><th colspan="6">党员</th><th colspan="4">新发展党员数</th></tr>
<tr><th></th><th colspan="5">其中</th><th rowspan="2">大专以上学历</th><th rowspan="2">专业技术人员</th><th rowspan="2">生产一线</th><th rowspan="2">团员入党人数</th></tr>
<tr><th>党员</th><th>管理人员专业技术人员</th><th>男</th><th>女</th><th>少数民族</th></tr>
<tr><td>2009年</td><td>16558</td><td>6601</td><td>13356</td><td>3202</td><td>2212</td><td>462</td><td>355</td><td>490</td><td>88</td></tr>
<tr><td>2010年</td><td>17367</td><td>7093</td><td>13956</td><td>3411</td><td>2410</td><td>537</td><td>384</td><td>539</td><td>65</td></tr>
<tr><td>2011年</td><td>18479</td><td>7679</td><td>14772</td><td>3707</td><td>2646</td><td>569</td><td>424</td><td>548</td><td>44</td></tr>
<tr><td>2012年</td><td>19612</td><td>8114</td><td>15648</td><td>3964</td><td>2872</td><td>615</td><td>421</td><td>519</td><td>33</td></tr>
<tr><td>2013年</td><td>20048</td><td>8279</td><td>15977</td><td>4071</td><td>2999</td><td>400</td><td>267</td><td>384</td><td>108</td></tr>
<tr><td>2014年</td><td>20502</td><td>8556</td><td>16313</td><td>4189</td><td>3120</td><td>525</td><td>296</td><td>349</td><td>124</td></tr>
<tr><td>2015年</td><td>21165</td><td>8764</td><td>16820</td><td>4345</td><td>3249</td><td>453</td><td>267</td><td>360</td><td>168</td></tr>
<tr><td>2016年</td><td>20659</td><td>8115</td><td>16464</td><td>4195</td><td>3205</td><td>385</td><td>195</td><td>364</td><td>83</td></tr>
<tr><td>2017年</td><td>20670</td><td>6580</td><td>16450</td><td>4220</td><td>3264</td><td>388</td><td>246</td><td>377</td><td>60</td></tr>
<tr><td>2018年</td><td>20615</td><td>6548</td><td>16396</td><td>4219</td><td>3301</td><td>345</td><td>233</td><td>332</td><td>66</td></tr>
</table>

第三节　代表会议

一、集团公司党代会

2017年1月21日至22日，集团公司党委召开第一次党员代表大会，应到会代表275名，实到会代表266名。新任党委书记邵俊杰作了题为《牢记嘱托、真抓实干、为加快建成“三个面向”新神宁而努力奋斗》的党委工作报告，党委委员、纪委书记孟伟作了题为《立足三个面向、打造廉洁神宁、坚定不移推进党风廉政建设和反腐败工作》的纪委工作报告，魏学文作了《党费收缴、使用和管理情况的报告》。大会选举产生了中国共产党神华宁夏煤业集团有限责任公司第一届委员会，由邵俊杰、严永胜、魏艳华、张正军、吴学林、姚敏、马金明、孟伟8人组成。选举产生了纪律检查委员会，由孟伟、陈志清、魏学文、季忠敏、王兰光、李建勋、李桐来7人组成。在中国共产党神华宁夏煤业集团有限责任公司第一届委员会第一次全体会议上，选举产生了集团公司党委书记（邵俊杰）、副书记（严永胜、魏艳华）。在纪律检查委员会第一次全体会议上，选举产生了集团公司纪委书记（孟伟）、副书记（陈志清）。本次大会实现了集团公司党委书记董事长“一肩挑”，这是国有企业从严落实管党治党主体责任，进一步明确党组织在公司治理中的法定地位的重要举措。

二、基层党代会

2009年至2016年，共有29个到届的基层党委分别召开党代会（党员大会）进行换届选举。2017年，有43个基层党委（总支）完成换届选举。截至2018年底，集团公司所属党委（总支）中任期届满的，全部完成了换届选举。

表12-1-7　基层党代会（党员大会）召开时间表

召开时间	换届单位	出席代表数（人）	届次		党委委员（名）	纪委委员（名）	党委书记（名）	纪委书记（名）
			代表会	党员大会				
2009.06.27	羊场湾煤矿党委	101	一次		11	5	李萌	马顺达
2012.06.26		111	二次		11	5	丁永禄	马顺达
2016.03.25		137	三次		10	5	孙树青	戴良宗
2009.06.28	太西洗煤厂党委	127	一次		7	5	张永华	王运敏
2012.07.03		127	二次		7	5	石平生	王运敏
2009.10.28	灵新煤矿党委	107	二次		9	5	姬宝君	丁继伟
2014.09.26		147	三次		9	5	马顺达	马宏东
2017.07.01		139	四次		7	5	马顺达	马宏东
2009.12.29	矿山机械制造维修分公司党委	57	一次		9	3	庄银琴	李博春
2017.07.11		99	二次		5	5	赵光明	李学信
2010.01.24	红柳煤矿党委	105		党员大会	7	5	丁浩波	陈林
2013.06.26		91	一次		9	5	丁浩波	陈林
2017.03.30		121	二次		5	5	封新明	陈林
2010.02.09	能源工程公司党委	118	一次		7	5	张振升	桂永林
2017.09.26		98	二次		5	5	姚建华	李晓东
2011.01.26	石槽村煤矿党委	145	一次	党员大会	8	5	李满学	刘立勇
2017.07.12		105	二次		7	5	杨国柱	唐建勋
2011.09.18	运销公司党委	121	二次		9	5	刘承仁	侯杰山
2017.09.28		81	三次		5	5	李毅	李毅
2011.09.29	物资公司党委	86	二次		5	3	冯胜利	冯胜利
2017.07.14		86	三次		5	5	武华竹	朱伟
2011.10.18	物业服务分公司党委	107	一次		5	3	高志勤	牛全义
2017.04.06		103	二次		5	3	李新聪	牛全义
2011.11.18	亘元房地产公司党委	151		党员大会	8	3	穆迎信	朱玉茵
2017.09.26		95	一次		7	5	刘成仁	牛永宁
2011.12.29	宁夏基本建设有限责任公司党委	101	一次		7	5	陈广文	郑荣
2017.09.20		99	二次		7	5	崔跃发	李卫东
2012.02.04	红石湾煤矿有限责任公司党委	87	一次		9	5	马少斌	袁向东
2015.09.14		90	二次		9	5	马少斌	袁向东
2012.06.26	信息技术中心党委	109		党员大会	5	5	姬宝君	姬宝君
2017.09.26		121		党员大会	5	5	杨滨	李守谭
2012.07.31	天长民爆公司党委	93		党员大会	5	3	赵　宁	石晓峰
2015.08.10		130		党员大会	5	3	赵宁	石晓峰
2012.11.07	梅花井煤矿党委	105	一次		9	5	邹光明	马自龙
2016.11.17		119	二次		7	5	宗振关	马占云

续表

召开时间	换届单位	出席代表数（人）	届次		党委委员（名）	纪委委员（名）	党委书记（名）	纪委书记（名）
			代表会	党员大会				
2013.06.25	金凤煤矿党委	87	一次		11	5	马占荣	薛昌林
2017.09.19		85	二次		7	5	陈　铎	薛昌林
2014.08.28	任家庄煤矿党委	95	一次		9	5	杨国柱	赵海兵
2017.09.15		103	二次		7	5	刘立勇	赵海兵
2014.10.29	枣泉煤矿党委	87	一次		11	5	于颖学	牛兴鹏
2017.07.20		115	二次		7	5	胡全宏	牛兴鹏
2015.07.04	治安保卫总队党委	83	一次		5	3	黄　斌	祝占魁
2017.03.02	石沟驿煤业分公司	94	四次		5	5	丁浩波	张文祥
2017.07.01	麦垛山煤矿党委	100	一次		5	5	丁继伟	刘玉林
2017.07.04	甲醇分公司党委	108	一次		5	5	温　豹	白雪莺
2017.07.21	水电分公司党委	100	一次		5	5	陆建国	陈文伏
2017.07.21	烯烃一分公司党委	113	一次		5	5	解浪亭	杨华
2017.07.28	煤制油化工安装检修分公司党委	122		党员大会	5	5	倪晓东	梁晓建
2017.07.28	煤制油化工质检计量中心党委	76	一次		5	5	张康宁	杨惠珍
2017.09.13	汝箕沟无烟煤分公司党委	123	一次		7	5	曹瑞国	郑玉平
2017.09.13	宁夏工业职业学院党委	80	一次		5	5	姜宏瑜	崔同鹏
2017.09.14	煤制油动力厂党总支	74		党员大会	5		黄学义	
2017.09.15	煤制油空分厂党总支	40		党员大会	3		姜　永	
2017.09.15	煤制油公用工程管理中心党委	113		党员大会	5	3	刘向东	刘向东
2017.09.18	煤制油电气管理中心党总支	89		党员大会	3		李中鹤	
2017.09.19	质检计量中心党委	100		党员大会	5		石平生	
2017.09.19	煤制油净化合成厂党总支	67		党员大会	5		陈红杰	
2017.09.20	煤制油气化厂党委	128		党员大会	5	3	蔡青波	蔡青波
2017.09.20	应急救援中心党委	84	一次		5	3	吴子平	李福利
2017.09.20	金家渠煤矿筹建处党委	72	一次		7	5	丁永禄	吕兆海
2017.09.21	煤制油化工公用设施管理分公司党委	78	一次		5	5	王建彬	刘源
2017.09.21	煤制油合成油厂党委	112		党员大会	5	3	李　虎	谷占彪
2017.09.21	生产安装分公司党总支	76		党员大会	5		王　华	
2017.09.22	煤制油仪表管理中心党总支	70		党员大会	5		张国民	
2017.09.22	新闻中心党委	110		党员大会	5	3	薛海滨	宋笑珍
2017.09.26	双马煤矿党委	91	一次		7	5	丁玉征	侯刚
2017.09.26	煤制油分公司党委	112	一次		7	5	王红侠	魏萍
2017.09.26	煤制油化工销售分公司党委	103			5	3	武华竹	牛红
2017.09.28	机关党委	146	二次		9	5	魏艳华	谢红

第四节 党员教育

一、培训教育

集团公司党委重视党员教育培训工作，将其作为党委的一项重点工作，强化组织领导和监督实施，切实做到有计划、有组织、有落实、有监督。坚持每年制定党员教育培训计划，明确党员教育培训工作思路及不同阶段教育培训工作的主要任务，做到了年度有计划、季度有安排，逐月抓落实。健全完善党员教育培训保障机制。成立了集团公司党校，与宁夏工业职业学院合署办公，集团公司党委副书记兼任党校校长，组宣部部长、组织部部长、宁夏工业职业学院党委书记兼任副校长。初步形成了集团公司、基层单位两级党校培训阵地，构建了“党校+网络+实践”的立体化党员干部教育培训格局。党员教育培训费用除在党费、党组织活动经费列支外，还纳入集团公司员工年度教育培训经费管理，保障了经费使用。

集团公司党委充分发挥自治区党校、国家能源集团党校、集团公司党校的优势培训资源，2013年以来，累计开展培训779期，培训88787人次。其中培训基层党组织书记7268人次，新党员4317人次。建立党员教育培训示范基地1个，党员教育管理系统1个，党建微信公众号25个，党建手机短信平台1个，党员教育累计投入1667.76万元。其中党费559.73万元，党组织工作经费1076.38万元。

二、主题教育

（一）“创先争优”活动

根据中共中央、自治区党委、神华集团党组和自治区国资委党委深入开展“创先争优”活动的安排部署，集团公司党委分别于2010年、2014年先后两次修订《神华宁夏煤业集团公司党建“创先争优”活动实施办法》，印发《集团公司关于在党的基层组织和党员中深入开展“创先争优”活动方案》，以“深入学习实践科学发展观，奋力推进科学发展，对标一流，五年实现神宁经济总量翻两番”为主题，以“融入”为主要抓手，以“组织创先进、党员争优秀、群众得实惠”为具体内容，以“推动科学发展、促进社会和谐、服务员工群众、加强基层组织”为主要目标，全面推进党建创先争优活动。

2010年5月至2012年10月，集团公司召开了创先争优活动动员会，多次召开创先争优活动现场推进会，建立两级党委领导班子成员联系点制度，派出四个督导组分片区对创争活动进行督促检查。召开8次党组织负责人创先争优专题座谈会，围绕出亮点、树典型、创品牌展开讨论研究，出谋划策。利用报纸、电视、网站开设了专题栏目，活动办公室印发简报81期。围绕庆祝建党90周年，开展了中共党史学习教育活动，有10257名党员参加了党史党建知识竞赛活动；举办了党支部论坛、党员论坛、主题征文、演讲比赛和14000多名员工参与的爱国主义歌曲演唱比赛等活动。深入开展了“为民服务创先争优”“找差距、抓整改、促提升，再掀创先争优活动新高潮”主题实践活动。为落实神华集团党组《关于加强和改进集团公司党的建设工作的决定》[神华党组〔2010〕1号]，进一步提升集团公司党建工作科学化水平，下发了《中共神华宁夏煤业集团有限责任公司委员会进一步加强和改进党的建设工作实施办法》。

注重发挥先进典型示范带动作用，以受表彰的各类先进典型为重点，确定了一批基层党组织和党员队伍建设工作示范点，采取组织先进典型巡回报告、到示范点参观学习等形式，扩大典型影响力。在广大党员特别是党员领导干部中开展向王彦生、吴大观同志学习活动。在创先争优活动中，700多个党支部竖起了旗帜，1.2万名党员亮出了身份，70%的党员成为各类先进模范，有力地推动了企业发展。

围绕向党的十八大献礼，通过举办创先争优活动图片展、理论成果研讨会和开辟内部网站专题等多种形式，全面回顾开展创先争优活动情况，集中展示活动成果，特别是展示通过活动促进科学发展的成果。研讨撰写了《宁夏煤炭工业50年党的建设工作的实践与启示》《保障党员基本权利激发党内民主活力》等一批党建理论课题研究与创新实践成果。

2009年至2018年，集团公司党委共命名表彰了135个先进基层党组织和“四强”（政治引领力强、推动发展力强、改革创新力强、凝聚保障力强）党组织、697个“五好”（领导班子好、党员队伍好、工作机制好、工作业绩好、群众反映好）党支部、49个四星级标准化党支部（创建并保持三星级标准化党支部一年以上，安全生产、经营管理、科技创新、党建群团等工作在集团公司领先；党支部品牌工作在本单位推广）、392个党员责任示范区、140个党小组、74名模范共产党员、1502名优秀共产党员、694名优秀党务工作者。同时，择优推荐了51个先进基层党组织、138名优秀共产党员和38名优秀党务工作者参加上级党组织的评选表彰。

表12-1-8　先进党组织一览表

年度	先　进　单　位
2009年	集团公司党委表彰（13个）： 羊场湾煤矿党委　汝箕沟煤矿党委　金能煤业分公司党委　红梁煤业分公司党委　灵新煤矿党委　磁窑堡煤业分公司党委　枣泉煤矿党委　大武口洗煤厂党委　太西洗煤厂党委　宁夏能源工程公司党委　灵武矿区水电分公司党委　亘元房地产公司党委　灵州建井工程公司党委
2010年	集团公司党委表彰（15个）： 灵新煤矿党委　汝箕沟煤矿党委　金能煤业分公司党委　红梁煤业分公司党委　羊场湾煤矿党委　磁窑堡煤业分公司党委　石炭井焦煤分公司党委　清水营煤矿党委　运销公司党委　煤化工分公司党委　能源工程公司党委　太西洗煤厂党委　灵武矿区水电分公司党委　亘元房地产公司党委　石槽村煤矿筹建处党总支
2011年	集团公司党委表彰（18个）： 白芨沟煤矿党委　金能煤业分公司党委　梅花井煤矿党委　乌兰煤矿党委　石槽村煤矿党委　灵新煤矿党委　大峰露天煤矿党委　清水营煤矿党委　枣泉煤矿党委　羊场湾煤矿党委　太西洗煤厂党委　大武口洗煤厂党委　亘元房地产公司党委　运销公司党委　能源工程公司党委　物资公司党委　煤化工分公司甲醇厂党委　物业服务分公司太阳神大酒店党总支
2012年	自治区国资委党委表彰（7个）： 羊场湾煤矿党委　煤化工分公司党委　太西洗煤厂党委　金能煤业公司党委　枣泉煤矿党委　乌兰煤矿党委　能源工程公司党委
	集团公司党委表彰（20个）： 羊场湾煤矿党委　枣泉煤矿党委　金能煤业分公司党委　白芨沟煤矿党委　乌兰煤矿党委　石沟驿煤业分公司党委　梅花井煤矿党委　红柳煤矿党委　太西洗煤厂党委　煤化工分公司党委　能源工程公司党委　物资公司党委　亘元房地产公司党委　信息技术中心党委　灵武矿区水电分公司党委　宁鲁煤电公司党委　煤化工分公司甲醇厂党委　物业服务分公司灵州物业公司党委　能源工程公司灵州监理公司党总支　太西炭基工业公司热动力厂党总支
2013年	神华集团党组表彰（8个）： 神华宁夏煤业集团公司党委　煤化工分公司党委　灵州建井工程公司党委　太西洗煤厂党委　羊场湾煤矿党委　运销公司党委　麦垛山煤矿筹建处党委汝箕沟煤矿党委 自治区国资委党委表彰（7个）： 神华宁夏煤业集团公司党委　清水营煤矿党委　信息技术中心党委　石槽村煤矿党委　枣泉煤矿党委　乌兰煤矿党委　大武口洗煤厂党委
	集团公司党委表彰（18个）： 煤化工分公司党委　清水营煤矿党委　运销公司党委　信息技术中心党委　亘元房地产公司党委　灵州建井工程公司党委　羊场湾煤矿党委　石槽村煤矿党委　枣泉煤矿党委　石沟驿煤业分公司党委　麦垛山煤矿筹建处党委　太西洗煤厂党委　汝箕沟煤矿党委　乌兰煤矿党委　大武口洗煤厂党委　大峰露天煤矿党委　能源工程公司宁夏煤矿设计院党总支　煤化工分公司烯烃公司党委
2014年	自治区国资委党委表彰（3个）： 神华宁夏煤业集团公司党委　煤炭化学工业分公司党委　羊场湾煤矿党委

续表

年度	先 进 单 位
2015年	神华集团党组表彰（6个）： 枣泉煤矿党委　金能煤业分公司党委　麦垛山煤矿筹建处党委　大武口洗煤厂党委　煤化工分公司党委　能源工程公司党委
	自治区国资委党委表彰（3个）： 梅花井煤矿党委　太西洗煤厂党委　煤化工分公司烯烃公司党委
	集团公司党委表彰（18个）： 太西洗煤厂党委　运销公司党委　任家庄煤矿党委　灵武矿区水电分公司党委　枣泉煤矿党委　金能煤业分公司党委　能源工程公司党委　梅花井煤矿党委　麦垛山煤矿筹建处党委　石槽村煤矿党委　煤化工分公司党委大武口洗煤厂党委　信息技术中心党委　煤化工分公司甲醇厂党委　乌兰煤矿党委　物业服务分公司党委　汝箕沟无烟煤分公司党委　清水营煤矿党委
2016年	神华集团党组表彰（6个）： 灵新煤矿党委　麦垛山煤矿党委　双马煤矿党委　太西洗煤厂党委　煤制油项目建设指挥部党委　物资公司党委
	自治区国资委党委表彰（2个）： 梅花井煤矿党委　煤制油化工质检中心党总支
	集团公司党委表彰（20个）： 羊场湾煤矿党委　煤制油化工质检计量中心党总支　双马煤矿党委　红柳煤矿党委　红石湾煤矿公司党委　物业服务分公司党委　金凤煤矿党委　枣泉煤矿党委　灵新煤矿党委　梅花井煤矿党委　麦垛山煤矿党委　石槽村煤矿党委　金能煤业分公司党委　物资公司党委　煤制油项目建设指挥部党委　太西洗煤厂党委　汝箕沟无烟煤分公司党委　烯烃一分公司党委　甲醇分公司党委　矿山机械制造维修分公司党委
2017年	神华集团党组表彰（6个）： 太西洗煤厂党委　烯烃一分公司党委　甲醇分公司党委　枣泉煤矿党委　煤制油合成油厂党委　宁夏煤炭基本建设公司党委
	自治区国资委党委表彰（3个）： 汝箕沟无烟煤分公司党委　矿山机械制造维修分公司党委　双马煤矿党委
	集团公司党委表彰（7个）： 红柳煤矿党委　石槽村煤矿党委　煤制油分公司党委　煤制油化工质检计量中心党委　物业服务分公司党委　应急救援中心党委　治安保卫总队党委
2018年	集团公司党委表彰（6个）： 太西洗煤厂党委　枣泉煤矿党委　烯烃一分公司党委　煤制油分公司党委　水电分公司党委　煤制油化工销售分公司党委

（二）党的群众路线教育实践活动

1.第一批党的群众路线教育实践活动。为扎实开展好以为民务实清廉为主要内容的党的群众路线教育实践活动，根据中共中央党的群众路线教育实践活动工作会议精神和神华集团党组要求，集团公司党的群众路线教育实践活动自上而下开展，集团公司领导班子、机关各部门从2013年9月1日开始，到2013年11月30日基本完成；基层各单位2014年上半年开展，具体到每个单位，要求结合实际灵活安排，进度服从质量，集中教育时间不少于3个月。2013年8月28日，集团公司成立以党委书记为组长的第一批党的群众路线教育实践活动领导小组，成立活动办公室，并抽调18名工作人员承担办公室日常工作。

这次活动以“聚焦反四风、汇集正能量、合力促发展、共筑神宁梦”为主题，以“七反七查”（反骄破满查隐患、反庸提能查素质、反虚求实查绩效、反懒促勤查行为、反懈求进查意志、反腐倡廉查自律、反奢思源查本色）、“四明确一承诺”（明确整改落实项目、明确整改落实目标和时限要求、明确整改落实措施、明确整改落实责任，对整改落实作出公开承诺）为主要内容，通过学习教育、听取意见，查摆问题，开展批评；整改落实、建章立制三个环节开展活动。集团公司副处级以上干部及机关各部门参加了这次活动。

2.第二批党的群众路线教育实践活动。2014年2月28，集团公司第二批党的群众路线教育实践活动正式启动。制定了详细的活动指导意见，成立了第二批教育实践活动组织机构，并从集团公司巡视组和高级专家中抽调政治过硬、原则性强、经验丰富、认真负责的老同志担任7个督导组的组长和副组长，为督导组充分发挥作用提供了组织保障。通过组织召开动员会和为期三天的集中学习培训，对开展第二批党的群众路线教育实践活动的目的、意义及方法进行详细解读，为开展好第二批教育实践活动奠定了坚实的理论基础。从3月初开始，41个基层单位利用8天时间分别召开了动员大会。4月11日和5月4日，集团公司分别在会议中心和煤化工分公司召开党的群众路线教育实践活动推进会，选树典型，以点带面，不断延伸扩大教育实践活动的深度和广度。各单位按照集团公司教育实践活动实施方案和第二批教育实践活动指导意见制定了本单位活动实施方案，明确了各环节活动目标。

3.“三严三实”专题教育开展情况。根据中共中央办公厅《关于在县处级以上领导干部中开展“三严三实”专题教育方案》[中办发〔2015〕29号]和自治区、神华集团的统一部署，集团公司开展了以“严以修身、严以用权、严以律己，谋事要实、创业要实、做人要实”为主要内容的“三严三实”专题教育，不断巩固拓展党的群众路线教育实践活动成果。

2015年5月8日，集团公司在煤制油项目工地以现场观摩建设工地日新月异的变化和讲党课的形式启动了“三严三实”专题教育。5月13日，集团公司举办了由各单位党委书记、副书记参加的为期3天的培训班，就习近平总书记关于“四个全面”的战略布局等内容进行了深入解读。集团公司机关及各基层单位均以召开中心组（扩大）“三严三实”专题学习研讨会的形式，完成了专题一的学习研讨。集团公司领导班子成员，基层各单位及机关各部门的副处级以上领导干部均上报了2000字以上的关于专题一的学习心得体会。举办了5期以“加强党性修养，提高履职能力”为主题的党支部书记轮训班，有416名党支部书记在主会场参加了轮训，各分会场参学人数达到3015人。

在专题研讨学习中，集团公司副处级以上领导干部共撰写上报学习心得体会963篇。其中，集团公司领导班子成员撰写的心得体会，全部在神华集团网站刊登，交流学习。为了巩固拓展党的群众路线教育实践活动成果，集团公司对各单位办公用房整改情况进行专项督导检查，共腾退办公用房面积8000多平方米。

各基层单位开展了“企业有困难，我该怎么办”主题大讨论及演讲比赛，在深刻认识集团公司经营面临的严峻形势、认识自身存在问题的基础上，组织党员撰写“我是党员向我看、跟我干”承诺书，进一步增强了党员的责任感和紧迫感，将集团公司经营压力层层传递，激发全员干事创业、战胜困难的干劲和信心。10月，举办了模范共产党员先进事迹巡回报告会，从3年来获得集团公司“模范共产党员”称号的模范党员中选定了8名事迹特别突出的一线党员开展巡回宣讲，用我们身边的先进事迹教育我们身边的人，运用榜样的力量提振了广大干部员工克服困难、战胜危机的信心。

4.“两学一做”学习教育。根据中共中央、自治区党委和神华集团公司党组关于开展“两学一做”学习教育的要求，2016年4月22日，集团公司召开“两学一做”学习教育动员部署会，下发了《关于在全体党员中开展“学党章党规、学系列讲话，做合格党员”学习教育实施方案》。全公司20636名党员（其中离退休党员5425名），43个二级党委、778个党支部参与其中。

在“学”的环节，集团公司党委和各基层单位党委（总支）共组织理论学习3319次，辅导报告328场，印发“口袋书”8690本，发放专题学习资料2600本，建立党员微信学习平台866个，发送学习教育相关内容及微党课教材9223篇，编发学习教育动态39期，撰写心得体会9461篇。另外，集团公司领导班子成员讲党课22次，基层单位领导班子成员讲党课557次，支部书记讲党课1797次。组织了新老党员讲心得活动。公司党委从党费中列支8.2万元，为老党员订阅《神华能源报（宁煤版）》1140份，以此唤醒党员意识。在宁夏电视台开辟了“神宁人物老中青”电视专栏、在集团公司电视台开辟“草根英雄一线风采”栏目，通过电视播、报纸登、报告会巡讲，介绍宣传各类先进模范人物38期。开展净化心灵警示教育活动189次，其中分期分批组织334名管理人员参观宁夏吴忠监狱，用反面典型触及心灵。

全面开展核查党员的基本信息、组织关系转接、流动情况、党费缴纳、在册党员底数等“五核查”工作，摸清党员信息，对失联党员进行了“三对比”（对比组织关系介绍信存根，对比公安机关户籍信息，对比社保、医保信息数据），共排查失联党员435人，已全部取得联系。在此基础上，2015年4月，开展了党费专项检查工作，为全体党员印制《党费证》20000余本，全面启动补缴核算工作，2016年底前完成了补缴。将党费核查补缴与近年来民主评议党员、“三严三实”专题教育、来信来访反映和查摆的问题结合起来抓整改，整改率已达80%。开展软弱涣散党组织整顿，党支部合格率100%。

根据神华集团公司党组《关于认真开好2016年度党员领导干部民主生活会的通知》［神华党组〔2016〕183号］要求，集团公司党委经过充分准备，于2017年1月20日，组织召开了领导班子“两学一做”专题民主生活会。

在51个二级党委和17个集团公司机关职能部门发放《2016年度集团公司领导班子民主生活会征求意见表》11601份，召开专题座谈会433场次，参与意见建议征集人数达12171人次，确保了征求意见建议的群众性和广泛性。共征集到集团公司对领导班子八个方面的意见建议193条，整理归纳为66条。对集团公司班子成员的意见建议69条。

5.党的十八大、十九大、习近平总书记系列重要讲话精神学习。2013年以来，深入系统地组织学习了党的十八大、十九大、习近平总书记系列重要讲话精神等，真正用党的先进理论武装头脑、指导实践、推动工作。2017年10月党的十九大召开以来，集团公司各级党组织把学习宣传贯彻习近平新时代中国特色社会主义思想和党的十九大精神作为首要政治任务，按照集团公司党委《关于学习宣传贯彻党的十九大精神的意见》《党的十九大精神组织工作实施方案》《党的十九大精神宣传工作实施方案》等要求组织开展各项工作。集团公司党委专题学习8次，邀请上级领导专题辅导5次，集团公司领导班子成员深入基层一线讲专题党课62次，举办领导干部学习贯彻党的十九大精神轮训班10期，909名副处级以上干部参加了培训。集团公司领导班子成员均参加了自治区和国家能源集团举办的学习贯彻党的十九大精神培训班。组织宣传部门的同志争当学好党的十九大精神的“带头人”和“宣讲员”，120余人参加了组宣系统学习党的十九大精神培训班。举办“学哲学、用哲学”等主题讲座5场次，3000余人次参加了学习。举办“不忘初心跟党走　牢记使命加油干”学习贯彻党的十九大精神知识竞赛活动，累计参与81026人次。参加自治区国资委党委举办的国有企业学习党的十九大精神知识竞赛，取得第一名的好成绩。在“一报一刊一网一台一端”开辟党的十九大学习专题专栏，开展十九大精神宣讲、研讨论文交流等活动。各级党组织充分利用“新神宁APP”客户端、“神宁先锋”“神宁青心”微信公众平台等新媒体，组织开展“百名党务干部解读十九大报告”“我是报告诵读者”等学习宣教活动，推动党的十九大精神进车间、进班组、进岗位、进现场。2018年，全面启动了“社会主义是干出来的”岗位建功行动。组织开展了“两学一做”学习教育微党课大赛和“社会主义是干出来的”主题征文活动。

6.红色教育。2014年，为落实《中共中央办公厅国务院办公厅中央军委办公厅关于做好烈士纪念日纪念活动的通知》要求，传承烈士丰功伟绩，弘扬爱国主义精神，培育和践行社会主义核心价值观，由集团公司社会事务部转发、印发通知，组织全系统开展首个烈士纪念日活动。

加强组织领导和宣传。基层各单位、机关各部门高度重视，及时成立活动领导机构，制订活动方案，精心组织，周密安排，对组织开展“烈士纪念日纪念活动”进行动员和安排部署。通过动员会、LED电子显示屏播放有关文件等方式加强宣传，形成了良好的氛围。

开展网上纪念烈士活动。各单位、各部门运用现代信息技术手段，通过“人民缅怀网”学习中共抗战英烈的光辉事迹，通过网上献花、留言、点蜡烛等方式祭奠烈士、缅怀先烈，了解中华民族奋起抗争的伟大历史。

开展缅怀先烈、铭记历史征文活动。在烈士纪念日前后，各单位开展一次纪念烈士主题征文活动，弘扬宣传烈士英雄事迹和优良传统，用烈士精神感召鼓舞干部员工投身集团公司改革发展各项事业，传播正能量。

2017年，集团公司分两期组织104名优秀共产党员、优秀党务工作者代表到延安开展了理想信念教育培训。2018年，集团公司组织50名优秀共产党员、优秀党务工作者代表到西柏坡开展了理想信念教育培训。

第二章　宣传思想工作

集团公司党委宣传思想工作在自治区党委、原神华集团和国家能源集团党组的领导下，围绕企业改革发展建设，坚持解放思想与解决实际问题相结合，增强针对性和实效性。以《神华能源报》、神宁电视、神宁网站、"四刊"、新媒体为主要阵地，以传播神宁文化、展示神宁形象、弘扬神宁精神、宣传先进典型、树立学习榜样、推介名优品牌、倡导文明行为、建设和谐矿区为己任，正确把握舆论导向，着力凝聚队伍合力，将主题宣传和重点宣传相结合、阶段性宣传和日常宣传相结合、内部宣传和外部宣传相结合。在推进宁东国家级煤炭、电力、煤化工基地和循环经济示范区重点项目建设步伐的宣传；开展安全生产、"五型企业"建设、高产高效现代化矿井建设、精细化管理、企业文化建设主题宣传；开展思想道德、文明和谐建设先进典型宣传；开展热点、疑点、难点问题的舆论引导宣传等方面，为企业健康和谐发展营造了良好的舆论氛围。同时，通过强化对新闻媒体的业务管理，优化整合宣传资源，形成了以"一报五刊"为基础，报纸、电视、网络"三位一体"立体化运作的宣传平台，宣传覆盖面不断扩大，宣传形式更趋多样，初步构建了"大宣传"的格局。

第一节　组织机构

集团公司宣传思想工作由集团公司党委组宣部总体负责，新闻中心"一报五刊一网站"为主要宣传平台，基层矿厂（公司）设置相应的宣传机构，并配备专职人员。

第二节　宣传平台

一、广播电视

神宁电视台，负责集团公司电视新闻节目及专题栏目的采访、编辑、制作和播出，有线电视网络已形成以银川自办节目播出前端，大武口、灵武两个卫星接收前端构成的较为完善的有线电视网络。已打造"党支部论坛""神宁老中青"等品牌节目。

二、《神华能源报》

《神华能源报》由神华集团主管，委托集团公司主办，国内公开发行，统一刊号CN64-0015。报社为全国企业报协会、中国煤炭记者协会副主席、宁夏报业协会副会长单位。《神华能源报》相继荣获中国煤炭记者协会首届"十佳报纸"、中国最具品牌传播价值专业报"品牌贡献奖"、2010—2011中国品牌媒体百强"专业报品牌10强"、中国企业报协会"二十佳企业报""中国行业媒体十强""影响中国十大行业媒体"等多项荣誉。年发行量由7000份增至5万余份，覆盖全国29个省、市、自治区的神华企业。

三、《神华能源》

《神华能源》是神华集团主管的综合性、全彩铜版纸月刊，由集团公司新闻中心组织编辑、印刷、发行，主要宣传贯彻党和国家重大方针政策，宣传落实神华集团有关文件精神，报道神华集团各子（分）公司工作业绩。

四、《神华安全》

《神华安全》杂志是神华集团主管的安全题材、全彩铜版纸双月刊，由集团公司新闻中心组织编辑、印刷，发行。主要关注神华集团本安体系建设，关注各子分公司工作动态，宣传安全生产管理理念。

五、《新神宁》

《新神宁》杂志（原刊名《宁煤人》）是集团公司工会主管的月刊，主要宣传集团公司战略目标，反映基层单位生产活动。

六、神宁网站

神宁门户网站为中英文双语网站，网址为http：//www.nxmy.com。该门户网站以宣传“神宁文化、神宁产品、神宁精神”为目的，主要设置集团公司、新闻中心、产品营销、投资合作、宁东建设、战略动态、技术创新、安全生产、企业文化、政策法规、宁煤旅游等功能模块，涵盖120个子栏目。

第三节　宣传工作

一、重点宣传

2009年，对内宣传工作水平稳步提升，突出重点，围绕公司重大活动，加强宣传策划和典型引导，认真组织实施了“十大”主题宣传和“两大”专项宣传工作，新闻宣传超额30%完成计划，营造了良好的思想舆论氛围，发挥了内宣工作统一思想、提振信心、凝心聚力的作用。对外宣传工作取得新进步，主动加强与区内外主流媒体的合作与沟通，进一步拓展外宣空间。

充分利用学习实践科学发展观活动、首届中国·宁夏能源发展战略高峰论坛等契机，积极策划宣传主题，广泛深入开展宣传，组织拍摄了电视政论专题片《崛起的宁东》，在宁夏卫视频道及时播出，提升了集团公司的影响力。舆论引导能力建设进一步加强，制定了《提升集团公司舆论引导能力的实施意见》《加强对外新闻宣传工作管理办法》，强化了对集团公司新闻中心各媒体的业务管理和绩效考核。实施了媒体业务整合建设，完成了神宁网站的改版、设计、运行工作，改进了网络新闻、手机短信等宣传手段，积极构建并不断完善以“一报五刊”为基础，报刊、电视、网络“三位一体”的“大宣传”格局。

2010年，以“讲形势，明方向，尽职责”为主要内容，围绕集团公司中心工作，开展了“十大主题”宣传活动。组织报纸、电视、网站等内部媒体，对集团公司深入推进基层党组织公推直选、实施宁东重点建设项目大会战、煤化工项目试生产、创新区队班组建设、西部大开发战略大学习活动等进行了集中立体式专项宣传，营造了良好的发展氛围。充分利用新华社、人民日报、宁夏日报等中央驻宁和自治区主流媒体，大力宣传集团公司推动科学发展的举措及成效，树立了良好的企业外部形象。开展了“干部要到位、员工要干对”主题安全教育和安全生产“四位一体”系列宣传教育活动。拍摄了集团公司电视形象片及专题片《逆势图强展雄风》，充分展示了集团公司8年来取得的辉煌业绩。强化企业内部新闻宣传管理，制订了《集团公司新闻宣传绩效考核实施办法》和《新闻审读阅评办法》，建立了新闻宣传荣誉体系。组建了集团公司新闻审评员和网络评论员队伍，密切关注网上舆情，强化了网络宣传监管。新闻中心深入开展了“学、查、改”活动，基本建立完善了专业化管理制度和运行机制，发挥了资源整合优势，报纸、电视推出了一批贴近实际、内容新颖的高质量栏目。

2011年，对外宣传在中央电视台实现“零”的突破，人民日报在重要版面刊发了反映宁东煤化工基地建设等通讯报道。制定了《神华宁夏煤业集团公司新闻发布及新闻发言人制度》《神华宁夏煤业集团公司网络舆情监测与处置实施办法》等规章制度。在组织新闻中心认真做好日常宣传工作的同时，重点安排对60万吨甲醇项目建设、“感动神宁十大人物”“十大杰出青年”“十佳模范党员”“十佳班组长”、宁东大会战、集团公司各单位开展“创先争优”活动、政治本安体系建设、班组建设活动、建党90周年系列活动、集团公司设立国家级技能大师工作室、“金三角”高峰论坛等进行了专项宣传。集中对中央创先争优活动领导小组办公室介绍推广集团公司创先争优经验和做法、国家煤监局全面推广集团公司“四五六”班组安全建设经验、集团公司开展“用身边的事教育身边的人”警示教育活动、集团公司荣获2010—2011年度全国企业文化优秀成果奖、全区国有企业2010年度经营业绩最高荣誉奖、煤炭行业优秀工程造价管理企业、“‘十一五’全国石油和化工行业节能减排先进单位”荣誉称号等进行了重点宣传。以庆祝建党90 周年为契机，全面展示宁夏煤炭工业伴随共和国成长所走过的辉煌历程。组织华夏能源报、神宁电视、神宁网站开辟《90年90人》等精品栏目、专题。筹备并组织了集团公司建党90周年红歌赛，南北两个赛区共39个单位，近2万名员工参与。

2012年，组织新闻中心各媒体和基层宣传部门，开展了“全国学神华，全区国企学神宁，神宁怎么办”大学习、大讨论、大实施学习宣传活动，集中组织中央驻宁媒体和宁夏主流媒体对集团公司坚持科学发展、安全发展，建设一流企业，实现跨越腾飞的各方面亮点工作进行了宣传报道；分批次组织中央媒体、宁夏主流媒体和集团公司新闻中心记者深入南北矿区采访，从不同侧面对集团公司面对成绩不自满、深入开展“找抓促”、创先争优树标杆取得的成就进行了集中展示。组织全体员工学习政治本质安全体系建设理论知识，推进政治本质安全体系建设。在继续完善加强新闻宣传管理工作的基础上，对《集团公司新闻宣传单位业务管理及绩效考核细则》《新闻媒体网络信息和基层单位宣传报道工作考核激励办法》和新闻中心考评办法及细则进行了修订。改进和加强了网络新闻、网络舆情监控等宣传手段。邀请国内知名网络舆情专家，举办了一期舆情信息培训班；要求各单位舆情信息员及时了解掌握各矿区、各单位工作进展情况和特色做法，关注热点难点问题和员工的思想动态，关注广大员工对宣传思想工作的评价和反映，关注社会舆论对企业的评价，及时反馈信息，掌握新闻宣传的主动权。

2013年，为适应集团公司党建信息化平台新闻宣传版块业务管理需要，按照集团公司关于进一步规范制度管理的要求，对新闻宣传业务各类管理制度文件进行了重新审定和清理完善，细化了对新闻中心和基层各单位新闻宣传工作的绩效考核。制定下发了《集团公司网络舆情信息员管理办法》。完善了党建信息化新闻宣传工作平台，建立了记者、编辑、通讯员、网评员、舆情信息员、新闻宣传网络管理员等人员档案。实行内外宣传稿件网络化管理，对新闻中心和基层各单位新闻宣传工作完成情况实行动态考核和督查，每季坚持对各单位新闻宣传工作开展情况进行通报。规范基层单位宣传阵地建设，对集团公司各单位自办报纸、刊物、简报、电视节目、宣传片、画册、展板、灯箱等宣传平台进行全面统计，并就今后规范管理下发清理整顿意见通知。深入贯彻中央八项规定精神及神华集团、神宁集团相关规定，按照“走基层、转作风、改文风”要求，切实改进和加强新闻宣传工作管理，提出了进一步改进工作作风，加强新闻宣传工作的具体要求。

围绕集团公司中心工作，充分发挥宣传阵地优势，深入开展“党的十八精神大学习、大讨论、大实施”学习宣传活动，集中组织中央驻宁媒体和宁夏主流媒体对集团公司坚持科学发展、安全发展，建设一流企业，实现跨越腾飞的各方面亮点工作进行了宣传报道，在宣传建设“五型企业”、建设高产高效矿井、加强精细化管理、党建工作、班组建设、创先争优、企业文化、和谐矿区等方面形成高潮。根据集团公司面临的生产经营形势，及时组织开展了“同舟共济，共克时艰，迎难而上，共渡难关”形势任务主题宣传教育活动。

2014年，结合集团公司不同时期工作重点，有针对性地开展了“保安全、保市场、保发展、提效能、增效益”形势任务及“警钟长鸣严查隐患，从零做起力保安全”主题宣传教育、“安全卡通形象创意”征集、“讲形势、讲任务、讲措施”知识答题、“警钟长鸣、从零开始”员工思想大讨论等专题宣传活动20余项。组织各单位结合生产实际，开展了座谈讨论、形势任务宣讲、板报评比、劳模现身说法推广经验、网上学习竞赛等形势任务宣传教育活动，进一步增强广大员工在严峻生产经营形势下凝心聚力、共克时艰的危机感、责任感和使命感。紧密结合集团公司“安全生产月”和“安全生产万里行”专项活动，开展了安全生产事故案例展、安全生产大讨论及观看安全教育微电影、警示教育片和安全生产情景剧等专项安全警示宣传教育活动，传播安全理念，引导全员树立“红线、责任、风险、规则”意识。

借助中央驻宁和区内主要媒体，组织中央驻宁及宁夏主要媒体，开展了“走进煤制油”大型采访活动5次，对集团公司重点工程400万吨/年煤炭间接液化项目建设情况进行了集中宣传。经济日报、中国化工报、宁夏电视台等媒体报道了项目建设情况，引起了强烈反响。各大新闻媒体先后策划推出“感动神宁”“百年老矿新旅程”等一批宣传专题，刊发各类先进典型经验、模范人物、班组建设、技术创新等新闻稿件370余篇，进一步提升了集团公司影响力和良好社会形象，初步建立了全方位、宽领域、立体式外宣格局。结合集团公司发展建设重点和媒体关注的热点、焦点，强化舆情管控力度，分片区召开了党组织负责人座谈会，研究新形势下加强舆情管控的方式方法和途径，部署与媒体交流沟通、正确引导社会舆论关注企业热点，随时了解掌握员工思想动态，掌握各类热点难点信息，及时发现并处理各类负面舆情52起。

2015年，针对集团公司重点工作和重大决策部署，结合集团公司全年目标、任务及各项工作进行全面宣贯。编辑下发了《企业形势任务宣传教育100题》《宣传贯彻神华集团及集团公司党的建设暨反腐倡廉工作会议精神50题》《他山之石—如何抱团走出低谷，迎接新的辉煌》等形势任务宣传教育材料读本。充分利用报纸、电视、网站、有线广播以及班前会、黑板报、电子屏、宣传专栏等宣传载体和阵地进行广泛宣贯。面对企业生产经营遇到的严峻形势，组织开展了“挖潜降耗降成本、提质增收创效益”“面对困难我们应该怎么办？”“同舟共济、提振信心、迎难而上、共渡难关”等形势任务主题宣传教育活动和“我为增效献一计”“人人争当节约能手”“我是创新好员工”等竞赛活动。开展了员工思想状况调查研究工作，重点对16家单位员工的思想状况、关注的热点难点问题等方面进行了调研，及时了解掌握员工的思想动态，明确了下一步宣传思想工作的重点和方向。

扩大对外宣传影响力，制定了2015年对外宣传计划和方案，建立了中央媒体、宁夏主要媒体以及宁夏日报宣传报道情况电子档案和目录。组织中央媒体、宁夏主流媒体开展了13次“神宁行”系列主题采访活动，围绕400万吨/年煤炭间接液化示范项目，开展了6次“走进煤制油”大型采访活动。组织新华社、人民日报记者专门就煤制油项目有关政策方面的情况撰写稿件上报其内参。组织宁夏日报对煤制油、煤化工板块建设情况进行深度报道，宁夏日报一版头条《来自400万吨/年煤炭间接液化建设现场的报道》上、中、下3篇各3500字的深度系列报道，在社会上引起强烈反响。

推出以梅占魁为代表的在集团公司产业转型升级中为煤化工基地发展建设作出突出贡献的技术人才系列典型，其先进事迹由中央组织部组织中国组织人事报、人民网、中国人才杂志、光明日报等媒体进行了采访报道。

2016年，紧扣企业改革脱困、稳定发展等重点，开展了建设“三个面向”新神宁、“迎难而上有作为，面对困难有措施”“认清新常态、应对新挑战、抓住新机遇、实现新突破”及“锁定新目标、应对新挑战、落实新举措，实现首季开门红”等主题宣传和“尽我职责、做我贡献”大学习、大讨论活动，教育引导广大员工认清形势、转变观念，立足岗位、坚定信心，牢固树立过紧日子、苦日子、穷日子思想，以实际行动降成本、增效益、提效能、促发展。神宁先锋、神宁青年微信平台等新媒体，针对不同群体、不同阶段、不同任务，开设重要会议、形势任务专题专栏，积极开展宣传教育。各单位按照集团公司统一安排和要求，成立了以党群部门为主的“形势任务宣讲团”，深入区队、班组和生产一线，面对面向员工讲形势、鼓干劲、聚力量、促发展。

针对银北焦煤板块员工思想现状，制定了统一的停采（产）及跨区域作业宣传实施方案和宣传提纲，深入矿区生产科室、区队、班组，与员工面对面讲政策、解疑惑、作动员，疏导思想，统一认识，凝聚共识。在内部媒体策划推出了一批反映集团公司及各单位在深化改革、突围困境等方面的新思路、新做法、新成效及转岗分流员工在新单位、新岗位工作、生活、学习的最新动态。

组织中央驻宁及自治区主要媒体开展“走进煤制油煤化工”大型采访12次，“神宁行”系列采访27次，集中报道了集团公司科技创新、环保高效煤化工基地建设等方面的典型事迹。新华社对煤制油项目37项技术装备引领国产化进行了调研采访，并在国内动态清样刊发，引起中央高层关注和批示。国家发改委能源局对集团公司推进技术装备国产化运用的做法，在全国进行推广宣传。在宁夏电视台开辟“神宁人物老中青”电视专栏、神宁电视台开辟“草根英雄一线风采”栏目，通过电视播、报纸登、报告会巡讲，宣传各类先进模范人物事迹，在集团公司广大员工中以及各矿区和社会上产生了强烈反响，得到神华集团党组和自治区党委宣传部一致肯定，《神华之声》头条重点推送并持续关注。拍摄了退休老党员梅占魁先进事迹微电影《燃情岁月》，并组织中国组织人事报、光明日报、人民网等媒体，对其先进事迹进行了集中宣传报道，引起很大反响，自治区党委书记专门作了批示。

强化阳光监督和新闻舆论监督，在新闻中心成立了舆论监督编辑部，神华能源报开设了“曝光台”专栏和动态内参，开展舆论监督报道，推动各项决策部署落地。制定了集团公司突发事件舆情处置应急预案、网络舆情管理与处置实施办法，完善了基层舆情监测网评员队伍，注册了新浪微博、百度贴吧等大型门户网站用户，随时关注论坛信息，形成手机、网络前端全面监测，后端上报、回复和引导的舆情管控模式，初步构建了多领域、全方位舆情管控格局，形成长效机制。主动加强与自治区党委宣传部、网信办、中央驻宁及宁夏主流媒体沟通联系，超前做好各媒体明察暗访协调联络，防止发生负面舆情。特别是石嘴山市林利煤矿发生煤矿瓦斯爆炸，多家主流媒体在初期报道中涉及严重影响集团公司声誉负面舆情后，立即启动舆情处置预案，积极核查信息，协调地方宣传、网信部门联系主流媒体，讲真相、明是非，纠错误、正方向，及时阻断负面舆情扩大和蔓延，维护了集团公司形象。共处置舆情56起，编发《舆情周报》20期。

2017年，充分发挥新闻宣传的喉舌作用，积极引导社会舆论，为企业改革发展营造良好的舆论环境。组织开展了以深入学习贯彻党的十九大精神、努力建设“三个面向”新神宁为主题的系列形势任务教育活动，发挥新闻中心报纸、电视、网站、刊物等各媒体作用，通过开辟专栏、专题等形式，组织了有声势、有深度的宣传报道，各媒体共刊发主题宣传稿件600余篇，中央电视台《不忘初心、继续前进》等专题、专栏对集团公司进行了报道，为“三个面向”新神宁建设营造了良好氛围。加强新闻舆论引导。修订了《新闻中心新闻宣传工作绩效考核内容及标准》，构建了正面宣传和舆情管控相结合的信息传送和媒体协作体系方案。加强媒企合作，组织中央电视台、新华社、经济日报等主流媒体对煤制油项目以及集团公司落实习总书记重要指示精神，加快建设“三个面向”新神宁的做法成绩进行了深入宣传，强化了社会各界对“三个面向”新神宁的认识、认同、认可，为集团公司改革发展汇集了正面的舆论力量。加强舆情管控，下发了《关于做好网络舆情工作的通知》《关于进一步加强网评员队伍建设的通知》《集团公司员工文明上网责任书》。制定了《集团公司舆情分级管理制度》《集团公司突发事件舆情处置应急预案》《神华宁夏煤业集团关于利用网络散布传播虚假负面信息责任追究相关规定》，建立了完善的舆情管控与处置制度体系。从5月份开始，坚持每天向集团公司主要领导汇报舆情信息，上半年累计监测网络舆情116条，妥善处置32条。

2018年，新闻宣传工作充分发挥舆论引导优势，组织策划了改革开放40周年、自治区成立60周年、全国全区“两会”、“三个面向”新神宁建设五大宣传主题，以“加大创新力度、持续深化改革、坚持稳中求进”为宣传重点，开展了“学思践悟十九大”“社会主义是干出来的”“新时代、新集团、新作为，全面推进‘三个面向’新神宁建设”“新方略开启新征程”“安全环保矿区行”等丰富多彩的宣传教育活动，把学习贯彻党的十九大精神与集团公司发展建设、安全生产、产品销售、科技创新等结合起来，聚焦不同时期不同优秀员工代表，将镜头对准先进，把笔触融进生产一线，牢牢把握正确舆论导向，全力助推集团公司各项工作蓬勃开展，营造了干事创业、争先创优的浓厚氛围。全年《神华能源报·神宁专版》共刊发宣传集团公司稿件图片3680余篇（幅）；神华能源报正报刊发宣传集团公司稿件图片77篇（幅）。神宁电视台《神宁新闻》共播出新闻237期，播发稿件2800余条；与宁夏电视台合办栏目《神宁人物老中青》播出52期；固定栏目《一线风采》《魅力化工》《神宁视点》《安全天地》共制作播出各类专题46部。神宁网站向国家能源集团内网发稿1659条，采用1405条；向国内《新华网》《人民网》等主流网站发稿3547条，采用3484条。人民日报、新华社、中央电视台、光明日报、经济日报、宁夏日报、宁夏电视台等中央和自治区主要媒体对国家能源集团“岗位建功推进会”、400万吨煤制油项目投产运行、集团公司技术创新、管理创新、智慧矿山建设、加强人才培养储备、推进企业深化改革等进行了全方位采访报道。中国改革报以“社会主义是干出来的”为题，对集团公司改革发展、科技创新、人才培养、党的建设等方面工作进行了深度采访报道；经济日报对集团公司智慧矿山建设进行了重点宣传；中央电视台对集团公司维护女职工权益的做法及经验进行了采访报道；光明日报在头版头条以“突围人才之困的宁夏探索”为题，对集团公司重视人才工作予以重点推介。央广网、人民网、新华网、经济参考报、工人日报、中国化工报等对集团公司煤制油项目国产化技术创新、科技引领产业转型升级、绿色环保工作等进行了重点宣传报道。宁夏日报、宁夏电视台紧扣“社会主义是干出来的”主题，对集团公司建设“三个面向”新神宁进行了全方位、不间断的宣传报道，借助自治区成立60周年、改革开放40周年和宁夏煤炭工业开发建设60年，对集团公司取得的辉煌业绩进行了集中展示。全年共组织中央驻宁和自治区主流媒体对集团公司采访活动64次，外发稿件109篇（条）。

2018年，舆情管控工作在增强新媒体引导力上下功夫。充分发挥三级舆情监测队伍作用，加强对网上敏感舆情、热点问题和突发事件的监控、研判和处置，特别是在全国“两会”、自治区“两会”、国家能源集团及集团公司工作会期间加强舆情监测工作。全年，共监测到网络舆情83条。妥善处置了“神华宁煤集团发生乙烯泄漏事故已妥善处置未造成人员伤亡”“关于宁夏工业职业学院所谓关闭清真餐厅的情况初步了解”“羊场湾生活中心员工反映收入低”“甲醇分公司由一外包单位托管运营的污水处理装置，在清理雨水池时发生中毒事故”“羊场湾煤矿周边煤场污染”等舆情。《三级网络舆情监测管控体系在企业网络舆情工作中的应用》获集团公司创新成果三等奖。

二、理论学习

强化中心组理论学习，不断提升领导干部思想素质。集团公司两级党委理论学习，中心组学习实现了经常化、制度化、规范化，领导干部的理论水平、治企能力不断提高，领导班子思想政治建设不断加强。把理论武装和形势政策宣传作为全面提高各级基层组织的战斗力、凝聚力、创造力与提高党员队伍素质的前提和基础，引领大兴学习之风，为集团公司改革发展提供坚强有力的理论支持和思想保证。

2009年，举办了学习十七大精神轮训班4期，宣讲活动13场次。邀请自治区领导、全国劳动模范许振超等作了专题讲座。举办了集团公司首届员工书画、摄影展，展出作品400余件。组织宁夏文学艺术家4次深入矿区开展采风活动，集团公司文联荣获全区文联系统“文艺交流活动”先进单位。

2010年，广泛开展以“讲形势，明方向，尽职责”为主要内容的形势任务教育活动，举办了西部大开发、创先争优等主题教育培训班18期，引导广大干部员工牢固树立发展意识、大局意识、责任意识、奉献意识、纪律意识，进一步认清发展形势，统一思想认识，坚定发展信心。

2011年，认真学习贯彻党的十七届五中、六中全会精神，围绕创先争优工作，通过对“党建项目化管理”“党员命名工程”“党员亮牌示范工程”等一批创先争优品牌的持续宣传和集中推介，集团公司上下形成了组织创先进、党员争优秀、工作上水平的生动局面。

2012年，全面宣传贯彻党的十八大精神，要求各单位结合实际加大宣传教育力度，组织观看党的十八大盛况，举办专题宣传讲座，开展党的十八大精神进课堂活动。集团公司各媒体开辟专题、专栏、专版等，介绍并解读党的“十八大”精神。通过组织开展学习宣传活动和广泛的报道，在集团公司上下迅速掀起了学习党的十八大精神的热潮。

2013年，深入开展“党的十八精神大学习、大讨论、大实施”学习宣传活动，组织集团公司内部新闻媒体撰写刊发一批有深度、理论性强、能够指导实践的理论文章和社论，形成良好舆论导向。邀请自治区党委讲师团到集团公司宣讲党的十八大精神，营造了学习党的十八大精神的浓厚氛围。

2014年，集团公司各级党组织采取集中学习和个人自学相结合的方式，通过举办专题辅导讲座，组织开展网上答题、征文研讨、警示教育等活动，深入学习领会习近平总书记系列重要讲话精神。共举办专题辅导讲座、报告188场次，组织观看群众路线教育专题片（视频）177场次，举办领导班子专题学习研讨会212次，累计征文1446篇，撰写心得体会6975篇。

2015年，深化理论学习，完善中心组及干部理论学习机制。下发了《神华宁夏煤业集团公司党委中心组学习实施办法》《2015年集团公司干部理论学习安排意见》《集团公司2015年各级党委中心组学习安排》《关于调整集团公司理论学习中心组成员的通知》等各项制度。认真抓好两级党委中心组和干部理论学习，共组织集团公司党委中心组理论学习11次，深入学习《中国共产党巡视工作条例》《中国共产党廉洁自律准则》和《中国共产党纪律处分条例》等内容。集团公司党委中心组成员结合自己的分管工作，深刻认识和理解“三严三实”的重大意义，逐个发言表态，对集团公司如何扭亏脱困提出了具体措施。

2016年，抓学习，以知促行。下发了《关于做好2016年集团公司各级党委（总支）理论学习中心组学习的通知》《关于调整集团公司党委理论学习中心组成员的通知》和《2016年上半年集团公司党委理论学习中心组学习计划》等，及时调整集团公司党委理论学习中心组成员，进一步完善了理论学习教育的形式、内容和考核。以党的十八届五中、六中全会精神、“两学一做”学习教育、党风党纪、法治和道德教育为重点，采取集体研讨与重点发言、领导领学和专家讲学、传统学习与网络学习相结合等灵活多样的形式，认真抓好两级党委理论学习中心组学习。集团公司党委理论学习中心组集中学习12次，撰写学习心得和理论文章104篇。

2017年，强化中心组理论学习，不断提升领导干部思想素质。制定了《神华宁夏煤业集团公司党委中心组学习制度》《2017年集团公司各级党委（总支）中心组学习安排》。结合集团公司实际，及时调整了集团公司党委理论学习中心组成员。中心组学习做到了有计划、有考勤、有记录，学习资料提前发放，学习方式灵活多样，学习效果稳步提高。同时，加强对基层单位党委（总支）中心组学习的指导，适时督查，确保基层认真组织学习。全年共组织集团公司党委中心组学习11次，并及时向神华集团党组、自治区党委宣传部上报了学习情况。编发《中心组学习电子刊》11期。采取集中学习、专家讲座、专题党课、研讨交流等形式鼓励党员干部学习，全年外聘专家讲授5场次，集团公司领导讲专题党课2场次。

2018年，制定了年度学习计划，修订了《国家能源宁夏煤业集团公司党委理论学习中心组学习实施办法》，明确了各级党组织要把中心组学习列入重要议事日程，纳入党建工作责任制，纳入意识形态工作责任制，进一步推动党委理论学习中心组学习制度化。全年共组织集团公司党委中心组学习13次，专题研讨4次，邀请专家作讲座3场次。

第四节　思想政治工作研究

2009年，加强思想政治研究工作，集团公司荣获自治区2008年思想政治工作“先进单位”荣誉称号，集团公司党建研究会荣获自治区“优秀政研会”荣誉称号。

2010年，协助《宁夏日报》完成了集团公司新形势下经济发展如何保持快速增长课题的调查研究。

2011年，召开集团公司党建研究会第三次会员代表大会，加强党建和思想政治工作研究。

2012年，通过编印《政治本安体系建设学习手册》、举办政治本安论坛《探索中前进》、组织全体员工学习政治本安体系建设理论知识等手段和形式，对政治本质安全体系建设进行深度宣传，有力推进了政治本质安全体系建设进程。

2013年，举办两期集中学习培训班和两次集中专题学习讨论会，征集心得体会758篇、理论研究成果460篇。集团公司荣获神华集团学习十八大知识竞赛优秀组织单位。

2014年，举办“贯彻落实十八届三中全会精神”电视论坛活动，开展了2014年度思想政治工作理论课题研究。落实集团公司党建研究会、思想政治工作研究会、企业文化研究会具体工作，征集思想政治工作课题研究论文近100篇。

2015年，结合集团公司面临的难点问题，围绕员工关注的热点问题，开展了课题研究工作，共征集课题183篇，从中筛选出40篇上报神华集团政研会。组织开展了神华集团思想政治工作研究会煤炭板块分会课题评审。对神华集团13家煤炭企业共186篇课题论文进行分类，并安排各单位进行四对一评审；同时，组织集团公司10名评委对神华集团各子分公司的92篇论文进行了评审；集团公司共有33篇优秀课题成果获奖，其中一等奖5篇、二等奖8篇、三等奖11篇、优秀奖9篇，充分展示了集团公司理论研究的成果。编印了《神华集团思想政治工作研究会煤炭板块分会2015年优秀研究成果集》。

2016年，组织开展神华集团思想政治工作研究会煤炭专业分会党建理论课题研究，形成研究成果61项。集团公司党建研究会紧紧围绕企业改革发展中心任务，精心确立重点选题，深入开展调查研究，形成理论成果89篇，其中8篇获全区“四个宁夏”征文比赛三等奖，1篇获自治区“纪念建党95周年”征文比赛三等奖。《领导政治建设，参与经营决策》在中煤政研会党委书记研讨会上得到高度关注。

2017年，认真做好自治区党建研究会年度重点课题子课题和自选课题，形成了有较高质量的研究成果，向自治区党建研究会推荐了4篇优秀论文参加中国思想政治工作研究会2016年度优秀研究成果评选，其中《神华宁夏煤业集团公司发挥政治核心作用的探索与实践》获得三等奖。在自治区党委宣传部开展的“推进全面从严治党”主题征文活动中，集团公司荣获优秀组织奖。确定了集团公司党建思想政治研究自选课题33项，开展了“第二届中国煤炭工业党委书记论坛”主题演讲稿、“三个面向”新神宁研讨论文、学习党的十九大精神专题研讨论文征集活动。编印了《神华集团职工思想政治工作研究会煤炭专业分会2016年度优秀研究成果选集》。举办了2期理论研究及宣传骨干培训班、1期理论研究骨干提升班。为认真学习贯彻落实好党的十九大精神，集团公司组宣系统先行先学，举办了“集团公司组宣系统十九大精神学习班”，采取领学+接力学的形式，逐字逐句学习十九大报告、决议、讲话、评论员文章等，在组宣系统掀起了学习十九大的热潮。

2018年，强化党建理论研究，在形成一批优秀理论成果上下功夫，形成了《改革开放40年来党的思想建设成就及丰富工作经验研究》《加强基层组织建设发挥基层党组织战斗堡垒和党员干部先锋模范作用实践研究》《大数据——党的建设新抓手》等一批含金量高、指导性强、影响力大的课题研究成果。《党性修养是共产党员应该长期坚持的必修课》荣获自治区“学习贯彻党的十九大精神，继续推进党的建设新的伟大工程”专题研讨论文二等奖。枣泉煤矿、甲醇分公司、太西洗煤厂荣获中煤政研会2017年度文明煤矿（单位），理论成果荣获中煤政研会优秀成果二等奖2项、三等奖4项。《把握时代强音汲取伟大力量以实干精神践行“社会主义是干出来的”》《牢记嘱托，真抓实干，把宁东建设成为宁夏产业转型升级的样板》荣获宁东管委会开展的“社会主义是干出来的”征文一等奖。编印了《探索与实践：集团公司思想政治工作创新案例汇编》。

第三章　纪检监察

第一节　执纪审查

一、体系建设

2010年，根据自治区国资委党委批复，集团公司党委下发《关于健全中共神华宁煤集团纪律检查委员会组织机构及人员配置的通知》，郭敏杰任集团公司纪委委员、纪委副书记，王乐生、马金明、张克锋、李怀荣、姬向党任集团公司纪委委员。制定下发《神华宁夏煤业集团公司纪委信访监督办法》《神华宁夏煤业集团公司纪检监察举报奖励办法》，进一步规范了对党员、管理人员的信访监督。开通了集团公司自动值班举报电话（6971444），开通了网上举报电子邮箱（shnjwjbyx@nxmy.com），进一步扩宽了举报途径。

2011年，健全完善信访督办制度、信访实名举报奖励制度等。

2013年，认真分析违纪违法案件发生的原因，查找发案单位在管理体制、机制和制度上存在的漏洞及薄弱环节。与石嘴山市检察院共同召开检企共建第二次联席会议，建立联席会议制度。深入推进纪检监察信息化建设，完成了廉洁从业档案、信访举报、综合业务三个模块的开发使用。当年11月起，信访业务模块已正式启用，各单位收到的信访举报件全部要求在信息化系统中处理完成，有效规范了信访举报业务工作。建立了4867名副科级及以上人员的电子廉洁从业档案。

2015年，神华集团党组巡视组反馈巡视意见后，成立以集团公司党委书记任组长的整改工作领导小组，制定《落实神华集团党组第三巡视组专项巡视反馈意见整改工作分工方案》，细化分解为5个方面34个具体问题，按照“六定”原则，明确整改任务、整改目标、具体措施、时限要求和主责部门（单位），做到件件有落实、事事得到整改。经神华集团党组纪检组批准，陈志清任集团公司纪委副书记。

2016年，深化纪检监察体制改革，成立纪律审查一室、纪律审查二室，推进审查、审理相分离，单独设立信访案管室、案件审理室。集团公司纪委对各单位纪检监察业务实行统筹管理，对纪检监察人员统一调剂使用。修订《实名举报奖励办法》和《中层管理人员公务移交有关规定》，严格按照中央纪委“五类”（拟立案、初核、谈话函询、暂存和了结）标准和“四种形态”（经常开展批评和自我批评、约谈函询；党纪轻处分、组织调整；党纪重处分、重大职务调整；严重违纪涉嫌违法立案审查）要求处置问题线索。

2017年，集团公司召开第一次党代会，选举产生了由孟伟、陈志清、魏学文、季忠敏、王兰光、李桐来、李建勋7名同志组成的第一届纪律检查委员会，孟伟任书记，陈志清任副书记。制定了《执纪审查工作流程》及70类文书模板，印发了《案件管理协调会议制度》《涉案款物管理规定》等制度，进一步规范执纪审查、案件审理工作流程。落实纪检监察业务统筹管理规定，推行纪检监察工作协作区制度，整合纪检资源，实行交叉办案，提高执纪审查工作质量和效率。加强执纪审查安全管理，新建了两个执纪审查谈话室，具备全程录音录像功能。集团公司执纪审查工作在神华集团纪检监察工作座谈会上作了典型经验介绍。

2018年，推进基层纪委书记专职化，10单位纪委书记不再兼任工会主席。退出招投标过程监督，更加聚焦主业主责。制定下发《所属各单位纪委书记、副书记提名考察办法（试行）》和《各单位纪委副书记 纪检监察机构正职提名考察实施细则》，进一步规范纪检监察干部提名考察工作。充分发挥巡察利剑作用，调整巡察领导小组和巡察领导小组办公室，巡察组由两个增至四个。

二、案件查处

2009年，全年共收到信访件70件（其中一信多投33

件），完成初核37件，立案8件，双规1人，党政纪处分29人（其中处级10人、科级9人、其他人员10人）。集团公司纪委荣获全区案件审理工作先进集体荣誉称号。

2010年，全年共收到信访件68件（其中重复件18件），完成初核45件，立案6件，警示谈话10人，党政纪处分17人（其中处级12人、科级4人、其他人员1人）。通过查办案件为集团公司避免和挽回经济损失426.3万元。

2011年，全年共收到信访件56件（其中重复件5件），完成初核42件，警示谈话9人，党政纪处分 2 人（科级）。

2012年，严肃查处员工群众关心和涉及员工群众切身利益的案件。重点查处了大峰矿装车队克扣、截留职工奖金的案件。对集团公司自2010年以来下发的处分决定执行情况进行了检查，对未严格按照集团公司规章制度执行的进行了处理。开展了集中清理未执行人民法院生效判决和裁定案件的工作，前往执行的人民法院和债务单位联系落实清欠情况。共计清回欠款123.7万元。全年共收到信访举报件69件（其中重复9件），调查核实52件，信访监督3件，对当期举报件的处理率达到100%。集团公司本部自办案件11件，完成初核11件，立案3件，党政纪处分8人（其中处级1人、科级4人、其他人员3人），下发纪检监察建议书两份。

2013年，对群众反映党员干部思想作风、工作作风等方面情节轻微、尚未构成违纪的问题，采取信访谈话、发放信访通知书等形式实施监督，把问题解决在萌芽状态。全年共实施信访监督3件，被举报人均以书面形式向组织作出了澄清。全年共收到信访举报件140件，完成初核83件，立案9件，党政纪处分8人（其中处级1人、科级7人），组织处理10人。

2014年，先后抽调枣泉煤矿、任家庄煤矿、金凤煤矿等单位的纪检人员6人次参与集团公司的案件初核工作，促进基层纪检人员在工作实践中提升初核资料提取、笔录制作、谈话技巧等案件查办业务技能。全年共受理信访举报件102件，初核65件，立案3件，党政纪处分1人，组织处理18人。

2015年，从纪检监察系统抽调60名专业人员，组成11个专项调查组，对中央第十二巡视组反馈的问题和神华集团党组第三巡视组转交的53件信访举报件进行深入调查核实，对相关责任人进行严肃追责。

严肃处理了涉及为张家庙捐款人员，党内严重警告处分4人，党内警告处分1人，诫勉谈话28人，批评教育10人，责令作出书面检查27人。及时对涉及违法犯罪的6个相关单位和人员进行了责任追究。严肃追究相关单位党委书记、纪委书记和业务分管领导党风廉政建设落实不到位的责任，分别给予2人党内严重警告处分、2人党内警告处分，对17人进行诫勉谈话，7个单位和3人进行通报批评。开展灭火工程管理混乱问题和纪检监察干部信访举报件开展“回头看”，对灭火工程管理混乱负有直接管理责任，且正在接受司法调查的2人，给予开除党籍处分，并解除劳动合同。对2006年至2015年期间反映集团公司纪检监察干部的信访举报件进行了复查。对神华集团党组第三巡视组转交的53件信访举报件进行了核查，对15件举报内容属实的责任人进行了处理，党内严重警告处分1人，党内警告处分1人，行政警告处分1人，诫勉谈话4人，批评教育2人。责令相关单位对科级及以下人员进行责任追究。

2015年，共受理信访举报件320件，初核203件，立案44件，党政纪处分56人（其中处级21人、科级33人、其他人员2人），组织处理160人，收缴违纪所得4.0036万元。落实中央八项规定精神，腾退办公用房面积8000多平方米，业务招待费、差旅费和办公经费与上年同期相比，分别下降32.09%、19.07%、19.77%。严肃查处违反中央八项规定精神问题5起，对2名处级干部和3名科级干部分别给予了党纪处分，始终保持了狠反“四风”的高压态势。

2016年，共受理信访举报、问题线索298件，初核168件，立案63件，党政纪处分81人（其中处级7人、科级48人、其他26人），组织处理74人，收缴违纪所得78.177万元。对教育培训中心、灵新煤矿等单位发生的6起案件进行了责任追究，分别给予16人党政纪处分，6人诫勉谈话，对2个单位、25人进行通报批评。严肃追究枣泉煤矿溃坝事故各级管理责任和领导责任，分别给予3名处级干部和3名科级干部行政记过处分。

2017年，全年共受理信访举报、问题线索294件（其中重复及业务范围外79件），初核191件，谈话函询29件，立案45件，党政纪处分48人（其中处级14人、科级24 人、其他人员10人），组织处理182人。推进运用“四种形态”规范化，全年采取提醒谈话、批评教育、诫勉谈话等组织措施176人，给予党内警告、党内严重警告等纪律轻处分和组织调整42人，给予撤销党内职务、留党察看等纪律重处分和重大职务调整10人，给予2名严重违纪违法党员干部开除党籍处分并解除劳动合同。

2018年，全年共受理信访举报、问题线索417件（其中重复及业务范围外127件），初核242件，谈话函询

34件，立案29件，党政纪处分54人（其中处级24人、科级25 人、其他人员5人），组织处理231人。全年运用监督执纪“四种形态”采取提醒谈话、批评教育、诫勉谈话等组织措施221人，给予党内警告、党内严重警告等纪律轻处分和组织调整55人，给予撤销党内职务、留党察看等纪律重处分和重大职务调整5人，给予4名严重违纪违法党员干部开除党籍处分并解除劳动合同。

第二节　监督管理与效能监察

2009年以来，集团公司和基层各单位均成立了由党政主要领导担任组长、副组长，相关职能部门负责人为成员的行政效能监察工作领导小组，建立和完善了行政领导负总责，党政齐抓共管，纪检监察组织协调，相关部门参与的体制和机制。按照自治区纪委、监察厅、国资委和神华集团的安排部署，不断创新工作机制，拓展工作内容，组织开展了一系列卓有成效的行政效能监察工作，提高了企业管理的效率和效能，增强了领导班子的执企能力。

2011年，总结、推广白芨沟矿构建“三相”（与企业发展相协调、与安全生产相融入、与经营管理相促进）文化平台和羊场湾矿构建安全生产效能监察工作制度体系的做法，形成了从决策到实施、推进到纠偏、评估到反馈的效能监察工作模式，为效能监察工作的深入开展注入了新的活力。

2012年至2013年，集团公司先后被自治区纪委、监察厅和国资委确定为效能监察工作试点单位，上级领导多次莅临集团公司检查指导，对集团公司行政效能监察工作给予了充分肯定。集团公司开展行政效能监察工作的做法，分别在神华集团效能监察工作会和全区学习贯彻《行政监察法》研讨会上作了经验交流。

2014年至2015年，集团公司纪检监察部通过开展效能监察业务知识培训、召开经验交流会、编印下发《集团公司效能监察工作手册》，强化了业务培训，增强了纪检监察干部的实际操作能力。白芨沟矿、汝箕沟矿、灵新矿等单位开展中层以上管理人员工作作风及执行力建设效能监察工作，已形成一套行之有效的考核和成效评价办法，并固化、上升到制度化、规范化，纳入党建和“五型企业创建”整体考评体系中，产生了良好的经济效益和管理效益。羊场湾矿安全生产、白芨沟矿管理人员执行力建设及焦煤分公司技改工程等四项优秀效能监察成果受到自治区国资委通报表彰。

2016年以来，随着纪检监察职能的“三转”（转职能、转方式、转作风），效能监察的职能转变为监督执纪问责。严肃查处了原宁东洗煤厂委外业务、煤制油项目全厂检修脚手架及驻灵新矿安监处个别工作人员利用职权吃拿卡要等信访案件25起。协调集团公司相关部门，扎实开展了“四风”问题整治情况“回头看”“三重一大”集体决策制度执行落实情况等七个方面的专项监督检查活动，提出合理化建议六条，较好地履行了执纪监督职责，堵塞了管理漏洞。

第三节　宣传教育

不断创新廉洁教育方式方法和活动载体，形成了“清风颂”廉政歌曲学唱传唱、廉政诗词朗诵比赛、“先锋颂”文艺汇演、“夫妻双双进课堂”等具有集团公司特色的廉洁教育品牌，打造了神华能源报“廉洁在线”、神宁电视台“廉洁视窗”和微信平台“清廉神宁”等特色栏目。坚持开展节假日发送廉洁贺卡、廉洁短信和微视频征集展播等活动，营造了日常教育不断线、预防提醒不间断的良好氛围。坚持开展“以案警廉”，教育引导各级领导干部廉洁从业，干净干事，时刻保持对权力的敬畏之心。

2009年，在全集团公司开展了廉洁文化“四进”［进矿（厂）区、进班子、进岗位、进家庭］和“五色”（红色教育、绿色教育、青色教育、黄色教育、黑色教育）教育活动以及“扬正气、促和谐”优秀廉政公益广告展播活动。在华夏能源报和神宁电视台分别开办了“廉政在线”专版和“廉政视窗”栏目。按照自治区纪委要求，在集团公司机关和基层单位副科级及以上管理人员中开展了“强素质、树形象、促工作”实践活动。组织选手参加自治区国资委纪委和自治区纪委举办的“学先进、找差距、比贡献”演讲比赛，取得了第一名和第三名的好成绩。邀请自治区检察院领导为集团公司各级管理人员作了“作风建设与预防职务犯罪”专题讲座，为运销公司和各单位销售岗位人员做了销售人员“预防职务犯罪”警示讲座。邀请自治区纪委领导为全集团公司纪检人员作了案件查办知识讲座。

2010年，在集团公司各级管理人员中开展了“算好人生‘七笔账’（政治账、经济账、名誉账、家庭账、亲情账、自由账、健康账），过好‘双节’廉洁关”活动。开展了“五个一”（发一条廉洁短信，播放一次警示教育片，播放一期廉洁公益广告，发一张廉洁贺年卡，签一份廉洁公开承诺书）宣传教育活动。开展了首届“神宁清风”廉洁书法、绘画、摄影、工艺美术作品征集活动，基层各单位认真组织，广大员工积极参与，共征集各类作品1045件，优秀作品于11月上旬展出。各基层单位开展“夫妻双双进课堂”活动，副科级以上领导及其配偶4800余人参加了活动。白芨沟煤矿、太西洗煤厂、焦煤公司等基层单位组织副科级以上干部及财务、物资、销售等重点岗位工作人员1000余人赴警示教育基地参观了劳改服刑人员生活、学习和劳动场所。拟定《神华宁夏煤业集团公司廉洁文化建设实施方案》，选择了羊场湾煤矿、汝箕沟煤矿、乌兰煤矿、白芨沟煤矿四个单位作为廉洁文化推进试点单位。

2011年，把廉洁文化作为企业文化建设的六大子文化之一，确立了“淡泊名利，慎权守职”的廉洁理念，制定了《廉洁文化建设实施方案》，编印了《廉洁文化建设手册》。在矿区设置廉洁公益广告牌、灯箱、电子屏幕宣传栏1200多个，开展了“扬正气、促和谐”优秀廉政公益广告展播活动。通过建立廉洁文化示范小区、廉洁文化景观一条街、一长廊、廉洁文化广场，设立廉洁警示栏、宣传橱窗、广告牌、张贴廉洁宣传画等形式，营造驻足间“赏廉”、娱乐时“闻廉”、工作中“践廉”、下班后“思廉”的矿区廉洁文化氛围。开展廉洁文艺作品和廉洁小故事、小小说创作征集大赛，共征集廉洁小故事、小小说作品335篇，有4篇廉洁文艺作品在自治区获奖，编印了《神宁集团廉洁文化作品集》，集团公司制作的廉洁公益广告《廉洁是一种生活方式》，荣获中纪委廉洁公益广告评比三等奖。

2012年，编辑印发《廉洁文化手册》8000余册，在广大党员、各级管理人员和全体员工中开展了《廉洁文化手册》宣贯教育活动。组织43名纪检监察人员，在革命圣地井冈山举办了一期纪检监察业务知识培训班，组织50名新提拔和逐级提拔的管理人员到宁夏女子监狱进行警示教育，筑牢拒腐防变思想道德防线。在集团公司1100多名中层以上领导人员和重点岗位管理人员中，组织开展以观看《阳光下的罪恶——宁夏回族自治区高级法院审判大楼建设工程招投标违纪违法案件警示录》《政坛新星的坠落——宁夏回族自治区原团委书记曹刚贪污受贿自白实录》两部警示教育片为主要内容的“用身边的事，教育身边的人”警示教育活动。

2013年，开展“读书思廉”教育活动，为基层单位订购廉政书籍1650余册、廉洁教育电教光盘32套。在集团公司机关各部门负责人、基层单位领导班子成员中开展了春节期间廉洁自律公开承诺活动，全集团公司共签订承诺书1600多份。通过开展征集“廉洁语丝”、签订“夫妻廉洁保证书”、制订“家庭廉洁公约”、赠助廉书、寄嘱廉信、发廉洁短信和评选“优秀廉内助”等活动，教育引导党员干部家属当好廉内助，把好家庭廉洁关，筑牢家庭反腐倡廉防线。开展“树清风扬正气促发展”廉洁文艺节目比赛活动，分银南、银北两个赛区进行了预赛，在宁夏人民会堂进行了决赛，精选了部分优秀节目到各矿区进行巡演，9000余人观看了演出。组织开展了新提拔管理人员廉政集体谈话，组织63名新提拔的副处级管理人员进行了廉政知识考试。

2014年，组织150名副处级及以上管理人员，参观了自治区警示教育基地。举办了廉洁从业知识答题活动，全集团公司共有3600多人参加。开展管理人员廉洁承诺活动，共有3652名各级管理人员进行了廉洁从业公开承诺。开展廉政漫画征集评选活动，征集作品300余幅，对22幅优秀作品进行了奖励，并刻制了获奖作品光盘，发放基层各单位播放宣传。

2015年，开展了为期4个月的“守纪律、讲规矩、保廉洁”主题大反思、大讨论、大体检活动和为期1个月的廉洁文化宣传教育月活动。组织28个基层单位的2900余名副科级及以上领导干部，分19批到自治区廉政警示教育中心、宁夏女子监狱和太西监狱接受廉洁警示教育。开展了“恪守廉洁底线、远离职务犯罪”廉洁警示教育专题讲座。开展了以“学好一本书、上好一堂课、办好一期培训、搞好一次轮训、组织一次考核”为内容的“五个一”廉洁教育活动。

2016年，在全体党员干部中开展“三个一”（观看一次警示教育片、聆听一次廉政教育讲座、读一本廉政教育警示书籍）廉洁教育活动。分3批组织开展“倾听身边的忏悔”警示教育活动，集团公司重点岗位中层党员领导干部334人接受了警示教育。开展“清廉神宁”微视频征集活动，共征集到40部微视频作品，经评选后陆续在集团公司及各基层单位进行了展播。制作中秋廉洁提醒微视频，在集团公司机关办公区域电子屏进行了展播。

2017年，在集团公司全体党员及各级领导干部中开展了党内法规条例答题、考试活动，组织集团公司机关高级主办及以上、基层单位副科级及以上党员领导干部观看了自治区纪委录制的《权力之殇》，组织全集团公司13批共1950余名党员干部到宁夏廉政警示教育基地接受了警示教育。组织50名新提拔和逐级提拔的领导干部进行了廉洁谈话、廉洁承诺和廉政知识考试。组织举办了“守纪律、讲规矩”廉洁教育专题辅导讲座，2148名党员干部分别在主、分会场聆听了讲座。部分基层单位结合各自实际，邀请自治区纪委、检察院领导作了警示教育专题讲座，组织人员到监狱、廉洁警示教育基地接受了警示教育。开展了课题调研和理论征文等活动，共收集理论征文96篇、调研文章46篇，上报自治区纪委、神华集团党组纪检组理论征文和课题调研文章各5篇。在全集团公司开展家规家训和家风故事征集活动，共征集家规家训、家风故事1200余篇，向自治区国资委推介6篇，通过各种渠道刊发16篇，经评选择优编印成册供各单位组织学习，以良好家风促党风，带企风。

2018年，多渠道、多方式宣传学习了党的十九大、十九届中央纪委第二次全会精神，做到了全覆盖。认真组织学习党章及党规党纪，不断增强党员干部纪律规矩意识。通过举办党规党纪讲座、廉洁大讲堂、廉洁党课等方式，坚定党员干部理想信念，增强党规党纪意识。印发了《两学一做口袋书——廉洁自律篇》，内容涵盖当前党风廉政建设和反腐败工作形势、党规党纪条规及国家能源集团、自治区和集团公司相关规定，发放到副科级以上管理人员，为党员领导干部明确了纪律的“红线”。紧盯违规违纪行为易发多发的关键时期和重要关口，教育引导党员干部增强廉洁从业意识和拒腐防变能力。在春节、清明节、端午节、中秋节、国庆节等节假日期间，制作并播放廉洁提醒幻灯片，编发廉洁短信，营造浓厚的廉洁过节氛围。开展了为期半年的“讲案例、学法规、划底线”系列学习教育活动，引导广大干部员工以案明理、学习法规、明晰底线，进一步筑牢党员干部拒腐防变思想防线。编印了《神华宁夏煤业集团部分违纪违法干部忏悔录》，在机关部门副职以上、基层单位班子成员中传阅，以身边的案例教育身边的人。组织有违规违纪违法人员的19个单位（部门）召开了“以案明纪，吸取教训，营造良好政治生态环境”专题民主生活会或专题组织生活会，通过对办结的案件进行剖析，起到了“照镜子、正衣冠、洗洗澡、治治病”的作用。组织2017年8月至2018年5月期间逐级提拔、新提拔的41名集团公司中层管理干部进行了廉洁谈话、廉洁从业承诺和廉洁知识考试，促使他们牢固树立廉洁意识，忠于职守，廉洁从业。在《新神宁》微信平台、《神华能源报》“廉政在线”专栏、“清廉神宁”微信平台、《神宁人》杂志开辟了“家风家训”专栏，发布征集的集团公司员工撰写的家风故事63篇次。

表12-3-1　集团公司纪检监察系统案件查处情况一览表

项目		2009年	2010年	2011年	2012年	2013年	2014年	2015年	2016年	2017年	2018年
立案案件数		8	6	2	3	9	3	44	63	45	29
受党纪处分类别	开除党籍		2	2	1	6		8	9	6	6
	留党察看	3						4	3	2	2
	撤销党内职务	2						1	1	1	0
	严重警告	2	1			1	1	15	12	13	13
	警告	6	6					20	26	14	17
受政纪处分类别	行政记过	4	6		1			2	6	5	4
	行政记大过								4	8	3
	行政降职级	2			1	1	1	14	12	5	4
	行政警告	8			2			1	12	2	15
	行政撤职	6	2	1	4	2		8	4	4	2
	解除劳动合同	1				1		7	5	2	2
受党纪处分											
党员干部级别	处级干部	6	6		1	1		19	6	12	18
	科级干部	6	3	2		6	1	27	30	19	15
	其他人员	1						1	15	5	5
受政纪处分											
党员干部级别	处级干部	7	8		1	1		9	4	11	9
	科级干部	9	4	2	4	7	1	24	29	9	17
	其他人员	8	1		3				13	6	2

第四章　统战与民族工作

第一节　工作机制

2017年4月，成立集团公司统战工作领导小组，强化新形势下对统战工作的指导，建立基层统战工作网络，构建“大统战”工作格局，认真贯彻落实党中央、自治区党委和神华集团党组的统战方针政策，牢牢把握统一战线正确前进方向，完善统战工作规划和管理制度，从思想、工作、生活等方面关心统战对象，突出“团结、服务、引导”三项职能，促进管理制度化、规范化，保证各项工作有章可循、高效有序运转，为企业和谐稳定奠定坚实基础。

第二节　统一战线

一、少数民族

集团公司现有17个少数民族员工10718人，其中回族员工10140人，约占全集团公司员工总数的五分之一。

二、党外知识分子和留学人员

集团公司现有党外知识分子（中级及以上职称）459人，占全集团公司知识分子总数的11.8%。同时，对配备党外干部的领导班子进行合理分工，注意发挥其专长，对党外领导干部分管工作范围内的重要事项，事先听取并尊重党外干部的意见和建议。推进留学人员统战工作，集团公司留学人员25人，4人担任副处级以上职务。推荐集团公司6名留学人员参加宁夏欧美同学会，其中1名任副会长、2名任常务理事、3名为理事会会员。加强与留学人员的联系工作，建立经常性联系渠道，定期组织留学人员进行座谈，引导留学人员树立正确的世界观、人生观、价值观，将自己所思所学与企业发展实际紧密结合。以个人名义命名成立了科技创新工作室、教学点，部分留学人员已成为公司科技创新骨干。

第三节　民族工作

严格执行党的民族政策和宗教政策。在培养、提拔干部中，坚持“政治上充分信任、组织上大力培养、工作上放手使用”的原则，把那些政治立场坚定、工作业绩突出、职工群众信任的少数民族优秀干部及时安排到合适的领导岗位上。在评先选优上，始终保证少数民族员工占一定比例，使他们感受到集团公司对少数民族员工的重视和爱护，激发他们在安全生产和维护民族团结工作中的积极性。

在国庆节、春节举办座谈会、团拜会等重大活动时都邀请少数民族代表参加，定期走访慰问少数民族员工群众，帮助解决工作生活上的困难。

充分利用“神华能源报”“神宁电视台”、集团公司门户网站、党建信息化平台等内部宣传媒体，开辟“民族团结月”“抓发展、惠民生、促团结”“神宁各族一家亲”等专题专栏，加大党的统战政策宣传力度，挖掘先进经验，选树先进典型和模范人物，唱响了“共产党好，社会主义好，民族团结好”主旋律。2016年4月以来，集团公司和宁夏电视台联合打造的“神宁人物老中青”电视人物专栏节目，在已播出的52期节目中，金龙、杜正平都是少数民族的先进典型。回族员工占到64%的老矿区——石沟驿煤业分公司牢牢把握“共同团结奋斗、共同繁荣发展”主题，多措并举宣传民族团结政策。石槽村煤矿利用获得自治区民族团结进步示范单位奖励的5万元，以及在员工中募捐的款项，设立了少数民族扶贫帮困基金。

2011年，石槽村煤矿荣获自治区民族团结进步创建先进单位。2015年，羊场湾煤矿荣获自治区民族团结进步创建活动“示范企业先进单位”。

第五章　信访维稳

第一节　工作机制

集团公司在社会事务部设立信访业务（对外称信访办公室），基层各单位明确了信访业务归口管理部门，员工多、信访问题多的老单位设立了信访办。信访工作围绕企业改革发展稳定大局，对来访员工群众热情接待，对反映的问题，认真核查，积极协调职能部门慎重解释、解答，正确疏导，并及时跟踪督查督办，做到件件有回音。妥善化解矛盾，理顺员工情绪，减少重复上访和越级上访；妥善处置突发性、群体性事件，维护了企业内部和谐稳定。

第二节　主要工作

信访维稳工作严格遵循“源头治理、预防为主、预警在前、调解优先”的原则，完善了《集团公司信访工作规范化管理办法》《信访信息报送规定》等管理制度。坚持日分析、周通报、月例会制度，定期开展矛盾纠纷排查和信访维稳风险评估，对信访问题进行了跟踪督办，及时掌握进展和变化，确保防患于未然。按照“属地管理、分级负责，谁主管、谁负责”的要求，落实了职能部门与责任单位工作职责，初步形成了齐抓共管的工作格局。严格落实领导接访、联合接访、主动下访等制度，采取教育、协调、疏导、引入司法程序等方式，依法合规解决矛盾问题。自2009年至2018年底，接待内部员工来访呈下降趋势，化解率达到98%以上。

制定实施《集团公司化解信访积案集中攻坚专项行动工作方案》，对长期得不到有效化解的非正常上访、集体访、越级访、重复访、进京访案件，实行领导包案，集中各方力量，逐案研究对策。主动与属地政府及信访、公安、社会保障、劳动监察等部门联系沟通，有力推动了信访积案的化解，化解了多起“骨头案”、疑难复杂历史遗留案。对属于涉法的事项，引入司法程序。强化了农民工工资发放管理，提前摸排委外工程农民工工资发放情况，建设部、财务部等部门加强资金流管控，保障了农民工工资支付到位。

在重大活动、重要会议、重大节日来临前，提前筹划、精心部署，对可能诱发赴银进京非访闹访等隐患问题，组织开展有针对性的专项排查，认真制定稳控措施和应急预案。针对石炭井焦煤分公司环境治理工程合同纠纷及拆迁补偿等特别重大案件，与属地党政部门成立了联合专案化解组，联手办公，协同推进，做到防患于未然。习近平总书记等中央领导和自治区领导到集团公司视察以及全国和自治区“两会”期间，未发生重大群访事件。

第六章　文明单位创建

第一节　机构设置

2010年至2015年，集团公司成立了以党委书记任组长，董事长、总经理、党委副书记为副组长，党委委员、有关领导和各责任部门主要领导为成员的精神文明建设领导小组，领导小组下设办公室，办公室设在党委宣传部，具体牵头组织实施创建工作。

2016年，集团公司成立了以党委书记（董事长）任主任，总经理、党委副书记任副主任，党委委员、有关领导和各责任部门主要领导为成员的精神文明建设指导委员会，指导委员会下设办公室，办公室设在党委组宣部，具体牵头组织实施创建工作。

第二节　制度建设

集团公司社会主义精神文明建设以做“四有”员工（有理想、有道德、有纪律、有文化）、创“五好”班组（思想工作好、安全生产好、遵纪守法好、民主管理好、完成任务好）、建“六好”区队（班子素质好、思想政治工作好、队伍作风好、民主管理好、安全管理好、经济效益好）、创建文明单位为主线，以发展生产力，创建忠于企业为核心的企业文化为出发点，贯彻落实《公民道德建设实施纲要》和《爱国主义实施纲要》，坚持以人为本，重在建设的方针，深入开展群众性的精神文明建设活动。

先后制定了《神华宁煤集团2008—2010年精神文明建设规划》《神华宁煤集团精神文明建设五年规划》《神华宁煤集团文明单位创建管理办法》《神华宁煤集团文明单位考核细则》《神华宁煤集团文明单位动态管理办法》《神华宁煤集团精神文明建设指导委员会成员单位责任制度》《神华宁煤集团关于加强文明细胞建设的意见》《关于进一步加强精神文明建设工作的指导意见》《文明创建工作实行“转型升级”实施方案》等管理制度。在实际工作中，坚持“三个列入、四个同时”，即：把文明建设列入党委重要议事日程，列入企业战略规划和年度计划，列入领导目标责任制；精神文明建设与经营工作同时部署、同时检查、同时总结、同时表彰。

制定了《神华宁煤集团党委一体化奖励基金管理办法》，奖励基金以基层单位工资总额为基数，按1.5%计提，1%由基层单位留用，0.5%上缴集团使用，由财务部门设立专门账户，按单位工资额度分季度足额提取，代收代支，确保了精神文明建设活动的开展。

2011年5月，制定《中共神华宁夏煤业集团有限责任公司委员会党组织活动经费使用管理办法》，文明创建工作经费从党组织活动经费列支，保证了文明创建各项工作必要投入。党组织活动经费的提取标准为企业上一年度工资总额的1%，集团公司留用0.2%，基层单位使用0.8%。同时，严格奖惩兑现，凡是年终被命名为文明单位的，集团公司均给予一定的物质奖励。

第三节　创建活动

一、品牌创建活动

突出文明行业、文明单位、文明区队（车间、科室）、文明员工“四级联创”，组织开展了三个大的“创争”竞赛活动，即：开展以创建文明行业、文明单位、文明区队、争当优秀员工为内容的“文明品牌”创建竞赛活动，开展以建设本质安全型、质量效益型、科技创新型、资源节约型、和谐发展型为内容的“五型企业”创建活动，开展创建“四强”党组织、“四优”共产党员、“五好”党支部等为内容的“党建品牌”创建活动。通过三大“创争”竞赛活动，调动了广大员工参与精神文明建设的自觉性，收到了较好效果。

开展以一创（精神文明特色品牌创建）、一堂（道德讲堂）、一队（学雷锋志愿服务队）、一牌（尊德守礼

表12-6-1　精神文明规划摘要

精神文明建设目标
1.员工队伍思想道德素质和文明程度不断提高。高素质的“四有”员工队伍不断壮大，员工思想道德水平、业务技术能力、整体文化素质有明显提高。
2.领导班子建设进一步加强。建设政治强、团结紧、业务精、作风正、纪律严、战斗力强的领导班子，着力提高各级领导班子的整体素质和综合能力。
3.“六好”区队建设水平有新的提高。多数基层区队达到班子建设好、安全生产好、民主管理好、思想政治工作好、经济效益好、队伍作风好的标准。
4.企业文化建设取得新进展。具有集团公司特色的企业文化、社区文化、家庭文化体系基本形成，企业总体形象鲜明，群众性精神文明创建活动丰富多彩。
5.普法和依法治理工作成效显著。普法教育深入人心，广大员工的法律素质全面提高，企业依法管理水平有明显的进步，社会治安综合治理工作不断加强，矿区治安环境良好。生产、工作、生活秩序正常，单位刑事案件发案率不超过员工总数的千分之二、员工犯罪率不超过千分之一。
6.安全生产管理不断加强。员工安全意识不断提高，安全设施、安全管理达到同行业先进水平。
7.思想政治工作切实得到加强。经常性思想政治工作不断深入，员工思想觉悟不断提高，适应现代企业制度要求的思想政治工作方法、机制进一步健全。
8.员工生活质量进一步提高，生活环境不断优化，居住质量不断提高，教育和医疗服务条件不断改善，员工教育培训事业健康发展，计划生育管理水平继续提高，3年内人口自然增长率不超过“人口与计划生育法”的规定。
9.科技发展水平不断进步，企业核心技术不断完善，适应集团公司发展的人才体系基本形成。
10.大型企业集团建设初见成效，企业经济效益不断提高，企业核心竞争力和经济实力快速增长。

提示牌）、一桌（文明餐桌）、一导（文明引导）、一礼（文明礼仪）、一做（做文明有礼的神宁人）、一传播（网络文明传播）和一帮扶（道德模范帮扶）为内容的“十个一”品牌创建活动，培育了以金凤煤矿“德育金凤”（德育金凤、德行金凤、德润金凤、德安金凤、德兴金凤）建设、太西洗煤厂“三和七星”（“三和”即和谐车间、和谐科室、和谐班组；“七星”即党员模范星、业务技能星、和谐文明星、安全生产星、创新创效星、敬业道德星和团青先锋星）竞赛活动、羊场湾煤矿“三言六行”（“三言”即运用三字组成的语言形式诠释“六行”内容；“六行”即知耻、明理、诚信、友善、敬业、责任）尚德工程等为代表的一批精神文明建设品牌。

二、礼仪行为创建活动

先后制定员工礼仪行为规范、各级组织和岗位行为准则，规范员工文明道德行为。印发了《关于开展“文明交通行动”的通知》，开展了“告别陋习，践行文明”“做文明有礼神宁人”等主题实践活动，倡导健康文明的生活方式。

编印了《员工文明仪礼手册》，印发了《关于学习宣传文明仪礼知识的通知》，突出抓好文明礼仪实践活动，健全岗位文明行为规范。

三、感恩系列主题教育实践活动

2012年，印发《神华宁煤集团关于开展感恩系列主题教育实践活动指导意见》，开展“常怀感恩之心、培育感恩之情、落实感恩之行、建设和谐矿区”的感恩系列主题教育实践活动。倡导顾恩思义、知恩图报、感恩戴德的优良品质，反对忘恩负义、以怨报德、恩将仇报的可耻行为。挖掘优秀传统文化因子，弘扬传统感恩文化，把感恩精神化作员工岗位建功立业的动力和岗位绩效。推广灵新煤矿感恩文化建设经验，开展感恩共产党、感恩祖国、感恩神宁、感恩岗位、感恩同事、感恩家庭、感恩父母系列主题教育实践活动。深化拓展“我们的节日·中秋节”主题活动，引导广大员工继承和弘扬民族优秀文化传统，增强爱国热情，提高文明素质。

四、培育和践行社会主义核心价值观活动

在基层单位建立了12个社会主义核心价值体系基本内容宣传教育阵地，编印《社会主义核心价值体系学习辅导》2000余册。运用多种载体、多种渠道持续宣传“三个倡导”（倡导富强，民主，文明，和谐；倡导自由，平等，公正，法治；倡导爱国，敬业，诚信，友善）。开展《培育和践行社会主义核心价值观纲要》学习教育活动，坚持把核心价值观教育融入全员理想信念教育、形势政策教育、民族精神和时代精神教育、社会主义荣辱观教育，推动核心价值观教育进机关、进区队、进课堂、进教材、进头脑。加强“三个倡导”24个字内容的宣传，在矿区醒目位置建起一批“文化墙”，设置一批“文化宣传栏”，刷写一批永久性墙体标语，打造了一批核心价值观宣传教育基地，积极推动核心价值观建设大众化、具体化、生动化。

五、员工思想道德建设

以加强员工思想道德建设为切入点，全面实施员工道德素质、健康素质、科学素质、文化素质、职业技能素质和民主法治素质提升工程。借鉴常州“道德讲堂”建设经验，在基层建立44个“道德讲堂”，举办道德讲座400余场，受众5万余人次。在基层单位建立个人品德优秀典型榜、家庭美德公示榜、职业道德公示榜和社会公德公示榜38个。投入700多万元，对党员活动室、图书阅览室进行更新。印发《关于开展“日行一善”活动的实施意见》，广泛开展道德实践活动。编印《文明创建在神宁》《员工道德建设知识读本》《“尚德重礼”神宁人——道德模范典型事迹汇编》，宣传道德模范的先进事迹，弘扬道德模范的精神，营造向先进学习、向先进看齐、向先进靠拢的氛围。邀请了全国知名劳动模范许振超，著名企业家常德传，自治区领导和专家、教授来集团公司作专题报告。

六、道德模范选树

开展“感动神宁”十大人物评选活动，宣传先进典型、模范人物先进事迹，开展学先进、学典型活动。参加全区“爱心颂”道德模范事迹专题文艺晚会下基层巡演活动。对灵新煤矿“4·1”舍己救人先进群体和宁东洗煤厂“5·21”交通事故抢险施救人员给予表彰奖励。

周淑琴荣获第五届全国道德模范。周波荣获“感动宁夏”2013年度人物、中央企业“道德模范”、第四届全国道德模范提名奖和2013年度“全国十大法治人物”。王爱华荣获“感动宁夏2014年度人物”、中央企业“道德模范”和第四届全国道德模范提名奖荣誉称号。董秀华、陈辉、王峰、豆爱玲、马钊荣登“中国好人榜”。退休职工高继堂荣获“感动宁夏2013年度人物”、自治区第三届道德模范，并荣登中国好人榜。截至2018年，共开展6届感动神宁“十佳道德模范”评选活动，已评选出助人为乐、见义勇为、诚实守信、敬业奉献、孝老爱老5个类别的道德模范69名。2018年，姚敏、周淑琴被评为“自治区60年感动宁夏人物”，黄斌被评为自治区第五批“最美人物”。2018年12月，集团公司举办《社会主义是干出来的——“60年感动宁煤人物”》发布会，评选出创业楷模、一线尖兵、煤海工匠、科技精英、改革先锋、矿山英雄、道德模范7个类别的“60年感动宁煤人物”60人，“60年感动宁煤人物”提名53人。

集团公司保持了全国文明单位和自治区文明行业荣誉称号。

第七章　企业文化

第一节　机构设置

成立了集团公司企业文化建设指导委员会，组宣部为下设办事机构，组宣部内设企业文化业务。基层单位根据自身实际，或设立企业文化科，或在党委（群）工作部、政工部（科）指派专人负责企业文化工作。形成了集团公司党委书记、董事长为企业文化建设第一责任人，党政共同部署、党委组织实施、党政工团齐抓共管、员工群众广泛参与的创建工作体系。

第二节　文化建设

一、建设方法步骤

（一）指导思想

坚持以中国特色社会主义理论为指导，围绕“加快建设国内一流清洁能源供应商”目标，以创新驱动发展、经济转型升级为主题，以培育和践行社会主义核心价值观为根本，以服务企业改革发展和促进员工全面发展为出发点和落脚点，以改革创新为动力，遵循企业发展和企业文化建设规律，弘扬企业核心价值观，内强素质、外树形象，建设具有时代特征和特色的企业文化，提升管理能力，为企业实现“十三五”发展目标提供文化驱动力。

（二）遵循原则

贯彻党的路线、方针、政策，遵循国家法律、法规，围绕企业发展战略，加强员工队伍建设，加大文化管理，增强企业软实力和核心竞争力，提升企业知名度、美誉度和社会公信力，为“建设面向市场、面向世界、面向未来的新神宁”提供文化支撑。

（三）实施方法

1.制度化。以制度统领员工思想，使员工在思想上认同企业文化，忠于企业文化，企业文化作为员工思想向上的制度而存在。

2.实践化。企业文化不仅作为企业倡导和信奉的价值理念，而且是要付诸实践的价值理念。

3.宣贯化。以宣贯的方式将企业信奉和实践的理念，渗透到员工的头脑中，整合员工思想，将企业文化植入员工道德理念和行为理念中，在实际工作中践行。

4.标准化。以企业文化奖惩为基础，形成标准化、规范化考核机制，建立企业考核评价和奖惩体系，形成激励和约束机制。

5.系统化。形成内容完备的系统性企业文化。使员工的价值观、人生观和行为准则与企业的发展战略、经营理念融为一体，为企业可持续发展提供精神动力。

6.体系化。通过不断提炼，从横向文化到纵向管理，以成熟的文化理念、实用的文化模式、完备的子文化体系，夯实文化内涵，丰富员工精神。

7.多元化。以神宁文化为核心、多种文化（行业、单位、基层特色文化）共同发展的主次分明、多元多样、百花齐放的文化体系初步建立。

8.效益化。把企业文化贯穿于企业管理中，调动员工工作积极性，使其转化为生产力，为企业带来效益。

（四）工作措施

1.把企业文化建设纳入企业整体发展战略。按照“看好20年、研究好10年、规划好5年、设计好3年、做好当年”的要求，把企业文化工作纳入战略管理，用发展目标引导员工的价值取向，让员工围绕企业战略的实施转换价值观念。

2.把企业核心文化与新制度的创建结合起来。创建新的管理制度，并将新的管理思想、经营理念融入管理制度中，规范管理行为，调整员工行为准则。

3.用文化理念指导和加强思想政治工作。开展企业文化主题年活动，召开动员会，主要领导讲话，对主题年活动进行安排部署。

4.加强组织领导。强化企业文化建设领导小组工作职责，企业主要领导身体力行，率先垂范。发挥员工在企业文化建设中的作用，形成企业文化建设全员抓、抓全员的格局。

5.重视队伍建设。基层单位设置专（兼）职工作人员负责企业文化建设工作。企业文化建设主管部门做好企业文化建设规划、年度计划、特色文化的制定和实施，抓好企业文化建设工作的协调指导、考核评价、总结反馈工作。

6.开展培训教育。开展以各级管理人员为重点的国内外企业文化建设、以基层员工为重点的企业文化基本知识、以企业文化骨干为重点的企业文化理论培训。把思想政治工作、健康心理指导、职业成长规划和企业文化建设有机整合，推动企业文化建设工作。

7.发挥典型作用。开展企业文化建设示范单位、特色文化建设示范单位创建活动，鼓励基层单位（行业系统）特色文化创建工作，打造特色文化成果。

8.保证资金投入。在“党组织活动经费”中明确专项资金安排，保证企业文化建设所需的宣传、培训、活动和设施建设费用到位。

9.建立考核机制。落实《神华宁夏煤业集团公司企业文化建设考评办法》和《神华宁夏煤业集团公司企业文化建设考评细则》，对基层单位、职能部门企业文化建设进行考核评比，奖优罚劣。

10.开展分类指导。针对基层单位多、行业差别大的实际，实事求是、统筹协调，使企业文化建设有序推进。

二、创建年活动

（一）2009年实施与建塑年

以《神华集团企业文化建设纲要》为指导，以实施《神华宁夏煤业集团公司企业文化手册》为中心，以“内化于心、固化于制、外化于行”为重点，为企业实现发展目标提供思想保证、精神动力和文化支撑。期间，经历了导入实施、构建整合、培育深化“三个阶段”，从精神、制度、行为、形象文化建设“四个层面”，总体构建，整体推进。编辑出版了《煤海听涛》《煤海神蕴》《煤海放歌》《煤海艺苑》“神华宁煤颂”系列丛书，制作《煤海春潮》《满园春色绘和谐》《崛起的宁东》《科学发展在神宁》《逆势图强展雄风》《创新之路》《魂之歌》电视宣传片。编印了《思想政治工作案例选编》，为“科学发展，对标一流，五年实现神宁经济总量翻两番”和“五年再造神华”奠定思想和文化基础。

（二）2010—2012年规划与实践年活动

按照梳理、总结、扬弃、升华、固化、提炼、培育、推广、宣传的要求，打造企业软实力和核心竞争力，编制了《神华宁夏煤业集团公司企业文化建设三年规划》（2010—2012年）。印发了《进一步加强改进提升企业文化建设的意见》[神宁〔2012〕49号]。以理念导入、行为养成、氛围营造、考评激励为重点，以“10+X”模式为建塑内容和载体，分年度、分阶段、有计划、按步骤分步实施，建塑既统一规范又灵活创新的系统、科学、完整的企业文化。建立和完善以安全文化为重点的系统子文化创建模式，推出质量文化、管理文化、责任文化、廉洁文化和和谐文化，建设班组、理财、人才、营销、科技、服务、品牌、形象和创新等子文化框架体系。完善符合《神华集团企业文化建设纲要》要求、以《神华宁夏煤业集团公司企业文化手册》为母文化、以系统子文化为子文化的、共性突出的、个性鲜明的、独具企业特色的、更具凝聚力和感召力的企业文化体系。

（三）2013—2014年丰富与优化年活动

建立和完善了文化与制度的融合，健全了组织保障机制、工作指导机制、载体支撑机制和考核评价机制。开展了企业文化系列培训、讲座、研讨和“企业文化论坛”、企业文化理念讲用活动。按照《神华宁夏煤业集团公司规范使用<神华集团视觉识别系统手册>管理办法》，加强对神华集团视觉识别系统的使用管理。开展了员工行为养成、学习型组织建设。发挥企业专业艺术团体龙头作用，推出文艺作品，传播企业文化。规范“公推直选”“特色堡垒”“党建项目化管理”等党建特色工作运行机制，打造党建品牌。发挥“香砟子”绿色洁净煤、太西无烟煤、“朔焦牌”焦精煤、“神宁一号”动力煤品牌效应，提升特色建筑物和名优产品文化附加值，提高物质产品的文化价值。通过丰富和优化企业文化建设工作，企业文化建设质量得到提高，子文化体系管理、基层文化创建活动取得成效。

（四）2015—2018年品牌与提升年活动

以践行“雷厉风行、执行到位”的企业作风为重点，推进“准军事化”文化建设，在基层组织和员工中形成执行政策严谨精准、迅速高效、不折不扣和以快求胜、以先求胜、以严求胜的工作作风，以执行力和“精气神”保质保量完成任务，打造“神宁人”品牌。动员员工践行企业文化理念，争做知识型员工，增强企业文化理念认知、认同，规范员工日常行为，提升全员素质。弘扬扎根一线、岗位建功，精益求精的工匠精神，通过在宁夏电视台开设“神宁人物老中青”和“一线风采”栏目，提升“神宁人”品牌影响力。制定下发了《理念与行为对号活动指导意见》，开展了《神宁故事》征集评选，推进文化理念入脑入心。

第三节　文化类型

一、理念文化

神华宁煤集团理念文化，由核心理论、基本理念构成。

（一）核心理念

核心理念由核心价值观、企业精神、企业使命、企业愿景、企业作风组成，体现了以核心价值观为精髓的文化体系。

1.核心价值观：科学和谐，厚德思进。

科学，就是坚持以人为本，全面、协调、可持续发展。

和谐，就是营造企业内部、企业与社会、企业与自然的和谐氛围，创造内有亲和力、外有影响力的稳定发展环境。

厚德，就是忠诚厚道，公平公正，守信践诺，依法经营。

思进，就是居安思危，求知谋进，勇于变革，敢于创新，建设“五型”企业，打造世界一流企业。

2.企业精神：责任、创新、厚德、争先。

责任，企业精神的核心。责任是一种伟大的品格，一个人负责任才能成大器，一个企业负责任才能创大业。履行经济责任、政治责任、社会责任，树立和维护负责任的企业形象，以一流经营成果，壮大企业，造福社会，报效国家。

创新，企业精神的精髓。创新是立企之基，兴企之本，强企之源。坚持以人为本，完善创新机制，培育创新人才，激励创新勇气，注重创新成果，推进转型升级，实现创新发展。

厚德，企业精神的品质。厚德是中华美德的集中体现。以社会公德、职业道德、家庭美德和个人品德建设为载体，倡导爱国、敬业、诚信、友善、文明、和谐，传承仁义、孝顺、节俭、感恩等传统美德，培育和践行社会主义核心价值观。

争先，企业精神的追求。争先是价值取向、思想境界、前进动力。逢一必争、逢冠必夺、创先争优，争排头，做先锋，创一流，引领行业发展。

3.企业使命：提供绿色能源，驱动时代文明。

以高度的政治和社会责任感，实施国家能源战略，珍爱自然，保护资源，建设生态文明，为社会发展进步提供能源支持。

4.企业愿景：建成国家级特大型煤炭综合能源基地，打造世界煤化工“硅谷”，建设世界一流企业。

确保到2020年全面建成国家级亿吨煤炭基地、世界级现代煤化工基地、国家级碳基材料研发基地和循环经济示范园区，建设世界一流煤炭综合能源企业，使神宁人成为行业最幸福的员工。

5.企业作风：雷厉风行，执行到位。

执行政策法令严谨迅速，精准高效，执行无借口，保质保量完成各项工作，以强有力的执行力保证企业持续发展。

（二）基本理念

由理念识别系统、视觉识别系统、行为识别系统组成，体现了以理念系统为先导的识别系统。

1.理念识别系统。

⑴安全理念：生命高于一切，责任重于泰山。

煤矿能够做到不死人，瓦斯超限就是事故。一切生产事故皆可防可控。全面推进风险预控管理，创新安全管控模式，强化安全意识，践行安全承诺，查治安全隐患，落实安全责任，改善安全环境，构建安全管理长效机制，保证企业安全运行和员工生命健康。

⑵团队理念：凝心聚力，同舟共进。注重团队意识，弘扬团结协作精神，员工与企业心往一处想、力往一处使，同呼吸、共命运、齐发展，实现团队效能最大化。

⑶经营理念：战略引领，精细管控。以战略管理为主线，以全面预算管理为手段，强化成本管控，增产增收，提质提效，降耗降费，精细精益，提高经济运行质量。

⑷管理理念：精准、严细、安全、高效。全面优化“五型”企业建设，强化全员绩效管理，对标一流，安全发展，实现工作高标准、生产高技术、产品高质量、运行高效率、产出高效益。

⑸质量理念：注重过程，持续改进，打造精品。坚持全员参与、全过程控制、全面质量管理，以精品为目标，严格标准，优化流程，改进工艺，工作质量精细化，工程质量精品化，产品质量品牌化，服务质量满

意化。

⑹工作理念：今天再晚也是早，明天再早也是晚。审时度势，抢抓机遇，以时不我待的紧迫感，争时间、抢速度、快节奏、高效率，求先、求好、求快，居安思危，未雨绸缪，雷厉风行，执行到位。

⑺学习理念：知识改变命运，技能成就未来。注重打造学习型团队，培育知识型员工，讲学习、重知识、提素质、谋发展，实现员工成长成才成功与企业做强做大做优互利双赢，增强企业可持续发展的创新力和竞争力。

⑻人才理念：人人是人才，人人能成才。坚持以人为本、人才兴企、企兴聚才的人才战略，建立有为才有位、有为才有利的竞争机制，公推直选、公开竞聘，拓展经营管理人员、专业技术人员和技能操作人员职业发展的三个通道，让能干的有舞台、实干的有发展，人人皆可成才，人人尽展其才。

⑼廉洁理念：淡泊名利，慎权守职。坚持以德促廉、严以律己、不慕虚荣、洁身自好，常想立身之本、常修为政之德、常思贪欲之害、常怀律己之心，遵纪守法、依法用权、慎权守责，恪尽职守、克勤克俭、慎独慎微，营造风清气正的工作氛围。

2.视觉识别系统。

⑴企业名称。神华宁夏煤业集团有限责任公司，简称“神华宁夏煤业集团公司”或者“神华宁夏煤业集团”。

⑵企业标识。神华宁夏煤业集团有限责任公司的企业标识使用神华集团的企业标识。

神华集团的企业标识由五个几何图形组成，代表了集团公司煤、电、路、港、油五位一体的经营模式。五个几何图形造型粗实、厚重、有棱角，象征公司雄厚的经济实力，勇于开拓、不断创新的企业精神和严谨、扎实的经营作风。五个几何图形有机结合构成一个形似一艘大帆船的造型，象征公司在市场经济的大潮中迎风破浪、一往无前、做强做大、打造辉煌的发展态势，亦隐含公司发展一帆风顺的寓意。造型上部的红方块像一面迎风飘扬的旗帜，又像一块燃烧的煤炭，象征公司以煤为主，煤电油运全面发展的经营格局。采用红、黑两种颜色体现出公司开发基础能源产业的内在精髓，也蕴涵着黑色的煤炭将给人们带来光明的寓意。

3.行为识别系统。

⑴共同行为准则。遵纪守法，文明诚信，爱岗敬业，勤学善思，团结协作，严谨高效，勤俭自强，安全健康。

⑵层级行为准则。

①决策层行为准则：做正确的事。决策层在做决策时，必须把握一个“准”字。“准”在方向的确定上，“准”在形势的判断上，“准”在机遇的把握上，“准”在政策的制定上，“准”在人才的使用上，“准”在方案的抉择上，“准”在决策的流程上。

②执行层行为准则：正确的做事。执行层在执行决策过程中理事要勤，执行要严。勤于方案的思考，勤于过程的管理，勤于措施的落实，勤于情况的掌握，勤于效率的追求，勤于结果的考核。执行政策要严格，执行原则要严格，执行制度要严格，执行命令要严格，执行标准要严格，执行流程要严格。

③操作层行为准则：精确的做事。操作层在操作过程中做事要精。精于业务，技术精湛；精于标准，严格执行；精于操作，不出偏差；精于流程，一丝不苟；精于时间，按时完成；精于结果，打造精品。

⑶道德规范。

①企业道德规范：诚实守信，公平公正。诚实守信是建立市场经济秩序的基石。负责任、讲诚信，依法经营，言行信果。公平公正是提升企业公信度的基础。遵循市场规则，公平竞争，公正经营。

②员工道德规范：做对企业有贡献的人，做对社会负责任的事。做对企业有贡献的人，就是要爱岗敬业、勇于奉献、建功立业。做对社会负责任的事，就是要勇于承担社会责任，做家庭好成员、企业好员工、社会好公民。

二、文化特色

以神宁文化为主体的“一主多优”文化，即以神宁文化为主体，发展各行业（专业）、各单位（部门）特色文化，形成以神宁文化为核心、多种文化（行业和单位特色文化）共同发展的主次分明、特色鲜明、多元多样、百花齐放的文化体系。

（一）安全文化

始终将安全作为企业发展的根本。坚持安全高于一切、安全重于一切、安全先于一切、安全大于一切的观念和行为，强调“煤矿能够做到零伤害”“煤化工泄漏就是事故”“一切生产事故皆可防可控”等安全新理念，秉承一个可防可控的先进安全理念、一套科学实用的风险预控管理体系、一条战略引领的新型工业化之路、一种强基固本的四五六班组建设模式、一种富有特色的安全文化、一套持续提升的全员教育培训体系的“六个一”安全管控模式，形成生命至上、质量为天、对标一流、雷厉风行、一抓到底、精细严实的特色安全文化。

（二）责任文化

始终将责任作为企业发展的主导。形成人人负责任、事事有责任、时时想责任、处处担责任的观念和行为，强调对社会负责、对企业负责、对工作负责、对家庭负责、对自己负责、对他人负责、对生命负责，树立和维护负责任的大企业形象。

（三）创新文化

始终将创新作为企业发展的灵魂。培育创新文化，形成勇于探索、自主创新的观念和行为，强调观念创新、管理创新、机制创新、科技创新。观念创新就是敢为天下先，先想、先试、先行，培育创新精神；管理创新，就是与时俱进，建设创新型企业；机制创新，就是推陈出新，不断探索构建最符合科学发展观的机制体制，育人才、凝人心、聚人气；科技创新，就是大胆运用新工艺、新装备、新技术、新方法，培育核心竞争力。

（四）争先文化

始终将争先作为企业发展的动力。培育争先文化，形成时不我待、速度制胜、奋勇争先、逢一必争、逢冠必夺的观念和行为，强调意识争先、管理争先、行为争先。意识争先就是在竞争中抢占发展的制高点，始终保持各项事业全面领先；管理争先就是管理追求无事不完美、无时不卓越、无处不精彩；行为争先就是人人追求卓越、事事追求卓越、时时追求卓越、处处追求卓越，始终保持各项事业全面领先。

（五）和谐文化

始终将和谐作为企业发展的基础。培育和谐文化，形成认同和谐、追求和谐、维护和谐的观念和行为，强调人与人和谐、人与企业和谐、人与社会和谐、人与自然和谐。人与人和谐就是要重亲情、友情、真情，要知恩、感恩、报恩；人与企业和谐就是工作中兴团队、团结、团进，建家园、校园、乐园，构建和谐企业；人与社会和谐就是讲和谐、和顺、和合，融入社会、回报社会；人与自然和谐就是节能降耗，尊重自然，保护生态环境，建设美丽家园。

（六）廉洁文化

始终将廉洁作为企业发展的保证。培育廉洁文化，形成立德律己、慎权守职、知荣明耻的观念和行为，倡导爱民、为民、惠民的关爱情结，营造清正、清廉、清明的廉洁氛围，形成合力、合作、合成的协同作风，创造公正、公开、公平的发展环境。

三、行业特色文化

各基层单位相继开展特色文化建设活动，主要有枣泉煤矿“五安枣泉”（安全枣泉、安心枣泉、安身枣泉、安稳枣泉、安康枣泉）特色安全文化、麦垛山煤矿筹建处“5361”（五条理念引领，三型管理支撑，六种思想保证，一主多元模式）和谐家园文化、太西洗煤厂“1＋6”（一个核心格言：责任、智慧、创新、共享；六个基本格言：安全格言、管理格言、工作格言、创新格言、产品格言、行为格言）责任文化、灵新矿“6+1”（六个子文化：管理文化、执行文化、质量文化、责任文化、廉洁文化、和谐文化；一个安全文化）安全文化和羊场湾煤矿“12345”（确立一个先进的安全生产理念、破解制约矿井安全发展的两大难题、形成“三快”安全高产高效模式、建立四级网格化安全管理机制、构建“5+1”的班组管理模式）企业文化。同时，其他基层单位也按照“一主多优”建设思路，立足各自实际，打造特色子文化，形成了感恩文化、责任文化、争先文化等，并形成了以工会文化、培训文化、廉洁文化为代表的行业系统特色子文化。

第四节　文化成果

形成了企业文化建设工作体系。神华宁夏煤业集团公司将企业文化纳入企业发展战略规划，形成了党政“一把手”为第一责任人，党委领导、党政共同部署、各管理部门齐抓共管、职能部门协调推进，全体员工积极参与的建设工作格局。基层单位成立了企业文化建设领导小组，培养了一支企业文化建设队伍。同时，设立党组织活动经费，为企业文化建设提供物质保证。

构建了企业文化框架体系。立足企业实际，构建了以核心价值观为精髓的文化体系、以理念识别系统为先导的识别系统、以神宁文化为主体的“一主多优”文化为支柱的神宁文化体系。实施了《基层单位（行业系统）特色文化建设指导意见》，推动神宁文化向基层单位和行业系统延伸和发展，推进安全文化、责任文化、创新文化、争先文化、和谐文化、廉洁文化等六类特色文化建设，形成了《神宁文化手册》《安全文化手册》《廉洁文化手册》阶段性成果。

形成了企业文化建塑模式。遵循企业文化规律、主观能动性规律和点滴积累、循序渐进、逐步养成的规律，用愿景引领战略制定，用文化促进战略的实施和推进，形成了举旗、铸魂、立道、固本、导行、塑形、强基、聚力的企业文化建设模式和以美好愿景鼓舞人、以战略规划凝聚人、以先进理念引导人、以行为准则规范人、以核心价值评判人、以有效机制激励人、以优美环境熏陶人、以先进典型示范人的企业文化建设工作方法。

搭建了愿景激励体系和支撑体系。通过细化愿景，把企业愿景变为各级组织的愿景，调动了全员参与企业文化建设的积极性。开展了愿景牌板展示、愿景内容认知、愿景目标提升和愿景学习讲用活动，发挥了愿景的目标引领和凝心聚力作用。编印了《神华宁夏煤业集团公司组织愿景汇编》，收录从神华集团、神华宁夏煤业集团公司到区队（车间）、班组7个管理层级的愿景1998条。

营造了企业文化工作氛围。实施了绿化、美化、净化、硬化、亮化工程，形成了工业厂房和人造景点和谐统一、社会景观和自然景观交相辉映的生态文明和工业文明。加强文化软环境建设，企业核心理念、理念（行为）文化、特色文化在矿区集中展现。开展了规范使用神华集团企业标识工作，实现了与神华文化的对接与融合。建成了企业文化广场、安全文化长廊及企业文化一条街、一条巷、一面墙，区队会议室做到了“五个统一”，营造了企业文化氛围。

第八章　武装保卫

第一节　人民武装

一、组织机构

根据中共中央、国务院《关于进一步加强社会治安综合治理的决定》《宁夏回族自治区人民武装工作条例》和《兵役法》规定，集团公司成立了治安综合治理委员会和人民武装委员会。根据预备役部队和地方人民武装部要求预编了预备役、民兵连队。根据《企事业单位保卫工作条例》，结合集团公司生产经营单位分布及治安状况，设立了武装保卫组织机构。

（一）人民武装部

2003年1月16日，集团公司成立了人民武装委员会、国防教育领导小组、人民武装部。2018年4月28日，因人员变动，调整集团公司人民武装委员会、国防教育领导小组，集团公司党委书记、董事长任主任，总经理、党委副书记、分管领导任副主任，治安保卫与人民武装部合署办公，办公室设在武装保卫部，两块牌子，一套班子，配备部长1名、副部长2名、工作人员3名。

（二）治安保卫组织

集团公司社会事务部设立武装保卫业务口，负责集团公司治安保卫业务管理。治安保卫总队为集团公司直属二级单位，下辖宁东煤炭物资稽查、石嘴山煤炭物资稽查、集团机关安保大队4个基层大队，在13个生产煤矿设14个检查站。主要业务职能是维护矿区稳定，负责矿区煤炭物资稽查、检查，煤制油化工园区治安保卫监管、治安巡防，配合银川市公安局交通警察支队宁东交警大队开展矿区、园区交通协管，组织集团公司总部治安防范、处突防恐及重大活动安全保卫任务。

各基层厂、矿、分公司（公司）共设26个治安保卫队，主要负责本单位治安保卫工作。

二、民兵预备役

（一）民兵预备役点验

根据自治区人民政府、宁夏军区关于《宁夏回族自治区民兵预备役组织整顿工作实施办法》和石预团〔2009〕6号文件精神，按照2009年中国人民解放军石嘴山陆军预备役工兵团、大武口区人民武装部、惠农区人民武装部和灵武市人民武装部民兵及预备役编组工作通知要求，对预编在集团公司的三个预备役营7个连528人，民兵14个连1042人，总计21个连1570人，进行了点验。

2010年，对预编在集团公司的三个预备役营7个连528人，民兵14个连1042人，总计21个连1570人，进行了点验。

2011年，对预编在集团公司18个单位的三个预备役营7个连528人，民兵13个连916人，总计20个连1444人，进行了点验。全部达到了组织健全、资料完善、齐装满员和点验程序正规等十项要求。

2012年，对预编在集团公司16个单位的民兵和预备役三个营，共计18个连（分队）1212人，进行了整组点验。十项程序全部达到上级军事机关要求，点验全部合格。3月15日，银川警备区分别在羊场湾煤矿、灵新煤矿设立了武装部，在集团公司治安保卫总队机关保卫部预编银川预备役高炮团救援应急分队35人。

2013年，对预编在集团公司16个单位的民兵和预备役三个营，共计17个连（分队）1229人，进行了整组点验。十项程序全部达到上级军事机关要求，点验全部合格。

2014年，完成了预编民兵预备役人员整组统计工作。与石嘴山军分区、预备役工兵团、大武口区人民武装部、惠农区人民武装部等协调解决了重复、交叉预编的问题。预备役设置三个营4个连（分队）288人；民兵设置8个连（分队）423人。

2015—2017年，对预编在集团公司13个单位的民兵和预备役两个营，共计10个连（分队）624人，进行了整组点验。

（二）军事化训练

集团公司每年定期对民兵预备役、在校高中学生进行为期一个月的训练，确定负责人，制订训练计划，进行队列、射击、中长跑、仰卧起坐、俯卧撑、擒敌技术等科目的训练。

2009年4月10日，根据石嘴山市委、市政府有关要求和石嘴山军分区命令，组织50名应急队员参加了南沙窝植树造林活动。5月，选派太西电力公司20名民兵参加了石嘴山市创建平安家园演练活动。6月3日，预编在集团公司的石嘴山市民兵应急营二连在石嘴山预备役工兵团训练基地集合全连120人参加拉动演练。9月，选派2名民兵到石嘴山市第三中学参加辖区武装部组织的为期10天军训。10月，太西洗煤厂荣获宁夏军区基层建设先进单位荣誉称号。

2011年4月17日至27日，石嘴山预备役工兵团根据宁夏军区《组织预备役军官竞赛性集训的通知》的要求，抽调预编在集团公司的8名预备役军官到宁夏军区参加集训。2011年7月10日至28日，根据宁夏军区命令，抽调预编在集团公司7个单位的民兵预备役官兵66人参加抢险救灾课目训练和宁夏军区组织的“八一”军事日暨应对多种安全威胁军地联合实兵演习汇报表演。此次活动是宁夏首次举行成建制、大规模、大范围的联合应急处突演习，太西洗煤厂因在此次活动中出色完成各项任务，荣获宁夏军区“八一”军事日活动先进单位。

2013年4月23日至27日，从金能煤业分公司、大武口洗煤厂、乌兰煤矿等 7 个单位抽调14人，参加了石嘴山市军分区组织的武装部长和专武干部集训。2013年8月，按照宁夏军区的命令，从白芨沟煤矿、大峰煤矿等6个单位抽调19人，参加了为期一个月的野外驻训训练。10月，从太西洗煤厂、太西炭基工业公司等5个单位抽调55人，接受了兰州军区对预编在集团公司的抗震救援预备役分队和应急救援预备役分队的检查验收。

2014年2月，根据宁夏军区和石嘴山军分区军事工作要求，抽调5个基层单位的25名预备役人员参加抗洪救援战备演练，提高了分队整体训练水平和应急应战能力。4月，根据《石嘴山市专武干部预任军官集训工作实施方案》，抽调6个基层单位的15名预备役人员进行集训。8月，根据兰州军区组织的预备役部队野外驻训和挂钩联训有关要求，抽调3个基层单位的15名预备役人员参加了为期1个月的野外驻训活动。

2015年，认真组织军事训练，接受兰州军区、宁夏军区整建制战备演练考核。根据宁夏军区“贺兰——2015”演习安排。8月8日至12日，集结太西洗煤厂、汝箕沟无烟煤分公司、金能煤业分公司、集团公司机关的249名预备役军官和士兵参加了石嘴山预备役工兵团快速动员转现役演练，抽调109名预备役官兵参加了290公里远程机动，完成了战备转换、快速动员集结、指挥所学习、构筑停机坪等12个课目实兵实装考核，取得了全区总评第一的好成绩。9月8日至28日，从太西洗煤厂、汝箕沟无烟煤分公司、金能煤业分公司抽调12名预备役人员，参加了石嘴山预备役工兵团野外训练。

2016年7月26日至9月26日，为全面提升执行多样化任务能力，按照宁夏军区和石嘴山预备役工兵团指示，采用现役官兵与预备役官兵合成编组，按专业编入团部机关和分队，分类挂钩带训的方式，在中卫市驻训。此次驻训抽调了太西洗煤厂和汝箕沟无烟煤分公司各20名预备役人员参加。

2017年5月，按照西部战区军事安排，组织40名预备役人员参加了2017年度专业训练。

（三）国防教育

集团公司在国防教育中，坚持凡是开展思想政治教育都要有国防教育的内容。每年八一建军节期间，电视、报纸都要开辟“国防教育专栏”，宣传《国防教育法》《兵役法》和《民兵工作条例》，报道民兵整组训练、学生训练、双拥活动情况，特别在征兵和民兵整顿训练中，安排国防教育内容。在宣传人民军队丰功伟绩的同时，宣传工作在集团公司各个岗位上的复转军人和民兵预备役人员的先进事迹。制作国防教育展板，进入员工生产工作场所和居民区进行宣传，使员工通俗了解集团公司民兵活动的身影和形象。开展国防知识竞赛，下发试卷11307份，回收回11200份。

第二节　治安保卫

一、队伍建设

坚持把开展治安保卫队伍准军事化训练作为提升队伍战斗力的主要科目，并结合岗位实际，制定文明用语和岗位标准，做到文明执勤、规范执勤。加强治安保卫队伍思想政治教育和主人翁意识教育，充分发扬“忠诚、责任、担当”的治安保卫队伍精神，激发了广大治保人员的积极性和主动性。

2015年8月31日，集团公司举办了第一届治安保卫队伍岗位练兵竞技比武大赛，16个基层单位17个代表队322名治安保卫人员参加了以队列、擒敌拳、实战科目（处置群体性突发事件实战演练或擒拿配套相结合，体现实战、实用的战术项目）为比赛内容的岗位练兵竞技比武，提高了治安保卫人员的综合素质以及应急和处置突发事件的能力。

2016年，举办了两期准军事化管理素质提升培训班，组织128人到军营进行全天候封闭式训练，向部队学习过硬的优良作风，取得了良好效果。2016年9月13日，集团公司举办了第二届治安保卫队伍岗位练兵技能比武大赛，17个基层单位17个代表队320名治安保卫人员参加了以队列、擒敌拳、实战科目为比赛内容的岗位练兵技能比武。

2017年9月26日，为了全面检验治安保卫队伍准军事化素质，提升训练水平和处置突发事件的能力，集团公司举办了第三届治安保卫队伍岗位练兵技能比武大赛，20个基层单位20个代表队410余名治安保卫人员参赛，实战科目表演较好地展示了贴近实际、模拟实战、讲求实用的训练成果。

二、社会治安综合治理工作

集团公司成立了以党委书记为主任，组宣、人力资源、工会、纪检监察部、社会事务部为成员部门的治安综合治理委员会，委员会下设办公室，办公室设在社会事务部。2011年，修订下发《神华宁夏煤业集团公司治安综合治理考核办法》［神宁办〔2011〕166号］，并根据集团公司领导班子变动及时调整了治安综合治理委员会成员。

每年年初，治安综合治理办公室代表集团公司与基层单位签订治安综合治理责任书，下发治安综合治理工作要点。每年年中开展基层治安综合治理工作调研抽查。对发案多，管理存在问题的单位，及时与所在单位党政沟通，并与辖区公安机关联系，开展专项治理，打击犯罪，加强治安防范，稳定内部治安秩序。2016年以来，开展以“平安神宁”为载体的七大专项活动，将治安综合治理工作细化为矛盾问题排查化解、民爆危化品安全、消防安全、打击盗窃煤炭物资、警企联动、交通安全、员工遵纪守法七大专项活动。

2016年9月，在煤制油项目全力投入试车大决战的关键时刻，园区盗窃电力设施及工业原材料犯罪案件频频发生。治安保卫总队临危受命，启动“利剑行动”，与银川市公安局宁东公安分局和相关单位协调配合，加强警企合作，开展了治安保卫专项整治活动。在集团生产指挥中心和煤制油化工园区设立警务室，成立煤制油化工园区警企联防指挥部和生产指挥中心警企巡防中队，建立完善煤制油化工园区和宁东矿区与公安部门教育联动、预防联动、整治联动、宣传联动机制。与辖区消防大队联手建立消防站、义务消防队。通过开展专项整治活动，园区发案率由原来3个月发案90起降到2个月3起，2016年11月实现了园区“零”发案的目标，确保了园区安全。

三、要害部位管理

要害部位管理工作是治安保卫工作中的重中之重。集团公司自组建以来，高度重视要害部位、防火重点部位管理工作，2009年，制定下发了《神华宁夏煤业集团有限责任公司民用爆炸器材管理办法》［神宁办〔2009〕185号］。2011年，修订下发了《神华宁夏煤业集团有限责任公司民用爆炸物品管理办法》［神宁办〔2011〕49号］。2016年修订下发了《神华宁夏煤业集团有限责任公司要害部位、防火重点部位管理办法》［神宁办〔2016〕96号］。建立了重大节日、重大活动前“防火、防盗抢、防爆炸、防破坏、防诈骗、防窃密”的“六防”安全专项检查长效机制，坚持定期与不定期检查相结合，认真开展要害场所治安管理，对违反集团公司要害部位管理规定的单位严管重罚。基层各单位也建立完善了各项管控措施，确保了集团公司要害部位安全。

在节假日、中夜班等时间节点，对要害岗位、重点部位，组织开展岗位值班、消防安全和民爆危化品安全检查170次，检查1360处，查出各类问题382个，提出整改意见308条，下发隐患立即整改通知单23份，全部进行了整改落实。自开展七大专项活动以来，集团公司实现了无重特大治安案件、无特大刑事案件，太西洗煤厂、麦垛山煤矿等31个单位实现零发案，民爆、危化品、消防安全实现无事故。

四、煤炭稽查

为进一步强化煤炭物资检查稽查工作，制定下发了《神华神华宁夏煤业集团公司煤炭产品及物资稽查管理办法》［神宁办〔2009〕108号］，修订下发了《神华神华宁夏煤业集团公司煤炭产品及物资稽查管理办法》［神宁办〔2017〕42号］。治安保卫总队和各矿、厂、公司（分公司）治安保卫组织认真贯彻集团公司文件精神，不断加强煤场、物资库场治安巡防，加大煤炭产品、物资稽查力度，依法打击盗窃煤炭产品、物资的违法行为。治安保卫总队宁东煤炭物资稽查大队探索形成“六结合稽查法”（蹲点守候与流动查勘结合、化装侦查与便车巡查结合、拓展网络与情报研判结合、秘密取证与公开查堵结合、单方稽查与警企联动结合、源头治理与机制防范结合），以整顿销售秩序为切入点，深入煤炭储装运现场和矿用物资外运环节，多次开展打击盗窃煤炭物资专项行动，有效打击了不法分子的嚣张气焰。石嘴山煤炭物资稽查大队常年坚守在石汝铁路78公里沿线（员工吃住在铁路沿线各站），每年安全护送运煤列车2000余列次，杜绝了入洗原煤被盗现象，有效保护了国有资产不受损失。

五、治安保卫管理

集团公司治安保卫工作始终以“防大事、保稳定、抓防范、压案件、保平安、促和谐”为重点，逐级签订治安综合治理责任书，明确责任，形成层层抓落实，层层抓防范，全员参与、齐抓共管的治安保卫管理局面，筑起一道横向到边纵向到底的治安保卫管理网络。

认真贯彻国务院《企业事业单位内部治安保卫条例》和《神华宁夏煤业集团有限责任公司治安保卫管理办法》，按照“预防为主、单位负责、突出重点、保障安全”的方针，狠抓治安防范工作。基层治安保卫组织坚持深入到厂矿区队、施工现场和员工中去，发现问题，消除隐患。同时，积极与辖区公安机关沟通联络，建立治安防范预警和联动机制，开展警企联防巡逻巡查工作，打击各类违法犯罪行为，确保内部治安稳定。

2016年，为确保煤制油项目顺利试车，集团公司及时在煤制油化工园区集中组织开展治安保卫专项整治活动，制定详细的活动方案，通过“网格化”划分厘清各单位工作职责。物业公司组织480余名员工跨区域作业，全力推行准军事化管理，克服年龄老化、思想不稳等困难，边上岗、边训练、边巩固、边提高，在最短时间内达到了岗位要求。煤制油化工公用设施管理分公司、煤制油项目建设指挥部和煤制油分公司等单位紧密协作，规范人员、车辆、物资出入秩序，园区治安保卫管理得到了全面加强。治安保卫总队通过与公安机关联合开展“利剑行动”，严厉打击盗窃工业原材料非法行为，取缔周边39个非法收购点，破获一批盗窃案件。通过开展治安保卫专项整治活动，盗窃侵财案件呈明显下降趋势，刑事发案由活动前的29起降到11月、12月的“零”发案目标，治安环境明显好转。同时，各级治安保卫部门周密组织，精心部署，加强重大活动期间的安保工作，圆满完成了“7·19”习近平总书记视察煤制油项目和“12·28”煤制油项目产出油品庆祝仪式的现场安保工作。

基层各单位与辖区公安机关搭建警企联动平台，组建治安联防队伍，形成了统一指挥、反应灵敏、运转高效、协调有序的运行机制，加大了内部治安防范力度；与公安机关签订警企联动联勤协议28份。在集团公司办公楼、煤制油化工园区及矿区驻地，与银川市金凤区公安局北京路派出所、宁东公安分局等公安机关联合设置治安警务室10处，实现了及时响应、联勤联动。

进一步完善了电子监控设施，充分应用信息化手段，提高技防能力。2016年10月，宁东各矿爆炸物品存储库实现远程可视化三级联网监控，与宁东公安分局、银川市公安局并网运行。各单位完善了应急处置机制和信息报送机制，构建了立体交叉的治安防控体系。

六、园区驻防合作

2010年，为确保集团公司煤化工基地生产建设的安全，扎实做好园区反恐、救援、维稳工作，人民武装部代表集团公司多次与武警宁夏总队联系，共同深入现场调研，拿出具体实施方案。4月28日，武警宁夏总队决定由银川市支队派出1个中队到集团公司煤化工基地驻训；5月5日，30名武警官兵以驻训方式正式入住煤化工基地，担负烯烃项目区关键装置、要害部位的警戒、巡逻和协助处置突发事件等任务。

第三节　普法教育

一、工作机制

集团公司成立了以党委书记、董事长为组长，总经理、党委副书记为副组长，各有关部门为成员的领导小组，组宣部为责任管理部门，具体组织实施“五五”“六五”“七五”普法工作。

二、具体工作

（一）制度建设

2011年，制定下发了《神华神华宁夏煤业集团“六五”普法工作实施方案》《神华宁夏煤业集团有限责任公司普法依法治理工作考核办法》和《神华宁夏煤业集团有限责任公司普法依法治理工作考核细则》。2014年，编印了《神华神华宁夏煤业集团普法依法治理管理工作制度汇编》。2016年，制定下发了《神华宁夏煤业集团法治宣传教育第七个五年规划（2016—2020年）》。

（二）宣传教育

各基层单位通过组织开展知识竞赛、演讲比赛等形式，加强了对《安全生产法》《道路交通安全法》等法律知识的学习。专项活动开展过程中，新闻中心开设了“普法天地”栏目，对集团公司普法工作涌现出的先进人物和典型做法进行了宣传报道，形成了持续立体的普法格局。

（三）普法一百天活动

自2011年以来，持续开展“普法一百天”活动，重点组织学习了《宪法》《公司法》《合同法》《保密法》《物权法》《行政许可法》《行政复议法》《行政处罚法》《城市房地产管理法》《建筑安全管理条例》《安全生产法》《劳动合同法》等同本行业相关的法律法规，以及与环境、人口、资源和服务等相关法律法规，不断提高领导干部法律素养，使其依法管理、依法经营、依法解决内部纠纷的能力得到了进一步的提升。

三、取得成果

编印了《神华神华宁夏煤业集团交通事故案例选编》。梅花井煤矿被评为2011—2015年全区国资委系统法制宣传教育先进单位。

第九章　群团工作

第一节　工会工作

围绕企业中心工作，以“服务职工、服务基层、服务发展，推进职工之家建设”为主线，着力夯实基层与基础，强化维权与服务，全面履行职能，切实提升“三型五家”创建水平，推动了工会工作的创新发展。集团公司先后荣获全国“五一劳动奖状”、全国劳动关系和谐模范企业、全国安康杯竞赛优胜企业、全国厂务公开民主管理示范单位、全国职工体育先进单位等荣誉称号。2010年和2013年，集团公司工会两次被评为全国“模范职工之家”。2015年，集团公司荣获“全国模范职工之家红旗单位”荣誉称号，2017年，集团公司被全国总工会授予全国“五一劳动奖状”荣誉称号。

一、组织机构

集团公司根据《中华人民共和国工会法》哪里有职工，“哪里就要建立工会组织”的原则，建立健全各级基层工会组织。

（一）集团公司工会委员会

集团公司根据《中国工会章程》《工会基层组织选举工作条例》和自治区总工会《关于提高工会领导机构中劳模等一线职工比例的实施办法》的规定，报请自治区总工会批准，于2017年7月15日至16日召开了集团公司工会第三次代表大会。大会采取无记名投票的方式，差额预选，产生了由37名委员组成的集团公司工会第三届委员会，同时产生常务委员会11人。工会工作分为组织、宣教、生产保障、女工、帮扶中心、综合业务，每块业务有一名主管负责，共有工作人员21人。

（二）基层工会组织

2017年，有基层工会组织44个，女工委员会36个，车间工会594个、工会小组2261个。

二、职工代表大会

2017年7月15日，集团公司召开第二届第一次职工代表大会，大会应到正式代表317名，实到代表297名。大会听取了集团公司行政工作报告，审议通过并签订了《神宁集团公司集体合同》，选举产生了职工监事，选举产生了集团公司第二届职工代表大会四个专门委员会，即安全生产工作委员会、民主管理工作委员会、权益维护工作委员会、提案办理工作委员会。

三、开展工作

（一）民主管理

坚持以职工代表大会为基本形式的民主管理制度，职工民主权利得到落实。各基层单位按规定召开了职代会。集团公司两级职代会审议了《行政工作报告》和《业务招待费用情况报告》《集体合同履行报告》《财务预决算报告》《提案情况落实报告》等专项工作报告。截至2017年，集团公司职代会征集职工代表提案458条、落实418条、办结率91%。集团公司职代会荣获自治区五星级职代会。

完善集团公司四级公开体系，厂务公开实现了组织到位、形式到位、内容到位，职工奖惩、绩效分配、班组长聘任、评先选优等内容纳入了矿厂、区队、班组事务公开。民主评议领导干部与年度领导班子考核同步进行。职工知情权、参与权、监督权、表达权得到充分体现。集团公司荣获自治区和全国厂务公开民主管理示范单位等多项荣誉称号。

（二）职工建家

各级工会围绕中心工作，利用广播、有线电视、墙报、板报、《神华能源报》《宁煤人》和神宁工会微信等宣传媒体，宣传各级劳动模范、先进集体和先进个人事迹，宣传各级工会业绩。开展“中国梦、劳动美、神宁好”主题教育活动，荣获“中国梦、劳动美”全国职工演讲大赛铜奖。灵新煤矿选送的作品《红与黑》在2017

年度全区故事演说大赛中获一等奖。以满足广大职工精神文化需求为出发点，倾力打造“书香神宁”，组织开展全员读书系列活动，每年对读书活动中涌现出的职工读书先进单位、优秀征文和100名职工读书之星进行表彰奖励。连续4年开展工会好新闻、好信息及好故事评选和表彰活动。出版《神华宁夏煤业集团公司工会文化手册》和《神宁工会好故事》，开展“工会家文化”演讲比赛，传递了工会好声音，传播了工会正能量，彰显了职工文化建设活力。成立了集团公司工会理论研究会，每年对优秀理论研究成果进行表彰。2015年至2018年，连续4年举办“智慧女性·魅力巾帼”家庭才艺大赛，将家庭、家教、家风建设活动和践行社会主义核心价值观有机融合，传承了中华优秀家文化。集团公司共有6户家庭分别荣获全国最美家庭（1户）、全国五好文明家庭（1户）、自治区最美家庭（4户）荣誉称号。

（三）劳模管理

下发《神华宁夏煤业集团公司劳模管理办法》[神宁办〔2012〕30号]，落实劳模待遇。2009年到2018年，选树集团公司级劳模301名，蒙鹏科、马会勤被评为全国劳动模范，宋兆贵、张玉柱等6名同志被评为自治区劳动模范；赵志志、杜正平等10人荣获全国“五一劳动奖章”；白建国等3人荣获煤炭工业劳动模范。近百名全国、自治区（省部）级劳模参加了全国总工会、自治区总工会劳模疗休养。集团公司及梅花井煤矿、煤制油分公司3个单位荣获全国“五一劳动奖状”荣誉称号。出版了《劳模颂》丛书，劳模精神、劳动精神、工匠精神得到了传承和弘扬。

四、班组建设

2009年以来，集团公司工会按照《班组建设指导意见》，将班组建设持续融入管理提升活动，激活小细胞，小班组成就大作为，形成了富有集团公司特色的“四五六”（“四”即“安全、稳定、清洁、标准”工作定位，“五”即“安全型、质量型、学习型、创新型、幸福型”建设，“六”即“组织保障、制度运行、标准化管理、教育培训、文化引领、考核评价”六大支撑体系）班组建设新模式。在班组建设管控中，实施主责部门牵头抓、抓通用，职责部门对口抓、抓专业的“双轮驱动”，矿厂长、区队长、班组长“三长联动”的班组建设运行机制。“公推比选”（按照“个人公开竞聘、班组员工评议、部门资格审查、分管领导把关、行政公示、行文备案”六步程序选拔任用班组长）班组长、“2208”（2分钟点名，20分钟培训，8分钟布置工作）班前会制度、“2020”八步法（煤制油化工板块实行班组交接班“2020”八步法，即现场交班巡检时间为20分钟，班前会20分钟。班前会按一巡检、二点名、三排查、四点评、五学习、六分工、七总结、八宣誓八个规范步骤和程序进行）、安全质量标准化示范班组创建、“三无”班组（个人无违章、岗位无隐患、班组无事故）劳动竞赛、班组长承诺践诺、班组信息化管理平台应用、“班校家”（班：规范、高效，体现执行力的班；校：学习、进步，成长成才的学校；家：和谐、关怀，体现凝聚力、向心力的家）建设、班组长素质提升轮训、评优表彰和重奖“十佳”班组长等措施的推广应用，切实提升了班组建设水平。2009年，制定了《班组长管理办法》。2010年，重奖“十佳”班组长，各奖励一台小轿车。2011年，集团公司“四五六”班组建设经验得到国家煤矿安全监察局充分肯定，《人民日报》《工人日报》等主流媒体深度报道，班组建设模式在全国煤炭行业推广，提升了神宁形象。2012年，承办了中国煤炭工业协会、中国能源化学工会“全国煤炭系统班组建设经验交流大会”和自治区总工会“学习推广神宁集团班组建设现场观摩会”，在会议上进行了交流。2013年，开展对标学习，邀请全国先进班组——航天余梦伦班组建设专家来集团公司授课。集团公司班组建设经验在全国劳动保护工作会上进行了交流。2014年，组织观摩学习了神东集团、北方重工、宁夏石化和宁夏电力公司班组建设经验。2015年，编辑《班组长的智慧》一书，总结班组建设成果。2016年，制定了《班组建设管理办法》，2月，班组建设工作职能管理部门由工会变更为生产技术部。2017年，承办了神华集团“班组建设现场会”，编印了《班组建设工作手册》。2018年10月，班组建设工作职能管理部门由生产技术部变更为工会。

五、劳动竞赛

（一）安康杯竞赛

2009年以来，集团公司采取职工喜闻乐见的活动形式，结合企业文化建设，使“安康杯”精神深入人心，变为职工的自觉行动。各参赛单位围绕全国“安康杯”竞赛组委会确定的活动主题，在职工群众中开展了各种形式的宣传教育活动。先后开展了职工安全生产知识学习比赛、安全生产演讲、书画征集、征文、技能比赛、安全生产知识答题和网上答题比赛等活动，每年近5万职工踊跃参加。竞赛活动已成为工会劳动保护工作的有效载体，为工会劳动保护工作提供了履行职责、发挥作用的舞台。开展群众安全监督员“公推直选”工作，每年确保1800余名群众安全员在岗开展安全监督工作，并连续培训群众安全监督员4500人次。推行“一法三卡”隐患排查，监督完善职工健康档案管理，提升了劳动保护、职工职业病防治工作。

集团公司“安康杯”竞赛活动在不断创新中持续推进，涌现出“安康杯”竞赛活动优胜单位48个（全国级41个，自治区级1个、集团公司级6个），优秀组织单位3个（全国级），优秀班组22个（全国级20个，自治区级2个），优秀组织者167人次（全国级6人次、神华集团48人次、神宁集团113人次），先进协管会88个，群众安全先进个人518名，先进安全网员651名。集团公司连续5年获得全国劳动防护安全知识竞赛活动优秀组织奖。

表12-9-1 荣获上级“安康杯”竞赛各类先进表

名称	时间（年）	2009	2010	2011	2012	2013	2014	2015	2016—2017
全国	优胜企业	5	10	9	3	8	5		1
	优胜组织单位	1			1		1		
	优秀班组	5	2	5	2	2	2	1	1
	优胜组织个人	1	2			1	1	1	1
全区	优胜企业				1				
	优胜组织单位								
	优秀班组				2				
	优胜组织个人								

（二）技能竞赛

自2009年以来，共举办了7届技能竞赛活动，共有36个工种，每年4000余人进行技能比武，其中获得状元78人、杰出技术能手156人、技术能手206人。共有440人受到集团公司的表彰奖励。参加和承办自治区技能竞赛、神华集团技能竞赛6次、56人受到表彰奖励。

（三）“先锋号”劳动竞赛

自2012年开始，已连续开展6届职工经济技术、三届建功在神宁“先锋号”主题劳动竞赛活动，组织职工在重点项目、重点领域开展各类劳动竞赛24项，职工每年参与率达97%以上。在煤制油项目开展“重点工程示范性劳动竞赛活动”，每年平均参与人数2.3万人，其中2016年达到5万人。煤制油气化项目部等单位荣获自治区总工会“工人先锋号”荣誉称号；吕贵东等人荣获自治区“五一劳动奖章”荣誉称号；煤制油分公司合成油厂荣获自治区“五一劳动奖状”荣誉称号；煤制油分公司先后获得自治区“五一劳动奖状”和全国“五一劳动奖状”荣誉称号。

六、女工工作

（一）女工管理

工会女职工委员会围绕企业中心任务，以提升女职工素质为主线，以巾帼建功为重点，以深化维权为抓手，以女工家属协管安全为切入点，以加强自身建设为基础，发挥优势、突出特色，引领广大女职工积极投身企业改革发展建设，充分发挥女职工半边天作用。加强自身建设，完成了第三届工会女职工委员会换届工作，现女职工委员会有29人，主任1名。

（二）素质提升

2009—2018年，坚持每年举办一期工会女职工干部培训班，提升女职工干部素质。

（三）女工权益

贯彻落实《女职工劳动保护特别规定》《宁夏回族自治区女职工劳动保护办法》，全面实施二孩政策，维护女职工权益、关心关爱女职工，女职工卫生保健费由6元/月涨到25元/月，又由25元/月涨到50元/月；举办女职工权益维护、健康知识等讲座400余场次；组织参加“团体安康保险”，最高获赔10万元。搭建平台，引领女职工提素建功，定标准、树标杆、抓特色，“巾帼标兵岗”创建发挥引领示范作用。连续开展了5届“书香三八”读书征文活动。集团公司女工委先后荣获“全国女职工建功立业标兵岗”“全国煤炭系统先进女职工委员会”和第五届“书香三八”读书活动优秀组织奖等荣誉称号。

第二节　共青团工作

一、组织机构

（一）集团公司团委

2009年至2018年，先后选举产生两届委员会。2012年12月17日，召开团员代表大会，选举产生新一届团的委员会。委员7名，其中书记1名、副书记1名。2018年12月26日，召开团员代表大会，选举产生了新一届委员会。委员9名，其中书记1名、副书记3名（兼职2名）。

（二）基层团组织

截至2018年12月，集团公司有二级团委（总支、青工委）39个，支部280个，团员1565人。

表12-9-2　2009—2018年共青团组织及团员人数表

年份	团组织数（个）			团员数（人）	
	团委数	总支数	支部数	团员总数	当年入团人数
2009年	38	4	379	8127	512
2010年	39	5	396	7856	446
2011年	41	5	391	7012	272
2012年	45	5	385	6537	233
2013年	43	7	372	5960	197
2014年	41	8	382	5037	106
2015年	39	12	373	3726	22
2016年	37	15	325	3175	0
2017年	34	3	295	1945	0
2018年	34	5（3个青工委）	280	1565	0

二、主要工作

坚持用习近平新时代中国特色社会主义思想武装团员、教育青年，认真组织学习贯彻党的十九大和团的十八大、国家能源集团第一次团代会和自治区第十二次团代会精神，牢牢把握共青团的根本任务、政治责任、工作主线，紧密结合企业实际和青年特点，围绕“领航、三创、服务、从严治团”四项重点工作，切实增强共青团组织的政治性、先进性、群众性，团结带领广大团员青年“不忘初心、牢记使命”，在建设“三个面向”新宁煤征程中发挥了生力军作用。

1.理想信念教育。以习近平新时代中国特色社会主义思想为统领，围绕学习宣传贯彻党的十九大和团的十八大、自治区第十二次团代会精神，广泛开展“学习贯彻十九大青春建功新神宁”“学思践悟团的十八大”“新时代青年说”“宁煤团干部谈认识”等主题活动，广大团员青年听党话、跟党走的理想信念更加坚定。

2.形势任务教育。举办“神宁情、中国梦——奋斗的青春最美丽”先进青年事迹分享会10余场次，开展“践行核心价值观争做向上向善好青年”“我和国旗合个影”“企业有困难我该怎么办”“建言践行、青年先行”“新年愿望大家晒”“砥砺奋进的五年”等活动57场次。紧紧围绕庆祝改革开放40周年、自治区成立60周年、“社会主义是干出来的”岗位建功行动等重大活动节点，开展“青年大学习我们这么做”“重走长征路”“青春建功新时代”等活动，圆满承办了国家能源集团“牢记伟大号召争做学习先锋”五四主题团日活动暨“青年大学习”行动启动仪式。

3.“网上共青团”建设。2014年，建立了“神宁青心”微信公众平台，发布党团建设、形势任务、团青动态、青春励志等信息1000期4367条。2016年，开通建设了青年之声·神华宁夏煤业集团网络互动社交平台，截至当前浏览量20.67万次。坚持“线上”“线下”相结合，在“国宁青年”微信公众号和“青年之声”网络平台，实行“2+2+X”（即每周安排2个二级单位团组织编辑发布内容，集团公司团委2人校对审核，重大信息由集团公司团委负责人审核）运营管理模式，开辟“新年愿望大家晒”“跟着团团逛神宁”“岗位能手问答录”等专题，增强了宣传教育效果，综合影响力始终位居自治区团属新媒体前茅。开展了“与宁煤合影为宁夏加油”微信助力活动，平台关注量从8000余人新增至18000余人。

4.“三创”活动组织实施。修订了《青年创新创效创优活动实施办法》，引导团员青年在降本增效上出点子、出实招，开展课题研究、技术创新、金点子征集、修旧利废我能行、我为成本“挤水分”等活动，发挥青年创新工作室、技术攻关小组、青年科技课堂等阵地作用。建立创新工作室58个，青年科技课堂262个，技术攻关小组204个。累计完成成果588项，估算直接间接经济价值2.3亿元。累计评比奖励153项106.1万元。创优方面涌现出全国青年岗位能手标兵、青年五四奖章获得者、全国百名优秀矿工等省部级以上各类先进模范人物59人。

5.青年安全工作活动。修订了《集团公司“零点行动”管理办法》和《青年安全监督岗管理办法》，持续开展“零点行动”小分队查岗、青年安全监督岗和青年安全示范岗创建活动。截至2018年底，成立青年安全生产监督岗416个，“零点小分队”52个。枣泉煤矿综掘一队团支部荣获“全国安全生产示范岗”。广泛开展“安全生产、我要争先”有奖知识问答和“我在一线查隐患、青春建功保安全”等青年安全活动，共有5.8万余人次参与，强化了青年安全意识，促进了安全生产。

6.青年成长成才平台搭建。通过开展“师带徒”、技术比武、“我是技能高高手”“最美青工”争创、“让闲暇时间更有价值”读书分享等活动，激发青年干事创业热情，帮助青年岗位成长成才。开展“十大杰出青年”评选和荣誉送岗位进家庭活动，在广大青年中营造了学先进、赶先进、争当先进的氛围。

7.改进青年交友活动。召开未婚青年交友工作座谈会，制定了《关于加强和改进单身青年婚恋服务工作的实施方案》，按照“3+3”模式（三级联动、大中小活动相结合）组织单身青年交友联谊。联合医疗、教育、铁路、移动通信等单位开展“牵手神宁·缘来是你”“遇见2015”“相约2016”“牵手2017”“约定2018”等系列交友活动，每年4期，累计参加2000余人次，共青团组织的桥梁纽带作用有效发挥。

8.志愿服务活动。坚持服务企业和服务社会相结合的原则，定期组织团员青年开展青年突击队、共建美丽矿区和义务献血、义务植树、慰问孤寡老人、慰问山区留守儿童等公益活动。每年春节，开展“快乐雷锋工程——雷锋饺子计划”暨矿区困难青工家庭慰问活动，累计走访慰问620户困难青工家庭，发放10万余元慰问物资。结合自治区“脱贫富民”战略，联合固原市团委组织志愿者深入8个山区乡村小学，为留守学生送去学习用品，为他们插上梦想的翅膀。

9.共青团基础工作。完善了团委工作机构和工作体系，坚持做好团务规范、组织统计、团费收缴、评选表彰、信息档案等常规工作，开设了团费管理专用银行账户，进一步规范管理，夯实基础。修改了《青年文明号管理办法》《青年创新创效创优管理办法》等工作制度。举办主题团课、学习会50场次，主题团日活动41场次，举办“社会主义是干出来的”主题演讲比赛27场次，征集文章197篇。组织团员学习总书记系列重要讲话，特别是视察煤制油项目重要讲话和重要指示精神，并以实际行动干好本职工作。指导基层团组织严格落实“三会两制一课”，进一步规范了基层团组织建设和团内组织生活。

10.共青团改革。认真落实习近平总书记“7.2”重要讲话精神和团的十八大精神，坚决贯彻共青团改革再出发要求，高标准召开共青团国家能源宁夏煤业集团第一次代表大会，委员选举上明显提高一线青年、基层团干部比例，班子配备上增设2名兼职副书记。立足企业团组织实际，以改进思想观念、思路方法、机制载体和工作作风为着力点，不断推进变革优化。在导向上，坚持上下联动、以下为主，将重心转移到基层；在原则上，坚持实事求是、因地制宜，根据青年分布状况和基层单位特点分类指导；在方法上，形成了“五抓工作法”（抓主线、抓重点、抓典型、抓亮点、抓实效）。有效增强了团组织政治性、先进性、群众性和吸引力、凝聚力。

11.共青团队伍建设。坚持严字当头，组织团干部扎实学习党建法规、系列讲话、重要会议精神，开展团干部讲党课、团员青年大讨论等活动。每年举办一期团干部素质能力提升培训班。先后选派50余名团组织负责人参加神华集团团干部培训班，有效提升了团干部综合素质能力。

第十三篇
人物与荣誉

第一章　人物简介与人物名录

第一节　人物简介

一、集团公司党政班子领导成员简介

邵俊杰

1963年1月出生，江苏张家港人，中共党员，博士研究生，教授级高级工程师，享受国务院政府特殊津贴，全国劳动模范，第十三届全国人大代表，现任国家能源集团宁夏煤业有限责任公司党委书记、董事长，宁夏回族自治区宁东能源化工基地管委会副书记、副主任。

1983年至1991年10月先后在中国矿业学院北京研究生部任教师、助教、团委书记，1991年11月起历任华能精煤公司办公室秘书、神华集团有限责任公司党组秘书、董事长办公室副主任。1997年8月至2011年11月历任神华国际（香港）有限公司董事、总经理，神华国际贸易有限责任公司董事长，中国神华海外开发投资有限公司党委副书记、董事长。2015年12月任神华宁煤集团党委副书记、董事长（法定代表人），自治区宁东能源化工基地管委会副书记、副主任，2016年1月任神华宁煤集团党委书记、董事长（法定代表人）。2019年5月起任国家能源集团宁夏煤业有限责任公司党委书记、董事长，宁夏回族自治区宁东能源化工基地管委会副书记、副主任。

严永胜

1963年9月出生，宁夏中卫人，中共党员，博士研究生，正高职高级工程师，享受国务院政府特殊津贴，现任神华宁夏煤业集团公司党委副书记、董事、总经理。

1983年7月在石嘴山矿务局参加工作，先后任技术员、煤矿副总工程师、副处长、矿长，石嘴山矿务局副总工程师，宁夏煤业集团石嘴山矿区生产指挥部总指挥、神华宁煤集团石嘴山金能煤业公司党委书记、总经理。2007年7月任神华宁夏煤业集团公司副总工程师，12月任神华宁煤集团党委副书记、董事、总经理。

宁夏回族自治区第十一届、十二届人大代表，宁夏科协第七届委员会常委，宁夏煤炭工业协会副会长。

魏艳华

女，1959年10月出生，陕西定边人，中共党员，中央党校在职研究生班经济学（经济管理）专业。

1976年8月在盐池县青山小学任代课老师，1980年1月—1986年1月任盐池县第一小学教师、副校长，1986年2月—1990年5月任盐池县计划生育委员会副主任，1990年6月起历任自治区计划生育委员会办公室秘书、政法处副处长、办公室副主任、调研员、自治区计划生育协会秘书长，2004年5月任自治区民政厅副厅长、党

组成员，2007年5月任自治区人口和计划生育委员会副主任、党组成员，2008年2月任石嘴山市委常委、大武口区委书记，2011年5月历任自治区妇女联合会党组副书记、副主席（正厅级）。2016年12月任神华宁煤集团党委副书记（正厅级）。2017年11月任神华宁煤集团党委副书记、副董事长，神华宁煤集团党校校长、党建研究会会长。

曾任自治区政协第十届常委，社法委副主任，第十一届委员，社法委副主任。

吴汉宝

1963年6月出生，宁夏灵武人，中共党员，硕士研究生，会计师。

1982年7月为灵武县财政局干部，1994年3月起历任灵武县财政局副局长、局长，1999年4月任吴忠市财政局副局长，2002年3月任吴忠市审计局局长，2004年3月任吴忠市财政局党组书记、局长，2006年7月任吴忠市财政局党组书记、局长，太阳山移民开发区党工委书记、管委会主任，2007年7月任吴忠市副市长，太阳山移民开发区党工委书记、管委会主任，2008年5月任中卫市委常委、副市长，2013年8月任自治区财政厅党组副书记、副厅长、2016年6月任自治区财政厅党组副书记、副厅长、巡视员，2018年1月任神华宁夏煤业集团公司监事会主席（正厅级）、党委委员。

银川市第十五届人大常委会委员，自治区第十二届纪律检查委员会委员。

张正军

1963年3月出生，宁夏中宁人，中共党员，硕士研究生，高级会计师，高级经济师。

1983年8月在宁夏磁窑堡煤矿财务科工作，先后任灵武矿务局财务处副科长、科长、副处长、处长、副总会计师兼财务处处长，1998年9月任灵州集团公司总会计师，2002年12月任宁煤集团公司总会计师兼财务公司总经理，2006年1月任神华宁夏煤业集团公司副总经理。2010年9月任神华宁煤集团副总经理、党委委员，2014年7月任神华宁煤集团副总经理、党委委员兼运销公司总经理、党委副书记，2015年8月任神华宁煤集团副总经理、党委委员，2016年8月任神华宁煤集团副总经理、党委委员兼运销公司总经理、党委副书记。

吴学林

回族，1964年3月出生，宁夏平罗人，中共党员，工商管理硕士，高级工程师，国家一级建造师。

1982年8月参加工作，历任宁夏煤炭基本建设公司第二建筑工程处技术员、副科长、科长、工区主任、副处长，1998年12月任宁夏煤炭基本建设公司副总工程师兼第一建筑分公司经理，2001年6月任宁夏煤炭基本建设公司副总经理，2002年2月任宁夏煤炭基本建设公司副总经理（主持行政工作），2003年3月任宁夏煤炭基本建设公司总经理，2004年4月任宁夏煤业集团建设工程公司（宁夏煤炭基本建设公司、中煤第八建设公司）党委副书记、总经理。2007年12月任神华宁夏煤业集团公司党委委员、副总经理。2011年7月任新疆生产建设兵团农十二师党委常委、副师长（援疆干部）。2013年2月—2018年12月任神华宁煤集团党委委员、副总经理。

樊永宁

1962年8月出生，陕西省韩城人，中共党员，1983年8月参加工作，大学本科学历，高级工程师。

1983年7月毕业于西安科技大学煤矿电气化专业，8月任磁窑堡煤矿技术员、矿长助理兼调度室主任，1989年

2月任灵武矿务局动力处副处长兼水电公司经理、局长助理兼水电公司经理，1998年9月任灵州集团董事、副总经理。2003年2月起历任宁夏煤业集团公司投资部总经理，神华宁夏煤业集团公司规划发展部总经理。2008年5月任神华宁夏煤业集团公司副总经理。2016年7月至2018年1月兼任宁夏亘元房地产开发有限公司董事长。

姚敏

1965年3月出生，宁夏灵武人，中共党员，博士研究生。

1987年7月起历任灵武矿务局磁窑堡矿机电科技术员、主管技术员。1990年8月起历任灵武矿务局动力处助理工程师、基建办公室副主任工程师、机械动力处主任工程师、公用工程管理公司副经理兼总工程师、公用工程管理公司经理。2002年12月任灵武矿区水电分公司经理，2003年6月任宁煤电厂筹建处领导小组负责人。2004年5月起历任宁煤集团甲醇项目筹建处处长兼二甲醚项目筹建处处长，宁煤集团二甲醚有限公司执行董事兼经理，宁煤集团甲醇有限公司执行董事兼经理，神华宁煤集团甲醇项目筹建处处长、党委书记兼二甲醚项目筹建处处长、党委书记、甲醇厂厂长。2007年12月任神华宁煤集团烯烃公司董事长、党委书记，2008年10月任神华宁煤集团煤炭化学工业公司总经理、党委副书记兼烯烃公司董事长、党委书记，2009年12月任神华宁煤集团副总经理兼煤炭化学工业分公司总经理、党委副书记，2013年10月任神华宁煤集团副总经理兼煤制油项目建设指挥部总指挥、党委副书记，2015年8月任神华宁煤集团副总经理。

刘涛

1960年1月出生，河南鹿邑人，中共党员，陕西工业管理干部学院企业管理专业毕业，高级会计师。

1977年12月起历任陕西省一八五煤田地质勘探队钻工、财务出纳、财务科出纳、会计，1989年4月任西秦公司榆林分公司副经理，1990年4月任陕西省一八五煤田地质勘探队计划经营科科长。1990年12月起历任华能精煤公司财务处科长、主任会计师、财务部副经理、企业策划部副经理。2000年3月任神东公共事业发展公司总会计师。2005年5月起历任神东煤炭公司总经理助理兼综合办公室主任、总经理助理兼规划发展部经理、总经理助理兼财务部总经理。2013年10月任神华集团公司财务部副总经理。2014年7月任神华宁煤集团副总经理、财务总监。

马金明

1964年1月出生，硕士研究生，思想政治工作研究员、经济师。现任神华宁夏煤业集团公司党委委员、工会主席、职工董事，兼任宁夏亘元房地产开发有限公司党委书记、董事长。自治区总工会第十二届委员会委员、常委。在中国工会第十六次、十七次全国代表大会上，当选为中华全国总工会第十六届、十七届执行委员会委员。

自1982年8月起历任石炭井矿务局乌兰矿掘进二队技术员、计划科技术员、石炭井矿务局办公室秘书、秘书科副科长、办公室副主任、代主任，1996年10月起历任石炭井矿务局党政办公室副主任、主任，2000年10月任太西集团公司白芨沟煤矿党委书记，2002年12月任宁煤集团公司白芨沟煤矿党委书记，2004年6月任宁煤集团公司战略管理部副总经理，2005年1月任宁煤集团公司战略管理部副总经理（主持工作），2006年6月任神华宁夏煤业集团公司战略管理部总经理，2008年1月任神华宁煤集团组宣部部长兼机关党委书记、党校副校长，2010年7月任神华宁夏煤业集团公司纪委委员、办公室主任，2012年7月任神华宁夏煤业集团公司党委委员、工会主席、职工董事，2018年1月兼任宁夏亘元房地产开发有限公司党委副书记、董事长，2018年4月兼任宁夏亘元房地产开发有限公司党委书记、董事长。

孟伟

1961年2月出生，陕西神木人，中共党员，中央党校函授学院党政管理专业毕业。

1979年12月应征入伍，历任陆军62师184团战士、直属通信营通信连通信排排长。1985年10月起历任兰州军区守备师通信营通信连运动通信排排长、炮兵指挥连副连长、代连长、副政治指导员、指导员。1993年4月任兰州军区后勤第26分部通信站有线技术员，1994年12月任兰州军区给水工程团政治处副营职干事。1996年8月起历任自治区纪律检查委员会干部室干部、主任科员、《党风建设》编辑部主任科员、《党风建设》编辑部副主任、执法监察室副主任、执法监察室副主任（正处级）、纠风室副主任、纠风室主任、纠风室主任（副厅级）、第三纪检监察室主任。2016年12月任神华宁煤集团党委委员、纪委书记，2018年1月兼任神华宁煤集团监事会监事。

周光华

1968年12月出生，山东泰安人，中共党员，硕士研究生，教授级高级工程师，现任神华宁夏煤业集团公司总工程师。

1992年8月任灵武矿务局羊场湾一号井工程科见习技术员、通风工、安监技术员，1995年6月任灵武矿务局羊场湾一矿工程科副科长、生产技术科副科长，2000年3月任灵武矿务局羊场湾一矿副总工程师兼总工办主任，2004年1月任宁煤集团灵州建井工程处总工程师，2006年12月任神华宁煤集团羊场湾煤矿副矿长兼总工程师，2008年6月任神华宁煤集团枣泉煤矿矿长（枣泉筹建处处长）、党委副书记，2009年11月任神华宁煤集团总工程师，2011年2月任神华宁煤集团副总工程师兼科技发展部总经理，2012年12月任神华宁煤集团总工程师兼科技发展部总经理，2013年10月任神华宁煤集团总工程师。

杨成龙

1970年11月出生，内蒙古鄂尔多斯人，中共党员，硕士研究生，正高职级高级工程师，现任宁煤集团公司副总经理。

1992年7月历任神东公司布连塔煤矿综采队技术员、机电科副科长，神东煤炭集团机电动力部大修主管，2003年3月任神东煤炭分公司设备管理中心副主任，2007年7月任神东煤炭分公司布连塔煤矿副矿长，2009年3月任神东煤炭集团设备管理中心主任，2011年3月任神东煤炭集团上湾煤矿矿长，2013年5月任神华宁夏煤业集团公司副总经理。

陈艾

1967年11月出生，内蒙古商都人，中共党员，硕士研究生，正高职高级工程师。

1990年7月起历任石炭井矿务局白芨沟煤矿采煤一队技术员、通风队技术员、掘进二队主管技术员、采煤一队主管技术员、综采队主管技术员。1996年12月任石炭井矿务局党政办秘书。2000年3月任太西集团党政办秘书，2002年12月任宁煤集团办公室秘书，2003年3月任宁煤集团白芨沟煤矿副矿长、党委委员。2006年9月任神华宁煤集团白芨沟煤矿矿长、党委委员，2008年7月任神华宁煤集团羊场湾煤矿矿长、党委副书记，2013年2月任神华宁煤集团梅花井煤矿矿长、党委副书记，2015年6月任神华宁煤集团梅花井煤矿矿长、党委副书记兼清水营煤矿矿长，2016年12任神华宁煤集团副总经理。

陆维平

1953年7月出生，宁夏中宁人，中共党员，硕士研

究生，高级工程师。

1977—1984年在宁夏工业设计院工作，先后任技术员、秘书、政工科长；1984—1990年在自治区党委办公厅、中共宁夏顾问委员会办公厅工作，任秘书科长；1990—1994年先后任自治区党委办公厅秘书（副处级）、自治区计委办公室副主任；1994—2000年历任自治区机械设备成套局党组书记、副局长、局长；2000—2005年历任山东省机械设备成套局党组书记、局长；2005—2007年5月任自治区国资委副主任（正厅级）、党委委员；2007年6月—11月任自治区建设厅党组书记、副厅长（正厅级）；2007年12月—2013年1月任神华宁煤集团党委书记、副董事长。

刘云

1954年8月出生，宁夏灵武人，中共党员。中央党校函授经济管理专业毕业。

1976年9月任灵武县林业局林业技术站干部，1983年11月起历任灵武县委农村工作部副部长、宣传部副部长、东塔乡党委书记、宣传部部长、县委常委、市委办公室主任。1994年7月起历任灵武市（县）委常委、副书记、市委副书记兼市人大常委会主任。1998年9月任陶乐县委书记，2001年1月任平罗县委书记，2002年11月起历任固原市工委副书记、纪工委书记、市委副书记。2004年2月起历任中卫市工委书记、市人大常委会筹备组组长、市人大常委会主任、市委书记、市人大常委会主任。2011年4月任自治区政府党组成员、主席助理。2013年1月—2015年6月任神华宁夏煤业集团公司党委书记、副董事长。

张作理

1958年11月生，山东莱西人，中共党员，博士研究生，硕士生导师。

1975年9月—1976年11月，任山东省莱西市朴木镇鲍家小学民办教师，1976年11月起先后任山东莱西齿轮厂车工、会计、政工干事。1984年7月起历任山东省莱西市牛溪埠乡党委组织干事、孙受乡党委组织委员。1986年7月先后任山东省莱西市委组织部干事、科长。1990年2月起先后任山东省莱西市水集镇党委副书记、镇长，山东省委政策研究室综合处正科级研究员、省委秘书二室正科级秘书，办公厅人事处正科级秘书，山东省委政策研究室信息资料中心正处级干部、咨询培训中心主任、科教研究处负责人，山东省广饶县委副书记（正处级）、常务副县长。2004年5月起先后任石嘴山市副市长、平罗县委书记、石嘴山市委常委。2007年2月任吴忠市委常委、副市长、党组成员。2007年9月任石嘴山市委副书记、市长。2012年8月任自治区党委委员、自治区经济和信息化委员会党组书记、主任。2015年6月任神华宁煤集团党委书记、副董事长，2016年12月兼任自治区人大常委会委员、财经委副主任委员。2017年1月任神华宁煤集团副董事长。2018年6月任神华宁煤集团能源协会会长。

2008年12月当选为全国人民代表大会代表，2010年6月当选为自治区党代会代表、自治区党委委员，2014年当选为自治区人大代表、自治区人大常务委员会委员。

姚具元

1954年1月出生，甘肃静宁人，中共党员，大学本科学历，高级经济师。

1975年12月在石嘴山矿务局一矿参加工作，先后担任副队长、队长、调度室主任、矿长助理、副矿长、矿长等职务；1996年9月调石嘴山矿务局，先后担任副局长、党委副书记、纪委书记等职务；2000年2月调任宁夏灵州集团公司董事、总经理；2002年12月—2005年12月任宁夏煤业集团公司党委副书记；2006年1月—2014年5月任神华宁夏煤业集团公司党委委员、监事会主席。

章建忠

1957年2月出生，宁夏中卫人，中共党员，研究生学历，高级会计师。

1975年11月起历任自治区财政厅农财处干部、副处长、处长，1991年2月任自治区财政厅预算处处长，1996年6月任自治区财政厅副厅长、党组成员，2002年4月任自治区地税局党组副书记、局长，2003年1月任自治区审计厅党组书记、厅长，2014年4月—2018年1月任神华宁煤集团监事会主席、党委委员。

曾任自治区政协第十届委员会委员。

鲍金全

1957年出生，天津人，中共党员，高级工程师。

1986 参加工作，历任大同铁路分局调度员、监察，神华神朔铁路公司科长、副总经理，神华货车公司副总经理。2008 年6 月至2011年，任神华宁煤集团副总经理。

仝金正

1965年10月出生，河南长葛人，中共党员，大学本科学历，高级会计师。

1989年7月参加工作，先后任中国地方煤矿总公司财务处科员、科长、副处长，神华集团公司财务部处

长，神华新疆能源公司副总经理。2007年12月—2013年8月历任神华宁煤集团党委委员、董事、副总经理兼财务总监。

陈毅

1952年2月出生，宁夏贺兰县人，中共党员，大学本科学历，高级经济师，高级政工师。

1969年3月参加工作，历任白芨沟煤矿政治处副主任、采煤二区党总支副书记、采煤一区党总支书记，白芨沟煤矿党委副书记、副矿长、矿长。1998年8月—2002年1月历任石炭井矿务局副局长、太西集团有限责任公司副总经理。2002年12月任宁煤集团公司党委委员、工会主席、职工监事。2006年1月—2012年7月，任神华宁夏煤业集团公司党委委员、工会主席、职工监事。

自治区总工会九届、十届工会委员、常委，中华全国总工会第十四届、十五届执委会委员。

关清安

1956年9月出生，河南襄城人，中共党员，大学本科学历，正高职高级工程师。

1972年2月参加工作，先后任石炭井三矿生产技术科技术主管、副科长、科长、矿安监处处长、三矿矿长、二矿矿长、宁夏红梁煤业有限责任公司经理、汝箕沟煤矿矿长、金能煤业公司总经理。2007年12月—2017年1月任神华宁夏煤业集团公

司副总经理。

刘晋冀

1964年12月生，内蒙古伊金霍洛旗人，中共党员，山西矿业学院煤矿机械化专业毕业，高级工程师。

1988年8月—1997年，在华能精煤公司东胜煤炭分公司动力部工作，历任技术员、主任工程师。1997年7月任神东公司布连塔煤矿副总工程师，1999年2月任神东公司动力部副主任，2003年7月任神东公司设备管理中心主任，2005年6月任神东公司大柳塔煤矿矿长兼党委书记。2007年12月—2013年5月任神华宁煤集团党委委员、董事、副总经理。

杨吉平

1971年1月出生，宁夏中宁人，中共党员，硕士研究生，高级工程师。

1992年2月—1997年10月，历任石嘴山一矿技术员、副队长、书记；1997年10月—2003年3月，历任石嘴山一矿生产科副科长、科长、副矿长；2003年3月—2005年8月，任宁夏煤业集团集团石嘴山一矿副矿长；2005年9月—2006年12月，任神华宁煤集团枣泉煤矿第一副处长；2007年1月—2007年12月，任神华宁煤集团梅花井煤矿筹建处处长；2008年1月—2009年10月，任神华宁煤集团金能煤业经理、党委副书记；2009 年11月—2011年8月，任神华宁夏煤业集团副总经理。期间，2011年2月—2011年8月兼任总工程师。

陈恕

1950年8月出生，江苏阜宁人，中共党员，大专学历，高级经济师。

1967年4月至1973年8月在银川化肥厂工作；1973年8月至1990年12月在宁夏燃料化学工业局、宁夏煤炭工业厅工作，先后任燃化局、煤炭厅秘书，煤炭工业厅办公室主任；1991年1月至1995年11月任宁夏煤炭供销公司总经理兼党委书记；1993年9月至1994年7月在中央党校中青年班学习、1995年11月至2000年5月任宁夏煤炭工业厅党组成员，副厅长；2000年5月至2003年2月任宁夏煤炭工业局、宁夏煤矿安全监察局党组成员、副局长，2000年5月至2002年5月兼任宁夏煤炭进出口销售总公司总经理、党委书记，2003年2月至2005年12月任宁夏煤业集团公司党委委员，副总裁，2006年1月至2007年12月任神华宁煤集团党委书记、副董事长，2007年12月至2013年8月任神华宁煤集团顾问。

贺弘志

1949年9月出生，陕西榆林人，中共党员，大学本科学历，高级经济师。

1969年5月至1983年8月在西北煤机二厂工作，期间1978年8月至1982年7月在中国矿院机械系设计专业学习，1982年7月至1983年8月任西北煤机二厂设计助理工程师；1983年8月至2006年8月在宁夏煤工业厅、宁夏煤矿安全监察局工作，先后任煤炭工业厅干部处干事，煤炭进出口公司副经理，煤炭厅政策法规处处长，思想政治工作办公室主任，干部处处长，1996年8月至2003年8月任宁夏煤炭工业厅，宁夏煤矿安全监察局党组成员，纪检组长，2003年8月至2007年11月先后任宁夏煤业集团公司副总裁，神华宁煤集团党委委员、副总经理；2007年12月至2009年8月，任神华宁煤集团顾问。

赵长青

1951年8月出生，河北省霸州市人，中共党员，大学本科学历，高级政工师。

1971年4月至1997年7月在石炭井矿务局大峰矿工作，1980年3月至1997年7月曾先后任大峰矿采掘队副队长，团委副书记、书记，矿纪委书记、矿党委书记。1997年8月任石炭井矿务局纪委副书记、监察处处长，1998年8月至2002年11月任石炭井矿务局党委副书记、纪委书记，太西集团党委副书记、纪委书记。2002年12月至2005年12月任宁夏煤业集团公司党委副书记兼组织部部长、人力资源部总经理。2006年1月至2007年11月任神华宁煤集团党委委员、副总经理。2007年12月至2011年8月，任神华宁煤集团顾问。

马明华

1950年3月出生，宁夏吴忠市人，中共党员，大学本科学历，高级工程师

1969年7月 至1983年3月，在石炭井三矿掘进四队、采煤二队、地测科当工人。1983年3月至1990年8月，任三矿掘进二队队长、三矿副矿长。1990年9月至1992年7月，在北京煤炭干部管理学院学习。1992年7月至1998年12月，任石炭井三矿副矿长、矿长。1998年8月至2002年12月，任石炭井矿务局副局长、太西集团副总经理、董事。2003年1月至2007年11月任宁煤集团副总裁，神华宁煤集团副总经理，2007年12月至2010年3月，任神华宁煤集团顾问。

张学智

1951年11月出生，宁夏中宁县人，中共党员，大学本科学历，高级经济师、高级工程师、高级政工师。

1969年9月至1982年3月，任石炭井三矿采煤一队技

术员、副队长、队长；1982年4月至1984年3月任白芨沟矿综采队队长；1984年3月 —1986年3月，任石炭井矿务局管理公司救护队队长；1986年3月 —1993年12月，任石炭井矿务局救护大队副大队长（主持全面工作）、大队长。1993年12月—1998年8月，任石炭井二矿矿长；期间在宁夏党校经济管理专业脱产学习，获大专学历，同期参加中央党校函授学院经济管理专业学习，获得大学本科学历。1998年8月—2000年2月，任石炭井矿务局副局长；2000年2月—2000年4月，任太西（集团）有限责任公司副总经理、董事；2000年4月—2002年12月任宁夏煤炭进出口（集团）公司总经理、党委书记、宁煤集团公司董事长、党委书记；2002年12月—2007年12月，任宁夏煤业集团公司副总裁、神华宁煤集团副总经理。2007年12月—2011年11月3日，任神华宁煤集团顾问。

二、集团公司总经理助理、副总师简介

高志勤

1955年3月出生，河北新城人，中共党员，大学本科学历。

1971年1月 石嘴山矿务局一矿农场职工、团支部书记；1974年9月兰州大学中文系学习；1976年9月石嘴山矿务局党委宣传部干事；1983年6月石嘴山矿务局办公室科长、副主任；1991年10月石嘴山矿务局一矿党委副书记；1993年12月石嘴山矿务局党委副书记兼纪委书记；1996年10月宁夏煤炭基建公司党委书记；2005年2月宁夏煤业集团总裁助理；2005白年10月神华宁煤集团矿区居住环境治理工程指挥部总指挥 ；2008年12月神华宁煤集团总经理助理兼神宁集团物业服务分公司 党委书记、总经理；2013年8月退休。

李玉民

1954年12月出生，宁夏中宁县人，中共党员，教授级高级工程师。

1982年1月西安矿院采矿系采煤专业毕业。2000年9月西安科技学院采矿工程研究生结业。1982年2月在石嘴山一矿参加工作，曾任通风副区长、通风副科长、通风科长、生产科长、副总工程师等职，1996年10月调任灵武矿务局总工程师助理，1997年6月任灵武矿务局代总工程师，2000年3月任灵州集团总工程师，2002年12月任宁夏煤业集团公司副总工程师。

宁夏诗词学会会员，享受宁夏回族自治区政府特殊津贴；中国管理科学学会高级会员，中国煤炭加工利用协会理事，国家发改委煤炭生产许可证资格审查及年检专家，中国煤炭学会煤矿机电一体化专业委员会委员。

王乐生

1955年6月出生，江苏南京人，中共党员，中央党校函授经济管理专业毕业。

1975年12月参加工作，1981年11月起任石嘴山矿务局二矿技术员、副队长、队长，1989年5月起任石嘴山矿务局二矿副矿长，1996年10月起任石嘴山矿务局二矿矿长，2000年4月起任石嘴山矿务局副局长、副总经理，2002年12月起任宁夏煤业集团煤炭公司总经理，2006年3月起任神华宁夏煤业集团公司调度中心主任，2010年3月起任神华宁夏煤业集团公司总经理助理兼安全监察局局长，2013年9月任神华宁夏煤业集团公司高级专家。

艾宇廉

1956年9月出生，吉林省柳河县人，中共党员，硕士研究生，矿建专业正高职高级工程师。

1982年2月参加工作，历任宁夏石炭井矿务局二矿技术员、技术科科长、副总工程师、副矿长、矿长。1996年12月至1998年7月，任石炭井矿务局副总工程师，2000年2月至2002年11月，任太西集团有限责任公司副总经理。2002年12月至2006年12月任宁夏煤业集团建设工程管理部总经理兼鸳鸯湖矿区建设指挥部总指挥。2006年12月至2014年12月，任神华宁煤集团项目管理部总经理，神华宁煤集团副总工程师兼科技发展部总经理、技术中心主任，神华宁煤集团副总工程师兼生产指挥中心主任。

李良

1955年3月出生，天津市蓟县人，中共党员，大学本科学历。

1974年12月在石炭井矿务局二矿综采队工作；1979年6月任石炭井矿务局二矿宣传科干事；1982年3月起历任石炭井矿务局二矿办公室秘书、副主任、主任；1991年6月起历任石炭井矿务局二矿党委副书记、党委书记；2000年12月任宁夏太西集团工会副主席（正处级）；2001年9月任宁夏太西集团工会主席（副厅级）；2002年12月任宁煤集团社会事务部总经理；2010年3月任神华宁煤集团总经理助理兼社会事务部总经理。

2001年10月任中华全国总工会十三届执委。

张振升

1961年9月出生，山东人，中共党员，北京工业学院化工系有机合成专业毕业。

1983年7月参加工作，先后任石嘴山矿务局化工厂技术员、车间副主任、技术科副科长、副厂长、厂长兼总工程师、党委书记、厂长，1996年9月—2001年11月任石嘴山矿务局党委常委、副局长，2001年11月—2014

年7月历任宁夏亘元集团党委委员、副总经理，宁煤集团综合公司总经理，神华宁煤集团经营管理部总经理、综合公司总经理、非煤产业管理部总经理。2008年2月起任宁夏能源工程公司党委书记，2010年2月起任神华宁煤集团总经理助理、神华宁煤集团总经理助理兼天长民爆公司党委书记、董事长，神华宁煤集团总经理助理兼运销公司党委副书记、总经理。2014年7月内部退养。

王彦青

1962年6月出生，宁夏贺兰人，中共党员，硕士研究生，正高职高级工程师。

1982年7月参加工作，先后在宁夏煤炭基建公司、灵武矿务局建井处、宁夏煤矿设计院、宁夏煤炭基本建设监理咨询公司工作，历任宁夏煤炭基建公司建井处技术员、灵武矿务局建井处工程计划科科长、灵武矿务局建井处副总工程师兼工程计划科科长、灵武矿务局建井处总工程师、灵武矿务局建井处副处长、总工程师、宁夏煤矿设计院院长、宁夏煤炭基本建设监理公司总经理、宁夏煤炭基本建设公司副总经理、党委委员。2004年4月调任宁煤集团鸳鸯湖矿区建设指挥部副总指挥；2006年12月任神华宁煤集团建设工程管理部副总经理兼鸳鸯湖矿区建设办公室主任；2008年2月任神华宁煤集团能源工程公司总经理、党委委员兼博睿招标代理公司经理、技术委员会设计审查中心主任；2011年1月任神华宁煤集团能源工程公司总经理、党委副书记；2013年11月 任神华宁煤集团总经理助理；2016年8月任神华宁煤集团总经理助理、生产指挥中心主任；2018年6月至今任神华宁煤集团经济技术委员会副主任。

毛亚琴

女，1954年10月出生，河北省张家口人，中共党员，大学本科学历，高级会计师。

1974年1月参加工作；1990年3月任石炭井矿务局财务处任财务科长、副处长、处长；2000年5月任太西集团总会计师；2012年12月任神华宁煤集团任物资公司党委书记兼总经理；2015年5月任运销公司党委书记兼总经理；2016年12月任经营管理部党总支书记兼总经理；2010年底退休。

在职期间兼任宁夏回族自治区监察厅收费监管员。2006年至2013年任宁夏回族自治区女企业家协会会长。

孙照亮

1963年7月出生，宁夏吴忠人，中共党员，大学本科学历，高级工程师。

1984年7月任石炭井矿务局设计院采矿设计工程师；1989年9月任石炭井三矿生产、经营副矿长；1998年9月任石炭井矿务局、太西集团副总工程师；2002年12月任宁煤集团项目部总经理；2006年7月任神宁集团煤炭间接液化执行委员会主任；2007年12月任煤化工基地建设总指挥；2008年9月任神华宁煤集团副总师；2010年11月调北京工作。

张忠富

1958年10月出生，辽宁沈阳人，中共党员，西安矿院矿建专业毕业，高级工程师。

1982年7月参加工作，先后在宁夏煤矿设计院、宁夏煤炭工业厅地方煤矿管理处、计划处、灭火工程管理处工作，历任宁夏煤矿设计院技术员、助理工程师；宁夏煤炭工业厅地方煤矿管理处科员、副主任科员、副处长；计划处副处长；宁夏煤炭工业厅灭火工程管理处副处长、处长。2004年4月调任宁煤集团煤炭公司副总经理；2006年3月任神华宁煤集团建设工程管理部副总经理；2008年11月任神华宁煤集团副总工程师；2018年6月任神华宁煤集团经济技术委员会副主任；2019年2月退休。

杨郑

1961年3月出生，宁夏平罗人，中共党员，北师大MPA专业毕业，高级经济师。

1980年1月在宁夏石沟驿煤矿参加工作。1987年7月在宁夏煤炭厅办公室从事秘书工作，兼煤炭报记者。1993年11月起任《中国煤炭报》宁夏记者站站长。1994年10月起先后任宁夏煤炭工业厅办公室副主任、办公室主任。2000年8月起任宁夏煤矿安全监察局办公室主任。2002年12月起任宁夏煤业集团办公室主任。2006年1月起先后任神华宁煤集团办公室主任、人力资源部总经理、副总经济师兼人力资源部总经理。2010年7月调任神华集团人力资源部副总经理、中国神华能源股份有限公司人力资源部副总经理。

郭敏杰

1957年10月出生，河北博野人，中共党员，大学本科学历，思想政治工作研究员。

1975年8月参加工作，先后任石炭井矿务局一矿采煤队技术员、通风区工程师，宁夏煤炭职工大学教师、教务处支部副书记、学生科科长、副校长、党委副书记、纪委书记、工会主席，宁夏煤炭职工大学党委书记，石炭井矿务局党委组织部部长，太西集团人事劳动处处长，宁夏煤业集团人力资源部人事处处长，宁夏煤业集团人力资源部副总经理，神华宁煤集团人力资源部总经理，2008年1月任神华宁煤集团纪检监察部部长、机关党委委员，2010年9月至2015年1月任神华宁煤集团纪委副书记、纪检监察部部长，2015年1月至2017年10月任神华宁煤集团正高级调研员，2017年10月退休。

骆国强

1969年12月出生，浙江杭州人，中共党员，硕士研究生，思想政治研究员，高级经济师。

1992年7月参加工作，先后在宁夏基建物资总公司、自治区经济贸易委员会、自治区政府办公厅、神华宁夏煤业集团工作，历任自治区经济贸易委员会企业处、综合处主任科员，自治区政府办公厅秘书二处副处级秘书、副处长、正处级秘书。2011年1月调任神华宁煤集团副总经济师，2012年7月兼任神华宁煤集团办公室主任，2017年8月至今任国家能源集团宁夏煤业公司副总经济师兼任煤制油化工销售分公司总经理。

曹存山

1956年2月出生，河北省宁晋县人，中共党员，硕士研究生，高级经济师。

1972参加工作，在石炭井矿务局四矿工作；1975年在石炭井矿务局工程处工作；1982年任石炭井矿务局工程处副科长、科长；1993年任石炭井矿务局工程处工会主席、副处长（主持工作）；1996年任石炭井矿务局工程处处长；1999年任石炭井矿务局运销处处长、太西集团销售公司经理；2002年任宁煤销售公司精煤分公司经理；2003年任宁煤、神华宁煤销售公司副总经理；2006年任神华宁煤工业公司副总经理；2007年任神华宁煤铁路指挥部总指挥；2008年任宁夏宁东铁路公司党委委员、副总经理；2011年任神华宁煤集团副总经济师；2013年退休。

焦洪桥

1965年出生，河北冀县人，中共党员，大学本科学历，正高职高级工程师，现任国家能源集团宁夏煤业有限责任公司党委委员、副总经理兼神沙项目部主任。

历任银川化肥厂净化车间主任、生产科长、副厂长，神华宁煤甲醇厂筹建处副处长，神华宁煤烯烃公司副总经理，神华宁煤煤化工分公司总工程师、副总经理，神华宁煤集团副总工程师。

先后荣获宁夏“塞上英才”和“科技创新团队带头人”等荣誉称号。

王春侠

1963年6月出生，宁夏平罗人，大学本科学历，高级会计师。

1982年7月参加工作，先后任石炭井矿务局二矿地测科科员、财务科科员、科长、总会计师、副矿长，宁夏煤业有限责任公司副总会计师兼汝箕沟煤矿副矿长，宁夏煤业集团财务公司资金预算处处长，神华宁夏煤业集团财务部副总经理、总经理，核算中心主任兼副总会计师。2017年5月—2019年9月任神华新疆能源公司副总经理兼财务总监。2019年10月任国家能源集团宁夏煤业公司副巡视员。

陈志清

1963年10月出生，江苏泰兴人，中共党员，大学本科学历，思想政治工作研究员。

1986年7月石嘴山矿务局第三中学参加工作。1990

年6月调石嘴山矿务局工作，先后任教育处团委书记、教育处政工科长、矿务局团委副书记、组织部部长、机关党委书记。2002年4月起任亘元集团公司党委委员、组织部部长。2002年12月起先后任宁夏煤业集团党委组织部干部处处长、党委组织部副部长。2006年6月起先后任神华宁煤集团党委组织部部长、办公室主任。2010年7月起任神华宁煤集团煤炭化学工业分公司党委书记。2015年1月起先后任神华宁煤集团纪检监察部部长、纪委副书记兼纪检监察部部长。2017年4月起任神华宁煤集团纪委副书记、人力资源部总经理。2018年4月起任神华宁煤集团纪委副书记、党委组织部部长、人力资源部总经理。

魏学文

1963年2月出生，宁夏灵武人，中共党员，硕士研究生，思想政治工作研究员，高级经济师。

1983年7月参加工作，1983年11月任石炭井矿务局总机修厂技术员、团委副书记；1985年4月任石炭井矿务局团委副书记；1994年1月任矿山救护大队党总支副书记、党总支书记；1999年3月任石炭井矿务局一矿党委书记，太西集团一矿党委书记，宁夏煤业集团石炭井一矿党委书记、金贺兰公司党委书记、副董事长；2004年10月任汝箕沟煤矿党委书记；2007年3月任神华宁煤集团烯烃公司党委书记；2007年12月任物资公司党委书记、总经理、纪委书记；2009年11月任运销公司总经理、党委书记；2012年11月任神华宁煤集团组宣部部长、机关党委书记；2017年2月任神华宁煤集团工会常务副主席（副总师级）、集团公司纪委委员、监事会监事。

董家麟

1963年10月出生，宁夏固原人，中共党员，大学本科学历，正高职工程师。

1985年7月参加工作，1985年7月—2000年3月先后任宁夏煤炭工业厅生产处、企管处科员、主任科员、副处级调研员。2000年3月—2003年1月任宁煤集团企业管理部经理。2003年1月—2007年8月任宁夏煤业集团、神华宁夏煤业集团投资部处长。2007年8月—2008年10月任神华宁煤集团办公室副主任兼北京办事处主任。2008年10月—2010年7月任神华宁煤集团化工公司副总经理。2010年7月至今，先后任神华宁煤集团规划发展部副总经理（主持工作）、总经理、总经理助理。

李萌

1964年3月出生，宁夏中卫人，中共党员，中央党校经济管理专业毕业，高级政工师、高级经济师。

1985年7月至1998年12月在于灵武矿务局磁窑堡煤矿工作，先后任磁窑堡煤矿技术员、团委副书记、宣传科科长、党政办公室主任、工会副主席、工会主席。1998年12月调灵武矿务局灵新煤矿，任党委副书记、纪委书记。2005年3月起任宁夏煤业集团灵新煤矿党委书记、纪委书记兼工会主席。2006年12月至2010年7月先后任神华宁煤集团灵新煤矿、羊场湾煤矿党委书记。2010年7月起先后任神华宁煤集团人力资源部副总经理（主持工作）、人力资源部总经理；2017年2月起任神华宁煤集团资本运营工作小组副组长、副总经济师。

蔡力宏

1969年9月出生，宁夏银川人，中共党员，上海交通大学高分子材料专业毕业。

1991年8月任宁夏化工研究所团委书记，1995年7月任宁夏化工设计研究所青年工作委员会主任，2002年12月任宁夏银川天然气总公司设计室主任，2003年7月任宁夏哈纳斯天然气有限公司总经理助理，2006年5月任神华宁煤集团烯烃公司项目部负责人，2007年8月任神华宁煤集团烯烃公司副总工程师，2007年10月任神华宁煤集团烯烃公司党委委员、总工程师，2008年8月任神华宁煤集团烯烃公司党委委员、副总经理，2011年7月任神华宁煤集团煤炭化学工业分公司甲醇制烯烃项目筹建处党总支书记、处长，2014年10月任神华宁煤集团煤制油项目建设指挥部党委委员、副总指挥兼烯烃二期项目筹建处处长，2015年8月任神华宁煤集团煤制油项目建设指挥部总指挥、党委副书记，2016年11月任神华宁煤集团煤制油化工工程建设指挥部党委书记、总指挥，2017年9月起任神华宁夏煤业集团公司总经理助理兼煤制油化工工程建设指挥部党委书记、总指挥。

姚伟

1979年5月出生，江苏镇江人，中共党员，博士研究生，高级工程师。

2005年7月起历任神华国际贸易有限责任公司业务主管、高级经理（副处级），2011年11月起历任神华海外开发投资有限公司生产技术部副总经理兼团委书记（副处级）、印尼办事处主任（正处级），2016年3月任神华宁煤集团董事会秘书、生产技术部副总经理（挂职、正处级），2017年1月任神华宁煤集团董事会秘书、人力资源部副总经理（正处级），2017年8月任神华宁煤集团董事会秘书、党委办公室（办公室）主任（总经理助理级）。

三、集团公司机关部室负责人简介

马玉祥

1962年2月出生，宁夏灵武人，中共党员，大学本科学历，高级会计师。

1980年7月参加工作，历任灵武矿务局财务处副科长、科长、副处长、处长，灵州集团副总会计师兼财务处长。2002年起，历任宁夏煤业集团审计部处长，经营部处长、副总经理。2009年起，历任神华宁煤集团财务部副总经理、核算中心副主任，财务部总经理、核算中心主任、党总支书记。2018年9月任国家能源集团宁夏煤业有限责任公司经济技术委员会经济组组长。

黄治军

1979年10月出生，湖北汉川人，中共党员，硕士研究生，高级会计师。

2002年7月参加工作，先后任中国神华能源股份神东煤炭集团公司核算中心科员、副科长、科长，中国神华能源股份神东煤炭集团公司财务部财务主管、经理助理；2011年5月任中煤鄂尔多斯能源化工公司财务部副经理、经理；2017年2月任神华宁夏煤业集团公司财务部副总经理；2018年12月任国家能源集团宁夏煤业公司财务部总经理、核算中心主任。

马德海

1964年2月出生，河北邱县人，中共党员，中央党校函授经济管理专业毕业。

1979年11月参加工作，先后任石嘴山矿务局三矿团委副书记，劳资科副科长，办公室副主任，驻湖北竹溪石庙子工程项目部党支部书记，陕西定边县五环公司经

理，灵武矿务局劳资科科长，劳资处副处长、处长，宁煤集团人力资源部劳动力管理处职称处处长，职业技能鉴定站副站长，劳动薪酬管理处处长，神华宁煤集团人力资源部劳动力管理一级主管，2008年2月至2009年3月任神华宁煤集团人力资源部副总经理，2009年3月至2018年12月任神华宁煤集团企业策划部副总经理（主持工作）、总经理。

孙元凤

1964年8月出生，宁夏中卫人，中共党员，西北大学函授行政管理专业毕业。

1988年8月任灵武矿务局石沟驿煤矿办公室副主任，1989年9月起历任灵武矿务局灵新煤矿筹建处办公室副主任、主任，灵武矿务局办公室副主任、主任。2000年10月起任宁夏灵州集团办公室主任。2002年12月起历任宁夏煤业集团办公室政策法规处处长、办公室秘书处处长。2006年1月起历任神华宁煤集团办公室秘书一级主管、办公室综合一级主管、神华宁煤集团枣泉煤矿党委书记、神华宁煤集团办公室副主任兼综合一级主管、神华宁煤集团办公室主任、神华宁煤集团副总法律顾问兼办公室副主任，2018年11月至今，任神华宁煤集团副总法律顾问（部门正职级）、法律事务部总经理。

赵林

1857年4月出生，甘肃武威人，中共党员，工程硕士。

1982年1月参加工作，1978年2月在西安矿院采矿系矿建专业学习，1982年1月石炭井矿务局一矿工程科技术员，1983年8月西安矿院采矿系矿建专业学习，1989年12月宁夏银川活性炭厂筹建处副总工程师，1992年8

月宁夏银川活性炭厂筹建处总工程师，1994年5月任宁夏煤炭科学研究所总工程师，1995年10月任灵武矿务局多种经营管理处主任工程师，1996年5月任灵州石化公司经理，1998年2月灵武矿务局科技处副处长，1998年12月任银川活性炭厂副厂长兼总工程师，1999年12月任银川活性炭厂党总支书记、副厂长，2000年12月任宁夏源田活性炭有限公司总经理，2003年10月先后任宁夏煤业集团建设工程管理部综合处处长、神华宁煤集团建设工程管理部综合业务一级主管、神华宁煤集团建设工程管理部副总经理（主持工作）、神华宁煤集团建设工程管理部副总经理（主持工作）兼技术委员会设计造价审查中心副主任、神华宁煤集团建设工程管理部总经理兼技术委员会设计造价审查中心副主任、神华宁煤集团建设工程管理部总经理。

徐天彬

1965年8月出生，宁夏中卫人，中共党员，博士研究生。

1985年7月参加工作。1983年9月在西安矿院采矿系矿建专业学习，1987年7月先后任灵武矿务局建井工程处技术员、工程计划科副科长，1991年1月灵武矿务局计划处基建计划工程师、灵武矿务局基建办公室副主任兼基建办公室计划统计科科长，1995年10月灵武矿务局综合工程公司总工程师，1996年10月先后任灵武矿务局建井工程处副处长，2001年2月灵州集团机械化工程公司经理、党总支委员，2003年1月宁煤集团灵武矿区生产指挥部生产技术处处长，2004年3月宁煤集团灵州建井工程处党委书记、处长，2007年12月先后任神华宁煤集团梅花井煤矿筹建处党支部书记、处长、党总支书记、神华宁煤集团梅花井煤矿矿长、党委副书记。2009年12月神华宁煤集团生产技术部高级工程师。2010年3月神华宁煤集团建设工程管理部计划主管，2010年7月神华宁煤集团金家渠煤矿筹建处副处长（主持工作），神华宁煤集团金家渠煤矿筹建处处长，神华宁煤集团金家渠煤矿筹建处处长、党总支书记。2015年6月神华宁煤集团建设工程管理部副总经理，神华宁煤集团建设工程管理部副总经理（主持工作）。

冯茂龙

1962年8月出生，宁夏中宁人，中共党员，西安矿院采煤专业毕业。

1983年7月参加工作，先后任磁窑堡煤矿生产技术科主管技术员、矿长助理、调度室主任、副总工程师副矿长，灵新矿第一副矿长，灵武矿务局计划处处长，灵武矿务局建井工程处党委书记、处长，灵武矿务局磁窑堡煤矿矿长，灵武矿务局副总工程师，宁煤集团灵武矿区生产指挥部副总指挥兼总工程师，神华宁煤集团安全监察局副局长兼总工程师。2008年6月任神华宁煤集团生产技术部总经理。2018年6月任神华宁煤集团经济技术委员会调研员、生产组组长。

黄相明

1971年8月出生，宁夏固原人，中共党员，阜新矿院采矿工程专业毕业。

1994年7月参加工作，先后任灵新煤矿任技术员、生产副科长、通风队队长兼党支部书记、综掘二队党支部书记、队长，矿长助理兼调度室主任，神华宁煤集团驻灵新煤矿安全监察处副处长，清水营煤矿副矿长、矿长，双马煤矿筹建处处长，安全监察局采掘安全监察一级主管，红柳煤矿矿长，2018年8月任神华宁煤集团生产技术部总经理。

张玉柱

1964年5月17日出生，宁夏中卫人，中共党员，硕士研究生，正高职高级工程师。

1986年7月参加工作，1986年7月至1992年10月先后任灵武矿务局基建处、科技处技术员、部长、副处长；1992年11月至2002年12月，先后任宁夏灵州集团公司活性炭厂、科技处副厂长、处长；2003年11月至2006年3月任神华宁夏煤业集团公司工业公司处长；2006年至2009年任神华宁煤集团甲醇厂副厂长、厂长；2010年至2013年10月任神华宁煤集团煤炭化学工业分公司副总经理兼烯烃公司总经理；2013年11月至2016年5月任神华宁煤集团煤炭化学工业分公司总经理；2016年6月任神华宁煤集团煤制油化工部总经理。

邵林珠

1955年1月出生，安徽砀山人，中共党员，大学本科学历，高级工程师。

1973年12月参加工作，先后任石沟驿煤矿机电科副科长、科长，石沟驿煤矿副矿长，灵武矿务局供应公司副经理，灵武矿务局、灵州集团供应公司经理、党总支书记、总经理助理，宁夏煤业集团灵州指挥部副总指挥，宁夏煤业集团物资公司副总经理、党委副书记总经理、党委书记，宁夏煤业集团机电管理部总经理。1983年2月石沟驿煤矿机电科副科长、科长；1985年2月石沟驿煤矿副矿长；1995年2月灵武矿务局供应公司副经理；1996年5月灵武矿务局、灵州集团供应公司经理、党总支书记、总经理助理；2002年12月宁夏煤业集团灵州指挥部副总指挥；2005年4月宁夏煤业集团物资公司副总经理、党委副书记、总经理、党委书记；2008年1月—2013年2月宁夏煤业集团机电管理部总经理。

李平利

1962年3月出生，陕西长安人，中共党员，大学本科学历，高级工程师。

1987年7月参加工作，先后任石嘴山矿务局职教中心教师、石嘴山矿务局三矿筹建处工程师、石嘴山矿务局机电设备公司副队长、石嘴山矿务局二矿工程师、机电副总工程师、副矿长。2004年10月任宁夏煤业集团石嘴山矿区生产指挥部副总工程师；2006年2月神华宁煤集团金能煤业公司副总经理、党委委员；2007年7月西安科技大学学习、神东挂职；2009年3月神华宁煤集团机电管理部总工程师；2010年4月神华宁煤集团机电管理部总工程师兼设备管理中心主任；2011年1月神华宁煤集团机电管理部总工程师；2013年3月神华宁煤集团机电管理部总经理；2019年1月神华宁煤集团经济技术委员会调研员、机电组组长。

陈铎

1975年7月出生，宁夏固原人，中共党员，硕士研究生，高级工程师。

1996年8月灵武矿务局灵新煤矿洗煤厂技术员；1998年2月灵武矿务局灵新煤矿综掘队技术员；2000年12月灵州集团灵新煤矿综掘队副队长；2001年3月灵州集团机械化工程公司综掘队副队长；2003年1月羊场湾一矿综掘队副队长；2004年2月磁窑堡二矿综放队副队长；2005年2月磁窑堡二矿综采队副队长兼党支部副书记；2005年5月磁窑堡二矿综掘一队队长兼党支部书记；2005年11月磁窑堡二矿动力科科长；2006年12月羊场湾煤矿机电动力中心设备管理科科长；2007年1月羊场湾煤矿机电动力中心副主任；2008年1月羊场湾煤矿机电动力中心主任；2008年6月羊场湾煤矿副矿长、党委委员；2017年10月金凤煤矿党委书记、副矿长；2018年7月机电管理部副总经理；2019年9

月机电管理部总经理、设备管理中心主任。

荆宁川

1956年12月出生，山西临猗人，中共党员，大学本科学历，采煤高级工程师。

1982年元月参加工作，先后在宁夏汝箕沟煤矿采煤队、采区、生产技术科、调度室、矿从事生产技术、生产管理、技术管理工作。2001年7月至2003年2月，任汝箕沟煤矿矿长。2003年3月至2006年3月，任宁煤集团石炭井矿区指挥部总指挥。2006年4月至2008年5月任宁煤集团煤炭公司生产技术部总经理。2008年6月至2010年3月，任神华宁煤集团安监局局长。2010年4月，任神华宁煤集团调度中心主任。

于洪波

1959年4月出生，辽宁抚顺人，中共党员，大学本科学历，高级工程师。

1980年12月就职于石炭井矿务局乌兰矿；1986年7月任石炭井二矿掘进四队技术员、副队长；1990年1月任石炭井局多经总公司任科长；1991年4月起历任灵武矿务局羊场湾一号井筹建处技术员、调度室主任、工程科科长兼调度室主任、生产副处长；1996年9月起任灵武局羊一矿矿长；2000年12月任灵州集团安监局副局长；2002年12月任灵武矿区指挥部安监处副处长；2004年10月任宁煤集团红梁公司党委书记、董事长兼总经理；2008年7月起任宁煤集团磁窑堡煤矿党委副书记、矿长；2009年12月于宁煤集团梅花井矿任党委副书记、矿长；2013年1月起任宁煤集团安监局副局长、局长；2017年4月内退。

王兰光

1962年7月出生，江苏丰县人，中共党员，大学本科学历，高级工程师。

1980年12月石炭井矿务局二矿生产科工人；1985年7月任石炭井矿务局二矿生产科技术员、副科长；1989年9月任石炭井矿务局二矿生产科副科长（主持工作）；1990年1月任石炭井矿务局二矿生产科科长；1991年8月任石炭井矿务局二矿副矿长；1995年3月任石炭井矿务局安监局副局长；1998年2月任石炭井矿务局三矿副矿长；2001年9月任太西集团红梁煤业公司副经理、总工程师；2004年10月任宁夏煤业集团灵武矿区生产指挥部安全监察处处长；2006年3月任神华宁煤集团安全监察局宁东分局副局长；2007年10月任神华宁煤集团安全监察局宁东分局局长；2009年1月任神华宁煤集团安全监察局副局长；2014年6月任神华宁煤集团安全监察局副局长、党委委员；2016年8月任神华宁煤集团安全监察局副局长；2016年12月任神华宁煤集团安全监察局局长、安全监察中心主任；2018年6月任神华宁煤集团经济技术委员会调研员、安全组组长。

岳鹏超

1967年1月出生，宁夏惠农人，中共党员，硕士研究生，正高职高级工程师。

1990年7月至2003年2月在石炭井矿务局、太西集团先后担任掘进队技术员、采煤队技术员、采煤队队长，矿副总工程师，总工程师，生产副矿长。2003年3月至2005年8月赴北京以及南非学习培训；2005年9月至2007年12月任灵新煤矿副矿长、矿长；2007年12月至2011年10月任石槽村煤矿筹建处处长、党总支书记；2011年10月至2014年6月任石槽村煤矿矿长；2014年6月至2015年2月任红柳煤矿矿长；2015年2月至2016年12月任羊场湾煤矿矿长；2016年12月至

2018年10月任神华宁煤集团安监局副局长、总工程师；2018年11月起任宁煤公司安全监察局局长、安全监察中心主任。

毛廷育

1959年2月出生、安徽濉溪人，中共党员，大学本科学历，高级工程师。

1976年7月参加工作，先后在石炭井矿务局职工专科学校、石炭井矿务局白芨沟矿工作，先后任技术员、采煤队队长、采区区长，副矿长、矿长。2006年10月至2007年11月，任神华宁夏煤业集团公司金能煤业分公司副经理，2007年12月至2016年8月，任神华宁夏煤业集团公司安全监察局副局长、生产指挥中心副主任、生产指挥中心主任。

李立新

辽宁省海城市人，中共党员，硕士研究生，高级工程师。

1990年7月参加工作，任石炭井矿务局一矿实习技术员、主管技术员，1994年9月任宁夏煤炭职工大学教师。1998年5月至1999年3月，任石炭井矿务局煤炭设计院工程师。1999年3月至2008年7月，先后任石炭井矿务局二矿副队长、队长、延深办主任、延深副总工程师兼延深办主任、副矿长、安全监察处处长。2008年7月至2012年2月，任神华宁煤集团红石湾煤矿筹建处副处长、神华宁煤集团安全监察局基本建设安全主管、驻冯记沟煤矿（金凤煤矿筹建处）安全监察处处长。2012年2月，先后任神华宁煤集团灵州建井工程公司党委副书记、经理，红石湾煤矿党委副书记、董事长、经理，神华宁煤集团羊场湾煤矿党委副书记、矿长。2017年12月至2018年6月任神华宁煤集团人力资源部副总经理。2018年6月起，任神华宁煤集团生产指挥中心主任。

赵平

1962年6月出生，甘肃舟曲人，中共党员，大学本科学历，高级经济师。

1983年8月，在宁夏煤炭工业厅教育卫生处工作，1986年8月至1989年8月先后任自治区讲师团煤炭分团副团长、宁夏煤炭工业厅教育卫生处副主任科员，1992年8月任宁夏物资贸易中心副经理（挂职），1994年11月至1998年3月，先后任宁夏煤炭工业厅教育卫生处副主任科员、机关服务中心副主任，1998年3月至2001年11月，先后任宁夏煤炭进出口销售总公司经理部主任、宁夏煤炭进出口（集团）有限责任公司副总经理，2001年11月任宁煤集团副总经理、党委委员、董事会董事，2002年12月至2006年4月任宁夏煤业集团综合公司综合办公室主任、宁夏煤业集团旅游公司经理、党委书记。2006年4月至2008年10月，任神华宁夏煤业集团销售公司副总经理、党委委员，2008年10月至2013年10月，任北京杰斯菲克气化技术有限公司首席执行官，2013年10月至2018年6月，任神华宁夏煤业集团科技发展部总经理，2018年6月任神华宁夏煤业集团经济技术委员会科技组组长。

刘铜强

1967年12月出生，河南虞城人，中共党员，大学本科学历，高级工程师。

1989年7月在宁夏石嘴山矿务局参加工作，1989年7月至2002年12月，先后任石嘴山矿务局通风处工程师、副主任工程师、副处长、石嘴山矿务局副总工程师，2002年12月至2004年3月，任宁夏煤业集团亘元煤炭生产指挥部副总指挥，2004年3月至2007年7月，任宁夏煤业集团公司石嘴山矿区生产指挥部副总指挥（兼宁煤集团石嘴山瓦斯发电项目筹建组组长），神华宁煤集团金能煤业公司副总经理兼总工程师、党委委员，2007年7月至2008年10月，先后在西安科技大学进修、在神华集团神东煤炭分公司挂职，2008年10月至2011年7月，任神华宁夏煤业集团煤炭间接液化项目部综合部经理，2011年7月至2018年10月，先后任神华宁夏煤业集团科技发展部高级主管、主任师兼环境监测中心主任，2018年10月至今，任神华宁夏煤业集团科技发展部副总经理（主持工作）。

李中山

1964年2月出生，宁夏中卫人，中共党员；宁夏党校工商管理专业毕业。

1981年10月平罗84647部队83分队战士；1982年1月任石嘴山军分区司令部警卫员、宣传干事；1985年9月起历任汝箕沟煤矿工会宣传干事，党政办公室副主任，宣传科副科长、科长，党政办公室主任，矿副矿长，工会主席，党委副书记，纪委书记，党委书记；2009年9月任神华宁煤集团乌兰煤矿党委书记；2012年12月任神华宁煤集团社会事务部副总经理；2013年8月任神华宁煤集团物业服务分公司副总经理、党委副书记（主持工作）；2015年1月任神华宁煤集团物业服务分公司总经理、党委书记；2016年8月任神华宁煤集团社会事务部总经理。

李瑞璞

1958年12月出生，河北河涧人，中共党员，中央党校函授大学毕业。

1977年12月在石嘴山矿务局二矿掘进二队工作、1981年8月任石嘴山矿务局采煤六队技术员；1987年12月任石嘴山矿务局生产科技术员、1990年6月任石嘴山矿务局综采二队助理工程师；1991年4月任石嘴山矿务局综采一队党支部书记；1995年5月任石嘴山矿务局工程师室副总工程师；1999年10月任石嘴山矿务局生产处副处长；2000年4月任石嘴山矿务局二矿副矿长；2003年3月任宁煤集团石嘴山矿区二矿矿长；2006年3月任神宁集团石嘴山金能煤业公司副总经理；2007年12月任神宁集团石嘴山金能煤业公司党委书记；2009年12月任神宁集团金能煤业分公司经理、党委书记；2010年12月任神宁集团金能煤业分公司经理；2013年3月至2016年8月任神宁集团社会事务部总经理。

李志刚

1950年3月出生，陕西蓝田县人，大专学历，高级会计师。

1968年10月石炭井三矿采煤三队工人，1973年6月石炭井三矿财务科会计，1983年10月石炭井矿务局财务处成本科主管，1987年10月石炭井矿务局审计处副处长、处长，1999年12月太西集团副总经济师，2002年12月任宁煤集团审计部总经理，2008年10月神华宁夏煤业公司巡视员，2010年9月退休。

张克峰

1956年12月出生，浙江东阳人，中共党员，北京煤炭干部管理学院会计专毕业。

1984年5月石嘴山矿务局二矿财务科副科，1988年3月北京煤炭管理干部学院财会班培训学习，1989年3月石嘴山矿务局二矿财务科科长，1993年11月石嘴山矿务局二矿总会计师，1994年10月石嘴山矿务局多种经营办公室副主任兼总会计师，1995年11月石嘴山矿务局驻珠海办事处主任、珠海宁夏经济贸易发展有限公司总经理，1996年10月天津（嘉汇）国际贸易有限公司总经理，1999年10月石嘴山矿务局物资公司总经理，2002年12月宁煤集团物资公司二公司经理，2003年1月宁煤集团经营管理部副总经理，

2007年7月神华宁煤集团石嘴山金能公司副经理、党委委员，2008年2月神华宁煤集团审计部副总经理，2010年3月神华宁煤集团审计部总经理，2015年2月神华宁煤集团正高级调研员（进巡视组工作）。

季忠敏

1961年6月出生，上海人，中共党员，大学本科学历，高级会计师。

1980年6月石炭井矿务局大武口洗煤厂参加工作；1982年9月在石炭井矿务局保卫处民警队工作；1986年3月在石炭井矿务局财务处资金科工作；1994年3月任石炭井矿务局财务处资金科副科长；1996年6月任石炭井矿务局财务处资金科科长；1997年8月任石炭井矿务局财务处副处长；2000年10月任太西集团财务处处长；2002年12月任宁煤集团财务公司资产管理部部长；2004年9月 任宁煤集团财务公司资产管理处处长；2006年10月任神华宁煤集团办公室副主任兼驻京办事处主任；2010年3月 任神华宁煤集团物业服务分公司副总经理、党委委员；2013年8月任神华宁煤集团审计部副总经理；2015年2月任神华宁煤集团审计部副总经理（主持工作）；2016年3月任神华宁煤集团审计部总经理；2017年6月任神华宁煤集团职工代表监事、审计部总经理；2018年6月至今任神华宁煤集团调研员、经济技术委员会督查组组长。

曹文钧

1965年4月出生，宁夏贺兰人，中共党员，中央广播电视大学会计专业。

1983年8月参加工作，1989年8月宁夏煤炭厅财务处科员、副主任科员、主任科员，2000年6月宁夏煤炭进出口销售集团公司财务部副经理（其间在中央广播电视大学会计专业学习），2001年7月宁煤集团公司财务部经理，2002年12月宁夏煤业集团公司财务公司内部银行行长，2007年8月神华宁夏煤业集团公司财务部资金管理一级主管，2008年2月神华宁夏煤业集团公司财务部财务预算一级主管，2010年6月神华宁夏煤业集团公司财务部资金预算高级主管，2014年4月神华宁夏煤业集团公司审计部副总经理，2018年11月神华宁夏煤业集团公司审计部总经理、监事会办公室主任。

李怀荣

1958年7月出生，宁夏中卫人，中共党员，大学本科学历，思想政治研究员。

1981年7月参加工作，在宁夏磁窑堡煤矿先后任技术员、团委书记、教育科长，灵武矿务局任团委副书记，灵武局羊场湾矿任工会主席，灵武局建井工程处任工会主席，灵州集团任组织部长兼机关党委书记，宁煤集团组宣部任综合处处长，宁煤白芨沟煤矿任党委书记，宁煤化工公司任党委书记，宁煤组宣部部长。2012年12月至2016年7月任亘元房地产公司党委书记。

谢红

女，1966年5月出生，安徽当涂人，中共党员，大学本科学历，思想政治工作研究员。

1987年12月参加工作，先后在石嘴山矿务局综合工程处组宣科、科研所综合管理部、多种经营总公司经营部、党委组织部任干事、科级组织员；2002年12月—2018年12月，历任宁夏煤业集团公司党委组织部干事、党委组宣部主管、一级主管、人力资源部主任师、机关党委副书记、组宣部部长、公司党校副校长。

李兵

1968年11月出生，宁夏青铜峡人，中共党员，大学本科学历，高级政工师。

1991年7月参加工作，先后任灵武矿务局灵新煤矿组织科干事、办公室秘书，灵武矿务局党委组织部干事、干部科长、组织科长，灵州集团党委组织部组织科长，灵州集团供应公司党总支副书记，宁夏煤业集团物资公司党委委员、综合办公室副主任，宁夏煤业集团销售公司党委委员、办公室主任，神华宁夏煤业集团党委委员、人力资源部经理、办公室主任，宁鲁煤电公司党委副书记、纪委书记、工会主席，神华宁煤集团人力资源部副总经理，2017年2月任神华宁煤集团纪检监察部副部长（主持工作）、部长。

王林吉

1968年3月出生，江苏沛县人，中共党员，宁夏大学地理系地理教育专业毕业，高级政工师。

1991年7月参加工作，先后任石炭井矿务局第一中学教师、石炭井矿务局教育处政工科秘书、石炭井矿务局办公室秘书、太西集团办公室秘书、宁煤集团工会综合业务主办、神宁集团工会综合业务主管、一级主管，2017年5月国家能源集团宁夏煤业公司工会副主席、经审委主任。自治区总工会第十一届、十二届经费审查委员会委员、常委。

四、全国劳动模范简介

蒙鹏科

1971年9月出生，宁夏西吉人，中共党员，大学本科学历，高级工程师。

1992年7月参加工作，2017年当选为自治区总工会委员。2017年8月任神华宁煤集团红石湾煤矿有限责任公司董事长、经理。

在红石湾煤矿担任生产副矿长期间，创建“蒙鹏科劳模创新工作室”。2014年1月，该创新工作室被自治区总工会授予首席技师“创新工作室”，2014年11月被中华全国总工会授予“全国示范性劳模创新工作室”。创新工作室先后获得国家专利4项，获得神华集团三等奖和优秀奖30余项、二等奖15项。先后获得各类荣誉70多项，连续多年被宁煤集团公司评为优秀干部、安全标兵、劳动模范、优秀共产党员等荣誉。2009年被神华集团评为安全生产先进个人，2010年被评为自治区“劳动模范”。2010年被评为全国劳动模范，2011年被评为“自治区百名优秀共产党员”。

马会勤

1968年2月出生，宁夏灵武人，中共党员，中专文化，政工师。现任梅花井煤矿培训科副主任。

1988年参加工作，先后获磁窑堡老矿、梅花井煤矿52项荣誉。1996年获灵州集团双文明先进个人；2006年被神华宁夏煤业集团公司评为“安全标兵”；2007年评为神宁集团优秀员工；2009年获磁窑堡煤矿劳动模范；2009年获神华宁夏煤业集团公司优秀共产党员和安全生产先进个人称号；2011年获梅花井煤矿劳动模范；2014年获荣神华宁夏煤业集团公司劳动模范；2014年获自治区劳动模范；2015年获自治区国资委优秀共产党员；2015年获全国劳动模范等荣誉。

张奋

1965年9月生于宁夏盐池县，高中文化，技师，中共党员，采掘电钳技师、高级技师，2006年1月17日当

选为神宁集团公司董事会董事。现任神华宁夏煤业集团灵新煤矿机修厂副厂长。

自1990年6月参加工作以来，他先后攻克技术难题60余项，提合理化建议70余项，小改小革120多项。从事电钳维修十几年来，精修电气设备万余台无一返修，为企业的发展做出了突出的贡献，先后获得各类荣誉60多项，被誉为矿山技术创新的楷模，被集团公司、灵新煤矿评为“自学成才先进个人”“岗位技术新星”“岗位技术能手标兵”“十佳岗位技术能手”“科技能手”“劳动模范”“优秀共产党员”。1999年破格参加技师技能鉴定，晋升为采掘电钳技师；1999年被宁夏灵武市评为“首届十佳优秀青年”；2000年12月被劳动和社会保障部授予“全国技术能手”；2004年12月被劳动和社会保障部授予“中华技能大奖”；2005年晋升为高级技师；2005年5月被自治区党委、人民政府授予“自治区劳动模范”，同年5月国务院授予“全国劳动模范”。

第二节　人物名录

一、全国人民代表大会代表

表13-1-1

年　度	姓　名	单　位	职　务	届　次
2013年	罗春桃	神华宁煤集团煤制油化工研发中心	主任	第十二届
2018年	邵俊杰	神华宁夏煤业集团公司	党委书记、董事长	第十三届

二、自治区人民代表大会代表

表13-1-2

年　度	姓　名	单　位	职　务	届　次
2013年	张作理	神华宁夏煤业集团公司	党委书记	第十一届
2013年	严永胜	神华宁夏煤业集团公司	总经理	第十一届
2018年	严永胜	神华宁夏煤业集团公司	总经理	第十二届
2018年	李俊挺	煤制油分公司	区队长	第十二届

三、自治区党代会代表

表13-1-3

年　度	姓　名	性别	单　位	职　务	届　次
2012年	陆维平	男	神华宁夏煤业集团公司	党委书记	第十一次
2012年	张玉梅	女	教育培训中心实训基地	副主任	第十一次
2012年	邱守贤	男	甲醇厂气化一车间	党支部副书记	第十一次
2017年	邵俊杰	男	神华宁夏煤业集团公司	党委书记、董事长	第十二次
2017年	马会勤	男	梅花井煤矿综采一队	队长	第十二次
2017年	海　芳	女	物资公司采购部	专责	第十二次

四、自治区政协委员

表13-1-4

年　度	姓　名	单　位	职务	届次
2013年	魏艳华	神华宁夏煤业集团公司	党委副书记、副董事长	第十届政协委员
2013年	刘　云	神华宁夏煤业集团公司	党委书记、副董事长	第十届政协委员
2013年	陆维平	神华宁夏煤业集团公司	党委书记、副董事长	第十届政协委员
2013年	章建忠	神华宁夏煤业集团公司	监事会主席	第十届政协委员
2013年	王春霞	神华宁夏煤业集团公司	副总会计师兼财务部总经理、核算中心主任	第十届政协委员
2013年	赵立红	宁夏工业职业学院	副院长	第十届政协委员
2018年	魏艳华	神华宁夏煤业集团公司	党委副书记、副董事长	第十一届政协委员
2018年	高相虎	神华宁夏煤业集团公司党委办公室	副主任	第十一届政协委员
2018年	安　浩	神华宁夏煤业集团公司煤矿设计院	副总经理兼总建筑师	第十一届政协委员

五、省部级工会代表大会代表

表13-1-5

年　度	姓　名	性别	单　位	职务	出席会议名称
2013年	马金明	男	神华宁煤集团工会	主席	全国总工会第十六届、第十七届代表大会代表
2013年	马金明	男	神华宁煤集团工会	主席	自治区总工会第十一届代表大会代表
2017年	蒙鹏科	男	红石湾煤矿	委员	自治区总工会十一届七次全委（扩大）会议

六、获国家级先进人物名录

表13-1-6

姓 名	性别	工作单位	职　务	荣誉称号	授予机关	授予时间
蒙鹏科	男	红石湾煤矿	矿长	全国劳动模范	国务院	2010年
严永胜	男	神华宁煤集团	总经理	国家科学技术进步二等奖	国务院	2011年
马灵军	男	生产技术部	副总经理	国家科学技术进步二等奖	国务院	2011年
王　刚	男	应急救援中心	队员	全国青年岗位能手	全国总工会	2012年
王爱华	男	大武口洗煤厂	工人	全国道德模范提名奖	中央宣传部、中央文明办、解放军总政治部、全国总工会、团中央、全国妇联	2013年
王林吉	男	神华宁夏煤业集团公司工会	工会一级主管	全国工会优秀工作者	全国总工会	2015年
马会勤	男	梅花井煤矿	副主任	全国劳动模范	国务院	2015年

七、全国“五一劳动奖章”及煤炭工业劳动模范名录

表13-1-7

姓　名	性别	工作单位	职　务	荣誉称号	授予机关	授予时间
张　彪	男	银北水电分公司	副队长	全国煤炭工业劳动模范	人力资源和社会保障部、中国煤炭工业协会	2012年
苑振山	男	金家渠煤矿	副矿长	全国煤炭工业劳动模范	人力资源和社会保障部、中国煤炭工业协会	2007年
刘海春	男	金能煤业分公司综采队	队长	全国煤炭工业劳动模范	人力资源和社会保障部、中国煤炭工业协会	2012年
白建国	男	太西洗煤厂一分区洗煤车间	主任	全国煤炭工业劳动模范	人力资源和社会保障部、中国煤炭工业协会	2012年
刘小明	男	羊场湾煤矿	副矿长	中央企业劳动模范	人力资源社会保障部、国务院国有资产监督管理委员会	2013年
张宁喜	男	白芨沟煤矿掘进队	班长	全国五一劳动奖章	全国总工会	2010年
张玉梅	女	金能煤业分公司机电科	副科长	全国五一劳动奖章	全国总工会	2011年
程怀哲	男	灵州工程监理咨询公司	经理	全国五一劳动奖章	全国总工会	2009年
赵志志	男	羊场湾煤矿综采二队	队长	全国五一劳动奖章	全国总工会	2011年
刘宝安	男	金能煤业分公司综采一队	工人	全国五一劳动奖章	全国总工会	2013年
王玉山	男	梅花井煤矿综采三队	队长	全国五一劳动奖章	全国总工会	2013年
顾小明	男	枣泉煤矿综采一队	班长	全国五一劳动奖章	全国总工会	2013年
王永胜	男	金家渠煤矿机电队	副总兼队长	全国五一劳动奖章	全国总工会	2006年
阿祖林	男	矿山救护总队	队员	全国五一劳动奖章	全国总工会	2012年
杨国龙	男	梅花井煤矿	队长	全国五一劳动奖章	全国总工会	2012年
蔡力宏	男	煤制油化工工程建设指挥部	总指挥	全国煤炭工业劳动模范	人力资源和社会保障部、中国煤炭工业协会	2018年

八、自治区劳动模范及“五一劳动奖章”获得者名录

表13-1-8

姓　名	性别	工作单位	职务	荣誉称号	授予机关	授予时间
李　荣	男	甲醇厂汽化车间	技术员	自治区五一劳动奖章	自治区总工会	2009年
李宽让	男	石炭井焦煤公司	副总经理	自治区五一劳动奖章	自治区总工会	2009年
梁元元	男	枣泉煤矿综掘三队	班长	自治区五一劳动奖章	自治区总工会	2009年
刘　杰	男	煤制油化工安装检修分公司	班长	自治区五一劳动奖章	自治区总工会	2009年
马洪涛	男	灵新煤矿综采二队	组长	自治区五一劳动奖章	自治区总工会	2009年
张晓龙	男	矿山救护总队	救护队员	自治区五一劳动奖章	自治区总工会	2009年
龚新田	男	建井工程公司安装队	安装工	自治区五一劳动奖章	自治区总工会	2009年
田进宝	男	羊场湾煤矿综掘一队生产四班	班长	自治区五一劳动奖章	自治区总工会	2009年
沈铭华	男	枣泉煤矿综掘队	队长	自治区五一劳动奖章	自治区总工会	2009年
王根生	男	羊场湾煤矿	科长	自治区劳动模范	自治区人民政府	2010年

续表

姓　名	性别	工作单位	职　务	荣誉称号	授予机关	授予时间
宋兆贵	男	金能煤业分公司	副经理	自治区劳动模范	自治区人民政府	2010年
苏学辉	男	乌兰煤矿综采二队	班长	自治区劳动模范	自治区人民政府	2010年
雍兴成	男	枣泉煤矿	副总工程师	自治区劳动模范	自治区党委、政府	2015年
张玉柱	男	物资公司煤制油化工部	总经理	自治区劳动模范	自治区党委、政府	2015年
何凤强	男	石炭井焦煤公司	副经理	自治区五一劳动奖章	自治区总工会	2011年
崔万奎	男	太西洗煤厂三分区	副主任	自治区五一劳动奖章	自治区总工会	2011年
刘云鹄	男	枣泉煤矿机电队	维修电工	自治区五一劳动奖章	自治区总工会	2011年
马保柱	男	灵新煤矿综采一队	采煤机司机	自治区五一劳动奖章	自治区总工会	2011年
马淑琴	女	太西洗煤厂普煅车间	采制样工	自治区五一劳动奖章	自治区总工会	2011年
舒来明	男	灵新煤矿综采一队	工人	自治区五一劳动奖章	自治区总工会	2011年
杨秉聪	男	梅花井煤矿通风队	通风工	自治区五一劳动奖章	自治区总工会	2011年
岳学伟	男	金家渠煤矿	副矿长	自治区五一劳动奖章	自治区总工会	2011年
封新明	男	枣泉煤矿	工会主席	自治区五一劳动奖章	自治区总工会	2012年
关清安	男	神华宁煤集团	副总经理	自治区五一劳动奖章	自治区总工会	2012年
王乐生	男	神华宁煤集团安全监察局	局长	自治区五一劳动奖章	自治区总工会	2012年
文　新	男	神华宁煤集团工会	副主席	自治区五一劳动奖章	自治区总工会	2012年
陈　鑫	男	煤制油化工质检计量中心	化验员	自治区五一劳动奖章	自治区总工会	2012年
李淑萍	女	羊场湾煤矿运输二队	副队长	自治区五一巾帼奖章	自治区总工会	2012年
马彦萍	女	煤制油化工安装检修分公司	绩效管理员	自治区五一劳动奖章	自治区总工会	2012年
宋兆季	男	神华宁煤化工烯烃公司化工	仪表维修工	自治区五一劳动奖章	自治区总工会	2012年
妥金龙	男	灵州建井工程公司	综掘机司机	自治区五一劳动奖章	自治区总工会	2012年
杨秉聪	男	梅花井煤矿	测风工	自治区五一劳动奖章	自治区总工会	2012年
张俊峰	男	矿山救护队	矿山救护工	自治区五一劳动奖章	自治区总工会	2012年
林红梅	女	信息技术中心	副部长	自治区五一巾帼标兵	全国总工会	2013年
邓保卷	女	红石湾煤矿机电队	操作工	自治区五一劳动奖章	自治区总工会	2013年
冯　艳	女	金凤煤矿机电队	主扇司机	自治区五一劳动奖章	自治区总工会	2013年
林红梅	女	信息技术中心信息系统管理部	副部长	自治区五一劳动奖章	自治区总工会	2014年
刘凤云	女	质检计量中心银北化验室	化验员	自治区五一劳动奖章	自治区总工会	2014年
杜正平	男	烯烃二分公司	副总工程师	全国五一劳动奖章	全国总工会	2016年
韩玉琨	男	煤制油公用工程管理中心	技术员	自治区五一劳动奖章	自治区总工会	2016年
吕贵东	男	煤制油化工工程建设指挥部	副总指挥	自治区五一劳动奖章	自治区总工会	2016年
蔡力宏	男	煤制油化工工程建设指挥部	总指挥	自治区五一劳动奖章	自治区总工会	2017年
李培植	男	天长民爆公司雷管车间制药班	班长	自治区五一劳动奖章	自治区人民政府	2013年
刘　庆	女	太西洗煤厂机电科	技术员	自治区五一劳动奖章	自治区总工会	2013年
张　华	男	烯烃一分公司仪表车间	班长	自治区五一劳动奖章	自治区总工会	2013年
李淑翠	女	灵武水电分公司变电站	值班员	自治区五一劳动奖章	自治区总工会	2013年
谷　宇	男	煤制油化工质检计量中心	技术员	自治区五一劳动奖章	自治区总工会	2014年
王　森	男	信息技术中心应用系统研发部	副部长	自治区五一劳动奖章	自治区总工会	2018年

九、获省部级以上先进个人名录

表13-1-9

姓　名	性别	工作单位	职　务	荣誉称号	授予机关	授予时间
柳思斌	男	金能煤业分公司	准备一队班长	全国煤炭工业百名优秀青年矿工	中国煤炭工业部	2011年
马宝柱	男	灵新煤矿	班组长	全国煤炭工业百名优秀青年矿工	团中央、中国煤炭工业协会	2011年
陈　超	男	应急救援中心	副总队长	第九届全国矿山救援技术竞赛优秀裁判员	国家安全监管总局	2012年
李守谭	男	信访办	信访办主管	信访工作先进个人	宁夏回族自治区	2012年
马洪涛	男	灵新煤矿	副队长	全国技术能手	人力资源和社会保障部	2013年
陈　刚	男	应急救援中心	小队长	全国青年安全生产岗位能手	国家安全监管总局	2013年
包乃强	男	应急救援中心	副小队长	全国青年安全生产岗位能手	国家安全监管总局	2013年
权润平	男	汝箕沟无烟煤分公司综掘队	技术员	全国青年岗位能手	团中央、人力资源和社会保障部	2014年
陈　辉	男	煤质油分公司	工人	全国五好文明家庭	中华全国妇女联合会	2014年
赵玉林	女	太西洗煤厂组宣部	副部长	全国法制宣传教育先进个人	全国普法办公室	2016年
王　峰	男	汝箕沟无烟煤分公司信息监测中心	维修工	中国矿工“十大杰出人物”	国家煤矿安全监察局、国家煤炭文学艺术联合会	2016年
赵玉林	女	太西洗煤厂机关	党总支书记	全国法制宣传教育先进个人	中央宣传部、司法部	2016年
姚　敏	男	神华宁煤集团	副总经理	卓越贡献奖	世界煤炭转化大会	2017年
杨泽良	男	麦垛山煤矿	信号工	全国最美家庭	中华全国妇女联合会	2017年
高兴和	男	信访办	信访督办专员	25年信访工作荣誉	国家信访局	2017年
马青林	男	汝箕沟无烟煤分公司	维检队工人	全国最美家庭	中华全国妇女联合委会	2018年
曹　军	男	信访办	信访办主管	信访工作先进个人	宁夏回族自治区	2018年
马秀英	女	石沟驿煤矿	工人	自治区建功立业标兵	自治区总工会	2009年
马洪涛	男	灵新煤矿	副队长	自治区首席技师	自治区人民政府	2012年
练忠胜	男	红柳煤矿	副队长	全区青年岗位能手	自治区总工会	2009年
李玉田	男	宁夏煤炭基本建设公司七分公司	经理	自治区优秀共产党员	自治区党委、自治区人民政府	2009年
岳鹏超	男	石槽村煤矿	矿长	首届民族团结进步模范人物	自治区人民政府	2009年
周树国	男	枣泉煤矿工程科	科长	宁东基地建设大会战先进个人	自治区人民政府	2010年
张学明	男	双马煤矿	副矿长	宁东基地建设打会战先进个人	自治区人民政府	2010年
李新华	男	白芨沟煤矿	矿长	宁夏青年五四奖章	自治区团委	2010年
刘　伟	男	枣泉煤矿	副科长	自治区班组建设优秀组织者	自治区总工会	2010年
张兴龙	男	神华宁夏煤业集团规划发展部	一级主管	全区保增长、促发展先进个人	自治区人民政府	2010年
曹志善	男	神华宁夏煤业集团规划发展部	副总经理	宁东能源化工基地建设先进个人	自治区人民政府	2011年
马万祥	男	应急救援中心	安监局副局长、中心主任	宁夏回族自治区宁东基地建设大会战先进个人	自治区人民政府	2011年
翟　文	男	梅花井煤矿	副矿长	宁夏青年五四奖章	自治区团委	2011年
张　迁	男	太西洗煤厂洗选管理中心	主任	自治区优秀共产党员	自治区党委	2011年
秦大英	男	安全监察局	一级主管	全区应急管理先进个人	自治区人民政府	2011年
关清安	男	神华宁煤集团	副总经理	自治区安全生产工作先进个人	自治区人民政府	2012年

续表

姓　名	性别	工作单位	职　务	荣誉称号	授予机关	授予时间
陈　艾	男	羊场湾煤矿	矿长	安全生产先进个人	自治区人民政府	2012年
马晓红	女	石槽村煤矿	绞车司机	自治区巾帼建功先进女职工工作者	自治区总工会	2012年
马万祥	男	应急救援中心	安监局副局长、中心主任	宁夏十大经济人物	自治区人民政府	2012年
岳鹏超	男	石槽村煤矿	矿长	首届“民族团结进步”十大模范人物	自治区人民政府	2012年
张玉柱	男	煤制油化工部	总经理	宁夏十大经济人物	自治区党委、自治区人民政府	2012年
倪　玮	男	煤制油化工安装检修分公司	副主任	青年技术能手	自治区总工会	2012年
石金凤	女	红柳矿	工人	青年技术能手	自治区总工会	2013年
赵　华	男	灵新煤矿	副矿长	青年五四奖章	自治区团委	2013年
张俊峰	男	应急救援中心	小队长	自治区技术能手	自治区总工会	2013年
杨　荣	男	灵新煤矿	技术员	自治区首席技师	自治区人民政府	2014年
孙　贤		任家庄煤矿	技术员	第三届自治区优秀志愿者	自治区团委	2014年
张红梅	女	太西洗煤厂煤炭质检运销科化验班	化验员	技术标兵	自治区总工会	2014年
杨伟侠	女	太西洗煤厂煤炭质检运销科化验班	化验员	技术标兵	自治区总工会	2014年
王彦春	女	太西洗煤厂煤炭质检运销科化验班	班长	技术标兵	自治区总工会	2014年
陈慧玲	女	太西洗煤厂煤炭质检运销科化验班	化验员	全区煤质化验工职业技能竞赛优秀选手	自治区总工会	2014年
王希娟	女	太西洗煤厂	化验员	全区煤质化验工职业技能竞赛优秀选手	自治区总工会	2014年
张玉柱	男	物资公司	总经理	十佳优秀企业家	自治区党委、自治区人民政府	2014年
姚　敏	男	神华宁煤集团	副总经理	塞上英才	自治区党委、自治区人民政府	2015年
甄维鹏	男	金凤煤矿	党支部书记	宁东大会战先进个人	自治区人民政府	2015年
王运敏	男	太西洗煤厂	工会主席	优秀工会工作者	自治区总工会	2015年
刘晓明	男	梅花井煤矿	工程科科长	优秀共产党员	自治区党委	2015年
杨成龙	男	神华宁煤集团	副总经理	政府科学技术进步奖	自治区人民政府	2016年
周光华	男	神华宁煤集团	总工程师	塞上英才	自治区人民政府	2016年
何庆永	男	金能煤业分公司	党委书记	优秀党务工作者	自治区党委	2016年
杨泽良	男	麦垛山煤矿运输二队	员工	感动宁夏2015年度人物提名奖、自治区最美家庭	自治区人民政府	2016年
周光华	男	神华宁煤集团	总工程师	宁东基地开发建设作出重要贡献	自治区人民政府	2017年
王　峰	男	汝箕沟无烟煤分公信息监测中心	维修工	宁夏青年“五四”奖章	自治区团委	2017年
白士桦	男	煤制油分公司	工人	自治区优秀共青团员	自治区团委	2017年
马顺达	男	灵新煤矿	矿党委书记	优秀党务工作者	自治区党委	2017年
纪文娟	女	煤制油分公司	班长	自治区五一巾帼标兵	自治区总工会	2018年

十、享受国务院、自治区政府特殊津贴者名录

表13-1-10

姓　名	性别	工作单位	职　务	授予机关	授予时间
张　奋	男	灵新煤矿	副主任	国务院	2008年
严永胜	男	集团公司	总经理	国务院	2010年
胡文博	男	羊场湾煤矿	副矿长	国务院	2010年
马保柱	男	灵新煤矿	工人	国务院	2012年
邵俊杰	男	集团公司	董事长	国务院	2014年
姚　敏	男	集团公司	副总经理	国务院	2016年
郭中山	男	煤制油分公司	总经理	国务院	2018年
马洪涛	男	灵新煤矿	工人	国务院	2018年
马保柱	男	灵新煤矿	工人	自治区党委、自治区人民政府	2013年
冯茂龙	男	神华宁煤集团生产技术部	总经理	自治区人民政府	2016年
姚　敏	男	神华宁煤集团	副总经理	国务院	2017年
翟　文	男	枣泉煤矿	党委书记、矿长	自治区人民政府	2018年

十一、生产经营单位（2009—2018）党委书记、矿长任职名录

（一）煤炭生产洗选单位

表13-1-11

单　位	党委（总支）书记	矿长（经理、主任）
羊场湾煤矿	丁永禄　孙树青　马顺达	陈　艾　丁永禄　岳鹏超　何风强　李立新　王立峰
梅花井煤矿	邹光明　宗振关　丁继伟	徐天彬　于洪波　陈　艾　刘小明
枣泉煤矿	孙元凤　陈治中　于颖学　胡全宏　翟　文	周光华　马万祥　翟　文
汝箕沟无烟煤分公司	孙继明	王　华　张志宏
红柳煤矿（筹建处）	张新华　丁浩波　封新明	张新华　宋兆贵　岳鹏超　何风强　黄相明　赵志志
石槽村煤矿（筹建处）	岳鹏超　李满学　杨国柱　赵　华	岳鹏超　顾怀红　赵　华
金凤煤矿（筹建处）	陈会宁　马占荣　陈治中　陈　铎　戴良宗	陈治中　张　兵
任家庄煤矿	张永强　杨国柱　刘立勇	张永强　张智福　刘建海
灵新煤矿	姬宝君　李海峰　马顺达　赵　华　孔军峰	王文俭　张　吉　赵　华　顾怀红　孔军峰
麦垛山煤矿（筹建处）	孟　超　王怀华　丁继伟　马占荣　王占银	孟　超　王怀华　沈铭华　顾怀红　王占银
双马煤矿（筹建处）	高　波　蔡晓芒　李海峰　姬向党　丁玉征	高　波　蔡晓芒　黄相明　王立峰　胡全宏
石沟驿煤业分公司	刘　纯　牛明理　李　逵　桂永林　张　吉　龙　方　丁浩波	杨连华　马文孝　张　吉　孙　明　陈会宁　肖向宏　刘小明　沈铭华　张　兵　丁浩波
金家渠煤矿（筹建处）	徐天彬　李景铎　丁永禄　刘玉林	徐天彬　李景铎　丁永禄　王占亭
红石湾煤矿有限责任公司	刘　勇　马少斌　蒙鹏科	官　亮　张智福　李立新　蒙鹏科
清水营煤矿（筹建处）	冯胜利　闫新建　封新明　李满学　张世库	张建华　黄相明　陈　艾　李满学　王　华
银北矿区管理办公室	董立军　何　军	董立军　何　军
生产安装分公司	王　华　贾丰华	王　华　贾丰华
选配煤/洗选中心	王福山　张　振　朱长勇	王志坚　张　振　朱长勇

（二）煤制油化工单位

表13-1-12

单位	党委（总支）书记	经理（主任）
煤制油分公司	刘承仁 王红侠 郭中山	刘万洲 郭中山
煤制油化工工程建设指挥部	蔡力宏	蔡力宏
烯烃一分公司	王红侠 曹建国 解浪亭 李刚健	刘万洲 张建寿 张玉柱 郭中山 李刚健
烯烃二分公司	李国孝	王治泉 杨加义
甲醇分公司	龙 方 解浪亭 温 豹	张玉柱 李刚健 杨加义 乃国星
煤制油化工安装检修分公司	秦喜全 钱 钧 庄新荣 倪晓东	钱 钧 庄新荣
煤制油化工公用设施管理分公司	丁 宁 王开明 王建彬 李满学	王志坚 王建彬 钱 钧
煤炭化学工业技术研究院	罗春桃 金政伟	罗春桃 金政伟
煤制油化工质检计量中心	刘玉奇 张康宁	刘玉奇

（三）专业化公司及其他单位

表13-1-13

单位	党委（总支）书记	董事长、经理（主任）
运销公司	唐 琳 刘承仁 魏学文 王红侠 李 毅	唐 琳 魏学文 张振升 张正军 刘承仁
煤制油化工销售分公司	曹建国 武华竹	骆国强
物资公司	魏学文 冯胜利 姜宏瑜 武华竹 曹建国	魏学文 张玉柱 曹建国
能源工程有限公司	张振升 梁 银 姚建华 张永强	王彦青 李俊武 徐天彬
物业服务分公司	高志勤 李中山 李新聪	高志勤 李中山 邹光明
宁夏亘元房地产开发有限公司	王国军 穆迎信 李怀荣 刘承仁	白武新 樊永宁 马金明 姚建华 黄金彪
新闻中心	俞太银 鲁春雷 雍战鹏	俞太银 薛海滨 雍战鹏
信息技术中心	王自河 姬宝君 梁 银 杨 滨	王自河 张 杰
宁夏工业职业学院	魏 铭 姜宏瑜	任茂宁 王自河
培训中心	王国军 姜宏瑜	任茂宁 王自河
矿山机械制造维修分公司	庄银琴 郭立波 赵光明	郭立波 张永强 冯雪清 何彦军
宁夏煤炭基本建设有限公司	李太淮 李玉田 杨金成 陈广文 崔跃发 鱼智浩	穆迎信 李玉田 鱼智浩 黄金彪
水电分公司	马耀祖 贺高平 陆建国	翟文云 吴万仓 张金龙 陆建国
矿山救护总队（应急救援中心）	刘希福 杨志洪 吴子平	刘希福 马万祥 汤卫林
阳光艺术团	郭光庆	魏延泉 刘建春 郭光庆
神沙项目部	焦洪桥	焦洪桥

（四）股份制企业

表13-1-14

单 位	党委（总支）书记	董事长（经理）
宁夏天长民爆器材有限责任公司	张振升 赵 宁 刘智华 路胜利	张振升 张金龙 路胜利
内蒙古维华矿业公司	李俊武 魏 成	李俊武 魏 成
宁夏神耀科技有限责任公司		姚 敏 张 勇 匡建平

第二章　先进单位（集体）名录

第一节　获国家级先进单位（集体）

一、集团公司获国家级奖项

表13-2-1

单位	荣 誉 称 号	授奖机关	授予时间
神华宁煤集团	中央企业先进基层党组织	国务院、国资委	2011年
神华宁煤集团	中央企业信访维稳先进单位	国务院、国资委	2012年
神华宁煤集团	全国五一劳动奖状	全国总工会	2012年
神华宁煤集团	全国社会扶贫先进集体	国家扶贫开发领导小组	2014年
神华宁煤集团	模范职工之家	全国总工会	2013年

二、矿、厂（区、队）获国家级奖项

表13-2-2

单位	荣 誉 称 号	授奖机关	授予时间
太西洗煤厂	全国文明单位	中央精神文明建设指导委员会	2009年
枣泉煤矿	工人先锋号	全国总工会	2009年
白芨沟煤矿	全国五一劳动奖状	全国总工会	2009年
金能煤业公司	全国青年文明号	团中央	2009年
白芨沟煤矿	全国民族团结进步集体	国务院	2009年
大武口洗煤厂	全国“安康杯”竞赛优秀组织奖	全国总工会	2010年
金能煤业分公司	全国“安康杯”竞赛优胜单位	全国总工会	2010年
灵新煤矿工会	全国工会优秀职工书屋示范点	全国总工会	2010年
乌兰煤矿	全国“安康杯”竞赛优胜单位	全国总工会	2011年
金能煤业分公司	全国“安康杯”竞赛优胜单位	全国总工会	2011年
太西洗煤厂	全国“安康杯”竞赛优胜单位	全国总工会	2011年
白芨沟煤矿	全国“安康杯”竞赛优胜单位	全国总工会	2011年
汝箕沟煤矿	全国“安康杯”竞赛优胜企业	全国总工会	2011年

续表

单位	荣 誉 称 号	授奖机关	授予时间
应急救援中心	全国青年安全生产示范岗	国家安全监管管理总局	2011年
白芨沟煤矿	全国五一劳动奖状	全国总工会	2011年
信息技术中心银川运营部	全国青年志愿者优秀组织奖	团中央	2011年
汝箕沟煤矿	全国劳动模范关系和谐企业	人力资源和社会保障部、全国总工会	2011年
白芨沟煤矿	全国劳动模范关系和谐企业	人力资源和社会保障部、全国总工会	2011年
太西洗煤厂	全国文明单位	中央精神文明建设指导委员会	2011年
神宁电视台	全国党员教育片优秀作品	中共中央组织部	2011年
乌兰煤矿	全国“安康杯”竞赛优胜单位	全国总工会	2012年
金能煤业分公司	全国“安康杯”竞赛优胜单位	全国总工会	2012年
枣泉煤矿	2012年全国质量信得过班组	全国总工会、中国质量协会	2012年
太西洗煤厂	全国“安康杯”竞赛优胜单位	全国总工会	2012年
灵新煤矿	全国质量信得过班组	全国妇联、中国质量协会、全国总工会、中国科协	2012年
矿山救护总队	全国五一劳动奖状	全国总工会	2012年
枣泉煤矿	全国青年安全生产示范岗	国家安全监管总局、全国总工会、团中央	2012年
矿山救护总队	全国青年安全生产示范岗	国家安全监管总局、全国总工会、团中央	2012年
煤化工分公司研发中心研发二部	全国“巾帼标兵岗”	全国总工会	2013年
灵新煤矿综采一队生产二班	全国工人先锋号	全国总工会	2012年
矿山救护总队	第九届全国矿山救护技术竞赛模拟救灾一等奖	国家安全监督管理总局、全国总工会	2012年
矿山救护总队	全国青年安全生产示范岗	国家安全监督总局、全国总工会、团中央	2012年

第二节　获省部级先进单位（集体）

一、集团公司获省部级奖项

表13-2-3

单位	荣 誉 称 号	授奖机关	授予时间
神华宁煤集团	集团公司《创新之路》在2011年全国党员教育电视片观摩交流活动中被评为优秀作品	中共中央组织部	2011年
神华宁煤集团	集团公司《民主谱华章》在2011年全国党员教育电视片观摩交流活动中被评为优秀作品	中共中央组织部	2011年
神华宁煤集团	第九届全国矿山救援技术竞赛(水晶奖杯)组织奖	国家安全监管总局	2012年
神华宁煤集团	第九届全国矿山救援技术竞赛荣誉证书(竞赛组织奖)	国家安全监管总局	2012年
神华宁煤集团	第六届全区企业界宣传比赛“优秀组织奖”	自治区文化厅、自治区总工会、自治区团委、自治区企业文化协会	2012年
神华宁煤集团	全国无偿献血促进奖	卫生部	2012年

续表

单位	荣 誉 称 号	授奖机关	授予时间
神华宁煤集团	2009-2012年度全国群众体育先进单位	国家体育总局	2013年
神华宁煤集团	高瓦斯突出煤层群保护层开采与地面钻井抽采卸压瓦斯技术一等奖	自治区人民政府	2010年
神华宁煤集团	长距离大孔径定向钻孔高效抽采瓦斯技术研究二等奖	自治区人民政府	2010年
神华宁煤集团	全区保增长、促发展先进单位	自治区人民政府	2010年
神华宁煤集团	“十一五”全区节能降耗先进企业	自治区人民政府	2011年
神华宁煤集团	德士古气化废锅流程辐射废锅结渣研究与应用二等奖	自治区人民政府	2011年
神华宁煤集团	600m井筒疏降水技术研究二等奖	自治区人民政府	2011年
神华宁煤集团	全国就业先进企业	中华人民共和国国务院	2012年
神华宁煤集团	全区第六次会计工作先进集体	自治区人民政府	2012年
神华宁煤集团	全区企业界宣传比赛“优秀组织奖”	自治区文化厅、自治区总工会、共青团宁夏区委、自治区企业文化协会	2012年
神华宁煤集团	全区职工羽毛球乒乓球运动会团体总分第二名	自治区总工会、宁夏体育局	2013年
神华宁煤集团	国家能源科技进步奖“数字化矿山集成技术研究”三等奖	国家能源局	2013年
神华宁煤集团	宁东基地建设大会战特等奖	自治区人民政府	2013年
神华宁煤集团	全区2012年固定资产工作突出贡献企业	自治区人民政府	2013年
神华宁煤集团	全区2012年固定资产工作突出贡献企业	自治区人民政府	2013年
神华宁煤集团	授予神华宁煤集团2012年宁东基地绿化先进单位	自治区人民政府	2013年
神华宁煤集团	全区青年就业创业见习基地	区团委、教育厅	2013年
神华宁煤集团	全区民族团结进步模范集体	自治区人民政府	2013年
神华宁煤集团	“智能控制刮板输送机”项目“宁夏回族自治区科学技术进步一等奖”	自治区人民政府	2016年

二、矿、厂（区队）获省部级奖项

表13-2-4

单位	荣 誉 称 号	授奖机关	授予时间
灵新煤矿女职工委员会	巾帼文明岗	中华全国妇女联合会、全国妇女“巾帼建功”活动领导小组	2009年
矿山救护总队	全国青年安全生产示范岗	国家安全监管总局、全国总工会、团中央	2009年
应急救援中心	全国青年安全生产示范岗	国家安全监督管理总局	2009年
太西洗煤厂团委	全国五四红旗团委	团中央	2010年
汝箕沟煤矿综采一队	全国青年安全生产示范岗	团中央	2010年
枣泉煤矿综采一队生产一班	中央企业红旗班组标杆	国务院国有资产监督管理委员会	2010年
矿山救护总队	第八届全国矿山救援技术竞赛（医疗急救二等奖）	国家安全监督管理总局全国总工会、团中央	2010年
应急救援中心	第八届全国矿山救援技术竞赛（医疗急救二等奖）	国家安全监督管理总局	2010年

续表

单位	荣 誉 称 号	授奖机关	授予时间
汝箕沟煤矿	全国青年安全生产示范岗	团中央、国家安全监察总局	2010年
白芨沟煤矿	全国青年安全生产示范岗	团中央、国家安全监察总局	2010年
煤制油化工研发中心研发二部	巾帼标兵岗	中华全国妇女联合会	2013年
大武口洗煤厂	巾帼文明岗	中华全国妇女联合会	2013年
煤化工公司	全国无偿献血促进奖	卫生部	2013年
大武口洗煤厂	中央企业先进集体	人力资源和社会保障部	2013年
石槽村煤矿煤质量管理QC小组	全国优秀质量管理小组	全国总工会、中华全国妇女联合会	2013年
梅花井煤矿	全国“安康杯”竞赛优胜班组	全国总工会、国家安全监督管理总局	2014年
灵新煤矿	全国“安康杯”竞赛优胜班组	全国总工会、国家安全监督管理总局	2014年
白芨沟煤矿综采队二班	全国“安康杯”竞赛优胜班组	全国总工会、国家安全监督管理总局	2014年
梅花井煤矿	全国五一劳动奖状	全国总工会	2014年
梅花井煤矿团委	全国青年安全生产示范岗	团中央、国家安全监管总局	2014年
梅花井煤矿综采二队	全国青年安全生产示范岗	团中央、国家安全监管总局	2014年
宁夏煤炭基建公司	守合同重信用企业	国家工商行政管理总局	2014年
治安保卫总队机关保卫部	全国青年文明号	团中央	2015年
太西洗煤厂	全国文明单位	中央文明办公室	2015年
甲醇分公司	全国五四红旗团委	团中央	2016年
甲醇厂	全国青年安全示范岗	团中央	2016年
煤制油分公司	全国青年安全生产示范岗	团中央、国家安全监督管理总局	2017年
煤制油化工质检计量中心	全国五一巾帼标兵岗	全国总工会	2015年
神华宁夏煤业集团公司工会	全国模范职工之家红旗单位	全国总工会	2015年
汝箕沟无烟煤分公司	全国五一巾帼标兵岗	全国总工会	2017年
神华宁夏煤业集团公司工会	全国五一劳动奖状	全国总工会	2017年
煤制油分公司	全国五一劳动奖状	全国总工会	2017年
太西洗煤厂	全国工人先锋号	全国总工会	2017年
应急救援中心	第十一届全国矿山救援技术竞赛综合体能第一名，呼吸器操作第三名	国家安全监督管理总局	2017年
任家庄煤矿	一级安全生产标准化煤矿	国家煤矿安监局	2017年
白芨沟煤矿	自治区五一劳动奖	自治区总工会	2009年
白芨沟煤矿	自治区劳动关系和谐“模范企业”	自治区总工会、自治区工商联合会	2009年
汝箕沟煤矿	自治区劳动关系和谐“模范企业”	自治区总工会、自治区工商联合会	2009年
汝箕沟煤矿	自治区五一劳动奖	自治区总工会	2009年
宁夏煤炭基建公司	自治区工人先锋号	自治区总工会	2009年
乌兰煤矿	自治区五一劳动奖状	自治区总工会	2009年
大武口洗煤厂	自治区“安康杯”竞赛优秀组织奖	自治区总工会、自治区安全生产监督管理局	2009年

续表

单位	荣誉称号	授奖机关	授予时间
太西洗煤厂	自治区“安康杯”竞赛优胜企业	自治区总工会、自治区安全生产监督管理局	2009年
太西洗煤厂	全区煤炭系统职工职业技能竞赛优秀组织奖	自治区总工会、人力资源和社会保障厅	2009年
矿山救护二中队	自治区工人先锋号	自治区总工会	2009年
梅花井兼职救护队	自治区工人先锋号	自治区总工会	2009年
枣泉煤矿	五星职工代表大会	自治区总工会	2009年
枣泉煤矿	自治区五一劳动奖状	自治区总工会	2010年
任家庄煤矿	自治区工业“保增长”巨大贡献奖	自治区人民政府	2010年
汝箕沟煤矿	自治区模范集体	自治区党委、自治区人民政府	2010年
甲醇厂	“安康杯”竞赛优胜企业	自治区总工会、自治区安全生产监管局	2010年
甲醇厂	巾帼文明岗	自治区总工会	2010年
白芨沟煤矿	全区安全生产先进单位	自治区人民政府	2011年
金能煤业分公司	自治区厂务公开民主管理A级示范单位	自治区总工会	2011年
矿山救护总队	全区安全生产先进单位	自治区人民政府	2011年
羊场湾煤矿	全区职工职业道德建设十佳单位	自治区总工会	2011年
梅花井煤矿	自治区“安康杯”优胜企业	自治区总工会	2011年
金凤煤矿	自治区“安康杯”竞赛优秀组织单位	自治区总工会	2011年
梅花井煤矿	自治区“安康杯”竞赛优胜单位	自治区总工会、自治区安全生产监管局	2011年
清水营煤矿	自治区“安康杯”竞赛优胜单位	自治区总工会、自治区安全生产监管局	2011年
大武口洗煤厂	自治区“安康杯”竞赛优胜单位	自治区总工会、自治区安全生产监管局	2011年
白芨沟煤矿	厂务公开示范单位	自治区总工会	2011年
大武口洗煤厂	技术应用创新研究一等奖	自治区人民政府	2011年
太西洗煤厂	自治区五一劳动奖状	自治区总工会	2011年
乌兰煤矿	自治区“安康杯”竞赛优胜单位	自治区总工会、自治区安全生产监督管理局	2012年
太西洗煤厂	自治区环境友好企业	自治区人民政府	2012年
太西洗煤厂	自治区劳动关系和谐企业	自治区总工会	2012年
金能煤业分公司	自治区模范劳动关系和谐企业	自治区总工会	2012年
金能煤业分公司	五一劳动奖状得单位	自治区总工会	2012年
金凤煤矿	自治区“安康杯”竞赛优胜单位	自治区总工会	2012年
红柳煤矿	职工代表大会五星奖牌	自治区总工会	2013年
煤炭化学工业分公司	自治区五一劳动奖状	自治区总工会	2013年
煤化工消防队	职业技能大赛消防组团体第一名	神华集团	2013年
白芨沟煤矿	民族团结进步先进集体	自治区党委、自治区人民政府	2013年

续表

单位	荣誉称号	授奖机关	授予时间
灵新煤矿	依法纳税诚信单位	自治区人民政府	2013年
甲醇厂	自治区模范职工小家	自治区总工会	2013年
大武口洗煤厂	自治区科学技术二等奖	自治区人民政府	2014年
红柳煤矿	全区绿化模范单位	自治区总工会	2014年
宁东洗煤厂灵新分厂	自治区三八红旗集体	自治区妇女联合委员会	2014年
甲醇厂工会	自治区模范职工小家	自治区总工会	2015年
煤制油分公司	自治区五一劳动奖状	自治区总工会	2015年
煤制油项目建设指挥部动力站项目部	自治区工人先锋号	自治区总工会	2015年
煤制油项目建设指挥部空分项目部	自治区工人先锋号	自治区总工会	2015年
煤制油项目建设指挥部施工管理部	自治区工人先锋号	自治区总工会	2015年
梅花井煤矿工会	自治区模范职工之家	自治区总工会	2015年
煤制油分公司合成油厂	自治区五一劳动奖状	自治区总工会	2016年
煤制油分公司气化厂	自治区工人先锋号	自治区总工会	2016年
煤制油分公司仪表管理中心	自治区工人先锋号	自治区总工会	2016年
枣泉煤矿	自治区五一劳动奖状	自治区总工会	2016年
梅花井煤矿	自治区科学技术进步奖证书	自治区人民政府	2016年
太西洗煤厂	荣自治区科技进步奖三等奖	自治区人民政府	2016年
梅花井煤矿	自治区科学技术进步奖	自治区人民政府	2016年
煤制油分公司	全国五一劳动奖状	全国总工会	2017年
煤制油分公司合成油厂	自治区五一劳动奖状	自治区总工会	2017年
石槽村煤矿机电一队副立井运行班提升组	自治区五一巾帼标兵岗	自治区总工会	2018年
汝箕沟无烟煤分公司	全国煤炭工业先进集体	人力资源和社会保障部、中国煤炭工业协会	2018年

第十四篇

单位简介

一、煤炭生产加工企业

羊场湾煤矿 羊场湾煤矿井田位于宁东煤田碎石井矿区西北部，设计年生产规模1000万吨/年。矿井年产量始终稳定在千万吨以上，占神华宁夏煤业集团公司煤炭板块产量的重要地位。煤矿生产设采掘区队12个，机电、通风、运输、维修等辅助科队10个，地面服务单位5个。党政机关设14个科、室。建立党支部33个，党小组83个。有中共党员785人。全矿有正式合同制员工3430人，短期劳务工316。员工队伍中具有中专以上文化程度1540名，中级职业资质以上1879人。有各级各类干部、管理人员490人，其中机关工作人员216人，高级职称25人，硕士11人，中级职称86人，初级职称218人，其他161人。

羊场湾煤矿扎实推进“五型”企业建设，运用现代企业管理理念和手段，抓基层、强基础，抓管理、强素质，打造经营管理系统工程。先后推行组织结构、安全管理、工资奖金分配、绩效考评以及营销质量管理、全面预算管理、精细化信息管理等配套改革，形成了科学发展的运营管理机制。持续改进经营管理、技术管理、材料管理、机电设备管理、节能减排管理、双增双节管理等六大板块，取得了明显的成本管控效果和良好的企业经济效益。创新科研成果，采掘机械化程度达到100%。攻克放顶煤难关，解决了宁东煤田煤层防灭火和“顶部煤难冒落”科技难题。在世界煤炭开采工艺革新中实施缓倾斜工作面6.2米大采高开采工艺；在中国西北地区成功实施井下无轨胶轮化运输，在神华集团引进C80通港列车，使“香砟子”走向全国和世界市场。先后完成一批具有国内领先水平的科研成果，其中《大倾角复杂特厚易燃煤层6.2米大采高开采集成技术》《回采巷道支护技术研究》等8项科研成果经国家煤炭行业推广应用。《大倾角复杂特厚易燃煤层6.2米大采高开采集成技术》获自治区科学技术进步一等奖，《煤矿地表钻孔注液氮降温及防灭火技术应用》获自治区安全生产创新三等奖。

建矿以来，企业发展创造了骄人业绩：建成了中国西北第一座千万吨级特大型现代化矿井，创造了全国煤矿建设速度最快、投资最省、达产最快的历史纪录；创建了西北地区第一支千万吨生产区队，创造了宁夏煤炭开采日产、月产、年产最高纪录。同时，实现了安全生产百万吨死亡率零的突破。羊场湾矿党委荣获全国企业党建工作先进单位、自治区文明单位、自治区国资委党委先进基层党组织、神华集团先进基层党组织称号。2008年以来，先后荣获全国“五一劳动奖章”、全国煤炭工业特技安全高效矿井、全国科技创新型矿井、全区安全生产工作先进单位、中国企业品牌文化管理十佳单位等，国家级各类奖项8项，荣获自治区、神华集团级奖项15项，荣获神华宁煤集团、地、市、县级奖项30项，该矿改革创新，降耗增效工作经验，在全集团公司交流推广。

梅花井煤矿 梅花井煤矿地处灵武市宁东镇镜内，井田位于宁东煤田鸳鸯湖采矿区中部，是神华宁煤集团5个年生产规模千万吨级特大型煤矿之一，是宁夏单井设计产能最大的矿井。梅花井煤矿设置组织机构32个，其中机关科室14个，生产区队8个，辅助区队8个，地面及后勤单位2个。党委下设23个党支部，有中共党员465人。矿在册员工2574人，其中合同制员工2087人，劳务派遣用工487人，管理人员302人，操作岗员工2272人。

梅花井井田内含煤层共25层，可采煤层21层。赋存资源储量24.22亿吨，可采储量15.15亿吨。煤质属于低灰、低硫、低磷、高化学活性，高热值的不粘结煤。矿井设计年生产能力1200万吨，概算总投资34.2亿元，服务年限77年。矿井于2006年6月开工建设，2007年成立筹建处，2009年4月投入联合试运转，2011年通过国家一期项目验收，2013年原煤产量达1100万吨。矿井二期工程2018年5月完成并投入生产。截至2017年10月，梅花井煤矿累计完成投资33.25亿元，其中矿建工程13.74亿元，土建工程3.72亿元，安装工程2.59亿元，设备购置9.32亿元，其他基本建设3.88亿元。

建矿以来，梅花井煤矿树立“靠一流管理、争一流速度、保一流质量、建一流矿井、创一流业绩、树一流形象”创先理念，推进成本、材料、人资、设备、水、电、安全等全方位精细化管理，在管理流程中实施定额控制、成本监控、超耗预警、自动统计、数据分析功能，实现“双增双节”目标。

梅花井煤矿推进科技创新，引进使用新设备、新技术、新工艺，建成两套复杂地质条件下中厚煤层、5公里长走向、远程控制的自动化采煤工作面，2013年，实现了平均26° 大倾角双向割煤，圆班割煤达到24刀，月推进506米、采煤工作面单产52万吨。2014年在1110204工作面配套国内首台智能化刮板机和转载机综采自动化工作面技术研究与应用，荣获国家知识产权保护奖1项、国家专利授权2项。以建设数字化、智能化矿山为目标，着力推进“两化”（工业化、信息化）融合，促进了矿井安全高效发展。推行“五步创新工作法”，综采工作面自动化控制技术研究，率先在国内实现了综采自动化远程控制割煤，建成了全国首个复杂条件下中厚煤层自动化工作面。实施无人值守改造项目23项，减少用工311人，年节约人工成本3348万元。以“劳模技能工作室”和“技能大师工作室”为依托，推进蓝领、创新工程。创新成果255项，赢得经济效益3246万元。2017年4月，梅花井煤矿在中国最美矿区网络投票中以11180票排名第二位，成为神华宁煤集团入选参评得票最高、唯一入选的矿井。梅花井煤矿荣获全国“五一劳动奖状”、全国“双十佳煤矿”、全国“黄河流域水土保持先进单位”、自治区和神华集团文明单位、自治区国有企业先进基层党组织，自治区“工人先锋号”、神华集团先进集体、银川市“园林式”单位、灵武市文明单位、神华宁煤集团文明单位、“四好领导班子”、“四强”党组织、企业文化建设先进单位等多项荣誉，涌现出全国劳动模范马会勤等一批先进模范人物。

枣泉煤矿　枣泉煤矿位于灵武市东南62公里毛乌素沙地边缘。煤炭赋存地质储量9.65亿吨，可采储量5.26亿吨，服务年限75.6年。矿井核定生产能力800万吨/年。煤矿生产设采掘区（队）8个，机电、通风、运输、维修等辅助科（队）6个，党政机关及管理、服务科（室）14个。建立党支部19个，党小组48个，有中共党员464名。在册员工1931人（合同制员工1694人，劳务工237人），员工平均年龄38岁，具有中专以上文化程度1089名，有各级各类干部、管理人员260人，高级职称17人，研究生6人，中级职称86人，初级职称97人。

枣泉煤矿分东、西两翼建设。采用斜井开拓，单水平上、下山开采方式，形成三个采区接续生产、两个采区开拓准备的生产格局。东翼采区于2004年4月筹建，2007年12月投产；西翼采区于2008年3月开工建设，2011年7月投产。完成总投资23.27亿元，其中东翼区投资10.23亿元，西翼区投资13.04亿元。所产煤种多为不黏结煤，少量为长焰煤，煤质为低灰、低硫、高化学活性、中高发热量，是工业动力、电力、煤化工、煤炭深加工和人民生活必需的优质环保洁净煤。

建矿以来，枣泉煤矿在“倾角大、地应力大、采后动压大，防灭火压力大，断层多，地温高”的复杂地质条件下，创造了建井、达产速度最快、圆班割煤31刀、煤巷月掘进756米、大断面全岩巷综掘月进尺241米、回撤安装一个工作面仅用32天等多项宁夏煤炭行业新纪录。安全穿越72米跨越最长的无煤区，攻克最大落差21.5米的断层群，完成倾角最大41.5°的综放工作面安全回采，实现安全生产11周年，连续6年无高压电气短路事故、连续8年保持安全质量标准化国家一级水平的优良业绩，荣获国家特级安全高效矿井、国家级绿色矿山试点单位、全国“安康杯”竞赛优胜单位、全国水土保持先进单位、全国安全文化建设示范企业、煤炭工业先进煤矿、自治区“五一劳动奖状”等多项荣誉称号。

枣泉煤矿致力研究智慧矿山关键技术，研发智能刮板输送机、新型冷却水回收装置等智能设备，建立国产装备自动化开采技术体系，推动国家煤炭清洁能源发展战略实施，解决了中国西部煤炭现代开采地下水资源循环利用和生态保护重大技术难题。2016年申报的“一种煤层自燃防治系统”获首届中国煤炭工业专利二等奖，全年创效2848万元。开发智能信息系统，引入大数据、云平台、互联网技术，建成宁夏首个无现金矿区，创新使用“e通新枣泉”二维码矿山管理，相关领域技术研究进入国际先进行列。“智慧矿山管理系统1.0”“智慧枣泉‘七赢’班组创新管理法”“智慧枣泉‘3+1’安全屋创新管理模式”获国家计算机软件著作权。

汝箕沟无烟煤分公司　2013年11月，神华宁煤集团按统筹管理、统一规划、统一设计、统一开采，实施安全、高效目标，整合汝箕沟矿区汝箕沟煤矿、白芨沟煤矿、大峰露天煤矿3个无烟煤主力生产矿井，组建成立汝箕沟无烟煤分公司（简称无烟煤分公司）。无烟煤分公司设采掘区队6个，辅助区队12个，后勤服务区队 4个。党政机关设办公室、调度指挥中心、安全管理部、组织科、宣传科、财务科、人力资源科等22个科、部、室。设机关党总支和28个基层党支部，有中共党员861人。有正式合同制员工3579人，短期劳务工60人。员工队伍中具有中专以上文化程度的1141名，中级职业资质以上1642人。有各级各类干部、管理人员378人，其中机关工作人员353人。

汝箕沟无烟煤分公司地处宁夏北部贺兰山东麓，煤炭赋存面积28.58平方公里，可采资源储量6.51亿吨。到2017年，剩余地质储量2.52亿吨，设计生产能力550万吨/年。“太西煤”以低灰、低硫、低磷，高发热量、高比电阻、高块煤率、高化学活性、高精煤回收率和高机械强度的特性闻名遐迩，被誉为“煤中之王”。

2015年，无烟煤分公司实施白芨沟北翼采区露天开采项目，将大峰下组煤与羊齿采区“合二为一”，推进大峰“大露天”建设，形成汝箕沟矿区“大露天”生产格局。此举多回收无烟煤稀缺资源9535万吨，资源回收率提高20%以上，延长服务年限13.3年，建成世界一流的清洁能源企业。

无烟煤分公司针对地质构造复杂，露天与井工开采并存，瓦斯、水、火等自然灾害突出，安全风险高、火区高温爆破难度大等不利因素和多年开采生态环境遭到严重破坏实际，把安全生产和生态文明、环境保护作为战略发展的重点，以标准化作业、班组建设、责任落实为抓手，从排查监控、隐患防治、员工培训、危险源辨识、不安全行为管控和现场工程质量等九个方面建立安全生产长效机制，实现体系运行规范化、制度化和常态化。截至2017年，大峰露天煤矿实现连续安全生产3000天，白芨沟煤矿实现连续安全生产4000天，风险预控管理体系建设连续5年达到神华集团一级水平。大峰露天煤矿保持神华集团二级水平。着力解决因历史原因形成矿区生态环境破坏的严重缺陷，对露天剥采坑段、矸石山、灰渣场实施削坡放坡、挖填整形、覆土播籽、洒水养护和绿化工程，累计投资9549.56万元，治理面积411.85公顷，挖填土石方514.2万立方米，覆土96.2万立方米，播撒草籽31.32吨。通过种植花草树木，构建起覆盖整个矿区的绿化网和绿化带。创新党建工作质量标准化考核评价奖惩体系，深化“党员责任区”“党员先锋岗”和基层党支部“达标、升级、创优”活动，先后荣获自治区和神华集团先进基层党组织、“四强”党组织、文明单位等荣誉称号，涌现出“全国煤炭行业青年五四奖章”获得者、神华集团劳动模范、全国青年岗位能手、自治区道德模范等一大批典型人物。

红柳煤矿 红柳煤矿是神华宁煤集团规划建设的五个年产千万吨矿特大型井之一。矿井位于灵武市宁东镇和马家滩镇境内，设计生产能力800万吨/年，核定生产能力1000万光/年，洗煤厂生产能力1600万吨/年，服务年限99年。井田划分为3个水平、8个分区，共计35个采区，当前主采二、三层煤。产品为优质动力用煤和煤化工用煤，具有易燃及低灰等特点红柳煤矿设有机构31个，其中机关科室14个，基层单位15个［采掘区（队）7个，井下辅助区（队）6个，地面生产单位2个］，服务及其他单位2个。矿党委下设19个基层党支部，58个党小组，63个党员责任区，有中共党员437名。全矿有合同制员工1483人，劳务派遣用工467人。员工队伍中，具有大专以上文化程度的611人，中专（中技）文化程度365人，中级职业资质以上617人。有各级管理人员299人，其中高级职称20人，中级职称67人，初级职称127人，其他85人。

红柳煤矿于2007年12月开工建设，2011年2月进入联合试生产。截至2017年6月底，累计完成投资38.32亿元，其中矿建工程11.35亿元，土建工程7.48亿元，安装工程3.41亿元，设备购置13.35亿元，生活办公设施1.17亿元，生态建设、环境保护1.11亿元，文化设施等其他费用0.45亿元。构成固定资产35.59亿元。完成工业总产值11.23亿元，累计实现盈利3.98亿元，上交各类税金1.48亿元。

石槽村煤矿 石槽村煤矿位于灵武市宁东镇境内。2007年10月，石槽村煤矿筹建处成立，矿井主体工程开工建设。2008年12月12日，国家发改委核准石槽村煤矿建设项目，2011年9月5日通过神华宁煤集团联合试运转验收，正式进入试生产阶段。2011年11月1日，神华宁煤集团组建石槽村煤矿。煤矿生产设采掘区队6个，机电、通风、运输等辅助区队7个，其他区队1个。机关设科、室15个，机关工作人员87名。全矿设党支部19个，党小组51个，有中共党员376名。全矿有正式合同制员工1168人，劳务工258人。员工队伍中具有中专以上文化程度429人，中级职业资质以上510人。有各级干部、管理人员196人，其中高级职称11人，中级职称42人，初级1职称72人，研究生学历2人。

石槽村煤矿井田南北长约4.5公里，东西宽约7公里，面积约31.13平方公里。主采2-2、6、10、12、18五个煤层，煤层埋藏垂直深度275 ~ 800米之间。煤炭总储量9.23亿吨，可采储量5.96亿吨，服务年限71年。矿井设计能力600万吨/年。截至2017年6月，石槽村煤矿累计完成投资21.38亿元，其中矿建工程6.79亿元，土建工程2.88亿元，安装工程1.83亿元，设备购置6.67亿元，生活办公设施0.13亿元，生态建设、环境保护0.63亿元，文化设施等其他2.45亿元。构成固定资产18.22亿元。截至2017年10月，累计生产原煤2215.81万吨，实现利润5.97亿元，上缴税金7.33亿元，职工人均收入从2007年的4万余元提高到2016年的100445元。

石槽村煤矿产品以“神宁香砟子”为主，属低灰、低硫、特低磷，高化学活性的不黏结煤，是工业动力、电力、煤化工、煤炭深加工和居民生活的优质燃料、原料。除用于神华宁夏煤业集团公司煤化工原料及区内电厂外，主要销往陕西、甘肃、青海等地。

在发展建设中，石槽村煤矿以“高标准建设、高标准投产”为目标，创建“一井一巷皆精品”煤矿品牌，为基建矿井发展建设提供了经验。在由基建矿井向生产矿井转型中，又以建设“安全、高效、文明、和谐、可持续发展”的现代化煤矿为目标，科学布局，安全管控体系、"五型企业"建设、成本管控机制、人力资源管控理念、精细化管理、企业文化，做到均衡发展。以"科技兴煤、科技强矿"战略为指引，发挥工程技术人员科技创新和职工经济技术创新"双轮驱动"作用。开展"三创"（创新、创造、创效）工作，采掘机械化程度达到100%。先后完成一批具有国内领先水平的科研成果。完成《复杂煤层地质条件矿井无轨辅助运输系统设计优化与应用探讨》《优化采掘接续，提前开采21采区》《管路法兰盘自动焊接及除锈、喷漆装置》《21采区10煤层一区段巷道布置优化》等技术创新成果35项，其中9项获得国家产权专利授权。全矿先后荣获省部级先进集体3项，行业协会先进集体7项，神华宁煤集团先进集体36项。先后有13个"五好"党支部、100名优秀党员、16名优秀党务工作者被树为典型标杆。荣获自治区国资委先进基层党组织、神华宁夏煤业集团公司先进基层党组织、神华宁夏煤业集团公司文明单位等荣誉。

金凤煤矿 金凤煤矿位于马家滩矿区中部，是马家滩矿区规划的现代化大型矿井。全矿设17个区、科、队，其中机关设6个科部室，基层设11个区、队，共有员工1058人，其中合同制员工880人，劳务派遣人员178人。有硕士学历2人，本科学位120人，专科学历137人，中专学历111人，技校高中及以下学历688人。取得专业技术职称141人，其中，高级13人，中级49人，初级79人。取得职业资格等级478人，其中，技师7人，高级工106人，中级工250人，初级工115人。

金凤煤矿井田范围东以马柳断层为界，西以杜窑沟断层为界，南以盐中（盐池至中宁）高速公路为界，北以老庄子横断层为界，为神华宁煤集团主力生产矿井。生产的煤种为特低硫、特低磷，中高发热量不黏结煤，是优质动力、煤化工用煤。矿井于2008年7月开工建设，2011年8月实现联合试运转，当年生产原煤100万吨。2014年达到设计生产规模。2016年，员工人均收入112449元，比2010年73924元提高65.74%。

金凤煤矿是宁夏实现三年建矿、五年达产，建设时间最短，建设投资最省，办证速度最快，见效最快，安全最好的煤矿。金凤煤矿以内部体制机制改革为突破口，实行计件薪酬，倒逼区队精细化管理，减人增效，降低成本，增加收入。按照"一主多优"企业子文化要求，开展"德育金凤、德行金凤、德润金凤、德安金凤、德兴金凤"创建活动，全体员工为"我爱安全、我要安全、我会安全、我能安全、我保安全"承诺背书。以"金凤发展，我的责任"为理念，构建"明责、定责、认责、尽责、问责"责任链条。开展"德育金凤我在行""安全善事我在行""降本增效我在行""文明礼仪我在行""保护环境我在行""文明交通我在行"主题实践活动，引导员工立足岗位，参与改革，推动改革，敢与担当，多作贡献。先后荣获吴忠市文明单位，神华宁煤集团发展建设先进集体、企业文化建设先进单位、安全生产先进单位、环境保护先进集体、党风廉政建设先进单位，以及国家建设行业优质工程奖、国家黄河流域（片）大型生产建设项目水土保持先进单位、中国企业文化研究会企业文化建设优秀单位等殊荣。

任家庄煤矿 任家庄煤矿位于宁夏中东部，地处宁东煤田横城矿区。煤矿生产设采掘区（队）4个，机电、通风、运输、洗煤厂等辅助科（队）9个，机关业务科室12个。矿党委下设19个基层党支部，48个党小组，48个党员责任区，206个无职务党员岗，达到党员班组全覆盖。有在册党员336名，其中青年党员103人。全矿有正式合同制员工1341人，劳务工86人。员工队伍中具有中专以上文化程度727名。中级职业资质以上1272人，其中高级职称19人，中级职称33人，初级职称106人，其他55人。有高级技师1人，技师15人，高级工149人，中级工461人，初级工207人。

截至2017年10月底，全矿累计完成投资18.57亿元，其中矿建工程6亿元，土建工程3.96亿元，设备购置8.17亿元，生活办公设施0.27亿元，文化设施等其他费用0.15亿元。构成固定资产16.01亿元，正在建设的2.56亿元。

任家庄煤矿上组可采煤层以气煤、1/3焦煤为主，主采煤层为三层煤、五层煤和九层煤，煤种为肥煤；下组可采煤层挥发分含量一般较高，以气煤为主。开采始终坚持开发与保护并举，统筹规划、合理开发煤炭资源。截至2016年，矿井采区回采率中厚煤层85.29%，厚煤层77.66%，均高于国家规定指标。在110307、210302工作面使用小煤柱开采工艺，工作面区段煤柱由20米变更为7米，每年多采12万吨，提高回采率4.64%。针对110503、110501工作面DF6断层落差与三层煤、五层煤层间距基本一致特点，不留断层煤柱，通过DF6后直接从开采五层煤转为开采三煤，减少由于设断层煤柱而造成的三角煤损失。此项技术在全矿范围内实施后，可释放（减少）呆滞煤量3921.03万吨。

任家庄煤矿树立"科技兴安、技术兴矿"理念，创新科技工作管理模式，完善科技工作管理体系，提升科技创新能力，从而提高能源、资源利用率，建设科技创新型企业。风险预控管理体系和质量标准化工作运行稳定。坚持“边绿化边建设，边绿化边生产”原则，制定规划，分片种植，逐年绿化矿区空地。先后投入绿化资金500万元，绿化面积81269平方米，绿化率达到53.69%，建成了“三季有花、四季常青”的园林式矿区。建有日处理污水能力9600立方矿井水处理站和日处理能力960立方的生活污水处理站，矿井水及生活污水通过处理后作为洗煤、消防及防尘用水，实现化学需氧量零排放，综合利用率100%。任家庄煤矿被中国煤炭工业协会命名为“全国特级安全高效矿井”，荣获煤炭工业先进煤矿称号，被国土资源部评为第二批国家级绿色矿山试点单位，被自治区安全生产委员会评为煤矿瓦斯治理“双百工程”建设示范矿井，通过自治区煤矿安全监察局验收并取得煤矿四级培训机构资质，获得灵武市“文明单位”称号。2017年8月30日，通过国家煤矿安全生产标准化验收，是神华集团公司首家通过国家一级安全生产标准化现场考核达标矿井。荣获全国煤炭工业“特级高产高效矿井”称号。

灵新煤矿　灵新煤矿位于灵武市宁东镇境内，始建于1985年，为国家“八五”计划重点建设项目，是宁东煤田兴建的第一座现代化大型煤矿。煤矿生产设采掘区（队）5个，机电、通风、运输、维修等辅助区（队）5个。设党政机关、管理和服务科（队）12个。建立党支部20个，党小组54个，有中共党员787名。全矿有正式合同制员工1746人，短期劳务工130人。有各级干部、管理人员286人，高级职称34人，研究生学历4人，中级职称117人，初级职称98人。

矿井设计年生产能力240万吨，核定生产能力320万吨/年。井田地处宁东煤田碎石井采矿区北部。南北走向长约11公里，东西宽约2.48公里，含煤面积27.49万平方公里。勘探精查储量4.26亿吨，可采利用量3.3亿吨，设计服务年限81年。主采二、六、十三、十四、十五、十六6个煤层。煤层总厚度1.67 ~ 40.11米，煤层埋藏垂直深度在86 ~ 470米之间。盛产超低灰、超低硫、超低磷、高化学活性、高热质的“香砟子”不黏结煤。截至2017年，灵新煤矿累计完成投资13.71亿元，其中矿建工程3.29亿元，土建工程1.06亿元，安装工程0.90亿元，设备购置7.52亿元，生活办公设施 0.70亿元，生态建设、环境保护 0.02亿元，文化设施等0.22亿元。构成固定资产12.19亿元。1988—2017年，累计生产原煤5971.89万吨，实现利税21.73亿元。职工人均收入从2008年的57896元提高到2017年的11.31万元。

灵新煤矿积极推进科技兴煤、科技强企战略，率先成立以矿长、书记为组长的科技创新工作领导小组，编制科技创新项目年度计划、实施方案，制定科技创新项目专利管理制度、科技创新成果推广制度和奖励制度，明确各类项目奖惩办法及实施要求。优化生产工作面设计，掌控皮带输送机功率超限自动报警等项目。不断运用新设备、新技术、新工艺、新材料填实矿井安全生产“硬件”，采掘机械化程度均达到100%。先后与科研院校合作完成的《柔膜泵注混凝土沿空留巷支护技术应用研究》《灵新煤矿采空区矿井水净化技术研究与实施》项目达到国内领先水平，自主研究的《马桂云胶带更换法》等12项科研成果已被推广应用，有4个项目获得国家科研成果一等奖，有6项专利获得国家授权。扎实推进“五型”企业建设，运用科学的、先进的现代企业管理理念和手段，建立独具特色的管理体系和模式，先后被国家树为全国现场管理先进单位、全国“双十佳”煤矿、全国特级安全高效矿井。

灵新煤矿党的建设扎实有效，矿党委充分发挥政治核心和领导核心，保持全国基层先进党组、自治区党建工作，思想政治工作先进单位。企业文化建设丰富多彩，凝聚人心，灵新煤矿站在全国企业文化建设先进单位、全国安全文化建设示范单位、全国企业文化顶层设计与基层实践优秀单位、全国企业文化建设百强企业的领军阵地，保持全国企业文化建设先进单位荣誉。

麦垛山煤矿　麦垛山煤矿位于灵武市马家滩镇境内。2007年开工建设，2015年竣工投产。机关设生产技术科、财务科、办公室等12个职能管理科室，组建综采区队6个，机电运输通风等生产辅助区队4个，后勤管理服务部门3个。全矿有员工1334名（合同工1088名，劳务工246名），具有专业技术职称196人（高级职称15人，中级职称43人，初级职称138人），具有职业技术资格证673人（技师23人，高级工134人，中级工384人，初级工132人），有大专学历以上人员421人（研究生7人，本科197人，大专217人），设立党支部17个，有专职党务工作干部33人，有中共党员337名。

麦垛山煤矿井田位于宁东煤田鸳鸯矿区北部，主采2、6、18层煤。煤层平均厚度分别为2.88米、2.63米、5.5米。矿井设计生产能力800百万吨/年，核定生产能力1000万吨/年，服务年限99.4年，概算总投资37.75亿元。截至2016年，完成投资30.08亿元，其中矿建井巷工程11.01亿元，土建工程2.74亿元，安装工程1.53亿元，设备及工器具购置5.48亿元，工程建设其他费9.32亿元。

煤种为“香渣子”不黏结煤。

麦垛山煤矿立足科研，创新发展。2011年6月，立风井、副立井冻结工程实体顺利通过神华宁夏煤业集团公司竣工验收，标志着立井水害治理取得阶段性成果。2010年11月，“砂岩含水层注浆堵水”科技创新项目立项。在冻结科研技术方面，国家受理并颁发专利证书科研项目4项。重点科研项目《泥化若胶结软岩大硐室支护技术》《副立井辅助水平马头门掘进风险控制及施工关键技术研究》获得宁夏回族自治区科技进步二等奖。树立“一家人、一盘棋、一条心”和谐理念，构建“五条理念引领、三型管理支撑、六种思想保证、一主多元模式”框架体系和“三真、五进、一关键”麦垛山煤矿品牌。主推和谐家园文化，包括安全文化、责任文化、技术文化、廉洁文化和感恩文化。成立首家全国学习型组织培训基地。被中国文化管理学会企业文化管理专业委员会评为“中国企业文化管理创新十佳单位”“中国企业安全文化十佳单位”。2014年11月，被中国企业文化研究会评为“企业文化顶层设计与基层践行优秀单位”。

双马煤矿 双马煤矿位于灵武市马家滩镇境内，是宁东煤田马家滩矿区的4对大型矿井之一。2009年2月20日开工建设。2016年5月12日，正式跨入神华宁夏煤业集团公司生产矿井序列。煤矿生产设采掘区队4个，机电、通风、运输、运转辅助区（队）4个，地面及后勤区（队）3个。机关设“五部一室”即安全管理部、生产管理部、机电管理部、经营管理部、党委工作部和调度室，工作人员60名。共有员工928人，其中合同制员工780人，劳务工148人。员工队伍中具有中专以上文化程度399名，具有中级技能等级及其以上人员327人。有各级在岗管理人员196人，其中高级职称14人，研究生4人，中级职称33人，初级职称30人。双马煤矿党委下属党支部14个，有中共党员274人。

双马煤矿井田面积约68.2平方公里，矿井地质赋存煤炭资源量14.99亿吨，设计可采储量5.39亿吨。井田内共有可采煤层11层，主采煤层7个，分别为4–1、4–2、4–3、6、10、12、17煤层。矿井设计生产能力400万吨/年，服务年限96年。概算投资28.81亿元。构成固定资产18.98亿元。

矿井采用斜井开拓，共布置3条井筒，即主斜井、缓坡副斜井、回风斜井。采用盘区式布置，分4个煤层组开采，在各煤层组分别设置运输大巷、辅助运输大巷、回风大巷。采煤工艺为综合机械化一次采全高采煤工艺，采用走向长壁后退式采煤方法，全部垮落法管理顶板。

双马煤矿提出了“抓安全、抓质量、抓改革、降成本、提效率、增效益、保收入”的发展思路，摸索提炼出精准合岗定编、职能转换、内部承包+思想转化的“3+1”改革模式，在集团公司树起了改革发展的“标杆”。坚持“党政同责、一岗双责”和“管业务必须管安全、管生产经营必须管安全”原则，明确安全环保职责，紧盯重要岗位，控制关键环节。以创建“环境友好型、资源节约型”矿井为目标，强化“三废”综合治理与利用，矿井水处理、各项排放指标全部达到GB20426 — 2006《煤炭工业污染物排放标准》。推进企业依法生产和生态文明建设，设置景观林、草皮绿化带，形成四季见青的绿色矿井，矿区绿化面积达到165.5万平方米。相继开展“一家人、一条心、一盘棋”主题教育活动和全员“素质提升年”活动，提高文明单位创建水平，先后荣获中国企业文化管理创新十强、神华集团先进基层党组织、自治区先进基层党组织、银川市卫生先进单位以及神华宁煤集团“四强”党组织、文明单位、安全生产先进单位等荣誉称号。“电子图书室”被确定为自治区级“职工书屋”。

清水营煤矿 清水营煤矿位于灵武市宁东镇境内。2004年4月，矿井开工建设。2008年10月，首采工作面投入试生产。2011年1月，一期工程通过验收。2014年以来，因全国煤炭产能过剩，国家实施以“三去一降一补”为主要内容的供给侧结构性改革，神华宁煤集团决定清水营煤矿缓建、缓采，矿井掘进工程全部停工。2015年4月，110205综采工作面回收结束，矿井正式停产。停产期间，矿井保留6条井筒、6个车场，其余巷道全部封闭，处于留守维护状况。2016年下半年，随着国家供给侧结构性改革的深入推进，国家去产能、去库存、去杠杆政策效应逐步显现，神华宁煤集团煤制油项目试车成功，为确保煤制油项目的原料、燃料供应，2016年11月30日，神华宁煤集团决定清水营煤矿正式恢复生产。清水营煤矿率先在神宁煤业集团内部完成机关“五部一室”（综合办公室、生产管理部、机电动力部、安全管理部、经营管理部、党委工作部）改制，在基层设置5个区队（综掘一队、掘进队、机电队、运输队、通风队）、4个辅助单位（生产准备中心、信息监测中心、培训中心、社会事务中心）。全矿有正式合同制员工474人，劳务工90人。具有中专以上文化程度286名，中级职业资质以上60人。各类管理人员146人。其中，高级职称15人，中级职称44人，初级职称52人，其他25人，研究生8人。设党支部10个、党小组20个、党员责任区17个，有中共党员197人。

清水营煤矿井田地处宁东煤田鸳鸯湖采矿区北部。矿区公路交通东西南北纵横贯通，铁路专线直达矿井选煤楼。设计生产规模1000万吨/年，核定实际生产能力500万吨/年，是宁东矿区资源储最大、生产系统完善的大型矿井之一。与煤制油化工园区、上海庙矿区一衣带水，运输条件最为便利，运输成本最低。通过配采，发热量可达4500大卡/千克，硫分低至1%以下，是煤化工项目的理想用煤。

清水营煤矿采用主斜井—副立井联合开拓方式，中央并列式通风系统、抽出式通风方式，主运输采用胶带输送机，辅助运输采用轨道、胶轮车运输。井下共布置18个采区，可采煤层14层。自2008年投入试生产至2014年4月，矿井累计完成投资20.96亿元，生产原煤1236.6万吨。自2016年11月恢复生产以来，成为煤制油化工煤炭供应主力矿井。全矿坚持打造企业信息化平台，推进管理信息一体化建设，推进绿色矿山建设，建设花园式矿井单位以及推行内部市场化管理运行改革，推进智慧矿山建设，成绩突出，效果显著。

金家渠煤矿　金家渠煤矿地处盐池县境内，井田位于宁东煤田马家滩矿区东部，查明地质储量6.83亿吨，服务年限60年。主采二、三、四、十八四个煤层，煤层总厚度7.15 ~ 21.85米。其中二层煤平均厚度1.69米，三层煤平均厚度4.09米，四层煤平均厚度3.81米，十八层煤平均厚度3.11米。煤层倾斜角度25° ~ 45° ，可采煤层垂直深度在130 ~ 1150米之间。煤种为低灰、中硫、低磷、高化活性、中高热质的不黏结煤，是煤化工、工业动力、火力发电，以及人民生活的优质燃料、原料。

金家渠煤矿是宁东煤田规划建设的大型现代化矿井之一，概算总投资22.48亿元。矿井设计采用斜井、立井联合开拓，分北部、中部两个工业广场，其中北部广场布置主斜井、副斜井、回风斜井及地面生产系统；中部广场布置副立井、回风立井、行政办公和辅助生产区。煤矿筹建处于2010年7月23日成立，2012年11月11日正式开工建设。2017年12月5日，110301首采工作面综采安装完成。并通过神华宁煤集团联合试运转验收。2018年7月4日，通过自治区发改委组织的矿井联合试运转验收。

煤矿筹建处设置安全管理部、生产管理部、机电管理部、经营财务部、党群工作部、调度室和基建办公室，基层设综采队、掘进一队、掘进二队、机电队、运输队、通风防治水队、治安保卫队。在册职工929人。其中：合同制员工743人，劳务派遣用工186人；男职工912人，女职工17人；少数民族职工262人；大学本科及以上学历60人，大中专学历312人，高中及以下557人。处党委下设14个党支部，有党员205名。

红石湾煤矿　红石湾煤矿有限责任公司（简称红石湾煤矿）由神华宁煤集团有限责任公司与宁夏宝塔联合化工公司合资建立（神华宁煤出资14973万元，占总注册资本60%；宝塔石化出资9982万元，占总注册资本40%）。2008年4月开工建设，2011年11月23日通过神华宁夏煤业集团公司联合试运转预验收，2012年3月1日自治区发改委批准联合试运转。矿机关设“七部两室一中心”，采掘各一个区队，3个辅助区队，共有职工587人，合同工546人（含内退人员62人），劳务工48人，其中管理人员117人，操作人员408人。

红石湾煤矿井田北以古长城为界，与内蒙古自治区相邻，西以十层煤露头在地面的垂直投影为界，东以一层煤+500米底板等高线在地面的垂直投影为界，南以黄草沟向斜轴部、F22断层附近的450钻孔和455钻孔连线与任家庄井田相邻。井田南北走向长4.5公里，东西倾斜宽1.8公里，井田面积约6.65平方公里。井田地质资源储量4890万吨，可采储量3239.7万吨。设计生产能力60万吨/年，矿井累计完成投资11.32亿元，服务年限为40年。煤种为1-3焦煤和肥煤。主采煤层为一、三、五、六、十、五个煤层。目前开采的三层煤平均厚度2.3米，五层煤平均厚度4.8米，煤层垂直深度在500 ~ 1238米之间。矿井采用全斜井单水下上下山开拓，分设主井、副井、风井。井下原煤提升选用大倾角带式输送机运输，辅助斜井采用轨道较车运输。井下通风采用中央并列式通风系统和抽出式通风方式。

红石湾煤矿先后荣获自治区“五一劳动奖章”、自治区技术标兵、神华宁煤集团十佳巾帼标兵，神华宁夏煤业集团公司“十佳青年”等先进个人和集团公司“四强”党组织、文明单位、安全生产先进单位、综合治理先进单位等集体荣誉。

石沟驿煤业分公司　石沟驿煤业分公司地处灵武市白土岗乡境内，矿区位于毛乌素沙地边缘，井田位于宁东煤田碎石井矿区南部。矿区地貌属半沙漠低缓丘陵地带，高程一般在+1200米— +1300米。吴（忠）—马（家滩）公路和G211国道横穿矿区，交通便利。

石沟驿煤矿具有百年开采历史。新中国成立后宁夏省政府接管时称“合盛源煤矿”，1958年正式定名“石沟驿煤矿”，由自治区人民政府直管。先后进行多次大的技术改造扩建，原煤年产量由1949年的3000吨，提高到1985年的31万吨。2001年因资源枯竭享受政策性破产重组。2003年以来，随着宁煤集团和神华宁煤集团的发展壮大，将石沟驿西翼中部的可采煤层（重点为六层煤）改造扩建为综采机械化矿井，年生产能力达到130万吨。2009年，根据神华宁煤集团改革发展布局，自治区工商行政管理局核准登记注册，组建成立神华宁煤集团石沟驿煤业分公司。

石沟驿煤业分公司设生产技术部、经营管理部、财务部、党群工作部、办公室，采掘设3个区队，有合同制员工430人，60%为少数民族员工。党委下属11个党支部，有共产党员214名。

煤矿先后荣获国家和自治区“安全创水平”“安全生产创双零”“通风质量甲级矿井”“特级质量标准化矿井”“全国文明煤矿”“企业文化建设先进单位”等多项荣誉。

2018年，因井田资源完全枯竭，矿井关闭。

神华宁夏煤业集团公司选配煤中心 2016年2月，神华宁煤集团整合大武口洗煤厂和宁东洗煤厂人力资源和技术资源优势，在宁东煤田开发基地辅助区成立选配煤中心，规划组建完善10个洗选煤分厂，对宁东矿井的原煤进行洗选加工。选配煤中心机关设办公室、调度室、党委工作部、经营管理部、安全管理部、生产技术部和机电管理部。生产洗选单位设枣泉、羊场湾、红石湾、灵新、梅花井、石槽村、红柳、双马、金凤、清水营10个洗选分厂。其中红石湾分厂放洗能力120吨/年，主导产品为1/3焦精煤；任家庄分厂设计入洗能力480万吨/年，主导产品采用原煤预先动筛排矸+选前脱泥+无压重介三产品旋流器分选+粗煤泥TBS分选+煤泥浮选+煤泥水两段浓缩+煤泥压滤+干燥回收的联合工艺，精造粒煤、末煤；红柳分厂年入洗能力1600万吨，主导产品分为精大块、精中块、粒煤，优质动力煤、精末煤；双马分厂年生产能力500万吨，主要产品分为精大块、精中块、精末煤、筛选大块、筛选末煤。选其他分厂根据市场需求，按设计能力，制定生产计划，确定洗选品种。选配煤中心党委下设党总支委员会1个、党支部23个，专职党务工作干部29人，有中共党员982名。在册员工2905人，其中在岗合同制职工2080人，劳务派遣工156人，内部退养669人。有正副处级干部12名，正副科级干部及专业技术人员253名，其中高级技术干部18人，中级职称58人，初级职称121人。

选配煤中心动力煤选配设计能力7940万吨，主要产品有“神宁一号”优质动力煤、“香砟子”环保块精煤、1/3焦精煤。产品主要用于煤化工、建材、电力、钢铁等行业。“香砟子”牌环保洁净煤已通过ISO9001和ISO14001体系认证，产品主要销往宁夏、甘肃、山东、青海、陕西、内蒙古、四川等地。

选配煤中心坚持科技创新，推进技术改造，先后完成梅花井、羊场湾二区块煤直装系统改造，减少转载、筛分、装车环节；完成羊场湾煤矿二采区块煤仓下振动筛改造，限下仓增设粒煤提取筛分系统，实现粒煤仓下直装直销；完成梅花井、金凤、枣泉、羊场湾和红柳5个洗煤厂返煤系统改造；梅花井洗煤厂返煤刮板机更换为胶带输送机，返煤量提高700吨/时；金凤洗煤厂更换返煤系统卡脖子设备，返煤量提高到1200吨/时；羊场湾、枣泉、红柳3个洗煤厂返煤系统改造后，减少设备开启台数，提高小时返煤量，实现节支增效。各洗煤厂采用块煤重介浅槽排矸工艺，系统较为简单，主要适应民用煤市场块煤销售，进行机械化排矸作业。末原煤直接装车外销。通过对梅花井洗煤厂801压滤机入料桶液位控制报警功能的改造，实现了低位开泵、高位停泵的自动作业。针对羊场湾洗煤厂洗中块煤畅销、大块煤积压实际，将块煤直装系统866博后筛中块段筛板整体更换为90毫米筛缝的筛板，增加洗中块产量，降低了库存。将石槽村煤矿储运车间装车外销转运人工指引改为安装汽车仓语音信号装置，方便指挥车辆运行。对枣泉洗煤厂稀介泵及配套管路进行优化改造，年节约各类费用29万余元。中心党委加强党建创新，通过局域网开设学习专栏，开通“选配煤中心党旗红”公众微信号，开展“四化五型创一流”竞赛活动。培育打造“四讲四有”党员队伍和员工队，推动创新发展。

大武口洗煤厂 大武口洗煤厂是20世纪60年代末国家投资建设的西北地区规模最大的焦精煤洗选加工基地。设计入洗能力为350万吨/年，核定生产能力400万吨/年。由6个厂区组成。关停整合前，大武口洗煤厂有合同制员工2242人，劳务派遣工235人。正副处级干部8名，正副科级干部128名，技术干部中高级职称15名，中级职称45名，初级职称79名，其他14名。党委设党总支委员会3个、党支部21个，有专职党务工作干部33人，有中共党员700名。机关设“一室四部”，即办公室、党委工作部、经营管理部、生产管理部、安全管理部。基层单位由15个车间、科（站、队）组成。2009—2015年企业累计实现销售收入151.27亿元，完成利润6.34亿元，上缴税金1.78亿元。先后通过ISO9000质量管理体系认证，获得中国煤炭科学研究总院和自治区质量监督检验CCRICA和MA检测资质。“朔焦”牌25#主焦煤具有结焦性好，结焦率高，热稳定性好，焦炭强度高等优点，获得“宁夏名牌产品”称号。先后荣获全国十佳选煤厂、煤炭工业质量标准化选煤厂、全国煤炭工业50强选煤厂、全国煤炭工业先进集体、自治区文明单位、中央先进企业等荣誉称号。

宁东洗煤厂 2009年2月，按照专业化管理、集约化经营、市场化运作的战略部署，神华宁煤集团成立宁东洗煤厂，主要负责宁东矿区矿井原煤的筛分、洗选，储存、火车和汽车装运等业务。2016年2月整合时，机关设办公室、组宣科、经营科、工会、纪检监察科、人力资源科、调度室、工程科、生产技术科、机电动力科、煤炭管理科和安全管理科。生产辅助单位设检修中心、物资供应站、生活服务中心和治安保卫队。生产机构分设8个矿井型洗煤分厂和8个储运车间。全厂有员工2485人（合同工1808人，劳务工677人），正副处级干部10名，正副科级干部139名。技术干部中高级职称11名，中级职称36名，初级职称162名，其他4名。厂党委设26个党支部，有专职党务工作干部43人，有中共党员533名。

宁东洗煤厂主要以洗选各种规格的块煤为主导产品，采用重介浅槽分选工艺，末煤采用重介旋流器分选，粗煤泥采用螺旋分选机分选，煤泥水实现闭路循环。原煤洗选能力5840万吨/年。主要产品为“香砟子”长焰煤和不黏结煤。品种有筛大块、筛中块、筛小块、精大块、精中块、末煤、洗精粒等。其中，精中块主要用于化工造气、高炉喷吹和民用；筛小块主要用于活性炭、增炭剂、高炉喷吹等行业；末煤主要销往区内和周边各大电力企业。

宁东洗煤厂建立以来，不断引进应用科技新成果，并加大改造力度，生产工艺技术水平处于国内领先地位。同时，实现了电子厂务信息网络办公，实现了管理信息联网、资料共享、报表无纸传输。通过实施生产集中控制和工业电视监视监控软件系统，实现了生产在线远程监控。围绕“建设安全、高效、技术先进、专业化管理的国内一流现代化洗煤厂”总目标，持续开展“三比三争创一流”“节支降耗降成本 提质增收增效益”“三亮三比三评”“践诺夺旗争星”等创先争优主题实践活动和亮牌示范工程。2011年10月12日，在全国大型现代化选煤厂建设现场会上，宁东洗煤厂被授予全国“优质高效选煤厂”。曾被神华集团评为本安企业建设“三级”单位，神华宁煤集团授予安全生产先进单位。2012年荣获自治区安全文化示范企业创建单位称号。2009—2015年，企业累计实现销售收入7141万元。

太西洗煤厂 太西洗煤厂位于石嘴山市大武口区。1986年建厂，2015年9月，神华宁煤集团按照自治区党委、政府和神华集团对“太西”无烟煤“限产、保价、增值”，使稀有资源由燃料向碳基材料、化工原料转变，实现产业升级和效益最大化的总体要求，先后对太西洗煤厂、西大滩洗煤厂、大石头煤业有限公司洗煤厂、太西炭基工业有限公司进行整合，建立新的太西洗煤厂，成为神华宁煤集团无烟煤洗选深加工与综合利用的骨干企业和“太西煤”精选深加工基地。新的太西洗煤厂设办公室、组宣部、人事部、管理部、财务部、工会、团委等办事机构。下设炭基管理中心，主要负责碳基产品研发和3个煤炭深加工车间的生产和产品销售工作。截至2017年，太西洗煤厂有合同制员工1802人，短期劳务工187人，其中管理人员291人，操作层员工1383人。操作岗位人员中，取得技能等级1169人，有高级技师28人，技师163人，高级工489人，中级工446人，初级工43人。工程技术人员中，高级职称51人，中级职称112人，助理级职称101人。厂党委设党总支委员会4个、党支部24个，有专职党务工作干部28人，有中共党员680名。

太西洗煤厂实施一体化、扁平化管理模式，确定了两大板块、四大管理中心的发展格局。既煤炭洗选板块，碳基（深加）板块。一分区管理中心、三分区管理中心、炭基管理中心，热电管理中心。生产的各种精块煤和超低灰粒煤、超低灰末煤系列产品，先后获得“国家银质奖”“全国质量过硬放心品牌”“国家重点新产品”。以“太洗”牌超低灰纯煤为碳基原材料生产的“太西牌”活性炭为国家注册商标产品。水质净化活性炭为国家优质产品和定点采购产品，承担了2008年北京奥运会、2010年上海世博会和广州亚运会饮用水净化任务，产品远销韩国、德国、日本等国际市场。碳素产品中的95%增炭剂具有固定碳含量高、灰分低、挥发份低和硫、磷含量低等特点，成为国内钢铁、铝镁制造行业提升产品品质必不可少的优质原材料。碳化硅产品采用自主知识产权专利技术，在国内率先研发出无烟煤基绿质碳化硅产品，广泛应用于磨具磨料、太阳能光伏产业、微电子等领域。

太西洗煤厂坚持走“产、学、研”之路，广开科技创新之门，提升产品品质，实现产业深度联动、高端闭合、建设国家级煤炭洗选深加工和碳基产品生产研发基地目标。同时，确立了“创建全国一流绿色能源循环经济立业园”的愿景目标。经过技术改造，太西洗煤厂各管理中心工艺各为一体，互为补充，独立运行，形成全国生产工艺最全、洗选手段最多、工艺技术最先进、专业化管理较强的煤炭洗选深加工产业，全厂设备2295台，装机总容量40125千瓦。2015年，全厂完成工业总产值26.94亿元，实现利税2.54亿元。2016年完成工业总产值23.43亿元，实现利税1.22亿元。太西洗煤厂先后取得ISO9001质量管理体系和ISO14001环境管理体系认证，先后获得“全国环境保护先进单位”“全国十佳选煤厂”“中国煤炭工业科技创新示范厂”“中国煤炭工业50强选煤厂”“全国文明单位”等殊荣，实现了“太西煤”由燃料向原料转变的战略发展目标。

金能煤业分公司 2005年，宁夏煤业集团整合资源技术优势，撤销石嘴山一矿、二矿，组建金能煤业公司，承担石嘴山老矿区矿井技术改造、扩建、煤炭开采任务。2009年，金能煤业公司改名为金能煤业分公司，简称金能分公司。2016年1月，为落实《国务院关于煤炭行业化解过剩产能实现脱困发展的意见》，神华宁夏煤业集团公司决定，金能分公司暂停生产，除保留部分员工维护矿井外，对其他员工进行分流安置。同时，根据矿井实际需要，对保留人员岗位进行合并调整，基层设机电队、通风队、治安保卫队和社会事务中心，负责矿井通风、排水、维护、资产看护、矿区维稳工作；机关设安全生产部、经营管理部和办公室，负责金能公司各项管理业务。4个区队建立党支部4个，机关建立机关党支部1个。金能分公司与石炭井焦煤分公司、乌兰煤矿合并组建银北矿区管理办公室党委，统一负责3个矿区的党建党务工作。金能分公司停产后，保留合同制员工238人。其中，具有中专以上文化程度73人，中级职业资质以上16人，有各级各干部、管理人员41人，其中高级职称6人，中级职称12人，初级职称17人，其他6人。有中共党员118名。

金能分公司井田走向长约7公里，宽约2.5公里，面积16.5平方公里。主采石嘴山向斜东南翼石炭二叠系二、三、五、六、七、九煤层。矿井地质储量2.4亿吨。2016年，矿井保有资源储量8837.2万吨，剩余可采储量1832万吨。煤质为中等变质程度的烟煤，煤种以1/3焦煤为主。开采标高为+1055 ~ +600米。矿井生产规模340万吨/年。2015年，金能分公司有资产净值 25176.5万元。累计生产原煤1.36亿吨。先后获荣国家级、省部级荣誉称号百余项。

乌兰煤矿 乌兰煤矿地处贺兰山煤田呼鲁斯太矿区，井田位于矿区北部，地处内蒙古自治区阿拉善左旗宗别立镇。1966年始建矿井，1975年6月投产，为高瓦斯及煤与瓦斯突出矿井。截至2015年，乌兰煤矿生产设1个综采队，1个生产准备队，2个掘进队，11个辅助单位，116个班组。建立党支部23个，党小组56个，共有中共党员459名。有正式合同制员工1531人，短期劳务工76人。员工队伍中，具有中专以上文化程度384名，中级职业资质以上668人。有各级各类干部、管理人员161人，其中高级职称6人，中级职称12人，初级职称87人，研究生2人，其他9人。

乌兰煤矿井田南北走向长约5公里，东西倾斜宽约3公里，面积约16.15平方公里（含备用区）。矿区精查煤炭资源地质储量5.11亿吨，截至2015年，乌兰煤矿占用资源储量2.32亿吨，累计动用资源储量0.56亿吨。截至2016年，保有资源储量为1.8亿吨，保有可采储量为1.1亿吨。井田内含煤27层，可采及局部可采煤层共17层。主采煤层为2#、3#、7#、8#煤层，其中2#煤层为中厚煤层，3#煤层为特厚煤层。可采煤层总厚度16.21米，各煤层倾角为20° ~ 25° ，煤种有气煤、1/3焦煤、肥煤和焦煤。煤质为中灰、低—中高硫、低磷、中高发热量、强黏结性，均可作为炼焦用煤。设计生产能力为90万吨/年。先后进行3次技术改造，总投资6.66亿元，设计生产能力提升至240万吨/年。

乌兰煤矿面对地质构造复杂，瓦斯突出等困难，积极与煤炭科学研究总院重庆研究院、中国矿业大学等科研院校开展科研合作项目，探索瓦斯治理和防治煤与瓦斯突出的方式、方法。2011年，“高瓦斯突出煤层群保护层开采与地面钻井抽采卸压瓦斯关键技术”获得中国煤炭工业科学技术一等奖、自治区科学技术进步一等奖、国家科学技术进步二等奖。2013年，《瓦斯赋存规律及突出综合防治技术研究》获自治区安全生产创新成果三等奖。《高突矿井近距离煤层采空区下沿空留巷技术研究》为国内首创；《乌兰矿5341综放工作面高位抽放巷治理的设计方案》获神华宁煤集团青年创新创效成果三等奖；《锚杆（索）支护技术在乌兰矿II010301大断面开切眼中的应用》《高瓦斯易燃煤层沿空留巷瓦斯防治技术研究》论文获全国煤炭工业高产一线青年技术创新优秀论文。矿党委曾被评为自治区先进基层党组织。

生产安装分公司　生产安装分公司成立于2016年12月8日，机关办公区域位于宁东镇灵新矿区，生产工作区域在宁夏煤业公司各矿井，主要承担宁煤集团各矿井综采（放）工作面设备的安装、回撤工作。资产规模2.03亿，各类特种生产车辆共计99辆，其中支架搬运车37辆、铲板车22辆、多功能车11辆、电瓶车3辆、轻型防爆货车4辆、防爆人车8辆、生产辅助车辆14辆。

公司现有在册员工309人，其中管理人员61人，合同制操作员工144人，劳务派遣用工104人。人员平均年龄37岁。现有管理人员61人（含领导班子6人），其中机关管理人员28人，其中：领导班子成员6人，助理3人，一级专员11人，专员8人；基层管理人员33人，其中：队长、主任3人，党支部书记1人，党支部副书记1人，副队长、副主任18人，主管技术员3人，技术员6人、干事1人。

公司机关设置为“四部一室”（安全管理部、生产技术部、党群工作部、经营管理部、办公室），基层设置4个单位（安装一队、特种车辆队、车辆检修中心、后勤服务中心），共计9个组织机构。现有党员89名，党委下设3个党支部（机关党支部、安装一队党支部、特种车辆队党支部）。

公司成立后，按照宁夏煤业公司“快速组建专业化公司，着力破解生产接续困局”的战略布局，着力打造“安全、高效、优质、低耗”专业化公司，大力推行“12315”安全管控模式和内部市场化运营，各项工作成效显著。安装回撤效率与历史数据对比，回撤面平均工期为20 ~ 22天、安装面平均工期为25 ~ 30天，分别较过去各矿自行施工平均工期缩短了5天、4天，用工为1951工/面，较以往各矿2700工/面减少了749工/面，工作效率提高了27.7%。

二、煤制油化工企业

煤制油分公司　煤制油分公司地处灵武市宁东镇北部，2014年10月10日成立，占地总面积560.92公顷。主要负责神华宁煤集团生产400万吨/年煤制油项目及100万吨/年煤泥综合利用项目生产运营管理、科研开发工作。公司内设置两级生产组织管理机构，设生产管理部、机械动力部、安全健康环保部、办公室、财务管理部、人力资源部、经营管理部、党委工作部、工会、纪检监察审计部，下设气化厂、净化合成厂、合成油厂、动力厂、空分厂、公用工程管理中心、仪表管理中心、电气管理中心。各厂（中心）采用矩阵式组织结构，设置“三部一室”（生产管理部、机械动力部、安全健康环保部、办公室）。生产运行管理通过不同工艺装置划分，实行厂长领导下的运行部主任负责制。分公司党委设基层党委（总支）8个，党支部45个，有中共党员852人。全公司从业人员3660人（含劳务派遣人员672人，实习人员199人），其中取得正高级职称1人，副高级职称41人，中级职称115人，助理级及其他职称457人。2479人具有大专及以上学历。

神华宁煤集团煤制油项目是国家“十二五”规划高科技创新示范项目，也是神华宁煤集团实现产业转型升级高质量发展的支撑项目。项目总投资593亿元。2013年9月18日，项目获得国家核准，9月28日开工建设，项目建成后年产油品405万吨，其中柴油273万吨、石脑油98万吨、液化气34万吨；副产品硫黄20万吨、混醇7.5万吨、硫酸铵14.5万吨。项目工艺流程长、装置多、技术新、集成难度大，工艺设备1.3万台，仪表设备约11万台，电气设备约1.5万台，阀门25万台；公司控制点多达21.7万个，管道3728千米，电气、仪表电缆敷设约1.8万千米。是当前世界上石油化工及煤化工行业一次性投资建设规模最大的化工项目。煤制油分公司按照“一流项目、一流管理、一流规模、一流团队、一流效益”目标要求，高水平规划、高质量设计、高标准施工，高效率推进项目建设，于2016年12月21日顺利产出合格油品。2017年，分公司生产柴油及化工品68万吨，石脑油37万吨，甲醇88万吨，稳定轻烃5万吨，液化石油气5.5万吨，自发电量9.9亿度，创造产值49.8亿元。开发的粗白油、液体蜡、精制蜡等7种化工品占产品总量33%，增收创效2亿元。转化煤炭1120万吨。

煤制油项目集合国内顶级设计团队10多个，拥有7000多名各类专业技术和管理人才，云集了一批国内顶级专家，形成了世界级的人才集成板块。2400名骨干技术人员承担着37项重大技术、装备及材料自主国产化任务。2017年，分公司立项煤制油技改及消缺改造项目426项，已实施完成170项，完成的重点项目包括变频器“抗晃电”改造、下游火炬系统改造、上游高压火炬系统优化改造、油品合成装置费托合成反应器内件旋风分离器改造、油品合成装置循环换热分离器优化改造、油品合成装置稳定蜡过滤系统储罐改造、油品合成装置汽提系统增加轻质油加热器改造、油品合成装置循环压缩机、释放气压缩机管线震动改造、油品加工装置富气压缩机增加低负荷调节功能改造等。

煤制油分公司坚持生态建设与环境保护同生产经

营项目发展并重原则，建立煤制油环保风险预控管理体系，明确节能环保控制指标，规范危险废物管理，严格危险废物处置程序，实现“三废”依法合规治理。强化“三废一噪”环节的综合管控。加强已投用环保设施的运行管理，调整锅炉用煤，开展脱硫操作攻关，锅炉烟气基本实现达标排放。强化凝液回收、清污分流、分级利用，推进环保设施升级改造。挖掘污水处理装置、含盐废水处理装置潜能，完善蒸发塘的运行管理，初步实现污水近零排放。强化环保装置技术攻关，二氧化碳尾气实现达标排放，净化气总硫及酸水汽提COD、氨氮超标问题得到解决，动力脱硫装置硫铵结晶效果得到明显改善。煤制油分公司获得全国“五一劳动奖状”。

烯烃一分公司　烯烃一分公司地处灵武市东镇境内，占地面积210公顷。2006年7月，经自治区国资委和神华集团审核批准，成立神宁煤业集团烯烃有限责任公司。2008年10月，神宁煤业集团成立煤炭化学工业分公司，下设烯烃公司。2016年5月，神宁煤业集团公司整合煤基烯烃、煤基丙烯、聚丙烯等煤化工项目，撤销煤炭化学工业分公司，成立烯烃一分公司，简称烯烃公司，承担50万吨/年煤基烯烃和煤基甲醇、二甲醚等项目的开发生产任务。分公司党政机关设办公室、人力资源部、党委组宣部等9个部室。设党支部14个，有党务工作干部23人，有中共党员432名。分公司设生产车间11个，维修等辅助科（队）1个。有正式合同制员工1467人，短期劳务工60人。具有中专以上文化程度1253人。中级职业资质员工746人。各级各类干部、管理人员203人，高级职称11人，中级职称51人，初级职称439人。截至2016年，烯烃一分公司累计完成总投资230.51亿元，其中煤基烯烃项目投资174.79亿元，甲醇制烯烃项目55.72亿元，形成固定资产221.91亿元；累计生产各种化工产品339.30万吨，其中混合芳烃148.36万吨，LPG59.07万吨。累计完成工业总产值321.86亿元，实现销售收入321.86亿元，完成利润25.28亿元，上缴税金41.56亿元。

烯烃一分公司实施创新驱动、人才驱动、智能驱动战略，通过外出学习、内部交流、师带徒、轮岗互通和引进等形式，先后培养全国、自治区、神华集团劳动模范、青年岗位能手、自治区“五一劳动奖章”、自治区“五四”青年奖章获得者、神华集团青年岗位能手等优秀人才65名，累计向后续项目输送熟练人员3000余名，被誉为煤化工基地人才“孵化器”。同时，发挥人才优势，连续组织项目科研技术攻关，解决了气化炉点火不稳定、水冷壁挂渣难、合成气带灰、气化黑水超负荷运行、空分装置板式换热器偏流产氧能力低、丙烯带水、工艺蒸汽塔负荷不足、双烃收率低、聚合压缩机带油等一系列难题，开发了1102K、1103K、1100N、1101S、1101SC、1148TC、2500H、2440K、2348M、2240P、2240S、2240NC、3240NC、1040TU聚丙烯新牌号14种，其中无规共聚产品3240NC于2016年10月试生产成功，填补了国内同类装置的空白，丰富了聚丙烯产品种类。2017年5月试产BOPP专用料1103K，延展均聚聚丙烯产品结构。分公司积极推进集党建、工建、团建及廉政建设“一体化”的格局。工会、团委创建“三型五家”，打造以青年示范岗、青年突击队；各党支部、班组按照“一支部一特色”“一班组一园地”目标，彰显了党群组织为企业发展凝聚合力的作用。分公司先后获得神华集团先进集体、灵武市文明单位，自治区先进基层党组织等多项殊荣。QC成果分别获神华集团公司一等奖和自治区三等奖。8名员工在神华集团第二届职工技术创新成果评选中，荣获3个一等奖，5个二等奖。“大机组联锁三重化改造”“DME、MTP反应器操作优化”“MTP反应器循环再生”荣获全国能源化学系统“百项优秀职工技术创新成果”大奖。涌现出神华集团劳模创新工作室、神华集团“青年文明号”、自治区级劳模创新工作室、自治区“工人先锋号”、自治区“塞上技能大师”、自治区“青年文明号”、全国优秀质量管理小组、煤炭工业质量信得过班组和百余名具有典型示范意义的先进个人。

烯烃二分公司　烯烃二分公司位于宁东能源化工基地煤化工园区B7区，厂区总占地面积167.32 公顷，其中厂内占地147.44 公顷，厂外火炬占地18.08 公顷，厂外道路和管廊占地1.8 公顷，建筑面积146729.33平方米。2016年5月，神华宁夏煤业集团公司进行机构改革，成立烯烃二分公司，简称烯烃二公司。分公司机关下设生产管理部、机械动力部、安全健康环保部、经营管理部、党委工作部、综合办公室，组建裂解车间、分离车间、聚合车间、合成车间、电仪车间、包装车间和外委物业分公司、治安保卫队。分公司党委设8个党支部，有专职、兼职党务工作者25人，有中共党员212名。

分公司在册员工805人，其中正式合同制员工606人，劳务工149人，培训实习生30人。具有大专以上文化程度734人，其中硕士研究生10人，大学本科生332人，大学专科392人，中专及其他72人。各级各类干部、管理人员193人，操作人员612人。取得高级职称10人，中级职称60人，助理级及其他355人。

烯烃二分公司承担的建设项目是国内首例百万吨级烯烃生产智能制造示范项目，是神华集团2016年唯一入围《中国制造2025》的智能制造综合标准化与新模式应用项目，是神华宁煤集团产业链延伸，产品转型升级的高科技项目。年生产聚丙烯58万吨、聚乙烯43万吨、丁二烯6.4万吨、混合苯5.9万吨、合成氨13万吨及部分燃料油等产品，年创利润可达35亿元左右（按2017年原料和产品平均价格测算）。概算投资120.48亿元，其中土建工程13. 1亿元，安装工程38.6亿元，设备购置41.9亿元，其他基本建设费26.9亿元。截至2017年10月，累计完成总投资68.1亿元，完成概算的56.5%，总投资预计控制在100亿元内。分公司主装置包括140万吨/年裂解装置、7万吨/年丁二烯抽提装置、20万吨/年烯烃转化装置、25万吨/年汽油加氢装置、16万吨/年芳烃抽提装置、8万吨/年废碱氧化装置、43万吨/年聚乙烯装置、58万吨/年聚丙烯装置、13万吨/年合成氨装置。辅助设施包括循环水场、给水及消防泵站、凝液精制、空压站、氮气站、热水站、火炬、罐区、酸碱站、汽车装卸站、总变电所、维修及仓储中心、中心化验楼、中央控制楼、生产指挥中心、车间现场管理区、铁路等配套设施。主要产品包括均聚物、无规共聚物和抗冲共聚物共54个牌号，其中均聚物35个牌号，无规共聚物5个牌号，抗冲共聚物14个牌号，产品方案按均聚物40%，无规共聚物20%，聚乙烯装置生产的产品为高、中线性低密度聚乙烯树脂，设计产品方案共15个牌号的线性低密度和高密度聚乙烯。生产的聚丙烯产品适于制作一般机械零件、耐腐蚀零件和绝缘零件。高密度聚乙烯用于制造薄膜、中空制品、纤维和日用杂品等。低密度聚乙烯用作各种食品、衣物、医药、化肥、工业品的包装材料以及农用薄膜。分公司党委以“担责新烯烃，助力新神宁”主题实践活动为载体，围绕施工会战、试车攻坚、消缺改造等中心任务，抓融入、激活力、求创新，强化组织、思想、作风、能量、后勤5个保障，在项目建设中发挥了组织领导作用。

甲醇分公司　甲醇分公司位于灵武市宁东镇境内，占地面积519万平方米，建筑面积209万平方米。2004年，宁夏煤业集团实施宁东国家级煤化工基地重大战略，启动煤化工系列项目煤基甲醇、二甲醚等项目。2007年6月，25万吨甲醇/年项目投料试车，8月产出合格精甲醇产品。12月,21万吨二甲醚/年项目试车并产出合格产品。2008年3月，聚甲醛项目筹建处成立，纳入甲醇厂统一管理。10月，单设二甲醚（聚甲醛）项目筹建处，负责60万吨甲醇及 6万吨/年聚甲醛项目建设、试生产工作。2010年3月，60万吨甲醇/年项目一次投料成功。2011年5月聚甲醛项目一次投料成功；7月，聚甲醛厂成立；9月，聚甲醛项目打通全流程，产出合格聚甲醛产品。2016年5月，神华宁煤集团调整产业结构，实施集约发展，整合煤基甲醇、煤基二甲醚、聚甲醛等煤化工项目，成立甲醇分公司。分公司党政机关设综合办公室、党委工作部、安健环保部、生产管理部、机械动力部、经营管理部等6个部室。设党支部12个，有党务工作干部17人，有中共党员312名。分公司设生产车间10个，维修等辅助科、队1个。有正式合同制员工897人，短期劳务工122人。具有中专以上文化程度962人。中级职业资质员工438人。各级各类干部、管理人员190名，高级职称8名，中级职称57名，初级职称244名。

甲醇分公司实施科技创新战略，攻克气化炉频繁结渣、二套气化炉下降管变形、丙烯压缩机启动困难、发电机负荷低、空分装置水冷塔出口温度高等一系列技术难关，实施了聚甲醛装置提质增效技改项目，装置运行水平稳步提升，产能逐步释放，甲醇、聚甲醛产量连年攀升。甲醇年产由2008年的8.23万吨攀升至2016年的96.69万吨。甲醇可控成本降低了27.23% 。

针对装置存在的三聚甲醛反应器转化率低，运行周期短等瓶颈问题，发动员工开展技术攻关。通过技术改造，使三聚甲醛反应的转化率稳定在14.5%以上，运行周期提高至60天，日产量170多吨，月产5300吨。甲醇分公司与国家级高分子重点实验室联合攻关，开发仿丝级聚甲醛，其产品跻身军工、核电站施工等高端领域。自主开展色粒频繁超标技术攻关，使聚甲醛产品韧性、强度、热稳定性等达到国内领先水平。先后完成聚甲醛装置切粒水、机封水改造，实现脱盐水回收再利用，每月可节约脱盐水800吨，节约用电50万千瓦时。先后成立苏长宏劳模创新工作室等12个创新工作室，先后实施大小技术改进革新100多项，其中50多项成果获国家、行业及自治区级优秀成果，科技创新驱动战略实施，为神华宁夏煤业集团公司创造效益2.0亿多元。设计规模25万/年吨甲醇项目，有3套装置运行指标达国内同类装置最优水平，累计产量达95万吨，正向突破100万吨大关冲刺。

甲醇分公司党委将“勇于创新，敢为人先，追求卓越”融入企业战略发展的全过程，探索形成“三型五家”建家品牌，打造以青年示范岗、青年突击队、青年创新创效、青年课堂为内容的“青”字品牌，实现了良好的稳步发展态势。分公司连续安全生产十周年。先后向煤化工项目输送技能人才3000多人，成为神宁煤业集团煤化工项目人才培养输出基地。组织完成锅炉脱硫除尘一体化改造等项目，公司成为宁东地区首个烟气指标达到国家特别排放限值要求的煤化工企业和生态建设先进企业。先后获得“十一五”全国石化工业环境保护先进单位，神华集团先进集体，自治区文明单位，自治区先进基层党组织等多项殊荣。获得全国QC课题荣誉25个，自治区及神华集团荣誉27个。涌现出自治区“工人先锋号”、自治区“青年文明号”、全国优秀质量管理小组、煤炭工业质量信得过班组、神华宁煤集团十佳班组等多个先进集体。

煤制油化工研发中心　煤制油化工研发中心（简称化工研发中心）成立于2008年10月。2016年5月按照集团公司机构改革调整，整合煤制油化工板块科研资源，成立神宁煤业集团煤制油化工研发中心，为集团公司二级单位。

研发中心下设五部一室（即四个研发部、信息研究与专家服务部及综合办公室），现有科研管理及技术研发人员61人，平均年龄36岁，其中博士3人，在读博士4人，硕士34人，本科20人，中级职称42人，高级职称10人，主要承担煤制油化工产业发展，开展煤炭结构与煤气化技术、催化转化过程、煤基聚合物及相关新材料应用、环境工程、煤制油品与精细化工品等领域应用技术及共性关键技术研究，促进研究成果转化及相关研究领域的技术服务。

研发中心2009年5月成立党支部，2016年5月成立党总支。有中共党员45名，占职工总数64.2%，设党支部2个（机关党支部、研发党支部）。2017年2月21日机关党委会议研究决定成立煤制油化工研发中心工会。

研发中心承担着集团公司国家企业技术中心、低阶煤清洁转化与应用技术国家地方联合工程实验室、国家级专家服务基地、院士工作站、博士后科研工作站等重要载体的运营。拥有煤气化、催化转化、煤基聚合物3个专业研究室及甲醇制丙烯（MTP）、聚合物加工和小聚合评价3个中试车间，实验室面积2600平方米，有研发设备183台（套），价值近3500万元。2013年12月19日获宁夏回族自治区低阶煤清洁转化与应用技术工程实验室批复。2015年12月31日获国家低阶煤清洁转化与应用技术国家地方联合工程实验室批复。

煤制油化工研发基地一期投资2.78亿元已建设完成，2018年投入运营。完成国家、自治区、集团公司等创新项目31项，正在实施项目20项，累计争取国补资金7517万元。申报专利251项，其中发明141项，已授权97项；发表论文224篇。获国家、自治区级科技创新奖24项，其中：国家科技进步二等奖1项、中国专利优秀奖3项、中国煤炭协会特等奖1项、自治区科技进步奖5项。通过自治区科技成果鉴定8项。

煤制油化工公用设施管理分公司　2016年5月，神宁煤业集团按照专业化管理思路，在煤化工分公司公用工程管理处的基础上。成立了煤制油化工公用设施管理分公司（简称公用设施分公司）。主要承担煤制油化工基地煤炭储运、供排水、仓储、液体装车、包装、天然气管网、公用管廊、道路、绿化、土地等建设管理和治安保卫、后勤接待等业务。累计完成固定资产投资16.4亿元。公司有正式合同制员工776人，劳务工11人，管理人员100人，操作人员665人。员工队伍中大学专科及以上学历350人，占员工总数的52.6%；中专学历123人，占员工总数的15.8%；高中及以下学历303人，占员工总数的39.1%。

公司设7个基层车间，其中5个生产车间（配煤一中心、配煤二中心、水务中心、原料及包装管理中心、公用设施维护中心）和后勤服务中心、治安保卫队。党政机关设安健环保部、生产管理部、经营管理部、党委工作部、综合办公室5个部室。有共产党员205名，设党支部8个。

按照煤制油化工生产总体设计，管理分公司配煤一中心、配煤二中心分两期建设。其中配煤一中心一期工程于2008年7月开工建设，5月向二甲醚装置供煤。工程包括圆形料场、转运站、输煤栈桥、翻车机房、变电所、配电室、办公楼、给排水、采暖通风、计算机监控系统、工业控制系统、火灾自动报警系统、信息管理系统等。设计概算投资2.84亿元。处理能力为1000万吨/年。主要为25万吨/年甲醇、60万吨/年甲醇、烯烃公司各单位供应原料煤和燃料煤。二期工程于2012年开工建设，包括新建T7、T8、T9转运站，4#、5#、6#圆形料场，4个栈桥，5条带式输送机，消防水池及泵房、35KV变电所，3#、4#变配电室，材料堆场。改造T3、T4、T5转运站，热交换站，1#变电站，煤泥水处理车间等。设计概算投资2.09亿元。

公用设施管理分公司紧紧围绕装置安全稳定、优质高效运行目标，精准抓配煤，精细抓管理，高效抓服务，按照集团公司总体发展战略，结合自身实际，实施树品牌、强管理、抓服务，提升核心竞争力的总体思路。不断完善调度管理系统，建立以调度为中心的生产指挥系统。保障装置用煤需求。建立异常煤种台账，制定异常煤种应急预案等措施，配煤指标合格率提高至97%以上。针对制约装置稳定运行的瓶颈问题，大力推进自动化一键启动、翻车机、皮带机改造、除尘改造等技术攻关和系统优化，重点解决皮带机启动故障、翻车机压车梁积煤损耗等问题。

公用设施分公司党委认真贯彻党的各项方针政策，加强党的思想建设、组织建设、作风建设，不断提高党组织的战斗力和凝聚力。扎实开展“两学一做”专题教育活动，以学促做、知行合一效果明显。以亮点活动为抓手，推行《文明化工十项规定》要求，加强员工文明出行和文明就餐宣传教育，杜绝“舌尖上的浪费”，治理公共场所脏、乱、差现象，引导员工讲公德、守秩序。先后培育出“党员安全包保责任区”“党员突击队”“后勤服务直通车”等一批特色品牌。积极开展“三型五家”创建，以志愿服务活动、扶贫帮困、创新工作室为依托，发挥工会组织作用，取信员工群众。深入落实“两个责任”，建立健全纪检监察惩防体系，纯洁干部队伍，净化发展环境。

煤制油化工销售分公司 煤制油化工销售分公司成立于2016年6月，公司下设综合办公室、党委工作部、计划财务部、价格与市场信息研究部、合成树脂销售部、油品销售部、副产品销售部和装运中心。有合同制员工135人，劳务工4人。员工队伍中具有大专以上文化程度的126人，占员工总数的93%；初级以上职称的70人，占员工总数的52%；各级各类干部48人，占员工总数的35.56%，其中正副处级干部24名，正副科级干部24名，一般管理人员62人，占员工总数45.93%；有党员99人，占职工总数的73%；员工平均年龄36.8岁。

化工销售公司按照精干高效和专业化管理的原则，科学设置组织架构，加强计划制定、产品定价、客户管理、营销实施、装运配送等环节统筹协调、集约制衡，编制完成了80余项行政管理考核体系。销售计划按照年度分解、季度落实、月度调整的原则考核执行，与生产单位紧密对接和配合，实现产销平衡；对客户规范评审，实现规范、阳光、透明和动态管理，开发直供客户和新产品客户，客户群体不断扩大；价格管理形成了不同牌号、不同区域、多牌号对标的价格管控体系，做到价格紧贴中高端市场，形成了完善的自主定价机制，实现了由跟随市场价格逐步向紧贴市场价格转变，效益营销成果显现。多元化产品占比24.64%，累计增效1.27亿元；积极争取铁路优惠政策，合理确定公路、铁路运输比例。铁路运费下降27.41%，公路费用下降15.6%，物流费用较计划降低70元/吨，节约费用近6000万元。

公司党委强化标准化党支部建设，严肃党内组织生活。创新宣传载体，打造了“金山小喇叭”微信群、“营销经纬”微信公众号、“营销内参”信息平台等自媒体。策划开通了“神华宁煤号”品牌列车，编辑制作了《品质铸品牌》专题宣传片和产品手册，组织媒体记者深入华东市场和客户实地采访，宣传煤制油化工产品，树立了公司良好形象。严格落实党风廉政建设“两个责任”，排查廉洁风险点58项并制定了具体防控措施。定期召开员工代表座谈会，多渠道征集、梳理和整改员工反映的各类问题32项，积极为员工排忧解难，员工队伍的精神面貌得到改观。

煤制油化工质检计量中心 煤制油化工质检计量中心前身为神宁煤业集团煤炭化学工业分公司质检计量中心。2016年5月，集团公司机构改革，成立神华宁煤集团煤制油化工质检计量中心（简称化工质检中心）。负责煤制油化工板块甲醇厂、烯烃一分公司、烯烃二分公司、煤制油分公司等生产厂原辅材料、产成品、生产中间控制以及大气、噪声、废水、废渣等分析化验、计量检定等工作。

化质检中心建筑面积25353平方米。中心固定资产投资1.13亿元。现有仪器设备2126台（套），其中：大型设备类237台；色谱类仪器设备198台；小型设备类1691台。

煤制油化工质检计量中心有正式合同制员工580人，短期劳务工134人。员工中少数民族员工118人，女员工459人。具有中专以上文化程度的702人。中级职业资质员工15人。各级各类干部、管理人员69名，高级职称9名，中级职称31名，初级职称101名。

化工质检中心设5个职能部门（综合办公室、经营管理部、党委工作部、生产管理部、安健环保部）、9个生产车间（一车间、二车间、三车间、四车间、五车间、煤质分析车间、产品检验车间、计量站、环境监测站）。共产党员172名，设党支部10个，有党务工作干部10名。

化工质检中心不断创新、建立健全分析方法，汇集整理并采用国家标准、行业标准、国际标准等553项，建立企业标准71项，涵盖了集团公司煤制油化工板块各生产厂分析化验项目。严格实施了国家GB/T 33443–

2016《煤基合成气中硫化氢、羰基硫、甲硫醇和甲硫醚含量的测定气相色谱法》，填补了国内测定煤基合成气中硫化氢、羰基硫、甲硫醇、甲硫醚的标准空白。

化工质检中心结合实际，探索形成了一套科学的培训管理体系——“三级四步”培训模式，《战略导向的“三级四步”培训管理体系构建与实施》荣获2014年全国煤炭企业管理创新成果三等奖。通过扎实实施该培训体系，几年来，中心培养了一支综合素质过硬的人才队伍。2009年以来，化工质检中心共获得《一种色谱仪进样系统》《一种标准物质的配置和进样装置》和《一种低温易自聚样品色谱自动进样器》三项实用性国家专利。9个项目分别荣获神华集团和神宁煤业集团技术创新成果二等奖、三等奖、优秀奖。2012年，通过测量管理体系AAA认证，达到国家测量管理能力的最高水平。

2013年12月，实验室通过国家认可（简称CNAS），实现检测校准数据国际双边和多边互认。认可范围涉及煤及相关产品检测、石油及相关产品检测、高分子及复合材料检测、环境保护检测、校准5个领域96个项目。中心被灵武市文明委评为“文明单位”。

煤制油化工安装检修分公司　煤制油化工安装检修分公司（简称化工安装公司）成立于2008年11月1日，主要承担集团公司煤制油化工板块烯烃一分公司、烯烃二分公司、甲醇分公司、煤制油化工公用设施管理分公司及煤制油分公司通用机械、机组检维修，设备巡检工作，通用机械离线检测、大机组在线检测，“三炉”（气化炉、锅炉、裂解炉）检维修，110千伏架空线路维保巡检，110千伏及以下电气设备预防性试验，机械加工，阀门试压，安全阀校验，缠绕垫制作及动平衡试验业务。公司设综合办公室、党委工作部、经营管理部、生产管理部、安健环保部和动力设备一、二、三、四、五车间、炉检车间、机械加工车间、电气试验中心、设备监测诊断中心，有职工535人，其中合同制员工464人，劳务派遣工37人，平均年龄33岁，79%以上具有大专及以上学历（大专254人，本科161人，硕士5人）。公司党委下设党支部9个，现有党员158名，占员工总数的30%，团员114人，占员工总数的21%。

化工安装公司拥有各类设备425台（套），其中工器具类设备79台（套），割焊类设备56台（套），机加工类设备29台（套），测量仪器类设备26台（套），起重类设备44台（套），运输类设备35台（套），电气设备55台（套），电气试验设备66台（套）。

2012年，化工安装公司制定了《检修现场标准化管理规定》，按吊装作业、焊工作业场、动设备检修等6大类18个小类分别制定了检修现场标准化要求。2015年，公司全面推行标准化管理，编制实施了《标准化检修统一规定》，从属地设置、定置摆放、文明检修、清洁检修等方面做了详细要求。为检修人员提供完善、标准、规范的检修作业程序，有效提升了检修质量和工作效率，确保了检修资料归档的真实性和及时性。针对烯烃一分公司合成气压缩机检修中遇到的问题开展了技术攻坚活动。在神宁集团首届科技进步奖上技术攻坚课题GE合成气压缩机2BCL608/N高精检修方法创新，荣获科技进步三等奖。基于检修包管理模式下的煤化工检修管理实践，获得煤炭企业管理现代化创新成果三等奖。

化工安装公司以“打造技术力量雄厚、装备精良、检测手段齐全、招之即来、来之能修、修之必优、信誉良好的安装检修队伍”为愿景，以全力提升广大员工素质为抓手，锻造检修保运队伍，确保了板块生产装置的平稳运行。公司先后荣获了集团公司安全生产先进单位，四强党组织、四好领导班子、文明单位，灵武市文明单位等多项荣誉。

三、专业化公司

宁夏煤炭基本建设公司　宁夏煤炭基本建设公司（简称宁煤基建公司）是国家原煤炭工业部直属的大型建筑安装施工企业。公司拥有国家房屋建筑工程施工总承包、机电安装工程施工总承包、矿山工程施工总承包一级资质；有市政公用工程、铁路工程、冶炼工程总承包二级资质；有钢结构、石油化工、公路路基、路面工程、送变电工程、起重设备安装、预拌混凝土专业承包二级资质；具有一级资质的建筑工程实验室；具有承包国际工程的B级资质和外经、外贸经营权。

公司注册资本金30.78亿元，总资产34亿元。拥有施工设备1200余台（件），年施工能力50亿元。属全国500家最大建筑业企业和全国煤炭系统十大建筑企业之一。

公司下设区域及专业化公司11个，管理类公司3个，直属项目部30个。主营房屋建筑、矿山工程施工、机电安装、管理工程，兼营市政、钢结构工程、混凝土制品生产、铁路、公路等工程。采用项目工程承包，实行财务集中管理和会计集中核算；主要物资集中统购、统供、统管；设备实行统一租赁管理方式。工程项目主要分布在宁夏、内蒙古、陕西、江苏、山西、甘肃、新疆、河北、福建、山东、江西等地。

公司有在册员工1011人。其中：中专以上文化程度的744名，占员工总数的73%。在岗管理（技术）人员733人，占员工总数的72%；操作服务岗位230人，占员工总数的23%。高级职称62人，中级职称220人，初级职称293人。公司有党员546人，占职工总数的54%。公司党委下设党总支1个、党支部16个，专兼职党务工作者64人。

宁煤基建公司成立以来，承建各类大中型建筑工程上千项，建起了200余座煤矿、洗煤厂、各行业工厂及2000余万平方米的各类民用建筑。有400多项工程获得国家级、省部级和地市级优良工程荣誉，其中神宁煤业集团羊场湾矿井及选煤厂工程获得中国建设工程“鲁班奖”和建国60周年百项经典（精品）工程。宁煤基建公司荣获全国“守合同重信用”单位、中国工程建设诚信典型企业、全国AAA级信用企业、全国工程建设质量管理优秀企业、全国煤碳先进施工企业、中国经济百佳诚信企业等称号，连续28年荣获地方“守合同重信用”单位称号。

神华宁夏煤业集团公司水电分公司　2016年9月，神华宁夏煤业集团公司整合灵武矿区水电分公司和银北矿区水电分公司资源成立水电分公司，专业负责集团公司矿区转供电、转供水，银北矿区铁路专用线的维护维修，煤制油化工园区至南湖外排水系统运行维护工作。分公司机关设置在灵武市磁窑堡镇灵新矿区，设办公室、财务科、经营科、人力资源科、调度室、安全管理科、供水管理科、工程科、银南生产技术科、银北生产技术科、组宣科、纪检监察科、工会13个职能科室，设自来水厂、供水一队、供水二队、汝箕沟供水队、惠农供水队、石炭井水电队、供电一队、供电二队、供电三队、惠农供电队、沟口供电队、石炭井铁路维修队、惠农铁路维修队、银南检修安装队、银北检修安装队、电气试验中心，汽车队、计量站、治安保卫队19个基层单位。

截至2018年末，分公司在册员工927人，劳务派遣用工9人。其中，管理岗181人，操作岗716人，不在岗职工30人。在册员工中，硕士研究生5人，大学本科197人，大学专科296人，中专学历122人，高中及以下学历307人。管理岗中，高级职称25人，中级职称75人，初级职称57人。操作岗中，高级技师8人，技师52人，高级工206人，中级工231人，初级工52人。公司设有党支部22个，党小组40个，党员责任区50个，共有中共党员362人（员占比39%），团员2人（全员占比0.2%）。其中，在职党员336名，退休党员26名。

截至2018年末，分公司资产总额47307.54万元，管辖变电所35座，各种电压等级输配电线路总长约843公里；管辖大泉、汝箕沟沟口、石炭井沟口、惠农103和落石滩5个水源地，水源井30口，加压泵站28座，供水管路总长约448公里；管辖外排水泵站3座，外排水管道总长51公里；管辖铁路专用线5条，道岔54组，铁路线总长约45公里。

分公司坚持依法合规经营，消灭了各类安全环保责任事故，全年实现转供水2430.89万方、转供电12.6亿度，实现工业产值79711.20万元，利润-6766.31万元（营业利润率-8.55%），缴纳税费70.71万元。全年支出工资总额8202.09万元，缴纳“五险二金”5504.5万元。其中，养老保险2018万元，失业保险72.5万元，医疗保险790万元，工伤保险111万元，生育保险50万元，公积金1670万元，企业年金793万元。年度人均收入8.69万元，同比增收16.49 %。

分公司积极转型升级，落实“机械化换人、信息化减人”发展战略，加快信息化建设步伐，优化了《水电分公司变电站及泵站智能化改造设计方案》，实施了金凤洗煤变等8座站所和汝箕沟、大泉16口水源井的信息化无人值守改造项目。加大科技创新力度，申报了110千伏氧化锌避雷器接头制作等6项实用新型专利，实施了石槽村35千伏变电站接地变及消弧线圈控制系统改造等13个技术创新项目。深化群众性经济技术创新创效活动，实施了17项劳模课题，创造经济效益215.7万元；落实员工合理化建议9条，创造经济效益45.5万元。

着力夯实安全生产基础，积极争取集团公司基本建设及专项资金计划4886.8万元，重点实施了羊场湾15、16采区变电所土建及安装工程、枣泉5分区35千伏变电所土建工程等，并顺利完成枣泉5分区35千伏变电所双回线路工程征地及环评等前置手续。积极争取集团公司修理费资金计划1185.43万元，重点实施了梅工广35千伏变电站主变维修、石槽村35千伏变电站SVC维修、枣泉110千伏站I段无功补偿装置电抗器及自动调节控制器维修等项目。

实施精准帮扶救助，申报国家能源集团救助6人次，救助金额9.5493万元；申报自治区总工会帮扶9人次，帮扶金额6.7176万元；申报宁夏煤业公司帮扶15人次，帮扶金额6.1万元；分公司内部结对帮扶21户，帮扶金额，1.95万元。

加强文明创建工作，党的建设成效显著，安全环保业绩突出，获得集团公司年度先进基层党组织、安全生产先进单位、信访工作先进单位等荣誉，夺得集团公司2018年度排球赛冠军，巩固了自治区文明单位创建成果。

应急救援中心（矿山救护总队） 2003年2月10日，原石炭井矿山救护大队、灵州矿山救护大队、石嘴山矿山救护大队合并更名为宁夏煤业集团公司矿山救护总队。2006年1月，更名为神华宁夏煤业集团公司矿山救护总队。2016年5月，神华宁夏煤业集团深度整合企业应急救援资源，将矿山救护总队与煤化工消防队重组，成立宁夏煤业应急救援中心。

应急救援中心现有指战员及机关后勤人员共计369人。其中：本科59人，大专155人，高中93人；高级技师4人，技师38人，高级工63人，中级工69人。现有党员167人，占总数45%；团员26人，占总数14%。设立党支部8个，专职党务工作干部11名。下设战训科、防火气防科、应急信息科、装备管理科、党群工作科、经营科、办公室7个职能科室。

应急救援中心积极推动应急救援体制机制改革，以提高应急工作效能为首要任务，形成了中心、大队、中队、班组四级应急联动体系。主要承担神华宁夏煤业集团公司内部煤炭开采、煤炭洗选、煤化工、煤炭深加工及其他板块在生产和建设过程中出现的事故应急救援任务，负责区内各驻矿和兼职救护队的业务指导，以及神华宁夏煤业集团公司专、兼职及驻矿救护队指战员的业务培训工作。

应急救援中心以服务神华宁夏煤业集团公司安全生产为中心工作，以建设“国内领先、国际一流”的应急救援队伍为目标，着力强化队伍的思想、体能、业务、心理四项基本素质建设，强基固本，努力打造一支“拉得出、冲得上、打得赢”的救援铁军。先后参与自治区矿井、消防综合应急演练，承担自治区危险化学品事故、矿山事故及周边省份小煤矿事故处理等灾害应急抢险救援任务。中心被国家应急管理部授予“国家矿山应急救援宁煤队”和“国家危险化学品应急救援宁东队”。先后被授予“中国煤矿军事化矿山救护宁夏基地”“国家矿山救援宁煤基地”。

矿山机械制造维修分公司（简称矿机公司） 矿机公司成立于2007年11月，位于宁东能源化工基地辅助工业区。主要承担集团公司各矿采掘接续设备的维修以及零部件的加工制造和矿用各类运输设备、支护设备、洗选设备三大类产品以及配件的加工制造，是宁夏及周边省区大型现代化综采综掘设备维修加工企业。

公司下设宁东工作区、大武口工作区和大件厂支架组装中心。占地总面积55万平方米，厂房总面积10.2万平方米。其中，宁东工作区是设备维修中心，主要负责公司设备维修板块，2008年开始分三期改扩建，第一、二期分别在2009年和2011年建成并投入使用，主要承担集团公司各矿井采煤机、刮板机、综掘机等接续设备的维修；大件厂支架组装中心是支架修理厂，主要承担集团公司各生产矿井综采液压支架、单体液压支柱维修和煤化工机械维修；大武口工作区是设备制造中心，主要负责公司制造板块，原为石炭井矿务局总机修厂。承担宁东维修中心设备维修所需的零部件加工制造和矿井辅助运输设备、支护设备、煤炭洗选设备三大类26个系列、200多种设备的制造。

公司设机关职能部门6个，生产车间9个，生产辅助部门3个。在册员工854人（合同制员工616人，劳务工238人），在岗管理人员131人，科级以上干部76人。共有党员370名，设立党支部13个。具有大专以上学历人员337人。中级职称及以上的53人，占员工总数的6.2%。

公司矿山机械产品研发制造及配件加工获得产品安全标志证书30余项、矿山支护设备产品安全标志证书40余项。机械制造车削设备加工直径最大3200MM，齿轮加工设备加工直径最大2200MM、齿轮模数20MM。“星王牌”系列浮选机、跳汰机、刮板输送机等产品除满足神宁煤业集团需求外，销往黑龙江、山东、山西、安徽、陕西、内蒙古、新疆、北京等18个省、自治区、直辖市，主要用户近200家，其中煤炭洗选设备在国内同行中处领先地位，公司自主研发的阶梯式XJX-T16A型浮选机在国内属首创。2010—2018年，矿机公司科技创新项目102项，创造价值8790万元。完成产品专利申报55项，其中“扇形区特种液压支架研究与应用”获自治区科技进步三等奖、神华集团科技进步二等奖和中煤协会科技进步三等奖，“液压转盘道”“支架侧护板拆装的夹抱装置”等11个实用新型项目获得专利授权。2004年7月被中国煤炭工业协会授予全国十佳选煤设备制造厂荣誉称号。2016年11月“星王”商标被评选为宁夏回族自治区“著名商标”。自主制造的湿式除尘风机、扇形带支护等已在各矿安装使用，得到用户一致好评。

能源工程公司 2008年2月，神宁煤业集团整合建筑设计、工程监理、环境安全等产业组建了能源工程公司。按专业化分工、集约化管理的原则，公司实行专业分级负责，单独经营、分级核算，集中统一平衡的管理体制。公司党政机关设党委工作部、办公室、经营部、财务部、安全监察部、水处理管理部6个部室，机关管理人员39人。

能源工程公司有合同制员工694人，短期劳务工139人。员工队伍中，具有中专以上文化程度的562人，占员工总数的81%；中级职业资质以上的314人，占员工总数的45%；各级各类干部581人，占员工总数84%。其中正副处级干部43名，正副科级干部101名，工程技术干部437名。技术干部中高级职称70名，研究生19名，中级职称200名，初级职称167名。公司有党员349人，占职工总数的50%。所属单位及机关设党总支委员会6个、党支部25个，专职党务工作干部9人。

能源工程公司拥有国家和宁夏回族自治区各类专业资质25项。其中煤炭咨询、矿井设计、建筑工程设计、岩土工程勘察、地质灾害治理工程设计甲级资质5项；煤炭行业露天矿、选煤厂、工程测量、工程测绘、建筑咨询、地质灾害危险性评估、地质灾害治理工程勘察乙级资质7项；房屋建筑工程、矿山工程、机电安装工程、市政公用工程监理甲级资质5项；地质灾害治理工程监理乙级资质1项；能源、矿产资源、水源钻井和地基与基础工程三级资质4项；固体矿产勘查、气体矿产勘查、钻探工程施工乙级资质3项。

公司下设宁夏煤矿设计研究院、宁夏灵州工程监理公司、神华宁煤集团项目管理公司、环境安全工程分公司、宁夏煤炭科学技术研究所建设工程质量监督站等6家企事业单位。

公司成立以来，集中专业技术人才，科学配置资源，发挥工程技术、管理、装备优势，为工程建设提供“一站式”服务。以设计、监理、总承包等业务为支撑，全力做好水处理业务，积极探索“建设+运营”的水处理模式。完成各类工程设计、监理1300多项，其中获国家级及省部级优秀勘探设计奖、优秀咨询成果奖、科技进步奖60多项。由设计院、监理公司设计、监理、监督建设的年生产规模1000万吨级煤矿——羊场湾煤矿获中国建筑行业最高荣誉——“鲁班奖”、中国“建国60周年100项经典暨精品工程”。年累计完成工业产值181335.30万元，实现营业收入181335.30万元，完成利润2900.85万元，上缴税金12040.68万元。员工人均收入由2009年的9.19万元，增长到2016年的11.76万元。

宁夏亘元房地产开发有限公司　宁夏亘元房地产开发有限公司（简称亘元房地产公司）是神华宁夏煤业集团有限责任公司全资子公司。其前身是亘元煤业集团（原石嘴山矿务局）房地产开发公司，亘元房地产公司2007年晋升为国家一级开发企业资质，注册资本金3.5亿元，资产现值超过100亿元。累计资产总额480.46亿元。2009年至2017年，累计实现经营收入104.12亿元，上缴税金12.54亿元，实现利润11.39亿元。

公司下设机关职能部门10个，项目公司5个、项目运营管理部1个，经营单位2个。在册员工389人，合同制员工人数344人，其中，管理人员202人，专业技术人员69人，操作人员61人，内部退养12人，劳务用工45人。合同制员工中，35岁及以下150人，36 ~ 45岁103人，46 ~ 54岁84人，55岁及以上7人；研究生36人，其中硕士31人，大学本科154人，大学专科114人，中专11人，高中及以下29人。

公司成立以来，先后开发了太阳都市花园、太阳城、水木灵州、香溪美地、银子湖、亘元国际中心等20个项目，开发建设总规模956万平方米，已经开发投入使用面积达510万平方米，累计完成投资117亿元。其中已经竣工项目10个，在建项目11个。

公司坚持走专业化合作道路，积极引进北京市建筑设计研究院、中国建筑集团等“国字号”优秀设计、建筑企业，与北京建工集团等27家一级资质的施工单位、中国建筑技术集团等12家甲级资质监理单位签订战略合作协议书，确保了开发项目不仅成为精品工程，而且极大地提升了项目知名度和社会影响力。

公司累计为地方政府提供保障性和安置住房70万平方米，为神宁煤业集团各矿区职工提供迁居安置房217万平方米。2012年，公司被中国房地产协会评为全国房地产500强企业第94名；2014年升至第74名，成为全区首家中房协会副会长单位；同时荣获中国房地产品牌价值成长性十强企业、中国房地产品牌价值西北十强企业、中国房地产开发企业西部十强企业待荣誉称号；公司开发建设项目、建设用地储备、开发建设规模、资产总量等综合实力居宁夏首位，并先后获得各级政府、行业主管部门、上级主管部门、社会和媒体各项荣誉奖励150余项。

物资公司　物资公司是神宁煤业集团物资供应的专业化公司，是集团公司物资采购供应的执行和日常管理实施单位。公司下设办公室、党群工作部、纪检监察部、管理部、计划部、采购部、化工部、价格信息部、仓储调配部9个职能部门。下设煤制油化工仓储配送中心、宁东仓储配送中心、羊场湾物资供应服务中心、石槽村物资供应服务中心、红柳物资供应服务中心、金凤物资供应服务中心、任家庄物资供应服务中心、汝箕沟物资供应服务中心、太西物资供应服务中心9个二级单位。在册员工668人，其中：在岗人员656人，离岗休养及内退12人。在岗人员比管理类别分为，管理人员290人，操作人员366人。具有中专以上文化程度的534人，占员工总数的79.94%；中级职称及以上的98人，占员工总数的14.67%；副科以上干部143人，占员工总数21.41%。正副处级干部36人。公司现有党员361人，占职工总数的53.27%。党委下设党总支委员会2个、党支部16个，专职党务工作干部16人。

物资公司以打造现代化集约化物资供应链管理体系为目标，深入推进物资供应体制机制改革，加强和改善党的领导。通过开展物资管理标准化工作和强化综合绩效考核，建设执行力强、依法合规办事的采购队伍，有效提升了物资供应保障能力和服务水平。2009年以来，完成物资采购407.7亿元，为集团公司跨越式发展和建设“三个面向”新神宁做出了积极的贡献。

煤炭运销公司　煤炭运销公司于2003年3月，整合亘元集团、太西集团、灵州集团、宁煤（进出口）集团运销公司组建成立宁夏煤业集团销售公司，2007年3月更名为运销公司，内设办公室、党群工作部、计划统计部、调运部、市场营销部、出口部、财务部、人力资源管理部、质量检测部。2010年8月，神华宁煤集团将清欠业务划入运销公司，增设清欠办公室。增设煤质检测中心，与质量检测部合署办公。撤销质量检测部下设的宁东中心化验室，将质量检测部银北中心化验室更名为煤质检测中心化验室。撤销财务部。2013年，将煤炭化学工业分公司销售公司整体划入运销公司，成立运销公司化工销售部、煤化工装运中心。2016年6月，化工销售部、化工装运中心从运销公司分出，组建煤制油化工销售分公司。

运销公司内设办公室、党群工作部、经营管理部、财务部、电煤销售部、精煤销售部、地销部、价格信息部、纪检监察部、调运部、人力资源管理部11个职能部门。下设煤炭销售计量中心、煤炭贸易部2个二级单位。公司党委下设党总支委员会2个、党支部15个，专职党务工作干部15人，有中共党员237人。在册员工448人，其中在岗人员423人，离岗休养及内退25人。在岗人员按管理类别分：管理人员205人，操作人员218人。具有中专以上文化程度340人，中级职业资质以上的74人，正副处级干部32名，正副科级干部79名。全公司共有员工2941人，其中管理人员660人，操作人员2281人。

运销公司坚持“诚信营销、合作共赢”原则，按照“统一签订合同、统一制定价格、统一组织发运、统一结算货款”总体要求，主要围绕资源配置、计量和质量检测、产品运输保障、市场开发及营销管理、价格及货款管理等业务开展煤炭产品的销售工作。销售的主要产品有动力煤、无烟煤、焦精煤及1/3焦精煤，按不同的规格、质量划分为30多个品种。有煤炭产品用户近800家，其中动力煤占总销量的85%，主要用户分布在宁夏、甘肃、青海、四川、山东等省区的发电企业和区内采暖企业；烟块煤主要用户分布在宁夏西海固、甘肃临夏及陇西、青海西宁、陕西延安及汉中等地的民用煤市场；无烟煤主要用户为鞍钢、本钢、首钢、河钢、包钢、酒钢、八钢、西宁特钢等冶金企业；焦精煤主要用户为酒钢、八钢、包钢、济钢、陕西东岭集团等冶金及焦化企业；1/3焦精煤主要用户为陕西韩城、山西介休、内蒙古乌海等地的焦化企业等。

运销公司始终以发展为第一要务，以效益为根本目标，不断深化体制机制改革。通过强化绩效考核，提升管控能力。以“五型”企业建设为目标，不断强化品牌建设、市场研究、用户优化、服务提升等工作，积极转变营销方式，营销质量显著提升。

物业服务分公司　物业服务分公司于2008年12月26日组建成立，是神华宁煤集团下属的专业化公司之一。公司机关现设综合办公室、财务部、经营管理部、物业管理部、人力资源部、安环质量部、党群工作部、机关党总支8个部（室）；下设银北物业公司、灵州物业公司、太阳神大酒店、机关服务中心4个基层单位。

公司党委下设灵州物业、银北物业、太阳神大酒店3个基层党委；机关、机关服务中心、煤化工产品包装项目部3个基层党总支；共有基层党支部57个，党员849名。

公司纪委下设灵州物业、银北物业、太阳神大酒店3个基层纪委；基层班组247个。

原有主要业务：从事矿区及居民住宅区物业管理、公建物业服务、房屋资产租赁、矿区员工餐饮及后勤物业服务、酒店餐饮管理、公寓楼管理等业务。物业服务面积1040万平方米，其中住宅物业400万平方米106个小区56015户居民，公建物业面积162 万平方米；绿化管护面积478万平方米；另有太阳神大酒店2.2万平方米、贺兰山宾馆4500平方米；管理锅炉房、水泵房、变电所等机房75座。目前承担着集团公司所属职工家属区户住宅物业服务、集团及部分单位公建物业服务、农业土地开发利用管理、营业房对外出租及公寓楼的运营管理、各厂矿单位生活后勤服务业务、煤制油化工产品包装业务、太阳神大酒店及贺兰山宾馆的经营管理等七大类业务。

按照集团公司实施主辅分离的总体要求，从2017年2月份开始接收各单位后勤服务业务，截至2017年12月31日，共接收了22家单位的后勤业务，其中煤炭生产与辅助单位17家、煤化工5家。接收保洁服务面积492.58万平方米、绿化养护面积456.88万平米、公寓楼89栋、服务床位25710张、澡堂53个、洗衣机房17个、爱心服务站15个、锅炉房1座4台共计50吨。共接收22家单位的70个回汉员工食堂，日均就餐员工47165人次。共接收集团公司各单位划转合同制员工2178人。

治安保卫总队　2008年2月，神宁煤业集团撤销治安经警总队，成立治安保卫总队（简称治安总队）。下辖宁东煤炭物资稽查、宁东煤炭物资检查、石嘴山煤炭物资稽查、集团机关安保四个大队及综合管理部、党群工作部两个科室，设立党支部5个。主要职责是维护矿区治安稳定，负责集团公司各矿区煤炭稽查、检查和安全保卫。同时，执行集团公司重大活动的保卫任务，参与处理集团内部的群体上访、应急突发事件等。有在册员工257人，其中女员工25名，少数民族员工59名，大学专科及以上学历112人。具有高级职称7人、中级职称14人，初级职称10人。党员119名，团员21名（党团员占员工总数53%），退转军人占员工总数的52%。

治安总队以“打造神宁铁军，确保企业平安”为目标，以“保平安、守防线、促发展”为职能使命，建设“忠诚、守责、担当”团队精神和军事化特色的责任文化体系。固化员工“行动军事化、作风军人化”军事化管理理念，坚持“周训练、月考核、年集训”制度，实行全员准军事化管理，培养员工服从命令、雷厉风行、敢打必胜的军人作风和勇气，忠于企业，为神宁煤业集团的可持续发展保驾护航。

先后圆满完成党和国家领导人多次视察煤制油项目等重大安保任务。成功处理了“南湖”事件等多起重大群体突发事件。为严厉打击偷盗煤炭物资、侵占集团公司利益的不法行为，宁东煤炭物资稽查大队，以整顿销售秩序为切入点，深入煤炭储装运现场和矿用物资外运环节管辖，宁东矿区13个生产煤矿设立14个检查站。20多名保卫骨干轮流昼夜值守，打击盗窃煤炭物资专项行动。石嘴山煤炭物资稽查大队常年坚守在石汝铁路78公里沿线，每年安全护送运煤列车2000余列次，有效保护了国有资产不受损失。2016年9月，与银川市宁东公安分局和相关单位协调配合，加强警企合作，积极开展治安保卫专项整治活动。在集团生产指挥中心和煤制油化工园区设立“警务室”，成立了“煤制油化工园区警企联防指挥部”和“生产指挥中心警企巡防中队”，建立完善煤制油化工园区和宁东矿区与公安部门教育联动、预防联动、整治联动、宣传联动机制。与消防支队联手建立消防站、义务消防队，提升了集团消防安全管理能力。为煤制油项目安全、稳定、清洁运行，提供了有力保障。

总队机关安保大队连年被集团公司评为学雷锋示范点，2012年被自治区授予“青年文明号”。2015年被共青团中央、国务院国资委授予全国“青年文明号”。总队党委连年被集团公司评为社会治安综合治理和信访工作先进单位、四好领导班子、先进基层党组织、文明单位。

环境监测中心　环境监测中心2014年4月成立。中心内设综合办公室、监督管理部、技术部、监测站4个（部）室，有共产党员7名，党支部隶属于集团公司机关党委管理，兼职党务工作者2人。

中心有合同制员工15人，员工中大学专科以上文化程度的13名，占员工总数的86.7%；正高职高级工程师1名，高级职称2名，中级职业技能资质的10人，初级职称1名，其他1名，中级职称人数占员工总数的66.7%；各级各类干部6名，其中副处级以上干部2人，正科级4人，占员工总数的40%；少数民族3人，少数民族女员工1人。

中心监测站有10间实验室，面积252平方米，取得了《实验室资质认定计量认证证书》，具备开展水、气、噪声、粉尘等污染源监测项目55项，其中水质监测项目35项，大气监测项目12项，噪声监测项目3项，机动车尾气污染物监测项目4项，电离辐射监测项目1项。

中心监测业务覆盖集团公司每一个矿（厂），每年获得各类监测数据达6000多个，为集团公司环境保护管理、污染源治理、安全风险预控管理体系建设、职业健康等工作提供科学数据支持。

四、科研文化教育单位

信息技术中心　信息技术中心成立于2010年3月，是神华宁煤集团信息化建设、网络运行维护、服务管理为一体的专业化公司。主要负责集团公司信息化总体规划、标准化及制度建设，基础网络搭建、应用软件研发与维护、矿井综合自动化系统建设、市场管理服务等。

中心设综合管理部、经营管理部、人力资源部、党群工作部、信息系统管理部5个机关部室和计费管理部、应用系统研发部、银北运营部、宁东运营部、煤制油化工基地运营部5个基层运营部。在册员工273人，其中：管理人员190人，操作人员83人。员工队伍中，具有中专以上文化程度的244人，占员工总数的89.4%；中级职业资质以上的74人，占员工总数的16%；副科以上干部87人，占员工总数31.8%。正副处级干部23名。中心现有在岗党员150人。占职工总数55%。党委下设党总支委员会2个，党支部12个，专职党务工作干部11人。

中心全力推进国家级智能矿山和智慧工厂建设，编制实施了《神华宁煤集团有限责任公司数字化矿山实施方案》《神华宁夏煤业集团公司“十三五”信息化专项规划》《神华宁夏煤业集团公司“十三五”科技创新规划》。重点建设完成了14对（含在建）井工生产矿井、2个选煤总厂和13个选煤分厂的安全监测监控系统。建设完善了枣泉煤矿、梅花井煤矿、石槽村煤矿等10对矿井的综合自动化系统，建成14对井工生产矿井的调度通信系统和无线通信系统。完成了白芨沟煤矿、梅花井煤矿、枣泉煤矿等8对矿井的无轨胶轮车运输监控系统，有效地提高车辆运输效率，预防井下交通安全事故的发生。金凤煤矿、金家渠煤矿完成了智能矿山项目建设。成功开发并推广应用了24个应用系统综合管控平台，统一了业务数据标准与流程，实现了全面预算、人、财、物、产、运、销业务协同联动，极大地提高集团公司管理效益和工作效率。

煤制油化工“智慧基地”“智能工厂”“数字化车间”建设步伐加快。建设形成生产过程自动化智能控制、企业生产管理智能优化、企业生产运营智能服务三大平台，实现生产、安全、能源、设备、质量、绩效等十个核心系统功能的集成，打造国家级智能示范工厂，促进煤制油化工产业的有效升级和发展。管理信息一体化项目启动了“内部市场化、全面绩效管理”等试点建设项目，充分整合物资流、工作流、资金流三大流程，实现业务纵向贯通，横向协同，促进生产执行能力、物资调配能力、资金统筹能力、项目管理能力、设备保障能力、决策分析能力同步提升和造业务管理与信息化的创新融合，激发企业内部活力，提升精益管理。

宁夏工业职业学院　宁夏工业职业学院隶属于神华宁夏煤业集团。1981年经教育部批准成立，是一所以工科为主、具有全国招生资质的普通高等职业院校，拥有国家二级安全生产培训资质。

学院设有采矿工程系、机电工程系、化学工程系、机电设备实训车间、综采综掘实训车间、成人教育部等6个教学系部。开设有应用化工技术、化工设备维修技术、煤矿开采技术、矿山机电、矿井通风与安全、煤炭深加工与利用、矿山测量等17个专业，其中机电一体化技术、煤矿开采技术、煤炭深加工与利用分别被评为国家级精品专业和自治区级骨干示范专业。2011年，矿山机电和煤矿开采技术专业被列为中央财政支持的“提升专业服务产业发展能力”项目。

学院占地面积11万平方米，建筑面积4.9万平方米。教学设备总值3902万元，图书馆藏书13.5万册，电子图书1.2T。建有“核心万兆，汇聚千兆，桌面百兆”校园网络系统和完备的校园安防监控系统。

学院拥有2个国内一流的综采综掘、机电设备大型实训车间和装备先进、设施齐全的15个专业实验室，神华宁煤集团下属的14对生产矿井、3个洗煤厂和机械设备维修中心均为学院的校外实训基地，可满足实践教学、顶岗实习、职工培训的需要。

学院现有专任教师126人，其中高级职称27人，中级职称44人；青年教师中具有硕士以上学位6人，在读硕士14人。全日制在校生1514人。

学院秉承服务企业发展与地方建设的办学理念，力行“明德、弘毅、进学、敦行”的校训，形成了教风严谨、学风优良、全面发展、突出技能的育人特色。通过产学合作、工学交替等多种形式推动人才培养工作的开展，实现了教学、实习和上岗的无缝对接，形成了强大的就业优势，先后为宁夏及周边煤炭企业培养了近3万名技能型人才，就业率始终位居区内高职院校前列。

学院先后获得“全国成人高等教育先进学校”“全国社会治安综合治理先进单位”、银川市“文明单位”、神华宁夏煤业集团公司综合治理先进单位，连续三年荣获“全区职业教育技能竞赛优秀组织奖”等荣誉称号。

新闻中心　神宁煤业集团新闻中心成立于2009年12月16日。中心下设《神华能源报》《神华能源》《神华科技》《神华安全》《新神宁》，以及神宁电视台和神宁网站，形成“一报四刊一台一网站”的发展格局。

在册员工2139人。其中，高级职称3人、中级职称135人、初级职称55人。有党员128名，占员工队伍71%。

《神华能源报》由神华集团主管，神宁集团主办，国内公开发行的周五（日报）对开八版彩报，国内统一刊号。报社为全国企业报协会会长、中国煤炭记协副主席、宁夏报业协会副会长单位。《神华能源报》相继荣获中国煤炭记协首届“十佳报纸”、中国最具品牌传播价值专业报“品牌贡献奖”、中国品牌媒体百强“专业报品牌10强”、中国企业报协会“二十佳企业报”、“中国行业媒体十强”、“影响中国十大行业媒体”等多项荣誉，全年发行量五万余份，覆盖全国29个省、自治区、直辖市的神华企业。报社通过内抓管理、外拓市场，成功走出了一条自我生存、自我发展之路，同时使一张发行百里矿区的矿区企业报逐步走向了全国大市场。《神华能源报》由周三对开黑白四版扩展为周五对开八版彩报，发行量由7000份增长到5万余份，其自身的发展和快速扩张被业内人士称为“神华能源报现象”。

神宁电视台负责神华宁夏煤业集团公司电视新闻节目及专题栏目的采访、编辑、制作和播出，有线电视网络已形成以银川自办节目播出前端，大武口、灵武两个卫星接收前端构成的较为完善的有线电视网络。电视专题栏目有“党支部论坛”“神宁老中青”“安全天地”等。

“四刊”分别为《神华能源》《神华安全》《神华科技》《新神宁》。“神华三刊”面向神华集团所属国内的29个省市区直管的煤矿、电厂、铁路、港口、煤化工、航运等企业发行。全年发行量约40万册。《新神宁》杂志是神华宁煤集团工会主管的月刊，宣传神宁集团战略目标，反映基层单位生产生活动态的期刊。

神宁网站是中英文双语网站，涵盖10大栏目近120个子栏目，是神华宁夏煤业集团公司对外展示形象、对内传递信息的主力媒介之一。报网融合的优势，使得中心仅用5个人就达到或超过了全国同类网站20多人才能实现的水平与规模。

新闻中心党委把党的建设与政治建设融为一体，充分发挥党委的政治核心和领导核心，发挥党支部的战斗堡垒作用和党员的先锋模范作用，坚定正确的政治方向，坚持正确的舆论导向，宣传贯彻党的习近平新时代中国特色社会主义思想和十八大、十九大精神，弘扬神华集团、神华宁煤集团深化改革、科学发展、创新发展的辉煌业绩，引导激励广大干部、员工不忘初心，砥砺前行，为可持续发展提供精神动力支撑。

煤炭化学工业技术研究院　成立于2008年10月，是宁夏煤业公司技术创新体系的重要组成部分。主要负责围绕煤制油化工产业发展，开展煤炭结构与煤气化技术、催化转化过程、煤基聚合物及相关新材料应用、环境工程、煤制油品与精细化工品等领域应用技术及共性关键技术研究，促进研究成果转化及相关研究领域的技术服务。

煤炭化学工业技术研究院设办公室、科研管理部、知识产权与信息技术部3个机关部室和资源高效利用技术创新团队、催化转化技术创新团队、过程优化技术创新团队、合成树脂创新团队、先进材料创新团队、高端油品创新团队、精细化学品创新团队7个创新团队。在册员工154人，其中：管理人员74人，操作人员80人。员工队伍中，具有硕士及以上文化程度的108人，占员工总数的70%；中级职业资质以上的68人，占员工总数的44%；副科以上干部15人，占员工总数10%，正副处级干部4名。

煤炭化学工业技术研究院2009年5月成立党支部，2016年5月成立党总支。有中共党员92名，占职工总数的59.7%，设党支部2个（机关党支部、研发党支部）。2017年2月21日成立煤炭化学工业技术研究院工会。

煤炭化学工业技术研究院承担着低阶煤清洁转化与应用技术国家地方联合工程实验室、煤基合成树脂高值化产业技术协同创新中心、国家级专家服务基地、院士工作站、博士后科研工作站等重要载体的运营。拥有煤气化、催化转化、煤基聚合物3个专业研究室及甲醇制丙烯（MTP）、聚合物加工和小聚合评价3个中试车间，实验室面积2600平方米，有研发设备200多台（套），价值近4000万元。

先后完成国家、自治区、集团公司等创新项目77项，正在实施项目65项，累计争取国补资金7517万元。申报专利255项，其中发明143项，已授权99项；发表论文300余篇；获国家、自治区等各级科技创新奖30项，其中：中国专利金奖1项、自治区科学技术重大贡献奖1项、国家科技进步二等奖1项、中国专利优秀奖4项、中国石油和化学工业科学技术特等奖1项、中国煤炭协会三等奖1项、石油化工专利金奖1项、自治区科技进步奖7项。

阳光艺术团　神华宁夏煤业集团公司阳光艺术团前身为石炭井矿区歌舞团，始建于1987年3月。2003年12月28日，更名为阳光艺术团。2009年2月16日，宁夏回族自治区总工会为该团授牌为“区总文工团”。

艺术团先后参加了宁夏春晚和银川市春晚，以及自治区“五一”“十一”“三八”“三·一五”晚会演出。2004年，参加了第十三届金鸡百花奖开幕式演出；2009年，联合CCTV少儿频道携手完成了2009度“六一”晚会。多次和央视合作参加了《欢乐中国行》《心连心》

的录制。2009年“五一”代表宁夏回族自治区赴香港参加了国际青年大联欢的演出，“十一”参加了国庆60周年在天安门广场花车游行接受了党和国家领导人的检阅。2010年承担了上海世博会宁夏馆参展184天，全部1084场演出任务。每年在宁东和银北矿区演出百余场，观众每年超过5万人次。

五、参股企业

内蒙古维华矿业有限责任公司 内蒙古维华矿业有限责任公司，简称维华矿业公司，是由神华宁煤集团和中国双维投资有限公司共同出资组建的合资公司，于2010年9月10日在内蒙古鄂托克前旗注册成立，注册资本43亿元人民币。截至2017年7月，维华矿业公司设综合办公室、规划发展部、财务部3个职能部门。有在册员工22人，其中神华宁煤集团员工16人，中国烟草系统2人，自主招聘4人，硕士学历5人，本科学历13人，大专学历3人，取得高级职称11人，中级职称6人，初级职称1人。公司党总支下设党支部3个，有中共党员17名。

2013年2月国家发改委批复《上海庙矿区总体规划（修编）》，明确上海庙矿区划分14个井田，资源储量约143亿吨，设计生产总规模6160万吨/年，实施煤电化一体化开发，配套建设大型坑口电厂和煤化工项目。其中，由维华矿业公司开发上海庙矿区内5个井田，分别为：鹰骏一号井田，设计生产能力600万吨/年；鹰骏二号井田，设计生产能力600万吨/年；鹰骏五号井田，设计生产能力400万吨/年；马兰井田，设计生产能力400万吨/年；陶利井田，设计生产能力500万吨/年。5个井田地质储量约83亿吨，设计总规模2500万吨/年。2012年，鹰骏一矿、鹰骏二矿和马兰煤矿列入国家“十二五”新开工建设煤矿项目。煤种主要有气煤、肥煤和长焰煤、不黏煤。煤质具有低灰、低硫、低瓦斯、特低磷、高发热量等特点，是理想的化工用煤和环保型动力用煤。

维华矿业公司位于国家级上海庙能源化工基地内。地处蒙、陕、宁三省区交界和鄂尔多斯、榆林、宁东能源化工“金三角”地带，与“宁夏一号工程”——国家级宁东能源化工基地毗邻。太中（银）铁路，三新铁路及规划的上棋运煤专线纵穿基地。基地规划总面积约1800平方公里，属储量大、煤质好、地质构造简单的大型整装煤田。2017年底，维华矿业公司完成矿权转让，地质勘探和矿区总体规划编审等前期主要筹建工作。完成第一批整合至公司的胡家井、胡家井东、五步套子、苏家井、苏家井南、雷家井、雷家井南、沙尔陶勒盖、卡布陶勒盖等9个井田和西庙勘查区共计10个探矿权的转让和相关地质资料的交接工作，并完成部分到期矿权的延续和保留工作，已转让至公司的总资源量38亿吨，预计可获取总资源量83亿吨；完成鹰骏一号井田二维、三维、专项水文和钻探工程，煤炭地质勘探报告已通过国土资源部储量评审中心评审并备案。鹰骏一号井田井筒检查孔工程已经竣工。完成鹰骏二号井田钻探工程，煤炭地质勘探报告已通过国土资源部储量评审中心的评审并备案。完成马兰井田二维地震勘探工程4公里线距的施工工作，初步确定马兰井田的井田境界、《内蒙古鄂尔多斯上海庙矿区总体规划（修编）》已经获得国家能源局批复。与中国煤炭科工集团武汉设计研究院编制完成的《鹰骏二矿开拓方案设计》通过神华宁煤集团审查。

宁夏天长民爆器材有限责任公司 宁夏天长民爆器材公司前身是原石嘴山矿务局化工厂。1959年，为解决石嘴山、石炭井、汝箕沟矿区乃至西北地区煤炭工业开发建设所需要的炸药、雷管，国家计划委员会、煤炭工业部批准投资275万元，建成石嘴山矿务局化工厂。化工厂设计年生产炸药4000吨、雷管1000万发，是煤矿火工用品专业生产厂，是西北地区唯一生产煤矿爆破器材和全国民用爆破器材定点厂。

2001年，石嘴山矿务局化工厂更名为“宁夏亘元集团化工厂”。2003年，改名“宁夏煤业集团化工厂”。2004年7月，宁夏煤业集团实施机构改革，宁夏国防科工办以〔2004〕6号文件批准化工厂改制为“宁夏天长民爆器材有限责任公司”（以下简称天长民爆器材公司）。从国家“十五”计划开始到“十一五”计划末，天长民爆器材公司累计投资近亿元，先后进行三次大的系统性技术扩能改造和新项目扩建，科学布局生产系统，优化每个生产环节，开发适应市场的新产品，矿用瞬发电雷管、2#矿用粉状铵锑炸药、3#粉状铵锑炸药和矿用毫秒雷管研发成功，批量生产，国防科工委、宁夏国防科工办经过技术评审，实地试验检测鉴定：产品“爆炸性能强，安全性能好，质量稳定，有毒气体少，生产灰尘低”，各项指标均达到部颁标准，被自治区鉴定为优质产品。该定产品年生产量40000吨。2000年，科研人员日夜兼程，反复试验，开发了油田用中密度震源药柱，填补了石油开发震源爆破的空白，获得了技术发明专利。2004年，各种炸药生产量突破万吨大关，2005年达到1.5万吨。各种雷管产量达到1842万发。到

2012年，各类炸药生产量突破了4万吨，雷管产量达到3300万发，和1990年的产量比，炸药产量增长了8.7倍，雷管产量增长了1.93倍。产品种类从1990年的13个发展到两大系列，21个品种。其中2#、3#许用粉状铵锑炸药，2#岩石粉状铵锑炸药、煤矿许用瞬发电雷管和煤矿许用毫秒延期电雷等5种产品被评为自治区优质产品。

2011年，神华宁煤集团贯彻《宁夏回族自治区民用爆炸物品行业“十二五”发展规划》，以天长民爆器材公司全部资产为股份，由中国葛洲坝集团易普力股份有限公司投资人民币1.52亿元，合作组建集研发、生产、销售、爆破施工为一体的企业集团。组建四年来，工业炸药产能达到4.5万吨/年，形成了集“科研、生产、储运、爆破”施工一体化发展格局，成为民爆行业领军企业。

天长民爆器材公司历经艰苦创业，改革发展，转型升级的60年风雨历程。60年沧桑风雨铸就民爆基业，60年激情岁月见证天长民爆辉煌!

截至2018年累计生产炸药48.9万吨，雷管57000万发，既满足了宁煤集团的需要，也满足了自治区内工业爆破工程的需要。同时，为新疆、青海、甘肃、陕西、内蒙古、河南等省区。

工业总产值从1964年的227万元攀升到2018年的1.95亿元。截至2018年底累计完成工业总产值24.4亿元，实现利税3.8亿元。工业总产由1980年的4100万元增加到2018年的2.74亿元，净资产2.33亿元。职工人均收入从2000年的8282元提高到2018年的9.6万元。

公司先后荣获全国煤炭系统二级企业、安全生产先进单位、质量标准化管理特级企业，宁夏回族自治区二级企业，国家计量二级单位。

宁夏神耀科技有限责任公司 公司是国务院国资委首批十家“国有控股员工持股”试点企业之一。神耀科技于2017年3月成立，由神华宁夏煤业有限责任公司联合中船重工集团下属上海齐耀科技集团、中国化学工程集团下属中国五环工程公司以及中科合成油技术有限公司以及骨干员工组建的有限合伙企业共同出资设立，股权占比分别为35%、25%、10%、10%、20%，注册资本5000万元。神耀科技以实现煤炭清洁高效利用为己任，致力于研发绿色、高效、节能、环保的新型干煤粉气化技术。

神耀科技的主营业务为：煤气化技术及相关配套技术的研发、转让许可；工艺设计、技术服务、咨询与培训；专有设备加工与供货、安装调试、开车服务；燃烧设备的设计、节能环保技术及其装置的研发、销售；化工原料及产品（不含易制毒及危险化学品）及配套技术、视频监控系统、仪表、阀门、机电产品的销售。

神耀科技面向全球煤化工市场，力争成为煤气化技术供应的领军企业、国家能源集团煤气化技术研发与推广的窗口和国家级煤气化技术创新发展平台。

编纂始末

2017年4月，神华宁夏煤业集团公司党委决策部署《神华宁夏煤业集团公司志（2009—2018）》（以下简称续志）的编修工作。此后，由集团公司党政班子领导成员、有关单位、职能部门负责人和相关专家组成续志编纂委员会（以下简称编委会），具体负责续志的领导指导工作。编委会下设办公室，负责统筹规划、组织协调、督查落实。各生产经营单位、专业化公司、机关职能部门均配备1～2名有一定文字功底、责任心强的同志负责资料收集整理工作。同时，外委文化公司聘请具有志书编纂经验的集团公司退休干部和宁夏地方史志专家负责续志的撰稿和业务指导工作。组织健全、任务明确，人员到位、责任到人，为续修志书顺利开局和后继工作创造了良好的条件。

2017年6月上旬，按照集团公司党委的决策部署和总体要求，编委会办公室相应成立编写组，起草编纂提纲，确定框架结构，分解采编任务，编印“资料征集指南”，正式启动志书续修工作。

2018年2月底，续志资料征集整理工作初步完成，3月12日反馈各单位、各部门校正误差，补充缺项，提供线索，并提出意见建议76条，补充缺项11个方面，约20万字。撰稿人员梳理归纳，择善而从，主要调整结构层次，完善资料体系。6月20日，续志初稿形成，经过排印处理，提交编委会成员及相关专家学者和各单位、各部门负责人审阅。根据编委会主要领导要求，由集团公司经济技术委员会组成审核领导小组，分设7个专业小组分篇章开展审核工作。期间，制定了《神华宁夏煤业集团公司志（2009—2018）二审工作计划》，对审核原则、审核内容、方式方法、审核工作进度等作了明确规定。各小组定期召开会议，通报审核情况，交流意见，对存在问题进行研讨，作出集体结论。为编写组提供切合实际，真实可靠的修改意见和资料，经过严谨细致的初审，11月底，综合提出修改补充意见126条。

2018年12月4日，审核领导小组召开座谈交流会通报初审情况。各审查组对局部修改意见做了说明，史志专家对结构调整、补充修改提出了建议方案。撰写人员系统了解了存在的问题，会议要求编写组梳理修改意见和建议，精益求精修改补充，提出复审稿，提交各审查组再行复审。编写人员按照调整方案和初审建议，对照初审稿认真核对斟酌，调整修改，补充完善。于2019年4月底完成了复审稿。5月上旬，审核领导小组做出复审安排。采取审核人员与写作人员分篇会审的形式，面对面交流会审，统一意见。对存在的直观性问题即行即改，对疑难问题、内容调整、缺项补充探讨分析，统一意见，统一标准，进行修改补充。其间，史志专家范宗杰调整修改。

2019年6月上旬提出了终审稿。在终审稿审核中，继续采用会审方式，顺着结构调，盯着问题改。严字当头，细字入手，不放过误差，不放弃疑点，核对分析，反复校正，9月上旬，完成了终审稿的初步审核。9月21日，审核领导小组召开总结分析会。在听取各组情况汇报的基础上，着重总结分析、梳理掌握存在的问题。

2019年9月26日，集团公司党委副书记、总经理严永胜主持召开编志工作专题会议，听取修志工作进展汇报。系统审核了志书的框架结构和内容体系，对相关篇章题目及内容作了调整修改，对大事、要事缺项提出了补充意见。会议决定：续志编纂工作进入倒计时。审核撰写人员要协调一致，求真务实，加快进度。11月20日前完成内审稿审定，12月底印制样书。会议强调：要坚持正确的政治方向，突出集团公司建设发展特色，把续志真正编纂成集思想性、科学性、实践性、资料性于一体的有价值的史料著作，以服务当代，资政后世。用志书总结传承集团公司的奋斗业绩，弘扬广大干部员工的智慧和创造精神，凝心聚力，激励斗志，坚定集团公司深化改革，实施转型升级，科学发展，可持续发展，再造“新神宁”的决心和信心。这次会议从广度和深度统一了意志，统一了定位，统一了标准，统一了进度。审核领导小组多措并举，加大工作力度。首先，召集编写组认真讨论，修改完善了编纂大纲，确立了科学完整的结构布局；二是对问题较多，且不具备修改条件的篇、章、节果断推倒，挑选责任心强，文字功底好的同志重新整理撰写；三是审核人员与撰写人员定篇目、定章节、定时间、定标准，压实责任，落实任务；四是把好政治关，把贯彻习近平新时代中国特色社会主义思想和党的领导核心、政治核心放在突出位置。通过紧张有序，严谨细致的调整修改，充实完善，11月10日，完成了内审稿的统稿，对各篇章的体系结构、内容、层次进行认真细致的系统审理，内部终审稿一致获得通过。会议决定：经集体审核的终审稿作为续志定稿印制清样，审核小组与编纂人员校正，个别章节在本章节范围内调整充实后进入印刷出版环节。

编修地方志是中华民族的文化传统。《神华宁夏煤业集团公司志》的首修和续修，是延续性的系统文化工程。同样面临着任务重、时间紧的问题，存在着资料征集、初稿编写和新志创新的难度。这次续修，是神华宁夏煤业集团公司贯彻落实《全国地方志事业发展规划纲要（2015—2020年）》《宁夏回族自治区地方志事业发展实施方案（2016—2020年）》的重要举措。在集团公司党委的正确领导下，在各单位、各部门的大力支持和密切配合下，经过审核人员和编写人员的艰苦努力，集团公司续志坚持正确的政治方向，把握修志体裁，坚持修志基本原则和基本要求，使续志达到结构布局科学合理，志书体系完备，篇章层次清晰，特色鲜明，详略得当，主题突出。这是集团公司党委加强党的建设，推动精神文明建设、思想文化建设的新成果。

修志是一项十分艰巨的工作，更是一项体现思想性、科学性、时代性的系统文化工程，工作量浩大，要靠上下同步、左右协作，反复审核修改，既要有个人的主动意识，又要有协同的群体意识。自续志编纂工作启动以来，集团公司党委坚持政治站位正确，强化使命担当责任，将精品意识贯穿编修工作全过程，在组织领导、务求落实等方面做了大量卓有成效的工作。组建审核领导小组担当责任，严谨务实，审核把关，凝聚共识，把握时间节点，掌握重点难点，积极主动，在助推修志进度，提升志书质量方面堪称创新，值得总结推广。

续志终审定稿由14篇、58章、222节及凡例、大事记、概述、编纂始末、图片、照片组成。一部上乘之作，体现了撰稿人的修为。历时三载，几名退休老干部不辞劳苦，身体力行，克服资料零散等诸多困难，承担了资料征集、初稿编写和修改加工重任，堪称退休不褪色，老有大作为。他们的特殊贡献当载志册，彰名扬迹，激励后人。

张宗全，1968年参加工作，2010年退休，先后参与《神华宁夏煤业集团公司志·总卷》《宁夏煤炭工业志》《宁夏银龙煤炭公司志》编撰工作。在续志编纂中承担了概述、第六篇生产服务及其他、第七篇企业经营管理、第八篇安全生产、第九篇生态建设与环境保护、第十四篇单位简介及凡例、编纂始末、资料征集提纲等文稿的撰写任务。

朱宝生，1979年参加工作，2015年退休。先后参与《石嘴山二矿志》《宁夏煤炭工业志》编纂工作。在续志编纂中承担了第四篇煤炭生产与运销、第五篇煤化工及碳基材料、第十篇科技创新与培训、第十一篇职工社会保障、文化生活与福利等篇的撰写任务。

周克孝，1968年参加工作，2007年退休。先后参与《神华宁夏煤业集团公司志·总卷》《宁夏煤炭工业志》编纂工作。在续志编纂中承担了第一篇管理体制与企业改革、第二篇煤炭地质、第三篇基本建设等篇撰写任务。

续志编修中，集团公司各部门、各基层单位安排专人配合资料收集工作，在做好本职工作的同时，为志书的编纂提供了大量的文字、图照等历史资料，保证了志书编纂的资料需要。

《续志》编纂工作克服了编写人员少，撰写力量不足；资料征集零散、梳理组合复杂困难；多层面反复审核，很多意见不统一等诸多困难。在集团公司关怀重视和各单位、各部门积极配合，大力支持下，经过自下而上，上下结合，广泛深入的审核修改，全体编纂人员精心撰写，补充完善、数易其稿，终于完成了志稿，为印制出版打下基础。值此，谨向关心支持、为志书提供帮助的所有领导、单位、部门和同志致以衷心感谢！特别感谢所有资料征集人员和审核领导小组的同志们，对他们勇于担当，认真负责，不怕麻烦挖掘征集资料，反复审核校正的辛勤付出和奉献深表敬意！

如同首修，因任务繁重、时间紧迫，加上编纂人员水平有限，未能做到精编精改，难免误笔，渴望求教，批评指正。

《神华宁夏煤业集团公司志》编纂委员会

2019年11月25日